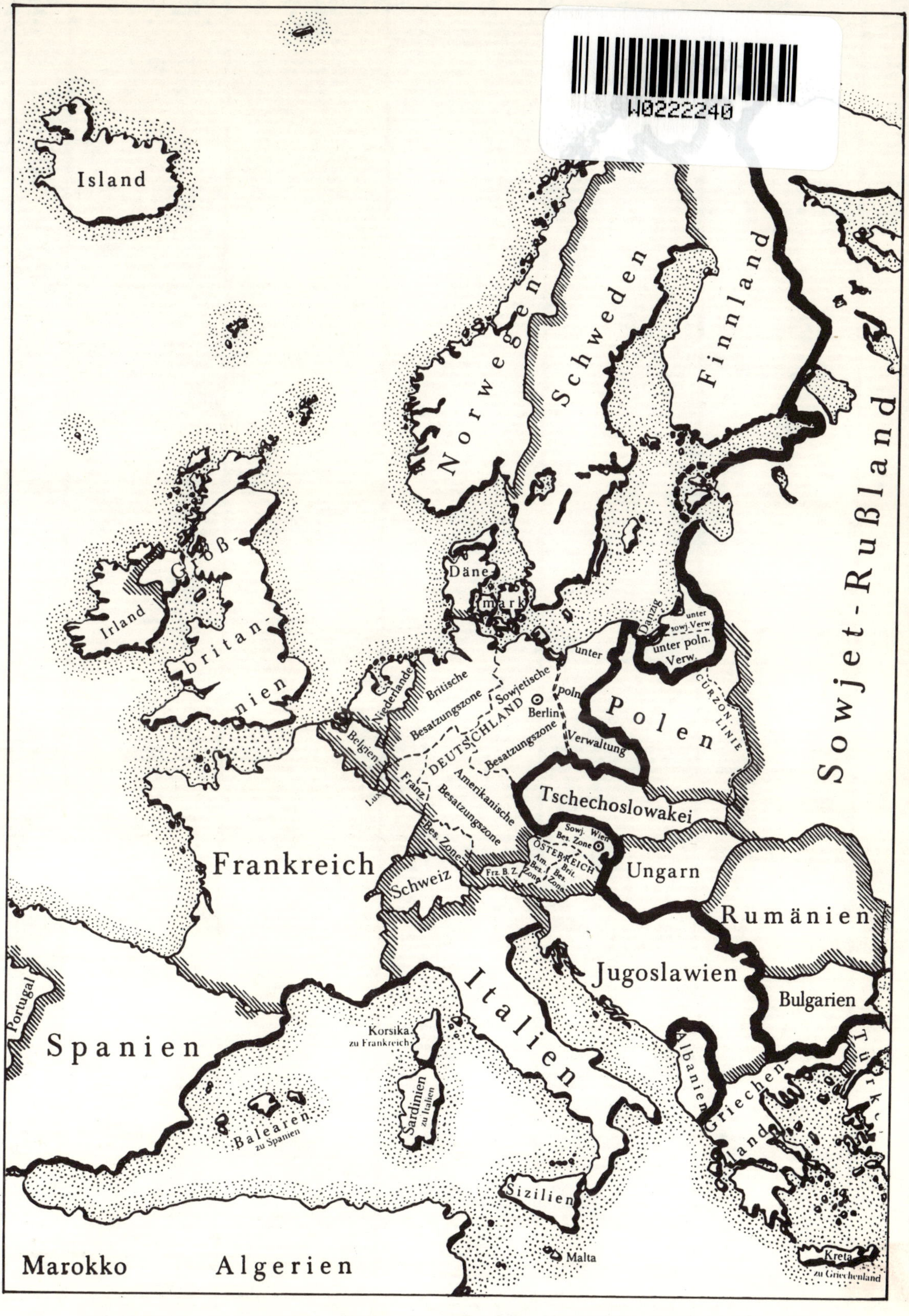

EUROPA NACH DEM ZWEITEN WELTKRIEG 1945

Hellmuth Günther Dahms

Die Geschichte des Zweiten Weltkriegs

Hellmuth Günther Dahms

Die Geschichte des Zweiten Weltkriegs

Mit 37 Übersichtskarten

Herbig

Umschlaggestaltung: Christel Aumann, München
Lektorat und Redaktion: H. R. v. Zabuesnig
Herstellung und Layout: Franz Nellissen
Satz: Filmsatz Schröter GmbH, München
Gesetzt aus: 9.5 auf 11 Punkt Times auf Linotron 202
Karten: Karlheinz Steffel, München
Druck und Bindung: Kösel, Kempten
Printed in Germany
ISBN: 3-7766-1291-6

Inhalt

Aspekte der Vorgeschichte

Erster Hauptabschnitt

Zweiter Hauptabschnitt

Dritter Hauptabschnitt

Einführung

Am 1. September 1939 überschritten deutsche Truppen die Grenzen der Republik Polen. Der dadurch ausgelöste Konflikt zog weite Kreise. Großbritannien und Frankreich kamen ihren Verpflichtungen nach und erklärten Deutschland den Krieg. Die Sowjetunion eroberte Ostpolen, bemächtigte sich der baltischen Staaten und überfiel Finnland. Hitler legte Hand auf Dänemark und Norwegen, bevor er im Westen losschlug, Luxemburg, die Niederlande, Belgien und Frankreich zu Boden warf und das britische Heer vom Festland vertrieb (1940). Als Italien seine abwartende Haltung revidierte, wurden auch der Mittelmeerraum, Südosteuropa und Teile Afrikas einbezogen (1940/41).[1]

Hitler führte »Blitzkriege« und nutzte die Zwischenzeiten zur Auffrischung der deutschen Kräfte. Diese Strategie versagte schon in der Luftschlacht um England (1940). Vollends der deutsche Angriff auf die Sowjetunion (1941) führte zum Dauerkrieg. Bisher noch abseits gestandene Mächte änderten ihre Haltung. Die Vereinigten Staaten von Amerika und Großbritannien näherten sich der UdSSR. Japan, das seit 1937 gegen China kämpfte und zunehmend unter angelsächsischen Sanktionen litt, versuchte seine Widersacher durch Überfälle auf Pearl Harbor und andere Schlüsselpositionen des Fernen Ostens mattzusetzen (1941/42).[2]

Der Schritt vom europäischen Konflikt zum globalen Krieg brachte die Wende. Hatten die Angreifer bisher Boden gewonnen, so mußten sie sich nun verteidigen. Amerika, das als letzte Großmacht den Ring betrat, ergriff die strategische Offensive. Sie ermöglichte der hart bedrängten Sowjetunion das Überleben und brachte den Vereinigten Staaten kraft ihres unangreifbaren technisch-wirtschaftlichen Potentials einen triumphalen Erfolg. Gleichwohl überließ Präsident Roosevelt den Sowjets erweiterte Herrschaftssphären, um eine neuen Weltorganisation gründen und künftige Kriege vermeiden zu können (1945).[3]

Die Politik der Mächte war von Interessen bestimmt.[4] Keine Regierung konnte sich ihre Alliierten unter ideologischen Gesichtspunkten aussuchen. Frankreich war 1939 mit der bolschewistischen Sowjetunion und dem autoritär beherrschten Polen verbündet. England bewegte sich in die gleiche Richtung. Hitler und Stalin – zwei erklärte Feinde – schmiedeten unterdessen ein Komplott zur Aufteilung Ostmitteleuropas. Nach dessen Bruch eilten Großbritannien und die USA der UdSSR zu Hilfe. Auch andere diktatorisch gelenkte Staaten (China, Brasilien, Portugal, die Türkei) wurden von den Anglo-Amerikanern umworben.[5]

Ebenso widerspruchsvoll entwickelte sich die von Hitlers geschaffene Koalition. Wer »Nationalsozialismus« und »Faschismus« gleichsetzt, übersieht zumeist, daß Deutschland an Italien und Japan keine idealen Bundesgenossen hatte. Der Dreierpakt, den das Reich mit ihnen schloß, hielt nur wenige Jahre. Auch kleinere Partner der Konstellation – das demokratische Finnland, die kirchlich-autoritär gelenkte Slowakei, ideologiefreie

Staaten wie Rumänien, Ungarn und Bulgarien – verstanden sich nicht als Teile eines unauflöslichen Blockes. Jeder blieb dem Bündnis nur so lange treu, wie es das eigene Interesse gebot.[7]

Unterschiedliche Kriegsziele programmierten den Seitenwechsel. Hitler wollte »neuen Lebensraum« erobern und den Gewinn durch Aufbau einer weltbeherrschenden Machtposition sichern. Auch Mussolini suchte den status quo zu verändern, jedoch nicht auf Kosten osteuropäischer Völker, sondern im Mittelmeerraum, dem »mare nostro« der Italiener. Japan erstrebte, um seine Handlungsfreiheit zu wahren, den Gewinn einer autarken Wirtschaftssphäre mit ausreichenden Rohstoffreserven. Den übrigen Koalitionspartnern ging es lediglich um Arrondierung ihres Gebietes, die Korrektur älterer Friedensschlüsse.

So waren die Beweggründe der Dreierpaktstaaten nicht auf einen Nenner zu bringen. Finnland, Rumänien, Ungarn und Bulgarien nahmen in diesem Rahmen ihre Chancen wahr, wie jede andere Macht in vergleichbarer Lage. Japan und Italien expandierten unter dem Schock vorausgegangener Krisen. Spätimperialistische Reflexe motivierten auch Deutschland, doch verband Hitler mit ihnen revolutionäre Ziele, die letztlich auf eine biologische Utopie und Ausrottungskampagnen hinausliefen.[8]

Über den Zweiten Weltkrieg wurden mehr als 100000 Bücher geschrieben.[9] Einige erschienen schon vor Beendigung des Ringens.[10] Die Mehrzahl konnte sich später auf eine breiter werdende Quellenbasis stützen. Jedes Jahr wurden neue Dokumente erschlossen.[11] Umfangreiche Editionen in Amerika[12], Deutschland[13] und anderen Staaten des Westens[14] machten amtliche Aktenbestände sowohl Forschern als auch interessierten Laien zugänglich. Im kommunistischen Machtbereich gab es keine vergleichbaren Ausgaben.[15]

Den Gesamtdarstellungen[16] liegen verschiedene Konzeptionen zugrunde.[17] Anfänglich überwog Polemik, eine Anklage- und Rechtfertigungsliteratur, die sich in manipulativer Argumentation erschöpfte.[18] Ihr folgte bald die vorurteilslose Behandlung genuin militärischer Ereignisabläufe.[19] Heute will die Kriegsgeschichtsschreibung dem komplizierten Strukturgeflecht historischen Verhaltens mit Hilfe neuer Disziplinen – etwa der Konflikt- und Friedensforschung – näher kommen, doch vermag diese Schule das operative Geschehen nicht völlig außer acht zu lassen.[20]

Die von soziologisch interessierten Autoren unternommene Akzentverschiebung vom Staaten- zum Weltbürgerkrieg trifft nicht den Wesenskern der Ereignisse. Gewiß gab es in den Jahren 1939 bis 1945 (und früher) querlaufende Fronten, wo man sich geistig auseinandersetzte, Widerstand leistete oder zusammen mit Partisanen den Kampf aufnahm. Aber diese Formen des Konfliktes waren symptomatisch für das Dilemma unzulänglich bewaffneter Gruppen, also Randerscheinungen des Krieges. Ersten Rang hatte das Ringen der großen Mächte um ihre Stellung im Weltgeschehen.[21]

Der vorliegende Band soll dies in einer gedrängten, allgemein verständlichen Form darlegen und weitgehend auch andere Faktoren einbeziehen. Die den Aussagen zugrundeliegenden Zeugnisse und Untersuchungen sind als Fußnoten zitiert. Ein Literaturverzeichnis hätte den Rahmen der Darstellung gesprengt. Der Leser findet wichtige Publikationen an Hand des Registers, das Autorennamen enthält und über Seitenverweise zu bibiographischen Angaben führt.

[1] Erster Hauptabschnitt ds. Bds., S. 101–276
[2] Zweiter Hauptabschnitt ds. Bds., S. 277–412
[3] Vgl. d. Konferenzen d. »Großen Drei« in Teheran, Jalta, Potsdam, S. 560ff.
[4] Eine klare Unterscheidung zw. Interessenpolitik u. Ideologie jetzt auch bei K. D. Bracher: Zeit der Ideologien. Eine Geschichte politischen Denkens im 20. Jahrhundert, Stuttgart 1982.
[5] Siehe J. A. Combs: American Diplomatic History, Berkeley, Cal., 1983.
[6] K. D. Bracher: Zeitgeschichtliche Kontroversen um Faschismus, Totalitarismus, Demokratie, München 1976; ders.: Faschismus und Nationalsozialismus, in: Politisch-pädagogisches Handwörterbuch, hg. v. P.-G. Löser u. K. Hornung, München 1980, S. 109–113; S. U. Larsen, B. Hagtved, J. P. Myklebust (Hg.): Who are the Fascists? Social Roots of European Fascism, Bergen 1980; E. Nolte: Der Faschismus in seiner Epoche, München [5]1979; ders.: Theorien über den Faschismus, Köln 1970; M. Salewski: Das Faschismus-Syndrom, in: HPB 9/1981, S. 257f.; G. Schulz: Faschismus-Nationalsozialismus, Frankfurt–Berlin 1974; W. Schieder (Hg.): Faschismus als soziale Bewegung, Hamburg 1976; G. Stadtmüller: Sozialismen. Nationalsozialismus, Faschismus, München 1981; zuletzt Z. Sternhell: Ni Droite, in Gauche, Paris 1983.
[7] Vgl. Kap. Der Zusammenbruch Italiens; Aufstände und Seitenwechsel.
[8] Grundlegend A. Hillgruber: Deutschlands Rolle in der Vorgeschichte der beiden Weltkriege, Göttingen 1967; ders.: Die weltpolitische Lage, in: Weltpolitik, II, hg. v. O. Hauser, Göttingen 1975, S. 261–285; K. Hildebrand: Weltmacht oder Untergang. Hitlers Deutschland 1941–1945, ebd., S. 286–322. Von d. älteren Lit. noch immer: H. R. Trevor-Roper: Hitlers Kriegsziele, in: VZ 8/1960, S. 120ff. Zum Wesen des Spätimperialismus Th. Schieder: Europa im Zeitalter der Weltkriege, in: Handbuch der europäischen Geschichte, hg. v. Th. Schieder, Bd. 7/1 u. 7/2, Stuttgart 1979 (zit. Schieder).
[9] Bibliographie (laufend): Das historisch-politische Buch (Göttingen); Historische Zeitschrift (München), Revue d'histoire de la deuxième guerre mondiale (Paris); Journal of Contemporary History (London); Vierteljahreshefte für Zeitgeschichte (Stuttgart). Eine Zusammenstellung der amtl. Kriegsgeschichtsschreibung über den Zweiten Weltkrieg b. J. Chr. Allmeyer-Beck: Die internationale amtliche Kriegsgeschichtsschreibung, in: Jahresbibliographie der Bibliothek für Zeitgeschichte 1962, Frankfurt 1964, S. 507–540 sowie R. Higham: Official Histories. Essays and Bibliographies from around the World, Manhattan, Kan., 1970. Vgl. außerdem M. Bloomberg u. H. Weber: World War II and Its Origins. A Select Annotated Bibliography of Books in English, Littleton, Col., 1975; L. Morton: Writings on World War II, Washington, D. C., 1967; Schriften der Bibliothek für Zeitgeschichte. Neue Folge. Stuttgart 1965ff.; P. Hüttenberger: Bibliographie zum Nationalsozialismus, Göttingen 1980; J. Schröder: Italien im Zweiten Weltkrieg. Bibliographie. München 1977; H. E. Volkmann: Wirtschaft im Dritten Reich. Eine Bibliographie, München 1980.
[10] U. a. W. Stegemann: Der Neue Weltkrieg, 6 Bde., Zürich 1942–1946.
[11] Von d. Nachschlagewerken sind zu erwähnen M. Baudot (u. a.): Encyclopédie de la guerre 1939–1945, Brüssel 1977; R. Geiger (Hg.): Internationale Abkommen. Ein Führer durch die wichtigsten Verträge und Organisationen, München 1971; Geschichte des Zweiten Weltkrieges. Der »Weltkrieg-Ploetz«, Würzburg [2]1960 (zit. Ploetz I/II); Handbuch zur deutschen Militärgeschichte 1648–1939, München 1975; A. Hillgruber u. G. Hümmelchen: Chronik des Zweiten Weltkrieges, Kronberg-Düsseldorf [2]1978 (zit. Hillgruber/Hümmelchen: Chronik); J. Keegan (Hg.): Who was who in World War II? London 1978; Keesings Archiv der Gegenwart 1935–1941, Wien – Essen 1939–1941; W. Keiling: Das deutsche Heer, 1939–1945. Gliederung, Einsatz, Stellenbesetzung, Bad Nauheim 1955ff. (zit. Keiling); W. Lohmann u. H. H. Hildebrand: Die deutsche Kriegsmarine 1939–1945. Gliederung, Einsatz, Stellenbesetzung, 3 Bde., Bad Nauheim 1956ff. (zit. Lohmann/Hildebrand); B. Mueller-Hillebrand: Das Heer 1933–1945, 3 Bde., Frankfurt 1969 (zit. Mueller-Hillebrand I-III); B. Lewytzkyj u. E. Stroynowskiyj (Hg.): Who is who in the Socialist Countries. A Biographical Encyclopedia, New York 1965; J. M. MacIntosh: The British Cabinet, London 1965; M. Morozow: Die Falken des Kreml. Die sowjetische Militärmacht von 1917 bis heute, München 1982 (zit. Morozow); Th. Parrish (Hg.): The Encyclopedia of World War II, London 1978; J. Rohwer u. G. Hümmelchen: Chronik des Seekrieges 1939–1945, Hamburg 1968 (zit. Rohwer/Hümmelchen: Chronik); Raum und Bevölkerung in der Weltgeschichte, bearb. v. E. Kirsten (u. a.), Der »Bevölkerungs-Ploetz«, Bd. 4, Würzburg [3]1965; K. Schubert: Internationales Abkürzungslexikon, München 1978; F. Siegler: Die höheren Dienststellen der deutschen Wehrmacht, München 1953; Chr. Zentner: Lexikon des Zweiten Weltkrieges. Daten, Fakten, Dokumente, München 1977.
[12] United States Department of State (Hg.): Foreign Relations of the United States, Diplomatic Papers

(darunter allg. Materialien, Sonderausgaben bz. d. Beziehungen zu China, Japan u. d. UdSSR sowie d. internat. Konferenzen), z. Zt. 39 Bde. (zit. FRUS).
Dazu d. Materialien d. parlament. Untersuchungsausschüsse, insbes. des United States Congress Joint Committee on the Investigation of the Pearl Harbor Attack, 39 Bde., Washington, D. C., 1946ff.
S. I. Rosenman (Hg.): The Public Papers and Addresses of Franklin D. Roosevelt, 13 Bde., New York 1938ff. (zit. Roosevelt: Public Papers); F. L. Loewenheim, H. D. Langley u. M. Jonas (Hg.): Roosevelt and Churchill. Their Secret Wartime Correspondence, New York 1975 (zit. Roosevelt/Churchill: Correspondence).
Militär. Dokumente u. a. im Appendix d. Standardwerke v. K. R. Greenfield u. S. Conn: United States Army in World War II, bish. 27 Bde., Washington, D. C., 1946ff. (einzeln zitiert); S. E. Morison: History of the United States Naval Operations in World War II, 13 Bde., Boston, Mass., 1951ff. (zit. Morison I-XIII); W. F. Craven u. J. L. Cate: The Army Air Forces in World War II, 7 Bde., Chicago, Ill., 1949ff. (zit. Craven/Cate I-VII).
Weitere Dokumente i. d. Fußnoten.

13 Akten zur deutschen Auswärtigen Politik 1918–1945, Serie C (1933–1937), 5 Bde., Göttingen 1971ff.; Serie D, (1937–1941), 13 Bde., Baden-Baden 1950ff.; Frankfurt 1961ff.; Bonn 1965ff.; Serie E (1941–1945) 8 Bde., Göttingen 1969ff. (zit. ADAP, C, I-V; ADAP, D, I-XIII; ADAP, E, I-VIII).
A. Hillgruber (Hg.): Staatsmänner und Diplomaten bei Hitler 1939–1944, 2 Bde., Frankfurt 1967 u. 1970 (zit. Hillgruber: Staatsmänner); M. Domarus (Hg.): Hitler. Reden und Proklamationen, 2 Bde., Würzburg 1962/63 (zit. Domarus, I/II).
Dazu auch: Der Prozeß gegen die Hauptkriegsverbrecher vor dem Internationalen Militärgerichtshof, 42 Bde., Nürnberg 1947–1949 (zit. IMT, I-XXXXII).
Sammlungen d. Militärakten, im
Kriegstagebuch des Oberkommandos der Wehrmacht, 4 Doppelbände und zwei Nachträge, hg. v. P. E. Schramm i. d. Bearbeitung v. H.-A. Jacobsen, A. Hillgruber, W. Hubatsch u. P. E. Schramm, Frankfurt 1951–1965 u. 1979 (zit. KTB/OKW, I-IV).
Dazu H. Heiber (Hg.): Hitlers Lagebesprechungen. Protokollfragmente seiner militär. Konferenzen 1942–1945, Stuttgart 1962 (zit. Heiber: Lagebesprechungen); W. Hubatsch (Hg.): Hitlers Weisungen für die Kriegführung 1939–1945, Frankfurt 1962 (zit. Hubatsch: Weisungen); G. Wagner (Hg.): Lagevorträge des Oberbefehlshabers der Kriegsmarine vor Hitler 1939–1945, München 1972 (zit. LV); ferner ausgewählte Materialien in d. Standardwerk v. M. Salewski: Die deutsche Seekriegsleitung 1935–1945, 3 Bde., Frankfurt 1970–1975 (zit. Salewski, I–III).
Weitere Dokumente i. d. Fußnoten.

14 (Belgien) Documents Diplomatiques Belges 1920–1940, 5 Bde., Brüssel 1965ff. (zit. DDB, I-V).
(Frankreich) Documents Diplomatiques Français 1933–1939, 2e série, 6 Bde., Paris 1963ff. (zit. DDF, I-VI); Commission parlamentaire d'enquête sur les événements survenues en France de 1933 à 1945, Paris 1955ff. (zit. Evénements); La delegation française aupres de la delegation allemande d'armistice, Paris 1947ff. (zit. Delegation française); Les relations militaires franco-belges de mars 1936 au 10 mai 1940, Paris 1969 (zit. Relations franco-belges).
(Großbritannien) Documents on British Foreign Policy, 1919–1939, 3d Series, 14 Bde., London 1949ff. (zit. DBFP, I-XIV). Militärische Dokumente im Anh. d. Standardwerke v. S. W. Roskill: The War at Sea, 3 Bde., London 1954–1961 (zit. Roskill, I-III); C. Webster u. N. Frankland: The Strategic Air Offensive Against Germany, 4 Bde., London 1961ff. (zit. Webster/Frankland, I-IV).
(Italien) I Documenti Diplomatici Italiani, Ottova Seria, 1935–1939, 5 Bde., Rom 1953ff. (zit. DDI, I-V).
(Japan) N. Ike (Hg.): Japan's Decision for War. Records of the 1941 Policy Conferences, Stanford, Cal., 1967 (zit. Ike).
(Polen) Documents of Polish-Soviet Relations 1939–1945, 2 Bde., hg. v. General Sikorski Institute, London 1961–1967 (zit. DPSR, I/II).
(Vatikan) Actes et Documents du Saint Siège relatifs à la Seconde Guerre Mondiale, 5 Bde., Vatikanstadt 1965ff. (zit. ADSS, I-V).

15 D. Eichholtz u. W. Schumann (Hg.): Anatomie des Krieges. Neue Dokumente über die Rolle des deutschen Monopolkapitals bei der Vorbereitung und Durchführung des Zweiten Weltkrieges, 3 Bde., (Ost)Berlin 1969 (zit. Antatomie ds. Krieges); Geschichtsfälscher. Aus Geheimdokumenten über die Vorgeschichte des Zweiten Weltkrieges, (Ost)Berlin 1955 (zit. Geschichtsfälscher); G. Hass u. W. Schumann: Anatomie der Aggression. Neue Dokumente zu den Kriegszielen des faschistischen deutschen Imperialismus im Zweiten Weltkrieg, (Ost)Berlin 1972 (zit. Anatomie d. Agg.); A. Fischer:

Teheran, Jalta, Potsdam. Die sowjetischen Protokolle der Kriegskonferenzen der »Großen Drei«, Köln 1973 (zit. d. russ. Ausg.); G. Förster u. O. Groehler: Der Zweite Weltkrieg – Dokumente (Ost)Berlin 1974.

[16] (Deutschland) W. Görlitz: Der Zweite Weltkrieg 1939–1945, 2 Bde., Stuttgart 1951; K. v. Tippelskirch: Geschichte des Zweiten Weltkrieges, Bonn [2]1959; M. Freund: Der Zweite Weltkrieg, Gütersloh 1962; H. G. Dahms: Geschichte des Zweiten Weltkrieges, Tübingen [2]1965; L. Gruchmann: Der Zweite Weltkrieg (dtv-Weltgeschichte des 20. Jahrhunderts, 10) München 1967 (u. ö.); H. Michaelis: Der Zweite Weltkrieg 1939–1945, Frankfurt [2]1972; Das Deutsche Reich und der Zweite Weltkrieg, 5 Bde., hg. v. Militärgeschichtlichen Forschungsamt, (bisher:) Bd. 1 v. W. Deist, M. Messerschmidt, H. E. Volkmann, W. Wette: Ursachen und Voraussetzungen der deutschen Kriegspolitik; Bd. 2 v. K. A. Maier, H. Rohde, B. Stegemann, H. Umbreit: Die Errichtung der Hegemonie auf dem Kontinent, Stuttgart 1979 Bd. 4 v. H. Boog, J. Förster, J. Hoffmann, E. Klink, R.-D. Müller, G. R. Ueberschär: Der Angriff auf die Sowjetunion, Stuttgart 1983 (zit. DR, I/II/IV); zuletzt A. Hillgruber u. J. Dülffer (Hg.): Geschichte der Weltkriege. Mächte, Ereignisse, Entwicklungen 1900–1945, Freiburg/Br.-Würzburg1981; A. Hillgruber: Der 2. Weltkrieg. Kriegsziele und Strategien der großen Mächte, Stuttgart 1982 (zit. Hillgruber: 2. Weltkr.).

(Frankreich) A. C. Galtier-Boissière: Histoire de la Guerre 1939–1945, Paris 1949; G. Blond: La seconde guerre mondiale, 2 Bde., Paris 1962; A. Latreille: La seconde guerre mondiale 1939–1945, Paris 1966; L. M. Chassin: Histoire de la seconde guerre mondiale, Paris 1951; H. Michel: La seconde guerre mondiale, 2 Bde., Paris 1968/69; R. Cartier: Der Zweite Weltkrieg 1939–1945, 2 Bde., München 1975.

(Großbritannien) C. Falls: The Second World War, 1939–1945, London 1948; E. L. Hasluck: The Second World War, 1939–1945, Glasgow 1948; J. F. C. Fuller: The Second World War, London-New York 1967; B. Liddel Hart: Geschichte des Zweiten Weltkrieges, 2 Bde., Düsseldorf 1972; M. Arnold Forster: Die Welt im Krieg, Zug 1975; A. J. P. Taylor: The Second World War, 1939–1945, London 1975; W. Laqueur: The Second World War. New Essays in Political and Military History, London 1983; D. Irving: Hitlers Krieg. Die Siege 1939–1942, München 1983.

(Italien) R. Battaglia: La seconda guerra mondiale, Rom [5]1976; E. Colloti: La seconda guerra mondiale, 2 Bde., Turin 1973; G. Bocca: Storia d'Italia nella guerra fascista, Rom 1969; E. Faldella: L'Italia e la seconda guerra mondiale, Rom [2]1960; F. Gaeta: La seconda guerra mondiale, Turin 1967; L. Salvatorelli: Un Cinquantennio di rivolgimenti mondiali 1914–1971, Florenz [2]1975. G. Gigli: La Seconda Guerra Mondiale, Bari 1959; A. Petacco: Guerra Maondiale, Rom o. J.

(Belgien) J. de Launay: Le Monde au Guerre, Bd. 1, Brüssel 1977.

(Polen) B. Maszlanaka: Druga Wojna światowa, Warschau 1969.

(USA) H. St. Commager: The Story of the Second World War, Boston, Mass., 1945; A. A. de Weerd u. R. Trugg: World War II, Washington, D. C., 1946; F. Pratt: War for the World, New Haven, Con., 1950; T. Dodson Stamps u. V. J. Esposito: A Military History of World War II, West Point, N. Y., 1953; L. L. Snyder: The War, New York 1960; A. Russell Buchanan: The United States and World War II, 2 Bde., New York 1964; V. J. Esposito: A Concise History of World War II, 2 Bde., New York 1964; G. Wright: The Ordeal of Total War, 1939–1945, New York 1968; P. Calvocoressi u. G. Wint: Total War. The Story of World War II, New York 1972.

[17] Vgl. dazu d. Einführung z. d. Bd. v. H.-A. Jacobsen (Hg.): Der Weg zur Teilung der Welt. Politik und Strategie 1939–1945, Koblenz – Bonn 1977, S. 9ff. (zit. Jacobsen: Der Weg): auch A. Hillgruber: Endlich genug über Nationalsozialismus und Zweiten Weltkrieg? Düsseldorf 1982.

[18] Dazu D. Aigner: Zeitgeschichtsschreibung als nationale Sterbehilfe? in: Criticón 9–10/1981, S. 231–236; A. Mohler: Vergangenheitsbewältigung – oder wie man den Krieg nochmals verliert, Krefeld [2]1980; ders.: Was die Deutschen fürchten. Angst vor der Geschichte, vor der Politik, vor der Macht, Stuttgart 1965, S. 131–181.

[19] Beginnend mit zahlr. Aufsätzen in Fachzeitschriften, der Darstellung v. Tippelskirch (s. Anm. 16) u. Erinnerungen; vgl. W. Hubatsch: Deutsche Memoiren 1945–1955. Eine kritische Übersicht deutscher Selbstdarstellung im ersten Jahrzehnt nach der Katastrophe (Geschichte u. Politik, 8) Laupheim 1955.

[20] Geschichte und Militärgeschichte. Wege der Forschung. Hg. v. U. von Gersdorff. Mit Unterstützung des Militärgeschichtlichen Forschungsamtes, Frankfurt 1974 (darin u. a. die Beiträge v. H. Umbreit, U. v. Gersdorff, F. Forstmeier, R. Wohlfeil, J. Chr. Allmayer-Beck, M. Messerschmidt, H. Eichberg); auch M. Salewski: Militärgeschichte heute. Anmerkungen zu einigen Neuerscheinungen, in: MF 10/1974, S. 269–273; zuletzt O. Hackl i. Vorwort d. Werkes DR, I. S. 12.

[21] So auch Hillgruber: 2. Weltkr., S. 7; ders.: Politische Geschichte in moderner Sicht, in: HZ 216/1975, S. 529ff. Auf d. ideologisch festgelegte Geschichtsschreibung wird hier nicht eingegangen, da sie undifferenziert nur zwischen guten und bösen Mächten, gerechten und ungerechten Kriegen unterscheidet. Vgl. S. P. Plantonow, N. G. Pawlenko, I. W. Parotkin: Geschichte des Zweiten Weltkrieges, 2 Bde. u. Kartenbd., (Ost)Berlin 1961 (zit. Platonow I/II); B. B. Telpuchowski: Die sowjetische Geschichte des Großen Vaterländischen Krieges 1941–1945, Frankfurt 1961 (zit. Telpuchowski); P. A. Shilin: Die wichtigsten Operationen des Großen Vaterländischen Krieges 1941–1945, (Ost)Berlin 1958 (zit. Shilin); G. Förster, H. Helmert, H. Schnitter: Der Zweite Weltkrieg, Leipzig 1962; K. Drechsler (Hg.): Deutschland im Zweiten Weltkrieg, 2 Bde. (Ost)Berlin 1975.

Aspekte der Vorgeschichte

Eine neue Zeit

Anfänge nationalsozialistischer Außenpolitik

Der Weg in den Krieg

Machthaber und Gehilfen

Kräfte und Kriegsmittel

Eine neue Zeit

Seit dem Ende des 19. Jahrhunderts hat sich die Welt von Grund auf verändert. Neue bewegende Kräfte sind den Tiefen der Vergangenheit entstiegen und stärker als zuvor miteinander wirksam geworden. Wissenschaft und Technik erweiterten den Schauplatz des Geschehens. Zugleich verkürzten sie geographische Entfernungen für die modernen Verkehrsmittel, Nachrichtensysteme und Waffen. Ihre Reichweite förderte die Mobilität des Menschen und befähigte zu maßlos überstürztem Handeln.
Ein Agens, das ihm besonders zu schaffen machte, war die rasche Bevölkerungszunahme. Aus Furcht vor den Folgen unternahmen Staat und Gesellschaft immer neue Anstrengungen. Die Ernährungswirtschaft und das Transportsystem wurden verbessert, Rohstoffe und Energiequellen erschlossen, riesige Städte, Industrien und Verladeeinrichtungen gebaut, Arbeitskräfte mobilisiert, Märkte erweitert, Bedürfnisse geweckt und in den »Kampf ums Dasein« einbezogen.
Die Umwälzung führte zur seelisch-geistigen Irritation. Dem zivilisatorisch fortgeschrittenen Teil der Menschheit genügten herkömmliche religiöse Verheißungen nicht mehr. Das Heilsverlangen der neuen Industrie- und Erwerbsgesellschaft suchte Halt bei pseudowissenschaftlichen Totalanschauungen, verführerischen Ideologien, einfachen Programmen, schnell faßlichen Informationen. Die damit einhergehenden Identitätskrisen und Neurosen verstärkten nur den Wunsch nach zeitgemäßer Orientierung.
Immer größere Bevölkerungsgruppen bahnten sich Wege zum Erwerb materieller Lebensgüter. Nach wenigen Jahrzehnten waren Massenproduktion und Massenkonsum nicht mehr allein Resultate der Veränderung, sondern selbst Antriebskräfte von sozialer Dynamik. Die Politisierung des Glücksstrebens hatte begonnen. Massenbewegung und Massendemokratie, Massenmedien und Massenverführung, Massenwahn und Massenvernichtung kennzeichneten den Gang der Geschichte.
Ältere Gesellschaftsformen und staatliche Strukturen blieben vorläufig noch bestehen: Das selbstherrliche Zarentum (Rußland), die Militärmonarchie (Deutschland, Österreich-Ungarn), das konstitutionelle Königtum (Großbritannien), die bürgerliche Republik (Frankreich). Doch hinter ihren Fassaden sammelte sich der Sprengstoff. Die Massen äußerten Wünsche. Sie wurden stoßkräftig organisiert, drängten zur Mitbestimmung und gaben dadurch der Politik neue leidenschaftliche Akzente.[1]
Das Unvermögen der Menschen, von dem Ringen um neue Lebenschancen und materiellen Gewinn abzulassen, war eine der tiefen Ursachen des Ersten Weltkrieges (1914–1918). Zwei Koalitionen traten sich als Feinde gegenüber. An die Seite der Frankreich, Rußland und Großbritannien umfassenden Entente traten Japan und Belgien, Serbien und Montenegro, später auch Italien, Griechenland, Rumänien und Portugal, schließlich die USA und andere überseeische Staaten. Die Mittelmächte – Deutschland und Österreich-Ungarn – gewannen das Osmanische Reich und Bulgarien zu Verbündeten.[2]

Dem weitgreifenden Konflikt war die Kabinettspolitik alten Stils nicht gewachsen. Vertrackte Bündnisse und Rücksichtnahme auf Millionen Menschen, die begeistert zu den Waffen griffen, erforderten unkonventionelle Entschlüsse. Bald standen die Regierungen bei ihren Alliierten und den Massen im Wort. Darüber ging die Kunst, rechtzeitig einen Kompromißfrieden zu schließen, verloren. Europa wurde vom Mahlstrom des Zerstörungskrieges fortgerissen.[3]

Die Technik drückte der Strategie den Stempel auf. Sie bestimmte nicht nur über Pläne und Maßnahmen der Militärs, sondern lenkte durch Vervollkommnung des »totalen Krieges« auch zivile Kräfte. Neue sittlich-moralische Kategorien wurden geschaffen. Schon war vom Rassen- und Klassenfeind die Rede. Man verteufelte den Gegner und stigmatisierte ihn, sobald er unterlag, mit der »Kriegsschuld«.

Propheten nutzten die Gunst der Stunde. Wladimir Iljitsch Uljanow (Lenin) und Lew Dawidowitsch Bronstein (Trotzkij) verkündeten ihr Revolutionsprogramm auf der Grundlage des Marxismus.[4] Woodrow Wilson, der amerikanische Präsident, skizzierte in vierzehn Punkten den Entwurf einer bürgerlich-liberalen Weltordnung.[5] Die Reichtümer der Überseegebiete sollten gerecht verteilt, alle Verträge offengelegt und ein Völkerbund (»A General and Common Family of the League of Nations«) gegründet werden, um internationale Konflikte künftig durch Verhandlungen beizulegen.[6]

Als Deutschland unter Berufung auf die 14 Punkte einlenkte, mußte es vor Waffenstillstandsverhandlungen den U-Bootkrieg beenden und überstürzt mit Verfassungsreformen beginnen. Der erhoffte »Friede ohne Sieger und Besiegte« blieb Illusion. Im Vertrag von Versailles wurden Grundsätze, die eine bessere Weltordnung gewährleisten sollten, übergangen oder verfälscht. Ein Ultimatum der Sieger zwang die Weimarer Nationalversammlung zur Hinnahme des Diktates.[7]

Der deutsche Kolonialbesitz wurde aufgeteilt und Siegermächten zur Verwaltung übergeben. Auch mußte das Reich die Kreise Eupen und Malmedy, Elsaß-Lothringen, das Hultschiner Ländchen, Ostoberschlesien, Posen und Westpreußen, Danzig, Memel und Nordschleswig sowie – für 15 Jahre – das Saarbecken abtreten. Die Entente zwang Deutschland zu materiellen Leistungen, insbesondere der Preisgabe des Auslandsvermögens, zahlreicher Industriepatente und Handelsschiffe. Zudem sollten die Gewinner auf unabsehbare Zeit und in nicht genannter Höhe finanzielle Reparationen erhalten.[8]

Deutschland konnte weiter Streitkräfte unterhalten, jedoch nicht zu seiner Verteidigung, sondern als Wehr gegen den auch in Frankreich und Großbritannien bedrohlich empfundenen Ansturm kommunistischer Insurgenten. Eine interalliierte Kontrollkommission überwachte Heer und Marine. Alle Festungen wurden geschleift, entmilitarisierte Zonen vorgeschrieben, die allgemeine Dienstpflicht, der Generalstab, schwere Waffen, Kriegsflugzeuge, U-Boote und Panzerkampfwagen verboten.[9]

Die Friedensbedingungen für Deutschlands ehemalige Verbündete waren teilweise noch drückender. Ungarn sah sich auf ein Drittel seiner historischen Territorien beschränkt und mußte ebenso wie Österreich, der Rest des alten Habsburgerstaates, ohne Verbindung mit dem Meer existieren. Bulgarien verlor die Dobrudscha und den Ausgang zur Ägäis. Vom Osmanischen Reich blieben nur die kleinasiatische Türkei und Ostthrazien übrig. Durch Abschluß der Verträge von Trianon, Saint-Germain-en-Laye, Neuilly und Sèvres waren die vier Länder auch militärisch entmachtet.[10]

Aus politischen Gründen ignorierten die Sieger das zuerst von Lenin geforderte, dann auch durch Wilsons Vierzehn-Punkte-Programm unterstützte »Selbstbestimmungsrecht der Völker«. In Versailles und Saint-Germain wurde die Wiedervereinigung zwischen »Deutsch-Österreich« und Deutschland unterbunden, nachdem Nationalversammlungen auf beiden Seiten den Anschluß vereinbart hatten. Dagegen ließen die Westmächte anderen Unabhängigkeitsbestrebungen freien Lauf.

Der Untergang des Zarenreiches[11], das Zerbrechen Österreich-Ungarns[12] und die deutsche Niederlage hatten den Abfall nationaler Minderheiten zur Folge. Während Deutschland kleine, aus Franzosen, Dänen, Polen und Litauern bestehende Gruppen aus seinem Staatsverband entließ, trennte sich von Rußland die Masse der Polen[13] und Litauer[14], Finnen[15], Esten[16] und Letten.[17] Beim Ende der Habsburgermonarchie gewannen neben einer dritten polnischen Minorität vor allem Magyaren[18], Tschechen und Slowaken[19], Kroaten, Slowenen und Serben[20] sowie auch Rumänen und Italiener die Freiheit.

Die neuen Staaten mußten ihre Grenzen erst noch im Kampf gegen Lenins Bolschewiken und andere Nachbarn finden. Polnische Truppen eroberten die Ukraine, das Wilnagebiet und Teile von Ostdeutschland. Litauer überfielen Memel. Rumänische Truppen besetzten Bessarabien, die Dobrudscha, Siebenbürgen und das Banat, vorübergehend auch Ungarn.[21] Jugoslawien schickte bewaffnete Scharen in die Batschka, nach Kärnten, Montenegro und Albanien.[22] Das griechische Heer drang in Ostthrazien und Kleinasien vor.[23]

Der Gewaltfrieden wurde zur schweren Belastung für die 1920 in Genf konstituierte League of Nations. Weder konnte sie vorhandenen Minderheiten zu ihrem Recht verhelfen noch die Abrüstungsfrage lösen. Die Besiegten waren von der Weltorganisation ausgeschlossen. Auch fehlten in ihr die drei flächengrößten Staaten. China verweigerte die Unterschrift, solange fremde Truppen auf seinem Boden standen. Sowjetrußland befand sich im Bürgerkrieg und war einer alliierten Intervention ausgesetzt.[24] Der US-Senat verweigerte die Ratifizierung des mit dem Völkerbundstatut gekoppelten Versailler Vertrages.[25]

Woodrow Wilson hatte gehofft, die Weltprobleme mit Hilfe der supranationalen Liga unter amerikanischer Führung meistern zu können. Aber das Wählervolk der Vereinigten Staaten war ihm auf diesem ungebahnten und schwierigen Wege nicht gefolgt, sondern bei erster Gelegenheit mehrheitlich in die gewohnte, als »Normalität« bezeichnete Selbstgenügsamkeit zurückgekehrt. Damit war der entscheidende Faktor für eine ausgewogene Friedensordnung entfallen. Frankreich und Großbritannien sahen sich allein gelassen.

Kaum gegründet, geriet der Völkerbund in Verdacht, ihnen als Herrschaftsinstrument zu dienen. In Paris verzeichnete man, daß Deutschland noch 20 Millionen Einwohner »zu viel« hatte. Politiker wie Raymond Poincaré und Georges Clemenceau fürchteten daher die deutsche Revanche so sehr wie einst Bismarck die französische. Doch ungleich dem Kanzler, der den Kontrahenten durch Verträge isolierte, fanden die Franzosen keine Bündnispartner, mit denen sie das gestörte Gleichgewicht wiederherstellen konnten.

Allianzen mit England und Amerika verloren ihre Geschäftsgrundlage. Militärkonventionen, zu denen sich Belgien, Polen und die Tschechoslowakei bereitfanden (1920/21), boten keinen vollwertigen Ersatz für die hinfällige Entente cordiale. Wegen ungelöster Grenzfragen und Minderheitenprobleme konnte dieses Bündnis gefährlich werden. Erstarkten das Deutsche Reich und Rußland, verständigten sie

sich womöglich, so war es um den Cordon sanitaire der mittelosteuropäischen Republiken geschehen und Frankreichs Hegemonie zerstört.[26]
Italien und Japan nahmen daran kein Interesse. Als ehemalige Partner der Entente fühlten sie sich hintergangen, weil ihre Kriegsteilnahme von Frankreich und Großbritannien nicht genügend honoriert worden war. Rom forderte eine Revision der Friedensverträge, Tokio das Verbot der »Rassendiskriminierung« durch den Völkerbund. Aber die Anträge wurden zurückgewiesen. Die Franzosen verschanzten sich hinter Minderheitsbeschlüssen internationaler Gremien. England löste sein Bündnis mit dem Kaiserreich.
Italien war noch vorwiegend Agrarstaat, mit schlechten Böden, nur wenigen, von Rohstoffeinfuhren abhängigen Fabriken und Mangel an Investitionskapital.[27] Schwer getroffen wurde das Land, als die Verbündeten unvermittelt die Wirtschaftshilfe einstellten und der bei dem starken italienischen Bevölkerungsüberschuß nötigen Emigration neue Hindernisse bereiteten. Frankreich kündigte das Tunesienabkommen des Jahres 1896. Die Vereinigten Staaten drosselten den Einwandererstrom.[28]
Enttäuscht blickte Italien auf die mit schweren Opfern (6,2% der männlichen Bevölkerung) eroberten Gebiete. Südtirol, Görz, Istrien und die Enklave von Zara konnten dem Bevölkerungsdruck nicht als Ventil dienen. Das handstreichartig besetzte Fiume (Rijeka) ging wieder verloren. Libyen mußte ab 1923 zurückerobert werden, ehe sich nach fünf Jahren ein paar Siedler am Rande der Wüste niederlassen konnten. Das 1924 von Großbritannien abgetretene Transjuballand war unfruchtbare Savanne.
Die Millionenmasse der Arbeitslosen klammerte sich voller Hoffnung an Lenins Lehre. Schwere soziale Unruhen erschütterten Italien. Überfälle auf Banken und Eisenbahnzüge, Streiks und Aussperrungen waren an der Tagesordnung. Die schwachen Regierungen wagten nicht einzuschreiten und beschleunigten damit den Zerfall des parlamentarischen Systems. Eine Alternative boten scheinbar nur die »fasci di combattimenti« und ihre Ideologie, der Faschismus.[29]
Fand Italien bei den Westmächten kaum Verständnis, so noch weniger das ferne, fremdartige Japan. Die erstaunliche Modernisierung des Kaiserreiches war nicht das Ergebnis einer Revolution; der Wandel beruhte auf administrativen Maßnahmen und hatte keine tiefgehenden Veränderungen zur Folge. Noch arbeiteten 50% der Erwerbstätigen auf dem Lande. Die andere Hälfte des Volkes bestand größtenteils aus bäuerlichem Familienanhang, einem in der drangvollen Enge schnell wachsender Städte lebenden Industrieproletariat.[30]
Die gewaltige Bevölkerungszunahme, Dorfelend und Verstädterung, Steuerdruck und Geldnot zwangen zur Massenemigration. Doch die Vereinigten Staaten wandten ihre restriktive Einwanderungspolitik auch gegen Ostasiaten an, und Niederländisch-Indien folgte diesem Beispiel. Die ehemals deutschen Karolinen-, Marianen- und Marshall-Inseln, mit denen sich das Kaiserreich als Kriegsbeute begnügen sollte, waren unzugänglich. Das 1914 genommene Schantung und Kiautschou mußte Japan unter angelsächsischem Druck räumen.[31]
Nicht allein diese Demütigung bereiteten die Westmächte ihrem früheren Verbündeten. Einer der Verträge, die ihm 1922 in Washington aufgedrängt und später durch ein Londoner Flottenbegrenzungsabkommen ergänzt wurden, deklassierte das Kaiserreich zur zweitrangigen Seemacht.[32] Sein mühsam errungener Vorrang unter den ostasiatischen Völkern war gefährdet. Diskriminierende Einfuhrverbote, mit denen

sich die USA und Kanada, Australien und Neuseeland, Malaya und Niederländisch-Indien gegen japanische Billigwaren abschirmten, ruinierten den Export.
Wirtschaftliche Not, vertieft durch Auswirkungen eines Erdbebens, das 99332 Japanern den Tod brachte, schuf neue soziale Probleme. Die Bauern wurden unruhig. Ihre Söhne trugen den Geist der Aufsässigkeit in die Kadettenschulen des Heeres. Junge Offiziere folgten nicht mehr blindlings dem »Kodo«, der Linie des Herrschers. Vielfach wurde ein vage umschriebener Staatssozialismus zum Ideal.[33] Jedenfalls klang es wie Hohn, daß der 1926 inthronisierte Tenno (Kaiser) Hirohito eine »Epoche des Friedens« verkündete.[34]
Ohne Rücksicht auf die bürgerlich-liberale Regierung, deren Kontrolle das Militär entzogen war, landeten im nächsten Jahr japanische Truppen auf dem Festland, um Schantung und Kiautschou wieder zu besetzen. Nach längerem Schwanken, einer gescheiterten Wirtschaftsreform und Rückschlägen der Auswandererpolitik neigte auch Italien unter neuer Führung zur überseeischen Expansion. Der Libysche Krieg ging zu Ende; aber in Abessinien gab es noch eine »unbeglichene Rechnung«.[35]
Die Lage der Deutschen hatte sich ebenso wenig verändert. Als ein Volk mit besonders vielen Nachbarn, denen der politische Status im Zentrum des Kontinentes nicht gleichgültig sein konnte, liefen die dort Regierenden stets Gefahr, sich als Objekt oder Subjekt ringsum vorhandener Agenzien zu verstehen. Die Weimarer Republik führte den »Kampf gegen das Unrecht von Versailles«. Schon der Rapallo-Vertrag, den sie 1922 mit Sowjetrußland schloß, enthielt revisionistische Elemente.[36]
Um das Deutsche Reich zu schwächen, hatte Frankreich polnische Insurgenten, rheinisch-pfälzische Separatisten und bayrische Partikularisten unterstützt. Vor allem forderte Paris überhöhte Reparationsleistungen.[37] Als die Zahlungen des Nachbarn stockten, bewirkte Poincaré den »Ruhreinbruch«, eine überfallartige Besetzung des größten Industriereviers in Europa durch französisch-belgische Truppen zur Gewinnung »produktiver Pfänder« (1923).[38]
Hunderttausende verloren dadurch Arbeit und Brot. Die deutsche Währung brach zusammen. Reparationen, Anleihen und Zinsendienst versagten. Erst eine neue Regierung unter Edouard Herriot brachte Frankreich zur Vernunft. Die Krise wurde mit britisch-amerikanischer Hilfe überwunden (1924), das Verhältnis zwischen den zerstrittenen Nachbarn erhielt im Vertrag von Locarno (1925) neue Grundlagen. Deutschland konnte dem Völkerbund beitreten (1926).[39]
Frankreich räumte das Ruhrgebiet und einen Teil des Rheinlandes, verzichtete auf weitere Kontrolle der Reichswehr und stellte Deutschland für den Fall eines sowjetisch-polnischen Konfliktes sogar uneingeschränkte Wiederbewaffnung in Aussicht. Der deutsche Beitritt zum Briand-Kellogg-Pakt, ein Verzicht auf den Krieg als Mittel internationaler Politik, gab Hoffnung (1928), ebenso die Anregung von Aristide Briand für eine »föderative Bindung« der europäischen Staaten (1929).[40]
Gustav Stresemann – Briands deutscher Partner – erlebte noch die Räumung der 2. und 3. Zone des Rheinlandes. Kurz vor seinem Tode befielen ihn düstere Ahnungen. Mit Bitterkeit verwies er auf die unterbliebene Berichtigung der Grenzen im Osten. Das Reich hatte für die Verständigung mit den Westmächten erhebliche Opfer gebracht und deshalb, wie es schien, den Rückhalt an weiten Kreisen des Volkes verloren.[41] Die Ursachen der Krise lagen jedoch tiefer.[42]
Der neue deutsche Staat hatte drei gravierende »Geburtsfehler«: die unverstandene

Niederlage samt dem Diktat von Versailles, das wirtschaftliche Debakel und seine sozialen Folgen für breite Schichten des bürgerlichen Mittelstandes, eine auf halbem Wege abgedrosselte Revolution. Die wiederholten Einkommens- und Vermögensverluste entfesselten politische Leidenschaft. Neben den etablierten Parteien formierten sich radikale »Volksbewegungen«, die nach einem starken »Führer« riefen.[43]

Auf breite Mittelschichten gestützte Honoratiorenparteien schrumpften. Sozialdemokratische Erfolge glichen die Verluste der staatstragenden Kräfte nicht aus. Die rechtsradikale Nationalsozialistische Deutsche Arbeiterpartei (NSDAP) erhielt zwar zunächst nur 2,6 Prozent der Stimmen. Ihre Organisation wurde aber so wirksam wie die mit der Komintern, einem sowjetischen Instrument, verbundene Kommunistische Partei Deutschlands (KPD). Die Reichsregierung mußte sich auf Notstandsrecht stützen. Als letzter Ausweg blieb die Diktatur. Beispiele gab es genug.

Rußland war kurz nach dem Sturze des Zaren der Gewaltherrschaft anheimgefallen (1917). Fünf Jahre darauf hatte Benito Mussolini die Macht ergriffen (1922)[44] und Mustafa Kemal die Türkei seinem Willen unterworfen (1923).[45] Józef Pilsudski setzte sich in Polen[46], Augustin Voldemaras in Litauen[47] an die Spitze des Staates (1926). Portugal kam unter die autoritäre Herrschaft von Antonio de Oliveira Salazar (1928)[48], während Spanien noch zwischen Militärdiktatur, Anarchosyndikalismus und liberalen Experimenten schwankte (1923–1930).[49]

Die Weltwirtschaftskrise bereitete einer zweiten Welle von Machtergreifungen den Boden.[50] Der Staatsstreich des jugoslawischen Herrschers (1929) und eine brasilianische Revolution unter Getulio Vargas (1930) bildeten den Auftakt. Ihm folgten die Berufung des ungarischen Ministerpräsidenten Gyula Gömbös (1932)[51] und der Austrofaschismus in Österreich (1933).[52] Autoritäre Regierungen in Estland[53] und Lettland[54] (1934), Bulgarien (1934/35)[55] und Rumänien (1934–1938)[56] sowie die Militärdiktatur des griechischen Generals Joannis Metaxas (1936)[57] vervollständigten das Bild.

In Sowjetrußland hatte Jossif W. Stalin seine Mitbewerber verdrängt[58], zuerst Trotzkij, dann Grigorij J. Sinowjew und Lew B. Kamenjew. Einen Augenblick lang drohten dem einflußreichen Generalsekretär der Kommunistischen Partei (KPdSU) die Zügel zu entgleiten. Als die Sowjetunion (UdSSR) an der Wende vom 1. zum 2. Fünfjahresplan 1932 wieder von einer katastrophalen Hungersnot heimgesucht wurde, erklärte er seinen Rücktritt, den das Politbüro jedoch nicht entgegennahm.[59]

Stalin revidierte die bolschewistische Ideologie des Marxismus-Leninismus mit der Zielsetzung, den »Sozialismus in einem Land« – dem eigenen – aufzubauen. In den folgenden Jahren veranlaßte der Generalsekretär blutige Säuberungen, bei denen das Leben seiner Kritiker und potentiellen Widersacher sowie Millionen unschuldiger Menschen ausgelöscht wurde. Eine neue Verfassung machte den Diktator zum unumschränkten Herrscher der Sowjetunion (1936).[60]

Tief erschüttert wurde Japan. Wegen der Weltwirtschaftskrise wehrten sich Amerika und das britische Commonwealth, Frankreich und Niederländisch Indien mit Schutzzöllen gegen die Folgen der Yen-Abwertung.[61] Die Preise für Rohseide und Baumwollprodukte zerfielen. Zahllose Bauern, die Raupen züchteten und Familienmitglieder in die Textilfabriken schickten, gerieten an den Rand des Existenzminimums. Die Issekikai-Gruppe, eine Verschwörung junger Offiziere, wandte sich voller Haß gegen Exponenten des anscheinend schuldigen Großkapitals.[62]

1931 bemächtigten sich die nach China entsandten Truppen weiterer Städte und Provin-

zen; 1932 schufen höhere Stäbe den Staat Mandschukuo, der ihnen als wirtschaftliche Machtbasis dienen sollte. In Tokio ermordeten Verschwörer den Premierminister und andere liberaldemokratische Politiker. Ein Offiziersputsch zur Realisierung des erträumten Staatssozialismus scheiterte zwar an Kaiser Hirohito. Dennoch wuchs der Einfluß des Heeres in Übereinstimmung mit den breiten Volksmassen.[63]
Ohne die Wirtschaftskrise und ihre Auswirkungen hätte auch Adolf Hitler nicht Millionen von Menschen um sich sammeln können, die ihm zujubelten, als er am 30. Januar 1933 das Amt des deutschen Reichskanzlers übernahm. Diese Machtergreifung war durch Wahlsiege der NSDAP vorbereitet und verfassungsmäßig sanktioniert.[64] Die meisten Beobachter sahen darin einen legalen Regierungswechsel. Inszenierung und Stimmungslage entsprachen dem Bild der Zeit.

[1] Die tieferen Ursachen und weltgeschichtlichen Zusammenhänge der Kriegsgeschichte unserer Zeit sind nicht erforscht, mehrfach jedoch in Ansätzen behandelt, zuletzt v. Th. Schieder in seinem Handbuch der europäischen Geschichte, a. a. O., 7/1. Vgl. auch K. D. Bracher: Die Krise Europas 1917–1975, in: Propyläen-Geschichte Europas, Bd. 6, Frankfurt – Berlin – Wien 1976; K. D. Erdmann: Die Zeit der Weltkriege, in: Gebhard, Handbuch der Geschichte, hg. v. H. Grundmann, Stuttgart 1976; G. Franz-Willing: Der Zweite Weltkrieg. Ursachen und Anlaß, Leoni [3]1980, S. 264f. u. Michaelis: Der Zweite Weltkrieg, a. a. O., S. 550f.; ferner A. Marwick: The Deluge, London 1965 u. A. Toynbee: A Study of History, 10 Bde., London 1934–1954 (u. ö.), insbes. Bd. 10, Einführung.

[2] H. Hardach: Der Erste Weltkrieg 1914–1918. Geschichte der Weltwirtschaft im 20. Jahrhundert, Bd. 2, München 1973; H. Herzfeld: Der Erste Weltkrieg (dtv-Weltgesch. d. 20. Jhs., 1) München [5]1979; W. Hubatsch: Der Erste Weltkrieg (Dt. Gesch. Ereignisse u. Probleme, 5) Berlin [3]1979; M. Ferro: La Grande Guerre 1914–1918, Paris 1969; D. Thomson: Britain at War 1914–18, in: England in the Twentieth Century, London [8]1975, S. 36–60.

[3] K. D. Bracher: Europa in der Krise. Innengeschichte und Weltpolitik seit 1917, Frankfurt 1979; E. Hölzle: Das Experiment des Friedens im Ersten Weltkrieg 1914–1917, in: GWU 13/1962, S. 465–522.

[4] G. v. Rauch: Lenin. Grundlagen des Sowjetsystems (Persönlichkeit u. Gesch., 28) Göttingen [3]1962; L. Fischer: Das Leben Lenins, 2 Bde. München 1970; E. Hölzle: Lenin, München 1957; H. Wilde: Trotzki, Reinbek 1969; J. Carmichael: Trotzki, Berlin 1973; L. Schapiro: Die Geschichte der kommunistischen Partei der Sowjetunion, Frankfurt 1961 (zit. Schapiro); B. v. Richthofen u. R. R. Oheim: Weltherrschaft. Die Entwicklung Rußlands zur Großmacht. Ziel und Weg des Sowjet-Kommunismus, Preußisch-Oldendorf 1982; L. Ruehl: Rußlands Weg zur Weltmacht, Düsseldorf 1981; A. B. Ulam: Expansion and Coexistence. The History of Soviet Foreign Policy, 1917–1967, London 1968 (zit. Ulam).

[5] H. F. Armstrong: Peace and Counterpeace, New York 1971; E. Hölzle: Wilsons Friedensplan und seine Durchführung, in: Ideologie u. Machtpolitik, hg. v. H. Rößler, Göttingen 1966; ders.: Amerika und Rußland. Entstehung eines Weltgegensatzes, Göttingen 1980; N. C. Lewin: Woodrow Wilson and World Politics. America's Response to War and Revolution, London 1970 (zit. Lewin); A. A. Offner: The Origins of the Second World War. American Policy and World Politics, 1917–1941, New York 1975 (zit. Offner); K. Schwabe: Woodrow Wilson. Ein Staatsmann zwischen Puritanismus und Liberalismus (Persönlichkeit und Gesch., 62) Göttingen 1971.

[6] D. S. Birn: The League of Nations Union, 1918–1945, Oxford 1981; G. A. Codding: Völkerbund, in: Marxismus im Systemvergleich. Geschichte Bd. 5, hg. v. C. D. Kernig, Frankfurt 1975, Sp. 162–173; P. P. Walters: A History of the League of Nations, London – New York – Toronto 1960. Vgl. dazu R. Aron: Frieden und Krieg, Oldenburg 1963, S. 139f. (zit. Aron: Frieden); D. Artaud: La Reconstruction de l'Europe 1919–1929, Paris 1973 u. W. Baumgart: Vom europäischen Konzert zum Völkerbund (Erträge d. Forschung, 25), Darmstadt 1974, S. 9ff. u. 20ff.

[7] Textauszüge in: Versailles – St. Germain – Trianon. Umbruch in Europa vor 50 Jahren. Unter Mitarbeit v. W. Baumgart, F. Fellner, K. Cajan, hg. v. V. Bosl, München – Wien 1971; Geschichtliche Quellenhefte, 11a: Weltgeschichte 1919–1939, hg. v. W. Wulf, Frankfurt – Berlin – München [5]1977;

Von Versailles zum Zweiten Weltkrieg (dtv-Dokumente) hg. v. E. Klöss, München 1975. Lückenloser Text: Der Friedensvertrag von Versailles nebst dem Schlußprotokoll und der Vereinbarung betreffend die militärische Besetzung der Rheinlande. Im Auftrage des Auswärtigen Amtes, Charlottenburg 1919 (darin auch das Völkerbundstatut).

8 W. Baumgart: Brest Litowsk und Versailles. Ein Vergleich zweier Friedensschlüsse, in: HZ 210/1970, S. 583–619; H. Graml: Europa zwischen den Kriegen (dtv-Weltgesch., 5) München [5]1979 (zit. Graml); P. Miquel: La paix de Versailles et l'opinion publique française (Nouvelle bibliothèque scientifique), Paris 1972; P. Renouvin: Le traité de Versailles. Questions d'histoire, Bd. 9, Paris 1969; M. Trachtenberg: Versailles After Sixty Years, in: JCH 7/1982, S. 435–458; Th. Schieder: Europäische Friedensschlüsse von Wien bis Versailles, in: Entspannung, Sicherheit, Frieden, hg. v. A. Domes, Köln 1968, S. 33ff.; ders.: Europa im Zeitalter der Weltkriege, in: Handbuch der europäischen Geschichte, a. a. O., S. 113–137. Zur Hinnahme des Diktates H. Heiber: Die Republik von Weimar (dtv-Weltgesch., 3) München [14]1981, S. 40ff.; G. Schulz: Revolution und Friedensschlüsse 1917–1920 (dtv-Weltgesch., 2) München 1967, S. 211ff.; ders.: Deutschland seit dem Ersten Weltkrieg 1918–1945, in: Deutsche Geschichte, hg. v. J. Leuschner, Bd. 10, Göttingen [2]1982, S. 40–50 (zit. Schulz).

9 H. Rosinski: Die deutsche Armee, München [3]1977, S. 156 (zit. Rosinski).

10 F. Fellner: Der Zerfall der Donaumonarchie in weltgeschichtlicher Perspektive, in: Die Auflösung des Habsburgerreiches, hg. v. R. G. Plasch u. K. Mack, München 1970 (zit. Fellner); I. Barta (u. a.): Geschichte Ungarns, Budapest 1971, S. 491f. (zit. Barta); Th. v. Bogyay: Grundzüge der Geschichte Ungarns, Darmstadt [3]1977, S. 156ff. (zit. Bogyay); E. J. Drake: Bulgaria at the Paris Peace Conference. A Diplomatic History of the Treaty of Neuilly-sur-Seine, Washington, D. C., 1976; E. Kedouri: The End of the Ottoman Empire, in: JCH 3/1968, S. 19–28.

11 G. v. Rauch: Geschichte des bolschewistischen Rußland, Wiesbaden [3]1965, S. 103ff. (zit. Rauch); E. H. Carr: A History of Soviet Russia, 6 Bde., London – New York 1962, Bd. 1, S. 99ff. (zit. Carr); L. M. Heller u. A. Nekrich: Geschichte der Sowjetunion, 2 Bde., Königstein/Ts. 1982 (zit. Heller/Nekrich); B. Meissner: Sowjetrußland zwischen Revolution und Restauration, Köln 1956; I. Neander: Grundzüge der russischen Geschichte, Darmstadt [2]1976, Kap. 8/9 (zit. Neander); K.-H. Ruffmann: Sowjetrußland (dtv-Weltgesch., 8) München 1979, S. 15–31.

12 Fellner, a. a. O., S. 21–45; J. Rothschild: East Central Europe Between the World Wars, Bd. 9, Seattle, Wa., 1974; Z. Zeman: The Break-Up of the Habsburg Empire. A Study in National and Social Revolution, London 1961.

13 N. Davies: God's Playground. A History of Poland, 2 Bde., Oxford 1981 (zit. Davies); A. Jobert: Histoire de la Pologne, Paris [2]1976 (zit. Jobert); R. F. Leslie (Hg.): The History of Poland Since 1863, Cambridge 1980 (zit. Leslie); E. Meyer: Grundzüge der Geschichte Polens, Darmstadt [2]1977 (zit. Meyer); G. Rhode: Geschichte Polens, Darmstadt [3]1980 (zit. Rhode); H. Roos: Geschichte der polnischen Nation 1916–1956, Stuttgart [3]1979.

14 M. Hellmann: Grundzüge der Geschichte Litauens, Darmstadt [2]1976 (zit. Hellmann); A. Gerutis: Independant Lituania, New York 1969 (zit. Gerutis).

15 E. Jutikkala u. K. Pirinen: Geschichte Finnlands, Stuttgart [2]1976; L. A. Puntila: Suomen polittinen historia, 1809–1966, Helsinki [5]1980 (zit. Puntila).

16 E. Uustalu: The History of the Estonian People, London 1952 (zit. Uustalu).

17 B. Kalinš: De baltiska staternas frihetskamp, Stockholm 1950; N. A. Tarulis: Soviet Policy Towards the Baltic States, 1918–1940, Notre Dame, Ind., 1959 (zit. Tarulis); A. Švabe: Lettland's Historia, Stockholm 1961 (zit. Švabe).

18 Barta, S. 500ff.; Bogyay, S. 157f.; J. v. Farkas: Südosteuropa, Göttingen 1955; O. Halecki: Grenzsaum des Abendlandes. Eine Geschichte Ostmitteleuropas, Salzburg 1957.

19 J. K. Hoensch: Geschichte der Tschechoslowakischen Republik 1918–1965, Stuttgart 1966 (zit. Hoensch); V. S. Mamatey u. R. Luza (Hg.): Geschichte der Tschechoslowakischen Republik 1918–1948 (Forschungen zur Gesch. d. Donauraumes, 3), Wien – Köln 1980 (zit. Mamatey).

20 D. Djordjević: The Creation of Jugoslavia 1914–1918, Santa Barbara, Cal., 1980; R. Kiszling: Die Kroaten, Graz – Köln 1956 (zit. Kiszling); H. Sundhausen: Geschichte Jugoslawiens 1918–1980, Stuttgart 1982.

21 M. Huber: Grundzüge der Geschichte Rumäniens, Darmstadt 1973 (zit. Huber); dazu Barta, S. 501f.

22 H. Andics: Der Staat, den keiner wollte, Wien 1976, S. 39ff.

23 G. Manousakis: Hellas – Wohin? Bad Godesberg 1967, S. 212ff.

24 H. Altrichter: Staat und Revolution in Sowjetrußland 1917–1922/23 (Erträge der Forschung, 148)

Darmstadt 1981; F. v. Briessen: Grundzüge der deutsch-chinesischen Beziehungen, Darmstadt 1977, S. 78ff. (zit. Briessen); Carr, I, passim; Schapiro, S. 14ff.; D. Geyer (Hg.): Sowjetunion/Außenpolitik, I: 1917–1955 (Osteuropa-Handbuch) Köln – Wien 1972; Ruffmann, S. 15ff.; Graml, S. 32f.; Rauch, S. 115–172; J. M. Thompson: Russia, Bolshevism, and Versailles Peace, Princeton, N. J., 1966; G. F. Kennan: Soviet-American Relations, 1917–1920, 2 Bde., Princeton, N. J., 1956–1958.

25 Lewin (Anm. 5), passim; R. J. Carido: 20th Century American Foreign Policy. Security and Self-Interest, Englewood Cliffs, N. J., 1974, S. 24ff. u. 33ff. (zit. Carido); E. R. May: World War and American Isolationism, Cambridge, Mass., 1959; R. Stone: The Irreconcilables. The Fight Against the League of Nations, Lexington, C. Ky., 1970.

26 Ph. Bernard: La fin d'un monde 1914–1929. Nouvelle Histoire de la France contemporaire, Bd. 12, Paris 1975, S. 108ff. u. 142ff. (zit. Bernard); M. Bomont: La fallité de la paix 1918–1939, 2 Bde., Paris 1960/61 (zit. Bomont); J.-B. Duroselle: Histoire diplomatique de 1919 à nos jours, Paris 1970 u. ders. La politique extérieure de la France de 1914 à 1945, Paris [4]1966, S. 57ff. (zit. Duroselle); P. Wandycz: France and Her Eastern Allies, Minneapolis, Min., 1962.

27 G. Procacci: Geschichte Italiens und der Italiener, München 1983.

28 R. Crispo (u. a.): La politica estera italiana del 1914 al 1943, Turin 1963; M. Isnegi: Il mito della grande guerra, Bari 1970 u. F. Guaneri: Battaglie economiche tra le due grande guerre, Bd. 1, Mailand 1953, S. 128ff.; dazu L'Economia italiana de 1861–1961. Studi nel primo centenario dell'unità dell'Italia, Mailand 1961; Sommario di statistiche storiche dell'Italia 1861–1965, Rom 1968.

29 L. De Felice: Le interpretazioni del Fascismo, Bari [7]1976, dt. Göttingen 1980; J. A. Gregor: L'ideologia del fascismo, Mailand 1974; J. Petersen: Faschismus und Industrie in Italien 1919–1929; A. Romualdi: Il fascismo como fenomeno europeo, Rom 1977; F. Saltaretti: Storia del Fascismo, Mailand 1967; H. A. Winkler: Revolution, Staat, Faschismus. Zur Revision des Historischen Materialismus, Göttingen 1978.

30 G. C. Allen: Short Economic History of Modern Japan, New York 1963; W. G. Beasley: The Modern History of Japan, New York [2]1972 (zit. Beasley); A. Cole: Japanese Society and Politics. The Impact of Social Stratification and Mobility on Politics, Boston, Mass., 1956 (zit. Cole); E. O. Reischauer: Japan. The Story of a Nation, Westminster, Md., 1974 (zit. Reischauer); G. Sansom: A Short Cultural History of Japan, London 1952, dt. Essen 1975; J. K. Fairbank: East Asia. The Modern Transformation, Boston, Mass., 1965; R. Storry: A Modern History of Japan, Harmondsworth 1960 (zit. Storry).

31 Carido, S. 57ff.; G. Sansom: The Western World and Japan, New York [2]1973; W. A. Williams: The Shaping of the American Diplomacy, Chicago, Ill., [2]1971; Jo Yung-kwan (Hg.): U. S. Foreign Policy in Asia, Santa Barbara, Cal., 1978; Storry, S. 109ff.

32 T. H. Buckley: The United States and the Washington Conference, 1921–1922, Knoxville, Tenn., 1970; R. Dingman: Power in the Pacific. The Origins of Naval Arms Limitation, 1914–1922, Chicago, Ill., 1976; Storry, S. 116ff.

33 I. Akira: Japanese Imperialismus and Aggression Reconsideration, in: JAS 23/1963–64, S. 103–113 (zit. Akira); D. M. Brown: Nationalism in Japan, New York [2]1971 (zit. Brown); J. M. Maki: Japanese Militarism. It's Cause and Cure, New York 1945 (zit. Makin); B. Martin: Japans Weltmachtstreben, in: Weltpolitik, hg. v. O. Hauser, Bd. II, Göttingen 1975, S. 98–130 (zit. Martin); J. W. Mosley: Japan's Foreign Policy, 1868–1941, New York 1974; M. Maruyama: Thought and Behaviour in Modern Japanese Politics, Oxford [2]1963 (zit. Maruyama); D. A. Titus: Palace and Politics in Prewar Japan, New York 1974 (zit. Titus); Storry, S. 9ff.

34 L. Mosley: Hirohito. Emperor of Japan. Englewood Cliffs, N. J., 1966 (zit. Mosley: Hirohito); Titus, 8–18ff.; R. Wall: Japan 1933–1935, in: Weltpolitik, hg. v. O. Hauser, Bd. I, Göttingen 1973, S. 224–254 (zit. Wall).

35 R. De Felice: Beobachtungen zu Mussolinis Außenpolitik, in: Saeculum 24/1973, S. 314ff.; E. di Nolfi: Mussolini e la politica estera italiana 1919–1933, Padua 1960; G. Rochat: Militari e Politici nella preparazione della campagna d'Etopia. Studi e documenti 1932–1936, Mailand 1971; G. Rumi: Revisionismo fascista e espansione coloniale 1925–1935, in: Il Movimento 80/1965, S. 37–73; dazu d. Standardwerke v. F. Siebert: Italiens Weg in den Zweiten Weltkrieg, Frankfurt – Bonn 1962, Einleitung, S. 1–80 (zit. Siebert) u. D. M. Smith: Mussolini's Roman Empire, London – New York 1976 (zit. D. M. Smith).

36 Graml, S. 55ff., spricht von einem »Sonderfall« der »Kontinuität imperialistischen Denkens«; Heiber, S. 173ff.; H. Herzfeld: Die Weimarer Republik (Deutsche Gesch., Ereignisse u. Probleme, 4) Berlin [3]1978; E. Eyck: Geschichte der Weimarer Republik, 2 Bde., Zürich [2]1959; Th. Vogelsang: Die

Außenpolitik der Weimarer Republik 1918–1933, Uelzen 1959; aus Kommunist. Sicht G. Streisand: Deutsche Geschichte, (Ost)Berlin [5]1980. Einzelheiten b. B. H. Carr: Berlin – Moskau. Deutschland und Rußland zwischen den beiden Weltkriegen, Stuttgart 1954; K. D. Erdmann: Deutschland, Rapallo und der Westen, in: VZ 11/1963, S. 105–165; H. Graml: Die Rapallo-Politik im Urteil der westdeutschen Forschung, Darmstadt 1965, S. 229–266; H. G. Linke: Deutsch-sowjetische Beziehungen bis Rapallo, Köln 1970. Ferner H. v. Riekhoff: German-Polish Relations, 1919–1933, Baltimore, Md., 1971 u. V. Kellermann: Schwarzer Adler – Weißer Adler. Die Polenpolitik der Weimarer Republik, Köln 1970, S. 63ff. Der Text des Rapallo-Vertrages b. J. Hohlfeld (Hg.): Dokumente der deutschen Politik und Geschichte von 1848 bis zur Gegenwart, 6 Bde., Berlin – München 1951/52, Bd. 2, Nr. 254 (zit. Hohlfeld).

37 Bernard, S. 131–141; Heiber, S. 89ff.

38 Bernard, S. 154f.; Graml, S. 158ff.; Heiber, S. 115ff.

39 Zu d. Hintergründen s. R. Stucker: Deutsche Geld- und Kreditpolitik 1914–1963, Tübingen [5]1964; E. Wandel: Die Bedeutung der Vereinigten Staaten für das deutsche Reparationsproblem 1924–1929, Tübingen 1971. Einzelheiten b. Graml, S. 173ff.; Heiber, S. 152ff.; G. Kotowski: Die Weimarer Republik zwischen Erfüllungspolitik und Widerstand, in: Die Folgen von Versailles 1919–1924, hg. v. H. Rößler, Göttingen 1969, S. 143ff. Die frz. Aspekte b. Bernard, S. 164ff.; Duroselle, S. 88ff. Zur engl. Politik W. N. Medlicott: Contemporary England 1914–1964, London 1967, S. 218 (zit. Medlicott: England); A. F. Havinghurst: Twentieth-Century Britain, New York 1962, S. 178ff.; Ch. L. Mowat: Britain Between the Wars, 1918–1940, London [3]1969, S. 145ff. (zit. Mowat). Der Text d. Locarno-Verträge u. zusätzl. Abkommen b. Hohlfeld, II, Nr. 260.

40 Bernard, S. 168ff.; Duroselle, S. 72ff.; R. Torry: The Double Briand, 6 Bde., Paris 1938–1952.

41 M.-O. Maxelon: Stresemann und Frankreich. Deutsche Politik der Ost-West-Balance, in: Geschichtl. Studien z. Politik u. Gesellschaft 5/1972; R. Timm: Stresemann und die deutsche Volkspartei, Lübeck 1961; dazu Memoiren v. W. Stresemann: Mein Vater Gustav Stresemann, München 1979, S. 548–604.

42 W. Conze u. H. Raupach (Hg.): Die Staats- und Wirtschaftskrise des Deutschen Reiches 1929/30, Stuttgart 1967 (zit. Conze/Raupach); W. Helbich: Die Reparationen in der Ära Brüning. Zur Bedeutung des Young-Planes für die deutsche Politik 1930–1932, Berlin 1962. Auch Baumgart, S. 135f., Graml, S. 173ff.; Kotowski, S. 145ff.; Heiber, S. 154ff.

43 A. Kühnl: Deutschland zwischen Demokratie und Faschismus. Zur Problematik der bürgerlichen Gesellschaft seit 1918, München 1971: vor allem Schulz, S. 92–95.

44 R. de Felice: Mussolini, 2 Bde., Turin [3]1974 u. 1981 (zit. De Felice: Mussolini); Ch. Hibbert: Mussolini, Frankfurt 1973 (zit. Hibbert); I. Kirkpatrick: Mussolini, Berlin 1965 (zit. Kirkpatrick); M. Palla: Mussolini il fascista numero uno, im: Studi storici 1–3/1982, S. 23–50.

45 J. P. D. B. Kinross: Atatürk, London 1964.

46 Roos, S. 115ff.

47 Hellmann, S. 161f.

48 H. Sokol: Salazar, Graz – Wien – Köln 1957.

49 R. de la Cierva: Historia del Franquismo, Barcelona [2]1980, S. 10ff.

50 Ch. P. Kindleberger: Die Weltwirtschaftskrise, München 1973; A. Predöhl: Die Epochenbedeutung der Weltwirtschaftskrise von 1929–1931, in: VZ 1/1953; Conze/Raupach u. Helbich (op. cit.).

51 Barta, S. 505f.

52 Andics, S. 170ff.

53 Uustalu, S. 103f.

54 Švabe, S. 374ff.

55 H.-J. Hoppe: Bulgarien – Hitlers eigenwilliger Verbündeter. Studien zur Zeitgeschichte, hg. v. Inst. f. Zeitgesch., Stuttgart 1979, S. 31ff. u. 39ff. (zit. Hoppe).

56 A. G. Savu: Dictatura regela, 1938–1940, Bukarest 1968 (zit. Savu).

57 L. Bossle, K. Hornung, G. Mergl: Blick vom Olymp, Stuttgart 1973, S. 75ff.

58 I. Deutscher: Stalin, Stuttgart [2]1966; G. Hilger: Stalin (Persönlichkeit u. Gesch., 17) Göttingen [2]1964 (zit. Hilger); G. P. Horváth: Stalin, Gütersloh 1968; M. Morozow: Der Georgier. Stalins Weg zur Herrschaft, München [2]1980 (zit. Morozow: Stalin); M. Rubel: Stalin, Reinbek 1975; E. E. Smith: Der junge Stalin, München 1969; A. Ulam: Stalin, New York 1973 (zit. Ulam, Stalin).

59 Ruffmann, S. 56–64; Rauch, S. 320–340; Schapiro, S. 377ff.

60 Ruffmann, S. 63ff.

61 Allen, S. 377ff.; Cole, S. 234f.; Sansom: Western World, S. 256ff.

[62] Brown, S. 135ff.; Maruyama, S. 77ff.

[63] Akira, S. 133ff.; Brown, S. 146ff.; Maki, S. 257ff.; dazu Mosley: Hirohito, S. 104f., Titus, S. 57ff.; u. G. O. Totten (Hg.): Democracy in Prewar Japan. Groundwork or Facade? Boston, Mass., 1965; K. Colgrave: The Constitutional Development of Japan, Evanston, Ill., 1951; J. W. Hall: Das japanische Kaiserreich, Frankfurt 1968.

[64] K. D. Bracher: Die Auflösung der Weimarer Republik. Eine Studie zum Problem des Machtverfalls in der Demokratie, Villingen[5] 1971; H. Höhne: Die Machtergreifung. Deutschlands Weg in die Hitler-Diktatur, Reinbek 1982; D. Gessner: Das Ende der Weimarer Republik (Erträge der Forschung, 97), Darmstadt 1978.

Anfänge nationalsozialistischer Außenpolitik

Hitlers »Machtergreifung« war nicht vollkommen.[1] Er hatte seine Berufung dem Reichspräsidenten Paul von Hindenburg zuzuschreiben, der unter bestimmten Voraussetzungen Kanzler ernennen und entlassen konnte. Die Nationalsozialisten bildeten in der Regierung erst eine Minderheit. Der Vizekanzler und die Kabinettsmehrheit fühlten sich der NSDAP nur durch Koalitionsabsprachen verpflichtet. Dies galt auch für den bisherigen Reichsaußenminister Konstantin Freiherr von Neurath und seinen Staatssekretär Bernhard Wilhelm von Bülow, die in ihren Ämtern verblieben.[2]

Die Weimarer Demokratie hatte beträchtliche Revisionen des Friedensvertrages erreicht: einen ständigen Sitz im Völkerbundsrat (1926), den vorzeitigen Abzug der Besatzungstruppen (1930), die Anerkenntnis der deutschen Gleichberechtigung durch Fünfmächteerklärung (1932) und abschließende Regelungen des Reparationenproblems (1932). Allgemein wurde erwartet, daß der neue Kanzler trotz wütender Attacken gegen das »Unrecht von Versailles« den eingeschlagenen Kurs fortsetzen werde.

Allerdings vertrat Hitler eine vulgär-darwinistische Ideologie, die Schlagwörter wie »Bluts- und Schicksalsgemeinschaft«, »Rasse«, »Volkswert« und »Lebensraum« benutzte. »Mein Kampf«, ein Buch, das der nunmehrige Kanzler 1924 geschrieben hatte, verbreitete seine »Weltanschauung« in hohen Auflagen. Deutschland, hieß es darin, müsse die Verständigung mit Großbritannien und Italien suchen, sich durch Niederwerfung Frankreichs den Rücken freimachen und das »bolschewistische Rußland« vernichten; der »über die Grenzen von 1914« hinauswachsende »Germanenstaat« werde dann kommenden Generationen ermöglichen, das »Weltjudentum« auszuschalten. Ein zweites Werk, das 1928 entstanden war (aber erst 1961 veröffentlicht wurde), enthielt dazu weitere Ausführungen.[3]

Wer die Kapitel 13 und 14 des vorliegenden Bandes las, fand eine Reihe von unaufgelösten Widersprüchen und mochte daher Hitlers Bekenntnis zum hemmungslosen Imperialismus nicht als Programm für eine Stufenfolge realisierbarer Aktionen werten. Viele Kritiker sahen in der Veröffentlichung ein unseriöses Machwerk voller Chimären. Auch die Sowjets, deren Deutschland-Experten das Buch diskutierten, zogen aus seinen Phantasmagorien keine Konsequenzen.[4]

Doch bereits am 3. Februar 1933, wenige Tage nach dem Einzug in die Berliner Reichskanzlei, ließ Hitler einen Teil seiner Absichten durchblicken, als er vor Militärbefehlshabern über Deutschlands Zukunft und die Verwendung der »wiedergewonnenen politischen Macht« sprach. Sie wäre, meditierte er unter Vorgabe einer Scheinalternative, zur »Erkämpfung« von »Exportmöglichkeiten« oder – »wohl besser« – für die »Eroberung neuen Lebensraumes im Osten und dessen rücksichtslose Germanisierung« einzusetzen.[5]

Hitlers Gedanken waren auf Krieg gerichtet. Sie mußten aber kaschiert werden, solange die Mächtekonstellation und der Aufbau des eigenen, noch unvollkommenen Herrschaftssystems außenpolitische Enthaltsamkeit geboten. Die Ausführungen vom 3. Februar 1933 wurden daher streng vertraulich behandelt. Das Auswärtige Amt und Joseph Goebbels (der angehende Reichsminister für Volksaufklärung und Propaganda) ließen eine tags zuvor gehaltene »Friedensrede« des Kanzlers verbreiten.

Am 15. Juni 1933 schlossen Deutschland, Frankreich, Großbritannien und Italien einen Viererpakt, in dem sie sich erneut zur Politik der Zusammenarbeit, des Friedens und der Abrüstung verpflichteten. Den äußeren Rahmen ihrer gemeinsamen Anstrengungen sollten auch künftig der Locarno-Vertrag und die League of Nations bilden. Noch offene Fragen – gemeint waren weitergehende Korrekturen der Pariser Friedensordnung – gedachte man »auf geeignetem Wege« zu lösen.

Hitler wollte sich aber dem System der kollektiven Sicherheit entziehen und durch bilaterale Politik die Handlungsfreiheit zurückgewinnen. Neurath und Bülow bestärkten ihn darin, denn auch sie sahen, daß die Weltwirtschaftskrise viele Staaten veranlaßt hatte, das Heil in der eigenen unabhängigen Entscheidungsgewalt zu suchen. Kürzlich war der Völkerbund mit dem Versuch, die kriegerische Auseinandersetzung zwischen Japan und China zu beenden, gescheitert. Das Kaiserreich hatte der Liga den Rücken gekehrt.[6]

Japans Kündigung war nicht ohne Folgen für die im Vorjahr begonnene Abrüstungskonferenz. Sie hatte Deutschland die Aussicht auf Gleichberechtigung gebracht. Mittlerweile jedoch versteifte sich Frankreichs Haltung. Seine Regierung machte Vorbehalte und wollte mit den in Aussicht genommenen Maßnahmen erst nach Ablauf von vier Jahren beginnen. Als der britische Außenminister Sir John Simon seine bisherige Haltung aufgab und sich dem Standpunkt der Franzosen näherte, ließ Hitler die Verhandlungsdelegation des Reiches aus Genf abberufen.[7]

Zuvor hatte das Reichskabinett einstimmig den Vorschlag gebilligt, Deutschlands Mitgliedschaft im Völkerbund aufzukündigen. Die Notifizierung des Austrittes bedeutete eine Wende zur Bipolarität internationaler Beziehungen. Die Gespräche wurden fortgesetzt, auch mit Frankreich, dessen Botschafter André François-Poncet von Hitler beruhigende Zusicherungen hinsichtlich Elsaß-Lothringens erhielt. Das erste, für die Öffentlichkeit überraschende Ergebnis zweiseitiger Verhandlungen war die Bekanntgabe des deutsch-polnischen Nichtangriffs- und Freundschaftspaktes vom 26. Januar 1934.[8]

Noch unlängst waren die Beziehungen zwischen beiden Nachbarstaaten wegen der Korridor- und Minderheitenfragen so schlecht gewesen, daß Pilsudski angeblich Pläne für einen Präventivkrieg gegen Deutschland guthieß. Mit dem Aufstieg des einfallsreichen Obersten Józef Beck hatte sich jedoch langsam ein Wandel vollzogen. Dem autoritären Warschauer Regime nahestehende Kreise hegten für die Art, in der Hitler sein Volk disziplinierte, heimliche Bewunderung.

Selbstverständlich hatte man bei dem jüngsten deutsch-polnischen Abschluß bestehende Allianzen, das Viermächteabkommen des Vorjahres und sogar den Briand-Kelloggpakt respektiert. Dennoch mußte die Annäherung zwischen Berlin und Warschau die internationale Szene verändern. Frankreich und Rußland, die beiden verunsicherten kontinentalen Flügelmächte, begannen sich wohl oder übel aufeinander zuzubewegen. Am Quai d'Orsay entwickelte man das Konzept für ein umfassendes »Ost-Locarno«.

Deutschland und Polen, aber auch Finnland und die drei baltischen Republiken hatten freilich an dem von Frankreich vorgeschlagenen, durch die Flügelmächte zu garantierenden System gegenseitiger Beistandsverpflichtungen kein Interesse. Beck sprach für alle mittelosteuropäischen Regierungen, als er den Franzosen erklärte, man wolle nicht den Sowjets »in die Arme gestoßen« werden. Die französische Regierung fühlte sich aber durch deutsche Rüstungsanstrengungen unter Druck gesetzt. Paris steuerte daher auf bilaterale Verteidigungsabkommen mit Prag und Moskau zu.

Die zur Beaufsichtigung Ungarns geschaffene »Kleine Entente« wurde gestärkt, zwischen Jugoslawien, Rumänien, der Türkei und Griechenland ein »Balkan-Verständigungspakt« abgeschlossen. Italien nahm ungeachtet ideologischer Gemeinsamkeiten mit Deutschland durch Unterzeichnung Römischer Protokolle das erschütterte Österreich unter die Fittiche und entsandte Truppen zum Brenner. Finnland, Estland und Lettland einigten sich auf eine »Baltische Entente«.[9]

In Berlin sprach man vom Beginn einer »neuen Einkreisung«. Festes Zusammenstehen schien mehr denn je geboten. Hitler hatte seine Macht durch Revirement und Propaganda, ein Ermächtigungsgesetz und Gleichschaltung nahezu aller politischen Kräfte stabilisiert und sich in dem zunehmenden Gegensatz zwischen nationalsozialistischen Sturmabteilungen (SA) und Reichswehr kurz entschlossen auf die Seite des Militärs gestellt.

Hermann Göring, Joseph Goebbels und Reinhard Heydrich trafen die Vorbereitungen für eine gewaltsame Lösung. Heinrich Himmler zog die Schutzstaffeln (SS) zu Exekutionen heran. Innerhalb weniger Stunden ließ Hitler am 30. Juni 1934 zahlreiche höhere SA-Führer und auch gleich eine Reihe konservativer Persönlichkeiten ermorden. Ehe der schwerkrank in Ostpreußen weilende Hindenburg wahrheitsgemäß unterrichtet wurde und die Staatsanwaltschaften ermitteln konnten, war das Vorgehen der Parteispitze vom Reichstag als »Staatsnotwehr« legalisiert.[10]

Ebenso hatte man vier Wochen später beim Tode Hindenburgs vorgesorgt. Ein entsprechend datiertes Gesetz ermöglichte Hitler, das vakant gewordene Amt des Reichspräsidenten zu übernehmen. Als Staatsoberhaupt, Regierungschef und Führer der NSDAP besaß er die Machtvollkommenheit eines Diktators. Er gebot der Legislative und Exekutive, beherrschte die Justiz, nannte sich Oberster Gerichtsherr und befehligte das am 2. August 1934 auf ihn vereidigte Militär.

Zur stärksten Stütze des Regimes wurde die SS. Himmler machte aus ihr einen strenggläubigen Männerorden, der volkstums- und rassenpolitische Aufgaben übernahm, die Konzentrationslager verwaltete, eigene Truppen unterhielt und mit Heydrich als Chef nicht wie bisher nur den Sicherheitsdienst der Partei (SD) versah, sondern bald alle wichtigen Polizeiorgane des Staates an sich band. Neben das Auswärtige Amt traten »Büros« und die Auslandsorganisationen der NSDAP unter Joachim von Ribbentrop, Alfred Rosenberg und Ernst Wilhelm Bohle.[11]

Unterdessen hatte Stalin aus der deutsch-polnischen Annäherung und Hitlers Machtgewinn weitgehende Konsequenzen gezogen und durch den Außenkommissar Maxim M. Litwinow 1934 die Aufnahme der UdSSR in den Völkerbund erwirken lassen. Der Moskauer Parteikongreß und die Kommunistische Internationale (Komintern) mußten diesen Kurswechsel begrüßen, was manchen Mitgliedern schwerfiel, da die Integration in das westliche System kollektiver Sicherheit gute Beziehungen mit »kapitalistischen Ländern« voraussetzte und zum Abschluß bilateraler Beistandspakte führen sollte.[12]

Die »Umkreisung« des Reiches durch Brückenschläge zwischen Paris, Moskau, Prag und Rom bestärkten Hitler in dem Entschluß zur »Wiederwehrhaftmachung« Deutschlands.[13] Ein 1933 entwickeltes Dezember-Programm der Rüstung wurde forciert und 1934 die Verdreifachung des Hunderttausend-Mann-Heeres angeordnet. Schon fertigten 2800 Unternehmen mit 750000 Arbeitern Rüstungsgüter (15% der Industrieproduktion). Der Reichsbankpräsident Hjalmar Schacht sorgte für eine unkonventionelle Kreditschöpfung. Gläubiger durften auf eine Metallurgische Forschungsgesellschaft (Mefo) staatlich abgesicherte, von der Reichsbank diskontierte Wechsel ziehen.[14]

Hitler wollte bald militärisches Gewicht in die Waagschale werfen. Nachdem die vorgesehene Saarabstimmung am 13. Januar 1935 mit einem Erfolg für Deutschland geendet hatte, den sich das NS-Regime zugutehielt, stellte der Diktator die Öffentlichkeit überraschend vor vollendete Tatsachen. Er befahl die Enttarnung der deutschen Luftwaffe und ließ, als das französisch-belgische Defensivabkommen erneuert wurde und Paris die Militärdienstzeit verlängerte, ein Reichsgesetz über die Wiedereinführung der allgemeinen Wehrpflicht vom 16. März 1935 in Kraft treten.[15]

Um das Überraschungsmoment ausnutzen zu können, hatte Hitler alle höheren Dienststellen und den Reichswehrminister Werner von Blomberg bis zuletzt im unklaren gelassen. Der von ihnen befürchtete Proteststurm blieb aus.[16] Zwar verwahrten sich Frankreich, Großbritannien und Italien gegen die Verletzung des Versailler Vertrages. Auch kamen auf Anregung Mussolinis Delegationen der Locarno-Mächte nach Stresa, wo sie erklärten, »mit geeigneten Mitteln jeder einseitigen Kündigung von Verträgen« entgegentreten zu wollen. Doch England folgte diesem Kurs nur halben Herzens.

Labour wie Konservative – das Kabinett des Premierministers James Ramsay Macdonald sowohl als auch die Regierung seines Nachfolgers Stanley Baldwin – waren an einem »Luftpakt« interessiert, verlagerten dann aber den Schwerpunkt zur maritimen Rüstungsproblematik.[17] Hitler schickte seinen »Beauftragten für Abrüstungsfragen«, Joachim von Ribbentrop, nach London. Er schloß mit England am 18. Juni 1935 ein Flottenabkommen, das die beiderseitigen Tonnagen im Verhältnis von 100:35 (für U-Boote 100:45) festsetzte.[18] Großbritannien hatte den Boden der gemeinsamen Erklärung von Stresa verlassen und nahm die deutsche Aufrüstung als gegebene Tatsache zur Kenntnis.[19]

Hitler verkannte jedoch das Sicherheitsbedürfnis des Inselreiches, wenn er darauf spekulierte, daß England sein Interesse am Gleichgewicht auf dem Kontinent für eine deutsche Garantie des Empire preisgeben werde.[20] Der erste Anlauf zu einem deutschbritischen Bündnis war schon gescheitert.[21] London wollte Paris nicht alleinlassen und ebensowenig den Völkerbund schwächen.[22] Großbritannien besann sich auf seine eigene Kraft. Angesichts der deutschen Luftrüstung hatte man in Whitehall Vorschläge des Defense Requirements Committee für die Verstärkung der Royal Air Force zu realisieren begonnen.[23]

Das Flottenabkommen werteten die maßgebenden britischen Gremien nicht wie Hitler als Beginn der außenpolitischen Annäherung. Der zugunsten Englands festgeschriebene Tonnageproporz sollte Whitehall die Chance geben, einen gegenüber dem expansionistischen Japan als notwendig erachteten two-power-Standard der Royal Navy zu schaffen.[24] Der Vergrößerung des deutschen Heeres von 7 auf 36 Divisionen widmete Großbritannien vorerst weniger Aufmerksamkeit, solange Frankreich die stärkste westeuropäische Kontinentalmacht war, mit Rußland paktierte und Italien zum Schutze Österreichs heranzog.[25]

Ein Freundschaftsvertrag zwischen Paris und Rom war seit Januar 1935 unter Dach und

Fach, der französische Beistandspakt mit Moskau paraphiert. Aber Mussolini wollte sich durch den Ministerpräsidenten Pierre Laval »nicht am Brenner festnageln« lassen, sondern begehrte freie Hand zur Wahrnehmung vordringlicher Interessen in Ostafrika.[26] Die UdSSR forderte von Paris vergebens ein zusätzliches Generalstabsabkommen. Moskaus Enttäuschung wuchs, als auch Prag einer so weitgehenden Präzisierung auswich und sowjetischen Schutz nur beanspruchen wollte, wenn gleichzeitig Frankreich der ČSR zu Hilfe kam.

Die Front der Einkreiser bröckelte ab. Litwinow und der ins Foreign Office berufene Anthony Eden scheiterten bei dem Versuch, Italien von seinem geplanten afrikanischen Unternehmen abzuhalten.[27] Der Abessinienkrieg (1935–1936) bedeutete eine Wende. Das Einvernehmen zwischen Paris und Rom schwand. Sanktionsbeschlüsse des Völkerbundes waren wirkungslos.[28] Deutschland gewann größeren Bewegungsspielraum. Obwohl ein erstes Gespräch mit Mussolini zu keinen Ergebnissen geführt hatte[29] und der Duce an den Römischen Protokollen festhielt, lieferte Hitler wichtige Güter an Italien, das dafür Zusicherungen hinsichtlich des Rheinlandes gab.

Frankreich litt zunehmend an innerer Zerrissenheit. Paris hatte Schwierigkeiten im Maghreb und Vorderen Orient. Vor allem jedoch machten den herrschenden Parteien die Folgen der Inflation zu schaffen. Zahlreiche Wähler verließen die Mitte des politischen Spektrums. Die rechtsextremen »Croix de Feu« des Colonel François de la Rocque drängten ebenso zur Übernahme der Regierungsgewalt wie Sozialisten und Kommunisten unter Politikern wie Léon Blum, Georges Monnet und Vincent Auriol, Jacques Duclos und Maurice Thorez.[30]

Ein anderer Vorgang, der Frankreich als Hegemonialmacht abwertete, war der Rückzug seiner Besatzungstruppen hinter die Nordost-Grenze. Eine Armee in den Brückenköpfen am Rhein hätte notfalls erneut das Ruhrgebiet okkupieren und damit Hitlers Politik Einhalt gebieten können. Zwischen 1930 und 1935 aber hatte die Pariser Regierung erhebliche Kräfte des französischen Heeres unter Verzicht auf Mobilität mit einem Kostenaufwand von 2,9 Milliarden Francs in der Maginotlinie einbetonieren lassen. Diese Entscheidung gab Deutschland strategische Vorteile und zwang Großbritannien sowohl als auch Belgien, Polen und die ČSR zu vermehrter Vorsicht.[31]

Hitler konnte mit Mussolinis geheimer Zustimmung den nächsten überraschenden Schritt wagen. Die von Neurath und Blomberg geäußerten Bedenken kamen auch ihm selbst.[32] Trotzdem nahm er die Ratifizierung des französisch-sowjetischen Beistandspaktes – einen Verstoß gegen den Locarno-Vertrag – zum Anlaß für die Wiederherstellung der deutschen Wehrhoheit im entmilitarisierten Rheinland. Truppenverbände rückten in die 50 km tiefe Zone auf dem Ostufer des Stromes ein und bezogen auch jenseits von ihm Garnisonen bis an die Grenze der westlichen Nachbarstaaten.[33]

Energische Gegenmaßnahmen der Großmächte blieben aus. Seit dem Sturze Lavals regierte in Paris ein schwaches Übergangskabinett. Als es nach einem langen Wochenende zusammentrat, zeigten sozialistische Morgenblätter Verständnis für Hitlers fait accompli. Die Linke hatte den Vertrag von Versailles immer kritisiert und wußte daher gegen seine neuerliche Verletzung wenig einzuwenden. Auch die Briten hielten sich zurück. Baldwin warnte Frankreich vor übereilten Schritten; Eden sagte vor dem Londoner Unterhaus, man betrachte die Rheinlandbesetzung als interne deutsche Maßnahme.[34]

Der angerufene Völkerbund bezichtigte Deutschland des Vertragsbruches, erklärte jedoch die Locarno-Mächte für zuständig. Ihre gemeinsame Protestnote ließ Hitler unbeantwortet. Nach weiteren Äußerungen des Mißfallens hörte man aus den westeuropäischen Hauptstädten nur noch gegenseitige Vorwürfe. Die Verstimmung zwischen Paris und London war groß. Belgien stürzte in eine Regierungskrise und zog sich nach der Kabinettsneubildung auf Betreiben seines Außenministers Paul-Henri Spaack aus dem Beistandsabkommen mit Frankreich zurück.[35]

Die drei Monate später von Hitler mit politischem Kalkül als Freudenfest ausgerichete Olympiade täuschte nicht darüber hinweg, daß der Friede brüchiger wurde. Zu Beginn des Spanischen Bürgerkrieges (1936–1939) entdeckten Deutschland und Italien weitere gemeinsame Interessen.[36] Während in Paris und Madrid auf Betreiben der Komintern Volksfronten gebildet wurden und die UdSSR internationale Brigaden, Waffen und Berater nach Spanien schickte, unterstützten Berlin und Rom den General Francisco Franco, einen erklärten Gegner des Kommunismus.[37]

Die intervenierenden Mächte zogen aus ihrem Engagement erheblichen Gewinn. Deutschland und Italien rückten enger zusammen, ein Resultat, das Mussolini als »Achse Berlin – Rom« bezeichnete.[38] Japan kündigte das Flottenbegrenzungsabkommen und schloß auf Betreiben seiner Armee am 25. November 1936 in Berlin den Antikominternpakt, der andere Staaten zum Beitritt aufforderte, damit sie die weltweite kommunistische Agitation unterdrücken halfen.[39] Unterdessen mußten die beiden spanischen Bürgerkriegslager für die ihnen gewährte Hilfe teuer bezahlen. Rußland erhielt die Goldreserven der Bank von Spanien. Die Achsenmächte sicherten sich kriegswichtige Rohstoffe.[40]

Die außenpolitische Erfolgskurve des Dritten Reiches stieg. Aber die Daten der Wirtschaft ließen zu wünschen übrig. Schachts »Neuer Plan« von 1934 bezweckte die Steuerung des Außenhandels.[41] Deutschland versuchte seine Einfuhren mit Exporten zu kompensieren. Indessen wuchs die Auslandsabhängigkeit bei Erdöl, Kautschuk und vielen anderen rüstungsrelevanten Rohstoffen, während der Bestand an Devisen und Gold in vier Jahren wertmäßig von 529,7 auf etwa 70 Millionen RM schrumpfte.[42] Autarkiemaßnahmen brachten keine nennenswerte Entlastung. Mitte 1936 kam es zu starken Produktionseinbrüchen. Das Rüstungsprogramm war gefährdet.[43]

Im August verfaßte Hitler eine Denkschrift. Angesichts der bevorstehenden »geschichtlichen Auseinandersetzung« forderte er: die deutsche Armee müsse in vier Jahren »einsatzfähig«, die Wirtschaft bis dahin »kriegsbereit« sein; das Konsumbedürfnis des Volkes habe zurückzustehen.[44] Mit dem Ziel, der Rüstung Priorität einzuräumen, proklamierte die NS-Führung auf dem nächsten Reichsparteitag einen Vierjahresplan. Die Verantwortung für dieses Vorhaben übernahm Hermann Göring.[45]

Wie Deutschland rangen auch Italien und Japan mit großen wirtschaftlichen Schwierigkeiten. Um ihrer Notgemeinschaft vorzubeugen, empfahl der Wirtschaftstheoretiker Frank A. T. Ashton-Gwatkin weltweite handelspolitische Verflechtungen.[46] Aber die führenden Staatsmänner hielten einen solchen Ausweg für utopisch und entschlossen sich zu militärischen Sicherungsmaßnahmen. In London glaubte man wegen des prekären Zustandes der drei Gegenspieler nicht unter starkem Zeitdruck zu stehen. Hitlers unausgesetzte Friedensbeteuerungen schienen den Optimisten Recht zu geben.[47]

Der begonnenen Aufrüstung des Westens widerstrebte der Pazifismus weiter Kreise. Frankreich, das im Ersten Weltkrieg 10,5% seiner Wehrpflichtigen verloren hatte und diesen Verlust wegen geringer Geburtenraten nicht ausgleichen konnte, scheute jeden

Konflikt.[48] Englands militärische Anstrengungen wurden von dem Inselvolk, das Gefahren leugnete, kritisch beurteilt.[49] Obendrein mußte Großbritannien wichtige Entscheidungen mit den Dominien abstimmen.[50] Sie alle – außer Neuseeland – befürworteten gegenüber Hitler eine Politik der Beschwichtigung, des Appeasement.[51]
Da sich auch die Vereinigten Staaten von Amerika zurückhielten und ihren Isolationismus zur Zeit des Spanischen Bürgerkrieges in Neutralitätsgesetzen besonders pflegten[52], blieb Großbritannien kaum eine andere Wahl. Appeasement-Politik sollte aber nicht bloße Nachgiebigkeit sein, vielmehr bei differenzierter Konzessionsbereitschaft den englischen Anspruch auf Mitsprache in allen kontinentaleuropäischen Fragen geltend machen. Das Ziel war, Deutschland durch »peaceful change« an die internationale Rechtsordnung zu binden.[53]
Schließlich gab die Rücksichtnahme auf das geschwächte Frankreich genügend Anlaß zur Appeasement-Politik. Als jedoch englischen Mittelmeerinteressen wegen der Ereignisse in Spanien erhebliche Einbußen drohten, drängte Baldwin die Pariser Regierung, jede Hilfe für das linksorientierte Lager auf der Iberischen Halbinsel einzustellen. Diese Entscheidung kostete Léon Blum die Unterstützung der Kommunisten. Sein Kabinett stürzte. Die Dritte Republik geriet an den Rand des Bürgerkrieges.[54]
Damit sank die Macht, in der man das stärkste Hindernis einer aktiven deutschen Ostpolitik gesehen hatte, zur zweitrangigen Größe herab.[55] Deutschland suchte daher für seine Aspirationen erneut die Zustimmung Großbritanniens und schickte Ribbentrop als Botschafter nach London.[56] Die zuvor von Hitler aufgeworfene Kolonialfrage diente vor allem der Erweiterung des Aktionsspielraumes. Ungeachtet dieses Themas blieb England der Wunschpartner des Reiches.[57]
Die neue britische Regierung unter Neville Chamberlain zeigte Entgegenkommen. Nachdem ihre Vorgängerinnen an der Zerstörung des Versailler Systems mitgewirkt hatten und sogar David Lloyd George, der Premier von 1916–1922, den Friedensvertrag für eine Fehlleistung hielt, mußte man vorläufig beim Appeasement bleiben. Weitere Revisionen – Österreich, die ČSR, Danzig und das Kolonialproblem betreffend – schienen nicht ausgeschlossen.[58] Ribbentrop erkannte jedoch bald, daß eine Freigabe der expansiven deutschen Ostpolitik von England nicht zu haben war.
Er empfahl Hitler die Verständigung mit Japan und Italien sowie Avancen gegenüber der UdSSR, die ihrerseits eine Offerte in Berlin unterbreitet hatte.[59] Ansatzpunkt sollte der Antikominternpakt sein, der vorerst nur Offizierscliquen des fernöstlichen Kaiserreiches, nicht aber seine Regierung befriedigte. Die offizielle deutsche Außenpolitik neigte noch China zu, als japanische Truppen am 7. Juli 1937 unweit der Marco-Polo-Brücke bei Peking einen Zwischenfall und damit den Krieg auslösten.[60]
Entgegen optimistischen Erwartungen wurde der Konflikt zu einer langwierigen Auseinandersetzung, die andere Mächte auf den Plan rief. Die UdSSR, Großbritannien und Amerika sahen ihre Interessen bedroht. Am 5. Oktober 1937 forderte Präsident Franklin D. Roosevelt in einer »Quarantänerede« vor Zuhörern aus dem isolationistischen Mittelwesten der USA geeignete Maßnahmen gegen die Aggressoren.[61] Offenbar befürchtete er, daß sich Japan eines Tages nach Bundesgenossen umsehen könnte. Joseph C. Grew, der US-Botschafter in Tokio, rechnete mit dem Zusammenrücken der »Habenichtse« (havenots).[62]
Die Vorhersage des amerikanischen Diplomaten war nicht aus der Luft gegriffen. Keine drei Wochen nach Roosevelts Rede bekam Graf Galeazzo Ciano, der Schwiegersohn

und Außenminister des italienischen Duce, erstmals von Ribbentrop zu hören, daß Deutschland den Antikominternpakt in ein Dreierbündnis zwischen Berlin, Rom und Tokio umwandeln wolle.[63] Ein Schritt hierzu wurde getan, als Italien dem Vertrag beitrat, dessen Spitze sich nun vor allem gegen Großbritannien richtete.

Am 5. November 1937 sprach Hitler in der Berliner Reichskanzlei zu Neurath, Blomberg und den Oberbefehlshabern von Heer (Fritsch), Marine (Raeder) und Luftwaffe (Göring) über seine, wie er sagte, »testamentarische Hinterlassenschaft«. Im Mittelpunkt stand eine »Lösung der deutschen Raumfrage« für »absehbare, etwa 1–3 Generationen umfassende Zeit«. Dabei müsse man mit England und Frankreich, »den beiden Haßgegnern«, rechnen und »spätestens 1943/45« handeln; die Minderung der militärischen Schlagkraft sowie »das Älterwerden der Partei und ihrer Führer« lasse »keine andere Wahl«.

Ebenso wie bei Japan und Italien lägen dem eigenen Ausdehnungsdrang ökonomische Motive zugrunde. Einer »Beteiligung an der Weltwirtschaft« seien »Grenzen gezogen«, Handelsverträge böten »keine Gewähr« für die Lösung der Probleme, da der Warentransport durch die von »England beherrschten Seegebiete führe«. Die »einzige, uns vielleicht traumhaft erscheinende Abhilfe« wäre der Gewinn landwirtschaftlich nutzbaren Raumes und weiterer Rohstoffgebiete »im unmittelbaren Anschluß an das Reich«. Nur so könne die »deutsche Volksmasse« als »geschlossener Rassekern« erhalten und vermehrt werden.

Zufolge der Niederschrift des Wehrmachtadjutanten, Oberst Friedrich Hoßbach[64], wurden verschiedene »Fälle« angeführt, die »in gewisse Nähe« gerückt seien. Sie würden etwa durch die »englische Haltung«, eine »Lähmung Frankreichs« oder die »derzeitige Lage im Mittelmeer« eintreten. Er, Hitler, sei »auch bereits 1938 zu handeln entschlossen – mit »Gewalt unter Risiko«. Deutschland könne »die Tschechei und Österreich« niederwerfen, um jede »Flankenbedrohung eines etwaigen Vorgehens nach Westen auszuschalten«.[65]

In der folgenden Aussprache wandte sich Neurath gegen Hitlers Absichten, erhoben die Militärs – von Göring abgesehen – fachliche Einwände. Doch nicht allein diese Bedenken, die frei geäußert werden durften[66], gaben Anlaß zu dem folgenden Revirement. Entscheidend war der Ansatz zu einer neuen Außenpolitik, die nach dem erfolgreich beendeten Kampf gegen das »Unrecht von Versailles« nunmehr expansionistische Ziele hatte und schon 1938 zur Liquidierung zweier Nachbarstaaten des Deutschen Reiches beitragen sollte.

Nachdem Hitler den unbequemen Bülow durch Ernst von Weizsäcker ersetzt hatte, wurde im Februar 1938 auch Neurath abgeschoben und der aus London zurückkehrende Ribbentrop an die Spitze des Auswärtigen Amtes berufen, obwohl sich seine Dreierpaktkonzeption und ihre prosowjetische Variante mit der imperialistischen Großraumprogrammatik des Diktators nicht vertrugen. Dieser unaufgelöste Widerspruch spielte aber zur Zeit keine Rolle. Bezeichnenderweise war bei der sogenannten Hoßbach-Besprechung kein Wort über Rußland gefallen.

Veränderungen gab es auch in der militärischen Hierarchie. Als Blomberg über einen Heiratsskandal strauchelte, schwang sich Hitler formal zum Oberbefehlshaber der Wehrmacht auf. Gleichzeitig formte er aus dem Reichskriegsministerium einen politisch anspruchslosen Hilfsapparat: das OKW. Göring – mit seinen vielen Ämtern der zweitstärkste Machthaber – avancierte zum Generalfeldmarschall. Sechzehn höhere Offiziere

wurden zwangspensioniert. Generaloberst Werner von Fritsch kam durch Intrigen zu Fall.
Die Wehrmacht hatte sich auf die jetzt nach Österreich gerichtete Politik vorbereitet. Kurt Schuschnigg (seit dem fehlgeschlagenen NS-Putsch 1934 Bundeskanzler in Wien) stand unter starkem Druck.[67] Er war bemüht, durch wirtschaftliche Zugeständnisse und ein Abkommen mit Deutschland 1936 die Unabhängigkeit der Republik sicherzustellen. Aber die Ernennung des österreichischen Nationalsozialisten Arthur Seiß-Inquart zum Staatsrat führte nicht zu dem gewünschten Ausgleich. Letztlich konnte Hitler nach eigenem Ermessen über das Ende des »Austrofaschismus« entscheiden.
In seiner Aussprache auf dem Berghof bei Berchtesgaden sah sich Schuschnigg mit ultimativen Forderungen konfrontiert. Als er sie nur teilweise erfüllte und die starke, von Goebbels gelenkte Propaganda durch eine manipulierte Volksabstimmung unterlaufen wollte, geriet Österreich in Aufruhrstimmung. Göring forderte die Übergabe der Regierungsgewalt an den zum Innenminister ernannten Seiß-Inquart. Deutsche Sonderbeauftragte, die nach Rom entsandt worden waren, hatten zu diesem Schritt das Einverständnis Mussolinis erhalten.
Aus militärischen und wirtschaftlichen Gründen sollte die Alpenrepublik besetzt werden, deren Unabhängigkeit die ČSR, Frankreich, Großbritannien und Italien 1922 in einem Genfer Protokoll garantiert hatten. Ein fingiertes Hilfe-Ersuchen Seiß-Inquarts bot die Handhabe für den am 11. März 1938 befohlenen Einmarsch. Wider Erwarten wurden die deutschen Truppen stürmisch begrüßt. Hitler sah sich als Vollender der lang ersehnten Wiedervereinigung beider Teile des alten Deutschland gefeiert. Er ließ den Gedanken an eine nur lockere Verbindung mit Österreich fallen und proklamierte zum Jubel einer nach Hunderttausenden zählenden Menge vor der Wiener Hofburg den »Eintritt« seiner Heimat in das Deutsche Reich.[68]
Dieser Vollzug konnte wiederum als Revision der strittigen Friedensordnung gelten. Ein von Staatssekretär Wilhelm Stuckart entworfenes Reichsgesetz annullierte das »Anschlußverbot« (Artikel 80 und 88 der Verträge von Versailles und St. Germain). Gelenkte Volksabstimmungen beiderseits der bisher trennenden Grenze bestätigten die Entscheidung. Damit war Wilsons Forderung nach dem »Selbstbestimmungsrecht« erfüllt. Lord Halifax, der britische Außenminister, sprach von einer »Familienangelegenheit« der Deutschen. Das eher kritische, jedoch von England abhängige Frankreich resignierte.[69]
Frei von Illusionen beurteilte man im Deuxième bureau des französischen Generalstabs die mit dem österreichischen »Anschluß« sichtbar gewordene Strategie.[70] Der Dienststelle war bewußt, daß die Öffnung des Donauraumes dem deutschen Vordringen nach Südosteuropa freie Bahn schuf und den Zerfall der Kleinen Entente vorbereitete. Sorge bereitete den Analytikern die Umklammerung von Böhmen und Mähren. Für die ČSR war eine lebensbedrohende Lage entstanden, aus der auch Polen und Ungarn, Frankreich und Rußland ihre Schlüsse ziehen mußten.
Hitler wollte die Tschechoslowakei »zerschlagen«. Dabei setzte er wieder auf das Zusammenwirken äußeren Drucks und innerer Schwächen. Ungelöste Minderheitenprobleme legten diese Taktik nahe. Hatten unlängst landeseigene Nationalsozialisten Österreichs Politik gelähmt, so diente nun ein Aktionsprogramm der Sudetendeutschen Partei unter Konrad Henlein als destabilisierende Hebelkraft. Autonomieforderungen und Entschädigungsansprüche sollten das Gefüge des Vielvölkerstaates erschüttern.[71]

Ein anderer Faktor, mit dem Hitler rechnete, war die gegebene Mächtekonstellation. Die Regierung Chamberlain hatte das sowjetische Angebot, künftigen Aggressionen gemeinsam entgegenzutreten, abgelehnt.[72] England konnte im Kriegsfall 1938 nur drei Divisionen auf dem Kontinent einsetzen und mußte daher den militärischen Konflikt vermeiden. Diese Vorsicht – auch Polens entschiedene Weigerung, der Roten Armee das Durchmarschrecht zu gewähren – gaben in Paris zu denken, wo man sich anfangs zur Beistandspflicht gegenüber der ČSR bekannte, dann aber Zurückhaltung übte.[73]
Mußte der politische Kurs des Westens, zu dem noch das sowjetische Desinteresse der UdSSR kam[74], auf Prag deprimierend wirken[75], so erst recht das militärische Verhalten Deutschlands. Hitler hatte seine Absichten verschärft formuliert[76], Ende Mai, nach dem Bekanntwerden der tschechischen Teilmobilmachung, die Planungsarbeit beschleunigt und angeordnet, einen »Westwall« gegen Frankreich zu bauen.[77] Das Heer stellte sich auf den 28. September als Angriffstag ein, und da mit der Wiederholung des österreichischen »Blumenfeldzuges« nicht zu rechnen war, trafen auch Luftwaffe und Kriegsmarine ihre Vorkehrungen.[78]
Die Spannung bereitete führenden Militärs zunehmend Sorge. Zwar empfand kaum einer von ihnen Sympathie für die parvenühafte, mit Frankreich und der Sowjetunion verbündeten Tschechoslowakei. Man befürchtete aber, daß die sogenannte Sudetenkrise zu einem Krieg führen könnte, den Deutschland verlieren würde. Der Chef des Generalstabes d. H., Generaloberst Ludwig Beck, warnte in seinen Denkschriften vom einen zum andern Mal dringender vor dieser Katastrophe und trat schließlich zurück, als Hitler von den Memoranden nicht Notiz nahm.[79]
Teilnehmer einer Kommandeurstagung des Heeres waren sich einig, daß der Krieg vermieden werden müsse, nur sahen sie für die Wehrmacht keine Möglichkeit zu politischem Handeln. Allein Generale wie Erwin von Witzleben und Erich Graf Brockdorff-Ahlefeldt, Admiral Wilhelm Canaris, Oberst Hans Oster und Oberstleutnant Helmuth Groscurth dachten an einen Staatsstreich. Sie fanden Kontakt mit zivilen Kreisen des Widerstandes und billigten Fühlungnahmen in London, wo Ewald von Kleist-Schmenzin und andere Verbindungsleute vorsprachen.[80]
Doch Großbritannien vermochte nicht zu gewährleisten, was sich die deutsche Opposition wünschte – einen schweren Rückschlag für Hitlers Politik. Chamberlain und Halifax wollten in der Sudetenfrage vermitteln und so die Tschechoslowakei als Staat vor dem Untergang bewahren, damit Frankreich seiner Beistandspflicht ledig wurde und England weiter Zurückhaltung üben konnte.[81] Viscount Walter Runciman, den die britische Regierung als Schlichter entsandte, fand allerdings bei Staatspräsident Edvard Beneš und Konrad Henlein kein Entgegenkommen.
Goebbels begleitete die Runciman-Mission mit einer Propagandakampagne, der jeder Grenzzwischenfall neuen Auftrieb verlieh. Henlein erklärte alle Verhandlungen für gescheitert. Am 11./12. September 1938 rebellierten Bürger aus dreizehn sudetendeutschen Landkreisen gegen die Zentralgewalt. Der Einsatz tschechischer Sicherheitskräfte forderte 42 Todesopfer und Hunderte von Verletzten. Damit hatte Hitler erreicht, was er brauchte: den Ausbruch einer Nervenkrise, die geeignet schien, England und Frankreich in die Kapitulation zu treiben.
Chamberlain reagierte mit dem Vorschlag, persönlich nach Deutschland zu kommen. Durch die folgenden Unterredungen auf dem Obersalzberg und in Bad Godesberg am 15. und 22. September 1938 wurde klar, daß Hitlers These, die Sudetenkrise sei nur ein

deutsch-tschechischer Streitfall, der England und Frankreich nicht berühre, ad absurdum geführt. Der Gastgeber des Briten behauptete, die »Rest-Tschechei« wäre für Deutschland »uninteressant«. Er kündigte den Einmarsch der Wehrmacht an und forderte, Ansprüche der Polen, Slowaken und Ungarn zu berücksichtigen.[82]
Chamberlain war enttäuscht, der Widerstand gegen seine Politik stärker als zuvor. Ein deutsches Memorandum, das er aus Godesberg mitbrachte, stieß bei den Tschechen auf Ablehnung. Der französische Ministerpräsident Edouard Daladier drängte in London auf eine definitive Beistandserklärung für den Ernstfall. Am 25. September 1938 befahl Hitler der Wehrmacht, ihre Ausgangspositionen zu beziehen. Die ČSR machte mobil. Frankreich schickte 61 Divisionen zur Grenze. Der Royal Navy wurde Kriegsbereitschaft befohlen.[83]
Whitehall hatte Sir Horace Wilson nach Deutschland entsandt, um der Reichsregierung den ganzen Ernst der Lage vor Augen zu führen. Unter dem Eindruck der Gegenmaßnahmen, wohl auch, weil ihm die steigende Kriegsfurcht des eigenen Volkes bewußt wurde, entschloß sich Hitler zum Einlenken.[84] Er billigte in einem Schreiben an Chamberlain, das Weizsäcker entwarf, die Internationalisierung des Konfliktes und akzeptierte den auf Anregung des englischen Kabinetts von Mussolini unterbreiteten Vorschlag für einen Aufschub des Truppeneinmarsches und Viererverhandlungen. Die Einladungen zu der Konferenz ergingen noch am selben Tag.[85]
Bevor Chamberlain, Daladier, Mussolini und ihre Außenminister mit Hitler und Ribbentrop zusammentrafen, hatte sich eine neue Prager Regierung zur Annahme der an sie gerichteten Forderungen durchgerungen. Nach dieser Entscheidung wurden von den Großmächten keine Tschechen hinzugezogen. Das am 29. September 1938 in München unterzeichnete Abkommen regelte den Modus des Besitzwechsels im Sudetenland. In einer Zusatzvereinbarung erklärten die Signatarstaaten, das der ČSR verbleibende Gebiet garantieren zu wollen, sobald auch die von Polen und Ungarn erhobenen Ansprüche befriedigt seien.[86]
Ein erleichtertes Aufatmen ging durch Europa. Als Chamberlain nach der Landung auf dem Flugplatz von Heston ein mit Deutschland geschlossenes Konsultationsabkommen hervorzog und rief »Peace for Our Time!« erntete er lebhaften Beifall. Entgegen seinen Erwartungen wurde auch Daladier bei der Rückkehr stürmisch gefeiert. Gleichzeitig zog Hitler als Triumphator in Berlin ein. Er hatte »wieder einmal recht behalten«. Am 1. Oktober 1938 besetzten deutsche Truppen das Sudetenland, die abgetretenen Randgebiete von Böhmen und Mähren.
Dennoch war Hitler unzufrieden. Er hatte sein Ziel, die Tschechoslowakei zu »zerschlagen«, nicht erreicht. Ihn verdroß auch die am Ende zustande gekommene Einigkeit der Westmächte und Mussolinis denkwürdige Rolle als Fürsprecher britischer Vorschläge. Immerhin drohte nun der ČSR die Auflösung. Beneš trat zurück, und mit ihm die erst wenige Wochen amtierende Regierung. Polnische Truppen rückten in das Olsagebiet ein. Ungarn verhalfen Ribbentrop und Ciano am 2. Dezember 1938 im (ersten) Wiener Schiedsspruch zum Gewinn der südlichen Slowakei und Karpatenukraine.[87]
Zuvor hatte Hitler eine OKW-Weisung zur »Erledigung der Rest-Tschechei« ausgefertigt, die gegen Ende des Jahres präzisiert wurde.[88] Offenbar wollte er sich über die in München eingegangene Verpflichtung zur Garantie der ČSR hinwegsetzen. Daß Ungarn weiter Gebietsansprüche erhob und slowakische Nationalisten – aus Berlin

dazu ermutigt – von Prag für ihr Land die Autonomie, womöglich Unabhängigkeit forderten, verhüllte das deutsche Ziel nur für ein paar Monate.

Derweil sollten innere Hemmnisse beseitigt werden. Um die spürbar gewordene Kriegsangst abzubauen, schuf Goebbels neue Feindbilder. Er inszenierte am 9. November 1938 einen Pogrom, die »Reichskristallnacht«, ließ es aber nicht bei Hinweisen auf das »Weltjudentum« und seine angebliche Verschwörertätigkeit bewenden, sondern diskreditierte auch alle Kritiker des Münchener Abkommens, insbesondere die englische Opposition; nun sei die »pazifistische Platte« abgespielt, das Volk müsse »besser« vorbereitet werden.[89]

Auf diplomatischem Felde sollte das durch die Münchener Konferenz strapazierte Bündnissystem Frankreichs mit der ČSR, Polen und Rußland weiter gelockert werden. Der französische Außenminister Georges Bonnet sah genug Anlaß, sich jetzt mehr um das Mittelmeer und Nordafrika zu kümmern, da Mussolini begehrliche Blicke auf Korsika, Nizza und Savoyen, Tunesien und Dschibouti warf. Gespräche, die Ribbentrop am 6./7. Dezember 1938 in Paris führte, schienen auf eine Teilung der beiderseitigen Interessensphären hinauszulaufen: Jedenfalls erwartete die deutsche Seite mehr Handlungsfreiheit für eine expansionistische Ostpolitik.[90]

Ende Januar drängte Hitler zur Zerstörung der »Rest-Tschechei«. Er beauftragte Leute seines Vertrauens, namentlich den zum Staatssekretär z. b. V. im Auswärtigen Amt ernannten SS-Gruppenführer Wilhelm Keppler, mit der Vorbereitung von Provokationen.[91] Die ČSR hatte durch verspätete Umgestaltung in einen Bundesstaat nicht ihre inneren Gegensätze überwinden können. Zwischenfälle und Streitigkeiten führten zur Amtsenthebung des slowakischen Landeschefs Jozef Tiso. Die Antwort erteilte seine Partei nach eingehender Beratung mit Hitler und Ribbentrop. Am 14. März 1939 proklamierte das Parlament in Preßburg die Unabhängigkeit der Slowakei.[92]

Der Rest des Landes gab sich keinen Illusionen mehr hin. Staatspräsident Emil Hácha und Außenminister František Chvalkovský baten Hitler um ein Gespräch, gewillt, seinen Entschluß zu akzeptieren. Sie wurden am 15. März 1939 in der Berliner Reichskanzlei mit dem Hinweis empfangen, daß folgenden Tags deutsche Truppen die Grenze überschreiten, Prag besetzen und nötigenfalls jeden Widerstand brechen werden. Angesichts dieser Kriegsdrohung unterschrieben die beiden Tschechen ein vorbereitetes Dokument und erklärten, das Schicksal ihres Volkes »vertrauensvoll in die Hände des Führers« zu legen.[93]

Während Hácha und Chvalkovský zurückfuhren, hielt Hitler, der ihnen im Flugzeug vorausgeeilt war, Einzug auf dem Prager Hradschin. Die tschechoslowakische Armee, ein Heer von 36 Divisionen mit 1,5 Millionen Soldaten, leistete nach rechtzeitiger Durchgabe des entsprechenden Befehls keinen Widerstand. Gegen den Rat Ribbentrops veröffentlichten Presse und Rundfunk einen »Erlaß über das Protektorat Böhmen und Mähren«. Durch ihn wurden beide Territorien unter Wahrung bestimmter Autonomierechte in das Deutsche Reich eingegliedert. »Die Tschechoslowakei«, hieß es dazu, »hat . . . aufgehört zu existieren«.[94]

Gleichzeitig ernannte Hitler den ehemaligen Außenminister Konstantin Freiherr von Neurath zum »Reichsprotektor« in Prag. Außerdem paraphierte man am gleichen Tag einen Vertrag, der die Slowakei deutschem Schutz unterstellte. Noch vor der Ratifizierung erreichten Wehrmachtverbände die neue Republik, um zu verhindern, daß ihr

Gebiet auf Grund vermuteter Absprachen zwischen Ungarn und Polen wieder zu einem Land der Stefanskrone, dem alten Oberungarn, wurde.
Provozierte Zwischenfälle in Munkács und Ungvár gaben dem ungarischen Reichsverweser, Admiral Miklós von Horthy, willkommenen Anlaß, am 15. März 1939 auch die nördliche Karpatenukraine durch Honvéd-Truppen besetzen zu lassen. Obwohl Übergriffe auf slowakisches Gebiet scheiterten, war die von Budapest und Warschau angestrebte Grenzlinie (»lengyet-magyar határt«) erreicht. Hitler hatte diesen Schritt erst nach monatelangem Zögern und ausreichender Sicherung der Slowakei gebilligt.[95]
Im Augenblick interessierte ihn natürlich am meisten das Echo auf seinen »Prager Coup«, besonders die Reaktion der europäischen Großmächte angesichts des diesmal klar zutagegetretenen Verfahrensmusters der »Blitzkriegsstrategie«. Gespannt fragte er Otto Dietrich, ob man von militärischen Bewegungen in der Sowjetunion, Frankreich und England wisse. Als der Reichspressechef verneinte, rief Hitler: »Ich habe es gewußt! In vierzehn Tagen spricht kein Mensch mehr davon.«[96]

[1] K. D. Bracher: Stufen der Machtergreifung, in: Bracher/Sauer/Schulz: Machtergreifung, Köln-Opladen 1960 (zit. Bracher/Sauer/Schulz); G. Wollenstein: Vom Weimarer Revisionismus zu Hitler. Das deutsche Reich und die Großmächte in der Anfangsphase der nationalsozialistischen Herrschaft in Deutschland, Argo 2, Bonn 1973, S. 23ff., 203ff.; die Entwicklung z. Diktaturstaat b. H. Mommsen: Ausnahmezustand als Herrschaftstechnik des US-Regimes, in: Hitler, Deutschland und die Mächte, hg. v. M. Funke, Kronberg/Ts. 1978 (zit. Mommsen).

[2] G. L. Heineman: Hitler's First Foreign Minister. Constantin Frh. v. Neurath, New York 1980.

[3] Grundlegend A. Hillgruber: Zur Entstehung des Zweiten Weltkrieges, Forschungsstand und Literatur, Düsseldorf 1980. Im Einzelnen O. Hauser (Hg.): Weltpolitik, Bd. I (1931–1939), Göttingen 1973; K. Hildebrand: Deutsche Außenpolitik 1933–1945. Kalkül oder Dogma? Darmstadt [4]1980 (zit. Hildebrand: Außenpol.); A. Hillgruber: Deutschlands Rolle in der Vorgeschichte der beiden Weltkriege, Göttingen [3]1979; H.-A. Jacobsen: Nationalsozialistische Außenpolitik 1933–1938, Frankfurt-Berlin 1968; A. Kuhn: Hitlers außenpolitisches Programm. Entstehung und Entwicklung 1919–1933 (Stuttgarter Beiträge zur Gesch. u. Pol., 5), Stuttgart 1970 (zit. Kuhn); J. Thies: Architekt der Weltherrschaft. Die »Endziele« Hitlers, Düsseldorf 1976 (zit. Thies). G. L. Weinberg: The Foreign Policy of Hitler's Germany. Diplomatic Revolution in Europe 1933–1936, London – Chicago 1970; ders.: The Foreign Policy of Hitler's Germany. Starting World War II, 1937–1939, London – Chicago 1981. Zurückhaltender W. Carr: Arms, Autarky and Aggression. A Study in German Foreign Policy, 1933–1939, London 1972 (zit. Carr); K. Lange: Der Terminus »Lebensraum« in Hitlers »Mein Kampf«, in: VZ 13/1965, S. 426–437; W. Maser: Hitlers »Mein Kampf«. Entstehung, Aufbau, Stil, Änderungen, Quelle, Quellenwert. Kommentierte Auszüge, München – Esslingen 1966 (zit. Maser: Mein Kampf); M. Broszat: Betrachtungen zu »Hitlers Zweitem Buch«, in: VZ 9/1971, S. 417–429; E. Jäckel: Hitlers Weltanschauung. Entwurf einer Herrschaft, Stuttgart [2]1981 (zit. Jäckel: Weltanschauung); K. Hildebrand: Le programme de Hitler et sa réalisation 1939–1942, in Revue d'histoire de la deuxième guerre mondiale 84/1971, S. 7–36; P. Beyersdorf: Hitlers »Mein Kampf«. Anspruch und Wirklichkeit, Holfeld/Ofr. 1974; S. Haffner: Anmerkungen zu Hitler, München 1978 (zit. Haffner); W. Michalka: Geplante Utopie. Zur Ideologie des Nationalsozialismus, in: NPL 18/1973; ders.: Die nationalsozialistische Außenpolitik im Zeichen eines »Konzeptionen-Pluralismus«. Fragestellungen und Forschungsaufgaben, in: Hitler, Dtschld. u. d. Mächte, a. a. O., S. 46–62 (zit. Michalka: Konzeptionen); neuerdings M. Messerschmidt: Hitlers »Programm« und das Kontinuitätsproblem, in: DR, a. a. O., I, S. 535ff.

[4] K. Niclauss: Die Sowjetunion und Hitlers Machtergreifung. Eine Studie über die deutsch-sowjetischen Beziehungen der Jahre 1929–1935 (Bonner Hist. Forschungen, 29) Bonn 1966 (zit. Niclauss); Ph. W. Fabry: Die Sowjetunion und das Dritte Reich. Eine dokumentierte Geschichte der deutsch-sowjetischen Beziehungen 1933 bis 1941, Stuttgart 1971, S. 33ff. (zit. Fabry: Sowjetunion); Rauch, a. a. O., S. 356.

5 Th. Vogelsang: Neue Dokumente zur Geschichte der Reichswehr 1930–1933, in: VZ 2/1953, S. 431 f.; H.-A. Jacobsen: 1939–1945. Der Zweite Weltkrieg in Chronik und Dokumenten, Darmstadt [5]1961, S. 95 f. (zit. Jacobsen: 2. Weltkr.).

6 Dazu D. Bergamini: Japan's Imperial Conspiracy, London 1971; B. Martin: Die deutsch-japanischen Beziehungen während des Dritten Reiches, in: Hitler, Dtschld. u. d. Mächte, S. 454 ff. (zit. Martin: Dt.-jap. Bez.).

7 L. Krecker: Die diplomatischen Verhandlungen über den Viererpakt vom 15. Juli 1933, in: Die Welt als Gesch., 21/1961, S. 227–237; allg. auch Hildebrand: Außenpol., S. 22 ff.; A. Hillgruber: Dtschlds. Rolle, S. 61 ff.; H.-A. Jacobsen: Die nationalsozialistische Außenpolitik 1933–1938, Frankfurt – Berlin 1968 (zit. Jacobsen: Außenpol.); ders.: Zur Struktur der NS-Außenpolitik 1933–1945, in: Hitler, Dtschld. u. d. Mächte, S. 137 ff.; neuerdings M. Messerschmidt: Außenpolitik und Kriegsvorbereitung, in: DR, a. a. O., I, S. 535–700; ferner G. I. Weinberg: The Foreign Policy of Hitler's Germany, 2 Bde., Chicago, Ill., 1970 u. 1980 (zit. Weinberg); Ch. Bloch: Hitler und die europäischen Mächte 1933–1934, Frankfurt 1966 (zit. Bloch); D. Aigner: Deutschland und die Weltmächte 1933–1939. Als Ms. gedr. Mannheim 1972 (zit. Aigner: Dtschld.); zum Folgenden C. Fraser: Der Austritt Deutschlands aus dem Völkerbund. Seine Vorgeschichte und Nachwirkungen (Diss.), Bonn 1969; J. M. de Hoop: Frankreichs Reaktion auf Hitlers Außenpolitik 1933–1939, in: GWU 15/1964, S. 211–223; E. Jäckel: Deutschland und Frankreich 1933–1939, in: GWU 15/1964, S. 211–223; E. Jäckel: Deutschland und Frankreich 1933–1939, in: GWU 15/1964, S. 105–108.

8 Zur Entwicklung d. außenpol. Beziehungen allg. W. Balcernak: La Politique étrangère de la Pologne à l'époque de Locarno, Warschau 1967; B. B. Budurowycz: Polish-Soviet Relations 1932–1939, New York 1963 (zit. Budurowycz); R. Debicki: Foreign Policy of Poland 1919–1939, New York 1962 (zit. Debicki); J. Farys: Koncepcje polskíey polityki zagranicznej 1918–1939, Warschau 1982 (zit.: Farys); J. Krasuski: Les relations polono-allemandes 1933–1945, Posen 1965 (zit. Krasuski); zur Präventivkriegsproblematik H. Roos: Polen und Europa. Studien zur polnischen Außenpolitik 1931–1939, Tübingen 1957, S. 114 ff. (zit. Roos) u. M. Wojciechowski: Les relations polono-allemandes 1933–1938, Posen 1965; H. Rollet: Deux mythes des relations franco-polonaises entre les deux guerres, in: Revue d'histoire diplomatique 3–4/1982, S. 225 ff.; W. Gedrzjewicz: The Polish Plan for a Preventive War Against Germany in 1933, in: The Polish Review 1/1966, S. 62–91. Der Vertrag b. Z. J. Gasiorowski: The German-Polish Non-aggression Pact of 1934, in: JCEA 16/1955, S. 3–29. Weitere Aufschlüsse i. Tagebüchern u. Memoiren, insb. G. Beck: Dernier Rapport. Politique polonaise 1926–1939, Neuchâtel 1951 (zit. Beck). J. Szembek: Journal 1933–1939, Paris 1952 (zit. Szembek) u. J. Lipski: Diplomat in Berlin. Papers and Memoirs of Jozef Lipski, Ambassador of Poland, New York 1966, S. 95 ff. (zit. Lipski); neuerdings Davies, II, a. a. O., S. 492 ff.

9 R. Kiszling: Die militärischen Vereinbarungen der Kleinen Entente 1929–1973 (Südosteur. Arbeiten, 54), München 1959; J. Gaitanides: Griechenland ohne Säulen, München 1953, S. 202 f. (zit. Gaitanides); N. Schausberger: Österreich und die nationalsozialistische Anschlußpolitik, in: Hitler, Dtschld. u. d. Mächte, S. 734 ff. (zit. Schausberger); L. Villari: Italien Foreign Policy under Mussolini, New York 1956, S. 133 f. (zit. Villari); J. Petersen: Hitler – Mussolini. Die Entstehung der Achse Berlin – Rom 1933–1936, Tübingen 1973 (zit. Petersen); S. Mykyniemi: Die baltische Krise 1938–1941 (Schriftenreihe der VZ, 38), Stuttgart 1979, S. 17 (zit. Mykyniemi); ferner B. N. Ponomarev (u. a.): Geschichte der sowjetischen Außenpolitik, I. Teil, (Ost)Berlin 1971, S. 345 f. (zit. Ponomarev); H. Azeau: Le pacte franco-soviétique, Paris 1969.

10 Zusammenhänge und Hintergründe b. K. D. Bracher: Die deutsche Diktatur. Entstehung, Struktur, Folgen des Nationalsozialismus, Berlin [6]1976, S. 261 ff. (zit. Bracher: Diktatur); M. Broszat: Der Staat Hitlers. Grundlegung und Entwicklung seiner inneren Verfassung (dtv-Weltgesch. des 20. Jhs., 9), München 1969 (zit. Broszat: Staat); Mommsen, in: Hitler, Dtschld. u. d. Mächte, S. 30–45. Zur Rolle der Reichswehr K.-J. Müller: Das Heer und Hitler. Armee und nationalsozialistisches Regime 1933–1940, Stuttgart 1969, S. 88 ff. u. 125 ff. (zit. Müller: Heer) u. M. Messerschmidt: Die Wehrmacht im NS-Staat. Zeit der Indoktrination, Hamburg 1969 (zit. Messerschmidt: Wehrmacht).

11 H. Höhne: Der Orden unter dem Totenkopf. Die Geschichte der SS, Gütersloh 1967, S. 19 ff. (zit. Höhne: Orden); H. Buchheim: SS und Polizei im NS-Staat, Duisburg 1964, S. 33 ff., 47 ff., 58 ff. (zit. Buchheim: SS u. Polizei); H. Buchheim, M. Broszat. H.-A. Jacobsen, H. Krausnick: Anatomie des SS-Staates, 2 Bde., München [2]1979, S. 215 ff. (zit. Anatomie); E. Kogon: Der SS-Staat, München [9]1980, S. 14 ff. (zit. Kogon); ferner Broszat: Staat, S. 74 u. 429. Zu den Büros u. ihrem Verhältnis z.

Ausw. Amt P. Seabury: Die Wilhelmstraße. Geschichte der deutschen Diplomatie 1930–1945, Frankfurt 1956, S. 203ff. (zit. Seabury); W. Michalka: Ribbentrop und die deutsche Weltpolitik 1933–1940 (Veröffentlichungen des Hist. Institutes der Universität Mannheim, 5), München 1980, S. 24ff. u. S. 39ff. (zit. Michalka: Ribbentrop).

12 Rauch, S. 351; ders.: Die Sowjetunion in der Weltpolitik 1933–1935, in O. Hauser (Hg.): Weltpolitik 1933–1945, 2 Bde. Göttingen 1973 u. 1975 (zit. Weltpolitik I, S. 167–185), neuerdings A. Kuhn: Das nationalsozialistische Deutschland und die Sowjetunion, in: Hitler, Dtschld. u. d. Mächte, S. 646ff.

13 H.-E. Volkmann: Die NS-Wirtschaft in Vorbereitung des Krieges, in: DR, I, S. 177–370; F. Forstmeier u. H.-E. Volkmann (Hg.): Wirtschaft und Rüstung am Vorabend des Zweiten Weltkrieges, Düsseldorf [2]1981 (zit. Forstmeier/Volkmann); H.-J. Rautenberg: Deutsche Rüstungspolitik vom Beginn der Genfer Abrüstungskonferenz bis zur Wiedereinführung der Allgemeinen Wehrpflicht, 1931–1935 (Diss.), Bonn 1973; W. Sauer: Die Mobilmachung der Gewalt, in: Bracher/Sauer/Schulz, S. 41ff. Weitere Einzelheiten b. M. Geyer: Das zweite Rüstungsprogramm 1930–1934, in: MGM 1/1975, D. 125–172, S. 134ff.; W. Deist: Die Aufrüstung der Wehrmacht, in: DR, I, S. 317–333 (zit. Deist); M. Salewski: Die bewaffnete Macht im Dritten Reich 1933–1939, in: Wehrmacht u. Nationalsozialismus (Handb. dt. Militärgesch. 1648–1933, VII), München 1970, S. 60ff.

14 Zahlen nach E. Henning: Industrie, Aufrüstung und Kriegsvorbereitung im deutschen Faschismus 1933–1939 (Gesellschaftl. Beiträge zur Marxschen Theorie, 5), Frankfurt 1975 (zit. Henning); auch Deist, S. 403ff.; neuerdings H. Pentzlin: Hjalmar Schacht. Berlin 1982.

15 N. Th. Wiggershaus: Die Enttarnung der Luftwaffe und die Wiedereinführung der Allgemeinen Wehrpflicht, in: IT 10/1976, S. 69–75 u. 80ff.; auch Jacobsen: Außenpol., S. 410f.

16 F. Hoßbach: Zwischen Wehrmacht und Hitler, Göttingen [2]1965, S. 62 (zit. Hoßbach); Zum Folgenden S. Anchieri: Die europäischen Staaten und der Aufstieg des Dritten Reiches 1933–1939, in: Das Dritte Reich u. Europa (Bericht über IfZ-Tg. i. Tutzing, Mai 1956), München 1957, S. 64ff.

17 Entwurf z. Luftpakt: DGFP Nr. 113; zur brit. Politik M. Cowling: The Impact of Hitler. British Politics and British Policy, 1933–1940, Cambridge 1975, S. 15ff. (zit. Cowling: Impact) u. N. H. Gibbs: Great Strategy, Vol. I, Rearmement Policy. London 1976 (zit. Gibbs).

18 Ch. Bloch: Le Grande-Bretagne face au réarmement allemande et l'accord naval de 1935, in: RHDGM 16/1966, S. 41–68; J. Dülffer: Das deutsch-englische Flottenabkommen vom 18. Juni 1935, in: MR 69/1972, S. 641–659; R. Ingrim: Hitlers glücklichster Tag. London am 18. 6. 1935, Stuttgart 1962; M. Lüthi: Das britische Parlament und Hitlers Bruch mit dem Versailler System. Ein Beitrag zur parlamentarischen Diskussion über die deutsche Wiederaufrüstung in den Jahren 1933–35, Zürich 1972; W. Malanowski: Das deutsch-englische Flottenabkommen vom 18. 6. 1935 als Ausgangspunkt für Hitlers doktrinäre Bündnispolitik, in: WWR 5/1955, S. 408–420; W. N. Medlicott: Britain and Germany. The Search for Agreement 1930–1937, London 1969 (zit. Medlicott); D. C. Watt: The Anglo-German Naval Agreement of 1935, in: JMH 28/1956, S. 155–175; ferner M. Salewski: Die deutsche Seekriegsleitung 1935–1945, Bd. 1, Frankfurt 1970, S. 1–19 (zit. Salewski).

19 O. Hauser: England und das Dritte Reich. Eine dokumentierte Geschichte der englisch-deutschen Beziehungen von 1933–1939, 2 Bde. (1933–1936), Stuttgart 1972 u. Göttingen 1982; S. 120ff. (zit. Hauser); D. Aigner: Das Ringen um England. Das deutsch-britische Verhältnis. Die öffentliche Meinung 1933–1939, München 1969 (zit. Aigner: Ringen); dazu auch Cowling: Impact, S. 22ff., Gibbs, S. 20ff. u. Howard, S. 217ff.

20 Michalka: Ribbentrop, S. 94ff.; Kuhn, S. 140f.; J. Henke: England in Hitlers politischem Kalkül 1935–1939 (Schriftenreihe des Bundesarchivs, 20), Boppard 1973, S. 585 (zit. Henke: Engld.) u. A. Hillgruber: England in Hitlers außenpolitischer Konzeption, in: HZ 218/1974, S. 65–84 (zit. Hillgruber: Engld.).

21 DBFP 2/IV, Nr. 108, 109, 141, 259 u. ADAP, C, II/a, Nr. 111, 117, 147.

22 Cowling: Impact, S. 67f.; Howard S. 102f.; Henke: Engld., S. 30f.; Hauser, S. 260ff.; Hildebrand: Außenpol., S. 464; Hillgruber: Engld., S. 67f.; Kuhn, S. 154.

23 M. H. Hyde: British Air Policy Between the Wars, 1918–1939, London 1976, S. 67ff. (zit. Hyde).

24 Wiggershaus, S. 347ff.; Michalka: Ribbentrop, S. 104ff.; Kuhn, S. 174f.

25 Howard, S. 103f.; Gibbs, S. 333f.; Siebert, S. 24f.; Villari, S. 130f.

26 Petersen: Hitler–Mussolini, S. 400; G. W. Baer: The Coming of the Italian-Ethiopian War, Cambridge, Mass., 1967; R. A. Parker: Great Britain, France, and the Ethiopian Crisis, 1935–1936, in: EHR 89/1974, S. 239ff.; D. C. Watt: The Secret Laval–Mussolini Agreement of 1935 on Ethiopia, in: MEJ 15/1961, S. 69–78.

[27] Villari, S. 136f.
[28] Ebda., S. 138; auch F. D. Laurens: France and the Italo-Ethiopian Crisis, 1935–1936, Den Haag 1967.
[29] Mitte Juni 1934: ADAP, C, III/1, Nr. 7; dazu Petersen: Hitler–Mussolini, S. 350; Siebert, S. 31f. u. Villari, S. 127.
[30] H. Dubief: Le déclin de la IIIe République 1929–1938, Paris 1976, S. 153–209 (zit. Dubief).
[31] A. Bruge: Histoire de la ligne Maginot, 3 Bde., Paris 1978 (zit. Bruge); A. Kemp: The Maginot Line. Myth and Reality, London 1981 (zit. Kemp: Maginot Line); zu den Auswirkungen u. a. G. Bonnet: Le Quai d'Orsay sous trois républiques, Paris 1948, S. 129; dt.: Vor der Katastrophe. Erinnerungen des französischen Außenministers, Köln 1951 (zit. Bonnet), dazu auch Sakwa (Anm. 32).
[32] Hoßbach, S. 84f.; P. Schmidt: Statist auf diplomatischer Bühne 1923–1945, Bonn 1954, S. 325 (zit. Schmidt); vgl. auch L. Frh. Geyr v. Schweppenburg: Erinnerungen eines Militärattachés. London 1933–1937, Stuttgart 1947, S. 86ff. (zit. Geyr); außerdem Müller: Heer, S. 213.
[33] C. W. Bolen: Hitler Remilitarizes the Rhineland, in: Power, Public Opinion, and Diplomacy, hg. v. L. P. Wallace (u. a.), Durham, N. C., 1959, S. 244–266; M. Braubach: Der Einmarsch deutscher Truppen in die entmilitarisierte Zone am Rhein im März 1936, Köln - Opladen 1956; J. Th. Emmerson: The Rhineland Crisis. 7 March 1936. A Study in multilateral diplomacy, London 1977 (zit. Emmerson); R. A. Parker: The First Capitulation. France and the Rhineland Crisis, 1935–1936, in: EHR 89/1974, S. 293ff.; W. E. Scott: Alliance against Hitler. The Origins of the Franco-Soviet Pact, Durham 1962; G. Sakwa: The Franco-Polish Alliance and the Remilitarization of the Rhineland, in: HJ 16/1973, S. 125ff. (auch z. Anm. 30); D. C. Watt: The Reoccupation of the Rhineland, in: HT 6/1965, S. 244–251.
[34] Weinberg, I, S. 257f. hat dies übersehen; vgl. dagegen Henke: Engld., S. 51; Hauser, S. 282f.; Jacobsen: Außenpol., S. 416ff.; für das frz. Dilemma u. a. die Memoiren v. P. E. Flandin: Politique française 1919–1940, Paris 1947, S. 208 (zit. Flandin); die engl. Haltung bei Emmerson, S. 144f.
[35] J. Dhondt: Histoire de la Belgique, Paris 1968, S. 118f.; W. Wagner: Belgien in der deutschen Politik, Boppard 1974, S. 6ff. (zit. Wagner); ausführl. L. de Fabribeckers: La campagne de l'Armée belge en 1940, Brüssel – Paris 1978, S. 14ff. (zit. De Fabribeckers).
[36] Zum militär. Verlauf R. de la Cierva: Historia de la Guerra Civil en España, 2 Bde., Madrid 1969; M. Aznár: Historia militár de la Guerra de España, 3 Bde., Madrid [3]1958–1963; H. G. Dahms: Der Spanische Bürgerkrieg, Tübingen 1962, erw. span. Ausg. Madrid [5]1979; H. Thomas: The Spanish Civil War, London [4]1974.
[37] H. G. Dahms: Francisco Franco (Persönlichkeit u. Gesch., 70), Göttingen 1972, erw. span. Ausg. Madrid [16]1980.
[38] M. Funke: Die deutsch-italienischen Beziehungen. Antibolschewismus und außenpolitische Interessenkonkurrenz als Strukturprinzip der »Achse«, in: Hitler, Dtschld. u. d. Mächte, S. 823–864; E. Wiskemann: The Rome – Berlin Axis, London [2]1966 (Wiskeman); Villari, S. 139f.; Siebert, S. 46ff. u. Petersen: Hitler–Mussolini, passim.; neuerdings R. Lill: Italiens Außenpolitik 1935–1939, in: Weltpolitik, I, S. 87–109. (zit. Lill).
[39] RGBl. 1937, II, S. 28f.; dazu Martin: Dt.-jap. Bez., in: Hitler: Dtschld. u. d. Mächte, S. 461f.; Th. Sommer: Deutschland und Japan zwischen den Mächten 1935–1940. Vom Antikominternpakt zum Dreimächtepakt (Tüb. Studien z. Gesch. u. Pol., 15), Tübingen 1962, S. 45 (zit. Sommer); zuletzt Michalka: Ribbentrop, S. 172ff. u. 215ff.
[40] W. Schieder u. Ch. Dipper (Hg.): Der Spanische Bürgerkrieg in der internationalen Politik, 13 Aufsätze, München 1976; H.-H. Abendroth: Hitler in der spanischen Arena, Paderborn 1973; M. Merkes: Die deutsche Politik gegenüber dem spanischen Bürgerkrieg (Bonner hist. Forschungen, 18), Bonn [2]1973; G. T. Harper: German Economic Policy in Spain. During the Spanish Civil War, Den Haag 1967; J. B. Bell: French Reaction to the Spanien Civil War. July–September 1936, in: Power, Public Opinion, and Diplomacy (op. cit.), S. 267–296; W. M. L. Kleine-Ahlbrandt: The Policy of Simmering. A Study of British Foreign Policy During the Spanish Civil War. Den Haag 1962; D. C. Watt: Soviet Military Aid to the Spanish Republic, in: SEER 38/1960, S. 536–541. Zur wirtschaftl. Ausbeutg. O. Dankelmann: Franco zwischen Hitler und den Westmächten, Berlin 1970 (zit. Dankelmann) u. R. de la Cierva: Historia del Franquismo, Barcelona [2]1980, S. 134ff.
[41] Eine gute Übersicht b. W. Treue: Wirtschaftsgeschichte der Neuzeit, Bd. 2, Stuttgart [3]1973, S. 184–210 (zit. Treue); dazu M. Riedel: Die Rohstofflage des Deutschen Reiches 1936, in: Tradition 14/1969, S. 310–334; vgl. auch Hj. Schacht: 76 Jahre meines Lebens, Bad Wörishofen 1953, S. 461ff.;

Die europ. Zusammenhänge b. D. E. Kaiser: Economic Diplomacy and the Origins of the Second World War. Germany, Britain, France, and Eastern Europe, 1930–1939, Princeton, N. J., 1981.

42 Zahlen nach H.-E. Volkmann: Außenhandel und Aufrüstung in Deutschland, in: Forstmeier/Volkmann, S. 85.

43 Ders. in: DR, I, S. 269–281.

44 W. Treue: Hitlers Denkschrift zum Vierjahresplan, in: VZ 3/1955, S. 184–210.

45 RGBl. 1936, I, S. 887; dazu Volkmann in: DR, I, S. 284ff.; D. Petzina: Vierjahresplan und Rüstungspolitik, in: Forstmeier/Volkmann, S. 65–80; ders.: Autarkiepolitik im Dritten Reich. Der nationalsozialistische Vierjahresplan (Schriftenreihe der VZ, 16), Stuttgart 1968.

46 B. J. Wendt: Economic Appeasement, Düsseldorf 1971 (zit. Wendt).

57 Beispiele b. M. Domarus: I, a. a. O., S. 200, 273, 296, 314, 321, 476, 495f. Dazu K.-D. Bracher: Das Anfangsstadium der Hitlerschen Außenpolitik, in: VZ 5/1957, S. 63–76 u. E. Bramstedt: Goebbels und die nationalsozialistische Propaganda 1925–1945, Frankfurt 1977 (zit. Bramstedt).

48 A. Adamthwaite: France and the Coming of the Second World War, 1936–1939, London 1977 (zit. Adamthwaite); Dubief, S. 81ff., 92, 147f. u. Aron: Frieden, S. 816ff.; Hauser, II, S. 68–85.

49 B. C. Ceadel: Pacifism in Britain, 1914–1945. Oxford 1980; D. Thomson: England in the Twentieth Century, Harmondsworth [9]1976, S. 119f., 156ff., 164f.; B. Cohen: The Influence of Non-Governmental Groups on Foreign Policy-Making, Princeton, N. J., 1959. J. P. D. Dunbabin: British Rearmament in the 1930s, in: HJ 18/1975, S. 587–609 (zit. Dunbabin) u. Hyde, S. 69.

50 R. v. Albertini: England als Weltmacht und der Strukturwandel des Commonwealth, in: HZ 208/1969, S. 52–80; J. C. Doherty: Die Dominien und die britische Außenpolitik von München bis zum Kriegsausbruch 1939, in: VZ 20/1972, S. 209–234 (zit. Doherty); J. Eayrs: In Defense of Canada. Appeasement and Rearmament, Toronto 1965; N. Mansergh: Survey of British Commonwealth Affairs. Problems of External Policy, 1931–1939, London 1952 (zit. Mansergh); R. Tamchina: Commonwealth and Appeasement. Die Politik der britischen Dominions, in: NPL 17/1972, S. 571–589.

51 Zur Terminologie R. Seeland: Appeasement. Eine Methode zur Lösung internationaler Konflikte (Schriftenreihe z. Ausw. Pol., 6) Hamburg 1968.

52 S. Adler: The Isolationist Impulse, New York 1961 (zit. Adler); der Zusammenhang mit dem Spanienkrieg b. A. Guttmann: The Wound in the Heart. American and the Spanish Civil War, Den Haag 1976. Näheres b. Freidel, S. 218ff. u. R. J. Carido: 20th Century. American Foreign Policy. Security and Self-Interest, Englewood Cliffs, N. J., 1974. Wichtige Gesichtspunkte bringt D. Junker: Nationalstaat und Weltmacht. Die USA 1938–1941, in: Weltpolitik, II, hg. v. O. Hauser, Göttingen 1975 (zit. Junker); Grundlegend E. R. May: The World Wars and the American Isolationists, Cambridge, Mass., 1959; in Teilen auch das ältere Werk v. W. L. Langer u. S. E. Gleason: The Challange to Isolation, 1937–1940, New York 1964 (zit. Langer/Gleason); weiterführend M. Jones: Isolationism in America, 1935–1951, Ithaca, N. Y., 1969 (zit. Jones) u. A. A. Offner: American Appeasement. United States Foreign Policy and Germany, 1933–1938, Cambridge, Mass., 1969 (zit. Offner). Zu warnen ist vor E. Angermann: Die weltpolitische Lage 1933–1935. Die Vereinigten Staaten von Amerika, in: Weltpolitik, I, S. 110–145.

53 Wichtig für die Voraussetzungen u. Kontroversen D. Butler u. A. Sloman: British Political Facts, 1900–1975, London 1976; auch Hauser, II, S. 86ff.; H. Herzfeld: Zur Problematik der Appeasement-Politik, in: Gesch. u. Gegenwartsbewußtsein (Festschr. f. H. Rothfels), Göttingen, S. 161–197 u. W. Brügel: Die Appeasement-Politik im Kreuzfeuer der Kritik, in: NPL 8/1963m, Sp. 803ff. neuerdings G. Schmidt: England in der Krise. Grundzüge und Grundlagen der britischen Appeasement-Politik (1930–1937), Opladen 1981. F. Coghlan: Armaments, Economic Policy, and Appeasement. Background of British Foreign Policy, 1931–1937, in: H. 57/1972, S. 105ff.; A. H. Furnia: The Diplomacy of Appeasement. Anglo-French Relations and the Prelude to World War II, 1931–1938, Washington, D. C., 1960; M. Gilbert: The Roots of Appeasement, London 1966; J. H. Herz: Sinn und Sinnlosigkeit der Beschwichtigungspolitik. Zur Problematik des »Appeasement«-Begriffs, in: PVS 5/1964, S. 370–389; R. Kieser: Englands Appeasement-Politik und der Aufstieg des Dritten Reiches im Spiegel der britischen Presse, Winterthur 1964; W. M. L. Kleine-Ahlbrandt: Appeasement of the Dictators, New York 1970; P. Lundgreen: Die englische Appeasement-Politik bis zum Münchener Abkommen, Berlin 1969; K. Middlemas: Diplomacy of Illusion. The British Government and Germany, 1937–1939, London 1972; T. W. Nagle: A Study of British Public Opinion and the European Appeasement 1933–1939, Wiesbaden 1957; R. Ovendale: Appeasement of the English-speaking World, 1937–1939, Cardiff

1975 (zit. Ovendale); R. A. C. Parker: Großbritannien und Deutschland 1936–1937, in: Weltpolitik, I, S. 66–77; W. R. Rock: Appeasement on Trial. British Foreign Policy and its Crisis, 1938–1939, Hamden, Conn., 1966; A. L. Rowse: Appeasement, New York 1961; N. Thompson: The Anti-Appeasers, Oxford 1971; J. Colvin: Vansittart in Office, London 1965; K. Feiling: The Life of Neville Chamberlain, London [4]1970 (zit. Furnia, Kleine-Ahlbrandt, Middlemas, Rock, Thompson, Colvin, Feiling).

54 Dubief, S. 207ff.; P. Guiral: Frankreich zwischen 1936 und 1939, in: Weltpolitik, I, S. 29–48; J. Colton: Léon Blum, Paris 1968; J. Lacouture: Léon Blum, Paris 1977; E. Jäckel: Deutschland und Frankreich 1933–1939, in: GWU 15/1964, S. 105–108. Vgl dazu L. Blum: L'Histoire jugera, Paris 1945 u. ders.: L'Oeuvre 1934–1937, Paris 1964.

55 A. Hillgruber: Die weltpolitische Lage 1936–1939, in: Weltpolitik, I, S. 270ff. (zit. Hillgruber: Lage).

56 Vgl. J. v. Ribbentrop: Zwischen London und Moskau. Erinnerungen und letzte Aufzeichnungen, hg. v. A. v. Ribbentrop, Leoni 1953; Texte v. R. v. Ribbentrop (Hg.): Kriegsschuld des Widerstandes. Aus britischen Geheimdokumenten 1938/39, Leoni 1953. Dazu Michalka: Ribbentrop, S. 204ff. u. 215ff.

57 Hillgruber: Lage, S. 272f.; grundlegend Hauser, II, 42–47, 108–135.

58 Unterredung Hitler–Halifax v. 19. 11. 1937; ADAP, D, S. 46ff.; Hauser, II, S. 136–141; Hildebrand: Außenpol., S. 61; Henke: Engld., S. 119; Cowling: Impact, S. 276.

59 ADAP, D, I, Nr. 93; Niclauss, S. 189 u. Michalka: Ribbentrop, S. 278ff.

60 D. J. Lu: From Marco Polo Bridge to Pearl Harbor. Japan's Entry into World War II, Washington, D. C., 1961 (zit. Lu); ferner Briessen, S. 89ff.; H. Bloß: Deutsche Chinapolitik im Dritten Reich, in: Hitler, Dtschld. u. d. Mächte, S. 407ff.; F. Dorn: The Sino-Japanese War, 1937–1941, New York 1974; K. Drechsler: Deutschland – China – Japan 1933–1939, Berlin 1964; B. K. Walsh: The German Military Mission in China, 1928–1938, in: JMH 46/1974, S. 502–516; ferner Martin: Dt.-jap. Beziehungen, S. 462; Sommer, S. 32ff.; F. C. Jones: Japan's New Order in East Asia. Its Rise and Fall 1937–1945, London 1954 (zit. Jones); J. Menzel-Meskill: Hitler and Japan, New York 1966 (zit. Menzel-Meskill); W. Michalka: Vom Antikominternpakt zum asiatischen Kontinentalblock. Ribbentrops Alternativkonzeption zu Hitlers außenpolitischem »Programm«, in: Nationalsozialistische Außenpolitik, hg. v. W. Michalka, Darmstadt 1978, S. 471–492; E. L. Presseisen: Germany and Japan, 1933–1941, Den Haag 1958 (zit. Presseisen).

61 F. D. Roosevelt: Public Papers and Adresses, hg. v. S. I. Rosenman, 13 Bde., New York 1955–1967, Bd. 6, S. 410; dazu D. Borg: The United States and the Far Eastern Crisis of 1933–1938. From the Manchurian Incident trough the Initial Stage of the Undecleared Sino-Japanese War (Harvard East Asian Series, 14), Cambridge, Mass., 1964, S. 375ff.; Adler, S. 22ff.; R. Douglas: The Advent of War, 1938–1940, New York 1979, S. 23–41 (zit. Douglas); Langer/Gleason, S. 12ff.; Jones, S. 10ff.; Offner, S. 14; auch M. Knapp: Die USA und Deutschland 1918–1975, München 1978; zuletzt B. Martin: Amerikas Durchbruch zur politischen Weltmacht. Die interventionistische Globalstrategie der Regierung Roosevelt 1933–1941, in: MGM 2/1981, S. 57–99 (zit. Martin: Amerikas Durchbruch).

62 FRUS, Japan, II, S. 159ff.

63 G. Ciano: Tagebücher 1937/38, Hamburg 1949, S. 32 (zit. Ciano); dazu M. Funke: Die deutsch-italienischen Beziehungen, in: Hitler, Dtschld. u. d. Mächte, S. 823–846 (zit. Funke).

64 Text des sog. Hoßbach-Protokolls in: IMT, Bd. 2, S. 402ff.; auch b. Hoßbach, S. 181–189, anschließend die Entstehungsgesch.; dazu auch W. Bußmann: Zur Entstehung und Überlieferung der »Hoßbach-Niederschrift«, in: VZ 16/1968.

65 Interpretationen, z. T. mit unterschiedl. Gewichtung, b. W. Bußmann: Zur Entstehung und Überlieferung der »Hoßbach-Niederschrift«, in: VZ 17/1968, S. 373–384; W. Deist, in: DR, I, S. 522; J. Dülffer: Weisungen an die Wehrmacht als Ausdruck ihrer Gleichschaltung 1938/39, in: WWR 18/1968, S. 651–655; 705–713; P. v. Kielmannsegg: Die politische Tragweite der »Hoßbach-Besprechung«, in: VZ 8/1960, S. 268–273; M. Messerschmidt, in: DR, I, S. 621ff.

66 Müller: Heer, S. 254ff.; Messerschmidt: Wehrmacht, S. 210ff.

67 Vgl. K. Schuschnigg: Ein Requiem in Rot-Weiß-Rot, Zürich 1946, S. 37ff.; gt. Übersicht bei Andica, S. 242–280; Näheres bei E. Nolte: Der Faschismus in seiner Epoche, München 1963, S. 427ff.; Schausberger: Österreich, S. 737ff. u. R. R. Kroener: So haben sie es damals gemacht. Die Propagandavorbereitungen zum Österreich-Anschluß durch das Hitler-Regime 1933–1938, Wien 1958; dazu auch Bramstedt, S. 102ff.; H. J. Neuman: Arthur Seiß-Inquart, Graz – Wien – Köln 1970, S. 90–115 (zit. Neuman); J. Gehe: Austria, Germany and the Anschluß, London 1963. Die milit. Vorbereitungen b. Müller: Heer, S. 256f. u. in Jodl-Tgb.

68 Fest: Hitler, S. 753ff.; L. E. Hill (Hg.): Die Weizsäcker-Papiere, Frankfurt–Berlin–Wien 1974,

S. 123; zur it. Pol. s. Lill, S. 95ff. u. Funke, S. 837; von den übrigen Dokumenten sind bes. IMT, Bd. 31, S. 383 u. ADAP, D, I, S. 483 hervorzuheben.

69 Hauser, II, S. 255–293; A. C. Johnson: Halifax, London 1966, S. 409 (zit. Johnson); Paul-Boncour an den Botschafter in London: DDF, 2, VIII, Nr. 274; darüber hinaus VIII, Nr. 405, 407, 426, 431, 441.

70 Ebda., Nr. 66.

71 Vgl. ADAP, D, II, S. 135, 158, 192; s. auch Hauser, II, Dok. 36, 38, S. 393ff., 397f. R. A. Blasius: Für Großdeutschland – gegen den großen Krieg. Staatssekretär Ernst Frhr. von Weizsäcker in den Krisen um die Tschechoslowakei und Polen. Köln – Wien 1981; dazu Jacobsen: Außenpol., S. 442f.; Näheres bei D. Brandes: Die Politik des Dritten Reiches gegenüber der Tschechoslowakei, in: W. Götz: Die sudetendeutsche Frage, Mainz 1974.

72 DBFP, 3, I, Nr. 90; zum Folgenden Hauser, II, S. 335–358; Midlemas: Dipl., S. 285ff. u. H. J. Wendt: München 1938. England zwischen Hitler und Preußen (Hamburger Studien zur neueren Gesch., 3) Frankfurt 1965.

73 H. K. G. Rönnefarth: Die Sudetenkrise in der internationalen Politik. Entstehung, Verlauf, Auswirkungen, 2 Bde. (Veröffentl. des Inst. für Europ. Gesch., 21) Wiesbaden 1961; weitere Einzelheiten i. d. älteren Werken v. J. W. Wheeler-Bennett: Munich, London – New York 1948 (zit. Wheeler-Bennett) u. L. B. Namier: Diplomatic Prelude 1938–1939, London 1947 (zit. Namier); vgl. auch E. Beneš: Mnichovskédny Paméti, Prag 1968 (zit. Beneš).

74 Vgl. DDF, 2, X, Nr. 511; dazu G. Bonnet: De Washington au Quai d'Orsay. Mémoires, I, Défense de la Paix, Genf 1946.

75 G. D. Laffan: The Crisis over Czecho-Slovakia. January to September, London 1951, S. 16ff.; dazu E. Beneš, S. 266ff.; V. Krăl: Die Tschechoslowakei und München, in: VZ 7/1959, S. 23–59.

76 ADAP, D, II, Nr. 133.

77 Ebd., S. 281ff. u. IMT, Bd. 25, S. 433ff.; Zur Maikrise Brandes, S. 515f. u. Beneš, S. 303ff.

78 Müller: Heer, S. 307ff.; Salewski: Seekriegsleitung, I, S. 52ff.; K. A. Maier, in: DR, II, S. 45f.

79 Müller: Heer, S. 309ff.; W. Foerster: Generaloberst Ludwig Beck. Sein Kampf gegen den Krieg. Aus nachgelassenen Papieren des Generalstabschefs, München ^{2}1953, S. 116ff. (zit. Foerster); neuerdings R. G. v. Thun-Hohenstein: Der Verschwörer. General Oster und die deutsche Militäropposition (Deutscher Widerstand 1933 bis 1945 – Zeugnisse und Analysen, hg. v. G. v. Roon u. H. Mommsen), Berlin 1982, S. 47–60 (zit. Thun-Hohenstein) u. H. Herwarth v. Bittenfeld: Zwischen Hitler und Stalin, München 1982 (zit. Herwarth).

80 H. Krausnick: Vorgeschichte und Beginn des militärischen Widerstandes gegen Hitler, in: Die Vollmacht des Gewissens, hg. v. d. Europ. Publikation, Bd. 1, Frankfurt 1960, S. 302f. u. Anm. 55, S. 315; H. Höhne: Canaris. Patriot im Zwielicht, Gütersloh 1976, S. 285–292 (zit. Höhne); D. Irving: Hitlers Weg zum Krieg, München 1979, S. 236ff. (zit. Irving: Hitlers Weg); Middlemas, S. 321f.; dazu auch E. Kordt: Nicht aus den Akten. Die Wilhelmstraße in Frieden und Krieg. Erlebnisse, Begegnungen und Eindrücke 1928–1945, Stuttgart 1950, S. 245ff. (zit Kordt: Wilhelmstr.).

81 Vgl. DBFP, 3, I, Nr. 106; ebda. 3, II, Nr. 613 u. App. III, S. 680ff. u. 683; dazu Aigner: Ringen, S. 321ff.; Henke: England, S. 162ff.; Irving: Hitlers Weg, S. 200ff.; Middlemas, S. 294ff.; Wheeler-Bennett, S. 105–190; Namier, S. 171ff.; Johnson, S. 481–504.

82 Chamberlains Notizen in DBFP, 3, II, Nr. 895; dazu Middlemas, S. 363; Henke: Engld., S. 186ff.; Feiling, S. 369ff.; Brandes, S. 518ff.

83 Das dt. Memorandum in ADAP, D, II, Nr. 584; zur Propaganda Bramstedt, S. 160ff.; Mussolinis Haltg. v. Lill, S. 101f.; die Entwicklung i. Prag b. B. Čelovsky: Das Münchener Abkommen 1938, Stuttgart 1958, S. 350ff.; Die frz. Politik ausführl. b. G. Vallette u. J. Bouillon: Munich 1938, Paris 1964 u. J.-P. Azéma: De Munich à la Libération 1938–1944, Paris 1979, S. 9ff. (zit. Azéma); Wheeler-Bennett, Namier, Johnson u. Feiling s. o.

84 Vgl. Kordt: Wilhelmstr., S. 272; Schmidt, S. 410ff. u. E. v. Weizsäcker: Erinnerungen, München – Leipzig – Freiburg 1950, S. 188 (zit. Weizsäcker).

85 Zum dt. Aufmarsch: IMT, Bd. 25, S. 485f. u. ADAP, D, II, Nr. 654; das brit. Ersuchen an Mussolini: DBFP, 3, II, Nr. 1158, 1159, 1161, 1165, 1166, 1167, 1174; Villari, S. 145; Mowat, S. 609–616.

86 Text des Abkommens u. d. Zusatzvereinbarungen in: ADAP, D, II, Nr. 670, 674; über die Konferenz Brandes, S. 520f.; Irving: Hitlers Weg, S. 293f.; dazu Ciano, Tgb., S. 280f.; ders.: L'Europa verso la Catastrofe. Da Monaco al 10 giugno 1940, Mailand 1983 (zit. Ciano: Catastrofe) u. G. Bonnet: Dans la tourmente, 1933–1948, Paris 1971, S. 219f. (zit. Bonnet); Čelovsky, S. 356ff. u. Beneš, S. 318ff.

[87] M. Ádám, Gy. Juhász, L. Kerekes (Hg.): Allianz Hitler-Horthy-Mussolini. Dokumente zur ungarischen Außenpolitik, hg. v. Inst. für Gesch. a. d. Ungarischen Akademie der Wissenschaften, Budapest 1966, S. 43f. (zit. Ádám-Juhász-Kerekes); dazu Bogyay a. a. O., S. 169, Barta a. a. O., S. 583f.; L. Tilkovsky: Pál Teleki. A Biographical Sketch, Budapest 1974, S. 42 (zit. Tilkovsky); J. K. Hoensch: Der ungarische Revisionismus und die Zerschlagung der Tschechoslowakei, Tübingen 1967.

[88] ADAP, D, IV, Nr. 81, zur dt. Pol. »nach München« Brandes S. 521ff.

[89] Auszüge b. Domarus, I, S. 974ff.; zur antibrit. Welle v. Hitler u. Goebbels vgl. Aigner: Ringen, S. 339 u. Henke: Engld. S. 204f.; zu dem Pogrom s. H. Lauber: Judenpogrom »Reichs-Kristallnacht« November 1938 in Großdeutschland, Gerlingen 1981.

[90] Hillgruber: Lage, S. 285; zur milit. Beurteilg. Frankreichs: DDF, 2 Bd. 13, Nr. 23; über den »Versuch einer Auskreisung Frankreichs« ausführlich Michalka: Ribbentrop, S. 259–269; E. Jäckel: Frankreich in Hitlers Europa (Quellen u. Darstellungen zur Zeitgesch., 14) Stuttgart 1966, S. 66 (zit. Jäckel: Frkr.); dazu auch die Memoiren v. G. Bonnet: De Munich à la guerre. Défense de la Paix, Paris [2]1967 (zit. Bonnet), S. 72ff. u. O. Abetz: Das offene Problem, Köln 1951, S. 132 (zit. Abetz); die Pariser Gespräche in ADAP, D, IV, Nr. 370; die it. Ansprüche b. Siebert, S. 89ff.

[91] J. Hoensch: Die Slowakei und Hitlers Ostpolitik. Hlinkas Slowakische Volkspartei zwischen Autonomie und Separation 1938/39 (Beiträge zur Gesch. Osteuropas, 4) Wien – Köln 1965 (zit. Hoensch); zum Einsatz der Sonderbeauftragten W. Schellenberg: Memoiren, Köln 1956, S. 58 (zit. Schellenberg).

[92] W. Venohr: Aufstand in der Tatra. Der Kampf um die Slowakei 1939–1944, Königstein/Ts. 1978, S. 3–19, 20–27 (zit.: Venohr).

[93] ADAP, IV, Nr. 228 u. Anl.

[94] Aus der »Proklamation an das deutsche Volk« v. 15. 3. 39; vgl. Domarus, I, S. 1095; z. Folgenden V. Mastny: The Czechs under Nazi Rule, New York – London 1971 (zit. Mastny).

[95] Teilw. abweichend N. v. Horthy: Ein Leben für Ungarn, Bonn 1953; genauer P. Gosztony: Miklós von Horthy (Persönlichkeit und Geschichte, 76/77), Göttingen 1973, S. 76ff. (zit. Gosztony: Horthy) u. M. Broszat, Deutschland – Ungarn – Rumänien, in: Hitler, Dtschld. u. d. Mächte, S. 536–544 (zit. Broszat: Dtschld., Ungarn, Rumänien). Die dt. Zustimmung v. 12. 3. 39 in: ADAP, IV, S. 232; weitere Materialien in: Allianz Hitler-Horthy-Mussolini. Dokumente zur ungarischen Außenpolitik (1933–1944), hg. v. M. Ádám, G. Juhász u. L. Kerekes, Budapest 1966 (zit. Adám/Jukász/Kerekes).

[96] Kordt: Wilhelmstr., S. 144.

Der Weg in den Krieg

Der »Prager Coup« hatte großes Aufsehen erregt. Die Westmächte protestierten. Kleinere Nachbarstaaten des Reiches fürchteten um ihre Selbständigkeit. Litauen erwartete ähnlich wie die Slowakei behandelt zu werden. Als Außenminister Juozas Urbšys in Berlin vorsprach, stellte ihm Ribbentrop ultimative Forderungen bezüglich des Memelgebietes. Mit einer Freihafenzone entschädigt, beeilte sich die litauische Regierung, dem Verlangen zu entsprechen. Am 22. März 1939 wurde ein Vertrag über die Rückgabe der Stadt und des Küstenlandes unterzeichnet.[1]

Dieser Wechsel störte Warschau ebenso wie die folgende Ratifikation des deutsch-slowakischen Schutzvertrages. Auch Polen hatte Litauen Zugeständnisse abgepreßt, unter anderem Transitrechte in Memel. Nun war dieser Gewinn fraglich. Polnische Patrioten bangten zugleich um Wilna, das die Litauer aufgrund geheimer Absprachen mit Deutschland vielleicht zurückforderten. Die Chauvinisten wollten daher das Nachbarland besetzen und so der drohenden Entwicklung einen Riegel vorschieben.[2]

Das Problem wurde unter dem Vorsitz des Präsidenten Ignac Mościcki wiederholt erörtert. Man faßte keine unwiderruflichen Entschlüsse. Aber die Regierung des Ministerpräsidenten Felicjan Slawoj-Skladkowski rief Reservisten zu den Fahnen, und der Oberbefehlshaber, Marschall Edward Rydz-Smigly, verlegte schon am 23. März 1939 Divisonen zur ostpreußischen Grenze, um dem etwaigen Vormarsch von Wehrmachtverbänden nach Litauen die Flanke abzugewinnen.[3]

Das Verhältnis zwischen Berlin und Warschau war nie reibungslos gewesen.[4] Beck hatte zwar Hitlers Politik gegenüber Österreich und der ČSR unterstützt, jedoch für Polen freie Hand zur Schaffung eines »Dritten Europa« verlangt. Er verstand darunter die Zusammenfassung der Staaten zwischen Ostsee und Donau. Anscheinend sollte unter polnischer Führung etwas Ähnliches wie das Jagiellonenreich des 15. Jahrhunderts entstehen.

Berlin, das von vermehrten militärischen Anstrengungen der Westmächte wußte, ging es um ein »tragbares Verhältnis« mit Polen. Allerdings dachte man nicht daran, dem schwächeren Partner freie Hand zu lassen. Vielmehr sollte er zur Kursangleichung bewogen werden. Doch Botschaftergespräche waren ohne Erfolg.[5] Ein Besuch Außenminister Becks bei Hitler in Berchtesgaden brachte sowenig Übereinstimmung[6] wie Ribbentrops folgende Warschauer Reise.[7]

Der Reichsaußenminister warb um eine gemeinsame Ukrainepolitik. Er empfahl Beck den Beitritt zum Antikominternpakt und forderte die Rückkehr des Freistaates Danzig in das Deutsche Reich sowie eine exterritoriale Straßen- und Eisenbahnverbindung zwischen Pommern und Ostpreußen, quer durch den 1919 geschaffenen Korridor. Polen sollte dafür einen Freihafen mit unbehindertem Zugang, Vertragsaufbesserungen und die langfristige Garantie seiner Grenzen erhalten.

Doch die Warschauer Regierung verwarf diesen Vorschlag einer »Globallösung«. Das

Kabinett hielt jede Preisgabe polnischer Sonderrechte in Danzig für indiskutabel und durchschaute, daß Hitler die Ukraine nur als Köder und Druckmittel verwenden wollte. Der Beitritt zum Antikominternpakt mußte Polen zum Erfüllungsgehilfen der deutschen Ostpolitik machen und den mit Moskau geschlossenen Nichtangriffspakt entwerten. Dies alles konnte, wenn man darauf einging, der nach Norden und Süden tendierenden Republik nur Schaden zufügen.

Angesichts der alarmierenden Vertragspolitik des Reiches mit Litauen und der Slowakei, einer beginnenden Umklammerung, erklärte sich Marschall Rydz-Smigly entschlossen, sofort »den Kampf aufzunehmen«.[8] Gleichzeitig gab Hitler den Anstoß zur generalstabsmäßigen Bearbeitung der »polnischen Frage«. Der Nachbar sollte als politischer Faktor ausgeschaltet werden. Die Annexion seines Territoriums war für diesen Fall noch nicht vorgesehen, wohl aber eine diagonale Grenzziehung zwischen Ostpreußen und Schlesien.[9]

Tags darauf ließ Beck durch Józef Lipski, den polnischen Botschafter in Berlin, die Vorschläge von Ribbentrop ablehnen. Dies wurde von der deutschen Presse als »arrogante Torheit« gegeißelt.[10] Hitler zürnte dem »Juniorpartner«, der sich dem Willen des Reiches entzog. Ernsthafte Maßnahmen waren aber zu diesem Zeitpunkt so wenig vorbereitet wie bei den folgenden Schritten der Westmächte. Am 31. März 1939 gab Chamberlain eine Garantieerklärung für Polen ab, der sich Frankreich anschloß.[11] Gleichzeitig begannen beide Seiten mit Generalstabsgesprächen.[12]

Dies alles wirkte wie ein Bluff. Denn die Westmächte waren nicht wirklich imstande, Polen zu helfen. Hitler blieb daher bei seiner Blitzkriegtheorie, der Absicht, in plötzlichen Wendungen die Gegner nacheinander niederzuwerfen. Dem entsprach die Weisung für den »Fall Weiß« vom 3. April 1939. Das isolierte Polen sollte, wenn es das Reich bedrohte, »mit überraschenden, starken Schlägen« besiegt werden, die »Durchführung ab 1. 9. 1939 jederzeit möglich« sein.[13]

Der Wandel im Westen (»swing round«) setzte sich fort. Roosevelt hatte mit einer »Quarantäne«-Rede zum Umdenken aufgefordert. Commonwealth-Politiker und Labour-Abgeordnete bezogen neue Positionen.[14] Englische Kabinettsmitglieder opponierten gegen die Appeasement-Politik.[15] Wirtschaftsexperten bezweifelten, daß es der Regierung Chamberlain gelingen werde, in Europa wieder liberale Handelsbedingungen herzustellen.[16] Deutschland galt wieder als Störenfried.

Dennoch gab es weiter Neigung zum Appeasement.[17] England und Frankreich waren so wenig wie Hitler ihren Verpflichtungen gegenüber Prag nachgekommen.[18] Sie hatten Viktor Emanuel III., dem neuen »Kaiser von Abessinien«, und damit Mussolini »Imperio« ihr Plazet erteilt, General Franco noch vor Beendigung des Spanischen Bürgerkrieges als Regierungschef anerkannt und zuletzt sogar eingeräumt, daß Deutschland in Südosteuropa besondere Wirtschaftsinteressen habe.

Sir Neville Henderson, der britische Botschafter in Berlin, empfahl, Hitler nach Osten tendieren zu lassen.[19] Doch Halifax und Alexander Cadogan folgten als führende Beamte des Foreign Office jetzt eher Empfehlungen des unter William Strang arbeitenden European Department.[20] Die Chiefs of Staff empfahlen Bündnisabschlüsse mit Frankreich, Polen und Rußland.[21] Als der rumänische Gesandte Viroel Tilea die (sofort dementierte) Mitteilung machte, daß Deutschland an Bukarest ein Ultimatum gerichtet habe, ließ Whitehall erstmals bei den Sowjets sondieren.[22]

Das englische Kabinett beschloß die Wiedereinführung der Wehrpflicht und organisierte

eine Widerstandslinie zwischen der Ostsee und dem Mittelmeer. Als Mussolini am 7. April 1939 Albanien besetzen ließ[23], wurde die britisch-französische Garantie auf Rumänien und Griechenland ausgedehnt. Auch bemühte sich London um Verhandlungen über einen Beistandspakt mit der Türkei. Notsignale nach Washington führten zu einem neuen Schritt des amerikanischen Präsidenten.[24]
Als »Wilsonianer« folgte er dem Ruf, ohne zu zögern. Die Deutschen hatten sich früher in Amerika hohen Ansehens erfreut, jetzt aber wurden sie von vielen der 50- bis 60jährigen Politiker als eine inhärent aggressive Nation betrachtet.[25] Hitlers Verträge mit dem kriegführenden Japan und einem Italien, das die Alleinherrschaft im Mittelmeerraum anstrebte, gaben solchen Vorurteilen neue Nahrung. Der Widerspruch revisionistischer Historiker blieb unbeachtet.
Roosevelt appellierte an Deutschland und Italien, bestimmte Länder nicht anzugreifen. Die angesprochenen Machthaber reagierten voller Hohn. Mussolini nannte das Ansinnen des Präsidenten einen »Fall von Gehirnparalyse«. Hitler ließ die genannten Staaten fragen, ob sie sich bedroht fühlten und nutzte ihre Verneinung zu einer kaum weniger sarkastischen Replik. Gleichzeitig kündigte er den Nichtangriffspakt mit Polen und das deutsch-englische Flottenabkommen.[26]
Dieser Vertragsbruch erleichterte nicht die Tätigkeit der deutschen Diplomatie. Vergebens bemühte sich Ribbentrop um Festigung des »Dreieckes Berlin – Rom – Tokio«, das französisch-britische Streitkräfte im Mittelmeerraum und Fernen Osten binden sollte. Japan sah den Vormarsch seiner Truppen auf dem chinesischen Festland durch die Sowjetunion bedroht und wollte deshalb einem Bündnispakt nur unter der Voraussetzung beipflichten, daß er sich nicht gegen Rußland richtete und Komplikationen mit Amerika und Großbritannien ausschloß.[27]
Der am 22. Mai 1939 von den Achsenmächten unterzeichnete »Stahlpakt« bot keinen Ersatz für die verfehlte Dreierallianz.[28] Der italienische Botschafter Bernardo Attolico und General Ugo Cavallero sowie auch Mitglieder des Großen Faschistischen Rates trugen starke Bedenken gegen diesen Vertrag, obwohl er defensiver Natur war und im Kern eine Konsultationsklausel enthielt. Auf Drängen Cianos betonte Mussolini, daß mit Italien als Bündnispartner aus wirtschaftlichen Gründen nicht vor 1943 zu rechnen sei.[29]
Am 23. Mai 1939 versammelte sich die Wehrmachtsführung in der Berliner Reichskanzlei zu einem Lagevortrag des Diktators. »Danzig«, sagte Hitler, sei »nicht das Objekt«. Ziel eines Krieges wäre vielmehr die »Erweiterung des Lebensraumes im Osten«. Polen stehe auf der Gegenseite, darum entfalle die Notwendigkeit, diesen Staat zu schonen. Man werde ihn isolieren und »bei erster passender Gelegenheit« angreifen. Ein »Bündnis Frankreich–Rußland gegen Deutschland – Italien – Japan« gäbe Veranlassung, auch im Westen loszuschlagen.[30]
Hitlers Ausführungen konnten nicht als strategische Konzeption gelten. Die Zuhörer hatten den Eindruck, man steuere wie zur Zeit der Sudetenkrise bewußt auf einen Konflikt zu, diesmal mit Polen, bei erhöhtem Risiko; der »große Krieg« im Westen, wo Großbritannien als Hauptgegner (»Motor«) galt, werde erst später folgen.[31] Auffallend war, daß der Diktator die Sowjetunion flüchtig als Partner eines fiktiven Bündnisses erwähnt hatte.
Sie war als einzige Großmacht noch nicht aus der Reserve hervorgetreten, aber mit Frankreich durch Beistandsabkommen liiert und, wie Hitler wußte, von England

halbherzig umworben. Die UdSSR befolgte eine Langzeitprogrammatik auf der Grundlage des Marxismus-Leninismus. Er lehrte, daß Gegensätze zwischen den »imperialistischen Staaten« zum Krieg führen müssen. Daraus ergab sich für den Kreml eine günstige Perspektive. »Wir werden«, hatte Stalin auf einer Plenartagung des ZK der KPdSU (B) versichert, »zuletzt eingreifen« und »das entscheidende Gewicht in die Waagschale« werfen.[32]

Diese Doktrin war auch durch das Einkreisungstrauma der Sowjets vorgezeichnet. Sie fürchteten einen doppelseitigen deutsch-japanischen Angriff mit Rückendeckung der Westmächte. Als Rußland – ein Partner des kollektiven Sicherheitssystems – nicht zur Teilnahme an der Münchener Konferenz eingeladen worden war, argwöhnte man in Moskau, daß Großbritannien und Frankreich sich durch Zugeständnisse, etwa die Duldung deutschen Ostintensionen, den Frieden erkauft haben könnten.[33]

Vorsichtshalber suchte Stalin das Verhältnis zwischen Berlin und Moskau zu entkrampfen. Er ließ die Internationalen Brigaden aus Spanien abziehen[34] und mit Botschafter Friedrich Werner von der Schulenburg verabreden, daß sich Presse und Rundfunk beider Länder künftig persönlicher Angriffe enthielten. Der Außenhandelskommissar Anastas I. Mikojan eröffnete deutsch-sowjetische Verhandlungen über einen 200-Millionen-Kredit. Litwinow mußte seinen Platz dem jüngeren Wjatscheslaw M. Molotow überlassen.[35]

Dabei wurde das Ressort des Auswärtigen mit dem Vorsitz im Rat der Volkskommissare vereinigt. Trotzdem bestimmte Stalin allein über die Richtlinien der sowjetischen Politik. Sie war nunmehr zweigleisig angelegt. Während sich Mikojan weiter um ein Kreditabkommen mit Deutschland bemühte, suchte Molotow herauszufinden, was Großbritannien und Frankreich von Rußland erwarteten und welchen Preis sie für etwaige Leistungen der UdSSR zahlen würden.

Frankreich schien verhandlungsbereit.[36] Dagegen fiel den Briten die Annäherung schwer, obwohl sie wußten, daß die Garantie für Polen, Rumänien und Griechenland ohne sowjetische Hilfe wirkungslos war. David Lloyd George und Sir William Seeds, der englische Botschafter in Moskau, befürworteten eine Allianz, ebenso Winston Churchill, Anthony Eden und die Stabschefs.[37] Chamberlain und Halifax zögerten jedoch, als Beck und sein rumänischer Kollege Grigore Gafencu von der UdSSR nicht beschützt werden wollten.[38]

Hinzu kam, daß man in Whitehall den Kampfwert der Roten Armee für gering erachtete.[39] Experten entsannen sich des Sieges der Polen über die Bolschewiken (1920) und erinnerten an Stalins blutige Säuberungen (1937/38), denen etwa 25000 Offiziere (darunter drei Marschälle, fast alle Divisionskommandeure und Chefs der Militärbezirke) zum Opfer gefallen waren.[40] Großbritannien wollte daher die Sowjetunion nicht zum militärischen Eingreifen bewegen, sondern lediglich zur Wirtschaftshilfe auffordern.[41]

Über die russischen Absichten bestand kein Zweifel. Stalin hatte, als er in Paris und London um Präzisierung der Vorschläge bat, bereits eigene Intensionen durchblicken lassen.[42] Die UdSSR war gesonnen, jedem ihrer Anrainer tatkräftig Hilfe zu leisten. Dabei würden Finnland, Estland, Lettland, Litauen, Polen und das rumänische Bessarabien – Gebiete, die sich das Zarenreich einverleibt hatte – unter sowjetischen Schutz kommen. Seeds rechnete mit einer Westverschiebung der russischen Grenzen.[43]

Gespräche zwischen Halifax und dem Sowjetbotschafter Iwan M. Maiskij ergaben, daß der Kreml ein Defensivbündnis ohne Wenn und Aber wünschte. Angesichts dieses Begehrens, neuer Überlegungen der britischen Chiefs of Staff und einiger Kabinettsmitglieder gab Chamberlain seinen Widerstand gegen Konzessionen auf. Die Londoner Regierung beschloß, Sir William Strang als Sonderbevollmächtigten nach Moskau zu schicken.[44]

Am 24. Juni 1939 einigten sich Großbritannien, Frankreich und die UdSSR auf gemeinsame Beistandsverpflichtungen gegenüber Finnland, Estland, Lettland, Litauen, Polen, Rumänien, Griechenland, der Türkei und Belgien. In der Frage, unter welchen Voraussetzungen die Sowjets ihren Nachbarn zu Hilfe eilen sollten, ob nach eigenem Ermessen oder auf Ersuchen des jeweils bedrängten Staates, näherten sich Seeds und Strang dem russischen Standpunkt.[45]

Das Abkommen sollte nach Abschluß einer Militärkonvention in Kraft treten. Von Frankreich gedrängt, entschloß sich Chamberlain zu weiteren Gesprächen.[46] Admiral Sir Reginald Plunkett-Erne-Erle-Drax, der dazu nach Moskau geschickt wurde, bekam jedoch keine Zeichnungsvollmacht. Auch benutzten er und der französische General Joseph Doumenc für ihre Mission nicht die schnelle Flugverbindung. Zum Erstaunen der Sowjets reisten beide Unterhändler an Bord eines langsamen Schiffes.[47]

Bei diesem Stand der internationalen Beziehungen war der Krieg keine unausweichliche Konsequenz. Noch konnte jede Großmacht einlenken, nichtratifizierte Verträge ruhen lassen und durch Zugeständnisse den Ausgleich suchen. Hitler scheint an Rückzug gedacht zu haben, als er von dem Moskauer Abkommen hörte. Der deutsche Diktator wollte seinen Streit mit Polen beenden und in Nürnberg einen »Parteitag des Friedens« veranstalten.[49]

Chamberlain bemühte sich, die Appeasement-Politik fortzusetzen. Der von Göring nach London entsandte Ministerialdirektor Helmuth Wohlthat konnte mit Robert S. Hudson, einem Abteilungschef des britischen Handelsministeriums, zusammentreffen. Dabei kam nicht nur der wirtschaftliche Ausgleich zur Sprache; man erörterte auch Grenzkorrekturen, die Kolonialfrage, das Problem des Gewaltverzichts und der Abrüstung.[50] Ein »neues München« schien sich anzubahnen.[51]

Aber auch ohne die sofort einsetzenden Alarmrufe von Alfred Duff Cooper und Sir Robert Vansittart stand diese Fühlungnahme unter keinem guten Stern. Wohlthats Bericht bot Hitler so wenig politischen Anreiz wie der Hinweis des Botschafters Herbert von Dirksen auf weitere Themen für neue Verhandlungen mit England. Seit Ende Mai 1939 hielt man in Berlin die deutsch-sowjetischen Kontakte für aussichtsreich. Auch Stalin hatte ihren Nutzen erkannt.

Molotows Versuch, eine Formel über »indirekte Aggression« einzubringen, die Rußland ermöglichen würde, seinen Willen den baltischen Republiken aufzuzwingen, war am Widerstand der Briten gescheitert. Sorge bereitete im Kreml gewiß auch die erneute Zuspitzung der Grenzkonflikte mit Japan, das nach Gefechten am Chalchin-Gol nun doch den Ausbau des Antikominternpaktes zur Militärallianz anstreben mußte.[52]

Auch die UdSSR suchte sich Deutschland weiter zu nähern. Molotow ließ die bisher von Mikojan und Botschaftsrat Gustav Hilger in Moskau geführten Wirtschaftsverhandlungen nach Berlin verlegen. Am 26. Juli 1939 traf sich dort der sowjetische Geschäftsträger Georgij A. Astachow mit Karl Schnurre. Ihre Unterredung kreiste nicht mehr lange um Probleme der beiderseitigen Handelsbeziehungen. Man sprach

auch von einer »Neuordnung« des Raumes zwischen der Ostsee und dem Schwarzen Meer unter »Berücksichtigung« der »lebenswichtigen politischen Interessen«.[53]
Am 2. August 1939 führte Ribbentrop selbst ein längeres Gespräch mit Astachow.[54] Der Reichsaußenminister verwies auf die Möglichkeit einer deutschen Vermittlungsaktion im Fernen Osten. Andeutungsweise kam auch zum Ausdruck, daß Berlin den Sowjets hinsichtlich der baltischen Frage weiter entgegenkommen könnte als Großbritannien. Vierundzwanzig Stunden später wurde Schulenburg zur Aussprache empfangen.[55] Doch das Eis war noch nicht gebrochen. Stalin wollte neue Direktiven für Strang abwarten.
Hitler wurde ungeduldig. Wenn er sich nicht über die für einen Polenfeldzug operationsgünstige Zeit hinhalten lassen wollte, war Eile geboten. Die Wehrmacht bereitete sich durch Planstudien, Generalstabsreisen und Besprechungen auf den Krieg vor. Eine Aufmarschanweisung der Heeresleitung regelte die als Manöver getarnte Truppenkonzentration. Wie vor dem Anschluß Österreichs und des Sudetenlandes sollten zudem politische Spannungsverhältnisse geschaffen werden, die das deutsche Eingreifen rechtfertigten.
Die Minderheit in Polen war allerdings kein geeigneter Helfer. Sie besaß nicht die Geschlossenheit des österreichischen Deutschtums und der kompakten sudetendeutschen Volksgruppe. Von 1058884 Deutschen, die 1921 noch in Posen und Westpreußen lebten, waren bis 1926 unter polnischem Druck 758867 abgewandert. Nach weiterer Drangsal wurde das volksdeutsche Bevölkerungselement vom Warschauer Innenministerium am 15. Juli 1939 auf weniger als 300000 Menschen geschätzt.[56]
Ein anderes Bild bot Danzig. Der 1919 unter Völkerbundsmandat mit 325226 Deutschen und 9490 Polen geschaffene »Freistaat«, in dem die Warschauer Regierung über Bahn, Zoll, Wasserstraßen und Auswärtiges hoheitliche Befugnisse ausübte und auf der Westerplatte eine Garnison stationiert hatte, war unausgesetzt das Streitobjekt gegensätzlicher Interessen. Dafür sorgte die seit Mai 1933 regierende NSDAP ebenso wie der von Behörden, Parteien und Patriotenverbänden seines Landes aufgewiegelte polnische Resident.[57]
Anfang August 1939 hatte Hitler Gelegenheit, sich über einen Zollinspektorenkonflikt zu erregen. Er empfing Carl J. Burckhardt, den Hohen Kommissar des Völkerbundes, mit kaum verhaltenem Groll. Als der Besucher fand, daß ein Reichskanzler über »Kleinigkeiten stehen« sollte, erwiderte der Diktator, ihm »als Proletarier« sei nicht gegeben, Angriffe des Auslandes auf die leichte Schulter zu nehmen. »Die Staatsmänner« müßten »damit rechnen, wenn sie eine Katastrophe vermeiden« wollten.[58]
»Alles, was ich unternehme«, betonte Hitler, »ist gegen Rußland gerichtet; wenn der Westen zu dumm und zu blind ist, um dies zu begreifen, werde ich gezwungen sein, mich mit den Russen zu verständigen, den Westen schlagen und dann... mich mit meinen versammelten Kräften gegen die Sowjetunion wenden«. Da Burckhardt am nächsten Tag britisch-französische Beamte traf, konnte Hitler annehmen, daß seine Worte weitergetragen wurden.[59]
In Moskau hatte der Verteidigungskommissar, Marschall Kliment J. Woroschilow, die Verhandlungen mit Drax und Doumenc aufgenommen. Der Admiral erklärte, daß England 16 Divisionen mobilisieren könne; die französische Delegation sprach von 90 entsprechenden Verbänden. Dagegen bezifferte der sowjetische Generalstabschef Boris M. Schaposchnikow die Stärke der Roten Armee auf 137 Divisionen. Noch

größer war das Mißverhältnis bei den Luftstreitkräften. Der Vergleich zeigte, daß Rußland die Hauptlast eines allgemeinen Krieges zu tragen hätte.[60]
Besonders enttäuschte die Sowjets, daß Großbritannien der UdSSR das Recht des Einmarsches in Polen nicht ohne Genehmigung aus Warschau zugestehen wollte. Doch letzten Endes ließ Woroschilow die Konferenz scheitern, weil Stalin ein Alibi für seine Verständigung mit Hitler brauchte. Schon vor einer Woche hatte Astachow die »stufenweise Behandlung« der offenen Fragen in Moskau angekündigt. Ribbentrop erbot sich, sofort zu reisen. Vor seinem Flug mußte noch am 19. August 1939 das Handelsabkommen geschlossen werden.[61]
Deutschland gewährte der Sowjetunion einen Wechselkredit von 200 Millionen Reichsmark mit siebenjähriger Laufzeit zur Finanzierung russischer Einfuhren. Die UdSSR verpflichtete sich zu Rohstofflieferungen im Werte von 180 Millionen RM innerhalb der nächsten zwei Jahre. Damit waren die Handelsbeziehungen beider Mächte nicht nur wieder auf dem alten Stand, sondern angesichts der weltpolitischen Lage zu einem Politikum ersten Ranges geworden.[62]
Der Entwurf eines Nichtangriffspaktes, den Schulenburg erhalten hatte, lag Friedrich Gaus von der Rechtsabteilung des Auswärtigen Amtes vor. Darauf versprach Hitler in einem persönlich gehaltenen Schriftsatz »an Herrn J. W. Stalin«, die Wünsche der UdSSR zu erfüllen. Zugleich bat der deutsche Führer um Einverständnis mit dem Besuch des Reichsaußenministers.[63] Die Zustimmung erfolgte termingerecht. Am 23. August 1939 landete Ribbentrops Maschine, eine Focke Wulff FW 200 »Condor«, in Moskau[64], wo Molotows Vertreter Wladimir P. Potemkin die Deutschen erwartete.
Zu seiner Überraschung wurde der Minister im Kreml vom Generalsekretär der KPdSU(B) empfangen – ein ungewöhnlicher, für die Tragweite des Geschehens bezeichnender Vorgang.[65] Da man übereinstimmte, bedurfte es keiner langen Verhandlungen mehr; eine Rückfrage beantwortete Hitler ohne Zögern. Kurz nach Mitternacht unterzeichneten Ribbentrop und Molotow den Vertrag in Anwesenheit von Stalin und Schaposchnikow, Schulenburg und Gaus sowie der als Dolmetscher fungierenden Botschaftsräte Wladimir N. Pawlow und Gustav Hilger.
Der Nichtangriffspakt verpflichtete die beiden Mächte, sich in den nächsten zehn Jahren »jeder aggressiven Handlung . . . zu enthalten«. Ein geheimes Zusatzprotokoll trennte die neuen Interessensphären des Reiches und der Sowjetunion. Finnland, Estland und Lettland wurden dem Kreml überlassen. »Für den Fall einer territorial-politischen Umgestaltung« Polens sollte die Teilungslinie den Flüssen Narew, Weichsel und San folgen. Deutschland bekundete sein Desinteresse, die UdSSR hingegen ihr Interesse an Bessarabien.
Trotz seiner antibolschewistischen Haltung hatte Hitler diesen »Teufelspakt« akzeptiert.[66] Damit stellte er die Verhältnisse auf den Kopf. Denn die getroffene Entscheidung stiftete einen Krieg mit verkehrten Fronten. Der Gedanke an die gewaltsame Lebensraumausweitung des Deutschen Reiches trat zurück. Dafür kam es nun gewiß zu der von Stalin gewollten Auseinandersetzung zwischen den »imperialistischen Mächten«, einem Kräftemessen, das es den Sowjets ermöglichte, sich auf ihr Eingreifen vorzubereiten.
Hitler hatte diese Lösung der Probleme zuletzt mit heißem Verlangen angestrebt. Aber nicht er, sondern Stalin war der überlegene Lenker des Geschickes. Der sowjetische Diktator ermöglichte Deutschland, wichtige Rohstoffe und Lebensmittel »aus dem Osten« zu beziehen. Dadurch wurde die Wirkung der drohenden britischen Seeblockade

abgeschwächt und das Reich seiner tief wurzelnden Sorge vor dem Zweifrontenkrieg enthoben. Andererseits geriet es in Abhängigkeit von Rußland.
In dem Glauben, das Gesetz des Handelns an sich reißen zu können, hatte Hitler am 22. August 1939 die Bereitwilligkeit seiner hohen Militärs einer Prüfung unterzogen, indem er ihnen den Entschluß zum Angriff eröffnete. Polen sei nun »in die Lage hineinmanövriert«, die man brauche. Jetzt müsse dieser Gegner vernichtet werden, »hart und rücksichtslos, gegen alle Erwägungen des Mitleids«, denn es handle sich »nicht darum, das Recht auf unserer Seite zu haben, sondern ausschließlich um den Sieg«.[67]
Hitler irrte jedoch, als er annahm, daß die Kunde vom Abschluß des Nichtangriffspaktes in London, Paris und Warschau politische Lähmungen hervorrufen werde. Sir Neville Henderson, Robert Coulondre und andere Diplomaten hatten ihre Minister vor der deutsch-sowjetischen Annäherung frühzeitig gewarnt, damit allerdings wenig Aufsehen erregt. Völlig überrascht waren die auswärtigen Dienste der Westmächte jedenfalls nicht. Großbritannien und Frankreich reagierten scheinbar gelassen.
In Paris spitzten sich die Gegensätze zeitweise zu. Georges Bonnet, Camille Chautemps und Anatole de Monzie hofften auf ein neues Arrangement, während Paul Reynaud, Georges Mandel, Albert Sarraut und Alexis Léger jeden weiteren Kompromiß ablehnten. Edouard Daladier richtete als ehemaliger Frontsoldat beschwörende Worte an Hitler und forderte andererseits von Polen die Wiederaufnahme der Verhandlungen über Danzig. Doch gleichzeitig bekannte sich der Ständige Rat für Nationale Verteidigung zur Beistandspflicht Frankreichs.[68]
Das britische Kabinett hatte im Wissen um die Moskau-Reise des Reichsaußenministers die Vorlage eines Notstandsgesetzes gebilligt und eine Reihe militärischer Sicherheitsmaßnahmen proklamiert. Zusammen mit dem Botschafter Edward Raczynski bereitete Halifax den Abschluß eines zweiseitigen englisch-polnischen Beistandspaktes vor, der am 24. August 1939 unterzeichnet wurde und sofort in Kraft trat. Großbritannien demonstrierte seine Entschlossenheit, auch bei erhöhtem Risiko einen Überfall Hitlers auf Polen die Stirn zu bieten.[69]
Stark erschüttert wurde durch den deutsch-sowjetischen Nichtangriffspakt dagegen das »Dreieck Berlin – Rom – Tokio«. Japan, das an überdehnten Fronten zwischen Mandschukuo, dem Chalchin-Gol und Jangtsekiang kämpfte, erwartete militärische Rückschläge infolge der für Rußland eintretenden Entlastung. Italien befürchtete, daß Hitler nun ohne jede Hemmung Polen angriff und damit einen europäischen Konflikt heraufbeschwor, in dem der Achsenpartner die Hauptlast des See- und Kolonialkrieges zu tragen hatte.[70]
Informationen über Ribbentrops Moskauer Mission erreichten Tokio gleichzeitig mit der Nachricht von einer Niederlage japanischer Truppen bei Nomanhan am Chalchin-Gol in der Äußeren Mongolei. Premierminister Keiichiro Hiranuma, der sich für die Ausgestaltung des Antikominternpaktes zur antisowjetischen Militärallianz ausgesprochen hatte, mußte zurücktreten. Die Beziehungen zwischen dem Kaiserreich und Deutschland erstarrten in eisiger Atmosphäre.[71]
Auch die Achse Berlin – Rom nahm Schaden. Ciano, der zusammen mit Bernardo Attolico und Massimo Magistrati auf dem Höhepunkt des Danziger Zollinspektorenstreites nach Salzburg gekommen war, hatte dort bereits die wachsende Aggressivität des Verbündeten bemerkt und ebenso gespürt, daß Hitler die aus Artikel 2 und 4 resultierende Konsultationspflicht igonierte.[72] Seither drängte der italienische Außenminister

den Duce, aus der mangelnden Kriegsbereitschaft des eigenen Landes die Konsequenzen zu ziehen.
Mussolini war zwischen Bündnistreue und Kriegsfurcht hin und her gerissen. Sein Dilemma wuchs noch, als Papst Pius XII. eine Enzyklika (»Summi pontificatus«) veröffentlichte und König Viktor Emanuel III., von Roosevelt zur Wahrung der italienischen Neutralität ermahnt, den »sacro egoismo« im Sinne einer zurückhaltenden Auslegung des Stahlpaktes befürwortete. Ciano bewog seinen Schwiegervater, Hitler nochmals an die Schwäche des Achsenpartners zu erinnern. Ein Verzeichnis des in Rom berechneten Rohstoff-, Waffen- und Gerätebedarfs (»Molybdänliste«), die der Duce auf Anraten Attolicos und des deutschen Botschafters Hans Georg von Mackensen nach Berlin schickte, sollte diesem Argument Nachdruck verleihen.[73]
Selbstverständlich waren auch die Westmächte in Rom vorstellig geworden, um den Zusammenhalt zwischen Italien und Deutschland zu lockern. Im übrigen bekräftigten Chamberlain und Daladier täglich aufs neue ihre Entschlossenheit, allen eingegangenen Verpflichtungen nachzukommen. Die Sprecher der im englischen Unterhaus vertretenen Parteien – Anthony Eden, Sir Archibald Sinclair und Arthur Greenwood – stimmten der Regierung zu. Ebenso verhielt sich die französische Nationalversammlung.[74]
Die Nachrichten aus Rom und den westeuropäischen Hauptstädten veranlaßten Hitler, seinen schon für den 26. August 1939 erteilten Angriffsbefehl, der an verschiedenen Stellen grenzüberschreitende Aktionen deutscher Einheiten ausgelöst hatte, zurückzuziehen.[75] Bis zum 2. September 1939, dem hinsichtlich der Wetter- und Wegeverhältnisse letzten günstigen Termin, blieb noch eine knappe Woche. Diese Frist setzte sich der Diktator, um England und Frankreich von Polen zu trennen.
Hitler eröffnete sein Manöver mit einem »großzügigen Angebot«, das Henderson weiterleiten sollte. Eine andere verlockende Erklärung bekam Coulondre für Paris ausgehändigt. Als Sendbote Görings flog der schwedische Industriekaufmann Birger Dahlerus wiederholt nach London, wo er in Downingstreet Nr. 10 von Chamberlain, Halifax, Cadogan und Wilson empfangen wurde. Aber die Briten blieben bei ihrer entschiedenen Haltung. »The gangster policy«, erklärte der Unterstaatssekretär, »has to cease«.[76]
Immerhin bemühte sich mit Cadogan der innere Kreis des britischen Kabinettes um die Wiederaufnahme direkter Verhandlungen zwischen Polen und Deutschland. Besonders energisch drängte Frankreich die polnische Regierung zum Einlenken. Bonnet beschwor Warschau, eine Reunion des Freistaates Danzig mit dem Reich nicht ipso facto als Kriegsgrund anzusehen. Daladier drohte sogar, das Militärbündnis von 1921 zu kündigen, wenn Beck jede Gesprächsbereitschaft vermissen lasse.[77]
Hitler lockte währenddessen mit einem neuen, umfangreichen Verhandlungsangebot, das bevollmächtigte polnische Unterhändler wegen der überaus zugespitzten Lage unverzüglich von ihm in Berlin entgegennehmen sollten. Die dafür gesetzte Frist war offensichtlich an den deutschen Zeitplan gekoppelt. Doch Józef Beck, der sich nur zu gut des Affronts für Hácha und Chvalkovsky erinnerte, wies das Ansinnen stolz zurück. Marschall Rydz-Smigly befahl die Generalmobilmachung.[78]
Umsonst versuchte Henderson, in Berlin die Einzelheiten des deutschen Verhandlungsvorschlages zu erfahren. Ribbentrop las dem englischen Botschafter 16 Artikel vor, weigerte sich aber, den Schriftsatz auszuhändigen. Schließlich warf der Reichsaußenminister das Dokument auf den Tisch und bemerkte dazu, es sei überholt, da sich kein

polnischer Unterhändler eingefunden habe. Daß der Brite später von Dahlerus eine Kopie erhielt, hatte keine Auswirkungen mehr.

Mościcki und Rydz-Smigly, Slawoj-Skladkowski und Beck hatten nach langen Beratungen den polnischen Botschafter in Berlin mit der Wiederherstellung des seit Monaten unterbrochenen Kontaktes beauftragt, jedoch keine Vollmacht zur Paraphierung eines Abkommens erteilt. Lipski erhielt die von deutscher Seite abgehörte Direktive am 31. August 1939 um 12.40 Uhr. Zum gleichen Zeitpunkt ließ Hitler unwiderruflich zum letzten Mal der Wehrmacht den Angriffsbefehl übermitteln.[79]

Lipski wurde erst um 18.30 Uhr im Auswärtigen Amt empfangen. Die Audienz dauerte nur wenige Minuten. Ribbentrop erwähnte die zurückgehaltenen Verhandlungsvorschläge mit keinem Wort, sondern erklärte, es wäre sinnlos, sich weiter zu unterhalten, da der Botschafter keine Vollmachten vorweisen könne.[80] Stunden später wurde das deutsche Angebot über den Rundfunk verbreitet. Polen, fügte ein Kommentator hinzu, habe Verhandlungen abgelehnt und seine Streitkräfte mobilisiert.[81]

Hitler hatte noch eine andere Aktion vorbereiten lassen, um den Nachbarstaat vor der Weltöffentlichkeit des Friedensbruches bezichtigen zu können. Auf Befehl von Himmler und Heydrich inszenierte der Gestapochef, SS-Brigadeführer Heinrich Müller, mit ausgesuchtem Personal bei Hochlinden, Pitschen und Gleiwitz drei polnische Überfälle, wobei die SS für herbeigerufene Kriminalbeamte und Presseberichterstatter als Indiz einige Tote, darunter ermordete KZ-Häftlinge, zurückließ (Unternehmen »Tannenberg«).[82]

Hitler bezog sich auf diese Fiktionen, als er am 1. September 1939 um 9.00 Uhr morgens, im Gebäude der Berliner Krolloper zum deutschen Reichstag sprach und erklärte, daß nunmehr »zurückgeschossen« werde.[83] Von »Krieg« war nicht die Rede, obwohl starke Verbände der Wehrmacht seit 4.45 Uhr nach Polen eindrangen. Diplomaten, Publizisten und Politiker des Auslandes sollten wenigstens vorläufig glauben, es handle sich um eine »Polizeiaktion« wegen polnischer Grenzverletzungen.[84]

Die Regierungen der Westmächte drohten ultimativ mit ihrem Eingreifen.[85] Die Kriegserklärungen verzögerten sich aber, weil man in Paris und London noch über einen Konferenzvorschlag Mussolinis nachdachte. Eine Absage aus Berlin veranlaßte den Duce zum Bruch des Hitler gelobten Stillschweigens über die eigenen Absichten.[86] Aus Furcht vor dem Prävenire der Briten und Franzosen autorisierte er Ciano zu einer »historischen Indiskretion«. Der Außenminister versicherte den Botschaftern, daß Italien nicht kämpfen werde.[87]

Ein zweiter Grund für die Verzögerungen waren kabinettsinterne Querelen. Die polemische Frage »Mourir pour Danzig?« verwirrte nicht nur Teile der Öffentlichkeit, sondern auch den französischen Ministerrat. Bonnet, De Monzie und Chautemps wollten sich mit einer Forderung nach symbolischem Rückzug der Deutschen aus Polen begnügen. Dagegen waren Daladier, Mandel, Sarraut und Léger entschlossen, Deutschland den Krieg zu erklären, sobald die eigene Mobilmachung anlief.[88]

Darüber, daß Chamberlain das Parlament noch am 2. September 1939 hinzuhalten versuchte, empfanden Politiker »Shame and Humiliation«. Einige besetzten den Raum des Schatzkanzlers im Unterhaus und erklärten, erst weichen zu wollen, wenn England zu seinem polnischen Bündnis stehe.[89] Ribbentrop hatte Fritz Hesse, den Presseattaché der deutschen Botschaft mit unbekannten Vorschlägen zu Wilson geschickt, doch war dies ohne aufschiebende Wirkung.[90] Zu später Stunde ließ sich absehen, welche Haltung

die Dominien bei der Kriegserklärung des Mutterlandes einnehmen würden. Darauf beschloß das Kabinett, den letzten unwiderruflichen Schritt zu tun.[91]
Am 3. September 1939 um 9.00 Uhr überreichte Henderson dem Reichsaußenminister ein entsprechendes Ultimatum. Zur Mittagszeit erschien Coulondre bei Ribbentrop mit einer fast gleichlautenden Note. Großbritannien und Frankreich forderten Deutschland auf, seine Truppen innerhalb von drei Stunden aus Polen zurückzuziehen. Als dies bis zum Ablauf der gesetzten Frist nicht geschah, traten die angekündigten Kriegserklärungen der Westmächte in Kraft.[92]
Die Staaten des Commonwealth reagierten verschieden. Während Neuseeland sofort an die Seite des Vereinigten Königreichs trat, erklärte sich Irland für neutral. In Australien, Kanada und der Südafrikanischen Union entbrannte ein heftiger Streit zwischen Gegnern und Befürwortern des Krieges. Die Mobilmachung der drei Dominien wurde noch längere Zeit von Gegensätzen überschattet, doch gewann Großbritannien die Unterstützung des Commonwealth.[93]
Im deutschen Volk regte sich keine Kriegsbegeisterung.[94] Allgemein wurde bezweifelt, daß Hitler recht hatte, wenn er behauptete, der Kampf sei dem Reich »aufgezwungen«. Ähnlich dachte die Mehrheit der zur Neutralitätswacht einberufenen Schweizer und Schweden. Katholische Länder wie Spanien und Portugal, Italien und Ungarn sympathisierten mit Polen. Dies galt auch für die Slowakei, obwohl ihre Regierung der Wehrmacht für den beginnenden Feldzug ein Truppenkontingent unterstellte.
Unfähig, sich Grenzen zu setzen, war Hitler mit seiner Politik der sukzessiven Erpressungen ohne zwingende Notwendigkeit bis an den Rand des Abgrunds gegangen. Bei diesem leichtfertig begonnenen Spiel stach keiner der vermeintlichen Trümpfe. Die scheinbar hochgerüstete Wehrmacht, der Antikominternpakt, das Bündnis mit Italien, die Moskauer Abmachungen, der Druck auf die empfindlichen Nerven des demokratischen Westens – nichts von alledem hatte England und Frankreich gehindert, den eingegangenen Verpflichtungen diesmal nachzukommen.

1 Gerutis, a. a. O., S. 230ff.; Hellmann, a. a. O., S. 167; Meißner, a. a. O., S. 18ff.; Mylliniemi, a. a. O., S. 28ff.; Rauch: Balt. Staaten, a. a. O., S. 166ff.
2 Davies, II, a. a. O., S. 500ff.; Meyer, a. a. O., S. 117; dazu F. Golczewski: Das Deutschlandbild der Polen 1918–1939. Eine Untersuchung der Historiographie und Publizistik, Düsseldorf 1974.
3 Szembek, a. a. O., S. 152ff. u. A. J. D. Biddle: Poland and the Coming of the War, Columbus 1976, S. 37–121.
4 Zuletzt im September 1938: ADAP, D, IV, Nr. 53.
5 ADAP, D. V, Nr. 81. 101, 112, 120; vgl. auch Poln. Weißbuch, Basel 1940, Nr. 44–65; dazu d. Aufzeichnungen v. poln. Seite v. Jedrejewicz (Hg.): Papers and Memoirs of Józef Lipski. Ambassador of Poland, Diplomat in Berlin, 1933–1939, New York – London 1968 (zit. Lipski); J. Lukasiewicz: Diplomat in Paris, New York – London 1970 (zit. Lukasiewicz); E. Raczynski: In Allied London, London 1962 (zit. Raczynski). Grundlegend G. Craig u. F. Gibberts: The Diplomats. The Diplomacy of Colonel Beck, Princeton, N. J., 1953, S. 170ff. (zit. Craig/Gibberts) u. G. Wollstein: Die Politik des nationalsozialistischen Deutschland gegenüber Polen 1933–1939/45, in: Hitler, Dtschld. u. d. Mächte, a. a. O., S. 795–810 (zit. Wollstein).
6 ADAP, D, V, Nr. 119.
7 Ebd., Nr. 126; A. Hillgruber: Zur Entstehung des Zweiten Weltkrieges. Forschungsstand und Literatur (mit einer Chronik der Ereignisse), Düsseldorf 1980.

[8] In einem rückblickenden Interview mit d. engl. Zeitg. »News Chronicle«, veröffentl. am 19. 7. 1939; auch Farys, a. a. O., S. 389f. u. Krasuski, a. a. O., S. 277ff.

[9] IMT, Bd. 28, S. 275ff.; ADAP, D, VI, Nr. 99. Vgl. auch Müller: Heer, a. a. O., S. 380ff.

[10] VB 28./29. 3. 1939.

[11] DBFP, 3, IV, Nr. 582; Le Livre Jaune Français. Document Diplomatiques 1938/39, Paris 1939, dt. Basel 1940. Dazu S. Newman: March 1939. The British Guarantee to Poland. A Study in the Continuity of British Foreign Policy, Oxford 1976; J.-P. Azéma: Die französische Politik am Vorabend des Krieges, in: Sommer 1939, a. a. O., S. 288 (zit. Azéma: Frz. Politik); G. Niedhardt: Die britisch-französische Garantieerklärung für Polen vom 31. März 1939; in: Francia 2/1974, S. 597ff.

[12] Gibbs, a. a. O., S. 706.

[13] Text b. Hubatsch: Hitlers Weisungen, a. a. O., S. 17ff. Zur Blitzkriegtheorie s. G. Förster: Totaler Krieg und Blitzkrieg. Die Theorie des totalen Krieges in der Militärdoktrin des faschistischen Deutschlands am Vorabend des Zweiten Weltkrieges, (Ost)Berlin 1967; W. Maser: Zur Funktion des Angriffskrieges 1939, in: Grundlagen der deutschen Außenpolitik seit 1871, hg. v. G. Ziebura, Darmstadt 1975, S. 376ff.; Ch. Messenger: Blitzkrieg. Eine Strategie macht Geschichte, Bergisch-Gladbach 1980; ferner J. Dülffer: Der Einfluß des Auslandes auf die nationalsozialistische Politik, in: Innen- und Außenpolitik unter nationalsozialistischer Bedrohung. Determinanten internationaler Beziehungen in historischen Fallstudien, hg. v. E. Forndran (u. a.), Düsseldorf 1976; neuerdings B. Stegemann: Hitlers Ziele im ersten Kriegsjahr 1939/40. Ein Beitrag zur Quellenkritik, in: MGM 1/1980 (zit. Stegemann).

[14] T. D. Burridge: British Labour and Hitler's War, London 1976.

[15] I. Colvin: The Chamberlain Cabinet, London 1871, S. 172f.; jetzt auch M. Hyde: Neville Chamberlain, München 1982.

[16] Aigner: Ringen, S. 340; Kettenacker, in: Sommer 1939, a. a. O., S. 223ff.; Wendt: Economic Appeasement, a. a. O., S. 485.

[17] Kettenacker, S. 238ff.; B.-J. Wendt u. K. Hildebrand, in: Aspekte der deutschen Appeasement-Forschung. Internationales Jahrbuch für Geschichts- und Geographieunterricht, CVI/1976, S. 285–277.

[18] H. Pelling: Britain and the Second World War, Hammondsworth 1970, S. 11ff., 25ff., 34ff. (zit. Pelling); A. J. B. Taylor: The Origins of the Second World War, London [10]1976, S. 263 (zit. Taylor). Dazu auch G. Bonnet: De Munich à la guerre, Paris 1967, S. 361f. (zit. Bonnet: De Munich).

[19] DBFP, 3, IV, Nr. 195; Cowling: Impact, a. a. O., S. 296; Henke: Engld., a. a. O., S. 201ff.; Howard: Commitment, a. a. O., S. 113ff.

[20] A. Cadogan: Diaries, 1938–1945, hg. v. D. Dilks, London 1971, S. 119f. (zit. Cadogan).

[21] S. Aster: 1939. The Making of the Second World War, London 1973, S. 76 (zit. Aster); G. Niedhardt: Europa in der britischen Weltpolitik vor dem Zweiten Weltkrieg, in: Francia 5/1977, S. 789ff.; Pelling, S. 14f.

[22] DBFP, 3, IV, Nr. 389; dazu Aster, S. 61–81; Pelling, S. 47–61. Zu d. rum. Aspekten s. J. Förster: Rumäniens Weg in die deutsche Abhängigkeit, in: MGM 1/1979 (zit. Förster: Rumäniens Weg); G. Gafencu: Europas letzte Tage, Zürich 1946, S. 125 (zit. Gafencu); A. Hillgruber: Hitler, König Carol und Marschall Antonescu, Wiesbaden [2]1965 (zit. Hillgruber: Hitler-Carol-Antonescu).

[23] Ciano-Tgb., 5. 5.–8. 5. 1939; ders.: Verso la catastrofe, a. a. O., S. 422ff. Dazu jetzt ausführl. B. P. Boschesi: 1936–1940. L'Italia di Mussolini. Dall'imperio alla guerra, Mailand 1982, S. 188ff. (zit. Boschesi); auch Siebert, S. 128–133.

[24] Zu d. Sondierungen in Ankara d. Memoiren v. R. Massigli: La Turquie devant la guerre, Paris 1964. Die Vorgesch. d. amerikan. Appells in: DBFP, 3, IV, S. 394; Langer/Gleason, a. a. O., S. 246 u. C. C. Tansill: Backdoor to War. The Roosevelt Foreign Policy, 1933–1941, Chicago, Ill., 1952 (u. ö.); beide teilweise überholt durch R. Dallek: Franklin D. Roosevelt and American Foreign Policy, 1932–1945, New York [2]1981, S. 195ff. (zit. Dallek). Vorausgegangen waren Sondierungen über militär. Absprachen zw. d. USA u. d. UdSSR (Sumner Welles-Umanskij-Gespräche); dazu ausführl. Th.-R. Maddox: Years of Estrangement. American Relations with the Soviet Union, 1933–1941, Talahassee, Fa., 1980.

[25] F. D. Roosevelt war als Assistant Secretary der Flotte in Wilsons Administration unermüdlich für einen »Siegfrieden«, die völlige Niederwerfung Deutschlands, eingetreten. C. Hull hatte 1907–1921 d. Repräsentantenhaus angehört u. Wilsons interventionistische Politik unterstützt. H. L. Hopkins befand sich während des Ersten Weltkrieges in führender Position b. Roten Kreuz. H. Stimson war unter dem Präs. W. H. Taft vor d. Kriege schon Heeresminister (Secretary of War) gewesen. F. Knox

diente unter Th. Roosevelt als Rough Rider u. war später Soldat d. US-amerik. Expeditionsarmee in Europa, der auch D. MacArthur, G. C. Marshall u. H. S. Truman angehörten. H. Morgenthau haßte Dtschld. seit d. Aufenthalt seines Vaters als US-Botschafter i. d. Türkei 1913–1916. Die antidt. Haltg. ds. Generation amerikan. Politiker stand i. diametralem Gegensatz zu den Sympathien, die Amerika 1870/71 u. später f. Dtschld. hegte. Dazu d. eingehende Studie v. C. E. Schieber: The Transformation of American Sentiment toward Germany, 1870–1914, New York 1973 u. J. H. Backer: Die Entscheidung zur Teilung Deutschlands. Amerikas Deutschlandpolitik 1943–1948, München 1981 (zit. Backer).

[26] Hitlers Reichstagsrede v. 28. 4. 1939 b. Domarus, II, S. 1154; dazu G. Moltmann: Franklin D. Roosevelts Friedensappell vom 14. April 1939. Ein fehlgeschlagener Versuch zur Friedenssicherung, in: Jahrbuch für Amerikastudien 9/1964, S. 91–109. Allg. auch S. Friedländer: Auftakt zum Untergang, Hitler und die Vereinigten Staaten 1939–1941, Stuttgart 1965, S. 16f. (zit. Friedländer); G. Hass: Von München bis Pearl Harbor. Zur Geschichte der deutsch-amerikanischen Beziehungen, Berlin 1965 (zit. Hass); Langer/Gleason, S. 248ff.; Offner a. a. O., S. 69ff.; vor allem Dallek a. a. O., S. 197ff.

[27] Ausführl. Michalka: Ribbentrop, a. a. O., S. 247–258; Martin: Dtschld. u. Japan, a. a. O., S. 17; H. Lupke: Japans Rußlandpolitik von 1938–1941, Frankfurt 1962, S. 41f. (zit. Lupke); R. Wall: Japan 1933–1939, in: Weltpol., I, a. a. O., hg. v. O. Hauser, S. 248f. (zit. Wall).

[28] ADAP, D, VI, Nr. 205 u. zeitgenöss. Aufz., s. Ciano-Tgb. 13, 21., 28. 5. 1938 u. M. Magistrati: L'Italia a Berlino, Mailand 1956, S. 340–350 (zit. Magistrato). Dazu grundlegend J. W. Borejsza: Italiens Haltung zum deutsch-polnischen Krieg, in: Sommer 1939, S. 148ff.; Bischesi, S. 51ff.; Siebert, Kap. V, S. 163–204; M. Toscano: Le origini del patto d'acciaio, Florenz 1956, Kap. I-III, S. 242–375.

[29] ADAP, D, VI, Nr. 459, Anl.

[30] Text: IMT, Bd. 37, S. 546; der Wortlaut ds. sog. Schmundt-Protokolls war umstritten; vgl. A. Hillgruber: Quellen und Quellenkritik zur Vorgeschichte des Zweiten Weltkrieges, in: WWR 14/1964, S. 110–126 (zit. Hillgruber, Quellenkritik). Oberstlt. R. Schmundt hatte sich wie sein Vorgänger F. Hoßbach (1937) Notizen gemacht u. diese später Gen. Scherff übergeben. Der Inhalt wurde inzw. von gleichfalls anwesenden Offizieren bestätigt. Vgl. N. v. Below: Als Hitlers Adjutant 1937–1945, Mainz 1980, S. 163ff. (zit. Below) u. G. Engel: Heeresadjutant bei Hitler 1938–1943. Aufzeichnungen des Majors Engel, hg. v. H. v. Kotze (Schriftenreihe der VZ, 29), Stuttgart 1975, S. 52f. (zit. Engel).

[31] Nach Below, S. 164, soll Hitler, genau wie am 5. 11. 1937, mit einem Westkrieg erst 1943/44 gerechnet haben.

[32] J. W. Stalin: Werke, Bd. 7, (Ost)Berlin 1952, S. 11f.

[33] Stalins Rede v. 10. 3. 1939 auf dem XVIII. Parteitag der KPdSU(B).

[34] Aznár, Bd. 3, S. 174f.; Dahms: Span. Bürgerkrieg, S. 252f.; Neuerdings J. Gorkin: Stalins langer Arm, Köln 1980.

[35] Allg. M. Beloff: The Foreign Policy of Soviet Russia, 1929–1941, 2 Bde., London 1947/48 (zit. Beloff); W. Wagner: Die Teilung Europas, Geschichte der sowjetischen Expansion bis zur Spaltung Deutschlands 1918–1945, Stuttgart ^{2}1960 (zit. W. Wagner); zur Genesis der dt.-sowj. Annäherung S. Allard: Stalin und Hitler. Die sowjetrussische Außenpolitik 1930–1941, Bern – München 1974 (zit. Allard); M. Braubach: Hitlers Weg zur Verständigung mit Rußland im Jahre 1939, Bonn 1960 (zit. Braubach); Ph. W. Fabry: Der Hitler-Stalin-Pakt 1939–1941, Darmstadt 1962 (zit. Fabry: Pakt); ders.: Die Sowjetunion und das Dritte Reich, Stuttgart 1971 (zit. Fabry: SU); unter Einbeziehung sowj. Lit. A. Hillgruber: Sowjetische Außenpolitik im Zweiten Weltkrieg, Königstein/Ts. 1979 (zit. Hillgruber: Sowj. Außenpol.) u. G. L. Weinberg: Der deutsch-sowjetische Nichtangriffspakt: Geschichte 1, Sp. 315 (gleichfalls mit umfangr. internat. Lit.); neuerdings R. W. Weber: Die Entstehungsgeschichte des Hitler-Stalin-Paktes (Europ. Hochschulschr., R. III, 141), Frankfurt – Bern 1981. S. auch Michalka: Ribbentrop, S. 278ff. Von der dt. Memoirenlit. sind heranzuziehen G. Hilger: Wir und der Kreml. Deutsch-sowjetische Beziehungen 1918–1941. Erinnerungen eines deutschen Diplomaten, Frankfurt – Berlin ^{2}1956, S. 273ff. (zit. Hilger); J. v. Ribbentrop: Zwischen London und Moskau. Erinnerungen und letzte Aufzeichnungen, hg. v. A. v. Ribbentrop, Leoni 1953 (zit. Ribbentrop); P. Kleist: Zwischen Hitler und Stalin, Bonn 1950 (zit. Kleist). Von den sowjet. Erinnerungen ist M. N. Litwinow: Memoiren. Aufzeichnungen aus den geheimen Tagebüchern (1926–1949), München 1956, kaum ergiebig, wichtiger dagegen I. M. Maiskij: Memoiren eines sowjetischen Botschafters, (Ost)Berlin 1975 (zit. Maiskij). Brauchbar d. Quellensammlung v. J. W. Brügel: Stalin und Hitler. Pakt gegen

Europa, Wien 1973; unersetzlich A. Seidl: Die Beziehungen zwischen Deutschland und der Sowjetunion. Dokumente des Auswärtigen Amtes, Tübingen 1949.

36 Azéma, a. a. O., S. 288f.; Adamthwaite a. a. O., S. 309ff.

37 Aster, a. a. O., S. 152ff.; Pelling, a. a. O., S. 79ff.; Taylor, a. a. O., S. 265f.; dazu Maiskij, S. 422f.

38 Beck, S. 198f. u. Gafencu, S. 154ff.; dazu Craig/Gibberts, S. 178; Feiling, S. 403; Farys, S. 392f. u. Krasuski, S. 284f.

39 G. Niedhart: Der Bündniswert der Sowjetunion im Urteil Großbritanniens, in: MGM 2/1971, S. 55ff.

40 Zahlen nach Hillgruber: Sowjet. Außenpol., a. a. O., S. 10; lt. P. Gosztony: Die Rote Armee, Wien – München – Zürich 1980, S. 141ff. (zit. Gosztony: Rote Armee), wurden mehr als 35000 Offiziere umgebracht.

41 DBFP, 3, V, Nr. 13. 201, 305, 520; Cadogan, S. 175; dazu die grundlegende Studie v. G. Niedhart: Großbritannien und die Sowjetunion, München 1972.

42 Kettenacker, a. a. O., S. 259ff.; Messerschmidt, in: DR, I, a. a. O., S. 683; Taylor, S. 267.

43 DBFP, 3, V, Nr. 581, 582, 589, 624, 735; vgl. auch Maiskij, S. 440f.

44 Feiling, S. 405f.; Pelling, S. 91f.

45 DBFP, 3, VI, N4. 414, 435 u. VII, Nr. 6., 20, 30.

46 Adamthwaite, S. 311; Aster, S. 179ff.; Pelling, S., 93f.; Taylor, 269.

47 Maiskij, S. 479.

48 Zum Informationsstand s. Irving: Hitlers Weg, a. a. O., S. 362.

49 Kordt: Wilhelmstr., a. a. O., S. 310; Weizsäcker, a. a. O., S. 247.

50 Aster, S. 252f.; Henke: Engld., S. 266; Kettenacker, S. 263ff.; B. Martin: Friedensplanungen der multinationalen Großindustrie 1932–1940, in: GuG 1/1976, S. 74ff.; H. Metzmacher: Deutsch-englische Ausgleichsbemühungen im Sommer 1939, in: VZ 14/1966, S. 369ff.; Wendt: Economic Appeasement, a. a. O., S. 586ff.

51 Vgl. die Zwischenüberschrift bei Kettenacker a. a. O.; dazu Näheres b. C. J. Doherty: Das Ende des Appeasement. Die britische Außenpolitik, die Achsenmächte und Osteuropa nach dem Münchener Abkommen, Berlin 1973, S. 42ff.; I. Colvin: Vansittart in Office, London 1965, S. 237ff.; dazu R. Vansittart: Lessons of my Life, New York 1943; ferner H. v. Dirksen: Moskau, Tokio, London. Erinnerungen und Betrachtungen zu zwanzig Jahren deutscher Außenpolitik 1919–1939, Stuttgart o. J.

52 Gosztony: Rote Armee, S. 176ff.

53 ADAP, D, VI, Nr. 699, dazu H. Braubach: Hitlers Weg zur Verständigung mit Rußland 1939, Bonn 1960; Hilger, S. 279ff.

54 ADAP, D, Nr. 758 u. 760.

55 ebd., Nr. 766; dazu Fabry: Pakt, S. 52f.

56 Th. Bierschenk: Die deutsche Volksgruppe in Polen 1933–1939, Göttingen 1955; R. Breyer: Die deutsch-polnischen Beziehungen und die deutsche Volksgruppe in Polen (Diss.), Göttingen 1955; J. Krasuski: Stosunki polsko-niemieckie 1871–1939, in: Omega 84/1967; Zahlen u. weitere Angaben b. V. Kellermann: Schwarzer Adler – Weißer Adler. Die Polenpolitik der Weimarer Republik, Köln 1970, S. 50ff.

57 H. Stehle: Nachbar Polen, Frankfurt [3]1968; C. J. Burckhardt: Meine Danziger Mission 1937–1939, München [2]1980 (zit. Burckhardt); dazu G. B. Mason: The Danzig Dilemma. A Study in peacemaking by compromise, Stanford, Cal., 1946; B.-G. Wendt: Danzig – Ein Bauer auf dem Schachbrett nationalsozialistischer Außenpolitik, in: Hitler, Deutschland und die Mächte, S. 774–794; L. Denne: Das Danzig-Problem in der deutschen Außenpolitik 1934–1939, Bonn o. J.

58 Burckhardt, S. 340.

59 ebd., S. 348.

60 Daß Woroschilow die zustimmende Antwort Frankreichs nicht genügte, sondern eine offizielle Genehmigung des sowj. Ein- und Durchmarschrechtes von seiten der Warschauer Reg. verlangte, hebt Hillgruber: Sowj. Außenpol., S. 25f. hervor; dazu auch Adamthwaite: France, S. 213ff.; A. Leonidow: Zur Geschichte des Scheiterns der britisch-französischen Verhandlungen im Jahre 1939, in: Neue Zeit 19/1948, S. 13–19; W. Sipols: Polschemu ne udalos predotwratit wojnu, Moskau 1970 (auch engl. u. frz.).

61 Text: ADAP, D, VII, Nr. 113; zur Vorgesch. Hilger, S. 281ff.; A. Rossi: Zwei Jahre deutsch-sowjetisches Bündnis, Köln – Berlin 1954, S. 35f. (zit. Rossi).

62 Hillgruber: Sowj. Außenpol., S. 28.

[63] ADAP, D, VII, Nr. 159; Hilger, S. 285.

[64] Schmidt, S. 450; Hilger, S. 286.

[65] Fabry: Pakt, S. 77ff.

[66] Allg. zum Folgenden L. Fischer: Russia's Road from Peace to War 1917–1941, New York 1969; F. A. Krummacher u. H. Lange: Krieg und Frieden. Geschichte der deutsch-sowjetischen Beziehungen. Von Brest-Litowsk zum Unternehmen Barbarossa, München – Esslingen 1970, S. 280ff. (zit. Krummacher-Lange; G. E. McSherry: Stalin, Hitler und Europa, Bd. 1. The Origin of World War II, Cleveland 1968; Interpretationen des Vertrages bei Fabry: Pakt, S. 82ff.; ders.: SU, S. 78f.; S. Haffner: Der Teufelspakt. Fünfzig Jahre deutsch-russische Beziehungen, Reinbek 1968, S. 78ff.; A. Hillgruber: Hitlers Strategie. Politik und Kriegführung 1940–1941, Frankfurt 1965, S. 27f.; ders.: Sowj. Außenpol., S. 33ff.; Messerschmidt, in: DR, I, S. 693; Michalka: Ribbentrop, S. 279ff.; G. v. Rauch: Der deutsch-sowjetische Nichtangriffspakt vom Sommer 1939 und die sowjetische Geschichtsforschung, in: Kriegsbeginn 1939, hg. von G. Niedhart, Darmstadt 1976, S. 349–368; zuletzt H. P. Stein: Der deutsch-sowjetische Nichtangriffspakt und der Ausbruch des Zweiten Weltkrieges, in: IT 9/1979.

[67] ADAP, D, VII, Nr. 192 u. 193; vgl. die verschiedenen Fassungen, abgedr. bei B. Dahlerus: Der letzte Versuch, München 1948, S. 155–165; auch F. Halder: Kriegstagebuch, 3 Bde., Stuttgart 1962–1964, Bd. 1, S. 23ff. (zit. Halder I-III); dazu H. Schall-Riaucour: Aufstand und Gehorsam. Offizierstum und Generalstab im Umbruch. Leben und Wirken von Generaloberst Franz Halder. Generalstabschef 1938–1942, Wiesbaden 1972, S. 140ff. (zit. Schall-Riaucour); zur Problematik der Überlieferung s. Hillgruber: Quellenkritik, S. 119ff.; W. Baumgart: Zur Ansprache Hitlers vor den Führern der Wehrmacht am 22. August 1939, in: VZ 16/1966, S. 120–149; H. Boehm: Zur Ansprache Hitlers vor den Führern der Wehrmacht am 22. August 1939, in: VZ 19/1971, S. 293–300; die Reaktion d. Militärs b. Müller: Heer, S. 411. Vgl. Aufz. v. Below, S. 180; Engel, S. 58; A. Kesselring: Soldat bis zum letzten Tag, Bonn 1953, S. 53f. (zit. Kesselring); E. v. Manstein: Verlorene Siege, Bonn 1956, S. 19f. (zit. Manstein); E. Raeder:Mein Leben, 2 Bde., Tübingen 1957, II S. 165f. (zit. Raeder).

[68] Adamthwaite, a. a. O.; Azéma, in: Sommer 1939, S. 292f. Außer d. im Livre Jaune abgedruckten Dokumenten bietet das gt. redigierte Tgb. v. J. Jeanneney: Journal politique, Paris 1972, Aufschluß. Heranzuziehen ist d. frz. Memoirenlit., insbes. R. Coulondre: De Staline à Hitler. Souvenirs de deux Ambassades 1936–1939, Paris 1950 (zit. Coulondre); A. François-Poncet: Au Palais Farnèse. Souvenirs d'une ambassade à Rome, Paris 1961 (zit. François-Poncet); J. Paul-Boncour: Entre deux guerres. Souvenirs de la IIIe République, Bd. 3, Sur les chemins de la défaite, 1939–1940, Paris 1946 (zit. Paul-Boncour; L. Noël: L'aggression allemande contre la Pologne, Paris 1946 (zit. Noël); A. de Monzie: Ci-devant, Paris 1941 (zit. De Monzie); P. Reynaud: Mémoires, 2 Bde., Paris 1963 (zit. Reynaud) J. Zay: Carnet secrets, Paris 1942 (zit. Zay).

[69] D. Aigner: Winston Churchill und die britische Kriegspolitik, in: Weltpolitik, II, a. a. O., hg. v. O. Hauser, Göttingen 1975, S. 153 (zit. Aigner: Churchill u. brit. Kriegspol.); Aster, S. 355f.; Cowling: Impact, S. 266f.; Doherty, a. a. O., S. 190ff.; Gibbs, S. 752ff.; Kettenacker, S. 268ff.; Pelling, S. 109ff.; Taylor, S. 332–336. Von d. Tagebüchern vgl. Cadogan, S. 199ff.; Th. Gones: A Diary with Letters, London 1954 (zit. Gones); H. Nicolson: Diaries and Letters, 1930–1939, London 1966 (zit. Nicolson), S. 411ff. Die Erinnerungen v. E. Halifax: Fulness of Days, London 1957 (zit. Halifax) bieten wenig Neues. Außer Maiskij, S. 400ff. u. Raczynski, S. 51ff. s. L. S. Amery: My Polical Life, Bd. 3, 1939–1940, London 1955 (zit. Amery); C. Attlee: As It Happened, Melbourne – London – Toronto 1964 (zit. Attlee); W. C. Churchill: The Gathering Storm, Boston [5]1976, S. 374ff.; H. Dalton: The Fateful Years, 1931–1945, London 1957 (zit. Dalton); A. Eden: Memoirs, London 1964; (zit. Eden); S. Hoare: Nine Troubled Years, London 1954 (zit. Hoare); I. Kirkpatrick: The Inner Circle, Memoirs, London 1959 (zit. Kirkpatrick); H. Macmillan: Winds of Change, 1914–1939, London 1966 (zit. Macmillan).

[70] Dazu jetzt ausführlich Boschesi, S. 69ff.; Siebert, S. 305ff.; M. Mikaye: Die Lage Japans beim Ausbruch des Zweiten Weltkrieges, in: Sommer 1939, S. 195ff.; zur Schlacht am Chalchin-Gol s. G. K. Shukow: Erinnerungen und Gedanken, 2 Bde., (Ost)Berlin [6]1980, I, S. 176–205 (zit. Shukow).

[71] Martin, in: Hitler, Deutschld. u. d. Mächte, S. 463ff.; Lupke, S. 150ff.

[72] Vgl. DDI, XIII, Nr. 1, 2, 5, 11, 21, 43, 49; Ciano: Tgb. 11., 21., 23.3.39; Magistrati, S. 396f.; Ribbentrop, S. 288 u. François-Poncet: Rome, S. 80ff.

[73] Die Verlautbarungen des Papstes in ADSS, I, Nr. 113 u. 213. Roosevelt an Viktor Emanuel: DDI, XIII, Nr. 185; Mussolini an Hitler, ebd. Nr. 250 u. ADAP, D, VII, Nr. 271; Hitler an Mussolini/

ADAP, D, VII, 266 u. 271, DDI, XIII, Nr. 245, 250; die »Molybdänliste« in DDI, XIII, Nr. 250 u. ADAP, D, VII, Nr. 271; vgl. Ciano an Attolico: DDI, XIII, Nr. 231, 236, 258. Dazu die Darstellungen v. Boschesi, S. 71ff.; Siebert, S. 285ff. u. Toscano, S. 531ff.; ferner W. Schanz: Der deutsch-sowjetische Nichtangriffspakt in seiner Entstehung und Bedeutung für die Westmächte und Italien (Diss.), Marburg 1960; Bemerkungen aus der Memoirenlit. u. a. bei Kordt: Wilhelmstr., S. 329; Ribbentrop, S. 187 u. Schmidt, S. 453; vgl. auch Halder, I, S. 33f.

74 Azéma: De Munich, S. 38f.; Bonnet, S. 303ff.

75 Halder, I, S. 33; über die Stimmung i. d. Reichsführung an diesem Tage s. J. Toland: Adolf Hitler, Bergisch-Gladbach 1977, S. 714ff. (zit. Toland); zur Verschiebung des Angriffs vgl. Aussagen von Göring u. Ribbentrop vor dem Nürnberger Militärtribunal: IMT, Bd. 9, S. 660 u. IMT, Bd. 10, S. 307. Dazu auch N. v. Vormann: Der deutsche Feldzug 1939 in Polen, Weißenburg 1958, S. 88 (zit. Vormann); weitere Eindrücke b. E. Wagner: Der Generalquartiermeister. Briefe und Tagebuchaufzeichnungen des Generalquartiermeisters des Heeres General der Artillerie E. Wagner, hg. v. E. Wagner, München – Wien 1963 (zit. E. Wagner), S. 96; A. Speer: Erinnerungen, Frankfurt 1969, S. 179 (zit. Speer).

76 B. Dahlerus: Der letzte Versuch, München 1948, S. 75–99 (zit. Dahlerus); dazu Henke: Engld., S. 293ff. u. L. Woodward: British Foreign Policy in the Second World War, 4 Bde., London 1970–1980 (zit. Woodward) – ein offizielles Werk, Bd. 1, S. 1ff. (wenn nicht I-IV, ist das einbändige Werk zitiert).

77 Azéma, in: Sommer 1939, S. 293ff.; Adamthwaite: France, S.

78 Polskie Sily Zbrojne w drugiej wojnie swiatowej, 3 Bde., London 1951–1959 (zit. PSZ), Bd. 1, S. 110ff. (mit Gliederung); dazu Davies, II, S. 509ff.; T. Jedruszczak u. W. T. Kowalski: Sur la Pologne pendant la guerre. Revue de la deuxième guerre mondiale (Sonderausgabe) 78/1970.

79 Die poln. Entschlüsse b. Beck, S. 281f.; Szembek, S. 206ff.; Lipski, S. 345ff.; Lukasiewicz, S. 146ff.; Raczynski, S. 214ff.; vgl. dazu die Darstellungen v. W. Hofer: Die Entfesselung des Zweiten Weltkrieges (mit Dokumenten), Frankfurt [3]1964, S. 260–306; vor allem Farys, S. 405ff.; S. L. Scharp: Poland – White Eagle on a Red Field, Cambridge, Mass. 1953, S. 290ff. u. Messerschmidt, in: DR, I, S. 698f.; zum Verlauf des Geschehens E. Ph. Schäfer: 13 Tage Weltgeschichte, Düsseldorf 1964.

80 Schmidt, S. 469; Lipski, S. 347

81 VB, 1. 9. 1939.

82 J. Runzheimer: Die Grenzzwischenfälle am Abend vor dem deutschen Angriff auf Polen, in: Sommer 39, S. 107–147; ders.: Der Überfall auf den Sender Gleiwitz im Jahre 1939, in: VZ 10/1962, S. 408ff.; neuerdings A. Spieß u. H. Lichtenstein: Das Unternehmen Tannenberg, München 1979; Höhne: Orden, S. 199ff.; W. Schellenberg, Memoiren des letzten Geheimdienstchefs unter Hitler, Wiesbaden – München 1979, S. 69ff. (zit. Schellenberg).

83 Domarus, II, S. 1312ff.

84 W. Hagemann: Publizistik im Dritten Reich, Hamburg 1948, S. 406ff.; vgl. ADAP, D, VII, Nr. 515 u. Livre Jaune, Nr. 341; dazu: Coulondre, S. 453.

85 ADAP, D, VII, Nr. 513 u 515.

86 Mussolini an Hitler: ADAP, D, VII, Nr. 350 u. DDI, XIII, Nr. 341; zum Konferenzvorschlag ausführlich Siebert, S. 328–344.

87 Ciano: Tgb., 31. 8. 1939; vgl. auch DBFP, 3, VII, Nr. 621, 653, 672; dazu Boschesi, S. 80ff.; Siebert, S. 347ff. u. H. Cliadakis: Neutrality and War in Italian Policy 1939/40, in GCH 1974, S. 171ff. (zit. Cliadakis).

88 B. Martin: Friedensinitiativen und Machtpolitik im Zweiten Weltkrieg, Düsseldorf 1974, S. 38 (zit. Martin: Friedensinitiativen); Azéma, in: Sommer 39, S. 293ff.; Bomont, II, a. a. O., S. 344ff.

89 Vgl. Nicolson: Diaries, S. 412; dazu Aster, S. 381ff.; Woodward, Bd. 1, S. 7ff.; Kettenacker, in: Sommer 1939, S. 293.

90 Der Versuch ist nur in zwei Dokumenten überliefert: ADAP, D, VII, Nr. 558 u. DBFP, 3, VII, Nr. 559; die Memoiren v. F. Hesse: Das Spiel um Deutschland, München 1953, überschätzen die Aussichten des Unternehmens; vgl. Martin: Friedensinitiativen, S. 44f.; zur Haltung d. engl. Parteien s. Aigner: Ringen, S. 214–227.

91 Aster, S. 384ff.; Pelling, S. 201; Taylor, S. 337f.

92 ADAP, D, VII, Nr. 560 u. 563; BDFP, 3, VII, Nr. 756 u. 757; DD Nr. 335 u. 345; als Augenzeugen Henderson, S. 279; Coulondre, S. 288, Schmidt, S. 472f.

93 E. L. W. Wood: The New Zeeland People of War, Wellington 1958; M. McInnerney (u. a.): Eamon de Valera. A Survey, Dublin 1976, S. 67ff.; J. A. Murphy: Ireland in the Twentieth Century, Dublin 1976,

S. 99ff.; J. C. McCarthy: Australia and the Imperial Defense 1918–1939, Brisbane 1976, S. 433ff.; G. Eayrs: In Defense of Canada, Toronto 1965; C. P. Stacy: Armes, hommes et gouvernements. Les politiques de guerre du Canada, 1939–1945, Ottawa 1970, S. 105f.; J. Y. Grave: Le Canada français et la guerre, Quebec 1980.

94 M. G. Steinert: Hitlers Krieg und die Deutschen. Stimmung und Haltung der deutschen Bevölkerung im Zweiten Weltkrieg, Düsseldorf – Wien 1970 (zit. Steinert).

Machthaber und Gehilfen

Den Entschluß zum Angriff auf Polen hatte Hitler ganz allein gefaßt.[1] Weder das Kabinett, dessen Minister seit 1937 nicht mehr gemeinsam beraten hatten, noch die Volksvertretung war von ihm gefragt worden. Die seit 1934 gebräuchliche Dualität der Begriffe »Führer und Reichskanzler« entsprach zwei verschiedenen Rechtssphären. Die revolutionäre, vorstaatlich legitimierte »Führergewalt« sog die »Amtsgewalt« des Kanzlers in sich auf und führte so zur Diktatur. Das Handeln ihres Vollstreckers wurde vom Außernormativen bestimmt, seinem Sendungsbewußtsein, der Weltanschauung des Nationalsozialismus, rassenbiologischen Grundsätzen und neomacchiavellistischen Verfahrensmustern, dem Anspruch, das »Lebensrecht des deutschen Volkes« kraft eigener Entscheidung durchzusetzen.[2]

Hitlers Herrschaft war umfassend und total, sein Wille maßgebend und richtungsweisend.[3] Er äußerte sich nicht, wie bisher, vorzugsweise bei Massenveranstaltungen gegenüber dem Volke und der Weltöffentlichkeit. An die Stelle dieser älteren Mitteilungsform traten einseitige Lageorientierungen, Willensäußerungen in kleinerem Kreis, geheime Führererlasse und Führerbefehle, für die Militärs vor allem Weisungen, vereinzelt auch Denkschriften.[4] Auf fremde Staatsmänner und Diplomaten suchte Hitler in Unterredungen und Briefen einzuwirken.

Der Diktator wurde nur noch selten als »Reichskanzler« angesprochen; er ließ sich »Führer« nennen, in Schriftsätzen gelegentlich »Oberster Befehlshaber der Wehrmacht« (ObdW). Der »graue Rock«, den Hitler am 1. September 1939 wieder angezogen hatte, sollte seinen Träger in die Welt des Soldatischen entrücken,[5] ging es ihm doch, wie er immer wieder betonte, jetzt ausschließlich um den Sieg. Die inneren Angelegenheiten, alles, was der erste Mann im Staate nicht mehr persönlich entschied, blieb anderen Machthabern (Reichsführern, Reichskommissaren, Reichsleitern, Generalbevollmächtigten und -inspektoren) überlassen.

Zur Entlastung des Führers sollte als mitspracheberechtigtes, schnell arbeitendes Exekutivorgan der am 30. August 1939 eingesetzte »Ministerrat für die Reichsverteidigung« tätig werden. Sein ständiger Ausschuß, der »Reichsverteidigungsrat« (RVR), bereitete die Entschlüsse vor. Außer Hermann Göring, den Hitler zu seinem Nachfolger und Vorsitzenden des RVR bestimmt hatte, gehörten dem Gremium fünf Männer an: der »Generalbevollmächtigte für die Reichsverwaltung«, Wilhelm Frick, der »Stellvertreter des Führers«, Rudolf Heß[6], der »Chef des OKW«, Generaloberst Wilhelm Keitel[7], der »Generalbevollmächtigte für die Wirtschaft«, Walter Funk, und der »Chef der Reichskanzlei«, Hans Heinrich Lammers.[8]

Persönliche Animositäten und das unterschiedliche Gewicht dieser Männer verhinderten die einheitliche Ausrichtung der Kriegsmaßnahmen durch den RVR. Eine andere Ursache seines Versagens war die starke Inanspruchnahme des schwerversehrten, seither drogenabhängigen Hermann Göring als Reichsluftfahrtminister und Oberbefehlshaber der Luftwaffe, Bevollmächtigter für den Vierjahresplan, Präsident des Reichstages, preußischer Ministerpräsident und Innenminister, Reichsjäger- und Reichsforstmeister, Vorsitzender des Reichsforschungsrates, Kommissarischer Präsident des Reichskriegsgerichtes und gelegentlicher Unterhändler.[9]

Auch Rudolf Heß verlor an Einfluß[10], während sein Sekretär, der immer dienstbereite und daher für Hitler unentbehrliche Martin Bormann, aus dem Halbdunkel hervortrat.[11] In den Händen dieses Mannes liefen bald viele Fäden zusammen, vor allem die Personalentscheidungen der NSDAP. Es gelang ihm zwar nicht, zusammen mit Keitel und Lammers einen Dreierausschuß zu bilden, der den schwerfälligen Reichsverteidigungsrat ablösen konnte.[12] Der neue Kanzleichef vollendete jedoch die Gleichsetzung von Partei und Staat. Ihren Abschluß bildete die Ernennung der NS-Gauleiter zu Reichsverteidigungskommissaren (1942).[13]

Eine andere Schlüsselposition war die Domäne des Gauleiters von Groß-Berlin und Reichsministers für Volksaufklärung und Propaganda, Joseph Goebbels.[14] Nach seinen Anweisungen wurde täglich aufs neue das Wahre mit dem Halbrichtigen, Irreführenden und Falschen gemischt und über Presse, Rundfunk und Film verbreitet. Ausgesuchte Helfer, die nicht alle Nationalsozialisten sein mußten, von bewährten Zeitungsleuten und prominenten Künstlern bis zu ehemaligen kommunistischen Reichstagsabgeordneten und sprachgewandten Ausländern, verhalfen dieser wirkungsvollen Informationspolitik zum Erfolg.[15]

Im Unterschied zu Goebbels hatte Joachim von Ribbentrop keine Hausmacht. Als ehemaliger Offizier, Angestellter und selbständiger Export-Import-Kaufmann, der fließend Englisch und Französisch sprach, war er ziemlich spät und ohne rassenideologische Vorurteile zur NSDAP gestoßen.[16] Hitler schätzte den welterfahrenen Unterhändler. Eigene Konzeptionen des Reichsaußenministers, die sich stärker als bisher angenommen, von außenpolitischen Überlegungen der Wilhelminischen und Weimarer Zeit herleiteten, konnten jedoch auf Dauer nicht von den Fernzielen des Diktators ablenken.[17]

Unerforschliche Charakterzüge hatte Heinrich Himmler, ein unscheinbarer, seinem Führer blindlings ergebener Funktionär.[18] Seit 1936 »Reichsführer SS und Chef der deutschen Polizei« (RFSS), war er nach dem zwischen Hitler und Mussolini wegen des österreichischen Anschlusses notwendigen Kompromisses über Südtirol auch zum »Reichskommissar für die Festigung deutschen Volkstums« ernannt worden. Diese neue Stellung ermöglichte ihm, seine mystischen Vorstellungen von Rassenreinheit, Germanentugend und Elitebildung konsequent in politische Praxis umzusetzen.[19]

Himmler dirigierte zahlreiche Exekutivorgane, vor allem die »Höheren SS- und Polizeiführer« (HSSPF) sowie sechs Konzentrationslager mit rund 25 000 Häftlingen (1939), die er kraft eigener Jurisdiktion beschickte und verwaltete.[20] Indes wurde der RFSS auch zum Erfüllungsgehilfen der von Hitler angeordneten, mit Umsiedlungs- und Mordaktionen einhergehenden Raumpolitik. Im Verlauf des Krieges übernahm Himmler weitere Aufgaben: das Reichsinnenministerium, verschiedene große Rüstungsprojekte, den geheimen Nachrichtendienst der Wehrmacht und das Ersatzheer. Sogar die Führung von Heeresgruppen wurde ihm anvertraut.

Seinen Personalbedarf deckte Himmler zunächst aus den Reihen der »Schutzstaffeln« (SS). Ihre Basis bildete die »Allgemeine SS«, eine Parteigliederung, die sich von der bedeutungslos gewordenen SA durch den Anspruch auf »Ordenscharakter« unterschied.[21] Die Administration des »SS-Staates« besorgten – den »persönlichen Stab des RFSS« einbezogen – zwölf »Hauptämter«. Ihre Leitung lag in den Händen weniger Spitzenfunktionäre, SS-Gruppenführern wie Gottlob Berger und Hans Jüttner, Kurt Daluege und Oswald Pohl, Werner Lorenz und Richard Hildebrandt.[22]

Zu ihnen gehörte auch der SS-Gruppenführer Reinhard Heydrich.[23] Als Chef des am 27. September 1939 gebildeten Reichssicherheitshauptamtes (RSHA) war dieser vielseitig begabte, ehrgeizige und skrupellose Machthaber der ranghöchste aktive Polizist des nationalsozialistischen Deutschland. Sondervollmachten für die »Gesamtlösung der Judenfrage« und die Ernennung zum Stellvertretenden Reichsprotektor von Böhmen und Mähren trugen ihn weiter empor. Nur seine Ermordung durch Beauftragte des exiltschechischen Kabinetts (1942) verhinderte, daß er Himmler überflügelte.

Zahlreiche Ämter bekleidete auch der Ingenieur Fritz Todt.[24] Hitler hatte ihn, den Schöpfer der damals einzigartigen Autobahnen, 1938 zur Fertigstellung des Westwalls herangezogen. Die hierzu gegründete »Organisation Todt« (OT) zählte bei Kriegsbeginn über eine halbe Million Arbeitskräfte. Ihr Chef war Generalinspekteur für Sonderaufgaben des Vierjahresplanes, Straßen, Wasser und Energie, Reichsminister für Bewaffnung und Munition, Generalmajor der Luftwaffe und Reichsleiter, als er einem Flugzeugunglück zum Opfer fiel (1942) und Albert Speer den wichtigsten Teil der hinterlassenen Aufgaben übernahm.[25]

Die kommissarische Ämterverteilung und ihr Wechsel schmälerte kaum den Einfluß des Regimes. Da Hitler das Recht als eine formale, dem politischen Willen jederzeit zugängliche Ordnung ansah, gab es immer häufiger Fälle von Willkür und Inkompetenz. Denn die »Hoheitsträger« der Partei konnten aus ihren Vollmachten die Befugnis zum Erlaß von Rechtsvorschriften ableiten. Das dadurch entstehende Gegen- und Durcheinander wirkte geradezu labyrinthisch. Niemand vermochte diese Entwicklung zu beenden.[26]

Daß die öffentliche Ordnung dennoch bestehen blieb, war auf Selbstdisziplin und Gemeinsinn des Volkes zurückzuführen. Je länger der Krieg dauerte, desto eher schickten sich die Menschen in das Unabänderliche. Eine Rolle spielten auch Pflichttreue und Anpassungsmentalität der Beamten. Hitlers Leuten gelang es nicht, den Staat verwaltungstechnisch zu beherrschen; sie blieben bis zuletzt auf einen Berufsstand angewiesen, der seine Kraft nicht aus dem Nationalsozialismus zog. Bei Kriegsbeginn trugen 39,3% der leitenden und 30,3% der nachgeordneten Staatsdiener kein Parteiabzeichen.[27]

Die Partei war freilich allgegenwärtig. Sie gliederte sich organisatorisch in Blocks, Zellen, Ortsgruppen, Kreise und Gaue, geführt von braununiformierten Funktionären (»Goldfasanen«). Insgesamt gab es 539445 Blockwarte, 121406 Zellenleiter, 30601 Ortsgruppenleiter, 890 Kreisleiter und 43 Gauleiter. Sie sollten vor allem »Schulungsarbeit« leisten, scheiterten dabei jedoch an den wirksameren Medien und der Prärogative konkurrierender »Reichsstellen«, die ihrerseits um »weltanschauliche Ausrichtung« des 80-Millionen-Volkes bemüht waren.[28]

Das Dritte Reich schien dem faschistischen Italien zu gleichen, dessen Frühgeschichte Hitler manchen Impuls verdankte. Nach der Revolution, dem »Marsch auf Rom«, waren jedoch neben und über den zur Macht gekommenen Schwarzhemden zwei monarchische Institutionen bestehen geblieben: das Königshaus und der Heilige Stuhl. Da der Faschismus keinen starken ideologischen Druck ausübte, stützten sie sich weiter auf das alte

Offizierskorps, die Carabinieri und den Klerus, eigene Geldquellen, Medien und weitläufige Auslandsverbindungen. Dies alles sollte Mussolini noch zum Verhängnis werden.[29]

Mehr als Italien ähnelte dem Dritten Reich das bolschewistische Rußland. Der Oberste Sowjet war sowenig das höchste Organ der Staatsgewalt wie Hitlers gleichgeschalteter Reichstag. In beiden Staaten gab es weder unabhängige Medien noch freie Wahlen. Beiden fehlte eine genaue Abgrenzung zwischen Legislative, Exekutive und Judikative. Propaganda und Polizeiterror, Sondergerichtsbarkeit und Konzentrationslager dienten der Omnipotenz des herrschenden Systems. Kein Sowjetbürger konnte sich auf die Garantie individueller Rechte berufen; wie denn auch Deutsche kaum zu hoffen wagten, daß der durch eine Notverordnung suspendierte Rechtekatalog der Weimarer Verfassung noch einmal aufleben werde.[30]

Auch in der Sowjetunion bildete eine strenggläubige Einheitspartei die Bühne des Diktators. Die KPdSU(B) hatte das verfassungsmäßige Privileg, den »Aufbau des Sozialismus« zu vollenden. Sie zählte 1,8 Millionen Mitglieder (1% der Gesamtbevölkerung), war also kleiner als die NSDAP mit ihren 8 Millionen Parteigenossen (10% der Gesamtbevölkerung), und bedurfte daher zur Durchsetzung ihres Programms keiner Ordenselite, die (wie Himmlers »Schwarzes Korps«) ein »Staat im Staate« werden konnte. Dem Dienstadel der Zaren ähnlich, lenkten die bolschewistischen Funktionäre das Land mit Hilfe nichtgewählter Gremien und Kontrollorgane.[31]

Die Entscheidungsgewalt lag nicht beim Staat. Weder besaß sie der Oberste Sowjet, noch das von ihm ernannte Präsidium, eine bedeutungslose Funktionärsgruppe unter Michail I. Kalinin. Über die Richtlinien der Politik sollte ein etwa 150 Parteigenossen umfassendes Zentralkomitee befinden. Aber in Wirklichkeit wurden seine Entscheidungen durch ZK-Organe (Politbüro, Sekretariat und ressortähnliche Ausschüsse) vorweggenommen. Ausschlaggebend war der Generalsekretär. Unterstützt von seinen engsten Mitarbeitern, Alexandr N. Poskrebyschew und Georgij M. Malenkow, berief, kontrollierte und lenkte er die führenden Gremien, auch den Rat der Volkskommissare.[32]

Dieses Verfahren, die »Nomenklatura«, wurde ebenso von den untergeordneten Machthabern angewendet. Als Stalin zur Reform des ruinierten Volkskommissariates für innere Angelegenheiten (Narodnyj kommisariat wnutrennich djel – NKWD) seinen Landsmann Lawrentij P. Berija berief, ließ dieser weitere Georgier und Armenier nachkommen: Wsewolod N. Merkulow, Wiktor S. Abakumow, Wladimir G. Dekanosow, Bogdan C. Kabulow und Sergej G. Golidze – trotz der russifizierten Namen eine »kaukasische Mafia«, die Positionen im Narkomindel und Gosplan, vorwiegend aber in der Hauptverwaltung für Staatssicherheit (Glawnoje uprawlenije gosudarstwennoj besopastnosti – GUGB) den Stempel aufdrückte.[33]

Die Sowjets hatten mit Sicherheitsproblemen länger Erfahrung als das Dritte Reich. Von Lenins Außerordentlicher Kommission (Wetscheka) bis zur Entstehung der Staatspolitischen Verwaltung (GPU) rangen die »Tschekisten« mit zunehmenden Schwierigkeiten. Bezeichnenderweise ergaben sie sich fast genauso für das deutsche Reichssicherheitshauptamt, dessen Chef den Sicherheitsdienst der Partei (SD) und die Sicherheitspolizei des Staates (Sipo) in vier Abteilungen – »SD-Inland« (Ohlendorf) und »SD-Ausland« (Schellenberg), »Gestapo« (Müller) und »Kripo« (Nebe) – zusammenfaßte, nicht aber die Ordnungspolizei und den militärischen Nachrichtendienst einbezog.[34]

Bei den Sowjets überschnitten sich die Aktivitäten der Komintern, des Nachrichtenwesens und der Geheimpolizei in verwirrendem Ausmaß. Berija löste dieses Geflecht. Er ließ noch vorhandene Leute seiner Vorgänger im stillen umbringen, schuf eine neue Organisation und entlastete dabei die GUGB von militärischen Aufgaben, damit sie sich allein dem Aufspüren und Liquidieren verdächtiger Personen widmen konnte. Im »Büro Nr. 1« wurde zum Beispiel seit 1939 durch Pawel S. Sudoplatow die Ermordnung des nach Mexiko entwichenen Trotzkij vorbereitet.[35]

Der geheime Nachrichtendienst – die Raswedupr – trat zur Operationsabteilung des Generalstabes und wurde dort mit den Behörden für Abwehr (Raswedkij) und Chiffrierwesen (Schifrirowatj) unter Filipp J. Golikow zusammengefaßt. Außenposten des NKWD verzichteten deshalb nicht auf Kontrolle und Schulung der Militärs. In allen Truppenteilen stand wieder der Politarbeiter (Politruk) neben dem Kommandeur. Die Rote Armee war seit ihren ersten Tagen als revolutionäre Streitmacht ungleich stärker als jedes andere Heer einer beständigen Indoktrination unterworfen. Dabei wirkte sich nunmehr aus, daß Stalin unlängst gewisse Wertvorstellungen der frühbolschewistischen Zeit durch ein neues Geschichtsbewußtsein, Patriotismus und Betonung des Familienlebens verdrängt hatte.[36]

Die Führungsorganisation der sowjetischen Streitkräfte hatte ihre letzte Form noch nicht gefunden. Dem Politbüro des ZK unterstanden zwei Gremien: der Oberste Kriegsrat (Glawwennij Wojennij Sowjet) und der Oberste Flottenrat (Glawwennjo Wojennij Wojenno-Morskowo Flota). Im ersteren führte der Verteidigungskommissar Kliment J. Woroschilow den Vorsitz, im zweiten der Leningrader Parteisekretär Andrej A. Shdanow. Jeder dieser Sowjets zählte elf Spitzenfunktionäre. Einer von ihnen gehörte beiden an: Jossif W. Stalin.

Seine Nomenklatura wirkte daher tief in die Ministerialbürokratie hinein, deren Kommissare den Militärräten unterstanden und von der Politischen Administration des Lew Z. Mechlis kontrolliert wurden. Stalin und Woroschilow waren alte Freunde. Dagegen konnte für die Leitung des 1937 gegründeten Kommissariates der Seekriegsflotte erst nach längerem Suchen ein Fachmann gefunden werden, dem der Generalsekretär traute. Nach zwei Fehlbesetzungen holte man Nikolaj G. Kusnezow aus Wladiwostock an die Spitze der Marine.[37]

Den Volkskommissariaten waren die Stäbe des Heeres und der Seekriegsflotte zugeordnet.[38] Den Generalstab der Roten Armee führte 1939 Boris M. Schaposchnikow, ein ehemaliger Offizier des Zaren.[39] Die entsprechende Position bei der Marine hatte Lew M. Galler inne.[40] Ihre Dienststellen litten unter Mangel an befähigten Mitarbeitern. Seit den Säuberungen klaffte auch hier eine Personallücke. Noch konnte niemand wissen, daß Offiziere wie Aleksandr M. Wassilewskij und Matwej W. Sacharow, Sergej M. Shtemenko und Iwan K. Bagramjan, die gerade ihre Generalstabsausbildung abschlossen, später Überdurchschnittliches leisten würden.[41]

Stalins Wüten hatte selbst vor den höheren Militärräten nicht halt gemacht.[42] Nach dem Marschall Michail N. Tuchatschewskij waren der nicht minder prominente Wassilij K. Blücher und Armeekommandeure 1. und 2. Grades wie Jona F. Jakir, Jeromir P. Uborewitsch, Aleksandr J. Kork und Witalij K. Putna in Geheimverfahren zum Tode verurteilt und erschossen worden. Im Volkskommissariat für Verteidigung schied Jan B. Gamarnik, der Stellvertreter von Woroschilow, aus dem Leben. Furcht und Schrekken legten seither einen weiten Abstand zwischen das Offizierskorps und die Despotie des Generalsekretärs.

Stalin mißtraute den führenden Rotarmisten. Sie trugen zwar alle das Parteiabzeichen, waren zum Teil auch Mitglieder des ZK, doch bestand immer Gefahr, daß sich ihre Hierarchie aus fachlichen Gründen verselbständigte. Nicht einmal zu Beginn des Krieges, in dem die Rote Armee bald andere Staaten überfallen und niederwerfen sollte, wagte der sowjetische Diktator, klare Befehlsverhältnisse zu schaffen. Erst die deutsche Großoffensive von 1941 zwang ihn zur Bildung des erforderlichen Oberkommandos (Stawka Glawnowo Komandowanija Woorzhennych Sil).

Zusammen mit dem Generalstab (Generalnyj Schtab) wurde die Stawka sogleich einem Staatlichen Verteidigungskomitee (Gosudarstwennyj Komitet Oboroy – GKO) unterstellt, dessen Vorsitz Stalin als Oberbefehlshaber (Werchowwenyj Glawkomandojuschij) übernahm und dem außer Molotow vor allem Berija, Woroschilow, Shdanow, Mikojan und Malenkow angehörten. Der sowjetische Diktator fällte alle wichtigen Entscheidungen selbst, entweder in gemeinsamen Sitzungen beider Gremien oder nach Unterredungen mit einzelnen Fachberatern.[43] Damit war die Dualität von Politik und Kriegführung überwunden.

Hitler hatte beides zuvor schon in seinen Händen vereinigt. Auch er bestimmte souverän über Ziel, Reihenfolge und Ansatz der militärischen Operationen. Dabei diente dem ObdW das Oberkommando der Wehrmacht (OKW) als gesamtstrategisches Beratungs- und Exekutivorgan. Der Chef dieser Behörde – Generaloberst (später Generalfeldmarschall) Wilhelm Keitel – hatte zwar die Immediatstellung eines Reichsministers, übte aber keine unmittelbare Befehlsgewalt aus.[44]

Die zentrale Dienststelle des OKW bildete der Wehrmachtführungsstab (WFSt) unter General Alfred Jodl mit den Abteilungen »Landesverteidigung« (Warlimont), »Wehrmachtnachrichtenverbindungen« (Fellgiebel), »Wehrmachtpropaganda« (Wedel), »Recht« (Lehmann) und »Kriegsgeschichte« (Scherff) sowie den Amtsgruppen »Ausland/Abwehr« (Canaris) und »Wehrwirtschaft/Rüstung« (Thomas). In der Abt. »L« waren die Gruppen I (Loßberg, Junge, Falkenstein) und IV (Tippelskirch) für Operationsplanung und Quartiermeisteraufgaben zuständig.[45]

Das OKW war am Berliner Tirpitzufer untergebracht. Keitel und Jodl bezogen jedoch bald auch Wohn- und Diensträume in der Neuen Reichskanzlei. Dort bildeten die beiden höchsten Chargen des OKW zusammen mit dem Wehrmachtadjutanten, Oberst Rudolf Schmundt, und Görings »persönlichem Verbindungsoffizier«, General Karl Heinrich Bodenschatz, das »maison militaire« des ObdW, der die ihm näherstehenden Militärs nach anfänglichen Meinungsverschiedenheiten kraft seiner Willensstärke bald völlig beherrschte.[46]

Unter dem OKW standen die Oberkommandos des Heeres, der Luftwaffe und Kriegsmarine (OKH, OKL, OKM) mit eigenen Behördenapparaten. Oberbefehlshaber des Heeres (ObdH) war bis zur Übernahme seiner Führungsgewalt durch Hitler der Generaloberst (später Generalfeldmarschall) Walther von Brauchitsch. Den Oberbefehl über die Luftwaffe übte Generalfeldmarschall (später Reichsmarschall) Hermann Göring aus. Die Seestreitkräfte und ihre landgestützte Organisation befehligte Admiral (später Großadmiral) Erich Raeder in der Dienststellung des Oberbefehlshabers der Marine und Chefs der Seekriegleitung (ObdM u. Chef Skl).[47]

Jeder Oberbefehlshaber hatte zahlreiche Mitarbeiter. Vor allem stand ihm als erster Führungsgehilfe der Chef seines Generalstabes zur Seite. Beim ObdH bekleideten diesen Posten nacheinander die Generale Franz Halder, Kurt Zeitzler, Heinz Guderian und Hans Krebs, beim ObdL die Generale Hans Jeschonnek, Günter Korten, Werner Kreipe und Karl Koller. Chef des Stabes der Skl waren der Reihe nach die Admirale Otto Schniewind, Kurt Fricke und Wilhelm Meisel.

Von den Kommandobehörden schien das OKH am besten organisiert. Ein Generalquartiermeister (Wagner) und fünf Quartiermeister führten die Aufsicht über zwölf Abteilungen. Einige dieser Dienststellen blieben an ihrem alten Standort in Berlin, wo auch der Befehlshaber des Ersatzheeres (BdE), Generaloberst Friedrich Fromm, arbeitete. Andere wurden nach Zossen verlegt. Für die laufenden Operationen bildete Halder besondere Arbeitsgruppen, die mit dem Stab des ObdH ein Feldquartier bezogen, um ihn bei der Heeresleitung zu unterstützen.[48]

Alle Dienststellen des ObdL – die Bezeichnung »OKL« setzte sich erst später durch – waren auf das Berliner Reichsministerium der Luftfahrt (RML) und einen Lagerkomplex in Wildpark bei Potsdam verteilt. Als Stellvertreter Görings hatte der Staatssekretär d.L. und Generalinspekteur d. Lw., Generaloberst Erhard Milch, sowohl zivile als auch militärische Befugnisse, insbesondere gegenüber dem Generalluftfeldzeugmeister, General Ernst Udet. Die Luftkriegsoperationen leitete der Chef d. GenSt. d. Lw. (Jeschonnek) mit dem Luftwaffenführungsstab (Hoffmann von Waldau), den Luftwaffen-Nachrichtenverbindungen (Martini) und vier weiteren Abteilungen, von denen die »Genst. 5. Abt.« (Schmid) das Feindbild ermittelte.[49]

Im Unterschied zu Brauchitsch und Göring bezog Raeder kein Feldquartier. Wahrscheinlich hätte ihn außer Schniewind nur der Kapitän z. S. Kurt Fricke begleiten können. Alle anderen Mitarbeiter – Admiral Gerhard Wagner, die Kapitäne z. S. Heinz Aßmann und Hans-Jürgen Reinicke – waren an Berlin gebunden, wo sich auch der xB(eobachtungs-)Dienst des Korvettenkapitäns Heinz Bonatz aufhielt. Als Befehlshaber der U-Boote (BdU) hatte Kapitän z. S. (später Admiral) Karl Dönitz seine eigene Kommandozentrale in Sengwarden bei Wilhelmshaven.[50]

Die Zusammenarbeit zwischen der Wehrmachtführung und den drei Oberkommandos war nicht störungsfrei. Viele Unstimmigkeiten ergaben sich aus der eigenwilligen Kriegführung des ObdW. Sein plötzlicher Entschluß zum Angriff im Westen und der Befehl, die Militärverwaltungen durch Parteiorgane abzulösen, rief Proteste hervor. Leidenschaftlich umstritten war die Anordnung, alle schweren Kriegsmarineeinheiten stillzulegen. Dauernde Reibereien verursachte die Aufteilung der Operationsgebiete in OKH- und OKW-Kriegsschauplätze.

Untereinander haderten OKH, OKL und OKM um die Zuteilung von Sendefrequenzen, Gerät und Personal, Treibstoff, Kraftfahrzeuge und Frachtraum, Flieger, Flak und Luftlandetruppen. Ein Kapitel für sich war der Streit zwischen Göring und Raeder über den Aufbau einer selbständigen Marineluftwaffe und die Zuständigkeit des »Fliegerführers See«. Hinzu kamen die weit auseinandergehenden Lagebeurteilungen der Wehrmachtteile, vor allem im Zusammenhang mit den Unternehmen »Seelöwe« und »Merkur«.

Beim Gegner waren die Meinungsverschiedenheiten innerhalb der Führungsorganisation oft noch schärfer. In Polen litt das unklare Duumvirat von Präsident Ignac Mościcki und dem zum »Hauptbefehlshaber des Volkes« (Wódz Naczelne Narodo) avancierten Marschall Edward Rydz-Smigly unter Spannungen. Zum Ärger des für die Mobilmachung mitverantwortlichen Kriegsministers Tadeuz Kasprzicky gab es keine ausgereifte militärische Konzeption. Der Oberbefehlshaber und sein Stabschef, General Waclaw Stachiewicz stimmten nur darin überein, daß polnische Verbände zu Beginn des Konfliktes sowohl Danzig als auch Ostpreußen überrennen sollten.[51]

In Frankreich war der »Conseil supérieur de la Défense nationale« auseinandergegangen, nachdem er Ende August 1939 die Kriegsbereitschaft des Landes festgestellt hatte. Das nun hauptverantwortliche »Comité de la guerre« tagte nur zweimal bis April 1940. Sein Vorsitzender, der Etat-Major Général Maurice Gamelin geriet zwischen die Fronten der innenpolitischen Auseinandersetzung.[52] Daladier wollte ihn halten, Reynaud hingegen stürzen. Albert Lebrun, dem Präsidenten der Republik, gelang es nicht, in diesem Streit zu vermitteln.[53]

Der Etat-Major Général (EMG) hatte die Kasematten von Vincennes zum Grand Quartier Général (GQG) bestimmt, wo er der politischen Szene nahe, aber fern von den Kriegsschauplätzen (Nordostfrankreich, Alpen, Nordafrika, Levante) war und nur wenig Einfluß auf General Alphonse Georges (Commandant-en-chef Nord-Est), General Joseph Vuillemin (Armée de l'Air) und Admiral François Darlan (Marine nationale) in La Ferté, Coulommier und Maintenon nehmen konnte. Um den EMG zu entlasten, verfügte Daladier eine Aufteilung des Oberbefehls.[54]

Zwischen Vincennes und La Ferté entstand in Montry-sur-Marne ein drittes Hauptquartier für General Joseph Doumenc, der eine »organisation generalisiée« für alle Kriegsschauplätze herbeiführen sollte. Die Folge war ein Kompetenzstreit ohnegleichen, bei dem die Generalstabsbüros entweder auseinandergerissen oder hin und her geschoben wurden. Völlig zerstritten, griffen Gamelin und Georges nur noch selten zum Telefon, um miteinander zu sprechen. Bei persönlichen Begegnungen gaben sie sich nicht die Hand.[55]

Auf englischer Seite bevorzugte man das herkömmliche »Waging War by Committees«.[56] Nominell war König Georg VI. Oberbefehlshaber.[57] Alle strategischen Entscheidungen traf jedoch das Kriegskabinett, ein Regierungsausschuß, dem außer Chamberlain[58] und Halifax[59] nur Sir John Simon und Sir John Anderson sowie die drei Wehrminister – Winston Churchill (Admirality)[60], Sir Howard Kingsley Wood (Air) und Leslie Hore-Belisha (War) – angehörten. Bei bestimmten Sitzungen wurde der für die Dominien tätige Anthony Eden hinzugezogen[61], und da sich der Premier den militärischen Aufgaben nicht gewachsen fühlte, berief er Lord Chatfield zum Koordinator.[62]

Die Stabschefs der englischen Streitkräfte bildeten ein eigenes Gremium, das »Chiefs of Staff Committee« (CSC). Für die Royal Navy nahm der Erste Seelord, Admiral Sir Dudley P. A. Pound (später Admiral Sir Andrew B. Cunningham[63]) an den Sitzungen teil, für die Royal Air Force der Chief of the Air Staff, Luftmarschall Sir Cyril Newall (später Sir Charles Portal), für die British Army der Chief of the Imperial General Staff, General Sir William Edmund Ironside (den nacheinander Sir John Dill und Sir Alan Brooke ablösten). Ihr gemeinsamer Sekretär und Vertreter im Kriegskabinett war General Sir Hastings Lionel Ismay.[64]

Zwischen den Militärs und ihren Ministern herrschte ein natürliches Spannungsverhältnis. Namentlich der Erste Seelord, dessen verbunkerter Lageraum neben der Admiralität im Londoner Stadtteil Whitehall auf Churchill unwiderstehliche Anziehungskraft ausübte, stand ständig unter dem Druck seines Vorgesetzten. Verwirrend war auch das

personalpolitische Gerede. Da Pound und etwa die Hälfte der Kabinettsmitglieder ihrer Pensionierung entgegensahen, wurde oft über mögliche Nachfolger gesprochen. Frankreich und England hatten bei ihren Geheimverhandlungen Ende März 1939 die Schaffung eines alliierten Kriegsrates (»Supreme War Council«) vereinbart. Er trat am 4. September erstmals zusammen und beendete seine Arbeit unter mißlichen Umständen im Juni 1940. Bald darauf – noch vor dem amerikanischen Kriegseintritt – beschlossen Großbritannien und die Vereinigten Staaten, ein gemeinsames Stabskomitee zu bilden. Nachdem Roosevelt die Chefs der US-Forces als »Joint Chiefs of Staff« (JCS) zusammengefaßt hatte, konnte das »Combined Chiefs of Staff Committee« (CCSC) der angelsächsischen Mächte tätig werden (1942).[65]
Das Fehlen gemeinsamer Kriegsziele erschwerte den Briten und Amerikanern die Zusammenarbeit, doch wurden die Differenzen jedesmal durch schwierige Kompromisse auf Kosten der Engländer überwunden. Zwischen Deutschland, Italien und Japan kam es zu keiner praktikablen Regelung. Kommissionen der drei Mächte, die sich 1942 in Berlin versammelten und auf Betreiben von Keitel einen »Ständigen Ausschuß« bildeten, waren nicht zur gemeinsamen strategischen Planung ermächtigt.[66]

---

[1] Zur Personengesch. des Dritten Reiches allg. K. Bosl u. H. H. Hofmann (Hg.): Biographisches Wörterbuch zur deutschen Geschichte, 3 Bde., München [2]1974; J. Vierhaus: Faschismus und Führertum, in: HZ 198/1965 u. W. Zapf: Wandlungen der deutschen Elite. Führungsgruppen 1919–1961, München 1965.
Aufschluß über Hitlers Denkart geben neben zahlr. Einzelzeugnissen insbesondere seine Bücher u. direkten Äußerungen; s. Domarus (Hg.), Heiber (Hg.), Hubatsch (Hg.), a.a.O., dazu W. Jochmann: Adolf Hitler, Monologe im Führer-Hauptquartier 1941–1944, München 1982 (zit. Jochmann: Monologe); E. Klöß: Reden des Führers, Politik und Propaganda, München 1967 (zit. Klöß: Reden); H. v. Kotze u. H. Krausnick: Es spricht der Führer. Sieben exemplarische Hitler-Reden, Gütersloh 1966 (zit. Kotze/Krausnick: Es spricht d. Führer); W. Maser (Hg.): Hitlers Briefe und Notizen in handschriftlichen Dokumenten, Düsseldorf – Wien 1973 (zit. Maser: Hitlers Briefe); H. Picker: Hitlers Tischgespräche im Führerhauptquartier 1941–1942, hg. v. G. Ritter, Bonn 1951. Die 2. Aufl., Stuttgart 1962, betreute P. E. Schramm i. Zusammenarbeit mit A. Hillgruber und M. Vogt; d. 3. Aufl., Stuttgart 1976, betreute Picker selbst; ihr folgte, ebenfalls v. Picker betreut, die Tb'ausg. 1979 (zit. Picker: Tischgespräche).
Die älteren Hitler-Biographien b. A. Bullock: Hitler. Eine Studie über Tyrannei, Düsseldorf [4]1952 u. W. Görlitz: Hitler (Persönlichkeit u. Geschichte, 21/22), Göttingen 1962, enthalten bemerkenswerte Gesichtspunkte. Als wissenschaftl. Biographien sind außer E. Deuerlein: Hitler. Eine politische Biographie, München 1969 (zit. Deuerlein); Fest: Hitler (op. cit.) C. Cross: Adolf Hitler, London 1975 u. W. Maser: Adolf Hitler. Legende, Mythos, Wirklichkeit, Esslingen [7]1981 (zit. Maser: Hitler) heranzuziehen, neuerdings H.-J. Eitner: Der Führer. Hitler als Persönlichkeit und Charakter, München – Wien 1981.
Spezialfragen behandeln G. Buchheit: Hitler, der Feldherr. Die Zerstörung einer Legende, Rastatt 1958; W. Carr: Adolf Hitler. Persönlichkeit und politisches Handeln, Stuttgart 1980; W. Daim: Der Mann, der Hitler die Ideen gab. Von den religiösen Verwirrungen eines Sektierers zum Rassenwahn des Diktators, München 1959; Ph. W. Fabry: Mutmaßungen über Hitler, Düsseldorf 1969; H. W. Gatzke: Hitler und Psychohistory, in AHR LXXIX/1973, S. 394–401; D. Grieswelle: Propaganda der Friedlosigkeit. Eine Studie zu Hitlers Rhetorik 1920–1933, Stuttgart 1972; L. Gruchmann: Hitler und die Justiz. Das Tischgespräch vom 20. August 1942. Dokumentation, in: VZ 12/1964, S. 86–101; S. Haffner: Anmerkungen zu Hitler, München 1978; F. Herr: Der Glaube des Adolf Hitler. Anatomie einer politischen Religiosität, München – Esslingen 1968; grundlegend A. Hillgruber: Hitlers Strategie. Politik und Kriegführung 1940–1941, München [2]1982; D. Irving: Hitler und seine Feldherren, Frankfurt 1975; E. Jäckel: Hitlers Weltanschauung. Entwurf einer Herrschaft, Tübingen

1969; I. Kershaw: Der Hitler-Mythos 1920–1945, Stuttgart 1982; grundlegend auch b. W. Maser: Adolf Hitler. Mein Kampf. Fahrplan eines Welteroberers. Geschichte, Auszüge, Kommentare. München 1976; Stegemann, a. a. O. J. Recktenwald: Woran hat Adolf Hitler gelitten? München – Basel 1963 u. H. D. Röhrs: Hitler. Die Zerstörung einer Persönlichkeit, Neckargemünd 1965. E. Sandvoss: Hitler und Nietzsche, Göttingen 1969. Interessante Details finden sich bei Toland (op. cit.) u. R. Tucker: The Dictator and Totalitarism, in: WP 17/1965, S. 565ff.; wichtige Hinweise bei H. W. Ziegler: Wer war Hitler? Beiträge zur Hitler-Forschung, Tübingen 1970 (zit. Ziegler).

[2] Hierzu vor allem M. Broszat: Der Staat Hitlers (dtv-Weltgesch. d. 20. Jhs., 9) München 1969, S. 363ff. (zit. Broszat: Staat) u. H. Buchheim: SS und Polizei im NS-Staat, Duisdorf b. Bonn 1964, S. 7–11 (zit. Buchheim, NS-Staat).

[3] Fest: Hitler, S. 831; neuerdings: Der »Führerstaat«. Mythos und Realität. Studien zur Struktur und Politik des Dritten Reiches. Hg. v. G. Hirschfeld u. L. Kettenacker (Veröffentlichungen des Deutschen Historischen Institutes London, 8).

[4] J. Dülffer: Weisungen an die Wehrmacht 1938/39 als Ausdruck ihrer Gleichschaltung, in: WWR 3/1969, S. 186–204; Grundlegendes auch bei A. Hillgruber i. seiner Einführung u. Einleitung d. Edition: Staatsmänner, Bd. 1, S. 11–23 u. Hubatsch zu Hitlers Weisungen (op. cit.), S. 9–15.

[5] Domarus, II., S. 1312ff.

[6] W. Schwarzwäller: Rudolf Heß, Wien – München 1977 (zit. Schwarzwäller) u. J. Ensor: Rudolf Heß, London 1962.

[7] W. Görlitz: Keitel, Verbrecher oder Offizier? Erinnerungen, Briefe, Dokumente des Chefs OKW, Göttingen – Berlin – Frankfurt 1961 (zit. Görlitz/Keitel).

[8] Broszat: Staat, S. 296f., 335f. u. 385ff.; G. Meinck: Der Reichsverteidigungsrat, in: WWR 6/1956, S. 411–422.

[9] Eine wissenschaftl. Biographie fehlt; glänzend d. Essay v. J. C. Fest: Das Gesicht des Dritten Reiches, München 1963, S. 103ff. (zit. Fest: Gesicht); vgl. dazu die engl. Lebensbeschreibungen v. Ch. Bewley: Hermann Göring, Göttingen 1956; L. Mosley: Göring, München 1974, R. Manvell u. H. Fraenkel: Hermann Göring, Hannover 1964. Wenig Neues brachte W. Broß: Gespräche mit Hermann Göring während des Nürnberger Prozesses, Flensburg 1950. Zur Ämterfülle Görings u. den RVR s. Broszat: Staat, S. 88–97, 99–104, bes. 347ff., 370–377 u. 382ff.

[10] Schwarzwäller, S. 138 u. 147.

[11] Fest: Gesicht, S. 175–189. Auch f. Bormann gibt es keine wissenschaftl. Biographie: vgl. L. Besymenski: Auf den Spuren von Martin Bormann, (Ost)Berlin 1965; Y. von Domber: Ik leefde met Bormann, Amsterdam 1969; J. McGovern: Martin Bormann, London 1968; J. v. Lang: Der Sekretär, Martin Bormann, der Mann, der Hitler beherrschte, Stuttgart 1977 (zit. Lang); Schellenberg (op. cit.), S. 285f.

[12] ebd., S. 228f.

[13] ebd., S. 248ff.

[14] Fest, Gesicht, S. 119–138; dazu R. Manvell u. H. Fraenkel: Goebbels, Köln 1960; H. Heiber: Joseph Goebbels, Berlin 1962; V. Reimann: Dr. Goebbels, Wien – München 1976; C. Riess: Joseph Goebbels, Baden-Baden 1950; F. C. zu Schaumburg-Lippe: Dr. G. Ein Porträt des Propagandaministers, Wiesbaden [3]1972; W. Stephan: Joseph Goebbels, Stuttgart 1949. Persönliches über d. Minister ist vor allem zwei Quellenpublikationen zu entnehmen, H. Heiber (Hg.): Goebbels-Reden, 2 Bde., 1932–1939 u. 1939–1945, München 1972 (zit. Goebbels: Reden) u. J. Goebbels: Tagebücher aus den Jahren 1942/43. Mit anderen Dokumenten hg. v. L. P. Locher, Zürich 1948 (zit. Goebbels: Tgb.); dazu W. v. Oven: Mit Goebbels bis zum Ende, 2 Bde., Buenos Aires 1949/50. Zur hist. Einordnung s. C. Cruickshank: The Forth Arm. Psychological Warfare, 1938–1945, Oxford 1979 (zit. Cruickshank). J. Ellul: Histoire de la propagande, Paris 1980; A. Rhodes: Histoire mondiale de la propagande de 1933 à 1945, Paris – Brüssel 1980; Z. Zeman: Propagand in de tweede wereld oorlog, Utrecht – Antwerpen 1980 (zit. Zeman).

[15] Vgl. W. A. Boelcke: Kriegspropaganda 1939–1941, Stuttgart 1966; ders.: »Wollt Ihr den totalen Krieg?« Die geheimen Goebbels-Konferenzen 1939–1943, Stuttgart 1967 (zit. Boelcke: Goebbels-Konferenzen); S. Bork: Mißbrauch der Sprache. Tendenzen nationalsozialistischer Sprachregelung. Bern – München 1970; O. Hall: Presse in der Zwangsjacke 1933–1945, Düsseldorf 1965; K. Scheel: Krieg über Ätherwellen. NS-Rundfunk und Monopole 1933–1945 (Ost)Berlin 1970; Unter den Ausländern spielten William Joyce (Irland), John Amery, James Conolly (England) in Jean Hérold-Paquis (Frankreich) eine besondere Rolle. Die eh. kommunist. Reichstagsabgeordneten waren Ernst

Torgler und Maria Reese, s. P.-A. Lambert: On l'appelait Lord Haw Haw, in: 2e guerre mondiale, Supplement Nr. 314, Paris o. J.

16 Michalka: Ribbentrop, S. 24–48; zur Problematik seiner Stellung ebd., S. 109, Anm. 16; vgl. dazu Jacobsen: Außenpol., S. 257 ff. u. P. Seabury: Die Wilhelmstraße. Geschichte der deutschen Diplomatie 1930–1945, Frankfurt 1956, S. 245 (zit. Seabury); neben zahlreichen Charakteristiken des RAM zuletzt E. F. Sommer: Das Memorandum. Wie der Sowjetunion der Krieg erklärt wurde, München – Berlin 1981 (zit. E. F. Sommer).

17 Vgl. die Rezension der Ribbentrop-Biogr. Michalkas v. Dülffer in NPL 1980.

18 Fest: Gesicht, S. 156–174. Wissenschaftl. Biographien fehlen; vgl. R. Manvell u. H. Fraenkel: Himmler, Kleinbürger und Massenmörder, Berlin 1965; H. Heiber: Himmler, Stuttgart 1962 u. J. Wulff: Heinrich Himmler, Berlin 1960, dazu B. F. Smith: Heinrich Himmler. A Nazi in the Making, 1900–1926, Stanford, Cal., 1971, dt. München 1981. Aufschlüsse bei H. Heiber (Hg.): Reichsführer! ... Briefe an und von Himmler, Stuttgart 1968 (zit. Himmler-Briefe; H. Himmler: Geheimreden 1933–1945, hg. v. B. F. Smith u. A. F. Peterson mit Einf. v. J. C. Fest, Frankfurt – Wien 1974 (zit. Himmler: Geheimreden); ferner F. Kersten: Tagebuchblätter des finnischen Medizinalrates Felix Kersten, Hamburg 1952 (zit. Kersten) u. Schellenberg (op. cit.), S. 72 f.

19 Grundlegend die Spezialuntersuchungen v. J. Ackermann: Himmler als Ideologe, Göttingen, 1970; Broszat: Staat, S. 336–346, 395–397; H. Buchheim: Die SS – Das Herrschaftsinstrument, S. 30–318, in: Anatomie des SS-Staates, 2 Bde. (dtv-Dokumente), München ²1979 (zit. Anatomie) u. Höhne: Orden, a. a. O., S. 32 ff., 125 ff., 152 ff.; s. auch H. Buchheim: Die Höheren SS- und Polizeiführer, in: VZ 4/1963.

20 Zahlen nach Buchheim, in Anatomie, I, S. 66 ff. u. 81; dazu allg. A. J. Kaminski; Konzentrationslager 1896 bis heute. Eine Analyse, Stuttgart 1982.

21 Broszat: Staat, S. 267 ff. u. Höhne: Orden, S. 19 ff., 125–150.

22 Schemat. Übersicht b. Höhne: Orden, Tafel 8; Näheres b. Buchheim, in Anatomie, I, S. 201 ff.

23 Vgl. d. Essay v. Fest: Gesicht, S. 139–145; umfängl. Biographien schrieben E. Calic: Reinhard Heydrich. Schlüsselfigur des Dritten Reiches, Düsseldorf 1981 u. G. Deschner: Reinhard Heydrich. Statthalter der totalen Macht, Esslingen 1977 (zit. Deschner); eine wichtige Einzeluntersuchung ist d. Bd. v. Sh. Aronson: Reinhard Heydrich und die Frühgeschichte von Gestapo und SD, Stuttgart 1971 (zit. Aronson). Die Erinnerungen der Ehefrau L. Heydrich: Leben mit einem Kriegsverbrecher (Kommentar von W. Maser), Pfaffenhofen 1976, gehören zur Rechtfertigungslit., weniger die Aufzeichnungen Schellenbergs, a. a. O., S. 35 ff.

24 G. Janssen: Todt et Speer, in: Revue d'histoire 84/1972, S. 37 ff.; F. W. Seidler: Die Organisation Todt im Zweiten Weltkrieg, in: D, 8 u. 9/1980, S. 647–660 u. 760–770; dazu allg. K.-H. Ludwig: Technik und Ingenieure im Dritten Reich, Düsseldorf 1974 u. A. A. Milward: Fritz Todt als Minister für Bewaffnung und Munition, in: VZ 14/1966, S. 40–58.

25 Fest: Gesicht, S. 271–289; dazu A. Reiff: Speer, Kontroversen, München – Wien 1977; W. Besson: Wem diente Albert Speer? in: »Die Zeit«, 10. 10. 1969; M. Schmidt: Albert Speer. Das Ende eines Mythos. Speers wahre Rolle im Dritten Reich, Berlin – München 1982; E. Schulz: Ein Günstling des Schicksals, in: »Merkur«, 260/1969; A. Wagner: Hitlers Meisterarchitekt, in: IA, 47/1971; L. S. Dawidowicz: In Hitlers Diensten, in Commentary, 11/1970; K. D. Bracher: Die Speer-Legende, in: NPL 4/1970; weitere Kontroversen b. A. Reif: Albert Speer, München 1978 u. M. Schmidt: Albert Speer. Das Ende eines Mythos, München 1982 (unter Heranziehung d. sog. Speer-Chronik, eines Tgbs. aus d. BA Koblenz); dazu G. Janssen: Das Ministerium Speer, Berlin 1968 (zit. Janssen); vgl. weiter A. Speer, Erinnerungen, Berlin ²1969 (zit. Speer).

26 Broszat: Staat, S. 423 ff. H. Weinkauff, Die deutsche Justiz und der Nationalsozialismus, Teil I, Stuttgart 1968.

27 S. P. Diehl-Thiele: Partei und Staat im Dritten Reich. Untersuchungen zum Verhältnis von NSDAP und allgemeiner innerer Staatsverwaltung, München 1969; H. Mommsen: Beamtentum im Dritten Reich, Stuttgart 1966; D. Orlow: History of the Nazi Party, 1933–1945, Pittsburgh, W. Va., ²1973; W. Runge, Politik und Beamtentum im Parteienstaat, Stuttgart 1965; H. Steffahn: Herrschaft mit Lücken, in: Das Dritte Reich – Der Zweite Weltkrieg, Hamburg o. J., S. 256 ff.

28 H. G. Gamm: Der braune Kult, Hamburg 1962; P. Hüttenberger: Die Gauleiter, Studie zum Wandel des Machtgefüges in der NSDAP, (Schriftenreihe der VZ, 19), Stuttgart 1969 (zit. Hüttenberg); R. Grundberger: Das zwölfjährige Reich. Der deutsche Alltag unter Hitler, München 1971 (zit. Grundberger).

[29] Grundlegend Boschesi, a.a.O., S. 21ff.; dazu De Felice, jetzt auch dt.: Die Deutungen des Faschismus. hg. v. J. Schröder, Göttingen – Zürich, 1980; Einzelheiten in: Faschismus als soziale Bewegung. Deutschland und Italien im Vergleich, hg. v. W. Schieder, Hamburg 1976; I. de Begnac: Palazzo Venezia, storia di um regimen, Rom 1950; D. L. Germino: The Italian Fascist Party in Power, Minneapolis, Minn., 1959; L. u. M. Salvatorelli: Storia d'Italia nel periodo fascista dal 1919 al 1945, Turin 1956; A. Tomari: Venti anni di storia, 1922–1943, Rom ³1965; A. Tosti: Italia del sostro tempo, 1900–1950, Mailand 1956 (zit. Salvatorelli); dazu D. Bartoli: Victor Emanuel, London 1960 u. P. Puntoni: Parla Vittorio Emanuele III., Mailand 1958; Hibbert, S. 54–71 u. Kirkpatrick, S. 62ff. H. Rascate: L'organisation de l'Etat sovjetique, in: Revue d'histoire 81/1971, S. 1–14.

[30] W. Markert: Von der Oktoberrevolution zur Revolution von oben, in: VZ 1/1854; Rauch, a.a.O., S. 297–350; Neander, a.a.O., S. 234ff.

[31] Zahlen nach E. Lemberg: Osteuropa und die Sowjetunion, Stuttgart 1950, S. 181 (zit. Lemberg).

[32] Rauch, S. 320ff.; zum Folgenden M. S. Woslenskij: Nomenklatura. Die herrschende Klasse der Sowjetunion, München – Wien 1980 (zit. Woslenskij).

[33] B. Lewytzkyj: Die rote Inquisition, Frankfurt 1967, S. 58–260. (zit. Lewytzkyj).

[34] A. Rammel: Der Sicherheitsdienst der SS, (Ost)Berlin 1971; Broszat: Staat, S. 336; Buchheim, in: Anatomie, I, S. 66ff.; Höhne: Orden, S. 210–269; G. Delarue: Geschichte der Gestapo, Düsseldorf 1964.

[35] Lewytzkyj, S. 180; E. F. Sommer, S. 85ff.; Souvarine, S. 234ff.

[36] Rauch, S. 337ff.; Lemberg, S. 208ff.; H. Höhne: Kennwort Direktor. Geschichte der Roten Kapelle, München 1972, S. 32ff. u. 62ff. (Schema S. 28); Gosztony: Rote Armee, S. 130f.; aus sowj. Sicht: Kurzer Abriß der Geschichte der Streitkräfte der UdSSR von 1917 bis 1972. (Ost)Berlin 1975, S. 135 (zit. Abriß) dazu M. Morozow: Die Falken des Kreml, München 1982 (zit. Morozow).

[37] Allg. M. W. Sacharow (Hg.): Die Streitkräfte der UdSSR. Aufriß ihrer Entwicklung 1917–1968, (Ost)Berlin 1970; Gosztony: Rote Armee, S. 168ff.; J. Erickson: The Soviet High Command. A Military-Political History, London 1962, S. 476ff. (zit. Erickson).

[38] K. G. Kusnezow: Am Vorabend, (Ost)Berlin ²1979, S. 211ff. (zit. Kusnezow); allg. auch S. S. Gorschkow: Seemacht Sowjetunion, Hamburg 1978.

[39] M. W. Sacharow: Utschonyj i woin. O Marschalo Siwjetskogo Sojusa B. M. Schaposchnikow, Moskau 1974.

[40] Schematische Übersicht b. Erickson, S. 477.

[41] ebd., S. 508; vgl. A. M. Wassilewskij: Sache des ganzen Lebens, (Ost)Berlin 1977 (zit. Wassilewskij); I. C. Bagramjan: Tak natschinalas' wojna, Moskau 1971 (zit. Bagramjan); S. M. Shtemenko: Im Generalstab, 2 Bde., (Ost)Berlin 1969 u. 1971 (zit. Shtemenko).

[42] A. Weißberg-Cybulski: Hexensabbat, Rußland im Schmelztiegel der Säuberungen, München 1954, S. 600ff.; Bailly, S. 147ff.; Erickson, S. 602f.; Morozow, S. 139–179.

[43] Erickson, S. 604f.; zum Folgenden A. A. Gretschko (Hg.): Geschichte des Zweiten Weltkrieges 1939–1945, 12 Bde. (bisher 4), (Ost)Berlin 1975–1980, Bd. 2, S. 241ff. (zit. Gretschko).

[44] G. Mueller: The Forgotten Field Marshal. Wilhelm Keitel, Durham, N.C., 1979; W. Görlitz: Generalfeldmarschall Keitel – Verbrecher oder Offizier? Göttingen – Berlin – Frankfurt 1961 (zit. Görlitz/Keitel); zum Folgenden allg. R. Stumpf: Die Wehrmachtelite. Rang- und Herkunftsstruktur der deutschen Generale und Admirale 1933–1945 (Wehrwiss. Forschungen, 29) Boppard 1982.

[45] H.-A. Jacobsen: Die deutsche Oberste Wehrmachtführung 1939–1941 in: Kriegstagebuch des Oberkommandos der Wehrmacht, 7 Bde., Frankfurt 1963–1965 (zit. KTB/OKW), Bd. 1, S. 111 E-225 E (Schemata, S. 112 E – 119 E); dazu H. Greiner: Die Oberste Wehrmachtführung 1939–1943, Wiesbaden 1951 (zit. Greiner); F. Hoßbach: Die Entwicklung des Oberbefehls über das deutsche Heer in Brandenburg, Preußen und im Deutschen Reich 1655–1945, Würzburg 1957; F. v. Siegler: Die höheren Dienststellen der deutschen Wehrmacht 1933–1945, München 1955 (zit. Siegler). Vgl. Aufz. v. Below, Engel u. Halder (op. cit.); ferner J. v. Putkamer: Die umheimliche See. Hitler und die Kriegsmarine, Wien – München 1952 (zit. Putkamer) u. W. Warlimont: Im Hauptquartier der deutschen Wehrmacht, Frankfurt 1962 (zit. Warlimont); B. v. Loßberg: Im Wehrmachtführungsstab, Hamburg 1949 (zit. Loßberg); zu den Auseinandersetzungen um die Spitzengliederung s. Deist, in: DR, I, S. 500–511.

[46] Görlitz/Keitel, S. 266ff.

[47] Eine Biographie über Brauchitsch gibt es nicht; vgl. d. Skizze bei H. Krausnick, in: NDB, II, S. 540; F. Carstens: The German Generals and Hitler, in: History Today 8/1958; D. Irving: Hitler und seine

Feldherren, Berlin 1975, passim (zit. Irving: Hitler). Über Göring s. Anm. 9. Zum ObdM s. K. Aßmann: Großadmiral Dr. h. c. Erich Raeder und der Zweite Weltkrieg, in: MR 1953; F. O. Busch: Großadmiral Dr. h. c. Erich Raeder. Oberbefehlshaber der Kriegsmarine, Rastatt 1963; J. Meister: Storadmiral Erich Raeder, in: Tidskrift för Sjöväsenet 1962.

48 W. Keiling: Das Deutsche Heer 1939–1945, Bad Nauheim 1956 (zit. Reiling); B. Müller-Hillebrand: Das Heer 1933–1945, 3 Bde., Frankfurt 1961–1969 (zit. Müller-Hillebrand); Müller: Heer (passim) W. Erfurth: Geschichte des deutschen Generalstabes 1918–1945, Göttingen [2]1960; W. Görlitz: Der deutsche Generalstab, Frankfurt o. J.; dazu die Erinnerungen v. H. Teske: Die silbernen Spiegel. Generalstabsarbeit unter der Lupe, Heidelberg 1952.

49 H. Boog: Die deutsche Luftwaffenführung 1935–1945. Führungsprobleme – Spitzengliederung – Generalstabsausbildung, Stuttgart 1982; B. Maaß: Vorgeschichte der Spitzengliederung der früheren deutschen Luftwaffe 1920–1938, in: WWR 9/1957, S. 505–522; K.-H. Völker: Die deutsche Luftwaffe 1933–1939. Aufbau, Führung und Rüstung der Luftwaffe sowie die Entwicklung der deutschen Luftkriegstheorie, Stuttgart 1967 (zit. Völker: Luftwaffe), s. Schemata u. Listen, S. 226–329; dazu D. Irving: Die Tragödie der deutschen Luftwaffe. Aus den Akten und Erinnerungen von Feldmarschall Erhard Milch, Berlin 1975 (zit. Milch) u. A. v. Ishoven: Udet, Wien 1977 (zit. Ishoven).

50 W. Lohmann u. H. H. Hildebrand: Die deutsche Kriegsmarine 1939–1945. Gliederung, Einsatz, Stellenbesetzung, 3 Bde., Bad Nauheim 1956–1964 (zit. Lohmann/Hildebrand); W. Hubatsch: Der Admiralstab und die obersten Marinebehörden in Deutschland 1848–1945, Frankfurt 1962 (zit. Hubatsch: Admiralst.); Salewski: SKL, Bd. 1, S. 98–111. Vgl. W. Görlitz: Karl Dönitz. Der Großadmiral (Persönlichkeit und Geschichte, 69), Göttingen 1972 (zit. Görlitz: Dönitz); ferner K. Dönitz: 10 Jahre und 20 Tage, Frankfurt [3]1963; ders. Mein wechselvolles Leben, Göttingen 1968; auch H. Bonatz: Seekrieg im Äther. Die Leistungen der Marine-Funkaufklärung 1939–1945, Herford 1981 (zit. Bonatz).

51 H. Roos: Die militärpolitische Lage und Planung Polens gegen Deutschland 1939, in: WWR 7/1957, S. 181–202.

52 P. LeGoyet: Le Mystère Gamelin, Paris 1975, S. 11–64 u. 225 ff. (zit. Le Goyet); M. Gamelin: Servir, 3 Bde., Paris 1946/47 (zit. Gamelin).

53 J. Chastenet: Histoire de la Troisième Republique. Le drame final 1938–1940, Paris 1963 (zit. Chastenet); dazu außer den Memoiren v. Bonnet, Flandin, De Monzie die Erinnerungen v. A. Lebrun: Témoignage, Paris 1945 (zit. Lebrun); P. Baudouin: Neuf mois de gouvernement, Paris 48 (zit. Baudouin); P. Reynaud: Au coeur de la melée, Paris, 1951 (zit. Reynaud); J. Gardoux: Journal d'un remoin de la IIIe république, Paris 57 (zit. Gardoux); J. Minart: P. C. Vincennes, G. q. G. Secteur I. Pa 45 (zit. Minart).

54 Le Goyet, 246 ff.

55 Le Goyet, 249 f.

56 J. Kennedy: The Business of War, London 57.

57 J. W. Wheeler-Bennett: King George VI. His Life and Reign, London 5 196.

58 Feiling, S. 415–421; Hyde, S. 197 f.

59 A. C. Johnson: Viscount Halifax, Lo 41

60 Literaturübersicht b. A. J. P. Taylor: Englands History, 1914–1945, London 1965 u. J. C. Doherty: Ein Mann mit vielen Fehlern, Winston Churchill in der neuesten Forschung, in: GWU 7/1978, S. 409–427. Die gr., von der Familie in Auftrag gegebene Biographie sollte bis 1981 abgeschlossen sein; begonnen v. R. Churchill, fortgeführt v. M. Gilbert: Winston Churchill, (bisher) 3 Bde., London 1966–1971. Vgl. einbändige Übersicht v. A. G. Gardiner: Churchill. A Profile, London 1973; R. R. James: Winston Churchill. A Study in Failure, 1900–1939, London 1970; R. W. Thompson: The Yankee Marlborough, London 1963; W. G. Truchanowski: Winston Churchill, London 1972. Von d. dt. Darstellungen sind D. Aigner: Winston Churchill, Ruhm und Legende (Persönlichkeit u. Gesch., 84/85), Göttingen 1975 (zit. Aigner); ders.: Churchill u. d. brit. Kriegspolitik, in: Weltpol. II, a. a. O.; J. C. Fest: Unzeitgemäßer Held seiner Zeit – Winston Churchill, in: Aufgehobene Vergangenheit, Stuttgart 1981, S. 215–238 (zit. Fest: Churchill) u. E. Schwinge: Churchill und Roosevelt, Marburg 1982 hervorzuheben. Dokumentarische Aufschlüsse bieten u. a. W. Churchill: The Second World War, 6 Bde., London 1948–1951, dt.: Der zweite Weltkrieg, 6 Bde. i. 10 Büchern, Hamburg 1950 (zit. Churchill); Ismay (s. Anm. 63), Nicolson: Diaries, passim., u. (aus d. Sicht des Leibarztes M. W. Moran: Winston Churchill. The Struggle for Survival 1940–1965, London 1968. Von d. Spezialuntersuchungen ist ein Sammelbd. bes. hervorzuheben: Churchill –

Four Faces and the Man, London 1969 (mit Beiträgen v. R. R. James, B. Liddell Hart, J. H. Plumb, A. Storry, A. J. P. Taylor); bemerkenswert sind weiter T. Higgins: Winston Churchill and the Second Front, 1940–1943, London 1957 (zit. Higgins); P. Cosgrave: Churchill at War, Bd. 1 (1939/40), London 1974 (zit. Cosgrave); J. P. Lash: Roosevelt and Churchill, 1939–1941, New York 1976 (zit. Lash); A. J. Marder: »Winston Is Back« – Churchill and the Admirality, in: From Dardanelles to Oran. Studies of the Royal Navy in War and Peace, 1915–1940, London 1974 (zit. Marder); B. Pitt: Churchill and the Generals, London 1981 (zit. Pitt); O. K. Rabinowicz: Winston Churchill and Jewish Problems, London 1956; O. Weil: Churchill und der britische Imperialismus, 2 Bde. (Ost-) Berlin 1967; P. N. Wrinch: The Military Strategy of Winston Churchill, Boston 1961; K. Young: Churchill and Beaverbrook. A Study in Friendship and Politics, London 1966 (zit. K. Young). Vgl. auch d. Memoiren v. J. Colvelle: The Churchillians, London 1981.

61 L. Broad: Sir Anthony Eden, London 1955; D. Carlton: Anthony Eden, London 1981; R. Churchill: The Rise and Fall of Sir Anthony Eden, London 1960, dt. Berlin 1960; dazu R. A. Eden, Earl of Avon: The Eden Memoirs, 3 Bde., London 1960–1965, dt. Köln 1964.

62 B. E. Carter: The Office of the Prime Minister, London 1956; A. B. Keith: The British Cabinet System, London [3]1961; A. Sampson: Anatomy of Britain, New York 1962, dt. München 1963; ferner Mowat, S. 650ff.; Namier, S. 382ff.; Churchill, Bd. 2, S. 25.

63 A. Cunningham: A Sailor's Odyssey, London 1951 (zit. Cunningham).

64 A. Bryant: Turn of the Tide, Based on the Diaries and Autobiographical Notes of Field Marshal The Viscount Alanbrooke, 1939–1943, London 1957; ders.: Triumph in the West, ... 1943–1946, London 1959 (zit. Bryant I, II); dazu D. Fraser: Alanbrooke, London 1982 (zit. Fraser: Alanbrooke); Lord Ismay: The Memoirs of General The Lord Ismay, London – Melbourne – Toronto 1960 (zit. Ismay).

65 C. B. MacDonald: The Mighty Endeavor, New York 1969, S. 17ff.; R. S. Cline: Washington Command Post. U. S. Army in World War II, Washington, D. C., 1951, S. 22ff.; R. Dallek, a. a. O., S. 323ff., 357.

66 Martin: Dtschld. u. Japan, S. 46–60; Sommer, S. 428, Anm. 4; dazu Warlimont, S. 221f.

Kräfte und Kriegsmittel

Als Voraussetzung der Strategie[1] mußte die deutsche Wirtschaft viele Engpässe durchlaufen. Schacht hatte im Rahmen des »Neuen Planes« mittels bilateraler Clearing-Abkommen eine Belebung des Außenhandels angestrebt. Tauschpartner, die Rohstoffe und Agrarprodukte lieferten und dafür Fertigwaren abnahmen, waren Ungarn, Jugoslawien und Rumänien, Bulgarien und Griechenland. Die Einfuhr schwedischen Roheisens stieg um 132%. Völlig bargeldlos ließen sich diese Geschäfte aber nicht abwickeln. Die deutschen Gold- und Devisenreserven waren daher 1933–1938 von 529,7 Millionen auf 70 Millionen RM geschrumpft.[2]

Die gesamtwirtschaftliche Lage hatte sich bedrohlich verändert, als Hitler den Vierjahresplan verkündete.[3] Göring, der für die Durchführung sorgen sollte, konnte sich auf das ihm unterstehende preußische Staatsministerium stützen. Seine organisatorische Fähigkeit drängte in den Vordergrund, während Schacht zurücktrat und Walter Funk die verbleibenden Aufgaben des Reichswirtschaftsministers weiterführte. Nach außen verlautete, es gehe um »Autarkie«, die »blockadesichere Versorgung der Bevölkerung«. In Wirklichkeit diente die Planwirtschaft der Vorbereitung des Angriffskrieges.[4]

Der Vierjahresplan hatte Schwerpunkte bei Kohle, Eisen/Stahl und NE-Metallen, synthetischem Faserstoff, Benzin und Gummi (Buna) gesetzt. Investitionen und Löhne, Arbeit und Konsum wurden gelenkt. Der herkömmliche Außenhandel sollte zur Großraumwirtschaft ausgestaltet werden. Durch Parteinahme im Spanischen Bürgerkrieg gewann das Reich außer landwirtschaftlichen Erzeugnissen sowohl Kupfer als auch Schwefelkies und Eisenerz. Der Anschluß Österreichs und die Etablierung des Protektorates Böhmen und Mähren verschafften Deutschland weitere Eisen- und Kupfervorkommen, dazu Zinn und Blei.[5]

Dennoch ermangelte die deutsche Kriegswirtschaft ausreichender Ressourcen. Trotz fortschreitender Kohleverflüssigung, der Erzeugung von synthetischem Benzin (1939: 2,3 Millionen t)[6], blieb das Reich zu 50–65% auf Treibstoffimporte angewiesen. Der Bezug des rumänischen Erdöls, den ein neuer Handelsvertrag vom 23. März 1939 regelte, war wegen fehlender Kesselwagen und Flußtanker eine »ungelöste Transportfrage«.[7] Die Einfuhren gingen auch deshalb zurück, weil britisch-niederländische, französisch-belgische und amerikanische Firmen, die in Rumänien 80% der Ölerzeugung kontrollierten, die Fördermenge vor Kriegsbeginn um 32% herabsetzten.[8]

Immerhin konnte Görings Behördenapparat seit dem Inkrafttreten des Vierjahresplanes beträchtliche Erfolge vorweisen.[9] Die Ernährungslage war, wie es hieß, »leidlich günstig«, der Steinkohleabbau um 18% gestiegen. Mit einer Stahlquote von 22,7 Millionen Tonnen[10] stand Deutschland 1938 (ohne Österreich, Böhmen und Mähren) dicht hinter, mit seiner für die Flugzeugproduktion wichtigen Aluminiumerzeugung (29% der Weltproduktion) sogar an erster Stelle vor den Vereinigten Staaten.

Der deutsche Bedarf an festen Rohstoffen war 1939 auf ein Jahr gesichert. Die

Einzelvorräte reichten jedoch verschieden lange: Naturkautschuk 2 Monate, Magnesium 4 Monate, Kupfer 7 Monate, Aluminium 12 Monate, Manganerz 18 Monate, Kobalt 30 Monate. Eisenerz mußte – überwiegend immer noch aus Schweden – zu 45% eingeführt werden. Auf dem NE-Metallgebiet betrug die Auslandsabhängigkeit des Reiches bei Zink 23%, Blei 50%, Kupfer 70%, Zinn 90%, Nickel 96% und Bauxit 99%, bei Chrom, Wolfram, Molybdän und Vanadium 100%.[11]
Die deutschen Gold- und Devisenreserven waren nahezu verbraucht, während England 3,33 Milliarden, Kanada 1,07 Milliarden, Frankreich 2,5 Milliarden Dollar in Gold, Dollarguthaben und Dollareffekten besaßen. Bei Inanspruchnahme ihrer Überseegebiete verfügten die Westmächte 1939 sogar über Zahlungsmittel im Werte von 8,44 Milliarden Dollar.[12] Mit ihnen konnten die Alliierten kriegsnotwendige Importe und Fremdleistungen 12–19 Monate lang finanzieren. Das Deutsche Reich sah sich dagegen auf die »rücksichtslose Auspowerung« der besetzten Länder angewiesen.[13]
Den im Innern Deutschlands wachsenden Geldbedarf sollte der »Neue Finanzplan« vom 20. März und eine am 4. September 1939 erlassene Kriegswirtschaftsverordnung sicherstellen. Drastische Einsparungen, eine Mobkreditaktion sowie die Ausgabe von Wehrmachtverpflichtungsscheinen und Reichsschatzanweisungen brachten aber keinen ausreichenden Gewinn. Die Einnahmen des Reiches stiegen bis Ende des ersten Kriegsjahres auf 61 Milliarden RM. Die Ausgaben betrugen 63,54 Milliarden RM.[14]
Die Mobilisierung der Arbeitskräfte schritt nur zögernd voran.[15] Für Millionen Männer, die in der Wehrmacht dienten, fand sich kein vollwertiger Ersatz. Wegen der herrschenden Vollbeschäftigung konnte Deutschland nicht wie Großbritannien, Frankreich oder die Vereinigten Staaten auf ein Arbeitslosenheer zurückgreifen. Die zuständigen Behörden mußten Schüler und Studenten, Rentner und kinderlose Frauen, seit Januar 1939 auch bereits 1,2 Millionen Ausländer heranziehen.
Zu Beginn des Krieges fehlte der deutschen Wirtschaft eine Million Arbeitskräfte.[16] Produktionsausfälle waren daher unvermeidlich.[17] Beim Mansfeld-Konzern sank die Kupferförderung um 14%. Der Stein- und Braunkohlebergbau verzeichnete einen Rückzug von etwa 7%. Unter diesen Umständen mußte die Arbeitszeit in einigen Industrien verlängert werden. Die Lage entspannte sich etwas, als Ende Oktober 1939 erstmals 110000 polnische Zwangsarbeiter eintrafen und das Heer mit der Beurlaubung von Facharbeitern begann.
Erst der Übergang zum Dauerkrieg erzwang eine energische, am höheren Bedarf orientierte Arbeitspolitik. Aber auch dann noch wurden die deutschen Frauen aus bevölkerungsbiologischen Gründen weitgehend geschont. Der Generalbevollmächtigte für den Arbeitseinsatz, NS-Gauleiter Fritz Sauckel, holte Massen von »Fremdarbeitern« nach Deutschland, die nicht, wie bisher, vorwiegend in der Landwirtschaft beschäftigt, sondern größtenteils Industriebetrieben zugewiesen wurden. Mitte 1944 stieg die Zahl der Ausländer im Reich auf 7,12 Millionen.[18]
Doch allen Lücken und Mängeln zum Trotz ging Deutschland mit rund 800000 qualifizierten Rüstungsarbeitern, neuen Rohstoffindustrien, erweiterten Kapazitäten, beträchtlichen Vorräten und einem leistungsfähigen Transportsystem in den Krieg. Diese Faktoren verliehen dem Reich gegenüber den europäischen Westmächten anfangs eine Überlegenheit, die sich 1–2 Jahre lang auswirken konnte, vorausgesetzt, Amerika und Rußland blieben dem Krieg fern und es gelang, den Konflikt etappenweise auszutragen.[19]

Allerdings rechnete kein weitblickender Beobachter mit einem solchen Verlauf. Roosevelt und Stalin hatten ihre Absichten frühzeitig zu verstehen gegeben. Der US-Präsident sprach zwar am 3. September 1939 in einer »Kaminplauderei« (Fireset Chat) über den Rundfunk von Neutralität, relativierte seine Erklärung jedoch derart, daß die von amerikanischen Diplomaten gegenüber Großbritannien, Frankreich und Polen, Rußland und Italien bekundete Interventionsbereitschaft der USA fortbestand.[20] Der sowjetische Diktator brauchte nicht ausdrücklich auf die vor 14 Jahren entwickelte Leitlinie seiner Strategie hinzuweisen. Die Verbindlichkeit ihrer Zielrichtung zeigten jüngst erhobene Ansprüche der Sowjetunion.

Die US-Regierung konnte nicht einfach den Krieg erklären. Dieses Recht war von der Verfassung allein dem Kongreß vorbehalten. In ihm überwog aber noch isolationistischer Einfluß. Senatoren wie William E. Borah, Bennett C. Clark, Gerald P. Nye, Arthur H. Vandenberg und Burton K. Wheeler setzten Bestrebungen, den neutralen Status des Landes zu verändern, Widerstand entgegen. Der bekannte Ozeanflieger Charles A. Lindbergh warnte zusammen mit dem Expräsidenten Herbert Hoover und Pater Charles E. Coughlin die Öffentlichkeit vor kriegerischen Verstrickungen.[21] Dennoch erreichte Roosevelt sein erstes Etappenziel, die Umgestaltung des riesigen amerikanischen Wirtschaftspotentials in ein »Arsenal der Demokratie«.

Diese Politik wurde durch die Aussicht gefördert, durch den bevorstehenden konjunkturellen Aufschwung wenigstens einen Teil der 9,49 Millionen Arbeitslosen wieder dem Erwerbsleben zuzuführen.[22] Für ein ökonomisches Engagement der USA auf seiten der europäischen Westmächte sprach auch, daß die UdSSR zum »Arsenal des Nationalsozialismus« wurde. Das deutsch-sowjetische Kreditabkommen war ein erstes Warnzeichen. Ihm sollte noch im gleichen Monat ein »Jahrhundertvertrag« folgen, mit dem Stalin seinem neuen Partner die Rohstofflager und Transitwege der Sowjetunion zur Verfügung stellte.[23]

Nach Zielvorgaben der von Lenin geschaffenen Planungsstelle, dem unter Walerian W. Kujbischew arbeitenden Gosplan, war die sowjetische Wirtschaft ohne Rücksicht auf private Bedürfnisse von grundauf umgestaltet worden.[24] Eine systematisch gesteigerte Kriegspsychose stimulierte die Einsatzbereitschaft der Massen. Wo die Arbeitskräfte nicht ausreichten, wurden Millionen von Häftlingen, regelmäßig auch Schüler, Studenten und Hausfrauen herangezogen, hauptsächlich zur Verbesserung der Infrastruktur, dem Bau neuer Straßen, Kanäle, Eisenbahnstrecken und Hafenanlagen.

Stalin hatte den Bauern das zugeteilte Land im Wege der Zwangskollektivierung wieder wegnehmen und dabei die Sozialschicht der relativ wohlhabenden Landwirte (Kulaken) als Klasse auslöschen lassen. Um den Preis einer neuen schweren Hungersnot, der Millionen von Menschen zum Opfer fielen (1931/32) entstand ein Agrarsystem, das durch moderne Produktionsmethoden und Erweiterung der Anbauflächen die Ernährung der Arbeitermassen und Rotarmisten sicherstellen sollte. Bei Kriegsbeginn waren 97 Prozent der Bauernwirtschaften entweder Kolchosen (Kollektive) oder Sowchosen (Staatsgüter).[25]

Mit dieser Umwälzung ging im Rahmen der Fünfjahrespläne eine forcierte Expansion der Grundstoff-, Investitionsgüter- und Schwerindustrie einher. Ihre Werke entstanden in der Nähe neuerschlossener Rohstofflager und Energiequellen. Ältere Produktionszentren (Moskau-Tula, Leningrad, Charkow, Kriwoj Rog) verloren nicht an Bedeutung. Modernere Werke wuchsen jedoch bei Kujbischew und Stalingrad, am Nordostrand des Kaukasus und Südural empor. Die junge sibirische Industriegeschichte erreichte ihren ersten Höhepunkt. Von 1926–1939 war die Zahl der Städte um 372, die der Fabriksiedlungen um 1426 gestiegen.[26]

In dem beginnenden Konflikt sollten die neuen Industriereviere von Magnitogorsk und Orsk, Nowo Sibirsk, Tomsk und Stalinks, Irkutsk, Blagowetschensk und Charborowsk mit 25% der gesamten Kapazität der Sowjetunion starken Rückhalt geben. Sie entwikkelten sich schnell, weil bereits vor dem Ersten Weltkrieg über 3 Millionen Russen nach Sibirien gezogen waren und mittlerweile andere, zum Teil gezwungenermaßen, folgten.[27] Eine gewisse Zugkraft übte auch die sowjetische Fernostarmee aus, deren Oberkommando für kriegerische Unternehmungen (1929, 1937/38, 1939) nahegelegener Rüstungsbasen bedurfte.[28]

Das Anpeitschen der Produktion in einem, wie Stalin sagte, »bolschewistischen Tempo«[29] führte zu zwiespältigen Ergebnissen. Sie blieben teilweise hinter den Planzielen zurück und erreichten vielfach nur den Stand vor 1914.[30] Doch insgesamt war die Industrie der UdSSR zu Beginn des dritten Fünfjahresplanes (1938) um 12% gewachsen, die Rüstungsindustrie sogar um 39%. Im letzten Vorkriegsjahr wurden unter Nikolaj A. Wosnessjenskij 165,9 Millionen t Kohle gefördert und 48 Milliarden kWh Elektroenergie erzeugt, 18,3 Millionen t Stahl und 14,9 Millionen t Roheisen geschmolzen.[31]

Diese Produktionsziffern blieben weit hinter dem enormen Gewicht zurück, das Amerika in die Waagschale werfen konnte. Zusammen mit der Wirtschaftskrise des Dritten Reiches und den aus Ostasien und Persien, Südosteuropa und Skandinavien zufließenden Gütern verhalfen Rußlands Lieferungen dem deutschen Diktator jedoch zu einem temporären Vorsprung. Wie der Roosevelt-Berater William C. Bullit Ende 1938 einem polnischen Diplomaten erläutert hatte, war es damit freilich vorbei, sobald sich Hitler nach Osten wandte.[32]

Vorerst mußten die Westmächte zusehen, wie sie über die Runden kamen. Sie hatten sich bei ihren Pariser Konferenzen im März/April 1939 auch mit Rücksicht auf den amerikanischen Isolationismus für eine langfristige Strategie entschieden. Dieser Plan sollte den Alliierten ermöglichen, ihre Ressourcen auszuschöpfen. Die dazu notwendigen Schritte waren getan. Chamberlain hatte Ronald Hibbert Cross an die Spitze eines neuen Ministry for Economical Conduct of War berufen und Lord Chatfield als Koordinator besondere Vollmachten erteilt. Daladier gewann Raoul Dautry für die Leitung des französischen Rüstungsministeriums.

Frankreich war ein industrialisierter Agrarstaat, der seinen überseeischen Besitz nur wenig ausbeutete.[33] Syrien und Libanon warteten seit 1936 auf die versprochene Unabhängigkeit. Die Protektorate des Maghreb (Marokko und Tunesien) waren ebenso unterentwickelt wie das zum Mutterland gehörende Algerien. Das besser erschlossene Indochina konnte der Dritten Republik nicht mehr viel nützen. Die Kolonien lieferten fast nur Phosphate, pflanzliche Öle, Genußmittel, Hölzer und Häute. Zum Abtransport der neukaledonischen Nickelerze fehlte ausreichender Schiffsraum.

Die Staatsverschuldung betrug 225 Milliarden Francs. Das Bruttosozialprodukt ging zurück. Das Jahresdurchschnittseinkommen des Franzosen lag 50% unter dem eines Amerikaners. Blums Volksfrontregierung hatte nicht gewagt, die Steuern zu erhöhen. Die folgenden Kabinette betrieben eine deflationistische Geldpolitik. Eine rechtzeitige

Franc-Abwertung, die der Wirtschaft hätte Auftrieb geben können, war unterblieben. Die Industrieproduktion sank um 24%, während sie in Deutschland um 16% stieg.[34] Dabei stand Frankreich mit seiner Goldhortung an zweiter Stelle hinter den Vereinigten Staaten von Amerika. Aber die Regierungen hatten diesen fast einzigartigen Schatz wirtschaftspolitisch nur wenig zu aktivieren vermocht. Wichtige Investitionen waren unterblieben, ganze Produktionszweige veraltet. Das französische Außenhandelsvolumen lag im Weltvergleich weit hinter den Anteilen des Britischen Empire (14%), der USA (12%) und Deutschlands (10%) zurück; selbst Belgien verzeichnete gegenüber seinem großen Nachbarn einen Vorsprung von vier Punkten.[35]

Anders als Frankreich unterhielt Großbritannien dank weltweiter Ausbreitung angelsächsischer Bevölkerungselemente zwar komplizierte, aber noch immer enge Beziehungen mit allen Gliedern seines Imperiums. Im Vereinigten Königreich lebten 44 Millionen, in den Dominien weitere 25 Millionen Menschen; Indien bevölkerten 390 Millionen, die Kronkolonien, Protektorate und Mandatsgebiete rund 62 Millionen. Ihr Status war auf der Imperial Conference (1928/29), vollends nach Maßgabe der sogenannten Westminsterbeschlüsse (1931) neu geordnet worden.

Ein Fünftel des Welthandels war in britischer Hand; rund 45% aller Transportschiffe liefen unter englischer Flagge. Ohne dieses Potential hätte das Empire den Kampf nicht aufnehmen können. Eine ernste Lage entstand allein schon wegen des Rückganges der Lieferungen von Grubenholz aus den kontinentaleuropäischen Ländern. Die Ausfälle führten zur Reduzierung des Kohleabbaus und der Verhüttung.[36] Im Jahre 1939 förderte England 231,34 Millionen t Kohle, 1944 nur noch 192,75 Millionen t.[37] Gleichzeitig sank die Stahlproduktion von 13,22 Millionen t auf 12,14 Millionen t bei steigendem Bedarf der zu 66% für militärische Anforderungen arbeitenden Industrie.

Zunächst wurden die britischen Produktionslücken mit Hilfe der Dominien, Protektorate und Kronkolonien geschlossen. Einige förderten ihrerseits Kohle und erzeugten Stahl. Alle lieferten Lebensmittel und schickten Arbeitskräfte (Neger, Inder, Malaien) nach England. Neben Kanada, das aufgrund seiner wirtschaftlichen Leistungen an vierter Stelle unter den Alliierten stand, wurde die Südafrikanische Union zu einer starken Wirtschaftsmacht, organisierte sich die »Eastern Group«, ein Verband aller Empire-Gebiete im Süden und Osten des Mittelmeeres.

Der Zahlungsverkehr wurde durch die gemeinsame Pfundwährung, den 1931 geschaffenen Sterlingblock, erleichtert und über eine zentrale Devisenbank in London abgewickelt. Beiläufig wirkte sich aus, daß John M. Keynes, der gerade seine »Grand Theory« durch eine Lehre zur Maximierung der Ressourcen (die Summe aller Kapitalgüter, Rohstoffe und Arbeitskräfte) ergänzte, in das Finanzministerium eintrat. Er reformierte den Dienst, setzte der Inflation Schranken und trug dazu bei, daß England alle Kriegskosten durch Steuereinnahmen deckte, während die amerikanische Staatsschuld von 40,4 Milliarden Dollar (1939) auf 258,7 Milliarden Dollar (1945) stieg.[38]

Roosevelt hatte die zum Inkrafttreten der Neutralitätsakte notwendige Proklamation bis zum 5. September 1939 hinausgezögert, damit Großbritannien und Frankreich noch vorher bestellte Rüstungsgüter aus den Vereinigten Staaten abholen konnten. Von Oktober an unterstützte der Präsident die Westmächte durch Schaffung einer »Sicherheitszone« in der »westlichen Hemisphäre« und den Einsatz von »Neutralitätspatrouillen« zur Behinderung des deutschen Seeverkehrs. Anfang November boten

ein neues »Cash-and-carry«-Gesetz und der Wegfall des amerikanischen Waffenausfuhrverbotes den Alliierten die Möglichkeit, reichlich Kriegsmaterial einzukaufen.[39] Da die Verbündeten mit Devisen bezahlen und das erworbene Gut auf eigenen Schiffen abtransportieren mußten, entstanden neue Schwierigkeiten. Mit Schrecken sah man in Whitehall nicht nur den verfügbaren Frachtraum, sondern auch die Dollarreserven schrumpfen. Henry Morgenthau, der die »England-Hilfe« der USA abwickelte, kam den Briten durch Konzipierung eines epochemachenden »Lend-Lease«-Gesetzes entgegen. Entschlossen, den Dollar zur Leitwährung zu erheben, ließ Roosevelts Finanzminister das Problem der britischen Zahlungsbilanz möglichst lange in der Schwebe.[40]
Mit amerikanischer Unterstützung konnte das Inselreich einen Krieg auf lange Sicht führen, vorausgesetzt, seine Flotte hielt die ozeanischen Verkehrswege offen und bewahrte England vor der Invasion des Gegners. Gleichzeitig mußte Großbritannien am Widerstandswillen eines »Festlandsdegens« interessiert sein, der Hitler beschäftigte. Daraus ergab sich die Rangfolge der englischen Streitkräfte. An ihrer Spitze stand als »Senior Service« die Royal Navy. Den zweiten Platz beanspruchte die Royal Air Force. An dritter Stelle folgte die British Army.
Die Royal Navy galt als machtvolles Kriegsinstrument. Wohl gab es unter ihren 15 Schlachtschiffen (und -kreuzern) nur 2 Neubauten aus den Jahren nach 1918, doch lagen 4 weitere Einheiten der King-George-Klasse auf Kiel[41], auch wurden die 6 dienstbereiten Flugzeugträger bald durch 6 andere verstärkt. Zu den 25 schweren und 38 leichten Kreuzern kamen 19, mit deren Fertigstellung gerechnet werden konnte. Ferner hatte die Admiralität 141 Korvetten und Sloops in Auftrag gegeben und einige dieser Geleitfahrzeuge schon abgenommen. Die Zahl der Zerstörer stieg Ende 1939 auf 202, die der Unterseeboote auf 69.[42]
Hinzu kamen die aus älteren Kriegsschiffen bestehende Reserveflotte und viele Einheiten der Hochseefischerei und Handelsmarine, vor allem 60 Hilfskreuzer, außerdem Truppentransporter und Lazarettschiffe, Walfänger, Trawler und Kutter, die als Bewacher und Minenräumer dienten. Auch Q-Ships (U-Bootfallen) ließ Winston Churchill wieder verwenden. Das Personal der Royal Navy (Royal Marines, Royal Navy Reserve und Royal Naval Volonteer Reserve eingeschlossen) zählte bei Kriegsbeginn 110500 Mann (1944: 863400).[43]
In der französischen Marine dienten 160336 Seeleute bei einem Mobilmachungsstand von 7 Schlachtschiffen und 2 Trägern, 19 Kreuzern und 23 Hilfskreuzern, 71 Zerstörern und 76 U-Booten, 3 alten Panzerschiffen, 344 Minensuchern und 148 anderen Einheiten. Im Unterschied zur Royal Navy, die nur über den Fleet Air Arm an Bord ihrer Flugzeugträger verfügte, sah sich Frankreichs Flotte von einer starken Marineluftwaffe – etwa 500 Maschinen – unterstützt.[44]
Die Zusammenarbeit zwischen den alliierten Seestreitkräften wurde von Pound und Darlan bei Stabskonferenzen in Noailles geregelt. Für das Mittelmeer fanden die beiden Oberbefehlshaber einen brauchbaren Kompromiß. Doch als die auf Brest gestützte »Force de Raid« (Gensoul) den Briten zwei Kampfgruppen zuführte, gab es Differenzen. Zwei Führungssysteme standen sich unvereinbar gegenüber. Der französische Marineminister César Campinchi hatte keinen Einfluß auf die Operationen. Dagegen konnte sein englischer Amtskollege Winston Churchill jederzeit über den Kopf des Naval Staff hinweg Verbänden der Royal Navy, sogar einzelnen Schiffen, Befehle erteilen.

Den alliierten Flotten war die deutsche Kriegsmarine von vornherein unterlegen. Hitler hatte erst Ende Mai 1938 angedeutet, daß man vielleicht mit der Gegnerschaft Englands rechnen müsse. Die darauf entwickelte Alternative lautete: entweder U-Boote und Panzerschiffe (zur Verwendung im ozeanischen Zufuhrkrieg) oder eine Mehrzweckflotte (für gleichzeitige Operationen auf Handelstonnage und Kampfverbände). Da der ObdW auch 1939 meinte, eine fertiggerüstete Marine nicht vor 1946 zu benötigen, stimmte er der zeitraubenden Verwirklichung eines umfänglichen Z-(Ziel-) Planes zu.[45]

Dieses Rüstungsprogramm wurde bei Kriegsbeginn aufgegeben. Jetzt kam es darauf an, die vorhandenen Einheiten – 2 Schlachtschiffe, 3 Panzerschiffe, 2 schwere Kreuzer, 6 leichte Kreuzer, 34 Zerstörer und 57 U-Boote, 25 Schnell-, 10 Geleit- und 82 Minensuchboote – so wirksam wie möglich zu verwenden. Ein Operationsbefehl der SKL vom 4. August 1939 hob besonders drei Gesichtspunkte hervor: »Unterbrechung der feindlichen Seeverbindungen und Vernichtung des Handelsverkehrs ... Feindliche Seestreitkräfte, auch wenn sie unterlegen sind ... nur dann anzugreifen, wenn ... für die Hauptaufgabe förderlich ... Häufiger Wechsel des Operationsgebietes.« Raeder wollte die alliierten Verbände zur Diversion zwingen und durch Gefährdung der Zufuhren England friedenswillig stimmen.[46]

Der ObdM hatte kurz vor Kriegsbeginn die für solche Unternehmungen konstruierten Panzerschiffe »Deutschland« (Wenneker) und »Admiral Graf Spee« (Langsdorff) in den Atlantik geschickt, wo sie, durch Versorger betreut, als Handelsstörer tätig werden sollten. Gleichzeitig waren 18 deutsche U-Boote zwischen Gibraltar und den Hebriden postiert worden, um den Kampf gegen lebenswichtige Transportwege des Gegners zu eröffnen, sobald Hitler Operationsfreiheit gewährte. Mit der (Hochsee)Flotte (Boehm) wollte Raeder im Sinne einer doppelpoligen Kriegführung kurze Vorstöße bis nach Island führen.[47]

Der ObdM hoffte, die Briten mit zwei neuen Waffensystemen überraschen zu können, dem G7a-Torpedozünder und einem M1-Zündgerät. Die mit G7a geschärfte »Pistole« reagierte aber oft zu früh oder erst jenseits des Zielobjektes, weshalb es in der Marine zu einer »Torpedokrise« kam. Dagegen stellten die magnetischen Minen den Gegner vor große Probleme. Sie lagen am Meeresboden auf und konnten daher nicht wie Ankertauminen vom Geschirr der Räumboote geschnitten werden. Der »Patrone« dieser Grundminen (M1) gab der vertikale Eigenmagnetismus des überlaufenden Schiffes den auslösenden Impuls.

Der deutsche Vorrat an Grund- oder Magnetminen belief sich auf 1000 Stück. Es gab drei verschiedene Konstruktionen. Die RMS/B wurde von Minenlegern über Heck versenkt, die TBM durch Torpedorohre der U-Boote ausgestoßen, die LMA/B an Fallschirmen abgeworfen. Aber die Überraschung währte nicht lange. Männer der Küstenwache von Shoeburyness entdeckten einen solchen Sprengkörper im Watt. Die Lieutenant-Commanders James G. D. Ouvry und Charles G. Lewis studierten den Mechanismus und fanden ein Gegenmittel. Sie führten elektrischen Strom um die Schiffsrümpfe und hoben damit ihr Magnetfeld auf.[48]

Hitler nahm davon kaum Notiz. Die Seekriegführung blieb ihm fremd. Er wollte England den »Festlanddegen« aus der Hand winden und das Inselreich dadurch zwingen, die deutsche Hegemonie anzuerkennen. Daher sah der ObdW in den Land- und Luftstreitkräften das kriegsentscheidende Machtmittel. Das Heer sollte den Gegner

»blitzartig« niederschlagen. Die Fliegertruppe hatte einen solchen Feldzug, der 1914–1918 nicht möglich gewesen wäre, mit Bombenangriffen zu unterstützen.[49]
Diese strategische Denkrichtung war von Giulio Douhet beeinflußt. Im Rückblick auf die nutzlose Verkrampfung der Materialschlachten des Ersten Weltkrieges hatte der italienische General den Masseneinsatz mächtiger Bombengeschwader verlangt. Ihre Schläge mußten auch die Zivilbevölkerung treffen. Dem wurde entgegengehalten, daß der technisierte Krieg ohnehin keine Trennung zwischen Kombattanten und Nichtkombattanten mehr zulasse, dafür aber durch Luftangriffe eine schnelle Entscheidung herbeiführen könne und somit letzten Endes weniger Opfer als jede herkömmliche Operation fordere.[50]
An der Lehre von Douhet war kein Staat achtlos vorbeigegangen. In dem weiten Spannungsfeld zwischen Politik, Planung und Technik zeichneten sich jedoch unterschiedliche Ergebnisse ab. Ein Fernbomber, der den Anforderungen des Italieners genügte, entstand nicht von einem Jahr zum andern. Den ersten mit vier Triebwerken freischwebenden Ganzmetalleindecker (»TB-3«) hatte Andrej N. Tupolow 1929 in Rußland konstruiert. Mittlerweile waren 818 Stück gebaut worden. Allein die UdSSR verfügte daher über eine strategische Bomberflotte.[51]
Auch in Frankreich, wo rund 40 Flugzeugfabriken 1919–1929 nicht weniger als 332 Prototypen gebaut hatten, entwickelte man nach der teilweise vollzogenen Verstaatlichung dieser Produktion einen viermotorigen Fernbomber: »Farman 223/4«. Im Jahre 1940 sollte sich zeigen, daß eine Maschine, die »Jules Vernet«, mit 2 t Sprengbomben von Bordeaux über Dänemark nach Berlin und wieder zurück fliegen konnte.[52] Die Farman-Großflugzeuge gehörten aber nicht zur Armée de l'air, sondern waren der Marineluftwaffe als Fernaufklärer zugeteilt.
Die deutsche Luftfahrtbehörde hatte im Oktober 1933 Junkers und Dornier den Auftrag zur Entwicklung eines der »TB-3« vergleichbaren Flugzeuges mit der Bezeichnung »Ju 89« erteilt. Diese viermotorige Maschine (»Uralbomber«) startete 1936 zu ihrem Erstflug. Bald darauf gab es vier Exemplare. Die Hersteller bekamen jedoch keinen Serienauftrag. Das Fehlen leistungsstarker Motoren und Rohstoffmangel zwangen zur Einstellung der Produktion.[53]
Die Royal Air Force besaß noch keine Kampfmaschine für den strategischen Luftkrieg. Im Vergleich zu den deutschen Standardbombern »He 111« und »Do 17«, die 1200 km weit 2000 kg Abwurfmunition trugen, bewältigten die gleichfalls zweimotorischen Bristol »Blenheim«, Handley Page »Hampden«, Vickers »Wellington« und Armstrong »Whitney« Flugstrecken von 2300 km bis 3020 km bei Zuladungen zwischen 450 kg und 3150 kg. Doch Ende Dezember 1939 gab Kingsley Wood den ersten viermotorigen Bomber (Short »Stirling«) in Serie.[54]
Die deutsche Luftwaffe verfügte am 1. September 1939 über 4093 Maschinen, von denen 3646 einsatzbereit und 2751 kampfverwendungsfähig waren. Polen besaß 850 Kriegsflugzeuge, darunter 397 (nach anderer Wertung 410) moderne Apparate. Frankreich brachte innerhalb des Mutterlandes (die Marineflugzeuge nicht mitgezählt) 1929 Frontmaschinen zum Start. Die Royal Air Force hatte auf ihren Heimatplätzen 1978 Flugzeuge erster Qualität zu stehen und erwartete Verstärkungen aus dem Commonwealth.
Politisch fiel noch anderes Luftkriegspotential ins Gewicht. Italien besaß zur Zeit 1798 Militärflugzeuge. Die Vereinigten Staaten hatten 3305 Frontmaschinen aller Gattungen

für U. S. Army, U. S. Navy, U. S. Marines und U. S. Coast Guard, darunter bereits 18 viermotorige Fernbomber vom Typ Boeing »B 17« und »B 17 A« (wegen ihrer starken Bewaffnung »Flying Fortresses« genannt). Die sowjetischen Fliegerstreitkräfte zählten nach eigenen Angaben 10000 Maschinen.[55]

In ihrer kurzen Anlaufzeit war aus der deutschen Luftwaffe kein schlagfertiges Instrument zur Lösung strategischer Aufgaben geworden. Mitte 1939 hatten nur 3490 Piloten den erweiterten »Luftwaffenflugzeugführerschein«. Die Suche nach der bestmöglichen Technik des Zusammenwirkens zwischen fliegenden Verbänden und vorstoßenden Panzerkeilen führte zum Aufbau einer Fliegertruppe von offensivem Charakter. Organisation und Ausbildung, Taktik und Gerät entsprachen der Konzeption des »Blitzkrieges«, trugen jedoch weitergehenden Aufgaben kaum Rechnung.

Dagegen plante die RAF eine Bomberflotte mit großer Eindringtiefe. Wichtigste operative Teilstreitmacht der englischen Luftstreitkräfte war daher das Bomber Command (Ludlow-Hewitt). Es sollte den Krieg über dem europäischen Festland führen, während Fighter Command (Dowding) und Coastal Command (Bowhill) die Verteidigung des eigenen Luftraumes übernahmen. Nach entfernten Schauplätzen konnten gemischte Verbände detachiert werden, zum Beispiel die »British Air Force in France« (Barratt).[56]

Die Struktur der deutschen Luftwaffe mit ihren drei bis vier Waffengattungen machte auf fremde Beobachter einen starken Eindruck. Sie gliederte sich in Luftflotte (LFl), Luftwaffen- und Luftverteidigungskommandos. Jede Luftflotte war ein Abbild des Ganzen (mit Flieger-, Flak- und Nachrichtenverbänden). Bei Kriegsausbruch gab es acht Fliegerdivisionen (FlD), die später teilweise in Fliegerkorps (FlK) zusammengefaßt wurden. Dies ermöglichte einen schnellen Schwerpunktwechsel.

Nach Berechnungen des Generalquartiermeisters der Luftwaffe, Generaloberst Hans Georg von Seidel, verbrauchte die Fliegertruppe bei 15 Volleinsätzen monatlich 250000 cbm Treibstoff. Angesichts der unzureichenden Bevorratung (Anfang September: 400000 cbm) war abzusehen, daß eine schwierige Lage enstand, wenn der Krieg länger dauerte. Denn auch die 2600 schweren, 6700 mittleren und leichten Flakgeschütze sowie ein großer Teil des Flugmelde- und Funkmeßgerätes mußte samt den 208000 Fliegern, 107000 Flak- und 58000 Luftnachrichtensoldaten im Kraftverkehr bewegt werden.[57]

Der Flugpark hatte seine Schwächen. Die viermotorige Focke Wulf FW 200 »Condor« war ein Passagierflugzeug, ebenso die dreimotorige Junkers »Ju 52«.[58] Beide kamen fast nur für Transportflüge in Betracht. Das Kampfflugzeug Heinkel »He 111« ging auf einen Entwurf der Zivilluftfahrt zurück[59], wurde als mittlerer Schnellbomber gebaut und sollte zusammen mit der Donier »Do 17 Z« bis Ende 1939 durch eine bessere Maschine vom Typ Junkers »Ju 88« ersetzt werden, was jedoch Jahre dauerte.[60]

Eine auffallende Erscheinung der »Blitzfeldzüge« war der Sturzkampfbomber »Ju 87«. Ernst Udet hatte die zündende Idee als Kunstflieger aus den Vereinigten Staaten mitgebracht und gegen starke Widerstände durchgesetzt, als ihn Göring zum Chef des Technischen Amtes ernannte. Im Gegensatz zu den horizontal angreifenden Kampffliegern konnten Stuka-Piloten ihre Maschinen auf den Kopf stellen und so annähernd genau eine Bombe ins Ziel bringen. Allerdings brauchten diese langsamen Maschinen ausreichenden Jagdschutz.[61]

Die als Bomberbegleiter und Jägerzerstörer gebaute »Me 110« war dazu nicht wendig genug. Als trudelsicheres, sturzflugfestes Jagdflugzeug, das jede andere Maschine im Kurvenkampf ausmanövrieren konnte, galt hingegen die »Me 109 Bf«. Der Testpilot Fritz Wendel überbot mit einer Version dieses Typs 1939 den Geschwindigkeitsweltrekord des Italieners Francesco Angelo und erreichte 755,138 km/h. Seither hatte Willy Messerschmitt für sein Werk das Herstellermonopol. Dabei blieb es, obwohl inzwischen die »He 100« von Ernst Heinkel 50 km/h schneller flog.[62]

Diese Fehlentscheidung des Technischen Amtes blieb nicht die einzige. Ungeachtet der Tatsache, daß die Motorenentwicklung an Grenzen stieß, wandte sich Udet gegen den Ankauf des ersten Strahlenflugzeuges der Welt. Den ersten Düsenmotor hatte Hans Joachim Pabst von Ohain 1937 mit Hilfe von Max Hahn konstruiert. Heinkel rüstete eine »He 176« mit dem neuartigen Triebwerk des Kieler Chemikers Hellmuth Walter aus und testete die Maschine 1939 in Peenemünde. Der Generalluftzeugmeister zeigte an der bahnbrechenden Erfindung jedoch kein Interesse. Auch Hitler, Göring und Milch wahrten Zurückhaltung.

Die Fehler im Aufbau der Luftwaffe wurden ihrer Führung schmerzlich bewußt, als entgegen ursprünglichen Erwartungen das flugtechnisch versierte England zu den Gegnern zählte und sein Beharrungsvermögen das Reich vor unüberwindliche Probleme stellte.[63] Spannungen zwischen den Verantwortlichen, menschliche Tragödien waren die Folge. Man suchte, durch Innovationen und vermehrte Festigung das Versäumte einzuholen (1944 meldete die Flugzeugindustrie hohe Produktionsziffern). Aber die Treibstofflieferungen gingen zurück, und der Personalstand an hochqualifizierten Piloten genügte nicht mehr den Anforderungen.

Das Heer, der von Hitler bevorzugte Wehrmachtteil, schien den gestellten Aufgaben eher gewachsen. Doch seine Beweglichkeit und Feuerkraft beruhte, wie General Georg Thomas feststellte, nicht auf einer »Tiefenrüstung«, die große Investitionen voraussetzte. Hauptfehler der deutschen Wehrtechnik war die Vielzahl der Typen, bei denen sich noch Muster aus dem Ersten Weltkrieg wie die Maschinengewehre »MG 08« und »26 (t)« und das Sturmgewehr »MP 19/I« befanden. Die Panzerabwehrkanone (Pak) war veraltet. Dagegen sollte sich das neue luftgekühlte »MG 34«, der zielgenaue Granatwerfer »1GrWf 36« und die 10,5-cm-Feldhaubitze »FH 18« bewähren. Alle diese Waffen wurden wegen Treibstoffmangel entweder von der Infanterie mitgeführt oder pferdegezogen.[64]

Die deutschen Landstreitkräfte waren zur operativen Verwendung in Heeresgruppen und Armeen gegliedert. Seit der am 26. August 1939 verfügten, aber nicht öffentlich bekanntgegebenen Mobilmachung bestand das Feldheer aus 23 Korps- und 26 Generalkommandos mit 35 Infanterie-, 3 Gebirgs-, 5 Panzer-, 4 Motorisierten und 4 Leichten Divisionen sowie 1 Kavallerie-Brigade. Hinzu kamen 51 Reserve-Infanterie-Divisionen, ferner Armee- und Korpstruppen, Festungskommandanturen, Grenzschutz, Bau- und Wacheinheiten.[65] Auch Teile der SS-Verfügungstruppe werden dem ObdH unterstellt.[66]

Deutschland hatte in den wenigen Jahren seit Wiedereinführung der Dienstpflicht die Wehrkraft seiner 80-Millionen-Bevölkerung nicht ausschöpfen können. Das Feldheer zählte vorerst nur 2,75 Millionen, das Ersatzheer 100000 Soldaten. Polen mobilisierte von 32,1 Millionen Einwohnern 2,3 Millionen Kombattanten, Frankreich von 41,9 Millionen Einwohnern sogar 5,5 Millionen (darunter 340000 Nordafrikaner und 110000 Kolonialsoldaten). England brachte seine Armee bis Ende September 1939 auf 897000, Ende März 1940 auf 1,65 Millionen Mann.[67]

Italien, das von Hitler aus der Beistandspflicht entlassen worden war[68] und nach Mussolinis Entscheidung (»Nonbelligeranza«) den Status einer nichtkriegführenden Macht angenommen hatte[69], unterhielt gegenwärtig 1,18 Millionen Mann.[70] Rußland senkte das Einberufungsalter und verlängerte die Dienstzeit, was der Roten Armee nach dem 1. September zur Personalstärke von 2,1 Millionen Soldaten verhalf.[71] Die USA vermehrten ihr Berufsheer am 6. September 1939 und hatten darauf 375000 Mann unter Waffen.[72]

Außer Douhet hatten noch andere Theoretiker überlegt, wie man eine Wiederholung des Schützengrabenkrieges der Jahre 1914–1918 ausschließen könne: Fuller, Liddell Hart und Martel (Großbritannien), Estienne, Delestraint und de Gaulle (Frankreich), Chaffee (USA), Burstyn und Eimansberger (Österreich), Lutz und Guderian (Deutschland). Ihre Gedanken wurden nicht nur in Fachkreisen diskutiert. Die Veröffentlichungen von Ludwig Eimansberger: »Kampfwagenkrieg« (1934), Charles de Gaulle: »Vers l'armée de métier« (1934) und Heinz Guderian: »Achtung! Panzer!« (1936) beschäftigten auch Politiker.[73]

Die technischen Voraussetzungen für den Aufbau einer vollmotorisierten, geländegängigen Streitmacht waren erfüllt. Briten, Franzosen und Deutsche hatten das bereits 1770 von Lovell Edgeworth konstruierte Kettenlaufwerk zur Entwicklung von »Tanks« im Ersten Weltkrieg ausgenutzt.[74] Seit den 20er Jahren eröffnete das Chassis des Amerikaners J. Walter Christie neue Möglichkeiten. Rußland erwarb die Lizenz und baute unter Innokentij A. Chalepskij ab 1931 einen dieselgetriebenen »Bistrochodnij tank«. Als »BT 5« (mit Dieselmotor, Drehturm und Radantenne) wurde er in großer Stückzahl während des Spanischen Bürgerkrieges gegen Francos Truppen eingesetzt.[75] Die dabei gesammelten Erfahrungen bewogen den Obersten Militärrat der UdSSR zur Aufstellung »mechanisierter Korps«.[76] In Frankreich war Philippe Pétain überzeugt, daß die von de Gaulle geforderte »Kampfwagenphalanx« an den Mauern der Pak zerschellen oder auf Minenfeldern auseinanderbrechen werde. Der Marschall wollte daher die Panzer zur Unterstützung der bei starkem Abwehrfeuer des Gegners kaum noch angriffsfähigen Infanterie verwendet sehen. Auch finanzielle Probleme und Produktionsausfälle in der von Blum verstaatlichten Kriegsindustrie sprachen für diese Entscheidung.

Man schloß einen Kompromiß, dem Reynaud, der Anhänger de Gaulles, zustimmte. Von 3100 Kampfwagen, die Frankreich 1939/40 besaß[77], blieben alle älteren Modelle »non endivisionées«, auf 27 infanteriebegleitende Bataillone verteilt, während die modernen, seit Anlauf des »Daladier-Programms« (1937) gebauten Wagen vom Typ »Char B 1«, Suoma »535«, Hotchkiss »35« und »R 35« (mit 40–80 mm Stirnpanzer, 40 km/h, 4,7- oder 7,5-cm-Kanone) den leichten Truppen und einer »Division curassée de réserve« (DCR) zugeteilt wurden. Eine »Division légère de cavallerie« (LC) oder »Divison légère mecanique« (DLM) hatte unter Umständen mehr Kampffahrzeuge als die erste französische Panzerdivision (DRC).[78]

Das britische Royal Armoured Corps war kein operativer Verband, sondern Waffengattung. Auch in England trennte man zwischen Panzern, die Infanterie begleiten sollten, und selbständigen »Crusaders«, leichten und mittelschweren Modellen der Firma Vickers Armstrong (»Mark VI« und »A9Mk1«, auch »Matilda I« und »II« genannt). Mit den 139139 »A9Mk1« wurde die 1st Army Tank Brigade (Pratt) aufgestellt, 1940 eine Panzerdivision, von der aber nur Teilkräfte auf dem Kontinent zum

Einsatz kamen.[79] Polen, das 890 Kampf- und Spähwagen besaß, folgte dem Beispiel der Verbündeten. Kasprzicki formierte eine Panzerbrigade und verteilte die übrigen Fahrzeuge auf Reiterei und Infanterie.[80]

Hitler, dessen revolutionärer Geist immer bereit war, neue technische Ideen aufzugreifen, hatte die Panzerlehre begierig in seine Blitzkriegskonzeption einbezogen. Der ObdW billigte Anordnungen, nach denen fast alle deutschen Reiterregimenter absatteln mußten. Damit entstanden personelle Voraussetzungen für die Aufstellung der ersten Panzerformationen. Die Ernennung des Generals Heinz Guderian zum »Chef der Schnellen Truppen« beschleunigte den »Umbau«. Am 1. September 1939 waren fünf Panzerdivisionen einsatzbereit.[81]

Auch die theoretischen Erwägungen waren weitergegangen. Offiziere wie Oberst Walther Nehring und Hauptmann Johann Adolf Graf von Kielmannsegg hatten das Fernziel erörtert, die Entwicklung des Panzerraids, der, aus den Tiefen seiner Ausgangsbasis genährt, über Hunderte von Kilometern hinweg einen ganzen Feldzug entscheiden würde. Die Durchbruchstaktik, der in engem Zusammenwirken mit Nahkampfverbänden der Luftwaffe vorangetriebene Panzerkeil, wurde erprobt und für realisierbar befunden, obwohl Kriegserfahrungen fehlten.[82]

Der nach Spanien entsandte Oberstleutnant Wilhelm Ritter von Thoma hatte nicht über operative Erfahrungen berichten können, wohl aber technische Verbesserungsvorschläge unterbreitet. Sie waren wichtig, weil Deutschland im Panzerbau hinter Frankreich und Großbritannien zurücklag. Mitte der 20er Jahre konstruierte »Traktoren«, die auf Grund eines Geheimabkommens zwischen Reichswehr und Roter Armee an der Kama erprobt wurden, ersetzte das von General Oswald Lutz empfohlene »Neubaufahrzeug«, dieses hinwiederum ein »Landwirtschaftlicher Schlepper« (LwS).[83]

Bei Kriegsbeginn bildeten den Kern der fünf Panzerdivisionen 2307 Kampfwagen vom Typ »P I« (5,6t, 1-2 MG), »P II« (9,5t, 2-cm-Maschinenkanone), »P III« (23t, MG und 3,7-cm-Kanone) und »P IV« (20t, MG und 3,7-cm-Kanone), außerdem 204 tschechoslowakische Panzer »P 35 (T)« und »P 38 (t)« sowie Panzerbefehlswagen und zahlreiche Panzerspähwagen mit Vierradantrieb. Lieferanten waren die Firmen Krupp, Rheinmetall, Daimler, Maybach, MAN und Škoda.[84]

Die wertvollen schwedisch-böhmischen Ausgangsprodukte ermöglichten den Herstellern die Konstruktion leichter Gehäuse. Dieser Umstand und der Einbau größerer Treibstoffbehälter erweiterte den Aktionsradius, doch reichte er mit 100–230km über die »Autonomie« der modernen französischen Kampfwagen nicht hinaus.[85] Entscheidende Vorteile gewährte den Deutschen eine gute Optik und die Ausnutzung der Ultrakurzwelle im Sprechfunkverkehr. Auch verlieh die Zusammenfassung in Korps, zu denen außer Panzern motorisierte Infanterie, Artillerie, Pioniere, Fernmeldetruppen, Reparatur- und Nachschubkolonnen, sogar Verbindungsflugzeuge gehörten, den Verbänden eine nie dagewesene operative Beweglichkeit.

Ein so kompliziertes Instrumentarium bedurfte der Fortentwicklung, wenn es nicht bald in sich zerfallen sollte. Dabei mußten alle Sparten der Organisation – Planung, Produktion und Technologie, nicht zuletzt auch Wissenschaft und Forschung – aufeinander abgestimmt sein. Daß dies auf deutscher Seite unterblieb, lag an der mangelhaften Artikulation des Kriegszieles durch Hitler. Er behauptete, der Kampf sei dem Reich »aufgezwungen« worden. Da die »Endziele« des Diktators unausgesprochen blieben, konnte aus seinen Worten und Weisungen niemand langfristige organisatorische Konsequenzen ziehen.

Hitler selbst unternahm nichts, um die Voraussetzungen der ihm später zugeschriebenen Programmatik auf weite Sicht zu erfüllen. Ganz im Gegenteil trug die Planung des ObdW alle Merkmale der Improvisation. Was immer er anregte und guthieß, sollte im Sinne der Blitzkriegdoktrin und des Endsieges realisierbar sein. Mit dieser Begründung wurde die Arbeit an zahlreichen Projekten eingestellt. Für langwierige Entwicklungen blieb keine Zeit.

Churchill studierte seit 1921 die rund 2000 Denkschriften des in Deutschland geborenen Frederick A. Lindemann, der 1942 als Paymaster General sogar Kabinettsrang erhielt und die Pairswürde entgegennahm.[86] Roosevelt verschaffte Vannevar Bush maßgebenden Einfluß auf die großen Entwicklungsprojekte der USA.[87] Beide Berater ermöglichten den angelsächsischen Staatsmännern schwerwiegende Entscheidungen. Dagegen wahrten die kontinentaleuropäischen Diktatoren, unter ihnen Hitler, gegenüber wissenschaftlichen Experten weiten Abstand.

Der Reichswissenschaftsrat hatte keine Vollmachten.[88] Obwohl er etwa 10000 Projekte betreute, ließ ihm das Reichsministerium für Erziehung und Wissenschaft nur geringfügige Mittel zuteilen. Als Speer eingriff, änderte sich wenig.[89] Der auf Vorschlag des Kernphysikers Walther Gerlach von Werner Heisenberg, Otto Hahn, Carl-Friedrich von Weizsäcker, Walter Bothe und Karl Wirtz in einem Felsenkeller unter der Schloßkirche in Haigerloch gebaute Reaktor diente nicht der Entwicklung eines neuen Waffensystems.[90]

Hitler hatte an der, wie er sagte, »jüdischen Kernphysik« kein Interesse. Die 1948 von Otto Hahn und Fritz Straßmann im Berlin-Dahlemer Kaiser-Wilhelm-Institut für Chemie erzielte Kernspaltung sollte das Thema zweckfreier Wissenschaft bleiben, obwohl man wußte, daß der Weg zum Bau einer Atombombe frei war. Indes gaben Lise Meitner, Otto Frisch und Niels Bohr diese Kenntnis von Kopenhagen nach Amerika weiter, wo Albert Einstein am 11. Oktober 1939 Roosevelt vor der ungeheueren »Sprengkraft des Uraniums« warnte und dieser sofort politische Folgerungen zog.[91]

Enrico Fermi, Leo Szilard und Paul Wigner wiederholten das Berliner Experiment in den Vereinigten Staaten. Henry Tizard, der Berater des Londoner Air Ministry ließ für englische Kernphysiker unter Schloß Windsor geheime Labors einrichten und hielt Lord Chatfield auf dem laufenden. Am Collège de France trieb Frédéric Joliot-Curie mit Lew Kowarski und Hans Halban die Atomforschung voran. Edgar Segnier von der Brüsseler Union Minière besorgte den Briten und Franzosen das erforderliche Uranium aus Katanga.[92]

Von den Entwicklungen, die in Deutschland eingeleitet worden waren, kamen noch zwei andere vielversprechende Projekte vorläufig nicht zum Zuge: das Strahlentriebwerk, mit dessen Schubkraft Jagdmaschinen 1000 km/h flogen, und die als Bombenträger gedachte Flüssigkeitsrakete. Während sich Hellmuth Walter anderen Gebieten (dem Unterwasser-Schnellboot und Torpedos) zuwandte[93], verbesserten Wernher von Braun und Walter Riedel die auf Hermann Oberth zurückgehende Raketentechnik, obwohl sie Hitler von der Dringlichkeitsliste strich.[94]

Weit gediehen war das seit den dreißiger Jahren im Bereich der Hochfrequenztechnik entwickelte Funkmeßverfahren (amerikanisch: Radio Detection and Ranging, RADAR). In Deutschland hatten ihm Rudolf Kühnhold und Wilhelm Runge zum

Durchbruch verholfen, in Großbritannien Robert Watson-Watt und Henry Tizard mit ihren Komitees.[95] Während das Air Ministry zur Sicherung des Inselreiches an der Südostküste 18 Radarstationen einrichten ließ, kaufte die Wehrmacht auf Anregung von Admiral Carl Witzell und Oberst Wolfgang Martini einige tausend Exemplare des »Freya« genannten Modells.[96]

Zu Beginn des Krieges konnte man von beiden Seiten anfliegende Flugzeuge in etwa 100 km Entfernung erfassen. Neue leistungsstarke Geräte wie »Würzburg« und »Würzburg-Riese« ermöglichten bald auch eine genaue Höhen- und Seitenpeilung. Zu den zahlreichen Bodenstationen der Luftnachrichtentruppe kamen mit der Zeit Radareinbauten für Schiffe und U-Boote (»Seetakt«, »Wismar«), Flugzeuge (»Lichtenstein«, »Hohentwiel«), Flak (»Emil«, »Wassermann«), ferngelenkte Bomben (»Kehl«, »Straßburg«) und Scheinwerfer (»Parasit«).[97]

Von der Funktechnik profitierten auch die Geheime Staatspolizei (Gestapo) und Abteilungen der OKW-Amtsgruppe des Admirals Wilhelm Canaris. Als er 1940 die sogenannte Funkabwehr samt dem Chiffrierdienst an die Wehrmacht- und Heeresnachrichtenverbindungen (Fellgiebel) abtrat, wurden Funküberwachungskompanien aufgestellt. Ihre Peiltrupps halfen Agentensender ausfindig zu machen und schufen dadurch auch Voraussetzungen für das Umdrehen gefaßter Spione und den Beginn raffinierter Funkgegenspiele zur Irreführung des Gegners in mehr als 160 Fällen.[98]

Da die Funkwellen bei ihrer kreisrunden Ausbreitung und großen Reichweite von Unbefugten aufgenommen werden konnten, bevorzugten Politik und Militär relativ sichere Nachrichtenverbindungen, den Fernschreiber und andere kabel- oder drahtgebundene Kommunikationsmittel, Kuriere und optische Signale. Allerdings konnte man auf den Funkverkehr nicht verzichten, wenn die Zeit drängte, Truppenverbände sich von ihrer Ausgangsbasis gelöst hatten, Flugzeuge in der Luft und Schiffe auf See waren. Insgesamt ging wohl ein Viertel aller Transmissionen durch den Äther.[99]

Konnte der Gegner Funksprüche abhören, zeitgleich entziffern und schnell auswerten, sein Wissen geheimhalten und durch Kombination mit anderem Material zu Erkenntnissen kommen, so ergab sich für ihn eine breite Nutzanwendung. Sie war für die Willensbildung unerläßlich und ermöglichte nach der Einsichtnahme in das Nachrichtenmosaik wichtige Entschlüsse im taktischen und operativen Bereich ebenso wie auf höherer Ebene. Alle Mächte – auch neutrale Staaten – unterhielten deshalb Horchdienste und Chiffrierabteilungen.[100]

Die deutsche Führung glaubte sich gegen Einbrüche in ihre Nachrichtensysteme gefeit. Eine Maschine aus den zwanziger Jahren, die Arthur Scherbius erfunden und »Enigma« getauft hatte, wurde von der Reichswehr angeschafft und verbessert, aber auch nach Washington und London, Stockholm und Bern, Warschau und Tokio verkauft. Frankreich entwickelte mit schwedischer Lizenz seine eigene Entzifferungsapparatur. Zugleich gewannen französische Offiziere Einblick in das Treiben des Nachbarn, als ihnen ein Angestellter der Berliner Dechiffrierabteilung gegen Barzahlung etwa 300 Dokumente überließ und General Gustave Bertrand neue Informationen aus Polen erhielt.[101]

»Enigma« hatte die Größe und das Aussehen einer Schreibmaschine. Der zur Transmission bestimmte Schriftsatz wurde durch Anschlagen der Tastatur eingegeben und vermittels elektromechanischer Signale über ein Steckerbrett mit paarweise gestöpselten Kabelbuchsen und austauschbaren Schlüsselwalzen in wirre Zahlen- und Buchsta-

benreihen gebracht. Das gemorste Zerrbild konnte vom Empfänger nur dann in Klartext zurückverwandelt werden, wenn er selbst eine »Enigma« besaß und die jeweils geltende Walzeneinstellung kannte.[102]
Hochrangige deutsche Stäbe oberhalb der Divisionsebene, auch Schiffe und U-Boote, waren mit neuen »Enigma«-Versionen ausgerüstet. Abwehr, Polizei und SS, Reichsbahn und Parteidienststellen benutzten ältere Modelle. Ebenso wie die vier Oberkommandos hatten auch diese Teilnehmer eigene Programme für Einstellung und Wechsel der Schlüsselwalzen. Allerdings wurde die Funkdisziplin nicht immer gewahrt, so daß Schwächemomente eintraten, aus denen fremde Beobachter Nutzen zogen.
Zunächst hatten vor allem die Polen den deutschen Schlüsselverkehr abgehört und durch Anwendung mathematisch-analytischer Methoden zu enttarnen versucht. Eine von Antoni Polluth und Edward Fokoyński gebaute Rechenmaschine (»Bomba«) lieferte brauchbare Ergebnisse, wenn auch mit zeitlicher Verzögerung. Die Konstruktionszeichnung der beiden Techniker und eine ältere »Enigma« gelangten 1939 an General Bertrand, der die Unterlagen später nach England brachte, wo sich ihrer die Regierungsschule für Code- und Chiffrierwesen in Bletchley Park annahm.[103]
Die nördlich von London gelegene Zentrale diente nicht nur dem Unterricht, sondern auch der Forschung. Unter Commander Alistair Denniston suchten sich einige hundert Männer und Frauen an den geheimen Nachrichtenverkehr der Deutschen heranzutasten. Die polnische Rechenmaschine war dabei nicht uninteressant. Alan M. Turing baute jedoch einen neuen, größeren Kryptocomputer.[104] Mit ihm konnten erstmals Ende Mai 1940 Funksprüche der Luftwaffe entziffert werden. Der besser gesicherte Marinekode blieb den Briten noch verschlossen, bis 1941/42 auch dieser Bann gebrochen wurde.
Die dechiffrierten Funksprüche kamen unter der Bezeichnung »Ultra« auf Schreibtische des Kriegskabinetts, verschiedener Ministerien und Militärs und wurden bald auch einigen Amerikanern, später teilweise sogar den Sowjets, übermittelt. Für die Royal Navy war der Informationsfluß »Very Special Intelligence«. Entgegen der sonstigen Übung fehlte stets die Quellenangabe. Nur wenige Eingeweihte wußten um Herkunft und Beschaffung des geheimen Nachrichtenmaterials. Sie wahrten ihr Geheimnis bis in die siebziger Jahre.

[1] Zum Folgenden H.-E. Volkmann: Wirtschaft im Dritten Reich, Teil I 1933–1939. Eine Bibliographie (Schriften der Bibliothek für Zeitgeschichte, 20), München 1980; Forstmeier/Volkmann, a. a. O. (mit den Beiträgen von W. A. Boelcke, K.-H. Ludwig, D. Petzina, H.-E. Volkmann, W. Fischer, W. Treue, Th. W. Mason, A. S. Milward, A. Teichova, W. Hammelburger); A. S. Milward: Der Zweite Weltkrieg. Geschichte der Weltwirtschaft des 20. Jahrhunderts, Bd. 5, München 1977 (zit. Milward), S. 38–78; ders.: Die deutsche Kriegswirtschaft 1939–1945, Stuttgart 1966 (zit. Milward: Kriegswirtsch.). Vgl. auch W. Fischer: Die Wirtschaftspolitik des Nationalsozialismus, Lüneburg 1961.

[2] Einzelheiten bei G. Thomas: Geschichte der deutschen Wehr- und Rüstungswirtschaft 1918–1943/45 (Schriften des Bundesarchivs, 14), Boppard 1966 (zit. Thomas); H.-E. Volkmann: Die NS-Wirtschaft in Vorbereitung des Krieges, in: DR, I, S. 177–370 (zit. Volkmann); K. Wittmann: Schwedens Wirtschaftsbeziehungen zum Dritten Reich 1933–1945 (Studien zur modernen Gesch. 23), München 1978.

[3] ebd., S. 273, Organisationsschemen, S. 288; dazu Treue, Denkschrift, S. 209ff. u. Petzina: Vierjahresplan u. Rüstungspol., b. Forstmeier/Volkmann, S. 65–80.

[4] D. Petzina: Autarkiepolitik im Dritten Reich. Der nationalsozialistische Vierjahresplan (Schriftenreihe d. VZ, 16), Stuttgart 1968.

[5] ebd., S. 310–335; Schieder: Span. Bürgerkr., S. 180f.; N. Schausberger: Der wirtschaftliche Anschluß Österreichs an das Deutsche Reich, in: Österreich i. Gesch. u. Lit. 15/1971, S. 249–273; ders.: Wirtschaftliche Aspekte des Anschlusses Österreichs an das Deutsche Reich, in: Forstmeier/Volkmann, S. 124ff. u. 308ff.; auch Hoensch: Slowakei, S. 345ff.

[6] W. Birkenfeld: Der synthetische Treibstoff 1933–1945. Ein Beitrag der nationalsozialistischen Wirtschafts- und Rüstungspolitik, Göttingen 1964 (zit. Birkenfeld); Volkmann, S. 258; K.-H. Kasper: Die Erdölgewinnung Deutschlands in der Zeit von 1933–1945 (Diss.), Dresden 1974.

[7] N. N. Constantinescu: Exploatarea si jefuirea economici romînesti e câtre Germania hitlerista în perioda 1939-august 1944, in: Analele Anul 9/1963, S. 85–100. Thomas, S. 147; Hillgruber: Hitler, Carol, Antonescu, S. 26ff. Birkenfeld, S. 230; G. Schwabe: Der deutsch-rumänische Wirtschaftsvertrag vom 23. März 1939 (Diss.), Bremen 1968.

[8] Weitere Einzelheiten b. M. B. Stoff: Oil, War and American Security, The Search for a National Policy on Foreign Oil, 1941–1947, New Haven, Conn., 1980.

[9] Tabellen b. Volkmann, S. 273ff.

[10] Thomas, S. 148; dazu neuerdings K. Wisotzky: Der Ruhrbergbau am Vorabend des Zweiten Weltkrieges, in: VZ 30/1982, S. 264–299.

[11] ebd., S. 146; auch M. Riedel: Kohle und Eisen für das Dritte Reich. Paul Pleigers Stellung in der NS-Wirtschaft, Göttingen – Frankfurt – Zürich 1973.

[12] R. Andexel: Imperialismus – Staatsfinanzen, Rüstung, Krieg. Probleme der Rüstungsfinanzierung des deutschen Imperialismus, (Ost)Berlin 1968; dazu F. Federau: Der Zweite Weltkrieg. Seine Finanzierung in Deutschland, Tübingen 1962, S. 11ff. (zit. Federau); Milward b. Forstmeier/Volkmann, S. 187–200; Volkmann, S. 362; W. Stuebel: Die Finanzierung der Aufrüstung im Dritten Reich, in: EA 6/1951, S. 4128–4136.

[13] Milward, S. 119ff.

[14] Federau, S. 30ff.

[15] Milward, S. 210ff., 221f.; 224; dazu auch C. D. Long: The Labor Force in War and Tradition – Four Countries, New York 1952; E. L. Homze: Foreign Labor in Nazi Germany, Princeton, N. J., S. 235f. (zit. Homze); D. Petzina: Die Mobilisierung deutscher Arbeitskräfte vor und während des Zweiten Weltkrieges, in: VZ 18/1970, S. 443–455; vgl. auch die Erinnerungen von G. Scholz-Klink: Die Frau im Dritten Reich, Tübingen 1978.

[16] Volkmann, S. 364f.

[17] Vgl. G.-H. Seebold: Ein Stahlkonzern im Dritten Reich. Der Bochumer Verein 1927–1945, Wuppertal 1981.

[18] Homze, S. 240f.

[19] Volkmann, S. 359 u. 367f.; R. Wagenführ: Die deutsche Industrie im Kriege 1939–1945, Berlin ²1963, S. 24 (zit. Wagenführ).

[20] Dallek, a. a. O., S. 174–198; Douglas, a. a. O., S. 62ff.

[21] Vgl. C. A. Lindbergh: Kriegstagebuch, Wien – München – Zürich 1972, S. 138f. (zit Lindbergh).

[22] W. P. Adams (Hg.): Die Vereinigten Staaten von Amerika, München 1977, S. 320; R. A. Devine: Roosevelt and World War II, Baltimore, Md., 1969, S. 22ff. (zit. Devine); J. G. Dougherty: The Politics of Wartime Aid, 1940–1946, Westport, Conn., 1978 (zit. Dougherty).

[23] Vgl. d. dt.-sowj. Vertrag vom 23. September 1939.

[24] Dazu allg. H. Raupach: Geschichte der Sowjetwirtschaft, Reinbek 1964; insbes. M. v. Boetticher: Industrialisierungspolitik und Verteidigungskonzeption der UdSSR 1926–1930, Düsseldorf 1979.

[25] O. Schiller: Das Agrarsystem der Sowjetunion, Köln 1960.

[26] O. C. Pfeiffer: Sibirien, Berlin 1952, S. 73ff.

[27] W. G. Nutter: The Growth of Industrial Production of the Soviet Union, Princeton, N. J., 1962, S. 322.

[28] Stalin: Fragen des Leninismus, a. a. O., S. 399.

[29] Rauch, a. a. O., S. 249ff.

[30] Zahlen nach S. P. Platonow, N. G. Pawlenko, I. W. Parotkin (Red.): Geschichte des Zweiten Weltkrieges 1939–1945, 3 Bde., (Ost)Berlin 1961 (zit. Platonow), S. 145; übereinstimmend mit B. S. Telpuchowski: Die sowjetische Geschichte des Großen Vaterländischen Krieges 1941–1945, Frank-

furt 1961 (zit. Telpuchowski), S. 23 sowie der offiziellen Istorija Welikoj Otecestwennoj Sowjetskogo Sojuze 1941–1945, 6 Bde., Moskau 1960–1965, Bd. 1, S. 149f.; dazu vgl. N. A. Voznesenski: The Economy of the USSR during World War II, Washington, D. C. 1945 (zit. Vosnessjensky).

31 Beloff, Bd. 2, a. a. O., S. 277f.

32 William C. Bullitt zu Graf Jerzy Potocki am 19. 11. 1938.

33 A. S. Milward: The Order of the French Economy, Oxford 1970; T. Kemp: The French Economy 1913–1939, London 1972.

34 Milward, S. 66.

35 ebd., S. 67f.

36 W. K. Hancock u. M. W. Gowing: The British War Economy, London 1949.

37 Vgl. d. Tabellen b. Milward, S. 120 u. M. M. Posten: British War Production, London 1957.

38 R. Harrod: The Life of John Maynard Keynes, London 1972; R. Lekachman: John Maynard Keynes. Revolutionär des Kapitalismus, München 1970, S. 156ff.; D. Artaud: La Grande-Bretagne en lutte contre l'inflation 1939–1945, in: Revue d'histoire 76/1969, S. 38ff.

39 Langer/Gleason, a. a. O., S. 247ff.; Tansill, a. a. O., S. 602ff.; vgl. H. G. Dahms: Roosevelt und der Krieg, München 1958, S. 35f.

40 J. B. Blum: The Morgenthau Diaries of War 1941–1945, Boston 1967, dt.: Deutschland ein Ackerland? Düsseldorf 1968. Conway's All The World's Fighting Ships 1922–1946, London 1981.

41 In Perspektive E. B. Potter u. C. W. Nimitz: Seemacht, hg. v. J. Rohwer, München 1974 (zit.f Potter/Nimitz: Seemacht); St. Roskill: Naval Policy Between the Wars, London 1968, S. 14ff.; W. Roskill: The War at Sea, 3 Bde., London 1954–1961, Bd. 1, S. 22ff. (zit. Roskill); P. H. Kemp: Victory at Sea, 1939–1945, London 1957, S. 9ff. (zit. Kemp); P. Hodges u. N. Friedman, Destoyer Weapons of World War II, London 1980; F. W. Lipscomb: The British Submarine, London 1980; P. Klepsch u. S. Breyer: Die fremden Flotten im Zweiten Weltkrieg und ihr Schicksal, München 1968 (zit. Klepsch).

42 A. Raven u. G. Roberts: Die britischen Schlachtschiffe des Zweiten Weltkrieges. Entwicklung und technische Geschichte der Schlachtschiffe und Schlachtkreuzer der Royal Navy von 1911 bis 1946, München 1981.

43 Roskill, I, S. 27f.

44 P. Auphan u. J. Mordal: Unter der Trikolore. Kampf und Untergang der französischen Marine im Zweiten Weltkrieg, Oldenburg 1964, S. 24ff. (zit. Auphan/Mordal); dazu G. Blond: L'Epopée silensieuse. Serveca à la mer 1939–1940, Paris 1963.

45 Raeder, II, S. 156ff.; Dönitz: 10 Jahre, S. 40ff.; dazu F. Ruge: Der Seekrieg 1939–1945, Stuttgart [3]1962, S. 32ff. (zit. Ruge); Deist, in: DR, I, S. 465–472.

46 E. Gröner: Die Schiffe der deutschen Kriegsmarine und Luftwaffe 1939–1945 und ihr Verbleib, München [8]1976; dazu R. Bensel: Die deutsche Flottenpolitik von 1933–1939. Eine Studie über die Rolle des Flottenbaus in Hitlers Außenpolitik, Beih. 3 d. MR, Berlin – Frankfurt 1958; J. Dülffer: Determinanten der deutschen Marine-Entwicklung in der Zwischenkriegszeit 1920–1937, in: MR 72/1975, S. 8–19; ders.: Weimar, Hitler und die Marine. Reichspolitik und Flottenbau 1920–1930, Düsseldorf 1973; F. Giese: Die deutsche Marine 1920–1945, Frankfurt 1965. Zur Gedankenbildung vor allem Salewski, I, a. a. O., S. 88ff. u. 98ff.; ferner K. Aßmann: Die deutsche Seekriegführung, in: Bilanz des Zweiten Weltkrieges, Oldenburg 1953; ders. Deutsche Seestrategie in zwei Weltkriegen, Oldenburg 1953.

47 Salewski, I., S. 79ff. Näheres b. G. Bidlingmaier: Einsatz der schweren Kriegsmarineeinheiten im ozeanischen Zufuhrkrieg, Neckargemünd 1963 (zit. Bidlingmaier); zum Anlaufen der U-Bootoperationen s. J. Rohwer: Der U-Bootkrieg und sein Zusammenbruch 1943, in: H. A. Jacobsen u. J. Rohwer: Entscheidungsschlachten des Zweiten Weltkrieges, Frankfurt 1960, S. 327f. (zit. Rohwer: U-Bootkrieg); ders.: U-Boote. Eine Chronik in Bildern, Oldenburg-Hamburg o. J., S. 9 (zit. Rohwer: U-Boote); ders.: Die U-Boote der Achsenmächte, München 1968.

48 H. Bauermeister: Die Entwicklung der Magnetminen bis zu Beginn des Zweiten Weltkrieges, in: MR LV/1958, S. 25–31; G. v. Ledebour: Die Seemine, München 1967; K. Opitz: Das Geheimnis der Magnetmine, in: Weltkrieg, Hamburg 1974, S. 466ff.; dazu K. v. Kutzleben, W. Schröder u. J. Brennecke: Minenschiffe 1939–1945, Herford 1974; für d. Minenoperationen der U-Boote s. Dönitz: 10 Jahre, a. a. O., S. 65f.

49 Vgl. Aßmann v. d. IMT, Bd. 35, S. 554ff. u. ders.: Deutsche Schicksalsjahre, Wien 1950 sowie seine Arbeiten unter Ziffer 45 d. Anmerkungen; Raeder, II, S. 157ff.; vielfach auch Putkamer, a. a. O.; allg.

A. Martienssen: Hitler and His Admirals, London 1948; T. Taylor: The March of Conquest, New York 1958, S. 28ff.; dazu vor allem ausführlich: Hillgruber: Strategie, a.a.O., S. 17 u. 34ff.; G. Goll: Das Bild eines zukünftigen Krieges 1919–1939, in: Geschichte und Zukunft, hg. v. H. Löwe, Berlin 1968; über Kriegsrüstung in ds. Zusammenhang auch Deist, in DR, I, S. 518–534.

50 G. Douhet: Luftherrschaft, Berlin 1935; dazu d. älteren Betrachtungen v. H.-D. Herhudt von Rohden, in: NWR 1937, H. 1–5 u. P. Vauthier: Kriegslehren des Generals Douhet, Berlin 1935; neuere Untersuchungen b. K. Köhler: Douhet und Douhetismus, in: WWR 14/1964, S. 88–91; ders.: Operativer Luftkrieg, in: Wkd. 16/1967, S. 265–269.

51 O. Groehler: Geschichte des Luftkrieges 1910–1980, (Ost)Berlin [4]1982, S. 130 (zit. Groehler).

52 H. Jackson: Solo to Berlin, in: W 42/1977, S. 46ff.

53 F. L. Homze: The Luftwaffe's Failure to develop a heavy Bomber before World War II, in: AH 24/1977, S. 1–14; dazu Groehler, S. 146.

54 F. L. Homze: Bomber Squadrons of the RAF and their Aircraft, London 1964.

55 Zahlen nach Völker, S. 189; Groehler, S. 213f., 135, 139 u. 288; G. Santoro: Aerei italiani nelle seconda guerra mondiale, Rom 1973 (zit. Santoro); F. Rossi: Mussolini e lo Stato Maggiore, Rom 1951; G. W. Feuchter: Der Luftkrieg, Frankfurt [3]1964, S. 180. In der Sitzung d. Militärmissionen v. 17. 8. 1939 bezifferte Armeekommandant A. D. Loktionow gegenüber d. frz.-brit. Offizieren d. sowj. Luftstreitkräfte i. Europa auf 5000 bis 5500 Maschinen: Meschdunarodnaja schism, H. 5, Moskau 1959, S. 12.

56 D. Richards: Royal Air Force 1939–1945, London 1967, S. 1ff. (zit. Richards); J. W. R. Taylor u. P. J. R. Moyes: Royal Air Force, London 1974, S. 10f.; B. P. Power: Strategy without Slide Rule. British Air Strategy 1914–1939, London 1970; ausführlich u. kritisch A. Verrier: Bomberoffensive gegen Deutschland 1939–1945, Frankfurt 1970, S. 7ff. u. 37ff. (zit. Verrier); zum Vergleich das offiziöse Werk v. C. Webster und N. Frankland: The Strategie Air Offensive Against Germany 1939–1945, 4 Bde., London 1961 (zit. Webster/Frankland); auch N. Frankland: The Bombing Offensive Against Germany, London 1965 (zit. Frankland); allg. J. R. M. Butler (Hg.): Grand Strategy, 4 Bde., London 1957–1974.

57 Deist, in: DR, I, S. 487–496; Völker, S. 179, 183 u. 193f.; K. S. Hoffmann: Geschichte der Luftnachrichtentruppe, 2 Bde., Neckargemünd 1964–1973; H.-A. Koch: Geschichte der deutschen Flakartillerie 1935–1945, Friedberg [2]1982 (zit.: Koch).

58 J. Piekalkiewicz: Die Ju 52, Stuttgart 1982.

59 H. J. Novarra: Die He 111, Stuttgart 1974.

60 B. Philpott: The Encyclopedia of German Military Aircraft, London 1981; W. Green: Warplanes of the Third Reich, London 1970; K. Kens u. H. J. Nowarra: Die deutschen Flugzeuge 1933–1945, München [5]1977 (zit. Nowarra); dazu Völker, S. 203ff.; F. Morzik u. G. Hümmelchen: Die deutschen Transportflugzeuge im Zweiten Weltkrieg, Frankfurt 1966, S. 32–41; dazu W. Wagner: Kurt Tank – Konstrukteur und Testpilot bei Focke-Wulf, München 1980.

61 C. Bekker: Angriffshöhe 4000. Ein Kriegstagebuch der deutschen Luftwaffe, München [13]1980, S. 36ff. (zit. Bekker: Angriffshöhe); G. C. Smith: Stuka. Die Geschichte der Ju 87, Stuttgart 1974.

62 F. L. Homze: Arming the Luftwaffe. The Reich Air Ministry and the German Aircraft Industry, Lincoln 1976; dazu Bekker: Angriffshöhe, a.a.O., S. 136ff. u. 140ff.; dazu E. Heinkel: Stürmisches Leben, Stuttgart [4]1953.

63 Hitler hatte Göring im Sommer 1938 versichert, daß mit einem Krieg gegen England nicht zu rechnen sei. Mitteilung des GFM an Milch, Udet, Jeschonnek und andere höhere Offiziere in Karinhall; vgl. Bekker: Angriffshöhe, S. 136.

64 Mueller-Hillebrand, II, S. 16ff.; J. Benoist-Méchin: Histoire de l'armée allemande, 6 Bde., Paris 1936–1966, dt.: Geschichte der deutschen Militärmacht 1918–1946, 2 Bde., Oldenburg – Hamburg 1965; H. Rosinski: Die deutsche Armee. Vom Triumph zur Niederlage, München 1977; dazu Deist, in: DR, I, S. 431–448 u. R. Lusar: Die deutschen Waffen u. Geheimwaffen des Zweiten Weltkrieges, München 1956 (zit. Lusar).

G. Tessin: Formationsgeschichte der deutschen Wehrmacht 1933–1939, Boppard 1959; ders.: Verbände und Truppen der deutschen Wehrmacht und Waffen-SS im Zweiten Weltkrieg 1939–1945, 13 Bde., Bd. 2–5, Frankfurt o. J., Bd. 1, 6–13, Osnabrück 1972–1976 (zit. Tessin).

65 G. H. Stein: The Waffen-SS. Hitler's Elite Guard at War, 1939–1945, Ithaca, N. Y., 1966 (zit. Stein); Höhne: Orden, S. 419; B. Wegner: Hitlers politische Soldaten. Die Waffen-SS 1933–1945. Studien zu Leitbild, Struktur und Funktion einer politischen Elite, Paderborn 1983.

[66] L. Garros: L'Armée de grand-papa, Paris 1965; PSZ, I, 1, S. 266ff.; P. Young, T. Gander: Encyclopedia of the Modern British Army, London [2]1983; J. P. Lawford: History of the British Army, London 1976 (zit. Young/Lawford).

[67] Hitlers Erwiderung auf die »Molybdänliste«, in: ADAP, D, VII, Nr. 307 u. DDI, XIII, Nr. 298; ADAP, D, VII, Nr. 317 u. DDI, XIII, Nr. 304; vgl. Magistrati, S. 435; dazu Siebert, S. 367ff.

[68] Mussolinis 11-Punkte-Instruktion für Attolico, in: DDI, I, Nr. 138; vgl. Ciano, Tgb.; ders.: Catastrofe, S. 49ff.; dazu Siebert, S. 355f.

[69] Zahlen nach Weltkriegs-Ploetz, Würzburg 1960, Teil 2, S. 219.

[70] Hillgruber: Sowj. Außenpol., a. a. O., S. 10.

[71] C. B. MacDonald: The Mighty Endeavor. American Armend Forces in the European Theater in World War II, New York 1969, S. 10 (zit. MacDonald).

[72] J. Molinié: Les engines blindées du monde 1917–1969, Paris 1981, S. 25–32 (zit. Molinié); E. Bauer: La guerre des blindés, 2 Bde., Paris – Lausanne 1962, S. 27–45 (zit. Bauer I/II); W. Nehring: Die Geschichte der deutschen Panzerwaffe 1916–1945, Stuttgart [2]1974, S. 15ff. (zit. Nehring); dazu H. H. Batchelor: The Tank Story, in: History of the World Wars 10/1975, S. 27ff.; D. Bradley: Generaloberst Heinz Guderian und die Entstehungsgeschichte des modernen Blitzkrieges, Osnabrück 1978 (zit. Bradley); W. Deist: De Gaulle et Guderian. L'influence des expériences militaires de la première guerre mondiale en France et en Allemagne, in: EG V/1977, S. 47ff.; K. Macksey: Guderian, München 1978 (zit. Macksey) u. K. G. Walde: Guderian, Frankfurt 1976 (zit. Walde); G.-F. Perette; Le général Delestraint Paris 1972.

[73] Molinié, S. 5.

[74] P. Judgin: The T 34, in: W 12/1981, S. 26ff. (zit. Judgin).

[75] Abriß, S. 168f.

[76] L. Jacomet: L'Armement de la France 1919–1939, Paris 1946; Bauer, I, S. 46f.

[77] Molinié, S. 26; dazu die genaue Aufstellung in: Journal de la France 87/1971, S. 19; auch A. Duvignac: Histoire de l'armée motorisée, Paris 1967.

[78] Vgl. das Budget b. Molinié, S. 24: »Marine 42%, Guerre 31%, Air 21% (vor 1937)«, Guerre 40%, Marine 28%, Air 32% (nach 1937; dazu R. O. Paxton: La France de Vichy 1940–1944, Paris 1972, S. 16, Anm. 3 (zit. Paxton).

[79] K. Macksey: A History of the Royal Armoured Corps, Beaminster 1983; R. H. S. Stolfi: Equipment for Victory in France 1940, in: History 183/1970, S. 1ff.

[80] PSZ, I, 1, S. 162ff.

[81] Nehring, S. 125ff.

[82] Mitteilung des Gen. a. D. H. Staedke an den Vf. (an Hand des Nachlasses v. Gen. a. D. W. v. Thoma).

[83] Nehring, S. 110–123; Molinié, S. 38ff.

[84] Einzelheiten b. O. Munzel: Die deutschen gepanzerten Truppen bis 1945, Herford – Berlin 1965; Nehring, a.a..; F. M. v. Senger und Etterlin: Die Kampfpanzer 1916–1966, München 1966; (zit. Senger: Panzer) dazu F. Wiener u. W. J. Spielberger: Die deutschen Panzerkampfwagen II und IV mit ihren Abarten 1934–1945, München 1968 (zit. Wiener/Spielberger); H. Senff: Die Entwicklung der Panzerwaffe im deutschen Heer zwischen den beiden Weltkriegen, Frankfurt 1969.

[85] Vgl. Tabellen b. Molinié, S. 26.

[86] Earl of Birkenhead: The Prof in Two Worlds, London 1961.

[87] Robert H. Sherwood: Roosevelt und Hopkins, Hamburg 1948, S. 114f. (zit. Sherwood).

[88] Boelcke: Rüstg., S. 137. A. D. Beyerchen: Wissenschaftler unter Hitler. Physiker im Dritten Reich, Köln 1980.

[89] Speer, a. a. O., S. 239f.

[90] D. Irving: Der Traum von der deutschen Atombombe, Gütersloh 1967, S. 121ff.; Bilanz, S. 255f.; G. Wolf (Red.): Atommuseum Haigerloch, Oberndorf/N., 1981.

[91] W. L. Laurence: Down Over Zero, New York 1947, S. 42f. (zit. Laurence).

[92] R. W. Clark: Le Projet Manhattan, in: Histoire 95/1974, S. 2539–2645; ders.: Tizard, London 1965.

[93] E. Kruska: Prof. Hellmuth Walter, in: MR 2/1981.

[94] W. Dornberger: Peenemünde. Die Geschichte der V-Waffen, Esslingen [2]1981, S. 79 (zit. Dornberger).

[95] C. Bekker: Augen durch Nacht und Nebel. Die Radar-Story, München 1976, S. 29–80 (zit. Bekker: Augen); W. James: The Eyes of the Navy, London 1956; H. Gießler: Der Marinenachrichten- und

Ordnungsdienst (Wehrwiss. Berichte 10), München 1971; ders.: Revolutionierung des Seekrieges durch Funkmeß, in: MR 65/1968, S. 181–191; W. Niehaus: Die Radarschlacht 1939–1945. Die Geschichte des Hochfrequenzkrieges, Stuttgart 1977 (zit. Niehaus); A. Price: Instruments of Darkness, London 1967 (zit. Price: Instruments); F. Trenker: Die deutschen Funk-Navigations- und Funk-Führungsverfahren bis 1945, Stuttgart 1979 (zit. Trenker); dazu d. Erinnerungen v. R. Watson-Watts: Three Steps to Victory. A Personal Account, London 1957; ders.: The Pulse of Radar, New York 1959.

96 Bekker: Augen, S. 53ff., 68ff.

97 Weltkr. – Ploetz, II, S. 152ff., 159f., 169, 176, 186f.

98 Weltkriegs-Ploetz, II, S. 146ff.

99 J. Rohwer: Die deutschen militärischen Schlüsselsysteme und ihre Entzifferung. Vorwort zur deutschen Ausgabe des Buches v. R. Lewin: Entschied Ultra den Krieg? Alliierte Funkaufklärung im 2. Weltkrieg, München 1981, S. 11–20.

100 Dazu allg. H. W. Franke: Die geheime Nachricht, Frankfurt 1982.

101 Näheres b. S. Strumph-Wojtkiewicz: Sekret enigma, Warschau 1979 (zit. Strumph-Wojtkiewicz); dazu G. Bertrand: Enigma ou la plus grande enigme de la guerre 1939–1945, Paris 1973; H. Navarre: Le Service de Renseignements 1971–1974, Paris 1978, S. 70f. (zit. Navarre); J. Garliński: Intercept. The Enigma War, London 1979 (zit. Garliński); R. A. Woytak: On the Border of War and Peace. Polish Intelligence and Diplomacy 1937–1939 and the Origins of the Ultra Secret, New York 1979, S. 112ff. (zit. Woytak).

102 Epochemachend f. Forschung u. Literatur war das Buch v. F. W. Winterbotham: The Ultra Secret, New York – Evanston – London 1974, dt.: Aktion Ultra, Frankfurt – Berlin – Wien 1976, jedoch überholt durch G. Welchman: The Hut Six Story, London 1983. Eine Zusammenstellung d. neueren Darstellungen ist der MR 10/1980 zu entnehmen. Beachtung gebührt P. Beesly: Very Special Intelligence. The Story of the Admirality's Operational Centre 1939–1945, London 1977, dt.: Geheimdienstkrieg der britischen Admiralität 1939–1945, Berlin 1978 (zit. Beesly); H. Bonatz (op. cit.); das grundlegende Werk v. F. H. Hinsley, E. E. Thomas, C. F. G. Ransom u. R. C. Knight: British Intelligence in the Second World War. The Influence on Strategy and Operations, 2 Bde., London 1979, 1981 (zit. Hinsley); D. Kahn: The Codebrakers, New York 1967 (zit. Kahn); B. Norman: Secret Warfare. The Battle of Code and Ciphers, London 1973 (zit. Norman); P. Paillole: Services speciaux 1935–1945, Paris 1975 (zit. Paillole); A. Praun: Über Klartext und Geheimschriften, in: WWR 18/1968, S. 399–415; J. Rohwer u. E. Jäckel: Die Funkaufklärung und ihre Rolle im 2. Weltkrieg. Eine internationale Tagung in Bonn- Bad Godesberg und Stuttgart (mit zahlr. Beiträgen), Stuttgart 1979; V. di Sambuy: Un segreto svelato, in: MR 109/1976, S. 103–109; G. Schulz (Hg.): Geheimdienste und Widerstandsbewegungen im Zweiten Weltkrieg, Göttingen 1982 (zit. Schulz: Geheimdienste).

103 Strumph-Wojkierwicz, S. 111.

104 S. Turing: Alan M. Turing, Cambridge 1959; A. C. Brown: Bodyguard of Lies, New York 1975, dt.: Die unsichtbare Front, München 1976, S. 25–41 (zit. Brown).

Erster Hauptabschnitt

Der Feldzug in Polen 1939

Die für den »Fall Weiß« gesteckten Ziele waren unverändert.[1] Das OKW kannte die Absichten der polnischen Führung. Bei den Abwehrstellen in Königsberg, Stettin und Breslau trafen Hunderte von Agentenmeldungen ein; die Funkaufklärung überwachte den Nachrichtenverkehr des Gegners.[2] Sein Aufmarsch begünstigte eine deutsche Offensive aus verschiedenen Richtungen. Brauchitsch und Halder hatten einen entsprechenden Operationsplan vorzuliegen. Die »westlich der Weichsel-Narew-Linie« anzutreffende Masse des feindlichen Heeres sollte doppelseitig umfaßt und »durch konzentrischen Angriff« vernichtet werden.[3]
Auch das polnische Oberkommando hatte zutreffende Informationen. Doch ungeachtet der bedrohlichen Lage wollte der Hauptstab die 2000 km langen Grenzen des Landes im Norden, Westen und Süden decken, einschließlich des Korridorgebietes und der weiten Auswölbung, die den Wartheabschnitt sowie befestigte Linien zwischen Kattowitz und Tschenstochau samt wichtigen Industrierevieren, Hydrierwerken und Rekrutierungszentren umschloß. Das Konzept einer kräftesparenden Verteidigung auf dem östlichen Weichselufer hatten die führenden Gremien verworfen.[4]
Man überschätzte in Warschau die eigenen Möglichkeiten. Regierung und Oberkommando verließen sich auf das Gamelin-Kasprzycki-Abkommen vom 19. Mai 1939, die erneuerte Allianz mit Frankreich, obwohl bekannt war, daß eine Entlastungsoffensive der französischen Armee erst am zwanzigsten Kriegstage wirken konnte. Rydz-Smigly wollte bis dahin nicht nur den Deutschen standhalten, sondern durch überfallartige Einnahme von Danzig und rasche Besetzung Ostpreußens auch die rechte Flanke seines Heeres sichern.[5]
Doch die polnische Generalmobilmachung war erst Ende August angelaufen. Daher standen dem Oberbefehlshaber nur 29,5 Infanteriedivisionen, 11 Kavallerie- und 2 motorisierte Brigaden anstelle der eingeplanten 38,5 Divisionen zur Verfügung. Sie bildeten sechs »Armeen« und vier »Operationsgruppen«, von denen keine die vorgesehene Kampfstärke besaß. Außer dem Flottenstab, der alle größeren Schiffe nach England geschickt hatte (Operation »Pekin«)[6], meldete lediglich die Fliegertruppe volle Kriegsbereitschaft.[7]
An der deutschen Ostfront waren 55 Divisionen, 2600 Kampfwagen und 1939 Flugzeuge versammelt.[8] Mit dieser Konzentration lief das OKW kein geringes Risiko. Denn der starken französischen Armee standen zunächst nur 33 Divisionen – größtenteils Reserveverbände sowie 158000 Westwallarbeiter und 58000 RAD-Leute – gegenüber.[9] Mangels eigener Panzer, ausreichender Munition und genügenden Jagdschutzes konnten sie einer alliierten Offensive kaum widerstehen.
Die gegen Polen eingesetzten Bodentruppen gliederten sich in zwei Heeresgruppen (HGr.). Die HGr. Süd (Rundstedt)[10] umfaßte drei Armeen (14., 10., 8.) an den Grenzen Schlesiens und der Westslowakei. Die HGr. Nord (Bock) hatte ungeachtet

des trennenden Korridorgebietes zwei Armeen (3., 4.) in Pommern und Ostpreußen bereitzustehen. Den Großverbänden waren schnelle Truppen (leichte, motorisierte und gepanzerte Divisionen sowie eine Kavalleriebrigade) zugeteilt.[11]
Jede Heeresgruppe sah sich auf Zusammenarbeit mit einer Luftflotte (LFl.) angewiesen. Die LFl. 4 (Löhr) benutzte Fliegerhorste, Zivil- und Feldflugplätze im Süden des Bereitstellungsraumes. Der LFl. 1 (Kesselring) dienten Stützpunkte im Norden als Start- und Landebahnen. Göring hatte 288 Flugzeuge an das Heer abgegeben sowie 133 Fernaufklärer und Transporter zurückbehalten. Kurzfristig konnten 216 Jäger der Heimatluftverteidigung eingreifen. Entscheidend waren jedoch die 1538 startklaren Maschinen der Flotten am Vorabend des Angriffes.[12]
Ihr Eröffnungsschlag am 1. September 1939 (»Ostmarkenflug«) wurde stellenweise durch Nebel behindert. Gegen Mittag hatten deutsche Fliegerkräfte gleichwohl die Luftherrschaft errungen. Bombengeschwader zerstörten Startbahnen und abgestellte Maschinen, Hangars, Werkstätten und Treibstofflager des Gegners. Die rechtzeitig auf Feldflugplätze ausgewichenen polnischen Jäger nahmen zwar den Kampf auf, waren aber nur in Dreierketten oder Zweierrotten anzutreffen.[13]
Sonderunternehmen der Wehrmacht scheiterten. Ein verfrühter Handstreich gegen den Tunnel am Jablunkapaß konnte nicht wiederholt werden.[14] Der Versuch, sich der unversehrten Weichselbrücke von Dirschau zu bemächtigen, schlug ebenso fehl wie ein erster Vorstoß zur Danziger Westerplatte unter dem Feuerschutz des Linienschiffes »Schleswig-Holstein« (Kleikamp).[15] Allein der Zugriff einiger Sicherungstrupps im oberschlesischen Industriegebiet glückte.
Warschauer Regierungsstellen rechneten mit einem Aufstand nationaler Minderheiten und hatten daher die Hilfspolizei verstärkt, schwarze Listen angelegt und Konzentrationslager eingerichtet. Schon vor Kriegsbeginn waren Menschen arretiert und erschlagen worden.[16] Bei der jetzt aufkommenden Panik schloß sich die Menge der Miliz an. Zehntausende von Volksdeutschen wurden in die KZ Bereza Kartuska und Chodzen getrieben und etwa 5000 ermordet, davon rund 1000 um Bromberg, Hohensalza und Neutecklenburg am 3. September 1939.[17]
Als die Kriegserklärungen der Westmächte in Kraft traten, war Polen schon nicht mehr zu helfen. Die angreifenden deutschen Heerestruppen hatten alle Grenzbefestigungen durchbrochen und Fliegerverbände mit massiven Bombenwürfen zahlreiche Nachrichtenverbindungen – ein Netz veralteter Freiluftleitungen – zerstört. Die Befehle des Hauptstabes kamen daher oft verstümmelt oder in falscher Reihenfolge zu den kämpfenden Armeen. Rydz-Smigly glitten die Zügel aus der Hand.
Im Süden hatte die 14. Armee (List) sowohl Polnisch-Oberschlesien als auch das Becken von Neumarkt eingenommen. Die 10. Armee (Reichenau) entfaltete sich bereits jenseits der Warthe und trieb einen kräftigen Panzerkeil zur Pilica vor. Linksgestaffelt, gewährte ihm die 8. Armee (Blaskowitz) Flankenschutz. Im Norden durchstieß die 4. Armee (Kluge) den Korridor, unterstützt von Teilen der 3. Armee (Küchler), deren rechter Flügel hartnäckig um Graudenz rang.[18]
Auf polnischer Seite war die Armee »Pomorze« (Bortnowski) stark angeschlagen und bei Tuchel teilweise eingeschlossen. Der Armee »Modlin« (Przedrzynmirski-Krukowski) drohte beiderseits die Überflügelung. Die Armeen »Lódz« (Rómmel) und »Krákow« (Szilling) wichen unter schweren Verlusten nach Osten zurück. Die Armee »Prusy« (Dab-Biernacki) brach schon in der Versammlung unter heftigen Bomben-

schlägen und Panzerstößen auseinander. Wenig gelitten hatte bisher nur die Armee »Poznań« (Kutrzeba).[19]

Am 5. September 1939 befahl Rydz-Smigly den allgemeinen Rückzug hinter die Weichsel.[20] Als sich die Generale Tadeuz Kutrzeba und Wladyslaw Bortnowski ohne Kenntnis dieser Anordnung kraft eigenen Entschlusses abzusetzen suchten, waren deutsche Verbände weiter nach Nordosten vorgedrungen. Die 10. Armee (Reichenau) hatte ihren Angriffskeil durch vollen Einsatz des XVI. AK. (Hoepner)[21], XV. AK. (Hoth) und XIV. AK. (Wietersheim) verstärkt. Die 1. Panzerdivision (Schmidt) sperrte den Weichselübergang bei Góra Kalwarja, die 4. Panzerdivision (Reinhardt) erreichte Warschau.[22]

Das Wendemanöver Kutrzebas führte zur Krise bei der 8. Armee (Blaskowitz). Generaloberst Gerd von Rundstedt und der Chef seines Stabes, General Erich von Manstein, begrüßten jedoch die Vorteile der sich anbietenden »Schlacht mit verwandter Front«.[23] Als Hitler mit Keitel und Schmundt, Ribbentrop und Lammers auf einem Flugplatz bei Lódz landete und auch Brauchitsch und Halder eintrafen, bot sich ihnen eine aussichtsreiche Lage dar. Die deutsche Front wich zwar etwas zurück, aber sie hielt, während Verbände beider Luftflotten auf den Gegner einschlugen.[24]

Die 30. Infanteriedivision (Briesen) widerstand dem ersten Versuch des Gegners, sich nach Osten durchzuschlagen.[25] Teile des zur Weichsel vorgedrungenen XVI. AK. (Hoepner) wurden herumgeworfen und verlegten Kutrzeba den Ausweg.[26] Die 10. Armee (Reichenau) schloß mit dem XI. AK. (Weichs) und XIII. AK. (Leeb) gegen die Bzura auf.[27] Das südwärts Kowel angreifende III. AK (Hase) wurde von Bock der HGr. Süd (Rundstedt) unterstellt und damit am 11./12. September 1939 die Einschließung vorbereitet.[28]

Unter den Augen der Beobachter entwickelte sich das noch oft wiederkehrende Schreckensbild einer Kesselschlacht. Auf zerstampften Feldern, zwischen brennenden Dörfern, an Waldrändern und Notstegen, neben Tausenden von zusammengeschossenen Pferden und Fahrzeugen, inmitten der Toten und Verwundeten sammelten sich Truppenreste, um womöglich auszubrechen.[29] So war es in der Tucheler Heide, bei Ilza und Radom, wo rund 76000 Polen als Gefangene eingebracht wurden, so geschah es nun auch an der Bzura.[30]

Der Einschließungsraum enthielt die Masse von neunzehn Infanteriedivisionen und drei Kavalleriebrigaden. Gruppenweise kapitulierten etwa 170000 Mann.[31] Ein paar tausend Polen, unter ihnen Kutrzeba[32], flohen in die Wälder von Kampinos und Leszno. Aber nur wenige hundert Soldaten erreichten Modlin oder die Hauptstadt, aus der Mościcki, Slawoj-Skladkowski und Beck geflohen waren.[33] Rydz-Smigly begab sich nach Brest-Litowsk, um eine neue Front aufzubauen. Da er Stachiewicz zurückließ, fiel das polnische Oberkommando auseinander.[34]

Brauchitsch und Halder hatten erkannt, daß die doppelseitige Umfassung des Gegners nicht, wie ursprünglich beabsichtigt, bei Warschau zu realisieren war. Die Heeresleitung richtete daher ihren Blick weiter nach Osten. Generaloberst Fedor von Bock wurde ermächtigt, das verstärkte XIX. Armeekorps (Guderian) aus dem Korridor durch Ostpreußen bis nach Masuren vorzuziehen. Bei Lomza, am linken Flügel der 3. Armee (Küchler), erkämpfte es sich den Narewübergang und damit die Operationsfreiheit für einen Panzerraid zum Bug.[35]

Wichtig war, daß zugleich der Südflügel an Boden gewann. Seine Fortbewegung wurde durch den Kriegseintritt der Slowakei erleichtert. Eine ihrer Divisionen wurde vom Duklapaß nach Sanok geworfen und ermöglichte dort, Teile der polnischen Karpatengruppe westlich des San festzuhalten. Die 14. Armee (List) schloß Przemyśl ein und wechselte hier wie auch nördlich Jaroslaw mit dem VIII. Armeekorps (Busch) das Ufer. Angriffsspitzen erreichten die Außenbezirke von Lemberg.[36]

Inzwischen hatte das XIX. Armeekorps (Guderian) Brest-Litowsk erreicht und trotz heftigen Widerstandes der Besatzung die 3. Panzerdivision (Geyr von Schweppenburg) den Bug entlang bis nach Wlodawa vorgeschoben. Aus der Gegenrichtung rollten die Kampfwagenverbände des XXII. Armeekorps (Kleist) über Tomaszów-Lubielski heran. Panzerspähwagen und Kradschützen stellten zwischen beiden Greifern der Zange die Verbindung her. Damit war die doppelte Umfassung des polnischen Heeres vollendet, als Rußland auf den Plan trat.[37]

Um Frankreich und Großbritannien zur Kriegserklärung an die Sowjetunion zu veranlassen, hatte Hitler die Sowjets wiederholt zur Intervention aufgefordert.[38] Doch Stalin war ausgewichen. Er rechnete mit einem langwierigen Ringen und versprach den Polen unter der Hand sogar Waffenlieferungen.[39] Nun freilich sah sich der Diktator mit einer bestürzenden Entwicklung konfrontiert. Nach Molotows Worten wurde der Kreml durch den schnellen deutschen Sieg »völlig überrumpelt«.[40]

Die UdSSR schloß ein Waffenstillstandsabkommen mit Japan und ließ kurz darauf Schulenburg in den Kremlpalast bitten. Am 17. September 1939 um 02.00 Uhr nachts eröffnete ihm Stalin, daß die Rote Armee gegen Morgen nach Polen einrücken werde.[41] Waclaw Grzybowski, der polnische Botschafter, wurde durch den Stellvertretenden Außenkommissar abgefertigt. Potemkin behauptete, Polen habe zu bestehen aufgehört; alle Verträge seien daher hinfällig, die Sowjetunion müsse den Schutz der Weißrussen und Ukrainer jenseits der Grenze sicherstellen.[42]

Grzybowski weigerte sich, die vorgelesene Note entgegenzunehmen. Sein Vorwurf, daß die UdSSR durch ihr Vorgehen internationales Recht – den Friedensvertrag von Riga (1921) samt allen Folgevereinbarungen (1923), das sogenannte Baltikum-Abkommen (1929), den zwischen Moskau und Warschau geschlossenen Nichtangriffspakt (1932) und seine Verlängerung (1934), eine Londoner Konvention über das Verbot fremder Einmischung, insbesondere auch das Völkerbundstatut – mit Füßen treten, ließ Potemkin nicht gelten.[43]

Die polnischen Botschafter in Paris und London forderten das Eingreifen der Westmächte. Juliusz Lukasiewicz bekam zu hören, daß Frankreich der Alliierte sowohl Polens als auch der Sowjetunion sei, und Edward Raczynski wurde auf ein geheimes Zusatzprotokoll des britisch-polnischen Bündnisvertrages hingewiesen, das England nur für den Fall eines deutschen Angriffs zum Beistand verpflichtete. Offenbar wollten sich Franzosen und Briten nicht die Chance zur Wiederaufnahme ihrer Moskauer Verhandlungen verderben.[44]

Die Rote Armee stieß mit zwei Heeresgruppen, der »Weißrussischen Front« (Kowalew) und »Ukrainischen Front« (Timoschenko), über die Grenze nach Westen vor. Bei den Polen herrschte heillose Verwirrung. Einige Truppenteile glaubten, die Russen kämen ihnen zu Hilfe. Andere setzten sich sofort zur Wehr. Weit gelangte deutsche Verbände zogen sich hinter die Demarkationslinie vom 23. August 1939 zurück. Das OKH regelte die Absetzbewegung mit Hilfe des Moskauer Militärattachés, General Ernst Köstring, dem Oberstleutnant Hans Krebs zugeteilt wurde.[45]

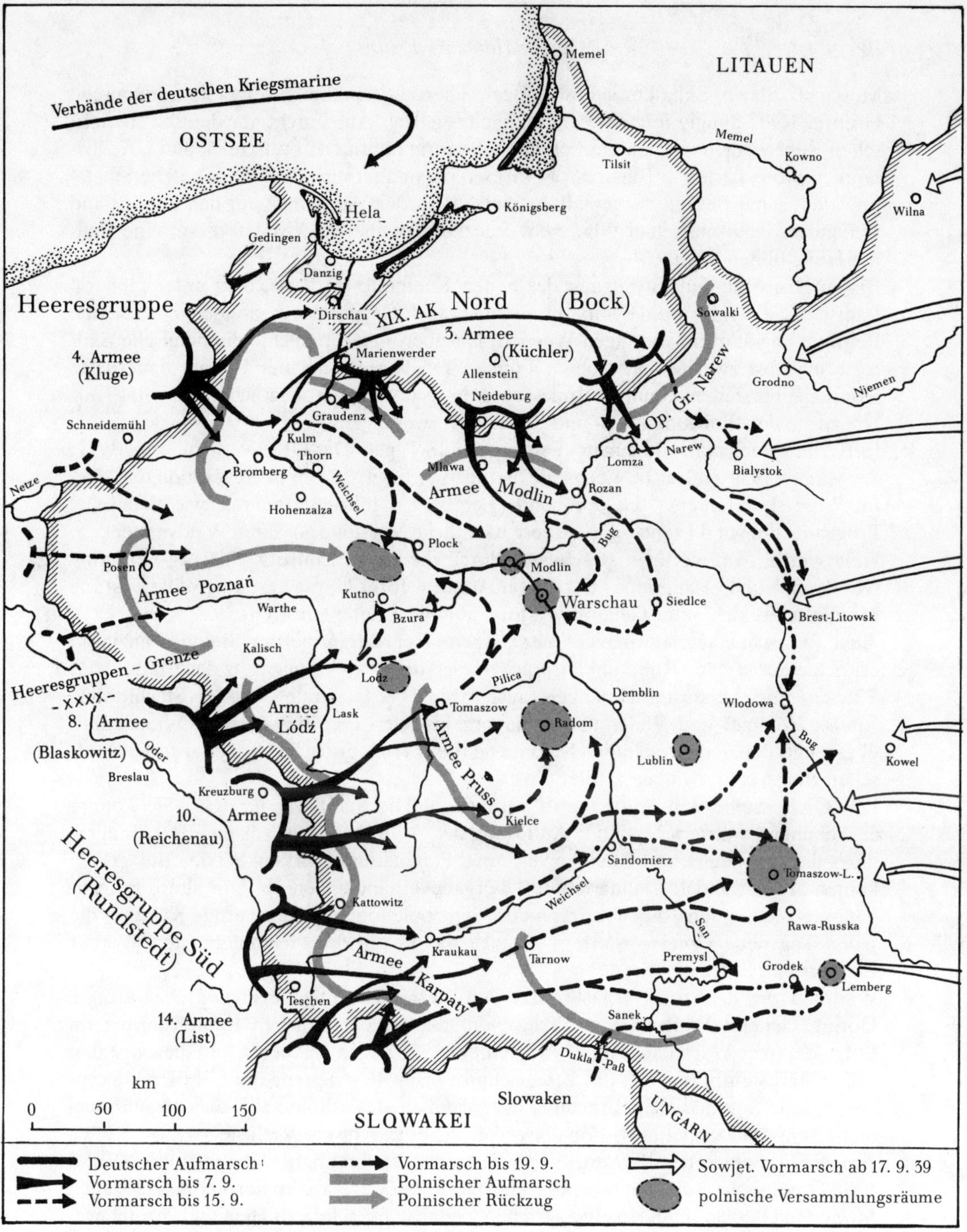

Der Feldzug in Polen 1939

Mościcki, Slawoj-Skladkowski und Beck überschritten bei Kuzny die rumänische Grenze. Rydz-Smigly folgte ihnen am nächsten Tag. Aus Furcht vor deutsch-sowjetischen Repressalien wurden die Polen rechtswidrig interniert. Frankreich und Großbritannien protestierten in Bukarest, bewirkten damit aber nur, daß der polnische Staatspräsident seine Befugnisse gemäß Artikel XIII b der Verfassung auf den im Ausland weilenden Senatsmarschall Wladyslaw Raczkiewicz übertrug, so daß dieser eine Exilregierung bilden konnte.[46]

Bis zur konstituierenden Sitzung des neuen Kabinettes in Paris, dem unter General Ladislaus Sikorski sowohl Sympathisanten als auch Gegner des zusammengebrochenen Regimes angehörten, vergingen Wochen. Darüber hinaus brauchte die polnische Exilregierung fast zwei Monate, bevor Funker und Kuriere mit der Heimat dauerhafte Kontakte herstellen konnten. Indessen gab es dort keine staatliche Autorität, nur Überreste der Woiwodschafts- und Komunalverwaltungen.[47]

In Berlin sprach man von einem »Feldzug der 18 Tage«. Das OKH verlegte seit 20./21. September 1939 zahlreiche Verbände an die Westfront.[48] Aber noch verteidigte General Wladyslaw Langner das brennende Lemberg[49], führten Generale wie Bronislaw Prugar-Ketling und Francizek Kleeberg nächtliche Vorstöße aus ihren Waldverstecken. Hela wurde trotz heftigen Beschusses durch die Linienschiffe »Schleswig-Holstein« (Kleikamp) und »Schlesien« (Utke) von Admiral Józef Unrug verteidigt. Die Festung Modlin setzte sich unter General Wiktor Thommée weiter zur Wehr.[50]

Auch Warschau war noch nicht bezwungen. Der Bürgermeister Stefan Stanzyński erreichte durch seine Rundfunkansprachen, daß die Bevölkerung trotz der Brände, des Wasser- und Lebensmittelmangels ausharrte. Die Generale Waclaw Stachiewicz, Juliusz Rómmel und Walerian Czuma organisierten den militärischen Widerstand, überzeugt, daß der vermeintlich begonnene französisch-britische Großangriff die Deutschen zum Abzug zwingen werde.[51]

Das OKH wollte den Sturmangriff vermeiden. Die Stadt war umstellt. Sie konnte ausgehungert werden. Nach der Auflösung des AOK 4 (Kluge) verringerte sich allerdings die Truppenmenge. Bombenwürfe und Flugblätter bewirkten bei den Belagerten keinen Sinneswandel. Czuma lehnte Übergabeverhandlungen ab. Um ältere Befestigungsanlagen in den Außenbezirken der Metropole tobten weiter heftige Kämpfe, die jeden Tag neue Opfer forderten, so auch das Leben des Generalobersten Werner Freiherr von Fritsch.[52]

Während die 8. Armee (Blaskowitz) den Zernierungsring enger zog, beauftragte Göring General Wolfram von Richthofen mit der einheitlichen Kampfführung im Luftraum über Warschau. Am 25. September 1939 flogen 550 deutsche Flugzeuge den bisher stärksten Luftangriff des Krieges und warfen 486 t Spreng- und 72 t Brandbomben auf die Stadt. Bis zur Brechung des Widerstandes erhöhte sich diese Munitionsmenge um das Doppelte. Die Zivilbevölkerung erlitt schwere Verluste.[53]

Am 27./28. September 1939 ergab sich Warschau zu ehrenhaften Bedingungen. Rund 120000 polnische Soldaten streckten die Waffen. Zwei Tage später kapitulierte auch Modlin mit 92000 Mann. In etwa gleichen Zeitabständen folgten Hela und Truppenreste bei Janow, Lublin und Kock.[54] Der Feldzug war beendet. Aber die Partisanentätigkeit, zu der Rydz-Smigly und Mościcki aufgerufen hatten[55], ging weiter und zwang das OKH zu Repressalien gemäß Artikel 1 der Haager Landkriegsordnung.[56]

Insgesamt belief sich die Zahl der von den Deutschen seit Kriegsbeginn eingebrachten

Gefangenen auf 694000.[57] Die Sowjets hatten, wie Molotow mitteilte, 230670 Mann entwaffnet.[58] Rund 100000 Polen entkamen über die Grenzen. Viele entzogen sich in Litauen, Lettland und Rumänien der Verfolgung. Die Mehrzahl wurde von Ungarn aufgenommen und erreichte mit stillschweigender Duldung der Behörden bald Westeuropa, um sich den Streitkräften des Generals Sikorski anzuschließen.[59]

Die blutigen Verluste des polnischen Heeres wurden auf 66300 Tote und 133700 Verwundete geschätzt.[60] Die Rote Armee meldete Ausfälle in Höhe von 737 Gefallenen und 1859 Verwundeten.[61] Der deutsche Wehrmachtbericht erwähnte 10572 gefallene, 30322 verwundete und 3404 vermißte Soldaten.[62] Die Goebbels-Propaganda erreichte, daß diese im Vergleichsmaßstab des Ersten Weltkrieges niedrige Ziffer mit Gefühlen der Erleichterung aufgenommen wurde.[63]

[1] Hubatsch: Weisungen, S. 17ff.; d. Einordnung i. d. größeren Zusammenhang b. Hillgruber: Hitlers Strategie, I, a. a. O., S. 28.

[2] G. Buchheit: Der deutsche Geheimdienst. Geschichte der militärischen Abwehr, München 1966, S. 117 (zit. Buchheit: Geheimdienst).

[3] Siehe Weisung Nr. 1 für die Kriegführung v. 31. 8. 1939, abgedr. b. Hubatsch: Weisungen, S. 19ff. Die Aufmarschanweisung des ObdH v. 15. 6. 1939, abgedr. b. R. Elble: Die Schlacht an der Bzura 1939 (Einzelschriften zur milit. Gesch. d. Zweiten Weltkrieges, 15) Freiburg 1975, S. 236ff. (zit. Elble).

[4] PSZ, I, 1 a. a. O., S. 289ff. u. Protokoll d. poln. Generalstabskonferenz Nr. 94 v. 4. 3. 1939, abgedr. in: Wojna Obronna Polski w 1939, Warschau [2]1979, S. 202ff. (zit. WOP).

[5] Dazu Davies, II, a. a. O., S. 500ff.; J. Kirchmeyer: Kampania wrześniowa, Warschau 1946 (u. ö.) 1946, S. 11ff. (zit. Kirchmeyer); M. Kukiel: Das polnische Heer im Septemberfeldzug 1939, in: ASMZ 2/1956, S. 184ff. u. 4/1956, S. 291ff. (zit. Kukiel); T. Kutrzeba: Bitwa nad Bzura, Warschau 1958 (u. ö.), S. 4ff. (zit. Kutrzeba); J. Rómmel: Za honor i ojczyzne, Warschau 1958, S. 16ff. (zit. Rómmel). Ferner T. Jurga: Analyse comparative du rapport des forces et des possibilitées de la Wehrmacht et de l'Armée Polonaise en 1939. Histoire militaire de la Pologne. Dissertations, Etudes, Esquisses, Warschau 1970, S. 260ff. (zit. Jurga I); M. Zgórniak: Les préparatifs allemands d'attaque contre la Pologne d'après des informations du deuxième bureau d'Etat-Major Polonais, in: Revue d'histoire 77/1970, S. 41ff.; vgl. auch WOP, Dok. 260, 263, 380.

[6] E. Kosiarz: Salwy nad zatoka, Danzig 1980.

[7] J. B. Cynk: History of the Polish Air Force, 1918–1968, Reading 1972, S. 99ff. (zit. Cynk); A. Kukowski: Lotnictwo Polskie 1939 r., Warschau 1962, S. 83. Nach Groehler, a. a. O., S. 219, sollen nur 463 poln. Kampfmaschinen einsatzbereit gewesen sein.

[8] Mueller-Hillebrand, II, a. a. O., S. 17ff. Die Zahl d. Kampfwagen nach Wiener/Spiegelberg, a. a. o., S. 160; ebenso Elble, S. 55; abweichend Hillgruber/Hümmelchen: Chronik, a. a. O., S. 1 u. H. Rohde: Der Verlauf des Polenfeldzuges, in: DR, II, a. a. O., S. 111 (zit. Rohde), wo allg. v. »gepanzerten Fahrzeugen« d. Rede ist. Die dt. Flugzeugzahlen übereinstimmend mit Hillgruber/Hümmelchen, S. 1; Rohde verzeichnet 1929, Groehler sogar 2093 Maschinen; Bekker: Angriffshöhe, a. a. O., S. 454, registriert 1581 Flugzeuge. Vgl. dagegen Völker, a. a. O., S. 166ff. u. 290.

[9] Mueller-Hillebrand, II, S. 21ff.; dazu U. Liss: Geheime Westfront 1939/40, Neckargemünd 1959, S. 88 (zit. Liss); W. v. Leeb: Tagebuchaufzeichnungen und Lagebeurteilungen, hg. v. G. Mayer, Stuttgart 1976, S. 172ff. (zit. Leeb); E. Wagner, a. a. O., S. 108; S. Westphal: Heer in Fesseln. Aus den Papieren des Stabschefs von Rommel, Kesselring und Rundstedt, Bonn 1950, S. 111ff. (zit. Westphal), fortan: Erinnerungen, Mainz 1975).

[10] G. Blumentritt: Von Rundstedt. The Soldier and the Man, London 1962 (zit. Blumentritt); A. Hillgruber: Generalfeldmarschall Gerd von Rundstedt, in: Deutsche Großmacht- und Weltpolitik im 19. und 20. Jahrhundert, Düsseldorf 1977, S. 316–331 (zit. Hillgruber: Rundstedt).

[11] Mueller-Hillebrand, II, S. 17ff.

[12] Bekker: Angriffshöhe, S. 18ff.; Milch, a. a. O., S. 132.

13 Bekker: Angriffshöhe, S. 11 ff.; Cynk, S. 100 f.

14 H. Schindler: Mosty und Dirschau. Zwei Handstreiche der Wehrmacht vor Beginn des Polenfeldzuges (Einzelschriften zur milit. Gesch. d. Zweiten Weltkrieges, 17) Freiburg [2]1979; B. Stjernfeld u. K.-R. Böhme: Westerplatte 1939 (Einzelschriften zur milit. Gesch. d. Zweiten Weltkrieges, 2) Freiburg 1979.

15 Näheres b. Z. Flikowski: Westerplatte, Warschau 1959 u. H. Hagge: Westerplatte, Berlin 1961.

16 A. M. de Zayas: Die Wehrmachtuntersuchungsstelle. Deutsche Ermittlungen über alliierte Völkerrechtsverletzungen im Zweiten Weltkrieg, München [3]1980, S. 227 ff. (zit. De Zayas).

17 De Zayas; S. 244, verzeichnet »wenigstens 4000 bis 5000«; Hillgruber/Hümmelchen: Chronik, S. 1, registrieren »mindestens 7000«; Hillgruber: Zur Entstehung, a. a. O., reduziert ds. Zahl auf »mindestens 5000« Opfer. R. Trenkel: Der Bromberger Blutsonntag im September 1939, Hamburg [5]1981, S. 56, schreibt, daß »zwischen 6000 und 12000« Volksdeutsche umgekommen sein dürften. Rohde, in: DR, II, S. 144, schreibt, daß »rund 13000 Volksdeutsche« den Tod fanden.
Das 1939 mit den Ermittlungen beauftragte Reichskriminalamt kam auf 6300 Fälle. Ds. Zahl übernahm das Auswärtige Amt für seine erste Publikation: Die polnischen Greueltaten an den Volksdeutschen in Polen 1939. Für die Neuauflage 1940 wurde die Zahl der Toten auf 63000 erhöht.
Im Bundesarchiv Koblenz befindet sich eine bisher unveröffentlichte »Dokumentation der Verschleppungsmärsche der Deutschen aus Posen und Pommerellen im September 1939«; vgl. De Zayas, S. 234 f. Allg. auch Carl, a. a. O., S. 121; Roos, a. a. O., S. 168; P. Anrich: Der deutsch-polnische September 1939. Eine Volksgruppe zwischen den Fronten, München – Wien 1969, S. 5 ff., 20 ff.; M. Markert, in: Osteuropa-Handbuch, Polen, Köln-Graz 1959, S. 20 ff., 26 ff., 36 ff, 43, 51 f., 54 f., 63, 66 ff.
Von poln. Seite erschien d. erste Darstellung d. Vorkommnisse während des Krieges: The German Fifth Column in Poland, London – Melbourne 1940. Auszüge ds. u. anderer Stellungnahmen hat der Wissenschaftl. Dienst f. Ostmitteleuropa, Jg. 9–12, S. 441 ff., zusammengestellt. Die ursprüngl. poln. These v. einem effektiven Aufstand d. dt. Volksgruppe wird heute nicht mehr aufrechterhalten; s. K. Pospieszalski: Documenta Occupationis, Bd. 7, Posen 1959, S. 70; R. Wojan: Bydgoszcz Niedzielna 3 wrzesńia 1939 r, Posen 1959; J. Mihalska-Bernas: Bydgoski wrzesień, Warschau 1968 Pospieszalski, S. 76, spricht v. 58000 Volksdeutschen u. beziffert d. Zahl ihrer Opfer auf etwa 2000. Vgl. auch A. Komjathy u. R. Stockwell: German Minorities and the Third Reich. Ethnic Germans of East Central Europa between the Wars, New York – London 1980.

18 Für den Feldzugsverlauf gibt es v. dt. Seite noch unentbehrliche ältere Darstellungen. Hervorzuheben sind N. v. Vormann: Der Feldzug 1939 in Polen. Die Operationen des Heeres, Weißenburg 1958 (zit. Vormann); R. Roos: Der Feldzug in Polen vom September 1939, in: WWR 5/1959, S. 491 ff.; Th. Rossiwall: Der Polenfeldzug 1939, in: Truppendienst 3/1964, S. 335 ff.; K. v. Tippelskirch: Operativer Überblick über den Feldzug in Polen im September 1939, in: WWR 6/1954, S. 242 ff. Die gründl. Studie v. Elble (vgl. Anm. 3) bezieht sich nur auf d. Schlacht a. d. Bzura, enthält jedoch dank einer breiten Quellenbasis wichtige Aufschlüsse f. d. Gesamtgeschehen. Die jüngste Darstellung schrieb Rohde, in: DR, II, a. a. O., S. 111–135.
Das poln. Hauptwerk (PSZ, a. a. O.) wird von kommunist. Seite ergänzt: Wojna Wyzwoleńcza Narodu Polskiego w Latach 1939–1945, Warschau 1966 (zit. WWNP). Vgl. auch d. krit. Auseinandersetzung mit PSZ v. J. Kirchmeyer: Ma marginesie londynskiego wydania »Polskie Sily Zbrojne w II Wojnie Swiatowej«, Warschau 1958. Zuletzt erschien d. abgeklärte Darstellung v. J. Piekalkiewicz: Polenfeldzug. Hitler und Stalin zerschlagen die polnische Republik, Bergisch Gladbach 1982.
Von dritter Seite sind R. M. Kennedy: The German Campaign in Poland, Washington, D. C., 1956 u. V. Toynbee: Poland, in: The Initial Triumph of the Axis, London 1958, zu erwähnen.
Private Aufzeichnungen gibt es in gr. Zahl (dt.:) v. Below, Choltitz, Feurstein, Guderian, Halder, Jodl, Keitel, Kesselring, Lossberg, Manstein, Mellenthin u. Paulus; (poln.:) Abraham, Bortnowski, Glowacki, Jurga, Kirchmeyer, Kukiel, Kutrzeba, Lossowski, Michalski, Rómmel, Slawiński, Surówka u. Zieliński.

19 PSZ, I, 1, S. 98 f.; ebd. I, 3, S. 230 ff.

20 PSZ, I, 1, S, 101 f.

21 W. Chales de Beaulieu: Generaloberst Erich Hoepner. Militärisches Porträt eines Panzerführers, Neckargemünd 1969, S. 14 ff. (zit. Chales); jetzt auch H. Bücheler: Hoepner. Ein deutsches Soldatenschicksal im 20. Jahrhundert, Herford 1980 (zit. Bücheler).

[22] H. Reinhardt: Die 4. Panzerdivision vor Warschau und an der Bzura vom 8.–20. 9. 1939, in: Wk 7/1958, S. 237–247. Zur Entwicklung der Lage in Warschau s. WOP, Nr. 241, 242, 243; WWNP, S. 152ff.

[23] E. v. Manstein: Verlorene Siege, Frankfurt [2]1966, S. 45ff. (zit. Manstein); dazu fortan R. v. Manstein u. Th. Fuchs: Manstein, Soldat im 20. Jahrhundert, München 1981 (zit. Manstein/Fuchs).

[24] Zur Schlacht a. d. Bzura d. vorzügl. Studie v. Elble (op. cit.), S. 65–160. Von poln. Seite PSZ, I, 3, S. 230–283; WWNP, S. 161ff.; WOP, Nr. 154, 272, 273, 275, 278, 293, 299, 301, 314, 317, 360, 375, 379, auch 701, 823. Zum Einsatz d. dt. Luftwaffe s. Bekker: Angriffshöhe, S. 56ff. u. Elble, S. 106f., 115f., 143.

[25] B. v. Lossberg: Im Wehrmachtführungsstab. Bericht eines Generalstabsoffiziers, Hamburg [2]1950, S. 40 (zit. Lossberg); Elble, S. 115ff.

[26] Chales, S. 60ff.; Kutrzeba, S. 66ff., 90f., 93ff.

[27] Elble, S. 126–150.

[28] Tippelskirch, S. 244ff.

[29] L. Glowacki: 17 Wielkopolska Dywizja Piechoty w Kampanii 1939, Lublin 1969, S. 29ff.; Bortnowski, S. 211ff.

[30] PSZ, I, 3 m S. 231ff.; WOP, Nr. 272, 273 (u. a.).

[31] Elble, S. 200f.; dazu W. Bortnowski: Na tropach wrteśnia 1939, Lódź 1969, S. 209ff.; Vormann, S. 180f.

[32] Kutrzeba, S. 114ff.; Elbe, S. 191f.

[33] Halder, I, S. 63; dazu Craig/Gibberts, a. a. O., S. 500f.

[34] Piekalkiewicz: Polenfeldzug, S. 83.

[35] H. Guderian: Erinnerungen eines Soldaten, Heidelberg [4]1971, S. 68ff. (zit. Guderian); F. W. v. Mellenthin: Panzer-Schlachten, Neckargemünd 1963, S. 10ff. (zit. Mellenthin); Nehring, a. a. O., S. 147ff.; dazu Macksey, a. a. O., S. 136f.

[36] Tippelskirch, S. 145f.; Vormann, S. 79ff.

[37] Guderian, S. 70; Nehring, S. 149.

[38] ADAP, D, VII, Nr. 567; dazu Fabry: SU, S. 82f.

[39] Rauch, a. a. O., S. 379f.; Rossi, a. a. O., S. 91.

[40] Seidl, a. a. O., Nr. 71; dazu P. Kleist: Zwischen Hitler und Stalin, Bonn 1950, S. 102 (zit. Kleist).

[41] Ursachen, XIV, a. a. O., Nr. 2863 a-h u. 2866; ADAP, D, VIII, Nr. 80; dazu S. Allard: Stalin und Hitler. Die sowjetische Außenpolitik 1940–1941, Bern – München 1974, S. 193 (zit. Allard); Hillgruber: Sowjet. Außenpol., a. a. O., S. 37.

[42] Poln. Weißbuch, Nr. 184.

[43] Ebd.

[44] Lukasiewicz, a. a. O., S. 157f. u. Raczynski, a. a. O., S. 211ff.

[45] Erickson, a. a. O., S. 538f.; Gosztony: Rote Armee, a. a. O., S. 178ff.; G. O. Antonow: Der Marsch nach Polen im September 1939 b. B. Liddel Hart: Die Rote Armee, Bonn 1956, S. 80ff. (zit. Liddel Hart: Rote Armee). Sowjet. Darstellungen verschweigen d. Vorgesch. des Polenfeldzuges der Roten Armee; vgl. Shukow I, a. a. O., S. 216f. u. Shtemenko, a. a. O., S. 15. Andere kommunist. Autoren bemühen sich um Rechtfertigungen, z. B. T. Jedrzcak: La Pologne et la genèse de la deuxième guerre mondiale, in: Sur la Pologne pendant la guerre, Paris 1970, S. 1–15. In WWNP, S. 172, wird behauptet, der sowjet. Angriff auf Polen habe die völkische Wiedervereinigung und soziale Befreiung der Menschen in Ostpolen herbeigeführt. Auch sei es der UdSSR darauf angekommen, »die Linie des künftig unvermeidbaren Zusammenstoßes mit Deutschland um 250–350 km nach Westen« zu verschieben. Zum dt. Rückzug auf d. Demarkationslinie s. Halder, I, S. 80ff. u. H. Teske: General Ernst Köstring, Frankfurt 1965, S. 143f. (zit. Teske: Köstring).

[46] Roos, S. 172f.

[47] W. Jacobmeyer: Heimat und Exil. Die Anfänge der polnischen Untergrundbewegung im Zweiten Weltkrieg, September 1939 bis Mitte 1941, Hamburg 1973 (zit. Jacobmeyer).

[48] Mueller-Hillebrand, II, S. 30.

[49] Elble, S. 190. Auch Documents on Polish-Soviet Relations 1939–1945, hg. v. General Sikorski Historical Institution, 3 Bde., London 1961ff., I, Nr. 307 (zit. DPSR).

[50] H. R. Bachmann: Der Kampf um Hela, in: WWR 67/1970, S. 17–35.

[51] Rómmel, a. a. O., S. 177ff.; L. Glowacki: Obrona Warszawy i Modlina, Warschau 1959; M. Malinowski: Obronia stolicy, Warschau 1960; M. Sadzewicz: Na Szańcach Woli i Ochoty, Warschau 1972;

T. Tomaszewski: Bylem szefem sztabu obrony Warszawy w 1939, London 1961; neuerdings B. Surowka: Byloninelo, Breslau 1980, S. 14ff.

52 G. Engel: Als Heeresadjutant bei Hitler (Schriftenreihe der VZ, 29, S. 61 (zit. Engel); dazu G. Brauch: Der Tod des Generalobersten Werner Freiherr von Fritsch, in: MGM 1/1970, S. 95–112.

53 Bekker: Angriffshöhe, S. 62; Groehler, S. 227.

54 PSZ, I, 1, S. 108ff. u. 210ff.; PSZ, I, 5, passim. T. Grzeszkiewicz: Die letzte Schlacht, in: Polen 9/1979, S. 14ff.; J. Pertek: Wielkie dni malej Floty, Posen 1967; W. Steyer: Samotony polwysep, Posen 1969.

55 WOP, Nr. 126.

56 Elble, S. 209f.; Jacobmeyer, S. 31ff.

57 Vormann, S. 178f.

58 Molotow vor dem Obersten Sowjet, 31. 10. 1939, Bulletin de la presse russe, Moskau 290/1939, S. 20; dt. in: Ursachen, XIV, S. 55ff.

59 In Ungarn wurden rd. 150000 poln. Soldaten u. Zivilflüchtlinge aufgenommen u. nicht interniert, s. G. Juhász: La politique extérieure de la Hongrie à l'époque de la »drôle de guerre«, in: Revue d'histoire 9/1963, S. 407ff.; I. Lagzy: »Weiße Adler« in Ungarn, in: Polen 9/1978, S. 34ff.; ders.: Polvy uchodscy na wegrzech w czasie II wojny swiatowej, Warschau 1980.

60 Gretschko, III, a. a. O., S. 43.

61 Molotow, s. Anm. 58.

62 Dazu E. Murawski: Der deutsche Wehrmachtbericht 1939–1945. Ein Beitrag zur Untersuchung der geistigen Kriegführung, Boppard 1962 (zit. Murawski: Wehrmachtbericht); W. Picht: Das Oberkommando der Wehrmacht gibt bekannt... Wahrheit und Lüge über den Septemberfeldzug 1939, Berlin 1949; A. Rathke: Das Oberkommando gibt bekannt. Die deutsche militärische Nachrichtengebung im Zweiten Weltkrieg (Histor. Reihe d. Forschungsgemeinschaft, 3) Hannover 1948; M. H. Sommerfeld: Der deutsche Wehrmachtbericht 1939–1945. Ein Beitrag zur Untersuchung der geistigen Kriegführung (Schriften des Bundesarchivs), Boppard 1962 (zit. Sommerfeld).

63 Reimann, a. a. O., S. 286.

Der Krieg im Westen

Frankreich und Großbritannien hatten Polen im Stich gelassen. Ihre langfristig angelegte Strategie, die Ende des Frühjahrs 1939 konzipiert und beim ersten Treffen des gemeinsamen Kriegsrates am 4. September bestätigt worden war, ließ sich mit den Bündnisverpflichtungen gegenüber Warschau nicht vereinbaren. Die Westmächte hatten zwar erhebliche Schwierigkeiten mit opponierenden Publizisten und Politikern. Beide Regierungen hielten jedoch an dem beschlossenen Kriegsplan fest.[1]

Daladier hatte sich in der Nationalversammlung zur polnischen Allianz bekannt, das Gamelin-Kasprzycki-Abkommen bekräftigt und am 4. September 1939 sogar weitere Vereinbarungen mit Lukasiewicz treffen lassen, obwohl er wußte, daß nahezu alle maßgebenden Militärs mit dem baldigen Zusammenbruch des Verbündeten rechneten. Frankreich sollte nach dreizehn Tagen den Kampf gegen Deutschland aufnehmen und zwei Wochen später zum Großangriff übergehen. Diese Termine waren bald hinfällig. Der Etat-Major Général befahl daher, eine an der Saar begonnene Scheinoffensive einzustellen und die Polen versprochenen Bombenflugzeuge zurückzuhalten.[2]

Die französische Regierung war tief gespalten. Der kampfentschlossenen Kabinettsmehrheit unter Daladier, Reynaud, Mandel und Campinchi standen außer Bonnet drei Sozialminister gegenüber, die befürchteten, daß ein langer, wechselvoller Krieg zum revolutionären Umsturz in Frankreich führen könnte. Aus diesem Grunde wollte sie ebenso wie Pierre Laval, der als Oppositionsführer die Kammer drängte, keine Gelegenheit zu Verhandlungen ungenutzt vorübergehen lassen.[3]

Auch im englischen Kabinett gab es Gegensätze. Einige Minister befürworteten den »War of Quarantine«, das »Einfrieren« aller größeren Kampfhandlungen, um der deutschen Oposition eine Chance zu geben. Churchill forderte ungestüm die Offensive. Halifax steuerte mit Hilfe seiner Unterstaatssekretäre Sir Alexander Cadogan und Richard A. Butler einen Kurs, der die Stimmungslage in Amerika berücksichtigte, Chamberlain suchte Frankreich fest an Großbritannien zu binden.[4]

Es folgte eine Komödie der Wirrungen. Der Premier flog nach Paris und erreichte, daß Bonnet am 13. September 1939 zurücktrat. Doch damit war der »Kriegspartei« im französischen Kabinett kaum gedient. Denn Daladier, der sich nun selbst die Bürde des Auswärtigen auflud, konnte seinem Rivalen Reynaud nur dann Schach bieten, wenn der bisherige Chef des Quay d'Orsay nicht einfach von der Bildfläche verschwand, sondern in ein anderes Ressort hinüberwechselte.[5]

Hitler wollte die politischen Querelen der Alliierten ausnutzen und, wenn möglich, Frankreich von England »absprengen«.[6] Solange diese Aussicht bestand, wurde der französische Seeverkehr geschont, ein Teil der deutschen U-Boote zurückgezogen, den Panzerschiffen Operationsfreiheit versagt und die Luftwaffe angewiesen, im Westen vorerst keine Bombenangriffe zu fliegen.[7] Auch Rücksichtnahme auf die Vereinigten Staaten war ein Gebot der deutschen Politik.

Die Reichsführung reagierte bestürzt, als sie von der Versenkung des britischen Dampfers »Athenia« durch »U 30« (Lemp) erfuhr, befanden sich doch an Bord etwa 300 US-Bürger. Man entsann sich in Berlin noch des »Lusitania«-Zwischenfalles und seiner schwerwiegenden Folgen für die deutsch-amerikanischen Beziehungen.[8] Weizsäcker mußte daher den Geschäftsträger der Vereinigten Staaten mit irreführenden Behauptungen hinhalten. Goebbels wälzte alle Schuld auf Churchill. Die U-Boote wurden streng zur Einhaltung der Prisenordnung ermahnt.[9]

Dennoch zog der Seekrieg weite Kreise.[10] Zu Beginn hatten 325 deutsche Frachter mit 75000 BRT Zuflucht in neutralen Häfen gefunden; 71 waren von Einheiten der Royal Navy angehalten, 15 gekapert worden, während sich rund 100 Schiffe, unter ihnen der Passagierdampfer »Bremen«, nach Murmansk durchschlugen oder auf direktem Wege die Heimat erreichten.[11] Großbritannien verhängte gegen Deutschland die Blockade und führte zum Schutze des eigenen Frachtraumes (21 Millionen BRT) wieder das Geleitsystem ein.[12]

Zunächst konnten die von England in See stechenden Konvois (Ostküste: AO; Westküste: OB) nur bis 15 Grad westlicher Länge geschützt werden. Für Südgeleite (Gibraltar: HG/UK; Freetown: SL/UK) war die Biscaya das Zerstreuungsgebiet. Die von Halifax (Kanada) ostgehenden Transportverbände (HX/UK) waren oft so wertvoll wie die Sierra-Leone-Frachten. Aus diesem Grunde wurden ihnen schwere Einheiten zugeteilt, jedoch wieder abgezogen, als der Flugzeugträger »Courageous« (Makeig Jones) mit 519 Mann und einer ganzen Jagdgruppe des Fleet Air Arm dem deutschen Unterseeboot »U 29« (Schuhart) zum Opfer fiel.[13]

Die britische Seefront (»Nore«) erstreckte sich vom Northern Foreland bis nach Beachy Head. Ihrem Befehlshaber, Admiral Sir Reginald Plunkett-Ernle-Erle-Drax, unterstand auch der »Flag Officer Charge, Dover«, Sir Bertram Ramsay. Das Seegebiet zwischen Beachy Head und Clyde gehörte zum Kommandobereich des »Admiral of the Western Approaches«, Sir Martin Dunbar Nasmith, dessen Hauptquartier sich in Plymouth befand und später nach Liverpool verlegt wurde. Jeder von diesen Chefs hatte seine landgestützte Organisation und Einheiten für den Wach-, Sperr-, Räum- und Geleitdienst.[14]

Die »Home Fleet«, der größte schwimmende Verband des Empire, war mit ihrem Commander-in-Chief (C-in-C) Sir Charles Forbes dem Ersten Seelord, Admiral Sir Reginald R. A. Pound, direkt unterstellt. Sie detachierte von ihrem Hauptliegeplatz in Scapa Flow verschiedene Kampfgruppen, deren zeitweise wichtigste die »Northern Patrool« (Horton) war. Ihre Einheiten, der Schlachtkreuzer »Hood« (Kerr), vier schwere Kreuzer und fünfundzwanzig Hilfskreuzer, bewachten den Seeraum zwischen Hebriden, Färöer, Island und Grönland.[15]

In diesen düsteren, rauhen Durchfahrten verliefen die Marschrouten deutscher Blockadebrecher, der Kräfte, die den atlantischen Zufuhrkrieg führen sollten, ihrer Versorger sowie heimkehrender Fracht- und Wetterschiffe. Auch U-Boote schlichen an den Hebriden vorüber zu den Jagdgründen der Western Approaches, wo der zusammenlaufende Seeverkehr reiche Beute verhieß und nach schrittweiser Freigabe uneingeschränkter Operationen Anfang Oktober 1939 die vom BdU (Dönitz) im Frieden entwickelte Rudeltaktik erprobt wurde.[16]

Von 57 deutschen Unterseeboten waren lediglich 23 zur Atlantikverwendung geeignet. Da immer nur ein Drittel von ihnen am Feind stand, konnten die Rudel noch keinen

Erfolg haben.[17] Die Marine brauchte eine größere Anzahl geeigneter Schiffe. Dem erweiterten Bauprogramm, das Raeder forderte, standen Prioritätsansprüche des Heeres und der Luftwaffe im Wege. Um die Zielvorstellungen der Seekriegsleitung dennoch durchzusetzen, bereitete der BdU (Dönitz) den aufsehenerregenden Vorstoß eines Typ-VII-Bootes gegen den britischen Flottenliegeplatz vor.[18]
Die »Home Fleet« (Forbes) hatte aber wegen eines vorausgegangenen deutschen Bombenangriffs auf Befehl Pounds nach dem Firth of Clyde verlegt, wo sie bleiben sollte, bis ihre alte Schlüsselposition besser gesichert war. Als »U 47« (Prien) am 14. Oktober 1939 bei günstigem Gezeitenstrom durch den Kirk Sound nach Scapa Flow eindrang, lag dort nur noch die »Royal Oak« (Benn) vor Anker. Der deutsche Kommandant vernichtete das Schlachtschiff nach fünf Fehlschüssen mit zwei Torpedos und brachte 833 Seeleuten den Tod.[19]
Raeder legte dem ObdW eine Denkschrift über den »verschärften Seekrieg« vor.[20] Dieser erlaubte, daß deutsche U-Boote fortan bis 15 Grad nördlicher Breite operieren durften, allerdings nicht weiter, denn Cordell Hull, Roosevelts Außenminister, hatte am 3. Oktober 1939 auf der Interamerikanischen Konferenz in Panama die Proklamierung einer Sicherheitszone (»Sea Safety Zones«) durchgesetzt.[21] Sie war völkerrechtlich ohne Bedeutung, wurde aber von Deutschland respektiert, um Zusammenstöße mit dort patroullierenden Einheiten der U. S. Navy zu vermeiden.
Gleichzeitig standen die deutschen U-Bootoperationen im Zeichen der anhaltenden Torpedokrise.[22] Zufriedenstellend waren überwiegend die Unternehmungen kleinerer Boote (»Lochkriecher«), die sich in Flußmündungen und Hafeneinfahrten des Gegners schoben, TMB-Minen durch ihre Rohre ausstießen und damit Offensivoperationen der Zerstörer und Seeflugzeuge ergänzten. Im Oktober gingen auf deutschen Sperren 3 Zerstörer, 5 Trawler und 79 Handelsschiffe (262697 BRT) zugrunde, während die Atlantikboote im gleichen Zeitraum nur 34 Frachter (168140 BRT) versenkten.[23]
Besonders enttäuschten die mäßigen Erfolge der als Handelsstörer eingesetzten Panzerschiffe. Die »Deutschland« (Wenneker) versenkte bis zur Heimkehr nur zwei Frachter (6962 BRT).[24] Sieben andere Transporter (50081 BRT) schickte »Admiral Graf Spee« (Langsdorff) auf den Meeresgrund, bevor der Kommandant nach einem Gefecht gegen die »Force K« (Harwood) vor dem Rio de la Plata zur Reparatur das neutrale Montevideo anlief, jedoch wegen des Ausfalls der Treib- und Schmierstoffreinigungsanlage das Schiff sprengte und sich das Leben nahm.[25]
Raeders »doppelpolige Kampfführung«, ein Wechselspiel zwischen Handelsstörern und Flottenverbänden, zwang den Gegner zur Diversion, bewirkte sonst aber wenig. Ein erster Vorstoß unter Admiral Hermann Boehm war mißglückt, da es nicht gelang, die Briten auf eine U-Boot-Standlinie zu ziehen.[26] Eine zweite Unternehmung führte Admiral Wilhelm Marschall bis in die Färöer-Island-Passage, wo er nach der Vernichtung eines englischen Hilfskreuzers umkehrte.[27] Mit nur zwei Schlachtschiffen – »Scharnhorst« (Hoffmann) und »Gneisenau« (Förster) – fehlte den Überwasserstreitkräften der Marine die durchschlagende Kraft.
Spannungen zwischen der Seekriegsleitung (Raeder, Schniewind, Fricke), dem Flottenkommando (Boehm, Marschall) und der Marinegruppe West (Saalwächter) waren die Folge.[28] Das kampflose Ende der »Spee« unter den Augen von 750000 Zuschauern und die fast gleichzeitige Torpedierung der Leichten Kreuzer »Nürnberg« (Klüber) und »Leipzig« (Nordmann) durch britische U-Boote traf Hitlers Prestigebewußtsein.[29]

Fortan versprach er sich von seiten der Marine für seine Zwecke noch weniger Gewinn. Der Landkrieg war mittlerweile völlig zum Stillstand gekommen.[30] Auf beiden Seiten schienen die Truppen nur mit sich selbst beschäftigt. Gelegentlich tauschten Soldaten über das Niemandsland hinweg Musikprogramme und Zigarettenpäckchen aus. Die faktisch eingetretene Waffenruhe wurde von Korrespondenten bitter kritisiert, im übrigen ironisch vermerkt. »Drôle de guerre«, nannten sie die Franzosen, »Phoney War« die Engländer, »Sitzkrieg« die Deutschen.[31]

Frankreich bekam die Untätigkeit schlecht. Eine starke pazifistische Strömung, der Romain Rolland und André Gide, Jean-Paul Sartre, Simone de Beauvoir und ihre Freunde vom Café Flore den Weg bereitet hatten, griff weiter um sich. Viele Intellektuelle pflegten eine verantwortungslose Rhetorik.[32] Kaum einer folgte dem Beispiel von Antoine de Saint-Exupéry, der sich mit vierzig Jahren als Flieger zum Fronteinsatz meldete, weil er »in der Atmosphäre dieses Landes . . . nicht mehr atmen konnte«.[33]

Der französische Poilu nahm den Krieg kaum ernst. In der Maginotlinie, dem »trou«, residierte bequem eine »Armee von Hausmeistern«.[34] General Sir Edward Spears beobachtete, wie französische Soldaten herumlungerten, während die Engländer exerzierten.[35] Die von der Zivilbevölkerung evakuierten Gebiete waren ausgeplündert. »Überall«, notierte Claude Jamet, »Akte des Vandalismus . . ., was nicht getrunken und gestohlen werden konnte, wurde zerschlagen.«[36] Schon im ersten Kriegsmonat fällten Militärgerichte Todesurteile gegen Marodeure.

Eine deutsch-sowjetische Erklärung, auf die sich Ribbentrop und Molotow geeinigt hatten, forderte den Kriegszustand zu beenden.[37] Namens ihrer Fraktion wollten die kommunistischen Abgeordneten Arthur Ramette und Florimond Bonte über diese Friedensinitiative im Parlament debattieren.[38] Als der Kammerpräsident Edouard Herriot ablehnte, wurde Frankreich mit defaitistischen Parolen überschwemmt. An Häuserwänden und auf Handzetteln stand zu lesen: »On ne tire pas contre les Allemands!« – »Pas un coup de feu!« – »Vive Staline! Vive Hitler.«[39]

Die Kommunistische Partei Frankreichs wurde verboten. Ein Dekret nahm ihren Abgeordneten die Immunität. Man verhaftete neunundzwanzig Parlamentarier, später fünf weitere, unter ihnen Bonte. Sie kamen vor Militärgerichte, die Gefängnisstrafen verhängten.[40] Kleine Funktionäre ließ die Regierung in das Konzentrationslager Vernet einliefern.[41] Maurice Thorez, der Generalsekretär, mußte seiner Dienstpflicht nachkommen. Doch er desertierte, floh über die Grenze nach Belgien und gelangte mit Hilfe seiner Genossen von Brüssel nach Moskau.[42]

Die Komintern ließ verbreiten, der Krieg gegen Hitler diene nur den Monopolherren und Kapitalisten. Goebbels ergänzte diese These systematisch mit Propagandaparolen, die der im Schwarzwald installierte Sender »Humanité« ausstrahlte und Druckereien des In- und Auslandes vervielfältigten.[44] Agenten leiteten französische Arbeiter zur Sabotage an. In Montluçon entdeckte man 200 demolierte Pakrohre, bei den Farmanwerken beschädigte Flugzeugmotore. Einige Kommunisten wurden auf frischer Tat gefaßt, zum Tode verurteilt und am Kehlwerk des Forts »Du Há« bei Bordeaux erschossen.[45]

Intellektuelle und bürgerlich-liberale Kreise waren entsetzt. André Gide und Paul Eluard sammelten Unterschriften für ein Manifest gegen den repressiven Staat. Die offizielle Kriegspropaganda, der Jean Giraudoux mehr Glaubwürdigkeit verleihen sollte, fand wenig Widerhall. Die meisten Franzosen wandten sich von dem Durcheinander der Argumente und Emotionen ab. Ein klassischer Satz charakterisierte die Geistesverfassung des Landes kurz vor dem Untergang der Vierten Republik: »La France s'ennuye«.

[1] Zum Folgenden Ch. de Gaulle: Mémoires de guerre. Mémoires d'espoir. 8 Bde., Paris 1981/82 (zit. De Gaulle); M. Gamelin: Servir, 3 Bde., Paris 1946–1947, Bd. 1, S. 30ff. u. Bd. 3, S. 92f.; dazu J. R. M. Butler: Grand Strategy, Bd. 2, London 1957, S. 10ff.; J. Davidan: Le chemin de la défaite, Paris 1980 (zit. Davidan); E. Jäckel: Frankreich in Hitlers Europa, Stuttgart 1966, S. 29, schreibt, daß die Westmächte ihrem poln. Verbündeten nicht zu Hilfe kommen konnten, gibt dafür jedoch keine Begründung. Vgl. dagegen Elble, a. a. O., S. 49; vor allem P. E. Carton: Une guerre perdue en quatre jours, Blainville-sur-mer 1969, S. 306ff. (zit. Carton); G. Gauché: Le deuxième bureau au travail, Paris 1953, S. 162ff. (zit. Gauché); A. Goutard: La guerre des occasions perdues, Paris 1956, passim (zit. Goutard); P. de Goyet: Le mystère Gamelin, Paris 1975, S. 188ff., 191, 192ff., 229ff., 233ff. (zit. Le Goyet); J. Kimche: Kriegsende 1939. Zürich 1969, S. 93 (zit. Kimche); noch schärfer urteilen Maiskij, S. 523ff. u. Shukow, I, S. 175ff. u. d. Pole J. Kirchmeyer: 1939 i 1944, Warschau 1957, S. 31ff.

[2] Livre Jaune Français, Nr. 336; Weißbuch der poln. Regierung, Nr. 137–140; Lukasiewicz, a. a. O., S. 290ff.; dazu Bonnet, a. a. O., S. 276f. u. Raczynski, a. a. O., S. 216f.

[3] A. Champetier (Minister für Frontkämpfer u. Pensionen), C. Pomaret (Arbeitsminister), A. de Monzie (Minister für öffentl. Arbeiten). Zur Lage vgl. C. Warner: Pierre Laval and the Eclipse of France, London 1968, S. 149f. (zit. Warner); dazu J. Mordalin: Journal de la France 289/1971 u. Goutard, S. 23, vor allem G. Rossi-Landi: La drôle de guerre. La vie politique en France 2 septembre 1939 – 10 mai 1940, Paris 1971, S. 29ff. (zit. Rossi-Landi) u. Martin: Friedensinitiativen, S. 49f.; neuerdings M. Baumont: Frankreich 1939–1941, in: Weltpolitik 1939–1945, hg. v. O. Hauser, Göttingen 1975 (zit. Weltpolitik, II) S. 213–227.

[4] Churchill, I, 2, S. 7ff.; Cadogan: Diaries, 5. u. 7. 9. 1939; allg. Johnson: Halifax, a. a. O., S. 550; Feiling: Chamberlain, a. a. O., S. 418f., Mowat, S. 651; auch Mordal, s. Anm. 3, ferner Pelling, a. a. O., S. 27ff. Zur Stellung d. Parteien s. Aigner: Ringen, a. a. O., S. 223ff.

[5] O. Kircheisen: Die Deutschlandpolitik der Westmächte während des komischen Krieges (Diss.), Halle – Wittenberg 1965, S. 86ff. (zit. Kircheisen); A. u. V. M. Toynbee: The Initial Triumph of the Axis, London 1958, S. 175 (zit. Toynbee); Martin: Friedensinitiativen, a. a. O., S. 53ff.

[6] LV, S. 24ff.

[7] Salewski, I, a. a. O., S. 112; Bidlingmaier: Einsatz, a. a. O., S. 32ff.

[8] Der brit. Luxusdampfer »Lusitania« war mit z. T. amerikan. Passagieren am 7. 5. 1915 von »U 20« (Schwieger) versenkt worden. Der Zwischenfall führte zur dipl. Konfrontation, einer Etappe des Kriegseintrittes der USA (1917); s. C. Simpson: Die Lusitania, Frankfurt 1973.

[9] Zum »Athenia«-Zwischenfall s. C. Bekker: Verdammte See, Berlin 1975, S. 12f. (zit. Bekker: See); G. Böddeker: Die Boote im Netz, Bergisch-Gladbach 1981, S. 45ff. (zit. Böddeker); H. Busch: So war der U-Bootkrieg, Bielefeld [3]1983, S. 25 (zit. Busch); W. Frank: Die Wölfe und der Admiral. Triumph und Tragödie der U-Boote, Oldenburg [2]1957, S. 59f. (zit. Frank). Zum Verhalten v. Goebbels vgl. Reimann, a. a. O., S. 269; abweichende Darstellungen b. Roskill I, S. 612; J. Delarue: L'affaire de l'Athenia, in: Hist. 278/1975, S. 73ff.) L. Peillard: Geschichte des U-Bootkrieges 1939–1945, München [2]1974, S. 36 (zit. Peillard). Grundlegend Salewski, I, S. 112. Von d. Memoiren ist Raeder, II, S. 170f., zu erwähnen; Dönitz: 10 Jahre, äußerte sich nicht.

[10] Zum Folgenden J. Rohwer u. G. Hümmelchen: Chronik des Seekrieges 1939–1945, Oldenburg – Hamburg 1968, passim; F. Ruge: Der Seekrieg 1939–1945, Stuttgart [2]1962, passim; H. Fechter u. H. Shoemakers: Der Seekrieg 1939–1945 in Karten, Preetz 1967.

[11] G. Steinweg: Die deutschen Handelsschiffe im Zweiten Weltkrieg. Aufgaben und Schicksal, Göttingen 1953 (zit. Steinweg).

[12] L. Peillard: Die Schlacht im Atlantik, München 1978, S. 40ff. (zit. Peillard: Atlantik); Böddeker, S. 47; Frank, S. 61; Potter/Nimitz: Seemacht, S. 521ff.; Rohwer: U-Boote, S. 13.

[13] Grundlegend Butler, II, S. 82ff. u. W. M. Medlicott: The Economic Blockade, 2 Bde., London 1952–1959, S. 9ff. (zit. Medlicott).

[14] J. Costello u. M. Hughes: Atlantikschlacht. Der Krieg zur See 1939–1945, Bergisch-Gladbach 1978 (zit. Costello/Hughes); P. M. H. Bill: La marine britannique au combat, in: La deuxiéme guerre mondiale 1963; P. K. Kemp: Victory at Sea, 1939–1945, London 1957, S. 9ff.; D. Macintyre: The Battle of the Atlantic 1939–1943, London 1961; Roskill, I, S. 8ff.; zu Spezialfragen J. Buttimer: The Treaty Ports, in: An Cosantoir 7/1978, S. 195ff.; J. S. Cowie: The British Mining Campaign 1939–1949, in: JRUSI 1959; D. A. Thomas: British Submarine in Cold Waters off Norway, in: W 54/1978, S. 22ff.

[15] Medlicott, I, S. 43. Die Passageproblematik b. Salewski, I, S. 160, 167, 204, 210, 243, 269, 272, 377, 465. Peillard: Atlantik, S. 29ff.

[16] Text d. Denkschr. in: IMT, Bd. 18, S. 245ff.; zur 1. Phase des U-Bootkrieges (9.39–8.4.40) s. außer Böddeker, Frank u. Busch (op. cit.) J. Brennecke: Jäger, Gejagte. Deutsche U-Boote 1939–1945, Biberach 1956; J. P. Mallmann-Showell: U-Boote gegen England, Stuttgart 1975; E. Godt: Der U-Bootkrieg, in: Bilanz des Zweiten Weltkrieges, Oldenburg 1963 u. J. Rohwer: Der U-Bootkrieg und sein Zusammenbruch, in: Entscheidungsschlachten des Zweiten Weltkrieges, Frankfurt 1960 (zit. Rohwer: U-Bootkrieg); dazu Dönitz: 10 Jahre, passim; zum Rudel s. H. Jeschke: U-Boottaktik, Freiburg 1972, S. 6ff.; wichtig H. G. Helm: Das Operationsgebiet im Seekriegsrecht (Diss.), München 1952 (zit. Helm); H. Sohler: U-Bootkrieg und Völkerrecht, Frankfurt 1956 (zit. Sohler).

[17] Rohwer: U-Boote, a. a. O., S. 9ff.

[18] Der »Führer der U-Boote« (FdU) war seit 19. 9. 1939 »Befehlshaber der U-Boote« (BdU).

[19] LV, S. 35; Salewski, I, S. 124f. Einzelheiten b. Bekker: See, S. 47; Böddeker, S. 48ff.; L. G. Buchheim: U-Boot-Krieg. Mit einem Essay von M. Salewski, München-Zürich 1976 (zit. Buchheim); Busch, S. 25ff.; neuerdings K. Alman: Günther Prien, Leoni 1982; A. Korganoff: Prien gegen Scapa Flow, Stuttgart 1978; kritisch Peillard, S. 41f. u. G. S. Snyder: The Royal Oak Desaster, London 1978. Vgl. d. Darstellung v. G. Prien: Mein Weg nach Scapa Flow, Berlin 1941; dazu W. Frank u. H. Mecke: Was war wirklich mit Prien? Hamburg 1950.

[20] LV, S. 35.

[21] Allg. Langer/Gleason, S. 206ff.; S. Friedländer: Auftakt zum Untergang. Hitler und die Vereinigten Staaten von Amerika 1939–1941, Stuttgart – Berlin – Köln 1965; teilweise überholt durch d. gründl. Studie v. J. P. Lash: Roosevelt and Churchill 1939–1941. The Partnership that saved the West, New York 1976 (zit. Lash); die amerikan. Marinepolitik ausführlich b. S. E. Morison: Battle of the Atlantik, 1939–1943. History of the United States Naval Operations in World War II, 15 Bde., I, Boston 1955, S. 9–22 (zit. Morison, I); dazu auch Salewski, I, S. 152ff. Vgl. E. Böhme (u. a.): Dokumente und Darstellungen zum Seekriegsrecht im Zweiten Weltkrieg, als Ms. gedr., Hamburg 1965. Die dt. Beurteilung in: IMT, Bd. 34, S. 608f.; dazu Helm, S. 27 u. Sohler, S. 35.

[22] Salewski, I, S. 188ff. u. 195.

[23] Zahlen nach Rohwer/Hümmelchen: Chronik, S. 2f.; dazu G. Hümmelchen: Minenerfolge deutscher Zerstörer an der englischen Ostküste, in: MR 1960, S. 45f. (Tabelle); ders.: Der Einsatz deutscher Luftstreitkräfte über der Nordsee vom 3. 9. 1939–9. 5. 1940, in: MR.

[24] LV, S. 42; Salewski, I, S. 125ff., 158f., 164f., 186, 265, 282ff., 397; Potter/Nimitz: Seemacht, S. 486ff.

[25] Vgl. d. Erinnerungen v. F. W. Rasenack: Panzerschiff »Admiral Graf Spee«. Kampf, Sieg, Untergang, Biberach 1957, vor allem S. 87ff.; dazu Churchill, I, 2, S. 141ff., besser d. gründl. Untersuchung v. E. Millington-Drake: The Drama of the Graf Spee, London 1964, insb. S. 136ff.; auch Bekker: See, S. 10f., 31ff., 96f. Morison, I, S. 24 u. Peillard: Atlantik, S. 53ff.

[26] Salewski, I, S. 136ff., 165f.

[27] LV, S. 66f.; dazu Raeder, II, S. 184ff.; Millington-Drake, S. 305ff. u. Bekker: See, S. 34ff.

[28] Salewski, I, S. 165.

[29] Ebd. S. 166.

[30] Gamelin, Bd. 3, S. 94ff.

[31] Vgl. Eingangsdarstellung i. d. Erinnerungen von E. Réquin: Combats pour l'honneur, Paris 1946, S. 15ff. (zit. Réquin).

[32] Drôle de guerre, dt. sonderbarer, komischer Krieg; Phoney War, dt. Scheinkrieg, lt. Liddel Hart: Gesch., I, S. 52, wurde der Ausdruck zuerst i. d. amerikan. Presse gebraucht. Chamberlain sprach in einem Brief von »Twilight War«, s. Feiling, S. 424.

[33] Zur inneren Entwicklung Frankreichs ausführlich H. Amouroux: La grande histoire des français sous l'occupation, 8 Bde., Paris 1976, Bd. 1: Les français de 39, passim; dazu H. Michel: La drôle de guerre, Paris 1972, passim. Einzelzeugnisse finden sich u. a. in den Aufzeichnungen v. G. Bidault: Noch immer Rebell. Von einer Resistance in die andere, Berlin 1966, S. 21 ff. (zit. Bidault); C. Jamet: Carnet de deroute, Paris 1962 (zit. Jamet); P. H. Simon: Porträt eines Offiziers, Tübingen 1958; vgl. Carton, a. a. O., S. 201 ff.; Gauché, a. a. O., S. 165 ff.; Goutard, a. a. O., S. 32 ff.; Rossi-Landi, a. a. O., S. 90 ff.; ferner d. Biographien v. Y. Mitchell: Colette, Tübingen 1977 u. M. Migeo: St. Exupéry, Tübingen 1958. Zur Lage in der Maginotlinie s. Bruge, III, a. a. O., S. 15 ff.

[34] Ebd., S. 295 f.; dazu R. Davet: Un coeur de quarante ans, in: icare 79/1976, S. 25 ff.

[35] F. Foncieille-Alquier: Les Français dans la drôle de guerre, Paris 1972, passim; Amouroux, I, S. 44 ff., 51 ff., 62 ff., 70 ff.

[36] E. Spears: Assignment to Catastrophe, 2 Bde., London 1954, S. 34 f. (zit. Spears).

[37] Ebd., S. 39; Jamet, S. 41.

[38] ADAP, D, VIII, Nr. 161.

[39] J. de Launey: Histoires secrètes de la Belgique, Paris 1975, S. 101 ff. (De Launey: Belgique); R. Devleesbouver: Les Belges dans la drôle de guerre, in: RGB 5/1960; dazu Carton, S. 312 ff. u. Amouroux, I, S. 112 ff.; vgl. d. Erinnerungen des kommunist. Politikers J. Duclos: Mémoires, Paris 1971. Allg. auch A. Lecoeur: Le parti communiste français et la résistance. Août 1939–Juin 1941, Paris 1968; A. Rossi: La physiologie du partie communiste français, Paris 1949; ders.: Les communistes français pendant la drôle de guerre, Paris 1951; ders.: Les cahiers du communism, Paris 1953; neuerdings G. Rossi-Landi, a. a. O., passim; verschiedene Autoren in: Journal de la France (zit. JF) 114/115/116/1971; A. Werth: France 1940–1955, London 1955, dt.: Der zögernde Nachbar, Düsseldorf 1957, S. 140 ff.

[40] Mitteilg. v. Prof. G. Funfrock a. d. Vf. F. war 1939/40 Soldat im 235^{e} Bataillon de disponsible. In diesem Truppenteil wurden wöchentl. kommunist. Versammlungen abgehalten u. d. zitierten Parolen verbreitet, ohne daß Vorgesetzte eingriffen.

[41] Goutard, S. 81; Maiskij, S. 551.

[42] A. Koester: Scum of the Earth, London 1941, S. 172; neuerdings J. Kapel: Maurice Thorez résistant ou déserteur, in: H 14/1981, S. 24 f.

[43] Thorez war Unteroffizier d. R., eingezogen zum 3e Genie.

[44] A. Horne: Der Frankreichfeldzug 1940, Wien – München 1976, S. 90 ff. u. 141 ff.; La dernière guerre 28/1972, S. 228 f. (zit. Horne).

[45] Amouroux, I, S. 81; Horne a. a. O.

Deutsch-sowjetisches Einvernehmen

Der Polenfeldzug war ohne rechtsverbindliche Handlung zu Ende gegangen. Kein Waffenstillstandsabkommen oder Friedensvertrag bestimmte die Normen, unter denen das polnische Volk weiterleben konnte. Die deutschen Absichten blieben unklar. Hitler hatte das Problem mit einer Rede im Danziger Artushof am 19. September 1939 nur gestreift.[1] Anscheinend wollte er Ostoberschlesien und das Korridorgebiet zurückholen.[2] Im Auswärtigen Amt erwog man die Konstituierung eines mehr oder weniger abhängigen polnischen »Reststaates«.

Der ehemalige Botschafter in Warschau, Hans Adolf von Moltke, verfaßte dazu eine Denkschrift.[3] Er schlug vor, bekannte Persönlichkeiten aus der Zeit des Ersten Weltkrieges, namentlich den Fürsten Janusz Radziwill, Wladyslaw Kucharzewski, Graf Adam Rokinier und Wladyslaw Studnicki, für diese Konzeption zu gewinnen.[4] Ein »Regentschaftsrat«, den Blaskowitz ernannte, trat aber zurück, als das OKW eine Militäradministration unter Rundstedt schuf, der Hans Frank als Oberverwaltungschef zugeteilt wurde.[5]

Die Frage eines »unabhängigen polnischen Staates« sollte nach dem Vertrag vom 23. August 1939 von keiner Teilungsmacht allein, sondern in gegenseitigem Einvernehmen zwischen Deutschland und der Sowjetunion geregelt werden. Der Kreml hatte ein Mitspracherecht und machte es geltend, als Stalin und Molotow dem deutschen Botschafter ihre Abneigung gegen das künftige Polen zu erkennen gaben. Die UdSSR, versicherten beide, sei für ein Tauschgeschäft mit Teilen der Interessengebiete. Das Reich könne die Woiwodschaften Warschau und Lublin »bis zum Bug« erhalten, wenn seine Führung auf Litauen verzichte.[6]

Eine so umfangreiche Revision konnte nach sowjetischer Auffassung nur im Kreml unter den Augen von Stalin erfolgen. Der Diktator ließ daher ohne Rücksicht auf diplomatische Gepflogenheiten, die den Besuch des Ratsvorsitzenden Molotow in Berlin vorschrieben, Ribbentrop nach Moskau einladen. Gleichzeitig sollten dort die Außenminister Karl Selter (Estland) und Şükrü Saraçoglu (Türkei) antichambrieren und, ohne dies zu ahnen, eine Rolle am Rande des Geschehens spielen.

Die Sowjetpresse warf den Nachbarrepubliken vor, sie ließen es an der notwendigen Entschlossenheit zur Verteidigung ihrer Neutralität fehlen. Ein Zwischenfall in Tallinn (Reval) sollte dies erhärten. Das polnische U-Boot »Orzel« (Kloszkowski) war dort mit Havarie eingelaufen und interniert worden, jedoch am 17. September 1939 unter dem Beschuß estnischer Küstenbatterien ausgebrochen, um sich nach England durchzuschlagen. Angeblich hatte der Pole am nächsten Tag einen russischen Dampfer versenkt.[7]

Ribbentrop war mit großem Gefolge nach Moskau geflogen. Außer Gaus, Schnurre und Kordt begleiteten ihn der NS-Gauleiter von Danzig, Albert Forster, und mehrere Gehilfen. In der sowjetischen Hauptstadt schlossen sich Schulenburg, Hilger und

Köstring an. Stalin zog Molotow, Mikojan und Potemkin, Pawlow, Berija und Woroschilow, Kaganowitsch, Wosnessjenskij und Schaposchnikow hinzu. Beim Galadiner im Großen Tartarensaal des Kreml wurde der Kreis noch erweitert.[8]
Zu den Vollsitzungen versammelte man sich am Konferenztisch in Molotows Arbeitszimmer. Zwischen den Gesprächen empfing der Ratsvorsitzende den Esten und seinen Kollegen aus Ankara. Sowjetische Truppenkonzentrationen, Grenzzwischenfälle, auch ein scheinbar zufälliges Zusammentreffen von Ribbentrop und Selter, verstärkten den Druck auf die neutralen Nachbarn. Sie sollten annehmen, daß die Sowjetunion und Deutschland dabei seien, ihre machtpolitischen Interessen ohne Rücksicht auf kleinere Staaten zu verfolgen.[9]
Tatsächlich behandelten Molotow und Ribbentrop die »baltische Frage«. Auch das Problem der türkischen Meerengen wurde berührt. Vorrang hatten jedoch die polnische Teilung und der verstärkte Handelsaustausch. Das Resultat fand seinen Niederschlag in dem deutsch-sowjetischen Grenz- und Freundschaftsvertrag vom 28. September 1939, dessen Unterzeichnung am nächsten Morgen erfolgte, mehreren Zusatzprotokollen und Briefen sowie nachfolgenden Erklärungen.[10]
Die neue, von Stalin mit Blaustift markierte Trennungslinie sollte eine gemischte Kommission vermessen. Diese im Vertragstext als »endgültig« bezeichnete Grenze folgte etwa dem Lauf der Flüsse Pissa, Narew, Bug und San. Dessen ungeachtet fiel der Suwalkizipfel an Deutschland, das ferner von dem aus seiner Interessensphäre entlassenen Litauen noch Gebiet um Mariampol erhalten sollte, wenn Rußland »auf dem Boden« der mit Wilna beschenkten Republik »besondere Maßnahmen« ergriff.
Großes Gewicht hatte die im Briefwechsel zwischen Molotow und Ribbentrop vereinbarte Erweiterung des Handelsvolumens. Der Ratsvorsitzende versprach nicht nur, die Deutschland durch den Verbleib der galizischen Erdölfelder bei Rußland entgangenen Fördermengen auszugleichen. Die UdSSR öffnete sich zugleich für den Transit der vom Reich in Rumänien, Mittel- und Ostasien erworbenen Güter. Wenn auch noch Monate vergingen, bis Mikojan und Schnurre (am 11. Februar 1940) ein neues Wirtschaftsabkommen schlossen, so begannen doch jetzt schon die Warenströme zu fließen.
Die UdSSR brachte unverzüglich ihre Ernte ein. Nachdem Selter am 28. September 1939 einen Beistandspakt hatte abschließen müssen, wurden den Außenministern Vilhelms Munters (Lettland) und Juozas Urbšys (Litauen) am 5. und 10. Oktober 1939 durch Stalin entsprechende Verträge aufgezwungen.[11] Verbände der Roten Armee und sowjetische Seestreitkräfte besetzten die ihnen abgetretenen Stützpunkte. Fortan war die Annexion der baltischen Republiken nur noch eine Zeitfrage, obwohl Molotow mit seinem »bolschewistischen Ehrenwort« dafür einstand, daß man den Status dieser Staaten nicht verändern werde.[12]
Saraçoglu brauchte eine solche Zusicherung nicht entgegenzunehmen, er entzog sich dem russischen Drängen durch Abschluß eines Allianzvertrages mit Frankreich und Großbritannien.[13] Auch eine aus Helsinki anreisende Delegation unter Juho Paasikivi verweigerte die von Stalin geforderte Abtretung von Grenzgebieten, Inseln und Stützpunkten.[14] Die Sowjets reagierten ohne sichtliche Verärgerung. Das finnische Problem blieb für den Kreml ohnehin auf der Tagesordnung. Auch die türkische Meerengenfrage gab Moskau keinen Anlaß zur Resignation.
Polen war zum fünften Mal geteilt.[15] Stalin hatte, wie es schien, vorsichtig und maßvoll gehandelt, als er Hitler die Konkursmasse der zerschlagenen Republik zuschob und das

unglückliche Land damit weiter zum exklusiven Streitobjekt zwischen Deutschland und den Westmächten bestimmte. Die Grenzziehung des sowjetischen Diktators entsprach auffällig der Curzon-Linie von 1919, einer alten britischen Konzeption, die in Londoner Regierungs- und Oppositionskreisen noch immer für vernünftig gehalten wurde.[16]
Doch bei näherer Betrachtung zerlegte der deutsch-sowjetische Grenz- und Freundschaftsvertrag die von den Westmächten garantierte und mit ihnen verbündete Republik in zwei etwa gleich große Teilungsgebiete. Die Sowjetunion erhielt 201000 qkm, Deutschland 188000 qkm. Der Kreml unterwarf 5,27 Millionen Polen, 4,59 Millionen Ukrainer, 1,12 Millionen Weißrussen und 1,1 Millionen Juden seiner Herrschaft. Das Dritte Reich gebot nunmehr über 21 Millionen Menschen vorwiegend polnischer Volkszugehörigkeit.[17]
Von ihren Gebietserwerbungen traten die beiden Teilungsmächte kleinere Territorien an Nachbarstaaten ab. Die Sowjetunion beschenkte das zur Annexion vorgesehene Litauen mit dem 6665 qkm großen Wilnagebiet, nicht ohne auf den Nationalismus der in Kaunas tonangebenden Bourgoisie zu spekulieren.[18] Deutschland überließ der Slowakei für die Teilnahme am Septemberfeldzug verschiedene Karpatentäler, die 1920, 1924 und 1938 von polnischen Truppen okkupiert worden waren.[19] Dies alles konnte irgendwie mit dem Selbstbestimmungsrecht der Völker begründet werden. Ostpolen war 1872/93/95–1918 mit Rußland, Westpolen ebenso lange mit Preußen vereinigt gewesen. Gleichwohl zog Hitler aus dieser Tatsache keine politischen Konsequenzen. In seiner Reichstagsrede vom 6. Oktober 1939 – einem Friedensappell an die Westmächte – behauptete er lediglich, daß Frankreich und Großbritannien mit Polen nichts mehr zu tun hätten.[20] Stalin ließ für das sowjetische Annexionsgebiet eine Volksabstimmung vorbereiten.[21]
Administrative Entscheidungen der Roten Armee, zum Beispiel die General Langner bei der Kapitulation in Lemberg zugesicherten Bedingungen, wurden vom NKWD nicht anerkannt. Da weder Moskau noch Warschau förmlich den Kriegszustand erklärt hatte, galten die entwaffneten Polen als Verbrecher. Sie wurden in Straflager der Sowjetunion abtransportiert und, soweit sie Offiziere, Intendanten, Ärzte und Militärpolizisten waren, zum größten Teil unterwegs erschossen.[22]
Für die Lenkung der Okkupationspolitik war Berija zuständig. Er ließ durch seinen Stellvertreter Merkulow zunächst vor allem die NKWD-Hauptabteilungen für Staatssicherheitsdienst, Miliz und Besserungslager einschalten. Iwan I. Sjerow überzog das eroberte Land mit einem Heer von KGB-Offizieren, Kommissaren und Sekosten. Sie fanden nur schwer geeignete Mitarbeiter, waren doch die Führer der polnischen Kommunisten auf Befehl Stalins früher umgebracht worden.[23] Viktor Alter und Henryk Ehrlich, zwei maßgebende jüdische Sozialisten, die aus Hitlers Besatzungsgebiet in das sowjetische flüchteten, wurden erschossen.[24]
Sjerow öffnete die Gefängnisse und bildete mit politischen Häftlingen eine »Rote Garde«. Sie diente dem KGB als Hilfspolizei. Zum Aufbau der Gebiets- und Bezirkssowjets holte man KPdSU-Mitglieder aus Rußland.[25] Das gleiche geschah bei der Bildung von Bauernkomitees (»krestjanskij komitet«) und provisorischer Stadtversammlungen (»wremennoje uprawlenija«). Für ihre politische Manipulation machte das ZK die Ersten Sekretäre der Ukrainischen und Weißrussischen SSR, Nikita S. Chruschtschow und Pantelejmon K. Ponomarenko, verantwortlich.[26]
Sie ließen am 22. Oktober 1939 aus vorbestimmten Kandidatenlisten mit 90,0% und

90,7% geeignete Vertreter für je eine »westukrainische« und »weißrussische« Nationalversammlung delegieren.[27] Die beiden Gremien traten getrennt in Lemberg und Bialystok zusammen, wo »die Redner einer nach dem andern« sagten, daß es »ihr schönster Traum« wäre, sich der Sowjetunion anschließen zu dürfen.[28] »So groß«, schrieb Chruschtschow, »war die Macht von Lenins Idee.«[29] Nachdem die beiden Nationalversammlungen am 27. und 29. Oktober 1939 einstimmig für den Beitritt zur Weißrussischen und Ukrainischen SSR votiert hatten, flog der Oberste Sowjet von Moskau nach Kiew, um dort unter dem Vorsitz der Präsidiumsmitglieder Michail I. Kalinin und Andrej A. Andrejew am 1. November 1939 die nötigen Formalitäten abzuwickeln. Vierundzwanzig Stunden später wurde der nämliche Staatsakt mit den Ruthenen vollzogen.[30]

Zuvor war man in Lemberg und Bialystok einem Wink aus Moskau gefolgt und hatte den Übergangsverfassungen zwei Artikel über die Expropriation der landbesitzenden Ausbeuterklasse eingefügt.[31] Der Enteignungsbefehl des NKWD Nr. 001.223/39, den Berija und Merkulow unterzeichneten, richtete sich aber nicht nur gegen die polnischen Gutsherren. Innerhalb kurzer Frist wurden alle Bauern sowie sämtliche Unternehmer und Geschäftsleute um ihre Habe gebracht.

Die Sowjets hatten höhere Schulen, Universitäten, Forschungsinstitute und Bibliotheken geschlossen, Zeitungen verboten oder gleichgeschaltet, Rundfunksender, Verlagshäuser, sogar alle Buchhandlungen übernommen. Auch wurden Gotteshäuser, Betsäle, Zerkwe und Synagogen versiegelt, die Kirchenschätze der vier christlichen Konfessionen geplündert, den Juden ihre aus Edelmetall gefertigten Kultgegenstände entwendet. Kein Lehrer durfte noch unterrichten, kein Priester, Pastor, Pope oder Rabbi vor die Öffentlichkeit treten.

Den Metropoliten der uniierten griechisch-katholischen Kirche, Andrej Scheptnyzkyj, ließ Berija noch nicht festnehmen, doch wurde aus der Umgebung des Patriarchen ein verräterischer Kleriker geworben, der für den Papst bestimmte Kurierpost deutschen Gestapo-Beamten auslieferte. Da seit dem zweiten Moskauer Treffen RSHA und KGB zusammenarbeiteten, bekamen die Sowjets dieses Material zugestellt, mit dem sie nun einen Scheinprozeß gegen den Kirchenfürsten vorbereiteten.[32]

Wer weniger bekannt war als Scheptnyzkij, kam nicht erst vor Gericht. Merkulow und Sjerow ließen ihre Häftlinge ohne viele Umstände in Gefängnisse und Katorgen werfen, durch Lager wie Kozielsk, Ostoschko, Norilsk, Strobielsk schleusen und weiter bis nach Magadan, Karaganda und Kasachstan, Workuta, Nordsibirien und Kamtschatka bringen oder auf die Solowki-Inseln verteilen. Insgesamt verschleppten die Staatssicherheitsorgane der Sowjetunion 1939/40 aus Ostpolen 1,2 Millionen Menschen.[33]

Die Verhaftungswellen schwemmten Beamte und Justizpersonen, Geistliche und Akademiker, Gutsherren, Fabrikbesitzer und Kaufleute hinweg, auch Polizisten, Grenzer und ehemalige Offiziere. Ihnen folgten die kleinen jüdischen Händler, Lutheraner, Kalvinisten und Mohammedaner[34], Mitglieder der Pfingstgemeinden, Karäer[35] und Stundisten.[36] Für viele nahm der Transport ein jähes Ende. Man fand ihre Massengräber in Wielejka, Berwcz, Rowziki und Katyn. Insgesamt sollen 25000 Menschen aus Ostpolen liquidiert worden sein.[37]

Obwohl jeder Verdächtige (»bladinadjoschenhyj«) vom KGB registriert und beobachtet wurde, suchten zahllose Bewohner Ostpolens, die meisten zu Fuß oder mit Pferdefuhrwerken[38], nach Litauen und Rumänien, vorzugsweise jedoch in das deutsche

Besatzungsgebiet zu entkommen. Tausende stellten Anträge auf Familienzusammenführung, zum Erstaunen Chruschtschows auch viele Juden, die ungeachtet des deutschen Terrors umsiedeln wollten.[39]

Die Reichsführung hatte das Projekt des polnischen Reststaates endgültig verworfen, obwohl sie ein Passus des Grenz- und Freundschaftsvertrages eigentlich nur verpflichtete, diesseits der Demarkation nationalistische Propaganda zu unterbinden. Studnicki wurde von der Gestapo in »Ehrenhaft« genommen.[40] Ein Gespräch zwischen Göring und Radziwill blieb unergiebig.[41] Auf die Nachricht, daß Kardinalprimas Augustyn Hlond, ein Gegner Sikorskis, für Kontakte mit den Deutschen eintrat, verhielt sich Ribbentrop schroff ablehnend.[42]

Nach dem zweiten Moskauer Treffen wurde die territoriale Umgestaltung auch von deutscher Seite beschleunigt. Hitler ließ die 1919 abgetretenen Provinzen durch kongreßpolnische Kreise verdoppeln und den 90000 qkm großen Komplex in zwei Teile zerlegen, die »eingegliederten Ostgebiete« und das mit Geheimerlaß vom 12. Oktober 1939 geschaffene »Generalgouvernement«. Die Grenze zwischen ihnen zog eine Kommission unter Ministerialdirektor Ernst Vollert. Das Resultat gab der Reichsinnenminister Wilhelm Frick stückweise bekannt.[43]

Die beiden neuen Gebilde wurden eng mit Deutschland verbunden. Doch der Zollgrenzbezirk war nur 150 bis 200 km weit bis zur Vollertschen Linie verschoben, während die Polizeigrenze ungefähr dort lag, wo sie vor dem Kriege verlief. Dadurch sollte ein Abwandern der Umsiedler erschwert und nach Aufhebung der Militäradministration am 26. Oktober 1939 ein Dominium für SS und Partei geschaffen werden, deren Aktivität sich von den herkömmlichen Verwaltungspraktiken im »Altreich« deutlich abhob.

Zuerst entstand der Reichsgau Danzig-Westpreußen unter Albert Forster. Sein Territorium umfaßte das am 1. September 1939 mit Deutschland wieder vereinigte Danzig und den ehemaligen Korridor sowie Teile der früheren Provinz Posen, vor allem Bromberg und Thorn sowie die Kreise Lipno und Rypin. Neben 400000 Danzigern lebten hier weitere 400000 Volksdeutsche, auf dem Lande jedoch vorwiegend Kaschuben und im Südosten fast ausschließlich Polen.

Ebenso willkürlich wurde Ostpreußen unter seinem NS-Gauleiter Erich Koch umgestaltet. Er mußte zwar einen Regierungsbezirk an Danzig-Westpreußen abtreten, bekam dafür jedoch Ziechenau (Ciechanow), ein 12000 qkm großes Gebiet der ehemaligen Woiwodschaft Warschau mit neunzigprozentig polnischer Bevölkerung und 80000 Juden. Außerdem erhielt der Gau den allein von Masuren und Litauen, Polen und Ruthenen bevölkerten Suwalkizipfel.[44]

Als größtes der eingegliederten Ostgebiete entstand der zuerst »Posen«, dann »Wartheland« genannte Reichsgau des ehemaligen Danziger Senatspräsidenten Arthur Greiser mit rund 42000 qkm und 4,2 Millionen Einwohnern (80% Polen, 8% Juden und 7% Deutschen). Der westliche Teil dieses Raumes war Abtretungsgebiet von 1919/20, der Regierungsbezirk Kalisch, in dem Lódź (ab 1940: »Litzmannstadt«) lag, hingegen kongreßpolnischer Herkunft.[45]

Auch in Oberschlesien ließ es Hitler nicht bei der Rückgliederung abgetretenen Gebietes bewenden. Er vereinigte das wertvolle Industrierevier von Kattowitz, Beuthen und Hindenburg sowie Distrikte um Rybnik und Pleß, die 1921 hatten Polen überlassen werden müssen, mit dem aus österreichisch-ungarischem Besitz stammenden Teschener Land und den kongreßpolnischen Kreisen West-Tschenstochau und Oppeln unter dem ehemaligen Gauleiter-Stellvertreter und SS-Brigadeführer Fritz Bracht.[46]

Dem sich ostwärts bis an den Bug und San erstreckenden »Beuteland«, das nicht mehr »Polen«, sondern »Generalgouvernement« hieß, war ein hartes Los beschieden. Das Gebiet wurde nach dem Willen des Diktators mit dreifacher Absicht ausgenutzt. Es sollte abgeschobene Bevölkerungsteile aufnehmen, als »Leihzentrale« für ungelernte Arbeiter dienen und im Distrikt Lublin, wo sich viele Gettos befanden, ein »Judenreservat« bilden.[47] Als beflissener Vollstrecker dieser Politik nahm der Generalgouverneur Hans Frank seinen Sitz in Krakau.[48]

Die eroberten Gebiete sollten entpolonisiert werden. Mit Himmler, Heydrich, den NS-Gauleitern und Frank führte Hitler Veränderungen herbei, die einzig in der Geschichte Mitteleuropas waren. Millionen von Menschen wurden ihrer nationalen Identität beraubt, entweder planmäßig germanisiert oder entrechtet und ausgetrieben, als Zwangsarbeiter verschleppt und zerstreut, vielfach mit dem Brandmal einer »minderwertigen Rasse« abgestempelt, systematisch zugrundegerichtet und umgebracht.

Der »Flurbereinigung« diente ein Nationalkataster, die »deutsche Volksliste«. Ihre Einträge sollten eine »restlose Beseitigung« des polnischen Elementes und der »Judenheit« vorbereiten und die »Umvolkung« oder »Eindeutschung« verschiedener Gruppen »schwebenden Volkstums« wie Kaschuben, Masuren, Slonsaken, Lemken, Huzulen und deutsch-polnischer »Mischlinge« ermöglichen. Letztere erhielten die deutsche Staatsangehörigkeit »auf Widerruf«. Dagegen galten die sogenannten Kongreßpolen als »Schutzangehörige des Reiches«, was dem Entzug ihrer bürgerlichen Rechte gleichkam.[49]

Zur »Germanisierung« des gewonnenen Raumes wurden die Auslandsdeutschen mobilisiert. Der Moskauer Grenz- und Freundschaftsvertrag ermöglichte die Umsiedlung solcher Gruppen aus Ostpolen und Wolhynien. Abkommen mit den baltischen Republiken führten zur »Heimkehr« der dortigen Vorposten des Deutschtums. Die »Volksdeutsche Mittelstelle« des SS-Obergruppenführers Werner Lorenz erfaßte weit über 300000 Menschen, darunter zunächst 65000 Baltendeutsche (60000 aus Lettland, 14000 aus Estland). Sie kamen größtenteils noch im Oktober 1939 auf dem Seewege nach Gdingen, das jetzt »Gotenhafen« hieß.[50]

Die Umsiedler durften weder in das »Altreich« weiterreisen, noch als eine geschlossene Volksgruppe fußfassen. Ihr Zuweisungsgebiet, der Warthegau, wurde auch mit Deutschen aus Litauen, Podolien, Wolhynien und Polesien »durchsiedelt«. Später kamen 135000 Bessarabien- und Buchenland-Deutsche hinzu.[51] Himmler und Lorenz hofften auf eine Verschmelzung der unterschiedlichen Elemente. Auf weite Sicht sollte der einheitliche Typus eines neuen »Deutschtums im Osten« entstehen.[52]

Der »Reichskommissar für die Festigung des deutschen Volkstums« koordinierte alle Maßnahmen der Siedlungs- und Germanisierungspolitik. Als »Reichsführer SS und Chef der deutschen Polizei« leitete Himmler aber auch ergänzende Terror- und Vertreibungsaktionen ein. Am 3. Oktober 1939 befahl er SS-Gruppenführer Reinhard Heydrich und dessen »Judenreferenten«, Hauptsturmführer Adolf Eichmann, »alle Kongreßpolen und Juden« sowie »führende deutschtumsfeindliche« Personen aus Danzig-Westpreußen und Posen abzuschieben.

Während SS-Gruppenführer Udo von Woyrsch solche Menschen durch wilde Terrorakte aus dem Kattowitzer Raum vertrieb, ging die SS in den übrigen Ostgebieten

langsam und stetig vor. Als ausführende Organe dienten die von Heydrich wieder aufgestellten Einsatzgruppen, die zunächst bei den vorgehenden Armeen polnische Dokumente sichergestellt, verdächtige Personen aufgestöbert, Juden, Saboteure und Freischärler erschossen hatten, seither jedoch ortsfeste Gestapo-Dienststellen und SD-Unterabschnitte bildeten.[53]
Die Oberaufsicht führten Himmlers »Höhere SS und Polizeiführer«. Auf ihr Geheiß wurden bestimmte Gruppen erfaßt und von der Ordnungspolizei schubweise auf dem Schienenweg abtransportiert. Im Aufnahmegebiet und seinem Judenreservat waren SS-Gruppenführer Friedrich Wilhelm Krüger und SS-Brigadeführer Odilo Globocnik für die Verteilung zuständig. Umgekehrt verschickten diese beiden HSSPF, solange sich Frank noch gegen die Einrichtung deutscher Konzentrationslager auf dem Boden des Generalgouvernements verwahrte, zahlreiche Polen, überwiegend Angehörige der Oberschicht, in das grenznahe Auschwitz.
Mehrfach ereigneten sich Gewaltakte von seiten der Volksdeutschen, die unter SS-Führern wie Ludolf von Alvensleben und Kurt Eimann für polnische Greueltaten Rache nahmen. In der Regel dienten frühere Massaker wie der »Bromberger Blutsonntag« aber nur als Vorwand für Liquidierungen, denen vor allem Priester und Adlige, nicht zuletzt tonangebende Mitglieder des chauvinistischen Westmarkenverbandes, der Polnischen Legion sowie des See- und Kolonialvereins zum Opfer fielen.[53]
Solange die Einsatzgruppen dem Heer unterstanden, gab es Spannungen zwischen Offizieren, SS und vorgesetzten Dienststellen. Generaloberst Georg von Küchler ließ Angehörige der SS-Verfügungstruppe vor Gericht stellen. Die Generale Fritz Brand, Wilhelm Ulex und Walter Petzel erhoben Protest. Generaloberst Johannes Blaskowitz wandte sich beschwerdeführend an das Oberkommando. Admiral Wilhelm Canaris wurde bei Keitel vorstellig. Doch dieser blieb reserviert. Auch Brauchitsch und Rundstedt hielten sich zurück.[55]
Hitler erging sich gegenüber Keitel, Wagner und Rosenberg in gehässigen Äußerungen über die bemitleideten »Juden, Polacken« und das »andere Gesindel«. Das Heer habe »kindliche Einstellungen«, die Offiziere müßten wissen, daß man Krieg nicht mit »Heilsarmeemethoden« führe: Himmler möge die »Beanstandungen« nachprüfen. Blaskowitz aber, der inzwischen auch Frank und Krüger angegriffen hatte, sollte als Oberbefehlshaber der deutschen Verbände in Polen abgelöst werden.[56]
Vordergründig gewahrte der Beobachter weniger beklemmende Aspekte. Auf den Bahnhöfen von Lemberg und Przemyśl, Rowno und Kowel herrschte lebhafter Verkehr. Langen Zügen mit Beutegut, die nach Rußland rollten, begegneten ebensoviele Transporte in westlicher Richtung. Es gab Wochen, in denen täglich 3000 t Erdöl und 3600 t andere Rohstoffe für Deutschland umgeschlagen wurden. Das geteilte Polen war zur Drehscheibe des Ost-Westhandels geworden.[57]
Die Sowjetunion gab bei ihrem Vertragspartner noch 1939 zusätzliche Bestellungen im Werte von 200 Millionen RM auf, was zu einer Steigerung der deutschen Ostausfuhren um 600 Prozent führte.[58] Besonders Investitionsgüter – Werkzeugmaschinen, Installationen für chemische Betriebe und Kraftwerke, Meßinstrumente und Röhren, auch Baumuster und Konstruktionszeichnungen – waren gefragt, dazu Rüstungslizenzen, Schiffskörper, Waffen und Nachrichtengerät. »Die Russen«, klagte Oberstleutnant Helmuth Groscurth, »stellten die tollsten Forderungen an uns.«[59]
Dafür wurden aber auch die Sendungen aus dem Osten reichhaltiger. Die Einfuhrlisten

des »Rußlandausschusses der deutschen Wirtschaft«, in dem sich unter Botschafter Karl Ritter und General Georg Thomas zweiundvierzig Einkäuferfirmen vertreten ließen[60], reichte von Asbest über Erdöl, Kautschuk und Kupfer, Weizen und Tabak bis zu Zink und Zinn, und enthielt sogar, um einige ausgefallene Posten zu erwähnen, Schilddrüsen, Hauenblende und Rinderschweife. Diese Lieferungen zusammen mit der planmäßigen »Auspowerung« Polens ermöglichten Hitler, seinen nächsten »Blitzfeldzug« vorzubereiten.[61]

[1] Domarus, II, S. 1353ff.

[2] Halder, I, S. 72.

[3] Denkschrift v. 25.9.1939; s. Rossi, S. 70.

[4] Die vier Polen hatten unter General Hans Hartwig von Beseler im »Kaiserlichen Generalgouvernement Warschau« eine Rolle gespielt und das Nationalkomitee zur Neugründung Polens 1916 angehört. Vgl. Roos, S. 172.

[5] M. Broszat: Nationalsozialistische Polenpolitik 1939–1945 (Schriftenreihe der VZ, 2), Frankfurt – Hamburg [2]1965, S. 15 (zit. Broszat); H. Umbreit: Deutsche Militärverwaltungen 1938/1939. Die militärische Besetzung der Tschechoslowakei und Polens (Beiträge zur Militär- u. Kriegsgesch., 18) Stuttgart 1977, S. 65ff.; neuerdings H. Rohde, in: DR, II, S. 136–139.

[6] DGFP, VIII, Nr. 504; Seidl, Nr. 82 u. 83; ADAP, D, VIII, Nr. 157 u. 159; dazu Fabry: Sowjetunion, S. 49ff.; A. Kuhn: Das nationalsozialistische Deutschland und die Sowjetunion, in: Hitlers Deutschland u. d. Mächte, S. 639–653; u. Rossi, S. 72ff.; ferner Hilger, S. 286f.; Köstring, S. 144ff.; Kleist, S. 104 u. E. Kordt: Wahn und Wirklichkeit, Stuttgart 1948, S. 219f. (zit. Kordt: Wahn).

[7] Myllyniemi, S. 57. Einzelheiten b. B. Gregory: The Eagle is free, in: MH 2/1983, S. 22ff.; E. Potocki: Die Flucht aus Tallinn, in: Das kämpfende Polen, Zürich 1941, S. 126ff. u. R. Raid: Die Russen kommen, Freiburg – Frankfurt 1953, S. 10 (zit. Raid).

[8] Kordt: Wahn, S. 224f., Köstring, S. 145; Kleist, S. 103; H. Baur: Mit Mächtigen zwischen Himmel und Erde, Oldendorf 1971, S. 182 (zit. Baur).

[9] Zu den Verhandlungen zw. Selter u. Molotow vor allem K. Selter: Eesti välisministerina Moskovas, in: Eesti Riik ja Rahvas toises maailmasõjas II, Stockholm 1955; ferner die Memoiren des estn. Gesandten in Moskau A. Rei: The Drama of the Baltic Peoples, Stockholm 1970, S. 259ff. u. aufgrund d. Protokolle A. Warma: Eesti Üliopilaste Seltsi, Album XII, Stockholm 1955. Vgl. auch Rei, S. 87ff. u. H. v. Tobien: Die Methoden des sowjetischen Imperialismus, Bonn 1955, S. 31 (zit. Tobien); Rauch: Baltische Staaten, S. 117f. u. Uustalu, S. 238ff.

[10] Texte in: ADAP, D, VIII, Nr. 157, 158, 159, 160, 162, 163; vgl. Jacobsen: Weg, S. 31f. (Auszüge); dazu Fabry: Sowjetunion, S. 85ff.

[11] Myllyniemi, S. 41f., 46ff., 50, 51ff.; B. Meißner: Die Sowjetunion, die baltischen Staaten und das Völkerrecht, Köln 1956 (zit. Meißner); A. Rumpeters: Soviet Aggression against the Baltic States, New York 1974, S. 3ff. (zit. Rumpeters); J. Zalcmanis: Die Preisgabe der baltischen Staaten, Stockholm 1979 (zit. Zalcmanis); auch Hellmann, S. 166ff.; Rauch: Balt. Staaten, S. 119ff.; Tobien, S. 33ff.; dazu die Arbeit des eh. estn. Generalstabschefs R. Maasing: Eesti ja N. Liidu sojäväliste delegatioonide läbiräälimisi 1939 a oktoobris, in: Eesti Riik, Stockholm 1956. Übersetzungen der Verträge u. sonstigen Dokumente in: Report of the Selected Committee to investigate Communist Aggression and Incorporation of the Baltic States into the USSR, 3 Bde., Washington, D. C., 1954 (zit. Report Baltic States).Die sowjet-litauische Version b. J. Paleckis: In zwei Welten. Aus der Litauischen Dorfschmiede in den Kreml, (Ost-)Berlin 1976, S. 237ff. (zit. Paleckis).

[12] Rumpeters, S. 11.

[13] Allg. E. Zechlin: Die türkischen Meerengen – Ein Brennpunkt der Weltgeschichte, in: GWU 19/1966, S. 1–31; R. Peters: Geschichte der Türken, Stuttgart 1966, S. 149ff.; Woodward I, Chapt. LII; ferner L. Krecker: Deutschland und die Türkei im Zweiten Weltkrieg, Diss., Frankfurt 1964 (zit. Krecker); Z. Önder: Die türkische Außenpolitik im Zweiten Weltkrieg, München 1977 u. H.-

J. Lorbeer: Westmächte gegen die Sowjetunion 1939–1941 (Einzelschriften zur milit. Gesch. d. Zweiten Weltkrieges, 18), Freiburg 1975, S. 65f. (zit. Lorbeer).

[14] Allg. L. A. Puntila: Suomen poliittinen historia 1809–1966, Helsinki [5]1971 (zit. Puntila); A. Pakeslahti: Talvisodan poliittinen näytelmä, Porvoo 1970 (zit. Pakeslahti); dazu M. Jakobson: Diplomatie im Finnischen Winterkrieg 1939/40, Düsseldorf 1970, S. 13ff. (zit. Jakobson); d. Memoiren v. J. K. Paasikivi: Toimintani Moskovas sa ja suomessa 1939–1941, Helsinki 1959, Dt.: Meine Moskauer Mission 1939–1941, Hamburg 1966 (zit. Paasikivi) u. V. Tanner: Olin ulkoministerinä talvisodan aikana, Helsinki 1951 (zit. Tanner).

[15] Viele Autoren verzeichnen eine »vierte Teilung«; richtig ist dagegen, ebenso wie Roos: Gesch., S. 142 u. die poln. Historiker, von einer »fünftenTeilung« zu sprechen, da außer den Ereignissen von 1772, 1793, 1795 auch der Vertrag von Kalisch 1813 berücksichtigt werden muß.

[16] Vgl. Maiskij, S. 543.

[17] Zahlen nach P. Millard: Stalins vergessene Opfer, in: DZ, 31.3.1975, S. 8, Roos: Gesch., S. 173 u. Wojskowy Przeglad Historyvzny 1/1967; abweichend Broszat: NS Polenpol., S. 32 (unter Bezugnahme auf d. Volkszählung v. 9.12.1931).

[18] Myllyniemi, S. 76f. u. L. Sabaliunas: Lithuania in Crisis, Indianapolis, Ind., 1972, S. 111ff.

[19] ADAP, D, VIII, Nr. 181, 182, 184, 213.

[20] Domarus, II, S. 1377ff.; dazu Martin: Friedensinitiativen, S. 57ff.

[21] Rumpeters, S. 178; Tobien, S. 208f.; Rauch, S. 382f.; H. Seton-Watson: Von Lenin bis Malenkow, München 1955, S. 181.

[22] Elble, S. 190 u. Millard: Stalins vergessene Opfer, s. Anm. 17; Näheres b. J. Cuapski: Unmenschliche Erde, Köln – Berlin 1969, S. 61ff. (zit. Cuapski); A. Bliss: I saw Poland betrayed, Indianapolis, Ind., 1964, passim (zit. Bliss); H. de Montfort: Le massacre de Katyn, Paris 1969, passim (zit. De Montfort); H. Thieme: Katyn – Ein Geheimnis? in: VZ 4/1955, S. 409ff. (zit. Thieme); J. K. Zawodny: Zum Beispiel Katyn, München 1971, S. 18ff. (zit. Zawodny).

[23] Lewytzkyj, S. 188 u. 192f.; Sekosten hießen die Spitzel des KGB.

[24] M. K. Dziewanowski: The Communist Party of Poland, Cambridge, Mass., 1976. A. Korbonski: The Polish Communist Party, 1938–1942, in: SR 26/1967.

[25] Chruschtschow erinnert sich, hg. v. S. Talbot, eingel. u. kommentiert v. E. Crankshaw, dt. Hamburg 1971, S. 155, dazu d. Kommentar S. 120f., Anm. 2 (zit. Chruschtschow).

[26] ebd.

[27] ebd., S. 159.

[28] A. Werth: Russia at War 1941–1945, London 1964, S. 59 (zit. Werth).

[29] Chruschtschow, S. 158; auch Paasikivi, S. 72f. u. Tanner, S. 50f.

[30] Werth, S. 59.

[31] BA, AA, Rußland, Verschluß 76, Bd. 7.

[32] Lewytzkyj, S. 186.

[33] ebd., S. 187.

[34] Schätzungen v. H. v. Krannhals: Der Warschauer Aufstand 1944, Frankfurt 1962, S. 152ff. (zit. Krannhals).

[35] Ursprünglich v. d. Zaren als Kriegsgefangene in Weißrußland angesiedelt.

[36] Jüd. Sekte, die den Talmud nicht anerkennt.

[37] Prawoslawische Sekte.

[38] Meyer, S. 123 u. 131.

[39] J. Mackiewicz: Der Weg ins Nirgendwo, München 1959, S. 128.

[40] Chruschtschow, S. 156.

[41] C. Madajczyk: Przywódny Hitlerowski wobec sprawy Polskiej w okriesie of pazdzierdikarzrŝnia 1940 r, in: Przeglad Zechodo 1/1958, S. 14.

[42] ebd., S. 9.

[43] Archivmaterial b. Broszat: NS Polenpol., S. 17 Anm. 5.

[44] Kongreßpolen, hist. Begriff, der sich auf das v. Wiener Kongreß 1814/15 in Personalunion mit Rußland verbundene Polen (bis 1830) bezog; im Dritten Reich auf Bewohner ds. Gebietes im Unterschied zu den seit Ende des 18. Jhs. in Preußen lebenden »Altpolen«; vgl. Broszat: KZ, in: Anatomie, II, S. 92. Hitlers Geheimerlaß zur Bildung des GG wurde nicht veröffentlicht. Eine DNB-Meldung v. 26.10.1939 gab d. vollzogene Tatsache bekannt; dazu Broszat: NS Polenpol., S. 44ff. u. 75ff.; Rohde, in: DR, II, S. 142; Umbreit, S. 189ff.

45 Broszat: NS Polenpol., S. 35f.

46 Roos: S. 174f.

47 Broszat: NS Polenpol., S. 37.

48 Roos: Polen in der Besatzungszeit, in: Osteuropa-Hdb., S. 156f. Die Zitate sind einer Aktennotiz v. Bormann, 1.10.1939, entnommen, s. IMT, Bd. 14, S. 560f. u. Bd. 39, S. 425ff.

49 Das Diensttagebuch des Generalgouverneurs in Polen 1939–1945, hg. v. W. Präg u. W. Jacobmeyer (Quellen u. Darstellungen zur Zeitgeschichte, 20), Stuttgart 1975 (zit. Diensttagebuch), S. 24ff. Weitere Hinweise auf Hitlers Gedankengänge b. Halder, I, S. 107 u. i. Jodl-Tgb., in: Welt als Gesch., hg. v. Hubatsch, S. 165ff.; dazu Broszat: NS Polenpol., S. 23ff.; Rohde, a. a. O., S. 143; Roos: Gesch., S. 165ff.; Umbreit, S. 200ff. Die zit. Passagen sind einer Denkschrift des Reichsinnenministers v. 2.10.1939 (zit. v. Broszat: NS Polenpol., S. 20f.) sowie einer Denkschrift Himmlers v. Mai 1940 (abgedr. in: VZ 5/1957, S. 194ff.) entnommen; weitere Dokumente in: Polacy Zydzi 1939–1945, hg. v. St. Wronski u. M. Zwolakowa, Warschau [2]1982 (zit. Wronski/Zwolakowa), S. 14–39.

50 Wortlt. d. Verträge in: Report, Bd. 2, S. 322ff.; Ursachen, XIV, S. 121ff.; vgl. BA, AA, Büro RAM/Lettld. u. Schreiben Chef RSHA an RAM, 9.10.1929 u. ADAP, D, VIII, Nr. 153; dazu Bevölkerungs-Ploetz, S. 309 (mit z. T. abweichenden Ziffern). Ausführl. Darstellungen geben O. Angelis: Die Umsiedlung der Estlanddeutschen, in: Balt. Hefte 17/1970; G. v. Hehn: Die Umsiedlung der baltischen Deutschen, Marburg 1982; E. Kroeger: Der Auszug aus der alten Heimat, Tübingen 1967, passim; (zit. Kroeger); G. Laatik: Teekond läbi öö, Vadstena 1950, passim; D. A. Loeber: Deutsche Politik gegenüber Estland und Lettland. Die Umsiedlung der deutsch-baltischen Volksgruppe im Zeichen der Geheimabsprache mit der Sowjetunion 1939, in: Hitler, Deutschland u. d. Mächte, a. a. O., S. 675–683; M. Valters: Das Verbrechen an den baltischen Staaten, o. O., 1962. Interessante Stimmungsbilder b. Raid, S. 35ff. u. 48ff.; vgl. auch d. Zuschrift v. W. Bergengruen, in: NZZ, 21.10.1966.

51 J. F. Müller: Ostdeutsches Schicksal am Schwarzen Meer, Donzdorf 1982.

52 Broszat: NS Polenpol., S. 50ff., 62ff., 112ff. u. Roos: Gesch., S. 167f.; dazu W. Kuhn: Das Deutschtum in Polen und sein Schicksal in Kriegs- und Nachkriegszeit, in: Osteuropa-Hdb., S. 138–164 zum Schicksal d. poln. Umsiedler s. Kroeger, S. 184f. u. 188f.

53 Näheres i. d. Anklageschrift gegen den eh. SS-Obergruppenführer Karl Wolff wegen gemeinschaftl. Mordes bei dem Landgericht München II (1960), 10a, Js. 29/60 (zit. Anklageschr. Wolff); dazu Höhne, S. 277; Krausnick/Wilhelm: Einsatzgr., a. a. O., S. 33–54.

54 H. Krausnick: Dokumentation – Hitler und die Morde in Polen, in: VZ 11/1963, S. 196ff. (zit. Krausnick: Hitler u. d. Morde), S. 203; Höhne, S. 275f.; R. Hilberg: The Destruction of the European Jews, Chicago, Ill., 1961, passim (zit. Hilberg); Krausnick/Wilhelm: Einsatzgr., S. 63–79; zum Schicksal d. poln. Umsiedler s. Kroeger, S. 184f. u. 188f.

55 Halder, I, S. 98, 100, 106, 206, 223, 275; Vortragsnotiz v. Blaskowitz, abgedr. b. Jacobsen: Der Weg, S. 33f.; Besprechung Hitler – Keitel, ebd., S. 31f.; Briefe dt. Soldaten, abgedr. in: VZ 2/1954, S. 298ff.; IMT, Bd. 26, S. 379; dazu Krausnick: Hitler u. d. Morde, S. 203; Broszat: NS Polenpol., S. 28ff. (dort auch Beispiele ziviler Proteste); Höhne, S. 278.

56 Halder, I, S. 79 u. 167; Broszat: NS Polenpol., S. 76; Höhne, S. 282; Krausnick: Hitler u. d. Morde, S. 205; neuerdings Krausnick/Wilhelm: Einsatzgr., S. 80–106.

57 Zahlen v. Frühjahr 1940, ermittelt f. d. Verschiebebahnhöfe v. Malszewice (Brest-Litowsk) u. Zurawice (Przemysl), b. Fabry: Sowjetunion, S. 189 u. H. Pottgießer: Die deutsche Reichsbahn im Ostfeldzug, Neckargemünd, 1960, S. 19ff.

58 H. Groscourth: Tagebücher eines Abwehroffiziers 1938–1940. Mit weiteren Dokumenten hg. v. H. Krausnick u. H. C. Deutsch unter Mitarbeit v. H. v. Kotze, Stuttgart 1970, S. 301 (zit. Groscourth) u. Thomas, S. 162ff.; dazu Fabry: Sowjetunion, S. 89.

59 Groscourth, S. 237 u. Thomas, S. 166.

60 ebd. u. R.-D. Müller in: DR, IV, S. 98ff.

61 Volkmann, S. 110. Fabry: Sowjetunion, S. 90ff. widerspricht mit Hinweis auf Hitlers Osthandelspolitik Historikern, die meinen, daß der Diktator den früher programmierten Krieg gegen Rußland stets im Auge behalten habe.

Der deutsche Widerstand 1939

Auch im Reich regte sich Widerwille gegen den Krieg, jedoch ohne fremden Ansporn, von seiten vorwiegend rechtsgerichteter Gruppierungen. Da die Reste der kommunistischen Partei geflohen, untergetaucht oder übergelaufen waren, jedenfalls von Moskau strenge Weisung hatten, Hitler nicht zu bekämpfen, blieb die Opposition zunächst auf Kreise des national-liberalen Bürgertums und konservativer Offiziere beschränkt, denen sich einzelne Sozialdemokraten und sogar Mitglieder der NSDAP anschlossen.
Der totalitäre Staat ließ für Andersdenkende keinen Freiheitsraum. Sie mußten immer damit rechnen, vom Sicherheitsdienst erkannt und festgenommen zu werden. Unter diesen Umständen war der Aufbau einer umfassenden Widerstandsorganisation unmöglich. Die Regimegegner trafen sich eher zufällig, beim Dienstgespräch oder im häuslichen Rahmen. So entstanden kleine Zirkel mit Zwischengliedern und Übergängen ohne gemeinsame Führung und politisches Programm.[1]
Die Motive waren verschieden. Ehemalige Minister, Diplomaten und Abgeordnete standen von vornherein im Gegensatz zur NSDAP. Andere Gruppen hatten sich nach den Juni-Morden und der Fritsch-Affäre abgewandt und in Hitler einen skrupellosen Vabanquespieler zu sehen begonnen. Aber die meisten wußten gegen den Septemberfeldzug wenig einzuwenden. Einige hielten noch immer an den Ostgrenzen des Jahres 1914 fest und betonten dies beim Zusammentreffen mit Engländern in Bern und Rom.[2]
Mangels klar formulierter Kriegsziele war den Konservativen die Unvereinbarkeit zwischem ihrem Reichsgedanken und Hitlers revolutionär imperialistischer Langzeitprogrammatik nicht bewußt. Noch galt ihnen die Verständigung mit Rußland als Wiederaufnahme der Bismarckschen Außenpolitik. Die Abneigung gegen das Regime wuchs vielmehr angesichts der von staatswegen begangenen Verbrechen und einem zu neuen Untaten drängenden Antisemitismus, wie ihn Joseph Goebbels und Julius Streicher jeden Tag manifestierten.
Man empfand die Polengreuel, über die zahlreiche Informationen umliefen, als »nationale Schande«[3], ebenso jüngste Vorfälle in Prag, wo hinter dem Rücken des abwesenden Reichsprotektors der Staatssekretär Karl Hermann Frank blutige Zwischenfälle provozierte und mit Hitlers Zustimmung alle Hochschulen schloß, einige tausend Studenten deportierte und neun exekutieren ließ. Bezeichnenderweise konnten Neurath und Hácha nur wenige Maßnahmen rückgängig machen.[4]
Ein weiteres Motiv des Widerstandes wurde die Fortsetzung des Krieges. Schon am 12. September 1939 hatte Hitler seinen Wehrmachtadjutanten, Oberst Rudolf Schmundt, unter dem Siegel der Verschwiegenheit wissen lassen, daß Deutschland nach Beendigung des Polenfeldzuges auch im Westen die Initiative ergreifen werde. Acht Tage darauf erfuhr General Walter Warlimont diese Neuigkeit von Keitel. Eine Weisung Nr. 6 vom 9. Oktober 1939 veranlaßte Brauchitsch und Halder, die Offensive zu planen.[5]

Im Laufe dieses Monats kannten fast alle Widerstandskreise Hitlers Absicht. Die oppositionellen Militärs, Hochschullehrer und Kirchenmänner, Juristen und Diplomaten sahen in dem Vorhaben ein gefährliches Abenteuer, das alle Verhandlungsaussichten blockierte. Doch niemand wußte, wie man der Reichsführung in den Arm fallen könnte. Auch Ludwig Beck und Carl Friedrich Goerdeler, die sich bei ihren Gesinnungsfreunden hohen Ansehens erfreuten, sahen keinen Ausweg.[6]

Erst recht galt dies für Johannes Popitz, Jens Peter Jensen und Erwin Planck, Otto Karl Kiep, Joseph Wirmer und Hjalmar Schacht, mit denen Goerdeler in Berlin einen Kreis bildete, der Kontakte zu Prinz Louis Ferdinand von Preußen und Ulrich von Hassell, Eugen Bolz, Klaus und Dietrich Bonhoeffer, Jakob Kaiser und Julius Leber, Theodor Haubach und Carlo Mierendorff, Wilhelm Leuschner, Adolf Reichwein und anderen unterhielt.[7]

Die im Auswärtigen Amt um Weizsäcker und Kordt gescharten Kritiker verfügten über Nachrichtenkanäle, konnten Dienstreisen anordnen und Einfluß auf Stellenbesetzungen nehmen. Aber auch sie waren keine bewegende Kraft. Das gleiche galt für die »Grafengruppe«: Peter Yorck von Wartenburg, Adam von Trott zu Solz, Wilhelm Graf Schwerin von Schwanenfeld und Fritz Dietloff von der Schulenburg, den Stellvertreter des Berliner Polizeipräsidenten Wolf Heinrich von Helldorf.[8]

Verschiedene Adlige bildeten zusammen mit Horst von Einsiedel und Dietrich von Trotha, Alfred Delp und Eugen Gerstenmeier eine Gruppe, die später nach dem schlesischen Besitz der Familie Moltke als »Kreisauer Kreis« bezeichnet wurde.[9] Helmuth James von Moltke, ein Großneffe des Feldmarschalls der Bismarck-Zeit, war als Völkerrechtler ins OKW dienstverpflichtet. Er kannte die eigentlichen Verschwörer, handelte selbst aber stets im dienstlichen Rahmen.[10]

Herd der Verschwörung war die Zentralabteilung der »Abwehr«. Canaris ließ die dort arbeitenden Offiziere gewähren.[11] Ohne sein Stillschweigen hätte sich Oberst Hans Oster nicht mit Groscurth und Kordt verbinden, Oberstleutnant Erwin von Lahousen, Korvettenkapitän Franz Liedig, Hauptmann Friedrich Wilhelm Heinz und Oberleutnant Joseph Müller für illegale Schritte gewinnen sowie General Georg Thomas und Reichsgerichtsrat Hans von Dohnanyi hinzuziehen können.[12]

Ein zweites Zentrum entstand im OKH, wo sich außer Halder die Generale Hans Heinrich von Stülpnagel und Friedrich Olbricht, Oberste wie Eduard Wagner und Rudolf Gercke, Major Henning von Tresckow und Rittmeister Hasso von Etzdorf der Ausweitung des Krieges widersetzten.[13] Sie hielten Verbindung mit Offizieren der Wehrkreise und des Feldheeres, insbesondere den Generalen Alexander von Falkenhausen, Wilhelm von Leeb und Erwin Witzleben, Walter von Reichenau, Leo Geyr von Schweppenburg und Erich Hoepner.[14]

Man war sich über Ziel und Grenze der Aktion nicht einig. Etzdorf, der in einer Denkschrift den Fahneneid als hinfällig bezeichnete und militärischen Ungehorsam zur »nationalen Pflicht« erhob, fand kaum Anklang. Die Frage blieb offen, wie ein Offizier zu handeln hätte, wenn Hochverrat und Landesverrat zusammenfielen und inmitten des Kampfgeschehens plötzlich Entscheidungen verlangt wurden, die den Tatbestand der »Meuterei vor dem Feind« erfüllten.[15]

Etzdorfs Argumente enthoben den einzelnen nicht der persönlichen Verantwortung für die Folgen seines Widerstandes. Er mußte bedenken, daß eine Fronde zum Bürgerkrieg führen konnte. Auch war das Problem der »Feindbegünstigung« nicht zu negieren. Beruhigende Zusicherungen, die Kordt über seinen Bruder von britischer Seite in Bern einholte, erwiesen sich auch für einen Optimisten wie Goerdeler als trügerisch.[16] Sehr weit gingen die Ansichten über den »Tyrannenmord« auseinander.[17] Goerdeler, Beck und Canaris verwahrten sich aus religiösen Gründen gegen einen Anschlag auf das Staatsoberhaupt.[18] Halder bewertete ein Attentat als unerwünschte Notlösung.[19] Dagegen drängten Oster, Groscurth und Etzdorf zur Gewalttat, die alle Soldaten von ihrem Eid entbinden würde. Kordt bat um Überlassung eines Sprengkörpers. Er wollte Hitler eigenhändig umbringen.[20]

Die entscheidende Rolle fiel dem ObdH zu, weil nur er größere Truppenbewegungen für einen Staatsstreich anordnen konnte. Das Verhältnis zwischen diesem distanziert wirkenden Berliner und dem Chef seines Stabes, einem aus protestantischer Familie stammenden Bayern, war nicht immer harmonisch.[21] Brauchitsch und Halder kamen jedoch überein, daß man Hitlers kriegerischen Absichten am besten mit ressortbedingten Argumenten entgegentrat.[22]

Solche Einwände gab es zur Genüge. Thomas verwies auf die unzulängliche Stahlerzeugung.[23] Wagner berichtete, daß jede Einheit nur Munition für 14 Tage habe.[24] Fromm bezifferte die Zahl der schnellbeweglichen Verbände auf 75 Prozent des Standes vom 1. September.[25] Jeschonnek trug Bedenken wegen schlechten Flugwetters.[26] Bock beklagte den mangelnden Elan der deutschen Infanterie.[27].

Brauchitsch holte den als Nationalsozialisten bekannten Reichenau nach Berlin und bat ihn, dem OKW alle Gründe vorzutragen, die gegen eine Offensive sprachen. Seine eigenen Bedenken trug der ObdH selbst an höchster Stelle vor.[28] Ein Zusammenstoß mit dem ObdW war unumgänglich. »Im Anzug befindliche Krise schlimmster Art«, notierte Halder und fügte hinzu, was er von Jodl über Hitler gehört hatte: »Erbittert darüber, daß Soldaten ihm nicht folgen«.[29]

Doch der ObdW ließ sich die Initiative nicht aus der Hand nehmen.[30] Hartnäckig betonte er seinen »unabänderlichen Entschluß« zur Offensive im Westen. Als vorläufigen Termin nannte Hitler den 22. Oktober 1939, dann die Zeitspanne zwischen dem 15. und 20. November. Schließlich wurde der geplante Angriff auf 12. November vorgezogen.[31] Definitiv sollte darüber in einer Unterredung der militärischen Führer am 5. November 1939 entschieden werden.[32]

Nach dieser Anordnung fand Canaris den ObdH nervlich zermürbt vor.[33] Während Brauchitsch befehlsgemäß eine Aufmarschanweisung fertigen ließ, rüsteten sich die Heißsporne den Offizieren zum Staatsstreich. Zwei Gruppen bereiteten den Putsch vor. Osters Freunde planten im OKW-Gebäude am Berliner Tirpitzufer die Beseitigung des Diktators. Halders Arbeitskreis erörterte in Zossen den Umsturz.[34] Doch wiewohl Groscurth und Etzdorf jedem der beiden Zirkel angehörten, war die Koordination ungenügend.[35]

»Abwehr«-Leute wie Oster, Dohnanyi, Liedig und Heinz glaubten sich auf Beck, Falkenhausen und Witzleben, Olbricht und Geyr, Helldorff und Schulenburg verlassen zu können.[36] Halder rechnete mit Stülpnagel, Etzdorf und Goerdeler, der zur Zeit jedoch in Schweden weilte. Gercke versprach, den Panzerverband des Generals Hoepner, der aus Polen kam und zur Westfront geleitet werden sollte, eine Zeitlang bei Berlin festzuhalten.[37]

Beide Gruppen trennte ein schwerwiegendes Mißverständnis. Osters Freunde erwarteten von den Zossenern die Durchgabe eines Stichwortes zur sofortigen Erhebung.

Halder und Stülpnagel waren aber nicht definitiv zum Losschlagen bereit. Sie betrachteten den Aufstand als »ultima ratio«, die letzte verzweifelte Möglichkeit der Kriegsverhinderung, einen Entschluß, den man fassen würde, wenn alle Bemühungen, Hitlers Westoffensive zu verhindern, gescheitert waren.[38]

Der ObdH war für den nächsten Schritt am 5. November 1939 gründlich vorbereitet. Doch er kam nur bis zum dritten Punkt seines Memorandums. Der alte Gegensatz zwischen Politik und Kriegführung führte zu einem Eklat. Hitler verließ »türenknallend« den Raum. Selbst Keitel war über die »entsetzliche Szene« bestürzt: »Brauchitsch und ich trennten uns..., wortlos ging jeder seiner Wege. Ich war mir bewußt, daß dieser Vorgang einen inneren Bruch ... bedeutete«.[39]

Noch tiefer erschrocken war der Generalstabschef. Im Unterschied zu Brauchitsch, der von Putschvorbereitungen nichts wußte und für Hitlers Wutausbruch darum keine Erklärung fand, war Halder betroffen, als er von dunklen Drohungen des ObdW, seinem Zorn über den »Geist von Zossen« hörte, zumal weitere Warnzeichen beobachtet wurden. Auch Stülpnagel erkannte die Gefahr. Man beschloß, alle Unterlagen des Komplottes zu vernichten.[40] Ohnehin ließen sich die östlich der Elbe versammelten Panzertruppen nicht länger festhalten.

Während sich Halder und Stülpnagel von dem Putschgedanken lösten, reagierte man im OKW auf ihre vermeintliche Schwäche mit Erbitterung. Der engere Verschwörerkreis am Tirpitzufer beschloß, Hitler zu beseitigen. Oster und Lahousen wollten aus dem der »Abwehr« unterstehenden Quenzgut bei Brandenburg (Havel) die Sprengmittel beschaffen.[41] Kordt gedachte das Attentat am 12. November 1939 auszuführen, sobald der Diktator wieder in Berlin war.[42]

Da explodierte vier Tage zuvor eine andere Zeitzünderbombe im Münchener Bürgerbräukeller, wo sich Hitler jedes Jahr mit »alten Kämpfern« der Partei traf. Eine Säule barst, die Galerie und Teile der Decke stürzen herab; sechs Männer und eine Kellnerin fanden den Tod, dreiundsechzig Personen wurden verletzt. Der ObdW aber hatte 10 Minuten vorher den Saal verlassen, um seinen Sonderzug zu erreichen. Er mußte pünktlich abfahren, denn am nächsten Tag sollte in Berlin über den Angriffstermin entschieden werden.[43]

Obwohl die Gestapo Georg Elser, einen schwäbischen Einzelgänger, als Attentäter überführte und das RSHA keine andere Erkenntnis gewann[44], meinte Hitler, daß hinter dem Münchener Anschlag der britische Secret Intelligence Service stand. Mit seiner Residentur in Den Haag hatte Heydrich bereits aus anderen Gründen durch SS-Brigadeführer Walter Schellenberg Verbindung aufnehmen lassen.[45] Er lockte Major Richard H. Stevens und Captain S. Payne Best an die Grenze nach Venlo, wo ein Sonderkommando unter Naujocks die beiden entführte.[46]

Das Münchener Attentat und der Venlo-Zwischenfall schwächten die Widerstandsbewegung. Verschärfte Sicherheitsmaßnahmen hinderten Oster, den von Kordt verlangten Sprengstoff zu beschaffen.[47] Als durchsickerte, daß Stevens und Best ebenso wie Elser im Konzentrationslager Sachsenhausen Vergünstigungen zuteil wurden, befürchtete man im Kreis der Verschwörer, daß die Gefangenen dafür Geheimnisse preisgeben, Namen nennen und Auslandskontakte der deutschen Opposition verraten könnten. Diese Sorge wuchs noch beim Scheitern eines Versuches der »Abwehr«, von Heydrich Näheres zu erfahren.[48]

Die Hoffnung auf den Staatsstreich der Zossener Militärs war geschwunden. Ihr Plan entfiel infolge der wiederholten Verschiebung des Angriffstermines durch Hitler. Enttäuscht stellte man fest, daß ihn nicht die Opposition dazu zwang, sondern in erster Linie der Luftwaffen-Chefmeteorologe, Oberst Ulrich Diesing, mit seinen ungünstigen Wetterprognosen. Den Berliner Verschwörer befiel tiefe Resignation. Erbittert schrieb Groscurth in sein Tagebuch: »Von Widerstand keine Rede mehr«.[49]

Damit war der Boden für einen energischen Vorstoß des ObdW bereitet. Unter Aufbietung aller Beredsamkeit wollte er den Oberbefehlshabern, höheren Stabsoffizieren und Truppenführern vor Auslösung der Westoffensive seinen Kampfwillen aufzwingen oder wenigstens die Mutlosen und Schwankenden mitreißen. Am 23. November 1939 befahl Hitler knapp zweihundert von ihnen zu sich in die Berliner Reichskanzlei. Aus der angekündigten Lageorientierung wurde eine längere Rede mit weltanschaulich-agitatorischem Einschlag.[50]

»Zweck der Zusammenkunft«, sagte Hitler, sei »Einblick« in seine Gedankenwelt. Man werde ihm vorwerfen, die Losung laute »Kampf und wieder Kampf«. Doch er sehe nun einmal »im Kampf das Schicksal aller Wesen«. Die »steigende Volkszahl« erfordere »größeren Lebensraum«. Hier helfe »keine geklügelte Gescheitheit«, sondern allein die »Lösung mit dem Schwert«. Ein Volk, das dazu nicht tauge, müsse abtreten. »Solange ich lebe«, rief der Diktator, »werde ich nur an den Sieg ... denken. Ich werde vor nichts zurückschrecken und jeden vernichten, der gegen mich ist!«

Am Abend dieses »Krisentages«[51] ließ Hitler den Oberbefehlshaber des Heeres und seinen Stabschef zu sich rufen. Beide standen noch unter dem Eindruck der gegen sie ausgestoßenen Drohungen. Das Zusammentreffen wurde »eine sehr ernste Auseinandersetzung«.[52] Brauchitsch bot seinen Rücktritt an, sah sich jedoch schroff zurückgewiesen und zog daraus keine weiteren Konsequenzen. Obwohl die Spannung anhielt, war nicht mehr zu verkennen, daß die Heeresleitung sich dem Willen der politischen Führung beugen mußte.

[1] Eine wissenschaftl. Gesamtdarstellung zur Gesch. d. dt. Widerstandes fehlt. M. Boveri: Der Verrat im XX. Jahrhundert, 3 Bde., Hamburg 1956; H. Rothfels: Die deutsche Opposition gegen Hitler, Frankfurt–Hamburg 1958 u. T. Prittie: Deutsche gegen Hitler, Tübigen 1965, sind auch i. d. z. T. revidierten Fassungen überholt; von d. Bibliographien behält R. Büschel: Der deutsche Widerstand im Spiegel der Fachliteratur und Publizistik seit 1945, München 1975, bleibenden Wert. Im übrigen ist auf d. laufende Berichterstattung i. d. VZ hinzuweisen.
Spezialfragen behandeln W. Bussmann: Die innere Entwicklung des deutschen Widerstandes gegen Hitler, Berlin 1964 (zit. Bussmann); H.D. Deutsch: Verschwörung gegen den Krieg, München 1969 (zit. Deutsch); D. Ehlers: Technik und Moral einer Verschwörung, Bonn 1964 (zit. Ehlers); E. Kosthorst: Die deutsche Opposition gegen Hitler zwischen Polen- und Frankreichfeldzug, Bonn 1954 (zit. Kosthorst); H. Krausnick: Vorbeginn und Beginn des militärischen Widerstandes gegen Hitler, in: Vollmacht des Gewissens, Bd. 1, München 1960 (zit. Krausnick, in: Vollmacht); K. Sendter: Die deutsche Militäropposition im ersten Kriegsjahr, ebd. (zit. Sendter); E. Zeller: Geist der Freiheit, München[4] 1966 (zit. Zeller).
Von den zahlreichen Memoiren sind heranzuziehen R. Diels: Lucifer ante portas, Stuttgart 1950; B. Gisevius: Bis zum bitteren Ende (revidierte Ausg.) Zürich 1954 (zit. Gisevius); H. Foertsch: Schuld und Verhängnis, Stuttgart 1951 (zit. Foertsch); E. Kordt (op. cit); A. Leber: Das Gewissen steht auf. 64 Lebensbilder aus dem deutschen Widerstand von 1933 bis 1945, Berlin–Frankfurt 1956; F. Röhricht: Pflicht und Gewissen. Erinnerungen eines deutschen Generals, Stuttgart 1956 (zit. Röhricht); F. v. Schlabrendorff: Offiziere gegen Hitler, Frankfurt–Hamburg 1959; ders.:

Begegnungen in fünf Jahrzehnten, Tübingen 1979 (zit. Schlabrendorff I u. II); G. Weisenborn: Der lautlose Aufstand, Hamburg 1953.

[2] Unvollständ. Übersicht b. Deutsch, S. 323.

[3] Thun-Hohenstein, a. a. O. S. 135f.

[4] D. Brandes: Die deutsche Reaktion auf die Prager Demonstrationen im Herbst 1939, in: VZ 2/1975, S. 210ff.; Boelcke: Kriegspropaganda, S. 214ff.; Shirer, S. 210ff.

[5] Halder, I, S. 86; Vormann, S. 7f; Warlimont, S. 51; Below 210; dazu H.-A. Jacobsen: Fall Gelb. Der Kampf um den deutschen Operationsplan zur Westoffensive 1940 (Veröffentl. d. Instituts für europ. Gesch., 16), Wiesbaden 1957, S. 7ff. (zit. Jacobsen: Fall Gelb); allg. B. Stegmann: Hitlers Ziele im ersten Kriegsjahr 1939/40, in: MGM 1/1980.

[6] G. Ritter: Carl Goerdeler und die deutsche Widerstandsbewegung, München 1964 (zit. Ritter); W. Förster: Generaloberst Ludwig Beck. Sein Kampf gegen den Krieg, München 1953 (zit. Förster); dazu W. v. Schramm (Hg.): Beck und Goerdeler, Gemeinschaftsdokumente für den Frieden, München 1965; vgl. auch Deutsch, S. 27f., 30, 69, 123, 128 u. Sendter, S. 428ff., 441ff.

[7] Deutsch, S. 28, 47; Kosthorst, S. 17f.; Ritter, S. 80ff., 121, 310ff. 317; Rothfels, S. 98; Zeller, S. 11, 42ff., 55, 58ff., 209, 340, 387, 391f., dazu d. Biographie v. E. Bethke: Dietrich Bonhoeffer, München 1967 (zit. Bethke) u. B. Scheurig: Ewald v. Kleist-Schmenzin, Hamburg 1965 (zit. Scheurig).

[8] Vgl. Deutsch, S. 47, Anm. 8. u. Kosthorst, S. 15, Anm. 11; dazu Martin: Friedensinitiativen, S. 165, Anm. 73 u. Höhne: Orden, S. 224f. A. Krebs: Fritz-Dietloff Graf von der Schulenburg, Hamburg 1964, S. 248–255 (zit. Krebs); C. Sykes: Adam v. Trott, Düsseldorf 1966 (zit. Sykes).

[9] F. v. Moltke, M. Balfour, J. Frisby: Helmuth James von Moltke 1907–1945. Anwalt der Zukunft, Stuttgart 1975 (zit. Moltke); D. Melnikow: Der Kreisauer Kreis, in: BP 7/1965 (zit. Melnikow); G. v. Roon: Neuordnung im Widerstand. Der Kreisauer Kreis innerhalb der deutschen Widerstandsbewegung, München 1967 (zit. Roon: Kreisauer Kreis); K. Opitz: Die Entwicklung des Kreisauer Kreises, Potsdam 1964 (zit. Opitz).

[10] Ebd., S. 99ff. u. G. van Roon: Graf Moltke als Völkerrechtler im OKW, in: VZ 11/1970, S. 12ff.

[11] Vgl. Personalakten, hg. v. Krausnick, in: VZ 7/1969, S. 280ff.; weitere Aufschlüsse u. Widersprüche b. Boveri, II, S. 51ff.; Buchheit: Geheimdienst, S. 52ff.; Deutsch, S. 38, 53ff.; Ritter, S. 239, 243, 259f.; Sendter, S. 408ff., 430ff.; Höhne: Canaris, passim; vgl. auch Brown, a. a. O., S. 141ff. u. neuerdings Thun-Hohenstein.

[12] Groscourth war bis Sept. 1939 Leiter der Abt. II (Sabotage), wurde dann Verbindungsoffiz. v. Canaris beim OKH; s. Sendter, S. 113ff. u. 411ff.; zu Oster s. Thun-Hohenstein, S. 140ff. u. Schlabrendorff: Begegnungen 507–517; E. Weniger: Heinrich von Stülpnagel, in: Die Sammlung 4/1949, S. 475ff. (zit. Weniger).

[13] Kosthorst, S. 51ff.; Schall-Riaucourt, S. 17ff., 208ff.; Zeller, S. 82, 138, 184, 234f., 307, Anm. 42; vgl. dazu W. Erfurth: Die Geschichte des deutschen Generalstabes 1918–1945, Göttingen–Berlin–Frankfurt ^{2}1960, S. 9 (zit. Erfurth: GenSt.) u. Müller: Heer, S. 347.

[14] P. Kluke: Die deutsche Resistance, in: European Resistance Movements. First International Conference on the History of Resistance Movements, Lüttich o. J.; vgl. V. Müller: Ich fand das wahre Vaterland, Leipzig 1963, passim.

[15] Schall-Riaucour, S. 179ff., 197ff., 205.

[16] H. Krausnick u. H. Graml: Der deutsche Widerstand und die Alliierten, in: Vollmacht des Gewissens, Bd. 2, S. 496–504.

[17] Deutsch, S. 238f., Anm. 129.

[18] Müller: Heer, S. 518.

[19] Sendter, S. 402.

[20] Kordt: Akten, S. 270ff.; W. Wagner, S. 98f. Thun-Hohenstein, S. 161

[21] Foertsch, S. 102.

[22] Jacobsen: Fall Gelb, S. 41; Müller: Heer, S. 480.

[32] Halder, I, S. 93.

[24] Bock-Tgb., 10. 10. 1939.

[25] Halder, I, S. 99.

[26] ebd, S. 97.

[27] ebd., S. 84.

[28] ebd., S. 107.

[29] ebd., S. 98.
[30] Jodl. Tgb. 15. 10. 1939, entspr. IMT, Bd. 15, S. 107.
[31] Jodl-Tgb. 17.–27. 10. 1939.
[32] Müller: Heer, S. 495.
[33] Groscurth, 16. 10. 1939.
[34] Müller: Heer, S. 502.
[35] ebd., S. 505.
[36] Deutsch, S. 512f.
[37] Vgl. Gisevius, II, S. 416.
[38] Schall-Riaucourt, S. 219ff., 229, 262ff., 271f.
[39] Görlitz/Keitel, S. 225; Lossberg, S. 21; Jodl vor IMT, Nd. 15, S. 481; Thun-Hohenstein, S. 163f.
[40] Vgl. Halders Aussage v. d. Spruchkammer am 16. 9. 1948: MA/BA 1/3, Fol. 42; dazu Kosthorst, S. 96ff. u. Müller: Heer, S. 521.
[41] Thun-Hohenstein, S. 144.
[42] Kordt: Akten, S. 374.
[43] Die Tatsache, daß Hitler dem Anschlag durch Zufall entging, ist v. Gisevius, S. 425, Groscurth, S. 227; Hassell, S. 101 bestritten worden. Ihre Story übernahm M. Niemöller, s. Hann. Presse u. Hann. Neueste Nachr., 18. 1. 1946; sie ist auch b. Ritter, S. 259, Rothfels, S. 58 u. Wheeler-Bennett, S. 482ff., zu finden. Domarus, II, S. 1404 u. Boelcke: Kriegspropaganda, S. 222f. schlossen sich an. Selbst Hillgruber/Hümmelchen: Chronik, S. 4, meinen, das Attentat sei »wahrscheinl. gestellt« worden. Erst Gruchmann, S. 43 u. Michaelis, S. 67 stützen sich auf d. Forschungsergebnisse. Vgl. Ursachen, XIV. S. 404ff. u. 413ff.; dazu A. Hoch: Das Attentat auf Hitler im Münchener Bürgerbräukeller 1939, in: VZ 10/1969, S. 383ff.; vor allem L. Gruchmann (Hg.): Autobiographie eines Attentäters, Stuttgart 1970 (zit. Gruchmann: Autobiogr.) und E. Peis: Ein Mann gegen Hitler, in: II. Weltkrieg, Hamburg 1974, S. 202f.
[44] Vernehmungsprotokolle, abgedr. b. Gruchmann: Autobiogr., S. 27ff.; dazu Anm. d. Hg., S. 7f.
[45] Vgl. Aussagen v. der Staten General, Tweede Kamer, Enquêtecommissie Regierungsbeleid 1940–1945: Ic, S. 208f., IIb, S. 40f., 70ff. u. 82ff.; dazu A. Wolting: De eerste jaren van de Militaire Inlichtingendienst, in: Militaire Spectator, 1965, S. 566ff.; L. De Jong: Het Koninkrijk der Nederlanden in de Tweede Wereldoorlog, 6 Bde., s'-Gravenhage 1979ff., Bd. 2, S. 80ff.; Höhne: Orden, S. 262f.; auch S. P. Best: The Venlo Incident, London 1950, passim, u. Schellenberg, S. 79ff. u. 90f.
[46] Best, S. 14; Brown, S. 181–185; Schellenberg, S. 86; amtl. Rapport d. ndl. Armee in: Enquêtecommissie, IIb, S. 60f.
[47] Kordt: Akten, S. 374.
[48] Deutsch, S. 267.
[49] Groscurth, 14. Nov. 1939.
[50] Der ungesicherte Text zuerst in: IMT, Bd. 26, S. 327–336; in Auszügen b. Jacobsen: Weg, S. 56ff.; ungekürzt i. d. Lagevortr., S. 49–55; dazu Halder v. d. Spruchkammer, abgedr. b. Sendter, S. 418ff.; Aussagen v. Bock u. Waldau in Nürnberg, Fall XII (Verfahren gegen Leeb u. a.); vgl. d. Erinnerungen v. Below, S. 214, Guderian, S. 76; Röhricht, S. 149f.
dazu d. Sekundärlit.: Deutsch, S. 280f.; Kosthorst, S. 105ff.; Müller, S. 548f.; zuletzt H. Umbreit, in: DR, II, S. 249.
[51] Halder, I, S. 132.
[52] Bock-Tgb. 23. 11. 1939.

Der Finnische Winterkrieg 1939/40

Die Zerschlagung der mittelosteuropäischen Staaten setzte sich nach Norden fort. Immer bestrebt, ihren Expansionismus mit Notwendigkeiten der Sicherheitspolitik zu begründen, sahen die Sowjets in Finnland einen Gefahrenherd. Shdanow behauptete, er höre durch sein Fenster, wie drüben die »faschistischen Bestien ... ihre Kinnladen zuschnappen« ließen.[1] Russische Militärs bezeichneten die Nachbarrepublik als einen Korridor für feindliche Mächte, denen am Vorstoß nach Leningrad und Murmansk gelegen sei.

Andererseits empfanden die Sowjets Genugtuung, als der Bauernführer Kyösti Kallio Präsident wurde und Aimo K. Cajander eine Koalitionsregierung bildete, deren Außenminister Rudolf Holsti die traditionelle deutsch-finnische Freundschaft abkühlen ließ und dafür bessere Beziehungen mit Moskau anstrebte. Lebhaft begrüßte die UdSSR das Scheitern der Bemühungen um eine skandinavische Verteidigungspolitik. Ein Bündnis, das Norweger nach Karelien führte, Schweden und Finnen zum Eingreifen in Jütland verpflichtete, war nicht zu verwirklichen.

Allerdings hatten Finnland und Schweden ein gemeinsames Sicherheitsinteresse im Gebiet der 1921 defortifizierten Aalandinseln am Eingang zur Bottnischen See.[2] Hier meldete auch die UdSSR ein Mitspracherecht an, obwohl sie nicht Signatarmacht des reformbedürftigen Statutes war.[3] Gleichzeitig ließ sie durch Boris J. Jartzew in Helsinki einen Beistandspakt sowie die Abtretung von Stützpunkten, Inseln und Grenzstreifen fordern. Holstis Nachfolger, Juho Elijas Erkko, gedachte darüber aber nicht zu verhandeln, da die Verfassung jeden Gebietsverzicht unterband und das Land neutral bleiben wollte.

Als sich Schweden aus den Gesprächen über die Aalandinseln zurückzog und Rußland weiter drängte, empfahl der finnische Verteidigungsrat, dem außer Feldmarschall Carl Gustav Mannerheim und Wehrminister Juho Niukkanen die Generale Hugo Österman, Rudolf Waldén, Lauri Malmberg und Carl Lennart Oesch angehörten, die sowjetischen Wünsche nicht kompromißlos zurückzuweisen. Das mittlerweile zwischen der UdSSR und Deutschland erzielte Einvernehmen zwang Cajander, diesen Rat zu befolgen. Er schickte aber nicht Erkko, sondern Juho K. Paasikivi, den finnischen Gesandten in Stockholm, nach Moskau.[4]

Während Selter, Munters und Urbšys der Sowjetunion weitgehende Zugeständnisse machten, reagierte die finnische Regierung auf Pressionen des übermächtigen Nachbarn ohne Panik. Sie zog Reservisten ein, traf Luftschutzmaßnahmen und beschleunigte den Stellungsbau in Karelien. Ihre unerschrockene Haltung war teilweise auf Informationen des deutschen Gesandten Wipert von Blücher zurückzuführen. In Unkenntnis des wahren Sachverhaltes hatte er Erkko versichert, daß Finnland nicht der russischen Interessensphäre zugeschlagen worden sei.[5]

Zur Abreise des Sondergesandten versammelte sich auf dem Bahnhof von Helsinki

eine Menschenmenge, die Finnlands zweite Hymne – »Ein feste Burg ist unser Gott« – anstimmte. Als Paasikivi bei Stalin vorsprach, wiederholte dieser nur kurz seine früheren Forderungen. Er entschuldigte sich fast und bot ein Tauschgeschäft an: »Gegen die geographische Lage können wir nichts machen. Leningrad ... hat 3,5 Millionen Einwohner, etwa so viele wie Finnland. Da wir die Stadt nicht verlegen können, muß die Grenze verlegt werden. Wir bitten daher um 2750 qkm und bieten 5500 qkm.[6]
Paasikivi konnte darauf nicht eingehen. Auch seine zweite und dritte Mission führten zu keinem Ergebnis, obwohl er größere Verhandlungsvollmachten erhielt und ihn der im Kreml damals noch willkommene Sozialdemokrat Väinö Tanner nach Moskau begleitete.[7] Die Regierung Cajander wollte lediglich Grenzkorrekturen zustimmen, obwohl sie Botschaftsrat Werner von Tippelskirch vor dem Bruch mit Rußland warnte und der deutsche Militärattaché einem Freund in Helsinki riet, die Gespräche fortzusetzen, weil sonst »von Finnland vielleicht nichts weiter als eine Heldensage übrig« bliebe.[8]

Cajander und Erkko hatten freilich auch andere Stimmen vernommen, zum Beispiel die des amerikanischen Botschafters in Moskau. Er und die Italiener rechneten mit einem scharfen deutsch-sowjetischen Konflikt zu Beginn des kommenden Winters und meinten, daß aus diesem Grunde für Finnland vorerst nichts zu befürchten sei. Am 2. November 1939 wurden die Verhandlungen in Moskau abgebrochen. Man schied ohne Groll. Stalin wünschte den abreisenden Finnen »alles Gute«. Molotow sagte: »au revoir«.[9]

Doch der sowjetische Diktator konnte nicht länger abwarten. Das Einvernehmen zwischen Moskau und Berlin hatte Rußland eine Westexpansion ermöglicht, die ihren eigenen Bewegungsablauf hatte. Der Inbesitznahme von Ostpolen und dem Eindringen in die baltischen Republiken mußte eine zweite Phase des Vordringens folgen, ehe die »drôle de guerre« zu Ende ging und Hitler, wie man im Kreml argwöhnte, mit Frankreich und Großbritannien einen Kompromiß schloß.[10]

Der sowjetische Überfall auf Finnland war seit Oktober vorbereitet. Am 13. November 1939 wurde der in Schweden weilende Kommunistenführer Arvo Tuominen durch Kurier nach Moskau gerufen, um eine finnische Marionettenregierung zu bilden.[11] Ihr künftiger Präsident, der Kominternsekretär Otto Ville Kuusinen, stand schon bereit.[12] Offenbar sollte nicht nur das begehrte Grenzgebiet erobert, sondern ganz Finnland niedergeworfen und in einen Satellitenstaat der Sowjetunion umgestaltet werden.

Die übliche Propagandaoffensive lief bereits auf vollen Touren. Cajander wurde mit einem »kleinen, listigen Raubtier« verglichen, Mannerheim als »Arbeiterschlächter« bezeichnet und Tanner zum »bisher niederträchtigsten Verräter des Sozialismus« erklärt.[13] Im übrigen verfuhr die Sowjetunion nach Art des Dritten Reiches. Sie ließ einen Grenzzwischenfall inszenieren und eröffnete den Kampf gegen die Nachbarrepublik ohne Kriegserklärung.

Am 26. November 1939 krepierten bei dem Kirchspiel Mainila auf der Karelischen Landenge sieben Granaten.[14] Nach Angaben der Agentur TASS wurden ein Sergeant und drei Rotarmisten getötet. Wenige Stunden später ließ das Außenkommissariat den finnischen Gesandten zu sich rufen. Molotow verlas ihm eine Note, die Helsinki für den Zwischenfall verantwortlich machte. Die Anregung des Diplomaten, eine gemischte Kommission mit Untersuchungen zu beauftragen, lehnte der Ratsvorsitzende ab.[15]

Die UdSSR kündigte den finnisch-sowjetischen Nichtangriffspakt von 1932. Kurz darauf wurden die diplomatischen Beziehungen abgebrochen.[16] Am gleichen Tag, gegen Mitternacht, hielt Molotow eine Rundfunkansprache. Die UdSSR, behauptete er, sei durch Finnland in zahlreichen Grenzzwischenfällen bedroht worden und sehe sich daher gezwungen, alle notwendigen Vorkehrungen gegen eine »neue Aggression« zu ergreifen. Eine letzte Note der Regierung Cajander blieb unbeantwortet.[17]

Ungeklärt ist, warum nach den Granateinschlägen von Mainila noch vier Tage vergingen, bis die Rote Armee antrat. Vermutlich wurde der auslösende Befehl durch interne Meinungsverschiedenheiten verzögert. Chruschtschow bezeichnete in den 50er Jahren Kuusinen und Shdanow, Berija, Mikojan und Kaganowitsch als Kriegstreiber, nicht aber Molotow und Potemkin.[18] Stalin war jedenfalls zum Losschlagen entschlossen und setzte seinen Willen wie immer durch.

Als das finnische Kabinet am 30. November 1939 zusammentrat, erschütterten Helsinki starke Detonationen.[19] Sowjetische Kampfflugzeuge bombardierten die Stadt. Bald folgten Meldungen über weitere Luftangriffe auf Hanko, Lahti und Porvoo, Kotka und Viipuri (Wiborg). Einheiten der Baltischen Rotbannerflotte (Tribuz) – die Schlachtschiffe »Oktjabrskaja Rewolucija« (Wdowitschenko) und »Marat« (Bjelusow) – beschossen Ziele an der Südküste. Russische Truppen in Stärke von etwa 20 Divisionen überschritten die Grenze.[20]

Der Reichstag sprach Cajander das Vertrauen aus. Doch die sozialdemokratische Fraktion forderte seinen Rücktritt, der denn auch notwendig war. Risto Ryti, der bisherige Staatsbankpräsident, bildete die neue Regierung. Tanner übernahm die auswärtigen Angelegenheiten, Paasikivi wurde Minister ohne Geschäftsbereich, Niukkanen blieb im Amt. Diese Zusammensetzung des Kabinettes sollte gewährleisten, daß die Nation nicht, wie 1917/18, unter sowjetischem Druck auseinanderbrach.

Am folgenden Tag bestimmten die Russen den von ihnen besetzten grenznahen Badeort Terijoki zum Sitz einer »Demokratischen Regierung Finnlands« unter dem »Präsidenten« Otto Ville Kuusinen. Er trat sogleich einen breiten Grenzstreifen in Karelien sowie zahlreiche Inseln an die UdSSR ab und erhielt dafür entlegene Waldgebiete mit ostkarelischer Bevölkerung. Die Ratifizierungsurkunden sollten nach der Eroberung von Helsinki ausgetauscht werden.[21]

Als Finnland durch Holsti, seinen Genfer Delegierten, beim Völkerbund vorstellig wurde, telegraphierte Molotow, die Sowjetunion befinde sich nicht im Kriegszustand. Sie unterhalte vielmehr freundschaftliche Beziehungen mit der »Demokratischen Republik« von Terijoki.[22] Die Liga wurde durch diesen Streich fast gelähmt. Ihre Mitglieder mußten zwei Wochen lang diskutieren und nachfragen, ehe sie zu einem vorliegenden Resolutionsentwurf vollzählig Stellung nehmen konnten.

Die Handlungsbereitschaft der einzelnen Staaten ließ sich an der Entfernung von Moskau ablesen. Estland, Lettland und Litauen waren mundtot. Bulgarien, Griechenland und Jugoslawien machten Ausflüchte. Schweden, Norwegen und Dänemark wollten am liebsten schweigen. Die Niederlande und Belgien zitterten vor Deutschland, dem Komplizen der UdSSR. Allein Frankreich, Großbritannien und den lateinamerikanischen Republiken war zuzuschreiben, daß Rußland am 14. Dezember 1939 als Aggressor verurteilt und vom Völkerbund ausgeschlossen wurde.[23]

Amerika, das der Liga nicht angehörte, geriet gleichfalls in einen Zwiespalt. Wohin sich der finnische Gesandte auch wendete – ob zum Weißen Haus, Department of State, Capitol oder Schatzamt –, überall bekundete man für die Sache der kleinen

Republik viel Enthusiasmus, aber keine Bereitschaft, einen Finnland vor Kriegsbeginn gewährten Kredit für Waffenkäufe freizugeben.[24] Nur die Isolationisten sammelten eifrig für »Finnish Relief«, was Roosevelt sehr zusagte, weil damit von der Opposition vorweggenommen wurde, was er anstrebte: ein Arsenal der Demokratie.[25] Im Unterschied zu Sir William Seeds verließ der US-Botschafter nicht die sowjetische Hauptstadt.

Mannerheim, den Kallio zum Oberkommandierenden ernannte, befehligte rund 400000 Soldaten und 100000 weibliche Hilfskräfte (»Lottas«), in der Mehrzahl zähe, winterfeste Menschen. Die finnische Armee hatte aber nur Übungspanzer und veraltete Geschütze mit Munition für 19–24 Kampftage. Am 30. November 1939 waren 96 Flugzeuge startklar, eine Anzahl, die sich zu Beginn des nächsten Jahres auf 287 erhöhte. Mit diesen schwachen Kräften konnte die 1100 km lange Ostgrenze des Landes nicht lückenlos verteidigt werden.[26]

Das Gros des Heeres, die Karelische Armee (Österman), hielt mit sechs Divisionen ein provisorisch ausgebautes Stellungssystem zwischen der Südküste und dem Ladogasee. Hinter dieser »Mannerheimlinie« standen schwache Reserven, gleichermaßen für Küstenschutz und Fronteinsatz bestimmt. Das IV. Armeekorps (Hägglund) schützte Ladogakarelien. In den sich bis nach Lappland hinziehenden Ödmarken sicherten kleinere Kampfgruppen. Die finnische Flotte – 2 Panzerschiffe, 4 U-Boote und verschiedene Hilfsfahrzeuge – war beauftragt, die südwestlichen Häfen für den Verkehr mit Schweden offenzuhalten.[27]

Die Rote Armee hatte zunächst Divisionen und Brigaden aus dem Leningrader Militärbezirk unter Armeekommandant Kirill A. Merezkow bereitgestellt. Nach einem von Schaposchnikow ausgefertigten Operationsplan stieß die 7. Armee (Jakowlew) »in der Hauptrichtung« beiderseits von Summa gegen Viipuri (Wiborg) vor. Drei weitere Armeen griffen im Norden an. Sie sollten Petsamo nehmen und die »Gürtellinie« des Landes von Kandalakscha her durchtrennen, um Finnlands atlantische Zufuhren und seine Eisenbahnverbindung mit Schweden abzuschneiden.[28]

An den Seeflanken wurden diese Operationen von der Nordflotte (Drozd) und Baltischen Rotbannerflotte (Tribuz) unterstützt. Eine amphibische Landung brachte die Fischerhalbinseln in russische Gewalt; der Angriff auf Hanko scheiterte. Die sowjetischen Luftstreitkräfte setzten anfangs 800, später 2500 Flugzeuge ein. Ihre Angriffe litten unter zunehmender Vereisung der Maschinen. Dennoch warfen die russischen Kampfflieger insgesamt 7500 t Spreng- und Brandbomben auf 516 Ortschaften des Landes.[29]

Die erste Offensive der Roten Armee brach kläglich zusammen. Der Hauptangriff kam vor der »Mannerheimlinie« zum Stehen. Die Karelische Armee (Österman) behauptete ihre Stellungen und vernichtete 239 Panzerkampfwagen. Das IV. Korps (Hägglund) bereitete den Russen nordöstlich von Sortavala eine Niederlage. Kampfgruppen der Obersten Hjalmar Siilasvuo und Paavo Talvela zerschlugen in den tief verschneiten Wäldern von Suomussalmi und Tolvajärvi bei minus 35 Grad Celsius drei sowjetische Divisionen.[30]

Alliierte Beobachter, unter ihnen Sikorski, bescheinigten den angreifenden Russen »erbärmliche Qualität«. Mit diesem geringschätzigen Urteil ist zu erklären, daß man in Paris und London auf der Suche nach strategischen Alternativen zwei Projekte entwickelte, deren Realisierung zum Krieg mit den Sowjets führen mußte. Frankreich wollte

dadurch von inneren Schwierigkeiten ablenken. Großbritannien hoffte seine Wirtschaftsblockade enger gestalten zu können.[31]
Ältere Absichten, die im Hinblick auf Italien und den Balkan zur Aufstellung der französischen Levantearmee (Weygand) geführt hatten, traten nach dem Abschluß des türkischen Bündnisses im Oktober 1939 zurück und verbanden sich mit einem neuen, größeren Konzept. Eine weit ausholende Zangenoperation sollte über das Kaukasusgebiet und Nordskandinavien hinweg sowohl Rußland als auch Schweden, die beiden wichtigsten Rohstofflieferanten des Deutschen Reiches, zum Einlenken zwingen.[32]
Gamelin prüfte Pläne für die Zusammenführung der Levantearmee (Weygand) mit dem türkischen Heer. Darlan und Pound erörterten die Entsendung von Flottenverbänden zum Bosporus und in das Nördliche Eismeer. Vuillemin und Newall griffen Douhets Luftkriegslehre auf und überlegten, wie die sowjetischen Erdölraffinerien von Baku, Batum und Grosznij durch eine Bomberoffensive ausgeschaltet werden könnten. Eine rege diplomatische Tätigkeit der Westmächte in Vorderasien und Skandinavien begleitete die Planung.
Aber Saraçoglu ließ nicht zu, daß man die unlängst mit seinem Land geschlossene Allianz für Angriffshandlungen beanspruchte.[33] Und die nordischen Königreiche weigerten sich kategorisch, den Westmächten das Transitrecht gemäß Artikel 16 des Völkerbundstatutes einzuräumen. Wußte man doch in Oslo und Stockholm, daß die Alliierten unter dem Vorwand der Finnlandhilfe primär Narvik und das nordschwedische Bergbaugebiet besetzen wollten, um Hitler von dieser Region abzuschneiden.[34]
Die Großmächte verstärkten ihren Druck, indem sie Finnland aufforderten, von Schweden und Norwegen die Freigabe des Transites zu fordern. Churchill ging so weit zu erklären, daß die Alliierten ein Recht, »ja, die Pflicht« hätten, jene Gesetze, denen Geltung verschafft werden sollte, »vorübergehend aufzuheben«.[35] Am 19. Dezember 1939 beschloß der Supreme War Council die Bereitstellung eines britisch-französischen Expeditionskorps für den Einsatz in Skandinavien.[36]
Während dies geschah, spitzte sich die Krise im Westen zu. Am 10. Januar 1940 mußten zwei verirrte deutsche Fliegeroffiziere wegen Treibstoffmangels mit einer »Me 108 Bf« bei Maasmechelen notlanden. Ihr Versuch, geheime Papiere zu verbrennen, mißlang. Die Fragmente zeigten den Belgiern, daß sie mit einem Angriff des Nachbarn über ihr Gebiet rechnen mußten.[37] Ciano und die italienische Kronprinzessin, eine Schwester König Leopolds III., hatten Brüssel bereits davor gewarnt. Nun schloß sich ihnen der päpstliche Nuntius an.[38]
Auch Oster suchte Hitlers Angriffsabsichten zu durchkreuzen, indem er Major Gijsbertus J. Sas, einem Freund aus Holland, die deutsche Offensive für den 15. Januar 1940 ankündigte.[39] Von ihm erfuhr der belgische Militärattaché, Colonel Georges Goethals, das Geheimnis. Leopold III. löste den zweiten Alarm seit Kriegsbeginn aus. Spaack ließ den Text der Beutepapiere in Vincennnes vorlegen. Der Generalstabschef hielt die Straßensperren an den südlichen Grenzübergängen offen. Französisch-britische Divisionen warteten mit laufenden Motoren auf den Befehl zum Einmarsch.[40]
Hitler enthob Generaloberst Helmuth Felmy, den Vorgesetzten der beiden unglücklichen Fliegeroffiziere, seines Postens und erteilte einen »Grundsätzlichen Befehl Nr. 1«, der die Unterrichtung aller Chargen derart begrenzte, daß künftig jede fahr-

lässige Weitergabe militärischer Geheimnisse an Bedeutung verlor.[41] Der Angriff wurde abgesagt und am 16. Januar 1940 auf das kommende Frühjahr verschoben.[42] Belgien hob den Alarmzustand auf. Die Alliierten wandten sich wieder ihren Alternativplänen zu.

Auch Stalin hatte aus den Ereignissen der letzten vierzehn Tage die Konsequenzen gezogen und nach Beratungen mit Woroschilow, Mechlis, Schaposchnikow und Wassilewskij neue Maßnahmen ergriffen. Die nach Finnland entsandten Verbände wurden mehr als verdoppelt und in einer Heeresgruppe »Nordwestfront« (Timoschenko) zusammengefaßt. Neben die 7. Armee (Merezkow) schob sich auf der Karelischen Landenge eine 13. Armee (Grendal). Beide erhielten zusätzlich Fliegerstreitkräfte und schwere Kampfwagen vom Typ »KW 1«. Der Angreifer gewann damit eine Überlegenheit von 2,3:1 (Infanterie), 2,8:1 (Artillerie), 1:0 (Panzer), 8:1 (Flugzeuge).[43]

Am 1. Februar 1940 landeten russische Fallschirmtruppen im Rücken der »Mannerheimlinie«. Die Offensive der Sowjets begann von neuem. Bombenangriffe, Artilleriefeuer, nachstoßende Panzer öffneten eine Bresche. Lähde ging verloren, Summa fiel, Koivisto mußte geräumt werden. In vierzehntägigen Kämpfen wich die Karelische Armee (Österman) mit dem rechten Flügel auf eine zweite Stellung zurück. Hatte der strenge Winter bisher die Verteidigung erleichtert, so begünstigte er nun den Angreifer. Die mit einer dicken Eisschicht überzogenen Seen und Sümpfe bildeten für ihn kein Hindernis mehr.

Finnland benötigte Hilfe. Schweden schickte Waffen und Munition mit 8000 Legionären. Dänemark stellte 800, Norwegen 725 Freiwillige.[44] Weit mehr meldeten sich in Spanien, Italien und Ungarn, den USA und Kanada. Wirksame Unterstützung konnten aber nun die Westmächte leisten. Nachdem sie viel Zeit mit Beratungen vertan hatten, drängte nur Daladier unter dem Druck seiner Gegner zur Landung des bereitgestellten Expeditionskorps im Norden, auch wenn die skandinavischen Königreiche hierzu nicht ihre Genehmigung erteilten.[45]

Aber Chamberlain verwarf diesen Vorschlag. Ihm schien Vorsicht geboten. Denn bei alliierten Gewaltakten stellte Schweden gewiß seine auch für Großbritannien kriegswichtigen Erzlieferungen ein und scheiterten wiederaufgenommene Gespräche über die Vercharterung weiterer Handelstonnage aus Norwegen.[46] Wie berechtigt die Sorge des Premierministers war, zeigte das Verhalten der skandinavischen Regierungen angesichts des »Altmark«-Zwischenfalls.

Churchill wollte Norwegen auf die Probe stellen. Gelegenheit dazu bot sich, als die »Altmark«, ein Versorger der untergegangenen »Spee«, den letzten Abschnitt der Heimreise im Schutz neutraler Gewässer zurückzulegen versuchte. Der Minister befahl Einheiten der Royal Navy, das deutsche Schiff in den Jössingfjord zu drängen. Dort wurde es am 16. Februar 1940 von einem Kommando des Zerstörers »Cossack« (Vian) geentert, das 303 Gefangene befreite und 7 Besatzungsmitglieder tötete.[47]

Norwegen protestierte. Die Beziehungen zwischen Oslo und London erreichten ihren Tiefstand.[48] In Stockholm befürchtete man mehr denn je, durch die Alliierten in den Krieg verwickelt zu werden. Der schwedische Außenminister Christian Günther hielt es für geraten, den Finnen und Russen seine Mittlerdienste anzutragen.[49] Er wollte die fremde Intervention durch baldige Beendigung des Winterkrieges abwenden. Die sowjetische Gesandtin Aleksandra M. Kollontaj hatte sich bisher solchen Vorschlägen verschlossen.[50] Nun aber schien sie einer Sondierung nicht länger abgeneigt.

Der sowjetische Überfall auf Finnland

0
200
400 km
NORWEGEN
Petsamo
Murmansk
SCHWEDEN
Salla
Kemijärvi
Kemi
Suomussalmi
SOWJET-
UNION
Bottensee
FINNLAND
Pielisjärvi
Kuopio
Aglajärvi
Sortavala
Mikkeli
Viipuri
(Wilborg)
Taipale
Ladogasee
Helsinki
Porvoo
Koivisto
Turku
FINN. MEERBUSEN
Leningrad
ESTLAND
Finnische Stoßrichtungen
Sowjetische Stoßrichtungen
Mannerheimlinie

Molotow ließ die finnische Bühnenschriftstellerin Hella Wuolijoki, eine intime Freundin der Kollontaj, hinzuziehen. Nicht nur die beiden exaltierten Frauen, auch Jartzew und Erkko bekamen wieder Kontakt. Allerdings hielt Rußland seine Gebietsforderungen in vollem Umfange aufrecht, so daß Tanner große Mühe hatte, die darüber auseinandergehenden Ansichten der Minister und Militärs auf einen Nenner zu bringen. Paasikivi wollte sofort verhandeln. Mannerheim hoffte, noch bis zur Schneeschmelze und dem Eintreffen alliierter Hilfe durchhalten zu können.[51]
Als die Verbündeten erfuhren, was sich in Stockholm anbahnte, kannten sie anscheinend keine Hemmungen mehr. Finnland wurden feste Zusagen mit der Angabe von Truppenstärken und Daten gemacht. Diplomaten kündigten 14000 bis 15500 alliierte Soldaten an. Daladier versprach 42000 Mann, die schon am 11. März 1940 verladen werden sollten.[52] Aber Norwegen und Schweden betonten noch einmal, daß sie jeder fremden Macht den Durchzug verwehren würden.[53]
Finnland blieb ohnehin keine Wahl. Semjon K. Timoschenko hatte die Karelische Armee (Heinrichs) aus ihrer zweiten Stellung geworfen und mit schweren Panzern auf den Stadtrand von Viipuri (Wiborg) zurückgedrängt.[54] In der Wiborger Bucht eroberten die über das Eis vorgehenden Russen eine Insel nach der anderen. Motorschlitten und Kavallerie erreichten die Nordküste. Ohne Reserven und genügend Munition konnte Mannerheim die drohende Überflügelung nicht verhindern. Er empfahl daher die Aufnahme von Verhandlungen.
Die Sowjetunion wünschte offenbar einen Zusammenstoß mit den Westmächten zu vermeiden. Daher forderte Molotow ultimativ die Aufnahme zweiseitiger Verhandlungen. Sie durften nicht zu einem Waffenstillstand führen, der dem Gegner eine Atempause ließ und die Interventionsgefahr erhöhte. Die Finnen sollten möglichst schnell durch einen Friedensvertrag und weitere Abkommen an Rußland gebunden werden. Um das letzte Hindernis aus dem Wege zu räumen, ließ Stalin die »Demokratische Regierung« von Terijoki samt Kuusinen von der Bildfläche verschwinden.[55]
Ryti flog über Stockholm nach Moskau. Mehrtägige Gespräche mit Molotow, Shdanow und Wassilewskij änderten so gut wie nichts an den harten Vertragsbedingungen. In der Nacht zum 13. März 1940 unterzeichnete die finnische Delegation das vorliegende Dokument.[56] Die UdSSR erhielt Karelien bis zur Linie des Friedens von Nystad (1721), verschiedene Inseln, darunter Narvi und Suursaari (Hogland), pachtweise auch den Stützpunkt von Hanko sowie Transitrechte im Norden und Süden. Die Finnen bekamen Petsamo zurück, mußten sich aber verpflichten, eine für Rußland strategisch vorteilhafte Eisenbahnstrecke zwischen Salla und Kemijärvi zu bauen.
Die Bevölkerung der sowjetisch besetzten Gebiete drängte nach Westen. Jeder neunte Finne verlor Haus und Hof. Rund 450000 mußten als Flüchtlinge untergebracht und in den Arbeitsprozeß neu eingegliedert werden. Das finnische Heer verzeichnete 24923 Tote und 43745 Verwundete. Die Ausfälle der Roten Armee bezifferte Molotow auf 48745 Gefallene und 158863 Verwundete. Diese Angaben entsprachen aber nicht der durch Truppenzahl und Einsatzdauer vorgegebenen Höhe der Opfer.

[1] SD, III, S. 226; Hj. Procopé: Sowjetjustiz über Finnland, Zürich 1947, S. 111f. (zit. Procopé).

[2] Allg. Imhof, S. 181; E. Hornberg: Finnlands historia 1809–1955, Stockholm [2]1964; E. Jutikkala u. K. Pirinen: Geschichte Finnlands, Stuttgart[2] 1976 (zit. Jutikkala/Pirinen); A. G. Mazour: Finland between East and West, Princeton, N. J., 1956; K. Wahlbäck: Finlands utrikespolitik, Helsinki 1976; H. J. Wuorinen: A History of Finland, New York–London 1965 (zit. Wuorinen). Zahlr. Hinweise b. M. A. Britta Ranta: Die Forschung über die Stellung Finnlands im Zweiten Weltkrieg. La seconda guerra mondiale, Como 1977, S. 295ff. u. L. A. Puntila: Die Souveränität Finnlands und die Realitäten nach dem ersten und zweiten Weltkrieg. La seconda guerra mondiale, a. a. O., S. 289f. Näheres b. M. Jakobson: Diplomatie im Finnischen Winterkrieg, Düsseldorf–Wien 1970 (zit. Jakobson); J. Hakalehto: Finlands utrikenspolitik 1809–1966, Stockholm 1968; A. Makorov: Der sowjetisch-finnische Konflikt, in: ZAÖRV, 1940, S. 294ff.; W. Rothholz: Finnlands völkerrechtliches Schicksal seit 1917, in: AV 1949, S. 450ff.; die sowj. Politik b. Beloff, a. a. O., S. 82ff.; G. R. Ueberschär: Hitler und Finnland 1939–1941 (Frankf. Hist. Abh., 16), Wiesbaden 1977 (zit. Ueberschär); A. F. Upton: Finland in Crisis, London 1964 (zit. Upton).

[3] Jakobson, S. 18ff.; Ueberschär, S. 42f., 45ff., 49f.

[4] J. J. Fol: Apropos les conversations finno-sovietiques (nov. 39-mars 40), in: Revue d'histoire 77/1970, S. 25ff.; Jakobson, S. 90ff.; Jutikkala/Pirinen, S 377f.; Passikivi, S. 23ff., 27ff. Zu d. Ansichten des Verteidigungsrates E. Heinrichs: Mannerheim Suomen Kohtaloissa, 2 Bde., Helsinki 1957–1959 (zit. Heinrichs) u. d. Memoiren v. J. Niukkanen: Talvisodan puoluitministeri kertoo, Porvoo 1951, S. 14ff. (zit. Niukkanen); auch S. Jägerskiöld: Mannerheim 1867–1951, Helsinki 1983 (zit. Jägerskiöld).

[5] W. v. Blücher: Gesandter zwischen Diktatur und Demokratie, Wiesbaden 1951, S. 64ff., 101ff., 143ff., 150ff. (zit. Blücher); Ueberschär, S. 10–28, 61–67.

[6] Die wichtigsten Quellen zur Gesch. d. Verhandlungen sind der nicht veröffentl. Bericht eines finn. Untersuchungsausschusses von 1945, den Jakobson u. Hakaletho als »Kommissionsbericht« f. ihre Darstellungen heranziehen konnten, und das Blauweißbuch der finnischen Regierung, Basel 1940 (zit. Blauweißbuch). Weitere Aufschlüsse geben die Memoiren v. Passikivi u. Niukkanen; C. G. Mannerheim: Marskalkens Minnen, Helsingfors 1954 (zit. Mannerheim) u. V. Tanner: The Winter War, Stanford, Cal., 1957 (zit. Tanner); am Rande auch Procopé u. Blücher.

[7] Tanner, S. 16ff.; Paasikivi, S. 68f.

[8] ebd., S. 123; dazu P. G. Andreen: Finland i Brännpunkten, Stockholm 1980, S. 10–39 (zit. Andreen).

[9] Wuorinen, S. 310ff.; H. G. Dahms: Um Finnlands Freiheit, in: D 3/1977, S. 195–210.

[10] Allard, a. a. O., S. 200.

[11] J. H. Hogdson: Communism in Finland, Princeton, N. J., 1967, S. 87f.; dazu A. Tuomlinen: Kremlin Kellot, Helsinki 1956.

[12] Vgl. d. Memoiren d. Witwe A. Kuusinen: Der Gott stürzte seine Engel, Wien–München 1972 (zit. Kuusinen); Jutikkala/Pirinen, S. 379.

[13] Prawda, 25. 11. 1939.

[14] Blauweißbuch, Nr. 24; dazu A. Kuokko; Kronstatin valet sa, uvot Mainilassa räjäteless, in: KT 1975, S. 344f., Ueberschär, S. 92ff.

[15] Blauweißbuch, Nr. 23.

[16] ebd., Nr. 26.

[17] ebd., Nr. 27.

[18] Jakobson, S. 177–178; Chruschtschow, a. a. O., S. 162.

[19] Jakobson, S. 191ff.

[20] Blauweißbuch, Nr. 30. Grundlegend d. finn. Darstellungen v. W. Halsti: Suomen Sota 1933–1944, 3 Bde., Helsinki 1957 (zit. Halsti) u. H. G. Mikola: Finland's War during World War II (1939–1945), Mikkeli 1973 (zit. Mikola); zur Problematik jetzt auch U. Kekkonen: Gedanken eines Präsidenten. Finnlands Standort in der Welt. Düsseldorf–Wien 1981. C. L. Ludin: Finland in the Second World War, New York 1957 (zit. Ludin); K. Nyman: Finland's War Years 1939–1945, A List of Books, Mikkeli 1973; T. Peitsara: Suomen ja venajän talvisota 1939–1940, Porvoo[3] 1971 (zit. Peitsara); ders.: Talvisota, Lahti[3] 1979; auf dt. Seite ist hervorzuheben. E. Klink: Finnlands Freiheit 1917–1957, Laupheim 1957; ders.: Der finnisch-sowjetische Krieg, in: WWR 1959, S. 708ff. (zit. Klink). In d. westl. Lit. bieten auch eine Übersicht R. Verna: Il conflito russo-finlandese 1939–1940, in: RM 1964, S. 468ff.; ferner A. F. Chew: The White Death, The Epic of the Soviet-Finish War, Detroit,

Mich., 1971 u. R. Condon: Winterkrieg Rußland–Finnland, München 1980 (zit.Condon). Von kommunist. Seite wird der Winterkrieg kaum behandelt. Das 10bänd. Werk v. Gretschko (op. cit.), Bd. 3, streift d. Ereignisse auf S. 61, 64, 66 mit je einem Satz; Groehler (op. cit.) verliert über den Winterkrieg kein Wort; Platonow (op. cit.) erwähnt d. Krieg mit einer Zeile; Telpuchowski, a. a. O., mit 26 Zeilen; i. d. Übersicht (op. cit.) sind auf S. 162–165 militär. Fakten erwähnt. W. P. u. Z. K. Wates: The Soviet-Finish Campaign. Military and Political, 1939–1940, London 1942, enthält die v. russ. Seite verbreitete Version. Unergiebig ist auch d. sowj. Memoirenlit. Maiskij (op. cit.) gibt ein paar Hinweise aus der Sicht seines Londoner Botschafterpostens, K. A. Merezkow: Im Dienste des Volkes, (Ost)Berlin [3]1982, S. 156ff. (zit. Merezkow), bringt milit. Detail u. kuriose Beobachtungen, A. Kollontai: Ich habe viele Leben gelebt, Köln[3] 1982, geht an entscheidenden Vorgängen achtlos vorüber.

21 TASS, 2. 12. 1939; Ursachen, XIV, S. 439f.

22 Blauweißbuch, Nr. 30; Ursachen, XIV, S. 434f.; SD, S. 410.

23 Blauweißbuch, Nr. 33; dazu Paasikivi, S. 145ff.; Jakobson, S. 221.

24 Procopé, S. 29ff.; Tanner, S. 59ff.; Niukkanen, S. 54ff.; G. Schwartz: America and the Finish War, Washington, D. C., 1960.

25 Procopé, S. 29ff.; Langer/Gleason, S. 329f.; Dahms: Roosevelt, S. 42f. (nach Berle, Bullitt, Hull); neuerdings Dallek, S. 208ff.

26 Condon, S. 53ff., 58ff., 61ff., 95ff.

27 Mannerheim, S. 204f.; Heinrichs, II, S. 37ff.

28 Gosztony: Rote Armee, S. 180ff.; Condon, S. 55ff.; dazu Gretschko, III, S. 437 u. Merezkow, S. 184ff.

29 Condon, S. 95f.; techn. Einzelheiten in: Suomen Itmavoimat 1918–1968, Helsinki 1977; zu d. ersten Luftkämpfen J. Tovponen: Erään kimmokkeen tarina, in: KT 1973, S. 106ff.

30 Condon, S. 106ff.; Mannerheim, S. 207ff.; Heinrichs, II, S. 41.

31 Zur alliierten Strategie K. A. Maier, in: DR, II, S. 203–211.

32 Gibbs, S. 657ff. u. Butler, II, S. 12ff.; d. Alternativpläne detailliert b. F. Bédaria: France, Britain, and the Nordic States, in: SJH 2/1977, S. 22ff.; L.-M. Chassin: Un plan grandiose. L'attaque des pétroles du Caucase en 40, in: FAeF 176/1961, S. 811–849; G. Kahle: Das Kaukasusprojekt der Alliierten im Jahre 1940 (Geisteswiss. Vorträge, 186), Opladen, 1977; L. K. d'Hopp: Les projects d'intervention des alliiées au méditerranée orientale, Paris 1971; H. J. Lorbeer: Westmächte gegen die Sowjetunion 1939–1941 (Einzelschriften zur militär. Gesch. des Zweiten Weltkrieges, 18) Freiburg 1975.

33 Önder, a. a. O., S. 177ff.

34 Eine wichtige Quelle ist das Weißbuch des Auswärtigen Amtes 1939–1941, 6. Die Geheimakten des französischen Generalstabes, Berlin 1941; gründliche Untersuchungen bieten D. Dilks: Great Britain and Scandinavia in the Phoney War, in: SJH 2/1977, S. 29–51 (zit. Dilks); T. K. Derry: The Campaign in Norway, London 1953, S. 43ff. (zit. Derry); J. Mordal: La campagne de Norvège, Paris 1949 (zit. Mordal); G. L. Moulton: The Norwegian Campaign of 1940, London 1966 (zit. Moulton); J. Nevakivi: The Appeal that never was made. The Allies, Scandinavia and the Finish Winter War 1939–1940, London 1976, S. 12ff. (zit. Nevakivi); dazu Butler, II, S. 65ff. u. Woodward, I, S. 22ff.

35 Denkschr. v. 19. 12. 1939, abgedr. b. Churchill I, 2, S. 186.

36 Gamelin, III, S. 195; dazu Le Goyet, S. 251ff.; Butler, II, S. 101f.; Woodward I, S. 29; vgl. Weißbuch 6, Nr. 19.

37 ADAP, D, VIII, Nr. 522, 528, 529; d. Fragmente d. Papiere b. H.-A. Jacobsen: Dokumente zur Vorgeschichte des Westfeldzuges 1939–1940, Göttingen 1956, S. 169ff.; dazu ders.: Fall Gelb, S. 93ff.; v. belg. Seite de Fabribeckers, S. 54 u. De Launay: Histoires secrètes, S. 111ff.; zuletzt A. Bikar: Les documents allemands saisis par les Belges le 10 janvier 1940, in: RIM 99/1970; G. Vanwelkenhuyzen: L'alerte du 10 janvier 40, in: Revue d'histoire 10/1953, S. 78ff.; vgl. d. Memoiren v. Spaack (op. cit.), S. 46f.; ferner Horne (op. cit.), S. 115f. u. Schellenberg, a. a. O., S. 100f.

38 De Fabribeckers, S. 55.

39 De Fabribeckers, a. a. O., S. 51ff.; Thun-Hohenstein, a. a. O., S. 152f., 155f.

40 ebd., S. 55ff.; dazu Goutard, a. a. O., S. 40 u. Gamelin, a. a. O., III, S. 86.

41 Abgedr. b. Höhne: Direktor, a. a. O., S. 12. Ungenaue Angaben b. W. v. Schramm: Verrat im Zweiten Weltkrieg, Düsseldorf 1967, S. 139. Der Grundsätzliche Befehl Nr. 1 vom 11. 1. 1940 enthielt keine Androhung schwerer Strafen.

[42] Jacobsen: Fall Gelb, a.a.O., S. 93ff.
[43] Gosztony: Rote Armee, a.a.O., S. 183; Condon, S. 199ff.; Mikola, S. 47f.; Übersicht, S. 164; Morozow, a.a.O., S. 226.
[44] Mannerheim, S. 234. Zahlen nach Jakobson, S. 330, Anm. 32; vgl. H. Tingsten: Svensk Utrikesdebatt mellen Världkrigen, Stockholm 1944 (zit. Tingsten); E. Carlquist: Solidaritet på prov. Finlandshjälp under vinterkriget, Stockholm 1971.
[45] Maier, in: DR, II, S. 205.
[46] Nevakivi, S. 126ff.; N. Örvik: Das englisch-norwegische Handelsabkommen und die alliierten Interventionspläne, in: VZ 1956, S. 345ff.; Woodward, I, a.a.O., S. 31ff.
[47] Hauptquelle des Zwischenfalls sind die norw. Aktenstykker: Instilling, Bil. I, S. 269ff. (zit. Bil. I). Eine brit. Dokumentation findet sich b. Millington-Drake, a.a.O., S. 375ff. Die Vorgesch. aus engl. Sicht ebd., S. 375ff.; vgl. Roskill, I, a.a.O., S. 152 u. Churchill, I, 2, S. 205. Der norw. Blickwinkel b. H.-D. Loock: Quisling, Rosenberg und Terboven. Zur Vorgeschichte und Geschichte der nationalsozialistischen Revolution in Norwegen, Stuttgart 1972, S. 245f. (zit. Loock) u. E. A. Steen: Norges Sökrig, 3 Bde., Oslo 1953–1958, I, S. 61f. (zit. Steen). Von dt. Seite d. grundlegende Darstellung v. W. Hubatsch: Weserübung, Göttingen 1960, S. 33ff. (zit. Hubatsch); vgl. dazu Bidlingmaier: Einsatz, a.a.O., S. 108ff.; Ruge: Seekrieg, a.a.O., S. 65f.; Salewski, I, a.a.O., S. 179.
[48] Dilks, S. 41; Andreen, S. 49ff.
[49] Tingsten, S. 177ff.
[50] Ohne nennenswerten Einblick i.d. Zusammenhänge d. Memoiren d. Kollontaj a.a.O.
[51] Mannerheim, S. 210f.; Paasikivi, S. 167ff.; Tanner, S. 211ff.; Niukkanen, S. 251; dazu Jakobson, S. 299ff u. Wuorinen, S. 372ff.
[52] P. Stehlin: De la diplomatie, in: icare, La bataille, II, Paris 1976, S. 44.
[53] Mannerheim, S. 237; Condon, S. 274ff.
[54] Gosztony: Rote Armee, S. 184; Condon, S. 229–262; Näheres b. Halsti, Bd. 1, S. 216ff.; E. Lainonen: Talvisodassa Vuosalmella, in: KT 1976, S. 72ff.; Mikola, S. 50f.; J. L. Mäkelä: Salaista palapeliä, Porvoo 1965 (zit. Mäkelä); T. Peitsara (u.a.): Talvisota, a.a.O., S. 179ff.; M. Saarmento: Salmen kaidan vaihella, in: KT 1978, S. 109ff.
[55] Kuusinen, S. 227ff.
[56] Vollst. Text mit Zusatzprotokoll b. Jakobson, S. 317–323; Ursachen, XVI, S. 552; Auszüge b. Jacobsen: Der Weg, S. 48f.; dazu Hillgruber: Sowj. Außenpol., S. 43; Jakobson, S. 309f.; Jutikkala/ Pirinen, S. 383; Paasikivi, S. 197–248; vor allem J.J. Fol: Sur les guerres de Finlande, in: Revue d'histoire 1974, S. 122ff.
[57] Zahlen nach Mannerheim, S. 250f.; Condon, S. 284f.; Gosztony: Rote Armee, S. 185; Mikola, S. 56ff.

Neuorientierung im März 1940

Der finnische Konflikt und die ruchbar werdenden Pläne zur Ausweitung des Kriegsbrandes nach Westeuropa und Kleinasien erfüllte die Neutralen mit zunehmender Sorge. Papst Pius XII., Franco und Horthy, Leopold III. und die niederländische Königin Wilhelmina drängten daher zu Friedensverhandlungen. Skandinavische Mittler wie Birger Dahlerus und Sven Hedin (Schweden), Eivind Berggrav (Norwegen) und Peer E. Svinhufvud (Finnland) führten erneut Sondierungsgespräche.[1]
Roosevelt mußte dem Rechnung tragen. Die amerikanischen Isolationisten hatten seine Politik – das Cash-and-Carry-Verfahren, den Hemisphärenneutralismus und die Praktiken der sogenannten Sicherheitspatrouillen – als friedensgefährdende Machenschaften angeprangert. Vor seiner Nominierung für eine dritte Amtszeit gedachte der Präsident deshalb ein Zeichen zu setzen, das, wie er zu Bullitt sagte, die »Ladie's Peace Societies« beruhigen würde.[2]
Roosevelt schickte Unterstaatssekretär Sumner Welles, den stellvertretenden Außenminister der USA, nach Europa. Er sollte in Rom, Berlin, Paris und London die Friedensaussichten erörtern, selbst aber keine amerikanischen Vermittlungsvorschläge unterbreiten, vielmehr vermeiden, was die Westalliierten entmutigen könnte. Womöglich bot sich ihm Gelegenheit, den Graben zwischen Hitler und Mussolini zu vertiefen.[3]
Die Beziehungen der Achsenpartner standen unter keinem günstigen Stern. Ciano hatte die Moskauer Verträge mißbilligt, Sympathien für Polen und Finnland bekundet[4], Berichte über den nationalsozialistischen Terror nach Paris und London weitergeleitet[5], die Nichtkriegführung Italiens bekräftigt[6] und König Leopold III. vor deutschen Angriffsabsichten warnen lassen.[7] Schließlich war auch Mussolini mit einem Friedensappell an Hitler herangetreten.[8]
Als Welles nach Rom kam, versicherte ihm Ciano, daß Italien »nicht in den Krieg eintreten werde«.[9] In Berlin bereiteten Hitler, Göring, Ribbentrop und Heß dem Amerikaner einen frostigen Empfang.[10] Die Pariser Politiker, mit denen er sprach, boten das triste Bild einer kurz vor dem Zusammenbruch stehenden Regierungsmannschaft. Wer sie auch präsentierte, ob Albert Lebrun, Edouard Daladier oder Paul Reynaud, Georges Bonnet, Camille Chautemps oder Alexis Léger, Edouard Herriot oder Jules Jeanneney – keiner konnte seine Nervosität verbergen.[11]
Auch die unterschiedlichen Auffassungen der Engländer blieben Sumner Welles nicht verborgen. In Gesprächen, die er mit Chamberlain und Halifax, Churchill und Eden, Chatfield und Pound führte, kamen sie ebenso zum Vorschein wie bei Unterredungen, zu denen sich Oppositionspolitiker wie Sir Archibald Sinclair, Arthur Greenwood und Clement Attlee einfanden. Ihre Ansichten tendierten von stark eingeschränkter Verhandlungsbereitschaft bis zu extremer Intransigenz.[12]
In Rom, das Welles noch einmal besuchte, entging ihm der mittlerweile eingetretene Wechsel.[13] Ein Versuch des Emissärs, die Italiener in ihrem Entschluß zur »Nichtkrieg-

führung« zu bestärken, scheiterte.[14] Mussolini glaubte, nicht mehr lange abwarten zu können. Infolge des »Moskaufriedens« entfiel ein Gegensatz, der die Achsenpartner fast entzweit hatte. Wirtschaftliche Probleme zwangen beide Mächte zur Wiederannäherung.

Italiens Lage hatte sich besonders auf dem Gebiet der Energieversorgung erheblich verschlechtert.[15] Durch die Seeblockade der Royal Navy war das Land von den lebenswichtigen deutschen Kohlezufuhren über Rotterdam und Antwerpen abgeschnitten und im Mittelmeer »eingesperrt« worden.[16] Nach dem Willen des englischen Kriegskabinetts sollte es dabei bleiben, wenn Mussolini den Westmächten nicht 800 Flugzeuge, Flak und Pak, Munition und Sprengstoff, optische Instrumente und Heeresgerät verkaufte.[17]

Im Grunde wollte Halifax erreichen, daß Italien sein Bündnis mit Deutschland löste, auf Nachrüstung verzichtete und sich den Spielregeln des angelsächsisch beherrschten Weltmarktes unterwarf. Dieses Ansinnen empörte Mussolini. Er griff daher zu, als ihm Ribbentrop die Deckung des gesamten italienischen Kohlebedarfs auf dem Schienenweg anbot. Der Preis, den Rom dafür entrichten sollte, war die Verpflichtung, eines nicht allzu fernen Tages als kriegführende Macht an Deutschlands Seite zu treten.[18]

Während das erste monatliche Lieferkontingent von 1050000 Tonnen deutscher Kohle bereitgestellt wurde, trafen sich die Führer der beiden Staaten am 18. März 1940 auf dem Brennerpaß. Hitler behauptete später von ihrer ersten Begegnung seit Kriegsbeginn, daß ihm Mussolini »sichtlich verlegen entgegengetreten« sei, »wie ein Schuljunge, der seine Arbeiten nicht ordentlich gemacht« habe. Mit »treuherzigem Blick« versicherte der Duce, er werde am Kriege teilnehmen, »sobald die italienische Wehrmacht dazu in der Lage« sei.[19]

Dem deutschen Botschafter in Rom hatte Mussolini eröffnet, daß Italien einen »Parallelkrieg« mit eigener Zielsetzung gegen die Westmächte führen wolle. Doch auf dem Wege zum Brenner scheint der Duce die ganze Tragweite seiner Abhängigkeit von Deutschland erkannt zu haben. Jedenfalls erläuterte er Hitler nicht die italienischen Vorbehalte. Man durfte annehmen, daß Mackensen über sie berichtete.[20]

Am gleichen Tage verlor die französische Regierung das Vertrauen des Parlamentes. Daladier war mit seinem Pferd gestürzt und litt seither an Schlaflosigkeit. Nach Ansicht der Auguren fand er nicht mehr die Kraft zur Entlassung des angeblich unfähigen Oberbefehlshabers, General Maurice Gamelin. Beiden wurde vorgeworfen, sie hätten Finnland geopfert, die Landung in Norwegen verzögert und dadurch Frankreich dem Druck des Gegners und der inneren Zerrüttung überlassen.[21]

In der Kammerdebatte vom 18. März 1940 tadelte fast jeder Redner den unglücklichen Regierungschef. Zornig rief Gaston de Bergery: »Der Président du conseil hat den Krieg weder vermieden noch vorbereitet. Die so handeln, sind nicht berufen, ihm ein Ende zu machen oder den Sieg zu erringen!« Um 04.00 Uhr morgens wurde abgestimmt. Nur 239 Deputierte sprachen Daladier das Vertrauen aus; 300 gaben leere Zettel ab. Am nächsten Tag trat die Regierung zurück.[22]

Lebrun beauftragte Reynaud mit der Bildung des nächsten Kabinettes. Er war zuversichtlich und kämpferisch. Doch viele Parlamentarier begegneten ihm mit Abneigung. Auch mißtraute man dem Einfluß seiner Maitresse, der ehrgeizigen Hélène de Portes. Um die erforderliche Kammermehrheit zu gewinnen, mußte der neue Regierungschef den politisch totgesagten Daladier zum Verteidigungsminister ernennen, der weiter an

Gamelin festhielt und verhinderte, daß Colonel Charles de Gaulle, ein Protegé des Président du conseil, Staatssekretär wurde.[23]
Auch die britische Kriegspolitik war unschlüssig. Von Churchill abgesehen, schien kaum noch ein Minister der Regierung Chamberlain an Norwegen interessiert. Das Expeditionskorps wurde aufgelöst, der Rest von Schottland nach Frankreich verlegt, wo Daladier freilich weiter einen Flottenverband unter Admiral Edmond Derrien sowie 12400 Chasseurs Alpins, Fremdenlegionäre und Polen für Skandinavien bereithielt.[24] Am 25. März 1940 ließ Reynaud in London erneut einen Operationsentwurf zur doppelseitigen Umfassung der Deutschen über den Norden und Süden des Kontinentes vorlegen.[25]
Aber die Chiefs of Staff rieten Chamberlains Kabinett, bis zur vollen Entwicklung der eigenen Kräfte von jeder Offensivstrategie abzusehen. In der nächsten Sitzung des Supreme War Council, am 28. März 1940, mußte Reynaud seinen Plan fallenlassen und dafür einem Entwurf Churchills zustimmen, der von Sufflenheim aus mit 6000 Minen den Rhein verseuchen wollte. Allerdings widersprach diesem Vorhaben das Comité de guerre in Paris aus Furcht vor deutschen Repressalien. Damit war die gemeinsame Kriegführung wieder auf einem toten Punkt angelangt. Lediglich die Operation »Wilfred«, der Beschluß, eine Sperre vor Narvik auszulegen, wurde weiter verfolgt.[26]
Diese Maßnahme berührte einen Nerv der deutschen Kriegswirtschaft, knapp die Hälfte der jährlichen Eisenimporte (1938: 8,99 Millionen Tonnen). Da den nordschwedischen Ausfuhrhafen Luleå vier Monate lang Eis blockierte, wurde das um Gällivare und Kiruna geförderte Rohmaterial größtenteils über die Grenze nach dem eisfreien Narvik verfrachtet und von dort im Schutze der Territorialgewässer abtransportiert.[27] Die Kriegsmarine nahm weiter südlich entsprechende Sicherungsaufgaben wahr.
Daß einige deutsche Offiziere und Stäbe gelegentlich auch das Problem der »Stützpunktgewinnung« in Norwegen erörterten, wo man die Seeflanke England bloßlegen und den Durchbruch eigener Blockadebrecher zum und vom Atlantik decken konnte, war so naheliegend wie die parallellaufende Gedankenbildung auf britischer Seite. Bis 1939 hatte das OKM aber keine Operationspläne für Skandinavien entwickelt, weil Hitler die Gefahr eines Krieges mit Großbritannien solange leugnete.[28]
Als Raeder dann doch eine »Ausweitung der Operationsbasis nach Norden« erwog, verwies ihn Korvettenkapitän Hansjürgen Reinicke auf die damit verbundenen Schwierigkeiten. Ein wie auch immer gewonnener Stützpunkt – etwa Drontheim – war auf den weitläufigen Land- und Seewegen nur mit großem Aufwand zu versorgen.[29] Er lohnte kaum, wenn man in Rechnung stellte, daß Deutschland keine Hochseeflotte besaß, die ein Sprungbrett zum Atlantik brauchte. U-Boote konnten die Bucht von Sapadnaja-Liza anlaufen, wo mit Genehmigung der Sowjetunion ein deutsches Werkstattschiff vor Anker lag.[30]
Unterdessen war Vidkun Quisling, ein früherer Generalstabsoffizier, aus Norwegen nach Berlin gekommen. Als Führer einer kleinen, weit rechts orientierten Partei besuchte er den Reichsleiter Rosenberg, um ihm wie auch Raeder von einem Geheimabkommen zu berichten, das die Regierung des Ministerpräsidenten Johan Nygaardsvold mit England über die Abtretung von Kristiansand geschlossen haben sollte.[31] Hitler, der gleichfalls den Norweger empfing, zeigte für Skandinavien zunächst wenig Interesse. Der ObdW befaßte sich noch vorwiegend mit dem wiederholt verschobenen Angriff im Westen (»Fall Gelb«).

Eine »Studie N«, die Jodl vorausschauend bearbeiten ließ, traf auf Widerspruch in den Oberkommandos (OKW, OKH, OKM, OKL). Warlimont, Loßberg und Halder hatten Bedenken wegen der Kräfteverzettelung; Göring, Jeschonnek und Hoffmann von Waldau teilten diese Befürchtung. Schniewind, Fricke, Wagner und Reinicke glaubten nicht an eine Überrumpelung Norwegens durch die Briten.[32] Raeder – bisher Befürworter eines Skandinavien-Unternehmens – erklärte, daß er »die Aufrechterhaltung des gegenwärtigen Zustandes« für »die günstigste Lösung« halte.[33]
Immerhin veranlaßte der alliierte Druck auf die nordischen Königreiche das OKW zur Aufstellung eines Sonderstabes, dessen Führung Anfang März General Nikolaus von Falkenhorst übernahm. Seit dem »Altmark«-Zwischenfall drängte Hitler zur Beschleunigung der Arbeit. Eine Warnung aus Stockholm, wonach die »Gefahr einer großen Aktion der Westmächte« in bedrohliche Nähe gerückt sei, zwang erst recht zur Eile.[34]
Am 1. März 1940 erging eine Weisung Nr. 10a für den »Fall Weserübung«, die Besetzung von Dänemark und Norwegen.[35]
Der Moskauer Friedensschluß hatte eine Abwandlung der deutschen Beweggründe zur Folge. Galt der etwaige Zugriff bisher als Gegenmaßnahme für den Fall einer alliierten Landung in Skandinavien, so war die Aktion nunmehr als präventive Kriegshandlung zu verstehen. Am 26. März 1940 erklärte Raeder dem ObdW, daß Norwegen nicht unmittelbar gefährdet sei, aber »früher oder später« besetzt werden müsse.[36] Hitler zog darauf die »Weserübung« dem »Fall Gelb« vor und beschloß, sie im April durchzuführen.
Der ObdM hatte den Anstoß zu dieser schwerwiegenden Entscheidung mit sachbezogenen Argumenten seines Ressorts gegeben. Hitler ging darüber hinaus. In einer Besprechung mit Keitel, Jodl und Befehlshabern am 1. April 1940 begründete er seinen Entschluß nicht mehr allein mit der notwendigen Sicherstellung des kriegswichtigen Schwedenerzes und seiner Transporte. Ihn leitete auch der politische Wille, einen freien Weg »in die Welt« zu gewinnen, weil »es unerträglich« sei, daß »jede Generation erneut dem Druck Englands unterworfen werde«. Offenbar sollte die norwegische Küste für immer besetzt werden.[37]
Dieses Ziel blieb unverrückt bestehen, wenngleich bald auch wieder aktueller Anlaß zum Eingreifen in Dänemark und Norwegen bestand. Fast jeden Tag legten Admiral Canaris und der Ic 1/SKL, Korvettenkapitän Alfred Kranzfelder, neue Nachrichten über die Vorbereitung eines alliierten Skandinavien-Unternehmens vor.[38] Aus Helsinki warnte Blücher. Am 4. April 1940 wurde klar, daß die Royal Navy – ohne Kenntnis der deutschen Absichten – entsprechende Vollmacht hatte.[39] Von diesem Augenblick an wurden die beiderseitigen Maßnahmen zum Wettlauf nach Norwegen.[40]

[1] Martin: Friedensinitiativen, S. 82ff., 118ff., S. 154ff., S. 176ff., 194ff., 370ff.

[2] Bullitt zu H. Wallace, V, 925, COHC, Columbia University, New York u. Dallek, S. 217; Lash, S. 29ff.

[3] Allg. Langer/Gleason, S. 361ff.; Hull, I, S. 737f.; weitere Einzelheiten b. A. A. Offner: Appeasement Revisted. The United States, Great Britain, and Germany 1933–1940, in: JAH 64/1977, S. 384–393; speziell S. E. Hilton: The Welles Mission to Europe 1940, ebds. 6/1971, S. 93–120.

[4] Mussolini an Hitler am 5. 1. 1940 (s. Anm. 8) u. Hitler zu Attolico, 9. 1. 1940, DDI, III, Nr. 50.

[5] DDI, II, App. VIII, S. 636ff.; Ciano-Tgb., 4. 12. 1939; ders.: Catastrofe, S. 229f.

[6] In einer Rede vor der Kammer in Rom, 16. 12. 1939; vgl. Ciano-Tgb. 16. 12. u. 26. 12. 1939, 8. 1. 1940; ders.: Catastrofe, S. 231; dazu Boschesi, S. 131ff.; Simoni, S. 36ff. u. Siebert, S. 386ff.

[7] ADAP, D, VIII, Nr. 557 u. Weizsäcker, S. 275.

[8] Text des Schreibens v. 5. 1. 1940 in: DDI, III, Nr. 33 u. ADAP, D, VIII, Nr. 504; dazu Ciano-Tgb. 5. 1. 1940; ders.: Catastrofe, S. 233 u. Weizsäcker, S. 270.

[9] Zur ersten Begegnung mit Mussolini u. Ciano am 26. 1. 1940 s. DDI, III, Nr. 395 u. Ciano-Tgb., 26. 2. 1940, auf amerikan. Seite sind der Bericht für Roosevelt, FRUS 1940, I, S. 1–117 u. d. Memoiren v. Sumner Welles: The Time for Decision, New York 1944 (dt.: Jetzt oder nie, Hamburg 1946) von Interesse. Dt. Dokumente in: ADAP, D, VIII, Nr. 169, 598, 613, 637, 640, 643, 649, 655, 656. Dt. Memoiren überliefern P. Schmidt, S. 485 f. u. Weizsäcker, S. 277f.; die Sekundärlit. ist z. T. überholt. Zu benutzen sind noch Langer/Gleason, S. 361ff. u. Friedländer, S. 210ff.; ferner Kircheisen, S. 210ff.; H. Roesch: Die Mission des Sumner Welles, in: D, 1975, S. 818ff. u. 900ff. Vorzügl. Darstellungen b. Dallek, S. 216ff. u. Martin: Friedensinitiativen, S. 210.

[10] FRUS 1940, I, S. 48.

[11] ebd., S. 58ff.

[12] Die brit. Dokumente b. Martin: Friedensinitiativen, S. 222, Anm. 76, z. T. erhebl. abweichend v. FRUS 1940, I, S. 71ff. Weitere Aspekte b. Woodward, I, S. 168f. Zur wachsenden Rolle v. Labour s. P. Addison: The Road to 1945. British Politics in the Second World War, London 1976 (zit. Addison).

[13] Welles, a. a. O., S. 139f.; dazu d. Botschaftermemoiren v. W. Philips: Ventures in Diplomacy, Boston 1953, S. 264 (zit. Phillips).

[14] Langer/Gleason, S. 361.

[15] Toynbee: Survey, S. 6ff.

[16] A. Giannini: L'accordo italo-germanico per il carbone 1940, in: RSPI, 3/1954, S. 467.

[17] DDI, II, App. I, S. 635, 544, 638; Ciano-Tgb. 19. 12. 1939, 16. 1., 11.–14.2., 18. 2. 1940.

[18] Text des Protokolls in: DDI, III, App., II, 2, S. 642; weitere Dokumente ebds. Nr. 513, 514, 544; dazu F. Catalano: Les ambitions mussoliniennes et la réalité economique de l'Italie, in: Revue d'histoire 76/1969, S. 15ff.; Boschesi, S. 139

[19] Wiedergegeben i. d. Memoiren des dt. Militärattachés E. v. Rintelen: Mussolini als Bundesgenosse, Tübingen 1951, S. 81 (zit. Rintelen).

[20] Schmidt, S. 489 u. Ciano-Tgb. 19./20. 3. 1940; dazu Seibert, S. 420–424; Irving: Hitler, S. 89; Hillgruber: Strategie, S. 126f.

[21] J. Bardoux: Journal, Paris 1957, S. 22ff.; C. Boothe: European Spring, London 1941, S. 18ff.; Mordal, S. 3f.

[22] Aus d. Rede v. Bergery zitiert n. J. Benoist-Méchin: Der Himmel stürzt ein. Frankreichs Tragödie 1940, Düsseldorf 1958, S. 10ff.; Amouroux, II, S. 112; Rédaria, S. 23, 26.

[23] Spears, a. a. O., u. Amouroux, II, S. 115f.

[24] Dt. Weißbuch 6, Nr. 30; dazu Churchill I, 2, S. 219; Derry, S. 14; Le Goyet, S. 71f.; Moulton, S. 51f.

[25] Les événements survenus en France de 1933 à 1945. Témoignages et documents receuillis par la Commission d'Enquête Parlamentaire, 10 Bde., Paris 1947–1954 (zit. Evénements), II, S. 351ff.; vgl. Lorbeer, S. 121ff.

[26] Dilks, S. 50.

[27] B. Dannevig: Skib og menn. Den norske handlsflåtes krigsinnsats 1939–1945, Oslo [2]1968, S. 9ff.; J. O. Egeland: Gjennon brott og brann. Den storpolitiske kamp om handelsflåten under den annen verdenskrig, Oslo 1968; J. S. Geer: Der Markt der geschlossenen Nachfrage. Eine Studie über die Eisenkontingentierung in Deutschland 1937–1945 (Nürnberger Abhandlungen z. d. Wirtschafts- u. Sozialwiss. 14) Nürnberg 1961; J.-J. Jäger: Die wirtschaftliche Abhängigkeit des Dritten Reiches vom Ausland, dargestellt am Beispiel Skandinaviens, Berlin 1969; ders.: Sweden's Iron

Ore Exports to Germany 1933–1944, in: SEHR 15/1965; G. Hägglöf: Svensk krigetshandelpolitik under andra världskriget, Stockholm 1958; zuletzt W. Haupt: Narvik 1940, in: D 8/1976, S. 518ff.

[28] Hubatsch: Admiralstab, S. 118ff. u. Salewski, I, S. 52. Vgl. dagegen C. A. Gemzell: Raeder, Hitler und Skandinavien. Der Kampf um einen maritimen Operationsplan, Lund 1965 (zit. Gemzell) – eine materialreiche Studie z. dt. Marinepolitik mit stellenweise einseitiger Quelleninterpretation; dazu Salewski, I, S. 50 sowie d. Rezensionen v. A. Schulze-Hinrichs, in: MOV, 1966, S. 225ff.; G. Bidlingmaier, in: MR, 1967, S. 195ff.; G. Sandhofer, in: MGM, 1968, S. 179ff. u. W. Baum, in: HZ, 1968, S. 157. Eine abweichende Besprechung v. H. Steigleder, in: MG, 1966, S. 751ff. ist polemisch. Loock übernimmt d. Thesen v. Gemzell. Eine Auseinandersetzung mit seinem Werk b. E. Völker: Zur Vorgeschichte der Besetzung Norwegens 1940, in: MR, 1969, S. 77ff.

[29] Gemzell bestreitet, daß es vor dem Krieg keine dt. Absichten auf Norwegen gegeben habe (S. 15ff., 50, 113ff.). Raeder soll sich gegen solche Äußerungen nur aus polit. Gründen – »offiziell« – gewandt (S. 147f., 150f.), in Wahrheit aber stets zur offensiven Kriegführung gedrängt und dabei Norwegen einbezogen haben (S. 171). Vgl. P. Schmalenbach: Unternehmen »Weserübung«, in: AW, 1968, S. 19ff. u. Salewski, I, S. 134, 177, 227.

[30] Zur »Basis Nord« Salewski, I, S. 134, Anm. 124.

[31] LV, S. 56ff., 59ff. u. H.-G. Seraphim (Hg.): Das politische Tagebuch Alfred Rosenbergs 1934/35 und 1939/40, München 1969, S. 112; eine wissenschaftl. Biographie über Quisling fehlt. Die Lebensbeschreibungen v. N. Grieg: Vidkun Quisling, Oslo 1945 u. S. Hartmann: Förer uten folk, Oslo 1959 sind sowenig belangvoll wie d. Versuch einer Ehrenrettung des Engländers R. Hewins: Quisling. Prophet without honour, London 1965, dt. Leoni 1972. Viele Aufschlüsse bietet Bil. I–III u. Straafsak med Vidkun Abraham Lauritz Quisling, Oslo 1946. Von Interesse sind die biogr. Kapitel des Werkes v. Loock, S. 17ff. u. P. M. Hayes: Quisling et le gouvernement de la Norvège, in: Revue d'histoire 66/1967, S. 11ff.; weitere Einzelheiten b. Loock, S. 71ff., 96ff., 218ff., 221f.; dazu IMT, Bd. 34, S. 281 u. IMT, Bd. 35, S. 404; abweichend H. Boehm: Norwegen zwischen England und Deutschland, Lippoldsberg 1956 (zit. Boehm) Raeder, II, S. 205f. u. Aufz. v. M. Quisling: Dagbog og andre efterlatte papirer, Oslo 1980.

[32] Halder, I, S. 150–155; Jodl-Tgb. 12. 12. 1939 (Datum unrichtig); Loßberg, S. 59f.; Warlimont, S. 84; dazu ADAP, D, VIII, Nr. 573; ferner Loock, S. 230ff. u. Salewski, I, S. 179.

[33] Gemzell, S. 113ff.

[34] Zitiert n. Salewski, I, S. 180.

[35] Hubatsch: Weisungen, S. 47ff.

[36] LV, S. 86ff.

[37] Jodl-Tgb. 1. 4. 1940; Notiz f. KTB d. SKL zit. nach Loock, S. 258; Warlimont schreibt, S. 82, daß Hitler den Gedanken des ObdM »seinen eigenen weltpolitischen, offensiven Zielen unterordnete«. Vgl. Maier, in: DR, II, S. 200.

[38] Blücher Tel. v. 6. 4. 1940, Archiv d. AA, Skandinavien, Bd. 1, S. 6.

[39] IMT, Bd. 15, S. 41; Salewski, I, S. 185; v. brit. Seite St. Roskill: Churchill and the Admirals, London 1980, S. 111ff.

[40] Eintr. v. Aßmann i. d. KTB d. SKL v. 4. 4. 1940; vgl. Hubatsch: Weserübung, S. 59, Anm. 34.

Die Aufgabenstellung der Weisung Nr. 10a war unverändert. Teilkräfte der Wehrmacht sollten Dänemark und Norwegen besetzen, damit »englischen Übergriffen nach Skandinavien« vorbeugen, die »Erzbasis in Schweden« sichern und für die Kriegsmarine und Luftwaffe eine erweiterte »Ausgangsstellung« gegen Großbritannien gewinnen. »Grundsätzlich« wollte die deutsche Führung der Aktion »den Charakter einer friedlichen« Unternehmung geben und dabei die eigene »zahlenmäßige Schwäche« durch »kühnes Handeln« ausgleichen.[1]
Auf Anraten Raeders hatte Hitler beschlossen, den X-Tag (»Weserübung«) wegen der dunklen Neumondnächte zwischen dem 8. und 10. April 1940, den W-Tag (»Gelb«) drei bis vier Tage später anzuberaumen.[2] Nach sorgfältiger Prüfung der Wetterprognosen und Eisverhältnisse, Meldewege und Operationsbefehle, Funkverbindungen und Erkennungsdienste waren der 9. April 1940 zum »Wesertag« und 05.15 Uhr zur »Weserzeit« bestimmt worden, vorbehaltlich eines Widerrufs bis zum 3. dieses Monats um 02.00 Uhr.[3]
Mit Rücksicht auf die bevorstehende Westoffensive (»Fall Gelb«) hatten Brauchitsch und Göring für die »Weserübung« nur in begrenztem Umfange militärische Kräfte abgegeben: 8 Divisionen, 1 Brigade und 1 Panzerabteilung (PzKw I und II B), dazu 3 Kampfgeschwader und 3-4 Jagdgruppen, je ein Geschwader »Land« und »See«, jedoch fast alle Verbände des Lufttransportführers mit 582 Flugzeugen vom Typ »Ju 52«, »Ju 90« und »FW 200«, außerdem 3 Flakabteilungen und ein Fallschirmjägerbataillon.[4]
Die Marine mußte alle verfügbaren Einheiten heranziehen: die beiden Schlachtschiffe »Scharnhorst« (Hoffmann) und »Gneisenau« (Netzband), das Panzerschiff »Lützow« (Thiele), die Schweren Kreuzer »Blücher« (Woldag) und »Admiral Hipper« (Heye), das alte Linienschiff »Schleswig-Holstein« (Kleikamp) und vier der sechs Leichten Kreuzer, ferner 31 U-Boote und 14 Zerstörer sowie eine Anzahl von S-, R- und M-Booten. Für den Durchbruch zum Weltmeer blieb entgegen früheren Plänen nur der Hilfskreuzer »Atlantis« (Rogge) übrig.[5]
Mit dem Oberbefehl hatte Hitler den Wehrmachtführungsstab (Jodl) beauftragt[6], denn das OKH mußte sich weiter auf die Westoffensive vorbereiten. Sechs Divisionen, die in Norwegen landen sollten, bildeten eine »Gruppe XXI« (Falkenhorst). Ihr unterstellt war für den Grenzübergang nach Dänemark das »Höhere Kommando XXXI« (Kaupisch) mit zwei Divisionen. Flieger, Flak und Fallschirmjäger operierten im Rahmen des X. Fliegerkorps (Geisler). Das Gros der Schiffe dirigierte die SKL (Raeder) mit Hilfe der Marinegruppenkommandos Ost (Carls) und West (Saalwächter).
Dieser Kräfteeinsatz richtete sich nach der Aufgabenstellung und dem skandinavischen Verteidigungspotential. Norwegen hatte ein Heer von 19.000 Mann Friedensstärke und 120 Flugzeugen, dazu 4 Küstenpanzerschiffe, 9 U-Boote, 24 Torpedoboote und etwa 80 Hilfsfahrzeuge.[7] Dänemark, das sich auf den vor zehn Monaten mit Deutschland ge-

schlossenen Nichtangriffspakt verließ, hielt 15.500 Mann unter Waffen und verfügte über 150 Militärmaschinen sowie 2 Küstenpanzerschiffe, 9 U-Boote und 2 Zerstörer.[8]
Trotz dieser schwachen Abwehrkräfte verstieß die deutsche »Weserübung« gegen alle Regeln der Kriegskunst. Das Wetter und die Eislage konnten den Zeitplan durcheinanderbringen, der eventuelle Widerstand Norwegens oder eine schwedische Intervention alliierte Gegenmaßnahmen begünstigen. Unter allen Umständen mußte damit gerechnet werden, daß die britische Home Fleet (Forbes) den Anmarsch des Angreifers durch einen Flankenstoß beendete oder die Nachschubverbindungen der geplanten Verbände abschnitt.
Freilich ermangelten die Alliierten einer klaren Befehlsführung. Zum uralten Problem des Koalitionskrieges kam als Verzögerungselement das freie Spiel zwischen den drei britischen Teilstreitkräften. Der Posten des Koordinators im englischen Verteidigungsausschuß war nach dem Rücktritt Lord Chatfields am 3. April 1940 nicht wieder besetzt worden. Den Vorsitz des Komitees führte Winston Churchill als dienstältester Wehrminister. Er war »primus inter pares« und besaß keine über die Admiralität hinausgehenden Kommandobefugnisse.[9]
Die alliierte Planung sah eine gestaffelte Abfolge von drei Unternehmen vor. Zuerst sollte die Royal Navy die norwegischen Küstengewässer an drei Stellen verminen (Operation »Wilfred«), sodann eine Brigade in Narvik landen (Operation »Stratford«), die nach ausreichender Verstärkung in das nordschwedische Bergbaugebiet vordringen würde (Operation »Avonmouth). Kleinere Einheiten waren für Stavanger, Bergen und Drontheim bereitgestellt (»in order do deny their use to the Germans as naval and/or air Bases«).[10]
Im Unterschied zu Churchill glaubte Ironside nicht an eine überraschende Reaktion des Gegners, obwohl das Unternehmen »Wilfred« eine Neutralitätsverletzung darstellte und Deutschland zu Gegenmaßnahmen herausforderte. Am 7. April 1940 wurden in Rosyth und am Clyde britische Truppen für den Transport auf schnellen Kreuzern nach Norwegen verladen. Ihre Befehle waren verklauseliert, ein Ergebnis vielstimmiger Äußerungen, die Folge des »Waging War by Committees«.[11]
Auf deutscher Seite war am 3. April 1940 die erste der aus Frachtschiffen und Tankern bestehenden »Ausfuhrstaffeln« in See gegangen. Vier andere Transporter beendeten ihre Ladearbeiten. Raeder befürchtete Verrat. Tatsächlich hatten Oster und Liedig ihre Freunde in Berliner Attachékreisen gewarnt.[12] Eine von Keitel an die fremden Militärs ergangene Einladung zum Besuch deutscher Truppenteile verfehlte daher den Zweck. Der Schwede sagte ab, sein dänischer Kollege war schon nach Kopenhagen unterwegs.[13]
Die drei nordischen Regierungen rührten sich wenig.[14] Zwar zogen sie Reservisten ein, doch beurlaubte das dänische Seewehrkommando gleichzeitig aktive Soldaten. Man ahnte nicht, wie phantasievoll eine Militärmacht vorging, wenn ihr Interesse auf dem Spiel stand. Ein britisches Sabotageunternehmen gegen das Eiserne Tor zur Blockierung der Erdölausfuhren des neutralen Rumänien nach Deutschland, das erst vor wenigen Tagen durchkreuzt worden war, erteilte den Skandinaviern keine Lehre.[15]
Mittlerweile war unter dem Kommando des Admirals Sir Williams Withworth das Unternehmen »Wilfred« angelaufen und die Home Fleet Submarine Force (Horton) in Standlinien quer zur deutschen Stoßrichtung aufmarschiert. Norwegen protestierte nur durch örtliche Bewacher. Auch die Meldungen aus Berlin schienen den Außenminister

Halvdan Koht nicht sehr zu beunruhigen. Auf eine dänische Anfrage, ob man wegen der Gerüchte bei den Deutschen vorzusprechen gedenke, ließ er antworten: »Entweder ist nichts dran, dann besteht keine Gefahr; ist aber etwas dran, so würde man uns doch nicht die Wahrheit sagen«.[16]

Die deutsche Flotte (Lütjens) hatte ihren Kriegsmarsch mit »Scharnhorst« (Hoffmann), »Gneisenau« (Netzband) und »Admiral Hipper« (Heye) in den frühen Morgenstunden des 7. April 1940 von Schilling Reede begonnen und war unter starkem Jagdschutz vor der Jadebucht auf Nordkurs gegangen. Von den 14 (12) Zerstörern, die zum Verband traten, transportierte jeder 200-250 Soldaten des Heeres. Trotz schlechten Wetters sichteten ein englischer Flieger und zwei U-Boote die Schiffe. Bombenangriffe mehrerer Staffeln des Coastal Command (Bowhill) blieben aber wirkungslos.[17]

Admiral Sir Thomas Philipps, der Pound vertrat, erhielt erst gegen Abend ein klares Lagebild. Der Seelord befahl höchste Alarmstufe und machen die Truppenverschiffung rückgängig. Um 20.15 Uhr verließ das Gros der Home Fleet (Forbes) den Liegeplatz von Scapa Flow, gefolgt vom 2. Kreuzer-Geschwader (Edward-Collins) und 18. Kreuzer-Geschwader (Layton), um auf Nordost-Kurs die Shetland-Bergen-Enge zu erreichen. Doch der deutsche Verband hatte sie schon passiert, als die Briten nach beschwerlicher Fahrt dort eintrafen.

Das Kabinett Nygaarsvold erhielt volle Gewißheit erst nach der Versenkung eines Truppentransporters durch das polnische U-Boot »Orzel« (Grudzinski). Deutsche Soldaten, die sich bei Lillesand an Land retteten, sagten aus, man habe sie auf Bitte der Osloer Regierung entsandt, um Norwegen gegen einen bevorstehenden alliierten Angriff zu verteidigen.[18] Damit war das Unternehmen »Weserübung« enttarnt. Das norwegische Oberkommando ließ die Küstenbefeuerung löschen und befahl, jede Annäherung mit Waffengewalt zurückzuweisen.[19]

Inzwischen hatten Einheiten der beiden Flotten erste Gefechtsberührung »Admiral Hipper« (Heye) stieß auf einen Zerstörer der Force B (Withworth) und vernichtete ihn.[20] Später entließ Admiral Günther Lütjens den Kreuzer und seine Begleiter nach Drontheim, schließlich vor dem Westfjord auch die übrigen Zerstörer unter ihrem Kommodore, Kapitän z. S. Friedrich Bonte. »Eidsvold« (Willoch) und »Norge« (Askim), zwei norwegische Küstenpanzer, die den Einlaß verwehrten, wurden durch Torpedoschüsse versenkt.[21]

Narvik fiel kampflos in die Hände der Gruppe 1 (Bonte) und des von ihr antransportierten Gebirgsjägerregiments (Dietl). Die Gruppe 2 (Heye) brachte durch Anladen der mitgebrachten Infanteristen norwegische Küstenartillerie zum Schweigen und bemächtigte sich der Stadt. In starkes Abwehrfeuer gerieten die Gruppen 3 (Schmundt) und 4 (Rieve). Die Leichten Kreuzer »Köln« (Kratzenberg), »Königsberg« (Ruhfus), »Karlsruhe« (Rieve) und andere Einheiten wurden getroffen, ehe Bergen, Stavanger und Kristiansand fielen.[22]

Die Gruppe 5 (Kummetz) versenkte am Eingang des Oslofjordes einen hartnäckig kämpfenden Bewacher und erreichte die Dröbak-Enge, wo dem deutschen Verband überraschend das Artilleriefeuer der Festung Oscarsborg entgegenschlug und die Torpedobatterie von Kaholm ihre Geschosse löste. »Blücher« (Woldag) kenterte unter starken Explosionen; »Lützow« (Thiele) zog sich nach drei Treffern zurück und setzte zusammen mit »Emden« (Lange) und Torpedobooten Heeressoldaten ab, die sich den Verteidigungsanlagen von der Landseite näherten.[23]

Das Unternehmen »Weserübung« 1940

BARENTSEE
FINNMARKEN
Kirkenes
Petsamo
Polarnoje
Murmansk
HALBINSEL
KOLA
EUROPÄISCHES
NORDMEER
LOFOTEN
Harstad
Narvik
LAPPLAND
Kiruna
Kittilä
Salla
Mo
Gällivare
Mosjöen
Luleå
Suomussalmi
KARELIEN
Namsos
NORWEGEN
SCHWEDEN
BOTTISCHE SEE
Drontheim
FINNLAND
Andalsnes
Sortavala
Mikkeli
Ladogasee
Lahti
Elverum
Viipuri
Bergen
Hamar
Kotka
Turku
Helsinki
Koivisto
Oslo
Suursarvi
Leningrad
Dröbak
Stockholm
Hanko
Aaland-
Inseln
Stavanger
Horten
Reval
Egersund
Aarendal
ESTL.
Kristiansand
SKAGERRAK
LETTLAND
Riga
JÜTLAND
UDSSR
DÄNEMARK
Kopenhagen
LITAUEN
Kaunas
Wilna
JADE-
BUCHT
DEUTSCHLAND
Deutsche Marschwege
Alliierte Landungen
Luftlandungen
Finnische Grenze bis 13.3.1940
Finnische Grenze nach dem 13.3.1940

Entscheidend war die schnelle Besetzung Dänemarks, das hauptsächlich wegen seiner wichtigen Flugplätze in das Unternehmen »Weserübung« einbezogen worden war. Während deutsche Truppen nach kurzem Schußwechsel nach Jütland vorstießen, sprangen bereits Fallschirmjäger über den Landebahnen von Aalborg ab. Kurz darauf gingen dort die ersten Jagdstaffeln des X. Fliegerkorps (Geisler) nieder. Wenige Stunden später konnten sie dank des verbesserten Aktionsradius sowohl Bombenflüge als auch Lufttransporte nach Norwegen schützen.

In Kopenhagen hatte das Motorschiff »Hansestadt Danzig« ungehindert ein Bataillon gelandet. Seine Leute nahmen die Zitadelle, trieben Grenadiere des Leibgarderegimentes zurück und bildeten einen Brückenkopf, während deutsche Tiefflieger bei Vaerlöse abgestellte Jagdmaschinen zerstörten. Der unter Vorsitz König Christians X. auf Schloß Amalienborg zusammengetretene Staatsrat beugte sich einem Ultimatum. Um 07.20 Uhr wurde der dänische Widerstand eingestellt.[24]

Der Außenminister Peter Munch erhob gegen das Vorgehen des Reiches »ernsten Einspruch«, aber keinen Protest. Dänemark blieb die Kapitulation erspart. Seine Streitkräfte demobilisierten unter eigenem Oberkommando. Wider Erwarten garantierte Hitler die Grenzen des Königreiches. Auch ließ er Christian X, den sozialdemokratischen Staatsminister Thorvald Stauning und seine Koalitionsregierung im Amt. Der deutsche Gesandte Cäsar von Renthe-Fink wurde »Reichsbevollmächtigter«, ein Repräsentant ohne Vollzugsgewalt.[25]

Man hoffte, daß die Norweger dem dänischen Beispiel folgten, zumal beide Staaten durch ihre Monarchen, zwei Brüder, verbunden waren und Schweden nicht intervenierte. Als Curt Bräuer, der Gesandte des Reiches in Oslo, seine versiegelte Order öffnete und mit dem beiliegenden Memorandum vorsprach, stieß er jedoch auf Ablehnung. König Haakon VII, Nygaardsvold, Koht, die meisten Minister und Abgeordneten zogen sich aus der Hauptstadt nach Hamar und Elverum zurück.[26]

Churchill und Pound hatten die Maßnahmen von Philipps gebilligt und für die am gleichen Tag einberufene Sitzung des Supreme War Council weitere Entwürfe vorbereitet. Als Reynaud mit Daladier, Darlan und Gamelin nach London kam, schien die Lage nicht aussichtslos. Man vereinbarte alliierte Landungen bei Narvik und Drontheim, entsandte Admiral Sir Edward Evans, einen ehemaligen Polarforscher, in das norwegische Hauptquartier und beschloß, die dänischen Färöer zu besetzen.[27]

Indes hatte die deutsche Luftwaffe eingegriffen. Stukas zwangen Oscarsborg zur Übergabe, machten den Weg nach Oslo frei und klärten die Lage um Stavanger und Kristiansand. Jäger vertrieben die norwegischen Flieger über Fornebu und Sola und ermöglichten Transportstaffeln mit Infanterie und Fallschirmjägern zu landen.[28] Rund 88 Bombenflugzeuge stürzten sich auf die Home Fleet (Forbes) westlich von Bergen, trafen das Schlachtschiff »Rodney« (Dalrymple-Hamilton), beschädigten drei Kreuzer und schickten einen Zerstörer auf den Grund des Meeres.[29]

Dennoch stand die deutsche Kriegsmarine vor einer schwierigen Aufgabe. Raeder, Schniewind und Fricke beabsichtigten, daß die Gruppen 1-5 auf den Flottenchef sammelten, um im Schutze der Schlachtschiffe und Bombengeschwader nach Deutschland zurückzukehren. Wegen der eingetretenen Tankerverluste nahm die Treibstoffübernahme bei den Zerstörern jedoch viel Zeit in Anspruch, auch meldeten viele Schiffe erhebliche See- und Gefechtsschäden. Unter diesen Umständen gab das Marinegruppenkommando West (Saalwächter) den Verbänden Handlungsfreiheit.

Lütjens war weiter nach Norden vorgestoßen, wo er den britischen Schlachtkreuzer »Renown« (Simeon) antraf, sich aber aus dem Parallel- und Heckgefecht löste und nunmehr auf Südkurs lief. Doch nur »Admiral Hipper« (Heye) konnte sich anschließen. Die Gruppe 1 (Bonte) ölte noch, Withworth fand daher Gelegenheit, seine Begleiter unter Captain Bernard A. Warburton-Lee am 10. April 1940 bei dichtem Schneetreiben nach Narvik zu schicken. Der mehrstündige Kampf kostete auf jeder Seite zwei Zerstörer. Bonte und der britische Kommodore fanden den Tod.[30]
Withworth setzte seine Flagge auf dem alten Schlachtschiff »Warspite« (Crutchley) und führte am 13. April 1940 mit neuen Zerstörern einen zweiten Vorstoß nach Narvik. Bei diesem Angriff wurden alle noch schwimmenden deutschen Einheiten vernichtet. Sie setzen sich auf Strand, scheiterten, explodierten oder brannten aus. Rund 2500 Überlebende erreichten die Felsenküste und traten unter das Kommando des Generals Eduard Dietl, um Stadt, Hafen und Erzbahn zu verteidigen.[31]
Die in Drontheim eingelaufenen Zerstörer konnten allein zurückkehren. Vom Verband des Admirals Hubert Schmundt erreichten nur die »Köln« (Kratzenberg) und zwei T-Boote den Heimathafen. Die »Königsberg« (Ruhfus) sank nach Bombentreffern. Der »Karlsruhe« (Rieve) wurde ein U-Boot-Torpedo zum Verhängnis. Das Panzerschiff »Lützow« (Thiele) nahm bei Kap Skagen durch britischen Unterwasserangriff schweren Schaden und mußte nach Kiel eingeschleppt werden.
Am 13. April 1940 kam es auf deutscher Seite zur ersten Führungskrise des Krieges. Jodl fand die »Aufregung fürchterlich«.[32] Warlimont verzeichnete »Szenen kopfloser Erregung«.[33] Angesichts der Nachrichten von alliierten Landungen meinte Hitler, man habe »Pech gehabt«.[34] Dietl sollte nach Süden ausbrechen. Seiner Gruppe wurde sogar anheimgestellt, auf schwedisches Gebiet überzutreten. Die Herausgabe des bereits unterzeichneten Befehls unterblieb jedoch.[35]
Schwer wogen die Ausfälle der Transporter und Versorger. Von 7 Schiffen der Ausfuhrstaffeln gingen 6 verloren, von 8 Tankern 3. Wegen der zunehmenden U-Boot-Gefahr mußten für weitere Transporte flachgehende Marineeinheiten und Logger herangezogen werden. Aber noch konnte niemand voraussagen, daß bis zum Abschluß der »Weserübung« 107581 Soldaten, 20339 Fahrzeuge, 16102 Pferde und 101400 t Versorgungsgüter die ferne Küste erreichen und Verbände der Luftwaffe außerdem 29280 Mann und 2375 t Material nach Norwegen fliegen würden.[36]
Mittlerweile durchlebten alle Beteiligten neue Krisen. Die Deutschen hatten zwar Oslo, Egersund und Kristiansand, Stavanger und Bergen, Drontheim und Narvik genommen, aber das Landesinnere war ihnen verschlossen. Die dorthin ausgewichenen Norweger versuchten weitere Kräfte zu mobilisieren, stießen dabei freilich auf Schwierigkeiten. Den in Harstad, Namsos und Aandalsnes landenden Alliierten mangelte es an ausreichender Fliegerunterstützung.
Die politischen Fäden hatten sich heillos verwirrt. Bräuer scheiterte, als er den Autoritäten des Landes nachreiste, um mit ihnen zu verhandeln. König Haakon VII. war nicht bereit, dem in Oslo aufgetauchten Quisling die Regierungsvollmacht zu erteilen. Eine von Gaus übermittelte Anregung Hitlers, sich des Monarchen gewaltsam zu versichern, mußte der Gesandte ignorieren. Ihm schien die Einsetzung eines Verwaltungsrates durch den Präsidenten des Staatsgerichtshofes erfolgversprechender.[37]
Doch dieser Siebenerausschuß wollte lediglich administrative Aufgaben wahrnehmen und keinesfalls gegen den Willen des Königs und der legalen Regierung handeln. Er

lehnte es ab, nach dem Rücktritt von Quisling die Einstellung des Widerstandes anzuordnen. Nicht nur Falkenhorst, auch das OKW befürchtete nun, daß Offiziere des königlichen Heeres im Hinterland den Partisanenkrieg organisierten. Zehntausende, die dorthin entwichen, waren ein beachtliches Potential.[38]
Die letzte Entscheidung hing jedoch von der Luftherrschaft ab. Um sie zu gewährleisten, flog Milch mit Verstärkungen, Sondervollmachten und Geld nach Norwegen. Er mobilisierte Arbeitskräfte und kaufte Bohlen zur Befestigung der verschlammten Rollfelder. Innerhalb einer Woche wuchsen Aktionsradius und Schlagkraft der deutschen Fliegertruppe.[39] Die Kampfmaschinen des Flugzeugträgers »Furious« (Troubridge), den Pound der Home Fleet (Forbes) zugeteilt hatte, vermochten dagegen wenig auszurichten.
Falkenhorst ließ zwei Divisionen von Oslo durch die Täler nach Norden vorstoßen. Ihre Kampfgruppen brachen norwegischen Widerstand und trafen bei Dombaas zusammen.[40] Angesichts dieser Schwerpunktbildung mußte der Supreme War Council einsehen, daß Drontheim nicht mehr durch eine Zangenoperation von Namsos und Aandalsnes aus bezwungen werden konnte. Man beschloß, Mittelnorwegen zu räumen. Mit den freiwerdenden Kräften sollten die Truppen bei Narvik verstärkt werden.
Deutsche Kampfflugzeuge störten den Abtransport durch starke Bombenangriffe. Die französischen Schiffe entkamen mit 3000 Mann im Schutze der Nacht.[41] Dagegen erlitt die Home Fleet (Forbes) wiederum Ausfälle.[42] Der britische Kreuzer »Glasgow« (Pegram) nahm König Haakon VII. und seine Regierung samt dem norwegischen Staatsschatz an Bord.[43] In ihrem Gepäck hatten die Norweger auf Anraten von Frédéric Joliot-Curie auch »Schweres Wasser«, (S_2O) aus Rjukan. Es sollte zur Entwicklung einer »bombe à grande puissance« verwendet werden.[44]
Während sich der König nach Tromsö begab, leiteten die Alliierten erneut Operationen gegen Narvik ein. Sie wurden von einem starken Flottenverband unter Lord Cork and Orrery unterstützt. Die Truppen befehligte General Sir Claude Auchinleck. Bei den Seestreitkräften bildeten das Schlachtschiff »Resolution« (Bevin), die Träger »Furious« (Troubridge) und »Glorious« (d'Oyly-Hughes), 4 Kreuzer und 3 Flakschiffe den harten Kern. Das Landungskorps zählte 23500 Briten, Franzosen, Polen und Norweger.[45]
Durch ihren Angriff wurde Narvik zum Brennpunkt langwieriger Kämpfe. Die Gruppe Dietl war von allen anderen Regionen Norwegens abgeschnitten. Nur Flugboote erreichten noch einen Nachbarfjord. Weitere Versorgungsflüge mußten wegen schlechten Wetters eingestellt werden. Auf Ersatz war kaum zu hoffen, obwohl Falkenhorst ausgesuchte Elemente der 2. Gebirgsdivision (Feurstein) von Drontheim über Mosjöen, Bodöe und Hemnesberget nach Norden vorgehen ließ.[46]
Der Supreme War Council rechnete mit einem entscheidenden Erfolg. In Narvik erreichten die Alliierten eines ihrer primären strategischen Ziele. Wenn es den Verbündeten gelang, die Hafenstadt zu erobern, so erwuchs der deutschen Kriegswirtschaft schwerer Schaden. Zudem gewann Großbritannien nach Einnahme der Färöer einen zweiten Kontrollposten an den Nordpassagen. Der dritte, den auch Hitler im Auge hatte, sollte gleichzeitig besetzt werden.[47] Am 10. Mai 1940 landeten kanadische Truppen auf Island.[48]

[1] Hubatsch: Weisungen, S. 47 ff.; dazu Aßmann: Schicksalsjahre, S. 138 f.; Ruge: Seekrieg, S. 62 ff.; E. F. Ziemke: The German Northern Theater of Operations 1940–1945, Washington, D. C., 1959 (zit. Ziemke).

[2] LV, S. 86; Jodl-Tgb. 26. 3. 1940; Halder, I, S. 237; vgl. Irving: Hitler, S. 752, Anm. 2.

[3] IMT, Nd. 35, s. 215; Bd. 10, S. 318 f. und 669; Bd. 15, S. 415.

[4] Hubatsch: Weserübung, S. 52, 403 ff. u. 424 ff.; Morzik/Hümmelchen: Transportflieger, S. 34 ff.; allg. J. Piekalkiewicz: Seekrieg 1939–1945, München 1980, S. 11 ff. (zit. Piekalkiewicz: Seekr.)

[5] Salewski, I, S. 185 ff.; Hubatsch: Weserübung, S. 53 f.

[6] ebd., S. 54 f.; allg. H. Schuur, R. Martens, W. Koehler: Führungsprobleme der Marine im Zweiten Weltkrieg (Einzelschr. zur milit. Gesch. d. Zweiten Weltkrieges, 13) Freiburg 1973.

[7] Krigen i Norge 1940. Utgift ved den krigshistoriske avdeling, 5 Bde., Oslo 1952–1956, I, S. 44 ff.; J Andenaes (u. a.): Norway and the second World War. Oslo 1966; R. Roscher-Nielsen: Norges krig 1940–1945, Oslo 1947, S 9 ff. (zit. Roscher-Nielsen).

[8] P. M. Norum: Haeren der ikke maatte kaempe, Kopenhagen 1955, S. 45 ff. (zit. Norup).

[9] Churchill, I. 2, S. 235 f.; dazu A. J. Marder: From the Dardanelles to Oran. Studies of the Royal Navy in War and Peace, London 1974, S. 33 ff. (zit. Marder); vgl. Aigner, S. 125; allg. Roskill, I, S. 17 f. u. Derry, S. 59

[10] Dt. Weißbuch 6, Nr. 33 u. 37; Hubatsch: Weserübung, S. 398 ff.

[11] Gamelin, III, S. 327; Derry, S. 10 f.

[12] Vgl. Berichte d. dän. Marineattachés in Berlin F. A. H. Kjölsen: Optakten til den 9. April, Kopenhagen 1945, passim; auch S. Hartmann: Varslene til de nordiske legasjoner for den 9. April 1940, in: Jydske Samlinger 4/1958, S. 114 ff.; der Bericht des schwed. Attachés über seinen Informanten »SM.« in Beretning, Bd. 2, S. 211 ff.; Vgl. dazu Irving: Hitler, S. 95 u. Deutsch S. 96 f. Thun-Hohenstein, 152–159.

[13] Die wichtigsten gedruckten Quellen sind (für Dänemark) Beretning (I: Betaenking) til Folketinget afgivet af den af Folketinget under 8. Januar 1948, 14 Bde., Kopenhagen 1945–1953; (für Norwegen) Instilling fra undersökelseskomisjonen av 1945. Utg. av Stortinget, 1 Bde., 2 Beil., Oslo 1947; dazu Ny norsk Hvitbok. Opplysninger om det tyske overfallet pa Norge. Utg. av Untenriksdep. pressekontor, London 1940; (für Schweden) Förspelet till det tyska angreppet pa Danmark och Norge den 9. April 1940, Stockholm 1947 (zit. Beretning, Instilling, Förspelet). O. Riste u. M. Skodvin: Norway in the Second World War, Oslo 1966 (zit. Riste/Skodvin);

[14] Dazu allg. H. Frisch: Danmark besat og befriet, Kopenhagen 1945 (u. ö.), S. 15 ff.; N. Örvik: Norge i brennpunktet, Oslo 1953; ders.: Sikkerhetspolitiken 1919–1939, Oslo 1963; W. M. Calgreen: Svensk utrikespolitik 1939–1945, Stockholm 1973.

[15] Hillgruber: Hitler, Carol, Antonescu, S. 67 f.; O. Reile: Geheime Ostfront, München 1963, S. 316 f. (zit. Reile: Ostfront); K. H. Abshagen: Canaris, Stuttgart 1955, S. 244 ff.; P. Leverkuehn: Der geheime Nachrichtendienst der deutschen Wehrmacht im Kriege, Frankfurt 1960, S. 108 ff. (zit. Leverkuehn).

[16] Instilling, I, S. 150.

[17] Lütjens vertrat den erkrankten Flottenchef Adm. Marschall. Zwei Zerstörer schieden wegen Maschinenschadens zu Beginn des Kriegsmarsches aus. Einzelheiten zur Flottenoperation b. Hubatsch: Weserübung, S. 63 ff.; A. Buchner: Narvik, München 1977, S. 9 ff. (zit. Buchner: Narvik); Bekker: See, S. 89 ff.; ferner H. Bredemeier: Schlachtschiff »Scharnhorst«, Herford [2]1975; K. Peter: Schlachtkreuzer »Scharnhorst«, Berlin 1951; W. Kähler: Schlachtschiff »Gneisenau«, Herford 1979; J. Brennecke: Die Einsätze des Schweren Kreuzers »Admiral Hipper«. Eismeer, Atlantik, Ostsee, München[8] 1979 (zit. Bredemeier, Kähler u. Brennecke: Hipper).

[18] Hubatsch: Weserübung, S. 118; Instilling, Beil., S. 182 ff.

[19] Instilling, Bd. 1, S. 95, Bd. 2, S. 233 ff.

[20] Brennecke: Hipper, S. 37 ff.

[21] Instilling, Beil. 1, S. 95; Steen, Bd. 4, S. 64–73; Bekker: See, S. 95 ff.; Buchner: Narvik, S. 13 f.; Hubatsch: Weserübung, S. 71 f.

[22] Zur Einnahme v. Narvik s. G.-L. Dietl u. K. Herrmann: General Dietl, München 1951, S. 64 ff. (zit. Dietl/Herrmann) u. P. Klatt: Die 3. Gebirgsdivision, Bad Nauheim 1959, S. 33 ff. (zit. Klatt); zur Verteidigung der norw. Küste allg. Steen, Bd. 3, S. 48 ff. u. A. Ness: Kystartilleriet i Norge, in: NMT 1974, S. 505 ff.; weitere Einzelheiten b. Hubatsch: Weserübung, S. 79 ff.

[23] F. K. Birnbaum: Der Untergang der »Blücher« am 9. April 1940, in: MR 1965, S. 76–84.

[24] Hubatsch: Weserübung, S. 129 u. 496; der Text des Memorandums (mut. mut. d. norw. Reg.) ebd., S. 509ff.; vgl. Beretning, II, S. 46ff. u. weitere Dokumente b. Frisch, S. 339ff. Über die »Hansestadt Danzig s. Kutzleben/Schroeder/Brennecke: Minenschiffe, S. 41ff.

[25] Grundlegend R. Hinze: Das Verhältnis Deutschland–Dänemark während des Zweiten Weltkrieges, Göttingen 1955 (zit. Hinze) u. E. Thomsen: Deutsche Besatzungspolitik in Dänemark, Düsseldorf 1971 (zit. Thomsen); vgl. dazu d. Memoiren v. P. Munch: Dansk Politik under Krig og Besaettelse 1939–1945, 2 Bde., Odense 1946–1947. Die v. dt. u. dän. Journalisten verbreitete Behauptung, daß Munch am 16./17. 3. 1940 mit Himmler in Rostock zusammengetroffen sei u. dort möglicherweise eine kampflose Besetzung Dänemarks vereinbart habe, wurde leidenschaftlich diskutiert u. als Zeuge J. Schmidt-Wodder (Abgeordneter der dt. Minderheit im dän. Reichstag) angeführt. Vgl. J. Schmidt-Wodder: Von Wodder nach Kopenhagen. Von Deutschland nach Europa, Flensburg 1951, S. 196; dazu auch A. Oelsen: Aus ungedruckten Quellen, o. O., o. J. u. E. Wäsche: Die Wahrheit über Dänemark, o. O., o. J. Die zuletzt von Leers in Buenos Aires am 16. 8. 1952 durch eidesstattl. Erklärung unterstrichenen Behauptungen haben sich nicht bewahrheitet.

[26] Zum dt. Memorandum (mut. mut. dän. Reg.) s. Anm. 24; vgl. ferner ADAP, D, X, Nr. 65; weitere Dokumente i. Instilling, Beil. 1–4, dazu Förspelet, S. 198ff.; dazu d. norweg. Memoiren v. B. Berggrav: Da kampen kom, Oslo 1946 (zit. Berggrav); B. Gotaas: Norges kamp. Generalstabens Pressechef fortaeller, Kopenhagen 1945 (zit. Gotaas); C. J. Hambro: I saw it happen in Norway, London 1944; ders.: De forste maander, Kopenhagen 1946 (zit. Hambro); H. Koht: For fred og fridom i krigstid 1939–1940, Oslo 1957 (zit. Koht); T. Lie: Lever alle do. Norge i krig, Oslo 1955 (zit. Lie); ders.: Med England i ildlinje 1940–1942, Oslo 1956; O. Ruge: Krigens Dagbok, 2 Bde., Oslo 1946; F. Schjelderup: Fra Norges kamp for retten, Oslo 1945. Dazu von norw. Seite übersichtl. Darstellungen b. Riste/Skodvin, S. 76ff. u. Roscher-Nielsen, S. 21ff.; teilw. überholt durch neuere Untersuchungen, zusammengefaßt v. T. Greve: Haakon VII., Oslo 1980 (zit. Greve), passim. Von dt. Seite auf breiter Quellenbasis mit zahlr. Literaturhinweisen Loock, S. 277–340.

[27] Butler, II, S. 126f.; Churchill, I, 2, S. 152f.; Gamelin, III, S. 238; Minart, I, S. 184f.; weitere Einzelheiten i. d. frz. Memoirenlit.; s. R. du Pavillon: Les dessous de l'expédition de Norvège 1940, Paris 1977 (zit. Pavillon) u. R. Sereau: L'Expédition de Norvège 1940, Baden-Baden 1949 (zit. Sereau).

[28] Morzik/Hümmelchen, S. 82–96.

[29] Bekker: Angriffshöhe, S. 77–103; allg. F. Kurowski: Seekrieg aus der Luft, Herford 1979; neuerdings N. Miller: The Naval Air War 1939–1945, London 1980 (zit. Miller).

[30] Buchner: Narvik, S. 24ff.; Hubatsch: Weserübung, S. 100ff.; Roskill, I, S. 173ff.; zuletzt P. Dikkens: Narvik. Battle of the Fjords, London 1980, S. 12ff. (zit. Dickens).

[31] ebd., S. 31ff.; Bucher: Narvik, S. 28ff.; Haupt: Narvik, S. 522f.

[32] Jodl-Tgb. 14. 4. 1940.

[33] Warlimont, S. 95.

[34] Halder, I, S. 259.

[35] Hubatsch: Weserübung, S. 166f.

[36] ebd., S.120.

[37] In Einzelheiten abweichend Boehm, S. 73f., H. F. Knudsen: Jeg war Quislings Sekretaer, Kopenhagen 1951, S. 12 f. u. Schjelderup, S. 172ff.; vgl. Straffesak mot Vidkun Abraham Lauritz J. Quisling Oslo 1946, S. 74f., 154, 167, 169. Dazu ausführl. Loocks, S. 285ff. u. Riste/Skodvin, S. 79ff. Zur dt. Haltg. ADAP, IX, Nr. 89, 90, 113, 114, 116, 124. Eine Stellungnahme Raeders in: LV, S. 96f.; dazu d. Erinnerungen v. Gotaas, S. 25f.; Knudsen, S. 149f.; Koht S. 21ff.; Lie, S. 18f.; Berggrav, S. 18ff.

[38] Über d. sog. Panikdagen G. Jahn: Administrationstiden, in: Norges Krig, Bd. 2, S. 520ff.; Berggrav, S. 21ff.; Koht, S. 47ff. Zur Erwartung des Partisanenkrieges u. a. Warlimont, S. 94.

[39] Milch, S. 146ff.

[40] Derry, S. 27, 79; Gotaas, S. 40f.

[41] Hubatsch, S. 184, Anm. 24.

[42] Dickens, S. 128ff; Moulton, S. 114ff.; Mordal, S. 71f.; Auphan/Mordal, S. 60f.

[43] Derry, S. 129.

[44] Greve, S. 199f.

[45] Dickens, S. 176ff.; Derry, S. 45ff., 65, 145, 147ff.; Moulton, S. 181ff.; Roscher-Nielsen, S. 241ff.; dazu Cork and Orrery: My Naval Life, London 1942.

[46] Hubatsch: Weserübung, S. 212ff.; Bucher: Narvik, S. 45ff., 202ff. Vgl. V. Feurstein: Irrwege der Pflicht, München 1963, S. 64 (zit. Feurstein).

[47] Salewski, I, a. a. O. S. 272, Anm. 5.; Derry, S. 193ff.; W. Ansel: Hitler Confronts England, Durham, N. C., 1960, S. 101 (zit. Ansel); F. A. Hinsley: Hitlers Strategy, Cambridge 1951, S. 65 (zit. Hinsley).

[48] Derry, S. 195.

Die Offensive im Westen 1940

Hitler war in seinem Entschluß, die Alliierten anzugreifen, niemals wankend geworden. Die Wechselfälle der Politik und Planung hatten ihn nicht beirrt und der strategischen Zielsetzung des Westfeldzuges keinen Abbruch getan. Was hinderlich zu werden drohte – die widerstrebenden Militärs, der sowjetische Ausdehnungsdrang, das Unternehmen »Weserübung« – verlor gegenüber dem neuen Projekt an Gewicht.

Die Weisungen Nr. 6–8 enthielten dazu keine nennenswerten Sentenzen.[1] Ausführlich begründet hatte der ObdW seine Westkonzeption dagegen in einem für Göring, Keitel, Brauchitsch und Raeder bestimmten Memorandum.[2] Nach dem erfolgreichen Polenfeldzug, meinte Hitler, könne sich Deutschland mit ganzer Kraft gegen die Alliierten wenden. Dies müsse bald geschehen. Denn die Zeit arbeite für den Feind. Rußlands Neutralität sei nicht dauernd sichergestellt, die USA würden künftig stärker ins Spiel kommen, Italien stehe und falle mit der Person des Duce.

Besonders akzentuierte Hitlers Denkschrift die ökonomische Problematik. Ernste Gefahr, schrieb er, drohe dem Ruhrgebiet. Zwar bildeten Belgien und Holland gegenwärtig eine Schutzzone. Im weiteren Verlauf des Krieges würden die Westmächte jedoch erstarken. Sie könnten dann die belgisch-niederländische Neutralität aufheben, zum Rhein vorstoßen und dadurch den Zusammenbruch der deutschen Kriegswirtschaft herbeiführen. Umgekehrt sei Deutschland jetzt in der Lage, das »Vorfeld« zu besetzen und hier eine Basis für den Kampf gegen England zu gewinnen.

Die erste Aufmarschanweisung von Brauchitsch war eine ideenarme Improvisation, schnell und widerwillig entworfen. Am rechten Flügel der Heeresfront sollten Kräfte bis zur niederländischen Grebbelinie vorrücken.[3] Auch die Mitte wurde verstärkt, um diese Offensive abzuschirmen. Indessen hörte man von Keitel, daß der ObdW Holland aussparen wolle und die Frage aufwerfe, ob es möglich sei, »südlich Lüttich« durch überraschende Ausweitung des Angriffs den in Belgien »einrückenden Feind abzuschnüren«.[4] Hitler selbst demonstrierte dies an Hand der Karte.

Brauchitsch hatte dem Einfall Rechnung getragen, ohne mit seiner zweiten Aufmarschanweisung den Schwerpunkt zu verlegen.[5] Während Keitel, Jodl, Warlimont und Loßberg den Gedanken des ObdW diskutierten, wandten sich Bock, Rundstedt und Guderian gegen den bisher noch unausgereiften Plan. Auch Jeschonnek erhob Einwände. Der LwFSt unter General Otto Hoffmann von Waldau befürchtete, daß bei Verkürzung des rechten Flügels die Royal Air Force von den Niederlanden einige Flugbasen übernehmen und von dort flankierende Schläge führen könnte.[6]

Am schärfsten kritisierte Manstein das vorliegende Konzept, weil es nur den »ordinären Sieg« verhieß, nicht aber eine strategische Entscheidung. Der General verlegte den Schwerpunkt des Angriffs eindeutig nach Süden, in die Richtung Namur–Arras–Boulogne. Der rechte Flügel sollte en passant die Niederlande besetzen und den Gegner verleiten, wertvolle Manövriermasse nach Belgien vorzuschieben. Dort würde man sie

durch einen starken Stoß mit 12 schnellen Divisionen von der Ausgangsbasis abschneiden und vernichten.[7]
Für diesen Plan hatte Manstein die Zustimmung von Rundstedt und Guderian gewonnen. Das OKH blieb skeptisch, solange der Operationsentwurf nicht mit Fachurteilen begründet und in Stabsübungen durchgespielt war. Der kritische Stratege sah sich kaltgestellt. Doch bevor er seine neue Position in Stettin antrat, verschaffte ihm Schmundt Gelegenheit zum Vortrag an höchster Stelle. Anläßlich eines Frühstücks in der Berliner Reichskanzlei konnte der General das Projekt mit Hitler erörtern.[8]
Als Brauchitsch und Halder am nächsten Tag vorsprachen, versicherte ihnen Hitler, daß er sich schon immer für den Schwerpunkt im Süden interessiert habe. Anstelle der bisher konzipierten Angriffsspitzen müsse bei der HGr. A (Rundstedt) ein starker Sturmbock geschaffen werden. Der Chef des Generalstabes hatte diese Konzentration bereits akzeptiert, seit die Zahl der schnellen Truppen ihrer Verdoppelung entgegenging. Die Idee des »Sichelschnittplanes« hatte sich durchgesetzt. Eine dritte und vierte Aufmarschanweisung des ObdH (»Gelb«) regelte den Kräfteansatz.[9]
Der zwischen Dollart und Aachen stehenden HGr. B (Bock) wurden die gepanzerten Kräfte des XVI.AK. (Hoepner) und eine selbständige Panzerdivision zugeteilt. Die zwischen Aachen und Trier versammelte HGr. A (Rundstedt) erhielt dagegen sieben Panzerdivisionen, zusammengefaßt im XIX.AK. (Guderian), XLI.AK. (Reinhardt) und XV.AK. (Hoth), deren zwei samt dem vollmotorisierten XIV.AK. (Wietersheim) die »Panzergruppe Kleist« – den »Sturmbock« – bildeten. Die am Westwall eingesetzte HGr. C (Leeb) verfügte über keine schnellen Truppen.[10]
Die Infanterie hatte ihren Vorrang verloren. Da sich die Masse der Verbände nur im Fußmarsch fortbewegte, konnte sie keine entscheidenden Aufgaben lösen. Auf dem rechten Flügel sollten 25 Infanteriedivisionen (ID) zusammen mit der einzigen Kavalleriedivision (KD) die Niederlande besetzen und den Einbruchsraum in Nordost-Belgien erweitern. Die Heeresmitte verfügte über 38 Divisionen zur Ausfüllung des Korridors, den der Panzerkeil bahnte. Den 18 Divisionen der HGr. C (Leeb) waren Fesselungsaufgaben zugedacht.[11]
Die Luftwaffe sollte feindliche Fliegerkräfte zerschlagen und das Heer unterstützen. Daraus ergaben sich Probleme der zeitlichen Staffelung. Ein Eröffnungsangriff gegen die alliierten Flugplätze 20 Minuten vor dem Antreten (X-Zeit) konnte nur mit 30 Prozent der Bomber geführt werden. Die zweite Welle startete erst X+180 Minuten. Die Jäger ließen sich vollzählig X+60 Minuten in der Luft halten. Danach mußte jede Jagdgruppe ununterbrochen bis zum Dunkelwerden eine ihrer Staffeln für den Sperrflug verwenden.[12]
Außer dem V. FlK. (Greim), das operative Aufgaben hatte, und der 9. FlD. (Coeler), die zur Verseuchung von Hafeneinfahrten und anderen Zwangswegen mit LMA/B (Luftminen) eingesetzt wurde, waren fast alle Verbände an Bodenoperationen in der Hauptrichtung gebunden. Sogenannte Koluftstäbe mit Luftwaffenoffizieren und Luftnachrichtenpersonal traten zu den Heereskorps und gewährleisteten eine gewisse Varibilität der Bombereinsätze innerhalb der Luftraumgrenzen.
Insgesamt waren die LFl. 2 (Kesselring) und LFl. 3 (Sperrle) auf Zusammenarbeit mit dem Heer angewiesen, wobei das mit zwei Stukageschwadern für den »Nahkampf« besonders geeignete VIII.FlK (Richthofen) einen Schwerpunktwechsel zwischen Südholland und Lothringen vollziehen sollte. Ferner hatte das OKL der HGr. B (Bock) und

HGr. A (Rundstedt) je ein neues Flakkorps zugeteilt, nachdem feststand, daß die motorisierten 8,8 cm-Flakgeschütze offensiv am Boden verwendet werden konnten.
Eng zusammenwirken mußten Heer und Luftwaffe auch bei Sonderunternehmungen. Halder nannte sie »Unsinn«[13], Hitler war jedoch entschlossen, durch überraschende Inbesitznahme von Schlüsselpositionen den Panzern das »fließende Antreten« zu erleichtern. Sechs Spezialverbände standen bereit: ein Luftlandekorps, bestehend aus der 22. ID. (Sponeck)[14] und der 7. FlD. (Student), ihre Fallschirmjäger-Sturmabteilung (Koch)[15], Teile des Regimentes »Großdeutschland« (Schwerin)[16] und zwei Bataillone »Brandenburger« der »Abwehr II« (Lahousen).[17]
Die beiden Luftlandedivisionen sollten in der »Festung Holland« niedergehen und durch Panzervorstoß entsetzt werden. Gruppen der Sturmabteilung waren für eine lautlose Landung mit »DFS-230« Lastenseglern ausgebildet. Ein Bataillon »Großdeutschland« stellte Sicherungen in 15 Maschinen vom Typ Fieseler »Fi 156 Storch« für die Ardennenorte Nives und Witry. Die »Brandenburger« hatten sich der Brücken von Maastricht, Roermond, Venlo und Gennep zu bemächtigen.[18]
Die Spekulation auf das Überraschungsmoment berührte Probleme der subversiven Kriegführung. Ihre Vorbereitung war Aufgabe von Canaris. Als geeignete Helfer wurden die Auslandsdeutschen angesehen. Der Admiral zog aber keine Elsässer heran, deren Führer Karl Roos die Franzosen zum Tode verurteilt und kürzlich bei Nancy erschossen hatten. Die großen deutschen Bevölkerungsgruppen in Belgien und Holland (je 50000 Menschen) boten nicht genügend Gewähr für die Geheimhaltung. Nur kleine Gruppen aus Eupen-Malmedy und Luxemburg erhielten eine Spezialausbildung (»Sport und Spiel«).[19]
Vorteile versprachen sich deutsche Stellen von Kontakten mit Politikern der extremen Rechten in Belgien und Holland. Joris van Severen und Staf de Clerqc, die Vorsitzenden flämischer Nationalverbände, erhielten finanzielle Zuwendungen, nicht aber der »Rex«-Führer Léon Degrelle, dessen Wallonen zum Teil auf eine französische Intervention hofften. Zur subversiven Kriegführung waren die beiden Flamen freilich sowenig geeignet wie Adriaan Mussert, der Chef einer »Nationaal Socialistische Beweging« (NSB) in den Niederlanden.[20]
Die Landstreitkräfte des Westens umfaßten 144 Divisionen und drei Brigaden im Unterschied zu 141 Divisionen des deutschen Angreifers. Frankreich verfügte an seiner Nordostgrenze über 103 Divisionen und einen entsprechenden polnischen Verband. Die British Expeditionary Force (BEF) zählte 10 Divisionen. Belgien hatte 22 Divisionen mobilisiert, Holland trotz höherer Bevölkerungsziffer nur 8 Divisionen und 3 Brigaden. Insgesamt standen 3369000 alliierte und neutrale Soldaten 3000000 Millionen Deutschen gegenüber.[21]
Noch auffälliger waren die Unterschiede bei zwei wichtigen Waffensystemen. Die alliierte und belgisch-niederländische Artillerie zählte zusammen 13947 Rohre, das deutsche Angriffsheer 7378. Franzosen und Briten hatten 3373, die Deutschen nur 2445 Panzer. Rund 50 belgische Kampfwagen waren aus neutralitätspolitischen Gründen auf dem Hof einer Fabrik in Gent abgestellt. Obwohl 10 von ihnen ebenso wie 18 niederländische Fahrzeuge zum Einsatz kamen, änderte dies an den Proportionen wenig.[22]
Die französische Armée de l'air hatte 3284 Flugzeuge, jedoch nur 1649 an der Nordostfront (»aux armées«), von denen 1368 einsatzbereit gemeldet wurden.[23] Die British Air force in France (Barratt) zählte 456 Maschinen, zu denen noch 850 aus England stoßen

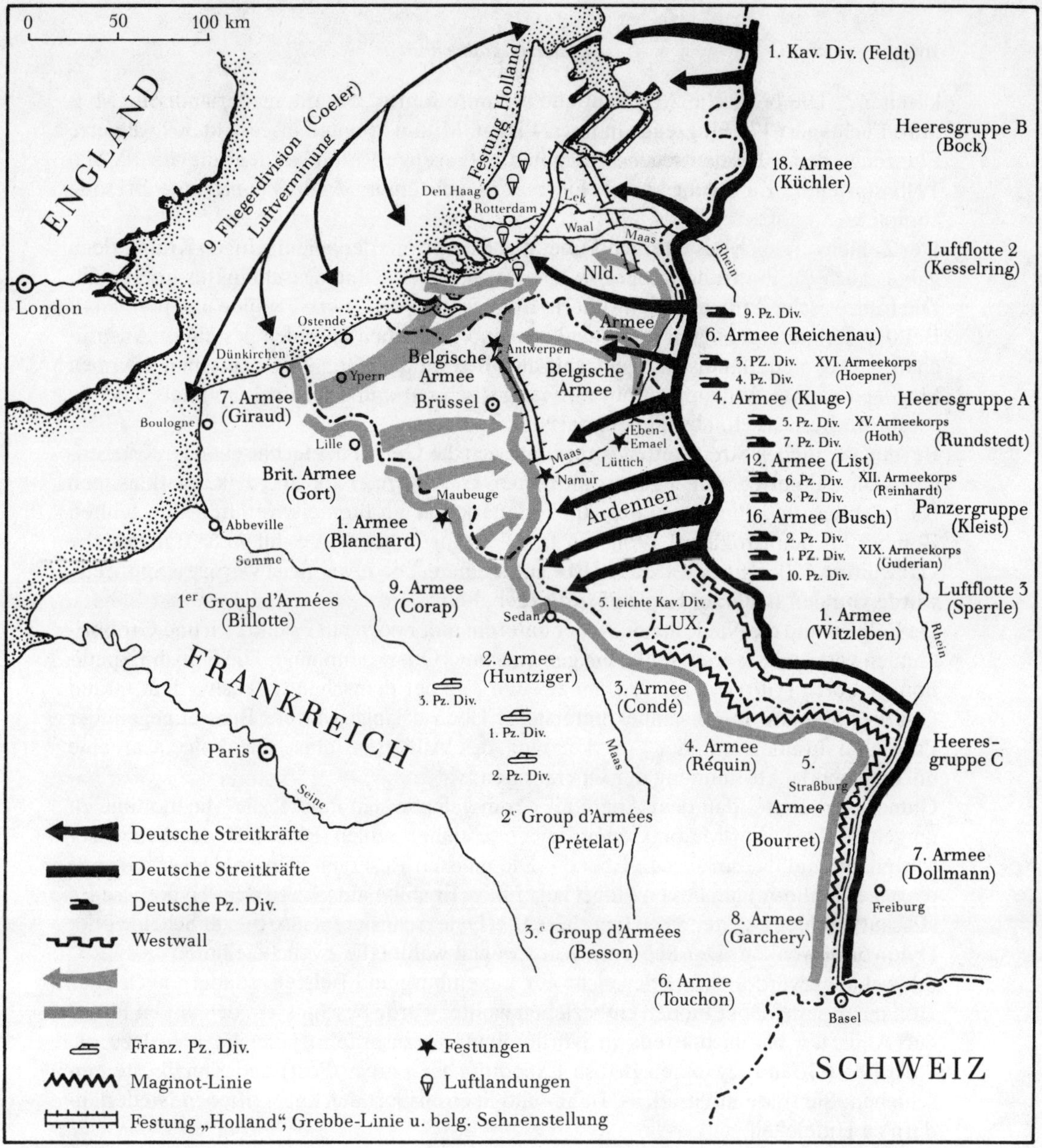

Der Beginn des deutschen Westfeldzuges 1940

konnten.[24] Die belgische Aéronautique militaire führte 250, die niederländische Militaire Luchtvaart 175 Flugzeuge in ihren Listen. Mithin konnten insgesamt 3099 alliierte Flugzeuge den 4020 deutschen Maschinen entgegengeworfen werden, die am 10. Mai 1940 starteten. Zu Recht sprach Pierre Cot von einer »égalité numérique prèsque complète«.[25]

Der Zahlenvergleich besagte nichts über den Kampfwert der beiderseitigen Kräfte, doch gab es auch für ihn frühe Zeugnisse. Den Briten wurde uneingeschränktes Lob zuteil. Die französische Armee fanden alliierte Beobachter »verlottert«, »müde und mutlos«.[26] Bei den Belgiern genügten nur Kavallerie und Ardennenjäger den gestellten Ansprüchen.[27] Das niederländische Heer galt als »très médiocre«.[28] Die deutschen Truppen hingegen nannte William L. Shirer »phantastisch gut«, und Colonel Goethals fand sie »stolz, enthusiastisch, absolument parfait«.[29]

Bei den westlichen Streitkräften verbreitete sich das Gefühl der technischen Unterlegenheit. Die Alliierten ermangelten moderner Geschütze, Flak und Pak, erstklassigen Nachrichten- und Pioniergerätes. Ihr Flugpark war größtenteils veraltet; ihm fehlten Bomber für den Erdkampf. Von den Jagdflugzeugen konnten es allein 68 französische »Dewoitine 520« mit der »Me 109 Bf« aufnehmen. Die etwa gleichwertige »Spitfire I« wurde von den Briten in England zurückgehalten.[30]

Da Belgien und die Niederlande weder untereinander noch mit Frankreich und Großbritannien verbündet waren, fehlte ein gemeinsames Oberkommando. Die British Expeditionary Force (Gort) wurde erst am zweiten Tag der deutschen Offensive dem Grand Quartier Général in Vincennes unterstellt. Ebenso lange wartete Brüssel gegenüber Paris und London mit der Anerkennung des Alliiertenstatus. Die Folge war eine unzureichende Abstimmung der Operationen.

Gamelin erkannte, daß dem Angreifer daran gelegen sein mußte, die Maginotlinie zu umgehen. Der Etat-Major Général richtete daher seinen Blick auf das Schweizer Mittelland und die nördlichen Ebenen. Die meisten Reserven wurden dem 1er Groupe d'armées (Billotte) am linken Flügel zugeführt. Er sollte auf Grund der »Hypothèse E« (Escaut) handeln, später die »Hypothèse D« (Dyle) realisieren, also bis zur Schelde oder Dyle vorschwenken. Der Supreme War Council wählte die zweite Ziellinie.[31]

Als bekannt wurde, daß Hitler nicht nur Luxemburg und Belgien, sondern auch ganz Holland in seine Operationen einbeziehen wollte, wurde beschlossen, den linken Flügel der Alliierten bis nach Breda in Nordbrabant vorzustaffeln. Gamelin ließ dazu die 7. Armee (Giraud) zwischen British Expeditionary Force (Gort) und Kanalküste einschieben. Sie sollte im Straßen-, Bahn- und Seetransport den angegriffenen Niederländern zu Hilfe eilen.[32]

Voraussetzung war, daß diese nicht allein ihr Réduit, die zwischen der Zuidersee und den großen Flußmündungen liegende »Festung Holland« verteidigten, sondern auch weiter südlich starke Kräfte konzentrierten. Die darüber entstehende Kontroverse führte zum Wechsel im niederländischen Oberkommando. Der neue Heereschef ließ ein Armeekorps aussondern und die Peel-Raam-Stellung weiter ausbauen. Zwischen ihrem rechten Ende und den belgischen Verteidigungsanlagen blieb jedoch eine Lücke.[33]

Die Belgier hielten eine vordere Linie von 250 km (Position couverture). Sie folgte dem Lauf der Maas und des Albertkanals und fand an Festungszonen um Namur, Lüttich und Antwerpen festen Halt. Hinter diesem Bogen war zwischen Koningshooykt (bei Antwerpen) und Fort Suarlée (bei Namur) eine Sehnenstellung vorbereitet. Vier neue

Werke und 32 modernisierte Weltkriegsforts, 1953 Kasematten und 30000 Cointet-Gatter verstärkten das System. Das Dyle-Breda-Manöver war ihm aber nicht genau angepaßt.[34]

Definitiv gliederten sich die alliierten Landstreitkräfte in den 1er Groupe d'armées (Billotte) zwischen der Küste und Montmédy mit 7. Armee (Giraud), BEF (Gort), 1. Armee (Blanchard), 9. Armee (Corap) und 2. Armee (Huntzinger), einem 2e Groupe d'armées (Prételat) zwischen Montmédy und Schlettstadt mit 3. Armee (Condé), 4. Armee (Réquin) und 5. Armee (Bourret) sowie einem 3e Groupe d'armées (Besson) zwischen Schlettstadt und Genf mit 8. Armee (Garchery) und 3. Armee (Touchon).[35]

Den beiden südlichen Gruppen waren defensive Aufgaben gestellt. Der 1er Groupe d'armées (Billotte) sollte nach dem Dyle-Breda-Plan handeln, seinen linken Flügel in die Niederlande detachieren, mit dem BEF (Gort) bis zur Linie Löwen-Wavre vorschwenken und die übrigen Armeen zur Maas zwischen Namur und Givet entsenden. Gleichzeitig würden Kavalleriekorps – motorisierte Divisionen, gepanzerte Teilkräfte und Reiterbrigaden – in die Ardennen vorstoßen, um dort den Gegner aufzuhalten.

Die Alliierten hatten keine klaren Vorstellungen von den deutschen Absichten. Die aus Polen zurückkehrenden Generale Denis Faury und Paul Armengaud warnten vor dem unwiderstehlichen Anprall massierter Kampfwagenverbände.[36] Aber Gamelin neigte eher zu der Ansicht seines Panzertruppen-Inspekteurs, General Louis Keller, dem die Wiederholung des Blitzfeldzuges im Westen wegen zahlreicher Geländehindernisse unmöglich erschien.[37]

Man glaubte, daß unter allen Umständen genügend Zeit blieb, um mit dem linken Heeresflügel in die Hauptverteidigungslinie einzuschwenken. Auch Ironside, der besorgt auf die Ardennen blickte, unterschätzte Schnelligkeit und Wucht des hereinbrechenden Angriffs. Es war daher belanglos, daß im Deuxième Bureau wie auch bei den Nachrichtendiensten der Niederlande und Belgiens letzte Warnungen eintrafen – Informationen aus Tokio, Bern, Luxemburg, Rom und dem Vatikan, Terminangaben Osters, Telefonate von Sas und Goethals, der Wink einer Sekretärin aus Reichenaus Hauptquartier.[38]

Die alliierten Regierungen begannen sich zu entfremden. Obwohl Frankreich und Großbritannien am 27. März 1940 ein Abkommen geschlossen hatten, das sie verpflichtete, keine Verhandlungen über einen Waffenstillstand oder Separatfrieden aufzunehmen, suchte der englische Unterstaatssekretär Richard A. Butler, nicht ohne Wissen von Halifax und Cadogan Ende April durch Vermittlung des Prinzen Max Eugen zu Hohenlohe-Langenburg, mit Deutschland ins Gespräch zu kommen.[39]

Dieser Schritt war eine Folge des alliierten Scheiterns in Norwegen und nicht die einzige. Reynaud verlangte nach dem Fehlschlag von Drontheim erneut die Ablösung Gamelins. Als Daladier auch jetzt wieder seine schützende Hand über den Generalissimus hielt, erklärte der Président du conseil seinen Rücktritt. Lebrun bat ihn, die Regierungsgeschäfte provisorisch weiterzuführen. Diese Regelung verhinderte aber nicht, daß Frankreich im Augenblick höchster Not ohne eine starke Führung war.

Gleichzeitig litt England unter einer Krise. Neville Chamberlain fand vor dem Unterhaus keine überzeugende Erklärung für das norwegische Fiasko. Wie ein Keulenschlag traf den Premier die Erwiderung seines alten Parteifreundes Leopold S. Amery, der das erfolglose Kabinett mit Cromwells Worten geißelte: »You have sat too long here for any good you have been doing. Depart, I say, and let us have done with you. In the name of God, go!«.[40]

Am Abend des 9. Mai 1940 schrumpfte die Regierungsmehrheit im Unterhaus auf 81 Stimmen zusammen. Rund 40 Konservative, unter ihnen prominente Politiker wie Macmillan, Duff Cooper, Spears und Amery, entzogen Chamberlain das Vertrauen. Zusammen mit der Labour-Opposition, dem Nationalliberalen Hore-Belisha und ein paar Unabhängigen forderten sie personale Konsequenzen. Da sich Greenwood und Attlee weigerten, einer Allparteienregierung beizutreten, solange der alte Premier an der Spitze blieb, erklärte dieser seinem Rücktritt.[41]

Hitler war unterwegs zur Westfront. Er hatte um 16.38 Uhr den Berliner Vorortbahnhof Finkenkrug im Sonderzug verlassen. Schmundt verbreitete, man fahre nach Norwegen, doch die Reiseroute änderte sich bei Uelzen. In Burgdorf bei Hannover nahmen die Begleiter nochmals Verbindung mit der Reichshauptstadt auf. Jeschonnek übermittelte eine günstige Wetterprognose des Luftwaffenmeteorologen, Oberst Ulrich Diesing. Darauf wurde das Stichwort zur Auslösung des Angriffs (»Danzig«) gegeben.[42]

Die Offensive begann am 10. Mai 1940 um 05.35 Uhr. Ribbentrop hatte für die Niederlande, Belgien und Luxemburg schriftliche Erklärungen vorbereiten lassen. Sie enthielten schwere Anschuldigungen. Den Regierungen in Den Haag und Brüssel wurde vorgeworfen, die Kriegsgegner des Reiches begünstigt, insbesondere alliierten Luftstreitkräften und Geheimdiensten das Einfallstor geöffnet zu haben. Angesichts des bevorstehenden britisch-französischen Angriffs sehe sich Deutschland daher gezwungen, die Neutralität der drei Staaten sicherzustellen.[43]

Seit Mitternacht hatte die 9. FlD. (Coeler) 100 Luftminen vor Hafeneinfahrten der Niederlande und Belgiens geworfen. Kurz vor Morgengrauen war die erste Welle der deutschen Kampfgeschwader gestartet. Sie bombardierten 72 Flugplätze bis zur Tiefe von 500 km und zerstörten rund 350 Maschinen am Boden. Trotz guter Sichtverhältnisse unterliefen Navigationsfehler. Drei »He 111« warfen ihre Bombenlast auf Freiburg/Br., wo 57 Menschen getötet und 101 verletzt wurden.[44]

Von Köln–Ostheim und Butzweilerhof waren 21 Lastensegler im Schlepp von »Ju 52«-Maschinen gestartet. Bei Aachen, auf 2600 m Steighöhe, hatten sie ausgeklinkt, um den letzten Streckenabschnitt über neutralem Gebiet im Gleitflug zurückzulegen. Es dämmerte, als die Sturmabteilung des Hauptmanns Walter Koch bei den Brücken von Kanne, Verdwezelt, Vroenhoven und Briegden niederging und auf der Anhöhe des Forts Eben-Emael landete, das mit seinen Kasemattgeschützen außer diesen Übergängen fünf Straßen, weithin auch Maas und Geer beherrschte.[45]

Andere Sonderunternehmen schlugen fehl. Niederländische Pioniere sprengten vor den Augen der eintreffenden »Brandenburger« die Brücken von Maastricht. Infolgedessen wurden Teile des XVI. AK. (Hoepner) achtundvierzig Stunden lang aufgehalten. Andererseits blieben Versuche der Belgier, Briten und Franzosen, die Kanalübergänge aus der Luft zu zerstören, erfolglos. Bis zum Abend schossen Jäger und Flak 54 Angreifer ab. Drei der vier wichtigen Verbindungen blieben unversehrt.

Die Luftlandung in Holland war stellenweise mißlungen, der Versuch, Königin Wilhelmina, ihre Regierung und das Hauptquartier auszuheben, gescheitert. Von den anfliegenden Transportern wurden 327 Maschinen zerstört oder schwer beschädigt. Genommene Flugplätze beiderseits Den Haag mußten aufgegeben werden. Doch am südlichen Zugang der »Festung Holland« hatten Fallschirmjäger der 7. FlD. (Student) die Brücken

von Moerdijk, Dordrecht und Rotterdam gesichert und zusammen mit Heeressoldaten Waalhaven erobert.[46]
Verzögerungen im deutschen Zeitplan wurden teilweise durch alliierte Säumnisse ausgeglichen. Gamelin war über den Beginn der Offensive frühzeitig unterrichtet. Politische Lethargie, Irrtümer, Rückfragen, Kompetenzenwirrwarr und ein schlechtes Nachrichtensystem verhinderten aber die Durchgabe des Befehls zur Einleitung der grenzüberschreitenden Dyle-Breda-Operation. Erst gegen Abend hatten sich alle französischen Truppen in Bewegung gesetzt.
Die Bevölkerung der überfallenen Länder war einer Panik nahe. Überall wußten Gerüchte von heimtückischen Fallschirmspringern und »Quislingen«, Agenten der »Fünften Kolonne«.[47] Die Sicherheitsdienste verhafteten an Hand vorbereiteter Listen viele tausend Rechts- und Linksextremisten, einige Proskribierte wie Degrelle und van Severen sogar unter Verletzung der parlamentarischen Immunität. Aus jeder größeren Stadt rollte ein »train fantôme« nach Süden. Zu Dutzenden wurden Häftlinge aus den Waggons gezerrt und erschossen.[48]
Vor den gesperrten Grenzübergängen stauten sich die Flüchtlingsmassen und behinderten den Einmarsch der Alliierten. Am schlimmsten war die Verwirrung in den Niederlanden. Zur Furcht vor Helfern des Angreifers kam der Zorn auf die nach London geflohene Königin, der sogleich alle Minister folgten, nicht ohne dem Oberkommandierenden einzuschärfen, daß seine Truppen »tot de laatste man« kämpfen müßten. Viele Offiziere sprachen daher von »compleet verraad« und legten das Ritterkreuz des Militaere Willemsorde ab.[49]
Mittlerweile hatten Teile der 18. Armee (Küchler) die Zuidersee erreicht. Weiter südlich war die Peel-Raam-Stellung durchbrochen. Die 9. PzD. (Hubicki) stieß zu den Fallschirmjägern vor und schob sich in den Rücken der noch verteidigten Grebbelinie. Französische Verbände, die bis nach Breda gelangt waren, fühlten sich zu schwach, um einzugreifen. Die deutsche Führung suchte, das Tor der »Festung Holland« aufzusprengen. Als sich die Übergabeverhandlungen vor Rotterdam verzögerten, wurden Kampfflieger angefordert.
Im letzten Augenblick erreichte General Rudolf Schmidt die Kapitulation. Doch der Luftangriff ließ sich nicht mehr verhindern. Die Schleppantennen der Flugzeuge waren eingezogen, alle Geräte auf Sprechfunk umgestellt. Eine Gruppe erkannte die vom Boden abgeschossenen Warnzeichen und drehte ab. Anderen Staffeln nahm Qualm die Sicht. Rund 1300 Bomben fielen auf die Stadt. Eine traf die Hauptwasserleitung. Entstehungsbrände wuchsen zum Feuermeer. Die City brannte nieder; 814 Einwohner fanden den Tod.[50]
Angesichts dieser Katastrophe und zahlreicher Auflösungserscheinungen entschloß sich der niederländische Oberbefehlshaber, General Henrik G. Winkelmann, zur Einstellung des aussichtslosen Kampfes. Am 15. Mai 1940 um 11.45 Uhr unterzeichnete er mit Küchler in der Schule von Rijsoord einen Waffenstillstandsvertrag. Der »Fünf-Tage-Krieg« hatte 2292 holländische Soldaten und 2259 Zivilpersonen das Leben gekostet; 29 waren vermißt, 6899 verwundet.[51]
Auf englischer Seite hatte Churchill das Ruder einer Allparteienregierung ergriffen. Chamberlain gehörte ihr als Lord President an, während Halifax weiter das Foreign Office leitete und Eden vom Kolonialamt ins Kriegsministerium hinüberwechselte. Attlee wurde Lord Privy Seal und somit Stellvertreter des Premiers, Greenwood bekam

einen Ministerposten ohne Portefeuille. Auch Liberale und Unionisten, wie Sir Archibald Sinclair, Sir John Simon und Ronald Hibbert Cross, erhielten Ämter.

Churchill hatte sich das neu gebildete Ministry of Defense persönlich ausbedungen. Fortan konnte er über die Köpfe der Wehrminister hinweg operative Gedanken des Chiefs of Staff Committee mitbestimmen. Man spürte sofort den frischen Wind. Drax mußte den Staatsschatz und die Schiffe der Niederlande sicherstellen und Demolition Parties der Royal Marines zur Zerstörung kriegswichtiger Anlagen auf dem Festland absetzen. Der Untergang von Rotterdam diente dem Premier als Vorwand zur Eröffnung des Bombenkrieges gegen deutsche Städte.

Am 13. Mai 1940 war Churchill vor das Unterhaus getreten. »Ich habe«, sagte er, »nichts zu bieten als Blut, Mühsal, Tränen und Schweiß – blood, toil, tears and sweat... Wenn Sie mich fragen, was unser Kriegsziel ist, so gibt es darauf nur eine Antwort: Sieg! Sieg um jeden Preis!« Die 381 Commons sprachen dem Premier das Vertrauen aus. Er hatte das Parlament geeint; »jetzt war es«, schrieb Spears, »zu einer kompakten Kraft zusammengeschweißt, deren Herz mit dem des Führers im Gleichklang schlug«.[52]

Die zerstrittene Pariser Regierung rang vergebens um Orientierung. Gamelin und Georges erging es ähnlich. Doumenc erhielt zwei Tage lang keine Meldung mehr. Der 1er Groupe d'armées (Billotte) rechnete mit einem starken Stoß aus dem Raum von Lüttich. Französische Aufklärungsflieger hatten beobachtet, wie die »Panzergruppe Kleist« Luxemburg und das Ardennengebiet durchquerte, während das Kolonnenende ihrer 41 130 Ketten- und Räderfahrzeuge noch 80 km östlich des Rheines marschierte. Bei den Spitzen war jedoch kein Schwerpunkt zu erkennen.[53]

Im Nordosten waren die Belgier aus der Position couverture gewichen; Eben-Emael hatte kapituliert. Das XVI. AK. (Hoepner) schlug entgegenstoßende französische Panzer bei Gembloux. Am zweiten, dritten Tag galoppierten reiterlose Spahipferde über die Maasbrücken zurück. Die 7. PzD. (Rommel) erreichte unweit Dinant das linke Ufer des Flusses. Vom XLI. AK. (Reinhardt) kämpfte die 6. PzD. (Kempf) um Monthermé. Guderian stand plötzlich vor Sedan. Weder die Bunker der hier auslaufenden Maginotlinie noch Gegenangriffe konnten ihn aufhalten.[54]

Georges meldete nach Vincennes, es habe bei Sedan einen »Nadelstich« gegeben, »un pépin assez sérieux«.[55] Vuillemin ließ den Gegenschlag durch 250 Flieger unterstützen. Doch Jäger der LFl. 3 (Sperrle) schossen 89 von ihnen ab, die Flak weitere 112. Zwei gepanzerte Divisionen verzettelten ihre Kräfte im Rahmen improvisierter Abwehrmaßnahmen. Noch immer hatten die alliierten Oberbefehlshaber den deutschen Schwerpunkt nicht erkannt.

General Gaston Hervé Billotte wähnte seinen Großverband stärker bedroht als jeden anderen. Tatsächlich lastete auf ihm und den Belgiern das Vollgewicht der HGr. B (Bock). Ihr OB hatte die 18. Armee (Küchler) nach Süden gedreht, wo sie in einer Angriffsfront mit der 6. Armee (Reichenau) vorwärtsdrängte. Antwerpen und Brüssel standen vor dem Fall. Entscheidend war jedoch eine deutsche Umgruppierung. Das VIII. FlK. (Richthofen) wurde von der LFl. 2 (Kesselring) zur LFl. 3 (Sperrle) verlegt, das XVI. AK. (Hoepner) der HGr. A (Rundstedt) unterstellt.

Von diesen Verbänden unterstützt, brachen das XV. AK. (Hoth), XLI. AK. (Reinhardt) und XIX. AK. (Guderian) mit dem XIV. AK. (Wietersheim) aus den Maasbrükkenköpfen hervor. Die 9. Armee (Corap) wurde gespalten. Zwischen ihren Trümmern öffnete sich eine 100 km breite Lücke. Wie ein reißender Strom überflutete die Masse der schnellen deutschen Kräfte das Hinterland. »Der Durchbruchskeil«, notierte Halder, »entwickelt sich in geradezu klassischer Form«.[56]

Als Churchill am 16. Mai 1940 nach Paris kam, verrieten ihm brennende Aktenstöße der französischen Ministerien, was die Stunde geschlagen hatte. Gamelin besaß keine Reserven mehr. Reynaud verlangte den sofortigen Einsatz der gesamten Royal Air Force. Der Premier konnte aber nur die Freigabe von sechs »Hurricane«-Staffeln erwirken. Nach seiner Rückkehr rechnete ihm Air Marshal Sir Cyril L. N. Newall vor, daß ohne den Verbleib von 25 modern gerüsteten Jagdverbänden die Sicherheit des Inselreiches nicht gewährleistet sei.

Die Lage entspannte sich etwas, als man den Papieren eines schwer verwundeten deutschen Offiziers entnahm, daß der Panzerstrom nicht Paris zum Ziel hatte, sondern nach Nordwesten abbog. Reynaud ernannte den Botschafter in Madrid, Marschall Philippe Pétain, zum Vizepräsidenten des Kabinettes, übernahm anstelle von Daladier, der Außenminister wurde, selbst das Verteidigungsressort und ließ Gamelin durch General Maxime Weygand ablösen.

Das von den Panzern des Generals Ewald von Kleist überrollte Gebiet glich einem langen, von Flüchtlingsmassen verstopften Korridor, aus dessen Tiefe die Operationen der schnellen Truppen genährt werden mußten. Dies war nur möglich, wenn ihn nachrückende Infanterie »ausmauerte«. Rundstedt hatte zu diesem Zweck die 4. Armee (Kluge), 16. Armee (Busch) und 12. Armee (List). Zur Sicherung der Flanken ließ Brauchitsch die 2. Armee (Weichs) und 9. Armee (Blaskowitz) einschleusen.

Hitler war »ungeheuer nervös« geworden.[57] Er verließ sein Führerhauptquartier bei Münstereifel, eilte zu Rundstedt nach Charleroi und legte ihm dringend nahe, nicht ins Uferlose vorzustoßen. Kleist mußte anhalten, worauf Guderian empört das Kommando niederlegte. Schließlich wurde die Krise durch einen Kompromiß von Generaloberst Wilhelm List überwunden. Er gab dem ergangenen Befehl eine großzügige Deutung. Die Panzer sollten zwar vorübergehend stoppen, aber zugleich »kampfkräftige Aufklärung« treiben.[58]

Diese Formel ermöglichte den Sprung zum Meer. Cambrai und St. Quentin waren gefallen. Guderian überschritt den Canal du Nord und warf eine Division des Generals Charles de Gaulle zurück. Während das XV. AK. (Hoth) zur Rechten sicherte und mit der 7. PzD. (Rommel) Arras erreichte, nahm die 1. PzD. (Kirchner) Amiens. Die 2. PzD. (Veiel) rollte bis nach Abbeville. Ein vorgeworfenes Infanteriebataillon erreichte am 20. Mai 1940 bei Noyelles die Küste. Damit war das Operationsziel erreicht und die nördlich des Stoßkeiles befindliche Manövriermasse der Verbündeten von allen Landverbindungen abgeschnitten.

[1] Hubatsch: Weisungen, S. 32f., 34f., 37f.; die Weisung Nr. 10 ist im Wortlt. nicht überliefert, jedoch läßt sich ihr Inhalt aus den Tgb. v. Jodl (19. 1. 1940) u. Halder, I (18., 20., 21. 1. 1940) erschließen. Vgl. Hubatsch: Weisungen, S. 46 u. Jacobsen: Fall Gelb, a. a. O., S. 111ff.

[2] IMT, Bd. 38, S. 466f.; auch Jacobsen: Der Weg. S. 50; dazu Greiner, a. a. O., S. 55f. u. Hillgruber: Strategie, a. a. O., S. 45ff.

[3] Jacobsen: Fall Gelb, S. 26f.; Schall-Riaucour, S. 108ff., 145ff.; zum Folgenden H. Umbreit: Der Westfeldzug, in: IT 6/1980, S. 65–89.

[4] Tgb. Jodl u. Bock, 21. 10. 1939; Halder, I, S. 109; Loßberg, a. a. O., S. 55ff.

[5] Jacobsen: Dokumente, S. 42ff.

[6] IMT, Bd. 15, S. 37 u. IMT, XXVI, S. 37; dazu Jacobsen: Fall Gelb, S. 54f.

[7] Manstein, a. a. O., S. 118ff.; B. H. Liddel Hart: The Other Side of the Hill, London 1948, dt.: Jetzt dürfen sie reden – Hitlers Generale berichten, Stuttgart – Hamburg 1950, S. 113ff.; Blumentritt: Rundstedt, a. a. O., S. 59

[8] Der Begriff »Sichelschnitt«, engl. »scythe-cut«, ist keine genaue Wiedergabe des originalen Wortes: vgl. Churchill I, 2, S. 107. Zum Plan s. Manstein, S. 119f.; Jacobsen: Fall Gelb, S. 115.

[9] Halder, I, S. 185f.; Jacobsen: Fall Gelb, S. 116f.

[10] Übersicht b. Bauer, I, a. a. O., S. 92f.; Nehring, a. a. O., S. 127ff.; Wiener/Spiegelberg, S. 159.

[11] Leeb, S. 177ff.

[12] Groehler, a. a. O., S. 231.

[13] Halder, I, S. 118.

[14] F. A. v. Metzsch: Die Geschichte der 22. Infanteriedivision Kiel 1952 (zit. Metzsch); D. v. Choltitz: Soldat unter Soldaten, Konstanz, 1951, S. 57ff. (zit. Choltitz).

[15] W. Melzer: Albert-Kanal und Eben-Emael, Heidelberg 1957, S. 10ff.; Bekker: Angriffshöhe, S. 108f.; zuletzt H. G. Dahms: Angriff auf Eben-Emael. Belgien am 10. und 11. Mai 1940, in D 10/1981, S. 448–468.

[16] H. Spaeter: Die Geschichte des Panzerkorps »Großdeutschland«, 2 Bde., Duisburg-Ruhrort 1958 (zit. Spaeter).

[17] Jacobsen: Fall Gelb, S. 154ff.; Leverkuehn, S. 72ff.; Abshagen: Canaris, S. 239f.; Höhne: Canaris, S. 295f.

[18] Schellenberg, a. a. O., S. 104f.; Rühle: Westfront, a. a. O., S. 73ff.; A. Kemp: Trojan Trains 1940, in: W. 45/1977, S. 36ff.; L. de Jong: Die deutsche Fünfte Kolonne im 2. Weltkrieg, Stuttgart 1958, S. 170 (zit. De Jong: Fünfte Kolonne).

[19] Ebd., S. 183; H. Koch-Kent: Hitlertum in Luxemburg 1933–1944, Luxemburg 1972, passim ; ders. 10 mai 1940. Témoignages et documents, Mersch 1971; A. Bikar: Grand-Duché de Luxembourg, in: Le Soir, 10./11. 7. 1973; P. Zind: Elsaß-Lothringen. Alsace-Lorraine 1870–1945. Une nation interdite, Paris 1979, S. 678f. (zit. Zind); P. Schall: Karl Roos, Kolmar 1941, S. 79ff.

[20] K. Kwiet: Zur Geschichte der Mussert-Bewegung, in: VZ 18/1970, S. 164–195. Zur Einschaltung der Flugsportgruppe Eupen – Malmedy s. Organisations sécrètes du pangermaniste et du nazisme dans les cantons rédimés avant le 10 mai 1940. Service central de documentation, Nr. 370 (Protokoll d. Untersuchungen gegen P. Dohattay, Juli-Sept. 1946); weitere Einzelheiten b. De Launay: Histoires secrètes, S. 185f.; De Fabribeckers, S. 62; H.-J. Elias: 25 Jaar Vlamsche Bewegung 1914–1939, Antwerpen 1968; A. W. Willemsen: De Vlaams Nationalism. De geschiedenes van de jaaren 1914–1940, Utrecht 1969; insb. W. Wagner, a. a. O., S. 27ff., 32ff., 58ff. Von d. Veröffentlichungen Degrelles vgl. La Cohue 1940, Lausanne 1949 u. Hitler pour mille ans, Paris 1969.; dazu M. Tarchi: Degrelle e il Rexismo, Rom 1978; L. de Valence Narvaez: Degrelle m'a dit, Brüssel 1977. Die belg. Sicherheitsmaßnahmen u. a. bei J. Gérard-Libois u. J. Gotovitch: L'an 40. La Belgique occupée, Brüssel [5]1976, S. 26ff. (zit. Gérard-Libois).

[21] Mueller-Hillebrand, II, S. 42ff.; K. Jacobsen: Fall Gelb, S. 253ff.; neuerdings H. Umbreit, in: DR, II, a. a. O., S. 254, 282.

[22] Das frz. Deuxième Bureau schätzte d. Zahl d. dt. Panzer auf 5360, s. Gamelin, III, S. 281 u. U. Liss: Die Tätigkeit des 2. bureau im Zweiten Weltkrieg, in: WWR 5/1960, S. 267f.; ders. Westfront 1939–1940 – Erinnerungen des Feindbearbeiters im OKH, Neckargemünd 1959 (zit. Liss); Horne, a. a. O., erwähnt d. Schätzung einer anderen Dienststelle mit 7000 bis 7500 dt. Panzern. In d. alliierten u. amerik. Presse war i. Mai/Juni 1940 allg. v. 10000 dt. Panzern die Rede. S. dagegen Haupt: Sieg, a. a. O., S. 357; Hillgruber/Hümmelchen: Chronik, S. 9; Jacobsen: Fall Gelb, S. 197ff.; Wiener/Spiegelberg, S. 160f.; Umbreit, a. a. O., S. 268. Weitere Angaben b. Goutard, S. 77; Batchelor,

S. 27f.; Horne, S. 150; Liss, S. 145; Mellenthin, S. 19; Nehring, S. 142. Aus d. vielschichtigen all. Panzerlit. sind hervorzuheben J. P. Champagne: Cavalier d'Hier et d'Aujourd' hui, in: Forum 1/1977, S. 18f.; R. H. S. Stolfi: Equipment for Victory in France 1940, in: H 183/1970, S. 1ff. u. Paxton, S. 16; vor allem Molinié, a. a. O., S. 32f., 39ff.

23 Der Streit um die frz. Flugzeugziffern erreichte seinen ersten Höhepunkt mit den kontroversen Untersuchungen v. K. Roos: L'Effort de l'industrie aéronautique française de 1938 à 1940, Paris 1949 u. R. M. de Lorrin: La politique économique et industriel du Ministère de l'Air, Paris 1949. Weitgehende Klärung erfolgte unter Mitwirkung des Service Historique de l'Armée de l'Air durch J. Truelle: L'Evolution de la doctrine d'emploi de l'aviation française entre 1919 et 1939, in: Revue d'histoire 1/1969, S. 98ff. u. R. Danel: Documentation sur l'Armée de l'Air française à l'entrée de la guerre, ebd. S. auch R. Danel: Ils étaients les plus fortes, in: Icare 57/1976, S. 50ff. u. P. Cot: En 40. Où etaient nos avions? ebd., S. 35ff. (zit. Cot). Näheres b. P. Paquier: L'Aviation de bombardement française en 1939 et 1940, Paris 1966; ders.: L'Aviation de renseignement de 1939 et 1940, Paris 1967; L. Salesse: L'Aviation de chasse française de 1939 et 1940, Paris 1967.

24 L'Aéronautique Militaire Belge, in: Icare 74/1976 u. 76/1976; l'Aviation Néerlandaise, ebd. 79/1976 (Sonderausgaben). Die Schwierigkeiten d. Zusammenarbeit b. J. Lecuir und P. Frideman (beide vom Service Historique de l'Armée de l'Air): L'Organisation de la coopération aérienne franco-britannique, in: Revue d'histoire 1/1969. Gliederungen u. Stärkeziffern d. BAFF b. L. F. Ellis: The War in France and Flanders, London 1953, S. 357ff. (zit. Ellis).

25 Cot, S. 41.

26 Spears, I, S. 78f. u. A. Bryant: The Turn of the Tide, 1939–1944. Based on the Diaries of Field Marshal The Viscount Alanbrooke, London 1957, S. 70 (zit. Bryant).

27 De Fabribeckers, a. a. O. S. 25ff., 47ff.

28 R. van Overstraeten: Dans l'étau, Paris 1960, Bd. 1, vor allem: Albert Ier – Leopold III. Vingt ans de politique militaire belge, 1920–1940. Brugge 1949, S. 440 (zit. Van Overstraeten).

29 W. L. Shirer: Berlin Diary. The Journal of a Foreign Correspondent 1934–1941, New York 1941, S. 345 (zit. Shirer); Van Overstraeten, S. 543.

30 L. Deighton: Fighter, London 1977, S. 71 (zit. Deighton); Horne, S. 314.

31 Gamelin, III, S. 171ff., 218ff.; dazu Bénoist-Mechin, a. a. O., S. 32ff.; Goutard, a. a. O., S. 139ff; Le Goyet, a. a. O., S. 279ff.; J. Minart: P. C. Vincennes. GQG, Secteur I, 2 Bde., Paris 1947, II, S. 180ff. (zit. Minart); C. Roton: Années Cruciales, Paris 1947, S. 77ff. (zit. Roton); aus engl. Sicht vor allem Butler, II, a. a. O., S. 146ff. u. Ellis, a. a. O., S. 22ff. u. 357ff.; die belg. Aspekte b. A. Bikar: Les Abris des Ardennes, in: RBHM 12/1975; L. Champion: Guerre du sanglier, Brüssel 1977; A. Crahay: L'Armee belge entre les deux guerres, Brüssel 1978; J.-L. Charles: Les forces armées belges, 1940–1945, Brüssel 1970; De Fabribeckers, S. 58ff.; wichtigste Quelle ist der Bericht des belg. Verbindungsoffiziers in Vincennes an seinen OB, M. Delvoie: Rapport à SM le Roi Léopold III, Brüssel o. J. (zit. Delvoie); vgl. dazu Van Overstraeten, a. a. O., S. 543ff.

32 Der ndl. Komplex b. De Jong: Het Koninkrijk, II, a. a. O., S. 215ff.

33 Ebd., III, S. 2f.

34 De Fabribeckers, S. 58.

35 Benoist-Méchin, S. 56f.; G. Williams: France Summer 1940, New York 1970, S. 15ff. (zit. Williams).

36 Le Goyet, S. 235ff.

37 Keller an De Gaulle, b. Horne, S. 119f.

38 Buchheit: Geheimdienst, a. a. O., S. 465; Deutsch, a. a. O., S. 349f.; W. Wagner, S. 96ff. Zur frz. Spionage i. Luxemburg s. P. Archen: Missions spéciales au Luxembourg, Paris 1969; belg. Informtionen b. De Launay: Histoires Secrètes, S. 146ff.; J. Davignon: Berlin 1936–1940. Souvenirs d'un mission, Paris – Brüssel 1944, S. 233ff. (zit. Davignon); Van Overstraeten, S. 572; jetzt in sorgfältiger Analyse J. Vanwelkenhuyzen: Les avertissements qui venaient de Berlin 9 octobre 1939 – 10 mai 1940, Gembloux 1982. Für d. Ndl. s. Enquête Ib, S. 47; IIb, S. 133; Ic, S. 44, 211; dazu De Jong, II, S. 436 u. allg. J. W. de Roever: De Nederlanden in de tweede wereldoorlog, Den Haag [2]1965.

39 Martin: Friedensinitiativen, a. a. O., S. 270, 280.

40 House of Commons, Debates 5 S. 1073–1196 u. 1257–1322; dazu Amery, III, S. 355; Churchill, I, 2, S. 526; Maiskij, S. 562ff. Pelling, 69f.

41 Feiling, a. a. O., S. 450ff; Movrat, a. a. O., S. 653ff.

42 Irving: Hitler, a. a. O., S. 107f.; dazu Görlitz/Keitel, a. a. O., S. 229f.; Baur, a. a. O., S. 189; Below, a. a. O., S. 229.

[43] Text: ADAP, D, VIII, Nr. 214 u. ADAP, D, IX, Nr. 215, abgedr. b. Jacobsen: Dokumente, S. 225ff. Die Proteste Belgiens u. d. Niederlande: ADAP, D, VIII, Nr. 223, 224; über die Reaktion v. Spaack s. Bülow an AA, in: ADAP, D, VIII, Nr. 221 u. P.-H. Spaack: Combats inachevés, 2 Bde., Paris 1969 (zit. Spaack), I, S. 85; weitere Erinnerungen: Davignon, S. 234 u. H. M. Haersma de With: Overzicht van de gebeutnissen te Berlin geduren de laaste dagen voor de Duitse inval. Enquête, IIb, S. 133ff.

[44] Milch, a. a. O., 11. 10. 1940; frz. Wertung d. Eröffnungsschlages b. P. R. Danel: En mai-juine 40, in: Icare 54/1976, S. 52f.; Zu d. Zwischenfall A. Hoch: Der Luftangriff auf Freiburg am 10. 5. 1940, in: VZ 4/1956, zuletzt G. R. Ueberschär u. W. Wette: Bomben und Legenden. Die schrittweise Aufklärung des Luftangriffs auf Freiburg am 10. Mai 1940, Freiburg 1981. Die kommunist. Geschichtsschreibung hält a. d. Legenden fest, vgl. Groehler, S. 234f. Die NS-Nachrichtenpolitik b. Boelcke: Kriegspropaganda, S. 250 u. 361; auch Reimann: Goebbels, S. 267. Zu diesen und folgenden Vorkommnissen E. Spetzler: Luftkrieg und Menschlichkeit, Göttingen 1956, S. 252f. (zit. Spetzler).

[45] Becker: Angriffshöhe, a. a. O., S. 108ff.; De Fabribeckers, S. 129; Haupt: Sieg, S. 57ff.; Horne, S. 174ff.; Melzer, S. 70ff. zu d. Gegenangriffen s. belg. Fliegermemoiren v. J. Dome: L'attaque du pont de Veldwezelt; A. Binon: L'attaque du pont de Vroenhoven; G. Wieseler: L'attaque du pont de Briegden; X. de Ribeaucourt: J'usqu'á épuissement total du matériel, alle in: Icare, 74/1970, S. 22–54

[46] Zu d. dt. Luftlandungen i. B. u. d. Ndl. s. De Jong, III, S. 12ff.; V. E. Nierstrasz: De krijgsverrichtingen op het Zuidfront van de vesting Holland, Den Haag 1963; ders.: De Strijd om Rotterdam, mei '40, Den Haag 1952. Dt. Darstellungen b. Bekker: Angriffshöhe, S. 118ff. u. Metzsch, I, S. 11f.; dazu d. Memoiren v. Choltitz, S. 56ff. u. Kesselring, S. 70f.

[47] Die »Fünfte Kolonne« (»La cinquième colonne«; »De Vijfde Colonne«), eine Formulierung des span. Generals Emilio Mola i. Jahre 1936. M. sprach v. 4 Kampfgruppen (»Kolonnen«), die auf Madrid marschierten u. sagte, daß sich eine fünfte, bestehend aus Anhängern des Alzamiento nacional, schon in der Hauptstadt befinde; dazu H. G. Dahms: La guerra española de 1936, Madrid 1968, S. 146 u. M. Gallo: La Cinquième Colonne, Paris 1970, S. 6ff.

[48] Vgl. Erinnerungen v. L. Degrelle: La guerre en prison, Brüssel 1941; R. Lagrou: Wij Verdachten, Brüssel 1941; S. Doring: Ecole de la douleur, Brüssel 1942; J. de Haas: Vijf dagen terreur, Amsterdam 1942; W. A. Poort u. Th. J. Hoogvliet: Slagschladuwen over Nederland, Haarlem 1946; dazu E. Baes: J. van Severen, Zulte 1965; D. Pirlot: Rex, Brüssel 1968; vor allem De Launay: Histoires Secrètes, S. 163ff.; Gérard-Libois, S. 106ff. u. De Jong, III, S. 103ff., 169ff. Zuletzt M. de Wilde: Het Dodekonvoi naar Abbeville, in: De Post 1–3/1983, S. 8–54.

[49] Vgl. dagegen d. Darstellung d. Monarchin Wilhelmine, Königin der Niederlande: Einsam und doch nicht allein, Stuttgart 1959, S. 245f.; Dokumente in: Enquête, Ic, S. 204, IIc, S. 180ff. u. 367. Grundlegend De Jong, III, S. 244ff. u. 337ff.

[50] Näheres bringt C. D. Kamerling: Algemeen overzicht van de strijd om en in de Vesting Holland, Den Haag 1954; tendenziös L. J. Hartog: Und morgen die ganze Welt, Gütersloh, 1961, S. 32ff.; sachlich De Jong, III, S. 352ff.; H. C. Bajetto: Het Bombardement van Rotterdam, in: De militaire spectator 1/1959, S. 71ff. u. W. A. Swint: May 14, 1940 Revisited. The German Air Attack on Rotterdam, in: Aerospace Historian 21/1974, S. 14–22. Darstellungen v. dt. Seite gaben Choltitz, S. 57 u. Kesselring, S. 74ff.; genauer Bekker: Angriffshöhe, S. 130f.; H.-A. Jacobsen: Der deutsche Luftangriff auf Rotterdam, in: WWR 5: 1958, S. 257ff.; H. Rumpf: Das war der Bombenkrieg, Oldenburg – Hamburg 1953, S. 72ff. (zit. Rumpf); vgl. dazu Spetzler, S. 246ff. Die alliierte Propaganda (z. B. BBC, 11. 5. 1940) sprach v. 24000 Toten. Niederländ. Dienststellen haben stets an d. Zahl v. 814 Toten festgehalten. Neuere Untersuchungen, insbes. v. A. Wagenaar beziffern d. Verluste in Rotterdam auf »wenig mehr als 600 Tote«, zit. nach De Jong, III, S. 366. Groehler, S. 242, spricht von »geplantem Mord« u. erhöhte die Zahl d. Opfer ohne Quellenangabe auf 980.

[51] Text b. Jacobsen: Dokumente, S. 304ff. Zum Fortgang d. Kampfhandlungen in einem Teil des Landes s. C. D. Kamerling: De Strijd in Zeeland, Den Haag 1954 u. M. Levercouvreux: L'armée Giraud en Hollande, Paris o. J. Die ndl. Verluste nach De Jong, III, S. 641; geringe Abweichung b. Hillgruber/Hümmelchen: Chronik, S. 10.

[52] Zitiert n. Aigner: Churchill, S. 131; dazu ders.: Churchill u. d. brit. Kriegspol., a. a. O., S. 153–177; Pelling, S. 70f.; H. Tingsten: När Churchill grop makten, Stockholm 1966.

[53] Zahlr. Details sind den älteren frz. Darstellungen zu entnehmen, namentl. R. M. de Bardies: La campagne de 1939–1940, Paris 1947 (zit. De Bardies); P. Lyet: La bataille de la France, Paris 1947 (zit. Lyet); ders.: A propos Sedan, in: Revue d'histoire 4/1962; J. Godet: Rommel en Belgique, in: AN 4/1962. Wichtig für die Zusammenschau der polit. u. milit. Entwicklung bleiben Benoist-Méchin, S. 68–

150 u. Williams, S. 15–148; dazu Reynaud, II, S. 100ff.; Minart, II, S. 101ff., 130ff., 160ff.; Roton, S. 131ff.; Lecouvreux, S. 127ff.; Champion, S. 69ff. Von d. militär. Memoiren sind außer Gamelin u. Georges hervorzuheben A. Beauffre: Le drame de 1940, Paris 1965 (zit. Beauffre); A. Doumenc: Histoire de la 9e armée, Grenoble 1945; de Gaulle: I, S. 53ff.; S. Kosak: Belgique et France, Paris 1946, R. Prioux: Souvenirs de guerre, Paris 1947. Zu d. dt. Panzeroperationen s. Bauer, I, S. 164ff; Macksey, a. a. O., S. 16off., Mellenthin, a. a. O., S. 29f.; Nehring, S. 164f.; ferner H. v. Manteuffel: Die 7. Panzerdivision im Zweiten Weltkrieg, Köln 1965; H. Seibert: Die 6. Panzerdivision, Friedberg–Dornheim 1975; R. Stove: 1. Panzerdivision, 1935–1945, Bad Nauheim 1962.

54 KTB d. HGr. A, abgedr. b. Jacobsen: Dokumente, S. 23ff.; Guderian, S. 87ff.; dazu Bekker: Angriffshöhe, S. 144, Haupt: Sieg, S. 155ff. u. Horne, S. 222ff.

55 De Bardies, S. 131; Williams, S. 71f.

56 Halder, I, S. 297; Irving: Hitler, S. 119.

57 Halder, I, S. 302.

58 Jacobsen: Dokumente, S. 35; ders.: Dünkirchen, Neckargemünd, 1958, S. 45 (zit. Jacobsen); vgl. Guderian, S. 98f. u. Loßberg, S. 79f.; auch Blumentritt: Rundstedt, S. 70 u. Macksey, S. 168ff.

Narvik und Dünkirchen

General Maxime Weygand war aus Syrien eingetroffen. Am 21. Mai 1940 flog er über den deutschen Panzerkeil hinweg nach Ypern, um eine Offensive zur Wiederherstellung des Zusammenhanges zwischen den alliierten Armeen zu koordinieren. Doch Gort und sein Stabschef blieben der Konferenz fern. König Leopold III, der Brüssel und Antwerpen verloren hatte, konnte keine Division entbehren. Billotte erlag bei der Rückkehr in seinem Gefechtsstand den Folgen eines Unfalls.[1]

Zuvor hatte schon Ironside mit den Franzosen einen Stoß durch den 40–80 km breiten Korridor verabredet. Der Versuch scheiterte nach einem kurzen örtlichen Erfolg bei Arras, wo die 7. PzD. (Rommel) von alliierten Kräften überrascht wurde.[2] Angriffe auf die deutschen Sommebrückenköpfe von Péronne, Amiens und Abbeville brachen zusammen. Kleist drehte mit drei Panzerkorps in die Gegenrichtung nach Norden ab. Guderian berannte Boulogne und Calais.[3]

Am Tage nach dem Treffen von Arras war der Supreme War Council in Vincennes zusammengetreten. Churchill hatte nicht nur die Generale Sir Hastings Lionel Ismay und Sir John Dill als Fachberater mitgebracht, sondern auch Air Marshal Sir Richard Peirse aus dem Luftfahrtministerium. Er wies das Verlangen der Franzosen, die gesamte Royal Air Force für den Kampf um die Verbindungen zwischen Nord und Süd einzusetzen, mit schwerwiegenden Argumenten zurück.

Das Bomber Command (Portal) hatte Essen, Hamm, Aachen, Hannover und Mönchen gladbach angegriffen. Aber die dazu gestarteten »Wellington«- und »Hampden«-Flugzeuge waren nur für nächtliche Raids zu verwenden und konnten ohne Jagdschutz nicht in Bodenkämpfe eingreifen. Er fehlte, da noch am gleichen Tage die letzte Staffel der BAFF (Barrett) den Kontinent verließ und Vuillemin keine hundert modernen französischen Jäger mehr zur Hand hatte.

Auch die deutsche Führung war uneinig. Rundstedt rechnete wegen des Kampfwagenverschleißes mit Schwierigkeiten für die zweite Feldzugsphase (Fall »Rot«). Hitler sah seine eigene Auffassung bestätigt und genehmigte den »Halt-Befehl«. Im Gedächtnis des ObdW und Keitels haftete seit dem Ersten Weltkrieg noch die Erinnerung an das feuchte, panzerabweisende Flandern. Ohnehin schien die weitere Verwendung schneller Truppen im Norden nicht erforderlich, zumal Göring versprach die eingeschlossenen Verbände des Gegners aus der Luft zu zerschlagen.[4]

Die deutschen Panzer blieben auf der Linie Lens-Béthune-Aire-St. Omer-Gravelines »wie angewurzelt« stehen.[5] Brauchitsch und Halder sprachen von einer »völligen Verkehrung« ihrer operativen Absichten. Das OKH hatte die »H.Gr. A zum Hammer«, die »HGr. B zum Amboß« bestimmt. Nun kam es umgekehrt. Aber die Landung britischer Verstärkungen in Boulogne und Calais bewog Rundstedt zu einer neuen Lagebeurteilung. Als Schmundt darüber dem ObdW berichtete, gab er die schnellen Verbände frei.[6]

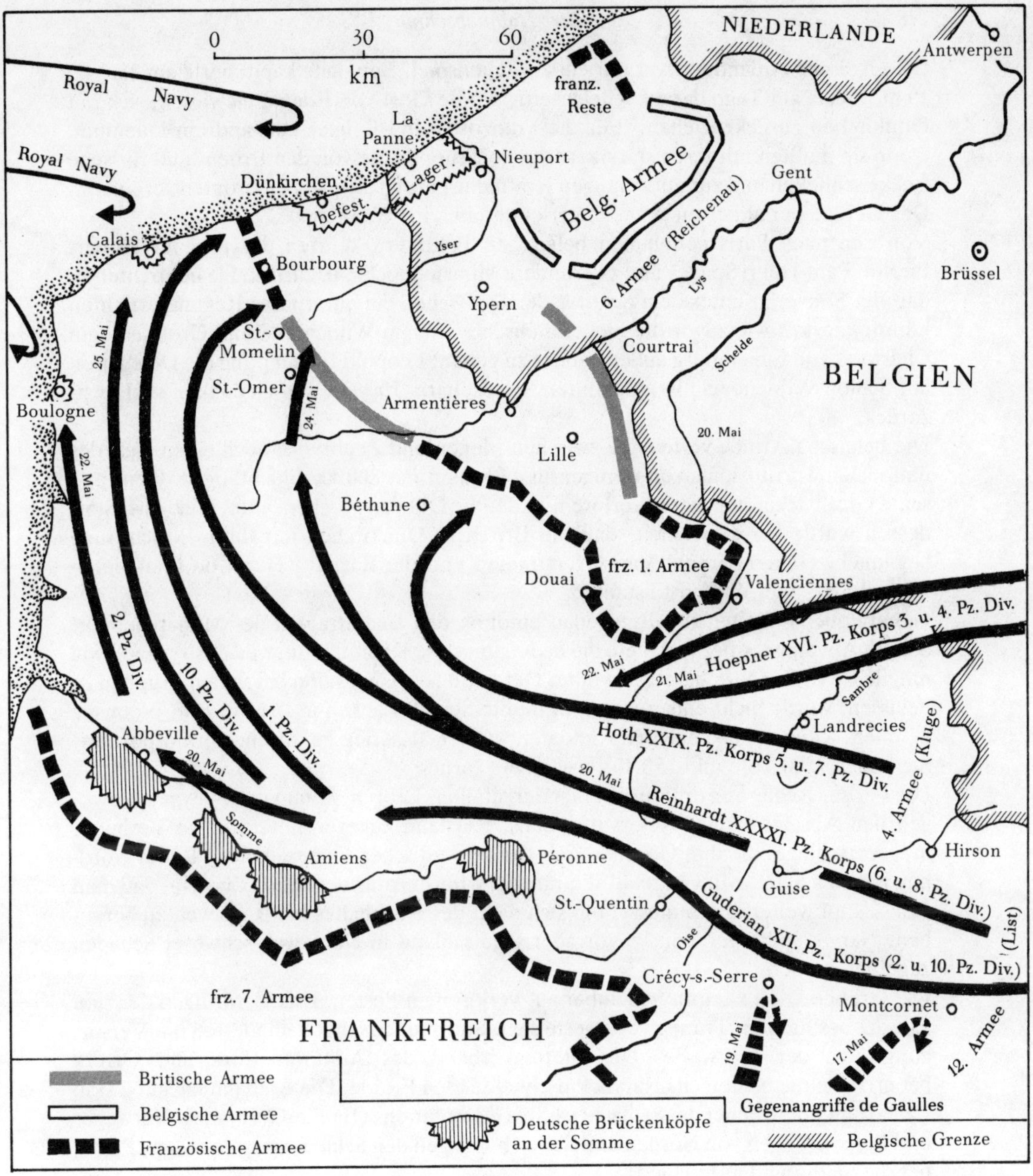

Der deutsche Panzerstoß zur Küste 1940

Die englische Anlandung war nur ein Zwischenspiel. Boulogne kapitulierte am 25. Mai 1940, Calais am Tage darauf. Gleichzeitig wurde Gort von Eden angewiesen, sich auf Dünkirchen zurückzuziehen.[7] Für die Franzosen und Belgier entstand ein Dilemma. Denn sie mußten mit ihren stark zerrütteten Truppen die von den Briten hinterlassene Lücke schließen und zur notwendigen Kräfteeinsparung die eigenen Fronten verkürzen. Das Gefüge der alliierten Armeen geriet dadurch ins Wanken.

Von den nach Paris geflohenen belgischen Politikern kehrten der Premier Hubert Pierlot, Paul-Henri Spaack und zwei andere Minister nochmals zurück. Sie befürchteten, daß der Souverän unter dem Schutze der Deutschen ein autoritäres Regime errichten könnte, anstatt wie zuvor die niederländische Königin Wilhelmina und Großherzogin Charlotte von Luxemburg außer Landes zu gehen. Leopold III. empfing die Delegation auf Schloß Wijnendaele in gespannter Atmosphäre. Er wies den Gedanken an Flucht zurück.[8]

Die belgische Armee verteidigte zwischen Menen und Zeebrücke noch einen Rest des nationalen Territoriums von weniger als 1700 qkm mit 800000 Flüchtlingen. Gent und seine Großbäckereien waren verloren. Hilfe, die Dill versprochen hatte, blieb aus. Statt dessen wurde zur Gewißheit, daß die Briten in Dünkirchen mit ihrer Einschiffung begannen. General Raoul Van Overstraeten und der Sozialist Henri de Man rieten Leopold III. zum Waffenstillstand.

Generaloberst Walter von Reichenau empfing den Beauftragten des Monarchen auf Schloß Anvaing. Hitler verlangte die bedingungslose Kapitulation, weil er so schnell wie möglich Westflandern besetzen wollte. Der Bitte des Königs, ihn bei seinen Truppen zu belassen, wurde nicht entsprochen, er mußte Schloß Laeken in Brüssel zum Wohnsitz nehmen. Rund 400000 belgische Soldaten wurden als Kriegsgefangene abtransportiert. Sie ließen 7500 Tote und 15850 Verwundete zurück.[9]

Die Pariser Regierung drohte auseinanderzufallen. Lebrun, Pétain und Weygand erwogen den Abschluß eines Reservatfriedens. Reynaud dagegen unterdrückte Verhandlungsvorschläge, die ihm Göring durch den schwedischen Generalkonsul Raoul Nordling zuleiten ließ.[10] Mit Churchill stimmte der Ministerpräsident darin überein, daß man den Kampf weiterführen müsse, um sich nicht des Rückhaltes bei Roosevelt zu berauben. Narvik sollte geräumt, zuvor aber Deutschland in Norwegen schwerer Schaden zugefügt werden.[11]

Die Gruppe Dietl kämpfte scheinbar auf verlorenem Posten. Das Vordringen der zum Einsatz bestimmten Truppe verzögerte sich. Sturm und Nebel behinderten die Versorgungsflüge der Luftwaffe. Der Flottenverband des Admirals Cork and Orrery beherrschte die beiderseits Narvik einschneidenden Fjorde. Die Erzbahn lag auf 20 km Länge unter dem Feuer des Schlachtschiffes »Resolution« (Baillie-Grohman). Norweger und Polen drangen von Norden und Süden her gegen den Schienenweg vor. Am 28. Mai fiel die Stadt in alliierte Hand[12].

Dietl wußte sowenig wie seine anstürmenden Gegner, daß deren Oberkommandierender, General Sir Claude Auchinleck, schon den Befehl zum Rückzug in der Tasche hatte. Die Admirality (Pound), Nore (Drax) und Home Fleet (Forbes) waren seit Tagen mit den erforderlichen Maßnahmen zur Evakuierung des Expeditionskorps befaßt. Admiral Sir John G. P. Vivian sollte die gelandeten Verbände mit fünfzehn schnellen Truppentransportern abholen, Cork and Orrery die Verladung sichern.

Gleichzeitig hatten die Vorarbeiten für die Rückführung der BEF (Gort) begonnen. Bei diesem Unternehmen trugen Admirality (Pound), War Office (Eden) und Ministry of Shipping (Cross) die Hauptverantwortung. Die taktische Führung war dem Flag Officer Dover, Admiral Sir Bertram Ramsay, aufgetragen, den Admiral Sir James F. Somerville und die benachbarten Stationen – Nore (Drax) und Plymouth (James) – unterstützten. Vor der flandrischen Küste befehligte Admiral Sir Frederick Wake-Walker.

Das Unternehmen hieß »Operation Dynamo« (nach Ramsays Gefechtsstand, einem Raum in den Klippen von Dover). Cross hatte zahlreiche Schiffe der Handelsschiffahrt und Fischerei dienstverpflichtet: die Personen- und Eisenbahnfähren aus dem Kanal und der Irischen See, vor allem jedoch Kleinfahrzeuge wie Küsten- und Themsedampfer, Trawler und Jachten, Logger und Schuten, Schlepper und Schnacks, Leichter und Klapprahme, denen sich 35 Franzosen, 22 Belgier und 10 Niederländer anschlossen.[13]

Die Royal Navy stellte außer einem Flak-Kreuzer nur Einheiten, die kleine Ziele boten: 28 Zerstörer, 1 Sloop, 4 Korvetten, 2 Kanonenboote und 99 Minensucher, im übrigen U-Bootjäger und S-Boote. Zu ihnen stießen im Laufe des Unternehmens 23 französische Zerstörer und Torpedoboote, die Avisos und Minenschiffe des »Admiral Nord«, 2 belgische Wachfahrzeuge, 1 polnischer Zerstörer und 1 niederländisches Motor-Schnellboot, insbesondere jedoch Jäger der britischen Heimatverteidigung.[14]

Zwischen der BEF (Gort) und dem Oberkommando des 1er Groupe d'armées (Blanchard) waltete ein Mißverständnis. Die Briten planten ihren Abzug. Der französische General hingegen richtete seinen Blick auf den »Secteur fortifié des Flandres«, ein befestigtes Lager, das man gemeinsam verteidigen, durch die Wiedereinnahme von Calais sogar erweitern werde. Diese Auffassung kam der Konzeption Weygands entgegen, der immer noch eine doppelseitige Offensive plante.

Freilich verkümmerte dieses Unterfangen zu einer Serie von schwachen Entlastungsangriffen an der Somme. Der 1er Groupe d'armées (Blanchard) zerfiel. Als Lord Gort zwei Divisionen von Arras abzog, um sie an seinen linken Flügel zu werfen, wo die Belgier eine Lücke hinterlassen hatten, wurde das Gros der 1. Armee (Prioux) bei Lille abgeschnitten und ihr Oberbefehlshaber gefangengenommen. Die sieben eingekesselten Divisionen kämpften noch vier Tage und kapitulierten dann.[15]

Die letzte Entscheidung war deutschen Fliegerverbänden vorbehalten. Allerdings hatte sich der ObdL mit dem Sonderzug nach Wildpark begeben, um seine schwedischen Beziehungen für Sondierungen in Stockholm, London und Paris auszunutzen. Die folgenden Luftkriegshandlungen wurden daher von Milch, Jeschonnek und Hoffmann von Waldau gelenkt. Die Kampfführung bei Dünkirchen oblag Generaloberst Albert Kesselring, der diesen Auftrag nur widerstrebend entgegennahm.

Zum ersten Mal stieß die deutsche Luftwaffe auf einen starken, gleichwertigen Gegner. Das Londoner Kriegskabinett hatte Newall angewiesen, gut gerüstete Geschwader des Fighter Command (Dowding) zum Einsatz über den Kanal und der flandrischen Küste freizugeben. Die 287»Spitfire A II«, zu denen 22 »Morane 406« stießen, konnten bis zu viermal täglich die 50 km breite Straße von Dover überfliegen. Dagegen mußten die aus Westfalen kommenden Verbände der LFl. 2 (Kesselring) längere Strecken zurücklegen.[16]

Auf deutscher Seite rechnete man nur noch mit 50–70 Prozent der Sollstärken. Auch andere Umstände verminderten die Wucht des Angriffs: Startverzögerungen infolge stundenlangen Morgennebels, ein Regentag mit 100 m tiefer Wolkendecke, feiner Dünensand, der abgeworfene Bomben verschluckte, gestaute Brandschwaden und die

Beweglichkeit der alliierten »Mückenflotte«. Immerhin versenkte die Luftwaffe 13 britisch-französische Zerstörer, 35 Minensucher, 8 Truppentransporter, 12 Frachter, 16 Trawler und 188 weitere Einheiten.[17]

Dünkirchen glich einem Inferno. Häuserschutt, stehengelassene Fahrzeugkolonnen, Öl- und Munitionsbrände versperrten die Straßen, zerschmetterte Wracks den damals noch kleinen Hafen. Die Piermasters mußten zum flachen Strand ausweichen, wo sie Kraftwagen ins Meer fuhren und auf diese Weise Stege herrichteten, an denen Barkassen und Schuten festmachen konnten. Zögernd gaben Weygand und Darlan den Abtransport der Franzosen frei. Die Soldaten beider Heere sollten, wie Churchill betonte, »bras dessus bras dessous« verladen werden.[18]

Als letzte Truppe verließen Reste einer Division unter General Sir Bernard Montgomery den Strand von Dünkirchen.[19] Ihren Abzug deckten Franzosen, die vier Küstenbatterien des Admirals Jean Abrial und das XVI. Korps (Fagalde).[20] Rund 40000 Mann der Nachhut fielen in deutsche Gefangenschaft. Die Zahl der abgezogenen Soldaten wurde mit 228266 Mann angegeben: 198315 Briten und 139951 Franzosen.[21] Außerdem hatten 58583 Engländer kurz vor Beginn der Operation »Dynamo« den Kriegsschauplatz verlassen.[22]

Schwer wogen die materiellen Ausfälle der Alliierten. Zu den 272 versenkten Schiffen kamen 177 abgeschossene Flugzeuge, darunter 106 Jäger der Royal Air Force. Die Verluste des französischen Heeres konnten für den letzten Zeitabschnitt nicht genau berechnet werden. Das War Office verzeichnete an zurückgelassenen Ausrüstungsgegenständen der BEF (Gort) 2472 Geschütze und 63879 Kraftfahrzeuge, 76097 t Munition und 416940 t sonstiges Material. Ferner waren 2 Millionen Pfund Sterling in bar verloren gegangen.[23]

Roosevelt hatte aufgrund vorausgegangener Appelle von Reynaud und Churchill seine Hilfe im Rahmen des Möglichen zugesagt und eine Liste amerikanischer Depotbestände anlegen lassen, die er als »surplus« bezeichnete und an die United Steel Export Company abstoßen konnte. Diese Firma sorgte dafür, daß ab 4. Juni 160 Jagdmaschinen, 52 schwere Bomber und 83 sonstige Flugzeuge, 900 Feldgeschütze, 80000 MG und 500000 Enfield-Gewehre samt 130 Millionen Patronen und 1 Million Granaten mit Trinotrotoluol nach England gelangten.[24]

Pound wußte nicht, daß die deutsche SKL einen neuen Flottenvorstoß nach Norden vorbereitete (Unternehmen »Juno«). Admiral Wilhelm Marschall, der den Verband führte, war ohne klare Weisung. Unsicher, ob Raeder einer Entlastung für die Gruppe Dietl oder Operationen auf »lohnende Seeziele« den Vorrang gab, verließ der Flottenchef mit »Scharnhorst« (Netzband) und »Gneisenau« (Hoffmann), dem Schweren Kreuzer »Admiral Hipper« (Heye), 4 Zerstörern und 2 Torpedobooten den Liegeplatz bei Wilhelmshaven.[25]

Während Dietl nach dem Abzug der Alliierten das zerstörte Narvik wieder besetzte, erreichte Marschall die nördliche Nordsee, wo er bei Jan Mayen einen Bewacher und den großen Tanker »Oilpioneer« versenkte. Später fielen dem deutschen Flottenverband noch ein leerer Truppentransporter und der Flugzeugträger »Glorious« (d'Oyly Hughes) mit zwei Zerstörern zum Opfer. Nur 44 Engländer überlebten den Untergang ihrer Schiffe; 1474 britische Seeleute fanden den Tod.[26]

Einer der beiden Zerstörer hatte, ehe er sank, die »Scharnhorst« (Netzband) torpediert. Mit 2500 t Wasser und 49 Toten im Schiff blieb der Schlachtkreuzer zurück. Marschall

geleitete ihn nach Drontheim. Dadurch entgingen seinem Verband die weiter nördlich stehenden Geleite von Cork und Vivian, mit denen auch der englische Kreuzer »Devonshire« (Mansfield) entkam, auf welchem König Haakon VII., Nygaardsvold und andere Norweger das Weite suchten.[27]
Raeder und Schniewind, Fricke und Reinicke waren mit dem Ausgang des Unternehmens »Juno« unzufrieden. Ein Wechsel im Flottenkommando schien dringend geboten. Doch Lütjens, der Marschall ablöste, hatte noch weniger Glück als sein Vorgänger. Kurz nach dem Wiederauslaufen wurde der Schlachtkreuzer »Gneisenau« (Hoffmann) von einem Torpedo des britischen U-Bootes »Clyde« (Ingram) getroffen und wegen des Schadens zu längerer Werftliegezeit gezwungen.[28]
Eine Proklamation der »Englandsfarerne« verhieß, daß König und Regierung »den Kampf außerhalb der Landesgrenzen weiterführen« werden.[29] General Otto Ruge, der in Tramsö zurückblieb, erhielt Handlungsfreiheit.[30] Er hoffte mit den ihm verbliebenen Truppen die »Neutralitätswacht« für Nordnorwegen wahrnehmen zu können. Ein Faden, den Koht aufgenommen und der schwedische Außenminister Günther weitergesponnen hatte, war noch nicht abgerissen.[31]
Doch Göring, dessen Geheimdiplomatie mit ihm zu tun hatte, konnte sowenig wie Ribbentrop oder Weizsäcker die Neutralisierungsidee gutheißen, auch nicht als vorgeschlagen wurde, schwedische Truppen nach Nordnorwegen zu entsenden.[32] Ruge bat um Abschluß eines Waffenstillstandsvertrages. Am 9. Juni 1940 unterzeichneten ein Bevollmächtigter des Generals und Falkenhorst in Drontheim die Kapitulationsurkunde.[33]

[1] Vgl. d. Memoiren des Gen. M. Weygand: Rappelé au Service, Paris 1950, S. 95ff.; dazu J. Weygand: Weygand mon père, Paris 1970; H. Amouroux: Weygand Généralissime, in: Journal de la France 83/1971, S. 72f.; zum Flug über d. dt. Linien V. Veniel: Weygand, in: Icare 55/1970, S. 68ff.; über d. Konferenz v. Ypern s. Benoist-Méchin, I, a. a. O., S. 123ff.; Bryant, a. a. O., S. 110f.; De Fabribekkers, a. a. O., S. 283ff. u. O. Michiel: 18 jours de guerre en Belgique, Paris 1947, S. 136ff. (zit. Michiel).

[2] R. Humble: The Battle of Lille 1940, in: MH 10/1982, S. 470–478.

[3] D. Divine: The Nine Days of Dunkirk, London – Sidney [3]1975, S. 72ff. (zit. Divine); P. Turnbull u. B.T. Batsford: Dunkirk. Anatomy of a Disaster, London 1979 (zit. Turnbull/Batsford).

[4] Tgb. Jodl, Bock, Engel, 20.–22. 5. 1940 u. Halder, I, S. 317ff. Loßberg, S. 82; Guderian, S. 165f.; Manstein, S. 122ff.; Görlitz/Keitel, S. 237f.; dazu Bauer, I, S. 117 u. Nehring, S. 167f. Die meisten brit. Darstellungen schreiben dem »Halt-Befehl« zu, daß die BEF vom Festland entkam; vgl. Butler, II, a. a. O., S. 190ff.; Fuller, a. a. O., S. 83f.; Liddel Hart, I, a. a. O., S. 104; Irving: Hitler, a. a. O., S. 122ff. Horne, a. a. O., S. 415, steht der These skeptisch gegenüber. Dt. Darstellungen sprechen von einem faktischen Fehler d. Führung; s. Jacobsen, in: Entscheidungsschlachten, a. a. O., S. 7ff.; ders.: Dünkirchen, a. a. O., S. 82ff.; ders.: Der Halt-Befehl für die deutschen Panzertruppen vor Dünkirchen, in SMZ, 1953, S. 247f.; H. Meier-Welcker: Der Entschluß zum Anhalten der deutschen Panzertruppen in Flandern 1940, in: VZ, 1954, S. 274ff.; K.-J. Müller: Dünkirchen 1940, in: MR 1960, S. 97ff. Die kommunist. Geschichtsschreibung sieht in Hitlers Entscheidung eine Friedensgeste gegenüber England, z. B. W. B. Uschakow: Deutschlands Außenpolitik 1917–1945, (Ost)Berlin 1964, S. 354; O. Groehler: Menetekel Dünkirchen, in: ZfG 1962, S. 1225ff.; zu d. damals umlaufenden Gerüchten s. Schellenberg, a. a. O., S. 106.

[5] Halder, I, S. 319f.

[6] Jakobson: Dokumente, a. a. O., S. 232ff.

[7] Livre Blanc du Roi 1936–1945, publ. par le Sécreteriat du Roi, Luxembourg 1946, S. 98ff.; dazu d. Memoiren v. Spaack, S. 97ff.; Van Overstraeten, S. 671ff.; Michiels, S. 157

[8] T.J. Knight: Belgium leaves the War 1940, in: JMH 1/1969, S. 47ff. Gérard-Libois, a.a.O., S. 98ff.; 103ff.; De Fabribeckers, S. 346ff.; A. de Bruyne: Hendrik de Man, La Panne 1969; W. Ganshof van der Meersch: Le commandement de l'armée et la responsabilité ministérielle en droit belge, in: RUB, 1946.

[9] Livre blanc du Roi, S. 103f.; dazu d. Memoiren v. R. Capelle: Au service du Roi, 2 Bde., Brüssel 1949, i. d. Neufassung: Dixhuit ans auprès du roi Léopold, Paris 1970; M.-H. Jaspar: Souvenirs sans retouche, Paris 1968 (zit. Jaspar); ferner d. Untersuchungen v. J. Wullus-Rudiger: Les origines internationales du drame belge de 1940, Brüssel 1950; C. Gutt: La Belgique au carrefour, 1940–1941, Paris 1971 (zit. Gutt); H. Thierry: La Belgique pendant la guerre, Paris 1947.

[10] Zu Görings Geheimdiplomatie s. Martin: Friedensinitiativen, S. 245f. Zur Entwicklung in Norwegen vgl. Buchner: Narvik, a.a.O., S. 116 u. 182; Derry, a.a.O., S. 311ff.; Dickens, a.a.O., S. 229ff.; Hubatsch: Weserübung, a.a.O., S. 189f.; v. d. Memoiren Dietl u. Feurstein, S. 65f.

[11] Hubatsch: Weserübung, S. 192f.

[12] Dietl, S. 184ff.; Buchner: Narvik, S. 130; Hubatsch: Weserübung, S. 207.

[13] Genaue Übersicht b. Divine, S. 292ff.

[14] ebd., S. 295ff. u. 306f.

[15] Ellis, a.a.O., S. 148f.; De Bardies, a.a.O., S. 252.

[16] Haupt: Sieg, S. 165; Kesselring, S. 80ff.

[17] J. Schmid: Hintergründe für den Einsatz der deutschen Luftwaffe bei Dünkirchen, zit. v. Suchenwirth i. s. Essay über Jeschonnek, S. 61 u. Göring, S. 99; Tgb. Milch, Jodl, Engel v. 23. 5. 1940; auch Below, a.a.O., S. 232; Einzelheiten b. Bekker: Angriffshöhe, a.a.O., S. 147–155; dazu M.G. Saunders: L'Evacuation de Dunkerque, in: Revue d'histoire 10–11/1953, S. 119ff.

[18] Churchill, II, S. 129ff.; R. Collier: Dünkirchen, Stuttgart – Hamburg 1962, S. 35ff. (zit. Collier); Divine, S. 82–238; Horne S. 428; Spears, I, S. 234ff.; dazu Turnbull/Batsford, S. 56–136.

[19] N. Hamilton: Monty, London 1981 (zit. Hamilton).

[20] Benoist-Méchin, S. 230f.; De Bardies, S. 248f.

[21] Gort: Second Dispatch, Supplement to the London Gazette, 10. 10. 41, verzeichnet 224585 Mann; Ramsay: Dispatch, ebd., 15. 7. 1949, nennt etwa 300000 Mann. Auf d. Denkmal in Dover sind f. d. Zeitraum v. 10. 5. bis 1. 6. 1940 insgesamt 202306 »British, Commonwealth and Allied« genannt. Liddel Hart, I, S. 111, kommt auf 338000 Mann; Fuller, S. 82, auf 337131 Mann. Über d. Endzahl v. 338226 Mann besteht heute jedoch Einigkeit. Vgl. Collier: Dünkirchen, S. 328. Die Zahl der zurückgebliebenen u. in dt. Gefangenschaft geratenen Soldaten ist nicht genau ermittelt. Die Angaben schwanken zwischen 30000 und 45000. Vgl. Minart, II, a.a.O., S. 225f.; Roton, a.a.O., S. 240f.; Goutard, S. 226f.; De Bardies, S. 249ff.

[22] Collier, S. 331; jetzt W. Lord: The Miracle of Dunkirk, London 1983.

[23] ebd., S. 229; Divine, S. 276, Mordal, S. 81f.; Turnbull/Batsford, S. 188ff.

[24] FRUS 1940, I, 227ff., 232; F.L. Loewenheim, H.D. Langley, M. Jones (Hg.): Roosevelt and Churchill. Their Secret Wartime Correspondence, New York 1975, S. 96f. (zit. Roosevelt/Churchill: Correspondence); dazu Blum: Morgenthau, a.a.O., S. 149ff., Dallek, a.a.O., S. 222f.; Langer/Gleason: Isolation, a.a.O., S. 446ff., 487ff.; F.C. Pogue: George C. Marshall, Bd. 2, London 1968, S. 49ff. (zit. Pogue: Marshall II).

[25] LV, S. 105; d.op. Erwägungen und ihre Kritik bei Salewski, I, a.a.O., S. 204ff.; eine Betrachtung aus der Sicht des Flottenchefs W. Marschall: Unternehmen Juno, in: AW 6/1967 u. 7/1967; allgemein Ruge: Seekrieg, a.a.O., S. 74 u. J. Cresswell: Sea Warfare 1939–1945, London 1950, S. 57ff.

[26] Churchill II, 1, S. 320ff.; dazu Derry, S. 222; Roskill, I, a.a.O., S. 209f.

[27] Bekker: See, S. 130 u. Anh. 265ff.; Bredemeier: Scharnhorst, a.a.O., S. 64f.; Kähler: Gneisenau, a.a.O., S. 54ff.; Brennecke: Hipper, a.a.O., S. 94ff.

[28] Hubatsch: Weserübung, S. 209.

[29] Proklamasjonen til dat norske folk fra Kongen og Regeringen, abgedr. b. Gotaas S. 163f.; dazu Greve, S. 244 u. O. Riste: London – regeringen. Norge i krigsalliansen 1940–1945, 2 Bde., Oslo 1973–1979 (zit. Riste: London).

[30] Gotaas, a.a.O., S. 167.; Th. Gamst: Finmark under Hakekorset, in: NMT 148/1978, S. 171–214.

[31] Instilling, Bil. II, S. 301ff.; Norge's forholt til Sverige under krigen 1940–1945; Aktenstykker, I, S. 190ff., 290ff.

[32] AA, Polit. Archiv d. U. St. Sekr., Skandinavien O/II; Transiteringsfragor och dermand sammenhängende spörsmal April – Juni 1940, Stockholm 1974, Nr. 183–311.

[33] Die Kapitulationsbedingungen b. Gotaas, S. 166f.; Hubatsch: Weserübung, S. 219ff.

Der Zusammenbruch Frankreichs

Mit dem Panzerkorridor in Nordfrankreich war eine 390 km lange Südfront entstanden. Sie zog sich von den Höhen bei Montmédy bis an das Meer. Die Linien folgten dem Lauf der Aisne, Aillette und Somme. Nach Maßgabe der Aufmarschanweisung »Rot« hatten hier sechs deutsche Armeen – hinter ihnen als Reserve eine siebente – neue Ausgangsstellungen bezogen. Je drei bildeten die HGr. B (Bock) und HGr. A (Rundstedt). Ihre Grenze schnitt Bourg-et-Comin.[1]

Die französische Front bildeten zwei Armeegruppen unter den Generalen Charles Huntziger und George Besson. Sie verfügten über fünf vergleichbare Verbände, bei denen sich am linken Flügel noch eine britische Division befand. Weygand hatte ein tiefgestaffeltes Stellungssystem geschaffen. Hinter der vorderen Verteidigungslinie wurden schachbrettförmige Stützpunkte (»Centres de résistance«) mit Minenfeldern, 7,5 cm-Geschützen und Pak angelegt.[2]

Die Überlegenheit der Heeresgruppen A und B zeigte nicht nur das Zahlenverhältnis von 104:49 Divisionen. Entscheidend war das Ungleichgewicht der schnellen Truppen. Trotz des Ausfalls von 612 Panzern in der ersten Feldzugsphase[3] war der deutsche Angriffsflügel mit seinen beweglichen Kräften dem Verteidiger weit überlegen. Die beiden letzten französischen Panzerdivisionen hatten 83 und 50 Kampfwagen, die drei berittenen Kavalleriedivisionen 40 gepanzerte Fahrzeuge.[4]

Die Armée de l'Air verfügte noch über 1122 einsatzbereite Maschinen, darunter 516 Jäger und 236 Bomber. Die Zahl der vollwertigen »Dewoite 520« hatte sich auf 380 erhöht. Allerdings war die Bodenorganisation in der Zone d'Opération aérienne Nord (d'Astier) durch Bombenangriffe und Verlegungen zerrüttet. Jagdpiloten wie Capitaine Jean Accart (als Listenführer) und der Tscheche Alois Vasátko errangen nur noch wenige Luftsiege.[5]

Der deutsche Angriffsplan (Fall »Rot«) sah eine Abfolge von drei Operationen vor. Zuerst hatte Bock die »Weygand-Linie« zu durchbrechen. Darauf sollte Rundstedt das französische Gros in der Champagne zerschlagen. Schließlich war Leeb die Aufgabe gestellt, den Zusammenbruch des Festungswalles zu beschleunigen und seine Verteidiger am Entweichen zu hindern. Die Lenkung lag weiter beim OKH, das sein Hauptquartier von Münstereifel nach Brûly-de-Pesche verlegt hatte.

Der erste Angriff begann am 5. Juni 1940, nur einen Tag nach dem Fall von Dünkirchen. Die Franzosen leisteten südlich Amiens hartnäckig Widerstand. Doch bei Abbeville schlug das XXXVIII Armeekorps (Manstein) eine Bresche, konnten dank einer stehengebliebenen Doppelbrücke Divisionen des XV. Armeekorps (Hoth) schnell an Boden gewinnen. Sie spalteten die 10. Armee (Altmayer) und gelangten mit 45 km/h Marschgeschwindigkeit am dritten Tag zu den Seineübergängen von Rouen, Elbeuf und Les Andelys.[6]

Nach diesem Durchbruch begann der um seine Flanke besorgte Gegner vor Amiens zu weichen. Die Gruppe Kleist erhielt mit dem XIV. Armeekorps (Wietersheim) freien Auslauf. Sie wurde um St. Just in eine turbulente Panzerschlacht verwickelt, gewann aber neue Brückenköpfe. Angesichts dieser günstigen Entwicklung ließ Brauchitsch der HGr. B (Bock) die 18. Armee (Küchler) zuführen und am 9. Juni 1940 um 03.30 Uhr bei der HGr. A (Rundstedt) den Hauptangriff auslösen.[7]

Von der Luftflotte 3 (Sperrle) unterstützt, hatte die 12. Armee (List) Mühe, das Ufer zu wechseln. Doch Guderian, der jetzt über eine eigene Gruppe verfügte, brachte beiderseits Rethel des Nachts die 1. Panzerdivision (Kirchner) in Stellung, schlug zwei entgegengeworfene Verbände und trieb einen Keil durch Huntzigers Heeresgruppe. Ohne Erfolg suchten Georges und Besson den Frontzusammenhang wiederherzustellen. Der dazu notwendige Rückzug war nur unter weiteren Verlusten zu bewerkstelligen.

General Erwin Rommel hatte, als er die Seinebrücke von Elbeuf nicht im Handstreich nehmen konnte, zur Küste abgedreht, um den linken Flügel der durchstoßenen 10. Armee (Altmayer) bei Fécamp und St. Valéry zu überraschen. Die Admirale Charles Platon und Sir William James begannen dort mit dem Abtransport der Alliierten. Aber das »Wunder von Dünkirchen« wiederholte sich nicht. Nach kurzem Kampf gingen 12 Generale und mehr als 40000 Mann in deutsche Gefangenschaft.[8]

Weygand warnte das Kabinett vor der drohenden Auflösung des französischen Heeres. An Hand dieser Denkschrift[9] forderte Paul Baudouin am 10. Juni 1940 eine rechtzeitige Klärung des Waffenstillstandsproblems. Der neue Staatssekretär Charles de Gaulle durchkreuzte die Entscheidung. Um 16.15 Uhr rief André François-Poncet aus Rom den Ministerpräsidenten an und meldete ihm, daß Italien an Deutschlands Seite getreten sei und Frankreich wie auch Großbritannien den Krieg erkläre.[10]

Seit dem Brennertreffen mit Hitler hatte sich Mussolini der Politik des mächtigen Nachbarn angepaßt. Der als Gegner des deutschen Expansionismus bekannte Botschafter Bernardo Attolico war durch den regimetreuen Dino Alfieri abgelöst worden. Faschisten, die zum Westen neigten, sahen sich in ihren Positionen bedroht. Viele verstummten daher. Andere wechselten ihren Standpunkt, so etwa Guiseppe Bottai und Dino Grandi, vor allem jedoch Galeazzo Ciano.[11]

In einer Denkschrift für Viktor Emanuel hatte der Duce das Kriegsziel Italiens formuliert: die »Freiheit der Meere«.[12] Schließlich war dem König mitgeteilt worden, daß die Intervention nicht, wie ursprünglich vorgesehen, 1941 oder 1942 erfolgen solle und auch der letztgenannte September 1940 ungünstig sei. Wegen der sich überstürzenden Ereignisse nahm Mussolini ein Datum Anfang Juni in Aussicht und verschob den Termin dann auf 10. Juni 1940.[13]

Nach Ansicht des für die Rüstung verantwortlichen Generals Carlo Favagrossa konnte Italien mit seinen 73 zweigliedrigen, zumeist unterbesetzten und allgemein schlecht ausgestatteten Divisionen keine drei Monate lang kämpfen.[14] Von den 6 Schlachtschiffen waren nur 2 einsatzbereit. Auch Mussolini fand die Verfassung der Streitkräfte »nicht ideal«.[15] Die weltpolitische Lage zwang ihn jedoch zum Eingreifen. »Ich brauche«, sagte er zu Marschall Pietro Badoglio, »einige tausend Tote, um mich . . .an den Verhandlungstisch setzen zu können«.[16]

Die Westmächte hatten dem erkennbaren Sinneswandel in Rom frühzeitig Rechnung getragen. Churchill war an Roosevelt mit der Bitte um Hilfe herangetreten. Der Präsident richtete vier Botschaften an Mussolini und bewog den Papst zu einer Botschaft.[17] Halifax und Butler bemühten sich um Lockerung der Blockade.[18] Reynaud ließ

den italienischen Missionschef wissen, daß sein Land in Verhandlungen von Frankreich »alles erhalten« würde, »was es durch Krieg zu gewinnen wünsche«.[19]
Nun aber war dieses Intermezzo zu Ende. König Viktor Emanuel III. hatte die Kriegserklärung Italiens gutgeheißen und das ihm zustehende Oberkommando auf den Duce übertragen. Seinen mangelnden Sachverstand mochte der Rat des erfahrenen Marschalls Badoglio ersetzen. Als Chef des Generalstabes der Gesamtstreitkräfte (»Capo di Stato Maggiore Generale«) sollte er bei dem vermeintlich kurzen Waffengang so wenig wie möglich riskieren.[20]
Zum Erstaunen Hitlers, der voller Zorn und Spott reagierte, verzichteten die Italiener auf einen überraschenden Eröffnungsschlag.[21] Der Kriegszustand zwischen Italien, Frankreich und Großbritannien sollte erst am 11. Juni 1940 um 08.30 Uhr eintreten. Aber auch zu dieser ungewöhnlichen Stunde richtete sich keines der »otto milioni baionette«, mit denen Mussolini geprahlt hatte, gegen den Feind. Das nur 90 km südlich Sizilien gelegene Malta wurde erstaunlicherweise nicht im Handstreich genommen. Auf die fast unverteidigte Basis von La Valetta fiel keine Bombe. Die italienische Luftwaffe durfte nur Aufklärer starten, die Regina Marina lediglich U-Boote entsenden und Minensperren werfen.[22]
Die französische Regierung hatte Paris verlassen. Auf Schloß Muguet bei Briare trat am 11. und 12. Juni 1940 der Supreme War Council zusammen. Von den Franzosen waren Reynaud und Pétain, Baudouin und De Gaulle, Weygand und Georges, Doumenc, Darlan und Vuillemin anwesend. Mit Churchill kamen Eden, Ismay, Dill und Spears. Bezeichnenderweise gehörte die italienische Kriegserklärung nicht zur Tagesordnung.
Man beriet über die Fortsetzung des Kampfes gegen Deutschland.[23] Die Briten hegten mehr denn je Zweifel an der Verteidigungsbereitschaft des Alliierten. Churchill wollte daher wissen, was im Fall des Zusammenbruches mit der französischen Flotte geschehe. Er pries die kräfteabsorbierende Wirkung langwieriger Häuserkämpfe, forderte ein »réduit breton«, schließlich sogar den Rückzug nach Nordafrika, das zur strategischen Basis für künftige Operationen werden könne. Doch Weygand antwortete ärgerlich: »Das alles hat keinen Sinn«.
Am nächsten Tag durchbrachen Truppen der 18. Armee (Küchler) die Pariser Schutzstellung. Aus Sorge vor der Bildung einer neuen revolutionären Commune ließ Weygand die Metropole zur »offenen Stadt« erklären. Das XXXX. Armeekorps (Stumme) durchquerte sie kampflos von Norden nach Süden. Oberstleutnant Hans Speidel, der vorausfuhr, richtete bereits die erste deutsche Dienststelle ein, als General Fernand Dentz auf Befehl des Grand Quartier Général kapitulierte.[24]
Auf dem rechten Flügel hatten schnelle Truppen der 4. Armee (Kluge) die Seine überschritten. Zur Linken rollten Verbände von Kleist und Guderian nach Südosten, wobei das XXXXI. Armeekorps (Reinhardt) die rückwärtigen Verbindungen der Maginotlinie schnitt. Sie wurde seit dem 14. Juni 1940 von der HGr. C (Leeb) auch frontal angegriffen. Im Norden stieß die 1. Armee (Witzleben) auf Château Salines vor. Bei Alt-Breisach erreichten Spitzen der 7. Armee (Dollmann) das Ostufer des Rheines und die Bunker von Kolmar.[25]
Trotz wiederholter Abgaben war der 2e Groupe d'armées (Prételat) mit rund 400000 Mann und 507 Kampfwagen noch ein ernstzunehmender Großverband.[26] Von der 16. Armee (Busch) zwischen Metz und Verdun umfaßt, durch Leeb und Reinhardt frontal und im Rücken bedroht, erhielt diese französische Heeresgruppe jedoch Befehl, sich

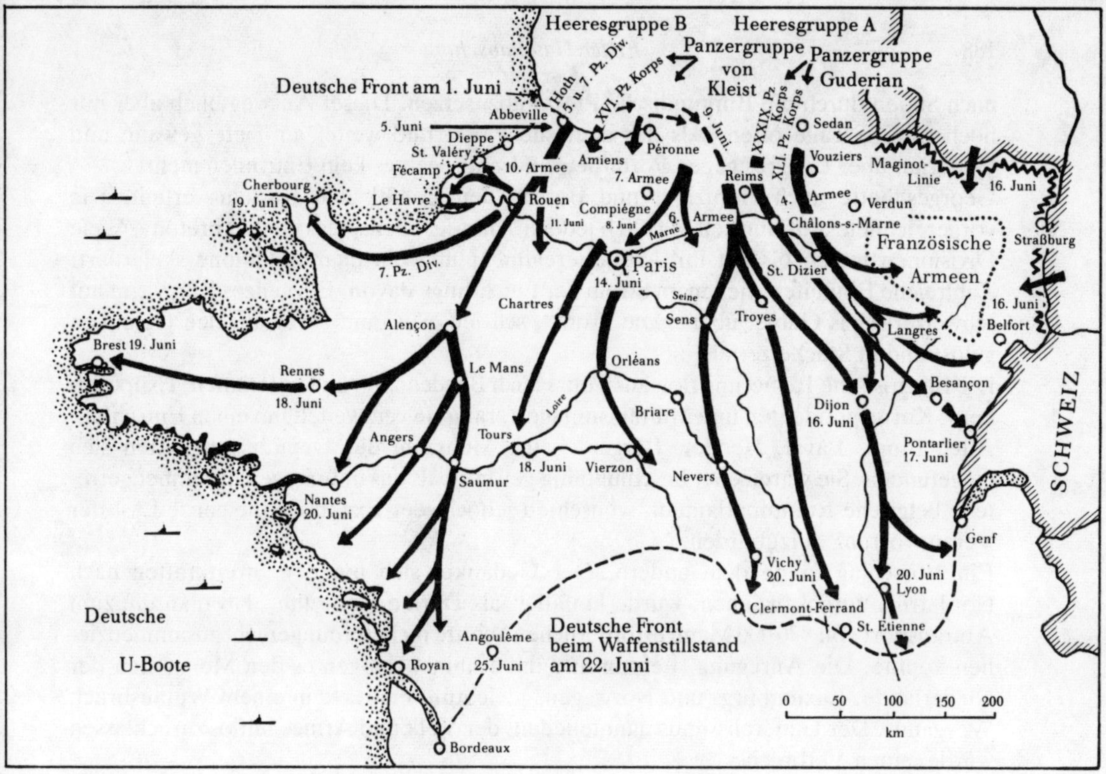

Zweite Phase des deutschen Westfeldzuges 1940

nach Süden durch die Burgundische Pforte abzusetzen. Dieser Ausweg blieb aber nur noch wenige Tage offen. Als der deutsche Panzerraid weiter an Tiefe gewann und Guderian über Langres gegen Portarlier eindrehte, gab es kein Entrinnen mehr.

Georges hatte auch Huntziger und Besson den Befehl zum Rückzug erteilt. Die vorgezeichnete Auffangstellung blieb jedoch Theorie, ebenso das »réduit breton«. Viele Divisionen waren bis auf ihr Artillerieregiment und ein paar Bataillone skelettiert. Zahlreiche Einheiten trieben im Strom der Flüchtlinge davon. Ein ganzes Korps trat auf schweizerisches Gebiet über. »Die Front«, schrieb Weygand, »war aus den Gelenken gelöst und in Stücke zerfallen«.[27]

Die französische Regierung floh aus Tours nach Bordeaux. Von Diplomaten, Exilpolitikern, Korrespondenten und Militärs umlagert, rang sie verzweifelt um einen Entschluß. Auch Blum, Laval, Herriot, Bergery – die Mehrzahl der Deputierten hatten sich eingefunden. Sie wären eher beschlußfähig gewesen als das in Limoges zusammengetretene belgische Rumpfparlament, wünschten jedoch, der Exekutive die ganze Last der Verantwortung aufzubürden.[28]

Ein Vorschlag folgte dem andern. Der Gedanke, sich mit den Streitkräften nach Nordafrika zurückzuziehen, wurde hinfällig, als Darlan feststellte, daß man die zum Abtransport von 870000 Mann erforderlichen Schiffe nicht termingerecht zusammenziehen konnte. Die Anregung, Lebrun und das Kabinett mögen es den Monarchen der Niederlande, Luxemburgs und Norwegens gleichtun, erstickte in einem Wutausbruch Weygands. Der Generalissimus nannte jeden, der Volk und Armee hilflos zurücklassen würde, einen Verbrecher.[29]

Zwei britische Projekte beschleunigten den Untergang der Regierung Reynaud. Churchill erklärte, daß Großbritannien seinen Alliierten aus der Bündnispflicht entlassen würde, wenn die französische Flotte zuvor England anlaufe. Der gemeinsame Koordinierungsausschuß in London konzipierte zusammen mit Sir Robert Vansittart den Plan für eine Union zwischen den beiden Ländern, die Zusammenlegung ihrer Institutionen, Besitztümer und Kräfte.[30]

Aber die meisten Kabinettsmitglieder wollten dieses Projekt nicht einmal erörtern. Nachdem Roosevelt gerade erst angeboten hatte, die Reserven der Bank von Frankreich in Verwahrung zu nehmen, witterten mißtrauisch gewordene Minister hinter allen Vorschlägen egoistische Absichten. Die auswärtigen Helfer, argwöhnte man, wollten das geschundene Frankreich beerben; jeder begehre, was ihm besonders zusage: Amerika das Gold, England die Flotte und den Kolonialbesitz.[31]

Am 17. Juni 1940 lehnte die Kabinettsmehrheit den Unionplan ab. Gleichzeitig entschied sie sich für Verhandlungen über einen Waffenstillstands- oder Friedensvertrag. Am späten Abend trat Reynaud zurück, nicht ohne Philippe Pétain, seinen Stellvertreter, als möglichen Nachfolger zu benennen. Als ihn Lebrun fragte, ob er bereit sei, die neue Regierung zu bilden, zog der Marschall eine fertige Namensliste aus der Tasche. Kurz nach Mitternacht war der Wechsel vollzogen und Spanien gebeten, zwischen Frankreich und Deutschland zu vermitteln.

Während das französische Ersuchen über Madrid nach Berlin weitergeleitet wurde, brachten die Hilfskreuzer des Admirals Jean Cadart 1754 t Gold der Banken von Frankreich, Belgien und Polen in Sicherheit. Andere Einheiten liefen unter dem Befehl von Admiral Sir William James mit Soldaten und Flüchtlingen aus. Die Verluste waren schwer. Deutsche U-Boote versenkten insgesamt 34 Schiffe. Doch 191870 Männer und

Frauen entkamen (144171 Engländer, 18246 Franzosen, 24352 Polen, 4938 Tschechen und 162 Belgier).[32]
Hitler erfuhr von dem französischen Angebot auf der Fahrt zu einem Treffen mit Mussolini in München. Der Duce war überrascht. Auf Cianos kleinlaute Frage, was Deutschland jetzt vorziehe, Sieg oder Waffenruhe, antwortete Ribbentrop: »den Frieden«.[33] Nachdem Badoglio die Offensive hinausgezögert hatte, sah Italien der bevorstehenden Verhandlungsrunde ohne ein Faustpfand entgegen. Seinem Führer blieb daher nichts weiter übrig, als ihre exorbitanten Gebietsforderungen zurückzustellen.[34]
Der deutsche Vormarsch ging weiter. Die 7. Panzerdivision (Rommel) hatte in den letzten vierundzwanzig Stunden 320 km zurückgelegt und Cherbourg erreicht. Die 4. Panzerdivision (Hartlieb) nahm Angers und wandte sich nach Brest. Das II. Armeekorps (Stülpnagel) besetzte Nantes. Die 9. Panzerdivision (Hubicki) war bei La Charité über die Loire gegangen. Kleist legte Hand auf das Industriezentrum von Le Creuzot. Das XVI. Armeekoprs (Hoepner) näherte sich schon Lyon. Dagegen kam die Heeresgruppe des italienischen Kronprinzen Umberto kaum voran.[35]
Pétain ernannte Huntziger zum Chefunterhändler und teilte seiner Delegation Léon Noël als wichtigsten Berater aus dem Zivildienst zu. Von deutscher Seite sollte Keitel die Waffenstillstandsverhandlungen führen. Die protokollarischen Vorbereitungen traf Schmundt. Der Oberquartiermeister IV, General Kurt von Tippelskirch, geleitete die kleine Wagenkolonne der Franzosen von Tours nach Paris. Am folgenden Tag sah man sich auf einer Waldlichtung bei Compiègne, der historischen Clairière de l'Armistice, wieder.[36]
Alles schien wie 1918 hergerichtet; auch der Eisenbahnwagen des Marschalls Foch stand an seinem Platz. In dem Waggon erwarteten Hitler und Göring, Heß, Ribbentrop und Bormann, Keitel und Jodl, Brauchitsch und Raeder die französische Delegation. Der Chef des OKW verlas die Präambel des vorgeschlagenen Vertrages. Frankreich, hieß es darin, sei besiegt. Deutschland wolle den Verhandlungen aber nicht »die Charakterzüge von Schmähungen gegenüber einem tapferen Gegner« verleihen.[37]
Nachdem sich Hitler zurückgezogen hatte, konnten die französischen Delegierten den Text studieren und mit ihrer Regierung telefonieren. In Bordeaux entstanden Meinungsverschiedenheiten. Lebrun war unschlüssig, Chautemps wollte ablehnen, Darlan weiterkämpfen. Pétain und Baudoin forderten Verbesserungen, die Huntziger am folgenden Tag bei Keitel und Jodl teilweise durchsetzte. Danach erhoben sich die Unterhändler zum Gedächtnis der auf beiden Seiten gefallenen Soldaten. Am 22. Juni 1940 um 18.50 Uhr wurde der Waffenstillstandsvertrag unterzeichnet.[38]
Folgenden Tags flog die französische Delegation von Le Bourget über München nach Rom. Mussolini erschien nicht zum Empfang in der Villa Incisa. Ciano und Badoglio verbargen hinter freundlichen Gesten, daß sich Italien nach dem Willen Hitlers mit Forderungen zurückhalten mußte. Die drei Waffenchefs – General Rodolfo Graziani (Heer), General Francesco Pricolo (Luftwaffe), Admiral Domenico Cavagnari (Marine) – äußerten sich nur über technische Probleme. Am 24. Juni 1940 konnten beide Seiten abschließen.[39]
Die beiden Waffenstillstandsverträge waren grundverschieden. Italien legte Wert auf die Entmilitarisierung Französisch-Somalias und einer 150–200 km tiefen Zone entlang der libyschen Westgrenze. Dschibouti sollte als Nachschubhafen für Abessinien dienen, Tunesien fortan seines Schutzwalles, der Marethlinie, entbehren. In Europa begnügten

sich die Italiener mit einem Besatzungsgebiet von 832 qkm. Hitlers verspäteter Wunsch, durch Erweiterung dieses Raumes die Schweiz gegen Frankreich abzuschließen, blieb unberücksichtigt.[40]

Das Mittelmeer und Nordafrika schienen Deutschland nicht zu interessieren. Seine Besatzungszone umfaßte Nordfrankreich und einen breiten Gebietsstreifen entlang der Atlantikküste bis zur Bidassoamündung. Diese mit Belgien und den Niederlanden verbundene Zone sollte die Fortsetzung des Krieges gegen England erleichtern. Zugleich diente sie als Landbrücke für Rohstofflieferungen aus Spanien. Insgesamt unterstanden drei Fünftel Frankreichs deutscher Befehlsgewalt. Zwei Fünftel seines Territoriums blieben vorläufig unbesetzt.[41]

Die französische Regierung konnte sich in dem einen oder anderen Landesteil niederlassen. Ihre Verwaltungshoheit blieb gewahrt, doch wurden Militärkontrolleure der Siegermächte für das ganze Gebiet und den Maghreb tätig. Etwaige Unstimmigkeiten sollte eine Waffenstillstandskommission unter den Generalen Karl Heinrich von Stülpnagel und Charles Huntziger bereinigen. Frankreich behielt eine »Armée de l'Armistice« von 100000 Mann sowie Teile seiner Luftwaffe. Die Flotte demobilisierte mit Ausnahme der für den Kolonialdienst und die Räumarbeit benötigten Einheiten.[42]

Frankreich sollte Emigranten ausliefern und verhindern, daß Personen außer Landes gingen, um für fremde Mächte zu kämpfen. Franzosen, die De Gaulle folgten und mit England gemeinsame Sache machten, waren als Freischärler zu behandeln. Die rund 1,9 Millionen Kriegsgefangenen blieben im Gewahrsam des Siegers, doch erlangten etwa 900000 schon 1940 die Freiheit zur Einbringung der Ernte, ebenso alle Niederländer und Norweger.[43]

Der Meinungsstreit über den Waffenstillstand war nicht zu Ende. Gegner des Abkommens vertraten die Ansicht, daß der Krieg weitergehe und mit einer Niederlage Deutschlands enden werde; Frankreich müsse daher den Kampf jenseits der Meere und im Untergrund fortsetzen, wenn es am Ende nicht auf der Verliererseite stehen wolle. Befürworter der getroffenen Regelung warnten vor einer solchen Doppelstrategie, die scharfe Trennlinien zwischen Mutterland und Kolonien, Kollaboration und Résistance ziehe und letztlich zur Revolution führen müsse.[44]

Am 25. Juni 1940 um 01.35 Uhr schwiegen die Waffen. Frankreich schätzte seine blutigen Verluste auf 92000 Tote und 200000 Verwundete. Das Comando Supremo registrierte 1247 Gefallene, 2631 Verwundete und weitere 2151 italienische Soldaten, die beim plötzlichen Kälteeinbruch in den Hochalpen schwere Erfrierungen davongetragen hatten. Der deutsche Wehrmachtbericht verzeichnete 27074 Tote, 111034 Verwundete und 18384 Vermißte.[45]

[1] Die Aufmarschanweisung »Rot« b. Jacobsen: Dok., S. 329; zum Frontverlauf Goutard, S. 244f.; Amouroux, II, S. 41ff.; Schemata u. Karten in: Journal de la France 94/1971, S. 116f.

[2] Dazu die vorzügl. Studie v. V. Regling: Amiens 1940 (Einzelschr. z. milit. Gesch. d. Zweiten Weltkr., 2) Freiburg 1968, S. 18ff. (zit. Regling); vgl. De Bardies, S. 262f.; Ellis, S. 295; Roton, S. 241.

[3] Zahlen n. Umbreit, in: DR, II, S. 294.

[4] Weygand, II, S. 133ff.; Bauer, I, S. 119f.; Nehring, S. 172ff.; Horne, S. 430.

[5] Übersicht, Tabellen, Beiträge: Icare 54/1970, S. 62ff.; die Liste d. frz. Luftsiege b. J. Gisclon: Ils ouvrirent le bal. Les mille victoires de la chasse française 1940, Paris 1967, S. 299.

[6] Manstein, S. 138; R. Altmayer: La Xe Armée sur la Basse-Somme, en Normandie, et vers le réduit breton, Paris 1945, S. 48–68; dazu De Bardies, S. 265f.; Roton, S. 246.

[7] Haupt: Sieg, S. 342f.; Bauer, I, S. 119f.; ausführlich Regling, S. 29ff.; dazu C. Grandsard: Le 10e Corps d'Armée dans la bataille en 1939–1940, Paris 1949, S. 200, 204ff.; P. Vasselle: La bataille au sud d'Amiens, 20 Mai – 8 Juin 1940, Abbeville o. J., S. 95–105.

[8] Benoist-Méchin, S. 310; Bauer, I, S. 127; Amouroux, III, S. 111.

[9] abgedr. b. Benoist-Méchin, S. 207f.; vgl. zur inneren Entwicklg. Frankreichs außer den Memoiren v. De Gaulle, Lebrun, Reynaud u. Weygand auch d. Erinnerungen v. A. de Monzie: Ci-devant, Paris 1941, S. 235f.; A. Fabre-Luce: Au nom des silencieus, Paris 1945, S. 17ff.; P. Baudouin: Private Diaries, London 1948, S. 140ff. (zit. Baudouin); Y. Bouthilier: Mémoires, Paris 1950, S. 59ff. (zit. Bouthilier).

[10] Benoist-Méchin, S. 288f.

[11] A. François-Poncet: Achtzehn Monate bei Mussolini, Mainz 1949, S. 47ff. u. F. Charles-Roux: Huit ans au Vatican, Paris 1947, S. 380f. (zit. François-Poncet: 18 Mte. u. Charles-Roux).

[12] Memorandum v. 31. 3. 1940, Original i. d. Sammlung des St. Anthony's College, Oxford; zum Folgenden G. Bocca: Storia nella guerra fascista 1940–1943, Bari 1969 (zit. Bocca); Boschesi, a. a. O., S. 112–195 u. Ciano: Catastrofe, S. 239f.

[13] Protokoll einer Sitzung mit führ. Militärs v. 27. 5. 1940, ebd.; beide Dokumente, abgedr. in: Mussolini e Hitler. Lettre e Documenti, Mailand 1946, Nr. 20, 24 (zit Hitler e Mussolini); zum Folgenden H. Adam: Italy at War, Alexandria, Va., 1982 u. Baum/Weichold, a. a. O. S. 47ff.

[14] Favagrossa an Mussolini, In: DDI, IV, Nr. 829; vgl. C. Favagrossa: Perqué perdemno la guerra, Rom 1946, S. 112, 246 (zit. Favagrossa). Dazu auch Boschesi, S. 99f.; Rintelen, S. 81f., neuerdings Umbreit, in: DR, II, S. 309f.; Schemat. Übersicht in: L'esercito italiano nelle 2^{a} guerra mondiale, Immagini, ed. Ufficio Storico dello Stato Maggiore dell'Esercito, Rom 1976, S. XXIXf. (zit. L'esercito italiano).

[15] Mussolini e Hitler, Nr. 24.

[16] P. Badoglio: Italien im Zweiten Weltkrieg, München 1947, S. 23, ungekürzt die it. Ausg. Mailand ^{11}1982 (zit. Badoglio); G. Carboni: Memorie segrete 1935–1948, Florenz 1955, S. 92 (zit. Carboni); Ciano: Catastrofe, S. 237; dazu jetzt die gründliche Studie v. K. MacGregory: Mussolini Unleached 1939–1941. Politics and Strategy in Fascist Italy's Lost War, Cambridge 1982.

[17] Roosevelts Botschaften, in: FRUS, 1940, I, 691f. 704f., 710, 713. Der Papst an Mussolini: DDI, IV, Nr. 189. Dazu allg. H. S. Hughes: The United States and Italy, Cambridge, Mass. ^{3}1979 (zit. Hughes).

[18] H. Azeau: La guerre franco-italienne, juin 1940, Paris 1967, S. 35; dazu Einzelheiten b. Boschesi, S. 195–202; R. Guariglia: Ricordi 1922–1946, Neapel 1950, S. 50, 453ff., 460f.; vgl. Dokumente: DDI, IV, Nr. 652, 659, 661, 711.

[19] H. Michel: Les relations franco-italiennes, in: La guerre en Méditerranée, 1939–1945, Paris 1971, S. 487ff.; dazu Charles-Roux, S. 384f.; François-Poncet: 18 Mte., S. 49; Baudouin, S. 141f.; De Monzie, S. 239ff.; Reynaud, II, S. 199ff.

[20] S. Bertholdi: Badoglio, Mailand 1967 (zit. Bertoldi: Badoglio); Bocca, S. 31ff.; P. Pièri: La stratégie italienne sur l'èchiquier méditerranéen, in: La Guerre, s. Anm. 19, S. 65f.; Baum/Weichold, S. 49ff.

[21] Engel-Tgb., 10. 6. 1940; auch Irving: Hitler, S. 130f.

[22] R. Bernotti: Cinquant'anni nella Marina militare, Nursia 1971 (zit. Bernotti); M.A. Bragadin: Il drama della Marina Italiana, Mailand ^{12}1982 (zit. Bragadin). G. Santoro: L'Aeronautica Italiana nella Seconda Guerra Mondiale, 2 Bde., Rom ^{2}1957 (zit. Santoro).

[23] Allg. J. Barber: The Week France Fell, London 1976; W. Shirer: Der Zusammenbruch Frankreichs, München 1975, S. 340ff. (zit. Shirer: Frkr.); gründlich H.-J. Müller: Das Ende der Entente Cordiale, WWR, Bh. 3, Frankfurt 1956, S. 36ff (zit. Müller: Das Ende); neuerdings E.M. Gates: End of the Affair The Collapse of the Anglo-French Alliance 1939–1940, London 1982; dazu d. Memoiren v.

Baudouin, S. 132ff.; de Gaulle, II, S. 53ff.; Churchill, II, 1, S. 123; Lebrun, S. 73; Spears, II, S. 105ff.; Weygand, II, S. 113ff.

[24] G.A. Groussard: Service secret, 1940–1945, Paris 1964, S. 23ff. (zit Groussard); H. Speidel: Aus unserer Zeit, Berlin [4]1977, S. 94f. (zit. Speidel); Shirer: Frkr., S. 349ff.; J.M. de Foville: L'entrée des Allemands à Paris, Paris 1973; W. Elmer: Wie Paris erobert wurde, in: IT 6/1967, S. 433ff.; Horne, S. 433f.; vgl. auch P. Bourget: Paris 1940–1944, Paris 1979, S. 21ff. (zit. Bourget).

[25] Haupt: Sieg, S. 271f.; Horne, S. 369ff.; De Bardies, S. 283f.; Roton, S. 276f.; vor allem Bruge, III, S. 76ff., 84ff., 98ff. u. J. Mordal: La ligne Maginot, in: Les années 40, 11/1978, S. 221f.

[26] F. Milles: La fin des armées de l'Est, in: Les années 40, 11/1978, S. 220ff.; dazu d. Erinnerungen v. Prételat, a. a. O. S. 137ff. u. Réquin, a-a-O. S. 171ff.

[27] Zit. nach Benoist-Méchin, S. 304. Das Flüchtlingschaos b. J. Vidalenc: L'exode de mai-juin 1940, Paris 1957; zum réduit breton s. Ellis, S. 198f.; Bryant, I, S. 160ff.; J. Mordal: Le réduit breton, in: Les années 40, 11/1978, S. 216ff.

[28] Müller: Das Ende, S. 46ff.; Baudouin, S. 163ff.; Lebrun, S. 75ff.; Reynaud, II, S. 403ff.; Spears, II, S. 244ff.; d. belg. Aspekt b. Gérard-Libois, S. 233–246; dazu Spaak, I, S. 105ff. u. Jaspar, S. 382ff.

[29] D. Darlan: L'Amiral Darlan parle, Paris 1953, S. 61ff.; dazu Auphan/Mordal, S. 102; Weygand, II, S. 226; vgl. P.C.F. Bankwitz: Maxime Weygand and the Fall of France, in: JMH 31/1959.

[30] L. Noël: Le projet d'une Union franco-britannique de juin 1940, Societé d'Histoire de la troisième République 7/1954, S. 210ff.; Müller: Das Ende, S. 51ff.; Woodward, S. 73f.; Churchill, II, 1, S. 179.

[31] FRUS 1940, I, S. 245f. u. Roosevelt/Churchill: Correspondence, S. 98ff., 104ff.; Langer/Gleason, S. 481f.; Sherwood: Roosevelt und Hopkins, S. 105; Dallek, S. 228ff.
Zur frz. Regierungskrise H. Michel: Pétain et le regime de Vichy, Paris 1978, S. 5ff. (zit. Michel: Vichy); A. Conquet: Autou du maréchal Pétain. Lumiere au l'histoire, Paris 1963 (zit. Conquet).

[32] Zahlen nach Hillgruber/Hümmelchen: Chronik, S. 14; eine Auseinandersetzung mit Churchills Kritik a. d. frz. Marine P. Auphan: Les adieux franco-britanniques, in: Journal de la France 98/1971, S. 325ff.; A. Draper: Operation Fish. Comment l'or de l'Europe échappa aux nazis, Paris 1980.

[33] F. Anfuso: Die beiden Gefreiten, München 1952, S. 108ff. (zit. Anfuso); Ciano-Tgb. 18.–20. 6. 1940; ders.: Catastrofe, S. 243ff.; weitere Dokumente: ADAP, D, IX, Nr. 479; Faldella, S. 165f.; Hillgruber: Staatsmänner, S. 139ff.; Hitler e Mussolini Nr. 51; dazu d. Memoiren G. Carboni, S. 98; Darstellungen v. G. Bocca, S. 32ff.; Boschesi, S. 203ff.; F.E. Deakin: Die brutale Freundschaft. Hitler, Mussolini und der Untergang des italienischen Faschismus, Stuttgart-Hamburg 1962, S. 28 (zit. Deakin: Freundschaft); vor allem F. A. Puppo: Gli armistici francesi del 1940, Mailand 1963, S. 253ff. (zit. Puppo).

[34] Boschesi, S. 210ff.; Ciano: Catastrofe, S- 245.

[35] P. Pagani: Umberto di Savoia, in: St. 25/1982, S. 86–104 (zit. Pagani: Umberto).

[36] Zum Folgenden d. gründl. Untersuchung v. H. Böhme: Der deutsch-französische Waffenstillstand 1940, Stuttgart 1966, S. 32ff. (zit. Böhme); E. Jäckel: Die deutsche Frankreichpolitik im Zweiten Weltkrieg. Vom Waffenstillstand bis zur Totalbesetzung, Kiel 1961, S. 16ff.; ders.: Frankreich in Hitlers Europa, Stuttgart 1966, S. 18ff. (zit. Jäckel: Frankreich). Dazu d. älteren Darstellungen v. A. Kammerer: La vérité sur l'armistice, Paris 1944, S. 124–195 u. Müller: Das Ende, S. 59ff. Details b. Benoist-Méchin, S. 286f. Zur Wertung Booms, S. 329ff. u. Hillgruber: Strategie, a. a. O. S. 64f.; ders.: 2. Weltkr., a. a. O., S. 39f.

[37] Dt. Text: ADAP, D, IX, Nr. 534; Ursachen, XV, S. 326ff.; Böhme, Anh. 2, S. 364 u. Anm. 3, S. 368; Jacobsen: Dokumente, S. 314ff. Frz. Text: Enquète parlamentaire, Annex, IV, S. 942ff. u. La Dèlegation française auprès de la Commission allemande, Bd. 1, Paris 1947, S. 1ff.; dazu L. Noël: Il y a dix ans était signé l'armistice de 1940, in: H, 5/1950; Fest: Hitler, S. 867ff. u. Irving: Hitler, S. 132ff.; dt. Memoiren v. Below, S. 234; O. Abetz: Das offene Problem, Köln 1951, S. 123–131 (zit. Abetz); Schmidt, S. 500ff.

[38] R. Aron: Rethondes, in: Journal de la France 109/1971, S. 372ff.; Benoist-Méchin, S. 480.

[39] Dt. Text b. Jacobsen: Dokumente, S. 320ff.; frz. Text in: H 6/1950, S. 422ff.; dazu H. Azenau: L'Armistice avec l'Italie, in: Journal de la France 109/1971, S. 379ff.; Benoist-Méchin, S. 560; Böhme, S. 69ff.; Bertoldi: Badoglio, S. 237ff.; Boschesi, S. 233ff.; Puppo, S. 265ff.;Memoiren b. Alfieri, S. 74, Rintelen, S. 91; Roatta, S. 108ff., Ciano, 22.–25. 6. 1940; Faldella, S. 187.

[40] Böhme, S. 66ff.; Jäckel: Frankreich, S. 44; A. Truchet: L'Armistice de Juin 1940 en L'Afrique du Nord, Paris 1970, S. 155f., 158ff.

[41] Böhme, S. 85ff., 93ff., 122ff.; Jäckel: Frankreich, S. 45ff.

[42] Zur Flottenfrage Auphan/Mordal, S. 112 ff.; d. dt. Grundsatz in: LV, S. 106; Aufbau, Gliederung u. Einsatz der Armée de l'Armistice in: Les années 12/1978, passim u. Journal de la France 109/1971, passim.

[43] Irving: Hitler, S. 129; Jäckel: Frankreich, S. 44; Gotaas, S. 171; allg. P. Carell u. G. Böddeker: Die Gefangenen, Berlin 1980 (zit. Carell-Böddeker).

[44] Vgl. Fallait-il signer l'armistice en juin 1940? Le pour et le contre. Une controverse avec Y. Bouthiller, Paul Reynaud, Camille Chautemps u. André Truchet, lère et 2e partie, in: Histoire de Vichy, 2 Bde., Paris 1954, I, S. 8 ff. (zit. Aron: Vichy); Paxton, a. a. O., S. 15 f. A. Goutard: Comment et pourquoi l'armistice a-t-il été accordé par les Allemands? in: Revue de Paris 67/1960; Briefwechsel zw. Goutard, u. Baudouin, ebd. i. zwei folgenden Nummern. Vgl. dazu Baudouin, S. 173 f.; Bouthiller, S. 86 ff.; Charles-Roux, S. 90 ff.; zuletzt die Analyse u. Zusammenfassung v. H. Longuechaud: L'adomidable armistice de juin 1940, Paris 1980.

[45] Zahlen nach Hillgruber/Hümmelchen: Chronik, S. 15; die Tabelle b. Umbreit, in: DR, II, S. 307 unterscheidet zwischen zwei Teilen des »Westkrieges« (bis 31. 8. 1940) u. berücksichtigt wohl auch die Verluste in Norwegen u. auf See.

Auswirkungen des Krieges im Westen

Der Sieg über Frankreich führte Hitler auf die Höhe seiner Macht. In einem »klassischen« Feldzug hatte die deutsche Wehrmacht den bisher stärksten Gegner ausmanövriert und niedergeworfen, das englische Heer vertrieben und die Besetzung der Westküste des Kontinents vom Nordkap bis nach Spanien vollendet. Die Britischen Inseln waren überflügelt, ihre lebenswichtigen Seeverbindungen bedroht. Viele Beobachter meinten, daß die Londoner Regierung darum bald gezwungen sein werde, sich mit Deutschland zu verständigen.

Die Hegemonie des Reiches war eine Tatsache, aus der fast jeder Staat seine Folgerungen ziehen mußte.[1] Einige Regierungen hatten sich damit beeilt und sich noch während des Westfeldzuges angepaßt. Italiens Kriegseintritt war eine solche Entscheidung, führte allerdings für die beiden Achsenmächte zu schweren Belastungen, als Großbritannien im Vertrauen auf seine geographische Lage und Roosevelts Unterstützung weiterkämpfte.[2] Behutsamer als Mussolini, aber nicht weniger entschlossen, nutzte Franco die Gunst der Stunde. Zuerst hatte er im geheimen Einvernehmen mit England und Frankreich das neutralisierte Tanger besetzen[3], sodann den Wechsel von der Neutralität zur Nichtkriegführung vollziehen und schließlich durch Außenminister Ramón Serrano Súñer territoriale Ansprüche vortragen lassen[4], die der mit einem Brief des spanischen Diktators zu Hitler entsandte General Juan Vigón auf Schloß Acoz bei Charleroi den Deutschen präsentierte.[5]

Noch schneller verstand Stalin, aus Hitlers Triumph politischen Gewinn zu schlagen. Am Tage des Falls von Paris hatte Molotow die drei baltischen Republiken beschuldigt, ein Militärbündnis gegen Rußland schließen zu wollen. Dem Ultimatum war die überfallartige Besetzung der Staaten gefolgt. Spitzenfunktionäre – Andrej A. Shdanow, Andreij J. Wyschinskij, Wladimir G. Dekanosow – inszenierten Wahlen, aus denen kommunistisch gelenkte Volksversammlungen hervorgingen. Sie baten um Eingliederung ihrer Länder in die UdSSR und fanden damit Gehör.[6]

In Berlin war man geneigt, den Präsidenten der drei Republiken die Flucht nach Amerika zu ermöglichen. Aber nur Antanas Smetona (Litauen) entkam. Karlis Ulmanis (Lettland) und Konstantin Päts (Estland) wurden mit Zehntausenden ihrer Landsleute auf Anordnung Berijas nach Rußland verschleppt. Hitler nahm davon nicht Notiz. Auch schien ihn kaum zu berühren, daß die Rote Armee den Deutschland versprochenen Bezirk Mariampol mitbesetzte. Die Angelegenheit wurde später auf diplomatischem Wege bereinigt.[7]

Mit wachsender Sorge verfolgte Hitler jedoch, wie die Sowjetunion in Südosteuropa über die ihr zugestandene Interessensphäre hinausgriff. Als Hebel diente wieder ein Ultimatum. Am 16. Juni 1940 forderte der Kreml von dem seit Ende Mai durch einen »Öl-Waffen-Pakt« an Deutschland gebundenen Rumänien die Abtretung nicht nur Bessarabiens, sondern auch der Nordbukowina und des Gebietes um Hertza.[8] Hitler riet

König Carol II., sich dem Druck zu beugen. Als dies geschah, begann das Gefüge der sogenannten Balkanstaaten zu zerfallen.

Sie näherten sich Deutschland, um Rückhalt für Revisionen oder Schutz vor territorialen Ansprüchen begehrlicher Nachbarn zu suchen. Ungarn[9] und Bulgarien[10] verlangten die Retrozession der 1913 und 1919/20 abgetretenen Gebiete. Das davon stark betroffene Rumänien erbat deutsche Hilfe wie in anderer Weise auch Griechenland, dem Rom und Sofia mit Forderungen zusetzten.[11] Sogar die von der Sowjetunion bedrängte Türkei wandte seit dem Erlöschen des britisch-französischen Garantieversprechens ihre Blicke hoffnungsvoll nach Berlin.[12]

Tief beunruhigt reagierte Helsinki auf sowjetische Pressionen. Finnland war isoliert. Das Deutsche Reich hatte die befreundete Republik während des Winterkrieges ihrem Schicksal überlassen.[13] Der Moskauer Friede gab keine Garantie für die Zukunft. Stalin stellte weitere Forderungen. Unter anderem verlangte er die Überlassung der Bergbaukonzession im Raum von Petsamo. Um den Druck abzuschwächen, überließ die Regierung Ryti Deutschland 60% der Ausbeute des zweitgrößten Nickelvorkommens der Welt.[14]

Auch die Schweiz mußte sich umstellen. Ihre Jäger hatten verirrte deutsche Flugzeuge abgeschossen.[15] V-Leute der »Abwehr« wurden in Frauenfeld hingerichtet.[16] Bei La Charité erbeutete Akten des französischen Oberkommandos enthielten Belege für neutralitätswidrige Absprachen zwischen dem Stab des Schweizer Generals Henri Guisan und Gamelins Hauptquartier.[17] Dies alles konnte gegen die Eidgenossenschaft verwendet werden. Hitler beließ dem Lande jedoch seine Sonderstellung als Transitgebiet, Schutzmacht und Produzent hochwertiger Präzisionsteile.[18]

Zugleich hatte die Wiederannäherung zwischen Japan und Deutschland begonnen. Gewiß war der Krieg gegen China und die Reaktion fremder Mächte auf diesen Konflikt das Hauptproblem des Kaiserreichs. Seit dem Debakel der europäischen Westmächte stellte sich für Tokio auch die Frage, was aus den fernöstlichen Besitzungen werde. Die Blicke der japanischen Strategen schweiften über zahlreiche Stützpunkte, Protektorate und Kolonien bis zu den Inselfluren Niederländisch-Indiens. Zugleich bot sich die Chance, durch Schließung der Nachschubwege in Burma und Indochina den nationalchinesischen Generalissimus Tschiang-Kai-schek zu isolieren.[19]

Die Regierung des Ministerpräsidenten Mitsumasa Yonai begann in Berlin zu sondieren. Deutschland sollte zwischen den fernöstlichen Gegnern vermitteln und die nächsten Schritte der Japaner in Paris unterstützen. Die Expansion des Kaiserreiches ließ sich aber aufgrund des Waffenstillstandes mit Frankreich kaum fördern, so sehr Hitler auch bestrebt sein mußte, England nach Ostasien abzulenken. Japan zwang Frankreich, den Transit fremden Kriegsmaterials durch Indochina zu sperren[20] und nötigte Großbritannien zur Schließung der Burmastraße für die nächsten drei Monate.[21]

Die Nachgiebigkeit der Briten enttäuschte Amerika. Eine Zeitlang sah es so aus, als würde Roosevelt dem Rat von General George C. Marshall und Admiral Harold Stark folgen und England seinem Schicksal überlassen, um sich auf die Verteidigung der eigenen Hemisphäre zu konzentrieren. Doch der Präsident hatte am 20. Juni die isolationistischen Wehrminister durch Frank Knox und Henry L. Stimson, zwei probritische Republikaner, ablösen lassen. Diese Kabinettsumbildung war nicht nur ein wahltaktisches Manöver. Sie förderte den Interventionismus.[22]

Auf Veranlassung Roosevelts formulierte Knox die Gesetzesvorlage für das 4-Milliarden-Projekt einer Zwei-Ozean-Flotte, während Stimson mit Hilfe von Morgenthau den ersten Schritt zur Wiedereinführung der allgemeinen Wehrpflicht wagte.[23] Gleichzeitig regte der Präsident amerikanisch-britische Stabsbesprechungen an. Führende Militärs beider Mächte sollten strategische Grundsätze und operative Gedanken der gemeinsamen Kriegführung gegen Deutschland und Japan erarbeiten.

Da Roosevelt seine Ziele vor der Öffentlichkeit verbarg, konnte sie England nicht direkt als Ermutigung verstehen. Enge Kontakte zwischen Präsident und Premier führten jedoch zu effektvollen Maßnahmen gegen das hilflose Frankreich und verhalfen der britischen Propaganda zu Erfolgsmeldungen. Gemäß einer Deklaration von Havanna wurden die französisch-amerikanischen Besitzungen samt den dort liegenden Schiffen ungefragt in das Sicherheitssystem der Westlichen Hemisphäre einbezogen und, wie man sagte, auf Kriegsdauer geschützt.

Andere Schiffe des ehemaligen Verbündeten konnte die Royal Navy in Häfen des Empire beschlagnahmen, auf den Meeren kapern oder mit Unterstützung amerikanischer »Neutralitätspatrouillen« zur Strecke bringen.[24] Außerdem ließ das Londoner Kabinett die Franzosen durch de Gaulle über BBC zur Rebellion gegen Pétain anstacheln, während Lord Gort und Duff Cooper nach Marokko flogen, um dorthin entwichene Minister – vor allem Daladier, Mandel und Campinchi – für einen Staatsstreich zu gewinnen.[25] Hauptanliegen der Regierung Churchill war jedoch die Inbesitznahme oder Ausschaltung der französischen Flotte.

Nach Artikel 8 des Waffenstillstandsvertrages sollte sie unter deutsch-italienischer »Kontrolle« desarmiert werden. Dieses Wort, das im Englischen soviel wie »Herrschaft« bedeuten kann, alarmierte Whitehall. Man befürchtete die Verschiebung der Gewichte auf See, wenn es den Deutschen gelang, auch nur einen französischen Schlachtkreuzer zu übernehmen. Nach vorheriger Abstimmung mit Roosevelt konnte Churchill daher sein Kriegskabinett bewegen, einem Plan zur Zerschlagung der Marine nationale zuzustimmen.[26] Sir Albert V. Alexander, den Churchill zum Ersten Lord der Admiralität ernannt hatte, appellierte an Darlan, den Kampf wiederaufzunehmen. Sei dies unmöglich, so müßten die Schiffe wahlweise nach England, in Stützpunkte der Vereinigten Staaten oder westindische Häfen verlegt werden. Da jedes Eingehen auf diese Zumutungen zur Meuterei und Bruch des Waffenstillstandsvertrages führte, konnte der britische Marineminister nicht ernstlich mit einem Erfolg rechnen. Er ließ daher durch Pound gleichzeitig eine gewaltsame Lösung des Problems, die Operation »Catapult«, vorbereiten.[27]

Mit der Ausführung wurden fünf Admirale beauftragt. Für England, wo zwei alte französische Panzerschiffe, ein Zerstörer und mehrere U-Boote vor Anker lagen, sollten Sir William James (Plymouth) und Sir Dudley Dunbar Nasmith (Portsmouth) die Verantwortung übernehmen, auf dem Atlantik Sir Dudley North (Gibraltar), im Mittelmeerraum Sir Andrew B. Cunningham (Mediterranean Fleet) und Sir James Somerville (Force H). Fast jeder empfand Widerwillen gegen das befohlene Unternehmen.[28] Doch alle mußten sich fügen.

Die Gefahr eines italienischen Zugriffs wurde sehr gering eingeschätzt. Das Comando Supremo (Badoglio) und Supermarina (Cavagnari) konnten kaum die eigenen Transportwege sichern. Ein erstes Treffen mit der Mediterranean Fleet (Cunningham) bei Punta Stilo (Kalabrien) am 9. Juli 1940 wurde von Admiral Inigo Campioni nach kurzer Gefechtsberührung abgebrochen. Trotzdem wollten Churchill und Roosevelt den Seeleuten nur eine kurze Frist für Verhandlungen lassen.

Auf Befehl von James und Dunbar Nasmith überfielen Kommandos der Royal Navy die in England liegenden französischen Schiffe, töteten einige Besatzungsmitglieder und brachten den größten Teil hinter Stacheldraht. Dagegen konnte Cunningham mit dem nach Alexandria entwichenen Geschwader des Admirals René Godfroy ein Gentlemen's Agreement schließen. Die Schiffe blieben unter ihren eigenen Kommandanten auf Reede, nachdem sie alle Geschützverschlüsse und Torpedozünder im Generalkonsulat Frankreichs hinterlegt hatten.[29]

North war vergeblich nach Oran geflogen, um das dort ankernde Gros der französischen Flotte unter Admiral Marcel Gensoul für die Vorschläge des Londoner Kabinettes zu gewinnen. Darauf erhielt die in Gibraltar versammelte Force H (Somerville) den Befehl zum Auslaufen. Pound hatte das Geschwader verstärkt. Zu dem Schlachtkreuzer »Hood« (Glennie) waren der Träger »Ark Royal« (Holland), die Schlachtschiffe »Resolution« (Halfhide) und »Valiant« (Rawlings), 2 Kreuzer und 11 Zerstörer gestoßen. Am 3. Juli 1940 erreichte der Verband den Liegeplatz der Franzosen bei Mers-el-Kebir.[30]

Somerville verhandelte fast den ganzen Tag über. Als man kein Resultat erzielte, begann der Kampf. Das Schlachtschiff »Dunkerque« (Sequin) wurde sofort durch einen Volltreffer außer Gefecht gesetzt. Die Linienschiffe »Bretagne« (Pivain) und »Provence« (Urquoy) gingen auf Grund. Der Torpedokreuzer »Magador« (Maerten) explodierte. Das Schlachtschiff »Strasbourg« (Colliet) und drei große Zerstörer konnten jedoch auslaufen. Sie überwanden eine Minensperre, durchbrachen den britischen Feuerriegel und erreichten Toulon.[31]

Als die Force H (Somerville) nach ergebnisloser Verfolgung nach Mers-el-Kebir zurückkehrte und noch einmal das Feuer eröffnete, stieg die Zahl der Opfer auf 1297 Tote. Darlan befahl Gensoul und Godfroy: »Auslaufen, kämpfen um jeden Preis!« Doch daran war nicht mehr zu denken. Admiral Jean Laborde stach mit der »Strasbourg« (Colliet) und anderen Schiffen von Toulon aus in See, ohne auf Engländer zu treffen. Als North den Franzosen in Dakar ein Ultimatum stellte, schlug dort das unfertige Schlachtschiff »Richelieu« (Marsin) die angreifenden Torpedoflugzeuge des Trägers »Hermes« (Onslow) zurück.[32]

Das politische Ergebnis der Operation »Catapult« befriedigte Churchill. Zum ersten Mal hatte er in vollem Einvernehmen mit Roosevelt gehandelt und sowohl dem Unterhaus als auch weiten Bevökerungskreisen beiderseits des Atlantik die Schlagkraft der Royal Navy vor Augen geführt, Der militärische Zweck des Unternehmens war jedoch verfehlt. Die nach Toulon entkommenen Einheiten konnten sich dort einem deutsch-italienischen Zugriff nicht so leicht entziehen, wie dies in Mers-el-Kebir möglich gewesen wäre.

Viele Franzosen und Deutsche hofften, daß die normative Kraft des Faktischen ihre Völker nun zusammenführen werde.[33] Doch dieser Wunsch wurde durch Hitlers Hegemonialstreben und die Realpolitik der Regierung Pétain bald ad absurdum geführt. Mit Rücksicht auf die Kolonien und das von Cadart nach Dakar gebrachte und jetzt in Fort Kayes lagernde Gold durfte Frankreich den Kampf gegen England nicht fortsetzen. Selbst Laval erklärte angesichts der geringen Möglichkeit, die sein Land hatte: *»Eine* Niederlage ist genug«.[34]

Andererseits nutzte er den starken Drang zur Rettung Frankreichs für eine tiefgreifende Reform. Auf seine Initiative bereitete sich die nach Vichy einberufene Assenblée nationale in zahlreichen Gesprächen auf diese Entscheidung vor. Ohne offenen Widerspruch von seiten Reynauds und Blums übertrug die Parlamentsmehrheit am 10. Juli 1940 mit 469 gegen 80 Stimmen bei 20 Enthaltungen dem Kabinett des Marschalls außerordentliche Befugnisse. Lebrun trat zurück. Pétain wurde Staatsoberhaupt und bildete eine neue Regierung.[35]

Drei Gesetzesakte formalisierten den Wandel. Die Verfassung der Dritten Republik wurde für hinfällig erklärt, das Parlament auf unbestimmte Zeit vertagt und eine autoritäre Staatsordnung errichtet. Mit ihr sollte Frankreich nach Lavals Worten einen geachteten Platz zwischen Deutschland und Italien einnehmen. Die »nationale Revolution« vollzog sich unter der Devise »Arbeit, Familie, Vaterland«. Sie verdrängte nicht nur Parolen der Vergangenheit, sondern das ganze bürgerlich-liberale System.[36]

Der Versuch, eine Gegenregierung zu bilden, war gescheitert. De Gaulle fand in England vorerst nur etwa 4000 Anhänger, überwiegend Fremdenlegionäre der aus Norwegen zurückgekehrten Truppen. Sein »Nationalkomitee Freier Franzosen« wurde von Frankreichs überseeischen Statthaltern nicht anerkannt; nur der schwarze Gouverneur des Tschad gab zögernd seine Zustimmung. Mit der Zeit konnte dem General jedoch eine theoretische Unterscheidung weiterhelfen. Er behauptete, im Gegensatz zu dem »pays légal« des Marschalls Pétain ein »pays réel«, das wahre Vaterland der Franzosen zu repräsentieren.[37]

Das deutsch-französische Verhältnis blieb unklar. Der Waffenstillstandsvertrag war nur ein Abkommen zwischen den Oberkommandos, kein Friedensschluß.[38] Wohl hatte man in Berlin mit Vorarbeiten für einen solchen begonnen, doch wurden sie durch die Ereignisse überholt. Hitler besaß nur schemenhafte Vorstellungen vom künftigen Europa. Jedenfalls wollte er keine bloße Revision des Versailler Systems, sondern die Erweiterung Deutschlands auf »völkischer Grundlage«.[39]

Eine Reihe von Maßnahmen wies in diese Richtung. Ende April hatte Hitler den NS-Gauleiter Josef Terboven zum »Reichskommissar für die besetzten norwegischen Gebiete«[40], Mitte Mai Franks Stellvertreter, den aus Krakau fortstrebenden Arthur Seyß-Inquart zum »Reichskommissar der Niederlande« ernannt.[41] In beiden Fällen mußten Keitel und Brauchitsch auf die Einsetzung von Militärverwaltungen verzichten. Auch wurden Vidkun Quisling und Anton Adriaan Mussert mit ihren kleinen, unbedeutenden Parteien übergangen.

Die Reichskommissare waren Hitler direkt unterstellt. Sie erhielten von ihm Anweisungen, setzten Recht auf administrativem Wege und konnten sich der Polizeiorgane bedienen. Terboven wie auch Seyß-Inquart sollten nationalsozialistische Landesregierungen einsetzen und das Königtum abschaffen. Dies konnte aber nur geschehen, wenn die Statthalter angesehene Persönlichkeiten aus Politik und Wirtschaft, Verwaltung und Justiz für eine solche Politik gewannen.[42]

Während sich die beiden Reichskommissare bemühten, ihren Auftrag zu erfüllen, wurden zahlreiche westeuropäische Randgebiete dem Reich eingegliedert. Vorweg geschah dies mit Moresnet, Eupen, Malmedy und St. Vieth. Luxemburg kam unter die Herrschaft des NS-Gauleiters Gustav Simon.[43] Die offiziell nie verkündete, gleichwohl sofort beginnende Annexion von Elsaß und Lothringen war Aufgabe der NS-Gauleiter Josef Bürckel (Saarpfalz) und Robert Wagner (Baden).[44]

In Belgien ließ Hitler die vom OKH eingesetzte Militärverwaltung unter General Alexander von Falkenhausen bestehen. Ihr wurden auch zwei französiche Departements (Nord und Pas-de-Calais) zugeteilt – Bauelemente eines künftigen »Großburgund«, wie einige Politiker zu wissen glaubten. Über die Zukunft des Landes war aber noch nicht entschieden. Leopold III. betrachtete sich als Kriegsgefangener. Die über Bordeaux nach Vichy gezogene Regierung Pierlot löste sich auf.[45]

Millionen von Belgiern und Franzosen, die nach Südfrankreich geflohen waren, wollten in ihre Heimat zurückkehren. Viele schlugen sich durch. Andere jedoch, vor allem Kolonnen, Trecks und Transportzüge, stießen zwischen Schweizer Grenze und Sommemündung unversehens auf die Sperren einer sogenannten Nordostlinie. Diese Demarkation, die Hitler durch Staatssekretär Stuckart genauer bearbeiten ließ, war als künftige Westgrenze des Reiches und seiner Schutzgebiete vorgesehen, ohne daß darüber etwas verlautete.[46]

Für die territoriale Umgestaltung, mit der Hitler noch warten mußte, bis über das künftige Verhältnis zu England entschieden war, gab es bald eine Fülle von Absichtserklärungen und Entwürfen. In verschiedenen Kommando- und Ministerialbehörden wurden Arbeitsgruppen mit der Entwicklung solcher Projekte beauftragt. Dabei ging es vor allem um Richtlinien der Besatzungspolitik. Aber auch Konzeptionen für eine europäische Wirtschaftsgemeinschaft wurden diskutiert.[47]

Die Folge waren Kompetenzstreitigkeiten. General Alfred Steccius, der von Brauchitsch eingesetzte Militärbefehlshaber in Frankreich, sollte durch Fachleute, die Ribbentrop berief, unter dem Gesandten Otto Abetz beraten werden.[48] Goebbels und die OKW-Abteilung »Wehrmachtpropaganda« beanspruchten jedoch ein Mitspracherecht. Der Gegensatz spitzte sich weiter zu, als General Otto von Stülpnagel den Pariser Posten übernahm und das RSHA sein Kontrollnetz enger zusammenzog.[49]

Erst recht sah sich Ribbentrop mit seinen eher traditionsgebundenen Absichten durch Göring zurückgedrängt. Als »Beauftragter für den Vierjahresplan« hatte er Walter Funk angewiesen, »den Neuaufbau der von Deutschland geleiteten kontinentalen Wirtschaft« organisatorisch vorzubereiten.[50] Der Minister zog über die »Reichsgruppe Industrie« verschiedene Unternehmensverbände hinzu, denen sich nun die willkommene Chance eröffnete, fremde Konkurrenten auszuschalten oder durch Anteilssicherung fortan zu beherrschen.[51]

Das Maximalprogramm eines europäischen Großwirtschaftsraumes von Spanien bis zum Ural griff allerdings über die bestehenden Möglichkeiten weit hinaus.[52] Wie Funk am 22. Juli 1940 feststellte, waren »die Ziele und Entscheidungen des Führers noch nicht bekannt«, blieb vor allem unklar, »ob das (britische) Empire« fortbestehen werde.[53] Eine Währungs- und Zollunion lehnte der Reichswirtschaftsminister ebenso ab wie das »freie Spiel der Kräfte«.

[1] S. d. gründl. Analyse v. Hillgruber: Strategie, a. a. O., S. 67–79.

[2] Boschesi, a. a. O., S. 247f.

[3] Stadt u. Gebiet v. Tanger waren gegen Ende des letzten Marokkokrieges 1924 durch internat. Konvention neutralisiert worden. Die Wiederbesetzung war zw. Madrid, Paris u. London insgeheim vereinbart worden, um einer it. Okkupation vorzubeugen. Vgl. Woodward, S. 43ff.

[4] Zum Übergang v. d. Neutralität z. Nichtkriegführung: ADAP, D, IX, 380; Bulletin of Spanish Studies, XVII, S. 220. Dazu S. González: España neutral, Madrid 1947; R. Hodgeson: Spain Resurgent, London 1953; E. N. Dezelepy: Franco et les aliés, Paris 1961; weiterführend Detwiler, a. a. O. S. 18f. u. D. A. Puzzo: Spain and the Great Powers 1934–1941, New York 1962, S. 318ff.

[5] Text: ADAP, D, IX, Nr. 378; Aufz. d. Unterredung ebd. Nr. 456; auch b. Hillgruber: Staatsmänner, S. 137f.; dazu Detwiler, S. 22f.; Dahms: Franco, S. 62f.; neuerdings K. J. Ruehl: Spanien im Zweiten Weltkrieg, Stuttgart 1978.

[6] SD, III, S. 461–469. Einzelheiten v. Hellmann, S. 167f.; Maasing, in: Eesti riik, II, S. 32ff.; Meißner, passim; ders.: Die kommunistische Machtübernahme in den Baltischen Staaten, in: VZ 2/1954, S. 95–114; Myllyniemi, a. a. O., S. 122–138; Rauch: Balt. Staaten, a. a. O., S. 153ff.; Rumpeters, a. a. O., S. 77ff.; Zalcmanis, a. a. O., S. 166.

[7] Fabry: SU, a. a. O., S. 146.

[8] Halder, I, S. 372; Greiner, S. 291f.; allg. Hillgruber: Sowj. Außenpol., a. a. O., S. 52ff.; ders.: Hitler, Carol, Antonescu, a. a. O., S. 70ff.; Huber, a. a. O., S. 128f.; Näheres b. A. Cretzianu: The Soviet Ultimatum to Roumania, in: JCEA, 1949/50, S. 396–403.; J. W. Brügel: Das sowjetische Ultimatum an Rumänien im Juni 1940, in: VZ, 4/1963, S. 404–417; H. Weber: Die Bukowina im Zweiten Weltkrieg, Frankfurt 1972.

[9] Barta, a. a. O., S. 598f.; Adám/Juhász/Kerekes: Allianz, S. 54; Macartney, I, a. a. O., S. 400ff.

[10] Hoppe, a. a. O., S. 82ff.

[11] E. Schramm v. Thadden: Griechenland und die Großmächte im Zweiten Weltkrieg, Wiesbaden 1955, S. 46ff. (zit. Schramm v. Thadden); vor allem K. Olshausen: Zwischenspiel auf dem Balkan. Die deutsche Politik gegenüber Jugoslawien und Griechenland von März bis Juli (Beitr. z. Militär- u. Kriegsgesch., 14) Stuttgart 1973, S. 8f. (zit. Olshausen).

[12] Krecker, a. a. O., S. 195; Önder, a. a. O., S. 42ff.; J. Ackermann: Der begehrte Mann am Bosporus, in: Hitler, Dtschld. u. d. Mächte, S. 497.

[13] Ueberschär, a. a. O., S. 84–122, 134; H. P. Krosby: Finland, Germany and the Soviet Union, Madison, Wisc., 1969 (zit. Krosby).

[14] Aufz. Schnurre: ADAP, D, X, Nr. 69, 74; dazu Blücher, a. a. O., S. 194f.; ausführlich Ueberschär, a. a. O., S. 166–195.

[15] Allg. E. Bonjour: Geschichte der schweizerischen Neutralität, Bd. 5, Basel ^{2}1971; J. Adam: Die Haltung der Schweiz gegenüber dem nationalsozialistischen Deutschland im Jahre 1940, Mainz 1972; D. Bourgois: Le Troisème Reich et la Suisse 1933–1941, Neuchâtel 1974; E. Dreifuß: Die Schweiz und das Dritte Reich, Frauenfeld 1971; G. Heideking: Die »Schweizer Straßen« des europäischen Widerstands, in: Geheimdienste und Widerstandsbewegungen im Zweiten Weltkrieg, hg. v. G. Schulz, Göttingen 1982, S. 143ff. (zit. Heideking); H. Zimmermann: Die »Nebenfrage Schweiz« in der Außenpolitik des Dritten Reiches, in: Hitler, Dtschld. u. d. Mächte, S. 811–822.

[16] J. Piekalkiewicz: Schweiz 1939–1945. Krieg in einem neutralen Land, Stuttgart ^{2}1979, S. 227ff:

[17] Ebd., S. 146ff.; weitere Einzelheiten b. H. R. Kurz: Die Schweiz im Zweiten Weltkrieg, Thun 1959, S. 106ff.; R. Jaquillard: La chasse au espion en Suisse, Lausanne – Paris 1947.

[18] H. R. Kurz: General Henri Guisan, Zürich 1965; J. Kimche: General Guisans Zweifrontenkrieg, Berlin 1962; H. R. Schmid: Der General. Die Schweiz im Krieg 1939–1945, Zofingen 1974; ausführlich zu den Funden von La Charité Piekalkiewicz, S. 103–125.

[19] Vgl. d. Botschafterberichte u. Aufzeichnungen in: ADAP, D, IX, Nr. 320, 491, 503, 511; X, Nr. 6, 137. Eine andere wichtige Quelle ist das Material des International Military Tribunal For The Far East: Record of Proceedings, S. 28.922ff., 28.966ff., 29.023ff. (zit. IMTFFE). Dazu die Untersuchungen v. Bergamini, a. a. O., S. 349ff.; Libal, a. a. O., S. 20ff.; Langer/Gleason: Neutrality, a. a. O., S. 595ff.; ders.: Japans Weltmachtstreben, in: Weltpol., II, S. 119ff.; ders.: Dt.-jap. Bez., in: Hitler, Dtschld. u. d. Mächte, S. 466ff.; H. Feis: The Road to Pearl Harbor, New York 1964, S. 66–90 (zit. Feis); Sommer, a. a. O., S. 296ff., 305ff., 329ff.

[20] Benoist-Méchin, S. 538; Ch. Meyer: L'Indochine Française reste fidèle à Vichy, in: JF 137/1972, S. 1172ff.

[21] Vgl. d. Memoiren v. M. Shigimitsu: Die Schicksalsjahre Japans, Frankfurt 1949 (zit. Shigimitsu) u. S. Togo: Japan im Zweiten Weltkrieg, Bonn 1958 (zit. Togo); Grew, a. a. O., S. 111ff. u. Hull, I, a. a. O., S. 843ff.; auch d. Erinnerungen des eh. ndl. Gouverneurs H. J. van Mook: The Netherland Indies and Japan, London 1944, S. 24ff.

[22] Dallek, a. a. O., S. 232; G. P. Lash: Roosevelt and Churchill 1935–1941. The Partnership that saved the West, New York 1976 (zit. Lash); C. B. MacDonald: The Mighty Endeavor, New York 1969, S. 3–16 (zit. MacDonald).

[23] H. L. Stimson (u. McG. Bundy): On Active Service in Peace and War, New York 1948 (zit. Stimson). Der 1944 verstorbene Knox hat keine Memoiren hinterlassen.

[24] Morison, I, a. a. O., S.30ff.
[25] Azéma, S. 68; ebd., S. 541f.
[26] Churchill, II, 1, S. 291.
[27] P.M.H. Bell: Prologue à Mers-el-Kebir, in: Revue d'histoire 33/1959 u. Langer/Gleason: Challange, S. 573.
[28] Ausgenommen W. James in seinen Memoiren: The Portmouth Letters, London 1946 (zit. James), S. 244ff.
[29] M. Godfroy: Mémoires, Paris 1953, S. 65ff. u. A. B. Cunningham: A Sailor's Odyssey, New York 1951 (zit. Cunningham).
[30] Roskill, I, a. a. O., S. 242f.
[31] A. Kammerer: La tragédie de Mers-el-Kebir, Paris 1945; P. Vrillon: Mers-el-Kebir, Paris 1949, S. 158–188; Auphan/Mordal, S. 129–140; Roskill, I, S. 243ff.; Benoist-Méchin, S. 579–582.
[32] Auphan/Mordal, a. a. O., S. 143; Roskill, I, S. 246.
[33] Benoist-Méchin, a. a. O., S. 597–654.
[34] Speidel, a. a. O., S. 102f.
[35] H. Michel: Pétain et le régime de Vichy, Paris 1978, S. 8f. (zit. Michel: Pétain); Azéma, S. 91f.; Paxton, S. 46; R. Tournoux: Pétain et la France. La seconde guerre mondiale, Paris 1980, S. 57ff. (zit. Tournoux); auch W. Rings: Leben mit dem Feind. Anpassung und Widerstand in Hitlers Europa 1939–1945, München 1979.
[36] O. Wormser: Les origines doctrinales de la révolution nationale, Paris 1971.
[37] Amouroux, II/III, a. a. O., passim; E. Berl: La Fin de la IIIe République, Paris 1968; H. Michel: Pétain, Laval, Darlan, trois politiques? Paris 1972; ders.: Pétain. a-a. O., S. 14ff. J. Trouchard: Le Gaullisme 1940–1968, Paris 1978, S. 12ff. (zit. Trouchard).
[38] Böhme, a. a. O., S. 216; Jäckel: Frkr., a. a. O., S. 40ff.; Hillgruber: Strategie, a. a. O., S. 65.
[39] H.-D. Loock: Nordeuropa zwischen Außenpolitik und »großgermanischer« Innenpolitik, in: Hitler, Dtschld. u. d. Mächte, S. 684–706; H. F. Dahl u. B. Hagtved: Den norske national-sosialismen, Oslo 1982.
[40] Loock: Quisling, a. a. O., S. 597, 510ff., 517.
[41] K. Kwiet: Reichskommissariat Niederlande. Versuch und Scheitern nationalsozialistischer Neuordnung (Schriftenr. d. VZ, 17), Stuttgart 1968, S. 48ff. (zit. Kwiet); ders.: Vorbereitung u. Auflösung der deutschen Militärverwaltung in den Niederlanden, in: MGM 1/1969, S. 121–153; Neumann, a. a. O., S. 136ff.
[42] Kwiet, S. 49ff.
[43] Umbreit, in: DR, II, S. 319ff.; F. Delvaux: Luxemburg im Zweiten Weltkrieg, Luxemburg-Lipoltsberg 1946, S. 22ff.; P. Weber: Geschichte Luxemburgs im Zweiten Weltkrieg, Luxemburg [2]1948, S. 41ff.
[44] Zind, a. a. O., S. 681ff.; L. Kettenacker: La politique de nazification en Alsace. Deux parties, in: Saisons d'Alsace, Nr. 65 u. 68, 1978.
[45] Gerard-Libois, a. a. O., S. 127–246; W. Wagner, a. a. O., S. 137ff.
[46] Jäckel: Frkr., S. 46ff.
[47] Hillgruber: Strategie, S. 73; Umbreit, in: DR, II, S. 323ff.
[48] Abetz, S. 142ff.; Speidel, S. 103, 105.
[49] Zu dem Plan, Frkr. in ein Agrarland zu verwandeln s. Jäckel: Frkr., S. 72; zum Folgenden L. Gruchmann: Nationalsozialistische Großraumordnung. Die Konstruktion einer deutschen »Monroe-Doktrin«, Stuttgart 1962 (zit. Gruchmann: Großraumordnung).
[50] ADAP, D, X, Nr. 103.
[51] Vgl. Anatomie, Nr. 139. Mit ds. Komplex hat sich verständlicherweise besonders die kommunist. Geschichtsschreibung befaßt; s. G. Förster, G. Groehler, G. Paulus: Zum Verhältnis von Kriegszielen u. Kriegsplanung des faschistischen deutschen Imperialismus, in: ZfG 1964, S. 929–948.
[52] IMT, Bd. 34, S. 420ff.
[53] Hillgruber: Strategie, S. 74.

Die Schlacht um England

Nach Abschluß des Waffenstillstandes mit Frankreich war Hitler in einem Zustand erwartungsvoller Spannung. Ruhelos bereiste er die eroberten Gebiete.[1] Einer kurzen Rundfahrt durch Paris[2] folgten Besuche auf Schlachtfeldern des Ersten Weltkrieges und sieben Tage in dem improvisierten Führerhauptquartier »Tannenwald« am Kniebis, unterbrochen von Ausflügen nach Straßburg, Schlettstadt, Kolmar und Mühlhausen. Schließlich verbrachte der ObdW noch eine weitere Woche des Abwartens auf seinem Berghof bei Berchtesgaden.

Wie Weizsäcker bemerkte, hielt Hitler die »Augen stark auf den Osten gerichtet«.[3] Angesichts des zunehmenden Expansionsdranges der Sowjetunion war von ihm eine Neurorientierung der deutschen Finnland- und Rumänienpolitik eingeleitet worden. Er konnte Stalins Forderungen schon jetzt zum Vorwand für den konzeptionell geplanten Angriff auf Rußland nehmen, doch stellte sich die Frage, ob Großbritannien nach dem Verlust seines »Festlandsdegens« dem Deutschen Reich freie Hand zur Entfesselung des Lebensraumkrieges gewährte.

Daß die Briten damals von unbeugsamer Kampfentschlossenheit gewesen seien, ist Legende.[4] Zahlreiche Schiffseigner hatten es abgelehnt, sich an der Rettungsaktion von Dünkirchen zu beteiligen; Kapitäne verweigerten samt ihrer Mannschaft eine zweite Fahrt über den Kanal.[5] Die Stimmung war gedrückt.[6] Man wußte, daß die Presseoffiziere des Generals Sir Frank Mason-MacFarlane keine realistischen Berichte zuließen und mißtraute Worten, mit denen Churchills Informationsminister Duff Cooper den Rückzug vom Kontintent beschönigte.[7]

Die Rechte und Linke des Landes drohten sich zu entzweien. Imperial denkende Konservative, hinter denen Hochadel, Finanz und Industrie standen, schienen Sondierungen für einen Kompromißfrieden nicht abgeneigt. Die Haltung eines Lloyd George sowie des abgedankten Königs und nunmehrigen Herzogs von Windsor[8], Äußerungen britischer Diplomaten wie Lord Lothian (Washington)[9], Sir Samuel Hoare (Madrid)[10], Sir David Kelly (Bern)[11] und Henry B. Livingston (Genf)[12] waren ebenso bezeichnend wie ein neuer Tastversuch des Unterstaatssekretärs Richard A. Butler mit Hilfe des schwedischen Gesandten Björn Prytz.[13]

Dagegen standen außer der Gruppe von Amery-Eden-Spears und den Liberalen vor allem die Labour-Führer und Gewerkschaftler fest hinter dem kampfentschlossenen Churchill. Einem Attlee, Cripps, Bevin, Greenwood, Morrison oder Pritt ging es in diesem Ringen mit Deutschland nicht nur um die Verteidigung der Inseln gegen den Herrschaftsanpruch des fremden Eroberers. Die meisten betrachteten den Krieg auch als einen Katalysator gesellschaftlicher Veränderungen.[14]

Die englische Regierungskoalition drohte an dem Gegensatz zwischen »War-Hawks« und »Ex-Appeasers« zu zerbrechen. Hinter Butlers Fühlungnahme stand das Foreign Office, dessen Politik der Erstminister und seine Freunde jedoch mißbilligten.[15] Kurz darauf kam es zur heftigen Auseinandersetzung des Premiers mit Chamberlain und Halifax wegen einer Provokation bei den Färöern, wo Churchill vier von Schweden in Italien gekaufte Kriegsschiffe kapern ließ, um den Abbruch der diplomatischen Beziehungen zwischen Stockholm und London zu erzwingen.[16]

Hitler sah sich in der Position des Siegers. Er wollte England »kommen ... lassen«.[17] Großbritannien sollte die unter Mandatsverwaltung stehenden deutschen Kolonien zurückgeben, als Weltreich und Seemacht jedoch bestehenbleiben.[18] Diese Bedingungen – wiederum nur als eine Zwischenlösung gedacht – wurden nicht rechtsverbindlich formuliert, sondern durch ein Interview mit einem angesehenen amerikanischen Journalisten der Weltöffentlichkeit bekanntgegeben und mit Briefen, die Botschafter Walter Hewel, Ribbentrops Repräsentant im Führerhauptquartier, schrieb, verbreitet.[19]

Während von englischer Seite immerhin ein Unterstaatssekretär und mehrere Diplomaten die Fühler ausstreckten, ließ es Hitler geschehen, daß Mittelsmänner wie Carl J. Burckhardt (Schweiz), Max Egon zu Hohenlohe-Langenburg (Liechtenstein), Christian Günther (Schweden) und Manuel de Alba (Spanien) tätig wurden. Damit versäumte der deutsche Führer die günstige Gelegenheit, das britische Kriegskabinett durch Friedensvorschläge zu spalten.

Die Krise innerhalb der britischen Regierung war nicht nur auf den Verlust des »Festlandsdegens« zurückzuführen. Sie resultierte ebenso aus der drohenden Isolierung des Vereinigten Königreiches. Roosevelt zeigte sich auf Anraten des Department of State und der Chiefs of Staff, die mit Englands Niederlage rechneten, reserviert, zumal er seine Nominierung für eine dritte Präsidentschaft vorbereitete.[20] Sir Stafford Cripps, den Churchill nach Moskau schickte, von wo Seeds während des Finnischen Winterkrieges abberufen worden war, stieß trotz verlockender Angebote auf Mißtrauen.[21]

Die Friedensgerüchte und Spekulationen über eine Entfremdung zwischen England und den USA waren allerdings nach dem britischen Angriff auf Mers-el-Kebir mit einem Schlage verstummt.[22] In der folgenden Unterhausdebatte konnte Churchill erstmals öffentlich seine Stimme gegen die »Defätisten« erheben.[23] Nach einer weiteren Brandrede des Premiers, die an der britischen Entschlossenheit zum Weiterkämpfen keinen Zweifel mehr ließ, gab Roosevelt die während der Schlacht von Dünkirchen ausgesonderten Waffen für den Transport nach England frei.[24]

Nun erst begann Hitler über einen deutschen Friedensappell an Großbritannien nachzudenken. Er verschob aber die geplante Reichstagsrede, gab sich »kriegerisch bis zum Äußersten gestimmt«[25] und ließ – nicht ohne einen auffallenden Vorbehalt – am 16. Juli 1940 eine Weisung Nr. 16 ausfertigen: »Da England trotz seiner militärisch hoffnungslosen Lage noch keine Anzeichen einer Verständigungsbereitschaft zu erkennen gibt, habe ich mich entschlossen, eine Landungsoperation ... vorzubereiten und, wenn nötig, durchzuführen«.[26]

Die politische Aktivität in Deutschland und Amerika näherte sich einem Schnittpunkt. Hitler ließ für seine »Friedensrede« den Reichstag nach Berlin einberufen. Roosevelt, der sicher war, daß man ihn vierundzwanzig Stunden vorher auf dem Parteikonvent der Demokraten in Chicago wieder zum Präsidentschaftskandidaten wählen werde, fand somit Gelegenheit, die vom Appell des deutschen Diktators ausgehende Wirkung durch das eigene Statement zu neutralisieren.[27]

Für die Reichshauptstadt gab es am 19. Juli 1940 ein umfangreiches Programm. Am Vormittag marschierte eine Infanteriedivision durch das Brandenburger Tor, um die zum Frieden neigenden Berliner zu begeistern.[28] Sodann wurden höhere Wehrmachtsoffiziere feierlich befördert und der Reichstag eröffnet.[29] Goebbels erwartete von Hitlers »Friedensrede«, daß sie Churchill zum Rücktritt zwingen werde. Sie enthielt aber außer bekannten Argumenten nur einen »Appell an die Vernunft«. Konkrete Vorschläge fehlten.[30]

Der Querschuß aus Amerika erreichte Europa zur rechten Zeit. Schon am Tage der Konventseröffnung hatte Roosevelt eine Botschaft König Georgs VI. beantwortet und die seit langem vorliegende Bitte des britischen Kabinettes um Überlassung alter Zerstörer zustimmend beschieden.[31] Mit seiner Rede vom 18. Juli 1940 stempelte der Präsident die totalitären Mächte zu Antichristen. Folgenden Tags unterzeichnete er ein großes Rüstungsprogramm, den »Two Ocean Navy Expansion Act«.[32]

Wie Goebbels erwartete auch Cripps nach dem Appell Hitlers eine Aufspaltung des britischen Kabinetts, von dessen Ministern »nicht zwei einer Meinung« seien.[33] Doch der Botschafter irrte. Churchill hatte auch ohne amerikanische Hilfe seine Minister wieder hinter sich. Die reibungslose Einführung des Belagerungszustandes in England mit der Todesstrafe für Saboteure und Plünderer, Streikverbot und verschärfter Zensur war ein Indiz. Auch zeigte sich, daß der Premier den noch kürzlich verhandlungsbereiten Halifax bewegen konnte, das deutsche »Friedensangebot« am 22. Juli 1940 offiziell zurückzuweisen.

Fast jeder britische Minister glaubte jetzt, daß Hitler an einem Frieden zwischen gleichberechtigten Partnern nicht wirklich interessiert war und darum kein faires Verhandlungsangebot unterbreitete. Im Vertrauen auf Englands besondere geographische Lage, überzeugt, bei genügendem Zeitgewinn mit Hilfe der Vereinigten Staaten aus neuen Konstellationen strategischen Gewinn ziehen zu können, wollte die Regierung Churchill den Kampf fortsetzen. Die Kosten-Nutzenrechnung der Chiefs of Staff verhieß eine reelle Chance.[34] Newall hatte trotz schwerer Personalverluste über dem Festland die zur Luftverteidigung des Inselreiches erforderliche Zahl moderner Jägerverbände angesammelt und ihnen starken Rückhalt bei einem technisch hochwertigen System gut organisierter Boden-, Erkennungs- und Nachrichtendienste verschafft. Dadurch wurde Pound in die Lage versetzt, trotz Bereitstellung stoßkräftiger Zerstörerflottillen das Gros der Royal Navy zur Sicherung der Seewege im Atlantik und Mittelmeer zu verwenden.

Die britischen Maßnahmen zwangen Hitler zur Umstellung seines Kriegsplanes. Der ObdW hatte sich vorgenommen, nach Abschluß des Westfeldzuges die Truppenzahl zu reduzieren und freiwerdende Rüstungskapazitäten für eine Aufstockung der Panzerdivisionen, Fliegergeschwader und Seestreitkräfte auszunutzen. Das »Ostproblem«[35] war mit dieser Wehrpolitik und einem an den West- und Südflanken des europäischen Kontinentes kämpfenden England aber nicht zu lösen.

Zwar wurde Ende Juli 1940 das AOK 18 (Küchler) zum Bug verlegt, mit der Umgestaltung des Generalgouvernements als Bereitstellungsraum (»Aufbau Ost«) begonnen und eine Operationsstudie entwickelt. Die Entscheidung über den Rußlandkrieg sollte aber erst im Frühjahr 1941 fallen. Wenn England bis dahin nicht »klein beigab« und das Eingreifen der USA früher als erwartet drohte, bedurfte die »Erweiterung des Lebensraumes« einer neuen Zeit- und Zweckbestimmung. Deutschland mußte dann auf Kosten der Sowjets eine Raumtiefe gewinnen, deren Basis ihm erlaubte, den Kampf gegen die angelsächsischen Mächte zu bestehen.[36]

Erste Hinweise auf die mögliche Fortsetzung des Krieges im Westen enthielt eine Denkschrift Jodls.[37] Der Chef des WFSt. empfahl, Großbritannien mit Luft- und Seestreitkräften zu belagern. Sie sollten das Inselreich von allen ozeanischen Zufuhren abschneiden, seine wehrwirtschaftlichen Kraftquellen zerstören, die Royal Air Force niederringen, den Widerstandswillen der Bevölkerung durch Terrorangriffe brechen und nötigenfalls als letzte Maßnahme eine Landung vorbereiten. Periphäre Aktivitäten unter Mitwirkung anderer Staaten, denen am Zusammenbruch des Empire lag, mochten diese Operationen ergänzen.

Die SKL hatte aus dem Sieg über Frankreich bereits Konsequenzen gezogen und ihre Befehlsorganisation umgestellt. In Paris entstand eine MGr. West (Saalwächter); die MGr. Ost (Carls) zog von Kiel nach Wilhelmshaven-Sengwarden und hieß fortan »Nord«. Auch der BdU (Dönitz) wählte zunächst die französische Hauptstadt zur Kommandozentrale, dann jedoch das Lorient, dem stärksten der neuen Atlantikstützpunkte benachbarte Kernevel.[38]

Für seine Einheiten verkürzte sich der Anmarschweg um etwa 450 sm, doch ging die Zahl der verwendungsbereiten U-Boote bei andauernder Torpedokrise auf durchschnittlich 10–15 Stück zurück. Auch den zweiten Greifer der Zange, die Englands Zufuhrwege unterbrechen sollte, konnte Raeder nur langsam bewegen. »Admiral Hipper« (Meisel) und »Admiral Scheer« (Krancke), die zwischen Grönland und den Färöer zum Atlantik ausbrechen sollten, brauchten Monate, um ihre Kriegsbereitschaft herzustellen.

Unterdessen liefen die Vorbereitungen für den Kanalübergang (Unternehmen »Seelöwe«).[39] Hitler hatte ihn nur halben Herzens vorgesehen und darum wohl auch keinen gemeinsamen Planungsstab der drei Wehrmachtteile eingesetzt. Bald ergaben sich Differenzen. Das OKH wollte durch Anlanden der 9. Armee (Strauß) und 16. Armee (Busch) die Kräfte des Gegners auf 140 km Frontbreite zersplittern. Dagegen glaubte die SKL den Erfolg einer so breit angelegten Operation mit ihren schwachen Verbänden nicht gewährleisten zu können.

Eines forderten Heer und Marine gleichermaßen: die Erringung der Luftherrschaft. Hitler erließ daher am 1. August 1940 die Weisung Nr. 17 für den »verschärften Luftkrieg«.[40] Deutsche Fliegerverbände sollten der Royal Air Force eine entscheidende Niederlage bereiten. Die Angriffe waren in erster Linie gegen deren Einheiten, die Bodenorganisation und Nachschubeinrichtungen sowie auch Werke der Luftkriegsindustrie zu richten. »Terrorangriffe als Vergeltung« behielt sich der ObdW vor.

Damit stand die deutsche Luftwaffe vor einer ganz neuen Aufgabe. Sie sollte im Sinne der noch unerprobten Theorie von Douhet selbständig operieren. Der zum Reichsmarschall erhobene Göring war wie immer siegesgewiß. Auch Jeschonnek und Hoffmann von Waldau, die Oberbefehlshaber der Luftflotten und ihre Stabschefs zeigten sich bei Besprechungen in Karinhall zuversichtlich. Ebenso wie der Ic des Luftwaffengeneralstabes, Oberst Josef Schmid, unterschätzten sie den Gegner.

Für die deutsche Luftoffensive, den »Adlerangriff«, standen 2355 Flugzeuge bereit. Die in den Niederlanden, Belgien und Nordfrankreich aufmarschierten LFl. 2 (Kesselring) und LFl. 3 (Sperrle) zählten 875 Bomber, 316 Stuka, 45 Fernaufklärer, 702 Jäger und 227 Zerstörer. Hinzu kamen von der in Norwegen und Dänemark stationierten LFl. 5 (Stumpff) 123 Kampfmaschinen, 33 Aufklärer und 34 Zerstörer. Ein Corpo Aereo Italiano (Fougier), das vier Wochen später zur Kanalküste verlegt wurde, zählte 75 Bomber und 98 Jäger älterer Bauart.[41]

Richtig geschätzt wurde, daß die Royal Air Force 900 Jagdflugzeuge (40% »Spitfire«, 60% »Hurricane«) hatte, von denen am 10. August 1940 etwa 675 einsatzbereit waren. Doch man berücksichtigte nicht genügend die sich ihm für den Kampf im Luftraum über dem eigenen Land ergebenden Vorteile. Die Jäger des Fighter Command (Dowding) starteten zwei- bis dreimal täglich, erreichten dank ihres vorzüglichen Leitsystems oft günstige Gefechtspositionen und hatten geringere Personalausfälle, weil Piloten, die mit dem Fallschirm absprangen, der Fliegertruppe zumeist erhalten blieben.[42]
Weitgehend unbekannt war dem OKL die britische Flugzeugproduktion. Lord Beaverbrook, den Churchill für das Ressort der wirtschaftlichen Kriegführung gewonnen hatte[43], war mit dem Air Minister Sir Archibald Sinclair und Air Vice Marshal Sir Hugh T.C. Dowding[44] einig, daß England in der Luft von einmotorigen Jägern verteidigt werden mußte. Seither arbeiteten fast alle Flugzeugwerke der Inseln und etwa 14000 Zubringer für ein entsprechendes Schwerpunktprogramm. Sie fertigten monatlich 180–200 Maschinen.[45]
Die deutsche Produktion hielt damit nicht Schritt. Von Juni bis Oktober 1940 konnte Udet der Jagdwaffe nur 975 fabrikeneue »Me 109 E« zuführen. Im gleichen Zeitraum lieferte Beaverbrook der Royal Air Force 2354 Jagdflugzeuge, darunter 2100 »Spitfire« und »Hurricane«. Gleichzeitig kaufte Sinclair in den Vereinigten Staaten weitere 219 Jäger der Typen »Curtiss« und »Crumman«. Sie waren zwar für den Fronteinsatz ungeeignet, konnten aber die aus Fliegerschulen abgezogenen Hochleistungsmaschinen ersetzen.
Außer der mit abwurfbereiten Zusatztanks ausgerüsteten »Me 109« waren die deutschen Flugzeuge den neuen Anforderungen kaum gewachsen. Die langsamen Stuka vom Typ »Ju 87« wurden eine leichte Beute der britischen Jäger. Kampfmaschinen wie die »Do 17« und »He 111« ermangelten ausreichender Stabilität und Motorenleistung. Die Bombergeschwader der Luftwaffe sollten durch zweimotorige »Me 110« geschützt werden. Sie blieben jedoch um 100 km/h hinter der »Spitfire« zurück und galten daher nur als bedingt verwendungsfähig.
Auch auf einem anderen wichtigen Gebiet, in der Rückstrahltechnik, war die Entwicklung unter dem Generalluftfeldzeugmeister verlangsamt worden. Zum Verdruß von Martini hatte Udet den »Würzburg-Riesen«, ein vorzügliches De-Te-Gerät, erst Ende Juli 1940 für die Serienfertigung freigegeben. Die drei Luftflotten waren daher lediglich mit »Freya« ausgerüstet. Dies hatte unter anderem zur Folge, daß die deutschen Jagdpiloten ohne eine optimale Bodenleistung starten und landen mußten.[46]
In Großbritannien gab es 52 Radarstationen – die Home Chain – von den Shetlands bis nach Cornwall und Wales, auf 80 m hohe Gittermasten montierte Empfänger mit einer Erkennungsreichweite, die alle küstennahen deutschen Jägerplätze in Belgien und Nordfrankreich einbezog.[47] Anfliegende Flugzeuge wurden außerdem von Posten des Royal Observer Corps beobachtet.[48] Die Meldungen erreichten über Funk das Fighter Command Headquarters bei Stanmore ebenso wie die Gefechtsstände der vier nachgeordneten Gruppenkommandos.[49]
Die Briten waren Anfang April in das Schlüsselsystem der Luftwaffe eingebrochen. Der Secret Intelligence Service konnte nicht immer zeitgleich mitlesen, sein Feindfunkbild hatte noch Lücken. Aber eine für Sinclairs Ministerium arbeitende Spezialistengruppe unter Group Captain Frederick Winterbotham gewann wertvolle Informationen über die deutsche Angriffsplanung. Zumindest für den 13. August 1940 (»Adlertag«) und die

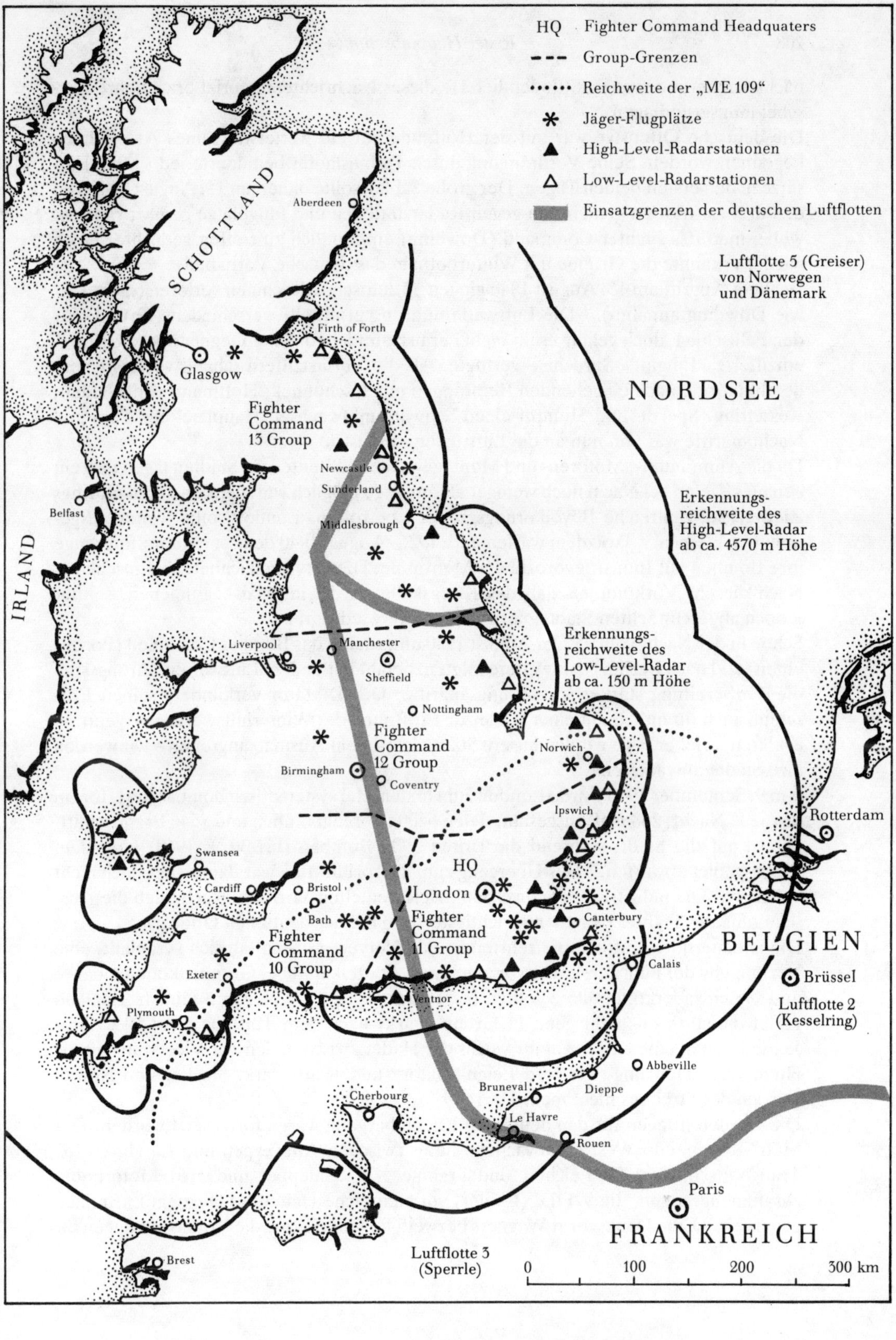
HQ Fighter Command Headquaters
Group-Grenzen
Reichweite der „ME 109“
Jäger-Flugplätze
High-Level-Radarstationen
Low-Level-Radarstationen
Einsatzgrenzen der deutschen Luftflotten
Luftflotte 5 (Greiser) von Norwegen und Dänemark
SCHOTTLAND
Aberdeen
Firth of Forth
Glasgow
NORDSEE
Fighter Command 13 Group
Newcastle
Sunderland
Belfast
IRLAND
Middlesbrough
Erkennungs-reichweite des High-Level-Radar ab ca. 4570 m Höhe
Erkennungs-reichweite des Low-Level-Radar ab ca. 150 m Höhe
Liverpool
Manchester
Sheffield
Nottingham
Fighter Command 12 Group
Norwich
Birmingham
Coventry
Ipswich
Rotterdam
Swansea
Cardiff
Bristol
Bath
HQ
London
Fighter Command 11 Group
Canterbury
Fighter Command 10 Group
BELGIEN
Calais
Brüssel
Exeter
Plymouth
Ventnor
Luftflotte 2 (Kesselring)
Abbeville
Bruneval
Dieppe
Cherbourg
Le Havre
Rouen
Paris
FRANKREICH
Brest
Luftflotte 3 (Sperrle)
0 100 200 300 km

nächsten vierundzwanzig Stunden lieferte dieses Nachrichtenmaterial brauchbare Entscheidungsgrundlagen.[50]

Die deutsche Offensive war mit der Hoffnung auf ein wetterwirksames Azorenhoch begonnen worden. Seine Verdrängung durch Tiefausläufer behinderte jedoch die Einsätze in den ersten beiden Tagen. Der große Schlag sollte daher am 15. August 1940 von den drei Luftflotten gemeinsam gegen Radarstationen und Flugplätze geführt werden, wobei man das Fighter Command (Dowding) empfindlich zu treffen gedachte. Doch wieder erkannte die Gruppe um Winterbotham das deutsche Vorhaben.

Bei dem Angriff am 15. August 1940 gingen 57 deutsche Maschinen verloren (nicht 182, wie Dowding annahm).[51] Die Luftwaffenführung ermittelte verschiedene Gründe für den Fehlschlag, doch gelang es ihr nicht herauszufinden, daß der Gegner über »Ultra« – entzifferte »Enigma«-Sprüche – verfügte. Als die Verlustziffern schnell weiterstiegen, befahl Göring nach eingehenden Beratungen mit Jeschonnek, Hoffmann von Waldau, Kesselring, Sperrle und Stumpff einen Schwerpunktwechsel. Hauptziel der Tag- und Nachtangriffe war von nun an die Luftrüstungsindustrie.

Da die Aluminium-, Motoren- und Montagewerke größtenteils in Städten lagen und ein genaues Zielen bei Nacht noch weniger als am Tage möglich war, wurden durch Görings Zielwechsel zahlreiche Bevölkerungsgruppen betroffen. London sollte weiter ausgenommen bleiben.[52] Trotzdem warfen am 24./25. August 1940 deutsche Kampfflugzeuge ihre Bomben auf Industrievororte der Metropole. Die City verzeichnete 76 Einschläge. Nach diesem Vorkommnis gab das Kriegskabinett die im Mai begonnenen, seither jedoch abgeschwächten Städteangriffe der RAF wieder frei.[53]

Schon in der Nacht vom 25./26. August 1940 unternahm das Bomber Command (Portal) einen Raid nach Berlin.[54] Als weitere folgten, befahl Hitler dem Luftwaffenführungsstab die Vorbereitung starker Vergeltungsangriffe. Der Diktator verkündete seinen Entschluß auch öffentlich mit einer Rede zur Eröffnung des Winterhilfswerkes. »Wenn sie erklären«, rief er, »sie werden unsere Städte in großem Ausmaß angreifen – wir werden ihre Städte ausradieren!«[55]

Am 9. September 1940 wurde London zum ersten Mal systematisch bombardiert, fortan fast jede Nacht, 268 mal. Insgesamt fielen 6400 t Sprengbomben und 8546 Brandschüttkästen auf die Stadt, während die Briten 390 t Bomben (bis 30. 9. 1940) über dem Reichsgebiet abwarfen.[56] Der Übergang zum Terrorluftkrieg war damit aber noch nicht vollzogen. Die industriellen Schwerpunktziele behielten Vorrang. Auch blieb die Ausschaltung des Fighter Command wichtigste Aufgabe der deutschen Offensive.[57]

Die andauernden Luftkämpfe zehrten an den Nerven. Göring sah sich veranlaßt, eine Verjüngung der Führungskräfte vorzunehmen. Staffelkapitäne, Gruppenkommandeure und Geschwaderkommodore sollten nicht älter als 27 oder 32 Jahre sein. In England geriet die stark angeschlagene 11 Group (Park) nach dem Tod von rund 10% ihrer Jagdpiloten in eine Krise. Mit ihr wuchs der Hader zwischen den Air Vice Marshals Sir Hugh C.T. Dowding, Trafford Leigh-Mallory und Keith Park. Sinclair und Newall wurden des Streitens nicht mehr Herr.[58]

Die Vorbereitungen für den deutschen Kanalübergang waren fortgesetzt worden. Das MGr.-Kommando West (Saalwächter) hatte zwischen Antwerpen und Le Havre 155 Transportschiffe, 1277 Leichter und Prähme, 471 Schlepper und 1161 Motorboote zusammengezogen, die 9. FlD. (Coeler) vor zahlreiche Häfen des Gegners Luftminen geworfen.[59] Eine Denkschrift Wagners bezweifelte jedoch, daß die Voraussetzungen für

eine Landung in England erfüllt seien.[60] Einen Operationsentwurf von Reinicke versah Raeder mit dem Vermerk »Ultima Ratio«. Als Hitler das Unternehmen »Seelöwe« umdatierte und schließlich »bis auf weiteres« verschob, durfte der ObdM aufatmen.[61]
Die Luftwaffe verzeichnete noch weitere Höhepunkte der »Schlacht um England«, zum Beispiel den schweren Bombenangriff auf Coventry (Unternehmen »Mondscheinsonate«), dem 554 Menschen zum Opfer fielen. Wegen der hohen Verluste und des zunehmend schlechten Wetters war die Offensive jedoch bereits abgedrosselt. Göring übergab Milch das Kommando und nahm Urlaub. In England trat Air Vice Marshal Sir Charles F. A. Portal an die Stelle von Newall. Dowding wurde entlassen.
Ein Verzeichnis der 12 erfolgreichsten Jäger, das in Großbritannien erschien, enthielt die Namen von zwei Engländern: Group Captain John E. Johnson und Squadron Leader Patrick Pattle mit 38 und 23 Luftsiegen. Andere Listenführer waren Südafrikaner, Iren und Australier, Tschechen und Polen. Auch Piloten aus Frankreich und Belgien hatten sich ausgezeichnet.[62] Auf deutscher Seite wurden den Majoren Helmut Wick, Werner Mölders und Adolf Galland 56, 55 und 52 Abschüsse zuerkannt.[63]
Die RAF hatte (bis Ende Oktober) 915 Jäger und 480 Bomber verloren; 448 Piloten waren gefallen. Das OKL bezifferte seine Ausfälle (vom 1. August 1940 bis 31. März 1941) auf 2265 Flugzeuge, mit denen 3363 Soldaten der Luftwaffe den Tod fanden, 2117 verwundet wurden und 2641 in Gefangenschaft gerieten. Die Zahl der zu Schaden gekommenen Zivilpersonen gab das Home Office (bis 31. 12. 1940) mit 23002 Toten und 32138 Verletzten an. In Deutschland waren zur gleichen Zeit etwa 3000 Menschen umgekommen.[64]

[1] Hitlers Itenar (1939–1941) b. Hillgruber: Strategie, S. 659–698.
[2] Speidel, S. 99f.
[3] Halder, I, S. 374f.
[4] A. Calder: The People's War. Britain 1939–1945, London 1965, S. 84f. (zit. Calder); s. auch H. L. Ismay: The Memoirs, London 1960, S. 158ff.
[5] Divine, S. 226; Paleckis, a. a. O., S. 253–267; The Sunday Telegraph, 25. 5. 1980, S. 8f.
[6] Calder, S. 86f.
[7] Allg. L. Thompson: 1940. Year of Legend. Year of History, London 1966 (zit. Thompson); neuerdings ausführl. N. Harman: Dunkirk – The Necessary Myth, London 1980 (zit. Harman).
[8] FRUS, 1940, III, S. 41; Martin: Friedensinitiativen, S. 279.
[9] Bericht aus Washington: ADAP, D, X, Nr. 160.
[10] KTB 1. SKL, 4. 7. 1940; Martin: Friedensinitiativen, S. 280.
[11] Vgl. D. Kelly: Die Herrschaft der wenigen. Erinnerungen eines britischen Diplomaten, Bremen 1963, S. 148ff.
[12] Livingstone lt. ADAP, D, XI, Nr. 622.
[13] Dazu B. Prytz in: Der Spiegel 40/1965, S. 103; vgl. Bericht des it. Gesandten aus Stockholm: DDI, 9, V, S. 47–78.
[14] Andeutungsweise Aigner: Churchill, S. 129f.; ausführlich Calder, S. 86ff. u. Martin: Friedensinitiativen, S. 288; vgl. d. Memoiren v. L. S. Amery: My Political Life, 3 Bde., London 1953–1955; L. R. Attlee: As It Happened, London 1954; D. N. Pritt: Memoiren eines britischen Kronanwaltes (Ost) Berlin 1970.
[15] Wahrscheinlich wurde die Frage des Kompromißfriedens am 18. u. 19. 6. 1940 im Kriegskabinett behandelt. Bezeichnenderweise sind die Diskussionspunkte 171 (40) 5 und 172 (40) 7 bis 1990 gesperrt. Dazu Martin: Friedensinitiativen, S. 270, Anm. 15.
[16] Ebd., S. 273f.

[17] Worte, die vielfach wiederkehrten. Vgl. Skizze Hohenlohes v. 20. 6. 1940 in: Hewel: Korrespondenz, Deutschland.
[18] Thompson, S. 170ff.; J. Lukacs: Der letzte europäische Krieg 1939–1941, S. 78f. (zit. Lukacs).
[19] Hillgruber: Strategie, S. 144; Martin: Friedensinitiativen, S. 280, Anm. 80/81.
[20] Langer/Gleason: Challange, S. 522ff., 548ff., 552, 568; Sherwood, S. 124ff.; Thompson, S. 170ff.; v. Woodward i. beiden Ausgaben seines Werkes ignoriert.
[21] Hillgruber: Strategie, S. 87; Woodward, I, S. 465ff.
[22] Hull, S. 799, behauptete, Churchill habe dies 1941 als Hauptziel des Unternehmens »Catapult« bezeichnet. Vgl. dazu Churchill, II, 1, S. 288 u. 291.
[23] Martin: Friedensinitiativen, S. 291.
[24] Langer/Gleason: Challange, S. 572.
[25] Ciano-Tgb. 7. 7. 1940.
[26] Hubatsch: Weisungen, S. 61ff.; K. Klee: Dokumente zum Unternehmen »Seelöwe«. Die geplante deutsche Landung in England 1940 (Stud. u. Dok. zur Gesch. d. Zweiten Weltkrieges, 4b), Göttingen 1959, S. 305ff. (zit. Klee: Dok.).
[27] Leuchtenberg, S. 316f.; andeutungsweise auch Langer/Gleason: Challange, S. 673.
[28] M. Steinert: Hitlers Kriege und die Deutschen. Stimmung und Haltung der deutschen Bevölkerung im Zweiten Weltkrieg, Düsseldorf–Wien 1970 (zit. Steinert); Shirer, S. 457; Boelcke: Kriegsprop., S. 408, 416, 420f., 428.
[29] Halder, II, S. 28.
[30] Text: Domarus, II, S. 1540ff.
[31] Langer/Gleason, S. 569; Lukacs, S. 98.
[32] Ber. dt. Botsch. Washington: ADAP, D, XI, Nr. 199 u. dt. Gen. Kons. Chicago: KTB 1. Skl A, 24. 7. 1940.
[33] FRUS, 1940, I, S. 608.
[34] Butler, II, S. 243; Hillgruber: Strategie, S. 84.
[35] Vgl. Halder, II, S. 49.
[36] Vgl. hierzu d. Gedankengang b. Jäckel: Frkr., S. 56f.
[37] Text: IMT, Bd. 28, S. 301ff.; dazu K. Klee: Das Unternehmen »Seelöwe«. Die geplante Landung in England 1940 (Stud. u. Dok. zur Gesch. d. Zweiten Weltkrieges, 4a), Göttingen 1958, S. 5ff. (zit. Klee: Seelöwe).
[38] LV, S. 108ff.; Salewski, I, S. 259; Dönitz: 10 Jahre, S. 109ff.; W. Fahrmbacher u. W. Matthiae: Lorient. Entstehung und Verteidigung des Marine-Stützpunktes 1940–1945, Weißenburg ^{2}1956.
[39] P. Hervieux: Operation Seelöwe, in: Warship 18/1981, S. 86ff.
[40] Hubatsch: Weisungen, S. 65f.
[41] Zahlen n. Hillgruber/Hümmelchen: Chronik, S. 17.
[42] Zum Folgenden allg. R. J. Overy: The Air War 1939–1945, London 1981 (zit. Overy). Einzelheiten (v. engl. Seite) b. E. Bishop: Die Schlacht um England, München 1962 (zit. Bishop); B. Collier: The Defense of the United Kingdom, London 1957 (zit. B. Collier); R. Collier: Adlertag, Hamburg 1966 (zit. R. Collier); L. Deighton: Battle of Britain, London 1981; ders.: Fighter. The True Story of the Battle of Britain, London ^{3}1980 (zit. Deighton); C. Dowling: Battle of Britain, in: N. Frankland u. C. Dowling (Hg.): Decisive Battle of the Twentieth Century, Land-Sea-Air, London 1976 (zit. Dowling); J. A. Gropman: The Battle of Britain, in: AH 18/1971, S. 138–144 (zit. Gropman); F. K. Mason: Battle over Britain. A History of the German Air Assaults on Great Britain 1917–1918 and July-November 1940, London 1969 (zit. Mason); A. McKee: Entscheidung über England, München-Eßlingen 1960 (zit. McKee); P. Townsend: Duell der Adler, Stuttgart 1970; D. Wood: Target England, London 1981 (zit. Wood); (v. dt. Seite) außer den allg. Luftkriegsgeschichten v. Bekker: Angriffshöhe, Feuchter u. Groehler (op. cit.); K. Klee: Die Luftschlacht um England, in: Entscheidungsschlachten (op. cit.), Frankfurt 1960, S. 61–89 (zit. Klee: Luftschlacht) dort auch Periodisierung, S. 75; Gliederung der dt. LFl., S. 76f. u. eingesetzte Flugzeuge, S. 84f.; F. Kurowski: Luftkrieg über Deutschland, München 1977 (zit. Kurowski: Luftkrieg); J.H. Nowarra: Die Luftschlacht um England, Friedberg 1978 (zit. Nowarra: Luftschlacht); neuerdings K. A. Maier: Die Luftschlacht um England, in: DR, II, S. 375–408 (zit. Maier); ders.: Die Luftschlacht über England, in: IT, 8/1980.
[43] A. J. P. Taylor: Beaverbrook, London 1972.
[44] R. Collier: Leader of the Few. The authorized Biography of Air Chief Marshal the Lord Dowding, London 1957; R. Wright: Dowding and the Battle of Britain, London 1969.

[45] M.N. Postan: British War Production, London 1957, S. 484f.
[46] F. Trenkle: Die deutsche Funk-Navigation und Funk-Führungsverfahren bis 1945, Stuttgart 1978; Nowarra: Luftschlacht, S. 30f.
[47] Deighton, a.a.O., S. 47–75.
[48] Ebd., S. 120ff.; Niehaus, a.a.O., S. 35ff.; Irving: Tragödie, a.a.O., S. 113f.
[49] Bekker: Augen, a.a.O., S. 81–96.
[50] Hinsley, a.a.O., I, S. 44ff.; R.V. Jones: Most Secret War, London 1978, S. 135ff. (zit. Jones); D. Kahn: The Codebreakers, London 1967, S. 134ff.; Lewin, a.a.O., S. 100ff.; dazu d. Memoiren v. F. Winterbotham: The Ultra Secret, London 1974 (zit. Winterbotham).
[51] Maier, in: DR, II, S. 384; d. Zahl b. Lewin, S. 101 verdruckt.
[52] Klee: Dok., S. 171, Anm.; G.V. Blackstone: History of the Britain Fire Service, London 1957, S. 267ff.; Collier, S. 170f. McKee, S. 147ff.; Gropman, S. 140f.
[53] C. Webster u. N. Frankland: The Strategic Air Offensive Against Germany, 1939–1945, 4 Bde., London 1961, Bd. 1, S. 11ff. (zit. Webster/Frankland); Verrier, S. 104ff.; Kurowski, S. 114f.; Klee: Luftschlacht, S. 80; Maier, in: DR, II, S. 386.
[54] Jones, S. 127; L. Deighton: Bomber, Berlin 1971, S. 198f.; H.B. Tress: Churchill, the First Berlin Raids, and the Blitz, in: MGM 2/1982, S. 65–78.
[55] Domarus, II, S. 1575ff.
[56] Zahlen nach Hillgruber/Hümmelchen: Chronik, S. 20; Bekker: Angriffshöhe, S. 179ff.; Deighton: Bomber, S. 200ff.
[57] Vgl. Klee: Dok., S. 406; Maier, in: DR, II, S. 387.
[58] Deighton, S. 271f.
[59] Klee: Dok., S. 436; Zahlen nach Hillgruber/Hümmelchen: Chronik, S. 20.
[60] LV, S. 82; KTB/OKW, I, S. 82.
[61] Vgl. LV 124 u. 142; Hillgruber: Strategie, S. 176f.
[62] E. Petit: Forces aériennes françaises libres, in: 2e guerre 33/1974, S. 919–924; G. Rens: Les Belges de la bataille d'Angleterre, Brüssel[2]1980.
[63] Deighton, S. 290ff.; R.F. Toliver u. T.G. Constable: Das waren die deutschen Jagdfliegerasse, Stuttgart [8]1980. S. 39–86 (zit. Toliver/Constable).
[64] Die Verluste der RAF b. Deighton, S. 276 u. Dowling, S. 138ff., die brit. Zivilverluste b. Mason, S. 615; abweichend Attlee, S. 344, der 29856 Tote u. 40897 Verwundete angibt. Dt. Zivilverluste b. E. Klöss: Der Luftkrieg über Deutschland 1939–1945 (dtv.-Dok.), München 1963, S. 27 (zit. Klöss).

Der Dreimächtepakt

Daß Churchill nicht nachgab, sondern sein Kabinett bewog, den Krieg gegen Deutschland fortzusetzen, war eine Entscheidung von weltgeschichtlicher Tragweite. Großbritannien konnte mehr als bisher bei den Vereinigten Staaten materiellen Rückhalt finden, deutsche Kräfte im Westen binden und damit der Sowjetunion ermöglichen, ihren Druck auf die Türkei, Rumänien und Finnland zu verstärken. Wegen der wirtschaftlichen Interessen des Reiches, die hier berührt wurden, mußte Hitler seinen Siegeslauf unterbrechen und Zwischenlösungen anstreben.

Die Lage wurde auch durch Mussolinis Politik verwirrt. Seine Hoffnung auf einen baldigen Friedensschluß hatte getrogen, Italiens kurzer Westfeldzug wenig eingebracht. Nach dem Seegefecht bei Punta Stilo störte die Mediterranean Fleet (Cunningham) erneut vor Kap Spada den italienischen Traum vom »mare nostro«. Der Duce suchte ihn daher wenigstens mit einer »kleinen Lösung« in der Adria zu realisieren, wo das »imperio« auf Jugoslawien und Griechenland, zwei schwächere Gegner, traf.[1]

Deutschland hatte die Randgebiete des Mittelmeeres nur undeutlich als italienische Interessensphäre anerkannt. Als Ciano die bei La Charité gefundenen Balkanpläne des Supreme War Council zur Enthüllung der Machenschaften südosteuropäischer Staaten heranzog, den Prinzregenten Paul von Jugoslawien der »Unaufrichtigkeit« zieh und auf prorussische Ovationen in Belgrad hinwies[2], mußte Hitler annehmen, daß Mussolini den angekündigten »Parallelkrieg« vorziehen, periphäre Aktionen gegen England aber vernachlässigen werde. Die fast kampflose Besetzung von Britisch-Somaliland durch italienische Truppen war kein Beweis des Gegenteils.[3]

Ein Adria-Konflikt, den Italien heraufbeschwor, mußte zur Übersteigerung des Revisionismus in Südosteuropa führen. Seit dem Bessarabien-Ultimatum der Sowjetunion wurde das hart getroffene Rumänien von Ungarn und Bulgarien mit Krieg bedroht. Beide Staaten hatten auch Gebietsansprüche gegenüber Jugoslawien und Griechenland.[4] Enge Beziehungen zwischen Budapest, Sofia und Rom, teilweise verstärkt durch Familienbande der Königshäuser Sachsen-Coburg-Kohary (Bulgarien) und Savoyen (Italien) entsprachen ihren vielfach übereinstimmenden Machtinteressen zwischen Mittelmeer und Karpatenbogen.[5]

Auch die Finnen rechneten mit neuen Auseinandersetzungen. Rußland verlieh seinen Forderungen nach Bergbaukonzessionen und Transitwegen starken Nachdruck durch einen Truppenaufmarsch. Otto Ville Kuusinen gründete auf Geheiß des Kreml eine Karelische Autonome Sowjetrepublik, die Anspruch auf »Wiedervereinigung« mit Finnland erhob. Molotow begann, sich ungeniert in die inneren Angelegenheiten des Nachbarn einzumischen.[6] Jagdpiloten der UdSSR schossen ein finnisches Verkehrsflugzeug ab. Die Aalandfrage und Grenzzwischenfälle lieferten wieder Konfliktstoff.[7]

Die krisenhafte Zuspitzung im Norden und Süden des mittelosteuropäischen Raumes belastete das Deutsche Reich mehr als jede andere Frage. Finnland lieferte in wachsendem Umfange wertvolles Nickelerz, dazu Kobalt, Schwefelkies und Zellstoff.[8] Aus Rumänien bezog Deutschland seit Mai 1940 monatlich 53000t bis 146000t Rohöl.[9] Seine Transporte liefen durch Ungarn, das ebenfalls zu einem Faktor nationalsozialistischer Großraumwirtschaft geworden war, unmittelbar gefolgt von Jugoslawien, Bulgarien und Griechenland.

Unter diesen Umständen lag es im Interesse Deutschlands, daß der sowjetische (und italienische) Ausdehnungsdrang nicht noch mehr Unheil anrichtete. Die Reichsführung wünschte eine Stabilisierung der Verhältnisse. Dazu mußten Finnland und Rumänien vor dem staatlichen Zusammenbruch bewahrt, Italien, Ungarn und Bulgarien von Alleingängen abgehalten werden. Eine Revision der Moskauer Pakte von 1939, mit denen die UdSSR das Recht zur Expansion erhalten hatte, hielt Hitler für aussichtslos, zumal ihn Informationen über britisch-sowjetische Annäherungsversuche erreichten.

Rumänien bewegte sich am Rande des Abgrundes. Ministerpräsident Gheorghe Tatarescu hatte in der alten moldauischen Festung Cetatea Alba erklärt, daß sein Regime »Nici o Brazdă – Nicht eine Ackerfurche – hergeben werde, wenige Tage später jedoch Bessarabien, die Nordbukowina und Hertza den Sowjets abgetreten.[10] Deutsche Minderheiten konnten aus diesen Gebieten evakuiert werden[11]; die Masse der Bevölkerung fand nur stellenweise Gelegenheit zur Flucht. Das Unglück erschütterte Bukarest und den Thron des Königs.[12]

Carol II. sah sich gezwungen, Schutz und Hilfe bei der gegenwärtig stärksten Macht des Kontinentes zu suchen. Er bezeichnete das alliierte Garantieversprechen von 1939 als hinfällig und bat wiederholt um die Entsendung einer deutschen Militärmission nach Rumänien. Ion Gigurtu, der neue Ministerpräsident, unterband weitere Verfolgungen der rechtsradikalen Eisernen Garde (Gărzii de Fer), erließ, um Berlin zu gefallen, Rechtsverordnungen gegen Juden und Zigeuner und ermöglichte Deutschland die Übernahme der französischen Erdölaktien.[13]

Da der territoriale Besitzstand des Königreiches weiter zur Disposition stand, empfing Hitler nacheinander Graf Pál Teleki (Ungarn), Ion Gigurtu (Rumänien) und Bogdan Filoff (Bulgarien), die Regierungschefs der südosteuropäischen Staaten, am Ende auch den durch revisionistische Ansprüche Budapester Kreise beunruhigten Jozef Tiso (Slowakei).[14] Die Reichsführung war bereit, Gebietsübertragungen zuzustimmen, wenn alle Beteiligten auf Gewalt verzichteten. Ribbentrop empfahl ihnen bilaterale Verhandlungen.[15]

Unterdessen erhöhte die Sowjetunion das Gewicht ihrer Truppenmassierungen. Man rechnete in Helsinki und Bukarest mit überfallartiger Besetzung des Petsamogebietes und der Erdölfelder durch die Rote Armee.[16] Jugoslawien, das erst vor kurzem diplomatische Beziehungen zu Moskau aufgenommen hatte, sah sich von den Sowjets ermutigt, nun auch seinerseits Gebietsansprüche gegenüber Rumänien zu erheben.[17] Vor allem unterstützte der Kreml Bulgarien bei seinem Bestreben, die 1913 abgetretene Dobrudscha zurückzugewinnen.[18]

Verhandlungen, die Gigurtu durch seinen Außenminister Mihai Manoilescu mit den Nachbarstaaten in Turnu Severin und Craiova führen ließ, erwiesen sich als äußerst schwierig. Der von László Bárdossy, dem ungarischen Emissär, verfochtene Revisionismus wollte auf kein Gebiet verzichten, das jemals zu den Ländern der Stefanskrone gehört hatte (»Nem, nem, soha! – Nein, nein, niemals!«).[19] Die Bulgaren verlangten außer Silistra die Hafenstadt Baltschik, wo in einer Kirche das Herz der rumänischen Königin Maria beigesetzt war.[20]

Als die Konferenz von Turnu Severin scheiterte, blutige Grenzzwischenfälle gemeldet wurden und das ungarische Heer versiegelte Order zum Angriff erhielt, entschloß sich Hitler zu einem Machtwort. Besprechungen in Berchtesgaden mit den Außenministern der Achse brachten die letzte Entscheidung. Teleki und Gigurtu erfuhren davon auf diplomatischem Wege. Nachdem König Carol und der Reichsverweser Horthy zugestimmt hatten, war zu erwarten, daß die streitenden Parteien einen Schiedsspruch annehmen und befolgen würden.

Am 30. August 1940 verkündeten Ribbentrop und Ciano im Goldkabinett des Wiener Belvedere den aus ihren Hauptstädten angereisten Delegationen unter Pál Teleki und István Csáky, Mihai Manoilescu und Valeriu Pop die getroffene Regelung. Rumänien mußte an Ungarn das nördliche Siebenbürgen und den Szekler-Zipfel abtreten, insgesamt 43000 qkm mit etwa 2,3 Millionen Einwohnern, darunter keine 1,4 Millionen Magyaren. Gleichzeitig garantierten die Achsenmächte »Integrität und Unverletzlichkeit des rumänischen Staatsgebietes«.[21]

An diesen (Zweiten) Wiener Schiedsspruch[22] schlossen sich Sonderabkommen, mit denen die deutschen Volksgruppen in Ungarn und Rumänien zu autonomen Körperschaften des öffentlichen Rechts wurden. Eine weitere Folge war der Vertrag von Craiova vom 9. September 1940, die Rückkehr der Dobrudscha in den bulgarischen Staatsverband.[23] Wenige Tage später ließ das Auswärtige Amt die rumänische Regierung wissen, daß Hitler der Entsendung einer Militärmission zugestimmt habe; zur Kontaktaufnahme werde General von Tippelskirch nach Bukarest kommen.[24]

Manoilescu hatte in Wien bei der Erläuterung des neuen Grenzverlaufs einen Schwächeanfall erlitten.[25] Auch vielen seiner Landsleute versetzte der Schiedsspruch einen Schock. Die einrückenden Ungarn mußten sich stellenweise mit Gewalt einen Weg durch die erregte Menge bahnen, wobei 149 Rumänen getötet und andere verwundet wurden. In Bukarest richtete sich der Volkszorn gegen die Regierenden. Gigurtu trat zurück. Der Sturz des Königs war nicht mehr aufzuhalten.[26]

Carol II. hatte Rumänien nur Unglück gebracht. Seine im Zusammenhang mit Frauenaffären und Intrigen schon viermal erfolgte Abdankung, der von ihm befohlene Mord an vierzehn Führern der Eisernen Garde, Nepotismus, Korruption und Willkürherrschaft waren eine nationale Schande. Um sich an der Macht zu halten, schreckte der König vor einer letzten Selbsterniedrigung nicht zurück, als er den in das Moldaukloster Bistritza verbannten General Ion Antonescu zum neuen Regierungschef ernannte.[27]

Antonescu forderte, wie schon einmal im Juni, außerordentliche Vollmachten und schließlich den Thronverzicht des Monarchen. Auch andere Persönlichkeiten, an ihrer Spitze Manoilescu, drängten den König zum Rücktritt. Für die Abreise hatte Pop einen Sonderzug bereitstellen lassen. Mit Elena Lupescu, seiner maîtresse en titre, einem Teil des gestohlenen Staatsschatzes und wertvollen Gemälden im Gepäck, entkam Carol unter Gewehrschüssen der Eisernen Garde bei Temeschwar über die Grenze nach Jugoslawien.[28]

Sein achtzehnjähriger Sohn, den die Lupescu hatte entführen wollen, wurde vom Patriarchen als König Michael I. vereidigt und empfing die Huldigung des zum Marschall und Conducatorul Statului proklamierten Ion Antonescu. Der Staatsführer versicherte, daß Rumänien mit den Achsenmächten ein Bündnis schließen werde. Horia Sima, der stellvertretende Ministerpräsident, steigerte diese Ankündigung durch einen feierlichen Schwur. Kurz darauf traf Tippelskirch ein.

Nach Helsinki hatte die Reichsführung einen Geschäftsmann, den Oberstleutnant Joseph Veltjens, entsandt.[29] Er sollte über die Lieferung der von Finnland begehrten Beutewaffen, Flugzeuge und Minen verhandeln und mit Ryti und Mannerheim weitere Stützungsmaßnahmen besprechen. Ein deutsch-schwedisches Transitabkommen wies die Richtung. Am 12. September 1940 genehmigten die Finnen den Transport einiger Flakbatterien durch Lappland zur Eismeerküste bei Kirkenes. Entlang der Route wurde »Schutzpersonal« der Wehrmacht stationiert.[30]

Ebenso wie der Aufmarsch des gepanzerten XXXX. AK. (Stumme) bei Wien und die mittlerweile beschlossene Konzentration deutscher »Lehrtruppen« in Rumänien[31] dienten Verlegungen über neutrale Transitwege nach Nordnorwegen dem Schutz kriegswichtiger Rohstoffgebiete. Die Dislokation geschah, wie Keitel betonte, »für alle Fälle« und zur Warnung vor eilfertigem Zugriff. Die Verlegungen sollten darum auch nicht geheimgehalten, sondern von den diplomatischen Vertretungen der engagierten Staaten in Moskau erläutert werden.[32]

Die UdSSR konnte nicht viel dagegen einwenden, denn auch sie beanspruchte eine Transitstrecke von der eigenen Westgrenze durch Kotka, Porvoo und Helsinki bis nach Hanko, dem von der Sowjetunion gepachteten Marinestützpunkt. Molotow beschwerte sich jedoch bei Werner von Tippelskirch, dem deutschen Geschäftsträger in Moskau, über die verspätete Unterrichtung. Auch rügte der Ratsvorsitzende die seines Erachtens begangene Rechtsverletzung, das Eindringen starker Wehrmachtverbände in die russische Interessensphäre.[33]

Während es gelang, den Bezug wichtiger Rohstoffe aus Rumänien und Finnland sicherzustellen, kamen die von Jodl geforderten Unternehmungen an der Peripherie des britischen Weltreiches nicht wirksam zum Zuge. Dabei schienen sie um so dringender, je mehr sich zeigte, daß der deutschen Luftoffensive gegen England ein durchschlagender Erfolg versagt blieb. Seit Wochen arbeitete die Abteilung L im Wehrmachtführungsstab (Warlimont) an Studien mit zwei Operationszielen: Gibraltar und Suez.[34]

Stärker als die Logik dieser Vorausschau war das politische Tauziehen. Den spanischen Außenminister Serrano Súñer interessierte die französische Konkursmasse mehr als der 1704 von den Briten eroberte Felsen am Eingang des Mittelmeeres.[35] Sondierungen des Admirals Canaris verstärkten diesen Eindruck.[36] Wie Eberhard von Stohrer, der deutsche Botschafter in Madrid, berichtete, war es für Franco unmöglich, sich mit dem noch unter Bürgerkriegsfolgen leidenden Spanien gegen die Getreide liefernden Angelsachsen zu wenden.[37] Der Gibraltar-Plan wurde daher verschoben.[38]

Die Offensive der Italiener gegen den Suezkanal war mehr als einmal angeordnet und wieder abgesagt worden, obwohl das britische Mittelostkommando (Wavell) in Ägypten nur wenige Bataillone (etwa 36000 Mann) zu stehen hatte. Als Marschall Rodolfo Graziani seinen hunderttausend Soldaten endgültig den Vormarsch befahl, wurde zwar der östliche Grenzzaun Libyens durchschritten und Sidi Barani eingenommen, der Angriff jedoch nach wenigen Tagen eingestellt.[39] Das deutsche Angebot, einen Panzerverband nach Nordafrika zu entsenden, lehnte Badoglio ab.[40]

Mussolini benutzte die eingetretene Pause, um seine Truppen in Istrien und Albanien zu verstärken. Seit der Versenkung des zum Fest der wundertätigen Muttergottes von Athen nach Tinos entsandten Kreuzers »Helli« (Hatzoupoulos) durch das italienische

U-Boot »Delfino« (Aicandi) am 15. August 1940 verschärften sich die wechselseitigen Vorwürfe. Die Gefahr eines Krieges zwischen Italien und den südosteuropäischen Staaten war durch den Wiener Schiedsspruch nicht überwunden.

Vorübergehend wurde auch Frankreich in Kämpfe an der Peripherie hineingezogen. Für die Transportroute, auf der englische Verstärkungen um Afrika nach dem Mittleren Osten gelangten, bekam Dakar, die Hauptstadt des Senegal, erhöhte strategische Bedeutung. Um zu verhindern, daß sich die Briten des Stützpunktes bemächtigten und dort den wegen Desertion in absentia zum Tode verurteilten General de Gaulle an Land setzten, hatte Darlan mit deutscher Zustimmung einige Kreuzer und Zerstörer aus Toulon entsandt.

Tatsächlich dirigierte Pound eine starke Streitmacht nach Dakar (Operation »Menace«), die Force M (Cunningham), mit der »Ark Royal« (Powers), den Schlachtschiffen »Barham« (Walker) und »Resolution« (Halfhide), drei Kreuzern, zehn Zerstörern und einem Transportverband, der Heeressoldaten, zu einem Drittel »freie Franzosen« unter de Gaulle, an Bord hatte.[41] Die Engländer suchten das Gespräch, stellten ein Ultimatum. Aber General Pierre Boisson, der Hohe Kommissar West- und Äquatorial-Afrikas, lehnte die Aufforderung zur Übergabe ab.

Starkes Rückgrat der Verteidigung war wieder das unfertige Schlachtschiff »Richelieu« (Marzin). Zusammen mit ihm setzten sich die in Dakar liegenden Kreuzer, Zerstörer und U-Boote zur Wehr. Die Marine und Teile der Einwohnerschaft hatten empfindliche Verluste. Auch die Briten verzeichneten Ausfälle. Nach Treffern auf »Barham« (Walker) und »Resolution« (Halfhide) ließ Admiral Sir John H. M. Cunningham die Schlacht abbrechen. Zur Vergeltung bombardierten französische Fliegergeschwader dreimal den Hafen von Gibraltar.

Die Vichy-Regierung drohte auseinanderzubrechen. Laval und Huntziger, der neue Kriegsminister, neigten zur Verständigung mit Deutschland. Pétain zögerte, und Baudouin war entschieden gegen eine solche Hinwendung. Man proklamierte eine Politique nouvelle, sondierte in Berlin und Wiesbaden, fand aber nicht die richtigen Gesprächspartner. Die beiderseitigen Interessen gingen weit auseinander. Italien und Spanien, die den Krieg auf französische Kosten zu überstehen hofften, standen Hitler näher als jede andere Macht. Auch Japan bemühte sich wieder um ihn.

Hitler hatte das nach dem Zusammenbruch Frankreichs zur Wiederannäherung bereite Japan zuerst spöttisch als »Erntehelfer« bezeichnet[42], dann jedoch die Koinzidenz der Ereignisse verstehen gelernt. Stichwortartig zog er aus der englischen Kriegspolitik eigene Konsequenzen: »Wenn Rußland wegfällt, fällt auch Amerika weg, weil Wegfall Rußlands eine Aufwertung Japans... folgt«. Die UdSSR – so schien es nach dem Empfang von Sir Stafford Cripps bei Stalin – wurde zum »Festlandsdegen« der Briten und Amerikaner. Infolgedessen lag es für Deutschland nahe, aus Japan einen »Degen« gegen die USA zu machen.[43]

Nach dem Sturze der Regierung Yonai setzte das Kabinett des Fürsten Fumimaro Konoe die Annäherungspolitik fort. Sein Außenminister Yosuke Matsuoka suchte nicht nur deutsche Hilfe bei Verhandlungen mit dem französischen General Georges Catroux, der einer Besetzung des nördlichen Indochina durch Streitkräfte Japans zustimmen sollte. Wie der Berliner Botschafter Saburu Kurusu zu erkennen gab, war das Kaiserreich an einer »verdeckten Allianz« gegen die hinter China stehenden USA interessiert.[44]

Fünf Aspekte veranlaßten Hitler, darauf einzugehen: die Aussichtslosigkeit, England durch Luftangriffe niederzuringen, eine in Ogdensburg (New York) von Roosevelt und dem kanadischen Premier William Lyon Mackenzie King abgegebene Erklärung, die zum Bündnis der USA mit dem wichtigsten Commonwealth-Staat führen sollte, ein Vertrag, der Großbritannien 50 alte US-Zerstörer gegen die Verpachtung von Stützpunkten auf Neufundland, Bermudas, den Bahamas, Jamaica, Santa Lucia, Trinidad und in Guyana überließ, sowie der Wunsch, isolationistisch denkende Amerikaner vor den Präsidentschaftswahlen zu beeinflussen.[45]

Zur Konkretisierung der zwischen Botschafter Eugen Ott und Yosuke Matsuoka begonnenen Gespräche wurde Heinrich Georg Stahmer, ein Ostasien-Experte des Auswärtigen Amtes, nach Tokio geschickt. Anstelle der von Japan gewünschten Scheinallianz sollte er ein »präventives Defensivbündnis« aushandeln. Ein 15-Punkte-Programm Ribbentrops bildete die Grundlage. Alle Beteiligten – auch Mussolini und Ciano – waren sich einig, daß der Vertrag nicht gegen die Sowjetunion gerichtet sein dürfe, vielmehr für ihren Beitritt offenbleiben müsse.[46]

Von Grew auf dem laufenden gehalten, fanden Roosevelt und Hull den passenden Zeitpunkt für einen wirkungsvollen Gegenzug. Am Vorabend der Unterzeichnung gab das State Department neue amerikanische Kriegsmaßnahmen bekannt. Die USA verhängten ein Schrott-Eisen-Stahl-Embargo, von dem lediglich Staaten der Westlichen Hemisphäre und des Commonwealth verschont werden sollten. Allein die importabhängige japanische Wirtschaft hatte den Schaden. Gleichzeitig traf das Kaiserreich ein zweiter Schlag durch Gewährung einer Dollar-Anleihe für China.

Japanische Kreise, denen die Allianz mit der Achse zu weit ging, sahen ihre Sorgen bestätigt. Während sich Matsuoka von dem Vertrag auf lange Sicht einen Ausgleich zwischen Japan und Amerika erhoffte, fürchteten die Marineleitung und einige Persönlichkeiten des Staatsrates den zunehmenden Druck der Vereinigten Staaten. Der dem Abschluß des Dreimächtepaktes folgende Notenwechsel war ein Spiegelbild dieser Bewertungsunterschiede. Er führte zur Abschwächung der dem Text innewohnenden Bündnisautomatik.[49]

[1] Über die Seegefechte v. Punta Stilo u. Kap Spada s. Ruge: Seekrieg, S. 109f.; d. strateg. Lage s. Bocca, S. 41f.; K. Gundelach: Die deutsche Luftwaffe im Mittelmeer 1940–1945, 2 Bde. Frankfurt–Bern 1981, I, S. 15–23; zu den it. Planungen Greiner, S. 172ff.; Allg. A. Petacco: Le battaglie navale del mediterraneo nella seconda guerra mondiale, Mailand ²1980.

[2] ADAP, D, X, S. 123–129; Ciano-Tgb. 7. 7. 1940.

[3] L'Esercito, II, passim; Ciano-Tgb., 15. 7.–18. 8. 1940.

[4] Barta, a. a. O., S. 600f.; Hoppe, a. a. O., S. 83f.

[5] Bezeichnend f. d. Balkanverhältnisse d. Freundschaftsvertrag zw. Griechenland u. Italien v. 1928, entspr. d. Freundschaftsvertrag zw. Jugoslawien u. Italien v. 1938 (beide auf 10 Jahre). Ein Balkanpakt zw. Griechenland, Jugoslawien, Rumänien u. d. Türkei bestand seit 1934. Ein bes. Vertragsverhältnis zw. Griechenland u. d. Türkei entwickelte sich mit d. Jahren 1930, 1933 u. 1938. Beide mußten einander Hilfe leisten, wenn d. gemeinsame Grenze verletzt wurde. Der Beistandspakt zw. Großbritannien, Frankreich u. d. Türkei wurde durch Frankreich nach der Rückgabe des Sandschak Alexandrette nebst Antiochia im Juni 1939 eingeleitet u. durch Beitritt Englands am 19. 10. 1939 ausgestaltet, war jedoch von seiten der türk. Reg. nach dem frz. Zusammenbruch ausdrücklich entwertet. Der bulg.-jugosl. Freundschaftspakt datierte v. 1936. Eine Annäherung zw. Bulgarien u. Italien hatte 1939 begonnen. Giovanna, die Gemahlin Kg. Boris' III. v. Bg. war eine Tochter Kg. Victor Emanuels III. v.

Italien. Zur ung. Politik gegenüber Italien s. K. Adám: Magyarország Külpolitikája 1938–1939, Budapest 1970 u. Macartney, S. 23 ff.

[6] Zur sowj. Einmischung i. Finnld. s. Blauweißbuch, II, 52, 82; ADAP, D, X, Nr. 223; Klee: Dok., S. 84; dazu Beloff, II, a. a. O., S. 335; Paasikivi, a. a. O., S. 322 f.; Procopé, a. a. O., S. 253.

[7] I. L. Mäkelä: Im Rücken des Feindes. Der finnische Nachrichtendienst im Krieg. Frauenfeld-Stuttgart 1967, S. 70 (zit. Mäkelä).

[8] Vgl. Ueberschär, a. a. O., S. 320, Anm. 8.

[9] Hillgruber: Hitler, Carol, Antonesco, a. a. O., S. 82 ff.; ders.: Staatsmänner, S. 160, Anm. 30; Fabry: Hitler-Stalin, a. a. O., S. 278 ff.; Ziemke, a. a. O., S. 115 f.

[10] I. V. Emilian: Der phantastische Ritt, Preußisch Oldendorf 1977, S. 24 f. (zit. Emilian).

[11] Hecker: Umsiedlungsvertr., a. a. O.; Barta, S. 602; bes. G. Juhász: Magyarország Külpolitikája a II. világ háboru idöszakában, 1939–1940, Budapest 1972, S. 87 ff. Macartney, S. 408 f.

[12] Hillgruber: Hitler, Carol, Antonescu, S. 89 ff.; Savu, a. a. O., S. 127 ff.; A. Simion: Dictatul de la Viena, Bukarest 1972, S. 12 ff. (zit. Simion).

[13] Hillgruber: Hitler, Carol, Antonescu, S. 157 f.

[14] ADAP, D, X, abgedr. b. Hillgruber: Staatsmänner, S. 148–192; dazu Barta, S. 599; Savu, S. 132 ff.; Simion, S. 17 ff.; Tilchovsky, S. 50 f.

[15] Vgl. ADAP, D, X, S. 70 f.; K. Ohlshausen: Zwischenspiel auf dem Balkan. Die deutsche Politik gegenüber Jugoslawien und Griechenland vom März bis Juli 1941 (Beiträge zur Militär- und Kriegsgesch., 14) Stuttgart 1973, S. 8 f. (zit. Ohlshausen: Zwischenspiel); ders.: Die deutsche Balkanpolitik 1940–1941, in: Hitler, Dtschld. u. d. Mächte, S. 707–727 (zit. Ohlshausen).

[16] ebd., 232; Halder, II, S. 51, 82; Klee: Dok., S. 94, 330; Thomas, S. 513; Teske: Köstring, S. 269; dazu Ueberschär, S. 202.

[17] Savu, S. 138 ff.; Simion, S. 18.

[18] Hoppe, S. 82 ff., 88.

[19] Seit 1919 gängige Parole des ung. Revisionismus, v. Horthy, Teleki, Csáky u. Bárdossy oft ausgesprochen. Vgl. Macartney, I, S. 400–428.

[20] Kgn. Maria, Gemahlin des Kgs. Ferdinand, ist i. d. Klosterkirche v. Curtea de Argeş beigesetzt, ihr Herz i. d. orthodox. Kapelle neben d. »türk.« Landhaus v. Baltschik.

[21] Text b. Hohlfeld, V, S. 217 ff. u. Jacobsen: Der Weg, S. 82 f. auch Macartney, I, S. 404–428; J. Förster in: DR, IV, S. 333 ff.

[22] Im Unterschied z. 1. Wiener Schiedsspr. v. 29. 10. 1938.

[23] Text b. Brus: Polit. Verträge, III, 1257–1276; dazu Hoppe, S. 88–90 u. M. L. Miller: Bulgaria during the Second World War, Stanford, Cal., 1974, S. 104 ff. (zit. Miller).

[24] ADAP, D, X, Nr. 17.

[25] Schmidt: Statist, S. 506 f.; dazu O. Matichescu: Opinia publica internationala despre Dictatul de la Viena, Cluj-Napoca 1975, passim; T. Brunescu: Lupta popului româe ìmpotriva Dictatuluil fascist de la Viena, Bukarest 1977, S. 1 ff. (zit. Brunescu).

[26] Kürenberg, a. a. O., S. 222 f. (s. folgende Anm.).

[27] Eine wissenschaftl. Biographie fehlt; Übersicht b. M. Lombardo: Ion Antonescu. Il dittatore romeno, in: St. 11/1978, S. 114 ff.; zahlr. Einzelheiten u. Hinweise b. Hillgruber: Hitler, Carol, Antonescu, passim; vgl. auch d. aufsehenerregende Lebensgesch. i. Romanform v. M. Preda: Detirul, Bukarest 1975. Eine Biographie über Carol II. schrieb J. v. Kürenberg: Carol II. und Madame Lupescu, Bonn 1952; dort d. verschiedenen Thronverzichte des Kronprinzen u. Königs; die Morde, S. 175 ff.; die Flucht, S. 187 ff., 203 ff. (zit. Kürenberg).

[28] ebd., S. 185 f., 190 ff., 194 ff.

[29] Ueberschär, S. 205–210.

[30] Mannerheim, S. 425 f.; Heinrichs: Mannerheim, II, S. 228 ff.; E. Klink: Deutsch-finnische Waffenbrüderschaft 1941–1944, in: WWR 8/1958, S. 389–412; Upton, S. 135 ff.; Wuorinen, S. 92.

[31] KTB/OKW, I, S. 72, 78, 80 ff., 86, 122; dazu Hillgruber: Hitler, Carol, Antonescu, S. 89 ff. u. A. Simion: Musafiri Nedoriti, in: MI 1/1978, S. 50–57.

[32] Ueberschär, S. 210 ff.

[33] ADAP, D, XI, I, Nr. 148; Seidl, S. 224 f.; vgl. Molotows Vorhaltungen gegenüber d. finn. Gesandten, Paasikivi, S. 415.

[34] KTB/OKW, I, S. 22 ff., 29 ff., 46 f.; Greiner, S. 300 ff.; C. B. Burdick: Unternehmen Sonnenblume, Neckargemünd 1972, S. 20 ff. (zit. Burdick).

[35] Serrano Súñer, S. 156ff.; Detwiler, S. 37–50.
[36] Höhne: Canaris, S. 404ff.
[37] Dahms: Franco, S. 64f.; D. A. Puzzo: Spain and the Great Powers, 1936–1941, New York – London 1962.
[38] Detwiler, S. 42–49; neuerdings F. W. Seidler: 1940 – Unternehmen Felix, in: D 12/1981, S. 1030–1047.
[39] KTB/OKW, I, S. 73, 77, 100; Halder, II, S. 95; dazu E. v. Rintelen: Mussolinis Parallelkrieg im Jahre 1940, in: WWR 1/1962, S. 22ff.; engl. Daten v. I. S. O. Playfair: The Mediterranean and Middle East, 3 Bde., London 1954, I, S. 204ff. (zit. Playfair).
[40] Burdick, S. 30.
[41] Paxton, S. 76f.; Auphan/Mordal, S. 180ff.; Roskill, I, S. 208–319; Churchill, II, 2, S. 189ff.
[42] J. Menzel: German-Japanese Relations during the War 1939–1945, Chicago, Ill., 1957, S. 57.
[43] ADAP, D, X, 166; ausführl. Hillgruber: Strategie, S. 192–206.
[44] ADAP, D, X, 212, 271, 304, 373, 399; die Einschätzung Matsuokas, in: FRUS, Japan, II, S. 104; zur franz. Stellung in Südostasien s. Ch. Meyer: L'Indochine Française reste fidèle à Vichy, in: JF 137/1972, S. 1172ff.
[45] Kordt: Wahn, S. 257; Ribbentrop zu Ciano, in: Dipl. Papers, S. 389; weitere Hinweise b. Compton, S. 168; Libal, S. 35ff. Zum Zerstörerhandel s. Morison, I, S. 33ff.
[46] ADAP, D, XI, I, Nr. 44; vgl. auch M. Miyake: Die Achse Berlin – Rom – Tokio im Spiegel der japanischen Quellen, in: Mitteilungen des österreichischen Staatsarchivs 21/1968, S. 408–445; Martin: Deutschl. u. Jap., S. 19; ders.: Japans Weltmachtstreben, S. 125; ders.: Die dt.-jap. Bez., in: Hitler, Dtschld. u. d. Mächte, S. 466f.; Hillgruber: Strategie, S. 193ff.; Sommer, S. 429–514.
[47] Text: ADAP, D, XI, I, Nr. 109; Ribbentrop i. Nürnberg: IMT, Bd. 10, S. 212f.; ein Bericht v. d. Unterzeichnung b. Shirer: Berlin Diary, S. 356.
[48] Dok. z. Entwicklungsgesch.: FRUS, Japan, II, 104, 105, 168, 212; IMTFE, Bd. 14, 6189, 6191; Bd. 15, 6329; dazu Compton, S. 169f.; Dallek, S. 247; Feis: Road, S. 101ff.; Langer/Gleason: Undeclared War, S. 354ff.
[49] Ausführl. Butow, S. 164ff.; Libal, S. 39ff.; Martin: Deutschld. u. Jap., S. 20; ders.: dt.-jap. Bez., S. 467; Sommer, S. 450–492.

Molotow in Berlin

Der Dreimächtepakt konnte weder die Vereinigten Staaten schrecken, noch das bolschewistische Rußland zum Beitritt verlocken. Die Idee der eurasiatischen Quadrupelallianz blieb ein Phantasieprodukt. Den von Ribbentrop entwickelten Konzept widersprachen die Interessen der vorgesehenen Partnerstaaten. Dennoch kam aus Moskau eine Zusage, als der Außenminister mit Schreiben vom 13. Oktober 1940 die Einladung an Molotow zum Besuch der Reichshauptstadt erneuerte.[1]
Die Verhandlungspositionen beider Seiten waren schwer einzuschätzen. Moskau fühlte sich durch die deutsch-japanische Verständigung irritiert, doch man wußte im Kreml, daß der neuen Dreierkonstellation eine andere Absicht als dem Antikominternpakt zugrunde lag. Richard Sorge und Hotsumi Ozaki, zwei Agenten in Tokio, hatten ihre sowjetischen Auftraggeber über den Notenwechsel unterrichtet, der das Bündnis mit Rücksicht auf die ungelöste China-Frage entwertete.[2]
Andererseits war den Sowjets der deutsche Aufmarsch in Nordnorwegen, Polen und Rumänien nicht entgagen. Offenbar hatte diese Kräftekonzentration wenig damit zu tun, daß Rußland in Mariampol und der Nordbukowina über die vereinbarte Demarkationslinie hinausgegriffen hatte. Nach russischer Auffassung rechtfertigten solche einseitigen Korrekturen keine scharfe Reaktion, am wenigsten die Hilfe für Finnland, das seit dem 23. August 1939 zur Interessensphäre der UdSSR gehörte.
Wahrscheinlich wurden auch die Schwächemomente der deutschen Kriegführung – Italiens Eigenwilligkeit, das Fiasko über England und die endgültige Verschiebung des Unternehmens »Seelöwe« – von Stalin aufmerksam zur Kenntnis genommen. Weniger beeindruckten ihn wohl die großen U-Booterfolge in den Geleitzugschlachten Ende September/Mitte Oktober 1940 und Meldungen über Versenkungen durch Handelsstörer der Marine, zumal sich diese Seekriegsereignisse auf viele Wochen verteilten.
Offensichtlich beschäftigte Deutschland weiter das Problem peripharer Unternehmungen. Der ObdM hatte die Bedeutung des Mittelmeerraumes hervorgehoben; nur dort konnten in absehbarer Zeit strategische Entscheidungen herbeigeführt werden: die Sicherung de Ein- und Ausgänge wie auch des Maghreb, der andernfalls den Gaullisten oder Amerikanern als Basis dienen würde.[3] Hitler stimmte mit Raeder überein, meinte aber, daß die notwendige »Lösung der Interessengegensätze zwischen Frankreich, Italien und Spanien . . . nur durch grandiosen Betrug möglich« wäre.[4]
Pétain wünschte das französische Kolonialreich unversehrt zu erhalten. Mussolini begehrte Nizza, Korsika, Malta, Korfu, Tunis, Dschibouti, Aden und das Mitspracherecht in allen Mittelmeerfragen. Franco verlangte als Gegenleistung für Spaniens Beitritt zum Dreimächtepakt nicht allein Gibraltar, sondern auch Marokko und Oran, eine Arrondierung der Kolonie Guinea durch Küstenstreifen zwischen dem Niger und Kap López, Grenzkorrekturen zugunsten von Rio Oro und Ifni, das Roussillon und Begradigungen auf dem Pyrenäenkamm.[5]

In seiner Unterredung mit dem deutschen Führer am 5. Oktober 1940 hatte Mussolini mit früheren Ansprüchen etwas zurückgesteckt. Doch gerade deshalb ging ihm das von Serrano Súñer vorgetragene Expansionsprogramm zu weit. Spanien, sagte der Duce, verlange viel und gebe nichts. Dieser Auffassung war auch Hitler, der an Marokkos Küste – ersatzweise auf den Kanarischen Inseln – einen Stützpunkt errichten wollte und Äquatorialafrika als Basis im Endkampf gegen die Vereinigten Staaten betrachtete.[6]

Um sowohl Spanien als auch Frankreich für die Zusammenarbeit mit der Achse zu gewinnen, bedurfte es eines behutsamen Interessenausgleichs, aber auch deutsch-italienischer Zugeständnisse. Diese Aufgabe entsprach der Quadratur des Zirkels. Dennoch bemühte sich Hitler um eine Lösung. Am 22. Oktober 1940 führte er ein vorbereitendes Gespräch mit Laval in Montoire-sur-le Loir bei Rours. Folgenden Tags hielt der Führerzug auf dem Grenzbahnhof von Hendaye, wo sich Franco und Serrano Súñer zu Unterredungen einstellten.

Die beiden Diktatoren erörterten neun Stunden lang Probleme eines bilateralen Vertrages. Franco glaubte Hitler nicht, als er behauptete, daß der Krieg schon gewonnen sei. Trotz wachsender Spannungen schien man sich näherzukommen. Doch am folgenden Morgen überreichte Serrano einen Gegenvorschlag, der keine bindenden Zusagen der Spanier enthielt und daher von Ribbentrop abgelehnt wurde. Schließlich einigten sich die Außenminister auf ein Protokoll. In ihm versprach Spanien, nach weiteren Konsultationen dem Dreimächtepakt beizutreten. Der Angriff auf Gibraltar (Unternehmen »Felix«) wurde verschoben.[7]

Am 25. Oktober 1940 hielt der Sonderzug wieder in Montoire. Hitler hatte Pétain um eine Unterredung gebeten. Der Marschall war zur »collaboration« bereit. Er schwieg jedoch, als der Deutsche über seinen Plan für »eine europäische ... Gemeinschaft gegen den britischen Kontinentalfeind« sprach. Die Franzosen unterzeichneten kein Dokument. Dafür erklärten sie England, daß sich Frankreich weiterer Kriegshandlungen enthalten werde, wenn man seinen kolonialen Besitzstand respektiere.[8]

Hitler war verbittert.[9] Noch am 25. Oktober 1940 hatte er einen Brief Mussolinis erhalten, in dem der Duce mitteilte, daß Italien gegen Griechenland vorzugehen beabsichtigte.[10] Entschlossen, einen Angriff zu verhindern, der die »labile Balkanlage« noch mehr zerrütten und England einen Bundesgenossen verschaffen würde, ließ der ObdW seinen Zug nach Florenz umleiten und dort für den 28. Oktober ein Spitzengespräch vereinbaren. Aber schon unterwegs in Bologna erfuhr man vom Beginn der italienischen Offensive.

Anlaß gaben Geheimabsprachen zwischen Griechenland und den Westalliierten über einen gemeinsamen Balkanfeldzug gegen die Achsenmächte. Die Aktenfunde in La Charité hatten diesen Plan ans Licht gebracht[12], doch war er bereits durch den Zusammenbruch Frankreichs und die Neutralisierung seiner Levantestreitkräfte überholt. General Joannis Metaxas, der griechische Diktator, sah sich weitgehend isoliert und suchte daher eine Auseinandersetzung mit Italien zu vermeiden.

Mussolini und Ciano ging es aber um Prestigegewinn, den Nachweis ihrer Unabhängigkeit durch Verfolgung italienischer Interessen in einem »Separatkrieg«, der Hitler vor vollendete Tatsachen stellte. Nachdem der Feldzug gegen Jugoslawien (Erfordernis »E«) aufgeschoben worden war, hatten Comando Supremo (Badoglio) und Superesercito (Roatta) das griechische Unternehmen (Erfordernis »G«) gebilligt, obwohl

Italien aus wirtschaftlichen Gründen seine Heeresstärke reduzierte und infolgedessen nicht genügend Reserven besaß.[13]
So kam es, daß General Sebastiano Visconti Prasca den Vormarsch nach Griechenland mit nur 7 Divisionen (115000 Mann) antrat, während sein Gegner, General Alexander Papagos, 15 Divisionen (430000 Mann) mobilisierte. Die vielen Panzer der Italiener – leichte Fahrzeuge des Typs »Carro Veloce 33/11« – kamen in dem wegearmen Gebirgsland nicht zur Wirkung. Operationen der weit überlegenen Regina Aeronautica, die in Albanien und Apulien 396 Flugzeuge bereitgestellt hatte, litten unter schlechten Wetterverhältnissen.[14]
Hitler ersparte sich einen Streit mit den Italienern über ihren »Separatkrieg«.[15] Er schlug dem Verbündeten vor, das strategisch wichtige Kreta sofort durch Fallschirmjäger zu besetzen. Der Duce überging dieses Angebot.[16] Dafür handelten vierundzwanzig Stunden später die Briten. Nach einem Hilferuf von Metaxas ließ Churchill in die Sudabucht am Nordwestende der Insel sowohl Armee- als auch Luftwaffeneinheiten aus Ägypten werfen und einen Flugplatz auf dem Festland bei Eleusis übernehmen.[17]
Dieser Sprung über das Meer führte in die Nähe der rumänischen Erdölfelder.[18] Als die Royal Air Force Vorkommandos nach Lemnos und Salonicki schickte, war bald mit Bombenangriffen auf die petrochemische Industrie von Ploesti zu rechnen. Die Hoffnung, daß Visconti Prasca weiter vorstoßen und dadurch den C-in-C Middle East, General Sir Archibald Wavell, zwingen werde, seine Detachements aus Griechenland zurückzuziehen, schwand innerhalb weniger Tage.
Rom hatte vergebens auf bulgarische Mitwirkung spekuliert. Unter starkem Druck der Türkei, einer pro-russischen Opposition und scharfer Drohungen aus London und Washington wagte Zar Boris III. nicht, das begehrte Westthrazien zu erobern.[19] Papagos konnte daher einige Divisionen von der Nordgrenze abziehen und mit ihnen die griechische Westfront in Epirus verstärkten. Am 2./3. November 1940 ging das II. Armeekorps (Papadopoulos) zum Gegenangriff über und warf den linken italienischen Flügel nach Albanien zurück.[20]
Angesichts dieser kritischen Lage konferierte Hitler am 4. November 1940 den ganzen Tag lang mit Göring und Raeder, Keitel und Jodl, Brauchitsch und Halder. Am Ende beschloß der ObdW, die wankenden Italiener nötigenfalls durch einen deutschen Vorstoß über Ungarn, Rumänien und Bulgarien nach Griechenland zu entlasten.[21] Andere Pläne, etwa der Einsatz von Panzern in Afrika und die Umfassung des östlichen Mittelmeerbeckens, wurden zurückgestellt.
Die vielen Vorhaben riefen den Eindruck von Rat- und Ziellosigkeit hervor.[22] Auch das Scheitern der Verhandlungen in Hendaye und Montoire ging als Prestigeverlust zu Lasten ihres Urhebers. Der Kontinentalblock blieb ein Phantasiegebilde. Die Stellung des Reiches auf dem Balkan war erschüttert. Nicht nur Italiens Niederlage und das Eingreifen der Royal Air Force, auch sowjetische Schachzüge zwangen die Donaustaaten zu vermehrter Aufmerksamkeit.
Stalin hatte russische Ansprüche auf die Südbukowina erneuern und bei Ismail im Bratzul Chilia, dem nördlichen Mündungsarm des Donaudeltas, drei Inseln okkupieren lassen, weil sie angeblich zu Bessarabien gehörten. Die Sowjetunion beherrschte nun den Unterlauf des Stromes, eine wichtige internationale Verkehrsader. Außerdem war deutlich geworden, daß Moskau die von den Achsenmächten erteilte Garantie der rumänischen Grenzen nicht anerkannte.[23]

Sogar einen Tiefpunkt in den Beziehungen mit Großbritannien wußte die Sowjetunion auszunutzen. Cripps hatte ihr offenbar viel zugestanden, während Lord Halifax die meisten Gebietsannexionen verurteilte und dadurch einen Wutausbruch der Russen provozierte.[24] Andere Verhandlungsresultate, die er unkommentiert ließ, verbuchte der Kreml jedoch als diplomatischen Gewinn, entschlossen, ihn demnächst von Hitler bestätigen zu lassen.

Moskau folgerte aus Roosevelts Wiederwahl am 5. November 1940 eine Schwächung der deutschen Position. Denn der Präsident befürwortete ein besseres Verhältnis zwischen Amerika und Rußland, warnte die südosteuropäischen Staaten vor Hitler und dachte an weitere Hilfsmaßnahmen für England.[25] Stalin mochte daher glauben, daß Deutschland gezwungen sein werde, mit Rücksicht auf die verringerte Bewegungsfreiheit des Reiches auf sowjetische Wünsche und Forderungen einzugehen. Die Richtlinien für Molotow beruhten auf dieser Lageeinschätzung.[26]

Der Ratsvorsitzende sollte keinen Routinebesuch abstatten – das zeigte allein schon die Zusammensetzung seiner Delegation, zu der nicht weniger als fünf Stellvertretende Volkskommissare, Funktionäre wie Dekanosow und Merkulow, gehörten.[27] Sie waren gründlich vorbereitet und hielten während der Reise enge Verbindung mit Stalin.[28] Auch die Deutschen nahmen das bevorstehende Treffen ernst. Hitler und Ribbentrop hatten ihr Verhandlungsziel festgelegt. Von der Moskauer Mission wurden Schulenburg, Schnurre und Hilger als sachkundige Berater nach Berlin gerufen.

Als Molotow dort am 12. November 1940 um 11.00 Uhr auf dem Anhalter Bahnhof eintraf, waren außer Ribbentrop, Weizsäcker und Schulenburg, auch Keitel und Himmler, Dietrich, Lammers, Bormann und viele andere Repräsentanten des nationalsozialistischen Regimes zum Empfang erschienen. Das erste Gespräch im alten Reichspräsidentenpalais führte der Außenminister aber nur mit dem Vorsitzenden und Dekanosow (während Hilger und Pawlow als Dolmetscher fungierten).

Ribbentrop unterbreitete einen Vorschlag, den man das »Südmotiv« der deutschen Rußlandpolitik nannte. Großbritannien sei besiegt; vor der Erweiterung des Dreimächtepaktes müßten daher die Interessensphären »in einer ganz großen Konzeption« abgesteckt werden. Deutschland tendiere nach Zentralafrika, Italien zur Gegenküste des Mittelmeeres, Japan in den pazifischen Raum. Man frage sich, ob nicht auch die UdSSR ihren »so wichtigen Ausgang zum freien Meer« in südlicher Richtung finden würde.[29]

Am Nachmittag wurden Molotow, Dekanosow und Pawlow in die neue Reichskanzlei gebeten. Dorthin kamen auch Ribbentrop, Hilger und – als Protokollführer – der Gesandte Paul Schmidt. Hitler verwies auf den beabsichtigten Schritt von der Dreier- zur Viererallianz, einer »Kombination«, die ihre Interessensphären abstecken und gegenüber »der anderen Welt« behaupten würde. Er betonte auch, daß Deutschland, solange es Krieg führe, am Balkan festhalten müsse, wollte sich aber zugunsten der Sowjetunion für die Änderung des Meerengenstatutes verwenden.[30]

Molotow vermied weitschweifende Betrachtungen. Ihm schien die »Teilnahme« der UdSSR am Dreimächtepakt »unter der Voraussetzung« möglich, daß »Rußland als Partner mitwirke und nicht das Objekt sei«. Der Vorsitzende fragte, was »Neuordnung« in Europa und Asien besage und kam hartnäckig auf die schon vormittags angeschnittene Finnland-Frage zurück.[31] Schließlich wünschte er sowjetische Balkan- und Schwarzmeerinteressen »hinsichtlich Bulgariens, Rumäniens und der Türkei zu klären«.

Am 13. November 1940 erörterten beide Seiten zunächst die Probleme des Warenaustausches. In diesem Zusammenhang wurde vor allem der Beauftragte für den Vierjahresplan befragt. Nach Besuchen des Vorsitzenden bei Göring[32] und Heß trafen sich die Russen und ihre Gastgeber zum Essen im größeren Kreis. Alle Stellvertretenden Volkskommissare und sowjetischen Diplomaten nahmen daran teil, auch Keitel, Frick, Himmler und Goebbels. Um 15.00 Uhr zogen sich Hitler und Molotow mit Ribbentrop und den Dolmetschern zurück. Das folgende Gespräch war der wichtigste Gedankenaustausch.[33]

Es entwickelte sich nach dem Grundmuster der bisherigen Begegnungen. Noch einmal war von der »Konkursmasse« des britischen Empire und der Notwendigkeit ihrer Aufteilung die Rede. Als Molotow immer wieder zu »näherliegenden Problemen« lenkte, erklärte ihm Hitler unumwunden, daß er »für die Dauer des Krieges« an den finnischen »Nickel- und Holzlieferungen« interessiert bleibe.[34] Auch sowjetische Ansprüche auf die Südbukowina – eine Annullierung der deutsch-italienischen Rumänengarantie wies er entschieden zurück.

Doch Molotow drängte weiter. Er forderte die Abtretung beherrschender Stützpunkte an Bosporus und Dardanellen, also weit mehr als eine Revision des Meerengenstatutes von Montreux (1936), und ersuchte um deutsche Zustimmung für eine sowjetische Bulgariengarantie. Hitler wich keinen Schritt zurück. Weder Finnland noch Rumänien sollten den Russen überlassen werden, auch nicht Bulgarien. Mit verhaltenem Groll schloß der Ratsvorsitzende, man habe »große und neue Fragen« aufgeworfen, die Rußland als »mächtiger Staat« prüfen werde.

Ribbentrop überreichte seinem Gast einen Vertragsentwurf für den Beitritt der UdSSR zum Dreimächtepakt (samt zwei geheimen Zusatzprotokollen). Spät nachts, in einer letzten Unterredung mit dem Reichsaußenminister, markierte Molotow noch einige Fernziele der Sowjetunion: die Anerkennung ihres Interesses an Ungarn, Jugoslawien, Griechenland und Westpolen sowie die Umformung Schwedens zum Bestandteil einer sowjetisch orientierten Sicherheitszone. Am Ende schweifte der Blick des Vorsitzenden bis zu den Ostseeausgängen, wo eine gemischte Kommission unter Beteiligung Rußlands die Kontrolle ausüben sollte.[35]

Die Konferenz endete ohne greifbares Ergebnis. Stalin hatte die Risikobereitschaft seines Gegenspielers verkannt, wie umgekehrt dieser Macht und Gewinnstreben des sowjetischen Diktators unterschätzte.[36] Die Wiederwahl des US-Präsidenten stimmte Hitler nicht nachgiebig, sondern verleitete ihn, die Entscheidung im Kampf gegen Rußland zu suchen, bevor Roosevelt auch formal der Verbündete Großbritanniens wurde. Aus diesem Grunde durfte die deutsche Aufmarschbasis im Osten nicht durch Konzessionen eingeengt werden.[37]

Das nationalsozialistische Deutschland war von Bismarcks Politik weit entfernt. Hitler folgte den Spuren eines anderen weltverändernden Eroberers. Hatte Napoleon den Kontinent im Krieg gegen England zusammengefaßt und das Zarenreich eine Zeitlang durch die Überlassung einiger Länder und Völker in Nord- und Südosteuropa abgelenkt, so gab es für den deutschen Führer zunächst keine bessere Lösung.[38] Allerdings war er mehr als der Korse auf Rohstoffgebiete (mit Erz und Erdöl) angewiesen und daher auch nicht bereit, diese »gefährlichen Flanken« zu entblößen.[39]

Ihm war bewußt, daß Stalin in Berlin eine zweite Phase der sowjetischen Westexpansion hatte einleiten lassen wollen, während die Rote Armee zwischen Ostsee und Karpaten mit etwa 100 Divisionen aufmarschierte.[40] Wie Greifer einer Zange schoben sich die russischen Forderungen über Nordost- und Südosteuropa, um Deutschland von kriegswichtigen Rohstoffen abzuschneiden. Als dies nicht gelang, spielte der Kreml wieder auf Zeitgewinn, ohne seine imperialistischen Ziele aus den Augen zu verlieren.

Am 25. November 1940 – kurz nachdem Ungarn, Rumänien und die Slowakei dem Dreimächtepakt beigetreten waren – sah sich Schulenburg in Moskau mit einer Note konfrontiert.[41] Die Sowjetunion war bereit, ihren Platz im Rahmen des erweiterten Kontinentalblocks einzunehmen unter fünf Voraussetzungen: Das Reich zog seine Soldaten aus Finnland zurück, genehmigte eine russische Bulgariengarantie, unterstützte in der Meerengenfrage den Standpunkt des Kreml, anerkannte Aspirationen der UdSSR hinsichtlich des Persischen Golfs und bewog Japan zur Abtretung von Bergbaukonzessionen auf Sachalin.

Stalin kam nicht auf die Südbukowina zurück. Aber dieser Verzicht brachte Rumänien keine Entlastung. Denn der sowjetische Wunsch, Bulgarien eine Garantie zu erteilen, konnte sich rasch in eine Zangenbewegung gegen die Erdölfelder von Ploesti umsetzen. Zudem hätte ein Zurückweichen des Reiches aus Finnland der UdSSR freien Auslauf bis in die Ostsee – das einzige Übungsgebiet der U-Boote, einen Transportweg schwedischen Erzes – ermöglicht.

Von Japan die Abtretung seiner wertvollen Naphthagruben zu fordern, wäre ein Verstoß gegen den Dreimächtepakt gewesen. Militärischer Druck auf Ankara, zu dem Stalin das Deutsche Reich im Entwurf eines geheimen Zusatzprotokolls verpflichten wollte, hieß des Bündnis zwischen der Türkei und Großbritannien aktivieren und die Lage noch mehr verwirren. Keine dieser Aussichten wurde durch die Vorteile einer Quadrupelallianz aufgewogen. Hitler ließ daher die sowjetische Note trotz wiederholter Mahnungen nicht beantworten.

Die UdSSR verfolgte darauf eine Politik der Nadelstiche.[42] Dekanosow, den Stalin als Botschafter nach Berlin versetzte, erhob Klage wegen des schleppenden Warenaustausches. Merkulow verhielt sich unfreundlich beim Abzug der Volksdeutschen aus Bessarabien. Bulgarien wurde vom Kreml ermahnt, dem Dreimächtepakt fernzubleiben[43], die Türkei vor Deutschland gewarnt.[44] Molotow verlangte weiter Bergbaukonzessionen im Petsamogebiet[45], wandte sich scharf gegen die Präsidentschaftskandidatur des Feldmarschalls Mannerheim und war unzufrieden, als man Ryti zum Staatsoberhaupt Finnlands wählte.[46]

Noch vor Ablauf des Monats erkundigte sich Hitler nach dem Stand der »Ostlösung«.[47] Der Chef des Generalstabes wurde angewiesen, die Grundzüge eines Operationsplanes (Unternehmen »Fritz«) zu erarbeiten.[48] Am 3. Dezember 1941 hörte Thomas zum erstenmal von dem bevorstehenden »Großfeldzug«.[49] Zwei Tage darauf trugen Brauchitsch und Halder ihre Gedanken in der Reichskanzlei vor. Auch der Wehrmachtführungsstab war eingeschaltet. Warlimont begann mit dem Entwurf einer neuen Weisung.[50]

Hitlers Entschluß, sich mit der ungebrochenen Angriffskraft des deutschen Heeres im kommenden Jahr nach Osten zu wenden, wurde angesichts weiterer Ereignisse unumstößlich. Von den Weisungen Nr. 18 und 19 (Unternehmen »Felix«) blieb nicht viel übrig.[51] Als Canaris im Auftrage des ObdW noch einmal wegen des Angriffs auf Gibraltar nach Madrid reiste, erteilte Franco am 7. Dezember 1940 eine endgültige

Absage. Das Problem der Getreideversorgung und die Gefahr britischer Gegenmaßnahmen ließen ihm keine andere Wahl.[52]

Der stärkste Ansporn zur deutschen Ostwendung kam aus den USA. Roosevelt hatte noch vor seiner Wahl die Two-Ocean-Navy-Expansion-Act in kraft gesetzt und erreicht, daß sich 16 Millionen Amerikaner für den Militärdienst registrieren ließen. Die Englandhilfe stockte nur vorübergehend wegen des Zusammenschrumpfens der britischen Gold- und Dollarreserven. Mit einem Brief vom 8. Dezember 1940 (»one of the most important«) erwirkte Churchill die Neuregelung des Zahlungsverkehrs.[53]

Auf Anraten von Morgenthau, Hull, Knox und Stimson ließ Roosevelt das »Dollarzeichen aus dem Spiel«. Bei der nächsten Pressekonferenz verdeutlichte er dies mit der Geschichte vom Feuer in des Nachbarn Haus und dem ausgeliehenen Gartenschlauch (»Hose-Story«).[54] Die Konzeption des künftigen Leih-Pacht-Systems (»Lend-Lease«) trat ans Licht der Öffentlichkeit. Unter der magischen Ziffer »H. R. 1776« erreichte die Vorlage den Kongreß.[55]

Hitler fürchtete den Zweifrontenkrieg. Darum hatte er Polen zerschlagen, ehe Frankreich eingriff und den westlichen Nachbarn niedergeworfen, bevor Großbritannien seine militärische Kraft entfalten konnte. Daß es der Wehrmacht nicht gelang, auch England zu bezwingen, drohte das Blitzkriegskonzept zu entwerten. Denn je länger das Inselreich durchhielt, desto fester wurde sein ungeschriebenes Bündnis mit Amerika, um so mehr wuchsen die Chancen der Regierung Churchill, trotz vieler Gegensätze an Rußland einen Alliierten zu finden.

Die beiden Flügelmächte wahrten kaum noch Zurückhaltung. Langsam, aber deutlich bewegten sie sich als potentielle Widersacher des nationalsozialistischen Deutschland auf das von Hitler beherrschte Europa zu. Stalin erhob neue Ansprüche, deren Verwirklichung das Reich in Abhängigkeit von den Sowjets zu bringen drohte. Roosevelt rüstete zielbewußt, half Großbritannien mit Gütern und Leistungen jeder Art und zog zugleich alle Register der politischen Kriegführung.

Hitler wollte nicht abwarten, bis diese Entwicklung zur Lawine wurde und ihn begrub. Da die Vereinigten Staaten außer Reichweite deutscher Kriegsmittel lagen, gab es in seiner Sicht nur eine Initiative: die Zerschlagung der Sowjetunion vor dem Herannahen des Zeitpunktes für eine doppelseitige Offensive aus Ost und West. Einen Tag nach der aufschlußreichen Pressekonferenz im Weißen Haus – am 18. Dezember 1940 – unterzeichnete der ObdW die Weisung Nr. 21 zur Vorbereitung des Angriffs auf Rußland (Unternehmen »Barbarossa«).[56]

[1] ADAP, D, XI, I, Nr. 176, 189, 211; Seidl, S. 241 f.; auszugsweise abgedr. u. kommentiert v. Fabry: SU, S. 225 ff. Es handelte sich nach d. Aufforderungen v. Okt. 1939 u. März 1940 um die dritte Einladung.

[2] F. W. Deakin u. C. R. Storry: Richard Sorge, München 1965, S. 248 ff. (zit. Deakin/Storry) auf Grund jap. u. US-amerikan. Quellen, insbesondere O. Toshito (Hg.): Gendai-shi Shiryo, 3 Bde., Tokio 1962; IMTFE u. Hearing on Un-American Aspects of Richard Sorge Spy Case, Washington, D. C., 1951. Vgl. dazu J. Chalmers: An Instance of Treason. Ozaki Hotsumi and the Sorge Spy Ring, Stanford, Cal., 1964. Sowj. Dokumente liegen nicht vor. Darstellungen v. russ. Seite, z. B. V. Chernyarsky: The Feat of Richard Sorge, in: Prawda, 6. 11. 1964 u. N. Pekelnik: The Exploits of Richard Sorge – The Story of a Soviet Spy's Heroism, in: Istwestija, 4. 9. 1964, sind unergiebig.

[3] Aufz. Raeder: LV, S. 134 f.

[4] Halder, II, S. 124; Detwiler, S. 52 f.

[5] Dahms: Franco, S. 64.

[6] Das Treffen zw. Hitler u. Mussolini auf dem Brenner: ADAP, D, XI, I, Nr. 149. Über d. dt. Pläne zum Aufbau einer »Weltmacht«-Stellung s. Hillgruber: Strategie, S. 377 ff.

[7] Vom Gespräch zw. Hitler u. Franco sind nur fragmentarische Aufzeichnungen überliefert: ADAP, D, XI, I, Nr. 220; vgl. d. Memoiren v. Below, S. 249; Kordt: Wahn, S. 265 ff.; Ribbentrop, S. 47; Serrano, S. 187 f.; Schmidt, S. 300 ff. Eine ausführl. Darstellung b. Detwiler, S. 56–62.

[8] Le Procès du Maréchal Pétain, Bd. 2, Paris 1945, S. 876 ff.; Baudouin, S. 379 ff.; Abetz, S. 155 ff.; Kordt: Wahn, S. 269 f.; dazu eingehende Darstellungen v. Jäckel: Frkr., S. 162–167 u. Paxton, S. 81 f.

[9] Ciano: L'Europa, S. 604 u. Kordt: Wahn, S. 268 bezeugen Hitlers Enttäuschung.

[10] ADAP, D, XI, I, Nr. 199.

[11] Below, S. 250 u. Kordt: Wahn, S. 270.

[12] Die einschl. Akten: Dt. Weißbuch Nr. 7, Berlin 1941, Nr. 7, 103, 111, 132, 134. Zur Vorgeschichte H. Batovski: Pour une alliance balcanique, in: Revue d'histoire 74/1969, S. 1 ff. Grundlegend: O ellenikos Stratoi Kala ton deuteron Pankosmion Polemon, (bisher) 5 Bde., Athen 1959 ff.; für d. Ursachen u. Anlässe vgl. Bd. 1: Histia kai aformai elleno-italiku Polemu 1940–1941, Athen 1959; dazu d. Memoiren des it. Botschafters i. Athen E. Grazzi: Il prinicipio della fina, Rom 1945, s. 170 ff. (auf S. 208 ff. d. Protokolle v. d. Sitzung des it. Kriegsrates, 15. 10. 1940); Gesamtdarstellungen i. dt. Sprache geschrieben Gaitanides, S. 143 ff. u. E. Schramm v. Thadden, S. 35, 106, 110.

[13] Badoglio, S. 43; Boschesi, S. 237 ff.; Roatta, S. 129; Rossi, S. 81; S. Visconti Prasca: Io ho aggredito la Grecia, Rom 1946, S. 38 ff. (zit. Visconti Prasca).

[14] Esercito, II, passim; d. offiziöse griech. Darstellung: O ellenikos Stratoi Kala ton deuteron Pankosmion Polemon, Bd. 2, Athen 1960; dazu A. Papagos: Griechenland im Krieg, Bonn 1954, S. 14 ff. u. Visconti Prasca, S. 41 ff.

[15] Die Unterredung zw. Hitler u Mussolini in Florenz, 28. 10. 1940: ADAP, D, XI, I, Nr. 246; Ciano: L'Europa, S. 601 ff.; Boschesi, S. 242 ff.

[16] Ciano-Tgb., 28. 10. 1940; H. Gundelach: Der Kampf um Kreta, in: Entscheidungsschlachten, S. 103 ff.; H.-O. Mühleisen: Kreta 1941, Freiburg, S. 9 ff.

[17] Playfair, I, S. 233; C. Buckley: Greece and Crete, London 1952, S. 14 (zit. Buckley: Greece); Churchill, II, 2, S. 259 ff.; M. van Creveld: Prelude to Disaster. The British Decision to aid Greece 1940/41, in: JCH 1974, S. 65 ff. (zit. Creveld).

[18] Halder, II, S. 153, 164.

[19] Hoppe, S. 98; ausführl. I. Dimitrov: Bŭlgaro-italianski politiĉestki otnošenija, Sofia 1972, S. 380–406.

[20] O elleno-italikos Polemos, S. 144 ff.; J. O. latrides: Greece in the 1940s. A Nation in Crisis, Hanover – London 1981; C. de Loverdo: La Grèce au combat, Paris 1966; Visconti Prasca, S. 109 ff.

[21] G. Stefanov: La politique exterieure de Bulgarie, in: Revue d'histoire 72/1968, S. 1 ff.

[22] Engel-Tgb., 4. 11. 1940.

[23] Hillgruber: Sowj. Außenpol., S. 57 f.

[24] Zum Tiefstand der brit.-sow. Beziehungen s. Woodward, S. 145 f.

[25] Dallek, S. 252 f.

[26] Vgl. Molotows Bezugnahme auf diese Richtlinien in Berlin; Fabry: SU, S. 252.

[27] Ebd., S. 232.

[28] W. M. Bereschkow: Jahre im diplomatischen Dienst, Berlin 1975, S. 15 f. (zit. Bereschkow); vgl. auch Schellenberg, S. 129.

[29] ADAP, XI, I, Nr. 325; Seidl, S. 241 ff.; dazu vor allem Hilger, S. 311 ff. u. Schmidt, S. 514 ff.; interessante Beobachtungen am Rande überliefern G. Gafencu: Vorspiel zum Krieg im Osten. Vom

Moskauer Abkommen bis zum Ausbruch der Feindseligkeiten in Rußland, Zürich 1944; E.E. Sommer, S. 57ff.; Rossi, S. 137ff., 155–163; Bereschkow, der an den Verhandlungen nicht teilnahm, berichtet überwiegend vom Hörensagen. Bemerkenswerte Darstellungen u. Deutungen finden sich b. Allard, S. 233ff.; Fabry: SU, S. 220–259; ders. Hitler-Stalin, S. 343ff.; Hillgruber: Strategie, S. 304ff., 356ff.; ders.: Sowj. Außenpol., S. 57ff.; G.L. Weinberg: Germany and the Soviet Union, in: JCEA 21/1961–62, S. 142ff.; dazu allg. J.E. MacSherry: Stalin, Hitler and Europe, Bd. 2, Cleveland 1970.

30 ADAP, D, XI, I, Nr. 326; Schmidt, S. 526ff.; Fabry: SU, S. 250f.

31 Zur Finnland-Frage bei den Berliner Verhandlungen s. Ueberschär, S. 238–245.

32 ADAP, D, XI, Nr. 348; Fabry: SU, S. 254ff.

33 ADAP, D, XI, I, Nr. 328.

34 Ueberschär, a.a.O.

35 ADAP, D, XI, I, Nr. 329; Hillgruber: Sowj. Außenpol., S. 58.

36 Vgl. G.F. Kennan: Memoiren eines Diplomaten, Stuttgart 1968, S. 520f.; L.J. Halle: Der Kalte Krieg, Frankfurt 1962, S. 55; Förster in: DR, IV, S. 29–37.

37 Vgl. d. Orientierung d. dt. Auslandsvertretungen durch das AA.

38 Der Vergleich Napoleon-Hitler u.a. b. Fabry: SU, S. 241.

39 Engel, S. 91f.; Halder, II, S. 188; auch Hitler Ausführungen gegenüber Antonescu: ADAP, D, XI, II, Nr. 369 u. 381; u. d. bulg. Gesandten: ADAP, D, XI, II, Nr. 295.

40 Eine Schätzung v. 99 Divisionen in: ADAP, D, XI, I, Nr. 295.

41 ADAP, D, XI, II, Nr. 405.

42 Hillgruber: Sowj. Außenpol., S. 59f.

43 Hoppe, S. 100ff.

44 Krecker, S. 124ff.

45 Blauweißbuch, II, S. 44, 116f., 126ff.; Ueberschär, S. 253–265.

46 Ebd., S. 123; Paasikivi, S. 376; Jutikkala/Pirinen, S. 383.

47 Zum Folgenden KTB/OKW, I, S. 203ff.; A. Philippi u. F. Heim: Der Feldzug gegen Sowjetrußland 1941–1945, Stuttgart 1962, S. 28ff. (zit. Philippi/Heim); L. Besymenski: Sonderakte Barbarossa. Dokumentarbericht zur Vorgeschichte des deutschen Überfalls auf die Sowjetunion aus sowjetischer Sicht, Reinbek 1973, S. 11ff. (zit. Besymenski); vor allem Förster in: DR, IV, S. 3–17.

48 Halder, II, S. 209ff.

49 Greiner, S. 262ff.

50 Warlimont, S. 150ff.

51 Hubatsch: Weisungen, S. 67–77.

52 Detwiler, S. 84–88.

53 Der ungekürzte Text b. Churchill, II, 2, S. 475–482; Blum: Morgenthau, S. 206f.; Langer/Gleason: Undeclared War, S. 225ff.; besonders gründlich W.F. Kimball: The Most Unsordid Act. Lend-Lease, 1939–1941, Baltimore, Md., 1969, S. 105ff. (zit. Kimball).

54 Complete Presidential Press Conferences of Franklin D. Roosevelt, 25 Bde. i. 12, New York 1972 (zit. Press Conferences), XVI, S. 324.

55 Vgl. außer Kimball s. Morison, I, S. 36ff.; ferner d. Memoiren v. E. Stettinius: Welt in Abwehr. Leih-Pacht, München 1946, S. 88ff. (zit. Stettinius).

56 Hubatsch: Weisungen, S. 84–91.

Krieg in Südosteuropa 1941

Der geplante »Großfeldzug« gegen die Sowjetunion wurde durch Auswirkungen des italienischen »Parallelkrieges« überschattet. Mussolini hatte mit seinem Alleingang wider Willen die Briten auf den Kontinent zurückgeholt. Ihre Luftwaffe bedrohte die rumänischen Erdölfelder. Zugleich wuchs der englische Einfluß in Griechenland und der Türkei. Wurde diese Situation nicht bald geklärt, so war eine Kräftezersplitterung an der Südflanke des deutschen Aufmarschraumes die Folge.[1]

Italien hatte seine militärischen Möglichkeiten weit überschätzt.[2] Unter Cunningham und Somerville geleiteten britische Flottenverbände fast unbehindert Transporte durch das Mittelmeer. Auf diese Weise erhielten das Mittelostkommando und die ihm zugeteilten Luftstreitkräfte laufend Verstärkungen. Auch wurde die Inselfestung Malta zur Achillesferse des italienischen Nachschubs für Nordafrika. Bis zum Jahresende versenkten britische U-Boote und Flugzeuge zwischen Sizilien und Libyen 82 Schiffe.[3]

Eine größere Entscheidung hatte Admiral Pound schon im Frieden als C-in-C Mediterranean Fleet vorbereitet. Das Unternehmen war, wie gewöhnlich, von beiden Enden des Mittelmeeres ausgegangen (Operation »Coat«), wobei die »Barham« (Walker) nach Osten durchgeschleust, Malta versorgt und Cagliari bombardiert wurde, vor allem jedoch Cunningham Gelegenheit bekam, den Träger »Illustrious« (Boyd) mit Kreuzern und Zerstörern auf eine Position 40 sm westlich Kephalonia zu schicken (Operation »Judgement«).[4]

Ein genaues Feindlagebild und schwerwiegende Versäumnisse der Italiener hatten diese scheinbar beiläufige Schwerpunktbildung erleichtert. Am 11./12. November 1940 waren 23 »Swordfish«-Torpedobomber des Fleet Air Arm vom Flugdeck der »Illustrious« (Boyd) in zwei Wellen nach Tarent gestartet, wo die italienische Hochseeflotte (Campioni) mit sechs Schlachtschiffen, einigen Kreuzerdivisionen und Zerstörerflottillen ohne Vorposten und Fernaufklärung ankerte.[5]

Lücken in den Ballonsperren und Netzsicherungen hatten den angreifenden Maschinen das Herabstoßen erleichtert. Nur zwei englische Flugzeuge waren abgeschossen worden. Dafür lagen drei italienische Schlachtschiffe – »Littorio« (Girosi), »Caio Diulio« (Brugnoli) und »Conte di Cavour« (Ciurlo) – auf dem Grund des Mar Grande, der Bucht von Tarent. Zwei dieser Einheiten konnten gehoben und repariert werden, doch vergingen darüber sechs Monate. Supermarina (Cavagnari) verlegte den Rest der Flotte nach Neapel.[6]

Die Gewichte verschoben sich zugunsten Großbritanniens.[7] Dies galt nicht nur für die Mediterranean Fleet (Cunningham) und das Mittelostkommando (Wavell). Auch der Air Officer C-in-C Middel East (Longmore) erhielt mehr Bewegungsfreiheit, als ihm auf 7250 km langen Luftwegen von Nigeria über Fort Lamy nach Ägypten fabrikneue »Hurricane«-Jäger und »Whitley«-Bomber zugeführt wurden. Voraussetzungen hierzu schuf General de Gaulle durch sein Fußfassen in Libreville, Kamerun und der Tschadkolonie.[8]

Eine andere Auswirkung war der Sturz Lavals am 13. Dezember 1940. Aus Sorge um das Kolonialreich, dessen Bestand amerikanische Mittler, Hoare und sogar König Georg VI. der Vichy-Regierung zusichern wollten, wenn sie sich dem deutschen Werben verschloß[9], wechselte Pétain vorsichtig von der »collaboration« zum »attentisme«, anfänglich mit Hilfe des Außenministers Pierre-Etienne Flandin, dann durch Übertragung außerordentlicher Vollmacht auf Darlan und Weygand.[10]

Der Graben zwischen Deutschland und Frankreich wurde breiter. Zugeständnisse, die Abetz angekündigt hatte, blieben aus.[11] Mit einer Weisung Nr. 19 (Unternehmen »Attila«) ließ der ObdW die Okkupation des unbesetzten Gebietes vorbereiten.[12] Er hielt es für möglich, daß Weygand, der Generaldelegierte Pétains in Algier, zu de Gaulle überging und den Briten Nordafrika zuspielte. Jeder dachte an eine solche Wende, die Hitlers Eroberungszug im Osten verhindern und den Sturz Mussolinis einleiten würde.[13]

Die italienischen Rückschläge wogen schon jetzt sehr schwer. Zwei Tage nach dem Angriff auf Tarent hatte Papagos die Offensive im Epirus ausgeweitet. Das III. Armeekorps (Tsolacoglou) eroberte das Morava-Ivan-Massiv, das II. Armeekorps (Kosmas) nahm Koritza.[14] Zehntausende von Albanern liefen zu den Griechen über, Tausende verzogen sich in die Berge zum Partisanenkampf gegen das Besatzungsregime. Visconti Prasca wurde nach Hause geschickt. General Ubaldo Soddu übernahm den Oberbefehl, scheiterte aber sofort mit einem Gegenschlag.[15]

Auf Verlangen Hitlers lancierte Canaris in Madrid über den ehemaligen ungarischen Geheimdienstchef einen Vermittlungsvorschlag nach Athen. Griechenland sollte beim Abschluß eines Waffenstillstandsabkommens die eroberten albanischen Gebiete behalten. Metaxas wußte, daß noch größere Erfolge seines Heeres nur die Gefahr der deutschen Intervention heraufbeschwören würden. Er verzichtete daher auf das von Churchill angebotene Expeditionskorps, ließ die Nordgrenze für britische Luftkriegsoperationen sperren und hielt Kontakt mit Deutschland.[16]

Wavell konnte darauf mit ungeschmälerter Kraft die seit langem geplante Offensive in Ägypten auslösen. Sein Hauptquartier war durch die Übermittlung von »Ultra«-Informationen aus Bletchley Park und den übrigen Nachrichtenfluß gut unterrichtet.[17] Außerdem konnte sich das Mittelostkommando auf die Überlegenheit der eigenen Fliegerverbände verlassen, nachdem Air Chief Marshal Sir Arthur Longmore die Regia Aeronautica dezimiert und zusammen mit Admiral Sir Andrew B. Cunningham den italienischen Nachschub teilweise zerschlagen hatte.[18]

Die Western Desert Force (O'Connor) war mit ihren 225 Panzern und 2–3 Divisionen – überwiegend Australiern und Indern – der Heeresgruppe des Marschalls Graziani zahlenmäßig unterlegen. Dennoch erfocht das vollmotorisierte Korps den ersten britischen Landsieg des Krieges. Die Verteidiger von Sidi Barani, Sollum und Buqbuq wurden umgangen, abgeschnitten und eingeschlossen: 36000 Italiener zogen in Gefangenschaft, unter ihnen vier Generale.[19]

Auch gegen Abessinien ergriff Wavell die Offensive. Truppen aus Indien und der Südafrikanischen Union, Rhodesien und Kenia, dem Belgisch-Kongo und Sudan rückten nach Ethiopien vor, wo Oberstleutnant Orde Wingate einen Aufstand der Negus-Anhänger entfesselte. Der italienische Vizekönig, Herzog Amadeo d'Aosta, behauptete sich noch monatelang im unzugänglichen Bergland des Amba Alagi. Die Entscheidung war aber gefallen, als die Briten das Küstengebiet von Somaliland und Eritrea besetzten und damit den Seeweg zum Suezkanal öffneten.[20]

Indessen hatte General Sir Richard O'Connor seinen Vormarsch wieder aufgenommen, Bardia erobert, Tobruk zur Kapitulation gezwungen, Cyrene und Derna besetzt. Schließlich überrollten britische Verbände die ganze Cyrenaika bis zur Großen Syrte. Die Zahl der gefangenen Italiener stieg auf 130000 Mann. Unter der Fülle des erbeuteten Kriegsmaterials wurden 400 Kampfwagen und 1240 Geschütze registriert. Die Heeresgruppe Graziani stand vor dem Zusammenbruch.[21]

Um das erschütterte Vertrauen der italienischen Streitkräfte und des Achsenpartners wiederherzustellen, war ein Revirement unerläßlich. Mussolini nahm das Rücktrittsgesuch des Marschalls Badoglio entgegen und ernannte General Ugo Cavallero zum Chef des Comando Supremo. Die Admirale Domenico Cavagnari und Inigo Campioni wurden durch Arturo Riccardi und Angelo Iachino abgelöst. Schließlich trat auch Graziani von seinem Posten zurück, den General Italo Gariboldi übernahm.

Trotzdem konnte sich Hitler nicht ohne weiteres zum Eingreifen entschließen. Etwaigen Mittelmeeroperationen der deutschen Wehrmacht standen die Erfordernisse des Unternehmens »Barbarossa« im Wege.[22] Zudem gab es eine Reihe politischer Hindernisse. Mussolini hielt noch an der Konzeption des »Parallelkrieges« fest. Bulgarien und Jugoslawien zögerten mit ihrem Beitritt zum Dreimächtepakt.[23] Die rumänische Regierung stand vor einer neuen Zerreißprobe.[24]

Das Verhältnis zwischen Antonescu und Sima war gespannt. Die Eiserne Garde drängte zur Revolution. Der ehemalige Ministerpräsident Nicolae Jorga war ihrer Rache zum Opfer gefallen. Persönlichkeiten wie Tatarescu und Gigurtu konnten erst im letzten Augenblick den Händen der Mörder entrissen werden. Während Beauftragte der NSDAP und des SD noch die rumänischen Legionäre unterstützten, sah sich die im Lande tätige Wehrmachtmission zur Neutralität verpflichtet.[25]

Inzwischen hatte Hitler eine Lufttransportgruppe nach Foggia geschickt, die den italienischen Nachschub entlastete. Milch überbrachte dem Duce einen Führerbrief und erörterte mit Pricolo weitere Hilfsmaßnahmen.[26] Bald wurden 77 Bomber, 61 Sturzkampfflugzeuge und 22 Jäger des X. Fliegerkorps (Geisler) auf Sizilien stationiert, wo die Regia Aeronautica nur noch über 75 einsatzbereite Maschinen verfügte.[27] Der Gegner bekam die neue Gewichtung bald zu verspüren. Deutsche Flieger versenkten einen Kreuzer und beschädigten die »Illustrious« (Boyd) so schwer, daß sie zu langwierigen Reparaturen das Mittelmeer verlassen mußte.[28]

Auch das Heer bereitete sich nun auf Einsätze im Süden vor. Am 13. Dezember 1940 hatte Hitler die Weisung Nr. 20 unterzeichnet. Eine starke deutsche Kräftegruppe sollte über Ungarn nach Rumänien verlegt werden, »etwa im März« durch Bulgarien zur Ägäis vorstoßen und erforderlichenfalls ganz Griechenland besetzen (Unternehmen »Marita«).[29] Zar Boris III., den der ObdW mit einer Focke Wulf 200 »Condor« zwei Mal zu geheimen Unterredungen aus Sofia holen ließ, wagte aber noch nicht, sein Land den Deutschen zu öffnen.[30]

Die Regierung Filoff stand unter starkem Druck. Stalin hatte ihr durch Molotow den Abschluß eines Beistandspaktes vorgeschlagen und erklären lassen, daß Bulgarien als Sicherheitszone der Sowjetunion angesehen werde.[31] Die Türkei verstärkte ihre Truppenkonzentration. Großbritannien drohte mit Bombenangriffen im Fall des deutschen

Einmarsches.[32] Roosevelt unterstützte diese Pressionen, indem er Oberst William Donovan nach Sofia und Belgrad schickte.[33]

Hitler wollte auch Jugoslawien zur »Konsolidierung der Balkanverhältnisse« in den Dreimächtepakt aufnehmen.[34] Vor allem ging es dem ObdW um die Flankensicherung des »Marita«-Aufmarsches. Das Kabinett des Ministerpräsidenten Dragiša Cvetković argwöhnte jedoch, daß Deutschland den Bulgaren für die Einräumung des Durchzugsrechtes den jugoslawischen Freihafen in Saloniki und Mazedonien versprach. Solange diese Fragen nicht geklärt waren, stützte sich die Belgrader Regierung vorzugsweise auf bestehende Abkommen und den kürzlich geschlossenen Freundschaftsvertrag mit Ungarn.[35]

Zeitweise verlangte Hitler von Jugoslawien auch die Gewährung der Transitrechte. Er wollte General Soddu zur Erleichterung seiner Transportlage 300 Lkw schicken und entsprechend der Weisung Nr. 22 deutsche Gebirgstruppen zuführen (Unternehmen »Alpenveilchen«).[36] Für das Belgrader Kabinett war Italien aber noch ein potentieller Gegner, dem Hilfestellung zu leisten absurd gewesen wäre. Cvetković ließ daher das Ansinnen des ObdW durch Außenminister Aleksandar Cincar-Marković zurückweisen.

Mit der Weisung Nr. 22 hatte noch ein anderes Projekt, das auf Jodl und Warlimont zurückging, Gestalt bekommen: die Entsendung eines deutschen »Sperrverbandes« nach Libyen (Unternehmen »Sonnenblume«).[37] Berichte der Generale Wilhelm Ritter von Thoma, Hans von Funck und Enno von Rintelen über die Beschaffenheit des fernen Kriegsschauplatzes und den Zustand des italienischen Heeres mußten als Warnungen verstanden werden, doch fielen solche Hinweise bei der alarmierenden Lageverschlechterung nicht mehr ins Gewicht.[38]

Nach dem Fall von Tobruk gaben die Italiener ihr »Parallelkriegs«-Konzept auf. Am 19. Januar 1941 kam ein bekümmerter Duce mit seinem Schwiegersohn und den Generalen Alfredo Guzzoni, Antonio Gandin und Efisio Marras auf den Berghof bei Berchtesgaden. Hitler empfing die Verbündeten in Gegenwart von Ribbentrop und Mackensen, Keitel, Jodl und Rintelen, um eingehend den doppelten Ansatz für »Marita« und »Sonnenblume« zu erörtern.[39]

Die Lage in Südosteuropa veränderte sich bestürzend schnell. Metaxas war gestorben und seine Nachfolger überlegten, ob sie wegen der im Norden aufziehenden Gefahr nicht doch britische Hilfe annehmen müßten. Rumänien stand am Rande des Bürgerkrieges. Antonescu hatte von Hitler für die bevorstehende Auseinandersetzung freie Hand erhalten.[40] Als Horia Sima vom 21. bis 23. Januar 1941 einen Putschversuch unternahm, warf der Marschall den Aufstand blutig nieder.[41]

Anfang Februar paraphierte Filoff ein deutsch-bulgarisches Protokoll zur Regelung des Donauüberganges der Wehrmacht. Eine Militärdelegation aus Sofia begab sich nach Predeal in das Hauptquartier des Generalfeldmarschalls Wilhelm List, der die deutschen Truppen führen sollte. Gleichzeitig ließ Brauchitsch den für Nordafrika bestimmten »Sperrverband« aufstellen und erweiterte Jeschonneck den Einsatzraum des X. FlK (Geisler) bis zur Cyrenaika. Rommel, der künftige Befehlshaber des »Afrika-Korps«, flog mit Schmundt zur Erkundung nach Tripolis.[42]

Noch vor dem Beitritt zum Dreimächtepakt, den ein Kronrat unter Boris III. beschloß, sollte geklärt werden, welche griechischen Gebiete im Fall einer deutschen Offensive an Bulgarien fallen würden. Außerdem ersuchte die Regierung Filoff um wirtschaftliches Entgegenkommen und Beruhigung der Türkei, des Kreml und Belgrads. Eine scharfe

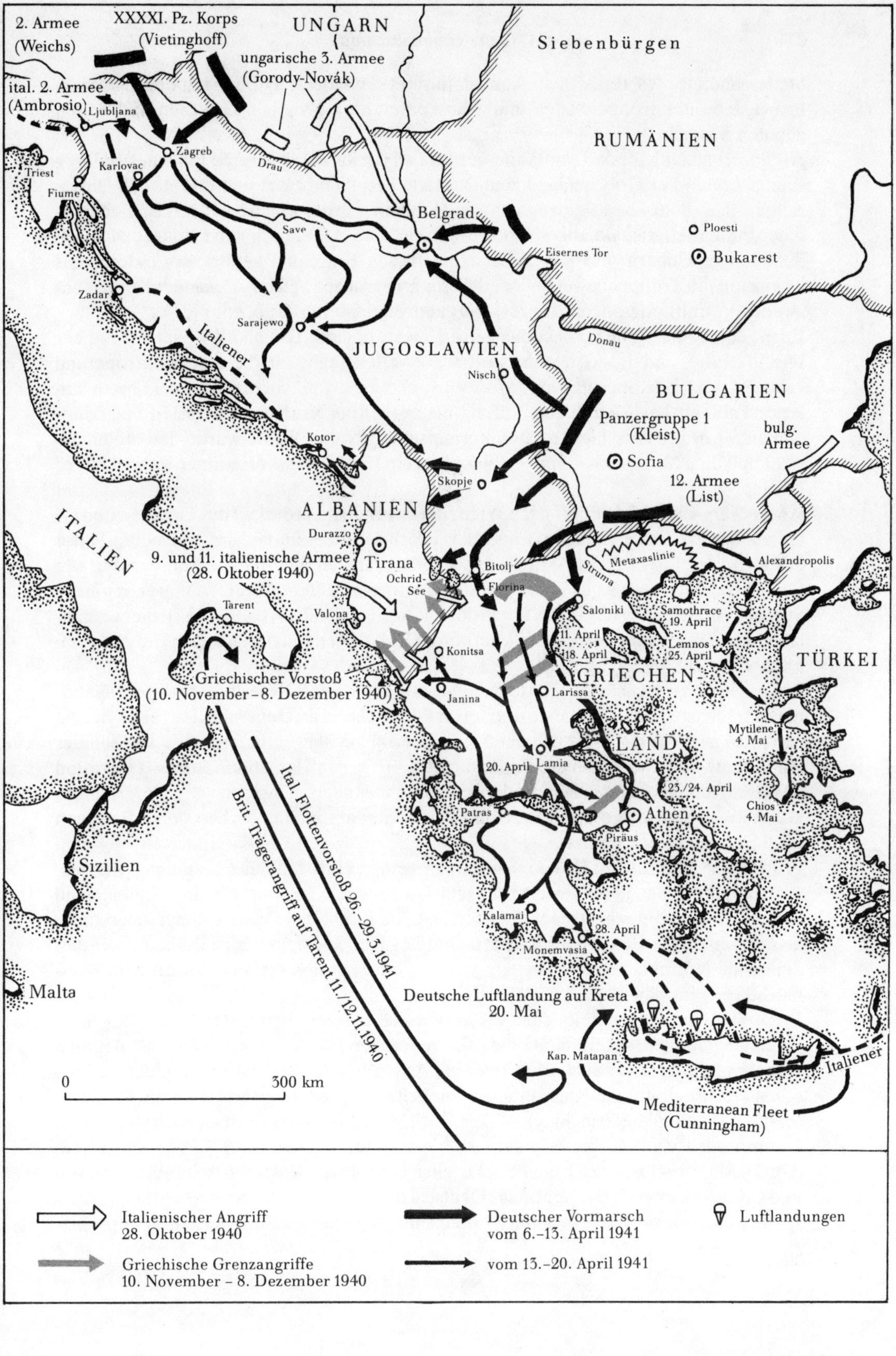
2. Armee
(Weichs)
XXXXI. Pz. Korps
(Vietinghoff)
UNGARN
Siebenbürgen
ungarische 3. Armee
(Gorody-Novák)
ital. 2. Armee
(Ambrosio)
Ljubljana
Zagreb
Drau
RUMÄNIEN
Triest
Karlovac
Fiume
Belgrad
Save
Ploesti
Eisernes Tor
Bukarest
Zadar
Sarajewo
Italiener
Donau
JUGOSLAWIEN
Nisch
BULGARIEN
Panzergruppe 1
(Kleist)
bulg.
Armee
Kotor
Sofia
Skopje
12. Armee
(List)
ALBANIEN
ITALIEN
Durazzo
Tirana
Metaxaslinie
9. und 11. italienische Armee
(28. Oktober 1940)
Ochrid-
See
Bitolj
Struma
Alexandropolis
Florina
Tarent
Valona
Saloniki
Samothrace
19. April
11. April
18. April
Konitsa
Lemnos
25. April
TÜRKEI
Griechischer Vorstoß
(10. November – 8. Dezember 1940)
Janina
Larissa
GRIECHEN-
LAND
Mytilene
4. Mai
20. April
Lamia
23./24. April
Ital. Flottenvorstoß 26.–29.3.1941
Brit. Trägerangriff auf Tarent 11./12.11.1940
Patras
Athen
Chios
4. Mai
Piräus
Sizilien
Kalamai
28. April
Monemvasia
Malta
Deutsche Luftlandung auf Kreta
20. Mai
Kap. Matapan
Italiener
0
300 km
Mediterranean Fleet
(Cunningham)
Italienischer Angriff
28. Oktober 1940
Deutscher Vormarsch
vom 6.–13. April 1941
Luftlandungen
Griechische Grenzangriffe
10. November – 8. Dezember 1940
vom 13.–20. April 1941

Stellungnahme des türkischen Außenministers Saraçoglu, Drohungen Jugoslawiens, Propaganda der Kommunisten und Stabskonferenzen zwischen Griechen und Briten geboten Vorsicht.[43]

Als Saraçoglu zugab, daß sein Land nur im Fall der direkten Aggression eines Balkanstaates gegenüber Griechenland zum Beistand verpflichtet war und erfuhr, daß Bulgarien an dem deutschen Feldzug nicht teilnehmen würde, konnte ein türkisch-bulgarischer Freundschaftspakt abgeschlossen werden. Der Aufmarsch von 620000 deutschen Soldaten in Ungarn und Rumänien hatte diesen Entschluß gefördert. Andererseits bewirkten die Truppenbewegungen, daß der griechische Premier Alexander Koryzis ein zweites Vermittlungsangebot zurückwies und England um Truppenhilfe bat.

Eden, der an die Stelle von Halifax getreten war, flog mit Dill und Wavell nach Athen. Die in Kairo und London aufgeworfene Zweifelsfrage, ob die restlose Eroberung Libyens oder ein Sprung auf das europäische Festland vorzuziehen sei, hatte das Kriegskabinett bei sorgfältiger Prüfung neuer »Ultra«-Vorlagen zugunsten der kontinentalen Lösung entschieden. Der Vormarsch durch die Wüste wurde deshalb eingestellt und dem Mittelostkommando befohlen, ein Expeditionskorps für Griechenland zu bilden.[44]

Am 1. März 1941 reiste Filoff nach Wien, um das Beitrittsprotokoll des Dreimächtepaktes zu unterzeichnen. Gegen Ende der feierlichen Zeremonie im Belvedere-Palast bestätigte Ribbentrop dem Ministerpräsidenten, daß Bulgarien bei Neuregelung der Grenzen seinen Ausgang zum Ägäischen Meer erhalten werde.[45] Vierundzwanzig Stunden später überschritten Vorausabteilungen der 12. Armee (List) die Donau, landeten Geschwader des VIII. Fliegerkorps (Richthofen) auf ihren neuen Einsatzhäfen um Sofia und Plovdiv.

Angesichts dieser Dislokation stürzte Jugoslawien in einen Zwiespalt. Serbische Nationalisten scharten sich um ihren orthodoxen Patriarchen und General Dušan Simović, die den Moskauer Protest ernst nahmen[46], vom Verrat am Slawentum sprachen und seit der am 7. März 1941 begonnenen Ausladung des britischen Expeditionskorps (Operation »Lustre«) mit einer neuen Bündniskonstellation rechneten. Dagegen waren Regierungskreise überzeugt, daß der Beitritt zum Dreimächtepakt jetzt unter besonders günstigen Bedingungen zu erreichen sei.

Prinzregent Paul, der zu Hitler nach Berchtesgaden eilte, fand dies bestätigt.[47] Jugoslawien konnte ohne nennenswerte Gegenleistung eine Garantie für den Freihafen in Saloniki und die Integrität als Vielvölkerstaat erhalten. Nach Prüfung dieser Zugeständnisse beschloß der Belgrader Ministerrat mit 10 gegen 3 Stimmen bei 5 Enthaltungen den deutschen Vorschlag anzunehmen. Simović wurde pensioniert, der Beitritt zum Dreimächtepakt für den 25. März 1941 festgesetzt.[48]

Doch Simović hatte bereits eine Verschwörung angezettelt. Informationen des britischen Geheimdienstes ermutigte die noch zögernden Elemente dieses Zirkels. Als man vernahm, daß bereits 58000 Engländer bei Athen stünden und Iachino mit der italienischen Hochseeflotte bei Kap Matapan eine schwere Niederlage erlitt, wo die Schlachtschiffe »Warspite« (Crutchley), »Valiant« (Morgan) und »Barham« (Walker) drei Kreuzer der Regia Marina vernichteten[49], gab es kein Halten mehr.

Am 27. März 1941 besetzten die Putschisten in Belgrad das Regierungsviertel. Cvetković und Cincar-Marković, die gerade aus Deutschland zurückgekehrt waren, wurden verhaftet und ebenso wie Prinz Paul nach Griechenland abgeschoben. Der Patriarch proklamierte den 17jährigen, bisher ahnungslosen Sohn des 1934 ermordeten Monarchen als Peter II. zum König. Studenten und Soldaten zogen fahnenschwenkend über die Terazije, den Boulevard der Hauptstadt, und riefen: »Bolja rat nego pakt – Lieber Krieg als (diesen) Pakt!«[50]

Hitler reagierte auf die Nachricht vom Umsturz in Belgrad mit ungläubigem Staunen. Seit Tagen war er wegen der bevorstehenden Intervention, die sein Ostkonzept durcheinander zu bringen drohte, besorgt.[51] Doch nun gab es für ihn kein Zögern mehr. Obwohl der japanische Außenminister Yosuke Matsuoka nach Berlin kam und nahezu alle Aufmerksamkeit beanspruchte, ließ der ObdW sofort Keitel und Jodl, später Ribbentrop, Göring und Brauchitsch, Halder und Jeschonnek, schließlich die Gesandten aus Ungarn und Bulgarien rufen.[52]

Vor versammelten Militärs erklärte Hitler, er sei froh, daß sich der Belgrader Militärputsch jetzt abgespielt habe und nicht später, denn so könne man noch beizeiten zur »Erkenntnis der wirklichen Lage« kommen. Jugoslawien müsse als »unsicherer Faktor« angesehen und daher »zerschlagen« werden, vor allem im Hinblick auf »Marita« und »erst recht« wegen des geplanten Rußlandfeldzuges. Gegen Abend lag eine entsprechende Weisung Nr. 25 für die Wehrmacht zur Unterschrift vor.[53]

An dieser Absichtserklärung änderte sich nichts mehr, obwohl die Belgrader Offizierskamarilla versicherte, alle geschlossenen Verträge achten zu wollen und Simović sogar beteuerte, er sei immer ein Deutschenfreund gewesen.[54] Auch die problematischen Ergebnisse der folgenden Verhandlungen mit Bulgarien, Ungarn und Italien über ihre Beteiligung an dem Unternehmen »Fünfundzwanzig« – der Zerschlagung Jugoslawiens – fiel für Hitler kaum noch ins Gewicht.

Bulgarien wollte nichts riskieren und viel gewinnen. Ungarn verzichtete auf die Wiedervereinigung mit Kroatien[55] und wünschte, nachdem sich Teleki – angeblich wegen des bevorstehenden Bruches der zwischen Budapest und Belgrad bestehenden Freundschaft – erschossen hatte, lediglich den Schutz über eine halbe Million Magyaren in der Batschka zu übernehmen.[56] Italien gedachte eine Kroatische Exilorganisation unter Ante Pavelić in den Sattel zu setzen.

Eine Aufmarschanweisung des ObdH verknüpfte »Marita« und »Fünfundzwanzig«. Die in Bulgarien versammelte 12. Armee (List) mußte umgruppieren, denn sie sollte jetzt nicht nur zur Ägais vorstoßen, sondern gleichzeitig mit dem XXXX. Armeekorps (Stumme) in Mazedonien einen Keil zwischen Griechen und Jugoslawen treiben. Auf dem Boden der Südsteiermark und Ungarn zusammengezogene Kräfte traten unter das AOK 2 (Weichs). Ihre Beauftragung führte zum konzentrischen Angriff auf Slowenien, Bosnien und Kroatien.

Den Großverbänden waren Panzerkräfte zugeteilt. Der 12. Armee (List) unterstand die Panzergruppe 1 (Kleist) mit 5 Divisionen westlich Sofia. Zur 2. Armee (Weichs) trat das XXXXVI. Panzerkorps (Vietinghoff-Scheel), dessen 3 Divisionen bei Barcs an der ungarischen Südgrenze aufmarschierten. Leitlinien für die Operationen der schnellen Truppen bildeten die Morovafurche und das Vardartal. Auf der Magistrale Agram-Belgrad konnten motorisierte Verbände nach zwei Seiten vorstoßen.

Das Comando Supremo hielt in Istrien die 2. Armee (Ambrosio) für den Einfall nach Slowenien und Kroatien bereit. Ungarn mobilisierte seine 3. Armee (Gorody-Novák), doch erklärte Horthy dem ObdW, daß dieser Verband erst später eingreifen werde. Das bulgarische Heer sicherte an der türkischen Grenze und stellte Besatzungstruppen für

Westthrazien und Mazedonien. Antonescu bildete mit den rumänischen Divisionen eine Abwehrflanke gegenüber dem sowjetisch besetzten Bessarabien.
Das jugoslawische Heer (35 Divisionen) war schlecht bewaffnet, sein Zusammenhalt durch Minderheitenprobleme zum Zerreißen gespannt. Die griechische Armee (21 Divisionen) stützte sich auf kampferprobte Verbände, von denen aber nur 6–7 im Norden eingesetzt werden konnten. Das britische Expeditionskorps umfaßte größtenteils motorisierte Truppen aus Neuseeland und Australien, die sich kaum für den Gebirgskrieg eigneten und auf Verlangen der Dominien vorsichtig eingesetzt werden mußten.
Churchill und die Stabschefs hielten das durch Schwächung des Mittelostkommandos eingegangene Risiko für tragbar. »Ultra« besagte, daß die Deutschen in Libyen nicht vor Mai kampfbereit sein würden. Doch General Erwin Rommel wartete nicht bis zum vollzähligen Antransport seines Korps, sondern ließ gleich den ersten Aufklärungsvorstoß von El Agheila bis nach Agedabia verlängern und entwickelte aus dieser Bewegung überraschend schnell eine Offensive in Richtung auf Benghasi und Derna, wo mit O'Connor und drei anderen Generalen einige hundert Engländer als Gefangene eingebracht wurden.[57]
Dieser Vormarsch führte in Kairo zu einer Krise. Zwar lagen vor den Angriffsspitzen der Achsentruppen außer Tobruk noch andere Hindernisse. Bedenklich war jedoch, daß Cunningham und Longmore gezwungen waren, hochwertige Kräfte nach Griechenland abzugeben, die nun für einen wirkungsvollen Schlag gegen den deutsch-italienischen Nachschubverkehr fehlten, zumal Hitler mittlerweile die Marita-Fünfundzwanzig-Offensive ausgelöst hatte.
Der deutsche Angriff begann ohne ausdrückliche Kriegserklärung am 6. April 1941 um 05.15 Uhr mit heftigen Bombenschlägen der Luftflotte 4 (Löhr). Die Reichsführung gab lediglich bekannt, daß sie der Aufrichtung einer neuen britischen Front entgegenzutreten gezwungen sei. Ein Freundschaftspakt zwischen Jugoslawien und der Sowjetunion, dessen Unterzeichnung Stalin bis zum Morgen dieses Tages verzögert hatte, gewann keinerlei Bedeutung.[58]
Die Bombenangriffe, an denen sich das X. Fliegerkops (Geisler) beteiligte, erzielten eine starke Wirkung. Das Belgrader Regierungsviertel wurde teilweise zerstört, die Befehlszentrale des Generals Simović vernichtet. Das jugoslawische Nachrichtensystem brach zusammen. Die Explosion eines getroffenen Munitionsfrachters im Piräus brachte 12 Schiffe, 10 Leichter und 25 Motorkutter zum Sinken. Beschädigungen an den Hafenanlagen verhinderten weitere Ausschiffungen.[59]
Simović hatte schon vor Tagen die Mobilmachung befohlen. Aber 40–60 Prozent der einberufenen Reservisten, überwiegend Kroaten und Slowenen, waren den Kasernen ferngeblieben. Einige Truppenteile meuterten. Der von Ribbentrop nach Agram entsandte SS-Standartenführer Edmund Veesenmayer bewegte sich ungehindert in der Stadt, verhandelte mit ehemaligen Beamten und Offizieren des alten Österreich-Ungarn und legte ihnen die Trennung von Belgrad nahe.
Schnelle Truppen der 12. Armee (List) drangen in das Vardartal ein. Die 9. Panzerdivision (Hubicki) nach Skopje. Gebirgstruppen stießen zur albanischen Ostgrenze vor. Andere Verbände durchbrachen die Metaxaslinie, schwenkten um den Doiransee und besetzten Saloniki. Damit waren schon am dritten Tag alle Verbindungslinien zwischen Belgrad und Athen zerschnitten, Westthrazien und Mazedonien vom übrigen Griechen-

land getrennt. Die griechische Nordostfront brach zusammen. Ihre Truppen kapitulierten.[60] Auch Kleist hatte Operationsfreiheit gewonnen. Über Nisch rollte seine Panzergruppe durch das Moravatal auf Belgrad zu, wohin gleichzeitig aus dem Banat von Temeschwar das XXXXI. Armeekorps (Reinhardt) vordrang und Teile des XXXXVI. Panzerkorps (Vietinghoff-Scheel) eindrehten. Eine Division war nach Westen abgeschwenkt. Am 16. April 1941 rückte sie unter dem Jubel der Bevölkerung in Agram ein. Wenige Stunden später proklamierte dort Oberst Slavko Kvaternik einen »Unabhängigen Staat Kroatien«.[61]

Während die 2. Armee (Weichs) mit den Italienern bei Karlovac zusammentraf, suchte Simović rings um Sarajewo versprengte serbische Truppen einzusetzen. Doch ehe er den Widerstand organisieren konnte, stießen motorisierte Kräfte des Angreifers auch durch Bosnien vor. Der Staatschef übertrug seine Vollmachten auf General Danilo Kalafatović und floh weiter nach Montenegro. Schließlich wurden er und der junge König Peter II. von den Engländern ausgeflogen.

Bis zu diesem Tage füllten rund 344000 jugoslawische Gefangene die Aufnahmelager. Trotz Entlassung der Kroaten und Slowenen sank diese Zahl nur um ein Drittel, weil noch Zehntausende von Bauernwehren entwaffnet und durch einrückende Ungarn und Bulgaren zusammengetrieben wurden. Kenner der Verhältnisse rechneten allerdings mit einer hohen Dunkelziffer bei Serben und Skipetaren, die sich als Tschetniks in entlegenen Landesteilen verbargen.

Der griechische Oberbefehlshaber, General Papagos, hatte den verwegenen Entschluß gefaßt, die Italiener in einem letzten wuchtigen Anprall aus Albanien zu vertreiben. Solange sollte ihm General Sir Henry M. Wilson mit seinem Expeditionskorps den Rücken freihalten.[62] Der Plan scheiterte. Denn die italienische Heeresgruppe war jetzt an Truppenzahl überlegen und leistete erbitterten Widerstand. Zugleich durchbrachen Panzerdivisionen der 12. Armee (List) die britischen Riegelstellungen am Aliakom, Olymp und Termopylenpaß.

Unter diesen Umständen mußte sich das griechische Heer aus Albanien zurückziehen und Wavell mit Zustimmung des Londoner Kabinetts den Abtransport der Expeditionskorps vorbereiten. Cunningham beauftragte Admiral Sir Henry D. Pridham-Wippell mit der Evakuierung (Operation »Demon«). Er lief mit 4 Kreuzern, 3 Flakschiffen, 20 Zerstörern, 2 Sloops, 14 Truppentransportern und 2 Landefahrzeugen zu den Häfen der Peleponnes, denn auf dem Festland gab es keinen geeigneten Verladeplatz mehr.[63]

König Georg II. von Griechenland, die kronprinzliche Familie, hohe Beamte und Geheimnisträger wurden von »Sunderland«-Flugbooten der RAF abgeholt.[64] Koryzis beging Selbstmord, als deutsche Panzer nach Athen vorstießen. Das griechische Heer kapitulierte, zuerst verbandsweise, dann vor List und schließlich auf Verlangen des Duce noch einmal in Gegenwart italienischer Generale am 23. April 1941. Die 233000 Gefangenen wurden auf Anordnung Hitlers entlassen, den 18722 gefallenen Griechen militärische Ehren erwiesen.

Das Verladen des Expeditionskorps bereitete große Schwierigkeiten in den kleinen Häfen der Peleponnes, da die Luftflotte 4 (Löhr) ihre Bombenangriffe auf diese Plätze konzentrierte und deutsche Truppen durch Absprung eines Fallschirmjäger-Regimentes bei Korinth nachsetzten.[65] Dennoch konnte Pridham-Wippell bis Ende des Monats 50672 Mann einschiffen. Rund 21.900 Briten mußten sich ergeben. Zwei Zerstörer und vier Transporter sanken.[66]

Briten und Griechen gaben ihre Verluste nicht bekannt. Auch die Achsenmächte zögerten mit Bekanntmachungen. Das Comando Supremo bezifferte die Ausfälle an der Epirus-Front vom 28. Oktober 1940 bis 30. April 1941 auf 13755 Tote, 20087 Vermißte, 50874 Verwundete und 12368 Frostverletzte. Das OKW verzeichnete für die Zeit vom 6. bis 30. April 1941 im Balkanfeldzug 2559 Gefallene, 3269 Vermißte und 5820 Verwundete.

[1] Vgl. Briefwechsel Hitler-Mussolini: ADAP, D, XI, II, Nr. 369, 383. Allg. Ph. W. Fabry: Die Achsenpartner, in: D 11/1977, S. 999–1023. Näheres b. Baum/Weichold, S. 100ff. u. Hillgruber: Strategie, S. 277ff.

[2] M. Smith: Mussolini. Le stratega delle illusioni, in: St. 1/1976, S. 20ff.

[3] Zahlen nach Roskill, I, S. 417f.; dazu Baum/Weichold, S. 59ff. u. W. Warlimont: Die Insel Malta in der Mittelmeerstrategie des Zweiten Weltkrieges, in: WWR 8/1958. Zum Folgenden J. Rohwer: Der Nachschubverkehr zwischen Italien und Libyen vom Juni 1940 bis Januar 1943, Dokumentation, in: MR 4/1959, S. 105–107.

[4] Roskill, I, S. 419f.; P. Frh. v. Handel-Mazetti: Der britische Flugzeugangriff auf die italienische Flotte im Hafen von Tarent in der Nacht 11./12. November 1940, in: MR 50/1953.

[5] A. Trizzino: Die verratene Flotte, Bonn 1957, S. 21ff. (zit. Trizzino); Playfair, I, S. 235.

[6] La Marine italiana nella seconda guerra mundiale, XIII/I, Rom 1967; Le navi italiani, Rom [3]1971; Baum/Weichold, S. 66ff.; allg. Bernotti, S. 44ff.; Bocca, S. 50ff.; Bragadin, S. 33ff.; Ruge: Seekrieg, S. 62; Trizzino, S. 31; Santoro, I, 42ff.

[7] P. Pavolini: Il mare nostrum divenló inglese, in: St. 8/1976, S. 18–31; Playfair, I, S. 193ff.

[8] Paxton, S. 96ff.

[9] Die Machtkämpfe zw. d. Freien Franzosen u. ihr Spannungsverhältnis zu Engld. b. A. Gillois: Histoire secrète des Français à Londres de 1940 a 1944, Paris 1973, S. 44ff. (zit. Gillois). Näheres über d. amerikan. Verhandlungsanteil: FRUS, 1940, II, S. 394–399, 411, 414, 418; dazu auch R. Murphy: Diplomat among Warriors, London 1964, S. 71–91 (zit. Murphy).

[10] Abetz, S. 159–178; Aron: Vichy, S. 305ff.; Geschke, S. 100ff.; Hytier, S. 107ff.; Jäckel: Frkr., S. 126ff.; Michel: Vichy, S. 80; zum Aufstieg Darlans vgl. Paxton, S. 111ff. u. A. Darlan, S. 397; Weygand, III, 197.

[11] Briefwechsel Hitler-Pétain: ADAP, D, XI, I, Nr. 510, 566.

[12] Hubatsch: Weisungen, S. 116; ADAP, D, XI, I, Nr. 488; Halder II, S. 219.

[13] Zusammenhänge b. M. Howard: The Mediterranean Strategy in the Second World War, London 1968, S. 8–40 (zit. Howard) u. Comité de l'histoire de la 2e guerre mondiale: La guerre en Méditerranée 1939–1945. Actes du Collège International tenu à Paris du 8 au 11 avril 1968, Paris 1971 (zit. La guerre en Méditerranée).

[14] C. de Loverdo: La Grèce au combat, Paris 1966, S. 114f.; Papagos, S. 78ff.

[15] Visconti Prasca, S. 149ff.; F. Campiono: Guerra in Epiro, Neapel 1952. Gundelach, I, 59–70; Santoro, I, S. 103ff.

[16] Vor allem J. Harding: Mediterranean Strategy 1939–1945, London 1960; Howard, S. 41 u. Butler, S. 358f.; Einzelheiten b. Gaitanides, S. 227f. u. Playfair, I, S. 338f.

[17] D. Kahn: La guerra dei codici, Mailand 1971; neuerdings die Memoiren v. A. Clayton: The Ennemy is Listing, London 1981, S. 9ff. (zit. Clayton).

[18] Grundlegend J. Connell: Wavell. Scholar and Soldier, London 1964 u. R. Woolcombe: The Campaigns of Wavell 1939–1943, London 1959. Näheres b. Playfair, I, S. 259 u. Taylor: Moyes, S. 50f.; vgl. auch F. Pricolo: La Regia Aeronautica nella Seconda Guerra Mondiale. Novembre 1939 – Novembre 1941, Rom, Mailand 1972.

[19] C. G. Segre: L'Italia in Libia, Mailand 1979, S. 198ff. (zit. Segre); Playfair, I, S. 257–272.

[20] Strateg. Grundzüge b. Connell z. Clayton, Butler, S. 378 f. u. Playfair, I, S. 182ff., 429–450. Dazu d. militär. Operationen i. d. Darstellung v. A. Del Boca: La guerra d'Abissinia, Mailand 1966 u. A. J. Barker: Eritrea 1941, Rom 1968. Zum Partisanenkrieg C. Sykes: Orde Wingate, London 1970 (zit. Sykes). Über das Ende der it. Seestreitkräfte i. Roten Meer L. Pellegrino: L'Aventuroso, in: St. 2/1976, S. 30–39 u. Roskill, I, S. 182f., 429–450.

[21] Playfair, I. S. 277–293; Segre, S. 200ff.; A. v. Taysen: Tobruk 1941 (Einzelschr. z. milit. Gesch. des Zw. Weltkr., 21) Freiburg 1976 (zit. Taysen).
[22] Vgl. ADAP, D, XI, II, Nr. 369, 383; Halder, II, S. 211ff.
[23] Hitler an Mussolini: ADAP, D, XI, II, Nr. 586. Weiteres b. J. B. Hopton: Jugoslavia in Crisis, New York 1962, S. 249ff. (zit. Hopton).
[24] ADAP, D, XI, II, Nr. 380, 387, 389.
[25] Ebd., Nr. 426; dazu Hillgruber: Hitler, Carol, Antonescu, S. 117; ferner d. Memoiren v. H. Neubacher: Sonderauftrag Südost 1940–1945, Göttingen 1956, S. 54 (zit. Neubacher).
[26] ADAP, XI, II, Nr. 452; Pricolo, S. 43f.
[27] Führerweisung zur Verlegung des FlK: ADAP, D, XI, II, Nr. 487; Gundelach, I, S. 92–101; Santoro, I, S. 71ff.
[28] Taylor/Moyes, S. 53; Playfair, I, S. 321.
[29] Hubatsch: Weisungen, S. 81ff.; ADAP, XI, II, Nr. 570, 600; dazu Ph. W. Fabry: Balkan-Wirren 1940–1941, Darmstadt 1966, S. 26–50 (zit. Fabry: Balkan); Hoppe, S. 109ff.
[30] Da die Gespräche unter vier Augen geführt wurden, liegen keine Aufzeichnungen vor. Zu den Flügen s. Baur, S. 185f.; über die Besuche allg. Schmidt, S. 518; keine Einzelheiten b. Hoppe.
[31] ADAP, D, XII, II, Nr. 438, 649, 655, 668; eine entspr. TASS-Erklärung in: SD, III, S. 482; hierüber ausführl. Hoppe, S. 104ff.
[32] Butler u. Woodward erwähnen diese Tatsache kaum. Vgl. dagegen die aufschlußreichen Memoiren des ehemal. Gesandten G. W. Rendel: The Sword and the Olive. Recollections of Diplomacy and the Foreign Service, 1913–1954, London 1957, S. 176f.
[33] FRUS, 1941, I, S. 282; Hoppe, S. 111f.; Fabry: Balkan, S. 71ff.
[34] Unterredung Hitlers mit Cincar-Marković: ADAP, D, XI, I, Nr. 417.
[35] Allg. Hopton, S. 251ff.; E. L. Presseisen: Prelude to »Barbarossa«. Germany and the Balkans, in: JMH 32/1960; Fabry: Balkan, S. 58–83; G. Wuenscht: Jugoslawien und das Dritte Reich. Eine dokumentierte Geschichte der deutsch-jugoslawischen Beziehungen von 1933 bis 1945, Stuttgart 1969, S. 210ff. (zit. Wuenscht).
[36] Hubatsch: Weisungen, S. 93ff.; KTB/OKW, I, S. 261; Ch. Burdick: Operation »Cyclamen«. Germany and Albania 1940–1941, in: JCEA 4/1959, S. 23ff.; Rintelen, S. 119.
[37] Ch. Burdick: Unternehmen »Sonnenblume«, Neckargemünd 1972 (zit. Burdick). E. Weichold: Die deutsche Führung und das Mittelmeer unter dem Blickwinkel der Seestrategie, in: WWR 9/ 1959.
[38] Zu Thomas. KTB/OKW, I, S. 129, 134f, 149f.; zu Funck ebd., S. 281–284; zu Rintelen ebd., S. 241f., 245, 251, 258, 260f. auch ADAP, D, XI, II, Nr. 597.
[39] Ebd., Nr. 672, 677 u. KTB/OKW, I, S. 270f.; ferner Baum/Weichold, S. 136ff.; Ciano-Tgb. 18.–20. 2. 1941 u. Rintelen, S. 123ff.
[40] ADAP, D, XI, I, Nr. 652; vgl. M. Broszat: Die Eiserne Garde und das Dritte Reich, in: PSt. 101/1958, S. 628–636; C. Sburlati Codreanu e la Guardia di Ferro, Rom 1977.
[41] Huber, S. 132.
[42] Burdick, S. 73ff., 94ff.; Greiner, S. 218ff.
[43] ADAP, D, XI, II, Nr. 704; Önder, S. 88; Playfair, I, S. 370.
[44] Clayton, S. 24ff.; Butler, S. 359; Howard, S. 59f.
[45] ADAP, D, XII, I, Nr. 114; dazu Hopton, S. 117.
[46] ADAP, D, XII, II, Nr. 121.
[47] Ebd., I, Nr. 84, 130; Fabry: Balkan, S. 117.
[48] ADAP, D, XII, I, Nr. 168, 207; ausführl. R. Kiszling: Die Kroaten, Graz – Köln 1956, S. 162f. (zit. Kiszling); Wuenscht, S. 215f.
[49] Fabry: Balkan, S. 118f.; Hopton, S. 256ff. Zur Schlacht bei Kap Matapan s. S. W. C. Pack: The Battle of Matapan, London 1961; A. Seth: The Fleet Surprised. The Story of the Battle of Cape Matapan, London 1960; neuerdings A. Shepperd: Ultra at the Battle of Matapan, in: W 8/1981, S. 26–31.
[50] ADAP, D, XII, I, Nr. 111, 114, 129, 225, 259; Wuenscht, S. 213ff.
[51] Engel-Tgb., 24. 3. 1941.
[52] Die Unterredung mit d. Gesandten: ADAP, D, XII, I, Nr. 216; im übrigen vgl. Irving: Hitler, S. 225ff.
[53] Aufz. d. Majors Christian: ADAP:, D, XII, I, Nr. 217; Hubatsch: Weisungen, S. 106ff. Die Operationsplanung lief dementsprechend unter dem Stichwort »Fünfundzwanzig«.
[54] ADAP, D, XI, I, Nr. 225.
[55] Beide Königreiche waren 1091–1918 unter der Stefanskrone vereint.

[56] Teleki hatte in seinem Abschiedsbrief an Horthy, abgedr. b. Adám, Nr. 100, d. bevorstehenden Bruch des Freundschaftsvertrages vom Dezember 1940 als Motiv angegeben. Viele Beobachter hielten auch für möglich, daß d. Tod d. Gräfin u. Telekis eigene schwere Krankheit zu d. tragischen Entschluß beigetragen haben könnten. Die kommunistische Geschichtsschreibung äußert immer wieder den Verdacht, daß T. von »faschistischer« Seite zum Selbstmord getrieben wurde; so neuerdings E. Zemplén: Ujaab adetok Teleki haláláról? in: História 1/1982, S. 7–12.

[57] C. Barnett: Wüstengenerale, Hannover 1961; H. O. Behrendt: Rommels Kenntnis vom Feind im Afrikafeldzug (Einzelschr. z. militär. Gesch. des Zweiten Weltkr., 25) Freiburg 1980, S. 38ff.; 81ff. (zit. Behrendt); P. Carell: Die Wüstenfüchse, Hamburg [5]1960, S. 18ff. (zit. Carell: Wüstenfüchse); H. G. v. Esebeck: Afrikanische Schicksalsjahre. Geschichte des Deutschen Afrika-Korps unter Rommel, Wiesbaden [4]1975, S. 22ff. (zit. Esebeck); F. Kurowski: Das Afrika-Korps, München 1978, S. 29f. (zit. Kurowski: Afrikakorps); für d. brit. u. it. Seite vor allem Playfair, I, S. 273f. u. Ufficio Storico: La prima controoffensiva italo-tedesce in Africa settentrionale, Rom 1974.

[58] Hillgruber: Sowj. Außenpol., S. 61.

[59] Gundelach, I, S. 147ff. D. F. R. Mallows: The Night Pireus Died, in: W 5/1982, S. 228–233.

[60] Zum militär. Verlauf Baum/Weichold, S. 136–151; Bauer, I, S. 157ff.; Ch. Burdick: Greece and Crete, London 1953; Mellenthin, S. 40ff.; Nehring, S. 175ff.; E. Röhricht: Der Balkanfeldzug 1941, in: WWR 19/1962; K. v. Tippelskirch: Der deutsche Balkanfeldzug, in: WWR 2/1955.

[61] K. v. Tippelskirch: Der deutsche Balkanfeldzug 1941, in: WWR 1955; Kiszling, S. 105f.

[62] Papagos, S. 139ff.; A. Bucher: Der deutsche Griechenlandfeldzug, Heidelberg 1957.

[63] Butler, S. 455ff.; Churchill, III, 1, S. 263f.; Howard, S. 57ff.; Schramm v. Thadden, S. 196ff.; D. T. Thomas: Crete 1941. The Battle at Sea, London 1975, S. 73ff. (zit. Thomas).

[64] Königin Friederike: Erfahrungen, Tübingen 1971, S. 64f.

[65] Morzik/Hümmelchen, S. 103.

[66] Playfair, II, S. 96ff.; Thomas, S. 85f.

Die Schlacht im Atlantik

Obwohl sich Großadmiral Raeder vom Ringen um das Mittelmeer entscheidende Erfolge versprach, unterschätzte er nicht die Aussichten des Tonnagekrieges auf den nach England führenden Transportwegen.[1] Die militärgeographischen Voraussetzungen waren günstig. Wehrmachtverbände hielten die Küsten Westeuropas fast in der ganzen Länge besetzt. Von den neugewonnenen Stützpunkten konnten Einheiten der Marine die Britischen Inseln auf zwei Seiten überflügeln und Schiffsverbänden des Gegners erheblichen Schaden zufügen.

Wo Handelsstörer die englische Blockade durchbrachen, um in den Weiten des Weltmeeres zu operieren, wurde gelegentlich von »ozeanischem Zufuhrkrieg« gesprochen.[2] Sieben Hilfskreuzer waren unterwegs. Als Frachter getarnt, jagten sie vor allem Einzelfahrer mit Banngut. Gelegentlich wurden Zwangswege vermint oder Verladeplätze wie die Phosphatinsel Nauru im Pazifik unter Artilleriefeuer genommen. Die deutschen Raider brachten 30 Prisen ein und versenkten 79 Schiffe mit 639230 BRT, darunter einen australischen Kreuzer.[3]

Die Schlacht im Atlantik (»Battle of the Atlantic«) wurde hauptsächlich mit Unterseebooten ausgefochten. Die zweite Phase ihrer Kriegführung (Juli 1940–April/Mai 1941) brachte neue Höhepunkte und Rückschläge.[4] Zunächst war der U-Bootwaffe eine »Glückliche Zeit« beschieden, die Periode der größten Erfolge (gemessen an versenkter Tonnage je Boot und Seetag). Vom 1. Juli bis 31. Oktober 1940 schickten die U-Boote 287 Schiffe mit 1450878 BRT, 5 Hilfskreuzer und 1 Zerstörer auf den Grund des Meeres.[5]

Bewährt hatte sich die von Admiral Dönitz entwickelte Rudeltaktik. Die Boote wurden nach Maßgabe vom xB-Dienst (Bonatz) erstatteten Feindlagemeldungen gruppenweise angesetzt. Sie mußten oft tagelang marschieren und breite Suchbewegungen ausführen, am gefundenen Gegner Fühlung halten und »vorlich« seiner Fahrtrichtung eine günstige Gefechtsposition gewinnen, um schließlich bei Nacht über Wasser anzugreifen.[6] Die U-Boote konnten so ihre Dieselkraft ausnutzen und der britischen Asdic-Ortung entgehen.[7]

Churchill und Alexander, der neue C-in-C Western Approaches (Noble), die Anti-Submarine Warfare Division (Creasy) und das Coastal Command (Bowhill) unternahmen große Anstrengungen, um den Geleitschutz zu verbessern. Als wirksame Waffe gegen die Rudel (»Wolf-packs«) erwiesen sich Korvetten, von denen jetzt viele vom Stapel liefen. Sie erhielten RADAR zur Überwasserortung der nächtlichen Angreifer, bald auch »High Frequency Direction Finders« (HF/HD oder »Huff-Duff«), mit denen die Funksignale der U-Boote angepeilt werden konnten.[8]

Bald waren die Gewässer in Küstennähe so stark gesichert, daß Dönitz mit seinen Rudeln nach Westen ausweichen mußte. Er nahm dabei längere Marschzeiten, kürzere Einsatzdauer und andere Erschwernisse in Kauf. Der Befehlshaber der U-Boote (BdU) brauchte »mehr Augen«. Die Mithilfe der Italiener enttäuschte. Ein zugeteilter Verband des Kampfgeschwaders 40 (Harlinghausen) konnte zwar Maschinen vom Typ Focke Wulf »FW 200« weit auf den Atlantik hinausschicken und dort sogar einzelne Schiffe versenken, aber nicht Fühlung halten.[9]

Seit dem Abflauen der Winterstürme stiegen die britischen Verluste wieder. Im Februar 1941 gingen 42 Schiffe (207648 BRT), im März 43 Schiffe (236223 BRT), im April 46 Schiffe (260414 BRT) und im Mai 63 Schiffe (349620 BRT) verloren. Andererseits gewann das Operational Intelligence Centre der Royal Navy (Denning) neue Informationen, verdichtete sich dementsprechend das Lagebild im Tracking Room des Naval Staff (Winn) und konnten die von Admiral Sir Percy Noble aufgestellten Escort Groups kräftig zuschlagen.[10]

Kurz hintereinander sanken fünf deutsche Unterseeboote. Besonders schmerzte der Verlust von »U 47« (Prien), »U 99« (Kretschmer) und »U 100« (Schepke). Mit ihnen gingen drei Listenführer zugrunde. Die Kapitänleutnante Günther Prien und Joachim Schepke hatten, ehe sie im Atlantik starben, 28 und 39 Schiffe des Gegners versenkt. Korvettenkapitän Otto Kretschmer hielt bis zu seiner Gefangennahme durch den Kommandanten eines britischen Zerstörers mit 44 Versenkungen die Spitze.[11]

Schwerwiegende Folgen hatte, wie sich nach dem Kriege herausstellen sollte, das Ende von »U 110« (Lemp) am 9. Mai 1941. Das manövrierunfähige Boot durchstieß die Wasseroberfläche, seine Besatzung wurde geborgen, der Kommandant erschossen. Ohne Wissen der Schiffbrüchigen, die man schnell unter Deck des rettenden Zerstörers brachte, barg der Sublieutnant David Balme aus dem Rumpf des Havaristen eine Schlüsselmaschine M samt Walzen und Anleitung, Funkkladde, Kurzsignalheft, Satz- und Kenngruppenbüchern – Materialien von höchstem Wert.[12]

Dieser Fund hatte zunächst keine unmittelbaren Folgen, da man ihn noch zusammen mit anderen Beutepapieren von Bord deutscher Wetterschiffe und eines bei den Lofoten geenterten Vorpostenbootes auswerten mußte.[13] Der deutsche Marinekode wurde zwei Wochen später entziffert. Aber auch später lagen zuständigen Offizieren wie Admiral Sir Norman Denning und Commander Roger Winn nicht immer rechtzeitig lückenlos entzifferte Funksprüche deutscher Stäbe und Einheiten zur Beurteilung vor.

Im vergangenen Halbjahr hatte der Marinenachrichtendienst unter Admiral Sir John Godfrey nur wenige aufschlußreiche Informationen über geplante deutsche Atlantikunternehmungen mit schweren Einheiten erhalten, obwohl diese monatelang in Kiel und Gotenhafen auf ihren Einsatz vorbereitet wurden. Raeder befahl zuerst »Admiral Hipper« (Meisel), dann auch »Admiral Scheer« (Krancke) den Ausbruch durch die Nordpassagen. In langen Fahrten versenkten die beiden Kreuzer insgesamt 31 Schiffe mit 153320 BRT.[14]

Die Raider waren noch nicht zurückgekehrt, als zum ersten Mal in der Seekriegsgeschichte deutsche Schlachtschiffe im Atlantik erschienen. Der Flottenchef, Admiral Günter Lütjens, hatte mit »Scharnhorst« (Hoffmann) und »Gneisenau« (Fein) die Island-Färöer-Enge passiert, um auf den Halifax- und Freetown-Routen der Briten zu operieren (Unternehmen »Berlin«). Als der Verband wohlbehalten den ihm zugewiesenen Liegeplatz in Brest erreichte, mußten die Engländer weitere 22 Schiffe mit 115622 BRT abschreiben.[15]

Unterdessen sah sich die SKL mit Einwänden des Admirals Alfred Saalwächter konfrontiert. Er empfahl, Minenleger, Zerstörer und Schnellboote in englische Küstengewässer

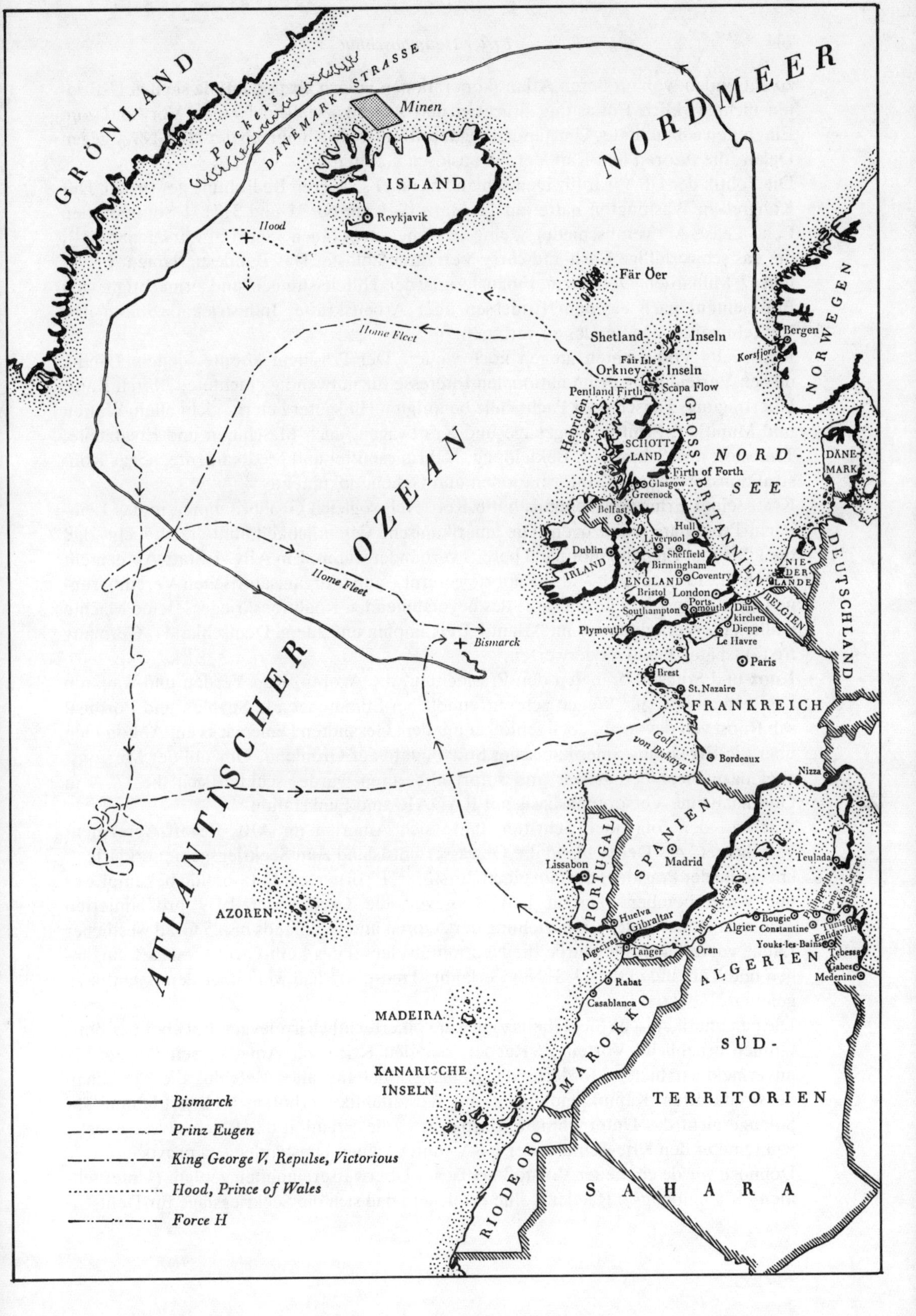
GRÖNLAND
Packeis
DÄNEMARK-STRASSE
Minen
ISLAND
Reykjavik
NORDMEER
Hood
Fär Öer
Home Fleet
Shetland-Inseln
Bergen
Korsfjord
NORWEGEN
Fair Isle
Orkney-Inseln
Peniland Firth
Scapa Flow
Hebriden
SCHOTTLAND
GROSS-BRITANNIEN
NORD-SEE
DÄNEMARK
Firth of Forth
Glasgow
Greenock
Belfast
Hull
Liverpool
Sheffield
Dublin
IRLAND
Birmingham
Coventry
NIEDERLANDE
ENGLAND
Bristol
London
Southampton
Portsmouth
Dünkirchen
BELGIEN
DEUTSCHLAND
Plymouth
Dieppe
Le Havre
Paris
OZEAN
Home Fleet
Bismarck
Brest
St. Nazaire
FRANKREICH
Golf von Biskaya
Bordeaux
Nizza
ATLANTISCHER
PORTUGAL
SPANIEN
Lissabon
Madrid
Teulada
AZOREN
Huelva
Gibraltar
Algeciras
Tanger
Mers el Kebir
Oran
Algier
Bougie
Constantine
Philippeville
Bone
Kap Serrat
Tunis
Enfidaville
Youks-les-Bains
Tebessa
Gabes
Medenine
ALGERIEN
Rabat
Casablanca
MAROKKO
MADEIRA
KANARISCHE INSELN
SÜD-TERRITORIEN
RIODEORO
SAHARA
Bismarck
Prinz Eugen
King George V, Repulse, Victorious
Hood, Prince of Wales
Force H

zu entsenden, von größeren Atlantikoperationen jedoch abzusehen, da sie den U-Booten nicht wirklich Entlastung brächten und Amerika vielleicht einen Vorwand zum Eingreifen gäben, unter Umständen sogar präventive Maßnahmen der U. S. Navy gegen Dakar, die Azoren und Kap Verden auslösen könnten.[16]
Die Politik der USA war für Deutschland zu einer schweren Bedrohung geworden. Der Kongreß in Washington hatte am 11. März 1941 mit 60:31 und 317:71 Stimmen den Lend-Lease-Act verabschiedet[17], eine »war measure« (auch »Short of war« genannt)[18], die das schwerfällige Cash-and-carry-Verfahren ablöste. Das Bundesparlament bewilligte 7 Milliarden Dollar zur Finanzierung der Hilfeleistungen und ermächtigte den Präsidenten, nach eigenem Ermessen über Arbeitskräfte, Industriekapazitäten und Verkehrsmittel des Landes zu verfügen.[19]
Roosevelts Vollmachten gingen noch weiter. Der Präsident konnte »jedem Land«, dessen Verteidigung er im nationalen Interesse für notwendig erachtete, »durch Kauf, Übertragung, Tausch oder Pacht« alle benötigten Hilfsgüter liefern, nicht allein Waffen und Munition, Schiffe, Flugzeuge und Kraftwagen, auch Maschinen und Ersatzteile, Treibstoff und Schmieröl, Bekleidung, Nahrungsmittel und Medikamente, sogar Konstruktionszeichnungen, Informationen und Geheimdokumente.[20]
Kraft seiner Ermessensbefugnis hatte Roosevelt sogleich Großbritannien in das Leih-Pacht-Programm einbezogen. Die amerikanische Öffentlichkeit ahnte noch nicht, daß die USA und England inoffiziell bereits verbündet waren. Ein ABC-1-Staff-Agreement vom März 1941 enthielt – als »Report« getarnt – außer organisatorischen Vereinbarungen die strategischen Grundsätze des bevorstehenden Koalitionskrieges. Beide Mächte wollten die Verkehrswege im Atlantik freikämpfen und zuerst Deutschland (»Germany first«), später Japan niederwerfen.[21]
Knox und Stimson drängten den Präsidenten, die Azoren, Kap Verden und Kanaren besetzen zu lassen.[22] Wegen achsenfreundlicher Stimmungen in Spanien und Portugal sah Roosevelt davon ab, doch schloß er mit dem Gesandten Dänemarks ein Abkommen über die Errichtung amerikanischer Stützpunkte auf Grönland. Obwohl der Missionschef dazu nicht befugt war und sofort abberufen wurde, schufen sich die USA in Godthaab eine Versorgungsbasis mit RADAR- und Funkstation.[23]
Auch zu den folgenden Schritten hatte sich Amerika im ABC-1-Staff-Agreement verpflichtet. Als Deutschland die Gewässer um Island zum Seekriegsgebiet erklärte[24], entsandte der Präsident dorthin einen Zerstörer. Er ortete ein U-Boot und bekämpfte es mit Wasserbomben. Darauf ließ Roosevelt die Grenze der 1939 proklamierten »Panama-Zone« unter Einbeziehung der Azoren und Grönlands bis 25 Grad westlicher Länge vorverlegen. So wurde die Neutralitätsklausel des Leih-Pacht-Gesetzes umgangen und Verbänden der U.S. Navy erlaubt, Transporte halbwegs über den Atlantik zu geleiten.[25]
Die panamerikanische Sicherheitszone war völkerrechtlich irrelevant, bot aber Großbritannien erhebliche Vorteile.[26] Raeder, der den Krieg mit Amerika seit langem für unvermeidlich hielt[27], forderte daher die Aufhebung aller Befehle, die deutschen Seestreitkräften Kampfhandlungen im Westatlantik verboten.[28] Hitler lehnte ab. Solange nicht das Unternehmen »Barbarossa« die Situation des Reiches verbesserte, wünschte er den Kriegseintritt der USA »unter keinen Umständen« zu provozieren.[29]
Dennoch wurde ein neuer Vorstoß deutscher Überwassereinheiten geplant (Unternehmen »Rheinübung«). Raeder wollte erreichen, daß sich die Seekriegslage für Deutsch-

land vor der amerikanischen Intervention verbesserte.[30] In Begleitung des Schweren Kreuzers »Prinz Eugen« (Brinkmann) sollten die neuen Schlachtschiffe »Bismarck« (Lindemann) und »Tirpitz« (Topp) zum Atlantik vorstoßen und zusammen mit dem von Brest auslaufenden Geschwader alliierte Geleitzüge angreifen.[31] Zur Unterstützung des Vorhabens wurden sieben U-Booten Standlinien von Grönland zugewiesen und Treibölversorger vorausgeschickt.[32]

»Bismarck« (Lindemann) führte seit August Flagge und Wimpel; Schiff und Besatzung erfüllten alle Anforderungen. Dagegen meldeten »Tirpitz« (Topp) mangelnde Kriegsbereitschaft und die »Scharnhorst« (Hoffmann) erhebliche Maschinenschäden. Die in Brest eingedockte »Gneisenau« (Fein) fiel wegen Torpedo- und Bombentreffern sechs Monate lang aus. »Prinz Eugen« (Brinkmann) wurde durch die Detonation einer Grundmine beschädigt. Lütjens mußte daher auf die Wahrnehmung der günstigen Neumondphase verzichten und einen anderen Termin abwarten.[33]

Als der Befehl zum Auslaufen kam und die Marinegruppe Nord (Carls), »Bismarck« (Lindemann) und »Prinz Eugen« (Brinkmann) durch den Großen Belt und das Kattegat geleitete, erhielt Godfrey hiervon eine Agentenmeldung.[34] Am folgenden Tag erfaßten englische Luftbildaufklärer den Verband im Korsfjord bei Bergen, und schließlich entdeckte ein Flieger das Verschwinden der deutschen Schiffe. Der Naval Staff zog daraus die richtigen Folgerungen. Er rechnete mit einem Ausbruch in den Atlantik. Pound alarmierte die Home Fleet (Tovey).[35]

Der Erste Seelord ließ ihr den zum Schutz eines Truppengeleites bereitgehaltenen Flugzeugträger »Victorious« (Bovell) und die »Repulse« (Tennant) zuteilen. Anfangs unterstanden Admiral John L. Tovey aber nur die Schlachtschiffe »King George V« (Patterson), »Prince of Wales« (Leach) und »Hood« (Kerr), zwei Kreuzer-Geschwader und mehrere Zerstörer-Flottillen. Das Gros der Heimatflotte durfte seinen Liegeplatz von Scapa Flow nicht sofort verlassen, weil es sonst Gefahr lief, wegen Brennstoffmangels verfrüht umkehren zu müssen.

Tovey detachierte die Kreuzer in das Seegebiet beiderseits von Island, wo man den deutschen Verband erwartete. Das 1st Cruiser Squadron (Wake-Walker) beobachtete mit »Sheffield« (Ellis) und »Norfolk« (Phillips) die Dänemarkstraße, während das 2nd Cruiser Squadron (Curteis) den Raum nördlich der Färöer absuchte. Rückhalt bot die nach Westen laufende Gruppe des Admirals Sir Lancelot Ernest Holland. Er befehligte die »Hood« (Kerr), das stärkste Schiff der Royal Navy, und »Prince of Wales« (Leach).[36]

Lütjens umging die Minenfelder im Norden von Island dicht an der Packeisgrenze. Trotz starker Sichtbehinderung wurde sein Verband von den Kreuzern des Admirals Sir Frederick Wake-Walker mit RADAR erfaßt. »Sheffield« (Ellis) und »Norfolk« (Phillips) folgten dem Deutschen als Fühlungshalter. Ihre Meldungen veranlaßten den C-in-C Home Fleet, Holland in die Dänemarkstraße zu dirigieren. Am 24. Mai 1941 um 15.25 Uhr trafen die Gegner aufeinander. Die Briten eröffneten das Feuer und wurden ihrerseits mit Granaten eingedeckt.

Als Holland um 15.55 Uhr eine Wendung nach Backbord befahl, traf eine Vollsalve der »Bismarck« (Lindemann) den englischen Schlachtkreuzer. Eine »ungeheure Flamme mit weißglühender Detonationswolke schoß zwischen den Masten über 300 m empor«; in zwei Teile zerrissen, versank die »Hood« (Kerr).[37] Nur drei von 1419 Besatzungsmitgliedern wurden geborgen. »Prince of Wales« (Leach) entkam unter Schwarzqualmen, nach sieben Treffern, mit 600 t Wasser im Achterschiff.

Roosevelt verfolgte aufmerksam jede Phase der Operationen, entschlossen, aus dem Geschehen politischen Nutzen zu ziehen. Seit zwei Tagen diskutierte er mit Knox, Stimson und Stark über etwaige Gegenmaßnahmen.[38] Man hatte schon erwogen, die Masse der Pacific Fleet (Kimmel) von Pearl Harbor nach Tampa oder Charleston zu holen. Nun dachte der Präsident daran, die »Bismarck« (Lindemann) durch amerikanische Unterseeboote versenken zu lassen, falls sie in die Karibik vorstieß. Aber nichts von alledem ließ sich realisieren.[39]

Ein starkes Hindernis waren noch immer die Resultate der Demoskopie. Anfang Mai hatten 79 Prozent der Befragten die Hoffnung ausgedrückt, daß es gelingen werde, die USA vor dem Kriege zu bewahren.[40] Roosevelt hielt dieses Wunschdenken für gefährlich. Er beschloß, sich mit Hinweisen auf Kreta, den »Bismarck«-Raid und einen angeblich bevorstehenden deutschen Überfall auf Atlantik-Inseln direkt an die Nation zu wenden. Die Ansprache des Präsidenten sollte mit der Verkündigung des Notstandes enden.[41]

Während Roosevelt am Text seiner Rede arbeitete, sah sich Lütjens gezwungen, die »Bismarck«-Unternehmung abzubrechen. Das Flaggschiff war dreifach getroffen: es mußte mit der Fahrt um einige Knoten heruntergehen und hinterließ eine Ölspur. Der Flottenchef schickte daher »Prinz Eugen« (Brinkmann) weiter nach Süden zur selbständigen Operation auf Einzelfahrer und nahm seinerseits Kurs auf die französische Atlantik-Küste, wo er dem Marinekommando West (Saalwächter) das Einlaufen in St. Nazaire ankündigte.

Inzwischen hatte Pound weitere Kräfte aufgeboten. Von Süden näherte sich die Force H (Somerville) mit der »Ark Royal« (Maund) und dem Schlachtkreuzer »Renown« (McGrigor). Im Osten und Westen wurden die Schlachtschiffe »Rodney« (Dalrymple-Hamilton) und »Ramillies« (Read) von Konvois abgezogen, um sich mit der Heimatflotte zu vereinigen. Tovey kreuzte den Kurs des Deutschen, während neun »Swordfish«-Maschinen der »Victorious« (Bovell) die »Bismarck« (Lindemann) ohne nennenswerten Erfolg angriffen.

Wake-Walker verlor den Kontakt, doch am nächsten Morgen fand ein »Catalina«-Flugboot das Schlachtschiff wieder. Mittags ließ die »Ark Royal« (Maund) trotz ungünstigen Wetters ihre Flugzeuge starten. Ein Torpedotreffer zerstörte die Ruderanlage und machte die »Bismarck« (Lindemann) manövrierunfähig. In der Nacht scheiterten Angriffe der 4. Zerstörer-Flottille (Vian). Am 27. Mai 1941 war Tovey mit »King George V« (Patterson) und »Rodney« (Dalrymple-Hamilton) zur Stelle. Ihr Artilleriefeuer zerschlug die Deckaufbauten des Havaristen.

Als Pound der Schlachtschiffgruppe wegen Brennstoffmangels den Rückzug befahl, setzten zwei Kreuzer – »Norfolk« (Phillips) und »Dorsetshire« (Martin) – die Beschießung fort. Nach zwei weiteren Torpedotreffern befahl der älteste noch lebende deutsche Offizier, das Wrack zu sprengen. Um 10.40 Uhr sank die »Bismarck« auf 48.10 Grad Nord und 16.12 Grad West mit wehender Flagge. Von 2007 Besatzungsangehörigen wurden 115 gerettet. Der gesamte Flottenstab war gefallen.[42]

An diesem Tag hielt Roosevelt die vorgesehene Ansprache. Er verwies auf den Weltherrschaftsanspruch des deutschen Diktators, der die Macht habe, Spanien und Portugal, Dakar, die Azoren und Kap Verden (»island outposts of the New World«) zu besetzen. Damit käme die Westliche Hemisphäre in Reichweite der zerstörerischen Naziwaffen (»within range of the Nazi Weapons of destruction«). Um dies zu verhin-

dern, proklamierte der Präsident den nationalen Notstand (»an unlimited national emergency«).[43]
Indes drohte den Angelsachsen nichts weniger als der Verlust ihrer Seeherrschaft. Daß es der britischen Admiralität gelungen war, in fünf Tagen 2 Flugzeugträger, 8 Schlachtschiffe, 11 Kreuzer und 21 Zerstörer mit Erfolg gegen die »Bismarck«-Gruppe einzusetzen, galt als ein Nachweis für Entschlossenheit und Stärke. Der nächste Schlag sollte »Prinz Eugen« (Brinkmann) treffen, doch hatte der Kreuzer wegen Maschinenschadens aufgegeben. Am 1. Juni 1941 lief er in Brest ein.[44]
Damit war der Höhepunkt des Zufuhrkrieges mit schweren deutschen Einheiten überschritten. Zwar hielt Raeder an seiner Konzeption der Atlantik-Offensive unbeirrt fest. Er wollte »Lützow« (Kreisch) auf den Weg bringen, »Admiral Hipper« (Meisel) und »Admiral Scheer« (Krancke) hinterherschicken, möglichst auch wieder »Scharnhorst« (Hoffmann) und »Gneisenau« (Fein) einsetzen.[45] Dabei versprach sich der ObdM von Schniewind, dem neuen Flottenchef, besonnene und erfolgbringende Operationen. Hitler fand jedoch, daß der Aufwand in keinem rechten Verhältnis zu den Versenkungsziffern stand.[46]
Trotz schwerer Verluste wuchs Englands maritime Kraft. Mit der erbeuteten »Enigma«-Maschine und ihrer noch gültigen Walzeneinstellung war Bletchley Park imstande, Winn die Anhaltspunkte für ein umfangreiches Feindlagebild zu liefern. Zum erstenmal entwarf die Plans Division (Daniel) weitläufige Operationen auf Special-Intelligence-Basis (»Ultra« oder »Z«). Pound bildete aus Flugzeugträgern und Kreuzern neue Jagdgruppen, die alsbald das ganze Versorgungssystem der deutschen Atlantikfahrer zerschlugen.
Das überraschende Ende von nicht weniger als neun dieser Blockadebrecher wie auch der »Atlantis« (Rogge), des neben »Pinguin« (Krüder) erfolgreichsten deutschen Hilfskreuzers, machte die Pläne der SKL zunichte. Fricke, der jetzt Chef ihres Stabes war, nahm zur Kenntnis, daß Hitler ein britisches Landeunternehmen in Norwegen erwartete und mit Treibstoffverlusten rechnete.[48] Unter diesen Umständen mußten schließlich alle schweren Einheiten ihrer Hauptaufgabe entfremdet und dem MGr.-Kommando Nord (Carls) zugeführt werden. Die großen Schiffe verkümmerten zur »Küstenflotte«.[49]
Auch Dönitz bekam den Ausfall der Versorger und die Verknappung des Treiböls zu verspüren, auch er mußte Einheiten abgeben. Zehn U-Boote wurden ins Mittelmeer geschickt, vier andere gingen nach Norwegen. Hinzu kam, daß Hitler mit der Weisung Nr. 32b den Schwerpunkt zur Luftrüstung verlegte. Die Marine erhielt nicht mehr genügend Rohstoffe. Von 57000 benötigten Werftarbeitern fehlten ihr 37000. Am Ende wurden alle Fertigungsprogramme den Erfordernissen des Krieges im Osten angepaßt.[50]

[1] Raeder, II, a. a. O., S. 221–226.

[2] Bekker: See, S. 172f.; Bidlingmaier: Einsatz, S. 122ff.; J. Brennecke: Das große Abenteuer. Deutsche Hilfskreuzer 1939–1945, Biberach/Riß 1958 (zit. Brennecke: Hilfskreuzer); L. Peillard: Die Schlacht im Atlantik, München 1978, S. 141ff. (zit. Peillard: Atlantik); ders.: U-Boot-Krieg, S. 75ff.

[3] Brennecke: Hilfskreuzer, S. 424–478; Hümmelchen: Handelsstörer, S. 309.

[4] Zur Periodisierung s. Roskill, I, S. 451–482; Rohwer: U-Boote, S. 14f. u. ders.: U-Bootkrieg, a. a. O., S. 333; Costello/Hughes, S. 15ff.

[5] Dönitz, S. 100–142; Rohwer: U-Bootkrieg, S. 334ff.; Peillard: Atlantik, S. 99ff.; ders.: U-Bootkrieg, S. 82ff.

[6] Zahlen nach Hillgruber/Hümmelchen u. Rohwer/Hümmelchen (Chroniken); Rohwer: U-Bootkrieg, S. 330.

[7] Unter Wasser liefen d. U-Boote mit E-Motoren höchstens 7 kn, auch das nur kurze Zeit.

[8] Roskill, I, a. a. O., S. 343–365.

[9] W. Gaul: Die Marinefliegerverbände und operative Luftwaffe im Einsatz über See, in: MR 50/1953, S. 71–76; Dönitz, S. 133ff.

[10] D. Mackintyre: U-Boat-Killer, London 1956, S. 301–344.

[11] Busch, S. 67ff.; Böddeker, S. 100f., 104–107; Lewin, S. 245ff.

[12] Dönitz, S. 170; Böddeker, S. 121ff.; Beesly, S. 99f.; Lewin, S. 245ff.

[13] Vgl. neuerdings F. H. Hinsley, E. E. Thomas, C. F. G. Ranson, R. C. Knight: British Intelligence in the Second World War, Bd. 2, New York 1981.

[14] Bidlingmaier: Einsatz, S. 124ff.; Brennecke: Hilfskreuzer, S. 126ff.; ders.: Hipper, S. 146ff.; ders.: Scheer, S. 81ff.; der gr. Zusammenhang b. Salewski, I, a. a. O., S. 382f. u. 386f.; Zahlen nach Rohwer/Hümmelchen: Chronik, S. 113.

[15] Aßmann: Schicksalsjahre, S. 233; F. W. Rasenack: Erfolge der deutschen Seestrategie im Zweiten Weltkrieg, in: MOM-Nachr. 1963, S. 224. Einzelheiten b. Bredemaier: Scharnhorst, S. 92ff. u. Kähler: Gneisenau, S. 98ff.

[16] Salewski, I, S. 377ff.

[17] Die Abstimmungsverhältnisse a) im Senat, b) im Repräsentantenhaus (nach Änderung der Vorlage).

[18] Begriffe, die Roosevelt während der langen Debatte häufig verwendete; dazu nützl. mit Verarbeitg. neuerer Lit. J. MacG. Burns: Roosevelt. The Soldier of Freedom, New York 1976, S. 65f. (zit. Burns); unentbehrlich R. A. Divine: Roosevelt and World War II, Baltimore, Md., 1969, S. 48ff. (zit. Divine).

[19] Dallek, S. 259ff.

[20] R. A. Divine: The Reluctant Belligerent. American Entry into World War II, New York (zit. Divine: American Entry); Kimball, S. 145ff. u. 196ff.; Langer/Gleason: Undecleared War, S. 280; W. Schlauch: Rüstungshilfe der USA an die Verbündeten im Zweiten Weltkrieg, Darmstadt 1967, S. 24ff., 28ff., 55ff. (zit. Schlauch). Von d. ält. Lit. noch unentbehrl. J. Carl: Das amerikanische Leih-Pacht-Gesetz, Frankfurt 1957, S. 22ff.

[21] Helbich, a. a. O., S. 41; Morison, XI, a. a. O., S. 25ff., Langer/Gleason: Undecleared War, a. a. O., S. 283ff. u. 421ff.; Matloff/Snell, a. a. O., S. 34ff.; dazu ausführlich auch M. R. Beschloß: Kennedy and Roosevelt. The Uneasy Alliance, New York 1980.

[22] Zu Knox, Stimson u. Ickes s. M. Chadwin: Hawks of World War II, Chapel Hill, N. C., 1968 u. Dallek, S. 264. Bezeichnend d. Tgb.-Einträge v. H. L. Ickes: The Secret Diary of Harald L. Ickes. The Lowering Clouds, 1939–1941, New York 1954, S. 393 (zit. Ickes); Stimson-Diary, 10. 4. 1941.

[23] L. Guyon: Terre Neuve, Le Groenland et l'Islande dans la stratégie navale de 1941 à 1945, in: RDD 1956, S. 171ff.; Dahms: Roosevelt, S. 67; Sherwood, S. 222; Tansill, S. 625.

[24] Salewski, I, S. 491.

[25] 77th Congress. First Section on H. R. 1776, 195. Hearing before the Senate Committee on Foreign Relations. Lend-Lease Bill 1941, Part I.

[26] Burns, a. a. O., S. 84ff.; Divine, S. 51f.; ders.: Entry, S. 47ff.; Grundlegend S. E. Morison: History of the United States Naval Operations in World War II, 11 Bde., Boston, Mass., 1951–1963 (zit. Morison I–XI), hier: XI (The Battle of the Atlantic), S. 8–62; ferner Tansill, a. a. O., S. 626f. Eine Liste d. mit amerikan. Hilfe aufgebrachten od. versenkten dt. Schiffe in: LV, S. 222.

[27] Friedländer: Auftakt, a. a. O., S. 136ff.; A. Hillgruber: Der Faktor Amerika in Hitlers Strategie 1938–1941, in PZ 19/1966, S. 1–21; Salewski, I, S. 490f. Völlig anders Compton, S. 146f.

[28] LV, S. 223, 231f., 234.

[29] Ebd., S. 236.

[30] Raeder, II, a.a.O., S. 266; Bidlingmaier: Einsatz, a.a.O., S. 206; Salewski, I, a.a.O., S. 388ff.

[31] Auszug a. d. Weisg. v. 2. 4. 1941 b. Bidlingmaier: Einsatz, S. 109f.

[32] Zur Planung s. Salewski, I, S. 389; zur U-Bootaufstellung Dönitz, S. 163. Weiteres b. G. Bennett: Seeschlachten im 2. Weltkrieg, München 1981, S. 190ff. (zit. Bennett); J. Brennecke: Schlachtschiff Bismarck, München 1981, S. 41f. (zit. Brennecke: Bismarck); ders.: Schlachtschiff Tirpitz, München 1959, S. 24 (zit. Brennecke: Tirpitz); L. Peillard: Versenkt die Tirpitz! Bergisch Gladbach 1976, S. 9 (zit. Peillard: Tirpitz).

[33] Bidlingmaier: Einsatz, S. 207ff.

[34] R. Grenfell: Jagd auf die Bismarck. Kampf und Untergang des deutschen Schlachtschiffes im Jahre 1941, Tübingen [2]1958, S. 9 (zit. Grenfell); L. Kennedy: Versenkt die Bismarck! Wien – München 1974, S. 14 (zit. Kennedy: Bismarck).

[35] Ebd., S. 33ff.; Butler, S. 476f.; Roskill, I, S. 395–495.

[36] Grenfell, S. 54ff u. Kennedy: Bismarck, S. 76ff.

[37] Bennett, S. 194ff.

[38] Burns, S. 98ff; Divine, S. 52; Dallek, S. 261; Matloff/Snell, S. 35f.; Langer/Gleason: Undecleared War, S. 421ff.

[39] Stimson-Diary, 20. 5. 1941; Ickes-Diary, 23. 5. 1941; Berle-Diary, 26. 5. 1941; Blum: Morgenthau, S. 253f.; R.I. Rosenman: Working with Roosevelt, New York 1952, S. 279–287 (zit. Rosenman); Sherwood, S. 294ff. Zur militär. Seite s. St. Conn u. B. Fairchild: The Western Hemisphere. The Framework of Hemisphere Defense, Washington, D. C., 1960, S. 101ff. (zit. Conn).

[40] H. Cantril (Hg.): Public Opinion, 1935–1946, Princeton, N.J., 1951, S. 1128.

[41] B.B. Berle u. T.B. Jacobs (Hg.): Navigating the Rapids, 1918–1971. From the Papers of Adolf A. Berle, New York 1973, S. 369f. (zit. Berle-Diary); Ickes-Diary, S. 527f.

[42] Bennett, S. 201ff.; Bidlingmaier: Einsatz, S. 221ff.; Brennecke: Bismarck, S. 244ff. u. 266ff.; Grenfell, S. 190ff.; Kennedy: Bismarck, S. 216ff. Zur Wertung vor allem G. Bidlingmaier: Erfolg und Ende des Schlachtschiffes »Bismarck«, in: WWR 1959, S. 261ff.; E. Förste: Gedanken zu einem Buch über Schlachtschiff »Bismarck«, in: MR, 1961, S. 335ff.; P. Schmalenbach: Schwerer Kreuzer »Prinz Eugen«, München 1982, S. 147ff. (zit. Schmalenbach); Salewski, I. S. 395.

[43] Wortlt. in: Public Papers an Addresses, 1941, S. 181; weitere Zeugniss bei Conn, S. 105ff., 120ff. u. Lash, S. 109ff., 115ff., 120ff.

[44] Bidlingmaier: Einsatz, S. 244ff.; Brennecke: Bismarck, S. 321ff.

[45] LV, S. 240–258.

[46] LV, S. 239f.; Raeder, II, S. 271; J.v. Putkamer: Die unheimliche See. Hitler und die Kriegsmarine, Wien – München 1952, S. 48.

[47] Beesly, S. 120f.; Bidlingmaier: Einsatz, S. 227ff.; Dönitz, S. 174ff.; Lewin, S. 248f.; Roskill, I, S. 510ff.; zum Ende der »Atlantis« Brennecke: Hilfskreuzer, S. 306ff.

[48] Zur Entwicklung auf dem Treibölsektor s. LV, S. 334ff.; Birkenfeld, S. 123 u. Anm. 47 mit Lt.; Salewski, I, S. 468.

[49] Raeder, I, S. 272; Dönitz, S. 150ff.

[50] LV, S. 211–217, 258f.

Der Kampf um Kreta

Das deutsche Eingreifen auf der Balkanhalbinsel war keine planmäßige Eroberung, sondern Defensive.[1] Mit Bedauern sah sich Hitler zu dieser schrittweisen Improvisation genötigt. Widerstrebend verspürte er, wie ihn eine unbekannte Dynamik ergriff und von seinem großen Kriegsziel im Osten fortzuziehen drohte. Kräfte der Wehrmacht standen jetzt auf beiden Seiten des Mittelmeeres, ohne konzeptionelle Zielvorgabe, in einem Raum, dem Raeder »kriegsentscheidende Bedeutung« zuerkannte[2], dessen Problem der ObdW jedoch erst später lösen wollte.[3]

Der Balkanfeldzug hatte zu politischen Verheerungen großen Ausmaßes geführt. Während Kvaternik dem aus Italien eintreffenden Pavelić die Regierungsgewalt in Kroatien einräumte, wurden andere Territorien des auseinandergebrochenen Jugoslawien von den Siegermächten annektiert oder durch Besatzungstruppen gesichert. Ähnlich erging es Griechenland. Daß Monarchen und Minister beider Staaten in London Zuflucht fanden, war nahezu bedeutungslos. Schwer wogen dagegen die von ihnen hinterlassenen Gegensätze und deren Auswirkungen.

Die deutsche Herrschaft auf der Balkanhalbinsel hatte provisorischen Charakter. Hitler ernannte Generalfeldmarschall Wilhelm List zum »Wehrmachtbefehlshaber im Südosten«. Ihm nachgeordnet waren die regionalen Befehlshaber »Serbien«, »Saloniki-Ägäis« und »Südgriechenland« mit ihren Dienststellen und Besatzungstruppen. Das 1919 von Jugoslawien annektierte Südkärnten wurde wie die Südsteiermark nach elsaßlothringischem Muster zurückgegliedert. Sie kamen unter die Verwaltungshoheit der NS-Gauleiter Friedrich Reiner und Siegfried Ueberreither.

Die weitere Aufteilung regelten Ribbentrop und Ciano bei Wiener Gesprächen am 21./22. April 1941.[4] Letzte Fragen klärte Hitler, der in seinem Sonderzug bei Mönichkirchen nacheinander Zar Boris III. und Horthy empfing.[5] Ungarn erhielt die Batschka[6], das Baranya-Dreieck[7] und Muraköz.[8] Bulgarien gewann Griechisch-Thrazien und Serbisch-Mazedonien, nach kurzem Bangen auch das begehrte Ohrid[9], während andere skipetarische Gebiete an Albanien fielen und ebenso wie Montenegro, Dalmatien, Teile Sloweniens und Griechenlands unter italienische Administration kamen.

Zufrieden war keine der Teilungsmächte. Ungarn grollte, weil ihm Hitler das westliche Banat vorenthielt. Bulgarien beklagte sich über eine deutsche Besatzungszone an der Maritza. Italien sah sich von der Wahrnehmung vermeintlicher Rechte in Athen und Umgebung ausgeschlossen. Pavelić vergaß allen Dank, den er Mussolini schuldete, und ließ gegen die Besetzung des dalmatischen Küstenlandes dermaßen polemisieren, daß Kroatiens designierter König, ein Sohn Viktor Emanuels III., beschloß, nicht nach Agram zu gehen.[10]

Auch den Nahen und Mittleren Osten erfüllte Unruhe. Die arabische Welt begrüßte Hitlers Erfolge. Der neue Nationalismus begeisterte die Völker von Suez bis zum Persischen Golf. Nach dem Irak wurden der Iran und Afghanistan berührt. Sogar im

fernen Indien und Thailand rechneten Politiker mit Auswirkungen der deutschen Siege. Ein Hilfsersuchen, das der ObdW von Weizsäcker beantworten ließ, gab Anlaß zur direkten Aktion. General Raschid Ali el Ghailani vertrieb den pro-englischen Regenten aus Bagdad.[11]
Als britische Truppen am Schott-el-Arab landeten[12], die Iraker den Kampf um das Erdölgebiet von Mossul aufnahmen und Hitler zu Hilfe riefen, zögerte der ObdW. Ein deutsches Luftlandeunternehmen in Mesopotamien war unmöglich. Darlan, der nach Berchtesgaden kam, wies einen anderen Weg: die Freigabe von Flugplätzen und Waffenbeständen der französischen Levantearmee (Dentz) für Zwischenlandungen und Nachschub.[13] Das Weitere sollte der Gesandte Rudolf Rahn klären.[14] Die Luftwaffe konnte aber nur 24 Maschinen zur Unterstützung des Generals El Ghailani entsenden.[15]
In London und Washington wurde schon befürchtet, daß die Mediterranean Fleet (Cunningham) durch Eroberungen von der Landseite alle Stützpunkte verlieren könnte.[16] Doch die Royal Navy schlug sich weiter mit Erfolg. Sie brachte erneut Verstärkungen nach Malta und Alexandria und vernichtete die 20. Transportstaffel des Deutschen Afrika-Korps vor der tunesischen Ostküste. Ein Versuch der Achsentruppen, Tobruk im Handstreich zu nehmen, war fehlgeschlagen, Rommels Vormarsch wegen empfindlicher Nachschubverluste (April/Mai 1941: 64000 BRT) bei Sollum und Capuzzo zum Stehen gekommen.[17]
Wavell hatte General Sir Henry M. Wilson nach dem Irak entsandt. Er sollte mit Verbänden aus Indien, Afrika, Jordanien und Palästina die Erhebung El Ghailanis niederwerfen und später auch Syrien überwältigen. Doch die Zeit drängte. Denn mittlerweile erfuhren die Stabschefs und das Kriegskabinett durch »Ultra« aus Bletchley Park, daß Hitler seine Luftlandetruppen nicht den Arabern zu Hilfe schicken, sondern auf Kreta absetzen werde.[18]
Die Insel konnte den Briten bei der Rückkehr aufs Festland eines Tages als Sprungbrett gute Dienste leisten und mit drei Flugplätzen auch künftig Luftkriegsoperationen gegen das rumänische Erdölgebiet erleichtern. Andererseits eignete sich Kreta für die Entwicklung einer deutschen Luftwaffenbasis, deren »aktive ... Kraft«[19] über Entfernungen von 300–400 km das Mittelostkommando (Wavell) und die Mediterranean Fleet (Cunningham) zu verspüren bekämen.
Hitler war von seiten des Wehrmachtsführungsstabes und der Seekriegsleitung auf diese Perspektiven hingewiesen worden.[20] Er hatte daher auch schon in seiner Weisung Nr. 20 hervorgehoben, daß unter Umständen »griechische Inseln durch Luftlandung in Besitz« zu nehmen seien.[21] Jodl sah darin einen Beitrag zur »peripheren Strategie«. Halder ging noch weiter, als er notierte, daß »Kreta und Ägypten gleichzeitig gemacht werden« müßten.[22] Raeder wertete die Mittelmeerkonzeption als eine Alternative für das Unternehmen »Barbarossa«.[23]
Hitler dachte anders. Er sah in Kreta kein Etappenziel weitergreifender Mittelmeeroperationen, sondern den krönenden Abschluß des Balkanfeldzuges, eine letzte Sicherung im Südostraum. Die »Besetzung der Insel« (Unternehmen »Merkur«) durfte nicht zur »Verzögerung des Aufmarsches ›Barbarossa‹ « führen. Dieses Gebot bildete den Kern der Weisung Nr. 28.[24] Wie üblich fehlte die Terminangabe. Der Luftwaffenführung war jedoch befohlen, so schnell wie möglich zu handeln.
Auf eine Truppenanlandung unter dem Schutz der italienischen Flotte mußte verzichtet werden.[25] Nach dem Schock von Tarent und Matapan glaubte Supermarina (Riccardi),

Klagenfurt
Drau
AN Mur
UNG.
Save
AN DEUTSCHLAND
AN SLOWENIEN
ITALIEN
Laibach
Agram
Fiume
Kulpa
ISTRIEN
Glina
Bihać
Gospić
Banja
VELEBIT-GEB
Zara (Zadar)
BOS
ITALIEN
ADRIATISCHES M
DALMATI
Šibenik
Split (Spalato)
BRAČ
HVAR
Jugoslawische Grenze 1939
Grenze des Unabhängigen Staates Kroatien
An Italien fallende dalmatinische Inseln und Küstengebiete
Deutsch-italienische Demarkationslinie
Foggia
ITALIEN
0 50 100 150 200 250 km

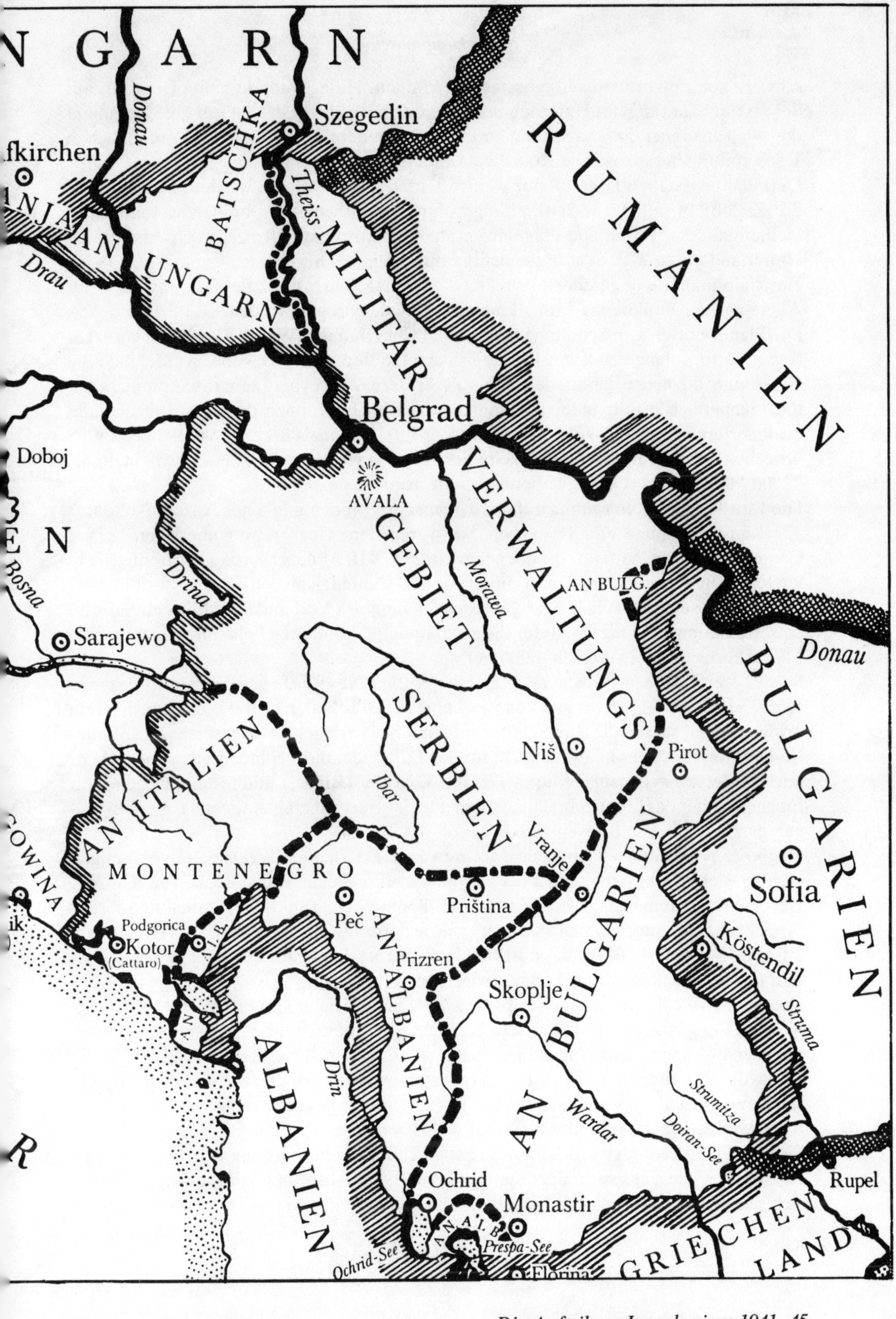

Die Aufteilung Jugoslawiens 1941–45

schwere Schiffe vorerst nicht einsetzen zu können. Hitler hatte deshalb den ObdL mit der »Befehlsführung des Unternehmens« beauftragt. Göring delegierte seine Kommandogewalt an Generaloberst Alexander Löhr, der General Kurt Student zur gedanklichen Vorbereitung heranzog. Die Koordination besorgte Jeschonnek.[26]

Den Planungsstäben konnten nur wenige Unterlagen zugeleitet werden. Bekannt war das Zielobjekt selbst, die 260 km lange, durchschnittlich 30 km breite Insel mit ihren kleinen Städten, Häfen und Flugplätzen, dem mediterranen Pflanzenwuchs und der im Hinterland bis zu 2700 m aufragenden Gebirgskulisse. Obwohl sich Canaris persönlich einschaltete, hatte man jedoch kein klares Feindlagebild. Die Luftaufklärung versagte. Allein aus der Funkbeobachtung konnten Schlüsse gezogen werden.

Die Planer hörten von Spannungen zwischen Churchill und Wavell, der Kreta vernachlässigt hatte, solange er jeden Panzer in Ägypten brauchte.[27] Bekannt wurde auch die Ernennung des neuseeländischen Generals Sir Bernard Freyberg zum Inselkommandanten. Schließlich erfuhr man, daß ihm hauptsächlich Truppen des aus Griechenland evakuierten Expeditionskorps unterstanden. Ihre Personalstärke (42640 Briten, 10258 Griechen) blieben freilich im dunkeln. Sonst wären von deutscher Seite gewiß mehr als 22000 Mann für die Offensive bereitgestellt worden.

Die Luftflotte 4 (Löhr) zählte außer 10 Transportgruppen und einer Anzahl Aufklärer 327 Kampfflugzeuge und 180 Jäger. Sie waren dem Gegner weit überlegen, zumal Longmore wegen heftiger Bombenangriffe des VIII. Fliegerkorps (Richthofen) die letzten »Hurricane« von der Insel zurückzog und Cunningham den Träger »Formidable« (Bisset) mit seinen wenigen Maschinen nur bedingt im Verbande der Mittelmeerflotte einsetzen konnte.[28] Das Risiko für die zur Landung bestimmten Fallschirmjäger des XI. Fliegerkorps (Student) schien daher gering.

Sorge bereitete die unzureichende Landekapazität. Die 492 »Ju 52«-Transportflugzeuge und 98 »DFS 230«-Lastensegler konnten keine 22000 Soldaten in drei Wellen nach Kreta bringen. Zwar wurde die zum Schutze rumänischer Erdölfelder eingesetzte 22. Infanterie-Division (Sponeck) diesmal nicht für das Luftlandeunternehmen freigegeben. Aber auch die ersatzweise zugeteilte 5. Gebirgs-Division (Ringel) mußte überwiegend mit Fluggerät über das Meer gebracht werden und der Rest auf einheimischen Kleinfahrzeugen den gefährlichen Seeweg einschlagen.

Die »Ju 52« erhielten noch neue Motoren in Deutschland. Weitere Verzögerungen ergaben sich wegen Arbeiten an der zusammengebrochenen Kanalbrücke von Korinth. Bevor ihre Trümmer nicht beseitigt waren, konnte kein Tanker aus Italien den Piräus erreichen. Das Unternehmen »Merkur« wurde darum zweimal verschoben. Als Löhr am 20. Mai 1941 um 04.30 Uhr das auslösende Stichwort durchgab, litten einige Transportgruppen immer noch Mangel an hochwertigem Flugbenzin.[29]

Die erste Welle des XI. Fliegerkorps (Student) hatte sich im Sprung und mit Lastenseglern des Flugplatzes von Malemes zu bemächtigen, auf dem dann Transportmaschinen mit Verstärkungen und Nachschub niedergehen sollten. Das Ziel der zweiten Welle waren die Rollfelder bei Rhetimni und Iraklion. Die Kommandostäbe ahnten nicht, daß der kampfentschlossene Gegner bereits Tag und Stunde des deutschen Angriffs erfahren hatte und dementsprechend vorbereitet war.

Sieben der anfliegenden »Ju 52« wurden abgeschossen. Die meisten Lastensegler gingen zu Bruch. Viele Fallschirmjäger starben schon beim Absprung, andere fielen, ehe sie sich sammeln und ihre Waffenbehälter suchen konnten. Kompanien, ganze Bataillone wurden aufgerieben, Verwundete von griechischen Partisanen ermordet.[30] Ein erster Versuch, die Neuseeländer aus ihren Stellungen in Malemes zu werfen, scheiterte. Der Angriff auf Chania, Rethimni und Iraklion blieb liegen.

Auf den sandigen Landebahnen bei Athen herrschte das Chaos. Flugzeuge überschlugen sich mit Fahrwerkbrücken oder stießen inmitten der riesigen Staubwolken zusammen. Weit höhere Verluste entstanden, als eine »Ju 52« nach der anderen in Unkenntnis der Lage auf dem Platz von Malemes einfiel. Unter dem Maschinengewehr- und Artilleriefeuer der Briten rasten die meisten Maschinen ineinander und brannten aus. Gegen Abend bedeckten mehr als hundert Flugzeugwracks das Feld.[31]

Die deutschen Stäbe in Athen erhielten bis zum Nachmittag kein zutreffendes Lagebild. Auch der Gegner verlor die Übersicht aus Mangel an Funkgerät. Als Freyberg erfuhr, daß sich die Angreifer bei Malemes laufend verstärkten, war es für einen britischen Gegenangriff zu spät. Fallschirmjäger hatten die von Neuseeländern verteidigte Höhe 107 genommen. Bataillone der 5. Gebirgs-Division (Ringel) befreiten eingeschlossene Gruppen und erstürmten Stellungen in Richtung auf die Sudabucht.

Löhr und Jeschonnek irrten, als sie glaubten, daß die Engländer ihre Flotte wegen der deutschen Luftüberlegenheit zurückhalten würden.[32] Pound hatte tatsächlich Bedenken gegen den vollen Einsatz der Mediterranean Fleet (Cunningham). Er änderte jedoch seinen Standpunkt auf Drängen Churchills. Nur die ist Battle Squadron (Pridham-Wippell) war in Alexandria geblieben. Die Force A1 (Rawlings) sicherte nach Westen. Zwei andere Kampfgruppen – Force C (King) und Force D (Glennie) – stießen beiderseits von Kreta in die Ägäis vor.[33]

Dort hatten zwei »leichte Schiffsstaffeln« im Schutze von je einem italienischen Torpedoboot ihre Wartepositionen verlassen und Kurs auf Kreta genommen. Die Fahrzeuge des ersten Geleites wurden überraschend zusammengeschossen oder gerammt; zehn sanken, 297 Gebirgsjäger fanden den Tod. Der andere Konvoi verlor zwei Motorsegler. Kurz darauf warf Löhr das VIII. Fliegerkorps (Richthofen) und Teile des X. Fliegerkorps (Geisler) in den Kampf gegen die britische Flotte.[34]

Zum Ärger Churchills, aber mit Rückendeckung von Pound, befahl Cunningham seinen Kreuzer- und Zerstörerverbänden die Räumung der Ägäis. Die Einheiten schlossen gegen das Geschwader des Admirals Sir Bernard Rawlings auf und gerieten mit ihm am 22. Mai 1941 in die erste Seeluftschlacht des Krieges. »Warspite« (Crutchley) und »Valiant« (Morgan) wurden beschädigt, zwei Kreuzer und zwei Zerstörer versenkt.[35]

In der folgenden Nacht beschoß die 5. Zerstörer-Flottille (Mountbatten) den Flugplatz von Malemes und verlor darauf zwei ihrer drei Einheiten durch Luftangriffe. Ebenso gingen die britischen Schnellboote in der Sudabucht verloren. Als Pridham-Wippell am 23./24. Mai 1941 mit der »Formidable« (Bisset), den Schlachtschiffen »Queen Elizabeth« (Barry) und »Barham« (Walker) sowie neun Zerstörern gegen den deutschen Fliegerhorst auf der Insel Skarpanto vorstieß, erhielten der Träger und die »Barham« (Walker) schwere Stukatreffer.[36]

Großbritannien hatte die Seeherrschaft in den kretischen Gewässern verloren. Damit entfielen alle Pläne zur Verstärkung der Inselbesatzung.[37] Ein paar Panzer, die noch eintrafen, konnten nichts wenden. Inzwischen waren Chania und Rethimni gefallen.[38] Die Straße nach Iraklion wurde von den Deutschen freigekämpft[39], Freyberg hielt jeden weiteren Widerstand für aussichtslos. Wavell befahl, die Räumung vorzubereiten. Der Stab des C-in-C Mediterranean Fleet ergriff die notwendigen Maßnahmen.

Cunningham bildete mit Kreuzern und Zerstörern neue Gruppen, die sich noch einmal in den Wirkungsbereich der deutschen Sturzkampfbomber wagen sollten. Rawlings drang mit einem Verband in die Ägäis vor und evakuierte unter schweren Verlusten die Besatzung von Iraklion. Auch die an der Südküste liegenden Fischerstädtchen Palöochora und Sfakia, bei denen Admiral Edward L. St. King kommandierte, dienten als Verladeplätze. Insgesamt wurden 17000 Mann eingeschifft, unter ihnen Freyberg und König Georg II. von Griechenland.
Am Ende waren 3 Kreuzer, 8 Zerstörer und 7 Schnellboote der Royal Navy gesunken, 1 Flugzeugträger, 3 Schlachtschiffe, 7 Kreuzer und 16 Zerstörer beschädigt.[40]. Mit ihnen hatten 2011 Seeleute den Tod gefunden, während auf Kreta 1712 britische Soldaten fielen, 1737 verwundet wurden und 11836 in Gefangenschaft gingen, nicht gerechnet die 10000 Griechen, von denen kaum einer entkam.[41] Dem deutschen Oberkommando wurden 2071 Tote, 1888 Vermißte und 2594 Verwundete gemeldet.[42]
England war in gedrückter Stimmung. Zu dem Verlust Kretas kam eine neue Niederlage in Nordafrika, wo Wavell eine Offensive zum Entsatz von Tobruk (Operation »Battleaxe«) unternommen hatte, mit dem Ergebnis, daß Rommel nach der mehrtägigen Panzerschlacht bei Sollum alles verlorene Gelände wieder einnahm.[43] Wilson war des Aufstandes der Iraker nur mühsam Herr geworden und stand nun vor der schwierigen Aufgabe, auch Syrien zu erobern, das der Vichy-Regierung die Treue hielt und sich unter General Dentz zur Wehr setzte, als Großbritannien de Gaulle mit seinen Afrikanern zu Hilfe rief.[44]
Cunningham fühlte sich »am Rande des Abgrundes«; man sei, berichtete er der Admiralität, »in Gefahr, die Flotte und damit auch Malta, Cypern und Ägypten zu verlieren.[45] Sobald deutsche Luftwaffenverbände auf Kreta standen, mußte jede ost-west-ost-gehende Schiffsbewegung der Briten ein Bomberspalier durchlaufen. Hinzu kam, daß die Regia Marina noch 4 Schlachtschiffe, 12 Kreuzer und etwa 50 U-Boote einsetzen konnte, deren Leistungskraft voraussichtlich zunahm, wenn ihnen Deutschland modernes Funkmeßgerät und Treibstoff lieferte.
Für Verhandlungen zwischen OKM (Raeder) und Supermarina (Riccardi)[46] eröffneten sich verheißungsvolle Perspektiven, als die Türkei nach der Schlacht um Kreta mit dem Reich einen Nichtangriffs- und Freundschaftspakt schloß.[47] Dieser Vertrag wie auch die strategische Nutzung der gewonnenen Ägäis-Stützpunkte und des Kanals von Korinth erleichterten Deutschland den Transport rumänischen Erdöls nach Italien. Voraussetzung war, daß auf den Inseln befestigte Basen entstanden und mit schlagkräftigen Fliegerverbänden belegt wurden.[48]
Die Schlacht hatte eine Theorie aus den Vorkriegsjahren bestätigt: Seeherrschaft war nicht ohne Luftherrschaft möglich, die Umkehr der Formel jedoch praktikabel. Hitler zog daraus keine Schlüsse.[49] Im Gegensatz zu Raeder, Jeschonnek und Hoffmann von Waldau erforderte seine Gesamtkriegskonzeption den Abzug des Luftflottenkommandos 4 (Löhr). Mit ihm mußte das VIII. Fliegerkorps (Richthofen) einen neuen Bereitstellungsraum an der künftigen Ostfront beziehen. Zurück blieb das X. Fliegerkorps (Geisler), dessen Verbände von Sizilien nach Kreta verlegt wurden und Kräfte an den »Fliegerführer Afrika« (Harlinghausen) abgaben.[50]
Die Länge und Beschaffenheit der Transportwege und das geringe Volumen des verfügbaren Frachtraumes erlaubten keinen intensiven Nachschub. Viele Versorgungsgüter mußten ohnehin zu den neuen Schwerpunkten der Kriegführung umgeleitet

werden. Je weiter sich das Geschehen von Südosteuropa entfernte, desto mehr waren die Kräfte auf Kreta der Auszehrung preisgegeben. Die Insel eignete sich bald nicht mehr als Sprungbrett für künftige Operationen. Sie wurde Bandengebiet.

[1] Warlimont, a. a. O., S. 144.
[2] LV, S. 161, 172, 181–184; dazu Salewski, I, a. a. O., S. 187f., 314ff.
[3] Weisung Nr. 30 v. 23. 5. 1941 b. Hubatsch: Weisungen, S. 120ff; vgl. Hillgruber: Strategie, S. 472ff. u. Baum/Weichold, S. 198.
[4] ADAP, D, XII, II, Nr. 368, 378, 385, 398; KTB/OKW, I, S. 843ff.
[5] ADAP, D, XII, I, Nr. 362; Horthy, S. 225f.
[6] Zw. Theiß u. Donau.
[7] Zw. Donau u. Drau.
[8] Zw. altungar. Grenze u. Mur.
[9] Histor. Zentrum altbulgar. Kirchenordnung u. Literatur.
[10] Kiszling, a. a. O., S. 176f.; Wuenscht, a. a. O., S. 228ff.
[11] Halder, II, S. 292; Ph. B. Schröder: Deutschland und der Mittlere Osten im Zweiten Weltkrieg, Göttingen 1975; J. Schröder: Die Beziehungen der Achsenmächte zur arabischen Welt, in: Hitler, Dtschld. u. d. Mächte, S. 365–382; H. Tillmann: Deutschlands Araberpolitik im Zweiten Weltkrieg, (Ost) Berlin 1965; G. P. Hirschfeld: Deutschland und Iran im Spielfeld der Mächte. Internationale Beziehungen unter Reza Schah 1921–1941 (Schriftenreihe des Inst. f. dt. Gesch.4) Düsseldorf 1980; J. H. Voigt: Indien im Zweiten Weltkrieg, Stuttgart 1978, S. 91ff.; M. Hauner: India in Axis Strategy. Germany, Japan, and Indian Nationalists in the Second World War, Stuttgart 1981; ders.: Das nationalsozialistische Deutschland und Indien, in: Hitler, Dtschld. u. d. Mächte, S. 430–453; H. Toye: The Springing Tiger. Subhas Chandra Bose, London 1959; D. Jayanama: Thailand im Zweiten Weltkrieg, Tübingen – Basel 1970. Der Briefwechsel mit El Ghailani: ADAP, D, XI, II, Nr. 680 u. ebd., XII, I, Nr. 293. Zum gesamten Komplex Hillgruber: Strategie, S. 140ff., 473ff.
[12] Playfair, II, S. 177ff.; Churchill, III, 2, S. 304ff.; Halder, II, S. 390; Butler, S. 460.
[13] ADAP, D, XII, Nr. 475; Halder, II, S. 299; Warlimont, S. 140f.
[14] R. Rahn: Ruheloses Leben, Düsseldorf 1952, S. 149f. (zit. Rahn).
[15] B. Ph. Schröder: Irak 1941 (Einzelschr. z. milit. Gesch. ds. Zweiten Weltkrieges, 24), Freiburg 1980.
[16] Butler, S. 510ff.; Cunningham, S. 296; Roskill, I, S. 515f.; Langer/Gleason: Undecleared War, S. 415.
[17] Baum/Weichold, S. 162; Carell, S. 26f.; Esebeck, S. 30ff.; Kurwoski: Afrika-Korps, S. 68f.
[18] Butler, S. 516ff.; Lewin, S. 186f.; Clayton, S. 98ff.; Winterbotham, S. 104ff.
[19] Raeder in einer Lagebetrachtung: LV, S. 259.
[20] KTB/OKW, I, S. 129.
[21] Hubatsch: Weisungen, S. 82.
[22] Halder, II, S. 151.
[23] Raeder, a. a. O., S. 129.
[24] Hubatsch: Weisungen, S. 115f.
[25] Baum/Weichold, S. 154.
[26] K. Gundelach: Kreta, in: Entscheidungsschlachten, a. a. O., S. 198ff. (zit. Gundelach I).
[27] R. Lewin: The Chief. Field Marshal Earl Wavell, London 1980, S. 198ff. (zit. Lewin: Wavell).
[28] Cunningham, S. 392f.
[29] Gundelach, I, S. 200.
[30] A. M. de Zayas: Die Wehrmachtuntersuchungsstelle. Deutsche Ermittlungen über alliierte Völkerrechtsverletzungen im Zweiten Weltkrieg, München [3]1980 (zit. de Zayas: WUSt.), S. 262ff.; Richards/Saunders, I, S. 333.
[31] Zum militär. Verlauf d. Unternehmens Baum/Weichold, S. 152–160; Bekker: Angriffshöhe, S. 230–254; A. Böhmler: Fallschirmjäger, Bad Nauheim 1961, S. 42ff. (zit. Böhmler); A. Clark: The Fall of Crete, London 1962; D. M. Davin: Crete, Wellington 1953, S. 46ff.; Gundelach: I, S, 200ff.; ders.: Die deutsche Luftwaffe im Mittelmeer 1940–1945, Frankfurt-Bern, S. 110ff.; W. Haupt: Fallschirmjäger 1939–1945, Friedberg 1979, S. 53–72 (zit. Haupt: Fallschirmjäger); M. King: New Zealanders at War,

London 1982, S. 47ff (zit. King: New Zealanders); F. Kurowski: Der Kampf um Kreta, Herford-Bonn 1965 (zit. Kurowski: Kreta); G. Long: Greece, Crete and Syria, London – Canberra 1954 (zit. Long); W. Pissin: Die Eroberung der Insel Kreta durch Fallschirmjäger und Luftlandetruppen im Jahre 1941, Karlsruhe 1957; Playfair, II, S. 135ff.; E.W. Scherer: Unternehmen »Merkur«, in: D 11 u. 12/1975, S. 991–1090; J.H. Spencer: Battle for Crete, London 1962; Thomas, S. 146–220; J.McD. G. Stewart: The Struggle for Crete, London 1966 (zit. Stewart). Von d. Memoirenschreibern sind Churchill, II, 2, S. 275ff. u. III, 2, S. 322; Cunningham, S. 375ff. u. A. Tedder: Without Prejudice, London 1966, S. 96ff. (zit. Tedder) hervorzuheben.

32 Kurowski: Kreta, S. 116ff.

33 Thomas, S. 163ff.

34 Gundelach: dt. Luftwaffe, S. 112f.

35 Thomas, S. 146.

36 Gundelach, I, S. 129–223; Pissin, S. 159; Playfair, II, S. 135f.

37 Thomas, S. 148f.

38 Böhmler, S. 45f.; Long, S. 77f.; Stewart, S. 37–46.

39 Kurowski: Kreta, S. 190f.; Long, S. 78; Übereinstimmend Hillgruber/Hümmelchen: Chronik, S. 36.

40 Rohwer/Hümmelchen: Chronik, S. 128.

41 Playfair, II, S. 145.

42 Kurovski: Kreta, S. 46f.

43 Playfair, II, S. 147; Carell, S. 36ff.; Behrendt, S. 104ff.; Esebeck, S. 29ff.

44 Aron: Vichy, S. 742f.; Auphan/Mordal, S. 186; Azéma, S. 142.

45 Michel: Vichy, S. 84; Jäckel: Frkr., S. 162; allg. auch E. Monroe: Britain's Moment in Middle East, Baltimore, Md., [2]1981.

46 LV, S. 203.

47 ADAP, D, XII, II, Nr. 648; dazu Önder, S. 127 u. Krecker, S. 153f.

48 LV, S. 230.

49 Vgl. d. Betrachtungen v. Baum/Weichold, S. 163ff. u. Gundelach, I, S. 254–266.

50 Gundelach, I, 125–146.

Vorgeschichte des Unternehmens »Barbarossa«

Für Hitler war der Angriff auf die Sowjetunion im doppelten Sinn eine Notwendigkeit. Das Hauptziel des Krieges – die deutsche Herrschaft über einen blockadesicheren »Großraum« – lag greifbar vor Augen. Zugleich gab das »ungeschriebene Bündnis« zwischen den Vereinigten Staaten und Großbritannien Veranlassung zu entschlossenem Handeln, obwohl das neue Motiv die ältere, ideologisch begründete Programmatik unter Zeitdruck setzte und das Wagnis eines diesmal besonders problematischen Blitzfeldzuges erforderte.[1]
Hitler glaubte, die Sowjetunion endgültig bezwingen zu können, indem er ihre Streitkräfte zerschlug, die »jüdisch-bolschewistische Führungsschicht« eliminierte, das staatliche Gefüge zerbrach und den gewonnenen Raum als deutsches Hinterland ausbeutete.[2] Bisher hatte dieses Unterfangen Rückenfreiheit vorausgesetzt. Nun aber wurde die Prämisse unbeachtet zur Seite geschoben. Obwohl der ObdW 1941 mit einer britischen »Großlandung« rechnete, sollte noch vor Beginn des drohenden Mehrfrontenkrieges die Entscheidung im Osten herbeigeführt werden.
Stalin war unterrichtet. Nicht umsonst residierte Wladimir G. Dekanosow, der Chef des NKWD-Informationsdienstes, als Botschafter Unter den Linden.[3] Aus Washington berichtete Konstantin K. Umanskij über deutsche Angriffsabsichten, in die der junge Diplomat Samuel Woods[4] durch den Gesandtschaftsrat Hans Herwarth von Bittenfeld[5], einen Vetter des Oberstleutnants Bernhard von Loßberg, eingeweiht worden war.[6] Schließlich wandte sich Cripps mit einer Warnung nach Moskau. Whitehall konnte jede Kräfteverschiebung Hitlers beobachten, entzifferte Bletchley Park doch neuerdings auch den Reichsbahnkode.
Erst recht war der von General Filip I. Golikow geleitete Spionagedienst, die Raswedupr, im Bilde.[7] Welche ihrer Residenturen die Moskauer Zentrale zuerst und am besten unterrichtete, ob der Ring um Richard Sorge (»Ika«)[8], Alexander Radó (»Dora«)[9], Leopold Trepper (»Grand Chef«)[10] oder eine andere Stelle, ist nicht ersichtlich. Jedenfalls konnte den Nachrichtenstrom kein Sowjetführer ignorieren, auch Stalin nicht, dem später Saumseligkeit und Naivität vorgeworfen wurden.[11]
In Wirklichkeit zog der sowjetische Diktator durchaus die Konsequenzen. Hatte er noch zur Zeit des Molotow-Besuches in Berlin weitgehende Forderungen gestellt und danach eine Politik der »Nadelstiche« verfolgt, so schien ihm seit Januar 1941 gegenüber Deutschland Vorsicht angebracht. Der Streit um Mairiampol wurde mit einem Geheimprotokoll beigelegt[12] und zwischen Mikojan und Schnurre ein zweiter Wirtschaftsvertrag ausgehandelt, den die UdSSR pünktlich erfüllte, obwohl das Reich seinen Lieferverpflichtungen nur zögernd nachkam.[13]
In diesem Stadium kam dem Kreml Hitlers Balkanfeldzug wie gerufen. Ungeachtet des sowjetischen Freundschaftsvertrages mit Jugoslawien drückte Molotow gegenüber Schulenburg lediglich Bedauern über das Eingreifen in Südosteuropa aus[14], enthielt sich

Dekanosow jeglicher Stellungnahme. Nachdem das Washingtoner State Department und Churchill durch Sumner Welles und Cadogan am 1. und 20. März 1941 vor deutschen Angriffsabsichten gewarnt hatten[15], durfte die Sowjetunion das Unternehmen »Marita« als Zeitgewinn werten.

Er war nicht so groß wie erwünscht. Zwischen dem deutschen Sieg im Südosten und der unter jahreszeitlichen Bedingungen letzten Möglichkeit, die UdSSR 1941 anzufallen, blieb ein Intervall von etwa zwei Monaten. Da die nach dem Finnischen Winterkrieg eingeleitete Reform der Roten Armee, insbesondere ihre Umrüstung mit modernen Panzern und Flugzeugen, mehr Zeit beanspruchte, mußte diese Periode relativer Schwäche durch eine hinhaltende Politik überbrückt werden.[16]

Die Sowjetunion schickte einen Botschafter nach Vichy, brach die Beziehungen zu den Londoner Exilregierungen ab und beendete den Druck auf die Türkei[17], Bulgarien[18], Rumänien[19] und Finnland.[20] Auch leistete sich Stalin eine aufsehenerregende Geste, als er bei der Verabschiedung des japanischen Außenministers Matsuoka in Moskau zuerst Schulenburg, dann den Stellvertretenden Militärattaché, Oberst Hans Krebs, umarmte und ihnen versicherte, man werde »Freunde bleiben«.[21]

Der Botschafter nahm Stalins Entspannungsversuche ernst.[22] Aber Hitler kannte ihre Hintergründe und die weitergehenden Absichten des Kreml. In der Reichskanzlei lagen Berichte des ehemaligen jugoslawischen Diplomaten Milan Gavrilović vor[23], nachrichtendienstliche Erkenntnisse aus Bukarest, Budapest und Helsinki samt Dokumenten, die ein Stoßtrupp der Panzergruppe Kleist in der Belgrader Sowjetgesandtschaft sichergestellt hatte. Bei diesen Akten fand sich unter neuerem Datum eine altbekannte Grundsatzerklärung: »Die UdSSR« werde »im gegebenen Moment reagieren . . . und . . . plötzlich gegen Deutschland losschlagen«.[24]

Die Sowjetunion war kein »friedliebendes Land«. Sie hatte seit 1939 immerhin sechs Nachbarstaaten (Finnland, Estland, Lettland, Litauen, Polen und Rumänien) unter Einsatz militärischer Machtmittel bezwungen und entweder okkupiert oder teilweise besetzt. Auch Stalin besaß ein langfristiges Programm. Er wollte, wie einigen seiner Reden entnommen werden konnte, den Streit der »imperialistischen Mächte« ausnutzen, die eigene strategische Lage systematisch verbessern und »zuletzt eingreifen«.[25]

Neuerdings erfreute sich die UdSSR einer gewissen Rückenfreiheit. Als Matsuoka seine Reise von Berlin nach Tokio in Moskau unterbrach, hatte Stalin völlig überraschend den russischen Anspruch auf Nordsachalin aufgegeben und damit das letzte Hindernis für eine Verständigung zwischen der Sowjetunion und Japan beseitigt. Ein beiderseitiges Abkommen, das am 13. April 1941 unterzeichnet wurde, sollte zunächst fünf Jahre gelten. Die vertragschließenden Parteien gelobten, ihren territorialen Besitzstand zu achten und »während der ganzen Dauer des Konfliktes« neutral zu bleiben.[26]

Aufsehen erregte auch, daß sich Stalin durch Ukas des Präsidiums vom 6. Mai 1941 zum Vorsitzenden im Rat der Volkskommissare ernennen ließ. Dieser Schritt schien unverständlich, denn der Generalsekretär hatte schon seit Jahren die sowjetische Politik gelenkt. Poskrebyschew blieb sein enger Mitarbeiter, Molotow der Chef des Außenkommissariates. Schulenburg vermutete daher, man habe Hitler gegenüber den Wunsch nach persönlicher Verständigung signalisieren wollen.[27] Die Weltpresse gab dem Wechsel jedoch eine andere Deutung. Sie sprach von vermehrter Konzentration angesichts des drohenden Krieges.[28]

Daß Stalin mit Hitlers Angriff rechnete, hatte er bereits mit einer Ansprache der

Absolventen der Militärakademien zum Ausdruck gebracht. In der Fassung, die Schulenburg zugespielt wurde, kam dem Gedanken an einen Ausgleich zentrale, einer anderen Version zufolge nur relative Bedeutung zu.[29] In einer zweiten, dritten und vierten Version betonte der Diktator, daß der Krieg »unvermeidlich« sei; man müsse den Gegner vorläufig durch Verhandlungen hinhalten, um ihm 1942 unter besseren Bedingungen entgegentreten zu können.

Die Warnungen der angelsächsischen Mächte mochten Stalin verfänglich erscheinen.[30] Er mißtraute Großbritannien, das mit dem nationalsozialistischen Deutschland wiederholt paktiert, für Sicherheitswünsche der Sowjetunion aber kein Verständnis gezeigt hatte. Überdies war dem Herrn des Kreml Hitlers Hoffen auf ein deutsch-englisches Einvernehmen ebenso bekannt wie Churchills Sorge vor neuen Vertragsabschlüssen zwischen Berlin und Moskau.

Stalins Argwohn bekam neue Nahrung, als Rudolf Heß, der Stellvertreter Hitlers, am 10. Mai 1941 nach England flog, um angeblich auf eigene Faust über die deutsch-britische Verständigung zu verhandeln.[31] Zum Erstaunen der Russen kommentierte die englische Presse diesen Vorgang zumeist ohne Häme. Auch befremdete die Sowjets, daß Kirkpatrick und Simon – Repräsentanten der alten »Clivenden-Clique« – den Deutschen aufsuchten, der sich im übrigen einer korrekten Behandlung als Zivilinternierter zu erfreuen schien.[32]

Die Beziehungen zwischen Rußland und Großbritannien waren aufs neue gestört. Ende Mai kam das Foreign Office zu der Überzeugung, daß die Sowjetunion kurz vor oder nach dem drohenden deutschen Angriff kapitulieren werde. Die Chiefs of Staff holten für diesen Fall ihren alten Kaukasusplan wieder hervor und beschlossen, dem Kriegskabinett eine Bomberoffensive gegen die Erdölfelder von Baku zu empfehlen.[33] Cripps wurde zurückgerufen. Er verließ Moskau in dem Gefühl, mit seiner Mission gescheitert zu sein.[34]

Indes wahrte Stalin nach innen und außen vollkommene Ruhe. Sein ganzes Sinnen und Trachten wurde von dem Wunsch bestimmt, über den Sommer hinaus Zeit zu gewinnen.[35] Das militärpolitisch Notwendige schien getan. Nachdem Timoschenko als Verteidigungskommissar an die Stelle von Woroschilow getreten war und Shukow den Posten des Generalstabschefs übernommen hatte, ging die Streitkräftereform zügig voran, gaben Generale wie Nikolaj F. Watutin, Wassilij D. Sokolowskij, Georgij K. Maladin und Aleksandr M. Wassilewskij der Planungsarbeit neuen Schwung.

Die Sowjetunion hatte 4107000 Rotarmisten unter den Waffen (80,6% im Heer, 15,9% in den Fliegerverbänden, 3,3% bei der Seekriegsflotte). Timoschenko zog Ende Mai zusätzlich 893000 Reservisten ein. Bis Mitte Juni 1941 sollte die Rote Armee insgesamt 303 Divisionen und 39 mechanisierte Korps umfassen. Die auf Betreiben des Marschalls Iwan G. Kulik nach dem Spanienkrieg abgeschafften Panzerdivisionen waren neu aufgestellt. Zur Zeit existierten 58 solche Verbände.[36]

Kriegstechnisch war Rußland rückständig. Aber mit dem dritten Fünfjahresplan hatte der Volkskommissar Nikolaj A. Wosnessjenskij in der Rüstungsindustrie bis Anfang 1941 einen Zuwachs von 39% erzielt. T 34 und KW – die stärksten Panzer der Welt – kamen gerade zur Truppe. Hatte der Ausstoß 1940 nur 300 Stück betragen, so rollten jetzt 1685 dieser Kampfwagen aus den Fabrikhallen. Ähnlich wurde die Serienfertigung der Jagdflugzeuge Jak 1, LaGG 3 und MiG 3 gesteigert. Unter den rund 8000 Maschinen der Fliegerstreitkräfte befanden sich 1540 Flugzeuge moderner Bauart.[37]

Das OKW hatte von diesem Zuwachs keine gesicherte Kenntnis. Solange das deutsch-sowjetische Einvernehmen andauerte, blieb der »Abwehr« (Canaris) die nachrichtendienstliche Tätigkeit jenseits der Grenze untersagt.[38] Auch der OKH-Abteilung »Fremde Heere Ost« (Kinzel) und den nach Moskau kommandierten Attachés waren die Hände gebunden. Nur die seit Januar eingesetzten Fernaufklärer der ObdL – Flugzeuge des Typs »Jv 86 P-1« – lieferten zuverlässige Infrarot-Fotografien aus 14000 m Gipfelhöhe. Im übrigen mußten die Planer sich vielfach mit Auskünften befreundeter Generalstäbe begnügen. Diese Informationen wurden sehr geschätzt, ermöglichten jedoch keine sichere Bemessung der Relationen zwischen Raum, Zeit und Kraft.

Die deutschen Ausgangsstellungen erstreckten sich – von den 900 km und 450 km langen Finnland- und Rumänienfronten abgesehen – über 750 km Luftlinie quer durch Polen. Der Raum, in den die Wehrmacht 1500 km weit vorstoßen sollte, hatte zwischen dem Kaspischen Meer und der Barentsee 3000 km Breite. Er drohte die Kräfte des Angreifers aufzusaugen, wenn es ihnen nicht gelang, das Gros des Verteidigers grenznah zu zerschlagen. Hier aber begannen die, wie man glaubte, für motorisierte Truppen unzugänglichen Pripjetsümpfe.[39]

Dieses 200 km breite und 600 km lange Hindernis teilte das Operationsgebiet in zwei ungleich geartete Räume. Nördlich der Sümpfe gab es neben Rodungsflächen ausgedehnte Taiga. Im Süden erstreckte sich die ukrainische Getreidesteppe, durchquert von den Flußbarrieren des Pruth, Dnjestr, Bug, Dnjepr, Donez und Don. Der deutsche Angriff mußte daher unter verschiedenen geographischen Voraussetzungen beiderseits an den Pripjets vorbeigeführt und zeitlich so gestaffelt werden, daß die Verbände jenseits des Feuchtgebietes termingerecht zusammentrafen.

Die sowjetischen Straßen waren schlecht ausgebaut. Über weite Strecken glichen sie staubigen Feldwegen. Daher konnte das Tempo der schnellen und langsamen Verbände nicht pausenlos aufeinander abgestimmt werden. Verzögerungen gab es voraussichtlich auch beim Nachschub. Mußte man doch die in Tausenden von Eisenbahnzügen anrollenden Versorgungsgüter wegen unterschiedlicher Spurbreiten auf den Grenzbahnhöfen umladen und Teil mit pferdebespannten Kolonnen der Truppe zuführen.[40]

Trotzdem rechneten der ObdW, seine militärischen Berater und auch viele Experten des Auslandes mit einem Sommerfeldzug von etwa neun bis achtzehn Wochen. Man berücksichtigte kaum, daß die operationsgünstige Zeit in Rußland durch Schlammperioden begrenzt wurde, deren Beginn den Kolonnenverkehr weithin zum Erliegen brachte. Brauchitsch und Halder wollten zwar die unerbittliche Härte des östlichen Winters berücksichtigen, dem einst Napoleons Armee zum Opfer gefallen war. Hitler untersagte jedoch die Erörterung dieses Themas.[41]

Der ObdW erwartete, daß die Anwendung des Blitzkriegskonzeptes dem Unternehmen »Barbarossa« zum schnellen Erfolg verhelfen werde. Starke Panzerverbände sollten wieder in die Tiefe dringen, den Gegner von seinen rückwärtigen Verbindungen abschneiden und am Ausweichen hindern. Die zu Fuß marschierenden Divisionen hatten ihn »in Paketen« abzuwürgen.[42] War dies gewährleistet, so begann die nächste Zangenoperation. Man setzte voraus, daß sich die erfahrenen deutschen Truppenführer diesem Rhythmus der Offensive anpaßten.

Doch die Stoßkraft der schnellen Verbände mußte bald abnehmen. Obwohl die Zahl der Panzerdivisionen seit 1940 verdoppelt worden war[43], besaß das Heer 1941 nur 756 Kampfwagen mehr als zu Beginn des Westfeldzuges.[44] Man hatte ältere Typen aus der

Front gezogen, ohne die Fertigung neuerer Modelle beschleunigen zu können. Zur Zeit fanden noch 180 P I und 746 P II bei der Truppe Verwendung. Die stärkeren P III und P IV führten jetzt 5 cm- und 7,5 cm-Kanonen, doch versagten sie, wo sowjetische T 34 und KW ins Gefecht traten.[45]

Zugleich warf die Treibstoffverknappung ihren Schatten voraus. Da infolge des Unternehmens »Barbarossa« die sowjetischen Lieferungen – bei 6000 t Bedarf mindestens 4000 t – wegfielen, konnte allein noch mit Erdöl aus Rumänien und der eigenen synthetischen Produktion gerechnet werden. Die hierfür ermittelten Zahlen boten keinerlei Gewähr. Der deutsche Benzinvorrat (Ende 1940: 1,4 Millionen Tonnen) reichte bei vollem Einsatz aller Wehrmachtteile etwa drei Monate, der Dieselkraftstoff einen Monat.[46]

Sorge bereitete auch der Personalbedarf. Die bisherigen Verluste an Toten und Vermißten (rund 100 000 Mann) hatten mühelos ausgeglichen werden können. Für den geplanten Rußlandfeldzug standen jedoch – die bereits eingezogenen Geburtenjahrgänge 1921 und 1922 mitgerechnet – nur 450 000 Soldaten des Ersatzheeres und der Feldersatzbataillone als Rückhalt bereit. Auch deshalb mußte die Entscheidung im Sommer 1941 fallen. Später gab es keine vollwertigen Reserven mehr.[47]

Am deutschen Angriffsplan wurde seit geraumer Zeit gearbeitet.[48]. Ende Juli 1940 hatten Brauchitsch und Halder die Abteilungschefs des OKH mit Hitlers Absichten bekannt gemacht. Kurz darauf war General Erich Marcks[49], beauftragt worden, einen Operationsplan vorzulegen. Auch der Quartiermeister I, General Friedrich Paulus, schrieb eine Studie. Weitere Impulse gab Jodl, der die grundlegenden Faktoren des Rußlandkrieges durch die OKW-Abteilung L (Warlimont) untersuchen ließ.[50]

Marcks war überzeugt, daß die Entscheidung »nicht in einer einzigen Kampfhandlung herbeigeführt werden« könne. Zuerst müsse ein Stoß entlang der Achse Brest-Minsk-Smolensk geradewegs bis nach Moskau führen, sodann die hierzu verwendete Kraft nach Süden eindrehen, um gemeinsam mit einer zweiten Gruppe die Ukraine zu erobern, während andere Verbände den Flankenschutz gegenüber dem Leningrader Raum gewährleisten würden. Als äußerste Grenze des deutschen Vormarsches bezeichnete der General die Linie Astrachan-Gorkij-Archangelsk.

Paulus faßte die bisherigen Überlegungen zusammen und zog daraus Folgerungen für Kräftebedarf, Ansatz und Aufmarsch des Heeres. Das OKW, dessen Konzeption auf Oberstleutnant Bernhard von Loßberg zurückging[51], empfahl, drei Heeresgruppen zu bilden, die gleichzeitig nach Leningrad, Moskau und Kiew vorstoßen und sich gegenseitig unterstützen würden. Halder ließ die Entwürfe nach wiederholter Rücksprache mit Oberst Adolf Heusinger, dem Chef der Operationsabteilung, und anderen Referenten, durch Planspiele prüfen.[52] Brauchitsch unterzeichnete eine Aufmarschanweisung des OKH.[53]

Doch damit hatte man noch keinen ausgereiften Operationsplan. Zwischen den Auffassungen der Heeresleitung und der Absicht des ObdW blieb eine Diskrepanz bestehen. Während Brauchitsch und Halder an ihrem Schwerpunkt, dem unverzüglichen Angriff auf Moskau, festhielten, setzte Hitler mit seiner Weisung Nr. 21 neue Akzente. Die Mitte der Front sollte nicht gleich bis zur sowjetischen Hauptstadt ausgreifen, sondern zunächst »Voraussetzungen für das Eindrehen« schneller Verbände gegen das »kriegswirtschaftlich wichtige Donez-Becken« und Leningrad schaffen.[54]

Hitler erwähnte auch Operationen an beiden Flügeln. Aufgabe des rumänischen Heeres müsse es sein, Kräfte der Sowjets im Süden zu fesseln. Die finnische Armee werde Hanko in Besitz nehmen, den Feind am Ladogasee beschäftigen und zusammen mit einem aus Norwegen kommenden Gebirgskorps der »Gruppe XXI« (Falkenhorst) Petsamo sichern und später »gegen die Murmansk-Bahn« vorstoßen. Allein Rumänien und Finnland, denen greifbare Kriegsziele – die Rückeroberung der von Rußland entrissenen Gebiete – vor Augen schwebten, wurde eine Beteiligung am Unternehmen »Barbarossa« zugemutet.

Helsinki war durch Wirtschafts- und Transitabkommen, deutsche Materialhilfe und einen Verbindungsstab sowie Informationsbesuche der Generale Erik Heinrichs und Paavo Talvela dem Reich verbunden. Weitergehende Verpflichtungen wollten Ryti und Mannerheim nicht eingehen. Sie erkannten jedoch, daß die Republik nicht neutral bleiben konnte, wenn das deutsche Gebirgskorps (Dietl) in Lappland einmarschierte und sich dort zum Angriff auf Murmansk bereitstellte.[55]

Rumänien war als Partner des Dreierpaktes nicht zur Teilnahme an einem Angriffskrieg verpflichtet. Im Unterschied zu den finnischen Staatsmännern hatte Antonescu aber gelegentlich seiner Besuche in Berlin und Berchtesgaden erklärt, daß er »mit Deutschland marschieren werde.«[56] Beim dritten Zusammentreffen auf Schloß Fuschl bei Salzburg versprach der Marschall dem ObdW, die »gesamten militärischen, politischen und sozialen« Kräfte gegen Rußland einzusetzen.[57]

Keinen Wert legte Hitler auf die Beteiligung des italienischen Achsenpartners und der Ungarn. Mussolini und Horthy wurden erst am Tage vor Angriffsbeginn unterrichtet[58], ließen sich aber sowenig wie die slowakische Regierung davon abhalten, Truppen und Fliegerverbände nach Rußland zu schicken.[59] Auch Bulgarien war nicht als Bundesgenosse eingeplant. Der ObdW ließ lediglich darum bitten, daß Boris III. Beobachtungen seines Gesandten in Moskau an die Reichsführung weiterleitete.[60]

Ein anderes Kapitel begann mit den »Richtlinien auf Sondergebieten zur Weisung Nr. 21«. Sie waren unter Jodls Aufsicht in der Abteilung L (Warlimont) bearbeitet und am 13. März 1941 von Keitel unterzeichnet worden.[61] Hitler ließ dadurch bestätigen, daß er Himmler außerordentliche Vollmachten erteilt hatte, »die sich aus dem endgültig auszutragenden Kampf zweier entgegengesetzter politischer Systeme« ergäben. Der Reichsführer SS sollte »selbständig und in eigener Verantwortung« handeln.

Eine entsprechende Beauftragung hatte bereits 1939 in Polen zu Gegensätzen zwischen SS und Wehrmacht geführt und war daher auf Verlangen des ObdH zu Beginn des Westfeldzuges nicht erneuert worden.[62] Generalfeldmarschall von Brauchitsch suchte dem Heer auch für Rußland die herkömmliche Verwaltungshoheit und Jurisdiktion zu sichern. Er wurde jedoch mit seinen Forderungen von Hitler »hart abgetan«.[63]

Rußland war zur Domäne parteieigener Exekutivorgane bestimmt. Die Administration sollte NS-Funktionären vorbehalten sein, die Herrschaftssicherung der SS. Über die Zielsetzung gab es Andeutungen. Himmler hatte zu einigen seiner Leute geäußert, daß »im Osten 30 Millionen« Menschen verschwinden müßten.[64] SS-Obergruppenführer Reinhard Heydrich erhielt Befehl zur Neuaufstellung von Einsatzgruppen. Beamte der Geheimen Staatspolizei (Gestapo) und Kriminalpolizei (Kripo), Angehörige des Sicherheitsdienstes (SD) und der allgemeinen SS wurden nach Pretzsch einberufen und als Führungspersonal ausgebildet.[65]

Himmler und Heydrich vollzogen, was Hitler beabsichtigte. Er wollte »brutale Gewalt« anwenden und alle »beseitigen« lassen, die verdächtigt wurden, sich der deutschen

Herrschaft zu widersetzen: Repräsentanten der »jüdisch-bolschewistischen Intelligenz« – Juden überhaupt, Kommissare und Funktionäre, Partisanen und Saboteure, Arbeitsunwillige, Seuchenträger und Geisteskranke.[66] Die »Eiterbeulen« sollten ausgestochen, potentielle Unruheherde wie Leningrad und Moskau dem Erdboden gleichgemacht werden.[67]

In einer mehrstündigen Ansprache vor etwa zweihundert Generalen faßte der ObdW am 30. März 1941 seine ideologische Konzeption noch einmal zusammen. Wieder war vom »Kampf zweier Weltanschauungen« die Rede, der Notwendigkeit, den Bolschewismus für immer auszurotten. Dies könne nicht mehr eine »Frage der Kriegsgerichte« sein. Das Heer müsse den alten soldatischen Standpunkt aufgeben und sich so verteidigen, wie es angegriffen werde. »Der Kommunist«, sagte Hitler, »ist vorher kein Kamerad und hinterher kein Kamerad«.[68]

»Kommissare und GPU-Leute« bezeichnete der ObdW als »Verbrecher«, die »als solche behandelt werden« müßten. In diesem Zusammenhang verwies er auf die Weigerung der UdSSR, der Genfer Konvention von 1929 beizutreten.[69] Deutsche Kriegsgefangene unterstünden daher in Rußland nicht dem Schutze des Völkerrechts. Dieser Schluß sei übrigens auch nach den Erfahrungen in Polen, Finnland, Estland, Lettland, Litauen und Rumänien zu ziehen.[70]

Anscheinend hatte Hitler noch nicht erfahren, daß es aufgrund der jüngsten Reformen bei den sowjetischen Streitkräften seit 12. August 1940 keine Politruks mehr gab[71], im Augenblick also nur von Kommissaren höherer Gremien, des NKWD, KGB oder Verwaltungsapparates die Rede sein konnte. Jedenfalls bediente sich der ObdW eines Reizwortes, das allenthalben Abscheu hervorrief und gewiß auch bei den anwesenden Militärs wirkte, von denen einige Erfahrungen mit kommunistischen Fanatikern hatten.[72]

Angesichts der beispiellosen Erfolge des NS-Regimes war zwischen Westfeldzug und Rußlandkrieg die Indoktrination weiter Kreise des Offizierskorps fortgeschritten.[73] Die Militäropposition hatte an Boden verloren.[74] Selbst Persönlichkeiten wie Canaris[75], Küchler[76] und Reichenau[77], Wagner[78] und Weizsäcker[79] konnten sich nicht immer den pausenlos verbreiteten Propagandaparolen – Beschwörungen der Einheit von Partei, Volk und Wehrmacht – entziehen.[80]

Dennoch stieß Hitler auf Abneigung und Widerwillen.[81] Als er am 13. Mai 1941 mit einem Führererlaß schonungslose Maßnahmen »gegen jede Bedrohung« seitens der »feindlichen Zivilbevölkerung« verlangte und bei Straftaten eigener Soldaten den gerichtlichen Verfolgungszwang einschränkte[82], äußerten Oberbefehlshaber und Stabsoffiziere ihre Bedenken. Sie mußten, um etwas zu bewirken, sachlich begründet sein, etwa mit der Sorge um die Disziplin der Truppe. Gestützt auf dieses Argument, konnte Brauchitsch dem sogenannten Gerichtsbarkeitserlaß des ObdW eine einengende Auslegung geben.[83]

Einen zwischen Heydrich und Wagner ausgehandelten Protokollentwurf über Zuständigkeit und Versorgung der Einsatzgruppen hatte der ObdH unverändert als Befehl weitergeleitet.[84] Den von Jodl eigenhändig niedergeschriebenen, am 8. Juni 1941 ausgefertigten Kommissarerlaß des OKW, der vorsah, jeden gefangenen Politruk »sofort mit der Waffe zu erledigen«[85], schwächte Brauchitsch durch seine Interpretation insoweit ab, als er jeweils eine »besonders erkennbare Handlung oder Haltung« des betreffenden Sowjetfunktionärs voraussetzte.[86] Im übrigen mußte das Heer die von Hitler gewollte Verquickung des eigentlichen Kampfauftrages mit polizeilichen Richtlinien hinnehmen.

Die Führung rechnete mit dem Zusammenbruch des feindlichen Widerstandes innerhalb von 9 bis 17 Monaten. Der bevorstehende Feldzug schien dem ObdW nur »ein Sandkastenspiel« zu werden.[87] Die Rote Armee war in Hitlers Augen »nicht mehr als ein Witz«.[88] Mit vielen ausländischen Beobachtern teilte der Diktator die Auffassung, daß sich Rußland mit den Stalinischen Säuberungen in einem labilen Zustand befand und, wie im Finnischen Winterkrieg erwiesen, nicht besonders leistungsfähig sei.
Andererseits hegten auch die Sowjets erstaunliche Illusionen. Durch fortwährende Propaganda war der Glaube an die Unbesiegbarkeit der Roten Armee fest verwurzelt. Ihre Militärdoktrin negierte den Gedanken an Verteidigung und setzte fast ausschließlich auf die Wirksamkeit der Offensive.[89] Dabei erwartete man trotz gegenteiliger Erfahrungen in den seit 1939 von der Sowjetunion überfallenen Ländern, daß sich zu Beginn eines russischen Einmarsches die werktätigen Massen erheben und der Arbeiter- und Bauernmacht tatkräftig Hilfe leisten würden.[90]
Auf beiden Seiten fehlte die letzte Gewißheit über Stärke und Ausstattung des Gegners. Sachbearbeiter der Abteilung »Fremde Heere Ost« (Kinzel) schätzten, daß die Rote Armee im europäischen Rußland 213 Großverbände mit etwa 10000 Kampfwagen und 6000 Flugzeugen zusammengezogen habe.[91] Der Personalbestand einer sowjetischen Division wurde auf nicht mehr als 8000–9000 Mann beziffert. Die Raswedupr (Golikow) meldete 120 deutsche Divisionen, 4000 Panzer und ebensoviele Flugzeuge.[92]
Tatsächlich verfügten die drei Heeresgruppen unter Leeb, Bock und Rundstedt am ersten Angriffstag über 120 Divisionen und 1 Brigade (einschließlich 17 Panzerverbänden und 8 schwachen Sicherungsdivisionen). Die Zahl der Panzer belief sich aber nur auf 3580 Stück und bei den Luftflotten waren 1945 Maschinen einsatzbereit.[93] Ihnen gegenüber standen 170 Divisionen und 2 Brigaden der Roten Armee. Viele dieser Verbände hatten bereits die vorgesehene Kriegsstärke von 14500 Mann. Die Zahl der überlegenen T 34 und KW belief sich auf 1841, der modernen Flugzeuge auf 3719.[94]
Die Vorzeichen des nahenden Unheils häuften sich. Maiskij erhielt von Eden am 13. Juni 1941 gewisse Hinweise und Zusicherungen.[95] Schulenburg und Hilger empfingen den in Moskau weilenden Dekanosow und warnten durch ihn das Außenkommissariat vor Hitlers Absichten.[96] Die sowjetischen Grenztruppen meldeten täglich Zwischenfälle und Einflüge. Armeegenerale wie Dimitrij G. Pawlow und Iwan W. Boldin, Michail P. Kirponos und Iwan W. Tjulenew drängten daher Timoschenko zu energischen Abwehrmaßnahmen.[96]
Timoschenko zog aus dem Nordkaukasus eine Armee unter General Iwan S. Konjew sowie ostsibirische Divisionen als Verstärkungen heran und ließ die Masse des Heeres weiter gegen die Grenze aufschließen. Deutsche Beobachter hatten den Eindruck, daß die Rote Armee ihrerseits angreifen werde.[98] Hitler konnte jedoch mit den sowjetischen Maßnahmen zufrieden sein. Die neuen Dispositionen erschwerten dem Gegner das Ausweichen ins Landesinnere und lieferten Deutschland neue Anhaltspunkte für die Behauptung, durch den eigenen Angriff einem russischen Überfall zuvorzukommen.
Stalin verschloß auch jetzt nicht seine Augen vor der drohenden Gefahr. Er rang weiter um Zeitgewinn und suchte daher jede Provokation zu vermeiden. Am 14. Juni 1941 wurde eine aufsehenerregende TASS-Meldung verbreitet.[99] Die Gerüchte über einen »baldigen Krieg«, hieß es darin, seien »plumpe Propaganda«. Truppenbewegungen von beiden Seiten müßten »Ursachen zugrunde liegen, die nichts mit den sowjetisch-deutschen Beziehungen zu tun« hätten. Auf diese Weise gab Moskau zu verstehen, daß

es den Aufmarsch der Wehrmacht erkannte und Gegenmaßnahmen ergriff, jedoch an bestehenden Verträgen festhielt.[100]

Am gleichen Tage versammelte der ObdW um sich die führenden deutschen Militärs, außer Keitel und Jodl, Göring, Milch und Raeder, Brauchitsch und Halder die Oberbefehlshaber der Heeresgruppen, Armeen und Luftflotten. Nachdem die Generalfeldmarschälle Wilhelm Ritter von Leeb, Fedor von Bock und Gert von Rundstedt vorgetragen hatten, kamen Generaloberst Alfred Keller, Generalfeldmarschall Albert Kesselring und Generaloberst Alexander Löhr zu Wort. Generaloberst Nikolaus von Falkenhorst und Admiral Hubert Schmundt berichteten über ihre Maßnahmen für Norwegen-Lappland und den Ostseeraum.[101]

In der Mittagspause rechtfertigte Hitler noch einmal seinen Entschluß. Rußland, sagte er, müsse bezwungen werden, damit Großbritannien nachgebe; jetzt könne man den Zeitpunkt bestimmen, später, wenn sich die amerikanische Hilfe für England auswirke, kaum noch. Von weitergehenden Absichten – rassenideologischen Zielen und Lebensraumgewinn – war diesmal nicht die Rede. Offenbar wollte der ObdW den noch immer spürbaren Widerwillen gegen das ungeheuere Wagnis überwinden.[102]

Die inneren Vorbehalte des ObdH waren bekannt. Er teilte die Auffassung Halders, der sich für ihn notiert hatte: »Sinn nicht klar. Den Engländer treffen wir nicht. Unsere Wirtschaftsbasis wird nicht wesentlich besser. Risiko im Westen darf nicht unterschätzt werden. Möglich sogar, daß Italien nach Verlust seiner Kolonien zusammenbricht und wir . . . eine neue Südfront bekommen. Wenn wir dann gegen Rußland gebunden sind, wird die Lage weiter erschwert«.[103]

Göring hatte Hitler darauf hingewiesen, daß der Krieg nicht gewonnen wäre, wenn die sowjetischen Kräfte vernichtet seien.[104] Goebbels sprach von »schrecklichen Plänen«, als man ihn über Hitlers Vorhaben unterrichtete.[105] Ribbentrop bat Weizsäcker und Schulenburg, alle Argumente gegen »Barbarossa« zusammenzutragen.[106] Raeder äußerte wiederholt ernste Bedenken.[107] Canaris prophezeite: »Die deutschen Armeen werden auf den eisigen Ebenen Rußlands verbluten.«[108]

Unterdessen liefen die befohlenen Maßnahmen nach der Zeittafel ab. In gedrängter Folge erreichten 17000 Eisenbahnzüge mit 4 Generalkommandos, 14 Panzer- und 12 Infanterie-Divisionen den Bereitstellungsraum. Auch den drei Luftflotten wurde auf Anordnung Jeschonneks erst jetzt die Mehrzahl ihrer Kampfverbände zugeführt. Im Laufe des 17. Juni – fünf Wochen nach dem ursprünglichen Termin – erteilte Hitler endgültig Befehl zum Angriff am 22. Juni 1941 um 03.00 Uhr, vorbehaltlich des auslösenden Stichwortes: »Dortmund«.

Die letzten Tage waren nervenaufreibend. Hitler litt unter Schlaflosigkeit. Vor ihm lag »ein Tor«, von dem niemand wußte, »was dahinter liegt«.[109] Tatsächlich sprach Molotow mit Schulenburg über die Kriegsgerüchte und wurde Dekanosow bei Weizsäcker vorstellig, doch kam es nicht zu Verhandlungen.[110] Der leichtfertige Ton, in dem einige Deutsche über die Rote Armee geurteilt hatten, wollte sich nicht wieder einstellen. Voller Sorge sah der ObdW dem »weitaus schwersten Kampf« entgegen, der Auseinandersetzung mit einem »Weltanschauungsgegner von . . . fanatischer Konsequenz«.

Die Sowjetunion war auf den deutschen Angriff in vieler Hinsicht vorbereitet. Anfang April hatte Shukow dem jugoslawischen Militärattaché versichert, er werde bald die wahren Gefühle des Sowjetvolkes kennenlernen.[111] Kurz darauf wurde die verbotene antideutsche Propaganda wieder freigegeben. Vom NKWD war das KGB (Kommisarjat

Wnutrennich Diel) unter Merkulow ausgegliedert und mit Geheimerlaß vom 31. Mai beauftragt worden, »ohne Lärm und Panik« weitere Deportationen einzuleiten. Der Ausführungsbefehl erging am 4. Juni 1941.[112]
Aus Litauen verschleppte das KGB bis zum 22. Juni 21114, aus Lettland 16205 Menschen. Am 21./22. Juni kamen 11157 Esten in Haft. Wieviele Polen und Westukrainer dieses Schicksal traf, ist nicht bekannt; ihre Gesamtzahl lag jedenfalls höher. Gleichzeitig begann das Massenmorden der sowjetischen Sicherheitsorgane. Estnische Offiziere wurden zu Kursen nach Petseri eingerufen und erschossen, litauische Militärs im Konzentrationslager Prowienicki umgebracht. In den Wäldern um Riga starben Tausende von Letten.[113]
Als am 21. Juni 1941 ein deutscher Feldwebel, der unter Alkoholeinfluß seinen Offizier geschlagen hatte und bestraft werden sollte, zur Roten Armee überlief und den Zeitpunkt des befohlenen Angriffs preisgab[114], wollten Timoschenko und Shukow die höchste Alarmstufe anordnen. Stalin genehmigte einen kurzen Befehl. Watutin funkte ihn um 00.30 Uhr an die Oberbefehlshaber der westlichen Militärbezirke. Ihre Truppen sollten Feuerstellungen beziehen, alle Frontfliegerkräfte voll getarnt auf Feldflugplätzen zusammengezogen und die Abwehrbereitschaft der Luftverteidigung hergestellt werden.[115]
Während Poskrebyschew die Mitglieder des Politbüros im Kreml zusammenrief und andere Spitzenfunktionäre großenteils schon über Nacht ihre Amtsräume aufsuchten, trafen Berliner Dienststellen letzte protokollarische Vorbereitungen für den Bruch mit Moskau. Schulenburg wurde durch Chiffretelegramm angewiesen, das sowjetische Außenkommissariat aufzusuchen und Molotow über ein umfängliches Memorandum zu informieren, das Ribbentrop um 03.30 Uhr dem herbeigerufenen Dekanosow vorlesen und aushändigen ließ.[116]
Der UdSSR wurde ihr Eindringen in die baltischen Republiken und Finnland, Bessarabien und Nordbukowina, fortwährender Druck auf die Türkei, Rumänien, Bulgarien und Jugoslawien zur Last gelegt und vorgeworfen, mit den gesamten sowjetischen Kräften »sprungbereit« an der Grenze aufzumarschieren. Deutschland sei »nicht gewillt... tatenlos zuzusehen«. Der Führer habe daher »Befehl erteilt, dieser Bedrohung mit allen zur Verfügung stehenden Machtmitteln entgegenzutreten«.[117]

[1] A. Beer: Der Fall Barbarossa (Diss.), Münster 1978 (zit. Beer); R. Cecil: Hitler's Decision to invade Russia 1941 (The Politics and Strategy of the Second World War, 4), London 1975 (zit. Cecil); H.-G. Seraphim u. A. Hillgruber: Hitlers Entschluß zum Angriff auf Rußland, in: VZ 2/1953, S. 240–254; auch Hillgruber: Strategie, S. 426ff. u. seine neueren Werke: Sowj. Außenpol., S. 61ff. u. Der 2. Weltkrieg, S. 57ff.; s. ferner A. Fischer: Die Sowjetunion in der Weltpolitik, in: Weltpolitik, II, S. 74ff. (zit. Fischer); J. Keegan: Der Fall Barbarossa, München 1981 (zit. Keegan); A. Philippi u. A. Heim: Der Feldzug gegen Sowjetrußland 1941–1945, Stuttgart 1961, S. 19–26 (zit. Philippi/Heim); A. Seaton: The Russian-German War 1941–1945, London 1971, S. XIX–XVIII u. 1–12 (zit. Seaton); G. L. Weinberg: Germany and Soviet Russia 1939–1941, Leiden 1954 (zit. Weinberg). Weitere Hinweise i. d. Anm. 63ff. u. b. Förster in: DR, IV, S. 3–17.

[2] H. Picker: Hitlers Tischgespräche, Stuttgart 1963 (zit. Tischgespr.); KTB/OKW, I, S. 341; Halder, II, S. 335f., 454. Richtlinien f. d. »Wirtschaftsstab Ost« v. 2. 5. 1941, in: IMT, Bd. 31, Dok. 2318. Dazu L. Gruchmann: Nationalsozialistische Großraumordnung Stuttgart 1962.

[3] Lewytzkyj, S. 179; Paleckis, S. 306; Sommer, S. 84ff.

[4] Dazu ausführl. B. Whaley: Codeword Barbarossa, New York 1973.
[5] H. Herwarth v. Bittenfeld: Zwischen Hitler und Stalin, Berlin 1982. Vgl. dazu Hull, II, S. 967ff.; Welles, S. 168; A. Nekritsch u. P. Grigorenko: Genickschuß, Wien-Frankfurt-Zürich 1969, S. 130ff. (zit. Nekritsch/Grigorenko).
[6] Maiskij, a. a. O., S. 641.
[7] Zum Kenntnisstand d. sowj. Führung ausführl. J. Erickson: The Road to Stalingrad, London 1975, S. 6ff. (zit. Erickson: Road) u. Höhne: Kennwort, S. 26ff.
[8] Deakin/Storry, a. a. O., S. 256ff.; Schellenberg, S. 149–153.
[9] A. Radó: Dora jelenti, Budapest 1971, passim.
[10] L. Trepper: Die Wahrheit, München 1978, passim. Zu weiteren Informationen, die Hitler erhielt, neuerding V. Cencić: Enigma Kopinić, Belgrad 1983.
[11] Diese Behauptung zieht sich auffallend durch d. gesamte sowj. Memoirenlit., von Chruschtschow, Bereschkow Maiskij u. Merezkow bis zu Gretschko, Konjew und Kusnezow, Shukow u. Sokolowskij; vgl. W. A. Anfilow: Der Beginn des Großen Vaterländischen Krieges, Moskau 1962.
[12] ADAP, D, XI, II, Nr. 638.
[13] ebd. Nr. 637; Schnurres Bericht ebd. Nr. 280 u. 521; ein weiteres Handelsprotokoll ebd., Nr. 369. Vgl. dazu H.-G. Seraphim: Die deutsch-russischen Beziehungen 1939–1941, Hamburg 1949 u. K. Klee: Zur Vorgeschichte des Rußlandfeldzuges, in: WWR 12/1952.
[14] ADAP, D, XII, I, Nr. 121.
[15] Hillgruber: Strategie, S. 62.
[16] Fabry: SU, S. 288–318; ders.: Die sowjetische Außenpolitik 1939–1941, in: Weltpolitik II, S. 69f.; Fischer, ebd., S. 77f.
[17] Fabry: SU, S. 296; Krecker, S. 143ff.
[18] Hoppe, S. 120.
[19] Gafencu: Vorspiel, S. 254, 262.
[20] Paasikivi, S. 427f.; Ueberschär, S. 288, 354.
[21] ADAP, D, XII, I, Nr. 333; Allard, S. 284; Teske: Köstring, S. 229; Ziemke, S. 130.
[22] ADAP, D, XII, I, Nr. 505, 547.
[23] Fabry: SU, S. 278, 293ff., 299, 356, 413.
[24] Wuenscht, S. 314.
[25] Stalin: Werke, Bd. 7, S. 11f.; ders.: Rede auf dem XVIII. Parteitag der KPdSU, beides a. a. O.; dazu Ph. W. Fabry: Die sowjetische Außenpolitik 1939–1941, in: Weltpol. II, S. 53–73 u. ders.: Die Sowjetunion und der Zweite Weltkrieg 1941–1945, ebd., S. 78 (zit. Fabry: SU i. 2. Weltkr.)
[26] ADAP, D, XII, I, Nr. 203, 292, 301; Fabry: SU u. 2. Weltkr. S. 297.
[27] ADAP, D, XII, II, Nr. 467; Rauch, S. 305.
[28] Fabry: SU u. 2. Weltkr. S. 300ff.
[29] Die d. dt. Botschaft zugespielte Fassung in: ADAP, XII, II, Nr. 593 d. 2. Fassg. b. A. Werth: Russia at War 1941–1945, London 1964, S. 122f. (zit. Werth); d. 3. Fassg. b. B. Besymenski: Sonderakte »Barbarossa«. Dokumentarbericht zur Vorgeschichte des deutschen Überfalls auf die Sowjetunion, Reinbek 1968, S. 268f. (zit. Besymenski); d. 4. Fassg. b. Shukow, S. 266.
[30] Zu den Warnungen s. Butler, II, S. 543ff.; Churchill, III, 1, S. 320ff.; Woodward, S. 148ff.
[31] Below, S. 273f.; Engel 103ff.; Frank: Angesichts, S. 411; Halder, II, S. 413; I. Heß: England-Nürnberg-Spandau, Leoni 1954, S. 9ff.; Schellenberg, S. 159ff.; J. Leasor: Botschafter ohne Auftrag. Der Englandflug Rudolf Heß', Oldenburg 1963; B. Martin: Friedensinitiativen, a. a. O., S. 425–447; J. Douglas-Hamilton: Geheimflug nach England. Der »Friedensbote« Rudolf Heß und seine Hintermänner, Düsseldorf ²1973; Kirkpatrick, S. 277f.; Schwarzwälder, S. 203–230; vgl. Hillgruber: Strategie, S. 513.
[32] Bereschkow, S. 73; Nekritsch/Grigorenko, S. 145f.; Maiskij, S. 638ff.
[33] Butler, II, S. 543f.; Woodward, S. 118.
[34] Hillgruber: Strategie, S. 442.
[35] Shukow, S. 19.
[36] Zahlen in: Streitkräfte d. UdSSR, a. a. O., S. 166ff.; J. Hoffmann in: DR, IV, S. 56ff.
[37] Erickson, S. 548ff., 565ff.
[38] Höhne: Canaris, S. 430.
[39] A. Philippi: Das Pripjetproblem, Frankfurt 1955.
[40] H. Pottgiesser: Die Reichsbahn im Ostfeldzug, Neckargemünd, 1960, S. 10ff. (zit. Pottgiesser).

41 Halder, II, S. 121.
42 Ebd., S. 214.
43 Mueller-Hillebrand, II, S. 80ff., 107.
44 Wiener/Spiegelberger, a. a. O.
45 Nehring, S. 118f.; Mellenthin, S. 64ff.; Hitlers Auffassung b. Halder, II, S. 214.
46 Ploetz: Weltkrieg, II, S. 15f.; Halder, II, S. 261f.; Friedensburg, S. 331–338.
47 Philippi/Heim, S. 36f.; Halder, II, S. 457.
48 Übersicht b. Greiner, S. 295f.; Fabry: SU, S. 374–389; Philippi/Heim, S. 28f.; Seaton, S. 52–61; Keegan, S. 36ff.; Besymenski, S. 31ff.
49 O. Jacobsen: Erich Marcks. Soldat und Gelehrter, Frankfurt 1971 (zit. O. Jacobsen).
50 Halder, II, S. 213ff.; Warlimont, S. 132ff.; Paulus, S. 107ff.; ausführl. E. Klink in: DR, IV, S. 119–222.
51 Loßberg, S. 105f. und 113; abgedr. b. Besymenski; Klink in: DR, IV, S. 219ff., S. 304ff.
52 Halder, II, S. 201, 204; Engel, 110f.
53 Ebd., Anl. 2, S. 464ff.
54 Hubatsch: Weisungen, S. 88ff.; dazu Uhlig: Das Einwirken Hitlers auf Planung und Führung des Ostfeldzuges, in: PZ, Beil. »Das Parlament« v. 16. 3. 1960 (zit. Uhlig).
55 Ueberschär, S. 271ff., 276ff.; H. Rüf: Gebirgsjäger vor Murmansk, Innsbruck 1957, S. 12f. (zit. Rüf); Greiner, S. 350f.; P. Gosztony: Hitlers fremde Heere, Düsseldorf–Wien 1976, S. 54ff. (zit. Gosztony: Fremde Heere).
56 ADAP, D, XI, II, Nr. 380, 387, 389, 426.
57 Ebd., Nr. 614; dazu I. Gheorghe: Rumäniens Weg zum Satellitenstaat, Heidelberg 1952, S. 150 (zit. Gheorghe); Gosztony: Fremde Heere, S. 76ff.
58 ADAP, D, XII, I, Nr. 660 u. 661.
59 Gosztony: Fremde Heere, S. 88ff., 127ff.
60 Hoppe, S. 129f.
61 Text: IMT, Bd. 24, S. 53ff.; wieder abgedr. in: Anatomie, II, S. 177ff.; zur Vorgesch. KTB/OKW, I, S. 340f.; Halder, II, S. 303; Warlimont, S. 172. Zum Folgenden Cecil, S. 156f.; A. Dallin: Deutsche Herrschaft in Rußland 1941–1945. Eine Studie über Besatzungspolitik. Düsseldorf 1958 (zit. Dallin); J. Förster: Zur Rolle der Wehrmacht im Kampf gegen die Sowjetunion, in: PZ, 55/1968, S. 3–15; H.-A. Jacobsen: Kommissarbefehl und Massenexekutionen sowjetischer Kriegsgefangener, in: Anatomie, II, S. 137–234 (zit. Jacobsen: Kommissarbefehl); H. Krausnick: Kommissarbefehl und Gerichtsbarkeitserlaß »Barbarossa« in neuer Sicht, in: VZ/1977, S. 682ff.; H. Krausnick u. J.-H. Wilhelm: Die Truppe des Weltanschauungskrieges. Die Einsatzgruppen der Sicherheitspolizei und des SD (Quellen u. Darstellungen zur Zeitgesch., 22) Stuttgart 1981, S. 115ff. (zit. Krausnick/Wilhelm); M. Messerschmidt: Die Wehrmacht im NS-Staat, Hamburg 1969, S. 245ff. (zit. Messerschmidt: Wehrmacht); Chr. Streit: Keine Kameraden. Die Wehrmacht und die sowjetischen Kriegsgefangenen, Stuttgart 1979 (zit. Streit); H. Uhlig: Der verbrecherische Befehl. Eine Diskussion und ihre historisch-dokumentarischen Grundlagen, in: Vollmacht des Gewissens, a. a. O., II, S. 113–134 (zit. Uhlig); weitere Einzelheiten b. Delarue, S. 251ff. u. Höhne, S. 258ff. Allg. zum Verfall des herkömmlichen Kriegsrechts seit 1914 neuerdings M. Glover: The Velvet Glove. The Decline and Fall of Moderation in War, London 1983.
62 IMT, Bd. 11, S. 377. Näheres b. K. Kwiet: Vorbereitung und Auflösung der deutschen Militärverwaltung in den Niederlanden, in: MGM 1/1969, S. 121–153; H. Umbreit (Hg.): Die Kriegsverwaltung 1940–1945, ebd. 2/1968, S. 113–134 (zit. Umbreit).
63 Engel, S. 96f.
64 IMT, Bd. 4, S. 535f.
65 Krausnick/Wilhelm, S. 141–150.
66 KTB/OKW, I, S. 341.
67 Halder, III, S. 53 u. Engel, S. 107.
68 Der Redetext ist nicht überliefert, inhaltl. Angaben b. Below, S. 266 u. Halder, II, S. 336f.; auch die Wiedergabe v. A. Heusinger: Befehl im Widerstreit, Tübingen 1957, S. 91ff. (zit. Heusinger) ist »aus dem Gedächtnis« niedergeschrieben; vorausgegangen war eine Ansprache ähnlichen Inhalts vor Truppenführern am 10. 2. 41, s. Thiess, a. a. O., S. 112ff.; vgl. Greiner, S. 371; Jacobsen: Kommissarbefehl, S. 140 u. Krausnick/Wilhelm, S. 122; Förster in: DR, IV, S. 18–24.
69 Greiner, S. 371.

70 Zur »Rebolschewisierung« der Roten Armee nach den großen Säuberungen durch Politische Kommissare (Politruks) s. Erickson, S. 510ff.
71 Gosztony: Rote Armee, S. 193.
72 Jodl i. Nürnberg: IMT, Bd. 15, S. 340; vgl. A. Hillgruber: Das Rußlandbild der führenden deutschen Militärs vor Beginn des Angriffs auf die Sowjetunion, in: Rußland, Deutschland, Amerika. Festschr. f. F. G. Epstein, Wiesbaden 1978.
73 Messerschmidt: Wehrmacht, S. 250ff.
74 Krausnick/Wilhelm, S. 110f.; Hillgruber: Strategie, S. 61; Hassell, S. 154.
75 Höhne: Canaris, S. 338–403.
76 Jacobsen: Kommissarbefehl, in: Anatomie, II, S. 158.
77 Messerschmidt: Wehrmacht, S. 394f.
78 Wagner, S. 182f.
79 Hassell, S. 153.
80 Krausnick/Wilhelm, S. 122f.
81 Below, S. 279; Engel, 102f.; Krausnick/Wilhelm, S. 121; Irving: Hitler, S. 269; Jacobsen: Kommissarbefehl, S. 146f. u. Förster in: DR, IV, S. 20ff.
82 Abgedr, in: Anatomie, II, S. 181ff.
83 Ebd., S. 185.
84 Ebd., S. 170ff.; zur Verhandlung zw. Heydrich u. Wagner s. Schellenberg, S. 175.
85 Anatomie, II, S. 189ff.
86 Ebd., S. 181.
87 Speer, S. 188.
88 ADAP, D, XI, I, Nr. 486.
89 M. W. Sacharow: Natschalnyj period Welikoj Otetschestwennoj Wojny i iego uroki, in: W/Sch 7/1961 (zit. Sacharow); W. D. Sokolowskij: Militärstrategie, (Ost)Berlin 1965, S. 17 (zit. Sokolowskij).
90 Gosztony: Rote Armee, S. 194.
91 Halder II, S. 345, 382, 461.
92 Nekritsch/Grigorenko, S. 127ff.; zu d. Zahlen Shukow, S. 215 u. Streitkräfte der UdSSR, S. 194.
93 Die Zahl d. Div. u. Flugz. nach Hillgruber/Hümmelchen: Chronik, S. 39; d. Zahl d. dt. Panzer nach Bauer, I, S. 175. Mueller-Hillebrand, II, S. 105 u. III, S. 221, verzeichnet 3680 dt. Pz. (einschl. Sturmgeschützen u OKH-Reserven, KTB/OKW, III, S. 66 (Nachtrag) d. hier angegebenen Zahl. Groehler, S. 294ff., bezieht i. seine Stärkeangaben d. kl. LFl. 5 (Stumpff), sämtl. Aufklärer des Heeres u. alle Maschinen der erst i. weiteren Feldzugsverlauf hinzugekommenen Waffengefährten ein u. kommt so den sowj. Angaben nahe.
94 Zahlen nach Shukow, S. 234, 239. Im Gegensatz dazu kommt Groehler, S. 302, auf nur 1445 sowj. Flugzeuge; s. auch Hoffmann in: DR, IV, S. 70ff.
95 Eden, II, S. 266ff.
96 Hilger, S. 308f.; dagegen d. krit. Auseinandersetzung mit seiner Darstellung b. Sommer, S. 291ff. u. d. Aussagen v. Daschitschew vor d. Inst. f. Marxismus-Leninismus unter d. Vorsitz v. G. A. Deborin u. B. S. Telpuchowski i. Febr. 1966, lt. Der Spiegel 5/1967, S. 132ff.
97 Nekritsch/Grigorenko, S. 148 (unter Bezugnahme auf zahlr. Memoiren).
98 KTB/OKW, I, S. 406; Halder, II, S. 264, 382, 462; dazu R. Cecil: Hitlers Griff nach Rußland, Graz – Wien – Köln 1977; Manstein, S. 179; Rundstedt in Nürnberg: IMT, Bd. 21, S. 28ff.; dazu Fabry: Hitler-Stalin-Pakt, S. 425; E. Helmdach: Überfall? Der sowjetisch-deutsche Aufmarsch 1941, Neckargemünd ^{3}1976, S. 98ff., 100, 128; ders. Täuschungen u. Versäumnisse. Kriegsausbruch 1939/1941, Berg am See 1979, S. 67–132.
99 Kusnezow, S. 337.
100 Text u. Interpr. b. Fabry: SU, S. 305.
101 Halder, II, S. 455f.; Guderian, S. 296; Milch in Nürnberg: IMT, Bd. 9, S. 65; dazu Greiner, S. 390.
102 Below, S. 277f.; Bock-Tgb., 14. 6. 41; Halder, II, S. 455f.; Irving: Hitler, S. 272f.
103 Halder, II, S. 261; Aßmann: Schicksalsjahre, S. 225f.
104 Mosley, S. 313; vgl. Andeutung b. Thomas, S. 261.
105 H.-L. Martin: Unser Mann bei Goebbels, Neckargemünd 1973, S. 115f.; Reimann, S. 278.
106 Abgedr. b. Jacobsen: Der Weg, S. 110f. u. Seidl, Nr. 232; vgl. dazu Fabry, Hitler-Stalin-Pakt, S. 393

u. Sommer, S. 80f.; s. auch d. vorausgegangene Denkschrift d. dt. Botschaft i. Moskau: VZ 3/1975, S. 332ff.

[107] Raeder, II, S. 251 u. IMT, Bd. 34, S. 276; dazu Salewski, I, S. 355f., 264.

[108] Brown, S. 218f.; J. Colvin: Master Spy, New York 1950, S. 256 (zit. Colvin); H. Giskes: Spione überspielen Spione, Hamburg 1959, S. 16; auch Höhne: Canaris, S. 428ff. u. Schellenberg, S. 177; Schellenberg S. 138ff.; zum Folgenden ausführl. Klink in: DR, IV, S. 259–318.

[109] Monologe, a. a. O., S. 93.

[110] ADAP, D, XII, I, Nr. 628, 658.

[111] Gafencu: Vorspiel, S. 259.

[112] Lewytzkyj, S. 191ff.; Mackiewicz, S. 309ff.

[113] Zahlen nach den beim IRK hinterlegten Dokumenten; s. Raid, S. 562; Seaton, S. 101, Anm. 8; Suduvis, S. 17; Spekke, S. 393ff.; Uustalu, S. 248; dazu d. Memoiren v. R. Aizupe: Pa Lenina-Sespadsmit gadi Sibirija, Toronto 1974.

[114] Shukow, II, S. 274f.

[115] Nekritsch/Grigorenko, S. 168.

[116] ADAP, D, XII, I, Nr. 662; Fabry: Hitler-Stalin-Pakt, S. 394; Sommer, S. 164ff., Bereschkow, S. 77ff.

[117] ADAP, XII, I, Nr. 664; Faks. i. Anh. b. Sommer.

Der Feldzug im Osten 1941

Die deutsche Offensive hatte am Sonntag, dem 22. Juni 1941, pünktlich um 03.00 Uhr begonnen.[1] Etwa dreißig blindflugerfahrene Piloten waren in Gipfelhöhe über einsamen Wald- und Sumpfgebieten nach Rußland eingeflogen und hatten die auf sowjetischen Plätzen bereitgestellten Flugzeuge mit Schauern von neuartigen 2-Kilo-Splitterbomben des Typs SD 2 angegriffen. Eine Viertelstunde später folgten die Kampffliegerverbände der Luftflotten 4 (Löhr), 2 (Kesselring) und 1 (Keller). Auch ihr Einsatz galt hauptsächlich den Flugbasen des Gegners.[2]

Dieser Eröffnungsschlag unterschied sich bewußt von dem der Westoffensive. Man verzichtete auf Luftlandungen. Jeschonnek und Waldau hatten in Zusammenarbeit mit Seidel, den LFl.- und Korpskommandos das neue Angriffsverfahren entwickelt. Insgesamt wurden 66 russische Flugplätze bombardiert, einige, die nur 20 km hinter der Hauptkampflinie lagen, auch durch Artillerie des Heeres beschossen.[3] Bis zum Abend rechnete das OKL mit mehr als 1200 am Boden zerstörten oder abgeschossenen Feindflugzeugen bei nur geringen eigenen Verlusten.[4]

Watutins Funkspruch lag den Bezirkskommandanturen rechtzeitig vor. Trotzdem wurden die Rotarmisten in ihren Stellungen auf breiter Front überrascht. Kommunistische Historiker führen dies auf Sabotageakte feindlicher »Diversanten« zurück.[5] Die Zahl der von Canaris und Lahousen mit Hilfe eines Befehlsstabes »Walli« nach Rußland eingeschleusten Agententrupps reichte aber nicht zur Unterbrechung des gesamten sowjetischen Nachrichtennetzes. Ausschlaggebend waren technische Fehler und lückenhafte Dienstvorschriften der Roten Armee.[6]

Das mangelhafte Nachrichtensystem der Sowjets gereichte dem Angreifer zum Vorteil. Während Hitler Berlin verließ, um sich mit dem Sonderzug nach Ostpreußen in sein neues Führerhauptquartier »Wolfsschanze« bei Rastenburg zu begeben[7], waren die wichtigen Flußübergänge von Radymno, Koden, Brest-Litowsk und Pratulin, Gargzdai, Tauroggen und Lybartei schon überraschend genommen und jenseits des Bug, der Dubissa, Jura und Memel tiefe Brückenköpfe gebildet, aus denen die deutschen Panzerverbände weiter nach Osten vorstoßen konnten.[8]

Nur im Südabschnitt der Angriffsfront mißlang die taktische Überraschung. Die Rote Armee hatte hier westlich der Linie Lemberg-Rawa Ruskaja sowie am Styr gut ausgebaute Feldstellungen. Hinter ihnen standen tief gestaffelt Reserven, namentlich drei schlagkräftige Panzerdivisionen, die den durchgebrochenen Angreifer mit Flankenstößen zum Stehen brachten. Die deutsche Infanterie stieß vielfach auf starke Gegenwehr. Fast zwei Wochen lang wurde auf der ganzen Linie erbittert gekämpft, ehe es gelang, die Russen hinter den Dnjestr zurückzudrängen.

Auf dem rechten Angriffsflügel operierte die HGr.Süd (Rundstedt) zunächst mit der 17. Armee (Stülpnagel) und 6. Armee (Reichenau). Zwischen ihnen war als schneller Stoßverband die Panzergruppe 1 (Kleist) eingeschoben.[9] Die 11. Armee (Schobert) gehörte noch zu der am Pruth aufmarschierten »Armeegruppe Antonescu«. Sie sollte Bessarabien zurückerobern, dadurch sowjetische Kräfte auf sich ziehen und so das Vordringen Schneller Truppen über Rowno und Ostrog, Berditschew und Schitomir in Richtung auf Kiew erleichtern.

Dieser Raid konnte aber nicht zur Inbesitznahme der Ukraine führen. Die Offensive im Süden war zunächst nur eine Nebenoperation, ebenso wie das Vorgehen der verhältnismäßig kleinen HGr. Nord (Leeb) aus Ostpreußen. Sie hatte den Auftrag, mit der 16. Armee (Busch) und 18. Armee (Küchler) durch die baltischen Republiken und weiter über Luga und Kingisepp nach Leningrad vorzustoßen. Dabei sollte den beiden Infanterieverbänden die Panzergruppe 4 (Hoepner) vorauseilen.[10]

Die Schwerkraft des Unternehmens »Barbarossa« lag eindeutig im Potential der HGr. Mitte (Bock). Auch sie umfaßte zwei Infanterieverbände, die 4. Armee (Kluge) und 9. Armee (Strauß). Brauchitsch hatte ihr aber zwei starke Panzergruppen – die PzGr. 2 (Guderian)[11] und PzGr. 3 (Hoth)[12] – zugeteilt, mit denen weitergreifende Zangenoperationen in Richtung auf Smolensk und Moskau eingeleitet werden sollten. Als die deutschen Kampfwagen aus den Brückenköpfen beiderseits von Brest-Litowsk vorbrachen, entwickelte sich im Raum Bialystok-Minsk die erste große Kesselschlacht des Rußlandfeldzuges.[13]

Der sowjetische Widerstand war noch unzulänglich organisiert. Erst bei Kriegsbeginn hatte Stalin die Einberufung weiterer Reservistenjahrgänge angeordnet. Auch erhielten die unmittelbar betroffenen Militärbezirke noch eine neue Gliederung. Zur operativen Verwendung bildeten ihre Armeen die Heeresgruppen »Nordwestfront« (Kusnezow), »Westfront« (Pawlow) und »Südwestfront« (Kirponos). Hinzu kamen die »Nordfront« (Popow), »Südfront« (Tjulenjew) und andere Großverbände.[14]

Am 23. Juni 1941 beschaffte Poskrebyschew vom Präsidium des Obersten Sowjet einen Ukas, mit dem das Staatliche Verteidigungskomitee (GKO: Gosudarstwennyj Komitet Oborony) gegründet wurde. Stalin übernahm den Vorsitz. Bewährte Parteifreunde wie Molotow, Berija, Woroschilow und Malenkow schlossen den Kreis. Er festigte die Herrschaft des sowjetischen Diktators wieder, nachdem das blinde Vertrauen auf seine Weisheit und Autorität in den letzten vierundzwanzig Stunden gewiß erschüttert worden war. Das Zentralkomitee der Partei und sein Politbüro verloren gegenüber dem neuen Gremium an Gewicht.[15]

Dem Staatlichen Verteidigungskomitee (GKO) wurde das Oberkommando (Stawka Glawnowo Komandowanija Woorshennych Sil) unterstellt. Nominell war Timoschenko der Vorsitzende, praktisch wiederum Stalin. Mit Hilfe der Chefs des Generalstabes (Shukow) und der Flotte (Kusnezow) traf er jetzt auch operative Entscheidungen. Molotow und Woroschilow repräsentierten in der Stawka den höchsten Partei- und Regierungsausschuß. Umgekehrt sollten die Stabschefs bald Sitz und Stimme im GKO erhalten. Diese Doppelbesetzung war bezeichnend für die Machtkonzentration zur Zeit der Kriegsdiktatur.[16]

Zu den ersten Auswirkungen der Stalinschen Politik gehörten erweiterte Sicherheitsmaßnahmen. Die Autonome Sozialistische Sowjetrepublik der Wolgadeutschen wurde aufgelöst und ihre Bevölkerung zur Zwangsarbeit nach Zentralasien deportiert. Gleichzeitig liquidierten Merkulows Leute die Insassen der Gefängnisse zwischen Tartu (Dorpat) und Kischinew bei Riga, Glebokic, Dobromil und Sambor. Besonders tragisch war die Erschießung von 3298 Menschen in Lemberg und etwa 4000 anderen rings um das

Konzentrationslager Berezwecz kurz vor dem Eintreffen der 17. Armee (Stülpnagel) und westukrainischer Freiwilligen-Bataillone.[17]
Wie das Stichwort »Barbarossa« andeutete, sollte der Angriff auf die UdSSR im Geiste eines Kreuzzuges geführt werden. Mussolini, Antonescu, Horthy und Tiso griffen diesen Gedanken auf. Ihre Opferbereitschaft war jedoch uneinheitlich. Italien hatte gleich am Morgen des 22. Juni 1941 der Sowjetunion den Krieg erklärt, ebenso Rumänien, das die 3. Armee (Dumitrescu) und 4. Armee (Ciuperca) seines Heeres in den Kampf schickte[18], während bis zum Einsatz des »Corpo Spedizionario Italiano in Russia« (Messe) noch Wochen vergingen.[19]
Die finnische Regierung wollte nicht sofort losschlagen.[20] Das Kabinett beschloß zwar einen »Fortsetzungskrieg« zur Wiedergewinnung der verlorenen Gebiete, verwarf jedoch die Idee des »Kreuzzuges«.[21] Der Einmarsch deutscher Truppen des AOK Norwegen (Falkenhorst) hatte zahlreiche Grenzzwischenfälle und eine rege sowjetische Fliegertätigkeit über Finnland zur Folge. Nach Bombenwürfen auf Helsinki erklärte Ryti in einer Rundfunkansprache am 26. Juni 1941 den Kriegszustand.[22]
Ungarn kam wegen eines Luftangriffs auf Kassa in ähnliche Lage, obwohl die anfliegenden Maschinen nicht einwandfrei identifiziert wurden.[23] Ohne das Untersuchungsergebnis abzuwarten, ließ die Regierung einige Ziele in Galizien bombardieren. Am 27. Juni 1941 erklärte Ministerpräsident László Bárdossy dem Parlament mit vier lapidaren Sätzen, daß man sich nunmehr im Kriegszustand befinde. Horthy hatte vorher zugestimmt. Dieses Vorgehen war verfassungswidrig. Trotzdem erhob sich nur wenig Widerspruch.[24]
Im Unterschied zu Finnland und Rumänien hatte Ungarn keine territorialen Ansprüche gegenüber der Sowjetunion. Die Regierung Bárdossy befürchtete jedoch, daß Antonescu zusammen mit Tiso durch Nachweis der Bündnistreue von Deutschland auf ungarische Kosten politische Vorteile erlangen könnte. Horthy ließ daher die Masse des Honvéd-Heeres zur Sicherung der unlängst gewonnenen Gebiete verwenden. Sein Einsatz an der Ostfront stand in keinem Verhältnis zur Bevölkerungszahl.
Während Ungarn ein Schnelles Korps (Szombathelyi) über die Karpaten schickte, das ebenso wie die slowakische Schnelle Division (Čatloš) am Dnjestr zur HGr. Süd (Rundstedt) stieß, entwickelte sich vielen Orts eine europäische Freiwilligenbewegung. In Spanien, wo die nationale Kreuzzugsstimmung des Bürgerkrieges nicht völlig abgeklungen war, meldeten sich Zehntausende zum Kampf gegen Rußland.[25] Auch das neue Kroatien, Frankreich und Wallonien, Flandern, die Niederlande, Dänemark, Norwegen und Finnland stellten Legionen.[26]
Hitler mißtraute dieser Entwicklung. Ihn verdroß, daß die französische Presse von einem »Krieg der Europäer« sprach.[27] Er wollte »nichts für die endgültige Regelung... verbauen«.[28] Eine Regierung, die sich unter dem Führer der »Organisation Ukrainischer Nationalisten«, Jaroslaw Stecko, in Lemberg bildete, wurde verhaftet. Der Aufstand des Generals Peter Kubiliunas, dem sich um Kaunas etwa 90000 Litauer anschlossen, und ein Schreiben des für das höchste Staatsamt ausersehenen Kazys Škirpa ignorierte der ObdW.[29]
Unterdessen erlitten die Sowjets eine Serie schwerer Niederlagen. Stalin hatte umsonst Schaposchnikow, Kulik und Shukow als Sonderbeauftragte an die Front geschickt und den unglücklichen Pawlow durch Timoschenko ablösen lassen. Die Schlacht von Bialystok-Minsk ging zu Ende. Bis auf ein Korps, das entkam, vernichtete die HGr. Mitte

(Bock) um Nowogrodek und Wolkowsky drei russische Armeen. Bis zum 9. Juli 1941 wurden 232898 Gefangene, darunter zahlreiche Generale, 1809 erbeutete Geschütze und 3332 zerschossene Panzerkampfwagen gezählt.[30]
Die HGr. Nord (Leeb) hatte Litauen befreit, Riga genommen und mit Hilfe von 30 »Brandenburgern« einen Dünabrückenkopf für das weitere Vorgehen der PzGr. 4 (Hoepner) erobert. Bei der HGr. Süd (Rundstedt) war die PzGr. 1 (Kleist) über den Styr bis nach Ostrog gelangt, während Divisionen der 6. Armee (Reichenau) Kowel und Rowno nahmen und die 17. Armee (Stülpnagel) auf Tarnopol durchbrach. Die Finnen griffen in Nordkarelien an. Von den Rumänen wurden Hertza, die Nordbukowina und nach wochenlangen Kämpfen auch Bessarabien zurückgewonnen.[31]
Das Sowjetregime schien zusammenzubrechen. Drei Divisionen mit Soldaten aus den baltischen Republiken waren übergelaufen. Zahllose Bewohner der Westgebiete – auch viele Polen – begrüßten die Deutschen als Befreier. In Lettland eröffneten Partisanen der Perkinkrust und Aisargi den Kampf. Die Russen flohen aus Angst vor Racheakten der unterdrückten Völker. In Kaunas und Umgebung fielen 6777 Menschen, größtenteils Juden, unter den Augen von Wehrmachtsangehörigen einem litauischen Pogrom zum Opfer.[32]
Die Kremlführung mußte befürchten, daß ihr die Zügel entglitten. Das Zentralkomitee der KPdSU(B) beeilte sich daher, mit einer Sprachregelung auf den seit 1812 geläufigen Begriff des »Großen Vaterländischen Krieges« zurückzugreifen, gerade so, als wäre der Marxismus-Leninismus nicht mehr wert, verteidigt zu werden.[33] Stalin brach sein Schweigen und rief zur Bildung von Partisanenverbänden auf. Die Wälder im Rücken der Invasoren sollten angezündet, alle Vorräte vernichtet, Unterkünfte zerstört und deutsche Nachschubkolonnen überfallen werden.[34]
Auf Geheiß des kommunistischen Diktators wurden die geschlagenen Generale zum Tode verurteilt und hingerichtet. Am 1. Juli 1941 erschoß ein Kommando des NKWD Dmitrij G. Pawlow und Aleksandr A. Korobkow, später Nikolaj A. Klitsch, Wladimir J. Klimowskich, Aleksandr F. Kosublitzkij und andere.[35] Offiziere in deutscher Gefangenschaft galten als »Verräter« und »Volksschädlinge«; ihre Familien verfielen der Sippenhaft.[36] Auch für die Frau seines Sohnes Jakow J. Dshugaschwili kannte Stalin kein Erbarmen.[37]
Tausende von deutschen Kriegsgefangenen, auch Verwundete, wurden ermordet, oft auf Befehl der Kommandeure, die sich auf Anordnungen Stalins beriefen.[38] Ein vom Volkskommissariat der Verteidigung ausgehendes Verbot änderte wenig. Gleichzeitig ließ die Sowjetunion durch Schweden, ihre Schutzmacht, den Feindmächten mitteilen, daß Rußland – bei Gegenseitigkeit – die Haager Konvention von 1907 als verbindlich ansehen würde. Finnland, Italien, Rumänien und die Slowakei antworteten zustimmend und erklärten ihrerseits, auch die Genfer Konvention beachten zu wollen. Dagegen vermied Hitler jede völkerrechtlich bindende Zusage.[39]
Die deutsche Führung ergriff der Siegesrausch. Halder fand, es wäre »nicht zuviel gesagt«, wenn er »behaupte, daß der Feldzug gegen Rußland innerhalb (von) 14 Tagen gewonnen« worden sei. Der Chef des Generalstabes befaßte sich schon mit »weiteren Aufgaben«, einer Offensive zum Gewinn der Landbrücke zwischen Nil und Euphrat« durch Vorstöße aus Afrika und Anatolien, vielleicht über den Kaukasus, unter Ausnutzung des deutsch-türkischen Freundschaftsvertrages, vielleicht mit Hilfe von Dentz, der freilich schon am 3. Juli 1941 in Syrien kapitulierte.[40]

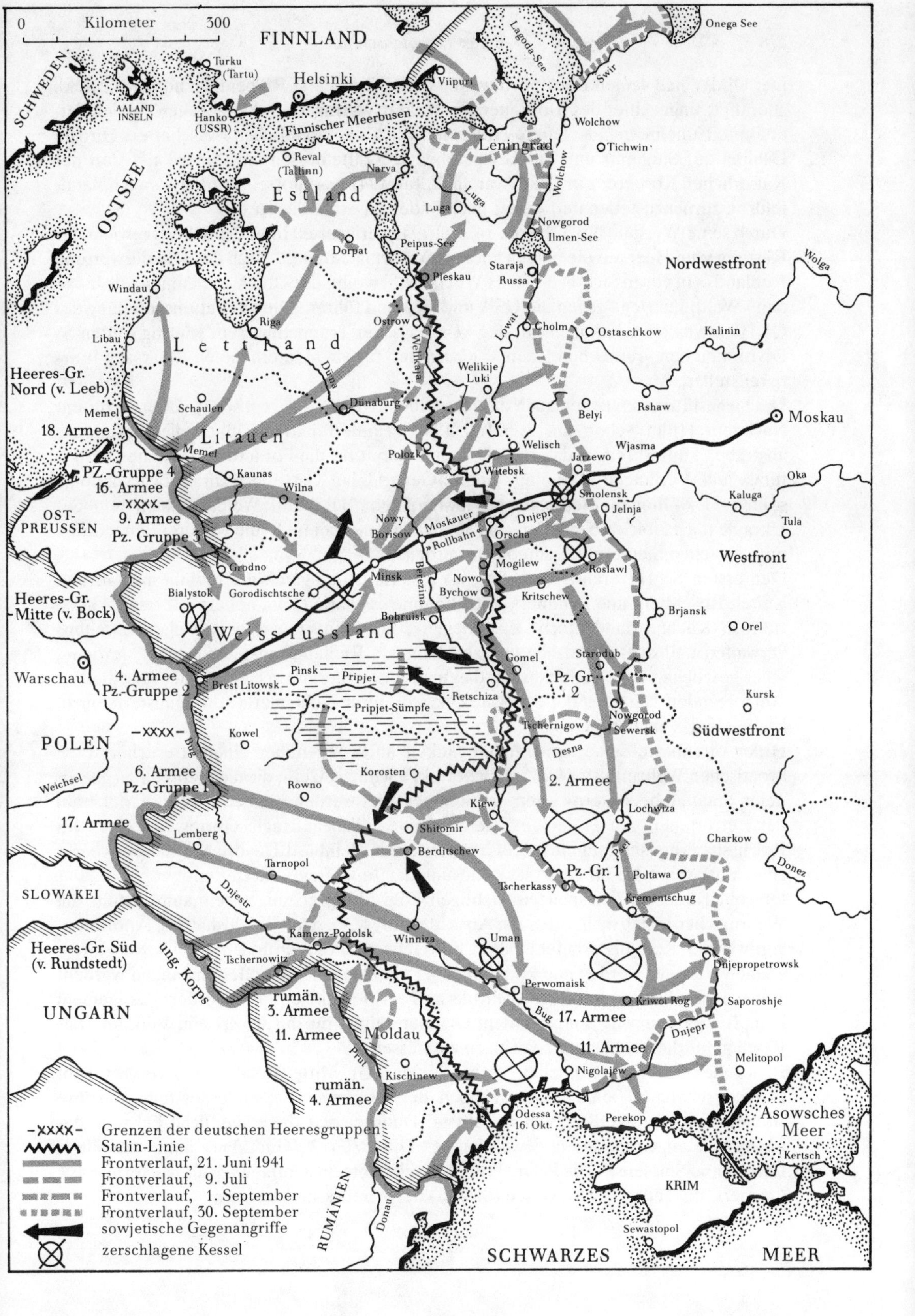

0 Kilometer 300
FINNLAND
SCHWEDEN
AALAND INSELN
Turku (Tartu)
Helsinki
Viipuri
Hanko (USSR)
Finnischer Meerbusen
Lagoda-See
Onega See
Swir
Wolchow
Tichwin
Leningrad
OSTSEE
Reval (Tallinn)
Narva
Estland
Luga
Wolchow
Nowgorod
Ilmen-See
Dorpat
Peipus-See
Staraja Russa
Nordwestfront
Wolga
Windau
Pleskau
Riga
Ostrow
Lowat
Cholm
Ostaschkow
Kalinin
Libau
Lettland
Welikaja
Düna
Heeres-Gr. Nord (v. Leeb)
Welikije Luki
Schaulen
Dünaburg
Belyi
Rshaw
Moskau
Memel
18. Armee
Litauen
Memel
Polozk
Welisch
Jarzewo
Wjasma
PZ.-Gruppe 4
16. Armee
Kaunas
Witebsk
Oka
Wilna
Smolensk
Kaluga
-XXXX-
9. Armee
OST-PREUSSEN
Pz. Gruppe 3
Nowy Borisow
Moskauer »Rollbahn«
Orscha
Dnjepr
Jelnja
Tula
Westfront
Grodno
Minsk
Berezina
Mogilew
Roslawl
Heeres-Gr. Mitte (v. Bock)
Bialystok
Gorodischtsche
Nowo Bychow
Kritschew
Brjansk
Bobruisk
Orel
Weissrussland
Warschau
4. Armee
Pz.-Gruppe 2
Pinsk
Pripjet
Gomel
Starodub
Brest Litowsk
Retschiza
Pz.Gr. 2
Pripjet-Sümpfe
Kursk
Nowgorod Sewersk
POLEN
-XXXX-
Kowel
Tschernigow
Südwestfront
Bug
Desna
Weichsel
6. Armee
Pz.-Gruppe 1
Korosten
Rowno
2. Armee
Kiew
Lochwiza
17. Armee
Shitomir
Lemberg
Berditschew
Charkow
Psel
Tarnopol
Pz.-Gr. 1
SLOWAKEI
Dnjestr
Tscherkassy
Poltawa
Donez
Krementschug
Heeres-Gr. Süd (v. Rundstedt)
Kamenz-Podolsk
Winniza
Uman
ung. Korps
Tschernowitz
Dnjepropetrowsk
Perwomaisk
UNGARN
rumän. 3. Armee
11. Armee
Moldau
Bug
17. Armee
Kriwoi Rog
Saporoshje
Dnjepr
11. Armee
Prut
Kischinew
Melitopol
Nigolajew
rumän. 4. Armee
Odessa 16. Okt.
Perekop
Asowsches Meer
Kertsch
KRIM
RUMÄNIEN
Donau
Sewastopol
SCHWARZES MEER
-XXXX- Grenzen der deutschen Heeresgruppen
Stalin-Linie
Frontverlauf, 21. Juni 1941
Frontverlauf, 9. Juli
Frontverlauf, 1. September
Frontverlauf, 30. September
sowjetische Gegenangriffe
zerschlagene Kessel

Der ObdW ließ seinen Blick noch weiter schweifen. Hatte Ribbentrop noch Matsuoka gedrängt, ungeachtet des Moskauer Neutralitätsvertrages am Krieg gegen die Sowjetunion teilzunehmen[41], so lenkte Hitler den Blick des japanischen Botschafters Hiroshi Oshima auf Singapur und das bevorstehende Kräftemessen mit Amerika.[42] Von der Kaiserlichen Konferenz in Tokio war am 2. Juli 1941 beschlossen worden, den Rußlandfeldzug zurückzustellen und weiter nach Süden zu expandieren.[43]

Durch seine Weisung Nr. 32b vom 14. Juli 1941 verlagerte Hitler das Schwergewicht der Rüstung vom Heer auf die beiden anderen Wehrmachtteile.[44] Nach der »Niederwerfung Rußlands« in voraussichtlich »sechs Wochen«[45], wollte der ObdW zusammen mit Japan den »Weltblitzkrieg« gegen die USA und England führen. Die Operationsabteilung des OKH entwickelte Gedanken für den »Umbau« der Truppenmassen. Künftig sollten 56 Divisionen den »russischen Raum« sichern und für ein »Unternehmen Kaukasus-Iran« bereitstehen.[46]

Die Siegesillusionen ließen auch das rassenideologische Konzept schärfer hervortreten. Nachdem Hitler schon am 5./6. Juli 1941 geäußert hatte, daß er die Uralgrenze anstrebe[47], unterbreitete das »Reichskommissariat für die Förderung deutschen Volkstums« auf Verlangen Himmlers einen »Generalplan Ost«. Diesem Entwurf zufolge sollten 31 Millionen Menschen aus Polen, dem Baltikum, Weißruthenien und der Ukraine nach Sibirien deportiert, die »Gutrassigen« aber im Laufe von drei Jahrzehnten mit deutschen Siedlern verschmolzen werden.[48]

Den ersten Schritt erläuterte Hitler in einer fünfstündigen Unterredung mit Göring, Keitel, Rosenberg und Lammers. Jetzt komme es »darauf an«, notierte Bormann, »den riesigen Kuchen handgerecht zu zerlegen«, um »ihn erstens beherrschen, zweitens verwalten und drittens ausbeuten« zu können.[49] Rußland müsse »befriedet werden«; »dies geschehe am besten dadurch, daß man jeden, der nur schief schaue, totschieße«. Am folgenden Tag schuf der deutsche Diktator durch Geheimerlaß die Ministerialbürokratie für das eroberte Gebiet.[50]

Hitler offenbarte seine sinistren Gedanken auch gegenüber einem Besucher, dem kroatischen Wehrminister Slavko Kvaternik: »Schmarotzer«, die nicht »für einen geordneten Staat zu begeistern« seien, müßten beseitigt werden.[51] Über die große Mehrzahl der Betroffenen gab es keinen Zweifel. Ende Juli beauftragte Göring den Chef des Reichssicherheitshauptamtes, SS-Gruppenführer Reinhard Heydrich, »alle erforderlichen Vorkehrungen für eine Gesamtlösung der Judenfrage« zu treffen.[52]

Obwohl Keitel an den meisten wichtigen Führerbesprechungen teilnahm, erfuhr die Wehrmacht offiziell nichts über die Absichten ihres Obersten Befehlshabers. Anordnungen wie der Kommissarbefehl waren aus Geheimhaltungsgründen nur bis zur Korpsebene verbreitet worden und konnten daher vielfach ignoriert oder umgangen werden, zumal an der Front nur wenige Politruks aufgegriffen und enttarnt wurden.[53] Allgemein kämpfte der deutsche Soldat in dem Glauben, einen für ihn selbst, sein Volk und das Reich gefährlichen Gegner bezwingen zu müssen.

Inzwischen waren die Schnellen Verbände der HGr. Mitte (Bock) weiter vorgestoßen. Brauchitsch hatte beide Panzergruppen der 4. Armee (Kluge) unterstellt, die ihre Infanterie an das AOK 2 (Weichs) abtrat. Dadurch war die einheitliche Führung der nächsten Zangenoperation gewährleistet. Die PzGr. 2 (Guderian) nahm Mogilew, Orscha und Smolensk. Die PzGr. 3 (Hoth) vollendete die Umfassung des neu formierten Gegners mit Teilen der 9. Armee (Strauß) bei Witebsk und Jarzewo.[54]

Ohne Infanterie waren die 800 km weit vorgedrungenen Verbände außerstande, den Feind einzuschließen. Dennoch begannen sich drei Kessel abzuzeichnen, zwei kleinere ostwärts Mogilew und westlich Newel, ein großer zwischen Orscha und Smolensk. In ihnen wurden nach verbissenem Widerstand 2–3 sowjetische Armeen vernichtet, ab 10. Juli 1941 etwa 310000 Gefangene eingebracht, 3204 Panzer zerstört und 3120 Geschütze erbeutet.

Die HGr. Süd (Rundstedt) hatte aus den Pripjets geführte Flankenstöße des Gegners durch Verbände der 6. Armee (Reichenau) abgewiesen. Die PzGr. 1 (Kleist) erreichte Kiew, doch war ihr untersagt, sich der großen Stadt zu bemächtigen. Sie drehte mit dem III. Panzerkorps (Mackensen) südostwärts ab und umfaßte mit Hilfe der 17. Armee (Stülpnagel) und des ungarischen Korps (Szombathelyi) zwei russische Verbände bei Uman, wo 103000 Gefangene, 317 Panzer und 858 Geschütze in die Hand des Siegers fielen.[55]

Die HGr. Nord (Leeb) befreite Lettland. Das XXXXI. PzK. (Reinhardt) und LVI. PzK. (Manstein) der PzGr. 4 (Hoepner) stießen über Ostrow in den Raum zwischen Ilmen- und Peipussee vor. Die 16. Armee sicherte die länger werdende Außenflanke des Panzerstromes. Die 18. Armee (Küchler) drang nach Estland ein, unterstützt durch Aufständische.[56] Sowjetische Verbände wurden nach drei Seiten auseinandergedrängt, auf den Inseln, in Tallinn (Reval) und Narwa abgeschnitten.

Die Finnen hatten Hanko zerniert und waren mit ihrer Karelischen Armee (Heinrichs) nun auch südlich des Ladogasees in zügigem Vorgehen auf die alte Reichsgrenze. Das III. Armeekorps (Siilasvuo) unterstützte einen deutschen Angriff auf Kandalakscha, dem allerdings sowenig Erfolg beschieden war wie der Offensive des Gebirgskorps (Dietl) in Lappland. Geschützt durch die abweisende Natur, blieb Murmansk außer Reichweite. Dagegen war Leningrad aus zwei Richtungen bedroht.[57]

Die Rote Armee wurde mit eiserner Hand zusammengehalten. Am Führungsanspruch der KPdSU(B) hatte sich nichts geändert. Mechlis indoktrinierte die Streitkräfte mit verstärktem Nachdruck. Das Zentralkomitee schickte 93700 Jungkommunisten als Agitatoren (Politiboitsy) an die Front. Hinter besonders gefährdeten Abschnitten bildete Berija einen Kordon aus 1755 NKWD-Sperrbataillonen, die jeden Rotarmisten, der unerlaubt zurückging, erschossen. Neben den Kommandanten trat auf Beschluß des Politbüros vom 16. Juni 1941 wieder der Politruk (wegen Hitlers Mordbefehl allerdings ohne besondere Abzeichen und Papiere).[58]

Stalin hatte von den Beschlüssen der Kaiserlichen Konferenz in Tokio durch Sorge erfahren[59] und konnte daher, zumal er selbst das Amt des Verteidigungskommissars übernahm, einige Divisionen aus dem Fernen Osten heranziehen. Bis zum Eintreffen dieser Verstärkungen wurden die aufgerissenen Lücken mit älteren Reservisten, unausgebildeten Rekruten, Opoltschennije-Abteilungen[60] und dem paramilitärischen Ossoawiachim[61] gefüllt. Auch Polen holte man aus den Gefangenenlagern, und stellte mit ihnen Truppen unter General Wladislaw Anders auf.

Die angeschlagenen Heeresgruppen der Roten Armee wurden neu geordnet. Während Timoschenko unter den Augen von Nikolaj A. Bulganin die Reste der »Westfront« sammelte, wurde eine »Zentralfront« (Kusnezow) eingeschoben und hinter ihr die »Reservefront« (Shukow) gebildet. Kliment J. Woroschilow und Semjon M. Budjonnyj übernahmen den Oberbefehl im Nordwesten und Südwesten. Beide waren prominente Kommandeure und führende Kommunisten, doch teilte Stalin auch ihnen Politarbeiter als Aufpasser zu: Shdanow und Chruschtschow.

Indes war Nikolaj A. Wosnessjenskij beauftragt worden, eine »zweite Linie der industriellen Verteidigung« zu schaffen.[62] Unterstützt von Berija, Malenkow und Mikojan, verlagerte der Gosplan-Chef zahlreiche Fabrikeinrichtungen mit Eisenbahnzügen in den Ural und nach Westsibirien. Dieses langwierige, zeitweise auch chaotische Unterfangen hatte vielmonatige Produktionsausfälle zur Folge. Vieles hing daher von der Bereitschaft des Westens ab, die Sowjetunion durch Überlassung kriegswichtiger Hilfsgüter zu unterstützen.[63]

In Amerika und Großbritannien wurde bezweifelt, daß Rußland die gewaltige Schlachtenfolge des Sommers überstehen werde. Aber trotz dieser kritischen Lageeinschätzung hatte Churchill weiter die »Große Allianz« angestrebt[64] und durch Cripps, der nach Moskau zurückgekehrt war, am 2. Juli 1941 mit Molotow ein Beistandsabkommen unterzeichnen lassen.[65] Der Premier brach die Beziehungen zu Rumänien, Ungarn und Finnland ab. Eine »zweite Front« in Frankreich und Norwegen, die Stalin forderte, konnte der englische Regierungschef freilich sowenig zusagen wie Lieferungen größerer Mengen von Kriegsmaterial.

Zuvor war Umanskij mit einer sowjetischen Wunschliste (3000 Jagdflugzeuge, 3000 Bomber) in Washington vorstellig geworden. Roosevelt entsandte darauf Harry L. Hopkins, seinen engsten Vertrauten, zu Sondierungen nach Moskau. Der Emissär befürwortete die Einbeziehung Rußlands in das Leih-Pacht-System.[66] Eine erste Sendung wurde am 2. August abgefertigt. Doch von einem ununterbrochenen Fluß kriegswichtiger Güter konnte nicht die Rede sein. Er wurde durch mancherlei Vorbehalte, Widerstände im Senat, Mangel an Schiffsraum und finanzielle Probleme gehemmt.[67]

Beim folgenden »Atlantiktreffen« vom 9. bis 12. August 1941, der ersten Konferenz des Präsidenten mit dem Premier, wurde kein großer Fortschritt erzielt. Als Roosevelt und Churchill auf Schiffen ihrer Flotten in einer Bucht der Neufundland-Küste zusammentrafen, standen andere Fragen – der verhüllte amerikanische Führungsanspruch und die fernöstliche Frage – zur Debatte.[68] Gespräche, die Welles, Hopkins und Cadogan, Stark, King und Pound, Marshall und Dill führten, sowie Erörterungen zwischen William Averell Harriman, Lord Beaverbrook und Sir Frederick Lindemann galten aber auch der Rußlandhilfe.[69]

Als Churchill an Bord des Schlachtschiffes »Prince of Wales« (Leach) nach England zurückkehrte, hatte er der »Atlantic-Charter« – einem »Pax-Amerika-Programm«[70] – beigepflichtet und durch Ansporn des japanfeindlichen Kurses der USA der Globalisierung des Krieges absichtsvoll Vorschub geleistet. An der Wirksamkeit einer de facto bestehenden Anti-Hitler-Koalition bestand kein Zweifel mehr. Insbesondere stand fest, daß die USA ihren Geleitdienst über den Ozean bis Island ausdehnten und auf dieser Route weitere Hilfssendungen für die Sowjetunion vorbereiteten.

Durch Druck auf Helsinki erreichten Roosevelt und Churchill, daß Mannerheim den finnischen Vormarsch nach der Befreiung von Viipuri (Wiborg) zu verlangsamen beschloß und Falkenhorst nicht länger unterstützte. Das eisfreie Murmansk und seine Bahnverbindung mit Innerrußland blieben daher für die Einfuhr anglo-amerikanischer Versorgungsgüter offen. Ein Versuchskonvoi der britischen Home Fleet (Tovey) erprobte die Transportbedingungen im Nordmeer zwischen Island und der Kolabucht. Zugleich verabredeten Großbritannien und die Sowjetunion einen gemeinsamen Überfall auf den neutralen Iran.[71] Am 25. August 1941 brachen ihre aus entgegengesetzten Richtungen eindringenden Verbände den Widerstand der Perser. Schah Reza Pahlewi

dankte ab und wurde zuerst auf Mauritius, dann in Südafrika interniert, wo er starb. Seine Untertanen mußten sich den Besatzungsmächten beugen, die ganze Völkerschaften zur Zwangsarbeit aufboten, um zur Erleichterung amerikanischer Zufuhren nach Rußland eine durchgehende Trasse zwischen Schatt-el-Arab und Kaspischem Meer anzulegen.
Bis zum Eintreffen einer gemischten Kommission, die unter Averell Harriman und Beaverbrook über weitere Hilfeleistungen in Moskau verhandeln sollte, verging ein Monat.[72] Die Sowjets mußten sich daher noch längere Zeit aus eigener Kraft des feindlichen Ansturmes erwehren. Sie improvisierten den Widerstand mit großer Geschicklichkeit, erschlossen weitere Ressourcen und verteilten die voll mobilisierten Menschenmassen des Landes wohlüberlegt auf Wirtschaft und Militär.
Der Rotarmist kämpfte mit zunehmender Härte und gab oft erst auf, wenn er sich verschossen hatte. Angesichts des grausamen Schicksals, das Hitler einem Teil der Gefangenen zudachte, verteidigte jeder Russe verbissen sein Leben.[73] Andererseits waren die Verbände der Wehrmacht und ihrer Waffengefährten erheblich geschwächt. Das rumänische Heer hatte vor Odessa, ein finnisches Korps bei Salla schwere Verluste erlitten. Die deutschen Infanterie-Divisionen besaßen nur noch 80%, die Schnellen Truppen 50% ihrer vorgeschriebenen Stärke.[74] Das Material war ermüdet, Benzin knapp. Der Nachschub stockte. In dieser Lage traten die Unstimmigkeiten zwischen OKW und OKH offen zutage. Mit den Weisungen Nr. 33 und 34 a hatte Hitler angeordnet, daß die Schnellen Verbände der 4. Armee (Kluge) nach Nordosten und Südosten abzudrehen seien. Sie sollten Leeb und Rundstedt weiterhelfen, während Bock seinen Vormarsch auf Moskau allein mit Infanterie-Divisionen fortsetzen würde.[75] Brauchitsch und Halder erhoben dagegen Einwände. Am 12. August 1941 unterzeichneten sie ein Memorandum und warnten den ObdW vor der drohenden Kräfteverzettelung.[76]
Doch während die Heeresleitung auf Moskau als das eigentlich lohnende Schwerpunktziel hinwies, verlangte Hitler nunmehr unzweideutig Operationen zur Einnahme Leningrads, der Halbinsel Krim und des Donezbeckens. Im Norden wollte er möglichst bald die sowjetische U-Boot-Gefahr ausschalten (»4 Wochen bedeuten 2. Mill. t Erz«)[77], im Süden jede Bedrohung von Ploesti durch krimgestützte Bomber beseitigen, den Russen das vermeintlich größte Kohlenrevier entreißen und sie vom kaukasischen Erdöl abschneiden, bevor Amerika der UdSSR helfen konnte.
Schon wurden der PzGr. 3 (Hoth) das XXIX. Korps (Schmidt) und der LFl. 2 (Kesselring) das VIII. FlK. (Richthofen) entzogen. Nach Zuteilung dieser schlagkräftigen Verbände sollte die HGr. Nord (Leeb) ihre Offensive wieder aufnehmen. Mit der verstärkten PzGr. 4 (Hoepner) als Rammbock ging sie aus dem Luga-Abschnitt in nordöstlicher Richtung vor. Die Bahnstrecke Leningrad-Moskau wurde überschritten, der äußere Verteidigungsring durchbrochen und Schlüsselburg am Ladogasee genommen. Am 7. September 1941 war die Newametropole weitgehend eingeschlossen, zumal das finnische IV. Korps (Oesch) die Karelische Landenge abriegelte.
Für die HGr. »Leningrader Front« (Woroschilow) hatten Andrej A. Shdanow und General Markian M. Popow unter Hinzuziehung der Zivilbevölkerung 360 km Panzergräben und 18000 km Feldstellungen ausgehoben, 5000 Unterstände und 190 Baumsperren gebaut.[78] Ein Großteil der 3385000 Einwohner, darunter 414148 Kinder, wurden mit Schiffen über den Ladogasee evakuiert. Stalin ernannte Shukow zum

neuen Oberbefehlshaber und beauftragte Kulik, dem deutschen Angreifer die Flanke abzugewinnen. Beide einigten sich nicht auf gemeinsame Operationen.[79]
Doch der deutsche ObdW hatte seine Absichten wieder geändert. Er nannte zuerst Moskau als das »wichtigste ... Ziel«[80], dann die möglichen Gewinne im Süden. Brauchitsch wurde in verletzender Form zurechtgewiesen.[81] Halder fand diesen Eingriff »untragbar« und schlug dem ObdH vor, gleichermaßen für sich und ihn um die »Enthebung vom Amt zu bitten«. Der Feldmarschall lehnte ab, weil sich dadurch nichts ändere.[82]
Hitler nannte operative Gründe für seine neue Entscheidung, die ihm Jodl und Rundstedt nahegelegt hatten. Da die PzGr. 1 (Kleist) zusammen mit der 11. Armee (Schobert) und 17. Armee (Stülpnagel) den Dnjepr-Bogen erreichte und bei der HGr. Mitte (Bock) die 2. Armee (Weichs) Gomel nahm, bot sich eine vorzügliche Gelegenheit zur zweiseitigen Umfassung des Gegners im Süden. Schloß sich die Zange östlich von Kiew, so gab es für die sowjetische Heeresgruppe »Südwestfront« (Budjonnyj) kein Entrinnen.
Das Operationsgebiet der beginnenden Vernichtungsschlacht war ein gleichschenkeliges Dreieck, dessen Spitze mit Kiew nach Westen deutete. Jede seiner Begrenzungen hatte eine Länge von 500 km. Der doppelseitige Angriff mußte über zwei Seitenlinien, den Dnjepr und die Desna hinwegführen. Er wurde durch die PzGr. 2 (Guderian) und PzGr. 1 (Kleist) vorgetragen. Die Luftflotte 4 (Löhr) und das II. Fliegerkorps (Loerzer) unterstützten ihn mit starken Bombenschlägen.
Guderian trat bei Konotop an, Kleist etwas später aus dem Brückenkopf von Krementschug. Budjonnyj erkannte die drohende Gefahr und schickte Kirponos nach Moskau mit der Bitte, den Rückzug zu genehmigen. Aber Stalin entschied: »Halten um jeden Preis.« Damit beließ er die sowjetische Heeresgruppe in aussichtsloser Lage. Als am 14./15. September 1941 Spitzen der deutschen Panzerkeile – die 3. PzD. (Model), 16. PzD (Hube) und 9. PzD. (Hubicki) – bei Lochwiza zusammentrafen, war der Kessel geschlossen.[83]
Zwei Wochen vergingen, bis er eingedrückt und aufgespalten war. Indessen nahm die 6. Armee (Reichenau) Kiew, von der Bevölkerung freundlich empfangen. Rund 50 sowjetische Divisionen gingen zugrunde. Budjonnyj floh nach Moskau, Kirponos fiel. Generale wie Andrej A. Wlassow, Iwan C. Bagramjan, Fjodor J. Kostenko, Wassilij J. Kusnezow und Kyrill S. Moskalenko brachen aus. Der Wehrmachtbericht meldete 665 000 Gefangene sowie 884 Kampfwagen und 3718 Geschütze als Beute.
Das deutsche Oberkommando hatte seinen Verbänden bereits neue Aufgaben gestellt. Die HGr. Süd (Rundstedt) sollte sich unverzüglich der Halbinsel Krim und des Donezbeckens bemächtigen. Regen und Schlamm, Materialausfälle und Nachschubmängel wie auch Schwierigkeiten mit den zugeteilten Ungarn, Slowaken, Rumänen und Italienern behinderten jedoch den Fortgang der Operationen.[84] Ein erster Versuch der 11. Armee (Manstein), die Landenge von Perekop zu durchstoßen, scheiterte.[85] Eine sowjetische Gegenoffensive bei Melitopol führte zur Krise am Asowschen Meer.
Das GKO hatte angesichts der Bedrohung Leningrads und der Krim wertlose Außenposten zu räumen beschlossen. Im Süden holten Verbände der Schwarzmeerflotte (Oktjabrskij) unter Admiral Gawril W. Shukow rund 100 000 Mann der »Küstenarmee« (Petrow) aus dem belagerten Odessa nach Sewastopol und Eupatoria. Im Norden ließ das Oberkommando der Baltischen Rotbannerflotte (Tribuz) durch die Admirale Walentin P. Drosd und Sergej I. Kabanow das hart bedrängte Tallinn (Reval), später

auch die Moon-Inseln und Hanko evakuieren, nachdem Angriffe deutsch-finnischer Flottenverbände abgewehrt und mit Lastenseglern auf Ösel niedergegangene »Brandenburger« vernichtet worden waren.[86]
Aus Odessa konnten die Russen ungestört abziehen, nachdem sie der rumänischen 4. Armee (Jacobici) in zweimonatigen Kämpfen schwer zugesetzt hatten. Dagegen wurden die Transportverbände der Baltischen Rotbannerflotte (Tribuz) bei ihren Unternehmungen teilweise vernichtet. Von 195 Schiffen fielen 53 mit mehr als 5000 Soldaten deutsch-finnischen Minensperren, dem Feuer der Küstenbatterien, Luftangriffen, Schnellbooten und Enterkommandos zum Opfer.[87]
Mit den zurückgeholten Truppen, Marine-Brigaden und NKWD-Einheiten bildeten die Sowjets neue Verbände und ergänzten sie durch eine Vielzahl von Opoltschennie-Aufgeboten (in Leningrad 15, vor Moskau 13 Divisionen). Die Führung litt allerdings unter einer Vertrauenskrise. An der Spitze vieler Armeen und Korps hatten die Befehlshaber zwei-, dreimal gewechselt. Stalin ernannte Schaposchnikow wieder zum Chef des Generalstabes und gab Shukow ein Frontkommando. Kulik wurde degradiert, Budjonnyj nach Sibirien versetzt, Timoschenko gemaßregelt.
Insgeheim aber wurde Stalin die Schuld an der Niederlage von Kiew zugesprochen. Sein »Halten um jeden Preis« hatte nicht den deutschen Angriff auf Moskau verzögern, sondern kriegswirtschaftliche Objekte abschirmen sollen. Es galt an wichtigen Ressourcen festzuhalten, bis die verlagerten Betriebe wieder produzierten und anglo-amerikanische Versorgungsgüter in größerem Umfange eintrafen. Das »Standhalten« gehörte 1941 zu den wohlüberlegten Grundsätzen sowjetischer Strategie.
Sie hatte das deutsche Blitzkriegskonzept ad absurdum geführt und Hitlers Pläne durcheinander gebracht. Ein von ihm gebilligtes Dokument aus dem OKW implizierte dies.[88] Die Denkschrift brachte zum Ausdruck, daß mit einer anderweitigen Verwendung der gegenwärtig eingesetzten Verbände 1941 nicht mehr zu rechnen sei. Der Gedanke an die Gewinnung neuer Positionen in Gibraltar, Nordafrika und auf den vorgelagerten Atlantik-Inseln verblaßte. Das Einfallstor für die mögliche Offensive der Vereinigten Staaten blieb weit offen.

[1] Eingehend E. Klink in: DR, IV, S. 451–485; ferner E. P. ten Kate: De Duitse aanval op de Sovjet-Unie in 1941, 2 Bde., Groningen 1968 (zit. ten Kate); R. Rondière: Der Angriff auf Sowjetrußland am 22. Juni 1941, Rastatt 1968, S. 15ff.; H. Magenheim: Der deutsche Angriff auf Sowjetrußland, in: ÖMZ 3/1971; für d. Zusammenhänge vorzüglich H.-M. Ottmar: »Barbarossa«, Planung-Ausgangslage-Anfangserfolge, in IT 5/1981, S. 46–68; ferner A. Seaton: The Russo-German War 1941–1945, London 1971, S. 98–132 (zit. Seaton). B. Whaley: Codeword Barbarossa, New York, 1973. Irreführend Gretschko, a. a. O., IV, S. 30–77.

[2] Bekker: Angriffshöhe, S. 275f.; H.G. Nowarra: Luftwaffeneinsatz »Barbarossa« 1941, Friedberg 1982, S. 25–53 (zit. Nowarra: »Barbarossa«); Boog in: DR, IV, S. 299ff.

[3] Groehler, S. 306; S. C. Bagramjan: So begann der Krieg (Ost)Berlin 1972. S. S. Birjuzow: A vörös nyil a Krimre mutat, Budapest 1962, S. 40; A. O. Pokriskin: Háborus égbolt, Budapest 1972, S. 65.

[4] Bekker: Angriffshöhe, S. 280.

[5] Sacharow, S. 322; Shukow, I, S. 279f.; Groehler, S. 305.

[6] Leverkuehn, S. 133f.; A. Selba: »Barbarossa«. Surprise Attack and Communication, in: JCH 13/1978, S. 555ff.

[7] H. Willbold: Zwischen Kloster und Konzentrationslager. Hitlers Hauptquartier »Wolfsschanze«, in: IT 7/1982, S. 110ff.

[8] Zahlr. Einzelheiten i. d. populären Buch v. P. Carell: Unternehmen Barbarossa, Frankfurt – Berlin – Wien 1970, S. 1ff. (zit. Carell); zur »Wolfsschanze« s. Below, S. 281f. u. Irving: Hitler, S. 286.

[9] Nehring, S. 219f.; K. Wagener: Heeresgruppe Süd, Bad Nauheim 1968.

[10] W. Chales de Beaulieu: Der Vorstoß der Panzergruppe 4 auf Leningrad bis 1941, Neckargemünd 1961 (zit. Chales: PzGr. 4) u. W. Haupt: Baltikum 1941, Neckargemünd 1963, S. 26f. (zit. Haupt: Baltikum); ders.: Leningrad. Die 400-Tage-Schlacht, Friedberg 1980, S. 24–53 (zit. Haupt: Leningrad); Einzelheiten v. sowj. Seite i. d. Memoiren v. K. S. Moskalenko: In der Südwestrichtung. (Ost)Berlin 1969, S. 17ff. (zit. Moskalenko).

[11] Guderian, S. 150ff. u. Macksey, S. 192ff.; auch W. Görlitz: Model. Strategie der Defensive, Wiesbaden 1982, S. 84ff. (zit. Görlitz: Model).

[12] H. Hoth: Panzeroperationen, Heidelberg 1956, S. 50ff. (zit. Hoth).

[13] Bauer, I, S. 180f.; H. Geyer: Das IX. AK im Ostfeldzug 1941, Neckargemünd 1969, S. 43–77 (zit. Geyer); E. Middeldorf: Taktik im Rußlandfeldzug, Berlin 1956; O. Munzel: Panzertaktik, Neckargemünd 1959; ten Kate I, S. 18ff.

[14] Zum Folgenden d. grundlegenden sowj. Darstellungen v. V. I. Aschkasow: Geschichte des Großen Vaterländischen Krieges der Sowjetunion, 2 Bde., (Ost)Berlin 1961/63 (zit. Gesch. d. Gr. Vat. Krieges); Gretschko, IV, S. 78ff.; Platonow (op. cit.); P. A. Shilin: Die wichtigsten Operationen des Großen Vaterländischen Krieges 1941–1945, (Ost)Berlin 1958 (zit. Shilin); B. D. Telpuchowksij: Die sowjetische Geschichte des Großen Vaterländischen Krieges 1941–1945, Frankfurt 1961 (zit. Telpuchowksij).

[15] B. Meißner: Rußland im Umbruch, Frankfurt 1951, S. 41; auch Rauch, S. 471. Zu persönl. Eindrücken auf sowj. Seite am ersten Kriegstag s. die Auszüge in SW heute 6/1981, S. 9ff.

[16] Keegan, S. 59f.; S. M. Shtemenko: Generalstab im Kriege, 2 Bde., Moskau 1968/1979, I, S. 51 (zit. Shtemenko); Morozow, S. 252; A. M. Wassilewskij: Sache des ganzen Lebens, Moskau ²1975, S. 127 (zit. Wassilewskij); Hoffmann in: DR, IV, S. 716ff.

[17] Brockoff, a. a. O., S. 129ff.; de Zayas: RWUSt., S. 323–361.

[18] P. Chirnoaga: Istoria politica si militaria a rasboiului Romanici contra Russei Sovietices, Madrid 1965.

[19] Ciano-Tgb., 22. 6. 1941; G. Messe: Der Krieg im Osten, Zürich 1948 (zit. Messe); F. Valori: Gli Italiani in Russia, Mailand 1947 (zit. Valori); Gafencu: Vorspiel, S. 412 u. Hillgruber: Hitler, Carol, Antonescu, S. 126ff.; f. Ungarn u. Slowakei s. Gosztony: Fremde Heere, S. 123ff.

[20] Vgl. ADAP, D, XII, II, Nr. 554 u. 824; dazu d. Untersuchungen v. Klink, S. 22; Ueberschär, S. 286ff., 291f., 294 u. 308f. Wuorinen, S. 369. Weitere Einzelheiten b. Mäkelä, S. 81f.

[21] W. Erfurth: Der Finnische Krieg 1941–1944, München ³1978, S. 38–45; Greiner, S. 251f. u. Lossberg, S. 114f., v. finn. Seite bes. Mannerheim, S. 298 u. Tanner, S. 154ff.

[22] Wortlt.: Blauweißbuch, II, S. 147ff.

[23] Die Nationalität d. 3 oder 4 angreif. Bombenflugzeuge ist bis heute ungeklärt; s. L. Bokor: Dobozba zárt hábora, Budapest 1973.

[24] J. Kun: Zur Vorgeschichte des Eintritts Ungarns in den Krieg gegen die Sowjetunion, in: ÖMZ 3/1966; C. A. Macartney: Hungary's Declaration of War on the UdSSR in 1941, in: Studies in Diplomatic History in Honor of G. P. Gooch, London 1961, S. 153ff.; ders.: October, a. a. O., II, S. 30–79; Gosztony: Fremde Heere, S. 121ff.; ders.: Horthy, S. 94; Förster in: DR, IV, S. 347ff.

[25] Vgl. Proklamationen zum »Kreuzzug gegen den Bolschewismus«, in: MAP 8/1941, S. 674ff.; zur Truppengesch. u. a. Mueller-Hillebrand, II, S. 112f.; F. v. Adonyi-Naredy: Ungarns Armee im Zweiten Weltkrieg, Neckargemünd 1971, S. 51ff. (zit. Adonyi); E. Esteban-Infantes: Blaue Division, Leoni 1958, S. 9ff. (zit. Esteban); F. Vadillo: A Orillas del Voljov, 2 Bde., Madrid 1968 (zit. Vadillo).

[26] F. Steiner: Die Freiwilligen, Göttingen 1958, S. 75ff. schätzte d. Zahl der Legionäre (ohne Spanier) auf 25000 Franzosen, 50000 Niederländer, 15000 Wallonen, je 6000 Dänen u. Norweger, 800 Schweizer u. 400 Finnen; auch P. Buss u. A. Mollo: Hitler's Germanic Legions 1941–1943, London 1978; O. A. Davey: The origins of the Légion des Volontaires Français contre le Bolchevisme, in: JCH 4/1971, S. 29–45; J. Mabire: La Division Charlemagne, Paris 1976; E. Esteban-Infantes: Blaue Division, Leoni 1958; E. Degrelle: Die verlorene Legion, o. J.; E. Haaest: Frontsvin. Frikorps Danmark-folk i Kampere om Ilmensöen, Lynge ²1976; S. Schou: De danske Östfrontvrivillige, Kopenhagen 1982; D. Littlejohn: Foreign Legions of the Third Reich. Vol. I: Norway, Denmark, France, San Jose, Cal., 1979; M. Jokipü: Suomalaisen SS-pataljoonan Historia, Helsinki 1968. Näheres b. H. W. Neulen: Eurofaschismus und der Zweite Weltkrieg. Europas verratene Söhne. München 1980, S. 69ff. (zit. Neulen).

[27] Jacobsen: Der Weg, S. 118ff.

[28] Mitteilg. v. B. Suchowerskyj a. d. Vf. v. 1. 3. 1982.

[29] Schreiben v. Škirpa: ADAP, D, XIII, I, S. 6; zum Aufstand i. Kaunas u. Umgebung s. Suduvis, S. 18.

[30] Bock-Tgb., 22. 6.–9. 7. 1941; dazu P. Grigorenko: Der sowjetische Zusammenbruch 1941, Frankfurt 1969, S. 17ff. (zit. Grigorenko); Gosztony: Rote Armee, S. 205ff.; Philippi/Heim, S. 55; Seaton, S. 118ff.; Shilin, S. 88ff.; Paleckis, S. 307ff.

[31] Pers. Aufz. (dt.) v. Chales: Pz.Gr. 4, S. 57ff.; Choltitz, S. 97ff.; M. Gareis: Kampf und Ende der Fränkisch-Sudetendeutschen 98. Infanterie-Division, Tegernsee 1956 (zit. Gareis); Manstein, S. 287ff.; H. Meier-Welker: Aufzeichnungen eines Generalstabsoffiziers 1939–1942; (Einzelschr. z. milt. Gesch. ds. Zw. Weltkr., 26) Freiburg 1982; (rumän.) V. Emilian: Der phantastische Ritt, Preußisch Oldenburg 1977, S. 38ff. (zit. Emilian) u. Gheorghe (op. cit.) S. 170ff. (sowj.) A. Gorbatow: Gody i Woiny, Moskau 1965, S. 162ff. (zit. Gorbatow) u. K. Simonow: Kriegstagebücher, 2 Bde., München 1979, S. 12ff. (zit. Simonow).

[32] Paleckis, S. 313, beziffert die erschlagenen Kommunisten in Litauen auf 30000. Hier zahlen lt. Angaben d. SS-Brigadeführers Walther Stahlecker; weitere Einzelheiten u. nähere Umstände b. Krausnick/Wilhelm, S. 205–209; vgl. dazu d. dt. Flugblattpropaganda b. O. Buchbender: Das tönende Erz. Deutsche Propaganda gegen die Rote Armee im Zweiten Weltkrieg, Stuttgart 1978, S. 98 (zit. Buchbender).

[33] Zur Wirkung O. Bräutigam: So hat es sich zugetragen. Ein Leben als Soldat und Diplomat, Würzburg 1968, S. 459 (zit. Bräutigam).

[34] Wortlt.: J. Stalin: Über den Großen Vaterländischen Krieg der Sowjetunion, (Ost)Berlin 1951, S. 5ff. (zit Stalin); dazu B. Meißner: Sowjetunion und Haager Landkriegsordnung, in Ost-Europa-Recht 1–2/ 1955/56, S. 96ff.

[35] Chruschtschow, S. 184f.; Morozow, S. 254; Shukow, I, S. 306f.; dazu Seaton, S. 123 u. Werth, S. 154.

[36] Chruschtschow, S. 181.

[37] Sohn aus 1. Ehe Stalins mit Katharina S. Swadnidse. Vgl. A. Allilujewa: 20 Briefe an einen Freund, Wien 1967, S. 227–234 (zit. Allilujewa). Die grundlegenden sowj. Befehle Nr. 270 und 227 v. 28. 7. 1941 u. 16. 8. 1941 b. Buchbender, S. 96.

[38] Zahlreiche dt. Gefangene u. Verwundete wurden ermordet; Einzelheiten b. de Zayas: WUSt., S. 273–307.

[39] Jacobsen: Kommissarbefehl, S. 161.

[40] Halder, III, S. 38f.; zur Türkei s. G. Stadtmüller: Die Türkei und Südosteuropa, in: Weltpolitik, II, S. 248f.

[41] Zur Vorgesch.: ADAP, D, XIII, I, Nr. 35, 36, 53; insbes. Martin: Dtschld. u. Japan, S. 97ff.; ders.: Dt.-jap. Bez., in Hitler, Dtschld, u. d. Mächte, S. 466f.; Libal, S. 115f. A. Hillgruber: Japan und der Fall Barbarossa, in: WWR 18/1968, S. 312–336; Salewski I, S. 501f.

[42] Aufz. d. Gesandten Hewel, als Fragment abgedr. b. Hillgruber: Staatsmänner, S. 598ff.; vgl. auch A. Hillgruber: Japan und der Fall »Barbarossa«, in: WWR 6/1968, S. 312–336.

[43] Protokoll abgedr. b. N. Ike (Hg.): Japan's Decision for War, Stanford, Cal., 1967 (zit. Ike), S. 77–90.

[44] Hubatsch: Weisungen, S. 136ff.

[45] Eine Prophezeiung gegenüber Oshima, S. Anm. 43.

[46] Vortragsnotiz i. KTB/OKW, I, S. 1027f.

[47] A. Hitler: Monologe im Führerhauptquartier 1941–1944. Die Aufzeichnungen Heinrich Heims, hg. v. W. Jochmann, Hamburg 1980, S. 39 (zit. Monologe).

[48] G. Eisenblätter: Grundlagen der Politik des Reiches gegenüber dem Generalgouvernement 1939–1945 (Diss.), Frankfurt 1969, S. 205ff.

[49] IMT, Bd. 38, S. 86; wieder abgedr. b. Jacobsen: Der Weg, S. 118ff.

[50] KTB/OKW, I, S. 1027ff.; A. Dallin: Deutsche Herrschaft in Rußland, Düsseldorf 1958, S. 96 (zit. Dallin); B. A. Leach: German Strategy Against Russia 1939–1941, Oxford 1973, insbes. S. 47–52 u. 142ff.

[51] Aufz. d. Gesandten Hewel, als Fragment abgedr. b. Hillgruber: Staatsmänner, S. 609ff.

[52] Krausnick: Judenverfolgungen, in: Anatomie, II, S. 306ff.

[53] Zur Befolgung des Kommissarbefehls vgl. Buchbender, S. 104; Jacobsen: Kommissarbefehl, S. 153 mit Anm. 29 u. R. Gehlen: Der Dienst, München – Zürich [5]1975, S. 18 (zit. Gehlen) u. d. Gutachten v. H. Roschmann (Veröffentl. d. Zeitgesch. Forschungsstelle, 1) Ingolstadt 1982, 8, 9, u. Anl. 1 (zit. Roschmann).

[54] Bauer, I, S. 181f.; Hoth, S. 53ff.; Philippi/Heim, S. 56ff., 72f.; J. Trainor: Smolensk 1941, in: W 39/1977, S. 2–10; auch Gretschko, IV, 91–100.

[55] E. v. Mackensen: Vom Bug zum Kaukasus, Neckargemünd 1967, S. 19ff. (zit. Mackensen); Grigorenko, 57ff.

[56] Bauer, I, S. 182f.; Haupt: Baltikum, S. 70ff.; ders.: Kurland, Bad Nauheim 1959, S. 10ff. (zit. Haupt: Kurland); Philippi/Heim, S. 57–61; J. Trainor: PsKov 1941, in: MH 1/1983, S. 20–31.

[57] W. Heß: Eismeerfront 1941, Heidelberg 1954, S. 22ff. u. Rüf, a.a.O., S. 18ff.; Erfurth, S. 46–91; Mannerheim, S. 298–310; Klink in: DR, IV, S. 540ff. Seaton, S. 154–172.

[58] Vgl. Ukas d. Präs. d. Ob. Sowj., abgedr. b. Buchbender, S. 96 z. 158f.; ferner Gosztony: Rote Armee, S. 216; Keegan, S. 60; Morozow, S. 252; Werth, S. 168; u. d. Sperrkommandos des NKWD s. Buchbender, S. 159, ausführl. J. Erickson: Staline et la résurrection de l'armée rouge, in: H. 32/1973, S. 870ff.; grundlegend Klink in: DR, IV, S. 540ff.

[59] Deakin/Storry, S. 259.

[60] Ein Wort, zusammengezogen aus zwei Begriffen des alten Igorliedes, dt. etwa Volksaufgebot.

[61] Ebenfalls ein zusammengezogenes Wort, dt.: Gesellschaft zur Unterstützung der Verteidigung und des fliegerischen und chemischen Aufbaus der UdSSR. Mitteilung v. B. Suchowerskij a. d. Vf., 2. 4. 1982.

[62] Werth, S. 213ff.

[63] Was sowj. Historiker allerdings verschweigen od. bestreiten; s. G.S. Krawtschenko: Wojennaja Ekonomika USSR 1941–1945, Moskau ²1970.

[64] »Grand Alliance« ist der Untertitel des 3. Bds. d. Churchill-Memoiren. Grundsätzl. Aussagen u.a. i. d. Rundfunkansprache d. Premiers v. 23. 6. 1941, in: Reden, II, S. 258ff.

[65] Churchill, III, 2, S. 365ff.; dazu Fabry: SU i. d. Weltpol., a. a. O. S. 79f.; Hillgruber: Sowj. Außenpol., S. 68f.; Woodward, S. 152f.; v. sowj. Seite u. a. W. Bereschkow: The Birth of the Coalition, Moskau 1975 u. Gesch. d. Gr. Vaterl. Krieges, a. a. O., I, S. 214.

[66] Hull, II, S. 986; außer Carl, Kimball u. Schlauch, a. a. O., s. Dallek, S. 281–285; Sherwood, S. 251–273; R.H. Jones: The Roads to Russia, Norman, Okla., 1969.

[67] Ausführl. R. H. Dawson: The Decision to Aid Russia, 1941, Chapel Hill, N. C., 1959, Kapitel 4–6 (zit. Dawson).

[68] FRUS, 1941, I, S. 351–354, 360–369; Burns, S. 61; Lash, S. 381f. grundlegend Th. A. Wilson: The First Summit. Roosevelt and Churchill at Placentia Bay, 1941, Boston 1969, S. 228–247.

[69] Pogue: Marshall, II, S. 145–155; Sherwood, S. 273–288; auch Roosevelt/Churchill: Correspondence, S. 144ff.

[70] Text: EA 2/1947, S. 343; dt. Beurteilg. b. Salewski, I, S. 504; dazu Friedländer, S. 181.

[71] Churchill III, 2, S. 442; D. Geyer: Die Sowjetunion und Iran, Tübingen 1955, S. 45ff.; aus russ. Sicht L. Aleksejew: Sowjetskij Sojuz i Iran, Moskau 1963.

[72] W. Averell Harriman u. E. Abel: A Special Envoy to Churchill and Stalin, 1941–1945, New York 1975, S. 74f. (zit. Harriman/Abel); Dawson, S. 211ff.; G. Smith: American Diplomacy During the Second World War, 1941–1945, New York 1975, S. 214ff.

[73] Buchbender, S. 104ff.; Jacobsen: Kommissarbefehl, a.a.O., S. 155f.; Ch. Streit: Die Behandlung sowjetischer Kriegsgefangener im »Fall Barbarossa«, Heidelberg-Karlsruhe 1981, S. 9ff. (zit. Streit).

[74] Halder, III, S. 213.

[75] Hubatsch: Weisungen, S. 140–150.

[76] KTB/OKW, I, S. 1055–1059; dazu Below, S. 287f.

[77] Halder, III, S. 29.

[78] I.I. Fedjuninskij: Podnyatje po trewoge, Moskau 1961, S. 68 (zit. Fedjuninskij); Haupt: Leningrad, S. 79–110; N.W. Korasew: Leningradsy w poda blokady, Moskau ²1969, S. 65–99 (zit. Korasew); D.N. Pawlow: Leningrad w blokade, Moskau 1961, S. 14–18 (zit. Pawlow).

[79] Shukow, I, S. 416ff.

[80] Halder, III, S. 29.

[81] KTB/OKW, I, S. 1061f.

[82] Halder, III, S. 193; vgl. Guderian, S. 190; Görlitz/Keitel, S. 150; Warlimont, S. 181f.; dazu Fest: Hitler, S. 889f.

[83] Görlitz/Model, S. 89ff.; Philippi/Heim, S. 77ff.; Seaton, S. 145ff. Eine detaillierte Darstellung der Schlacht bei W. Haupt: Kiew. Die größte Kesselschlacht der Geschichte, Rastatt 1978; dazu Guderian, S. 202f. u. Mackensen, S. 61ff. Die sowj. Darstellungen, z.B. Grigorenko, S. 112ff.; Gretschko, IV,

S. 146ff., Platonow, II, S. 55f. u. Telpuchowskij, S. 203, sind unergiebig. Von d. sowj. Memoiren ist d. Bd. v. Moskalenko, S. 59–107 hervorzuheben.

84 Gosztony: Fremde Heere, S. 170ff.; dazu Adonyi-Naredy, S. 56ff. u. Messe, S. 51ff.

85 Generaloberst Eugen Ritter v. Schobert war am 12. 9. 1941 gefallen, als er mit seinem Verbindungsflugzeug in einem Minenfeld landete. Die erste Schlacht um d. Zugang zur Krim ausführl. b. A. Buchner: Sewastopol, Friedberg 1978, S. 7–13 (zit. Buchner: Sewastopol).

86 N.G. Kusnezow: Gefechtsalarm in den Flotten, (Ost)Berlin 1974, S. 65ff., 73ff., (zit. Kusnezow: Gefechtsalarm); J. Rohwer: Die Verluste der Baltischen Rotbanner-Flotte bei der Evakuierung von Reval, in: MR 64/1967, S. 44ff.

87 F. Forstmeier: Odessa 1941. Der Kampf um Stadt und Hafen und die Räumung der Seefestung, 15. August bis 16. Oktober 1941, Freiburg 1967; Gosztony: Fremde Heere, S. 149ff.; v. russ. Seite d. Aufz. v. Simonow, I, S. 418.

88 ADAP, D, XIII, S. 345ff.; vgl. auch Halder, III, S. 226–229; Warlimont, S. 206f.; dazu neuerdings A. Hillgruber: 2. Weltkrieg, S. 79. Ein Rückblick nach Maßgabe sowjet. Dogmen bietet M. Anders: Die politische Beurteilung des Kriegsverlaufs in der ersten Periode des Zweiten Weltkrieges durch die Kommunistische Internationale (1939–1941), in MG 5/1982, S. 517–529. Vgl. dagegen d. »Historische Ortsbestimmung« v. J. Förster in Bd. 4 des Werkes: Das Deutsche Reich und der Zweite Weltkrieg. Der Angriff auf die Sowjetunion, Stuttgart 1983, S. 1079–1088.

Zweiter Hauptabschnitt

Die Wende vor Moskau

Gelang es 1941 nicht, die Sowjetunion niederzuwerfen, so drohte Deutschland der Mehrfrontenkrieg. Die Masse des Heeres blieb dann im Osten gebunden, während Amerika und Großbritannien ihre Invasion an der West- oder Südflanke des Kontinentes vorbereiteten. Angesichts dieser Gefahr hatten Brauchitsch und Halder die ursprüngliche Konzeption des Feldzuges weiter vertreten und den Gedanken an Moskau niemals aufgegeben. Trotz der fortgeschrittenen Jahreszeit glaubten sie das Risiko einer letzten Kraftanstrengung eingehen zu müssen.[1]

Als Regierungshauptstadt, Verwaltungssitz und Nachrichtenzentrale, Verkehrsknotenpunkt und Industrierevier, das Symbol der Weltrevolution und die hohe Schule des Marxismus-Leninismus war Moskau nach Auffassung des Oberkommandos ein Operationsziel ersten Ranges. Der ObdH und sein Stabschef glaubten hier die »lebendige Kraft« des Feindes zu treffen. Heusinger meinte, »der Russe« werde zum Schutze seiner Metropole »alles zusammenraffen«, was er dem deutschen Angreifer »noch entgegenzuwerfen« habe.[2]

Nach tagelangem Drängen war Hitler mit der Weisung Nr. 35 auf die Vorstellung des Heeres eingegangen. Er befand, daß die HGr. Mitte (Bock) »möglichst bald angreifen« müsse. Sie solle »den Feind ostwärts Smolensk in doppelter Umfassung« schlagen und dann zwischen Oka und Wolga »zur Verfolgung Richtung Moskau« antreten.[3] Der ObdW gedachte auch jetzt nicht, von seinen Zielen im Norden und Süden abzulassen. Er befahl den dort kämpfenden Heeresgruppen aber, starke Kräfte für die neue Schwerpunktbildung abzugeben.

Das VIII. Fliegerkorps (Richthofen) trat in den Verband der Luftflotte 2 (Kesselring) zurück. Mit Ausnahme des XXIX. Armeekorps (Schmidt) wurde die PzGr. 4 (Hoepner) in den Raum von Smolensk verlegt. Auch konnte Bock über die ostwärts Kiew freiwerdende PzGr. 2 (Guderian) wieder verfügen. Sie sollte selbständig operieren, während die beiden anderen Kampfwagenverbände der 4. Armee (Kluge) und 9. Armee (Strauß) unterstellt wurden. Insgesamt zählte die Manövriermasse 70 Divisionen und 2 Brigaden.[4]

Auf den ersten Blick befehligte Bock eine starke Streitmacht. Aber nur wenige Verbände hatten ihre Sollstärke. Von den drei Panzergruppen konnte lediglich eine aufgefüllt werden; die drei anderen verfügten zu Beginn des Angriffs über 50% und 70% des vorgesehenen Kampfwagenbestandes. Zahllose Kraftfahrzeuge lagen wegen Ersatzteilmangels fest. Aus dem Reich waren nicht mehr als 300 Austauschmotoren eingetroffen. Für die hohen Pferdeverluste gab es keinen Ersatz. Die Infanterie meldete je Division 2000 bis 4000 Fehlstellen.[5]

Der Gegner lag quer zur Angriffsrichtung in ausgebauten Stellungen. Er gliederte sich in die Heeresgruppen »Westfront« (Konjew), »Brjansker Front« (Jeremenko) und »Reservefront« (Shukow), deren Masse laut Agentenmeldungen etwa 40% aller sowjetischen

Truppen in Rußland, 35% der Panzer und 44% aller Geschütze umfaßte, rund 800000 Mann. Die Kampfkraft dieser Verbände wurde jedoch für gering erachtet. Auch ihre Luftwaffe war unterlegen.[6]

Die deutsche Offensive (Unternehmen »Taifun«) wurde am 30. September 1941 auf dem rechten Flügel von der PzGr. 2 (Guderian) eingeleitet. Achtundvierzig Stunden später traten die übrigen Verbände der Heeresgruppe an. In einem Tagesbefehl erklärte der ObdW, die Voraussetzungen seien getroffen, um dem Feind vor Beginn des Winters den vernichtenden Schlag zu versetzen. Auf einer von Goebbels veranstalteten Großkundgebung im Berliner Sportpalast versicherte Hitler dem deutschen Volk, daß die Sowjetunion »gebrochen ist und sich nie wieder erheben wird«.[7]

Die russische Front wurde an fünf Stellen aufgerissen. Guderian drehte vor der Oka zwei Korps nach Westen ein und umfaßte unter Mitwirkung der 2. Armee (Weichs) und PzGr. 4 (Hoepner) südlich und ostwärts Brjansk zahlreiche Divisionen des Gegners. Einen weiteren Kessel bildeten die 4. Armee (Kluge), 9. Armee (Strauß) und PzGr. 3 (Hoth) westlich von Wjasma. Die Schlacht war ungewöhnlich turbulent. Vielfach wurden auch deutsche Truppen abgeschnitten und wieder freigekämpft. Gegenstöße überlegener T 34 und KW-Panzer führten zu kritischen Gefechtslagen.[8]

Das 800 km breite Schlachtfeld bedeckte sich täglich mehr mit Gefallenen, toten Pferden und zerschossenen Fahrzeugen (darunter ersten amerikanischen Jeeps). Überraschend war, daß sich die Russen schneller ergaben als bisher. Am 13. Oktober ging ihr Widerstand bei Wjasma zu Ende, eine Woche später in den Einschließungsräumen von Brjansk. Erfassungsstäbe der Heeresgruppe meldeten 673098 Gefangene, 1242 vernichtete Panzerkampfwagen und 5412 Beutegeschütze.[9]

Gleichzeitig fiel das Resultat der Schlacht am Asowschen Meer in die Waagschale. Die PzGr. 1 (Kleist) war nach Aufrollen des russischen Stellungssystems zwischen Dnjepropetrowsk und Saporoschje den vorgeprellten Kräften des Gegners bei Berdjansk in den Rücken gefallen und hatte bis 10. Oktober 1941 über hunderttausend Gefangene eingebracht sowie 212 Panzer und 672 Geschütze ausgeschaltet.[10] Damit erhöhte sich die Zahl der von den HGr. Mitte (Bock) und Süd (Rundstedt) vernichteten Armeen auf zehn.

Tief beeindruckt durch die Erfolgsmeldungen, hatte Hitler die Wiederaufnahme des Vormarsches befohlen. Die HGr. Süd (Rundstedt) sollte in einem zweiten Anlauf die Halbinsel Krim erobern und das Donezbecken einnehmen, die HGr. Mitte (Bock) so schnell wie möglich Moskau einschließen und die HGr. Nord (Leeb) mit der 16. Armee (Busch) vom Wolchow über Tichwin bis zum Swir ausgreifen, um sich ostwärts des Ladogasees mit den Finnen zu vereinigen.

Hitlers Weisung, realisiert durch Befehl des OKH vom 7. Oktober 1941, führte zur äußersten Beanspruchung der Kräfte. Da noch einige Kessel ausgeräumt werden mußten, konnten zunächst nur Teilverbände antreten. Zwar hielt man die Russen für endgültig besiegt, doch begegnete das Herbstwetter den deutschen Truppen mit Unbill. Am 6./7. Oktober 1941 hatte es zum erstenmal geschneit. Dem Kälteeinbruch folgten wochenlange Regenfälle, die Straßen und Äcker in Morast verwandelten.

Hundert Kilometer vor Moskau traf der Angreifer auf ein starkes Hindernis. Seit dem letzten Monat hatten hier etwa 250000 Arbeitskräfte – davon drei Viertel Frauen und Jugendliche – 3 Millionen Kubikmeter bewegt und eine Schutzstellung gebaut.[11] Sie erstreckte sich in 300 km Ausdehnung von Kaluga bis Kalinin. Vor getarnten Schützengräben und Deckungslöchern, Betonunterständen und Panzerkuppeln lagen Drahthindernisse, Minenfelder und Balkensperren, an den Straßen spalierartig elektrisch zu zündende Flammenwerferbatterien.

Wo der Herbstregen ein, zwei Tage aussetzte, kamen Schnelle Truppen noch gut voran. Das XXXXI. PzK. (Model) erreichte in schwungvollem Angriff die Wolga und eroberte auf der anderen Seite des Flusses die Stadt Kalinin. Das XXXX. PzK. (Stumme) überwand die Sperren bei Moshaisk. Das LVII. PzK. (Kuntzen) nahm Kaluga. Damit waren die Moskauer Schutzstellungen aus den Angeln gehoben und mehrfach durchstoßen. Die Kampfmoral der Roten Armee schien gebrochen. Das NKWD wurde der zahlreichen Deserteure nicht mehr Herr.[12]

Stalin hatte Shukow zum Oberbefehlshaber der »Westfront« ernannt und angeordnet, die Sowjetregierung samt allen Spitzenfunktionären der KPdSU(B), dem Diplomatischen Korps und vielen Spezialisten in das 700 km weiter östlich gelegene Kuibyschew zu evakuieren. Aleksandr. S. Schtscherbakow, der Vorsitzende des Moskauer Stadtsowjet, rief den Belagerungszustand aus. Aber die Polizei war verschwunden. Deserteure und Arbeiter, die den Räumungsbefehl ignorierten, plünderten Geschäfte, stoppten Autos und beraubten ihre Insassen.[13]

Die »heroische Entschlossenheit« der Moskauer, das »Heilige Rußland«[14] zu verteidigen, ist Legende.[15] Allgemein wurde mit dem baldigen Eintreffen des Eroberers gerechnet, wobei sich die Mehrheit der Zurückgebliebenen so benahm, »als sei ihr das nicht ganz unangenehm«.[16] Am 20. Oktober 1941 waren in den Buchläden die deutsch-russischen Wörterbücher ausverkauft. Auch das Staatliche Verteidigungskomitee stellte sich auf den Fall der Stadt ein und erteilte Berija, Merkulow und Schtscherbakow entsprechende Sondervollmachten.

Im KGB sprachen die Generale Pawel A. Sudoplatow und Leonid A. Ejtingon mit ausgesuchten Komsomolzen über ihre künftige Rolle als Diversanten. Sie sollten zurückbleiben und in die Dienste der deutschen Besatzungsmacht treten, jedoch weiter für das NKWD arbeiten.[17] Der Sicherheitsdienst sah offenbar keine Möglichkeit mehr, die Stadt zu verteidigen. Moskau war durch die »Oktober-Panik« derart geschwächt, daß es nach späterem Urteil von einem deutschen Fallschirmjäger-Regiment hätte eingenommen werden können.[18]

Doch Stalin verlor nicht die Nerven. Er bewohnte eine kleine Villa weit außerhalb des Kreml und arbeitete zumeist in der nahen Metrostation »Kirowskaja«, wo auch das Oberkommando, die Stawka, untergebracht war.[19] Am 4. oder 5. Oktober 1941 hatte der Diktator einer Funkmeldung von Sorge entnehmen können, daß es »nach Informationen aus verschiedenen offiziellen japanischen Quellen ... auf jeden Fall in diesem oder im nächsten Monat« zum »Krieg mit Amerika« kommen werde.[20]

Einige Tage zuvor hatten Averell Harriman und Beaverbrook der UdSSR in einem »vertraulichen Protokoll« die Lieferung von 1,12 Millionen Tonnen Kriegsmaterial bis Ende Juni nächsten Jahres, darunter 200 Flugzeugen und 250 Panzern monatlich sowie insgesamt 4000 Jeeps und 85 000 LKW zugesichert und mit 1 Milliarde Dollar kreditiert. Beide Häuser des amerikanischen Bundesparlamentes schickten sich an, einer Regierungsvorlage, die Rußland in das Leih-Pacht-System einbezog, beizupflichten. Wegen der schlechten Transportlage konnte Stalin aber auch jetzt nicht mit schneller Hilfe rechnen.[21]

Er mußte vielmehr erneut und diesmal in größerem Umfang auf die fernöstliche Streitmacht der Sowjetunion, eine strategische Reserve von etwa 30 Divisionen, zurückgreifen. Sorges Mitteilung setzte 11–12 Schützendivisionen (insgesamt 250000 Mann) mit 1700 Panzern und 1500 Flugzeugen aus dem Trans-Baikal-Gebiet und der Mongolei für die Schlacht um Moskau frei.[22] Bis zu ihrem Eintreffen vergingen freilich Wochen. Ob den Sowjets so viel Zeit noch zur Verfügung stand, hing vorwiegend vom Wetter ab. Am 14. Oktober 1941 befahl Brauchitsch, Moskau einzuschließen, im Süden und Osten durch die 2. Panzerarmee (Guderian)[23], im Westen und Norden durch die 4. Armee (Kluge), PzGr. 4 (Hoepner) und 3. Panzerarmee (Reinhardt). Hitler hatte wiederholt untersagt, die Kapitulation der Hauptstadt anzunehmen. Dieses Verbot wurde wegen des stockenden Vormarsches gegenstandslos. Die Schlammperiode erreichte ihren Höhepunkt. Fahrzeuge versanken bis zu den Radnaben im Morast und waren mit Pferde- und Motorenkraft nicht weiterzubewegen. Der gesamte Nachschub blieb stekken. Von 31 Transportzügen, die Bocks Heeresgruppe täglich benötigte, trafen noch 16 ein.[24]

Es regnete weiter. Geordnete Marschbewegungen wurden immer schwieriger. Viele Verbände waren durcheinander geraten. Artillerie, Panzer und Kradschützen lagen fest. Allein die Infanterie wühlte sich noch im knietiefen Schlamm vorwärts, mit zerrissenem Schuhwerk und verdreckten Mänteln. Gelegentlich folgten ihr kleine Panjewagen. Aber Tausende von Pferden verendeten wegen Rauhfuttermangels. Die Soldaten ernährten sich aus den Kartoffelmieten der Bauern.[25]

Auch in anderen Frontabschnitten verlangsamte sich der Vormarsch. Zwar hatte Manstein mit seiner Armee und einem zugeteilten rumänischen Gebirgskorps den Tatarengraben bei Perekop überwunden und außer Sewastopol, das General Iwan J. Petrow verteidigte, die ganze Krim erobert.[26] Die 1. Panzerarmee (Kleist) kam jedoch in Richtung Rostow nur langsam voran, »übermüdet, belastet durch die Unendlichkeit der Aufgabe«.[27] Wochen vergingen, bis das italienische Expeditionskorps (Messe) über Stalino den Mius erreichte, die 17. Armee (Hoth) Kramatorsk, die 6. Armee (Reichenau) Charkow einnahm.

Die Heeresgruppe Nord (Leeb) konnte weder einen zum Schutze Kronstadts bei Oranienbaum gehaltenen Brückenkopf des Gegners beseitigen noch den inneren Leningrader Verteidigungsring aufsprengen. Die 16. Armee (Busch) blieb mit ihrem rechten Flügel an den Waldai-Höhen hängen, während das XXIX. Panzerkorps (Schmidt) bis nach Tichwin gelangte. Zur Vereinigung mit den Finnen am Swir reichte die Kraft nicht mehr aus. In dem 150 km langen Angriffskeil wurde der Nachschub zum schwachen Rinnsal.[28]

Die Lage in Leningrad schien gefestigt. Doch der Ladogasee, die einzige Verbindung zwischen der Stadt und dem »Großen Land«, fror; das Eis brachte die Schiffahrt zum Erliegen, trug aber noch keine LKW-Kolonnen.[29] Die Lebensmittelzuteilungen für den Normalverbraucher sanken daher unter 466 Kalorien täglich. Im November starben 11085 Menschen an den Folgen der Dystrophie, in den nächsten Wochen weitere 52985[30], schließlich Hunderttausende.[31]

Für GKO und Stawka war das Ringen um die Newametropole nicht entscheidend. Die Stadt galt zwar als ehrwürdiges Zentrum der Oktoberrevolution; in erster Linie aber sollte sie Widerstand leisten, damit nicht alle Divisionen der PzGr. 4 (Hoepner) für den Mittelabschnitt des deutschen Angriffes verfügbar wurden.[32] Die Verteidigung von Moskau behielt Vorrang. Shukow wurde daher zusammen mit Woroschilow in den Kreml zurückgerufen und Petrow angewiesen, ungeachtet des eigenen Bedarfs fortan

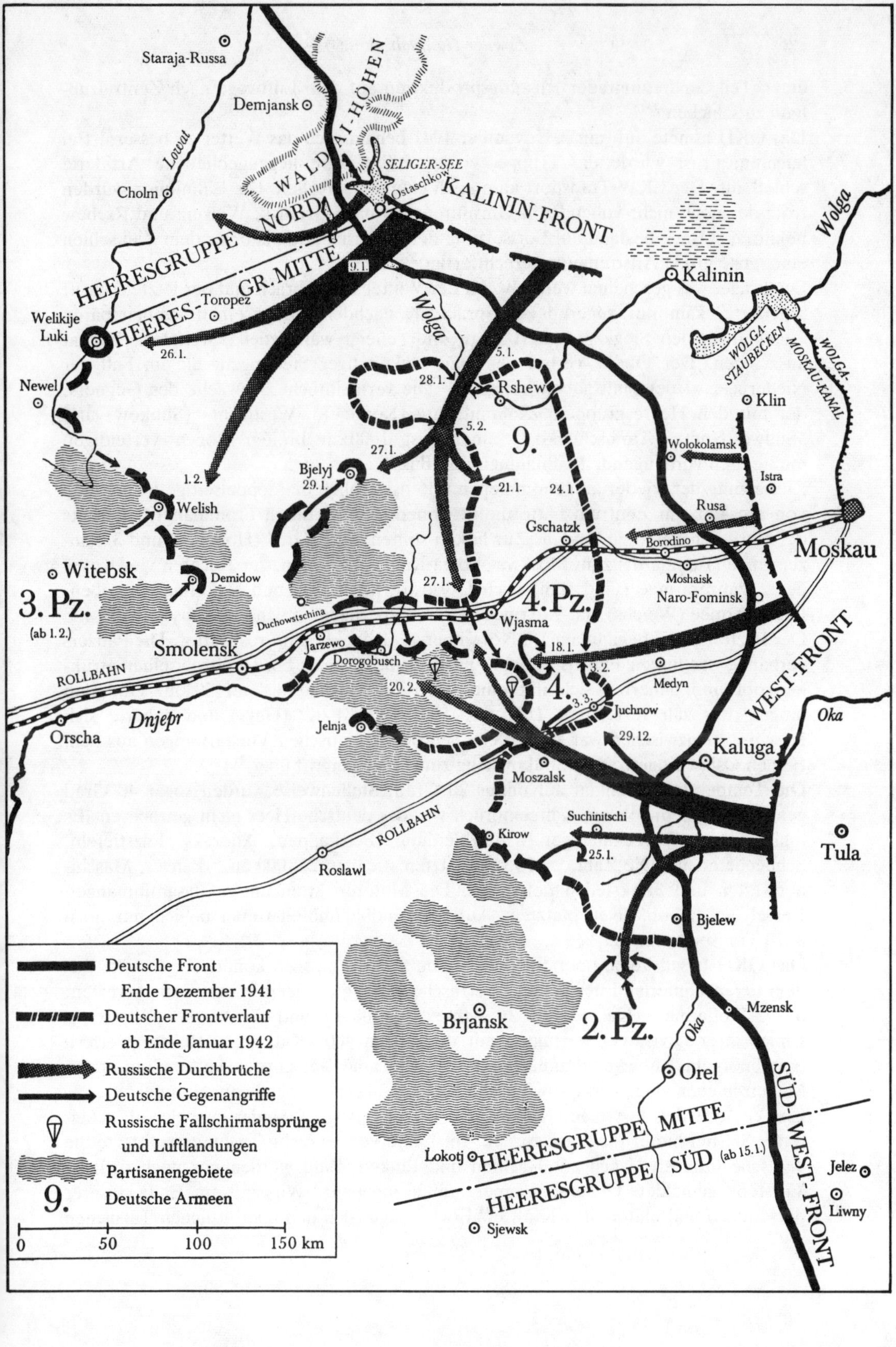
Staraja-Russa
Demjansk
Lowat
WALDAI-HÖHEN
SELIGER-SEE
Ostaschkow
Cholm
HEERESGRUPPE NORD
KALININ-FRONT
Wolga
HEERES- GR. MITTE
9.1.
Kalinin
Toropez
Welikije Luki
26.1.
Wolga
5.1.
WOLGA-STAUBECKEN
WOLGA-MOSKAU-KANAL
Newel
28.1.
Rshew
Klin
5.2.
9.
27.1.
Wolokolamsk
Bjelyj
29.1.
1.2.
21.1.
24.1.
Istra
Welish
Rusa
Gschatzk
Borodino
Moskau
Witebsk
Demidow
27.1.
Moshaisk
Naro-Fominsk
3.Pz.
(ab 1.2.)
Duchowstschina
4.Pz.
Wjasma
Smolensk
Jarzewo
18.1.
Dorogobusch
3.2.
ROLLBAHN
20.2.
4.
Medyn
3.3.
WEST-FRONT
Juchnow
Dnjepr
Orscha
Jelnja
29.12.
Oka
Kaluga
Moszalsk
Suchinitschi
ROLLBAHN
Kirow
25.1.
Tula
Roslawl
Bjelew
Mzensk
Brjansk
2.Pz.
Oka
Orel
SÜD-WEST-FRONT
HEERESGRUPPE MITTE
Lokotj
HEERESGRUPPE SÜD (ab 15.1.)
Jelez
Liwny
Sjewsk
Deutsche Front Ende Dezember 1941
Deutscher Frontverlauf ab Ende Januar 1942
Russische Durchbrüche
Deutsche Gegenangriffe
Russische Fallschirmabsprünge und Luftlandungen
Partisanengebiete
9. Deutsche Armeen
0 50 100 150 km

einen Teil der Leningrader Rüstungsproduktion auf dem Luftwege nach Zentralrußland zu schicken.[33]

Das OKH atmete auf: am 2. November 1941 begann sich das Wetter zu bessern. Bei leichtem Frost wurde die Truppe wieder mobil. Ihre liegengebliebene Artillerie schloß auf. Der LKW-Transport kam noch einmal ins Rollen. Die Bahnlinien wurden trotz des noch nicht vollendeten Umspurens bis nach Brjansk, Wjasma und Rschew befahren.[34] Bock bestand auf Fortsetzung der Offensive. So nahe vor dem Ziel schien eine letzte große Anstrengung gerechtfertigt.[35]

Die Frage, was geschehen werde, wenn der Winter hereinbrach und der letzte Angriff scheiterte, kam nur zögernd zur Sprache[36], nachdem Hitler einen »unbeirrbaren Glauben an den Sieg« gefordert hatte und geneigt war, jeden Zweifel als Verrat auszulegen. Der ObdW verbot den Bau rückwärtiger Stellungen, die im Fall der Niederlage wieder Halt geben konnten.[37] Die vermeintliche Schwäche des Gegners, der mit den Heeresgruppen »Kalininfront« (Konjew), »Westfront« (Shukow) und »Südwestfront« (Timoschenko)[38] einen fast 1000 km breiten Bogen verteidigen mußte, ließ vorbeugende Maßnahmen überflüssig erscheinen.

Zielsetzung der wieder aufgenommenen Offensive blieb die doppelseitige Umfassung von Moskau. Im Zentrum hatte die 4. Armee (Kluge) durch Frontalangriff jenseits der Nara den Feind zu binden. Zur linken sollten die PzGr. 4 (Hoepner) und 3. Panzerarmee (Reinhardt) zum Moskwa-Wolga-Kanal ausgreifen, zur Rechten vier Korps der 2. Panzerarmee (Guderian) nach Gorlowo, Michailow und Kolomna vorstoßen. Die 2. Armee (Weichs) und 9. Armee (Strauß) übernahmen den Flankenschutz.[39]

Der letzte Anlauf begann am 15. November 1941 bei klarem Frostwetter. Die Panzerverbände des linken Flügels bildeten nördlich des Kanals bei Dimitrow einen Brükkenkopf und näherten sich mit einer Division Moskau bis auf 30 km. Guderian umging das zäh verteidigte Tula mit dem XXIV. PzK. (Geyr) und näherte sich Kaschira.[40] Inzwischen war jedoch ein Teil der sowjetischen Verstärkungen aus dem Fernen Osten eingetroffen. Shukow ging zum Gegenangriff über.[41]

Die Temperaturen sanken auf minus 20 Grad. Stellenweise wurden sogar 40 Grad gemessen. Einem solchen Kälteeinbruch war das deutsche Heer nicht gewachsen. Es fehlte ihm an zweckmäßiger Winterkleidung (Pelzkappen, Anoraks, Filzstiefeln, Schneehemden). Die Zahl der Frostverletzten stieg auf 228 000 an.[42] Panzer, Maschinenwaffen und Funkstellen fielen aus. Die Motoren litten unter Glysantinmangel. Kessel der Lokomotiven platzten. Auf den Endbahnhöfen trafen täglich nur noch 8–10 Transportzüge ein.[43]

Das OKH besaß keine operativen Reserven mehr. Dagegen konnte die Stawka aus dem tiefen Hinterland der Wolga überraschend neue Armeen in den Kampf werfen: die 1. Stoßarmee (Kusnezow), 10. Armee (Golikow) und 20. Armee (Wlassow). Einige ihrer Divisionen verfügten mit den ersten 400 »Katjuscha«-Raketenwerfern (»Stalinorgeln«) über eine außerordentlich wirksame Gefechtsfeldwaffe. Zum ersten Mal erschienen auch starke sowjetische Schlachtflieger-Verbände am Himmel.[44]

Ein Versuch der 4. Armee (Kluge), den eigenen Angriff wieder zu beleben, scheiterte. Sie fiel hinter die Nara zurück. Im Laufe von vierzehn Tagen zersplitterte die deutsche Offensive auch zur Rechten und Linken. Bald wurden nur noch örtliche Vorstöße gemeldet. General Wagner mußte zugeben: »Wir sind am Ende unserer personellen und materiellen Kraft.«[45] Bock beugte sich den unerbittlichen Tatsachen

und bat durch Fernschreiben vom 1. Dezember 1941 das OKH um Einstellung der Operationen.[46]
Kälte, Schnee und sowjetischer Druck führten auch im Norden und Süden zu Krisen. Tichwin und Rostow mußten aufgegeben werden.[47] Zugleich hatte sich die Lage im Mittelmeerraum dermaßen verschlechtert, daß auf Anordnung des OKW das Luftflottenkommando 2 (Kesselring) nach Italien verlegt werden mußte.[48] Fortan beteiligte sich die Luftwaffe an der Schlacht um Moskau nur noch mit 15 Kampf-, Stuka- und Jagdgruppen, soweit es gelang, die tief verschneiten Flugplätze freizuschaufeln.[49]
Stalin entschloß sich, den von Schaposchnikow und Wassilewskij geplanten Gegenschlag auszulösen.[50] Er traf die deutsche Heeresgruppe mit ihren 70 abgekämpften, über 800 km Breite auseinandergezogenen Divisionen im Augenblick ihrer Schwäche. Am 3. Dezember wurde Guderian von der 50. Armee (Boldin), 47. Armee (Sacharkin) und dem I. Garde-Kavalleriekorps (Bjelow) angefallen und gezwungen, die gewonnenen Positionen um Tula aufzugeben. Am 6. Dezember begann die sowjetische Offensive mit der 1. Stoßarmee (Kusnezow), 20. Armee (Wlassow) und 16. Armee (Rokossowskij) in Richtung auf Klin.
Den Deutschen drohte eine Katastrophe. Die Erinnerung an das Schicksal der napoleonischen Armee im Jahre 1812 drängte sich auf.[51] Der ObdH mußte befürchten, daß die Truppe seiner Führung entglitt. Stehenbleiben konnte bedeuten, abgeschnitten und zerschlagen zu werden. Bei dem Versuch auszuweichen, wurden die Verteidiger erst recht überrannt. Bock wußte nicht, wie er sich entscheiden sollte. Brauchitsch schlug vor, die Heeresgruppe auf eine verkürzte »Winterlinie« ostwärts Juchnow-Rschew zurückzunehmen.[52]
Hitler lehnte ab. Er genehmigte das Rücktrittsgesuch des Generalfeldmarschalls, machte sich selbst zum ObdH und befahl der Truppe »fanatischen Widerstand ... ohne Rücksicht auf den durchgebrochenen Feind in Flanke und Rücken der eigenen Stellungen«. Absetzbewegungen durften nur mit Ausnahmegenehmigung des Obersten Befehlshabers erfolgen.[53] Eilig wurden Verstärkungen aus Frankreich herangeführt. Bis zu ihrem Eintreffen mußten sich »Gewehrträger« der Instandsetzungsdienste, Trosse und Depots in die Bresche werfen. Doch nur selten hatte dies Erfolg.
In seiner Weisung Nr. 39 führte Hitler die Niederlage auf den »überraschend früh hereingebrochene(n) strenge(n) Winter« zurück. Gleichzeitig befahl der ObdW energische Maßnahmen »für die Wiederaufnahme größerer Angriffsoperationen im Jahr 1942«.[54] Er verschwieg, daß bis dahin mit weiteren Angriffen des Gegners gerechnet werden mußte. Eine Wende war eingetreten, der »Barbarossa«-Feldzug endgültig gescheitert. Die Gesamtverluste stiegen auf 775087 Tote, Verwundete und Vermißte (24,22% des deutschen Feldheeres).[55]
Eine Führungskrise war die Folge. Daß Brauchitsch ging, ließ sich mit einer schweren Herzattacke begründen, resultierte aber letztlich aus dem seit langem gestörten Vertrauensverhältnis zwischen ObdH und ObdW. Bock wurde nahegelegt, einen Erholungsurlaub anzutreten, ebenso Weichs und Strauß, insgesamt mehr als dreißig Generalen. Rundstedt und Leeb enthob Hitler ihrer Posten. Auch Guderian mußte sein Kommando abgeben. Hoepner sah sich wegen »Feigheit und Ungehorsam« aus der Wehrmacht verstoßen.[56]
Schwer trugen die Waffengefährten an dem Fiasko. Ihrer Wirtschaft drohte der Zusammenbruch, blockierte doch die britische Kriegserklärung viele Auslandsguthaben. Als

Horthy erkannte, daß Rußland nicht kapitulieren werde, zog er das ungarische Korps (Miklós) zurück[57], während Antonescu seine Verbände im Felde beließ und darüber in Konflikt mit König Michael geriet.[58] Mannerheim war tief enttäuscht. Da von 4 Millionen Finnen 500000 unter Waffen standen – für das kleine Land ein unhaltbarer Zustand –, hatte der Feldmarschall auf die baldige Demobilisierung gehofft.[59]
Die Ursachen für das Scheitern des Angriffes auf Rußland sind oft erörtert und im einzelnen überzeugend dargelegt worden.[60] In allen Betrachtungen wird dem Zeitfaktor große Bedeutung zuerkannt, jedoch die These ausgeschlossen, daß infolge des Balkanfeldzuges eine entscheidende Verzögerung eingetreten sei. Auch die miteinander unvereinbaren kräfte- und zeitraubenden Zielsetzungen Hitlers (Sicherung des Petsamonikkels und Schwedenerzes, Inbesitznahme der Getreidefluren und Erdölfelder, Leningrad, Kiew, Moskau, die Linie Astrachan – Archangelsk) können nicht als tiefe Gründe des Fehlschlages angesehen werden.
Der ObdW traf kraft seiner absoluten Führergewalt alle großen Entscheidungen allein. Dabei war er seit dem Frühjahr immer härter, uneinsichtiger und maßloser geworden, vielleicht weil ihn der Vorsatz leitete, den Gegenspieler übertreffen zu müssen. Nüchtern denkende Nationalsozialisten wie Ribbentrop, Schacht und Todt hatten Hitler angesichts seines Unvermögens, die Sowjetunion zu besiegen, eine politische Lösung des Konfliktes nahegelegt.[61] Er aber wollte das Scheitern sowenig zur Kenntnis nehmen wie zuvor Stalin die Niederlage der Roten Armee.
Dabei war dem ObdW und seinen militärischen Beratern durchaus bewußt, daß der Konzeption des Unternehmens »Barbarossa« schwerwiegende Fehler zugrunde lagen. Man hatte Raumweite, Landesnatur und Klima, Industriepotential, Menschenreservoir und Bevölkerungsstruktur der UdSSR, die Gabe der Improvisation und Leidensfähigkeit des Gegners unterschätzt. Aber nicht nur fehlende Information, auch eine allgemein verbreitete Mentalität führte Politiker und Soldaten in die Irre.
Diese Grundauffassung war nicht auf Deutschland beschränkt. Auch Regierungskreise der USA und Großbritanniens hielten den Zusammenbruch der UdSSR im Herbst 1941 (und Sommer 1942) für möglich.[62] In den angelsächsischen Hauptstädten hatte der als Rußlandexperte angesehene General Ladislaus Sikorski erheblich zu dieser Einschätzung beigetragen. Von den auf deutscher Seite kämpfenden Militärs rechnete ursprünglich auch der illusionslose Mannerheim mit einem baldigen Sieg über die Sowjetunion.[63]
Nun war alles anders gekommen.[64] Hitler hatte durch seinen Angriff auf die UdSSR wider Willen den Anstoß zu dem früher nicht realisierbaren de-facto-Bündnis zwischen Amerika, England und der Sowjetunion gegeben. Das Deutsche Reich stand an der Schwelle des Mehrfrontenkrieges. Inzwischen zog der Konflikt größere Kreise, als japanische Streitkräfte am 7. Dezember 1941 die Schlüsselpositionen der Anglo-Amerikaner im Pazifik angriffen.

1 W. Haupt: Die Deutschen vor Moskau, Dorheim 1972; R. Hofmann: Die Schlacht von Moskau 1941, in: Entscheidungsschlachten, a. a. O., S. 129–183 (zit. Hofmann); W. Paul: Die Schlacht um Moskau, München 1978, S. 140ff. (zit. Paul); K. Reinhardt: Die Wende vor Moskau. Das Scheitern der Strategie Hitlers im Winter 1941/42 (Beiträge z. Militär- u. Kriegsgesch., 13), Stuttgart 1972 (zit. Reinhardt); K. Wagener: Moskau 1941, Friedberg [4]1979, S. 25f. (zit. Wagener). Von sowj. Darstellungen seien genannt: Gretschko, IV, S. 78ff.; P. Grigorenko: Der sowjetische Zusammenbruch 1941, Frankfurt 1969; A.M. Samsonow: Die große Schlacht vor Moskau, (Ost)Berlin 1959, S. 35ff. (zit. Samsonow); Platonow, I, S. 233–295; Shilin, S. 55ff. u. Telpuchowskij, S. 67–100; dazu d. Niederländer ten Kate, a. a. O., II, passim; Klink in: DR, IV, S. 696ff.

2 Heusinger an Hand einer Notiz v. 1941 gegenüber d. Vf., 22. 11. 1962; vgl. d. Buch des Generals, a. a. O., S. 124.

3 Hubatsch: Weisungen, S. 150ff.; Bock-Tgb., 1. 10. 1941.

4 Tabellarische Übersichten b. Hofmann, S. 151 u. Wagener, S. 27.

5 Mueller-Hillebrand, III, S. 19f.

6 Gretschko, IV, S. 115–138; Platonow, I, S. 209–214; Samsonow, S. 61ff.; Shukow, II, S. 5ff. u. 12; Telpuchowskij, S. 68f.

7 Domarus, II, S. 1263. Zur Ereignisgesch. s. Bock-Tgb., 10. 11. 1941; W. Chales de Beaulieu: Sturm bis vor Moskaus Tore, in: WWR 6/1956, S. 349–365, 423–439; Guderian, S. 192ff.; Hoth, S. 79ff.; Nehring, S. 231ff.; L. Rendulic: Gekämpft, gesiegt, geschlagen, München 1957, S. 74ff. (zit. Rendulic). Aus d. umfangr. sowj. Memoirenlit. sind hervorzuheben: I. C. Bagramjan: Tak natschinalas wojna, Moskau 1971 (zit. Bagramjan); A.W. Gorbatow: Years of my Life, London 1964 (zit. Gorbatow); A.I. Jeremenko: Na Zapadnom Naprawlenij, Moskau 1963 (zit. Jeremenko); Moskalenko, S. 111ff.; K.K. Rokossowskij: Welikaya Podeba na Wolge, Moskau 1965 (zit. Rokossowskij); S.M. Shtemenko: The Soviet General Staff at War, 1941–1945, Moskau [2]1975 (zit. Shtemenko); vor allem Shukow, II, Kap. 1.

8 Philippi/Heim, S. 87f.; Reinhardt, S. 17ff.; Seaton, S. 171–191; Wagener, S. 39ff.

9 Zahlen n. Hillgruber/Hümmelchen: Chronik, S. 50; abweichend i. Tagesbefehl Bocks, abgedr. b. Wagener, S. 53. Alle dt. Angaben werden v. sowj. Seite energisch bestritten, da es sich um Schätzungen handelt, die später nicht korrigiert werden konnten, wahrscheinl. zurecht. Vgl. Roschmann, a. a. O., S. 19f.

10 Bock-Tgb. 7. 10. 1941; Mackensen, S. 67ff.

11 Shukow, II, S. 22; R. Girault: L'effort humaine de l'arrière 1941–1945, in: Revue d'histoire 68/1967, S. 15ff.

12 Chales de Beaulieu: Sturm, S. 429ff.; Görlitz: Model, S. 90ff.; Guderian, S. 193; Hoth, S. 82f.

13 Dazu ausführl. L. Dinerstein Goure: Moscow in Crisis, Glencoe, Ill., 1955, insbes. S. 54ff., 67ff., 154ff., 212ff.; auch Werth, S. 233ff. u. G. A. Tokajew: Comrade X, London 1956, S. 215ff. Vgl. ferner Lukacs, a. a. O., S. 130f. u. Paul, a. a. O., S. 218ff., 242ff.

14 Worte Stalins aus seiner Festansprache v. 6. 11. 1941 vor Delegierten des Stadtsowjet u. d. Gewerkschaft. Gosztony: Rote Armee, S. 218f.

15 Für kommunist. Historiker eine Pflichtübung; auch v. einigen »westl.« Schriftstellern übernommen. Vgl. dagegen Hillgruber: 2. Weltkr., S. 80, mit seinem Hinweis auf d. Moskauer Panik.

16 Lukacs, S. 131.

17 N.J. Chochlow: In the Name of Conscience, London-Toronto 1960, S. 54ff. (zit. Chochlow).

18 Ebd., S. 22ff., 33ff.; auch Dinerstein Goure, S. 218 u. Lukacs, s. Anm. 16.

19 Shukow, I, S. 328f.; Shtemenko, S. 47.

20 Deakin/Storry, S. 274; vgl. J. Kolowkow: Der Mann, für den es keine Geheimnisse gab. Richard Sorge in Tokio, (Ost)Berlin 1967, S. 178ff.

21 Außer Carl, Dallek, Dawson, Deane, Kimball, Schlauch, Stettinius (op. cit.) vor allem Harriman/Abel, S. 115ff.; ferner C. C. Herring Aid to Russia. Strategy, Diplomacy, and the Origins of the Cold War, New York 1973; J. Beaumont: Comrades in Arms. British Aid to Russia, 1941–1945, London 1980. S. auch d. klare Zusammenfassung v. Hillgruber: Sowj. Außenpol., S. 72.

22 Erickson, S. 631f.; Gosztony: Rote Armee, S. 217; Herde, S. 86; Keegan, S. 146f. Von sowj. Historikern, z.B. Samsonow, S. 94 u. Telpuchowskij, S. 511f., wird d. Bedeutung d. Kräfteverschiebung verschwiegen od. heruntergespielt.

23 Die PzGr. 2 und PzGr. 3 wurden am 6. 10. 1941 in 2. und 3. Panzerarmee umbenannt. Am Vortage hatte Hoth d. Oberbefehl über die 6. Armee übernommen.

[24] Hofmann, S. 155f.; Reinhardt, S. 59ff.; Wagener, S. 79; s. auch Guderian, S. 221; Chales de Beaulieu: Sturm, S. 431 u. Rendulic, S. 137.
[25] Philippi/Heim, S. 90f.; Hofmann, S. 156.
[26] Buchner: Sewastopol, a.a.O., S. 16–44.
[27] Die PzGr. 1 war am 4. 10. 1941 in 1. Panzerarmee umbenannt worden. Vgl. K. Meyer: Panzergrenadiere, München 1965, S. 135 (zit. Meyer). Zu d. Verbündeten s. Gosztony: Fremde Heere, a.a.O., S. 170ff.; Messe, a.a.O., S. 119–139.
[28] Seaton, a.a.O., S. 198f.; Haupt: Leningrad, a.a.O., S. 78ff., 100ff., 115–140; Merezkow, S. 204f.
[29] L. Goure: The Siege of Leningrad, Stanford, Cal., 1962; Pawlow, a.a.O., S. 136, 156f.
[30] Vgl. d. Erinnerungen v. O. Bergholz: Niemand ist vergessen, in: SU heute 1/1973, S. 13ff. Zahlen nach Y. Grosrichard: Les femmes russes pendant la siège de Léningrad, in: Histoire pour tous 178/1975, S. 50–57; W. Imber: Puchti tri goda, Leningrad 1947, S. 117f.; Werth, a.a.O., S. 323.
[31] Lt. SU heute 1/1973, S. 11: 641000. Karasew, a.a.O., S. 188; Pawlow, S. 138–141.
[32] Fedjuninskij, a.a.O., S. 72ff.; Karasew, S. 189–238; Shukow, I, S. 427f.; Pawlow, S. 155–159. Dazu L. Goure: The Siege of Leningrad, Stanford, Cal., 1962, S. 290ff. (zit. Coure: Leningrad); F. I. Sirota: Leningrad. gorodgeroi, Moskau 1960 (u. ö.), S. 66ff. (zit. Sirota).
[33] Fedjuninskij, S. 74; Merezkow, S. 201; Pawlow, S. 157.
[34] Mueller-Hillebrand, III, S. 30; Pottgießer, S. 25ff.; ten Kate, II, S. 100ff.
[35] Halder, III, S. 187ff.
[36] Ebd., S. 308; dazu v. kommunist. Seite E. A. Boltin: Podeba Sowjetskoj Armii poch Moskwoj v 1941 godu, in: 1/1957, S. 29ff.; H. Göpfert: Der faschistische Blitzkrieg scheiterte vor Moskau, in: ZMG 6/1966, S. 682–693.
[37] Philippi/Heim, S. 95f.
[38] Ordre de bataille b. Seaton, S. 203. Näheres v. russ. Seite b. Gretschko, IV, S. 323ff.; Samsonow, S. 95ff.; Shilin, S. 82; Telpuchowskij, S. 59ff.; Platonow, S. 221ff.
[39] Guderian, S. 230ff.; Görlitz: Model, S. 98ff.
[40] Guderian, S. 246f.; dazu Wagener, S. 86ff.
[41] Shukow, II, S. 28ff.
[42] Mueller-Hillebrand, III, S. 28.
[43] Pottgießer, S. 27.
[44] Allg. Gretschko, IV, S. 338–368; v. d. Memoiren besonders F.I. Golikow: Moskowskoj Bitwe, Moskau 1967. Seit d. Erklärung Wlassows zur Unperson wird sein Name in der sowj. Kriegsgeschichtsschreibung entweder verschwiegen oder durch den seines Stellvertreters Lisjuzow ersetzt. Vgl. Shukow, II, S. 31f. Zum Eingreifen sowj. Fliegerkräfte s. Groehler, a.a.O., S. 332f.; Kesselring, a.a.O., S. 130f. u. d. Spezialarbeiten v. A. Fedorow: Sowjetskaja awiacija w bitwe pod Moskaj, Moskau 1974; S. S. Lotockij: A háboruk és a hadmüvészet története, Budapest 1975, S. 162ff.
[45] Halder, III, S. 311.
[46] Bock-Tgb. a.a.O., 1. 12. 1941.
[47] Philippi/Heim, S. 99; Wagener, S. 111f. Der Wintereinbruch ausführl. b. ten Kate. II, S. 106ff.
[48] Hubatsch: Weisungen, S. 169f.
[49] Tabelle b. Hofmann, S. 160; Kesselring, S. 133ff.; Boog in: DR, IV, S. 696ff.
[50] Gretschko, IV, S. 350ff.; Moskalenko, a.a.O., S. 120–141; Samsonow, a.a.O., S. 131ff.; Shukow, II, S. 40ff.; Simonow, a.a.O., S. 503ff.
[51] Vgl. Bock-Tgb., 2. 12. 1941. Auch Sowjetbürger erinnerten sich Napoleons, z.B. Simonow, I, S. 526.
[52] Halder, III, S. 324ff.
[53] KTB/OKW, II, S. 38ff.; dazu Below, a.a.O., S. 298.
[54] Hubatsch: Weisungen, S. 171ff.
[55] Halder, III, S. 345.
[56] Mueller-Hillebrand, III, S. 37; Görlitz/Keitel, S. 161ff.; Warlimont, S. 225ff. Zusammenhänge u. Hintergründe auch i. d. Biographien v. Macksey, a.a.O., S. 240ff. u. Chales de Beaulieu: Hoepner, a.a.O., S. 222ff.
[57] Gosztony: Horthy, S. 95; ders.: Fremde Heere, S. 160f.
[58] Ebd., S. 146.
[59] Mäkelä, a.a.O., S. 96ff.; Mannerheim, a.a.O., S. 455f.; Blücher, a.a.O., S. 246f.
[60] Vgl. G. Blumentritt, in: The Fatal Decisions, London 1956, S. 74ff.; Chales de Beaulieu, der Hoepners Kritik festhält, S. 433ff., 439; ferner Gruchmann: Zweiter Weltkrieg, a.a.O., S. 131f. Philippi/Heim,

S. 102ff.; Reinhardt, a.a.O., S. 180ff.; Tippelskirch, a.a.O., S. 215f.; sowie d. Handbuchbeiträge v. Erdmann, Hubatsch u. Michaelis, a.a.O.

61 Reinhardt, S. 184. Todts Äußerung b. Speer, a.a.O., S. 200. Über Schacht s. Hassell, S. 236. Über Ribbentrop u. a. Below, S. 299. Lt. eig. Aussage will auch Göring zur polit. Lösung geraten haben, vgl. Mosley, a.a.O., S. 324.

62 Feis, a.a.O., S. 219f.

63 Heinrichs: Mannerheim, a.a.O., II, S. 89ff.; Jägerskiöld, a.a.O., S. 261. Verlauf u. Ausgang d. finn. Operationen jetzt auch b. Ueberschär in: DR, IV, S. 838–844.

64 Zu Hitlers Fehlentscheidung u. ihren Auswirkungen zuletzt überzeugend Reinhardt, passim. Zur Periodisierung s. A. Hillgruber: Der Zenit des Zweiten Weltkrieges, Wiesbaden 1977.

Die Ausweitung zum globalen Krieg

Das Unternehmen »Barbarossa« verringerte den sowjetischen Druck auf Mandschukuo, unterband aber den Transit zwischen Europa und Ostasien. Dadurch geriet Japan in eine schwierige Lage. War seine Stahlproduktion wegen des Schrottembargos der USA bereits um 10% abgesunken, so drohte nun ein weiterer Rückgang infolge des Ausbleibens deutscher Stahllegierungen. Angesichts dieser Problematik spaltete sich die Führung des Kaiserreiches. Matsuoka, Heeresoffiziere und eine Fraktion der Einheitspartei forderten Krieg gegen Rußland zur Wiederherstellung des freien Handelsverkehrs. Dagegen befürwortete die Marineleitung eine Südexpansion. Der Premierminister, Fürst Fumimaro Konoe, hoffte noch einen Ausgleich mit Amerika erreichen zu können.[1]

Der Krieg gegen China zog sich aussichtslos in die Länge. Japan litt schwer unter repressiven Maßnahmen der USA, des Commonwealth und der niederländischen Exilregierung. Zugleich drohte dem Kaiserreich die Einkreisung. Amerikanische Öllieferungen nach Wladiwostok, Anleihen für Tschiang Kai-schek und die Wiedereröffnung der Burmastaße als Nachschubroute des chinesischen Heeres gaben zu denken. Schließlich befürchtete man in Tokio, daß sich de Gaulle mit englischer Hilfe nach Syrien auch Französisch-Indochinas bemächtigen und Japan dort von den Rohstoffmärkten des Südens abschneiden könnte.[2]

Konoe hatte zur Integration der auseinanderstrebenden Politiker eine »Verbindungskonferenz« von zwölf Repräsentanten des Kabinettes und der Streitkräfte geschaffen, die Japan faktisch bis Kriegsende regierte. Tagte dieses Gremium in Gegenwart des Tenno, so bezeichnete man es als »Kaiserliche Konferenz« (Gozen Kaigi). Aus Gründen des Zeremoniells waren dem Monarchen jedoch der Vorsitz und das offene Wort versagt. Die Verfassungstradition erlaubte dem Herrscher lediglich, um Prüfung der gefaßten Beschlüsse zu ersuchen.[3]

Die Verhandlungen mit Amerika sollte Admiral Kichisaburo Nomura führen, der als Marineattaché in Washington vor Jahren den damaligen Unterstaatssekretär Roosevelt kennengelernt hatte. Zur ersten Richtlinie des Botschafters wurde der private »Entwurf einer Grundsatzvereinbarung«. Die USA sollten ihre China-Hilfe einstellen. Dafür würde Japan den Dreimächtepakt defensiv auslegen und mit Tschiang Kai-schek über einen etappenweisen Rückzug vom Festland und die Anerkennung Mandschukuos verhandeln.[4]

Cordell Hull setzte dem japanischen Vorschlag ein Verhandlungskonzept aus dem State Department entgegen. Damit forderten die USA von dem Kaiserreich erst einmal die Anerkennung von vier Prinzipien: (1.) Achtung der territorialen Integrität und Souveränität jeder Nation, (2.) Nichteinmischung in die Angelegenheiten anderer Länder, (3.) Gleichberechtigung auf allen Gebieten, namentlich dem der Wirtschaft, (4.) Unabänderlichkeit des Status quo im Pazifischen Ozean.[5]

Die Regierung Konoe hoffte, sich ohne Gesichtsverlust aus China zurückziehen und dafür durch Einsatz von Druckmitteln in der Südrichtung eine »Größere ostasiatische Sphäre gemeinsamen Wohlstandes« schaffen zu können. Japan wollte wichtige Rohstoffe wie Erdöl, Kautschuk, Zinn, Zink und Bauxit erwerben und deren Produktion womöglich sogar unter amerikanischer Beteiligung steigern. Als Höhepunkt und Abschluß der von Nomura eingeleiteten Verhandlungen wünschte sich Konoe ein Gipfeltreffen mit Präsident Roosevelt auf Hawaii.[6]

Die japanischen Absichten waren in Washington bekannt. Der Kryptologe William F. Friedman hatte die Kodes des Kaiserreiches gebrochen und trotz großer Schwierigkeiten beim Transponieren der komplizierten Schriftzeichen ein Verfahren (»Magic«) entwikkelt, mit dem amerikanische Geheimdienste den Nachrichtenverkehr zwischen Tokio und seinen Auslandsvertretungen dechiffrieren konnten.[7] Roosevelt, Hull und Welles, Stimson und Knox, Stark, Marshall und ihre engsten Mitarbeiter zogen aus den gewonnenen Informationen großen Nutzen.[8]

Als Hans Thomsen, der deutsche Geschäftsträger in Washington, davon erfuhr, benachrichtigte er das Auswärtige Amt.[9] Ribbentrop warnte Botschafter Oshima.[10] Aber sein Bericht an Matsuoka wurde den Amerikanern ebenfalls bekannt, die darauf höchste Vorsicht walten ließen und ihre Außenposten – auch Pearl Harbor – nicht mehr über »Magic« unterrichteten. Tokioter Stellen aber trösteten sich damit, daß der komplizierteste aller japanischen Kodes (»Purple«) nicht gebrochen sein könne.[11]

Aufgrund der gewonnenen Erkenntnisse sah man in Washington keine Veranlassung, dem japanischen Expansionismus freien Lauf zu lassen. Trotz wiederholter Warnungen aus dem State Department vor einer Politik, die das Kaiserreich zwingen könnte, sich auf der Flucht nach vorn südostasiatischer Rohstoffreserven gewaltsam zu bemächtigen, planten Roosevelt und Hull energische Maßnahmen für den Fall, daß Tokio von Frankreich weitere See- und Landstützpunkte erwarb.[12]

Als auch japanische Armeekreise zunehmend nach Süden tendierten, wurde Matsuokas Stellung unhaltbar, denn er hatte sich eindeutig für den Krieg gegen die Sowjetunion ausgesprochen. Um den Eindruck zu vermeiden, daß der Minister amerikanischem Druck wich, trat die ganze Regierung zurück.[13] Gleich darauf bildete Konoe ein neues Kabinett. Admiral Teijiro Toyoda, ein Kritiker des Dreimächtepaktes und Befürworter geduldiger Verhandlungen mit Amerika, übernahm das Ressort des Auswärtigen. Der Marineleitung hatte er zuvor versichert, einen militärischen Konflikt mit den USA vermeiden zu wollen.

Der Sturz Matsuokas ermöglichte Japan die Hinwendung nach dem Süden. Eine Konferenz in Gegenwart des Kaisers Hirohito stellte die Weichen. Verhandlungen mit der Vichy-Regierung führten trotz Quertreiberei des amerikanischen Botschafters, Admiral William D. Leahy[14], zur Unterzeichnung eines Protokolls. Frankreich überließ dem Kaiserreich die geforderten Stützpunkte in Annam, Laos und Kambodscha. Pétain hoffte damit den drohenden Zugriff der Gaullisten abgewendet zu haben.[15]

Roosevelt reagierte sofort. Er ließ die Guthaben des Kaiserreiches in Amerika »einfrieren«, den Panamakanal für japanische Schiffe sperren und Ausfuhren von Rohöl, Benzin, Gas und Baumwolle von Sondergenehmigungen abhängig machen, die nicht erteilt wurden. Großbritannien, das sich zuvor mit Australien, Neuseeland und Südafrika, Malaya und der niederländischen Regierung in London abgestimmt hatte, folgte dem amerikanischen Kurs und kündigte den Handelsvertrag von 1911.[16]

Presse und Rundfunk sprachen undementiert von »Embargo«, einem »Würgegriff«, der Japan in die Knie zwingen werde. Der »Countdown« war angelaufen. Die 19 Monate reichenden Ölreserven der Japaner (8,4 Millionen t) reduzierten sich jeden Tag um 12000t. Nach Blockierung der Bauxitexporte Britisch-Malayas reichten die japanischen Lagerbestände an Rohstoffen für die Aluminiumherstellung und Flugzeugproduktion (254000t) noch 9 Monate.[17] Voraussichtlich wurden die Streitkräfte des Kaiserreiches 1942 bewegungsunfähig.
Teiichi Suzuki, der Direktor des Planungsamtes, mußte Hoffnungen auf einen technisch-ökonomischen Ausweg dämpfen. Zum Aufbau moderner Hydrierwerke für die Produktion synthetischen Treibstoffes waren 1 Million t Stahl, 25 Millionen t Kohle und 2,1 Millionen Yen erforderlich. Keine dieser Voraussetzungen konnte in absehbarer Zeit erfüllt werden. Die Stahlerzeugung Japans betrug weniger als ein Zehntel der amerikanischen. Mit ihr konnten Abgänge beim Transportraum der Handelsflotte (3 Millionen BRT) ausgeglichen, Panzer, Geschütze und Granaten gefertigt, aber keine neuen Industrieprojekte beschleunigt werden.[18]
Um so mehr suchte Konoe nach einer politischen Lösung des Konfliktes. Um die zum Stillstand gekommenen Verhandlungen wieder zu beleben, schrieb er einen Brief an Roosevelt. Toyoda ließ das Positionspapier für Nomura modifizieren. Die in Französisch-Indochina stationierten Truppen sollten gleich nach dem Friedensschluß mit China zurückgezogen werden. Auch eine Garantie der (1935) von Amerika in die Unabhängigkeit entlassenen Philippinen wurde angeboten.[19]
Doch da sich der Handlungsspielraum des Kaiserreiches wegen der prekären Wirtschaftslage weiter verengte, kamen die japanischen Militärs unter Zugzwang. Sie erkannten, daß ihr Land entweder kämpfen oder kapitulieren mußte. Nachgeben bedeutete nicht nur Unterwerfung und soziale Not, sondern auch Revolution. Ihre bedrohliche Nähe wurde den führenden Kreisen Japans gerade wieder durch die Aufdeckung eines Komplottes bewußt. Im letzten Augenblick verhinderten Sicherheitsbeamte einen Mordanschlag auf den verhandlungswilligen Premier.
Wie Admiralstabschef Osami Nagano vor Kaiser Hirohito ausführte, befand sich Japan in der Lage eines schwerkranken Patienten, dem nur die Wahl zwischen sicherem Tod und einer Operation mit zweifelhaftem Ausgang blieb.[20] Der Heeresminister Hideki Tojo und Generalstabschef Hajime Sugiyama gelangten zur gleichen Auffassung, als Konoes Bemühungen, mit Roosevelt persönlich ins Gespräch zu kommen, scheiterten und Cordell Hull weitere Verhandlungsvorschläge zurückwies.
Während die Stäbe von Nagano und Sugiyama herausfanden, daß die letzte Chance für einen japanischen Überraschungsangriff Ende November/Anfang Dezember kam, verlangte Hirohito eine nochmalige Prüfung der eigenen Verhandlungsposition. Konoe und Toyoda suchten verzweifelt nach neuen Ansatzpunkten für einen ehrenhaften Ausgleich. Noch durfte man hoffen, daß die Vereinigten Staaten alles versuchen würden, um den Krieg mit Deutschland im Atlantischen Ozean zu provozieren.
Roosevelt hatte der Regierung in Reykjavik eine amerikanische Besatzung aufgedrängt und die sogenannte Sicherheitszone entsprechend verschoben. Geleitzüge waren ausgelaufen; die U.S.Navy schützte sie, aber auch britische Schiffe[21], orientiert durch »Ultra« aus London. Damit war Amerika an der Atlantikschlacht beteiligt. Als der Zerstörer »Greer« (Frost) ein deutsches U-Boot angriff, verdrehte der Präsident die Wahrheit und erteilte »Schießbefehl« gegen deutsch-italienische Einheiten, die

wagen sollten, gewisse Seegebiete (»the protection of which is necessary for American Defense«) zu befahren.[22]
Roosevelts Regierung betrachtete aber auch den Pazifik als ihr Aktionsfeld. Harold L. Ickes, der amerikanische Innenminister, vertraute seinem Tagebuch an: »Ich glaube seit langem, daß unser Einstieg in den Krieg am besten über Japan erfolgt.«[23] Ebenso dachten Hull, Knox und Stimson. Die USA hatten mit vielen Anrainerstaaten des Großen Ozeans Verabredungen getroffen. Gemeinsam forderten sie von Japan bedingungslosen Rückzug aus China, Räumung der vertraglich gewonnenen Stützpunkte und Preisgabe des Dreimächtepaktes.
Als Konoe einsah, daß ihm nur noch übrigblieb, Kampf oder Unterwerfung zu wählen, trat er zurück. Aber auch General Hideki Tojo, der neue Premier, wollte nicht einfach losschlagen.[24] Sein Außenminister Shigenori Togo erarbeitete zwei weitere Vorschläge (A und B).[25] Verwarfen die Amerikaner den einen, so gedachte man den anderen zu unterbreiten. In einer 16stündigen Verbindungskonferenz wurde dieses Programm gebilligt, nach Maßgabe militärischer Gesichtspunkte allerdings der 25. November 1941 als letzter Termin für den Abschluß der Verhandlungen festgesetzt.[26]
Togo schickte zur Unterstützung des Washingtoner Botschafters Saburo Kurusu, den ehemaligen Missionschef in Berlin, nach Amerika. Ribbentrop und Ott, denen schon die überraschende Verhaftung von Sorge Rätsel aufgab[27], waren durch die Entsendung des nicht eben deutsch-freundlichen Diplomaten noch mehr irritiert. Die Aussichten für eine Verständigung zwischen Japan und den USA blieben aber so trübe, daß Tojo an die Reaktivierung des Dreierpaktes dachte und Sugiyama bat, deshalb an den deutschen Militärattaché heranzutreten.[28]
Roosevelt kannte Kurusus Instruktionen durch »Magic«. Sein Kabinett beschloß, von dem bisher vertretenen Standpunkt nicht abzurücken, obwohl Joseph C. Grew, der US-Botschafter in Tokio, auf die Gefahren einer blindlings gesteuerten Embargopolitik hinwies.[29] Man beschloß die Streitkräfte auf den Philippinen zu verstärken. Stimson ließ dort Fernbomber des Typs B 17 »Flying Fortress« stationieren und Giftgas zur Abwehr eines japanischen Angriffs bereithalten.[30]
Andererseits umriß nunmehr eine Verbindungskonferenz die japanischen Kriegsziele. Man wollte Thailand durch Rückgabe der an Großbritannien und Frankreich verlorenen Gebiete zu sich herüberziehen, die Unabhängigkeitsbewegung in Burma fördern und damit auch den Abfall Indiens vorbereiten. Zugleich sollten Malaya und Niederländisch-Indien erobert und alle Verbindungen zwischen Südostasien und den angelsächsischen Mächten unterbrochen werden.[31]
Über die Aussicht, den Krieg gegen Amerika zu gewinnen, hatte Japans Führung keine Illusionen. Im Grunde verfolgte das Kaiserreich kein anderes Ziel als die Erweiterung der Rohstoffbasis und ihre Absicherung nach allen Seiten. Operationspläne wurden von der Verbindungskonferenz nicht erörtert. Man hoffte nur, daß die U.S. Pacific Fleet (Kimmel) in den eigenen Seeraum gelockt und hier vernichtet werden könne. Ein Unternehmen »Hawaii«, das der Flottenchef, Admiral Isoroku Yamamoto, entworfen hatte, wurde den Politikern aus Geheimhaltungsgründen verschwiegen.[32]
Roosevelt beabsichtigte, Japan einen »modus vivendi« für die nächsten Monate vorzuschlagen. Aber Churchill und Tschiang Kai-schek erhoben dagegen Einwände, und der Geheime Nachrichtendienst berichtete von Vorzeichen für eine japanische Offensive. Darauf ließ der Präsident den Unterhändlern eine niederschmetternde Botschaft aus-

händigen. Die USA gingen über ihre bisherigen Forderungen hinaus. Sie verlangten die Räumung der besetzten Gebiete, finanzielle Entschädigung, den Bruch des Dreierpaktes und – das Schlimmste: eine öffentliche Entschuldigung. Offenbar wollten die Amerikaner einen Schlußstrich ziehen. »I have«, sagte Hull zu Stimson, »washed my hands of it, and it is now in the hands of you und Knox – the Army and the Navy«.[33]
In Tokio sprach man von einem Ultimatum. Nachdem Nomura insgesamt vierzig Unterredungen mit Hull gehabt und neunmal bei Roosevelt vorgesprochen hatte, am Ende auch Kurusu zu fünf Audienzen im State Department und Weißen Haus gewesen war, ohne daß sich ein Kompromiß abzeichnet, nun aber Japan die ärgste Demütigung – der Gesichtsverlust – zugemutet wurde, mußten die Verhandlungen als gescheitert angesehen werden. Die Verbindungskonferenz und ein Rat der älteren Staatsmänner befanden, daß nur noch eine militärische Lösung übrigblieb.[34]
Mittlerweile hatte Ribbentrop Botschafter Oshima empfangen und ihm versichert, daß Deutschland an Japans Seite stehen würde, wenn dieses Amerika den Krieg erkläre.[35] Ähnlich äußerte sich Mussolini gegenüber dem japanischen Missionschef in Rom.[36] Die angestrebte Wiederbelebung des Dreierpaktes war erreicht. Doch mußte Shigenori Togo jeder engeren Verknüpfung des fernöstlichen Geschehens mit dem Krieg der Achsenmächte in Europa behutsam ausweichen.[37]
Berichte japanischer Diplomaten über Unterredungen in Berlin und Rom gelangten durch »Magic« nach Washington und erhärteten die dort verfochtene These von einer Verschwörung der Dreierpaktmächte gegen den Weltfrieden. Solche Vorstellungen waren seit Monaten einer der tiefen Beweggründe amerikanischer Politik und hatten auch schon zu Absprachen zwischen den USA und anderen Staaten des Pazifik geführt. Vertraglich war ihr umfassendes de-facto-Bündnis jedoch so wenig abgesichert wie jede andere Quasi-Allianz der Vereinigten Staaten.
Da der Kongreß dem Antrag auf Kriegserklärung nicht nachkommen würde, wollte Roosevelt die Japaner in eine Lage hineinmanövrieren, in der sie den ersten Schuß abfeuerten. Ein Angriff auf amerikanische Streitkräfte aber setzte die Isolationisten matt und einte die Nation unter Führung des Präsidenten. Um diese Wirkung zu erzielen, sollte das Bundesparlament erst in letzter Minute unterrichtet, die jüngst ergangene Antwort auf den japanischen »B«-Vorschlag nicht veröffentlicht und als Alibi eine versöhnliche Botschaft aus dem Weißen Haus an Hirohito gesandt werden, sobald sicher war, daß sie den Tenno zu spät erreichte.[38]
In Tokio fiel die letzte Entscheidung durch Konferenzbeschlüsse am 30. November und 1. Dezember 1941.[39] Dabei erfuhr Hideki Tojo, daß bereits vor vier Tagen eine starke Kampfgruppe der kaiserlichen Flotte in See gegangen war, um Pearl Harbor, den Hauptliegeplatz der U.S. Pacific Fleet (Kimmel), anzugreifen. Den Befehl hierzu wollte die Marineleitung am 2. Dezember 1941 erteilen, sobald ihn alle Gremien und Kaiser Hirohito genehmigten.[40]
Am 1. Dezember legte Tojo der Versammlung die Notwendigkeit dar, gegen Amerika, England und deren Anhang loszuschlagen. Dann berichteten Togo, Nagano und der Finanzminister über getroffene Maßnahmen. Schließlich kamen Hajime Sugiyama und Teiichi Suzuki zu Wort. Hirohito ließ durch den Präsidenten des Geheimen Rates Fragen stellen und nahm die Antworten mit Kopfnicken zur Kenntnis. Ein kaiserliches Reskript, das der Premier formulierte, enthielt die Kriegserklärung.
Dieses Dokument war zum Gebrauch im eigenen Land bestimmt. Für den auswärtigen

Geschäftsbereich hatte Togo eine abschließende Note vorbereitet, die das Ende der diplomatischen Beziehungen begründete. Ein solcher Schritt, den die Kaiserliche Konferenz billigte, war nach der 3. Haager Konvention als Kriegserklärung anzusehen. Grew sollte den Schriftsatz kurz vor Angriffsbeginn ausgehändigt bekommen, Hull nach der Dechiffrierung durch Japans Washingtoner Botschaft. Nomura und Kurusu erhielten bis zuletzt keine Kenntnis vom Inhalt der Note.[41]

Der gleichfalls beschlossene Kriegsplan beruhte auf einem Kompromiß zwischen Heer und Marine. Ihr Ziel war die Sicherung von drei Zonen: dem »inneren Ring« (Japan, Korea, Mandschukuo, Hongkong, China, Formosa), einer »Versorgungsregion« (Philippinen, Indochina, Malaya, Indonesien) und einem »Verteidigungsgürtel« (Burma, Neuguinea, Bismarck-Archipel, Marianen-, Karolinen- und Marshall-Inseln, Guam und Wake). An die Eroberung Hawaiis, der Salomonen und Aleüten dachte vorerst noch niemand.

Soweit über den bezeichneten Territorien nicht schon die japanische Flagge wehte, sollte sie durch amphibische Operationen der Streitkräfte eingenommen werden. Da die Masse der Truppen in China gebunden war, bildete Sugiyama mit nur 11 Divisionen eine Heeresgruppe unter General Hasaichi Terauchi. Die Marine setzte alle Kräfte ein: 10 Träger und 10 Schlachtschiffe, 19 Schwere und 13 Leichte Kreuzer, 120 Zerstörer und 111 U-Boote. Von den 2740 Flugzeugen der beiden Wehrmachtteile wurden annähernd 2000 Maschinen bereitgestellt.[42]

Die U.S.Navy verfügte über 15 veraltete Schlachtschiffe und 6 schnelle Flugzeugträger, 18 Schwere und 19 Leichte Kreuzer, ungefähr 200 Zerstörer und 100 U-Boote sowie rund 2000 Flugzeuge. Ihre Verbände bildeten die Atlantic Fleet (King), Pacific Fleet (Kimmel) und Asiatic Fleet (Hart). Da Roosevelt 3 Schlachtschiffe, 1 Träger und 4 Kreuzer zur Unterstützung der Briten in den Atlantik entsandt hatte, waren die gegen Japan aufgebotenen Seestreitkräfte etwa um ein Fünftel geschwächt.[43]

Churchill hoffte, daß die USA den Schutz von Singapore übernehmen würden. Als dies nicht geschah, mußte Pound 2 Schlachtschiffe – »Prince of Wales« (Leach) und »Repulse« (Tennant) – dorthin schicken.[44] Sie waren von der amerikanischen Hauptmacht in Pearl Harbor 6000 sm entfernt. Auch das näher stationierte niederländische Geschwader (3 Kreuzer, 7 Zerstörer, 13 U-Boote) und die Asiatic Fleet (3 Kreuzer, 13 Zerstörer, 29 U-Boote) konnte den Engländern nicht zu Hilfe eilen.

Yamamoto wollte die japanische Offensive im Süden gegen einen Flankenstoß aus der Raumtiefe des Pazifik absichern. Dazu hatte er das Unternehmen »Hawaii« vorbereitet, Flachwassertorpedos und panzerbrechende Behelfsbomben konstruieren und die Piloten der Trägerflugzeuge durch Admiral Takijiro Onishi weiter ausbilden lassen. Schließlich war auch das Problem der Treibölversorgung des nach den Hawaii-Inseln ausgelaufenen Verbandes bei schwerem Seegang und begrenzter Sicht gelöst.

Die Gruppe des Admirals Chuichi Nagumo (»Kido Butai«) umfaßte die älteren Träger »Akagi« (Aoki) und »Kaga« (Okada) sowie 4 moderne Einheiten dieser Gattung – »Shokaku« (Yamaoka), »Zuikako« (Watanabe), »Hiryu« (Kaku) und »Soryu« (Yanagimoto) – mit 423 Flugzeugen. Das Gros wurde durch 2 Schlachtschiffe, 2 Schwere und 1 Leichten Kreuzer, 11 Zerstörer und 3 U-Boote gesichert sowie aus 8 Tankern und Vorratsschiffen versorgt. Ein anderes Detachement führte 5 Klein-U-Boote mit sich, die nach Pearl Harbor eindringen und dort amerikanische Schiffe torpedieren sollten.[45]

Größte Ausdehnung der japanischen Macht

Der Kriegsschauplatz im Pazifik

Amerika war gewarnt. Abgesehen von Auslassungen bekannter Autoren, die seit nahezu 30 Jahren vor der Gefahr eines japanischen Angriffs warnten, lagen neuere Hinweise vor. Anfang 1941 hatte Grew von einem Gewährsmann der peruanischen Botschaft in Tokio erfahren, daß man Pearl Harbor zu überfallen beabsichtige.[46] General Hein Ter Poorten, Oberbefehlshaber der Niederländisch-Indischen Armee, ließ dem nächsten US-Meldekopf ein abgefangenes Telegramm zuleiten, das die Offensive kaiserlicher Streitkräfte gegen Thailand, Malaya, die Philippinen und Hawaii ankündigte.[47] Dennoch fand die hierfür fingierte Wetterprognose der Nachrichtenagentur JAP (»Higashi no Kazeame – Ostwind, Regen«) bei den Amerikanern wenig Beachtung.[48]

Erkenntnisse des amerikanischen Marinenachrichtendienstes hatten am 27. November 1941 Anstoß zur Vorwarnung aller Stützpunkte gegeben. Dabei blieb es, obwohl mittlerweile Nagumos Kurs bekannt wurde.[49] Ein Passagierschiff und landgestützte Stationen fingen Kurzsignale seines Verbandes auf.[50] Anscheinend gelangten diese wichtigen Wahrnehmungen nicht ins Kriegskabinett des Präsidenten. Jedenfalls erhielten die Befehlshaber auf der Hawaii-Insel Oahu – Admiral Husband E Kimmel und General Walter C. Short – aus Washington keine weiteren Informationen.[51]

Obwohl Roosevelt seit dem 1. Dezember 1941 mit einer japanischen Offensive rechnete, ließ er keine besonderen Vorkehrungen treffen.[52] Der drohende Angriff wurde zur Gewißheit, als man in Washington die letzten drei Telegramme aus Tokio abfing: ein Vorsignal, das abschließende Memorandum und die Weisung, alle Schlüsselunterlagen zu vernichten. Am 6. Dezember 1941 erhielt der Präsident 13 von insgesamt 14 Teilen der Note, die Nomura und Kurusu eine halbe Stunde vor Kriegsbeginn überreichen sollten. Er interpretierte den vorliegenden Text sofort richtig und sagte zu Hopkins: »This means War!«[53]

Die meisten Geheimdienstberichte ließen freilich den japanischen Überfall im Süden erwarten, wo Sugiyama und Nagano zum Zwecke der Ablenkung eine besonders auffällige Kräftekonzentration vorgenommen hatten. Für Analytiker war die Gefahr groß, daß der Gegner zunächst nur englische und niederländisch-indische Besitzungen angriff. Ein solcher Schlag hätte die mit den anderen Staaten formal nicht verbündeten Amerikaner vor ihrem eigenen Kriegseintritt zu inneren Richtungskämpfen und langwierigen parlamentarischen Prozeduren gezwungen. Doch die Kaiserliche Konferenz wollte sogleich den stärksten Gegner mattsetzen.

Yamamotos Angriffsbefehl vom 2. Dezember 1941, 17.30 Uhr (Tokio-Time) – »Niitaka Yama Nobore – Besteigt den Berg Niitaka«[54] – war in Washington nicht richtig verstanden worden. Man entdeckte noch rechtzeitig Zusammenhänge zwischen der von Nomura und Kurusu beantragten Audienz und dem besten Zeitpunkt für einen Überfall auf Pearl Harbor. Stark und Marshall waren aber nicht sofort erreichbar. Der Admiral zögerte, der General betrat sein Büro erst wieder um 11.25 Uhr. Eine Warnung, die der Stabschef ohne Dringlichkeitsvermerk auf dem längsten Nachrichtenweg abschickte, erreichte Kimmel und Short zu spät.[55]

Am 6./7. Dezember 1941 hatte der japanische Angriffsverband »Kido Butai« die letzte Schlechtwetterfront durchstoßen und eine Position 31° N 158° W erreicht. Er stand genau nördlich von Hawaii. Um 06.00 Uhr drehten die Träger in den kräftigen Nordostpassat. Nagumo ließ den Pfeil von der Sehne schnellen. Unter Banzai-Rufen startete die erste Welle der Angreifer: 89 Torpedoflugzeuge und Horizontalbomber »Kate« 97–3, 51

Stuka »Val« 99/1–2 und 43 Jagdmaschinen »Zeke« 0–1 unter Fregattenkapitän Mitsuo Fuchida.

Pearl Harbor hätte sich wirkungsvoll zur Wehr setzen können. Zwei Soldaten beobachteten im Oszilloskop eines Radargerätes die anfliegenden Maschinen. Der Vorgesetzte beurteilte sie jedoch als eigene Flugzeuge. Das gesamte Luftwarnsystem von Oahu fiel aus, zumal nicht die höchste Alarmstufe gegeben war und seit der Vorwarnung lediglich mit Sabotageakten gerechnet wurde. Auch detonierende Wasserbomben, mit denen ein Zerstörer außerhalb des Flottenliegeplatzes zwei der japanischen Klein-U-Boote vernichtete, unterbrachen nicht die sonntägliche Ruhe.[56]

Die Zifferblätter in Pearl City zeigten 07.38 Uhr (Hawaii-Zeit). In diesem Augenblick schlug der Angreifer zu. Gewaltige Luftstöße fauchten über die 2 km langen Piers; Flammen zuckten aus schwarzen Rauchfontänen, liefen über die Decks der getroffenen Schiffe, sprangen von Bord und entzündeten eine breit auslaufende Ölbrühe, in die zerschmetterte Wrackteile, kreischende Sprengstücke, zerfetzte Menschenleiber klatschten und die japanischen Torpedos ihre Blasenbahnen zeichneten.

Als die zweite Welle mit 171 Maschinen abdrehte, waren fünf Schlachtschiffe – »Arizona« (Van Valkenburgh), »California« (Bunkley), »West Virginia« (Bennion), »Oklahoma« (Bode) und »Nevada« (Thomas) samt dem großen Zielschiff »Utah« (Mellis) – versenkt. Drei andere Schlachtschiffe, drei Leichte Kreuzer, drei Zerstörer und ein Flugboottender meldeten mehr oder weniger starke Beschädigungen. Auf den Rollfeldern beiderseits Honolulu brannten die Wracks von 188 amerikanischen Flugzeugen. Die blutigen Verluste der Navy und Army bezifferte das Oberkommando auf 2345 Tote und 1178 Verwundete.[57]

Das Dechiffrieren des abschließenden Memorandums bereitete der japanischen Mission einige Schwierigkeiten. So kam es, daß Nomura und Kurusu erst eine Stunde nach dem Überfall das State Department aufsuchen konnten.[58] Hull reagierte mit Entrüstung.[59] Dagegen notierte sich Hopkins nach einer Konferenz beim Präsidenten: »Die Besprechung verlief in nicht allzu gespannter Stimmung, denn ... alle, glaube ich, waren der Meinung, daß ... wir früher oder später doch in den Krieg eingetreten wären und Japan uns nun Gelegenheit dazu verschafft hatte«.[60]

Vor dem Kongreß sprach Roosevelt von einem Tag der »Schande« und »Infamie«. Nichtsdestoweniger blickte er unerschrocken in die Zukunft. Der Angriff auf Pearl Harbor war wohl ein schwerer, aufs Ganze gesehen aber kein tödlicher Schlag. Nagumo hatte die wertvollen Flugzeugträger verfehlt und nur veraltete Schlachtschiffe ausgeschaltet, von denen vier gehoben und mit Hilfe der unversehrt gebliebenen Werfteinrichtungen des Liegeplatzes wieder repariert werden konnten.

Während Nagumo ablief, begann die von Nagano und Sugiyama vorbereitete Südoffensive, eine Abfolge von Landungsoperationen. Sie waren so angelegt, daß jeder Schritt durch die auf Formosa stationierten Luftstreitkräfte unterstützt werden konnte. Feuerschutz gewährten zumeist kleine Marineverbände. Das Gros der Flugzeugträger, Schlachtschiffe und Schweren Kreuzer bildete eine »Süd-Expeditions-Flotte« unter Admiral Jizaburo Ozawa. Er hielt sich etwa in der Mitte zwischen den Unternehmungen, um für den eigentlichen Seekrieg klar zu bleiben.[61]

Die Offensive begann in Hongkong und an der thailändischen Küste nördlich von Malaya, auf Guam und Wake, Nordborneo, Celebes und den Philippinen. Später wurden auch Sumatra, Bali und Timor sowie die Inseln des Bismarck-Archipels und der

Gilbert-Gruppe einbezogen. Überall begannen die Japaner sofort mit dem Bau von Flugplätzen. Terauchi setzte anfangs nur Detachements, Marineinfanterie, einzelne Divisionen und Fallschirmtruppen ein. Nach Erweiterung der Landeköpfe traten aus ihnen die 14. Armee (Homma), 15. Armee (Iida) und 25. Armee (Yamashita) den Vormarsch an.

Gegenmaßnahmen scheiterten. Als Admiral Sir Thomas E. Phillips mit den beiden britischen Schlachtschiffen und vier Zerstörern am 8. Dezember 1941 Singapore verließ, um eine Landungsoperation bei Kota Bharu an der Ostküste von Malaya zu bekämpfen, wurden »Prince of Wales« (Leach) und »Repulse« (Tennant) folgendentags durch 85 angreifende Bombenflugzeuge des Gegners versenkt.[62] Der niederländische Admiral Karel F.M. Doorman unternahm fünf Vorstöße in die Javasee, bis nahezu alle Einheiten seines Verbandes entweder vernichtet oder schwer beschädigt waren.[63]

Die Alliierten bemühten sich um Schaffung eines gemeinsamen Oberkommandos, mit dem General Sir Archibald Wavell die Operationen koordinieren sollte. Aber eine ausreichende Führungsorganisation kam nicht zustande. Die Flottenverbände waren größtenteils schon zerschlagen; Phillips und Doorman gefallen. Den Luftstreitkräften fehlten die gemeinsame Bodenorganisation und Abwurfmunition. Die Truppen blieben wegen großer Entfernungen zwischen den Kriegsschauplätzen sich selbst überlassen.

Terauchi lenkte seine Verbände in drei Richtungen. Die 15. Armee (Iida) durchquerte Thailand, drang nach Burma ein und entriß General Sir Harold Alexander den wichtigen Nachschubhafen Rangoon.[64] Die 25. Armee (Yamashita) bahnte sich einen Weg durch den malaisischen Dschungel, setzte über die Straße von Johore und zwang General Sir Arthur E. Percival mit 80000 Mann in Singapore zur Kapitulation – laut Churchill »the greatest disaster of British arms which our history records«.[65] Die 14. Armee (Homma) eroberte Manila und drängte 110000 Filipinos und 30000 Amerikaner unter General Douglas MacArthur auf der Halbinsel Bataan zusammen.[66] Hongkong hatte nach achtzehn Tagen kapituliert.[67] Guam, Wake und die Gilbert-Inseln waren besetzt. Als die Japaner auf Java landeten, brach der Widerstand auch dort zusammen.[68]

Inzwischen schlugen Nagumo und Ozawa bei Ceylon einen zweiten britischen Flottenverband unter Somerville, der außer dem Flugzeugträger »Hermes« (Onslow) zwei Schwere Kreuzer und viele andere Einheiten verlor.[69] Am Ende fielen noch Rabaul, der Haupthafen des Bismarck-Archipels, und zahlreiche Ankerplätze vor Bougainville und Neuguinea in japanische Hand.[70]

Als General Shojiro Iida von Rangoon nach Norden vorstieß und noch vor Einsatz des Monsuns die Burmastraße abriegelte, waren alle Operationsziele erreicht.[71] Der Angreifer hatte Thailand zum Bündnis mit dem Kaiserreich gezwungen und Tschiang Kai-schek isoliert, das lebenswichtige Rohstoffgebiet samt einer tief gestaffelten Sicherheitszone erobert und durch Akte hohnsprechender Grausamkeit gegen Kriegsgefangene und Zivilinternierte das Ansehen des Weißen Mannes in diesem Teil der Welt weitgehend zerstört.[72]

Der dafür entrichtete Preis – 14000 Tote und Verwundete, 402 Flugzeuge, 5 Zerstörer, einige U-Boote und etwa 200000 BRT Schiffsraum, die durch aufgebrachte Transporter mit rund 300000 BRT mehr als wettgemacht wurden – erschien nicht zu hoch, wenn man in Rechnung stellte, daß Japan jetzt über unerschöpfliche Ressourcen verfügte:

Rohöl und Kautschuk, Zinn, Zink und Nickel, Antimon und Molybdän, Chromerz, Bauxit und Phosphat, neue Reiskammern zur Ernährung der Menschenmassen, Zucker und Kopra, Kakao, Tee und Chinin.[73]

Der japanische Sieg kam den Achsenmächten wie gerufen, weil er vom Scheitern des Unternehmens »Barbarossa« ablenkte. Formal verpflichtete der Dreierpakt sie nicht zum Losschlagen gegen die USA. Gleichwohl hatten beide, um das gefürchtete Potential dieses Landes zu zersplittern, Amerika am 11. Dezember 1941 den Krieg erklärt.[74] Hitler bekräftigte seinen Entschluß vor dem Reichstag[75] und ging ebenso wie Mussolini noch stärkere Bindungen ein. Die drei Partnerstaaten schlossen jeden Separatfrieden aus.[76] Damit wurde ihr Vertrag zu einem Militärbündnis auf Gedeih und Verderb.

[1] Von jap. Seite gibt es nur eine größere Quellenpublikation zur Vorgesch. d. pazif. Krieges, d. Bd. v. N. Ike (Hg.): Japan's Decision for War. Records of the 1941 Policy Conferences, Stanford, Cal., 1967 (zit. Ike). Sie überschneidet sich teilweise mit d. weiter ausholenden Sammlg. v. J. M. Maki (Hg.): Conflict and Tension in the Far East. Key Documents 1894–1960, Seattle, Wa., 1961. Ungedruckt sind d. Materialien des International Military Tribunal for The Far East: Record of Proceedings; Exhibits u. a. (Microfilms in) The Library of Congress, Washington, D. C. u. Rijksinstituut voor Oorlogsdocumentatie, Amsterdam (zit. IMTFE), Rec.: Exh.). S. dazu K. Hayashi: Japanische Quellen zur Vorgeschichte des Pazifischen Krieges, in: VZ 5/1957, S. 199ff.

Von amerik. Seite sind gedruckt U.S.Congress: Hearings before the Joint Committee on the Investigation of the Pearl Harbor Attack, 79th Congress, 1st Secession, 39 Bde., Washington, D. C., 1946 (zit. Hearings); U.S. Department of State: Foreign Relations of the United States, Japan, 1931–1941, 2 Bde. u. 3 Appendix-Bde., Washington, D. C. 1943 (zit. FRUS, Japan, I–II); neuerdings U.S. Department of Defense: The »Magic«-Background of Pearl Harbor, 5 Bde. u. 3 Appendix-Bde., Washington, D.C., 1979 (zit. »Magic«-Background). Heranzuziehen ist auch U.S. State Department: Foreign Relations of the United States, 1933–1945, 1941, IV.

Von Memoiren u. Tagebüchern haben außer brit. u. ndl. Aufzeichnungen relative Bedeutung: Forrestal, Grew, Hull, Ickes, Kimmel, Leahy. MacArthur, Morgenthau, Perkins, Stimson, Wedemeyer u. Welles (s. u.); ferner Fuchida, Hanayama, Kase, Kato, Kitagawe, Nomura (K. u. N.), Shigimitsu, Tsugi u. Togo (s. u.); Konoes Erinnerungen in: IMTFE, Exh. 173, Rec. 39.851; das Originalmanuskript ist, bevor es veröffentlicht werden konnte, 1946 im Hauptquartier des amerikan. Oberkommandos verlorengegangen.

Von d. Darstellungen sind heranzuziehen C. Anders: Pearl Harbor, in: Die Welt, Nr. 283 v. 5. 12. 1981, S. 6; B. R. Bartek: Cover-Up, The Politics of Pearl Harbor, 1941–1946, New Rochelle, N. Y., 1978; D. Bergamini: Japan's Conspiracy, New York 1971 (zit. Bergamini); D. Borg u. S. Okamoto (Hg.): Pearl Harbor as History. Japanese-American Relations, 1931–1942, New York – London 1973 (zit. Berg/Okamoto); J. H. Boyle: China and Japan at War, 1937–1945, Stanford, Cal. 1972 (zit. Boyle); J. Costello: The Pacific War, New York 1982 (zit. Costello); H. Feis: The Road to Pearl Harbor, The Coming of the War between the United States and Japan, Princeton, N. J., 1971 (zit. Feis); R. Guillain: La guerre au Japon. De Pearl Harbor à Hiroshima, Paris 1979 (zit. Guillain); P. Haggie: Britannia at Bay. The Defense of the British Empire against Japan, 1931–1941, New York 1981 (zit. Haggie); S. Ienaga: The Pacific War, 1941–1945, New York 1980 (zit. Ienaga); T. Hattori: A Complete History of the Greater East Asia War, 4 Bde. (maschinenschriftl. engl. Übersetzung, Bibliothek f. Zeitgesch., Stuttgart); A. A. Hoehling: America's Road to War, 1939–1941, New York 1970; ders. December 7, 1941. The Day the Admirals Slept Late, New York 1978 (zit. Hoehling); P. Herde: Pearl Harbor 7. Dezember 1941. Der Ausbruch des Krieges zwischen Japan und den Vereinigten Staaten und die Ausweitung des europäischen Krieges zum Zweiten Weltkrieg, Darmstadt 1980 (zit. Herde); P. Lowe: Great Britain and the Origins of the Pacific War. A Study of British Policy in East Asia, 1937–1941, Oxford 1977 (zit. Lowe); D. J. Lu: From Marco Polo Bridge to Pearl Harbor. Japan's Entry into World War II, Washington, D. C. 1961 (zit. Lu); B. Martin: Japans Weltmachtstreben, in Weltpolitik II (op. cit.), S. 98ff. (zit. Martin: Jap. Weltmachtstreben); B. Millot: La guerre du

Pacifique, 2 Bde., Paris 1968 (zit. Millot); W. Millis: This is Pearl. The United States and Japan to 1941, New York 1947 (zit. Millis); G. Morgenstern: Pearl Harbor. The Story of the Secret, New York 1947 (zit. Morgenstern); Morison, III, S. 80–148; D. Ose: Japans Weg in die Niederlage. Von Pearl Harbor nach Midway, in: IT 6/1982, S. 88 ff.; R. Parkinson: Attack on Pearl Harbor, London 1973 (zit. Parkinson); S. E. Pelz: The Race to Pearl Harbor, Cambridge, Mass., 1974; B. Rodow: Die USA und Japan bei der Vorbereitung und Entfesselung des Krieges im Stillen Ozean 1938–1941, (Ost)Berlin 1953 (zit. Rodow); J. Rohwer: Die Pearl-Harbor-Frage in der historischen Forschung, in: Europa und Übersee. Festschrift f. E. Zechlin, hg. v. O. Brunner u. D. Gerhard, Hamburg 1961, S. 241–261; wieder abgedr. in: Probleme des Zweiten Weltkrieges, hg. v. A. Hillgruber, Köln – Berlin 1967, S. 119 ff.; E. O. Reischauer: The Meaning of Pearl Harbor, in AH 12/1981, S. 104 ff.; F. Ruge: Entscheidung im Pazifik, Hamburg 1951 (zit. Ruge: Pazifik); R. A. Theobald: The Final Secret of Pearl Harbor. The Washington Contribution to the Japanese Attack, New York 1954 (zit. Theobald); C. Thorne: Allies of a King. The United States, Britain and the War against Japan, 1941–1945, New York 1979 (zit. Thorne); E. R. Thorpe: East Wind, Rain, Boston, Mass., 1969 (Thorpe); J. Toland: The Rising Sun. The Decline and Fall of the Japanese Empire, 1936–1945, New York [2]1971; ders.: Infamie. Pearl Harbor and its Aftermath, New York 1982 (zit. Toland); H. L. Trefousse: What Happened at Pearl Harbor? New York 1958 (zit Trefousse); F. Wagner: Geschichte und Zeitgeschichte. Pearl Harbor im Kreuzfeuer der Forschung, in: HZ 1957, S. 303 ff.; G. M. Waller (Hg.): Pearl Harbor. Roosevelt and the Coming of the War, Lexington, Mass., 1965 (zit. Waller); H. M. Wallin: Pearl Harbor, Why, How, Fleet Salvage and Final Appraisal, Washington, D. C., 1968 (zit. Wallin); R. E. Ward: The Inside Story of the Pearl Harbor Plan, in: Proceedings 12/1951; R. Wohlstetter: Pearl Harbor. Warning and Decision, Stanford, Cal., 1962 (zit. Wohlstetter); S. Woodburn Kirby: The War against Japan. History of the Second World War, 4 Bde., London 1961 (zit. Woodburn Kirby).

2 Hearings, P. 12, S. 1 ff.; P. 20, S. 4019 ff.; P 30, S. 4018 ff.; Libal, S. 124 ff.; Hattori, I, S. 68 ff.; Herde, S. 50 ff.; Sommer, S. 424 ff. Dazu auch R. Storry: The Double Patriots. A Study of Japanese Nationalism, London 1957, S. 13 ff.

3 Text b. Ike, S. 78 f.; dazu Feis, S. 227; Herde, S. 87 ff.; Wohlstetter, S. 346. Zur jap. Verfassung s. K. Cosgrave: The Constitutional Development of Japan, Evanston, Ill., 1951 u. Y. C. Maxon: Control of Japanese Foreign Policy, Berkeley, Cal., 1957; Titus, a. a. O., S. 330.

4 Feis, S. 228; Libal, S. 127 f.; Martin: Jap. Weltmachtstreben, S. 99 f.

5 FRUS, Japan, II, S. 406 ff. u. 568 ff.; Hull, II, S. 1020 ff.; J. W. Pratt: Cordell Hull, Bd. 2, New York 1962, S. 203 ff. (zit. Pratt); vgl. Langer/Gleason: The Undecleared War (op. cit.) S. 465 f.

6 Konoe in: IMTFE, Exh. 1731, FRUS, Japan, II, S. 553–559; Hearings P. 15, S. 1682; P. 17, S. 2749 ff.; P. 20, S. 3986 f. Dallek, S. 302 f.; Zu d. beiderseitigen Positionspapieren u. d. Ringen um ein Gipfeltreffen s. R. J. C. Butow: The John Doe Associates. Backdoor Diplomacy for Peace, Stanford, Cal., 1974, S. 163 ff.; über d. jap. Konzeption bes. F. C. Jones: Japan's New Order in East Asia, Oxford 1954, u. M. Shigimitsu: Die Schicksalsjahre Japans, Frankfurt 1959, S. 217 ff. (zit. Shigimitsu).

7 »Magic«-Background, bes. Appendix II (über die Gespräche zw. Hull u. Nomura, Mai–August 1941). Grundlegend R. W. Clark: The Man Who Broke Purple. The Life of the World Greatest Cryptologist Colonel William F. Friedman, London 1977; L. Farago: The Broken Seal. The Story of »Operation Magic« and Pearl Harbor Disaster, New York 1967; D. Kahn: The Code-Breakers. The Story of Secret Writing, New York 1967; Wohlstetter, S. 280–338. Zusammenfassend Herde, S. 309–316.

8 Vgl. Wohlstetter, S. 346 ff.

9 ADAP, D, XIII, II, Nr. 418.

10 Herde, S. 312.

11 Hearings, P. 4, S. 186 ff.

12 FRUS, Japan, II, S. 215 f.; Dallek, S. 229 f. u. Woodward, II, S. 136 ff.

13 Libal, S. 175 f.; Shigimitsu, S. 247 ff.

14 W. D. Leahy: I Was There, New York 1950, S. 111 ff. (zit. Leahy); dazu W. L. Langer: Our Vichy Gamble, New York [2]1966 (zit. Langer: Vichy).

15 Aron: Vichy, S. 330 ff.; P. Célerier: L'Indochine à la veille de Pearl Harbor, in: H 28/1973, S. 780–984; Hytier, S. 214 ff.; Langer: Vichy, S. 33 ff. u. 177 f.

[16] Feis, S. 241 ff.; Herde, S. 111 ff.; amerikan. Gedankengänge b. Dallek, S. 231 ff. u. Hull, II, S. 1019 ff.; Aspekte d. brit. Politik b. Haggie, S. 243 ff. u. Lowe, S. 307 ff.

[17] Näheres b. Ike, S. 139 ff. u. 146 ff.; IMTFE, Proc. 10210 ff. u. 30941 ff.; G. C. Allen: Short Economic History of Modern Japan, New York 1963; A. E. Ackerman: Japan's National Ressources and the Relations to Japan's Future, Chicago, Ill., S. 193.

[18] Morris, a. a. O., III, S. 62 f.

[19] Ike, S. 109 ff.; FRUS, Japan, II, S. 546 ff.; Hearings, P. 12, S. 12 ff.; IMTFE, Exh. 2894, Rec. 25798. Zusammenhänge b. Feis, S. 199 ff.; Herde, S. 65 ff.; Libal, S. 178 ff.

[20] J. C. Grew: Ten Years in Japan, A Contemporary Record Drawn from the Diaries and Private and Official Papers of. Joseph C. Grew, United States Ambassador to Japan 1932–1942, London 1974, S. 439 ff.; Butow: John Doe Ass., S. 181; Martin: Jap. Weltmachtstreben, S. 112 f.

[21] Morison, a. a. O., I, S. 58 ff., 64 ff. u. 74 ff.; Salewski, I, a. a. O., S. 504.

[22] Dallek, a. a. O., S. 287 f.; W. P. Deane: America's Undecleared Naval War, in: Proceedings 1001961, S. 70 ff. u. G. Hesselwander: Der US-Zerstörer »Greer« und »U 652« am 4. September 1941, in: MR 1962, S. 148 ff.; Morison, I, S. 75–94.

[23] Am 1. 10. 1941. Dazu Dallek, S. 302 u. R. J. C. Butow: Tojo and the Coming of the War, Stanford, Cal., [2]1969, S. 131 (zit. Butow: Tojo); B. R. Lewis: Tojo, in: W 9/1982, S. 404–409.

[24] Ebd., S. 242 ff.; Herde, S. 169 f.; Libal, S. 214 ff.

[25] S. Togo: The Cause of Japan, New York 1956, S. 125 ff. (zit. Togo).

[26] Ike, S. 208 ff.; IMTFE, Rec. 36311; 36316; 36338; 36531; 36594 ff.; Hearings, P. 12, S. 94 ff.

[27] ADAP, XIII, II, Nr. 434, 451, 458; Deakin/Storry, a. a. O., S. 346 ff.

[28] Herde, S. 211 ff.

[29] Warnung d. Botschafters in: FRUS, Japan, II, S. 701 ff.; die Haltung des amerik. Kabinetts b. Sherwood, S. 334.

[30] Stimson: Diaries, Bd. 36, S. 8 f.; dazu allg. Th. A. Siefring: U.S. Air Force in World War II, New York [2]1980, S. 21 f. (zit. Siefring).

[31] Ike, S. 146 f.; IMTFE, Rec. 10210 ff. u. 36.

[32] Butow: Tojo, S. 251 f.; C. Hart: Les Préparatifs japonnais, in: 2e guerre 274/1973, S. 766–772; H. Agawa: Isoroku Yamamoto, Tokio 1966 u. B. R. Lewis: Yamamoto, in: W 52/1978, S. 1–9.; J. D. Potter: Yamamoto. The Man Who Menaced America, New York 1967; Hattori, I, S. 286 ff.; ders.: Japans Operationsplan für den Beginn des Pazifischen Krieges, in: WWR 54/1957, S. 179 ff.; J. Rohwer: Die See-Luftschlacht bei Midway 1942, in: Entscheidungsschlachten (op. cit), S. 234 ff. (zit. Rohwer: Midway).

[33] Stimson: Diaries Bd. 36: 26. 11. 1941; vgl. auch Hull, II, S. 1071–1081. Die Hull-Nomura-Gespräche in: »Magic«-Background, Bd. 4, S. 1 ff. Weitere Dokumente in: FRUS, 1941, IV, S. 606 ff.; Hearings, P. 12, 165, 172; auch Jacobsen: Der Weg, S. 186 f.; dazu Butow: Tojo, S. 336; Dallek, S. 308; Herde, S. 218 ff.; Toland, S. 264–273.K. Furuya: Chiang Kai-Shek. His Life and Times, New York 1981, S. 104 (zit. Furuya).

[34] Butow: Tojo, S. 338; Langer/Gleason, S. 885 f.; Stimson/Bundy, S. 389. Zu d. Sitzungen s. Ike, S. 654 ff.

[35] ADAP, D, XIII, II, Nr. 487; IMTFE, P. 38, S. 24031 u. P. 76, S. 34031. Dazu Libal, S. 209 ff.

[36] Ciano – Tgb., S. 377; Herde, S. 249.

[37] Ike, S. 244 ff.; Hearings, P. 12, S. 151 ff.; FRUS, Japan, II, S. 753 ff.

[38] Dallek, S. 310; D. Elstein: L'Amérique en face de la guerre, in 2e guerre 294/1973, S. 757–765; Herde, S. 260 ff. u. 293; Toland, S. 266.

[39] Hattori, I, S. 381 ff.; die dokument. Unterlagen b. Ike, S. 246 ff.

[40] Herde, S. 197 ff.; Butow: Tojo, S. 354 ff.

[41] C. Hosoya: The Role of Japan's Foreign Ministry and its Embassy in Washington 1940–1941, in: Borg/Okamoto, S. 149 ff.

[42] T. Ohmae: Die strategische Konzeption der japanischen Marine im Zweiten Weltkrieg, in: MR 1957, S. 179 ff.; dazu C. Hart: Pearl Harbor. Les préparatifs (s. Anm. 32).

[43] Tabell. Kräftevergleich in: H 28/1973, S. 763; Ruge: Pazifik, S. 19 ff.

[44] Morison, III, S. 44 ff.; Haggie, S. 237 f.; Roskill, II, S. 4 ff.

[45] Ienaga, S. 213 ff.

[46] Grew, S. 368 f.; Wohlstetter, S. 171 ff. u. 386; neuerdings C. L. Symonds: New Aspects of Naval History, Annapolis, Md., 1981.

[47] Toland, S. 281f.

[48] Amerikan. Nachrichtenoffiziere behaupteten später, daß aus ihren Unterlagen die aufgefangene Wettermeldung der Agentur JAP verschwunden sei. Vgl. Toland, S. 94ff., 102f., 132f., 135ff., 141ff., 177f., 187ff., 193ff., 200ff., 214ff.

[49] Diensttagebuch des ndl. Marineattachés i. Washington, Captain G. Ranneft; Eintrag. v. 2. 12. 1941, Faksimile b. Toland auf d. 3. Bildtafel nach S. 272.

[50] Ebd., S. 278–281, 285, 306f., 316ff.

[51] Hearing P. 2, S. 440f.; P. 5, S. 1089; P. 11, S. 5435, P. 12, S. 224, 230, 234; P. 14, S. 1246ff.; P. 15, S. 1680ff. Wohlstetter, S. 263–272, bestreitet, daß Erkenntnisse der Military Intelligence Division auf Pearl Harbor als Angriffsziel wiesen. Toland vertritt i. s. neuen Buch d. gegensätzliche Auffassung. Vgl. d. älteren Kontroversen b. Wagner, a. a. O., S. 303ff. u. Rohwer, a. a. O., S. 119ff. Dazu auch Parkinson, S. 198f.; Thorpe, S. 25ff.; Trefousse, S. 219ff.; Waller, S. 207ff. Zu den gegebenen od. ausgebliebenen Warnungen in Pearl Harbor zusammenfassend D. G. Brownlow: The Accused. The Ordeal of Rear Admiral Husband Edward Kimmel, U.S.N., New York 1968.

[52] Stimson-Diaries, Bd. 36, S. 68–71; Toland, S. 278.

[53] Zur Haltung Roosevelts ausführl. Herde, S. 272–292, u. 520, Anm. 967. Vgl. Hearings, P. 12, S. 234, 237.

[54] Höchster Berg auf Formosa.

[55] Hearings, P. 10, S. 4661ff. u. P. 11, S. 5421. Der kürzeste Nachrichtenweg f. Marshall wäre das Radiotelefon gewesen; s. Pogue, II, S. 211ff.; dazu S. L. Falk: What Did We Know and When? Army 5/1982, S. 81f. u. P. S. Buttners u. W. U. Ober: The Puzzle of Pearl Harbor, Evanston, Ill., 1962.

[56] Hawaii änderte seine kriegsbedingte Zeit (Zone plus neuneinhalb Stunden) erst am 9. 2. 1942. Im Dezember lag man neunzehneinhalb Stunden vor Tokio-Zeit und fünfeinhalb Stunden vor Washington-Zeit. Deshalb war 8. 12. 1941, 03.00 Uhr Tokio-Time = 7. 12. 1941, 07.30 Uhr Hawaii-Time = 7. 12. 1941, 13.00 Uhr Washington-Time = 7. 12. 1941, 18.00 Uhr Greenwich-Time. Entspr. Hearings, P. 27, S. 118ff. Das Weitere nach P. Stillwell (Hg.): Air Raid – Pearl Harbor, Annapolis, Md., 1981; M. Fuchida: The Attack on Pearl Harbor, in: The Japanese Navy in World War II, Annapolis, Md., 1969, S. 18ff. u. S. Fukudome: Hawaii Operation, ebd., S. 41ff.; J. Costello, S. 14ff. u. Herde, S. 392ff.; dazu D. Macintyre: Week-end at Pearl Harbor, in: 2ᵉ guerre 374/1973, S. 773–779.

[57] Auch 68 Zivilpersonen fanden den Tod. Costello, S. 24ff.; Morison, III, S. 98–127; Herde, S. 331–375 u. 404–432, auf S. 419 mit geringfügig abweichenden Verlustziffern.

[58] Togo, S. 185f.; Shigimitsu, S. 280.

[59] Hull, II, S. 1090ff.; Sherwood, S. 343.

[60] L. Baker: Roosevelt and Pearl Harbor, New York 1970. Erste Reaktionen i. d. USA b. Ickes, Bd. 3, S. 665f. u. Stimson/Bundy, S. 393.

[61] Morison, III, S. 190ff.; grundlegend neben den Standardwerken v. Hattori u. Tenaga vor allem Costello u. B. Collier: The War in the Far East, 1941–1945. A Military History, London 1969; W. F. Craven u. J. L. Cate: The Army Air Force in World War II, 7 Bde., Chicago 1955ff. (zit. Craven/Cate); Millot, I–II, u. L. Morton: The War in the Pacific. Strategy and Command, The First Two Years, Washington, D. C., 1962; auch Butler, II, S. 325ff. Für d. jap. S. Hayashi: Kogun. The Japanese Army in the Pacific War, Quantano 1959 u. The Japanese Navy in World War II, Annapolis, Md., 1969; A. Santoni: Storia generale della guerra in Asia e nell Pacifico, Mailand 1977 (zit. Santoni).

[62] Roskill, II, S. 5–42; R. Grenfell: Das Ende einer Epoche, Tübingen 1955, S. 63–109. M. Middlebrook u. P. Mahoney: Schlachtschiffe, Berlin 1978, S. 125–198 (zit. Middlebrook/Mahoney).

[63] O. Hokke: Opkomst en Ondergang van onze Governements Marine, Leiden 1950; D. Thomas: Sunda Strait, in: W 57/1978, S. 28–33.

[64] Churchill, IV, 1, S. 115–132. J. Smyth: The First Campaign in Burma, in: 2ᵉ guerre 55/1973, S. 454–762 (zit. Smyth); Woodburn Kirby, II, S. 23–46, 79–104, 199–220.

[65] A. Swinson: Singapore, London 1969; Churchill IV, 2, S. 88.

[66] Morison, III, S. 149–163; J. Vader: La conquête des Philippines, in 2ᵉ guerre 34/1973, S. 938–952; D. Knox: Death March, in: AH 12/1981. S. 96–103.

[67] N. Bagnell: Hong Kong 1941, in: W 41/1977, S. 26–34.

[68] F. C. van Osten: L'invasion des Indes Néerlandaises, in: 2ᵉ guerre 34/1973, S. 931–937.

[69] Ruge: Pazifik, S. 58ff.; E. J. Grove: Naval Battle off Ceylon, in: W 7/1980, S. 16–25; Morison, III, 255ff; Woodburn Kirby, II, S. 115–132.

[70] Costello, S. 37ff.; Morison, III, S. 184–225; Millot, I, S. 40ff.; Ienaga, S. 316ff.

[71] Smyth, S. 759ff.

[72] J.C. Lebra (Hg.): Japan's Greater East Asia, Oxford 1975; vgl. auch B. Martin: Phasen der japanischen Besatzungspolitik in Asien, in: WWR 1969, S. 196–216.

[73] Ackermann, S. 215ff.; Jones, a. a. O., S. 219ff.

[74] Die Frage, aus welchem Grunde Hitler Amerika den Krieg erklärte, wird bisher kontrovers erörtert; s. Hillgruber: 2. Weltkr., S. 83; G. L. Weinberg: Germany's Declaration of War on the United States. A New Look, in: H. L. Trefousse (Hg.): Germany and America. Essays on Problems of International Relations and Immigration, New York 1980, S. 54ff.; E. Jäckel: Die deutsche Kriegserklärung an die Vereinigten Staaten von 1941, in: Im Dienste Deutschlands und des Rechts. Festschrift f. W.G. Grewe, Baden-Baden 1981, S. 117–137. Ält. Lit. b. Compton u. Friedländer (op. cit.). Zeitgenöss. dt. Stimmen: Kordt: Wahn, S. 311 u. 325; Warlimont, S. 221; Weizsäcker, S. 328; Schmidt, S. 541; ferner Jodl i. Nürnberg: IMT, Bd. 15, S. 435; Raeder ebd., Bd. 14, S. 135; Ribbentrop, ebd., Bd. 10, S. 336f.; ders.: Zwischen London u. Moskau, a. a. O., S. 249.

[75] Domarus, II, S. 1794; dazu Herde, S. 303ff.

[76] IMTFE, P. 38, S. 24031; P. 76, S. 34031.

NS-Herrschaft 1941/42

Obwohl der Übergang von den deutschen Blitzfeldzügen zum Dauerkrieg die beschleunigte Mobilisierung aller Kräfte und eine flexible Politik voraussetzte, hielt Hitler an seinen ideologischen Zielen (Ostexpansion, Judenmord) fest. Er stellte immer härtere, zum Teil unerfüllbare Forderungen an das eigene Volk und die Menschen der besetzten und abhängigen Länder des Kontinentes. Dabei wuchsen die Widerstände. Neue schwere Auseinandersetzungen begannen, denen das nationalsozialistische Regime auf die Dauer nicht gewachsen war.

In Deutschland gab es keine rechtskräftige Verfassung mehr. Das Verordnungswesen war entgegen den Bemühungen des Reichsinnenministers und Generalbevollmächtigten Wilhelm Frick heillos zerrüttet, die herkömmliche Verwaltung von revolutionären Gremien überlagert. Unter personalpolitischer Aufsicht Bormanns beherrschte die Partei den gesamten Staatsapparat. An der Spitze von Reichsverteidigungsausschüssen dirigierten NS-Gauleiter nahezu alle Zweige des öffentlichen Lebens.[1]

Hitler hatte immer zur »Korrektur der Justiz« gedrängt.[2] Der Krieg ermöglichte ihm die Verschärfung des materiellen politischen Strafrechtes. Rundfunk-, Wirtschafts- und Volksschädlingsverordnungen[3] definierten neue Straftatbestände. Schnellverfahren wurden entwickelt, die Verteidigung eingeschränkt, das Strafmaß verschärft.[4] Konnte ursprünglich nur bei 3 Delikten auf Todesstrafe erkannt werden (1933), so gab es nun 46 todeswürdige Verbrechen (1942). Die Zahl der Hinrichtungen stieg im Reichsgebiet von 926 (1940) auf 3002 (1942).[5]

Mit einer »Verordnung über die Strafrechtspflege gegen Polen und Juden in den eingegliederten Ostgebieten« hatte die Justiz auf Nachbarländer übergegriffen.[6] Ein Höhepunkt nationalsozialistischer Rechtspolitik nahte, als sich Hitler als Oberster Gerichtsherr am 26. April 1942 vor dem Reichstag weitere Vollmachten nahm[7], Otto Thierak, einen willfährigen Helfer, zum Reichsjustizminister ernannte und den bisherigen Staatssekretär Roland Freisler an die Spitze des Volksgerichtshofes rief.[8]

Außerordentliche Vollmachten hatte Himmlers Polizei. Gestapomaßnahmen waren seit 1938 der Nachprüfung durch Verwaltungsgerichte entzogen. Im Krieg galt dies für Entscheidungen aller Sicherheitsbehörden. Eine Vervollkommnung brachte der »Nacht-und-Nebel-Erlaß«. Dieser Führerbefehl vom 7. Dezember 1941 regelte Festnahme und Aburteilung »nichtdeutscher Zivilpersonen«; für »Gefährdung der Besatzungsmacht« sollte »grundsätzlich die Todesstrafe angebracht« sein.[9]

Erklärte und vermeintliche Gegner des Regimes wurden auf Grund von Vereinbarungen zwischen Thierak und Himmler in Konzentrationslager eingewiesen. Mittlerweile gab es 19 dieser KZ.[10] Ihre Belegstärke war zeitweise rückläufig; 1942 lag sie durchschnittlich bei 88000 Häftlingen.[11] Trotz hoher Sterblichkeitsraten sollte sich diese Zahl jedoch bald verdreifachen, als das Wirtschafts- und Verwaltungshauptamt weitere Gefangene aus osteuropäischen Ländern für die Arbeit in SS-eigenen Betrieben anforderte.[12]

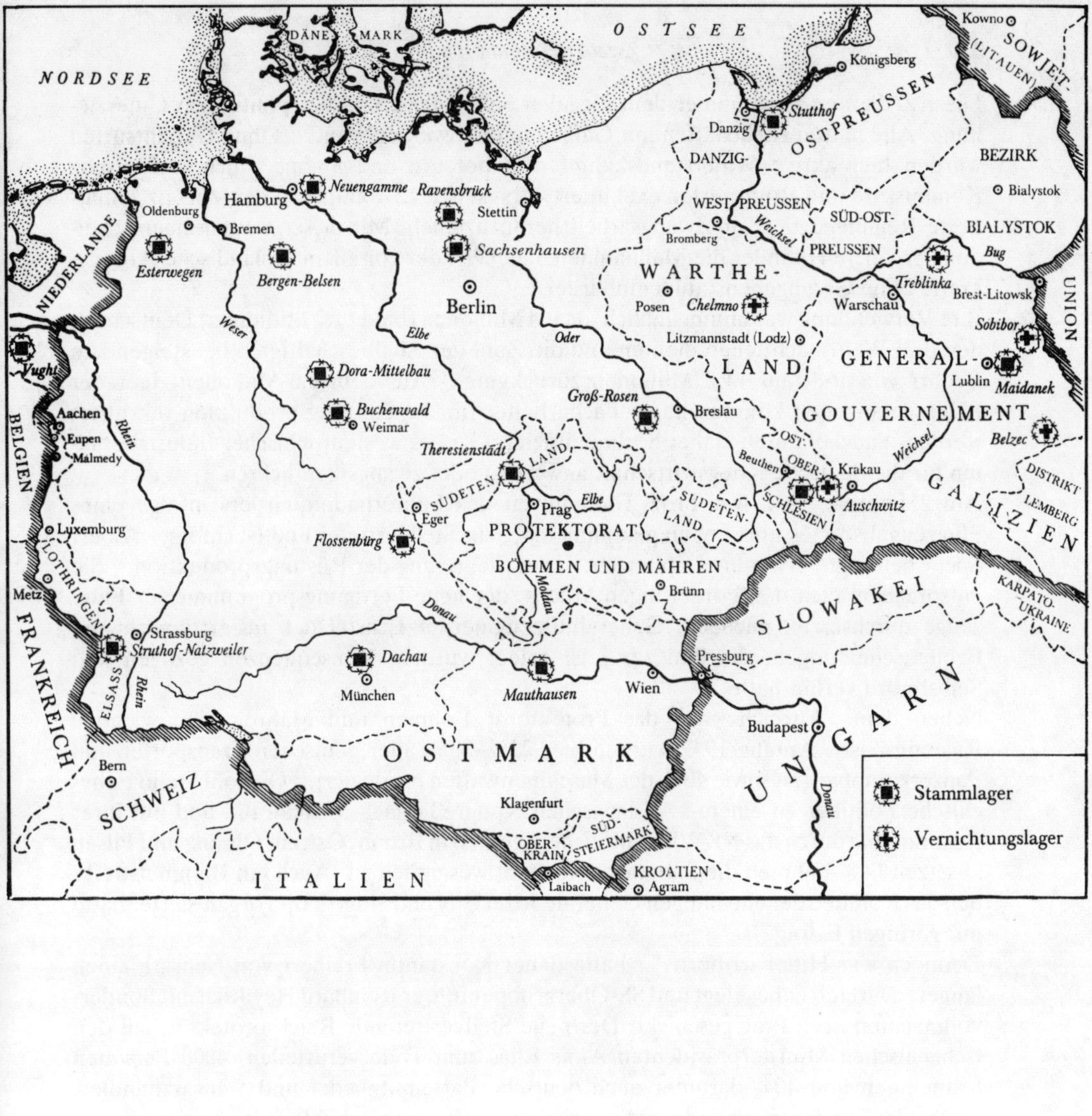

Konzentrationslager des Dritten Reiches

Die KZ dienten noch immer dem illegalen Strafvollzug und der politischen Umerziehung. Alle hatten Richtstätten mit Galgen und schwarzer Wand.[13] Ohne Gerichtsurteil wurden hier aktive Widerstandskämpfer, Saboteure und Spione, auch sowjetische Kommissare und Rotarmisten exekutiert. Erst seit 1942 dominierte der Vorsatz, inhaftierte Regimegegner zur Zwangsarbeit heranzuziehen. Mit dieser Grundsatzentscheidung ergänzte Himmler die Maßnahmen Sauckels, der vor allem ausländische Arbeitskräfte ohne Gefangenenstatuts mobilisierte.

Ihre Verwendung war unumgänglich, da 9,4 Millionen (bald 11,2 Millionen) Deutsche in den drei Wehrmachtteilen dienten und die Zahl der Zivilbeschäftigten bei steigendem Bedarf von 16,9 auf 14,8 Millionen zurückging.[14] Aus dem 6,3-Millionen-Heer der Kriegsgefangenen konnten kaum Facharbeiter für die Rüstungsproduktion rekrutiert werden. Sauckel mußte daher hochqualifizierte Kräfte westeuropäischer Industriestaaten für die deutsche Kriegswirtschaft anwerben oder zwangsverpflichten.

Am 2. Februar 1942 war Fritz Todt unweit des Führerhauptquartiers infolge eines Flugzeugabsturzes ums Leben gekommen.[15] Sein Stellvertreter und Nachfolger Albert Speer benötigte erweiterte Vollmachten zur Steigerung der Rüstungsproduktion.[16] Sie entsprachen auch den Forderungen Milchs, der neue Fertigungsprogramme für Flugzeuge durchsetzte, nachdem Generalluftzeugmeister Ernst Udet aus Irrtümern und Fehlentscheidungen, die ihm zur Last gelegt wurden, Konsequenzen gezogen und Selbstmord verübt hatte.[17]

Neben dem »Altreich« war das Protektorat Böhmen und Mähren eine wichtige Rüstungsbasis. Anfang 1942 wurden hier 22%–33% aller deutschen Transporter und Panzerkampfwagen sowie 40% der Maschinenwaffen produziert.[18] Obwohl Stalin tschechische Politiker zu einem »Allslawischen Kongreß« nach Moskau lud und mit ihrer Zustimmung durch das NKWD zahlreiche Agenten in Brünn, Ostrau, Olmütz und Pilsen absetzen ließ, nahmen die Sabotageakte nicht wesentlich zu. Auch ein Bummelstreik, den das Komitee der ehemaligen Generale Jozef Bilý und Hugo Vojta organisierte, hatte nur geringen Erfolg.[19]

Dennoch war Hitler irritiert. Er hatte daher Konstantin Freiherr von Neurath einen längeren Urlaub nahegelegt und SS-Obergruppenführer Reinhard Heydrich mit Sondervollmachten nach Prag geschickt. Der neue Stellvertretende Reichsprotektor ließ den tschechischen Ministerpräsidenten Alois Eliáš zum Tode verurteilen, 4000 Personen festnehmen und 404, darunter auch deutsche Parteimitglieder und Schwarzhändler, erschießen, andererseits jedoch die Arbeiterschaft durch erhöhte Zuteilungen zu vermehrten Anstrengungen ermuntern.[20]

Eliáš hatte Verbindung mit dem Nationalkomitee des ehemaligen Staatspräsidenten Edvard Beneš unterhalten, das in London um Anerkennung als Exilkabinett rang. Sein wichtigster Aktivposten war der Nachrichtendienst unter Oberst František Moravec. Die Briten schätzten ihn, zumal er von Paul Thümmel, einem Altparteigenossen, seit langem wertvolle Informationen erhielt. Der Deutsche leitete eine Dienststelle der »Abwehr«. Leute des SD verfolgten seine Spur seit dem Venlo-Zwischenfall.[21]

Überzeugt, daß in der Amtsgruppe des Admirals Canaris eine Reihe »schräger Fürsten« sitze, wollte Heydrich durch Aufdecken des Verrates die »Abwehr« an sich ziehen. Zugleich beschloß die mittlerweile als Regierung anerkannte Gruppe um Beneš, den Stellvertretenden Reichsprotektor zu beseitigen. Ihre Motive waren vieldeutig. Deutsche Erfolge in Böhmen und Mähren sollten durchkreuzt, das eigene Ansehen aufgebes-

sert, die Resistance der Tschechen ermutigt und den Fahndungen nach Thümmel womöglich ein Riegel vorgeschoben werden.[22]
Moravec ließ einige Kommandotrupps über Böhmen an Fallschirmen absetzen. Zwei Feldwebel erreichten Prag und verübten das geplante Attentat. Am 4. Juni 1942 erlag Heydrich seinen Verletzungen. Beratungen der rasch zusammentretenden SS-Gruppenführer Frank, Müller, Nebe, Daluege und Schellenberg hatten kein Ergebnis. Hitler befahl, 10000 Geiseln hinzurichten. Man erschoß einige hundert, darunter Bilý, Vojta und Eliáš, auf Geheiß des Diktators auch 188 Männer des Dorfes Lidice, später noch 33 Einwohner von Ležaky.[23]
Entsetzt über die blutigen Repressalien, gab Karel Čurda, ein nicht unmittelbar betroffener Fallschirmspringer, das Versteck der Attentäter preis. Sie verübten Selbstmord, als der SD zugriff. Hácha, der tschechische Staatspräsident, konnte weitere Strafmaßnahmen teilweise abmildern. Nach interimistischer Beauftragung von Daluege wurde Wilhelm Frick zum Reichsprotektor ernannt. Das Arbeitsleben der Tschechen hatte keine Unterbrechung erfahren. Die Rüstungsproduktion des Protektorates Böhmen und Mähren verzeichnete sogar einen Zuwachs.
Anders entwickelten sich die Verhältnisse im Generalgouvernement, obwohl auch dort die Widerstandsbewegung lange zwischen Sein und Nichtsein schwebte.[24] Zunächst hatte General Michal Tokarzewski-Karazewicz eine geheime Militärorganisation, den »Zluzba Zwyciestwu Polski – Dienst für den polnischen Sieg«, gegründet. Er fand jedoch wenig Interesse bei ehemaligen Politikern.[25] Vor allem brachte ihn die Lethargie der letzten Trupps versprengter Soldaten des Septemberfeldzuges – eine Nachwirkung der erlittenen Niederlage – um den Erfolg.[26]
Einen anderen Versuch unternahm die Exilregierung des General Ladislaus Sikorski. Sie schuf durch Dekret den »Zwiazek Walki Zbrojnej – Bund des bewaffneten Kampfes«.[27] Zum Oberbefehlshaber wurde General Stefan Rowecki bestimmt. Er war für das Generalgouvernement zuständig[28], während Tokarzewski den Widerstand in der sowjetischen Besatzungszone organisieren sollte, wo ihn jedoch bald der KGB faßte und erschoß.[29] Auch ein Versuch, das von Hitler annektierte Gebiet mit Freiheitskämpfern zu durchdringen, scheiterte.[30]
Bevor Rowecki seinen Bund (ZWZ) ausbauen und andere, bisher autonome Gruppen heranziehen konnte, hatte Hans Frank eine AB-Aktion verfügt, um der im Westen angreifenden Wehrmacht den Rücken freizuhalten.[31] SD und Besatzungstruppen zerschlugen den ZWZ bis auf geringe Überreste.[32] Stark erschütterte den polnischen Untergrund auch der unerwartete Zusammenbruch Frankreichs, bei dem nahezu alle Divisionen des Generals Sikorski verschwanden.[33] Knapp ein Jahr später verlor die nach England geflohene Exilregierung infolge des deutschen Balkanfeldzuges die Landverbindung mit Polen.
Doch im Unterschied zu Beneš galt Sikorski von vornherein als Repräsentant einer verbündeten Macht, die Hilfe beanspruchen durfte. Als Churchill beschloß, durch »war from without« – alle erdenklichen Schritte subversiver Kriegführung – »Europa in Brand zu setzen«[34] und hierfür die »Special Operations Executive« (SOE) schuf[35], wurde neben der Section F (Buckmaster) sogleich eine Section P (Gubbins) organisiert. Ihr Chef hatte schon im Frühjahr und Sommer 1939[36] die Bedingungen für eine polnische Untergrundtätigkeit gegen Deutschland studiert.[37]
Das englische Kriegskabinett überantwortete die SOE der Zuständigkeit von Hugh

Dalton, des Ministers für wirtschaftliche Kriegführung.[38] Die Kommandogewalt lag bei General Sir Charles Hambro. Er befehligte Soldaten und Zivilisten, darunter viele Emigranten aus besetzten Ländern, knüpfte Beziehungen mit den Exilkabinetten und -komitees, ihren geheimen Nachrichten- und Kurierdiensten sowie der BBC. Royal Air Force und Royal Navy gewährten ihm Unterstützung.[39]

Maschinen der RAF erreichten Polen aber nur bei günstigem Flugwetter. Daher gelangte wenig von dem Material, das Sikorski seit Einbeziehung seiner Regierung in das Lend-Lease-Programm bekam, die »Armia Krajowa – Landesarmee« (wie der Kampfbund ZWZ seit Januar 1941 hieß).[40] Gleichwohl hatte Rowecki neue Kader gebildet und als Hitler die UdSSR angriff, einen Spezialverband (»Wachlarz – Fächer«) nach Ostpolen geschickt, wo auch sowjetische Partisanen und Ukrainer operierten.[41]

Die Exilregierung war durch Unterzeichnung der »Atlantik-Charter« Mitglied der Vereinten Nationen geworden. Dennoch belasteten das polnisch-amerikanische Verhältnis erhebliche Meinungsverschiedenheiten. »Polonia«, ein Verband der etwa 7 Millionen Amerikaner polnischer Abstammung, konnte Sikorski keine Rekruten zur Verfügung stellen. Sein Generalstab durfte nur einen Beobachter zu den Combined Chiefs of Staff entsenden, der an strategischen Planungen nicht mitwirkte. Das Bestreben des Emigrantenchefs, die USA für eine Landung in Südosteuropa zu gewinnen, befremdete Roosevelt und Marshall.[42]

Das Verhältnis zwischen Polen und Sowjets näherte sich der Katastrophe. Zwar hatte Sikorski mit britischer Hilfe die Beziehungen mit Moskau wiederaufgenommen und erreicht, daß der in Rußland aufgestellte Truppenverband unter General Wladyslaw Anders die Grenze zum Iran überschreiten und sich den Engländern anschließen konnte.[43] Doch das Verlangen der Exilregierung, sämtliche Ostpolen ausreisen zu lassen, wiesen Stalin, Molotow und Berija schroff zurück.[44]

Zu Spannungen führte auch das Einfliegen von Kominternagenten in den Warschauer Raum. Sie gründeten als Ersatz für die vor dem Kriege aufgelöste KP eine Polnische Arbeiterpartei mit eigener Militärorganisation, die sich Rowecki nicht unterstellte.[45] Die Gruppe war sehr klein, doch provozierte sie durch Morde an deutschen Besatzungsangehörigen blutige Repressalien. Die gewalttätige Auseinandersetzungen störten den Aufbau der Armia Krajowa. Sie bestand erst aus »Zügen« (zu 25–30 Kämpfern) und zählte 1942 insgesamt etwa 55000 Männer und Frauen.[46]

Ihre Erhebung war im Zusammenhang mit einer anglo-amerikanischen Balkaninvasion geplant. Solange sie auf sich warten ließ, mußten noch mehr AK-Kämpfer geworben und größere Waffenlager angelegt werden. Der aktive Widerstand beschränkte sich vorerst auf Spionage durch Eisenbahner und die in Deutschland festgehaltenen Kriegsgefangenen und Zwangsarbeiter, zum Beispiel gegen Militärtransporte und das V-Waffenprogramm in Peenemünde.[47]

Ständig verbessert wurden die Nachrichtenverbindungen zwischen der Heimat und dem Exil. Sikorski erfuhr von den Judenmorden in Chelmno, Belzec und Auschwitz. Er übermittelte die Meldungen dem Internationalen Roten Kreuz, Papst Pius XII. und anglo-amerikanischen Regierungsstellen. Ein Sturm der Entrüstung blieb aus. Durch Greuelpropaganda des Ersten Weltkrieges gewarnt, bezweifelte man den Wahrheitsgehalt der Informationen. Maßgebende Briten befürchteten, Hitler könnte bei allzu heftigen Reaktionen der Alliierten die Kriegsgefangenen als Geiseln behandeln.[48]

Häufig berichtete die Untergrundbewegung auch von der Unterdrückung des polnischen

Volkes durch das Besatzungsregime. Hitler und Himmler waren der Auffassung, daß ihre Polenpolitik gar nicht hart genug sein könne. Frank suchte mitzuhalten und befürwortete insbesondere die Beseitigung der Juden.[49] Seit Beginn des Krieges gegen die UdSSR war der Generalgouverneur jedoch in manchen Beziehungen vorsichtiger geworden. Er begann sein Kondominium als Nachschubgebiet und Arbeitskräftereservoir anzusehen.[50]

1942 wandte sich Frank mit einer Vortragsreihe an deutschen Universitäten allgemein gegen die Gewaltherrschaft.[51] Hitler enthob ihn sogleich aller Parteiämter, nicht aber der Statthalterschaft in Polen. Auch die Ablösung der SS-Gruppenführer Friedrich Wilhelm Krüger und Odilo Globocnik war eine Halbheit. Die Brutalität der SS-Organe erfuhr keine Abschwächung. SD-Kommandos brachen jüdische Widerstände am Rande der Armia Krajowa und hinter den Drahtzäunen verschiedener Gettos.[52] Die Besatzungspolitik wurde verschärft. Sie traf nun auch die bisher geschonten Bauern und bewirkte, daß Rowecki stärkeren Zuzug erhielt.

Frank forderte Revision. Ein Fehlerkatalog, den er Hitler zuleitete, enthielt neun Gravamina: Unterernährung der Menschen, Beschlagnahme großer Teile des Grundbesitzes, Enteignung zahlreicher Unternehmen, Polizeiwillkür, Zwangsarbeit, Lähmung des kulturellen Lebens, Schliessung der Mittelschulen, Gymnasien und Universitäten, Abdrosselung der landeseigenen Administration, Beschneidung des Einflusses der katholischen Kirche.[53] Der deutsche Führer nahm davon kaum Notiz. Himmler und Lammers sollten nach dem Rechten sehen. Aber nichts geschah.[54]

Ähnlich wie Frank erging es Alfred Rosenberg an der Spitze des Reichsministeriums für die besetzten Ostgebiete.[55] Im Unterschied zu Hitler, der jede vorgreifende Regelung vermied, mußte er Entscheidungen treffen.[56] Dabei wollte der aus Estland gebürtige Minister den »Ostvölkern« durch »Unterscheidungspolitik« eine regional von Norden nach Süden abgestufte Autonomie zugestehen. Auch die Ukrainer sollten, wie Bormann tadelnd bemerkte, davon profitieren.[57]

Mit Ausnahme von Territorien, die Rumänien, dem Generalgouvernement und Finnland überlassen oder als »Rückwärtiges Heeresgebiet« im Interesse der kämpfenden Truppe abgeteilt wurden, gliederte sich der Rosenberg überantwortete Länderkomplex in zwei Reichskommissariate: »Ukraine« (Koch) und »Ostland« (Lohse). Letzteres umfaßte die Generalkommissariate »Estland« (Litzmann), »Lettland« (Drechsler), »Litauen« (Renteln) und »Weißrußland« (Kube).[58]

Der korrupte Gauleiter Erich Koch entließ rechtlich denkende Nationalsozialisten und behandelte in seiner Affinität zum Sowjetsystem die Ukrainer als »Negervolk«.[60] Dagegen förderte Hinrich Lohse die im Baltikum entstandenen »Vertrauensräte«, landeseigene Auftragsverwaltungen unter den Generaldirektoren Hjalmar Mäe (Estland), Oskars Dankers (Lettland) und Peter Kubiliunas (Litauen). Rosenberg proklamierte am 19. März 1942 eine begrenzte Autonomie ihrer Gebiete.[61]

Die Ukraine, das wichtigste der eroberten Territorien, hatte besonders unter nationalsozialistischer Willkür zu leiden. Koch übernahm das Agrarsystem der Sowjets und ihre kirchenfeindliche Politik und ließ jede politische Regung unterdrücken. Als einige Westukrainer der zerschlagenen OUN nach Kiew kamen, um einen Nationalrat zu gründen, wurden sie ohne Gerichtsurteil am Babij Jar erschossen.[62] Rosenberg protestierte. Aber Hitler und Bormann billigten die Untat.[63]

Rosenberg war nicht weniger ideologisch befangen als Hitler, Koch und Frank; auch er

hegte utopische Vorstellungen und hielt giftige Reden gegen Juden, Bolschewiken, Großrussen und Kirchenmänner. Doch die Pragmatiker seines Ministeriums konnten furchtlos zu vernünftigen Lösungen drängen. Angesichts der erschöpften deutschen Angriffskraft, der Hungersnöte und Epidemien, insbesondere auch einer schnell um sich greifenden Desillusionierung der Menschen, die in den Deutschen Befreier gesehen hatten, bedurfte das Besatzungsregime sofortiger Kurskorrekturen.
Doch das allgemeine Durcheinander konnte nicht mehr geordnet werden. Außer Rosenberg, den Reichs-, General- und Gebietskommissaren trieben noch andere Machthaber ihre eigene Ostpolitik. Bormann und Lammers folgten Hitlers Willensrichtung. Göring meldete sich als Beauftragter des Vierjahresplanes. Himmler war durch seine Höheren SS- und Polizeiführer im Spiel. Sauckel verschleppte Millionen von Zwangsarbeitern. Auch Goebbels und Ribbentrop nahmen Einfluß, während Canaris, Thomas und Wedel militärpolitische Interessen wahrnahmen.
Manches regelte sich an Ort und Stelle von selbst. So hatten Truppenteile des Heeres, ehe das OKW davon erfuhr, Hilfswillige aus dem besetzten Land als Handwerker, Troßjungen und Kutscher, Köche und Essenholer, sprach- und wegekundiges Personal eingestellt.[64] Viele dieser »Hiwis« trugen deutsche Uniformen, waren bewaffnet, nahmen in rasch wechselnden Gefechtslagen am Kampf teil.[65] Seit dem Eintreffen der europäischen Freiwilligen und des Selbstschutzes aus den baltischen Republiken schwand bei vielen Frontsoldaten die Abneigung gegen Fremde.
Freilich wurde die Einstellung von schätzungsweise 200000 Ruthenen, Ukrainern, Russen und Turkmenen auch zur Gefahrenquelle, wo das NKGB seine Leute einschleuste und »Hiwis« an sich fesselte. Sudoplatow und Ejtingon hatten dazu besondere Taktiken entwickelt. Die Infiltranten sprachen deutsch, kannten Dienstvorschriften und Gewohnheiten der Wehrmacht. Schon im Winter 1941/42 wurden einige durch die Linien geschickt oder mit Flugzeugen im Hinterland abgesetzt.[66]
Sie waren nicht nur für Sowjetbürger in deutschen Diensten zuständig, sondern übernahmen auch die Organisierung des Partisanenkrieges. In schwer zugänglichen Gegenden hielten sich versprengte Rotarmisten, Komsomolzen und Juden[67], überwiegend jedoch Gefangene der großen Kesselschlachten des vergangenen Jahres verborgen. Viele hatten auf ihren langen Elendsmärschen zu kaum versorgten Sammellagern den Hunger- oder Seuchentod vor Augen gesehen und daher die erste Gelegenheit zur Flucht ergriffen.[68]
Die Freischärler wurden vom Zentralen Stab der Partisanenbewegung (Centralnij Schtab Partisanskowo Dwishenija) unter General Pantelejmon K. Ponomarenko zusammengefaßt und bewaffnet, später durch Marschall Woroschilow auch im ZK der KPdSU vertreten.[69] Spezialisten formten aus den streunenden Banden straff geführte Abteilungen (Otrjady). Ihre Versorgung wurde durch Gewaltandrohung gegenüber der bäuerlichen Bevölkerung sichergestellt. Bald entstanden Partisanenflugplätze und ein funktionierendes Nachrichtennetz.
Zum erstenmal wurden Partisanen zur Unterstützung der sowjetischen Winteroffensive 1941/42 herangezogen. Bei Leningrad, dessen 2,49 Millionen-Bevölkerung unter schweren Opfern der Befreiung entgegenhungerte, gab es nur wenige Freischärler.[70] Um so mehr kamen aus ihren Waldverstecken in Weißrußland, um Shukow zu helfen, der nach einer gelungenen Zangenoperation mit Luftlandetruppen, Kavallerie und Skijägern das von den Deutschen zäh verteidigte Wjasma berannte.[71]

Ein verrufenes Bandengebiet war die Halbinsel Krim. Als die sowjetische Schwarzmeerflotte (Oktjabrskij) zur Befreiung der abgeriegelten Festung Sewastopol starke Truppenverbände bei Eupatoria und Kertsch landete, unterstützten sie Partisanen-Abteilungen aus dem Jaltagebirge und städtischen Katakomben. Um die Jahreswende sahen sich Deutsche und Rumänen stellenweise von ihren rückwärtigen Verbindungen abgeschnitten. Monate vergingen bis zur Bereinigung dieser Lage. Viele Verstecke der Freischärler konnten aber niemals ausgehoben werden.

Die UdSSR suchte den Partisanenkampf auf möglichst viele Länder des Kontinentes auszudehnen. Als politische Behörde diente ihr das Exekutivbüro der Komintern. Seine Außenposten hatten die Schonzeit des deutsch-sowjetischen Einvernehmens gut überstanden und konnten sogleich wieder tätig werden. Die Agenten sollten sich unter Betonung patriotischer Absichten mit dem Klassenfeind zum Kampf gegen Hitlers Besatzungsregime verbinden, dabei jedoch niemals das Endziel, die kommunistische Machtergreifung, aus den Augen verlieren.

Der Verwirklichung dieser Vorsätze standen erhebliche Hindernisse entgegen. Die Kommunisten waren nicht Freiheitskämpfer der ersten Stunde. Vor ihnen hatten andere Kräfte mit Unterstützung durch die englische Special Operations Executive (SOE) Widerstand zu leisten begonnen[72]: Berufssoldaten, bürgerlich-republikanische Gruppen, Royalisten, liberale Intellektuelle und Sozialisten, auch Leute vom Rande der Gesellschaft. Sie alle mißtrauten den im Kreml ausgegebenen Parolen des »Volksbefreiungskrieges«.

In Griechenland[73], Jugoslawien[74] und Albanien[75] hatten nichtkommunistische Partisanen den Kampf gegen Besatzungstruppen aus Italien[76] und Kroatien[77], Bulgarien[78] und Ungarn[79] aufgenommen. Von beiden Seiten wurde nach balkanischer Heidukenart mit Grausamkeit gehandelt. Četniks metzelten 7000 moslemische Bosnier nieder, Albaner und die kroatischen Ustaša mindestens ebenso viele Serben, Mazedonier und Juden.[80] Griechische Rebellen kreuzigten bulgarische Gendarmen. Italiener machten Dutzende von Dörfern dem Erdboden gleich und töteten die Bewohner. Ungarisches Militär erschoß am Donauufer bei Novisad 3309 serbische Komitatschi.[81]

Auch deutsche Soldaten wurden hineingezogen. Man fand ihre verstümmelten Leichen an Waldrändern der Šumadija, auf Kreta und dem Peloponnes. Nach Maßgabe eines von Keitel unterzeichneten Befehls wurden die Morde aufgrund des sogenannten Kommunisten-Erlasses durch Geiselerschießungen im Verhältnis 1:50, sogar 1:100 geahndet. Bei Krakujevać und Kraljevo exekutierten Erschießungskommandos des Heeres 2300, später weitere 1700 Serben.[82] Für 3 erstochene Verwundete und 76 umgebrachte Gefangene büßten 689 Griechen aus Kalawrita mit ihrem Leben.[83]

Durch das Eingreifen der Kommunisten wurden die Auseinandersetzungen noch blutiger, weil nun oft auch Partisanen gegeneinander kämpften. In Griechenland traten den verfassungstreuen »Ethnikos Dhimokratikos Ellinikos Stratos« (EDES) 1941/42 eine von dem KP-Führer Comnino Pyromaglo geführte »Elliniko Apeleftherotiko Metopo« (EAM) mit ihrer Militärorganisation (ELAS) entgegen.[84] In Jugoslawien bekämpfte der Kominternagent Josip Broz-Tito die Četniks der königlichen Exilregierung und montenegrinische Freischärler des Majors Dobroslav Javdjević.[85]

Tito verfolgte revolutionäre Ziele.[85] Er schuf im entlegenen Westbosnien, wo ihn nach den vorausgegangenen Massakern breite Bevölkerungsschichten unterstützten, einen Sowjetstaat und bekam auch Zulauf von kroatischer Seite wegen vieler Repressalien, die

Ante Pavelić und der serbische Verwaltungschef, General Milan Nedić, gegen das Landvolk ergriffen.[87] Italiener wie Deutsche näherten sich indessen dem Četnikführer, General Draža Mihailović, um einen Keil zwischen die aufständischen Gruppen zu treiben.[88]

Die Verwirrung nahm weiter zu, als der Kreml den rund 150000 kommunistischen Partisanen keine materielle Hilfe bringen konnte und seinem Kominternagenten mit Rücksicht auf die Westmächte vorerst verwehrte, eine neue Regierung für Jugoslawien zu bilden. Josip Tito, Edvard Kardelj und Jvan Ribar durften 1942 nur einen Antifaschistischen Befreiungsrat (AVNOJ) nach Bihać einberufen. Sie wandten sich notgedrungen an die SOE, doch war Großbritannien zunächst noch vertraglich an König Peter II. und das von ihm berufene Exilkabinett gebunden.[89]

In den westeuropäischen Ländern fehlten weithin die geographischen und sozialen Voraussetzungen des Partisanenkrieges. Auch übte Deutschland hier fast allein das Besatzungsrecht aus. Grenzen und Demarkationslinien waren streng bewacht. Das in London niedergelassene Komitee des Generals de Gaulle kam nur bedingt zum Zuge, solange England die Vichy-Regierung schonte und Amerika mit ihr diplomatische Beziehungen unterhielt. Dennoch bereiteten die Special Operations Executive und das amerikanische Office of Strategic Services (OSS) den Aufstand vor.[90]

Den Alliierten fiel es nicht leicht, für ihre subversive Tätigkeit in Westeuropa geeignete Ansatzpunkte zu finden. Die Widerstandsbewegungen waren mehr »Mouvement« als durchorganisierte »Résistance«. Sie umfaßten Menschen aus allen Bevölkerungsschichten, ebenso wie die den Deutschen zugewandte »Collaboration«. Viele wechselten den Standort aus unersichtlichen Motiven. OSS und SOE nahmen daher auch Verbindung mit Stützen der Vichy-Regierung auf, dem noch vorhandenen Geheimdienst der Dritten Republik und Militärkreisen.[91]

Royal Air Force und Royal Navy brachten Waffen, Munition, Sprengstoff und Kriegsgerät auf das Festland. Doch solange die Invasion auf sich warten ließ und noch keine Erhebung ausgelöst werden sollte, galt es, geheime Stützpunkte (»réseaux«) zu schaffen. Sie dienten der Spionage, oft auch einer Passeurorganisation, die besonders gefährdeten Personen, Agenten und notgelandeten Fliegern zur Flucht in andere Länder, vorzugsweise über Spanien und Portugal nach Großbritannien verhalf.[92]

Das Netz riß häufig. Anglo-Franzosen wie die SOE-Majore Francis Suttill und Gilbert Norman, der französische Lieutnant de Vaisseau Louis Honoré d'Estienne d'Orves und Walthère Dewé, ein belgischer Residenturleiter, wurden abgeurteilt und erschossen[93], andere Agenten umgedreht. Oft half dem SD Verrat, nicht selten die deutsche Funkaufklärung.[94] Besonders erfolgreich war das »Englandspiel«, mit dem sich zuständige Stellen in den Nachrichtenverkehr der niederländischen Widerstandsbewegung einschalteten und 53 Agenten abfingen.[95]

Die meisten Resistance-Gruppen bildeten sich um Blätter der Untergrundpresse.[96] Sie hatten keinen festen Zusammenhang, unterschieden sich vielmehr durch ihre parteipolitische Vergangenheit. Jean Moulin, der im Auftrage des Londoner Komitees 1942 zum ersten Mal über Frankreich mit dem Fallschirm absprang, konnte vorerst nur die Hauptschriftleiter von drei Zeitungen (»Combat«, »Libération«, »Franc-Tireur«) zusammenführen.[97] Der Versuch des Generals Charles Delestraint, eine militärische Widerstandsorganisation aufzubauen, scheiterte.[98]

Begierig verfolgten Angehörige der Widerstandsbewegung die BBC-Sendungen. Noch mehr ermutigten die Resistance überfallartige Unternehmen des unter Admiral Sir Roger J. B. Keyes aufgestellten Combined Operations Command – seine Raids zu den Lofoten, nach Spitzbergen und Vaagsö, gegen Stützpunkte bei Boulogne und Bruneval.[99] Zu gewaltsamen Maßnahmen gegen das Besatzungsregime kam es jedoch erst, als nach Hitlers Angriff auf Rußland kommunistische Gruppen im Untergrund tätig wurden.

Ihr Terror richtete sich nicht gegen Kollaborateure, rechtsradikale Politiker, wie Jacques Doriot, Marcel Déat, Eugène Deloncle oder Marcel Constantini, deren kleine Parteien eine »Légion des volontaires français contre le bolchevisme« unterstützten.[100] Das bei der Verabschiedung des ersten Freiwilligenkontingentes am 28. August 1941 in Versailles gegen Laval verübte Revolverattentat ging auf das Konto des von Colonel François de la Rocque gegründeten Parti social français.[101]

Die Kommunistische Partei Frankreichs bediente sich dialektischer Methoden. Das Zentralkomitee wollte die Besatzungsmacht durch Bluttaten zur Überreaktion reizen und diese dann der indolenten Bevölkerung als Ungeheuerlichkeit vor Augen führen. Die ersten Morde beantwortete der Militärbefehlshaber, General Otto von Stülpnagel, mit Geiselerschießungen im Verhältnis 1:100. Nach einem tödlichen Anschlag auf Oberstleutnant Karl Holz erhöhte das OKW diese Quote auf 1:50.[102] Als sich der Attentäter den Behörden stellen wollte, hielt ihn die Partei zurück.[103]

Pierre Pucheu, der französische Innenminister, legte eine längere Geiselliste mit den Namen inhaftierter Kommunisten und Straftäter vor. An Hand dieses Verzeichnisses ließ der Militärbefehlshaber am 22./23. Oktober 1941 in Bordeaux, Nantes und Châteaubriant 96 Männer exekutieren, anschließend drei Deutsche, die sich geweigert hatten, bei den Hinrichtungen mitzuwirken.[104] Pétain protestierte. Die Bevölkerung war entsetzt, obwohl sie gegen andere Rechtsverletzungen, etwa das gleichzeitig geschaffene Commissariat général aux questions juives und seine Judendeportationen im allgemeinen erstaunlich wenig einzuwenden hatte.[105]

Pétain hielt einen Regierungswechsel für geraten. Die Deutschen hatten Darlans letzte Forderungen zurückgewiesen und zeigten sich ungehalten über den Verlauf des in Rom gegen Daladier, Reynaud und Gamelin, Blum und Mandel, La Chambre, Cot und ihre Mitarbeiter angestrengten Prozesses, der zur Farce geworden war, als ein Teil der Beschuldigten nicht vor Gericht erschien und andere das Vichy-Regime belasteten.[106] Der Admiral blieb Stellvertreter des Marschalls. Laval, der trotz seines inoperablen Steckschusses das neue Kabinett bildete, übernahm drei Ressorts.[107]

Hitler beobachtete Frankreich weiter mit Argwohn. Der ObdW hatte den bisherigen Militärbefehlshaber wegen »Laurigkeit« durch seinen Vetter, General Karl-Heinrich von Stülpnagel, ablösen lassen und Himmler zur Straffung der Besatzungspolitik herangezogen. Nach der Ernennung des SS-Brigadeführers Carl Albrecht Oberg zum HSSPF schien sich die Lage zu entspannen.[108] Waren vom September 1941 bis Mai 1942 nicht weniger als 471 Geiseln erschossen worden, so ging die Zahl der Hinrichtungen in den nächsten anderthalb Jahren auf 254 zurück.[109] Die Resistance wuchs jedoch unaufhörlich und erreichte nun auch Nordafrika.

[1] Hüttenberger, a. a. O.
[2] Broszat: Staat, a. a. O., S. 403ff.; W. Loch: Das Ende der Gerechtigkeit, in: IT 1/1983, S. 44–57.
[3] RGBl., I, S. 1683, 1609, 1679.
[4] Ebd., S. 1785; dazu Güstrow, a. a. O.
[5] Nürnberger Juristenprozeß, III (Protokoll), S. 4460.
[6] RGBl., I, S. 759; dazu D. Mayer: »Fremdvölkische« im Dritten Reich. Ein Beitrag zur nationalsozialistischen Rechtssetzung und Rechtspraxis in Verwaltung und Justiz unter besonderer Berücksichtigung der eingegliederten Ostgebiete und des Generalgouvernements (Schriften d. Bundesarchivs, 28) Boppard 1981.
[7] VB, 27. 4. 1942.
[8] Broszat: Staat, S. 421.
[9] IMT, Bd. 26, PS-669; dazu L. Gruchmann: »Nacht- und Nebel-Justiz« 1942–1944, in: VZ 3/1981, S. 342ff.
[10] Parteiamtl. KL
[11] Broszat: KZ, a. a. O., S. 131; T. Musiol: Dachau 1933–1945, Kattowitz 1969.
[12] Ebd., S. 124; s. auch E. Georg: Die wirtschaftlichen Unternehmungen der SS, Stuttgart 1963.
[13] Von d. schw. Wand hoben sich b. d. Erschießung d. Körper d. Delinquenten deutlich ab.
[14] Zahlen n. Ploetz, II, S. 4f.
[15] Vgl. d. umstrittene Buch v. A. Speer: Der Sklavenstaat. Meine Auseinandersetzung mit der SS, Stuttgart 1981.
[16] Näheres b. Milward, a. a. O., S. 56ff.; Seidler, a. a. O., S. 779; Mueller-Hillebrand, III, a. a. O., S. 94ff.
[17] Einzelheiten b. Ishoven, a. a. O., S. 214ff. u. Irving: Tragödie, a. a. O., S. 202ff.
[18] Die dt. Industrie i. Kriege, S. 116ff.
[19] Brandes, a. a. O., I, S. 248ff.; H. G. Dahms: Prag 1942, in: D 9/1978, S. 771–776 u. 10/1978, S. 921–942 (zit. Dahms: Prag).
[20] Deschner: Heydrich, S. 217–243. V. Mastny: The Czechs under Nazi Rule, New York – London 1971, S. 180–190 (zit. Mastny).
[21] Mastny, S. 192ff.; F. Moravec: Master of Spies, London – Toronto – Sydney 1975; R. Ströbinger: Spion mit drei Gesichtern, München 1963.
[22] Mastny, S. 193f.; Dahms: Prag 1942, S. 787ff.
[23] A. Brissaud: L'assassinat de Heydrich, in: Historama 19/1973, S. 444ff.; Mastny, S. 207–220. S. 777; D. Hamsik u. J. Prazak: Bomba pro Heydricha, Prag 1963; J. Piekalkiewicz: Spione, Agenten, Soldaten, München 1969, S. 68ff. R. Ströbinger: Das Attentat von Prag, Landshut 1974. Die Memoiren v. L. Heydrich (op. cit.) enthalten nichts über Hintergründe u. Zusammenhänge des Attentates. Zu d. Vergeltungsaktionen u. a. M. Ivanov: Le crime de Lidice, in: Historama 19/1973, S. 781ff.
[24] Eine wichtige Orientierungshilfe ist d. Bd. v. L. Landau: Kronika lat Wojuy i okupacji, Warschau 1962 (u. ö.). Grundlegend für den gesamten Komplex ist d. Darstellung v. Ciechanowski in: Leslie (Hg.): Poland, a. a. O. Militär. Einzelheiten enthält das offizielle Werk des Londoner Sikorski-Institutes PSZ, a. a. O. Politische Zusammenhänge analysieren u. a. H. v. Krannhals: Der Warschauer Aufstand 1944, Frankfurt 1962, S. 11–53 (zit. Krannhals); J. Garlinski: The Polish Underground State, in JCH 10/1975, S. 225ff. (zit. Garlinski); Cz. Madajszyk: Die deutsche Besatzungspolitik in Polen 1939–1945, Wiesbaden 1967 (zit. Madajszyk); auch d. Bd. v. Broszat: Polenpol., a. a. O., ist weiter heranzuziehen. Zur Entwicklung des Widerstandes s. W. Jacobmeyer: Heimat und Exil. Die Anfänge der polnischen Untergrundbewegung im Zweiten Weltkrieg, Hamburg 1973 (zit. Jacobmeyer); St. Korbonski: The Polish Underground State. A Guide to the Underground, 1939–1945, New York 1978 (zit. Korbonski); H.-J. Mallmann: Die Armia Krajowa und die alliierten Mächte. Zum polnischen Widerstand. In: Schulz (Hg.): Geheimdienste, a. a. O., S. 188–222 (zit. Mallmann). Von kommunist. Seite W. Tuszynski u. T. Tarnogrodski: Geschichte des polnischen Widerstandskampfes 1939–1945. Militärhistorischer Abriß, (Ost) Berlin 1980
[25] Korbonski, S. 20f.; Mallmann, S. 189f.
[26] Jacobmeyer, S. 24ff.
[27] Ebd., S. 61.
[28] Wortlt. b. Korbonski, S. 22.
[29] Jacobmeyer, S. 187ff.

[30] Allg. K. Macksey: The Partisans of Europe in World War II, London 1975, S. 130f. (zit. Macksey: Partisans); Mallmann, S. 191.
[31] AB = Außerordentliche Befriedung.
[32] Dazu I. Geiss: Die deutsche Politik im Generalgouvernement Polen. Aus dem Diensttagebuch des Generalgouverneurs Hans Frank, in: PuZ 34/1978, S. 15–33; W. Präg u. W. Jacobmeyer (Hg.): Das Diensttagebuch des deutschen Generalgouverneurs in Polen 1939–1945, Stuttgart 1975, S. 132ff. (zit. Dienst-Tgb.); dazu W. Jacobmeyer: Die polnische Widerstandsbewegung im Generalgouvernement und ihre Beurteilung durch deutsche Dienststellen, in: VZ 25/1977, S. 658–681; H. Frank: Angesichts, a. a. O., S. 379ff.
[33] Kap.: Der Zusammenbruch Frankreichs.
[34] Brown, a. a. O., S. 308.
[35] M. R. D. Foot: SOE. In France, London 1966, S. 11 (zit Foot); J. Garlinski: Poland, SOE, and the Allies, London 1969, S. 128 (zit. Garlinski: Poland).
[36] Brown, S. 309; Schulz: Geheimdienste, a. a. O., S. 39–52.
[37] Garlinski: Poland, S. 128f.
[38] H. Dalton: Memoirs, Bd. 2. The Fateful Years, London 1957, S. 265ff.
[39] Foot, S. 8–10; P. Howard: Undercover. The Men and Women of the Special Operations Executive, London – Boston 1980; S. Stafford: Britain and European Resistance, 1940–1945. A Survey of Special Operations Executive, with Documents, London 1980 (zit. Stafford).
[40] PSZ, III, S. 453; Jacobmeyer, S. 63; Korbonski, S. 43; Macksey: Partisans, S. 132.
[41] Krannhals, S. 24f.; Macksey: Partisans, S. 134; Mallmann, S. 200.
[42] Ciechanowski, a. a. O., S. 118f.
[43] W. Anders: An Army in Exile, Nashville, Tenn., 1981 (zit. Anders); W. Bieganski: Les forces armées polonaises à l'Occident dans la phase finale de la seconde guerre mondiale, in: Histoire militaire de la Pologne, a. a. O., S. 355–376.
[44] Ciechanowski, S. 119ff.; St. Kot: Conversations with the Kremlin and Dispatches from Russia, London 1963, passim (zit. Kot.).
[45] Ciechanowski, a. a. O., S. 150ff.
[46] PSZ, III, S. 478.
[47] J. Garlinski: Hitler's Last Weapons. The Underground War against the V1 and V2, London 1978, S. 56ff.; M. Wojewodzki: Aktion V1, V2, Warschau 1971 (vgl. dazu d. Briefwechsel von Wojewodzki mit Irving u. Sandys, in: Polen 12/1972).
[48] M. Gilbert: Auschwitz und die Alliierten, München 1982; W. Laqueur: Das schreckliche Geheimnis, Berlin 1981; J. F. Morley: Vatican and the Jews during the Holocaust, 1939–1943, New York 1980.
[49] Frank: Angesichts, S. 399; Dienst-Tgb., S. 137ff.
[50] Broszat: Polenpol., S. 26ff.; Krannhals, S. 36ff.; Roos im Polenhandb., S. 186. Allg. C. Luczak: Polytika ludnosciowa i ekenomiczna hitlerowskich Niemiec w okupowanej Polsce, Warschau 1979, passim.
[51] IMT, Bd. 26, S. 377ff. u. Bd. 29, S. 368ff. Der Vortrag v. 20. 7. 1942 abgedr. b. Frank: Angesichts, S. 428–474.
[52] R. Ainsztein: Jewish Resistance in Nazi-Occupied Eastern Europe. With a Historical Survey of the Jew as Fighter and Soldier in the Diaspora, London 1974; E. Ringelblum: Polish-Jewish Relations during the Second World War, New York – Jerusalem 1976, J. Garlinski: Fighting Auschwitz. The Resistance Movement in the Concentration Camp, London 1975.
[53] IMT, Bd. 26, S. 20ff. u. Frank: Angesichts, S. 405–420.
[54] Ebd., S. 406.
[55] Pressenotiz v. 17. 11. 1941; vgl. dagegen KTB/OKW, I, S. 1027ff. u. Dallin, a. a. O., S. 95ff. Zum folgenden auch R. Bollmus: Das Amt Rosenberg und seine Gegner, Stuttgart 1970. Förster in: DR, IV, S. 1030ff.
[56] IMT, Bd. 38, S. 86. Allg. G. Reitlinger: Ein Haus auf Sand gebaut. Hitlers Gewaltpolitik in Rußland 1941–1944, Hamburg 1962 (zit. Reitlinger: Haus). Interessante Parallelen zwischen der europäischen Kolonialpolitik des 19. Jhs. u. der dt. Herrschaft im Osten zeigt G. v. Paczensky: Weiße Herrschaft. Eine Geschichte des Kolonialismus, Frankfurt 1979; aufschlußreich ist auch d. Untersuchung v. A. Joachimsthaler: Die Breitspurbahn Hitlers. Eine Dokumentation über die geplante 3-Meter-Breitspurbahn der Jahre 1942–1945, Freiburg 1981.
[57] Jacobsen: Der Weg, S. 119; allg. auch R. Gibbons: Dokumentation »Allgemeine Richtlinien zur

Geschichte der politischen und wirtschaftlichen Verwaltung der besetzten Ostgebiete, in: VZ 25/1977, S. 252–261.

58 S. Myllyniemi: Die Neuordnung der baltischen Länder 1941–1944. Zum nationalsozialistischen Inhalt der deutschen Besatzungspolitik, Helsinki 1973; O. Bräutigam: Überblick über die besetzten Ostgebiete während des Zweiten Weltkrieges, Tübingen 1954 (zit. Bräutigam); dazu Dallin, S. 100ff.; zur Kriegsverwaltung s. Umbreit, a. a. O., S. 209.

59 Hüttenberger, a. a. O., S. 142ff.

60 Kleist, a. a. O., S. 110ff.; auf seiten d. Betroffenen s. Analyse des crimes au Ukraine, in: Russian Koloialismus, München 1962; J. Kamensky: Hitler's Occupation of Ukraine, 1941–1944, Milwaukee, Wis., 1956 u. S. M. Horak: L'Ukraine entre les nazis et les communistes, in: Revue d'histoire 4/1983, S. 65–75.

61 Myllyniemi, S. 109f.; neuerdings Krausnick/Wilhelm, S. 349–368.

62 Interview ds. Vf. mit B. Suchowerskyj v. 11. 7. 1982; vgl. auch R. Illnitzkyj: Deutschland und die Ukraine 1934–1945, Zürich – München 1955/56, S. 201ff. (zit. Illnitzkyj).

63 Dallin, S. 140ff., 147ff., 164–176.

64 Mueller-Hillebrand, III, S. 19 u. 58f. Weiteres b. J. Hoffmann: Die Ostlegionen 1941–1943 (Einzelschr. z. militär. Gesch. d. Zweiten Weltkr., 19), Freiburg 1976 (zit. Hoffmann).

65 Krausnick/Wilhelm, S. 361.

66 G. Baily: La guerre des services secrets sovietiques, Paris 1962; O. Heilbrunn: Der sowjetische Geheimdienst, Frankfurt 1956.

67 J. A. Armstrong (Hg.): Soviet Partisans in World War II, Madison 1964; Gretschko, IV, S. 410–430; M. Kaganovich: Yiddisher Anteil in der Partisanenbewegung fun sovet-Rusland, Rom 1948; D. Karow: Partisanskoje dwishenije w 1941–1944, München 1954; Macksey: Partisans, S. 144ff.

68 Dazu neuerdings d. Roschmann-Gutachten, a. a. O., S. 8–15. Im Unterschied zu diesen Rotarmisten bot sich deutschen Kriegsgefangenen, die nicht sofort erschossen wurden, keine Fluchtchance. Von ihnen starben 1941/42 in sowj. Lagern 90–95%; vgl. K. Böhme: Die deutschen Kriegsgefangenen in sowjetischer Hand, München 1966, S. 110 (zit. Böhme) u. De Zayas: WUSt., S. 277; zum Massensterben sowj. Kriegsgefangener jetzt auch Förster in: DR, IV, S. 1015ff.

69 Akademia nauk (Hg.): Is Istorij partisanskowo dwishennija w Belorussii 1941–1944, Minsk 1971; C. A. Dixon u. O. Heilbrunn: Partisanen. Strategie und Taktik des Guerillakrieges, Frankfurt 1956; R. L. Garthoff: Die Sowjetarmee, Köln 1955, S. 443–462; E. Hesse: Der sowjetische Partisanenkrieg 1941–1944 im Spiegel deutscher Kampfanweisungen und Befehle, Göttingen 1969 (zit. Hesse); dazu die Memoiren v. P. K. Ponomarenko: Behind the Front Line, London – New York 1945 (zit. Ponomarenko); dazu Hoffmann in: DR, IV, S. 752ff., u. Paleckis, a. a. O., S. 331–344.

70 M. N. Nikitin: Partisanskaja Wojna w Leningradskoj Oblasti, Moskau [2]1949; Fedjuninskij: The Feat of Leningrad, in: SMR 1/1974.

71 Shukow, II, S. 51ff.

72 R. H. Barry: L'aide à la résistance, in: 2e guerre 67/1974, S. 1868ff.; Brown, S. 297ff.; Foot, S. 207

73 M. Apostolski: La guerre de libération en Macédonie, in: Revue d'histoire 87/1972, S. 15ff.; A. Iatrides: Greece in the 1940's A Nation in Crisis, Hannover – London 1981. Zur Hilfe v. seiten d. SOE, s. N. West: MI-5. British Security Operations 1939–1945, London 1981.

74 V. Strugar: Jugoslavia 1941–1945, Belgrad 1969; S. Clissold: La jugoslavia nella tempesta, Mailand 1980; J. Tomasevich: Yugoslavia during the Second World War, in: Contemporary Yugoslavia, Berkeley, Cal., 1969; ders.: War and Revolution in Jugoslavia. The Chetniks, Stanford, Cal., 1975; W. R. Roberts: Tito, Mihailović and the Allies 1941–1945, London 1973; F. Tudjman: Okupacija i revolucija, Agram 1963; ders.: Rat protiv Rata, Agram [2]1970. Vgl. auch M. Djilas: Der Krieg der Partisanen. Memoiren 1941–1945, Wien – München – Zürich – Innsbruck 1978.

75 L. Kasneci: Steeled in the Heart of Battle, Tirana [3]1981.

76 J. Yusojević: L'occupation italienne, in: Revue d'histoire 87/1972, S. 33ff.

77 L. Hory u. M. Broszat: Der kroatische Ustascha-Staat 1941–1945 (Schriftenreihe d. VZ, 8) Stuttgart 1964 (zit. Hory/Broszat); Macksey: Partisans, S. 153ff.

78 D. Kulić: Bulgarska okupacija, Nisch 1970; Hoppe, a. a. O., S. 126f.

79 J. Mirnić: Sistem jedinstvenog vojnog rukovidstva madjarsko okupatora u borbi protiv NOP u Backoj, Belgrad 1968.

80 Hory/Broszat, S. 93–103.

81 W. Conen: Unmenschen, die sich für Halbgötter hielten, o. O. 1979, S. 133.

[82] Vom 16.9. 1941, s. IMT, Bd. 25, PS-389; dazu G. Scotti: La città fucilata, Mailand 1967.
[83] KTB/OKW, III, S. 1366.
[84] C. M. Woodhouse: Zur Geschichte der Resistance in Griechenland, in: VZ 6/1958, S. 138 ff.
[85] Zur subversiven Kriegführung in Griechenland vor allem C. M. Woodhouse: The Struggle for Greece 1941–1947, London 1976. Für Südslawien s. J.-L. Charles: Les soldats de l'imbre, in: 2e guerre 67/1974, S. 1849–1856; Macksey: Partisans, S. 162 ff.
[86] Dazu jetzt V. Dedijer: Novi Prilozi za Biografiju Josipa Broza Tita, Belgrad 1982.
[87] Kiszling, a. a. O., S. 179–192; Hory/Broszat, S. 93–106. Teilaspekte b. W. Dlugoborski (Hg.): Zweiter Weltkrieg und sozialer Wandel. Achsenmächte und besetzte Länder, Göttingen 1981. Zur kroatischen Frage neuerdings F. Tudjman: Nacionalno pitanje u suvremenoj Europi, München – Barcelona 1981.
[88] D. Martin: Patriot or Traitor. The Case of General Michailovich, Stanford, Cal., 1980.
[89] Kiszling, S. 199 ff.
[89] Th. Koch: Der amerikanische Geheimdienst OSS (Office of Strategic Services) und die Widerstandsbewegungen, b. Schulz (Hg.): Geheimdienste, S. 79–104.
[91] F. Knipping, ebd., S. 105–117; B. R. Lewis: Special Operations, in: W 38/1977, S. 18–25; dazu Foot, S. 27 ff.
[92] J. Haestrup: An Analysis of the History of the European Resistance Movement 1939–1945, Odense 1978 (zit. Haestrup); H. R. Kedward: Resistance in Vichy France. A Study of Ideas and Motivation in the Southern Zone 1940–1942, London 1978; H. Michel: Histoire de la résistance en France, Paris [7]1975 (zit. Michel: Résistance); N. Noguères: Histoire de la résistance en France, 4 Bde., Paris 1967–1981 (zit. Noguères).
[93] Brown, S. 311 ff.; Noguères, II, S. 117 ff.; H. Cras: Honoré d'Estienne d'Orves, in: Journal de la France 132/1972, S. 1016 ff. H. Bernard: Un géant de la Résistance – Walthère Dewé, Brüssel 1971; ders. La résistance belge, 1940–1945, Brüssel 1968. Weiter Einzelheiten b. E. Barfod: Sabotageorganisationen Holger Danske, Kopenhagen 1983 u. G. S. Gordon: The Norwegian Resistance during German Occupation 1940–1945, Pittsburgh 1978.
[94] O. Reile: Geheime Westfront, München 1962, S. 134 f. (zit. Reile: Westfront)
[95] J. Schreieder: Das Englandspiel, München 1950; de Jong: Het Koninkrijk, VII, a. a. O., S. 835–1028, 1030–1090.
[96] C. Bellanger: Presse clandestin 1940–1944, Paris 1961.
[97] H. Calef: Jean Moulin, Paris 1980; M. Granet: Ceux de la résistance 1940–1944, Paris 1964; H. Michel: Jean Moulin, L'Unificateur, Paris 1970; ders.: Jean Moulin, in Journal de la France 142/1972, S. 1034 ff.
[98] J.-F. Perette: Propos autour d'un général »N. N.« Charles Delestraint, Paris 1972 (zit. Perette).
[99] J. Leasor: Operation »Freya«, Hamburg 1975; P. Young: Les premier raids des Commandos, in: 2e guerre 31/1973, S. 842–850.
[100] Ph. Masson: La Légion des réprouvés, in: Journal de la France 36/1972, S. 982 ff.; P. Ory: Les collaborateurs 1940–1945, Paris 1976.
[101] Ebd., S. 994 ff.
[102] KTB/OKW, I, S. 1233.
[103] H. Amouroux: Châteaubriant. Premières exécutions massives d'otages par les allemands, in: Journal de la France 39/1972, S. 1082 ff.
[104] J. Philippe-Champagnac: Les fusilés de Nantes et de Châteaubriant, in: Historama 282/1975, S. 61 ff.
[105] J. Billig: Le commissariat aux questions juives, 3 Bde., Paris 1960; G. Wellers: De Dracy à Auschwitz, L'étoile jaune à l'heure de Vichy, Paris [2]1973.
[106] H. Michel: Le Procès de Riom, Paris 1979.
[107] Aron: Vichy, a. a. O., S. 742 ff.; Michel: Pétain, a. a. O., S. 86 ff.; Paxton, a. a. O., S. 133 ff.; neuerdings R. Tournoux: Pétain et la France. La seconde guerre mondiale, Paris 1981. Von dt. Seite s. Abetz, S. 221–233 u. Jäckel: Frkr., S. 306 ff.
[108] Jäckel: Frkr., S. 196.
[109] Zahlen nach Luther, a. a. O., S. 183 ff., 215 ff., 269 ff.

Die Verfolgung der Juden

Zur Zeit des »Barbarossa«-Feldzuges wurden die Judenmorde zu einem Unternehmen strategischen Ausmaßes. Die meisten Tatorte lagen in Osteuropa. Einzugsgebiet waren die deutschbesetzten Länder des Kontinentes. Durch Zielsetzung, Feindbild und Aufwand erwies sich die Ausrottungskampagne als ein Kriegsgeschehen per se, deutlich zu unterscheiden von der militärischen Auseinandersetzung. Neben vier Dimensionen, in denen man kämpfte, entstand eine fünfte.[1]

Die Geschichte verzeichnet vielfach den Genozid. Gruppen und Stände, Versammlungen, Glaubensgemeinschaften, ganze Völkerschaften hatten ein jähes Ende gefunden, wo Revolutionen, Rachefeldzüge und Kolonialkriege ihre Blutspur hinterließen.[2] In früheren Zeiten war neben Atavismus und Habgier oft religiöser Fanatismus die treibende Kraft gewesen. Seit dem Ende des 18. Jahrhunderts dienten vor allem Ideologien als Rechtfertigung, verblendet von Haß. Menschen großer Kulturnationen beteiligten sich an Massakern.

Erstaunlich war, daß Hitler die Grenzen zwischen Innen- und Weltpolitik verwischen und den ideologisch motivierten Massenmord ohne nennenswerte Gegenwehr zum Agens der Kriegführung machen konnte. Voraussetzungen gab es allerdings zur Genüge. Der im 19. Jahrhundert erneuerte Konsens einer völkerverbindenden Moral[3] war trotz internationaler Verträge erschüttert und die rechtsstaatliche Ordnung vielfach zerstört.[4] Seit der bolschewistischen Revolution wurde das Liquidieren von Menschen als Realität zur Kenntnis genommen.

Schon beim sogenannten Röhm-Putsch hatte Hitler als Herr über Leben und Tod gewaltet; 1939 war von dem Diktator erstmals das Einschläfern eines anormalen Kindes befohlen worden.[5] Seit Beginn des Krieges leiteten NS-Reichsleiter Philipp Bouhler und SS-Sturmbannführer Karl Brandt als Beauftragte ihres Führers ein »Euthanasie-Programm«.[6] Bis Ende 1941 fielen dieser Aktion auf den Schlössern Grafeneck und Hartheim, in Brandenburg (Havel), Hadamar, Sonnenstein und Bernburg etwa 70600 Menschen zum Opfer, überwiegend Geisteskranke, aber auch Zigeuner und politische Gefangene.[7]

Gab es hierbei noch einen Anschein des Bedauerns, so war den Juden jahrelang nur haßerfüllte Drangsal beschieden. Als junger Mann hatte sich Hitler nach eigener Aussage »vom schwächlichen Weltbürger« zum fanatischen Antisemiten gewandelt.[8] Anfänglich stützte sich sein Feindbild auf gängige Argumente der Zeit. Bald aber empfand er gegenüber »dem Juden« nur noch blinde Wut, ausgespien mit Worten wie »Drohne«, »Ratte«, »Schmarotzer«, »Made«, »Spinne«, »Blutegel«, »Parasit« und »Völkervampyr«.[9]

Obwohl von den 500000 deutschen Juden etwa 100000 Teilnehmer des Ersten Weltkrieges waren und 12000 fielen, gaben ihnen fanatische Antisemiten 1918/19 die Schuld an Zersetzung und Niederlage, Zusammenbruch und Revolution.[10] »Hätte man«, schrieb

Hitler, »... einmal zwölf oder fünfzehntausend dieser hebräischen Volksverderber ... unter Giftgas gehalten ..., dann wäre das Millionenopfer der Front nicht vergebens gewesen.«[11] Schon damals tauchte die Vergasung als Mordidee auf.

Auch das internationale Börsenkapital, die bolschewistische Revolution und Fehlleistungen des Völkerbundes lastete Hitler den Juden an. Die Staaten und Nationen schienen ihm einer »Weltverschwörung«, der »Weltgefahr«, »Weltdiktatur« und »Weltpest« des Judentums ausgesetzt.[12] Als sich der junge Soldat entschloß, Politiker zu werden, bekam sein Antisemitismus »einen neuartigen universal-missionarischen Zug:[13] »Indem ich mich des Juden erwehre, kämpfe ich für das Werk des Herrn!«[14]

Hitler forderte, daß den Juden die staatsbürgerlichen Rechte aberkannt und alle öffentlichen Ämter verschlossen würden.[15] Seine Partei- und Regierungspolitik ging über dieses Programm hinaus. Sie führte vom Boykott jüdischer Geschäfte (1933), den Nürnberger Gesetzen (1935) einem Pogrom (1938) und Kontributionen zu verschärften Berufsverboten.[16] Da trotz der unablässigen Hetze nicht mit einer spontanen Austreibung seitens zorniger Volksmassen zu rechnen war[17], wurde Reinhard Heydrich erstmals am 24. Juni 1939 beauftragt, eine »Endlösung« zu organisieren.[18]

Bis Kriegsbeginn hatten von 503000 deutschen Juden 270000 das Reich verlassen[19]; von den 160564 Mitgliedern der jüdischen Gemeinde Berlin (16. Juni 1939) gab es ein Jahr später, am 14. Mai 1940 noch 75344.[20] Viele folgten den ersten Auswanderern auf dem Wege über Rußland, China und Japan, die Türkei, Italien, das unbesetzte Frankreich, Spanien und Portugal.[21] Heydrich ließ den Exodus durch das Referat IV D4 des Reichssicherheitshauptamtes unter SS-Obersturmbannführer Adolf Eichmann fördern.[22]

Inzwischen verband sich mit dem Begriff der »Endlösung« ein weitergehender Gedanke. Chvalkovský hatte davon bereits aus höchstem Munde gehört[23], ebenso der Reichstag, als Hitler am 1. September 1939 »der jüdischen Rasse in Europa« die »Vernichtung« androhte.[24] Kurz darauf ließen Himmler und Heydrich zahlreiche Juden in Polen erschießen[25], begannen Frank und Krüger die Gettos für 1,5 Millionen Menschen auszubauen.[26] Um Lublin entstand ein »Judenreservat« zur Aufnahme von Deportierten.[27]

Aus verschiedenen Gründen konnten die deutschen Juden nicht sofort nach Polen abgeschoben werden. Heydrich und Eichmann drängten daher weiter zur Auswanderung. Zeitweise hofften höhere Dienststellen, die verhaßte Minderheit auf Madagaskar ansiedeln zu können. Ende 1939 hatte Ribbentrop von Bonnet erfahren, daß Frankreich einige zehntausend »Israeliten« dorthin zu deportieren beabsichtige.[28] Rosenberg griff den Gedanken auf und Himmler prüfte ihn eingehend, um schließlich das Einverständnis Hitlers zu erhalten.[29]

Die viertgrößte Insel der Welt bevölkerten nur 4 Millionen Menschen. Das Territorium eignete sich daher als Aufnahmegebiet. Heydrich ließ durch Eichmann das Nähere erkunden.[30] Legationsrat Franz Rademacher legte Ribbentrop eine politische Studie vor.[31] Der Ausgang des Westfeldzuges schuf günstige Aussichten. Die Reichsführung drängte deshalb auf Abtretung des Mandates für Madagaskar.[32] Doch da Großbritannien den Krieg fortsetzte, blieb es bei dem Plan.

Inzwischen hatte man die Juden den Kriminellen gleichgestellt, zur Zwangsarbeit verpflichtet und ihnen Ausgangsverbote, Lebensmittelkürzungen und Abgaben auferlegt, die Rundfunkempfänger genommen und das Reisen verboten.[33] Auch die jüdischen

Minoritäten der besetzten Länder in West-, Nord- und Südosteuropa waren davon betroffen. Die verbündeten Regierungen wurden aufgefordert, sich den deutschen Maßnahmen durch eigene »Judengesetze« anzupassen.

Für Hitlers Absicht, den Kontinent »judenfrei« zu machen, eröffnete die Entfesselung des »Weltanschauungskrieges« gegen Sowjetrußland neue Möglichkeiten.[34] Die Juden wurden nunmehr pauschal als Träger des Bolschewismus abgestempelt. Bei leiderfahrenen Völkern in Mittelosteuropa hatte dies teilweise starke Wirkung. Ihr Antisemitismus entflammte erneut angesichts der sowjetischen Massenmorde, die man jüdischen Denunzianten und Kommissaren zuschrieb. Mit und ohne Lenkung des SD kam es vielen Orts zu blutigen Pogromen.[35]

Die von Heydrich gebildeten Einsatzgruppen A (Stahlecker), B (Nebe), C (Rasch) und D (Ohlendorf) hatten mit einer Vernichtungskampagne begonnen.[36] Sie waren der kämpfenden Truppe gefolgt, um sowjetische Funktionäre, Bandenhelfer, Partisanenverdächtige, Plünderer und Zigeuner, vor allem jedoch Juden zu liquidieren. Da die Stärke dieser etwa 3000 Mann zählenden Verbände für Massenexekutionen nicht ausreichte, wurde Hilfspolizei, sogenannter Selbstschutz aus Litauen und Lettland, der Ukraine und Wolhynien herangezogen.

Zu den Höhepunkten der Massaker gehörte die Erschießung von 33771 Juden in der Schlucht von Babij Jar bei Kiew am 29. und 30. September 1941 durch ein Kommando der Einsatzgruppe C (Thomas).[37] Insgesamt fielen der Ausrottungskampagne bis zum Frühjahr 1942 schätzungsweise 353000 Menschen zum Opfer.[38] Aber die Widerstände wuchsen. Die meisten SD-Leute fühlten sich ihrer Aufgabe nicht gewachsen. Einige nahmen sich das Leben. Andere beantragten die Versetzung zur kämpfenden Truppe. Viele ergaben sich dem Trunk oder hatten Nervenzusammenbrüche.

Wann Hitler seine »historische Mission«, die »letzte Abrechung« mit den Juden im Zuge des Rußlandfeldzuges zu vollenden beschloß, ist umstritten.[39] Der Wille dazu war latent vorhanden. Ein Befehl, auf den sich die Exekutoren später beriefen, erging wahrscheinlich im Juli 1941 an den Reichsführer SS Heinrich Himmler.[40] Entsprechend wurde Heydrich Ende des Monats von Göring beauftragt, die »erforderlichen Vorbereitungen« zu treffen.[41]

Die Schlußphase nationalsozialistischer Judenpolitik begann nicht ohne Schwankungen. Frank und Rosenberg dachten weiter an ein Abschieben der Juden über den Ural.[42] Hitler selbst kam nochmals auf den Madagaskarplan zu sprechen.[43] Die mißlungene Geheimhaltung des Euthanasie-Programmes, das im August 1941 hatte abgebrochen werden müssen, mahnte zur Vorsicht.[44] Aber die Zeit der »territorialen Endlösung« war zu Ende, der Weg zu fernen Deportationsgebieten blockiert.

Rücksichtnahme auf kriegswirtschaftliche Belange und technisch-administrative Fragen stellten Heydrich und seine Helfer noch vor Hindernisse. Langwierig war das Ringen um Ausnahmeregelungen für ältere Menschen und sogenannte Mischlinge, Schwerkriegsbeschädigte und Träger von Ordensauszeichnungen, die nach Theresienstadt, ins Protektorat Böhmen und Mähren, verschickt werden sollten, sobald die überfüllte Lagerfestung von ihren derzeitigen Insassen geräumt war.[45]

Trotzdem schritten die beschlossenen Maßnahmen konsequent voran.[46] Am 1. September 1941 wurde durch Polizeiverordnung der Judenstern (ein Stoffabzeichen) für die Betroffenen eingeführt.[47] Bald darauf erinnerte der Gestapochef, SS-Gruppenführer Heinrich Müller, in einem Runderlaß an Himmlers Anordnung, den weiteren Exodus

von Juden »mit sofortiger Wirkung zu verhindern«.[48] Am 14. und 24. Oktober 1941 unterzeichnete SS-Gruppenführer Kurt Daluege die ersten Deportationsbefehle.[49]
Für den Abtransport sorgten die Stapoleitstellen unter Mitwirkung einer »Reichsvereinigung der Juden in Deutschland« und ihrer Ordner. Bei Ausgabe der Verschickungsbescheide wurde erklärt, daß die Betroffenen zum Arbeitseinsatz nach Polen oder Rußland kämen. Sie wehrten sich nicht, aber viele begingen Selbstmord (in Berlin 208 von 717).[50]
Im November verließen zahlreiche Sonderzüge, jeder mit rund 1000 Personen, die Reichshauptstadt, Hannover und Bremen, Dortmund, Düsseldorf und Köln, Aachen und Luxemburg, Frankfurt, Mannheim und Stuttgart, München und Wien, Prag, Brünn und Theresienstadt.[51]
Die meisten Deportierten wurden Betrieben in Warschau und Lódź als Arbeitskräfte zugewiesen. Viele, vorwiegend Juden aus kleineren deutschen Gemeinden, gerieten Ende des Monats jedoch in Todesfallen des Baltikums und wurden dort unter Aufsicht der Einsatzgruppe A (Stahlecker) am »Rigaer Blutsonntag« von SS-Leuten und landeseigener Miliz erschossen. Andere starben im Kehlgraben des Kauener Forts IX.[52]
Die Verwirrung bei den Parteidienststellen und Behörden, denen keine eindeutigen Erlässe vorlagen, erforderte ein klärendes Wort. Heydrich hatte daher zum 9. Dezember 1941 eine Besprechung anberaumt. Sie fand aber erst am 20. Januar 1942 im Haus der Interpol am Berliner Großen Wannsee statt. Anwesend waren außer dem Chef des Reichssicherheitshauptamtes, Müller und Eichmann, die Repräsentanten der Kanzleien, verschiedener Ministerien und sogenannter Ostverwaltungen.[53]
Heydrich erinnerte an seine Beauftragung durch Göring. Bisher, sagte er, sei die Judenpolitik in zwei Phasen verlaufen, als »Zurückdrängung« und »Auswanderung«. Nun ergebe sich eine »weitere Lösungsmöglichkeit«, die »Evakuierung ... nach dem Osten«. Die Juden sollten »in geeigneter Weise ... unter Trennung der Geschlechter ... straßenbauend« zum Arbeitseinsatz kommen. Dabei werde »zweifellos ein Großteil durch natürliche Verminderung« ausfallen. Den »Restbestand« müsse man »entsprechend behandeln«.[54]
Heydrichs »tarnende Sprache«[55] ließ keinen Zweifel an den mörderischen Absichten des Unternehmens. Kurze Fragen zeigten, daß die Konferenzteilnehmer ihn verstanden hatten. Jede Widerrede schien sinnlos, da der Chef des Reichssicherheitshauptamtes als Befehlsempfänger fungierte und sich auf höhere Anordnung berief. Die Anwesenden erfuhren, daß Hitler selbst den Anstoß zu der Aktion gegeben hatte, nahm er doch 1942 nicht weniger als dreimal öffentlich Stellung zur Judenfrage: in seiner Neujahrsbotschaft, mit einem Grußwort an die NSDAP und aus Anlaß der Wiedereröffnung des Winterhilfswerkes.[56]
Man fragte sich, wie Millionen Menschen schnell und unauffällig beseitigt werden könnten. Die Einsatzgruppen hatten mit ihrem Vorgehen große Teile der Bevölkerung erschreckt und Soldaten jeder Couleur tief empört[57], so daß Leeb, Bock und Rundstedt, Küchler, Hoepner und Hoth, Reichenau und Manstein von den Truppen Verständnis für die »harte, aber gerechte Sühne« an Juden forderten.[58] Eine Massenexekution, die Nebe bei Minsk arrangierte, bewog den anwesenden Himmler, neue Wege zu suchen.[59] Doch Sprengstoffexperimente scheiterten, und die Verwendung umgebauter LKW, deren Motorabgase in das Wageninnere geleitet wurden, erwies sich als unzweckmäßig.
Der Gedanke, Tiere und Verbrecher zu vergasen, war nicht neu. Ärzte und Strafvollzugsorgane vieler Länder, sogar Theologen diskutierten ihn. In Deutschland

hatte man entsprechende Verfahren zur »Euthanasie« angewendet. Kriminaloberkommissar Christian Wirth, einer der Vollstrecker des Programms, übermittelte seine Erfahrungen dem Höheren SS- und Polizeiführer des Judenreservates. Auch Himmler und das Reichssicherheitshauptamt nahmen sie zur Kenntnis.

Man entschloß sich zur Anwendung des »Zyklon B«, eines Blausäurepräparates.[60] SS-Obersturmbannführer Rudolf Höß, dem Himmler im Sommer 1941 befohlen hatte, einen Platz für die Massenvernichtung der Juden vorzubereiten[61], erprobte das todbringende Kristall an russischen Gefangenen in Auschwitz. Das von der SS gemeinsam mit Firmen wie dem IG-Farben-Konzern errichtete Arbeitslager, dessen Werkanlagen zur Herstellung synthetischen Gummis dienen sollten[62], wurde eine Tötungsanstalt.[63]

Zuvor hatte das Wirtschafts- und Verwaltungshauptamt der SS (Pohl) bereits in Chelmno, Belzec, Sobibor, Treblinka und Lublin (Majdanek) ortsfeste Kammern einbauen und als Desinfizierungsräume tarnen lassen. Wirth tötete dort Juden mit Kohlenmonoxydgas.[64] Auf Empfehlung des SS-Hauptsturmführers Karl Fritzsch wurde dieses Gift nun allgemein durch »Zyklon B« ersetzt.[65] Die Industrialisierung der Mordkampagne (»Einsatz Reinhard«) bewirkte SS-Brigadeführer Odilo Globocnik, den sich Himmler direkt unterstellt hatte.[66]

Trotz umfangreicher Ermittlungen und Belege liegen Einzelheiten noch im Halbdunkel.[67] Die aus allen Gebieten des nationalsozialistischen Machtbereichs antransportierten Juden wurden auf den Rampen der Todeslager von SS-Ärzten »selektiert«. Wer arbeiten konnte, erhielt eine Gnadenfrist. Alte und schwache Menschen führte man vorgeblich zur Desinfizierung in die Kammern. Exekutoren warfen den amethystblauen Kristall durch Öffnungen ein, worauf das freiwerdende Gas verströmte. Abgeriegelte Stahltüren verhinderten die Flucht.[68]

Die Aktion war »geheime Reichssache«. Indiskretionen wurden streng geahndet. Gleichwohl umlaufende Gerüchte stießen auf Unglauben. Tatsächlich ist die Beseitigung der Opfer bis heute nicht einwandfrei geklärt. Goebbels verzeichnete in seinem Tagebuch »ein ziemlich barbarisches und nicht näher zu bezeichnendes Verfahren . . ., das nicht allzu auffällig wirke«. Man dürfe »in diesen Dingen keine Sentimentalität obwalten lassen . . .« »Auch hier wieder«, fügte er hinzu, sei Hitler »der unentwegte Vorkämpfer und Wortführer« der »radikalen Lösung«.[70]

Wie viele Juden umgebracht wurden, konnte nicht genau ermittelt werden. Schätzungen bewegen sich zumeist zwischen 4 194 200 und 5 721 000.[71] Einige Autoren greifen höher[72], andere niedriger.[73] Die genaue Zahl wäre aber auch dann, wenn man ihr eines Tages näherkommen sollte, nur abstrakte Ziffer, geeignet, die bei modernen Menschen ohnehin geschwächte Fähigkeit des Mitempfindens für Angst und Verzweiflung, Not und Schmerz herabzustimmen. Nicht die Statistik, sondern der Vorgang als solcher hat Gewicht, mögen Trauer, Scham und echtes Betroffensein noch so gefährlich nahe neben neue Ressentiments, kalkulierte Bußforderungen und Haßparolen geraten.

[1] Hillgruber: 2. Weltkr., a. a. O., S. 72.
[2] Beispielsweise d. Indios i. Argentinien, d. Armenier im Osmanischen Reich.
[3] H. A. Obermann: Wurzeln des Antisemitismus, Berlin 1981; J. Bauer u. N. Rotenstreide: The Holocaust and the German Elite. Genocide and National Suicide in Germany 1871–1945, London 1981 (vgl. Rezension in: HPB XXX/7 1982).
[4] F. v. Hippel: Die Perversion von Rechtsordnungen, Tübingen 1955.
[5] K. Dörner: Nationalsozialismus und Lebensvernichtung, in: VZ 15/1967, S. 140 (zit. Dörner).
[6] E. Erhardt: Euthanasie und Vernichtung »lebensunwerten« Lebens (Forum der Psychiatrie, 11) Stuttgart 1965; L. Gruchmann: Euthanasie und Justiz, in: VZ 20/1972, S. 235–279.
[7] Dazu allg. D. Güstrow: Tödlicher Alltag, Berlin 1981 (zit. Güstrow).
[8] Mein Kampf, a. a. O., S. 59, 69; dazu P. G. J. Pulzer: Die Entstehung des politischen Antisemitismus in Deutschland und Österreich 1867–1914, Gütersloh 1966.
[9] Mein Kampf, S. 61 f., 135, 165, 212, 331, 334, 339, 358; dazu E. Cramer: Hitlers Antisemitismus und die »Frankfurter Schule«. Kritische Faschismustheorie und geschichtliche Realität, Düsseldorf 1979; G. Fleming: Hitler und die Endlösung, München 1982, S. 13–33 (zit. Fleming); H. Huss u. A. Schröder: Antisemitismus. Zur Pathologie der bürgerlichen Gesellschaft, Frankfurt 1965.
[10] Mein Kampf, S. 772; dazu Holt, a. a. O., S. 304 f., 408, 444.
[11] Mein Kampf, S. 724 u. »Der Nationalsozialist«, Leipzig, 17. 8. 1924. Vgl. auch Frank: Angesichts, S. 409 ff.
[12] Mein Kampf, S. 725; E. Deuerlein (Hg.): Hitlers Eintritt in die Politik und die Reichswehr, in: VZ 7/1959, S. 185, 204.
[13] Jäckel: Hitlers Weltanschauung, a. a. O., S. 66.
[14] Mein Kampf, S. 69 f.; vgl. P. H. Phelps: Hitler als Parteiredner des Jahres 1920, in: VZ 11/1963, S. 274 ff.; ders.: Hitlers »grundlegende« Rede über den Antisemitismus, ebd. 16/1968, S. 390–420; R. Whaite: Hitler. The Psychopathic God, London 1976.
[15] Programm der NSDAP, abgedr. u. a. b. W. Hofer (Hg.): Der Nationalsozialismus. Dokumente 1933–1945, Frankfurt 1957 (u. ö.), S. 28 ff.
[16] R. Breiling: Die nationalsozialistische Rassenlehre. Entstehung, Ausbreitung, Nutzen und Schaden einer politischen Ideologie, Meisenheim 1971; W. Loch u. A. Hoffmann: Rassenlehre und Judenverfolgung, in: Nationalsozialismus in Unterrichtsbildern, Limburg 1977. Grundlegend d. materialreiche Studie v. U. D. Adam: Judenpolitik im Dritten Reich, Königstein/Ts. 1979, S. 72–232 (zit. Adam); M. Broszat: Der Nationalsozialismus, Stuttgart 1960, S. 35; ders.: Staat Hitlers, a. a. O., S. 437 f.; H. Graml: Die Reichskristallnacht (Schriftenreihe der BH, 2) Bonn [6]1958; R. Hilberg: The Destruction of the European Jews, Chicago, Ill., 1961, S. 11 ff. (zit. Hilberg); H. Krausnick: Judenverfolgung im Dritten Reich, in: Anatomie, Bd. 2 (op. cit.), S. 235–366 (zit. Krausnick: Judenverfolgung); L. Poliakov u. J. Wulf: Das Dritte Reich und die Juden, Berlin 1961 (zit. Poliakov/Wulf); K. A. Schleunes: The Twisted Road to Auschwitz. Nazi Policy Against German Jews, 1933–1939, Urbana, N. Y., 1970; L. v. Westphalen: Geschichte des Antisemitismus in Deutschland, Stuttgart 1976.
[17] Haffner, a. a. O., S. 177.
[18] Deschner: Heydrich, a. a. O., S. 162 ff.; Höhne: Orden, a. a. O., S. 298; W. Scheffer: Zur Entstehungsgeschichte der »Endlösung«, in: PZ, Beil. Das Parlament, 30. 10. 1982, S. 3–10.
[19] Ebd., S. 348.
[20] Auskunft d. Jüd. Gemeinde Berlin, abgedr. b. H. G. Dahms: 50 Jahre deutsche Geschichte in Berlin, Berlin 1963, S. 166.
[21] G. Reitlinger: Die Endlösung, Berlin [5]1979, S. 32 ff. (zit. Reitlinger).
[22] E. Arendt: Eichmann in Jerusalem. Ein Bericht über die Realität des Bösen, München 1964 (zit. Arendt); B. Nellessen: Der Prozeß von Jerusalem, Düsseldorf – Wien 1964 (zit. Nellessen); R. M. W. Kempner: Eichmann und Komplizen, Zürich – Stuttgart [2]1961 (zit. Kempner).
[23] ADAP, D, IV, Nr. 158.
[24] Domarus, II, S. 1057.
[25] Engel, a. a. O., S. 65; dazu Adam, S. 247 ff.; Broszat: Polenpol., a. a. O., S. 34 ff.; Höhne: Orden, S. 279 ff.; H. Krausnick: Himmler und die Morde in Polen, in: VZ 11/1963, S. 196 ff.; K. J. Müller: Himmlers Rechtfertigung der Polenpolitik und die Generalität, ebd. 18/1970, S. 95 ff.
[26] Frank: Angesichts, S. 410; B. Mark: Powstanie w geticie warszawskim, Warschau 1963 (zit. Mark); Kronika getta łódźkiego, Warschau [2]1975; dazu S. Piotrowski: Dziennik Hansa Franka, Warschau

1956. Lt. Reitlinger, S. 36, wurden 1931 in Polen 2732600 Juden, davon 1170000 i. d. östl. Woiwodschaften registriert; s. auch Krausnick: Judenverfolgung, S. 292.

[28] ADAP, D, IV, Nr. 372.

[29] IMT, Bd. 41, S. 545; dazu Krausnick: Judenverfolgung, S. 292f.; Reitlinger S. 86.

[30] Eichmann-Prozeß, Dok. Nr. 464. Fotokopie im IZ, München; dazu Deschner: Heydrich, a. a. O., S. 190; Krausnick: Judenverfolgung, S. 293.

[31] Rademachers Denkschrift in: ADAP, D, X, S. 93ff.; vgl. auch S. 386, 399. Dazu Adam, S. 265; Reitlinger, S. 25, 86ff.; ferner H. G. Adler: Der Kampf gegen die Endlösung der Judenfrage, Bonn 1965, S. 46ff.

[32] Azéma, a. a. O., S. 180; Ph. Bourdel: Histoire des Juifs en France, Paris 1974, S. 339f.; Jäckel: Frkr., a. a. O., S. 52f.

[33] Poliakov/Wulf, passim.

[34] Adam, S. 263–285; Dahms: Weltanschauungskrieg, a. a. O., S. 303–336; Jäckel: Hitler und der Mord an den europäischen Juden, in: FAZ, 16. 8. 1977.

[35] Vgl. Kap. Der Feldzug gegen die Sowjetunion; Fleming, S. 33–44.

[36] IMT, Bd. 4, S. 350; Bd. 26, S. 181ff.; Bd. 30, S. 76, 79; Bd. 32, S. 72ff.; Bd. 38, S. 37f., 92. Auch Nürnberger Dokumente NO-4145 u. NO-2890, Fotokopien im IZ, München. Dazu Deschner: Heydrich, S. 194ff.; Hilberg, S. 256; Krausnick/Wilhelm, a. a. O., passim.

[37] Der Spiegel 41/1967, S. 36–38; Fleming, S. 77–93, 133–139; Krausnick/Wilhelm, S. 192f.

[38] Ebd., S. 619.

[39] Grundlegend A. Hillgruber: Die »Endlösung« und das deutsche Ostimperium als Kernstück des rassenideologischen Programms des Nationalsozialismus, in: VZ 20/1972, S. 133ff. u. K. Hildebrand: Weltmacht oder Untergang, in: Weltpolitik, II, hg. v. O. Hauser, a. a. O., S. 301ff. Weitere Hinweise b. Adam, S. 305–315; Bracher: Diktatur, a. a. O., S. 460; M. Broszat: Hitler und die Genesis der Endlösung, in: VZ 25/1977, S. 739ff.; Chr. Browning: Eine Antwort auf Martin Broszats Thesen, ebd. 29/1981, S. 97ff.; Hillgruber: 2. Weltkr., S. 182, Anm. 19; Höhne: Orden, S. 344; Krausnick: Judenverfolgung, S. 298; Reitlinger, S. 92. Zum Ende des Euthanasie-Programms s. Steinert, a. a. O., S. 152ff.

[40] Die Berufung auf Hitlers Befehl u. a. in Eichmanns Memoiren: Ich, Adolf Eichmann. Ein historischer Zeugenbericht, Leoni 1980, S. 177; Kempner, a. a. O., S. 86.

[41] IMT, Bd. 26, S. 266; Deschner/Heydrich, S. 199; Fleming, S. 55–59, 62ff., 118ff.

[42] Frank: Angesichts, S. 110f.; S. Lang u. E. v. Schenk: Porträt eines Menschheitsverbrechers. Aus den hinterlassenen Memoiren des ehemaligen Reichsleiters Alfred Rosenberg, St. Gallen 1947, S. 129; Faschismus-Getto-Massenmord: Dokumentation über Ausrottung und Widerstand der Juden in Polen während des Zweiten Weltkrieges, hg. v. Jüdischen Historischen Institut Warschau, (Ost) Berlin ²1961, Dok. Nr. 192 (zit. Faschismus).

[43] Engel, S. 94f.; Picker: Hitlers Tischgespräche, a. a. O., S. 411.

[44] Dörner, S. 114; Höhne: Orden, S. 298; Y. Ternon: Le massacre des alliénés, in: H 361/1975, S. 14–27.

[45] H. G. Adler: Die verheimlichte Wahrheit. Theresienstädter Dokumente, Tübingen 1958; A. Vari: Terezin, Prag 1965.

[46] Adam, S. 310ff.

[47] RGBl. 1941, I, S. 547. Dazu G. Schoenberger: Der gelbe Stern. Die Judenverfolgung in Europa 1933–1945, Hamburg 1961.

[48] Eichmann-Prozeß, Dok. 1209, Fotokopie im IZ, München. Vgl. G. v. Lang: Eichmann-Protokoll (Vernehmungen durch den israel. Geheimdienst, München 1982).

[49] Krausnick: Judenverfolgung, S. 313; Hilberg, S. 280ff.

[50] Reitlinger, S. 99.

[51] H. Langbein: Wir haben es getan. Selbstporträt in Tagebüchern und Briefen, Wien 1964, S. 41f.; dazu Adam, S. 311f.; Hilberg, S. 138f., 149, 175f.; Krausnick/Wilhelm, S. 585; Reitlinger, S. 102.

[52] Faschismus, S. 253–261; Deschner: Heydrich, S. 200; Krausnick/Wilhelm, S. 586, 596ff.; Reitlinger, S. 103.

[53] Verzeichnis b. Adam, S. 215, Anm. 57; Weitere Hinweise b. Fleming, S. 104–107.

[54] Wortlt. in: IMT, Bd. 39, S. 416f.; auch Eichmann-Prozeß, Dok. 74, Fotokopie im IZ, München; wieder abgedr. b. Kempner, S. 147; dazu Adam, S. 314; Deschner: Heydrich, S. 201ff.; Krausnick: Judenverfolgungen, S. 322ff.

[55] Ebd., S. 323.

[56] Am 30. 1. 1942; 24. 2. 1942, 20. 8. 1942, s. Domarus II, S. 1928, 1944, 1952.

[57] Kleist, S. 156; Myllyniemi, S. 75; Gosztony: Fremde Heere, S. 160f.; Groscurth, S. 247, 525, 527, 546, 548; H. Stieff: Ausgewählte Briefe, hg. v. H. Rothfels, in: VZ 2/1954, S. 301–303; R.-Chr. v. Gersdorff: Soldat im Untergang, Frankfurt – Berlin – Wien 1979 (zit. Gersdorff).

[58] Dazu ausführl. Krausnick/Wilhelm, S. 205ff., 223ff., 243ff., 249ff.

[59] Hilberg, S. 218; Höhne: Orden, S. 336. Befremdend dagegen B. Gisevius: Wo ist Nebe? Erinnerungen an Hitlers Reichskriminaldirektor, Zürich 1966, S. 246ff.

[60] S. Friedländer: Kurt Gerstein. Oder die Zwiespältigkeit des Bösen, Gütersloh 1967, S. 93ff., 158ff. (zit. Friedländer: Gerstein).

[61] Kommandant in Auschwitz. Autobiographische Aufzeichnungen, hg. v. M. Broszat, Stuttgart 1958, S. 122ff., 150ff. (zit. Höß).

[62] G. Botz (Hg.): Ich will leben. Tragik und Banalität des Überlebens in Theresienstadt und Auschwitz, Wien – München – Zürich – New York 1981; Davies, II, a. a. O., S. 510ff.; T. Deppres: The Survivor. An Anatomy of Life in the Death Camps, New York 1980; H. Langbeim: Menschen in Auschwitz, Wien 1972; W. Kielar: Anus mundi. Cinq ans à Auschwitz, Paris 1981.

[63] L. Kuper: Genocide, New Haven, Ct., 1982. Vgl. dazu auch M. Gilbert: Auschwitz und die Alliierten, München 1982 u. A. Lustig: Auschwitz-Birkenau, in: The Yale Reviens 3/1982, S. 91–131.

[64] Höhne: Orden, S. 344f.

[65] Ebd., S. 345.

[66] Auf ds. Vorgänge bezieht sich der Gerstein-Bericht, Übersetzung aus dem Französischen, abgedr. zuletzt b. Friedländer, S. 97–103, inhaltl. bestätigt durch andere Berichte ebd. u. b. Fleming, S. 153ff.

[67] M. Broszat i. d. Beil.: Aus Politik u. Zeitgesch. Das Parlament, 8. 5. 1976, S. 3.

[68] Weitere Einzelheiten b. Dahms: Gesch. d. Zw. Weltkr., a. a. O., S. 580f.; Fleming, S. 153–171, 187f.; Höhne: Orden, S. 346f.; Höß, S. 325f.; G. Weller: Les chambres à gaz ont existées, Paris 1981.

[69] Zur Zahl d. Opfer s. Hilberg, S. 348ff.; Höhne: Orden, S. 367; neuerdings Y. Bauer: A History of the Holocaust, New York 1982 (mit Tafeln u. Diagrammen). Zur Geheimhaltung s. W. Laqueur: Was niemand wissen wollte. Die Unterdrückung der Nachrichten über Hitlers Endlösung, Frankfurt – Berlin – Wien 1981; vgl. d. Rezension in: HPB 6/1982, S. 177. Die Problematik der Überlieferung b. L. S. Dawidowicz: The Holocaust and the Historians, Cambridge, Mass., 1981.

[70] J. Goebbels: Tagebücher aus den Jahren 1942/43, hg. v. L. P. Lochner, Zürich 1948, S. 134 (zit. Goebbels-Tgb.).

[71] Vgl. H. Krausnick: Zur Zahl der jüdischen Opfer des Nationalsozialismus, hg. v. d. Bundeszentrale für Heimatdienst, Bonn [4]1958 u. Soziographische Beilage Nr. 11 zur Herder-Korrespondenz 1959; später auch Fleming, S. 207 u. Reitlinger, S. 497, 573, 631.

[72] Zum Beispiel E. Kogon u. W. Shirer in frühen Nachkriegspublikationen.

[73] Zum Beispiel P. Rassinier: Die Lügen des Odysseus, Paris 1949 (u. ö.).

Strategische Konzeptionen 1942

Während Japan noch mit unwiderstehlicher Gewalt angriff, fuhr Churchill nach Washington, um sich zu vergewissern, daß die Vereinigten Staaten an der beschlossenen Strategie festhielten. Sie war in einer Kurzformel – »Germany first« – ausgesprochen und mit dem AB-Stabsabkommen vom Februar letzten Jahres begründet.[1] Das Agreement konnte aber nicht als definitiv angesehen werden. Der Überfall auf Pearl Harbor mochte die Amerikaner zum Umdenken veranlassen.

Roosevelt hatte Churchills Wunsch nach einem Treffen entsprochen. Der Präsident wollte »the whole war plan« prüfen und den Themenkreis der »Arcadia« genannten Konferenz erweitern.[2] Wie Lord Halifax, Englands Botschafter, aus Washington berichtete, zählten dazu koalitionspolitische Ziele, etwa die Schaffung eines gemeinsamen Oberkommandos und der Zusammenschluß aller gegen Deutschland, Italien und Japan kämpfenden Nationen. Auch die Frage der Produktion und Verteilung kriegswichtiger Güter sollte behandelt werden.[3]

Zu Churchills Gefolge gehörte daher vor allem Beaverbrook. Von den Militärs befanden sich Ismay, Dill, Pound und Portal an Bord des Schlachtschiffes »Duke of York« (Harcourt), das die britische Delegation über den Atlantik brachte. Die außerpolitischen Belange vertrat Cadogan, denn Eden reiste zu Gesprächen mit Stalin nach Moskau. Die Regierungsgeschäfte in Whitehall führte unterdessen Lordsiegelbewahrer Attlee. Den Oberbefehl hatte der Premier Sir Alen Brooke, dem neuen Chief of the Imperial General Staff, anvertraut.[4]

»Arcadia« wurde zu einem ungewöhnlichen Ereignis in der Geschichte internationaler Verhandlungen. Churchill blieb London fünf Wochen lang fern. Er wohnte im Weißen Haus und hatte so Gelegenheit, fast täglich mit Roosevelt und Hopkins zu sprechen, spätestens beim gemeinsamen Dinner.[5] Von amerikanischer Seite wurden Hull und Welles, Stimson, Knox und Morgenthau, Marshall und Stark hinzugezogen, wenn man mit Beaverbrook konferierte, auch Donald M. Nelson, den der Präsident an die Spitze des War Production Board berief.[6]

Churchills größte Sorge sollte sich bald verflüchtigen. General George C. Marshall, der militärische Chefberater des Präsidenten, bekannte sich vorbehaltlos zur vereinbarten Strategie (»Germany first«).[7] Strittig blieb, aus welcher Richtung die gemeinsame Offensive zu führen sei. Die Briten bevorzugten den Mittelmeerraum.[8] Die Amerikaner wollten über den Englischen Kanal angreifen und setzten sich mit dieser Absicht bereits in Nordirland fest.[9]

Man gründete gemeinsame Kommandobehörden. Ein erster Versuch mit Wavell scheiterte.[10] Dagegen erwies sich das Combined Chiefs of Staff Committee (CCSC) als funktionsfähig. Dieses Gremium, das ausschließlich Anglo-Amerikaner und keine Sowjets umfaßte, sollte strategische Einzelentscheidungen vorbereiten. Roosevelt bestimmte die Stabschefs der U. S. Army (Marshall), U. S. Navy (Stark) und U. S. Army

Air Force (Arnold) zu Mitgliedern.[11] Churchill delegierte Brooke, Pound und Portal. Wenn sie unabkömmlich waren, sollte Feldmarschall Dill die britische Auffassung in Washington vertreten.[12]

Bei den weiteren Überlegungen war die Politik der Sowjetunion zu berücksichtigen. Stalin hatte Eden ihre Kriegsziele skizziert.[13] Der Diktator forderte die Anerkennung der russischen Grenzen vom 22. Juni 1941 (des ihm von Hitler überlassenen Gebietes als Besitzstand), dazu Tilsit und Memel, Petsamo und Stützpunkte in Rumänien. Das Deutsche Reich sollte zerstückelt werden und außer Böhmen – Mähren und Österreich die Rheinlande, Bayern und Ostpreußen verlieren.

In sowjetischer Sicht mochte dies eine Umkehr von Hitlers Eroberungsabsichten sein.[14] Stalin wünschte aber nicht nur zurückzugewinnen, was ihm der deutsche Diktator überlassen und wieder entrissen hatte (Estland, Lettland, Litauen, Ostpolen, Bessarabien). Die Weltmachtstellung der UdSSR sollte künftig durch ein zertrümmertes Mitteleuropa gesichert werden. Später wurde noch bekannt, daß Molotow über diese Konzeption hinausging, als er von Tryve Lie, dem Außenminister des norwegischen Exilkabinettes, wichtige Konzessionen auf Spitzbergen und die Abtretung eines Atlantik-Stützpunktes, der Bäreninsel, forderte.[15]

Schon jetzt waren die bevorstehenden Gegensätze mit der Sowjetunion abzusehen.[16] Rußland hatte durch seine Winteroffensive 1941/42 bewiesen, daß es auch aus eigener Kraft, ohne entscheidende Hilfe der Westmächte, den deutschen Angreifer zurückschlagen konnte. Selbstbewußt verlangte Stalin von den Angelsachsen nichtsdestoweniger die Errichtung einer »zweiten Front« gegen Hitler, ohne dafür einen politischen Preis zahlen zu wollen.

Indes gerieten sowohl Rußland als auch Großbritannien unter amerikanischen Druck. Hull hatte der »Arcadia«-Konferenz den Entwurf einer Erklärung vorgelegt.[17] Mit ihr sollte die auf zwei Dutzend Staaten angewachsene Anti-Hitler-Koalition – seit 1. Januar 1942 »United Nations« (UN) genannt – separaten Friedensverhandlungen abschwören und Grundsätze der Atlantic-Charter anerkennen. Roosevelt bezeichnete »Life, Liberty, and Independance« als fundamentale Rechte, ohne zuzugeben, daß er selbst durch Einweisung von 109347 Amerikanern japanischer Abstammung in Konzentrationslager gegen diese Prinzipien (und die verfassungsmäßig garantierten Bürgerrechte der USA) verstieß.[18]

Ihm ging es aber nicht um Auflösung moralischer Widersprüche im eigenen Land.[19] Die vorgeschlagene Erklärung sollte vielmehr als Hebelkraft für weltpolitische Veränderungen zum Vorteil der USA dienen. Darum forderte der Präsident von Litwinow, dem neuen Sowjetbotschafter, daß die UdSSR unverzüglich Religionsfreiheit gewähre[20]; deshalb sollte Churchill auf Verlangen Roosevelts von einem kollektiven UN-Beitritt des Empire und Commonwealth absehen und allen Dominien wie auch Indien diesen Entschluß freistellen.[21]

Churchill entsandte Cripps nach Indien und ließ der bereits unruhig gewordenen Kronkolonie ein Dominiumstatut für die Zeit nach dem Kriege zusichern. Damit war die amerikanische Einwirkung auf Angelegenheiten des Empire zunächst ausmanövriert. Australien, Neuseeland, Kanada und Südafrika ließen sich ohnehin nicht bevormunden und stimmten ihrerseits der »Joint Declaration« zu. Großbritannien erhielt als zweiter Unterzeichnerstaat (nach Amerika) formal einen Vorzugsplatz in der Spitzengruppe, den »Big Four« (USA, England, UdSSR, China).[22]

Nach der »Arcadia«-Konferenz rangen Amerikaner und Briten um den Angriffsplan in Europa. Zur Debatte standen eine nordwestafrikanische Landung (Operation »Gymnast«) und die Trans-Kanal-Offensive (Operation »Roundup«).[23] Jedes dieser Projekte konnte zur Eröffnung einer »zweiten Front« führen, wurde jedoch von Molotow, der nach London und Washington kam, kritisiert. Der darüber andauernde Streit wurde eine Geduldsprobe ersten Ranges. Dabei fiel zunächst ins Gewicht, daß der Aufbau des amerikanischen Massenheeres noch viele Monate dauerte[24] und den Dreierpakt-Mächten die Chance gab, ihrerseits eine gemeinsame Strategie zu konzipieren.[25]
Nachdem Ribbentrop mit den Botschaftern Oshima (Japan) und Alfieri (Italien) einen »Nichtsonderfriedensvertrag« abgeschlossen hatte[26], sollten weitere Abmachungen zur militärischen Zusammenarbeit der drei Staaten führen. Am 18. Januar 1942 unterzeichneten Generalfeldmarschall Wilhelm Keitel, Admiral Naokuki Kurusu (Japan) und General Efisio Marras (Italien) eine entsprechende Konvention.[27] In ihr wurde der 70. Grad östlicher Länge zur Trennungslinie der Operationsgebiete bestimmt und, wie sich weisen sollte, die Begrenzung künftiger Herrschaftsräume markiert.[28]
Ungeachtet dieser Linie wollten sich Deutschland, Japan und Italien aufeinander zu bewegen und möglichst bald untereinander die global-strategische Verbindung herstellen. Für den Fall, daß die Angelsachsen mit Schwergewicht im Pazifik oder Indischen Ozean operierten, versprachen die Achsenmächte, ihrem Verbündeten militärische Hilfe zu bringen. Andererseits sollten Seestreitkräfte des Kaiserreiches eingreifen, wenn Amerikaner und Briten die Entscheidung im Atlantik suchten.
Zur genaueren Planung bedurften die Verbündeten gemeinsamer Gremien, eines Ausschusses nach der Art des Combined Chiefs of Staff Committee. Man hatte schon verschiedene Kommissionen, sogar einen »Ständigen Rat«. Aber die in Gegenwart von Keitel, Raeder und Milch eröffnete Dreierpakt-Konferenz scheiterte beim ersten Versuch, operative Zielsetzungen aufeinander abzustimmen. Differenzen ergaben sich angesichts der vorgeschlagenen Indien- und Arabien-Erklärungen und des japanischen Bemühens, von Vichy das Besatzungsrecht auf Madagaskar zu bekommen. Auch in der Timor-Frage zeigten sich Interessengegensätze.[29]
Während Eigennutz die Beziehungen zwischen den drei Mächten störte, gewann Raeder tiefes Verständnis für ihre strategischen Möglichkeiten. Am 13. Februar 1942 bezeichnete er Suez und Basrah als Eckpfeiler der britischen Herrschaft im indischen Raum.[30] Gelinge es, sie durch gemeinsame Anstrengungen einzureißen, so wäre eine Kettenreaktion die Folge. Eine Offensive der Achsenmächte würde die Mittelmeerlage bereinigen, sich auf die Türkei und Rußland auswirken, den Kaukasus öffnen, das Mossulöl in greifbare Nähe bringen und Araber wie Inder bewegen.[31]
Eine Denkschrift der Seekriegsleitung kam darauf zurück.[32] Sie erinnerte an die »geschichtliche Gelegenheit«, mit verhältnismäßig geringen Kräften in absehbarer Zeit alle britischen Schlüsselpositionen zu erobern. Raeder setzte auf Japan. Auch zeigte er zwei »strategische Vormarschstraßen«, die eine führe »durch Südrußland über den Kaukasus nach Iran«, die andere »über das Mittelmeer durch Nordafrika nach Ägypten«. Auf beiden Wegen gäbe es »Nachschub- und Geländeschwierigkeiten«, doch wäre der Vorstoß zum Suezkanal erfolgversprechend.
Der ObdM empfahl außer Murmansk und dem Kaukasus alle Operationsziele in Rußland zurückzustellen. Doch Halder, der im Osten am liebsten zur Defensive übergegangen wäre, beurteilte das schier uferlose Konzept Raeders mit Skepsis. Hitler

wollte die Rote Armee 1942 »bis zur Vernichtung« schlagen[34], ihr »die kriegswirtschaftlichen Kraftquellen ... entziehen[35]« und dann erst über Persien und Irak den Japanern entgegenstoßen.

Raeder suchte die Entscheidung nach Maßgabe seestrategischer Überlegungen im Kampf gegen England und Amerika, während Hitler mit seiner kontinental-expansionistischen Denkweise an der Absicht festhielt, den »Todfeind«, die Sowjetunion, endgültig niederzuwerfen. Der Entschluß des ObdW bewirkte, daß der rüstungswirtschaftliche Schwerpunkt auf das Heer zurückverlegt wurde und die anderen Wehrmachtteile benachteiligte. Dennoch blieb die Seekriegsleitung bei ihrer Auffassung, solange der Krieg im Mittelmeerraum und auf dem Atlantik sie zu rechtfertigen schien.

Um Italien im Bündnis zu halten, hatte ihm Hitler ein Fliegerkorps von der Ostfront und 23 Atlantik-U-Boote zu Hilfe geschickt. Als U 81 (Guggenberger) den Träger »Ark Royal« (Maund)[36], U 311 (Tiesenhausen) die »Barham« (Cooke) versenkten und sechs Torpedoreiter des italienischen Unterseebootes »Scirè« (Borghese) »Queen Elizabeth« (Barry) und »Valiant« (Morgan) – die beiden letzten Schlachtschiffe der Mediterranean Fleet (Cunningham) – in Alexandria auf Grund setzten[37], wurde Rommel soweit entlastet, daß sich daraus operative Konsequenzen ergaben.[38]

Seine Truppen waren aus der Cyrenaika zurückgewichen und hatten den Briten die Landverbindung mit Tobruk freigegeben. Doch die deutsch-italienischen Korps griffen wieder an.[39] Ihre Zusammenfassung in einer Panzerarmee, die gebesserte Versorgungslage und das Scheitern des zuletzt von Göring unternommenen Versuchs, dem Achsenpartner Generalfeldmarchall Kesselring als gemeinsamen Oberbefehlshaber »Süd« aufzudrängen, gaben Rommels Eigenwilligkeit neuen Ansporn. Schon stand er wieder vor der Gazala-Stellung. Am 15. Februar 1942 brachte ihn ein Flugzeug zur Berichterstattung nach Rom und Rastenburg.[40]

Raeders Konzept wurde durch Rommels Vorschläge ergänzt und gestärkt. Hitler war jedoch vollauf mit dem Ostkrieg beschäftigt. Er befürchtete, daß eine englische Landung in Norwegen zur engeren Verbindung zwischen den Westmächten und der Sowjetunion führen könnte. Daher wurden vom ObdW an dieser Küste 700000 Soldaten und 18 U-Boote zur Abwehr bereitgehalten. Auch die schweren, noch in bretonischen Gewässern liegenden und dort häufig bombardierten Kriegsmarineeinheiten sollten herangezogen werden.[41]

Hitler wußte offenbar, daß Churchill die britischen Stabschefs zur Vorbereitung des Angriffs auf Norwegen drängte (Operation »Jupiter«).[42] Ohne seine Kenntnis auszubreiten, wandte sich der ObdW daher gegen Raeders Absicht, das »Brest-Geschwader« nach dem französischen Dakar zu verlegen.[43] Die großen Schiffe sollten nicht wieder im ozeanischen Zufuhrkrieg verwendet werden. Am 11./12. Februar 1942 führte sie Admiral Otto Ciliax durch den Englischen Kanal in die Nordsee (Unternehmen »Cerberus«).[44]

Bis zur Dover-Enge geleiteten den Verband zahlreiche Zerstörer, Torpedoboote und Minensucher, bildeten 250 Jagdflieger der Luftflotte 3 (Sperrle) über ihm einen Schutzschild.[45] Die englischen Gegenmaßnahmen setzten verspätet ein und waren ohne nennenswerten Erfolg. Doch am Ende ihres Marsches wurden die Schlachtschiffe »Scharnhorst« (Hoffmann)[46] und »Gneisenau« (Fein)[47] durch Grundminentreffer beschädigt und fiel auch »Prinz Eugen« (Brinkmann) aus[48], so daß der Flotten-

chef, Admiral Schniewind, in Norwegen nur über die »Tirpitz« (Topp), drei Schwere Kreuzer und leichte Einheiten verfügte.
Die britische Admiralität wurde wegen des Versagens der Royal Navy heftig kritisiert.[49] Man erwartete in England, daß Admiral Schniewind von Drontheim aus gegen die Atlantik-Geleite vorstoßen und dann wieder Brest anlaufen werde. Pound ließ daher vorsorglich das Tor des großen Trockendocks von St. Nazaire rammen.[50] Auch bat er King um die Entsendung einer amerikanischen Kampfgruppe zur Verstärkung der Home Fleet (Tovey).[51] Bald zeigte sich aber, daß der erfolgreiche deutsche Kanaldurchbruch ein strategischer Rückzug war.
Die Schlacht im Atlantik nahm ihren Fortgang mit der vierten Phase des U-Bootkrieges. Sie hatte begonnen, als Hitler und Mussolini durch den Bruch mit Amerika die Beschränkungen für Operationen auf Handelstonnage außer Kraft setzten. Admiral Dönitz (BdU) konnte von insgesamt 98 Frontbooten zunächst 33 – darunter erst wenige Einheiten des Typs IX B und IX C – ansetzen[52], jedoch überraschende Schläge gegen »brennstoffmäßig erreichbare Punkte« in Küstengewässern der Vereinigten Staaten führen (Unternehmen »Paukenschlag«).[53]
Der deutsche Angriff traf den Gegner, als er mit 52,8 Milliarden Dollar eine Mobilmachung großen Stils realisierte. Besonders an Brennpunkten des Seeverkehrs wie New York, Boston und Baltimore, bei Kap Hatteras und vor dem St. Lorenzstrom eröffneten sich den U-Booten günstige Aussichten, solange dort keine Geleitzüge liefen, die Abwehr noch unerfahren war und nicht genügend Ortungsgeräte und Beobachtungsposten hatte. U 552 (Topp), U 124 (Mohr) und U 123 (Hardegen) holten sich den Löwenanteil.[54]
Der erste Höhepunkt wurde Ende März 1942 erreicht. Deutsche Unterseeboote versenkten in diesem Monat 79 Schiffe mit 429276 BRT.[55] Zwei Monate später wies die Erfolgsstatistik sogar 123 Schiffe und 569381 BRT aus.[56] Hinzu kamen die Versenkungsergebnisse der Italiener und einiger Überwassereinheiten. Die Alliierten waren in einer schwierigen Lage. Solange ihnen die für Atlantik-Geleite benötigten 78 Zerstörer und 156 Korvetten fehlten, Dönitz aber eine zunehmende Anzahl von Frontbooten einsetzen konnte, standen Roosevelt und Churchill vor ungelösten Problemen.[57]
Hinzu kam, daß die Briten eine Zeitlang ohne »Ultra« auskommen mußten. Die deutsche Marine hatte am 1. Februar 1942 ein verbessertes Enigmagerät mit wahlweise vier von zwölf (sogenannten Römer- und Griechen-) Walzen übernommen und sich auf diese Weise neue Schlüsselbereiche geschaffen. Funksprüche, die zwischen der Dienststelle des BdU in Kerneval und den Booten auf See gewechselt wurden, entzogen sich vorerst jedem Versuch, sie zu entziffern. Bletchley Park und der Submarine Tracking Room erlebten ein überraschendes »Black out«.[58]
Mittlerweile hatte Dönitz weitere Jagdgründe abgesteckt. Bei den Großen Antillen, an der brasilianischen Küste, im Golf von Mexiko, vor Freetown und Kapstadt, Madagaskar und den Seychellen operierten deutsche U-Boote.[59] Ihre Fahrtrouten waren länger geworden. Triebölversorger vom neuen Typ XIV mit aufgefüllten Oberdeckstuben (»Milchkühe«) lieferten kämpfenden Einzelfahrern den Brennstoff und blieben weiter tätig, als der BdU seine Boote wieder zusammenzog, um sie gruppenweise gegen Geleitzüge im Nordatlantik einzusetzen.[60]
Da die Anglo-Amerikaner 7 Millionen BRT neuen Frachtraum auf Kiel legten, mußten deutsche U-Boote bei Indienststellung von 19–20 eigenen Einheiten monatlich

600000 BRT versenken, wenn der Zuwachs an feindlicher Handelstonnage unterbunden werden sollte. Dies gelang annähernd nur einmal unter besonders günstigen Voraussetzungen.[62] Hitlers Umkehr in der Rüstungspolitik begann sich auszuwirken. Der Rohstoffmangel wurde spürbar. Die Stahlzuteilung ging zurück.[63] Auch Einberufungen hochqualifizierter Facharbeiter zum Heer schadeten dem Schiffsbau.
Die Aussicht der deutschen U-Bootwaffe, den Gegner im Tonnagekrieg entscheidend zu schlagen, schwand, zugleich jede Möglichkeit für eine global-maritime Strategie. Das Konzept des ObdW hatte Vorrang. Nach dem Führerbefehl für die Rüstung vom 10. Januar[64] bestimmte am 5. April 1942 Hitlers Weisung Nr. 41 das Angriffsziel der Sommeroffensive gegen Sowjetrußland.[65] Wohl kam er Ende des Monats auf Raeders Vorschläge zurück. Aber dies führte nur zu einer Episode.

1 L. Morton: Germany first. The Basic Conflict of Alliied Strategy in World War II, in: Command Decisions, hg. v. K. R. Greenfield, New York 1959.
2 Dallek, S. 318f.
3 Die wichtigsten Quellen der »Arcadia«-Konferenz enthalten FRUS: The Conferences at Washington and Casablanca, Washington D. C., 1968 (zit. FRUS: Washington and Casablanca) und FRUS, 1942, I, sowie Roosevelt – Churchill: Secret War Correspondence, a. a. O. Von d. übrigen Aufzeichnungen sind d. Tagebücher v. Berle, Ickes, Morgenthau u. Stimson sowie d. Memoiren v. Churchill, Hull u. Eden, heranzuziehen. Grundlegende Darstellungen, z.T. mit Dokumentationen, geben Burns, Dallek, Lash u. Sherwood, v. engl. Seite Woodward, II, a. a. O., G. M. A. Gwyer u. J. R. M. Butler: Grand Strategy, Bd. 3, London 1964, S. 349–402 (zit. Gwyer/Butler).
4 Bryant, I, a. a. O., S. 301f. A. Vulliez: Le Maréchal Alan Brooke, in: H 176/1974, S. 43–53.
5 L. Adamic: Dinner at the White House, New York 1946, S. 31ff., 38f., 64–68, 73; Burns, S. 213–217, 266f., 463f.; Sherwood, S. 476ff.
6 H. H. Adams: 1942. The Year that doomed the Axis, New York [3]1973, S. 35ff., 63ff. (zit. Adams); Matloff/Snell, S. 164–167; R. W. Steele: The First Offensive 1942. Roosevelt, Marshall, and the Making of American Strategy, Bloomington, Ind., 1973, S. 99–106 (zit. Steele). Vgl. dazu D. D. Eisenhower: The War Years, 5 Bde., Baltimore, Bd. I, S. 145–155 u. Stimson: Diary v. 24. 2.; 5. 5.; 7. u. 3. 8. 1942.
7 Pogue: Marshall, a. a. O., S. 10–24.
8 FRUS: Washington and Casablanca, S. 69–78; Lash, S. 126f.
9 Gwyer/Butler, a. a. O., S. 547ff., L. F. Ellis: Victory in the West, 2 Bde., London 1962, I, S. 4ff. (zit. Ellis: Victory). K. R. Greenfield: American Strategy in World War II. A Reconsideration, Baltimore, Md., 1963, S. 14ff. (zit. Greenfield); M. Howard: The Mediterranean Strategy in World War II, London 1969, S. 111f. (zit. Howard); Steele, S. 100.
10 Vgl. Kap. »Die Ausweitg. zum global. Krieg«.
11 Adams, S. 6ff.; R. S. Cline: Washington Command Post, Washington, D. C., 1951 (zit. Cline); MacDonald, S. 41ff. Über die amerik. Stabschefs s. G. P. Hayes: History of the Joint Chiefs of Staff in World War II, Annapolis, Md., 1982 (zit. Hayes).
12 Bryant, I, S. 302.
13 Gwyer/Butler, S. 533f.; Woodward II, S. 230ff. u. Einzelbd., S. 190ff.; v. dt. Seite Hillgruber: Sowj. Außenpol., a. a. O., S. 74f.; dazu Churchill III, 2, S. 627ff. u. Eden, S. 333ff.; aus sowj. Sicht V. Issraelian: Die Anti-Hitler-Koalition. Die diplomatische Zusammenarbeit zwischen der UdSSR, den USA und England während des Zweiten Weltkrieges, Frankfurt 1975.
14 Eine Sentenz v. Hillgruber: 2. Weltkr., S. 87.
15 O. Riste: London reggieringen i krigsalliansen 1940–1945, 2 Bde., Oslo 1973–1979, passim.
16 R. Beitzel: The Uneasy Alliance. America, Britain, Russia 1941–1943, New York 1973 (zit. Beitzel); Gwyer/Butler, S. 533ff.; H. Feis: Churchill, Roosevelt, Stalin. The War They fought and the Peace They thought, Princeton, N. J., 1967, S. 26ff., 58ff. (zit. Feis: Churchill, Roosevelt, Stalin).
17 Wortlt. u. a. bei Dallek, S. 320; FRUS: Washington and Casablanca, S. 82ff.; vgl. Hull, S. 1114–1119.

[18] R. Daniels: Concentration Camps USA, Japanese Americans and World War II, New York 1971.
[19] Dallek, S. 321 ff.
[20] Ebd.
[21] Roosevelt-Churchill: Secret War Correspondence, S. 185f., 195f.; G. R. Hess: America Encounteres India, 1941–1947, Baltimore, Md., 1971, S. 35–40; auch Churchill, III, 2, S. 583f. u. Eden, II, S. 336.
[22] Die »Großen Vier«, ein Begriff d. Versailler Friedenskonferenz v. 1919, damals auf USA, Großbritannien, Frankreich u. Italien bezogen. Zur Joint Declaration s. FRUS, 1942, I, S. 602ff., 615ff.; Sherwood, S. 466ff. u. Churchill, III, 2, S. 577ff.; Gwyer/Butler, S. 400ff.
[23] Matloff/Snell, S. 150–282; Pogue: Marshall, S. 33ff.; Sherwood, S. 418ff. Dazu d. Aufzeichnungen v. Churchill, IV, 1, S. 337; Bryant, I, S. 325–375 u. Wedemeyer, S. 119–133; wichtig sind auch d. Memoiren v. D. D. Eisenhower: Kreuzzug in Europa, Amsterdam 1948, S. 51ff. u. 71–100 (zit. Eisenhower).
[24] Adams, S. 67f.; MacDonald, S. 57–70.
[25] Hitlers Gespräche mit Oshima v. 3. 1. 1942, in: ADAP, E, I, S. 157ff. u. IMT, Bd. 35, S. 94ff.
[26] Abgedr. b. Martini: Dtschl. u. Japan, Anh., Dok. Nr. 4 (op. cit.).
[27] Ebd., Dok. 5 u. Jacobsen: Der Weg, S. 188f.
[28] Näheres b. B. Martin: Die militärische Vereinbarung zwischen Deutschland, Japan und Italien, in: A. Hillgruber (Hg.): Probleme des Zweiten Weltkrieges, Köln – Berlin 1967, S. 135ff.; ders.: Dtschl. u. Japan, S. 46–60; ders.: Japan i. Krieg, in: Weltpolitik, II, S. 136f.; ders.: Dt.-jap. Beziehungen, in: Hitler, Dtschld. u. d. Mächte, S. 468; ferner A. Hillgruber i. seiner Einführung zum KTB/OKW, II, S. 14f.
[29] Martin: Dtschld. u. Japan, S. 61–93.
[30] LV, S. 356.
[31] Zu Arabien u. Indien s. Voigt u. Hauser (op. cit.), Schröder u. Tillmann (op. cit.).
[32] Wortlt., abgedr. b. Salewski, III, S. 262–273; KTB/OKW, II, 1, S. 6; Raeder, II, S. 272ff.
[33] Vgl. Heusinger, S. 186 u. Warlimont, S. 239.
[34] Rede z. Heldengedenktag am 15. 3. 1942, in: Domarus, II, S. 1850.
[35] Hubatsch: Weisungen, S. 183ff.
[36] B. R. Lewin: Ark Royal, in: W 60/1980, S. 21, 30.
[37] Marina Italiana, II, S. 98–118; V. Borghese: Teufel der Tiefe, Boppard 1961, S. 115ff.; L. Durand de la Penne: The Italian Attack in the Alexandria Naval Base, in: Proceedings 82/1956.
[38] Baum/Weichold, a. a. O., S. 207–226; Playfair, II, S. 43–60, 111, 165f.; dazu auch Cavallero, S. 146 u. Warlimont, S. 425f.; Westphal: Mittelmeer, S. 164ff.
[39] Zu d. Operationen s. Seconda Controffensiva, S. 23ff.; KTB/OKW, II, 1, S. 254f.; Playfair, III, S. 151; Behrendt, a. a. O., S. 158f.; Carell: Wüstenfüchse, S. 176ff.; Esbeck, a. a. O., S. 41ff.; Kurowski: Afrikakorps, S. 148ff.
[40] Baum/Weichold, S. 202f.; dazu d. Memoiren v. Cavallero, S. 201ff.; Kesselring, S. 163; Rintelen, S. 155; Siegler, S. 51; Westphal: Mittelmeer, S. 169f.
[41] LV, S. 343, 347ff.
[42] Bryant, I, S. 354f.
[43] LV, S. 343f.; Raeder, II, S. 273.
[44] Allg. Roskill, II, S. 153ff. u. Ruge: Seekrieg, S. 284f.; Einzelheiten b. G. Bidlingmeier: Der Kanaldurchbruch. Unternehmen »Cerberus«, in: MR 1/1962 u. T. Robertson: Sie wagten das Äußerste, Bern 1958, S. 68ff.
[45] Zum Luftwaffeneinsatz s. Galland, a. a. O., S. 142ff.
[46] Bredemeier: Scharnhorst, a. a. O., S. 133ff.
[47] Kähler: Gneisenau, a. a. O., S. 126ff.
[48] Schmalenbach: Prinz Eugen, a. a. O., S. 170–183.
[49] Churchill, IV, 1, S. 138–141; Wheeler-Bennett: George VI, a. a. O., S. 536.
[50] B. E. Lewin: St. Nazaire 1942, in: W 41/1977, S. 34–41.
[51] Roskill, II, S. 94ff.
[52] LV, S. 357.
[53] Rohwer: U-Bootkrieg, in: Entscheidungsschlachten (op. cit.), S. 340ff.; Paillard: Atlantik, a. a. O., S. 230ff.; neuerdings Böddecker, a. a. O., S. 172f.; dazu Dönitz, S. 196ff., aus amerik. Sicht E. P. Hoyt: U-Boats Offshore. When Hitler struck America, New York 1978.

[54] Aus amerikan. Sicht Adams, S. 80ff. u. Morrison, XIII, a.a.O., S. 377–380; v. dt. Seite Rohwer: U-Bootkrieg, S. 341f.; Böddeker, S. 172ff.; dazu Dönitz, S. 217ff.
[55] Zahlen n. Rohwer: U-Bootkrieg, S. 343.
[56] Ebd.
[57] Roskill, II, S. 96–102.
[58] Beasly, a.a.O., S. 143ff. u. Lewin, a.a.O., S. 252ff.
[59] J. Brennecke: Haie im Paradies, München ^{8}1978; Busch, a.a.O., S. 247–254; Böddeker, S. 177–186.
[60] Dönitz, S. 221f.; Frank, a.a.O., S. 317–348.
[61] LV, S. 355.
[62] Rohwer: U-Bootkrieg, S. 343.
[63] Skizze b. Salewski, II, S. 623.
[64] KTB/OKW, II, 2, S. 1265ff., Dok. 3.
[65] Hubatsch: Washington, S. 183ff.

Die See-Luft-Schlacht bei Midway 1942

Als Hitler den Gedanken der deutsch-italienischen Offensive zum Nil aufgriff, waren alle Voraussetzungen für ein Zusammenwirken mit Japan entfallen.[1] Das Kaiserliche Hauptquartier blickte in andere Richtung. Nagano hatte die Flottenverbände der Admirale Nagumo und Ozawa nach ihrem unvollkommenen Sieg bei Ceylon abgezogen[2] und ließ das folgende englische Unternehmen zur Eroberung von Madagaskar lediglich durch Unterseeboote stören[3], während Sugiyama nicht länger an Indien als dem erklärten Operationsziel der Heeresgruppe Terauchi festhielt.[4]

Die japanische Führung war uneinig. Vorschläge des Außenministers Togo, zumindest mit China und England einen Kompromißfrieden anzustreben, wurden von den Militärs unterschiedlich beurteilt.[5] Ihre Rivalität verhinderte auch die Entwicklung eines Gesamtkriegsplanes.[6] Die Gegensätze zwischen den Streitkräften hatten bereits zur Aufteilung des eroberten Gebietes gezwungen. Das asiatische Festland und bestimmte Inseln des Stillen Ozeans kontrollierten Generale der Armee. Den übrigen Pazifik und das östliche Niederländisch-Indien verwalteten Marineoffiziere.[7]

Anfang 1942 wurde im Kaiserlichen Hauptquartier um die Festsetzung neuer Prioritäten gerungen. Der Heeresstab (Sugiyama) forderte die Wiederaufnahme des Angriffes gegen China bei defensivem Verhalten auf See. Der Admiralstab (Nagano) wollte Australien, die vermeintliche Basis einer künftigen amerikanischen Offensive, erobern. Dem widersprach der Flottenstab (Yamamoto). Ihm war bewußt, daß die Amerikaner in Pearl Harbor keine vernichtende Niederlage erlitten hatten. Er wollte sie daher zur Schlacht herausfordern und endgültig schlagen.[8]

Zur Verwirklichung dieser Absicht bedurfte es der Wahl eines geeigneten Objektes. Planspiele, die Yamamoto an Bord seines Flaggschiffes, der »Yamato« (Morishita), unter Admiral Kazushige Ugaki durchführen ließ, sprachen gegen Hawaii als Erstziel. Nach ihrem gelungenen Angriff auf Pearl Harbor durften die Japaner dort nicht wieder mit dem Überraschungseffekt rechnen. Vielleicht bewirkten aber groß angelegte Flottenoperationen im Seegebiet von Midway, daß Amerika seine kalifornische Küste gefährdet und den Seeweg nach Australien bedroht sah und darauf aktiv wurde.[9]

Noch ehe der erste von insgesamt acht Ausschüssen den Überfall auf Pearl Harbor untersucht hatte, waren Stark, Kimmel und Short abgelöst worden.[10] Seither lenkte Admiral Ernest J. King als Chief of Naval Operations die Flottenbewegungen und befehligte Admiral Chester W. Nimitz die Pacific Fleet.[11] Ihr Kern bestand aus vier Flugzeugträgern, bis die »Saratoga« (Ramsay) von einem japanischen Unterseeboot torpediert wurde und zur Reparatur nach Kalifornien zurückkehren mußte.[12]

Der japanische Admiralstab begann sich langsam für einen Vorstoß nach Midway zu interessieren.[13] Doch damit waren die Meinungsverschiedenheiten noch nicht beendet. Nagano hatte komplizierte Unternehmungen im Vorfeld des Australkontinentes, gegen Neuguinea und die Salomonen einleiten lassen und Admiral Shigeyoshi Inouye, der dort befehligte, drei Flugzeugträger zugeteilt. Zwei dieser Schiffe fehlten Nagumo, der nach seiner Rückkehr aus dem Indischen Ozean wieder zur Vereinigten Flotte (Yamamoto) trat.[14]

Nimitz war hiervon durch seine vorzügliche Funkaufklärung informiert. Er bildete aus den ihm verbliebenen Flugzeugträgern zwei Kampfgruppen unter den Admiralen William F. Halsey[15] und Frank J. Fletcher, die alsbald kühne Vorstöße in das japanisch beherrschte Gebiet führten, zuerst nach den Gilbert- und Marshall-Inseln, Wake und Marcus, dann zur Südküste Neuguineas, wo amerikanische Marineflieger aufstiegen und über das 4000 m hohe Owen-Stanley-Gebirge hinweg Stützpunkte des Gegners bombardierten.[16]

Nagano und Yamamoto mußten nun auch mit Angriffen auf japanische Städte rechnen. Amerikanische Versuche zeigten, daß Heeresflugzeuge[17] des Typs Mitchel »B 25« vom Deck großer Träger starten konnten.[18] Die neue »Hornet« (Mitscher)[19] nahm 16 dieser Maschinen an Bord. Der Flugzeugträger »Enterprise« (Murray)[20], 4 Schwere Kreuzer und 8 Zerstörer sicherten das Unternehmen. Oberstleutnant James Doolittle befehligte den Fliegereinsatz. Admiral Halsey führte die Schiffe.

Am 18. April 1942 legten 15 »B 25« eine 650 sm lange Strecke bis nach Tokio zurück und flogen, da Halsey sofort umkehren mußte, 1100 sm über das Ziel hinaus weiter, um auf Rollfeldern des Marschalls Tschiang Kai-schek niederzugehen. Der »Doolittle-Raid« verursachte nur geringe Schäden, hatte jedoch erhebliche Auswirkungen.[21] Sugiyama eröffnete mit zwei der in China stehenden japanischen Armeen eine Offensive, die zur Eroberung aller von den Amerikanern benutzten Flugplätze führte. Nagano setzte den Angriffstermin für die Vereinigte Flotte (Yamamoto) fest.[22]

Der von Yamamoto und Ugaki entwickelte Operationsplan bekam einen größeren Rahmen. Ihm lag jetzt eine völlig neue Einschätzung zugrunde. Midway war nicht mehr der Köder, mit dem Nimitz verlockt werden sollte, seine Flotte zu exponieren. Da sich die Hauptinsel des Atolls vorzüglich zum Bau eines Rollfeldes eignete, wollte man sie erobern und als unversenkbare Flugzeugträger für japanische Bombenangriffe auf das 1800 sm entfernte Hawaii herrichten, dessen Einnahme in weiteren Kämpfen anzustreben wäre.[23]

Drei Tage vor dem Auslaufen der Vereinigten Flotte (Yamamoto) war die Bombardierung des amerikanischen Aleutenstützpunktes Dutch Harbor vorgesehen. Nach diesem Angriff sollte die Nordflotte (Hosogaya) Marineinfanterie auf Nachbarinseln, vor allem Kiska und Attu landen, um den Gegner von Midway abzulenken.[24] Gleichzeitig hatten Geschwader japanischer U-Boote südlich und nordwärts des Riffes French Frigate Shoals sowie bei Unalaska breite Vorpostenstreifen zu bilden. Durch sie hoffte der Flottenchef rechtzeitig über die Reaktion des Admirals Nimitz zu erfahren.[25]

Andere U-Boote würden vor der Vereinigten Flotte (Yamamoto) herlaufen. Ihr sollte die Trägerflotte (Nagumo) mit einer Unterstützungsgruppe (Abe), dem Invasionsverband (Kondo), seinem Deckungsgeschwader (Kurita) und Transportern (Tanaka) folgen. Als Nachhut hätte das Gros der Schlachtschiffe eine Warteposition zu beziehen, an der die vorgestaffelten Kräfte starken Rückhalt fänden, falls Nimitz zum Gegenschlag ausholte.[26]

Die Bewegungen der Verbände waren sorgfältig vorbestimmt, bei den riesigen Entfernungen zwischen Hashirajuma Reede, Midway, Hawaii und Dutch Harbor, der unsicheren Wetterlage und dem Zwang zur absoluten Funkstille aber nicht pünktlich auszuführen. Der ungemein komplizierte, wenig flexible Aufmarsch litt auch unter mangelhaften Informationen über die Absichten des Gegners. Von 180 abgehörten Funksprüchen, die Yamamoto täglich vorlagen, konnte kein abgefangener Text rechtzeitig entziffert werden.[27]

Dagegen war Nimitz gut im Bilde. Die Amerikaner hatten mit ihren elektronischen Rechengeräten nach dem »Magic« genannten Verfahren den Marinekode des Gegners gebrochen.[28] Täglich wurden abgefangene Sprüche ins Englische übersetzt, die enthüllten, daß Yamamoto weitläufige Operationen einzuleiten beabsichtigte. Ein Funkspiel des Combat Intelligence (Rochefort) brachte Gewißheit über das Ziel.[29] Zuvor waren bereits Aufgabenstellung und Zeitplan der japanischen Südflotte (Inouye) bekannt geworden.[30]

Da sich »Hornet« (Mitscher) und »Enterprise« (Murray) noch auf dem Rückmarsch vom »Doolittle-Raid« befanden, konnte Nimitz nur eine Kampfgruppe unter Fletcher mit der »Yorktown« (Buckmaster) und »Lexington« (Sherman) in den südlichen Pazifik entsenden, wo japanische Kräfte das kleine Tulagi besetzt hatten und nun auch bei Port Moresby auf Neuguinea landen wollten. Vom 4. bis 8. Mai 1942 kam es zu Gefechten, die man als See-Luft-Schlacht im Korallenmeer bezeichnet hat.[31]

Zwei Flotten begegneten sich, deren Schiffe einander im Verlaufe der Kampfhandlungen niemals ansichtig wurden. Sie warfen ihre Fliegerstaffeln auf große Entfernungen über den Horizont und erlagen dabei manchem Irrtum. Einige Schläge gingen ins Leere oder trafen Nebenziele. Amerikanische Bomber versenkten den kleinen Träger »Shoho« (Izawa), die Japaner einen weit abseits stehenden Öldampfer mit seinem Begleitzerstörer. Am letzten Tage mußte sich die »Shokaku« (Yamaoka) brennend zurückziehen, während Piloten der kaiserlichen Marine mehrere Treffer auf Fletchers Trägern erzielten.[32]

Die »Lexington« (Sherman) brannte an vier Stellen und mußte nach starken Explosionen versenkt werden.[33] Außer diesem Träger, 1 Tanker und 1 Zerstörer verloren die Amerikaner 66 Flugzeuge und 543 Mann. Inouye hatte mit der »Shoho« (Izawa) 1 Zerstörer, 77 Flugzeuge und 1074 Seeleute eingebüßt. Er hielt Tulagi weiter besetzt, zog aber seine Verbände von Port Moresby vorübergehend nach Rabaul zurück. Eine klare Entscheidung war nicht gefallen.

Als die Vereinigte Flotte (Yamamoto) Anker aufnahm, zählte sie 6 Flugzeugträger und 7 Schlachtschiffe, darunter die mächtige »Yamato« (Morishita), ferner 14 Kreuzer, 42 Zerstörer und 15 Unterseeboote sowie 4 Fahrzeuge, die Klein-U-Boote mitführten. Zum Verband gehörten auch Minensucher, 18 Tanker und 40 Transporter, die Versorgungsgüter und 5000 Marineinfanteristen an Bord hatten. Die Armada konnte 600 Flugzeuge starten, größtenteils Trägermaschinen.[34]

Die amerikanischen Kräfte waren an Zahl unterlegen. Auf Midway standen etwa 3000 Mann, die 121 Flugzeuge und 10 Schnellboote zu ihrer Verteidigung einsetzen konnten. In Pearl Harbor verfügte Nimitz über 7 Kreuzer, 17 Zerstörer und 19 U-Boote. Sie sollten 2 Träger – »Hornet« (Mitscher) und »Enterprise« (Murray) – sichern. Die aus dem Korallenmeer zurückkehrende »Yorktown« (Buckmaster) war beschädigt und meldete eine Reparaturzeit von drei Monaten.[35] Ein vierter Flugzeugträger und zwei Schlachtschiffe, die von Kalifornien ausliefen, trafen nicht rechtzeitig ein.

Immerhin konnte Nimitz einige Vorteile wahrnehmen. Der wichtigste war die Vervollkommnung des Feindlagebildes durch Combat Intelligence (Rochefort). Als weiterer

Gewinn erwies sich der Leistungswille des 1400 Arbeiter zählenden Werftpersonals in Pearl Harbor, das innerhalb von 48 Stunden die Schäden auf der »Yorktown« (Buckmaster) einigermaßen behob. Schließlich fand der Flottenbefehlshaber für den erkrankten Halsey einen geeigneten Stellvertreter: Admiral Raymond A. Spruance.[36]

Die Pacific Fleet (Nimitz) verfügte jetzt über drei Kampfgruppen. In den Aléuten operierte die Task Force 8 (Theobald) mit 5 Kreuzern, 13 Zerstörern und 6 U-Booten. Bei Hawaii formierte sich eine Task Force 16 (Spruance), zu der »Hornet« (Mitscher) und »Enterprise« (Murray), 6 Kreuzer, 11 Zerstörer und 2 Tanker gehörten. Neu aufgestellt wurde die Task Force 17 (Fletcher), bestehend aus der »Yorktown« (Buckmaster), 2 Kreuzern und 6 Zerstörern. Sobald sich TF 16 und TF 17 vereinigten, übernahm Fletcher die Führung.[37]

Nimitz gewährte ihm einen weiten Entscheidungsspielraum. »Sie werden«, hieß es in der Operationsanweisung, »dem Gegner durch Abnutzungstaktik bei kalkuliertem Risiko den größtmöglichen Schaden zufügen«. Fletcher erreichte mit Spruance schon am 2. Juni 1942 eine Position nordwärts Midway, mehrere Tage bevor die japanischen U-Boote ihre Standlinien bilden und das Auslaufen der Amerikaner melden konnten. Die TF 16/17 schob sich unbemerkt in die Flanke der Vereinigten Flotte (Yamamoto), deren Schiffe kein RADAR besaßen und wegen dichten Nebels zeitweise ohne Luftaufklärung marschierten.[38]

Die Schlacht bei Midway begann am 4. Juni 1942, als Admiral Nagumo mit seinen vier Flugzeugträgern in den Wind drehte und 108 Maschinen zum Angriff auf das Atoll starten ließ. Die Wirkung war gering, der Verteidiger nicht überrascht. Seine Aufklärer hatten bereits den Invasionsverband (Kondo) erfaßt, auch trafen beim Inselkommandanten wichtige Hinweise von Nimitz und Fletcher ein. Gegenstöße landgestützter Heeresflugzeuge auf die japanische Trägergruppe scheiterten allerdings unter schweren Verlusten.[39]

Während des ersten Schlagabtausches empfing Nagumo ungenaue Aufklärermeldungen über die Position der amerikanischen Geschwader.[40] Ihm blieb ohnehin keine Wahl. Er mußte die von Midway zurückkehrenden Maschinen an Bord nehmen, umrüsten, kettenweise betanken und neu munitionieren, bevor zwei Stunden später 69 Stuka, 80 Torpedobomber und 60 Zero-Jäger zum Angriff auf die feindlichen Schiffe starten konnten.[41] Bis dahin blieben nur Gefechtspatrouillen und Aufklärer in der Luft.

Im Stabe von Spruance rechnete man, daß sich die Japaner gegen 09.00 Uhr eine gefährliche Blöße gaben. Der Admiral ließ daher kurz nach 07.00 Uhr Maschinen der »Hornet« (Mitscher) und »Enterprise« (Murray) starten. Die Entfernung bis zur japanischen Trägergruppe betrug noch 150–180 sm. Bei dieser Distanz nahm man in Kauf, daß einige amerikanische Flugzeuge unterwegs notwassern würden. Fletcher, der mit hoher Fahrt folgte, entsandte seine Stuka anderthalb Stunden später gegen den Feind und behielt die meisten Jäger zum Schutze der »Yorktown« (Buckmaster) zurück.[42]

Einige Bomber verfehlten Nagumos Träger und mußten nach Midway umgeleitet werden. Von einer Torpedostaffel, die im Schrägflug ihre Angriffsposition dicht über den Wogen des Meeres erreichte, wurden alle Flugzeuge bis auf die letzte Maschine abgeschossen. Die folgenden Flieger erlitten kaum geringere Verluste. Doch dieses Opfer hatte den japanischen Jagdschutz heruntergezogen. Die »Dauntless«-Sturzkampfbomber der »Enterprise« (Murray) und »Yorktown« (Buckmaster) trafen daher in großer Höhe keinen Widerstand mehr an.[43]

Die nächsten fünf Minuten entschieden über den Ausgang der Schlacht und des pazifischen Krieges. Um 10.25 Uhr setzten die unbemerkt über den Wolken zusammengezogenen amerikanischen Staffeln zum Sturzflug an und warfen ihre Bomben. Nagumo hatte die Startbahnen für den Jägerbetrieb freimachen lassen. Darunter, in den Hallendecks, wurden die von Midway zurückgekehrten Maschinen umgerüstet. Die Treibstoffleitungen waren gefüllt, ringsum lagerten Öl und Schmierfett, Torpedos, Bomben und Bordmunition.[44]
»Akagi« (Aoki), »Kaga« (Akada) und »Soryu« (Yanagimito) wurden je von zwei bis drei Bomben getroffen. Die Detonationen entfachten Feuer, das reichlich Nahrung fand. Hitzewellen quollen aus dem Schiffsinnern hervor, versengten Seeleute, ließen Torpedos und Abwurfmunition hochgehen, deren Splitter weitere Matrosen zerfetzten und alle Aufbauten der Träger durchsiebten. Admiral Hiroaki Abe kam mit Zerstörern längsseit. Verwundete wurden von Bord gefiert. Aber bei den drei großen Schiffen scheiterten Rettungsversuche. Selbst chemische Löschmittel halfen nicht mehr.
Nagumo stieg auf einen Kreuzer um und führte den Rest seines Verbandes weiter. Mit der ihm noch verbliebenen »Hiryu« (Kaku) holte er zum Gegenschlag aus. In zwei Wellen erreichten japanische Maschinen die »Yorktown« (Buckmaster). Die meisten wurden abgeschossen. Doch der amerikanische Träger verlor durch Bomben- und Torpedotreffer seine Manövrierfähigkeit. Als eine dritte Angriffswelle startklar machte, vollzog sich freilich innerhalb 6 Minuten das Schicksal des Japaners. Stuka der »Enterprise« (Murray) verwandelten ihn in einen feuerspeienden Vulkan.[45]
Yamamoto ließ die Schlachtschiffe der Admirale Nobutake Kondo und Takeo Kurita vorstoßen. Aber nun zeigte sich, daß die Amerikaner dank ihrer Luftüberlegenheit dem Artilleriekampf ausweichen konnten. Spruance lief auf Ostkurs. Fletcher kümmerte sich noch um die liegengebliebene »Yorktown« (Buckmaster). Während sie ihre Schlagseite korrigierte, durchbrach das japanische U-Boot »I 168« (Tanabe) die Sicherung und schlug dem Träger samt einem Zerstörer todbringende Wunden.
Die Schlacht war zu Ende. Yamamoto und Ugaki rangen sich zu der Erkenntnis durch, daß ihnen angesichts des Mißerfolges nur übrigblieb, den Rückzug nach Japan zu befehlen. Die Kaiserliche Marine hatte 4 Träger und 1 Kreuzer mit 3500 Mann und 253 Flugzeugen verloren, die U.S. Navy nur 1 Träger und 1 Zerstörer mit 307 Seeleuten und 150 Maschinen. Die wenigen Ziffern deuteten auf eine unabänderliche Entscheidung: die Wende des Krieges im Pazifik.[46]
Für die vier vernichteten japanischen Flugzeugträger lagen als Ersatz nur zwei Schiffe mit entsprechender Kapazität auf Stapel, während in Amerika sechs vergleichbare Neubauten der Vollendung entgegengingen. Wohl konnte Nagano noch zusätzlich die Rümpfe von Schlachtschiffen und Schweren Kreuzern zu Trägern bestimmen und ausrüsten lassen. Doch demgegenüber sah das Schiffsbauprogramm der Vereinigten Staaten nicht weniger als neunzehn solche Improvisationen vor.[47]
Hinzu kam das Nachwuchsproblem der Trägerluftwaffen. Japan hatte im Korallenmeer und bei Midway die Blüte seines fliegenden Personals verloren. Zur Ausbildung neuer Stämme fehlte es an Fluglehrern, Schulmaschinen und Zeit. Amerika besaß dies alles zur Genüge. Schon 1942 kamen von Lehrgängen der USA 6000 junge Marineflieger, 1943 sogar 9000, bis am Ende für jede Trägermaschine drei Piloten vorhanden waren und alle vier Monate zwei Mannschaften einander ablösen konnten.[48]
Als neuer Propagandachef enthob General Ando Kisaburo die Kaiserliche Marine der

Aufgabe, ihre Niederlage zu verbergen. Er feierte die Besetzung der Aléuten-Inseln Kiska und Attu durch Verbände der Nordflotte (Hosogaya) als Sieg und erklärte die mit Hilfe der neugebildeten 8. Flotte (Mikawa) begonnene Landung auf Neuguinea zum vollen Erfolg. Yamamoto rechtfertigte sich zwar vor dem Tenno, der, wie es das Zeremoniell gebot, schweigend zuhörte. Doch Tojo mußte sich mit allgemeinen Informationen zufrieden geben, und der Außenminister erfuhr von dem Debakel nicht mehr als die streng kontrollierte Presse.[49]

Eine Umkehr zum Primat der Politik schien ausgeschlossen.[50] Die allein maßgebende Militäroligarchie befestigte sogar ihre Macht angesichts der Tatsache, daß Japan die Initiative im Kampf gegen Amerika eingebüßt hatte. Man nahm der von Fürst Konoe und Lordsiegelbewahrer Koichi Kido geführten »Fraktion des Friedens« jeden Einfluß[51] und bewog durch Vorbereitung eines Großostasiatischen Ministeriums, das alle besetzten Gebiete rücksichtslos plündern und die auswärtigen Beziehungen weiter einschränken sollte, Togo zum Rücktritt.[52]

[1] Vgl. vorletztes Kap.

[2] B. Collier: The War in the Far East, 1941–1945, New York 1969 (zit. Collier: Far East); Roskill, II, S. 219–238; Woodburn Kirby, II, a.a.O., S. 344–371.

[3] Gwyer/Butler, a.a.O., S. 489ff.

[4] Martin: Dtschld. u. Japan, a.a.O., S. 67.

[5] ders.: Japan i. Krieg, a.a.O., S. 136; dazu Maruyama, a.a.O., S. 203ff.; Shigemitsu, a.a.O., S. 307f.; Togo, S. 197ff.

[6] Martin: Japan i. Krieg, a.a.O., S. 139.

[7] ders.: Dtschld. u. Japan, S. 141f.; Jones, a.a.O., S. 210ff.; Kato, S. 155ff.

[8] Agwa, a.a.O., S. 217f.; B.R. Lewis: Midway, in: W 9/1981, S. 1–9 (zit. Lewis: Midway); zum Folgenden B. Haupt: Die japanische Seemacht im Zweiten Weltkrieg, in: MF 3–4/1976, S. 56–59, 93–97.

[9] Hattori, II, a.a.O., S. 133 u. Lewis: Midway, a.a.O., S. 2.

[10] Herde, a.a.O., S. 446ff.; D. G. Krolow: The Accused, New York 1968; L. Morton: The War in the Pacific. Strategy and Command. The First Two Years. U.S. Army in World War II, Washington, D.C., 1962, S. 16ff. (zit. Morton).

[11] E. B. Potter: Nimitz, Anapolis, Md., 1976 (zit. Potter: Nimitz).

[12] Morison: III, a.a.O., S. 255ff.

[13] Hattori, II, S. 134.

[14] G. Bennett: Seeschlachten, a.a.O., S. 234.

[15] W. F. Halsey u. J. Bryan (Hg.): Admiral Halsey's Story, New York 1947 (zit. Halsey).

[16] D. Brown: Carrier Operations in World War II. The Pacific Navies, London 1974, S. 24ff. (zit. Brown); Morison, III, S. 265–270; Ruge: Pazifik, a.a.O., S. 57f.

[17] Die U.S. Air Force existierte noch nicht. Man unterschied U.S. Army Air Force (Heeresluftwaffe) u. U.S. Navy Air Force (Marineluftwaffe).

[18] W. G. Craven u. J. L. Cate: Plans and Early Operations, in: The Army Air Force in World War II, Bd. 1, Chicago, Ill., 1948, S. 438–444 (zit. Craven/Cate); Brown, S. 33ff.

[19] A. T. Griffin: A Ship to Remember. The Saga of the Hornet, New York 1943 (zit. Griffin).

[20] E. P. Stafford: The Story of the U.S.S. Enterprise, New York 1962 (zit. Stafford); G. Blond: Königin des Pazifik. Flugzeugträger »Enterprise« von Pearl Harbor bis Okinawa, Hamburg o. J. (zit. Blond: Enterprise).

[21] Bergamini, a.a.O., S. 427f.; Morison: III, S. 389–398; P. Kennedy: Der Kampf im Pazifik, München 1981, S. 97ff. (zit. Kennedy: Pazifik); neuerdings B. R. Lewis: The Doolittle Raid on 18. April 1942, in: MH 11/1982, S. 562–569.

[22] Hattori, II, S. 134f.

[23] M. Fuchida u. M. Okumiya: Midway, München 1960 (u. ö.), S. 38–44 (zit. Fuchida); Kennedy: Pazifik, S. 98f.; Morison: Coral Sea, Midway and Submarine Actions, May 1942 – August 1942. Naval Operations in World War II, IV, Boston 1955, S. 3ff. (zit. Morison IV); J. Rohwer: Die See-Luft-Schlacht bei Midway 1942, in: Entscheidungsschlachten, a. a. O., S. 189–228 (zit. Rohwer: Midway); Z. Ohmae: Die strategische Konzeption der japanischen Marine im Zweiten Weltkrieg, in: MR 54/1957, S. 179–203 (zit. Ohmae); Potter: Yamamoto, a. a. O., S. 186f.

[24] Hattori, II, S. 136ff.

[25] Fuchida, S. 98ff; Potter: Yamamoto, S. 188.

[26] Ebd., S. 101ff.; auch Bennett: Seeschlachten, S. 241ff. u. Kennedy: Pazifik, S. 115.

[27] Aufschlußreiche Belege enthält d. Bericht Adm. Nagumos samt anl. KTB u. Signalkladden, veröffentl. in: The Japanese Story of the Battle of Midway, ONI Review 5/1947; vgl. dazu d. Aussagen jap. Offiziere in: Interrogations of Japanese Officials, I/II, hg. v. USSBS (Pacific), Naval Analyse Division, Washington, D. C., 1946 (zit. Nagumo: Report).

[28] Vgl. Kap. Die Ausweitung zum globalen Krieg. Zum Folgenden grundlegend W. J. Holmes: Double-Edged Secrets. U.S. Naval Intelligence Operations in the Pacific Ocean during World War II, Annapolis, Md., 1979 (zit. Holmes).

[29] Morison, IV, S. 8ff., 21ff; E. B. Potter: Nimitz, a. a. O., S. 78.

[30] Rohwer: Midway, S. 203.

[31] Bennett: Seeschlachten, a. a. O., S. 236–239; Bergamini, a. a. O., S. 428ff.; Brown, S. 45ff.; Morison, IV, S. 21–69; Kennedy: Pazifik, S. 104–113; E. B. Potter: Nimitz, S. 63ff. Rohwer: Midway, S. 202–204; Ruge: Pazifik, S. 64–71.

[32] Ruge: Pazifik, S. 76f.

[33] Bennett: Seeschlachten, S. 239.

[34] Zahlen nach Rohwer/Hümmelchen: Chronik, S. 251; Rohwer: Midway, S. 208; vgl. Bergamini, S. 430; Kennedy: Pazifik, S. 116; Morison, IV, S. 90–93.

[35] Fuchida, S. 251; Morison, IV, S. 81ff., 101ff.

[36] Bennett: Seeschlachten, S. 241; Morison, IV, 105ff; Potter/Nimitz: Seemacht, a. a. O., S. 776ff.

[37] Ebd., S. 110–140.

[38] Fuchida, S. 252.

[39] Craven/Cate, I, S. 451ff.

[40] Fuchida, S. 243.

[41] Nagumo: Report, s. Anm. 27.

[42] Einzelheiten z. Verlauf d. Schlacht b. W. B. Lewis: Midway and the Alëutians, in: The United States and World Sea Power, Englewood Cliffs, N. J., 1955, S. 682–701.

[43] Brown, S. 69ff; Stafford, S. 37f.; Blond, S. 91ff.

[44] Fuchida, S. 245.

[45] Stafford, S. 40ff.; Blond: 104ff.

[46] Collier: Far East, S. 231ff.; Morison, IV, S. 141–160; Potter: Yamamoto, S. 190f. u. E. B. Potter: Nimitz, S. 91– 7; Rohwer/Hümmelchen: Chronik, S. 252; Ruge: Pazifik, S. 89.

[47] Ebd., S. 90.

[48] Bennett: Seeschlachten, S. 148.

[49] Bergamini, S. 434 u. Kido-Tgb. 8. 6. 1942.

[50] Maruyama, a. a. O., S. 208f.; Maxon, a. a. O., S. 241ff; Titus, a. a. O., S. 332.

[51] Bergamini, S. 435f; Butow: Tojo, a. a. O., S. 367f.

[52] Shigemitsu, a. a. O., S. 295ff.; Togo, a. a. O., S. 214–220; dazu Ye Le-Jen: The Japanese Strugle for World Empire, New York 1967, S. 237ff.

Der Feldzug in Nordafrika 1942

Mussolini hatte das Konzept des »Parallelkrieges« stillschweigend aufgeben müssen. Nach dem Verlust von Somaliland, Eritrea und Abessinien konnte Libyen als letzter Außenbesitz Italiens nur mit deutscher Unterstützung gehalten werden. An diese arme, kaum erschlossene Kolonie knüpfte sich das Schicksal des faschistischen Regimes. Sein Kriegsziel, die Beherrschung des Mittelmeerraumes, wurde endgültig zur Farce, wenn es dem Duce nicht gelang, eine Basis in Nordafrika zu behaupten.[1]

Von Libyen aus, wo General Ettore Bastico als Nachfolger Gariboldis den Oberbefehl ausübte, waren bisher drei Offensiven gegen das britische Heer in Ägypten und der Cyrenaika unternommen worden, davon zwei mit Hilfe des Deutschen Afrikakorps (DAK). Zur Zeit standen die Achsenstreitkräfte vor einer 65 km langen Verteidigungsfront des Gegners zwischen Ain el Gazala und Bir Hacheim. Dies bedeutete aber kein Erstarren der Operationen. Sobald eine der feindlichen Armeen zu Kräften kam, schlug sie wieder los.[2]

Das Hin und Her im Wüstenkrieg entsprach dem jeweiligen Stand der Versorgung. Die Afrikatransporte der Achsenmächte liefen von Norden nach Süden, die britischen Konvois von Westen nach Osten. Geleite der Engländer trafen bei Malta zusammen, das eine doppelte Funktion hatte. Leichte Einheiten der Force K (Agnew) halfen die Frachter sichern oder bekämpften zusammen mit U-Booten und Flugzeugen des Inselstützpunktes den feindlichen Nachschubverkehr. Bis Ende Februar 1942 waren 91 deutsche und italienische Transporter (415918 BRT) versenkt worden.[3]

Die Tonnageverluste der Achsenmächte nahmen zeitweise so überraschend zu, daß man von »Verrat« sprach.[4] In Wirklichkeit hatten Spezialisten in Bletchley Park den italienischen Marinekode gebrochen.[5] Das »Ultra«-Material wurde Cunningham und Auchinleck[6] durch Funk übermittelt, optimal allerdings erst ausgewertet, als ein gemischter Stab unter Major Enoch Powell die Meldungen prüfte.[7] Seither konnten die auf Malta gestützten Streitkräfte rechtzeitig Position beziehen, um feindliche Afrikatransporte anzugreifen.

Die Bewegungsfreiheit der italienischen Flotte war durch Treibstoffmangel eingeschränkt. Supermarina (Riccardi) mußte sich deutsche Lieferungen (81000 t in acht Monaten)[8] mit Superaereo (Fougier) und Superesercito (Roatta) teilen und bald noch mehr sparen, als Rumänien den Erdölexport drosselte und die Preise erhöhte. Admiral Angelo Iachino konnte seine vier Schlachtschiffe nur selten an den Feind führen, zuletzt zweimal in der Syrte.[9]

Doch inzwischen hatte sich das Blatt gewendet. Wegen des japanischen Kriegseintritts waren alle schweren Einheiten der Force H (Somerville) zum Schutze Indiens abgezogen worden. Die letzten Schlachtschiffe der Mediterranean Fleet (Cunningham) lagen vor Alexandria auf Grund. Die Force K (Agnew) erlitt nördlich von Tripolis durch italienische Minentreffer empfindliche Verluste; andere Einheiten sanken auf Sperren, die eine

deutsche S-Flottille bei La Valetta warf. »Upholder« (Wanklyn), das erfolgreichste U-Boot der Royal Navy, wurde von einem Italiener vernichtet.[10]
Generalfeldmarschall Kesselring[11] hatte seine Flieger zunächst vorwiegend zur Sicherung des Afrika-Nachschubes eingesetzt, als Geleite der Achsenmächte ohne Ausfälle Libyen erreichten aber zusammen mit General Rino Fougier wieder Malta zum Schwerpunktziel bestimmt.[12] Die deutsch-italienische Bomberoffensive verursachte in der Inselfestung schwere Schäden. Sir Edward St. John Jackson, der Gouverneur, klagte über Lebensmittel-, Wasser- und Munitionsmangel. Von Flugzeugträgern gestartete Maschinen wurden bei La Valetta am Boden zerstört. Die 10th Submarine Flottilla (McGregor) mußte den Stützpunkt räumen.[13]
Indes plante das Comando Supremo (Cavallero) die auch von Raeder geforderte See-Luft-Landung auf der Inselgruppe.[14] Zum erstenmal wurde ein gemeinsamer deutsch-italienischer Stab unter Student und Gandin gebildet. Doch Kesselrings Anregung, Malta im Handstreich zu nehmen, ehe die Bomberoffensive auslief, konnte nicht entsprochen werden, weil Supermarina (Riccardi) erst noch Schiffe für das Unternehmen umbauen und Superesercito (Roatta) eine kürzlich aufgestellte Fallschirm-Division weiter ausbilden lassen mußte.
Hitler, der seit den Erfahrungen von Kreta jedem größeren Luftlandeunternehmen abgeneigt war, gedachte, Rommel für eine neue Offensive in Richtung Kairo freie Hand zu geben. Der General sollte – etwa im Sinne Raeders[15] – eine über den Kaukasus führende Offensive des Ostheeres ergänzen und zur Wegnahme der iranischen Erdölfelder beitragen. Als Mussolini Ende April nach Schloß Kleßheim kam, um mit seinem Bündnispartner die strategischen Probleme zu erörtern, befürwortete Cavallero die Eroberung von Malta, während Jodl einen Stoß zum Suezkanal empfahl.[16]
Der Chef des Wehrmachtführungsstabes bemängelte an Cavalleros Alternative die ungeklärte Terminabfolge. Auch verwies Jodl auf die Absichten des britischen Mittelostkommandos (Auchinleck), das eine Gegenoffensive der 8. Armee (Ritchie) plante. Man wußte dies aus »guter Quelle«.[17] Dem italienischen »Servizio Informazioni Militari« (Amè) war es gelungen, sich des »Black Code« der US-Militärattachés zu versichern.[18] Zugleich erfuhr die »Abwehr« (Canaris), was der amerikanische Verbindungsoffizier in Kairo, Colonel Bonner Frank Fellers, nach Washington kabelte.[19]
Kesselring machte geltend, daß die vorgesehenen Operationen einen Schwerpunktwechsel der deutschen Luftwaffe erforderten und daher nicht gleichzeitig beginnen konnten.[20] Das auf Sizilien stationierte II. Fliegerkorps (Loerzer) und die Kräftegruppe des »Fliegerführers Afrika« (Hoffmann von Waldau) konnten nur nacheinander losschlagen. Man schloß daher einen Kompromiß: zuerst sollte Rommel bis zur Ägyptischen Grenze vorstoßen (Unternehmen »Theseus«), danach der Angriff auf Malta erfolgen (Unternehmen »Herkules«).[21]
Bastico hatte den italienischen Korps in Nordafrika 228 neue Kampfwagen zugeteilt. Das DAK (Crüwell) wurde mit 333 Panzern ausgerüstet. Der »Fliegerführer« (Hoffmann von Waldau) erhielt 542 Maschinen[22], die 5° Squadra (Marchesi) ihre ersten Macchi »MC-200«. Damit war Rommels Armee dem in starken Stellungen verschanzten, von 847 Tanks und 604 Flugzeugen unterstützten Gegner noch kaum gewachsen.[23] Der Mangel an Stoßkraft mußte daher durch Initiative und überraschende Bewegungen ausgeglichen werden.
Die Offensive der deutsch-italienischen Panzerarmee (Rommel) begann am 26. Mai

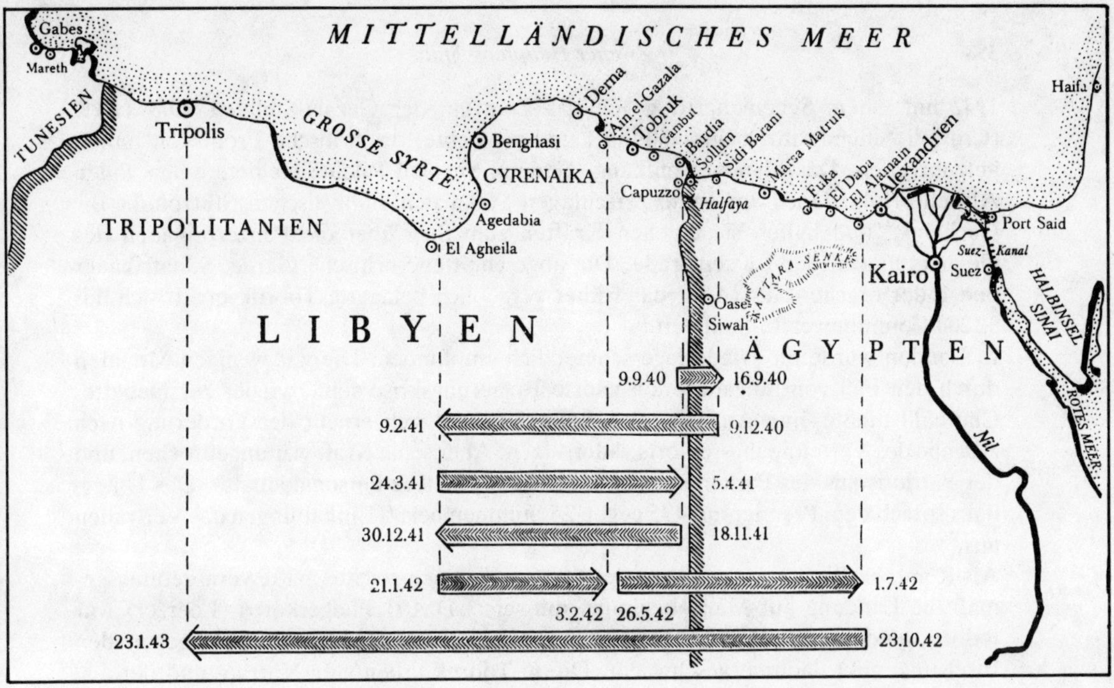

Operationen in Nordafrika

1942 mit einem Scheinangriff gegen das Zentrum der Gazala-Stellung. Das DAK (Crüwell) umging ihren linken Flügel und versuchte, die britische Front von hinten aufzubrechen. Das Manöver mißlang. General Sir Neil Ritchie meldete einen vollen Abwehrerfolg. Doch am Ende zerschlugen Stuka den gaullistischen Stützpunkt Bir Hacheim[24] und halfen sie eigenen Kräften zum Sieg über die Panzerbrigaden des Gegners unweit der Küstenstraße. Die abgeschnittene britische Garde, Südafrikaner und Inder brachen aus. Aber das früher vergeblich belagerte Tobruk ergab sich mit 32200 Commonwealth-Soldaten.[25]

In London wurde die Niederlage schmerzlich empfunden. Die vor wenigen Monaten durch den Fall von Singapore ausgelöste Regierungskrise stand wieder zur Debatte. Churchill mußte eine Amerikareise abbrechen und sich erneut der Forderung nach Abgabe des Verteidigungsressorts widersetzen. Aber seine Kraft war ungebrochen, und der Patriotismus des Parlamentes erlaubte keine weitere Personaldebatte. Das Unterhaus sprach dem Premier mit 475 gegen 25 Stimmen bei 30 Enthaltungen das Vertrauen aus.[26]

Als Rommels Panzerarmee den zerfetzten Grenzzaun erreichte, hätte verabredungsgemäß die Landung auf Malta beginnen müssen.[27] Das II. Fliegerkorps (Loerzer) war jedoch wieder nach Rußland verlegt worden und die Bomberoffensive gegen den Inselstützpunkt dadurch geschwächt. Die in Tobruk erbeuteten Vorräte und der fast unbeschädigt eingenommene Hafen der Wüstenfestung sprachen für eine Fortsetzung des Unternehmens »Theseus«, zumal Canaris und Amè mit dem baldigen Anlanden amerikanischer Hilfsgüter in Suez rechneten und infolgedessen Gefahr bestand, daß sich Auchinleck verstärkte, wenn man ihn nicht aus Ägypten vertrieb.[28]

Hitler ließ dem zum Generalfeldmarschall ernannten Rommel die Zügel schießen. Eine historische Stunde schien gekommen. Die Lage sollte »bis zur vollständigen Vernichtung der britischen Truppen« ausgenutzt werden. »Duce«, schrieb der ObdW an Mussolini, ohne noch mit einem Wort auf Malta einzugehen. »Die Göttin des Schlachtenglücks nähert sich den Führern nur einmal. Wer sie in einem solchen Augenblick nicht festhält, wird sie sehr oft nie wieder erreichen . . .«.[29]

Mussolini traute den Deutschen mehr als seinen Ratgebern. Er flog nach Derna, um an der Spitze seiner Truppen in Kairo einziehen zu können.[30] Ciano, Cavallero und Bastico gaben ihren Widerstand gegen diese überstürzte Entscheidung auf.[31] Auch Kesselring, der bis zuletzt Einwände erhoben hatte, fügte sich. Offiziere des Wehrmachtführungsstabes erwarteten, daß Malta schnell an Bedeutung verlieren werde, wenn Alexandria fiel. Schließlich wurde das Unternehmen »Herkules« auf den Herbst und damit für immer verschoben.[32]

Rommel hatte seiner Panzerarmee befohlen, die Verfolgung des Gegners jenseits der libysch-ägyptischen Grenze fortzusetzen, noch ehe ihm freie Hand gelassen wurde.[33] Mit Hilfe erbeuteter Lastwagen und auf der von Marsa Matruch nach Alexandria führenden Kleinbahn hoffte er die vermeintlich in Auflösung begriffene 8. Armee (Ritchie) überholen und abschneiden zu können.[34] Ab 23. Juni 1942 unterstützte das Comando Supremo (Cavallero) diese Absicht mit einer raschen Folge neuer Befehle.[35]

Schon fielen Sollum, Bardia und Marsa Matruch. Das vorgeworfene DAK (Nehring) brachte mit der 15. PzD. (Vaerst) und 21. PzD. (Bismarck) 6000 Gefangene ein.[36] Die Italiener brachten ganze Kompanien der britischen Armee hinter Stacheldraht. Doch Auchinleck, der sie jetzt selbst führte, brachte kampffähige Elemente zurück, ließ eine

starke Auffangstellung vorbereiten und Verstärkungen heranziehen[37], während Rommels Verbände naturgemäß an Schwungkraft verloren, je länger ihre Nachschubrouten wurden.
Admiral Sir Henry Harwood, der neue C-in-C Mediterranean Fleet[38], konnte die gefährdete britische Seeherrschaft im Mittelmeer nicht gleich zufriedenstellend absichern. Bei dem jüngsten Versorgungsunternehmen für Malta (Operation »Harpoon« – »Vigorous«), zu dem die Admirale Sir Arthur T.B. Curteis und Philipp Vian von Gibraltar und Alexandria ausliefen[39], legte sich Italiens Hochseeflotte unter Iachino quer, erzielten Flieger der Achsenmächte zahlreiche Bombentreffer, so daß nur zwei Frachter La Valetta erreichten.[40] Englische U-Boote hatten jedoch wieder Erfolg und versenkten sieben Transporter mit 16846 BRT.[41]
Materialanforderungen des Air Marshal Sir Arthur W. Tedder wurden vielfach erfüllt. Die Force W (Curteis) ließ immer wieder Maschinen, darunter Torpedobomber, vom Deck der Träger »Eagle« (Rushbrooke) und »Argus« (Philip) nach Malta fliegen. Zwei solche Flugzeuge beschädigten das italienische Schlachtschiff »Vittorio Veneto« (Fecori Giraldi) und versenkten einen Kreuzer.[42] Die landgestützte Western Desert Air Force (Coningham) hatte sich nach der Niederlage bei Gazala auf ihre alten, noch gut ausgestatteten Basen in Ägypten zurückgezogen und flog nun mehr Einsätze als der Gegner.[43]
Der deutsch-italienische Sieg von Marsa Matruch war teuer erkauft. Als Rommel vierundzwanzig Stunden später El Alamein erreichte, hatte er nur noch 55 einsatzbereite Panzer und 15 Spähwagen, 77 Feldgeschütze und 65 Pak samt 2000 Mann Infanterie.[44] Vor ihm standen aber nicht nur geschlagene Reste der 8. Armee (Auchinleck), sondern auch frische Truppen, die über eine 100 km lange asphaltierte Straße aus Alexandria versorgt wurden. Hinter den britischen Linien landeten zahlreiche Transportflugzeuge mit Hilfsgütern aus Syrien und Aden, Südafrika und den Vereinigten Staaten.
Die Briten hielten eine 65 km breite, von Bunkerreihen und Wadis durchzogene Wüstentafel zwischen dem Mittelmeer und der Kattarasenke. Letztere war »ein an Umfang gewaltiges, in ihren Formationen seltsam monströses Gebilde, aufgefüllt mit Treibsand..., tiefer als der Meeresspiegel«, für Panzerkampfwagen »nicht passierbar«.[45] Eine Umgehung dieses Hindernisses im Süden verbot die unzureichende Zahl der deutsch-italienischen Truppen, obwohl ihnen das Commando Supremo (Cavallero) nunmehr den für Malta bereitgestellten Luftlandeverband zuführen ließ.
Rommel warf sich nach kurzer Umgruppierung erneut auf den Feind. Die 21. Panzerdivision (Bismarck) nahm Bir el Schein.[46] Kairo wurde unruhig. Die Mediterranean Fleet (Harwood) räumte Alexandria.[47] Doch Auchinleck behielt die Nerven, obwohl er wußte, daß ihn Churchill abzulösen beschlossen hatte.[48] Unterstützt von starken Bomberverbänden, führte der Engländer seine ersten Gegenangriffe. Auf dem Ruweisatrükken wogten die Kämpfe hin und her. Während der deutsche Wehrmachtbericht meldete, daß die El-Alamein-Stellung durchbrochen sei, zerschlugen Australier und Neuseeländer nicht weniger als vier italienische Divisionen.[49]
Trotz eines Ghibli begann die Schlacht von neuem. Rommels letzter Versuch, das »Sechstagerennen« durch tiefgestaffelte Minenfelder, endete mit dem Rückzug der deutsch-italienischen Kräfte auf ihre Ausgangsstellungen.[50] Die Panzer litten unter Ersatzteil- und Treibstoffmangel. Nur die Flieger kämpften weiter, wobei Hauptmann Hans-Joachim Marseille und Oberleutnant Hans-Arnold Stahlschmidt nach 151 und 59

Luftsiegen den Tod fanden.[51] Kairo, das Ziel des von den Achsenmächten unternommenen Feldzuges, war nicht erreicht.[52]

[1] Grundlegend für d. Strategie u. d. bes. Charakter der Operationen im Mittelmeerraum sind d. Arbeiten v. A. Gause: Der Feldzug in Nordafrika im Jahre 1942, in: WWR 12/1962, S. 652ff.; Gundelach, a. a. O., I, 279–300; Howard, I u. II, a. a. O.; D. Macintyre: The Battle for the Mediterranean, London 1963 u. Playfair, I–III, a. a. O.; s. auch Baum/Weichold, a. a. O., u. Warlimont: Die Entscheidung im Mittelmeer, in: Entscheidungsschlachten, S. 226–287 (zit. Howard, Macintyre, Playfair, Baum/Weichold u. Warlimont: Mittelmeer); vgl. L. Gruchmann: Die »verpaßten Chancen« der »Achsenmächte« im Mittelmeer 1940/41, in: VZ 18/1970 u. Faldella: L'Italia, a. a. O. Für d. zentral. Fragen wenig ergiebig ist Deakin (op. cit.). Die Erinnerungen v. Rintelen (op. cit.) wurden i. it. Publikationen mehrfach berichtigt; vgl. Roatta, S. 136f.; weitere Hinweise b. S. Westphal: Erinnerungen, Mainz 1975 (zit. Westphal: Erinnerungen).

[2] Howard, I, S. 23ff.; Playfair, I, S. 19ff.; Churchill IV, 2, S. 260ff.

[3] Zahlen nach Warlimont: Mittelmeer, S. 226f.; auch MR 4/1959, S. 105f.; vgl. dagegen Roskill, III, S. 301–306, Playfair, III, S. 161ff. u. La Marina Italiana, VII. La difensa del traffico con l'Africa settemtrionale dal octobre 1941 al 30 settembre 1942, Rom 1962 (Anhänge) sowie das zit. Heereswerk Controffensiva (Anhänge). Zum DAK s. Carell: Wüstenfüchse, a. a. O., S. 46–176; Esebeck, a. a. O., S. 30–128; Kurowski, a. a. O., S. 109–114, 150f., 159ff.; Nehring, a. a. O., S. 184ff.; Roatta, 152f.

[4] Vermutungen, die Kesselring, S. 152 u. 164f. sowie Westphal, S. 164 durchblicken lassen u. auch b. Carell, Esebeck u. Kurowski anklingen, wurden i. d. Buch v. A. Trizzino: Die verratene Flotte, Bonn 1957, passim, offen ausgesprochen u. führten zu Prozessen, d. keine Bestätigung brachten.

[5] Dazu ausführl. Hinsley/Thomes/Ranson/Knight: British Intelligence, a. a. O., I–II, passim; Lewin, a. a. O., S. 150ff., 160ff.

[6] G. Connell: Auchinleck. A Biography of Field Marshal Sir Claude Auchinleck, London 1959, S. 338f. (zit. Connell); Ph. Warner: Auchinleck, The Lonely Soldier, London 1981, S. 214ff. (zit. Warner).

[7] Lewin, S. 206f.

[8] LV, S. 333; Bragadin, a. a. O., S. 240ff.; Faldella: L'Italia, S. 244ff.; Roatta, 154.

[9] A. Iachino: Le due Sirte, Rom 1948; D. Thomas: Gulf of Sirte 1942, in: W 44/1977, S. 1–9.

[10] Zur Bomberoffensive Gundelach, I, S. 338–346; auch Baum/Weichold, S. 213ff.; für d. it. Seite vgl. E. Pricolo: La regina aeronautica nella seconda Guerra Mondiale, Mailand 1971, S. 112ff. (zit. Pricolo).

[11] Gundelach, I, S. 329ff.; P. Shankland u. A. Hunter: Durchbruch nach Malta, München 1962, S. 13f. (zit. Shankland/Hunter).

[12] Pricolo, S. 123f.; Kesselring, S. 154ff.; Morzik/Hümmelchen, S. 110–114.

[13] Cunningham, a. a. O., S. 449–455; Roskill, II, S. 206ff.

[14] Cavallero, S. 249ff.; vgl. LV, S. 361, 389.

[15] S. d. erwähnten Denkschriften der SKL im letzten Kapitel.

[16] Aufz. d. Gesandten Schmidt über d. Unterredung Hitler – Mussolini v. 29. 4. 1942 i. Polit. Archiv d. AA, Bonn, Auf., Führ. 15/RAM, Film 1/65–95 u. 18/314–344. Vgl. dazu Gundelach, I, S. 351ff.; Hillgruber i. seiner Einleitg. des KTB/OKW, II, 2, S. 21; Baum/Weichold, S. 226ff. u. Deakin, a. a. O., S. 36f.; ferner Cavallero, S. 250f.; Ciano-Tgb. v. 28. 4., 12. u. 13. 5. 1942; Kesselring, S. 165f. u. Rintelen, S. 266ff., vor allem De Felice: Mussolini, II, a. a. O., S. 200.

[17] Behrendt, a. a. O., S. 175f.

[18] Kahn, a. a. O., S. 472ff.

[19] Faldella, a. a. O., S. 451; Lewin, S. 108f.

[20] Kesselring, S. 173; Gundelach, I, S. 362ff.

[21] Controffensiva, S. 137ff.; Santoro, a. a. O., XII, S. 9ff.; Salvatorell, a. a. O., S. 329f.i

[22] Ebd., S. 140f.

[23] Playfair, III, S. 151, 163ff., 231; Kurowski, S. 205ff.

[24] P. Koenig: Ce jour-là. Bir-Hakeims, Paris 1973; R. Emy (Pseud.): Bir-Hakeims, in: JF 136/1972, S. 1131ff.

[25] Zu d. Operationen s. J. A. I. Agar-Hamilton u. L. C. F. Turner: Crisis in the Desert, May–July 1942, London 1952; M. Carver: Tobruk, London 1964; A. Hackstall-Smith: Tobruk, London 1964; J.

Herrington: Air War Against Germany and Italy, in: Australia in the War of 1939–1945, Canberra 1954; B. Maugham: Tobruk and El Alamein, Canberra 1966; D. Prasad: The North African Campaign, 1940–1943, in: Official History of the Indian Armed Forces in the Second World War, 1939–45 u. Playfair, III, S. 223–276; v. dt. Seite Carell: Wüstenfüchse, S. 176–226; Esebeck, S. 437–447; W. Haupt u. W. W. Bingham: Der Afrika-Feldzug, Friedberg 1968; Kurowski, S. 115–179; unter Berücksichtigung d. Panzerfrage s. Bauer, I, a. a. O., S. 220ff. u. Nehring, a. a. O., S. 190f.; für d. it. Seite bes. Cavallero, S. 276ff., u. Controffensiva, S. 372ff. u. Salvatorelli, S. 331ff.

[26] Churchill, IV, 2, S. 173; dazu Wheeler-Bennett: George VI, S. 542ff. u. Butler, II, S. 421–433.

[27] Warlimont: Mittelmeer, S. 242.

[28] Controffensiva, S. 374; Playfair, III, S. 233ff.

[29] Hitlers Brief v. 23. 6. 1942, u. a. abgedr. b. Ciano: Catastrofa, S. 437ff.

[30] Ciano-Tgb., 20. 6. 1942 dazu De Felice: Mussolini,II, S. 203.

[31] Warlimont: Mittelmeer, S. 244ff.

[32] Ebd., S. 245; Salvatorelli, S. 336.

[33] Esebeck, S. 119; Westphal, S. 176f.

[34] E. Rommel: Krieg ohne Haß, Heidenheim 1950, S. 163ff., 198; The Rommel Papers., New York 1953, S. 233; dazu R. Lewin: Rommel, Stuttgart ^{2}1970, S. 187f.

[35] Controffensiva, S. 139–141, 150f., 328, 385.

[36] Nehring, S. 203.

[37] Bauer, I, S. 226; Playfair, III, S. 360.

[38] C. war zur weiteren Planung nach London berufen worden; s. Cunningham, S. 456.

[39] Roskill, II, S. 43–76; Playfair, III, S. 299–314.

[40] Marina Italiana, VII, S. 288ff.; Barotti, a. a. O., S. 230ff.

[41] Zahlen nach Rohwer/Hümmelchen: Chronik, S. 254; weitere Einzelheiten b. Macintyre, S. 149ff. u. B. Bryant: Submarine Commander, New York ^{4}1974, S. 153ff.

[42] Roskill, II, S. 75f.

[43] Playfair, III, S. 281ff.; s. auch Kesselring, S. 175ff.

[44] KTB/OKW, II, S. 460.

[45] Esebeck, S. 129; Baum/Weichold, S. 239ff.; Playfair, III, S. 331ff.

[46] Näheres b. Carell: Wüstenfüchse, S. 169–178 u. Esebeck, S. 134ff.; für die Italiener s. Controffensiva, S. 385f.; Salvatorelli, S. 338.

[47] Roskill, II, S. 63; Playfair, III, S. 315.

[48] Connell, S. 343; Warner, S. 238f.

[49] King: New Zealanders, a. a. O., S. 257ff.; Kurowski, S. 189–194.

[50] Carell: Wüstenfüchse, S. 179ff.; Gundelach, I, 391–424; Esebeck, S. 135ff.; Kurowski, S. 200ff.; Playfair, III, S. 331–360.

[51] H. Ring u. Ch. Shores: Luftkampf zwischen Sand und Sonne. Die Chronik des Luftkrieges über Nordafrika 1940–1942, Stuttgart 1969; über Marseille u. Stahlschmidt s. Kurowski, S. 206f.; für d. it. Personalia S. Corvaja: Gli assi italiani della Caccia, in: Storia 4/1978, S. 21ff.

[52] Vgl. d. abschließende Wertg. v. Warlimont: Mittelmeer, S. 251f.

Der Feldzug gegen die Sowjetunion 1942

Die Entwicklung im Pazifik und Mittelmeerraum brachte den »großen Plan«, das Konzept gemeinsamer Operationen der Dreierpaktmächte, zum Scheitern. Die zuerst Anfang Dezember 1941, dann wieder Anfang Januar geäußerte und Ende März 1942 bekundete Absicht des deutschen ObdW, an der Ostfront erneut offensiv zu werden[1], war daher ohne global-strategische Perspektive und bei Ausgabe der Weisung Nr. 41 am 5. April 1942 vorwiegend auf kriegswirtschaftliche Ziele gerichtet.[2]
Nach den schweren Verlusten des »Barbarossa«-Feldzuges, die bis März 1942 im Heer auf 1073066 Mann (33,52% von 3,2 Millionen) stiegen[3], war an einen Angriff auf 4820 km Frontbreite zwischen dem Schwarzen Meer und der Ostsee nicht zu denken.[4] Die Offensive sollte daher bei verhaltener Heeresmitte aus dem Südabschnitt vorgetragen werden. Zugleich glaubte Hitler, Leningrad einnehmen zu können.[5]
Die deutsche Angriffsplanung mußte viele Faktoren berücksichtigen, unter anderem das Feindlagebild. Ein Handbuch der OKH-Abteilung »Fremde Heere Ost« (Kinzel) hatte, gestützt auf Analysen des Wirtschafts- und Rüstungsamtes (Thomas), ein respekterheischendes Tableau der Roten Armee vermittelt.[6] Halder suchte diesen Eindruck abzuschwächen.[7] Jedoch war auch er der Überzeugung, daß man – nicht zuletzt wegen des amerikanischen Kriegseintrittes – »den Angriff (wohl) beginnen, aber nicht durchführen« könne.[8]
Oberst Eberhard Kinzel wurde versetzt und Oberstleutnant Reinhard Gehlen an die Spitze der OKH-Abteilung IV »Fremde Heere Ost« gestellt.[9] Seine »Beurteilung der Gesamtlage«[10] kam zu dem Schluß, daß die Stawka mit 60 starken Angriffsverbänden (nach schwedischen Quellen 35 Divisionen) zuschlagen könnte, aber – »im großen gesehen« – defensiv bleiben werde. Gleichwohl rechnete der neue Abteilungsleiter so wenig wie Warlimont mit einem kriegsentscheidenden Ausgang der deutschen Sommeroffensive. Beide warnten vor einem »zweiten russischen Winter«.[11]
In jedem Fall war die Wiederherstellung der deutschen Kampfkraft notwendig. Mit den vom Herbst 1941 bis April 1942 einberufenen Geburtsjahrgängen 1921/1922/1923 konnten die Fehlstellen der Wehrmacht nicht besetzt werden. Auch die Reserve der 100000 uk-Gestellten ließ sich kaum ausschöpfen.[12] Der erwartete Zugang von 30000 Genesenen monatlich war zu hoch veranschlagt.[13] Die im Januar 1943 geschaffene Organisation der Stabshelferinnen[14] stellte altgediente Soldaten frei, brachte insoweit aber keinen großen Gewinn.[15]
Ergiebiger waren die von Keitel angeregten Freiwilligenmeldungen des Jahrganges 1925. Sie ergaben einen Zuwachs von etwa 150000 Rekruten. Doch nur 85000 dieser jungen Leute traten in das Heer und die Waffen-SS ein. Zögernd, unter politischen Vorbehalten, genehmigte Hitler daher die Aufstellung von »Osttruppen« mit Kriegsgefangenen und sogenannten Hiwis aus Turkmenistan, Nordkaukasien, Asserbeidschan, Armenien, Georgien und der Kalmückensteppe. Von einer lettischen Brigade

abgesehen[16], sollten diese Verbände in Kompanie- oder Bataillonsstärke eingesetzt werden.[17]

Nationalsozialistischen Vorsätzen zuwider war auch das Werben um einen größeren Beitrag der Verbündeten. Notgedrungen mußte sie der ObdW schon im Dezember ersuchen, künftig mehr Truppen an die Ostfront zu entsenden. Hitler schrieb Briefe an Mussolini[18], Antonescu[19] und Horthy.[20] Anschließend reisten Göring[21], Ribbentrop[22] und Keitel[23] in die Hauptstädte der Dreierpaktstaaten. Letzte Modalitäten regelten die Oberkommandos und Militärmissionen.

Persönlich empfing Hitler den Duce[24] und Antonescu[25], der bereit war, die 3. Armee (Dumitrescu) und 4. Armee (Constantinescu) seines Landes zu reaktivieren, während Mussolini eine 8. Armee (Gariboldi) aufzustellen befahl.[26] Ungarn sträubte sich wegen rumänischer Ansprüche auf Nordsiebenbürgen, doch erteilte auch Horthy eine Zusage, nachdem er Miklós Kállay anstelle von Bárdossy zum Regierungschef und Außenminister ernannt und damit Voraussetzungen für Westkontakte geschaffen hatte.[27] Zum Kampf im Osten ließ der Reichsverweser die 2. Honvéd-Armee (Jány) mobilisieren.[28]

Nicht zuletzt war Hitler um Finnland bemüht, das noch unter dem Schock der deutschen Niederlage vor Moskau stand und 110500 Soldaten zur Aufrechterhaltung des Wirtschaftslebens beurlaubt hatte[29], Mannerheim sollte vor Beginn des Angriffs auf Leningrad (Unternehmen »Nordlicht«) mit geeigneten Truppen gegen die Murmanskbahn und das Weiße Meer vorstoßen (Unternehmen »Lachsfang«).[30] In Helsinki zweifelte man freilich am Gelingen dieser Operationen.

Deutschland konnte wenig für die armselig bewaffneten Verbündeten tun. Seine Wehrmacht hatte selbst Mangel an Material. Die Panzerfertigung lag hinter dem 1940 festgelegten Produktionsziel von 600 Stück monatlich zurück. Immerhin konnte wenigstens der PzKw IV nach Einbau einer langen Kanone dem sowjetischen T 34 begegnen.[31] Bei der Divisionsartillerie mußten bis zu 30% französische Beutegeschütze verwendet werden.[32] Die Zahl der einsatzbereiten Flugzeuge sank um 40%–50%.[33] Große Sorge bereitete die Verknappung des Mineralöls und der Munition.[34]

Seit dem Winter wurde noch an allen Frontabschnitten um Teilentscheidungen gerungen. Die HGr. Nord (Küchler) mußte sechs bei Demjansk und Cholm eingeschlossene[35], von der Luftflotte 1 (Keller) mit Transportflugzeugen versorgte Divisionen freikämpfen[36] und einen gegen den Rücken des Leningrader Einschließungsringes gerichteten Brückenkopf am Wolchow beseitigen.[37] Der HGr. Mitte (Kluge) war es gelungen, ihren Zusammenhang notdürftig wiederherzustellen, doch hielten sie sowjetische Kräfte auf dem linken Flügel umfaßt, dessen Eckpfeiler, das befestigte Rshew, verlorenzugehen drohte.[38]

Auf der Krim behaupteten die Russen noch Sewastopol, seit einem erfolgreichen Landungsunternehmen auch Kertsch. Als das Vorfeld dieser Stadt von Teilen der 11. Armee (Manstein) und rumänischen Divisionen angegriffen wurde, eröffnete Timoschenko mit seiner Heeresgruppe südlich Charkow eine Offensive. Anscheinend hatte Panfilow der Stawka gewisse, durch Trepper, Kopinić und Radó übermittelte Informationen über die deutschen Absichten zugeleitet.[39]

Die Bereinigung der sowjetischen Enklaven und Einbrüche erforderte im Bereich der HGr. Süd (Bock) verschiedene Operationsabläufe: bei Kertsch (Unternehmen »Trappenjagd«), Charkow-Isjum (Unternehmen »Fridericus«) und Sewastopol (Unternehmen »Störfang«). Diese Staffelung war notwendig, damit die Luftflotte 4 (Löhr) ihren

Schwerpunkt mit dem VIII. Fliegerkorps (Richthofen) zwischen Krim und Ukraine abwechselnd so verlegen konnte, daß jeweils im entscheidenden Augenblick optimale Wirkung erzielt wurde.
Die Angriffe führten zum Erfolg. Vom 8. bis 18. Mai 1942 vernichteten Deutsche und Rumänen bei Kertsch drei russische Armeen, die 169198 Gefangene, 284 Panzer und 1397 Geschütze in der Hand des Siegers ließen.[40] Weitere drei Armeen der sowjetischen HGr. »Südwestfront« (Timoschenko), zerschlugen Hoth, Kleist und Paulus vom 17. bis 22. Mai 1942 im Raume Charkow-Isjum, wo 239306 Gefangene, 1249 zerstörte Panzer und 2026 Beutegeschütze gezählt wurden.[41]
Die (dritte) Offensive gegen das von Petrow verteidigte Sewastopol eröffnete Manstein am 7. Juni 1942 mit starker Artillerievorbereitung. Der Kampf um die Festungswerke dauerte drei Wochen.[42] Nach dem letzten Sturmangriff der deutsch-rumänischen Infanterie wurden 97000 Gefangene gemeldet. Rund 100000 Rotarmisten waren durch Einheiten der Schwarzmeerflotte (Oktjabrskij) evakuiert worden.[43] Hunderte suchten auf der Halbinsel Chersonnes den Tod.[44]
Zeugen dieses Vorganges konnten kaum glauben, daß die Opferbereitschaft der jungen Rotarmisten nachließ. Nichtsdestoweniger begann sich die von Hitler auf Drängen Kluges angeordnete Modifizierung des unseligen Kommissarbefehls auszuwirken.[45] Nachdem allen Funktionären der Roten Armee »zunächst versuchsweise« die »Erhaltung des Lebens« zugesichert worden war, schienen viele zur Übergabe bereit. In Moskau trug man sich daher wieder mit dem Gedanken, die Institution des Politruk abzuschaffen.[46]
Die bei den Russen im Laufe des letzten Winters aufgekommene Hochstimmung war abgeklungen. Das Ende der westlich des Wolchow und südostwärts Charkow-Isjum eingeschlossenen Armeen, denen Stalin jedes Ausweichen streng untersagt hatte, bewog Wlassow, sich auf die andere Seite zu stellen[47], brachte Chruschtschow zeitweilig in Konflikt mit dem Kreml.[48] Sogar Mitglieder des Politbüros fühlten sich verunsichert, als der Oberste Befehlshaber die deutsche Sommeroffensive entgegen eintreffenden Warnungen vor Moskau erwartete.[49]
Das Bestehen des Kreml auf Errichtung einer »zweiten Front« durch die Westmächte wurde energischer. Auch an Hilfsgütern war die Sowjetunion wieder interessiert. Doch die Anglo-Amerikaner zögerten. Ein Bündnisvertrag, den Molotow am 26. Mai 1942 mit England unterzeichnete, enthielt keine prorussische Territorialklausel. In Washington erreichte der Volkskommissar nur unbedeutende Abmachungen.[50] Großbritannien schränkte die Weitergabe seiner »Ultra«-Informationen ein.[51] Wenn Maiskij wegen ausstehender Lieferungen vorsprach, erinnerten Alexander, Pound und Tovey an Transportprobleme.[52]
Die Navigation auf den nördlichen Seewegen war schwierig. Im Winter näherte sich die Eisgrenze dem Nordkap. Im Sommer wich sie zwar zurück, doch erleichterten helle Nächte den Deutschen die Suche. Bis März 1942 hatten die Briten nur ein Schiff verloren. Doch dann wuchs die Gefahr. Mit dem Kreuzer »Edinburgh« (Faulkner) sank eine zur Verrechnung bestimmte russische Goldladung auf den Grund des Meeres.[53] Aus dem Konvoi PQ 16 wurden sieben Frachter torpediert, die 147 Panzer, 77 Flugzeuge und 770 Kraftwagen nach Murmansk bringen sollten.
Weitgehend vernichtet wurde der Geleitzug PQ 17. Eine starke Kampfgruppe der Home Fleet (Tovey) sollte ihn aus der Ferne sichern. Sie kehrte jedoch um, als Pound vom

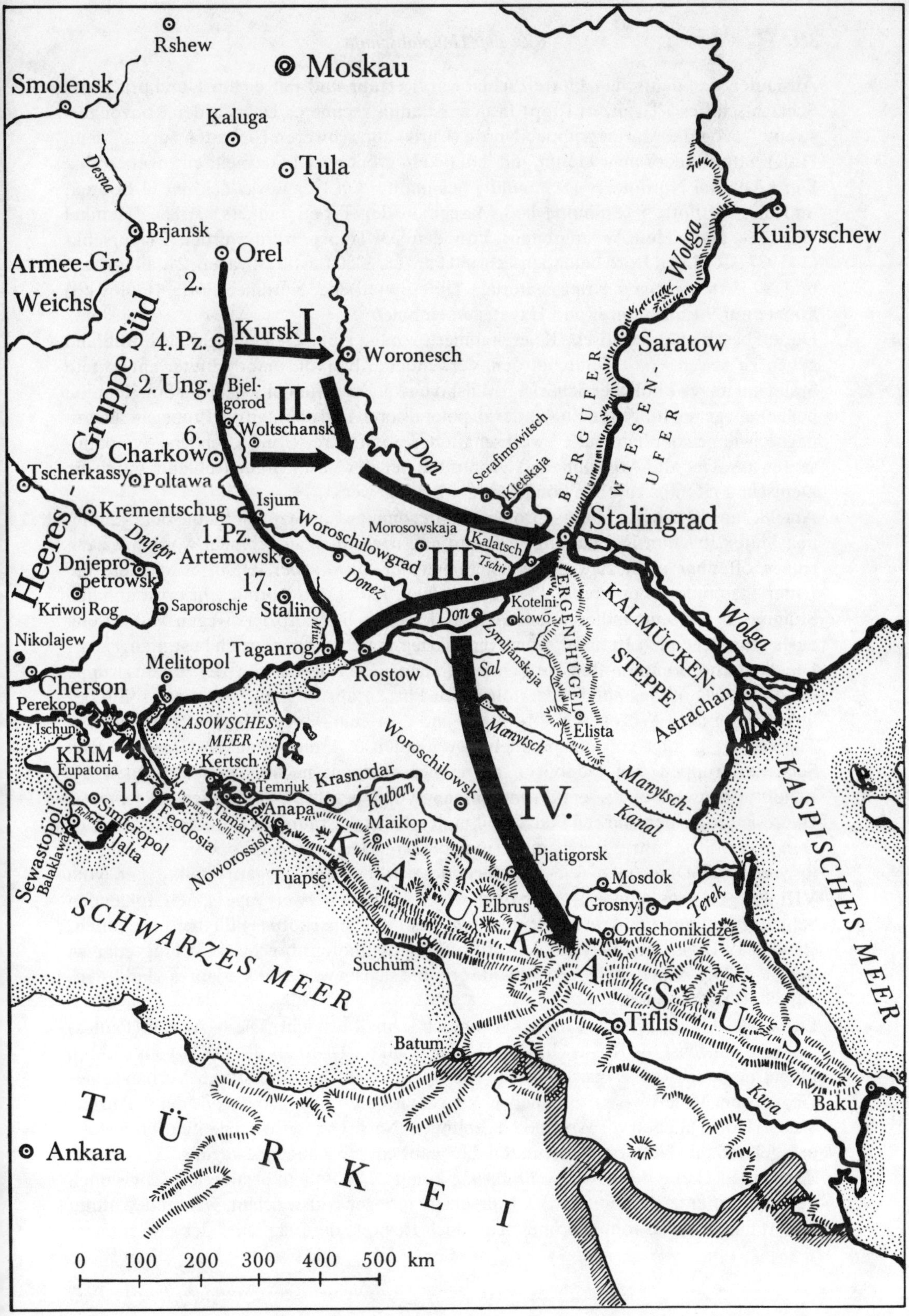

Rshew
Moskau
Smolensk
Kaluga
Tula
Desna
Brjansk
Orel
Armee-Gr.
Weichs
2.
Heeres-Gruppe Süd
Kursk
I.
4. Pz.
Woronesch
2. Ung.
Bjel-
gorod
II.
Woltschansk
6.
Charkow
Don
Tscherkassy
Poltawa
Isjum
Krementschug
Dnjepr
1. Pz.
Artemowsk
Woroschilowgrad
Donez
Dnjepro-
petrowsk
17.
Kriwoj Rog
Saporoschje
Stalino
Nikolajew
Melitopol
Taganrog
Rostow
Cherson
Perekop
Ischun
KRIM
Eupatoria
11.
Simferopol
Sewastopol
Balaklawa
Jalta
Feodosia
ASOWSCHES
MEER
Kertsch
Temrjuk
Taman
Anapa
Noworossisk
Krasnodar
Kuban
Maikop
Tuapse
Serafimowitsch
Kletskaja
Morosowskaja
Kalatsch
Tschir
III.
Kotelni-
kowo
Zymljanskaja
Sal
Manytsch
Woroschilowsk
IV.
Elista
ERGENIHÜGEL
Stalingrad
BERGUFER
WIESEN-
UFER
Wolga
Saratow
Kuibyschew
KALMÜCKEN-
STEPPE
Astrachan
Manytsch-
Kanal
KASPISCHES MEER
Pjatigorsk
Mosdok
Grosnyj
Terek
Elbrus
Ordschonikidze
KAUKASUS
Suchum
SCHWARZES MEER
Tiflis
Batum
Kura
Baku
TÜRKEI
Ankara
0 100 200 300 400 500 km

Auslaufen der deutschen Flotte (Schniewind) erfuhr und mit einem Durchbruch des Schlachtschiffes »Tirpitz« (Topp) in den Atlantik rechnete. Da sich der Konvoi zerstreute[54], zog die Marinegruppe »Nord« (Carls) alle schweren Einheiten zurück, denn Hitler hatte Raeder angewiesen, mit ihnen kein größeres Risiko mehr einzugehen.[55] Der »Admiral Nordmeer« (Schmundt) bekämpfte den Gegner jedoch mit U-Booten, und die Luftflotte 5 (Stumpff) ließ Maschinen der Typen Junkers »Ju 88«, Heinkel »He 111« und »He 115« angreifen. Von den 33 Transportern wurden 24 versenkt (143 977 BRT). An Bord befanden sich 430 Panzer, 3350 Lastkraftwagen, 210 Flugzeuge und 99 316 t sonstiges Kriegsmaterial. Die sowjetische Nordmeerflotte (Golowko) konnte nur 9 Einzelfahrer und Havaristen einholen.[56]

Darauf beschloß das britische Kriegskabinett, vorerst keine Geleite mehr nach Rußland gehen zu lassen.[57] Als Churchill den Verbündeten hiervon unterrichtete, antwortete Stalin mit ungewöhnlicher Schärfe.[58] Maiskij und andere Missionschefs der Sowjetunion begannen, gegen führende Engländer zu polemisieren und dehnten die Propagandakampagne, wie gewöhnlich, auf Gewerkschaften, Labour-Kreise und kirchliche Sympathisanten aus. Der alte Argwohn, daß Großbritannien der Vernichtung Rußlands durch die Deutschen tatenlos zusehen könnte, war wieder geweckt.[59]

Am 28. Juni 1942 hatte Hitlers Großangriff begonnen. Einsatzpapiere, die dem gefallenen Major Joachim Reichel abgenommen und nach Moskau gebracht worden waren, trugen offenbar nicht zu Gegenmaßnahmen der Stawka bei. Stalin betrachtete die Unterlagen mit großer Skepsis.[60] Dagegen nahm Hitler den Vorfall sehr ernst und ließ Stumme, den Kommandierenden General des toten Stabsoffiziers wegen Mißachtung eines grundlegenden Befehls[61] vom Reichskriegsgericht exemplarisch bestrafen.[62]

Die deutsche Sommeroffensive (Unternehmen »Blau«) war von der Heeresgruppe »Süd« (Bock) in vier aufeinanderfolgenden Phasen abzuwickeln. Zunächst sollte der linke Flügel nach Woronesch vordringen und dort eine Abwehrflanke errichten, zwei Tage später gefolgt von der parallel angreifenden 6. Armee (Paulus). Dann würden Schnelle Truppen den Donbogen ausräumen und mit nachrückenden Kräften die Landbrücke zwischen diesem Strom und der Wolga besetzen. Schließlich gedachte die Heeresleitung einen starken Panzerkeil in den Kaukasusraum vorzutreiben.[63]

Den ersten Stoß führte Bock am 28. Juni 1942 mit der »Armeegruppe v. Weichs«, die insgesamt 27 Divisionen (einschließlich der verbündeten Ungarn) zählte und vom VIII. Fliegerkorps (Fiebig) unterstützt wurde. Für den zwei Tage später folgenden Schlag, zu dem die 6. Armee (Paulus) und das IV. Fliegerkorps (Pflugbeil) ausholten, standen 19 Divisionen bereit. Die Luftflotte 4 (Richthofen) brachte 1155 Flugzeuge an den Start. Die Zahl der Heeresverbände erhöhte sich im weiteren Verlauf des Feldzuges auf 69 (71) Divisionen.[64]

Der Linke Flügel (Weichs) hatte Woronesch schnell erreicht. Die 6. Armee (Paulus) gelangte zunächst bis Rossosch. Der Gegner wankte. Doch als das OKH vom rechten Flügel her auch die 1. Panzerarmee (Kleist) antreten ließ, um starke Verbände des Gegners bei Millerowo einzuschließen, kam es zu Verzögerungen.[65] Teile der 4. Panzerarmee (Hoth) blieben vor Woronesch gebunden; Nachschubschwierigkeiten, Treibstoffmangel und ein Wettersturz hemmten die beabsichtigte Zangenbewegung.[66]

Zur Enttäuschung der deutschen Führung konnte Timoschenko zahlreiche Divisionen dem Zugriff entziehen und in die Tiefe des Donbogens ausweichen, während Watutin und Malinowskij sowohl Woronesch als auch Rostow, die Eckpfeiler der sowjetischen

Die deutsche Sommeroffensive 1942

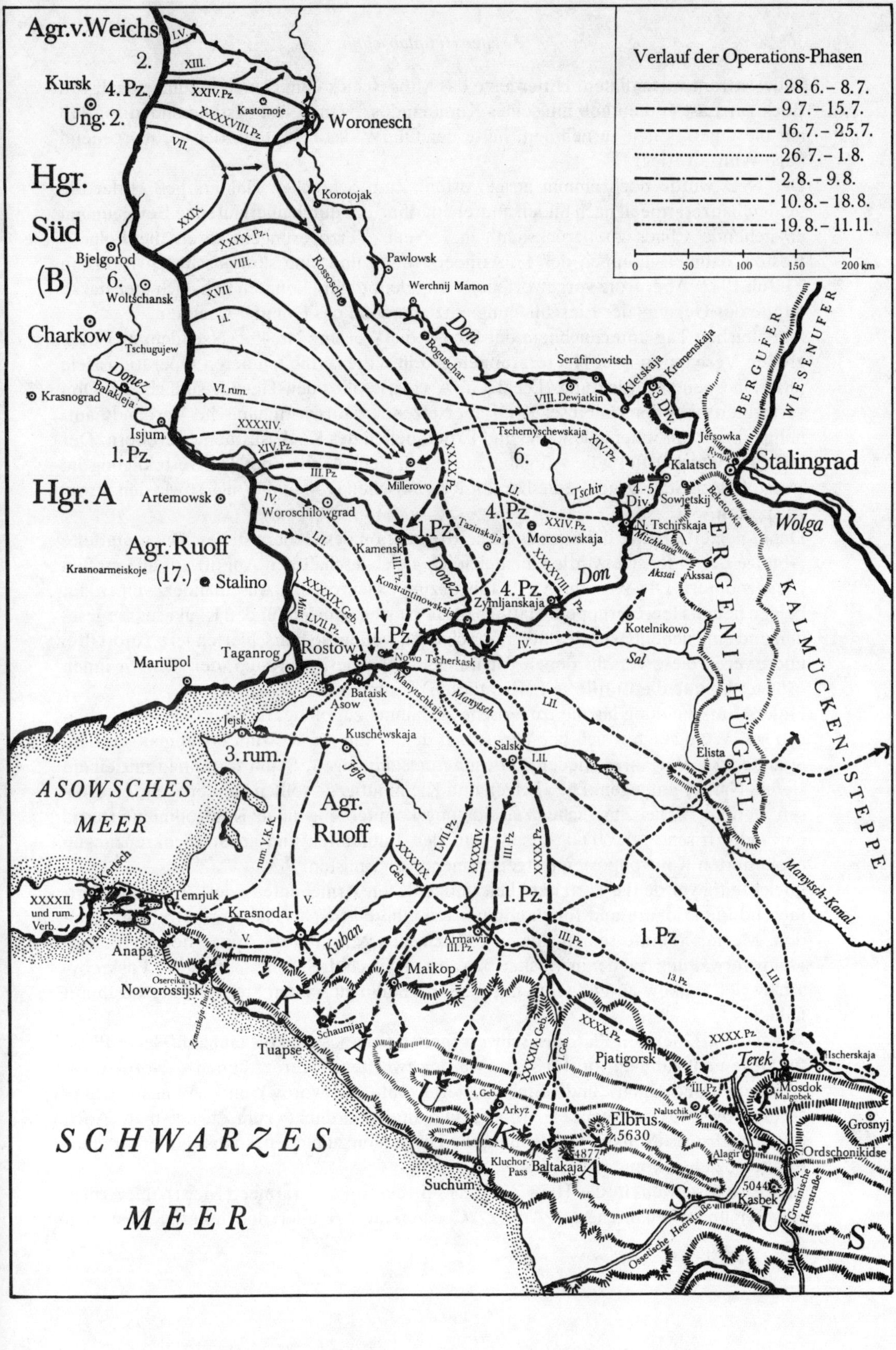

Verlauf der Operations-Phasen
28.6.–8.7.
9.7.–15.7.
16.7.–25.7.
26.7.–1.8.
2.8.–9.8.
10.8.–18.8.
19.8.–11.11.
0 50 100 150 200 km
Agr. v. Weichs
2.
4. Pz.
Ung. 2.
Hgr. Süd (B)
6.
Hgr. A
1. Pz.
Agr. Ruoff (17.)
Kursk
Kastornoje
Woronesch
Korotojak
Bjelgorod
Woltschansk
Charkow
Tschugujew
Donez
Balakleja
Krasnograd
Isjum
Pawlowsk
Rossosch
Werchnij Mamon
Don
Boguschar
Serafimowitsch
Kletskaja
Kremenskaja
Dewjatkin
Tschernyschewskaja
Millerowo
Artemowsk
Woroschilowgrad
Kamensk
Tazinskaja
Morosowskaja
Tschir
Kalatsch
Sowjetskij
N. Tschirskaja
Jersowka
Rynok
Stalingrad
Beketowka
Wolga
Mischkowa
Aksai
Zymljanskaja
Kotelnikowo
Krasnoarmeiskoje
Stalino
Konstantinowskaja
Taganrog
Rostow
Nowo Tscherkask
Mariupol
Bataisk
Asow
Manytschkaja
Manytsch
Sal
Jejsk
Kuschewskaja
Salsk
Elista
Jeja
3. rum.
ASOWSCHES MEER
Agr. Ruoff
Kertsch
XXXXII. und rum. Verb.
Temrjuk
Taman
Krasnodar
Anapa
Kuban
Armawir
Maikop
Noworossijsk
Osereika
Schaumjan
Tuapse
Pjatigorsk
Terek
Ischerskaja
Mosdok
Malgobek
Naltschik
Grosnyj
Arkyz
Elbrus 5630
4877
Kluchor Pass
Baltakaja
Alagir
Ordschonikidse
Suchum
5044
Kasbek
Ossetische Heerstraße
Grusinische Heerstraße
SCHWARZES MEER
KAUKASUS
ERGENI-HÜGEL
KALMÜCKEN-STEPPE
BERGUFER
WIESENUFER
Manytsch-Kanal
I. V.
XIII.
XXIV. Pz.
XXXXVIII. Pz.
VII.
XXIX.
XXXX. Pz.
VIII.
XVII.
I. I.
VI. rum.
XXXXIV.
XIV. Pz.
III. Pz.
IV.
LI.
LII.
XXXXIX. Geb.
LVII. Pz.
V.
rum. V.K.K.
13. Pz.
4. Geb.
I. Geb.
3 Div.
4–5 Div.

Südwestfront verteidigten. Hitler legte das Mißgeschick dem Generalfeldmarschall von Bock zur Last und enthob ihn seines Kommandos.[67] Um selbst bestimmenden Einfluß auf die Operationen zu nehmen, hatte der ObdW das Hauptquartier vorübergehend nach Winiza verlegt.[68]

Das Netz wurde noch einmal ausgeworfen. Zum Schrecken Halders ließ Hitler die beiden Panzerarmeen nach Süden abdrehen, ohne das durch querlaufende Bewegungen entstehende Chaos zu berücksichtigen.[69] Neue Verzögerungen waren die Folge.[70] Rostow nahmen Truppen der 17. Armee (Ruoff) und eine slowakische Division am 23. Juli 1942. Aber trotz vorgeworfener »Brandenburger« konnten sich auch hier starke Kräfte des Gegners der Einschließung entziehen und das Donufer wechseln.

Am gleichen Tag unterzeichnete der ObdW die Weisung Nr. 45.[71] Nachdem er Bocks großen Verband in zwei Heeresgruppen geteilt hatte, erhielten deren Operationsziele jetzt eine neue Gewichtung. Die HGr. A (List) sollte den Gegner südlich des Don vernichten, von der Halbinsel Krim übersetzende deutsch-rumänische Verbände aufnehmen und mit ihnen alle Pässe und Erdölquellen des Kaukasusraumes erobern. Der HGr. B (Weichs) fiel »die Aufgabe zu, neben dem Aufbau der Donverteidigung im Vorstoß nach Stalingrad ... die Landbrücke zwischen Don und Wolga sowie den Strom zu sperren.«

Damit negierte Hitler die ursprüngliche Konzeption des Generalstabes. Die gestaffelte Abfolge der Offensive wurde einem zeitlich gleichgeschalteten Angriff auf alle großen Ziele geopfert. Die Weisung Nr. 45 führte zum exzentrischen Auseinanderzweigen der beiden neuen Heeresgruppen. Hatte man zuerst vier Armeen für den Kaukasus vorgesehen und eine nebenbei nach Stalingrad schicken wollen, so marschierten jetzt sofort drei und zwei in diese verschiedenen Richtungen. Den riesigen Raum, der sich vor ihnen öffnete, konnte die Luftflotte 4 (Richthofen) kaum noch abdecken.[72]

Hitlers Entscheidung lag die trügerische Annahme zugrunde, daß der Gegner geschlagen sei. Wohl zeigten sich bei Verbänden der Roten Armee zum erstenmal seit dem Sommer des Vorjahres wieder Auflösungserscheinungen. Stalin trat ihnen mit einem Befehl Nr. 277 entgegen. Die »Feigen und Kleinmütigen« sollten auf der Stelle erschossen werden.[73] Das Staatliche Verteidigungskomitee zog neue Kontrollinien. Berija entsandte frische NKWD-Truppen. Auf den Bahnhöfen und an Straßenkreuzungen exekutierten Kontrollposten festgenommene Rotarmisten.

Gleichzeitig wurde die Parteitätigkeit in der Roten Armee intensiviert. Über hunderttausend Funktionäre und Jungkommunisten mußten sich als Agitatoren freiwillig melden. Mechlis räumte seinen Posten zum zweiten Mal. An die Spitze der Politischen Hauptverwaltung trat der in Moskau bewährte Aleksandr S. Schtscherbakow. Poskrebyschew rief Shukow an und teilte mit, daß ihn Stalin zu seinem Stellvertreter bestimmt habe.[74]

Wassilewskij, der den Platz des schwerkranken Schaposchnikow einnahm, legte Pläne für Gegenmaßnahmen vor. Im Süden wurden zwei neue Heeresgruppen – »Nordkaukasusfront« (Budjonnyj) und »Stalingrader Front« (Goworow) und »Wolchowfront« (Merezkow) – losschlagen, ehe »Lachsfang« und »Nordlicht« zum Zuge kamen. Auch die »Westfront« (Shukow) hatte deutsche Divisionen zu binden, so daß Hitler nirgends Kräfte abziehen konnte.[75]

Inzwischen schwenkte die HGr. A (List) mit der 1. Panzerarmee (Kleist), 17. Armee (Ruoff) und rumänischen 4. Armee (Constantinescu) über den unteren Don zum

Kaukasus.[76] Bei der HGr. B (Weichs) rang die 2. Armee (Salmuth) weiter um Woronesch.[77] Die länger werdende Nordflanke der in Richtung auf Stalingrad vorgehenden 6. Armee (Paulus) wurde von den Verbündeten – ihrer 2. Honvéd-Armee (Jány) und der italienischen 8. Armee (Gariboldi), zu denen später noch Rumänen kamen – notdürftig gesichert und für Hitler bald Anlaß beständiger Sorge.[78]
Im Süden ging die Offensive zähflüssig weiter. Die Rumänen nahmen Anapa. Verbände der 17. Armee (Ruoff) eroberten Krasnodar, überschritten den Kuban und durchdrangen den dichtbewaldeten Westkaukasus bis nach Noworossisk. Der ergänzende Angriff des XXXXIX. Gebirgskorps (Konrad) schlug allerdings nicht bis Suchum durch, und ein zweiter Versuch in Richtung Tuapse scheiterte gleichfalls auf den Paßhöhen.[79] Den Vormarsch der 1. Panzerarmee (Kleist) verlangsamte Treibstoffmangel. Sie hatte die zerstörten Erdölfelder von Maikop besetzt und einen Terekbrückenkopf zwischen Mosdok und Ordschonikidse erkämpft. Batum, Tiflis und Baku, die wichtigsten Ziele, blieben jedoch außer Reichweite der deutschen Truppen.[80]
Hoth, der bei Maikop hatte eingreifen sollen, war wieder Weichs unterstellt und rückte mit reduzierten Kräften über Elista durch die Kalmückensteppe nach Nordosten in Richtung auf Stalingrad vor, wo sein Angriff zunächst liegenblieb. Paulus zerschlug vom 7. bis 11. August bei Kalatsch zwei sowjetische Armeen und meldete 35 000 Gefangene sowie 270 Panzer und 560 Geschütze als erbeutet oder zerstört.[81] Einige Tage später faßte er das Endziel seines Vormarsches ins Auge. Das XIV. Panzerkorps (Wietersheim) erreichte südlich Rynok die Wolga; zehn Tage später folgte das LI. Armeekorps (Seydlitz-Kurzbach).[82]
Wassilewskij hatte Stalingrad nicht um jeden Preis halten wollen, vielmehr im Staatlichen Verteidigungskomitee (GKO) durchgesetzt, daß alle sowjetischen Kräfte dieses Frontabschnittes hinter den Strom zurückgenommen werden sollten, damit die Deutschen gezwungen waren, in der schutzlosen Steppe zu überwintern.[83] Die unerwartete Aufspaltung der deutschen Offensive erforderte jedoch neue Entschlüsse. Stalin enthob Timoschenko seines Kommandos und befahl Andrej I. Jeremenko, die Stadt unter Ausnutzung des Häusermeeres als einen starken Brückenkopf zu behaupten.[84]
Stalingrad war keine Festung, wie die beiderseitige Propaganda glauben machen wollte.[85] Das alte Zaryzin umgaben viele neue Quartiere, die eine 20 km lange, durchschnittlich 8 km breite Ansammlung wirrer Wohnsiedlungen, Industrieanlagen und Verschiebebahnhöfe bildeten. Über zahllose Baracken erhoben sich Wassertürme und Getreidesilos. Balkas (Trockenschluchten) und Bahndämme erleichterten die Verteidigung ebenso wie das hohe Westufer der Wolga und ein zum Schutz gegen Staub- und Schneestürme angepflanzter Waldstreifen.
Die Kampfmoral der Garnison war tief gesunken. Ihr Kommandant hatte seinen Posten verlassen. Zivilflüchtlinge und versprengte Rotarmisten retteten sich auf das östliche Wiesenufer der Wolga.[86] Sonderkommissare des GKO eilten an die Front. Chruschtschow, den Jeremenko als ranghöchsten Politoffizier zur Seite hatte, wurde bald selbst von Malenkow, dem Aufpasser Stalins, bewacht. Wassilewskij kam, um als Koordinator die Reste der 62. Armee (Kolpaktschij), 62. Armee (Tschuikow) und 33. Armee (Moskalenko) zusammenzufassen.[87]
Am 19. August 1942 hatten die Briten mit zwei Brigaden einer kanadischen Division, Commandos und Panzern einen Raid gegen Dieppe an der Kanalküste unternommen (Operation »Jubilee«), der unter schweren Verlusten abgewiesen wurde.[88] Das Staatli-

che Verteidigungskomitee der UdSSR sah in diesem Angriff nicht den ersten Schritt zur Eröffnung der »zweiten Front«. Dennoch wurde das Ereignis als Sieg bewertet und den russischen Truppen zur Ermutigung mitgeteilt.

Die von Jeremenko reorganisierte Heeresgruppe umfaßte jetzt fünf zum Teil stark angeschlagene Armeen. Einige Verteidigungsabschnitte mußten daher zeitweise mit 75000 Mann der Opoltschennij-Abteilungen, 20000 Kadetten und 7000 Komsomolzen besetzt werden. Doch bald verfügte General Wassilij I. Tschuikow, dessen Verband die Hauptlast des Häuserkampfes trug, über 11 Divisionen und weitere 9 Schützenbrigaden.[89] Sie wurden aus Vorratslagern am Wiesenufer versorgt.

Drückende Hitze lag über der Stadt; es hatte seit Monaten nicht geregnet. Die Kräfte der mit Hilfe des VIII. Fliegerkorps (Fiebig) angreifenden 6. Armee (Paulus) waren weitgehend erschöpft. Außer fünf Pionierbataillonen trafen keine Verstärkungen mehr ein. Indes war der Zweck des Vordringens schon erreicht. Die 1 km breite Wolga konnte zwischen Rynok und Latoschinka durch Artilleriefeuer gesperrt werden. Dennoch ließ Hitler den Kampf um Stalingrad aus Prestigegründen fortsetzen.[90]

Die deutsche Sommeroffensive endete wieder ohne ein kriegsentscheidendes Ergebnis, in überdehnten Fronten, mit ausgebrannten Divisionen, bei fortwährendem Raubbau an den eigenen Kräften und nicht mehr zu bewältigenden Nachschubproblemen. Die um Stalingrad begonnene Abnützungsschlacht zeigte bereits alle Voraussetzungen der kommenden Niederlage. Sie hätte durch Zurücknahme der deutschen Truppen vermieden werden können. Doch als ein Diktator, dessen Legitimation auf Erfolg gegründet war, gestattete Hitler keine ernsthafte Diskussion der Alternative.[91]

Eine Vertrauenskrise war die Folge. Hitler gab zu verstehen, daß er Keitel und Jodl durch Kesselring und Paulus abzulösen gedenke und schränkte, als das Revirement unterbleiben mußte, den persönlichen Umgang mit den engsten militärischen Beratern ein.[92] Am 10. September 1942 entließ der ObdW den Generalfeldmarschall Wilhelm List, zunächst ohne einen Nachfolger zu ernennen, vierzehn Tage später auch Generaloberst Franz Halder, dessen Stelle der bisherige Chef des Generalstabes beim Oberbefehlshaber West, General Kurt Zeitzler, einnahm.[93] Dem OKH wurden Kompetenzen entzogen. Das Heerespersonalamt übernahm General Rudolf Schmundt.

Hitler ahnte nicht zum erstenmal, daß die Wende des Krieges eingetreten war.[94] Aber für einen Führer wie ihn gab es kein Zurück, sondern nur trotziges Beharren, das Festhalten an den ideologisch vorgezeichneten Zielen.[95] Unbelehrbar hatte er den zuerst wohl verständlichen, mittlerweile jedoch korrekturbedürftigen Irrtum zur fixen Idee erhoben: der Feind sei geschlagen und werde »sich nicht wieder erheben«.[96]

[1] Zur Willensbildung s. Mueller-Hillebrand, III, S. 45f.; auch Scherff lt. Nehring, a. a. O., S. 254, Anm. 4, u. Warlimont, a. a. O., S. 243.
[2] Hubatsch: Weisungen, S. 182–188. Zum Folgenden W. Görlitz: Die Schlacht um Stalingrad, in: Entscheidungsschlachten, a. a. O., S. 273–322 (zit. Görlitz: Stalingrad).
[3] Halder, III, S. 418.
[4] Die Luftlinie betrug 2575 km, der eigentl. Frontverlauf mit allen Ein- und Ausbuchtungen jedoch 4820 km, was einer Entfernung v. London nach New York entsprach.
[5] A. Hillgruber: »Nordlicht«. Die deutschen Pläne zur Eroberung Leningrads im Jahre 1942, in: Festschrift f. P. E. Schramm, Bd. 2, S. 269–287 (zit. Hillgruber: Nordlicht)
[6] Die Kriegswehrmacht der UdSSR, GenSt. d. H., O. Qu. IV, Abt. Fremde Heere Ost, Nr. 100/41 g. vom 1. 1. 1942. Ab S. 130 das Gutachten des Wi/Rü Amtes.
[7] Chef d. Gen. St. d. H. Nr. 100/42 g Kdos., Anl. O. Qu. IV. Abt. Fremde Heere Ost. Vgl. F. Halder: Hitler als Feldherr, München 1949, S. 42, 57.
[8] Halder, III, S. 390.
[9] Halder, III, S. 422; Gehlen, a. a. O., S. 15, 17ff.
[10] KTB/OKW, II, Dok., Anh. Nr. 9, S. 1273–1275.
[11] Chef d. Gen. St. d. H., Nr. 3280/42 gKdos. vom 28. 6. 1942; dazu Warlimont, S. 252.
[12] uk = »unabkömmlich« im Zivilberuf.
[13] Mueller-Hillebrand, III, S. 50ff.
[14] F. W. Seidler: Blitzmädchen. Geschichte der Helferinnen der deutschen Wehrmacht, Koblenz-Bonn 1979.
[15] Mueller-Hillebrand, III, S. 51f.
[16] A. Sigailes: Latvieso Legions, Kopenhagen 1962 (zit. Sigailes).
[17] Mueller-Hillebrand, III, S. 70f.; J. Hoffmann: Die Ostlegionen 1941 bis 1942, Freiburg 1976; ders.: Deutsche und Kalmyken 1942–1945, Freiburg 1977; dazu allg. P. von zur Mühlen: Zwischen Hakenkreuz und Sowjetstern. Der Nationalismus der sowjetischen Orientvölker im Zweiten Weltkrieg (Bonner Schriften zur Politik u. Zeitgesch. 5) Düsseldorf 1971.
[18] ADAP, E, I, Nr. 62; zum Folgenden A. Hillgruber: Der Einbau der verbündeten Armeen in die deutsche Ostfront 1941–1942, in: WWR 9/1959, S. 659–682 (zit. Hillgruber: Einbau).
[19] ADAP, E, I, Nr. 63.
[20] ADAP, E, I, Nr. 64.
[21] ADAP, E, I, Nr. 181; dazu Görlitz/Keitel, a. a. O., S. 298f.
[22] Adám/Juhácz/Kerekes, a. a. O., S. 254.
[23] ADAP, E, I, Nr. 156; auch Görlitz/Keitel, S. 280.
[24] Vgl. vorletztes Kap. u. J. Förster: Zwei neue Aufzeichnungen über Führer-Besprechungen aus dem Jahre 1942, in: MM 1/1972, S. 109f.
[25] ADAP, E, I, Nr. 63; dazu Hillgruber: Hitler, Carol, Antonescu, a. a. O., S. 136.
[26] Gosztony: Fremde Heere, a. a. O., S. 200ff.; Valori, S. 283ff.
[27] J. Förster: Stalingrad. Risse im Bündnis 1942/43 (Einzelschr. zur militär. Gesch. d. Zw. Weltkr., 16) Freiburg 1975, S. 20f. (zit. Förster); M. D. Fenyo: Hitler, Horthy and Hungary. German-Hungarian Relations 1941–1944, New Haven, Conn., London 1972, S. 114f. (zit. Fenyo); Macartney, a. a. O., II, S. 86.
[28] Hillgruber: Einbau, S. 671; dazu v. ung. Seite J. Csisma: Beiträge zur Untersuchung der Organisation und Kriegstätigkeit der Horthy-Armee, Budapest 1961 (zit. Csisma); insbes. Adonyi-Naredy, a. a. O., S. 74ff. u. I. Nemeskürty: Untergang einer Armee, (Ost)Berlin 1976, S. 16ff. (zit. Nemeskürty).
[29] Erfurth, S. 98; Jägerskiöld, S. 264ff.
[30] KTB/OKW, II, S. 36ff.; Hillgruber: Nordlicht, S. 271f. u. E. Klink: Deutsch-finnische Waffenbrüderschaft 1941–1944, in: WWR 8/1958, S. 389ff.
[31] Nehring, a. a. O., S. 120ff.
[32] Mueller-Hillebrand, III, S. 51ff.
[33] Ebd., S. 62 u. Groehler, a. a. O., S. 343.
[34] Mueller-Hillebrand, III, S. 55, 59, 61.
[35] W. Haupt: Demjansk. Ein Bollwerk im Osten, Bad Nauheim 1961.
[36] Zur Tätigkeit d. LFl. 1 (Keller) s. Bekker: Angriffshöhe, S. 292ff. u. Morzik/Hümmelchen, a. a. O., S. 121–149.

37 H. Pohlmann: Wolchow. 900 Tage Kampf um Leningrad, Bad Nauheim 1962, S. 42–59 (zit. Pohlmann). Ausführlich Merezkow, a. a. O., S. 235–248.

38 H. Großmann: Rshew, Bad Nauheim 1962, S. 54–83 (zit. Großmann).

39 P. Accore u. P. Quet: Moskau wußte alles, Zürich 1966; dieselben: Der Krieg wurde in der Schweiz gewonnen, in: Weltwoche, Nr. 1685–1696 (1966); Bonjour, a. a. O., V, S. 93f.; Buchheit: Geheimdienst, a. a. O., S. 176f.; ders.: Verräter im Führerhauptquartier, in: Christ u. Welt, 10. 3. 1967; D. J. Dallin: Die Sowjetspionage. Prinzipien und Praktiken, Köln 1956; Höhne: Direktor, a. a. O., S. 86f.; Heideking, a. a. O., S. 146, 177; K. Emmenegger: QN wußte Bescheid. Erstaunliche Informationen eines Schweizer Nachrichtenmannes aus den Kulissen des Hitlerkrieges, Zürich 1965; W.F. Flicke: Agenten funken nach Moskau. Funkspionagegruppe »Rote Drei«, München 1954; L. Farago: Burn After Reading, New York 1961; A. Foote: Handbuch für Spione, Darmstadt 1954; W. Hagen: Die geheime Front, Linz – Wien 1950; K.-J. Janssen: War Rittmeister Wilhelm Scheidt Stalins Auge im Führerhauptquartier? in: Die Zeit 46/1966; R. Kurz: Nachrichtenzentrum Schweiz. Die Schweiz im Nachrichtendienst des Zweiten Weltkriegs, Frauenfeld – Stuttgart 1972, S. 112ff.; A. Matt: Zwischen allen Fronten. Der Zweite Weltkrieg aus der Sicht des Büros Ha, Frauenfeld – Stuttgart 1969, S. 191, 214; W. Martini: Deutsche Spionage für die Sowjetunion 1939–1945, in: Die Welt Nr. 240–251 (1966); L. Minelli: Spionage im Zweiten Weltkrieg oder wußte Moskau alles? in: Glarner Nachrichten Nr. 11/12 (1966); Radó, a. a. O., S. 272ff.;, 380ff.; W. v. Schramm: Der Fall Rudolf Rössler, in: PuZ, Beil. Das Parlament, Nr. B 41/1966; ders.: Verrat im Zweiten Weltkrieg, Düsseldorf – Wien 1967. Letzteren ist es sowenig wie Berichterstattern der Presse (Der Spiegel 16/1953 u. 4/1967; Neue Zürcher Nachrichten 10. 3. 1953; Luzerner Tagblatt 3. 11. 1953; Die Tat 5. 11. 1953) gelungen, die Identität des od. der Informanten (i. Meldungen des Büros Ha: »Werther«) zu ermitteln. Lt. Mitteilg. des eh. Fernschreiboffiziers B. Ruland: Die Augen Moskaus, Zürich 1973, arbeiteten zwei Nachrichtenhelferinnen i. d. Fernschreibzentrale des OKH für d. i. Luzern lebenden Emigranten R. Rössler (»Lucy«), den wichtigsten Zuträger für Radó u. das Büro Ha. Vgl. auch Heideking, S. 180, Anm. 18.

40 Zahlen nach Hillgruber/Hümmelchen: Chronik, S. 67.

41 Ebd.

42 Buchner: Sewastopol, a. a. O., S. 105–159; Philippi/Heim, a. a. O., S. 124; Stimmungen, Episoden, Erinnerungen u. a. b. Carell: Barbarossa, a. a. O., S. 413; Baumbach, a. a. O., S. 181f.; Manstein, a. a. O., S. 268ff. R. v. Manstein u. Th. Fuchs: Manstein, Soldat im 20. Jahrhundert, München 1981, S. 154f. (zit. Manstein/Fuchs); Fretter-Pivo, a. a. O., S. 86ff.

43 Kusnezow: Gefechtsalarm, a. a. O., S. 192–201.

44 Fretter-Pico, S. 88

45 KTB/OKW, II, S. 341; dazu Buchbender: Tönendes Erz, a. a. O., S. 161f. u. Jacobsen: Kommissarbefehl, a. a. O., S. 155 sowie persön. Zeugnis v. H. Roesch v. 2. 12. 1967.

46 Buchbender: Tönendes Erz, S. 163.

47 G. Fischer: Der Fall Wlassow, in: Der Monat 1951; J. Thorwald: Wen sie verderben wollen, Stuttgart 1953; D. Chavchavadze: The Vlassov Movement, Princeton, N. J., 1950; W. Strik-Strikfeldt: Gegen Hitler und Stalin. General Wlassow und die russische Freiheitsbewegung, Berlin 1971; H.-E. Volkmann: Das Vlassow-Unternehmen zwischen Ideologie und Pragmatismus, in: MGM 12/1972, S. 119–155 (mit krit. Wertg. d. älteren Lit.) Merezkow, S. 242f., 260ff.

48 Chruschtschow, a. a. O., S. 188ff.; S. Talbot (Hg.): Chruschtschow erinnert sich, Reinbek 1971, S. 562; dazu R. Medwedew: Die Wahrheit ist unsere Stärke. Geschichte und Fragen des Stalinismus, Frankfurt 1973, S. 512.

49 I. Ehrenburg: Menschen, Jahre, Leben. Autobiographie, München 1965, Bd. 2, S. 383 (zit. Ehrenburg).

50 Churchill, IV, 2, S. 277ff.; Hillgruber: Sowj. Außenpol., a. a. O., S. 76; W.M. Kulisch: Istorija wtorogo fronta, Moskau 1971, S. 458f.; Woodward, II, S. 194ff.; dt. Übersetzg. des Vertrages abgedr. b. Jacobsen: Der Weg, S. 170ff.

51 Hinsley, a. a. O., II, S. 59.

52 Maiskij, a. a. O., S. 734ff.; dazu J. R. Deane: Das seltsame Bündnis, Wien 1947, S. 86.

53 F. Pearce: Last Call for MMS Edinburgh, London 1983.

54 Roskill, II, S. 115–146; dazu J. Broome: Convoy is to Scatter, London 1977, S. 95ff.; P. Lunn u. H. Ludlam: PQ 17, London [5]1973.

55 LV, S. 379, 400f.; Salewski, II, S. 21–50.

56 A. G. Golowko: With the Red Fleet, London 1965; Kusnezow: Gefechtsalarm, S. 256. Zahlen nach

Rohwer/Hümmelchen: Chronik, S. 257f.; weitere Einzelheiten b. Bekker: See, a. a. O., S. 262–268; Bennett: Seeschlachten, a. a. O., S. 208f.; G. Blond: Kurs Murmansk, Oldenburg o. J., S. 120–159 (zit. Blond: Murmansk); Peillard: U-Bootkrieg, a. a. O., S. 241ff.; neuerdings J.-J. Antier: La bataille des convois de Mourmansk, Paris 1981.

[57] Bennett: Seeschlachten, S. 210f.

[58] Die unheilige Allianz. Stalins Briefwechsel mit Churchill 1941–1945, hg. v. M. Rexin, Hamburg 1965, S. 49ff. (zit. Briefwechsel Churchill-Stalin).

[59] Maiskij, S. 779ff.

[60] KTB/OKW, II, S. 445 u. 448; Halder, II, S. 465; Görlitz/Paulus, a. a. O., S. 69; weitere Einzelheiten b. Carell: Barbarossa, S. 420–426 u. W. Herr: Das Geheimnis Stalingrad, München 1979, S. 21–25; grundlegend M. Kehring: Stalingrad. Analyse und Dokumentation einer Schlacht (Beiträge zur Militär- u. Kriegsgesch., 15), Stuttgart ³1979, S. 25–35 (zit. Kehring); ders.: Stalingrad 1943, in: IT 2/1983, S. 22–41 (zit Kehring II).

[61] Grundlegender Befehl Nr. 1, erteilt nach d. Zwischenfall von Masmechelen, Jan. 1940.

[62] Stumme wurde 4 Wochen später v. Hitler begnadigt u. erhielt ein neues Kommando i. Afrika.

[63] Görlitz: Stalingrad, S. 280f.; Kehring, S. 36ff.

[64] Die Gliederung d. HGr. Süd (Bock) am 24. 6. u. 12. 8. 1942 in: KTB/OKW, II, S. 1372ff. u. 1378ff. Richthofen hatte Löhr am 28. 6. 1942 abgelöst.

[65] Nehring, S. 260f.

[66] Ebd., S. 265.

[67] BA/MA, Nachlaß Bock; Tgb. v. 13.–17. 7. 1942.

[68] KTB/OKW, II, S. 502.

[69] Halder, III, S. 489.

[70] KTB/OKW, II, Anh. Dok. Nr. 14 u. 16., S. 1283 u. 1284; dazu W. Craig: Die Schlacht um Stalingrad, München 1977, S. 24f. (zit. Craig: Stalingrad).

[71] Hubatsch: Weisungen, S. 196–200; dazu Görlitz: Stalingrad, S. 285.

[72] H.D. Herhudt von Rohden: Die Luftwaffe ringt um Stalingrad, Wiesbaden 1950, S. 10ff. (zit. Herhudt); G. Pemler: Der Flug zum Don. Aus dem geheimen Kriegstagebuch eines Aufklärungsfliegers, Leoni 1981.

[73] Stalins Tagesbefehl v. 28. 7. 1942, abgedr. b. Gosztony: Rote Armee, a. a. O., S. 231.

[74] Shukow, II, S. 77.

[75] Wassilewskij, S. 187.

[76] Mackensen, a. a. O., S. 112ff.; Kehring, S. 43f.; Hillgruber: Einbau, S. 672.

[77] Engel, a. a. O., S. 123.

[78] H. Doerr: Der Feldzug nach Stalingrad, Darmstadt 1956, S. 12ff. (zit. Doerr); teilweise überholt durch Förster, S. 24ff. u. Kehring (s. Anm. 59); auch Stato Maggiore Esercito: AAVV, Rom 1964; Ufficio Storico: L'8a Armata Italiana nella primera battaglia difensiva dal Don, Rom 1946, S. 9–31; dazu Messe, a. a. O., S. 207ff.; Rintelen, S. 140f.; Lami: Isbuscentij l'ultima carica, Mailand 1982; Valori, S. 284f.; O. Pagani: L'ultima carica dei lancieri del Savoie, in: St. 25/1982, S. 32–41; Gosztony: Fremde Heere, a. a. O., S. 291ff.; dazu Gheorghe, a. a. O., S. 240; Adonyi-Naredy, S. 80; Csisma, S. 14f.; Fenyo, 114f.; Nemeskürty, S. 18ff.; zuletzt H. Wimpffen: Die zweite ungarische Armee im Feldzug gegen die Sowjetunion. Ein Beitrag zur Koalitionskriegführung im Zweiten Weltkrieg (Diss.), Würzburg 1968.

[79] E. v. Ernsthausen: Die Wende im Kaukasus, Neckargemünd 1958; Seaton, a. a. O., S. 211f.; Philippi/Heim, S. 138f.; dazu J. Braun: Enzian und Edelweiß, Bad Nauheim 1955 u. R. Konrad: Kampf um den Kaukasus, München 1955; v. sowj. Seite A. Gretschko: Die Schlacht um den Kaukasus, (Ost)Berlin 1969, S. 199ff. (zit. Gretschko: Kaukasus); A. S. Sawjalow u. T. J. Kajadin: Die Schlacht um den Kaukasus, (Ost)Berlin 1959, S. 37ff. (zit. Sawjalow/Kajadin).

[80] Bauer, I, S. 296; Mackensen, S. 147ff.; Nehring, S. 273ff.

[81] Doerr, S. 31ff.; Kehring, S. 60–66; Görlitz: Stalingrad, S. 282; dazu Paulus: Ich stehe hier auf Befehl, hg. v. W. Görlitz, Frankfurt 1960, S. 73f. (zit. Görlitz/Paulus); auch Seydlitz, a. a. O., S. 153.

[82] Doerr, S. 40ff.; Kehring, S. 67f.; Herr, S. 114ff.

[83] Wassilewskij, S. 188.

[84] A.I. Jeremenko: Stalingrade, Paris 1963, S. 140f.; dazu Platonow, I, a. a. O., S. 288ff. u. Telpuchowskij, a. a. O., S. 23–45; W.I. Tschuikow: Die Schlacht des Jahrhunderts, (Ost)Berlin 1980, S. 11ff. (zit. Tschuikow).

85 Vgl. militärgeographische Stadtbeschreibungen b. Craig: Stalingrad, S. 34ff.; Doerr, S. 45ff.; Görlitz: Stalingrad, S. 285; Herr, S. 142 u. Platonow, I, S. 219f.

86 Craig: Stalingrad, S. 51; Jeremenko: Stalingrade, S. 47ff.

87 Chruschtschow, a. a. O., S. 195–204; Jeremenko: Stalingrade, S. 142ff.; zur Stimmungslage s. Simonow, a. a. O., II, S. 161–173.

88 KTB/OKW, II, S. 609f., 613, 615; dazu J. Leasor: Operation Freya. Dieppe, 19. August 1942, Stuttgart 1975; H. Lorenz: Operation »Jubilee«. Der Raid gegen Dieppe, in: MR 4-5-6/1967, S. 228–237, 300–303, 352–363 u. J. Mordal: Les Canadiens à Dieppe, Paris [2]1982.

89 W. I. Tschuikow: Eröd a Volga partján, Budapest 1960, S. 14–49; Platonow, I, S. 294–298.

90 Vgl. d. Weisungen des WFSt. v. 18. 7. u. 23. 7. 1942, in: KTB/OKW, II, S. 59ff.; Aufz. v. Engel ebd., II, S. 67 u. Hitlers Reden, zunächst d. vom 30. 9. 1942, in: Keesings Archiv d. Gegenwart, 1942, S. 5655ff.

91 Mueller-Hillebrand, III, S. 82f.

92 Below, S. 315; Engel, S. 126f.; Greiner, S. 410; Halder, III, S. 528; Warlimont, S. 267ff.; dazu Görlitz/Keitel, S. 305 u. Hillgruber in seiner Einleitung zum KTB/OKW, II, S. 12.

93 Below, S. 315; Engel, S. 125; Görlitz/Paulus, S. 75f.; Halder, III, S. 528.

94 Vgl. seine Äußerungen zu dem dän. Außenminister E. Scavenius am 27. 11. 1941, in: ADAP, D, VIII, S. 703ff.; u. im engsten Kreis am 27. 1. 1942, in: Monologe, a. a. O., S. 239.

95 Dazu Hillgruber: 2. Weltkr., a. a. O., S. 97.

96 KTB/OKW, II, Anh. Dok. Nr. 26, S. 1301–1304.

Die Salomonen 1942/43

Roosevelt und Churchill blieben bei der einmal getroffenen Entscheidung (»Germany first«). Allerdings durften die Westmächte ihre Kriegführung gegen Japan nicht völlig vernachlässigen, solange sich zwischen Kampfhandlungen auf den verschiedenen Schauplätzen kommunizierende Probleme ergaben.[1] Da Indien[2], Australien und Neuseeland[3] bedroht waren, wünschten sie, Truppen aus Nordafrika heranzuziehen und amerikanische Hilfe zu beanspruchen.[4] Auch MacArthur, Nimitz und Tschiang Kai-schek forderten neue Mittel, die teilweise nur zu Lasten der im Mittelmeerraum eingesetzten Kräfte abgezweigt werden konnten.[5]
Anwalt der gegen Japan gerichteten Interessen war Admiral Ernest J. King.[6] Er mußte den anderen Stabschefs nicht lange darlegen, daß man ohne Fortsetzung der Angriffsoperationen im Stillen Ozean die Initiative verlor. Zur gleichen Überzeugung gelangten Roosevelt und Churchill, als das Kaiserreich nach der Entscheidung von Midway keinerlei Schwächezeichen erkennen ließ, vielmehr beabsichtigte, mit starken Streitkräften weiter in Richtung auf den Australkontinent vorzugehen.[7]
Port Moresby, eine wichtige Etappe dieser Offensive, war noch in alliierter Hand.[8] Japanische Truppen hatten das hohe, von feuchtem Urwald bedeckte Owen-Stanley-Gebirge bisher nicht überwunden. Das Kaiserliche Hauptquartier bereitete jedoch einen zweiten Versuch vor. Sugiyama verstärkte die bei Rabaul zusammengezogene 17. Armee (Hyakutaba). Nagano befahl der neugebildeten 8. Flotte (Mikawa), ein verstärktes Regiment auf der Salomoneninsel Guadalcanal zu landen. Unter seinem Schutz sollten dort koreanische Zwangsarbeiter einen Flugplatz bauen.[9]
Die sich im Norden Neuguineas 500 sm weit nach Südosten erstreckenden Salomonen bildeten einen zweifachen Riegel quer zum direkten Seeweg von Hawaii nach Australien. Der Sund zwischen den beiden Hauptketten, »the Slot – der Schlauch« genannt, war mit Eilanden wie Florida, Tulagi, Tananbago, Savo und Gavutu durchsetzt. Guadalcanal gehörte bei 140 km Länge und 45 km Breite zu den größeren Territorien der fast unbewohnten Gruppe. Die wenigen, an den Rändern ihrer Dschungelwildnis lebenden Melanesier galten zum Teil noch als Kanibalen.[10]
Tulagi war bereits von den Japanern besetzt, eignete sich aber nur zur Anlage eines Stützpunktes für Seeflugzeuge.[11] Auf Guadalcanal stationierte Bombenmaschinen konnten dagegen die eigenen Marschwege nach Neuguinea wie auch den wichtigsten Transportweg der Alliierten beherrschen. King, der dies frühzeitig erkannt hatte, empfahl daher den amerikanischen Stabschefs die Salomonen-Gruppe als Operationsziel für die nächste Offensive im Pazifischen Ozean.[12]
Die Joint Chiefs of Staff beschlossen weitergreifende Maßnahmen. Zunächst sollten die südlichen Salomonen erobert, dann der Norden des Inselgebietes besetzt und zugleich Neuguinea vom Feinde gesäubert werden. Später gedachte man sich des Bismarck-Archipels zu bemächtigen. Die aufeinanderfolgenden Schläge hatten nach Verfügbar-

keit des vorhandenen Schiffsraumes abwechselnd Nimitz und MacArthur zu führen, womit neben operativen Gesichtspunkten auch die alte Rivalität zwischen »Navy and Army« berücksichtigt war.[13]

Nimitz griff zuerst an. Er schickte Admiral Frank J. Fletcher mit den Trägern »Saratoga« (Ramsey), »Enterprise« (Davis)[14] und »Wasp« (Sherman), 1 Schlachtschiff, 6 Kreuzern und zahlreichen Zerstörern nach Guadalcanal, wo Admiral Robert L. Ghormley befehligte (Operation »Watchtower«). Als eine Amphibious Force unter Admiral Richard K. Turner 19000 Marines landete, die den fast fertigen Flugplatz übernahmen, zog sich der Gegner zurück. Der Widerstand auf Tananbago, Florida und Gavutu wurde gebrochen.[15]

Yamamoto befahl der auf Rabaul Reede ankernden 8. Flotte (Mikawa) den Gegenangriff. Während ihre Kreuzer zehn Stunden lang durch den »Schlauch« marschierten, zog Turner seine erst halb entladenen Transporter von Guadalcanal ab und begab sich Fletcher, dessen Träger beölt werden mußten, zur Südseite der Insel. Eine unter dem britischen Admiral Sir Victor A. Crutchley bei Savo hinterlassene Deckungsgruppe wurde trotz RADAR-Überwachung vom Gegner überrascht und vernichtet.[16]

Aber die Versenkung von vier Schweren Kreuzern (3 Amerikanern und 1 Australier) konnte Yamamoto nicht befriedigen. Zur Inanspruchnahme der See-Luft-Herrschaft hätte Admiral Gunichi Mikawa die amerikanischen Träger angreifen und den Flugplatz auf Guadalcanal zerstören müssen. Um dies nachzuholen, ließ der Oberbefehlshaber die 2. Flotte (Kondo) mit den Großkampfschiffen der Admirale Abe und Nagumo eingreifen. Nimitz, dem kein klares Funkbild vorlag, mußte auf Grund von Fliegermeldungen und Agentenberichten reagieren.[17]

Bei den östlichen Salomonen kämpften die Flotten über achtungsvolle Distanz. Nur die Schiffsflak schoß, denn allein Trägerflugzeuge griffen an. Zuerst sank die als Köder eingesetzte »Ryujo« (Kato), dann durchschlugen Bomben das Hallendeck der »Enterprise« (Davis).[18] Ein paar Tage später schickten japanische U-Boote die »Saratoga« (Ramsey) und das Schlachtschiff »North Carolina« (Fort) für drei Monate ins Dock, mußte Fletcher die gleichfalls torpedierte »Wasp« (Sherman) ihrem Schicksal überlassen.[19]

Der japanische Heeresverband auf Guadalcanal hatte jetzt Divisionsstärke und führte heftige Gegenangriffe.[20] Admirale wie Raizo Tanaka und Aritomi Goto versorgten die kämpfenden Truppen in nächtlichen Fahrten. »Tokyo-Express« nannten die Amerikaner solche Schnelltransporte. Auch Nimitz mußte frische Kräfte heranführen. Seine großen Konvois liefen von Hawaii über die Fidschi-Inseln und Neuen Hebriden in das Operationsgebiet. Beide kriegführenden Flotten sicherten ihre Geleite und bekämpften die des Gegners.[21]

Ein Versuch der Amerikaner, den nächsten »Tokyo-Express« abzufangen, mißlang. Sie konnten nicht verhindern, daß Abes Verband den Flugplatz auf Guadalcanal unter Artilleriefeuer nahm und Treibstofflager in Brand schoß. Admiral Norman Scott hatte jedoch mit seinem Geschwader bei Kap Esperance die japanische Deckungsgruppe radargeortet und in einem kurzen Nachtgefecht zurückgeworfen. Der Kampf kostete jeden der Gegner einen Kreuzer. Admiral Goto fand an Bord seines Flaggschiffes den Tod.[21]

Als Kondo wieder mit 4 Trägern und 4 Schlachtschiffen vorstieß, kam es zur See-Luft-Schlacht bei Santa Cruz. Halsey, der Ghormley abgelöst hatte[22], konnte nur 2 Flugzeugträger und 2 Schlachtschiffe in den Kampf führen, doch kamen ihm über hundert Kampfmaschinen der USAAF von Gavutu und Espiritu Santo zu Hilfe.[23] Nach wechselseitigen Luftangriffen zogen sich »Zuiho« (Tabanase) und »Shokaku« (Ymaoka) brennend zurück. Auf amerikanischer Seite wurde die »Enterprise« (Hardison) zum zweiten Mal schwer beschädigt und »Hornet« (Mason) versenkt.[24]

Halsey verfügte eine Zeitlang über keine Träger mehr. Ihre Kampfkraft mußte durch landgestützte Armeeflugzeuge ersetzt werden, von denen erstmals Bomber des Typs B 17 »Fortress« nach Guadalcanal einflogen. Japanische Infanterie eroberte in nächtlichem Bajonettangriff einen Teil des Rollfeldes, konnte sich dort aber nicht längere Zeit behaupten.[25] Andererseits bedurften die abgekämpften Marines der Ablösung. Beide Flotten setzten ihre Geleitoperationen fort.[26]

Vom 2. bis 10. November 1942 brachte Tanaka nicht weniger als 65 Zerstörer und 2 Kreuzerfrachten durch den »Schlauch«. Er ließ sie mit Schwimmkörpern ins Meer werfen und von Motorbooten an Land ziehen. Während Nagano, Sugiyama und Yamamoto noch über panzertragende Pionierstege und Prähme berieten, die den fehlenden Hafen ersetzen sollten, kehrte die reparierte »Enterprise« (Hardison) in Halseys Flottenverband zurück. Unter seinem Schutz bildeten die Amerikaner mit den Admiralen Thomas C. Kinkaid, Willis A. Lee, Norman Scott und Daniel J. Callaghan vier Kampfgruppen zur Zerschlagung des nächsten »Tokyo-Express«.[27]

Während Turner Verstärkungen anlandete, kam es am 12./13. und 14./15. November 1942 bei Guadalcanal zu zwei turbulenten Nachtschlachten. Die Amerikaner orteten rechtzeitig Abes Verband. Doch er schoß zuerst. Alle US-Kreuzer wurden außer Gefecht gesetzt. Zwei sanken, mit ihnen vier der acht Zerstörer. Eine Salve zerriß Scott und das Brückenpersonal seines Schiffes, Minuten später auch Callaghan. Auf japanischer Seite lief das Schlachtschiff »Hiei« (Mitzuba) manövrierunfähig im Kreise, bis es von Flugzeugen der »Enterprise« (Hardison) getroffen wurde und langsam sank.[28]

Nach Abe kam Kondo durch die Nacht, auch er mit einem Großkampfschiff, vier Kreuzern und Geleitschutz. Diesmal mußte Lees Geschwader den Stoß abfangen. Seine Zerstörer wurden alle bis auf einen zusammengeschossen. Aber die schweren amerikanischen Einheiten hielten sich trotz zahlreicher Treffer über Wasser und verwandelten durch radargelenktes Geschützfeuer die mächtige »Kirishima« (Nugaboti) in ein loderndes Wrack. Sie endete als zweites japanisches Schlachtschiff dieses Krieges im »Iron Bottom Sound«.[29]

Inzwischen hatte Turner die Marines durch das XIV. US-Corps (Patch) abgelöst und so viel Material ausgeladen, daß außer den Bodentruppen 188 Flugzeuge auf Guadalcanal einsatzbereit waren. Wohl führte auch Tanaka noch manche Zerstörerfracht heran. Auch zersprengte er, als man ihn am 30. November 1942 bei Tassafaronga überraschte, ein ganzes Geschwader des Gegners.[30] Schweren Beschießungsverbänden der Japaner wurde das Eingreifen jedoch unmöglich. Ohne Flieger und Artillerie stand ihre Inselgarnison auf verlorenem Posten.[31]

Yamamoto schlug dem Kaiserlichen Hauptquartier vor, Guadalcanal zu räumen, solange dafür noch erfolgversprechende Aussicht bestand.[32] Doch Meinungsverschiedenheiten zwischen Nagano und Sugiyama verzögerten den Entschluß. Erst nach Wochen konnten die gegensätzlichen Auffassungen der Flotte und des Heeres in den strategischen Grundfragen überwunden werden.[33] Am zweiten Weihnachtsfeiertag ließ Hirohito durch Kido mitteilen: »Der Tenno ist in Sorge wegen der infolge des Krieges

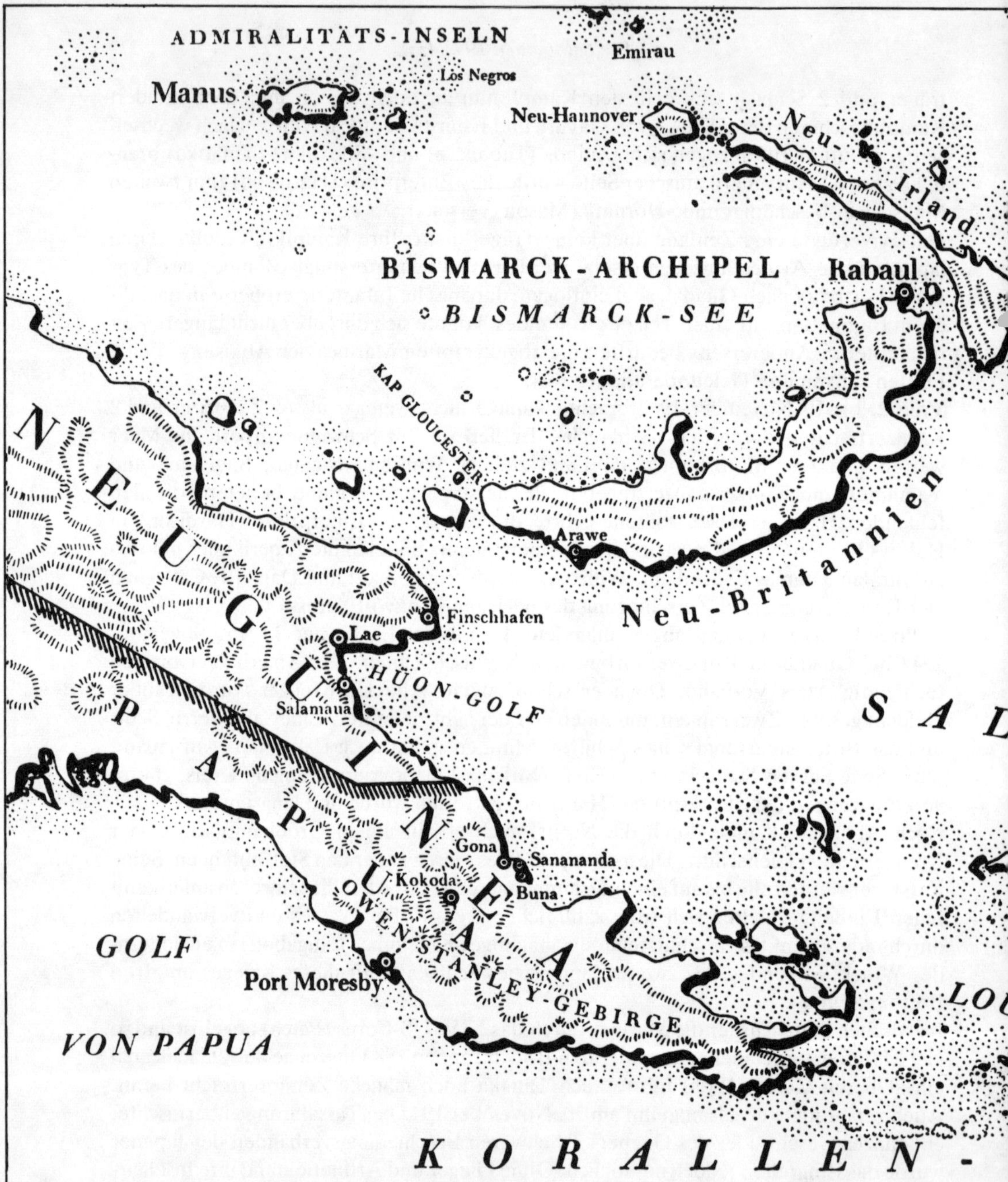
ADMIRALITÄTS-INSELN
Emirau
Los Negros
Manus
Neu-Hannover
Neu-Irland
BISMARCK-ARCHIPEL
Rabaul
BISMARCK-SEE
KAP GLOUCESTER
Neu-Britannien
Arawe
NEU-GUINEA
Finschhafen
Lae
HUON-GOLF
Salamaua
SAL
PAPUA
Gona
Sananada
Kokoda
Buna
OWEN-STANLEY-GEBIRGE
GOLF
VON PAPUA
Port Moresby
LOU
KORALLEN-

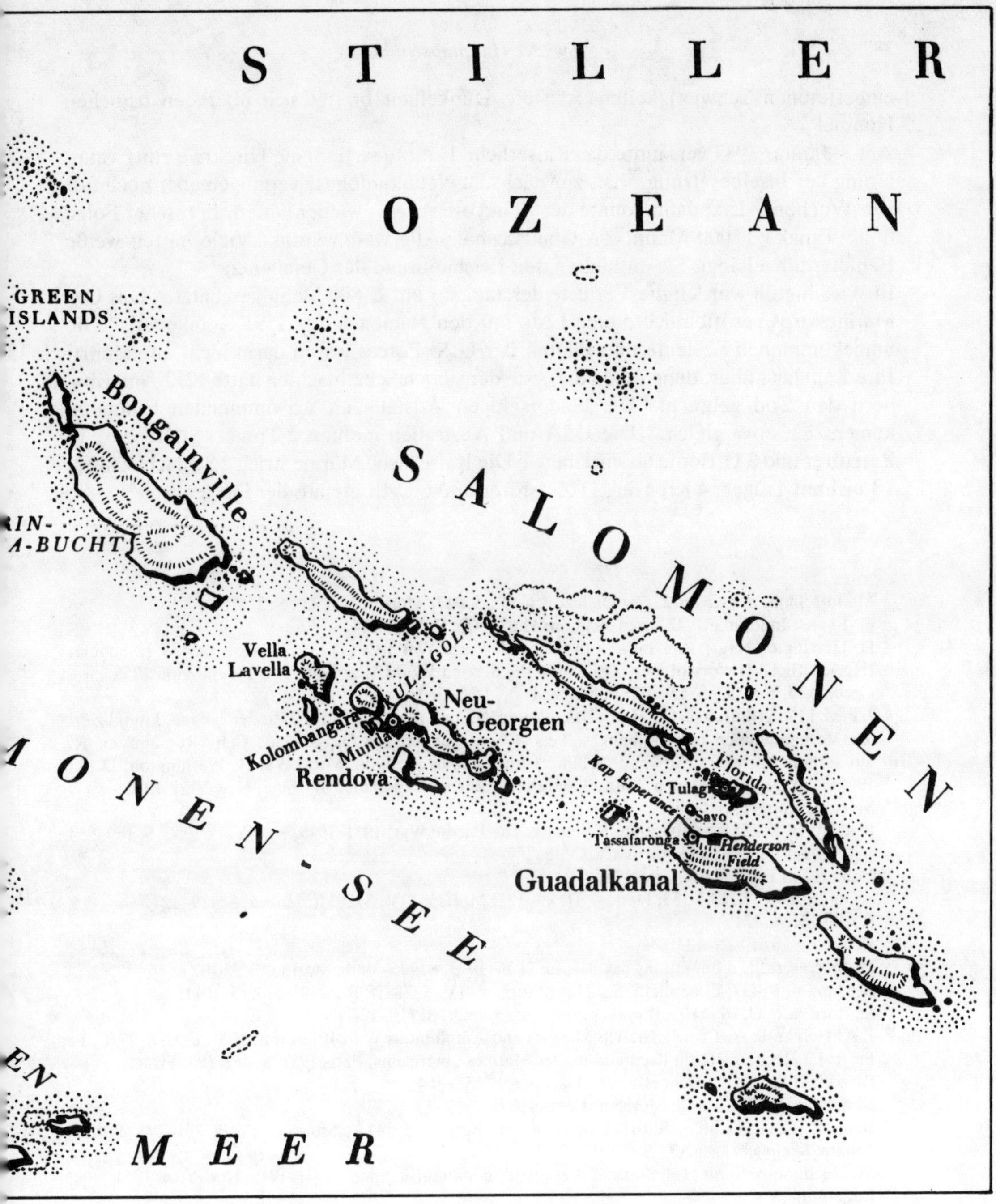

Bismarck-Archipel und Salomonen

eingetretenen Schwierigkeiten ... Tiefe Dunkelheit breitet sich über den östlichen Himmel«.[34]

Am 3. Januar 1943 versandte das Kaiserliche Hauptquartier eine Direktive zur Evakuierung der Inselbesatzung.[35] Bis zur nächsten Neumondphase vergingen aber noch fast vier Wochen.[36] Erst dann konnte der »Tokyo-Express« wieder laufen. In rascher Folge holte Tanaka 12000 Mann von Guadalcanal. Alle waren krank. Viele hatten weiße Behälter umgehängt. Sie enthielten den Leichenbrand der Gefallenen.[37]

In Washington wurden die Verluste der Japaner auf 23800 Mann geschätzt.[38] Das US-Marinekorps veröffentlichte eine Liste mit den Namen seiner 1592 Gefallenen.[39] Die umgekommenen Seeleute und Piloten der U.S. Forces waren darin nicht aufgeführt. Ihre Zahl lag höher, denn schon die erste der sieben Seeschlachten hatte 1272 Amerikanern den Tod gebracht.[40] Die beiderseitigen Ausfälle an schwimmenden Einheiten kamen sich etwa gleich.[41] Die USA und Australien mußten 2 Träger, 8 Kreuzer, 14 Zerstörer und 3 U-Boote abschreiben.[42] Die Kaiserliche Marine strich 2 Schlachtschiffe, 1 Leichten Träger, 4 Kreuzer, 11 Zerstörer und 6 U-Boote aus der Flottenliste.[43]

1 Matloff/Snell, a.a.O., S. 227f.; Dallek, a.a.O., S. 337; Morton, a.a.O., S. 276ff.
2 G. Evans: Inde, mai 1942 – mai 1943, in: H 63/1973, S. 1737–1742.
3 H. Herrington (Hg.): Australia in the Second World War 1939–1945, Canberra 1954; J.L. Scoular (Hg.): Official History of New Zealand in the Second World War 1939–1945, Wellington 1955.
4 Greenfield, a.a.O., S. 45–109; Pogue, a.a.O., II, S. 363f.
5 James: MacArthur, a.a.O., II, S. 45ff.; Potter: Nimitz, a.a.O., S. 211ff. Zu den langen, komplizierten Verhandlungen mit Tschiang s. Feis: China Tangle, a.a.O., S. 43ff.; C.F. Romanus u. R. Sunderland: Stilwell's Mission to China. United States Army in World War II, Washington, D.C., 1953, Kap. 11; B. Tuchman: Stilwell and the American Experience in China, New York 1970.
6 Morton, Kap. 11, passim.
7 Hattori, II, S. 288ff.; neuerdings S. Ienaga: The Pacific War, 1931–1945, New York 1980, S. 169–254 (zit. Ienaga); dazu Shigemitsu, a.a.O., S. 289f.
8 Collier: Far East, a.a.O., S. 117ff.
9 Agwa, a.a.O., S. 130–133; Hattori, II, 89–191; Morison, IV, S. 283ff; Ienaga, S. 119–127.
10 Roskill, II, S. 221.
11 Kennedy: Pazifik, S. 133.
12 D. Macintyre: Les operations navales, in: H 36:1973, S. 996–1001; Morton, S. 350ff.
13 Bergamini, S. 437; Greenfield, S. 121ff.; Morison, IV, S. 288ff; Ruge: Pazifik, S. 101ff.
14 Stafford, a.a.O., S. 44ff.; Blond: Enterprise, a.a.O., S. 110–124.
15 J.A. Isely u. P.A. Crowl: The US Marines and Amphibious War, Princeton, N.J., o.J., S. 27ff.; F. Pratt: La Reconquête du Pacifique par les Marines américains, Paris 1951, S. 46f. (zit. Pratt).
16 Roskill, II, S. 224ff.; Bennett: Seeschlachten, S. 152–264.
17 Kennedy: Pazifik, S. 140; Morison, IV, S. 290ff.
18 Bennett: Seeschlachten, S. 164–270; Kennedy, Pazifik, S. 141f.; Morison, IV, S. 291–296; Potter/Nimitz: Seemacht, a.a.O., S. 794ff.
19 M. Hachimoto: Sunk. The Story of the Japanese Submarine Fleet, 1941–1945, New York 1954.
20 Bergamini, S. 439.
21 Morison, IV, S. 289f.; Ruge: Pazifik, S. 118.
22 Craven/Cate, a.a.O., II, S. 454ff.
23 Halsey, a.a.O., S. 101f.; Morison, V, S. 231ff.
24 Kennedy: Pazifik, S. 145; Stafford, S. 49; Blond: Enterprise, S. 129.
25 C. Roetter: La conquête d'une îsle, in: H 36/1973, S. 990–995.
26 Halsey, S. 105f.
27 Morison, V, S. 235–258.

[28] Bennett: Seeschlachten, S. 271–274.
[29] Bennett: Seeschlachten, S. 274–280; Kennedy: Pazifik, S. 147–149.
[30] Ebd., S. 288–315.
[31] Vgl. Schemata b. Macintyre (Anm. 12).
[32] Morton, S. 368.
[33] Martin: Japan i. Krieg, a. a. O., S. 141.
[34] Kido-Tgb. 23./24. 12. 1942; zur endgültigen Entschlußfassung ebd. 31. 12. 1942; dazu Shigemitsu, S. 290f.; Morison, IV, S. 317.
[35] Kennedy: Pazifik, S. 149.
[36] Hattori, II, S. 291 f.; Ienaga, S. 233ff.
[37] Ebd., S. 235.
[38] Washington Post, 1. 2. 1943; Ruge: Pazifik, S. 127f.
[39] US Marine Corps Gazette, 2. 7. 1954.
[40] Bennett: Seeschlachten, S. 261.
[41] K. S. Davis: The Experience of War. The United States in World War II, Garden City, N. Y., 1965, S. 211.
[42] Bennett: Seeschlachten, S. 260f., 269, 274 u. d. Bewertg. auf S. 203f.
[43] Ebd.; geringe Abweichungen b. Potter/Nimitz: Seemacht, S. 807f.

»Lightfoot« und »Torch«

Bevor die deutsche Sommeroffensive auslief und Rommels Vormarsch endgültig zum Stehen kam, arbeiteten Russen wie Anglo-Amerikaner schon an Plänen zur Gewinnung der strategischen Offensive. Der sowjetische Generalstab faßte weitgreifende Zangenoperationen beiderseits von Stalingrad ins Auge.[1] Die Westalliierten verschoben ihre Landung an der französischen Kanalküste (bisher »Roundup«, nunmehr »Sledgehammer«) und entschieden sich nach Gesprächen zwischen Churchill, Hopkins und den Vereinigten Stabschefs am 26. Juli 1942 zunächst für Aktionen im Mittelmeerraum (früher »Gymnast«, künftig »Torch«).[2]

Churchill ließ sich nicht zur Errichtung einer »zweiten Front« drängen. Während Brooke den für einen baldigen Trans-Kanal-Angriff plädierenden Amerikanern militärische Argumente entgegenhielt, bezeichnete der Premier einen Stoß in den »weichen Unterleib« des Kontinentes (»soft underbelly«) als aussichtsreich. Ein solches Unternehmen würde zum Bruch der Achse führen oder zumindest ihr Verhältnis zu Frankreich, Spanien, Portugal und der Türkei zerrütten und womöglich den Balkanraum öffnen, ehe dort Rußland Einfluß zurückgewann und wieder die Meerengen beschattete.[3]

Die Combined Chiefs of Staff hatten aus »Gymnast« das Konzept einer doppelseitigen Offensive entwickelt. Zuerst sollte die Armee bei El Alamein losschlagen (Operation »Lightfoot«), sodann eine alliierte Kräftegruppe das durch Waffenstillstand neutralisierte Französisch-Nordwestafrika besetzen (Operation »Torch«). Anschließend würden sich die Verbände durch zusammenlaufende Bewegungen in Tunesien vereinigen, das ihnen als Sprungbrett nach Südeuropa dienen konnte, wenn man nicht »Sledgehammer« den Vorzug gab.[4]

Ansatz, Kräftebedarf, Zeitfolge und Zuständigkeiten waren geklärt. Zum Oberbefehlshaber der größtenteils aus Amerikanern bestehenden Landungstruppen hatte Roosevelt den noch unerfahrenen General Dwight D. Eisenhower bestimmt.[5] Die Seestreitkräfte führte Admiral Sir Andrew B. Cunningham.[6] An die Spitze der alliierten Fliegerverbände trat Air Marshal Sir Arthur Tedder.[7] Für eine personelle Neuordnung im Mittleren Osten sorgte Churchill, der Auchinleck durch den aus Burma herbeigerufenen General Sir Harold Alexander ablösen ließ und General Sir Bernard Montgomery die Stoßarmee bei El Alamein anvertraute.[8]

Anschließend flog der Premier von Ägypten nach Rußland weiter, um »diesem finsteren Bolschewikenstaat« die Nachricht zu überbringen, daß es 1942 keine »zweite Front« geben würde.[9] Zusammen mit Cadogan, Brooke, Tedder und dem sprachkundigen Wavell erläuterte er Stalin die an »Torch« geknüpften Erwartungen. Dieser freilich verbarg seine militärischen Absichten hinter allgemeinen Äußerungen. Die Jovialität des Diktators bei dem abschließenden Trinkgelage, freundliche Bemerkungen von Molotow und Poskrebyschew, Wavell und Brooke verdeckten nur momentan das tiefe Mißtrauen zwischen beiden Teilen der Anti-Hitler-Koalition.[10]

Die politische Vorbereitung des Unternehmens »Torch« übernahm Washington.[11] Denn während die Briten den Franzosen das ferne Madagaskar entrissen, unterhielt Amerika noch diplomatische Beziehungen mit der Vichy-Regierung, konnte Robert Murphy als Konsul in Algier[12] den Kontakt mit hochgestellten Repräsentanten[13] und kleinen Verschwörern herstellen.[14] Der Versuch, Weygand zu gewinnen, war allerdings gescheitert, weil der General auf Verlangen Hitlers nach Frankreich hatte zurückkehren müssen.[15] Die ranghöchsten Vertreter des Mutterlandes – Auguste P. Noguès (Marokko), Yves Chatel (Algerien) und Jean Pierre Esteva (Tunesien) – blieben loyal. De Gaulle und der aus deutscher Gefangenschaft entflohene Giraud[16] ließ man zunächst aus dem Spiel.[17]

Zu operativen Schritten, die »Lightfoot« und »Torch« vorausgingen, gehörten Maßnahmen zur Wiederherstellung der Kampfkraft auf Malta.[18] Brooke hatte darüber mit Lord Gort, dem neuen Gouverneur der Inselfestung, beraten.[19] Das Einfliegen neuer Jagd- und Bombenmaschinen aus dem westlichen Mittelmeerbecken konnte nach dem Abzug des II. Fliegerkorps (Loerzer) ohne größere Verluste fortgesetzt werden. Schwierigkeiten bereitete jedoch die Versorgung der englischen Luftstreitkräfte.

Die Stäbe des Ersten Seelords (Pound) und der Mediterranean Fleet (Harwood) trafen neue Anstalten für den Transport. Der Force H (Syfret) wurden außer vier Flugzeugträgern wieder die Schlachtschiffe »Rodney« (Rivett-Carnac) und »Nelson« (Jacomb) zugeteilt. Unter ihrem Schutz sollten 14 Frachter der Inselfestung den erforderlichen Nachschub, insbesondere hochoktaniges Flugbenzin zuführen (Operation »Pedestal«).[20] Die Aussichten schienen günstig. Bletchley Park bearbeitete die abgehörten Funksprüche der Achsenmächte im Mittelmeerraum zur Zeit mit besonders gutem Erfolg.[21] Allerdings waren auch die Nachrichtenquellen des italienischen SIM (Amè) noch sehr ergiebig.[22]

Supermarine (Riccardi) und Superaereo (Fougier) konnten rechtzeitig Gegenmaßnahmen ergreifen.[23] Als die Force Z (Syfret) und Force F (Lyster) zur Deckung des Versorgungsunternehmens von Gibraltar ausliefen und die Force X (Burrough) mit Kreuzern und Zerstörern den Geleitschutz am Konvoi übernahm, hatten S- und U-Boote der Achsenmächte bereits Lauerstellung bezogen, starteten deutsch-italienische Horizontal-, Torpedo- und Sturzkampfbomber.[24] U 73 (Rosenbaum) versenkte den Flugzeugträger »Eagle« (Macintosh)[25], die Italiener zwei Kreuzer und mehrere Frachter.[26] Andere alliierte Schiffe wurden schwer beschädigt und mußten aufgegeben werden.

Admiral Sir Neville Syfret kehrte mit der angeschlagenen Deckungsgruppe und dem Geleitschutz nach Gibraltar zurück. Fünf Transporter erreichten Malta. Dies aber konnten sich die Briten als großen Erfolg anrechnen (»The Turn of the Tide«).[27] Denn eingeflogene Jäger vom Deck der »Furious« (Bulteel) und 11500 t Kerosin des Tankers »Ohio« ermöglichten Air Vice Marshal Keith Park die Wiederaufnahme des Flugbetriebes. Einheiten der Force K (Agnew) und 10th Submarine Flottilla (Simpson) machten erneut in La Valetta fest.[28] Im gleichen Monat stiegen die Verluste des deutsch-italienischen Afrika-Nachschubes auf 11 Schiffe (59972 BRT).[29]

Eine andere Operation der Briten scheiterte. Als leichte Einheiten der Mediterranean Fleet (Harwood) und die Long Range Desert Group (Stirling) von der See- und Landseite her Tobruk angriffen, wurden sie durch italienische Truppen mit Hilfe des »Fliegerführers Afrika« (Seidemann) zurückgeschlagen.[30] Supermarina (Riccardi)

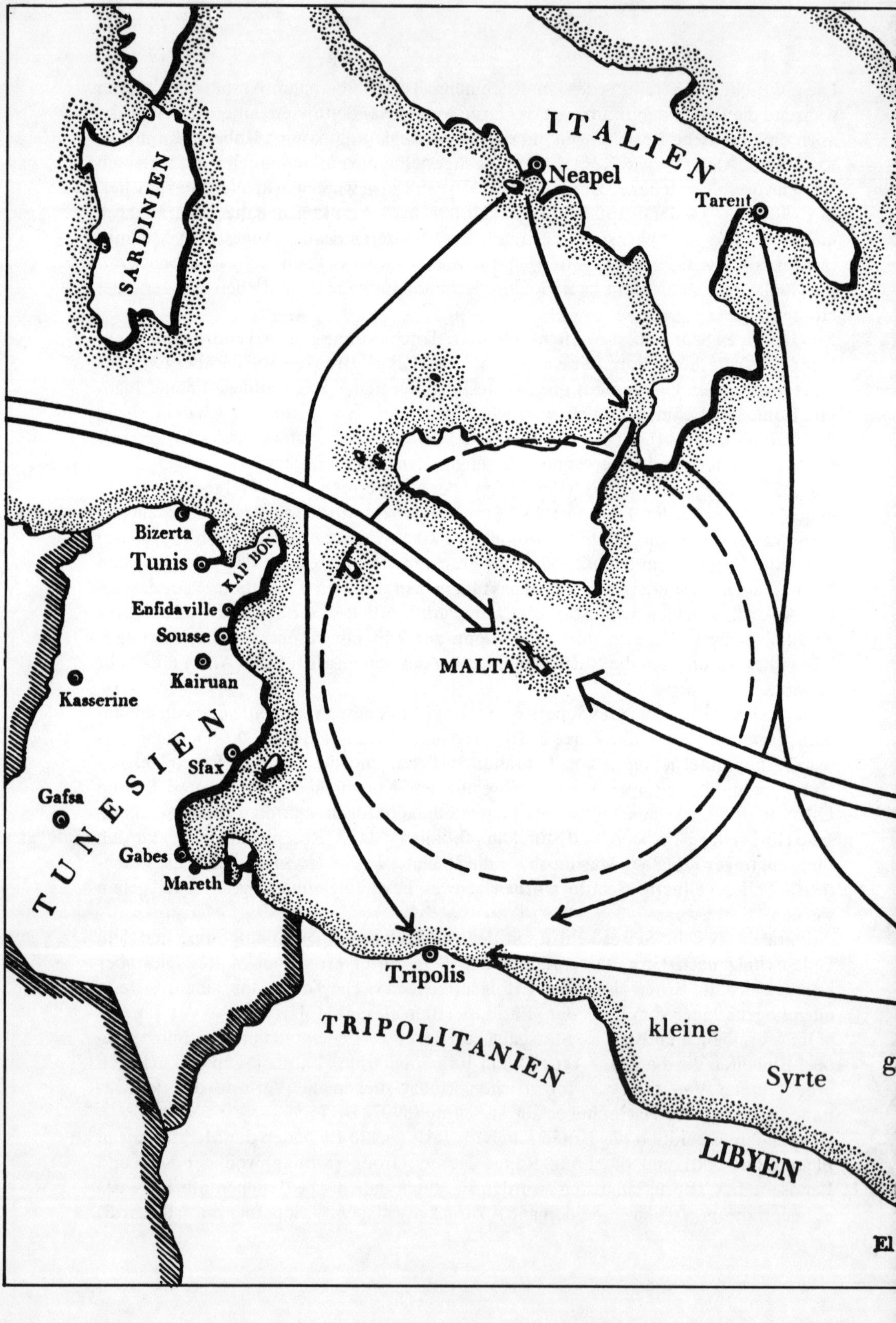
ITALIEN
Neapel
Tarent
SARDINIEN
Bizerta
Tunis
KAP BON
Enfidaville
Sousse
Kairuan
Kasserine
MALTA
TUNESIEN
Sfax
Gafsa
Gabes
Mareth
Tripolis
TRIPOLITANIEN
kleine
Syrte
g
LIBYEN
El

Mittelmeer und Nordafrika

konnte im Laufe des September nochmals 1179 Soldaten und 76218 t Kriegsgut, darunter 37077 t Treibstoff, übersetzen. Doch kurz darauf begann sich Tedders neue Bomberoffensive gegen die Achsenmächte auszuwirken.

»Malta und Naphta« ließen Cavallero keine Ruhe mehr.[31] Verzweifelt suchte er zusammen mit Keselring und Fougier die Inselfestung wieder zu isolieren. Deutsche und Italiener flogen täglich 200–270 Einsätze. Am 16. Oktober 1942 wurden die Flugplätze bei La Valetta von 09.00 Uhr früh bis Sonnenuntergang bombardiert. Dann zeigte sich, daß Parks Jäger, denen Syfret und Tedder laufend Verstärkungen zuführten, die Oberhand behielten. Wegen untragbarer Verluste mußten die Verbündeten ihren letzten Großangriff einstellen.[32]

Nach diesem Fehlschlag bestand für den deutsch-italienischen Nachschub wenig Aussicht auf Besserung. Das britische U-Boot »Umbra« (Maydon) versenkte zwei Schnelltransporter, die bisher jedem Angreifer entkommen waren.[33] Aus einem anderen italienischen Konvoi wurden drei Frachter in den Grund gebohrt und zwei andere dermaßen zugerichtet, daß sie umkehren mußten.[34] Von 353000 t Versorgungsgütern, die allein das Deutsche Afrikakorps (Thoma) benötigte, erreichten im Oktober nur 18300 t libysche Häfen, darunter lediglich 4000 t Benzin.[35]

So war die Schlacht bei El Alamein schon entschieden, ehe sie begann. Die zwischen Mittelmeer und Kattarasenke eingegrabene Panzerarmee (Rommel) zählte 62 Bataillone, 90 leichte und 28 schwere Batterien[36], dazu 252 deutsche und 323 italienische Panzer[37], insgesamt fast 90000 Mann mit 500 g Tagesbrotration ohne genügende Zukost, 1,5 bis 2 Ausstattungen Pakmunition, 3,1 bis 3,5 für die übrige Artillerie[38] und 5,5 Versorgungssätze (3900 cbm) Treibstoff. Etwa 30% der Kraftfahrzeuge waren in Reparatur. Die Zahl der einsatzbereiten Flugzeuge betrug 372 Maschinen.[39]

Demgegenüber hatte das britische Mittelostkommando (Alexander) die 8. Armee (Montgomery) mit amerikanischer Hilfe aufgefüllt und neu ausgestattet. Sie zählte rund 150000 Mann, zur Hälfte Engländer und Schotten, im übrigen Australier und Neuseeländer, Inder und Südafrikaner, Gaullisten und Griechen. Ihrer Infanterie halfen 1582 Geschütze und 1114 Kampfwagen (darunter etwa 500 38-Tonner »Churchill« und 31-Tonner »Sherman«).[40] Zur taktischen Unterstützung startete die Western Desert Air Force (Coningham) 605 Jagdmaschinen und 315 Bombenflugzeuge.[41]

Trotz der zahlenmäßigen Überlegenheit stand Montgomery vor einer schwierigen Aufgabe. Er konnte die deutsch-italienischen Stellungen nicht im Süden umgehen, sondern mußte durch eine tiefgegliederte Hinderniszone (»Teufelsgärten«) frontal angreifen. Auf diese Sperren und vier schnelle, zur Hälfte gepanzerte Divisionen, mit denen man »aus der Nachhand schlagen« konnte, setzten Feldmarschall Rommel und sein Stellvertreter, General Georg Stumme, ihre Hoffnungen. Im übrigen hatte ihnen die OKH-Abteilung »Fremde Heere West« (Liss) mitgeteilt, daß an eine feindliche Offensive erst Anfang November zu denken sei.[42]

Die Schlacht begann am 23. Oktober 1942 um 21.40 Uhr mit einem Trommelfeuer aus 1500 britischen Rohren. Es erfaßte teilweise das Afrikakorps (Thoma), lag auf den Batteriestellungen und wanderte langsam über die Sperren. In den Pausen hörte man das schrille Locken der Dudelsackpfeifer des XXX. Corps (Leese).[43] Seine Infanterie wäre sofort durchgebrochen, hätte Rommel nicht zuvor von der Küste bis zur Senke 500000 T- und S-Minen samt Fliegerbomben und Wrackfallen auslegen und verdrahten lassen.[44]

Eine Woche lang tastete Montgomery kämpfend nach einer schwachen Stelle. Mit Hilfe von »Ultra«, das ihm Bletchley Park übermittelte, fand er am 2. November 1942 einen geeigneten Ansatzpunkt für den Durchbruch (Operation »Supercharge«).[45] Stumme hatte gleich zu Beginn der Schlacht den Tod gefunden. Thoma war in Gefangenschaft, Rommel, der vom Krankenurlaub eingeflogen wurde, wollte die Schlacht abbrechen, zögerte, als Hitler hartnäckig »siegen oder sterben!« befahl, gelangte dann aber mit Kesselring zur Überzeugung, daß die deutsch-italienische Armee vor dem breiter werdenden Panzerkeil des Gegners ausweichen müsse.

Während die stark angeschlagenen Achsenverbände auf eine vorbereitete Stellung bei Furka zurückgingen, kam über den Äther die erste Meldung vom Beginn der Operation »Torch«. Der Oberste Befehlshaber nahm sie auf der Fahrt nach München entgegen. Er schien nicht sehr überrascht. Hatten doch Canaris und Amè, der Wehrmachtführungsstab (Warlimont) und die OKH-Abteilung »Fremde Heere West« (Liss) samt dem Auslandsdienst des SD (Schellenberg) seit Wochen zahlreiche Hinweise auf einen bevorstehenden anglo-amerikanischen Großangriff erhalten.[46]

Man rechnete jedoch kaum mit einem erneuten Bruch der französischen Neutralität in Nordwestafrika. Der ObdW und Jodl dachten eher an ein Ausgreifen des Gegners nach Sardinien, Tripolitanien oder Dakar. Im Comando Supremo (Cavallero) wurde eine anglo-amerikanische Landung in Tunesien für möglich gehalten, das Mussolini einmal mehr zu besetzen wünschte. Hitler war gegen ein solches Präveniere, weil er Frankreich nicht auf die andere Seite treiben wollte. Nur einige Offiziere des Wehrmachtführungsstabes befürchteten eine alliierte Offensive westlich von Oran, außer Reichweite der deutsch-italienischen Luftwaffe.[47]

Wegen der großen Schiffsansammlung bei Gibraltar hatte die deutsche Seekriegsleitung (Raeder) die im Mittelmeer stationierten U-Boote auf 19 Einheiten bringen und zwischen den Balearen und Algier zusammenziehen lassen.[48] Supermarina (Riccardi) bildete mit 21 Unterseebooten einen Vorpostenstreifen und entsandte Kreuzer und Zerstörer, die bei Kap Bon neue Minensperren legten. Die Absichten des Gegners blieben jedoch unklar. Sichtmeldungen wurden ebenso mißdeutet wie der Funkspruch eines Fernaufklärers.[49]

Eisenhower hatte seinen Gefechtsstand in Gibraltar bezogen.[50] Unter Geheimhaltung war dort auch Giraud mit Hilfe des britischen U-Bootes »Seraph« (Jewell) eingetroffen. Der Franzose irrte, als er annahm, daß man ihm die Führung des Landeunternehmens überlassen werde. Die Amerikaner gedachten sich seiner nur dann zu bedienen, wenn ein Teil der von Roosevelt angeschriebenen Staatsoberhäupter – Pétain (Frankreich), Franco (Spanien), Carmona (Portugal), Mohammed V. (Marokko) – Schwierigkeiten bereitete oder mit den Autoritäten in Nordwestafrika zeitraubende Verhandlungen geführt werden mußten.[51]

»Seraph« (Jewell) hatte auch die algerische Küste angelaufen und in geheimer Mission den amerikanischen General Mark W. Clark abgesetzt.[52] Eine unter Lemaigre-Dubreuil zustandegekommene »Verschwörung der Fünf« ließ ihn wissen, daß den französischen Nordafrikanern de Gaulle nicht willkommen wäre.[53] Diese Stellungnahme, hinter der letzte Loyalitätsgefühle gegenüber Vichy mitspielen mochten, galt es auf Anraten Murphys zu respektieren, wollte man unnötiges Blutvergießen vermeiden und womöglich eines Tages ganz Frankreich samt seinen Außenbesitzungen zu den Alliierten hinüberziehen.[54]

Als die Anglo-Amerikaner am 7./8. November 1942 mit drei Kampfgruppen – Western

Task Force (Patton), Center Task Force (Fredendall) und Eastern Task Force (Ryder) – in Nordwestafrika landeten, brauchten sie nicht mit einem Flankenstoß der italienischen Hochseeflotte zu rechnen. Cunningham hatte ostwärts Gibraltar unter Syfert eine Main Covering Force zusammengezogen, die außer vier Schlachtschiffen drei stark gesicherte Flugzeugträger zählte. Diese Übermacht, aber auch Treibölmangel, hinderte Supermarina (Riccardi) an einem Gegenangriff.[55]

Die Franzosen leisteten Widerstand.[56] In Casablanca eröffnete ein Geschützturm des noch nicht fertiggestellten Schlachtschiffes »Jean Bart« (Barthes) das Feuer, stellte sich Admiral Gervais de Lafond mit einem Kreuzer, vier Zerstörern und mehreren U-Booten zum Kampf. Vor Algier versenkten Küstenbatterien zwei britische Zerstörer, bei Oran zwei Sloops.[57] Bald aber lähmte ein Putsch der Verschworenen die Gegenwehr. General Alphonse Juin, der Oberkommandierende des Maghreb, kam vorübergehend in Haft.[58]

Auch Darlan, der sich auf einer Inspektionsreise befand und zufällig am Krankenbett seines Sohnes in Algier weilte, wurde festgenommen und wieder freigelassen. Pétain gab ihm freie Hand für etwa notwendige Entscheidungen und protestierte gleichzeitig gegen den Völkerrechtsbruch der Alliierten.[59] Inzwischen hatten die Amerikaner aus Unerfahrenheit 98 ihrer 104 Landungsboote verloren, jedoch an der Küste Fuß gefaßt.[60] Eisenhower hielt Giraud noch zurück. Murphy überging die Verschwörer und suchte Kontakt zu den legalen Autoritäten.[61]

Als amerikanische Panzer nach Algier hineinrollten, befahl Darlan, den Widerstand in der Stadt einzustellen.[62] Um Oran und Casablanca wurde weitergekämpft. Hitler ließ bei der Vichy-Regierung anfragen, ob sie bereit sei, an Deutschlands Seite zu treten.[63] Keitel foderte ultimativ das französische Einverständnis mit der Stationierung von Achsenstreitkräften in Tunesien. Noch ehe Pétain zustimmte, warf Kesselring Alarmeinheiten deutscher Fallschirmjäger über das Mittelmeer. Sie nahmen El Aouina, den Flugplatz von Tunis, folgendentags auch Sidi Ahmed.[64]

Laval, der ebenso wie Ciano von Ribbentrop nach München eingeladen worden war, verspätete sich und mußte warten.[65] Inzwischen erhielt Hitler Hinweise auf geheime Kontakte zwischen Franzosen und Anglo-Amerikanern. Auch lag ihm bald der Text eines Kabeltelegramms vor, das auf ein doppeltes Spiel des Marschalls Pétain hinzudeuten schien.[66] Darauf wurden die für einen solchen Fall vorbereiteten Maßnahmen ausgelöst. Der OB West (Rundstedt) ließ die 1. Armee (Blaskowitz) und Waffen-SS in den bisher besatzungsfreien Teil Frankreichs einrücken.[67]

Pétain gab über den Rundfunk Darlans Entlassung bekannt und befahl der Armée de l'Armistice, sich widerstandslos entwaffnen zu lassen. Mit Ausnahme von Vichy und Toulon wurde der Rest des Landes besetzt (Unternehmen »Anton«).[68] Italienische Truppen landeten auf Korsika und erweiterten ihre Kontrollzone zwischen Mentone und Nizza. Auch nach Tunis verlegte das Comando Supremo (Cavallero) einige Regimenter, doch fiel es der faschistischen Propaganda schwer, diese Maßnahme als Erfüllung älterer Gebietsansprüche auszugeben.

Am 12. November 1942 schloß General Noguès, der neue Oberbefehlshaber des Maghreb, in Fedellha ein Waffenstillstandsabkommen mit den gelandeten Amerikanern. Der Kampf hatte Frankreich 803 Tote und mehr als 1000 Verwundete, dazu 1 Kreuzer, 9 Zerstörer und 8 U-Boote gekostet.[69] Die Angelsachsen verloren 1 Geleitträger, 1 Flakschiff, 3 Zerstörer und zahlreiche Geleitfahrzeuge und Landungsboote sowie 18

Transporter mit 199338 BRT. Die größeren Einheiten waren deutsch-italienischen Unterseebooten zum Opfer gefallen.[70]
Unterdessen hatten die Alliierten ihre Angriffsfront 750 km weit bis nach Bougie und Bône ausgedehnt und die tunesische Grenze überschritten. Montgomery stand vor Tobruk, das Rommel ebenso räumen mußte wie Benghasi. Doch mit einem baldigen Zusammentreffen der aus entgegengesetzten Richtungen vorrückenden Anglo-Amerikaner war nicht zu rechnen. Starke Regenfälle und Nachschubmängel verzögerten die Bewegungen und den Luftwaffeneinsatz.
Hitler hatte bei der Besetzung Südwestfrankreichs Toulon ausgespart, um den dort liegenden Kriegsschiffen der Vichy-Regierung keinen Anlaß für einen Seitenwechsel zu geben. Nun wurde jedoch bekannt, daß Darlan, Godfroy und Cunningham über die Rearmierung des 1940 in Alexandria internierten Geschwaders verhandelten und Boisson, der Gouverneur von Dakar, zu den Alliierten überging.[71] Um der drohenden Zusammenführung aller französischen Flottenverbände zuvorzukommen, erhielt das II. SS-Panzerkorps (Hausser) Befehl, den Hauptkriegshafen am Mittelmeer und die dort liegenden Marineeinheiten durch Handstreich zu nehmen (Unternehmen »Lila«).[72]
Admiral Jean de Laborde war angewiesen, die Reede von Toulon nicht zu verlassen. Auch sollte er keinen Widerstand leisten. Beim Eintreffen deutscher Tuppen blinkten an den Rahen seiner Einheiten jedoch die Signallaternen mit dem Befehl zum Versenken. Bodenventile wurden geöffnet, Torpedos und Minen detonierten: 3 Schlachtschiffe, 7 Kreuzer, 30 Zerstörer, 16 U-Boote und viele kleine Fahrzeuge – insgesamt fast 80 Schiffe – sanken auf den Grund des Hafenbeckens.[73] Hitler überließ die Wracks dem Achsenpartner zum Heben oder Ausschlachten. Denn für Italien bestand nun die Gefahr des »Herausbrechens«.[74]
In Algier verschärften sich die Gegensätze zwischen den Franzosen. Die »Verschwörung der Fünf« und Anhänger Pétains, Monarchisten und Gaullisten, verschiedene Résistance-Gruppen und eine arabische Unabhängigkeitsbewegung haderten untereinander und mit Darlan. Die meisten betrachteten ihn weiter als »Dauphin des Marschalls«, einen Mann, der »Hitler die Hand gegeben« hatte. Viele verdroß auch, daß der Admiral die Kommunisten nicht aus den Konzentrationslagern entließ. Moslems enttäuschte seine Weigerung, die Juden zu verfolgen.[75]
Angestachelt von René Capitant, Louis Joxe und anderen Parteigängern der »Freien Franzosen«, begann das Kesseltreiben gegen Pétains Stellvertreter. Mauerbeschriftungen forderten seine Ermordung: »L'amiral à la flotte!«.[76] Am 24. Dezember 1942 erlag er dem Revolveranschlag eines fanatischen Gaullisten. Als der Attentäter die Namen von Hintermännern preisgab, waren seine Stunden gezählt. Ein Militärtribunal verurteilte ihn rasch zum Tode. Noguès verwarf das Gnadengesuch. Giraud ließ den jungen Mann exekutieren.[77]

[1] Wassilewski, a. a. O., S. 143f.

[2] Vgl. d. Aufz. v. Stimson, a.a.O., S. 214ff. u. Dokumente in: Conferences at Washington and Casablanca, a.a.O., S. 419ff.; dazu Butler, II, a.a.O., S. 563–582, 617–640; Bryant, I, a.a.O., S. 325–407; H.C. Butcher: My Three Years with Eisenhower, New York 1948, S. 38ff., 42ff., 52–70 (zit. Butcher); Dallek, a.a.O., S. 343ff.; Ellis: Victory, I, a.a.O., S. 7ff.; MacDonald, S. 57–70; Matloff/Snell, a.a.O., S. 156–218; Pogue: Marshall, a.a.O., S. 340ff.; Sherwood, a.a.O., S. 500; Warlimont: Mittelmeer, a.a.O.,, S. 214ff.; neuerdings d. kritische Studie v. J. Grigg: 1943. Victory that never was, London 1980 (zit. Grigg); B. Pitt: The Crucible War. Year of El Alamein, London 1982.

[3] Churchill, IV, 1, S. 365–380; dazu Howard, I, a.a.O., S. 249f.; S.E. Morison: Operations in North African Waters. Boston 1955, S. 9ff. (zit. Morison II); zuletzt M.A. Stoler: The Politics of the Second Front. American Military Planning and Diplomacy in Coalition Warfare, 1941–1943, Westport, Conn., 1977 (zit. Stoler).

[4] Baum/Weichold, a.a.O., S. 251f.; Butcher, S. 95ff., 100–104; Butler, III, S. 640–650; Craven/Cate, II, a.a.O., S. 3–66; Grigg, S. 37ff.; Howard, I, S. 111ff.; Matloff/Snell, S. 370–380; Playfair, IV, a.a.O., S. 112–129; Richardson/Saunders, a.a.O., S. 223ff.; Stoler, S. 109ff.; Warlimont: Mittelmeer, S. 250f.; neuerdings R.W. Stelle: The First Offensive, 1942, Roosevelt, Marshall, and the Making of American Strategy, Bloomington, Ind., 1973 u. W. Scott Dunn: Second Fron Know – 1943, Atlanta, Ala., 1980 (zit. Stelle u. Scott Dunn).

[5] S.E. Ambrose: The Supreme Commander. The War Years of General Dwight D. Eisenhower, New York 1970, S. 47ff. (zit. Ambrose); D.D. Eisenhower: Kreuzzug in Europa, Amsterdam 1948, S. 100ff. (zit. Eisenhower).

[6] Cunningham, a.a.O., S. 302ff.

[7] A. Tedder: With Prejudice, London 1966 (zit. Tedder); zur amerik. Seite s. Craven/Cate, I u. II.

[8] Zur Ablösung von Auchinleck s. Connell, a.a.O., S. 346f. u. Warner, a.a.O., S. 222f., im übrigen H. Alexander: Memoirs 1940–1945, London 1962, S. 146ff. (zit. Alexander) u. B. Montgomery: The Memoirs, London 1958, S. 92ff. (zit. Montgomery); weitere Einzelheiten b. Bryant, I, S. 414–427; Churchill IV, 2, S. 156f.; Howard, I, S. 115f.

[9] Churchill IV, 2, S. 76–100; MacDonald, S. 71ff.

[10] Bryant, I, S. 430–443; dazu Butler, III, S. 651–665; Feis: Churchill-Roosevelt-Stalin, a.a.O., S. 79ff.; Scott Dunn, S. 88f.; Steele, S. 98ff.; Stoler, S. 109ff.

[11] Grundlegend A. Funk: The Politics of Torch, Kansas City, Kan., 1974; Howard, I, S. 143ff.

[12] MacDonald, S. 74–89; Murphy, a.a.O., S. 109ff., 130–140, 142f.

[13] Marokko u. Tunesien waren Protektorate; dagegen wurde Algerien als Generalgouvernement regiert. Die Stellung d. frz. Repräsentanten war daher unterschiedlich.

[14] J. Lemaigre-Dubreuil: Vicissitudes d'une victoire, Paris 1946; vgl. dazu d. gründl. Studie v. Y.-M. Danan: La vie politique à Alger de 1940 à 1944, Paris 1963, ergänzt durch P. Ordioni: Tout commence à Alger, Paris 1972 u. C. Vaillant: La groupe des cinq, in: H 43/1973, S. 1135ff.

[15] Abetz, a.a.O., S. 247; Weygand, a.a.O., IV, passim.

[16] A. Beaufre: Giraud s'évade, in: H 43/1973, S. 1185ff.

[17] H. Giraud: Un seul but, la victoire, Paris 1949 (zit. Giraud). Der General behauptet, daß die von ihm gestellten Bedingungen von Roosevelt schriftl. gebilligt worden seien. Vgl. de Launay, a.a.O., S. 90f. Lt. M.W. Clark: Mein Weg von Algier nach Wien, Velden 1954, S. 68, berichtet, der erwähnte Brief des Präsidenten sei nicht abgesandt worden. Zur Flucht Girauds aus der Festung u. seinem Auftreten im unbesetzten Frankreich s. Aron: Vichy, a.a.O., II, S. 190ff.; Azéma, a.a.O., S. 199; Michel: Vichy, a.a.O., S. 87f.; zuletzt C. Paillat: L'échiquier d'Alger, Paris 1967.

[18] Roskill, II, S. 303–308; Salewski, II, S. 70f.

[19] Bryant, I, S. 422ff.

[20] Shankland/Hunter, a.a.O., S. 57–66.

[21] Lewis, a.a.O., S. 320.

[22] C. Amè: Guerra segreta in Italie, Mailand 1954, S. 112ff; A.C. Brown: Una cortina di lugie, Mailand 1976; Faldella, a.a.O., S. 531ff.

[23] Bernotti, a.a.O., S. 244–246; Salewski, II, S. 52–71.

[24] Macintyre, a.a.O., S. 167–184; Roskill, II,, S. 308ff.

[25] Busch: U-Bootkrieg, a.a.O., S. 255ff.; dazu Dönitz, a.a.O., S. 358. Weitere Einzelheiten b. Rohwer/Hümmelchen: Chronik, S. 270f.

[26] Macintyre, S. 187.
[27] Churchill, IV, 2, S. 56f.; Bryant, I, S. 408f.
[28] B. Bryant: Submarine Commander, New York 1967, S. 153f.
[29] Marine Italiana, VII., a.a.O., S. 265ff.; Bragadin, a.a.O., S. 243; Macintyre, S. 188; Roskill, II, S. 308.
[30] W.B.K. Shaw: Long Range Desert Group. The Story of its Work in Libya, 1940–1943, London 1959.
[31] Cavallero, a.a.O., S. 346.
[32] Kesselring, a.a.O., S. 175ff.; Rintelen, a.a.O., S. 174f.; dazu Gundelach, a.a.O., I, S. 414ff.
[33] Roskill, II, S. 311.
[34] Marina Italiana, VII, S. 269f.
[35] Esebek, a.a.O., S. 155ff.; zu d. Lufttransporten s. Morzik/Hümmelchen, a.a.O., S. 114ff. u. Santoro, a.a.O., II, S. 217–228.
[36] KTB/OKW, II. S. 814; dazu Baum/Weichold, a.a.O., S. 261–268.
[37] Ebd., S. 838; Faldella: l'Italia, S. 298ff. u. Westphal: Erinnerungen, a.a.O., S. 271ff.
[38] Bauer, a.a.O., I, S. 224ff.
[39] Gundelach, I, S. 424; Kurowski: Afrikakorps, a.a.O., S. 208f.
[40] Montgomery, S. 126f.; Behrendt, a.a.O., S. 243–256.
[41] Gundelach, I, S. 425–449; Richard/Saunders, S. 230ff.; auch Playfair, IV, S. 1–23.
[42] Behrendt, S. 248.
[43] Zur brit. Seite s. M. Carver: El Alamein, Tübingen 1958, S. 124ff.; F. de Guingand: Operation Victory, London 1947, S. 154–206; J. Lucas: The Eight Army at Alamein, London 1982; King: New Zealanders, a.a.O., S. 137ff.; Maughan, a.a.O., S. 665ff.; Playfair, IV, S. 1–6, 24f., 31f., 34f., 37ff.; neuerdings G. Strawson: El Alamein. Desert Victory, London 1981 u. B. Pitt: Battle of El Alamein, in: MH 11/1982, S. 482–493.
[44] Für d. it. Seite grundlegend Ufficio Storico: Terza Offensiva britannica in Africa settentrionale. La Battaglia de El Alamein e il ripiegamento in Tunisia, Rom 1961; v. d. dt. Lit. sind Behrendt, S. 248–256; Esebek, S. 125–188; Kurowski: Afrikakorps, S. 210ff. aufschlußreich. Zu den Minenfeldern s. Carell: Wüstenfüchse, S. 305ff.
[45] Behrend, S. 254ff.; Winterbotham, a.a.O., S. 116f.
[46] Warlimont: Mittelmeer, S. 258f.; Amè, S. 116ff.; Schellenberg, a.a.O., S. 266; Speer, a.a.O., S. 259f.; Westphal: Erinnerungen, S. 300. Nach d. Zeugnis v. Engel, a.a.O., S. 134, herrschte allerdings »große Aufregung«.
[47] Salewski, II, S. 148–200; Warlimont: Mittelmeer, S. 259f.
[48] Rohwer/Hümmelchen: Chronik, S. 299; anders Dönitz, S. 270ff.
[49] Rohwer: U-Bootkrieg, a.a.O., S. 354; zur Situation der Luftwaffe s. Gundelach, I, S. 504ff.
[50] Butcher, S. 184f.; Eisenhower, S. 196.
[51] F.D. Roosevelt: Personal Letters, Bd. 2, New York 1950, S. 1362ff. dazu R. de la Cierva, a.a.O., S. 240ff.; Dahms: Franco, a.a.O., S. 70; Langer: Vichy-Gamble, a.a.O., S. 298f. 295, 297f.
[52] Butcher, S. 174ff.; Clark, S. 81–108. Deutlicher als in seinen Memoiren äußerte sich der Gen. dahingehend zum Vf. am 18. 3. 1976.
[53] Zur Grundhaltung d. Verschwörer s. M. Albouker: Alger et ses complots, Paris 1945 (zit. Albouker); de Launay, S. 88; Lemaigre-Dubreuil, S. 78ff.; G. Raissac: Un complot sans mercier, Paris 1966, passim.
[54] Murphy, S. 142ff.
[55] Übersicht u.a. bei Warlimont: Mittelmeer, S. 258.
[56] Mordal/Auphan, a.a.O., S. 195–204; Morison, II, S. 55–180.
[57] MacDonald, S. 90–103; Morison, II, S. 208ff.; Roskill, II, S. 310f.; dazu B. Liddell Hart: Le Point de vue anglais u. C. Mast: Le point de vue français, beide in: H 44/1973, S. 1206–1219.
[58] Grundlegend A. Kammerer: Du débarquement au meurtre de Darlan, Paris 1949; J. Laffin: Oran, in: H 43/1973, S. 2–11; de Launay, S. 92.
[59] Butcher, S. 216ff.; de Launay, S. 93; H. Michel: Pétain, Darlan, Laval – trois politiques? Paris 1972; zu Vorgängen im Hintergrund s. Danan, S. 143ff.; Ordioni, S. 87ff.; Vaillant, S. 1136f.; neuerdings C. Boudet: L'Aventure incertaine, Paris 1975 (zit. Boudet).
[60] Morison: II, S. 222–231.
[61] A. Beaufre: Le face à face Giraud-Eisenhower, in: H 44/1973, S. 1227–1232; auch Clark, S. 128f.;

Eisenhower, S. 130 u. Murphy, S. 168–172. F. Pedone: Lo sbarco in Nord Africa nell'autunno di quarant'anni fa nel Meditareaneo la potenza americana, in: St. 25/1982, S. 63–73.

[62] Nach G. Auphan: Les Grimaces de l'histoire, Paris 1951, soll Pétain seinen Stellvertreter, den Adm. Darlan, ermutigt haben, mit den Alliierten gemeinsame Sache zu machen. Kammerer, S. 37 ff.; Michel: Pétain, a. a. O. u. Noguères, haben dies auf Grund d. Quellen widerlegt.

[63] Azèma, S. 198 f.; Kammerer, S. 40–129; Noguères, S. 412 ff.; Jäckel: Frkr., S. 344–349; vgl. dazu Abetz, S. 251 ff.

[64] Baum/Weichold, S. 205 ff., 285; Gundelach, I, S. 510 ff., II, S. 519 ff.; Morzik/Hümmelchen, a. a. O., S. 117 ff.; Santoro, II, S. 478 ff.

[65] Hillgruber: Staatsmänner, II, S. 130 ff.; zur Unterredg. mit Laval s. Jäckel: Frkr., S. 245–258.

[66] Irving: Hitler, a. a. O., S. 436.

[67] KTB/OKW, II, S. 929, 932; Baum/Weichold, S. 273 ff.

[68] Ursprüngl. »Attika« lt. Weisung Nr. 19 v. 10. 12. 1940 (Hubatsch: Weisungen, S. 79 ff.); am 14. 12. 1942 in »Anton« umbenannt, vgl. Azèma, S. 201.

[69] J. Mordal: Le défi de la Marine française, in: H 4/1973, S. 1220–1224.

[70] Rohwer/Hümmelchen: Chronik, S. 301 f.

[71] Aus Pressemeldungen, s. KTB/OKW, II, S. 1013.

[72] Ebd., S. 1031 f.

[73] Auphan/Mordal, a. a. O., S. 228 ff.; A. Kammerer: La passion de la flotte française, Paris 1951; J. Mordal: La flotte saborde, in: H 45/1973, S. 1233–1239; vor allem H. Noguères: Le suicide de la flotte française à Toulon, Paris 1961.

[74] LV, S. 429.

[75] Azèma, S. 284 f.; Albouker, S. 176 f.; Aron: Vichy, S. 547 ff.; Boudet, S. 148 f.; Danan, S. 207 ff.; de Launay, S. 94 ff.; Kammerer: Débarquement, S. 52–144; Noguères, S. 455 ff.; zur Ergänzung auch R. Ory: Les collaborateurs 1940–1945, Paris 1977 (zit. Ory).

[76] Eine zynische Abwandlung der militär. Rangbezeichnung »Amiral de la Flotte« (dt. Großadmiral); »à la flotte!« ist die Aufforderung zum Ertränken.

[77] Azèma, S. 289 f.; Kammerer: Débarquement, S. 217 ff.; Ph. Masson: Darlan assassiné, in: H 12/1972 (u. ö.); Noguères, S. 456 f.; P. Tompkins: The Murder of Admiral Darlan, New York 1968; J. Touchard: Le Gaullisme 1940–1969, Paris 1978. Vgl. Memoiren v. Butcher, S. 258; Churchill, IV, 2, S. 325 f.; Clark, S. 156; Murphy, S. 182; Eisenhower, S. 164; ferner de Gaulle, II, S. 1–12, 51–69 u. Giraud, S. 157 f. Die Hintergründe sind nicht restlos geklärt. Auch das Buch v. M. Faivre: Nous avons tué Darlan, Paris 1975, läßt Fragen offen.

Die Schlacht bei Stalingrad

Der deutsche Vormarsch im Osten war zum Stehen gekommen.[1] Die HGr. Nord (Küchler) hatte das ihr gesteckte Ziel nicht erreicht. Bevor der Angriff auf Leningrad begann, gingen Goworow und Merezkow gegen den schmalen »Flaschenhals« von Schlüsselburg, südlich Oranienbaum, am Wolchow und bei Demjansk zum Angriff über. Sie konnten nur mit Hilfe der 11. Armee (Manstein) gestoppt werden. Seither schwanden die Aussichten für das Unternehmen »Nordlicht« dahin. Auch »Lachsfang«, der finnische Vorstoß zur Murmanbahn, mußte abgesagt werden.[2]
Den nächsten Großangriff des Gegners, eine starke sowjetische Zangenoperation gegen Smolensk, erwartete das Oberkommando bei der HGr. Mitte (Kluge)[3], nachdem die 2. Panzerarmee (Schmidt) und 3. Panzerarmee (Reinhardt) ihre zuletzt unternommenen Teiloffensiven hatten abbrechen müssen. Unter diesen Umständen war der übermäßig Kräfte beanspruchende Frontbogen von Rshew auf die Dauer nicht mehr zu halten.[4] Zeichnete sich doch auch bereits um Welikij Luki, an der Naht zum nördlichen Nachbarn, eine gefährliche Krise ab.
Völlig verfahren war die Lage der deutschen Südfront. Ihr rechter Flügel, die HGr. A (Kleist) hing vor den Kaukasuspässen und jenseits des Terek fest, ohne das Kaspische Meer erreichen zu können.[5] Am linken Flügel, bei der HGr. B (Weichs), kämpfte die weit vorgedrungene 6. Armee (Paulus) um Stalingrad, obwohl sie ihr Ziel, das Wolgaufer bei Rynok, bereits erreicht hatte und ebenso wie eine im Stadtzentrum angekommene Division der 4. Panzerarmee (Hoth) den 1 km breiten Strom durch Artilleriefeuer zu sperren vermochte.[6]
Rund acht Zehntel von Stalingrad – auch die Trümmer des alten Zaryzin und der zerschossene Hauptbahnhof – waren in deutscher Hand.[7] Man kämpfte noch um einige festungsartig ausgebaute Gebäudegruppen wie das Hüttenwerk »Roter Oktober«, die Geschützfabrik »Barrikade«, den Warenhauskomplex »Univermag« und die Montagehallen des Traktorenkollektivs »Dshershinskij«.[8] Die seit Monaten ohne Ablösung und Ruhepause eingesetzte deutsche Infanterie hatte an Schwungkraft verloren. Die Kompaniestärken sanken unter 60 Mann. Infolge fehlenden Großtransportraumes blieben Versorgungsgüter aus, fehlten der Truppe die notwendigen Munitionsmengen.
Das Hauptproblem der HGr. B (Weichs) waren jedoch die Flanken des auf Stalingrad zielenden Angriffskeils. Die 4. Panzerarmee (Hoth) verfügte zur Rechten nur über zwei weit auseinandergezogene rumänische Korps der 4. Armee (Constantinescu).[10] Im Südwesten klaffte eine 200 km breite Lücke, die eine motorisierte deutsche Division, Kosaken-, Turk- und Kalmückenverbände notdürftig verschleierten. Die 6. Armee (Paulus) verwendete 50% ihrer Kräfte zur Sicherung der Landbrücke zwischen Wolga und Don. Anschließend hielten Rumänen, Italiener und Ungarn die 1000 km lange Nordfront der Heeresgruppe.[11]
Die vom Asowschen Meer herangeführte 3. Armee (Dumitrescu) besaß keine panzer-

brechenden Waffen zur Abwehr des russischen T 34 und mußte trotzdem einen breiten Frontabschnitt übernehmen.[12] Der 8. Armee (Gariboldi)[13] und 2. Honvéd-Armee (Jány)[14] erging es nicht besser. Beide hatten schon empfindliche Verluste erlitten. Auch fehlte ihnen die moderne Ausrüstung. Keines der verbündeten Heere konnte daher aus eigener Kraft die vor ihm am Don befindlichen Brückenköpfe des Gegners – Ausgangsstellungen des drohenden Durchbruchs – beseitigen.[15]

Die Verbündeten wandten sich hilfesuchend an Weichs, das Führerhauptquartier und vorgesetzte Dienststellen in der Heimat. Antonescu intervenierte und ließ auch seinen Generalstabschef Ilie Steflea protestieren.[16] Favagrossa und Marras beschwerten sich beim OKH.[17] Der Honvéd-Minister Vilmos Nagy eilte nach Berlin, unterstützt von Szombathely.[18] Hitler teilte ihre Sorge. Die deutsche Führung stellte daher hinter der gefährdeten Front bewegliche Reserven bereit, das XXXXVIII. Panzerkorps (Heim), später noch ein Panzerkorps zbV (Cramer).

Durch diese unzureichende Maßnahme sollten die Spannungen im Bündnis überwunden werden. Doch aufgrund bisher gewonnener Erfahrungen traute man den Sowjets mangels hinlänglicher Führungspraxis keinen Durchbruch mit weitblickender operativer Zielsetzung zu.[19] Im Unterschied zu Hitler unterschätzten Jodl und Zeitzler den Gegner.[20] Trotz erkannter Angriffsvorbereitungen russischer Verbände hielt auch Weichs eine doppelseitige Umfassung der 6. Armee (Paulus) für unwahrscheinlich.[21]

Der Gedanke an eine Zangenoperation großen Stils mit dem Ziel, die deutschen Verbände in und um Stalingrad einzukesseln, beschäftigte das sowjetische Oberkommando seit September 1942. Shukow und Wassilewskij hatten Stalin ihren ersten Operationsentwurf Mitte des Monats vorgetragen.[22] Anschließend waren sie an die Front geflogen, um sich mit Detailfragen vertraut zu machen. Der aus zahlreichen Stabsbesprechungen gezogene Gewinn wurde von der Operationsabteilung des Generalstabes unter Offizieren wie Aleksej J. Antonow, Sergej M. Shtemenko und Pjotr I. Bodin verarbeitet.[23]

Nicht nur gedankliche, auch materielle Voraussetzungen für eine sowjetische Offensive, die in die Tiefe dringen und von Operationen an den übrigen Fronten begleitet werden sollte, waren gegeben. Die Sowjetmacht konnte Trümpfe ausspielen, von denen das deutsche Oberkommando wenig oder nichts wußte: eine stark angewachsene Rüstungsproduktion, strategische Reserven, modernisierte Luftstreitkräfte und Transportmittel, mit denen man zur beschleunigten Schwerpunktbildung beitragen konnte.

Wosnessjenskij hatte die sowjetische Rüstungsproduktion in der zweiten Jahreshälfte 1942 auf verschiedenen Gebieten um das Doppelte bis Fünffache gesteigert.[24] Der Panzertruppenstab des Generals Jakow N. Federenko konnte 2000 T 34 abnehmen, die Artillerieinspektion unter Generaloberst Nikolaj N. Woronow allen Stoßverbänden neue 76-mm-Haubitzen und Granatwerfer der Typen M-8 und M-13 zuteilen.[25] Gleichzeitig wurden raketenbestückte »Katjuscha«-Regimenter aufgestellt.[26]

Auch die Luftwaffe der Roten Armee erhöhte ihre Schlagkraft. Im Verlauf des Jahres 1942 waren rund 21 000 Flugzeuge gefertigt worden.[27] Dabei hatte der Serienbau neuer Jagdmaschinen vom Typ La-5, GG-3 und Jak-7 den Vorrang.[28] Im Herbst bildete Generaloberst Aleksandr A. Nowikow, der Oberbefehlshaber aller Fliegerstreitkräfte, sogenannte Luftarmeen. Sie umfaßten anfangs drei Regimenter mit je 100 Flugzeugen, später gemischte Korps und Jagdfliegerdivisionen. Vier dieser Verbände erreichten rechtzeitig den südlichen Kriegsschauplatz.[29]

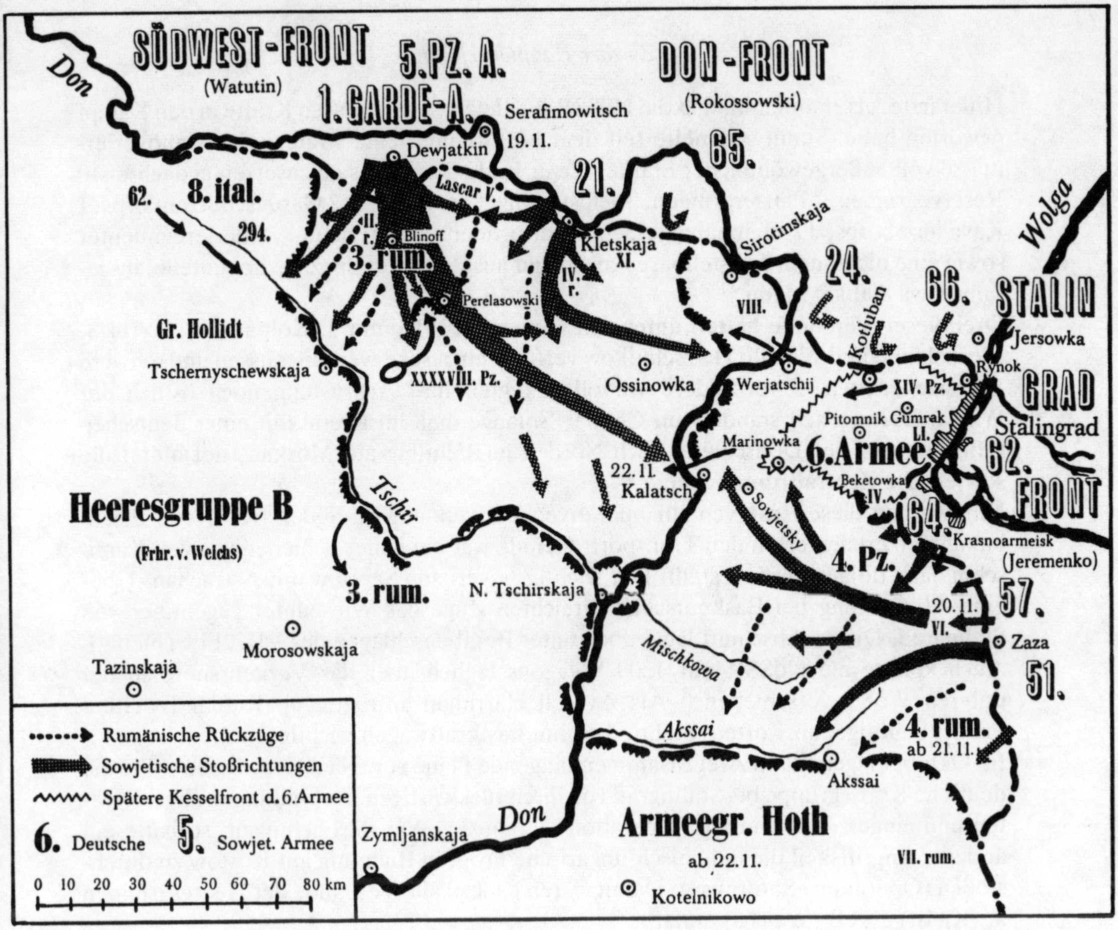

Die Entwicklung der Lage bei Stalingrad 1942

Hitler irrte, als er annahm, daß die UdSSR ihre letzten verfügbaren Kräfte in den Kampf geworfen habe. Stalin sammelte seit dem Frühsommer eine strategische Manöveriermasse von außergewöhnlicher Stärke, die er Ende des Jahres einzusetzen gedachte: 10 Reservearmeen, 2 Panzerarmeen, 3 selbständige Panzerkorps, 2 Gardeschützenkorps, 1 Kavalleriekorps, 17 unabhängige Schützenbrigaden und 10 neue Artillerieregimenter sowie eine nicht mehr feststellbare Anzahl gut ausgerüsteter Spezialtruppenteile, insgesamt etwa 800000 Mann.[30]

Drei dieser Verbände hatten unter den Generalen Wladimir J. Kolpatschij, Kyrill S. Moskalenko und Wassilij H. Tschuikow verfrüht eingesetzt werden müssen und schwere Verluste erlitten. Zwei andere vervollständigten ihre Ausrüstung noch östlich der Wolga. Die meisten standen am Choper, solange man im Kreml mit einer deutschen Offensive aus der Donschleife nach Norden in Richtung auf Moskau, tief hinter die sowjetische Zentralfront rechnete.[31]

Nun wurden diese Reserven zur operativen Verwendung im Süden frei. Neue Eisenbahnlinien erleichterten den Transport. Gerade war ein neuer Schienenweg von Kamischin nach Ilojawa fertiggestellt. Der wichtigste verband Saratow mit Astrachan. Über eine Abzweigung bei Baskuntschak erreichten Züge das Wiesenufer gegenüber von Stalingrad. Dieser Abschnitt lag jedoch unter Bombenschlägen des VIII. FlK (Fiebig). Auch konnte die UdSSR nur 1300 Waggons täglich über das Verkehrsnetz an der unteren Wolga verschieben.[32] Als Averell Harriman anfragte, ob Rußland weitere Panzer benötige, antwortete Stalin, daß ihm Lastkraftwagen wichtiger wären.[33]

Im Oktober lagen Stalin zwei zusammenhängende Pläne vor. Nach dem ersten sollte die deutsche Kräftegruppe bei Stalingrad von ihren rückwärtigen Verbindungen abgeschnitten und eingekesselt werden (Operation »Uranus«). War dies gelungen, so hatte ein anderer Angriffskeil die italienisch-ungarische Front in Richtung auf Rostow zu durchstoßen (Operation »Saturnus«). Damit wären nahezu alle Verbände der Heeresgruppen A (Kleist) und B (Weichs) umfaßt.[34]

Für den ersten Angriff (Operation »Uranus«) standen drei sowjetische Großverbände bereit: die HGr. »Südwestfront« (Watutin), »Donfront« (Rokossowskij) und »Stalingrader Front« (Jeremenko) – eine Million Rotarmisten mit 13541 Geschützen und Werfern, 892 Panzern und 1115 Flugzeugen.[35] Ihre Einsatzräume lagen vorwärts der Linie Pawlowsk-Kletskaja, dem Abschnitt zwischen Donschleife und Wolgaknie sowie einem Sektor, der sich von Stalingrad bis nach Astrachan erstreckte.

Als Tag X wurde (mit oder ohne Wissen von »Torch«) zuerst der 9. November 1942 festgesetzt.[36] Der Angriffstermin für »Saturnus« sollte später bestimmt werden. Aber schon jetzt bereitete sich die HGr. »Woronescher Front« (Golikow) auf den Durchstoß in Richtung auf Rostow vor. Zur Verwirklichung dieser zweiten, weitausholenden Umfassung mußte die vorerst noch Watutin unterstellte 5. Panzerarmee (Romanenko) erneut Operationsfreiheit gewinnen.

Der Aufmarsch verzögerte sich. Bomberverbände der Luftflotte 4 (Richthofen) hatten Gleisanlagen zerstört, Regenfälle die Straßen aufgeweicht (Rasputitza).[37] Zahlreiche Truppenteile, die zu Fuß oder auf dem Pferderücken ihre Bereitstellungsräume erreichen mußten, verspäteten sich. Inzwischen hatte Stalin seine Chefberater, die Generalobersten Shukow und Wassilewskij zu Repräsentanten der Stawka bei den Heeresgruppen bestimmt. Nach der Abreise dieser Offiziere konnte er über alle wichtigen Fragen allein entscheiden.[38]

Am 19. November 1942 um 05.00 Uhr eröffnete Watutin die Offensive mit einem Feuerorkan aus den Brückenköpfen von Kletskaja und Bolschoj gegen Teile der 3. Armee (Dumitrescu). Dichter Nebel verhinderte den Fliegereinsatz. Aber die Batterien hatten sich vorher eingeschossen, und den sowjetischen Panzern wies der Kompaß die Richtung. Die Rumänen kämpften so gut sie konnten. Vier von fünf Generalen fanden den Tod; nahezu alle Kompanieführer fielen. Nach wenigen Stunden hatte der Angreifer seinen Durchbruch vollendet.[39]

Am folgenden Tag zerschlug Jeremenko einen breiten Stellungsabschnitt der südlich von Stalingrad eingegrabenen 4. Armee (Constantinescu-Claps).[40] Hier war die Schockwirkung noch größer. Vor den unaufhaltsam im Nebel anrollenden Kampfwagen der Sowjets flohen die Verteidiger zu Zehntausenden. Auch Reserven ergriff die Panik. Gegen Mittag schwenkte der russische Angriffskeil nach Nordwesten ein. Sein Ziel waren Sowjetskij und die Donübergänge, zu denen gleichzeitig Spitzen der 5. Panzerarmee (Romanenko) vordrangen.

Die HGr. B (Weichs) hatte sofort Gegenmaßnahmen eingeleitet. Doch das als Eingreifreserve bereitgehaltene XXXXVIII. Panzerkorps (Heim), dessen Kampfwagen zum größten Teil tschechoslowakische Kettenfahrzeuge mit kleinkalibrigen Kanonen waren, konnte gegen die T 34 der Russen wenig ausrichten.[41] Vermißt wurde auch die Luftwaffenunterstützung. Die 370 Maschinen des VIII. Fliegerkorps (Fiebig) waren durch das schlechte Wetter an den Boden gefesselt, und als sie endlich starteten, den Jägern eines dreifach überlegenen Gegners ausgesetzt.

Die sowjetischen Angriffsspitzen erreichten ohne starke Gegenwehr ihr erstes Operationsziel. Am 22. November 1942 schlossen das XXVI. Panzerkorps (Rodin) und IV. Panzerkorps (Krawtschenko), wie geplant, bei Kalatsch die Zange im Rücken der 6. Armee (Paulus). Damit waren zwischen Wolga und Don etwa 250 000 Verbündete (20 deutsche, 2 rumänische Divisionen und 1 kroatisches Regiment mit rund 1800 Geschützen, 100 Panzern und über 10 000 Kraftfahrzeugen) eingeschlossen.[42]

Im Süden sammelte Constantinescu die Trümmer seiner Armee hinter der Mischkowa. Im Norden waren zwischen Kletskaja und Bolschoj vier rumänische Divisionen unter General Mihai Lascar eingeschlossen. Hitler weigerte sich, sie zu entsetzen, genehmigte aber ihren Ausbruch, als Antonescu vorstellig wurde.[43] Rund 4000 Rumänen konnten sich durchschlagen, mehr als 20 000 fielen oder gerieten in sowjetische Gefangenschaft.[44] Darauf nahmen die Spannungen zwischen den Verbündeten weiter zu.[45]

Hitler hatte durch seinen Operationsbefehl Nr. 1 vom 14. Oktober 1942 kategorisch festgelegt, daß es aus der erreichten »Winterstellung« bei »feindlichen Angriffen« für die Truppe keine »Rückwärtsbewegungen« gäbe.[46] Den Deutschen wie ihren Verbündeten sollte der zur Doktrin erhobene Grundsatz jeden selbständigen Entschluß verwehren. Da die Rumänen, Italiener und Ungarn aber auch ihren eigenen Staatsoberhäuptern und Kommandobehörden unterstanden, waren »Risse im Bündnis« die Folge.[47]

Paulus hatte gemeldet, daß er eingeschlossen sei und um Handlungsfreiheit bitte.[48] Weichs unterstützte den Antrag. Hitler, dem Zeitzler telefonisch nach Berchtesgaden berichtete, lehnte ab.[49] Nach Unterredungen mit Jodl und Jeschonnek entschied der ObdW, daß die Armee sich einzuigeln habe.[50] Man werde sie solange auf dem Luftwege versorgen, bis eine neue Kräftegruppe gebildet sei und die Verbindung mit den abgeschnittenen Verbänden wiederherstelle.[51]

Ungünstiges Wetter hinderte den obersten Befehlshaber, Keitel und Jodl, nach Ostpreußen zurückzufliegen. Während ihrer zeitraubenden Eisenbahnfahrt wurden Zeitzlers Anrufe dringender. Gegen Abend ersuchte Paulus im Einvernehmen mit Weichs und den kommandierenden Generalen nochmals um Erlaubnis zum Ausbruch seiner Armee; der Truppe werde dabei zwar viel Material verloren gehen, aber die »Mehrzahl wertvoller Kämpfer ... erhalten« bleiben.[52] Hitler hielt jedoch mit einer Führerweisung vom 22. November 1942 um 22.15 Uhr an der getroffenen Entscheidung fest.

Mittlerweile war Manstein beauftragt worden, die 6. Armee (Paulus) zu entsetzen. Hitler sprach im Führerhauptquartier mit Göring, der versicherte, daß die Luftwaffe trotz starker Inanspruchnahme durch Tunesienflüge eine Zeitlang ausreichenden Luftfrachtraum zur Versorgung des Kessels von Stalingrad einsetzen könne.[53] Zeitzler zweifelte an dieser Zusage.[54] Jeschonnek, Seidel und Richthofen warnten.[55] Dennoch wurde das Unternehmen befohlen. Was bei Demjansk erreicht worden war, sollte noch einmal gelingen.[56]

Die 6. Armee (Paulus) verlangte zur Deckung ihres täglichen Bedarfs 700 t Versorgungsgüter, nach Notschlachtung aller Pferde 500 t.[57] Der Lufttransportführer, Oberst Fritz Morzik, hielt bestenfalls das Einfliegen von 350 t für möglich[58], da die vor einem Jahr bei Demjansk und Cholm gegebenen Voraussetzungen diesmal nicht bestanden. Die Entfernung war größer, das Wetter schlechter, der Feind stärker. Man konnte keine Lastensegler verwenden. Die Luftwaffe besaß aber nur noch 750 Transportflugzeuge des Typs »Ju 52«.[59]

Man holte weiteren Luftfrachtraum zusammen, »He 11« und »Ju 80«, sogar »FW 200«, Reise- und Schulflugzeuge ohne Eichunterlagen für Funk- und Peilgerät, etwa 500 Maschinen, von denen durchschnittlich kaum mehr als ein Drittel einsatzbereit waren.[60] Sechzehn der neuen sechsmotorigen »Me 323«, deren Nutzlast 11000 kg betrug, kamen allerdings zu spät an die Front. Der ObdL hatte befohlen, mindestens 300 t einzufliegen. Doch vom 35. bis 29. November 1942 erhielt die 6. Armee (Paulus) nur 269 t, vom 30. November bis 11. Dezember 1167 t.[61]

Das Lufttransportunternehmen war als Überbrückungshilfe bis zum Gegenangriff der neuen HGr. Don (Manstein) gedacht.[62] Dem Gegner verblieben jedoch drei Wochen, in denen er sich verstärkte. Jeremenko und Rokossowskij zogen einen doppelten Ring um die eingeschlossenen Verbände, der Durchbrüche von innen und außen verhindern sollte.[63] Woronow ließ unter den deutschen Einflugschneisen 395 Flak in Stellung bringen, Nowikow bei geeignetem Wetter bis zu 488 Jäger starten.[64] Gleichzeitig traf die HGr. »Woronesch-Front« (Golikow) letzte Angriffsvorbereitungen.[65]

Trotz der bevorstehenden Zerschlagung des italienischen Verbandes, einer Katastrophe, mit der Zeitzler, Weichs und Gariboldi täglich rechneten[66], war Manstein zuversichtlich und insofern nicht ohne Einfluß auf Hitler.[67] Indes eignete sich die Heeresgruppe des Feldmarschalls wenig zu einem erfolgversprechenden Gegenschlag. Sie entstand durch Abgaben der Nachbarn, Neuzuführungen aus Frankreich und Deutschland[68] sowie rumänischen Truppenresten, großenteils Kavallerie, die Steflea zwischen Don, Westkaukasus und Krim zusammenholte.[69]

Manstein ließ den Angriff zum Entsatz der bei Stalingrad eingeschlossenen Verbände am 12. Dezember 1942 durch das AOK 4 (Hoth) eröffnen (Unternehmen »Wintergewitter«).[70] Das LVII. Panzerkorps (Kirchner) stieß mit zunächst zwei, später drei Divisionen aus dem Raum von Kotolnikowo nach Nordosten vor.[71] Sie näherten sich dem Kessel bis auf 54 km.[72] Doch jenseits der Mischkowa verlegten ihnen zwei sowjetische

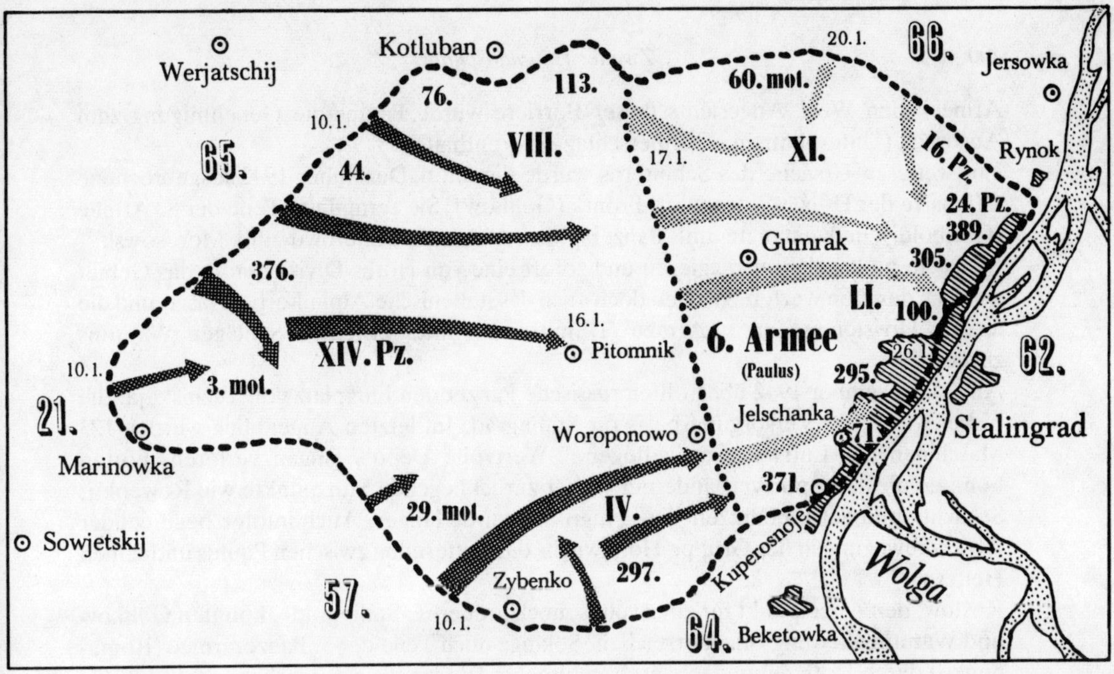

Die Vernichtung der 6. Armee bei Stalingrad 1943

Armeen den Weg. Angesichts dieser Barriere wurde Paulus die Genehmigung zum Ausbruch (Unternehmen »Donnerschlag«) vorenthalten.[73]

Zur weiteren Ursache des Scheiterns wurde die am 6. Dezember 1942 losgebrochene Offensive der HGr. »Woronesch-Front« (Golikow). Sie zermalmte Teile der 8. Armee (Gariboldi) und gelangte mit Panzerspitzen bis nach Millerowo und Morosowsk.[74] Manstein mußte darauf reagieren und sofort eine von Hoths Divisionen in das Gebiet westlich des Don werfen. Wichen doch auch das italienische Alpinikorps (Nasci) und die letzten Divisionen der 3. Armee (Dumitrescu) unter erneuten Schlägen Watutins zurück.[75]

Am 24. Dezember 1942 überrollten russische Panzer den Flugplatz von Tazinskaja, die bisher wichtigste Versorgungsbasis für Stalingrad. Im letzten Augenblick wurden 123 Maschinen der Luftwaffe ausgeflogen.[76] Wertvolle Depots gingen verloren. Fortan konnten die Transportverbände nur weiter zurückliegende Stützpunkte wie Rowenkij, Schachty und Salsk benutzen. Die Flugroute wurde länger. Auch infolge beginnender Absetzbewegungen der Gruppe Hoth wuchs die Entfernung zwischen Paulus und seinen Helfern.

Rostow, den Angelpunkt für ein zweites, noch größeres »Stalingrad«, konnten Golikow und Watutin allerdings nicht erreichen. Solange noch Teile der 5. Panzerarmee (Romanenko) durch Hoth gebunden waren, fehlte den Russen die erforderliche Stoßkraft für ein weiteres Ausgreifen. Um den »kleinen Saturn« dennoch in einen »großen« zu verwandeln, ließ Stalin nach Telefonaten mit Shukow zwei Korps heranführen. Aber der günstige Augenblick war verpaßt und die 350 km breite Bresche von Manstein provisorisch geschlossen.[77]

Er hatte Feldersatzbataillone, versprengte Truppenteile, Luftwaffenpersonal und Instandsetzungskompanien, Eisenbahner, Trosse und Schreiber, Leichtverwundete und Stabshelfer, Rumänen, Kroaten und Kalmücken zusammengerafft, um Zeit zu gewinnen, damit ihm Zeitzler aus anderen Räumen vollwertige Verstärkungen zuführen konnte. Die ersten trafen auf dem Luftwege ein, andere konnten erst nach langen Eisenbahntransporten ihr Ziel erreichen. Unterdessen wurde die noch 60 Panzer zählende Gruppe Hoth auf Kotolnikowo zurückgenommen.[78]

Verbal hielt Hitler an der Absicht fest, den früheren Frontverlauf wiederherzustellen. Eine Münchner Rede vor Parteigenossen zwang ihn einmal mehr, auf sein Prestige zu achten.[79] In Wirklichkeit mußte er dem Ringen um Stalingrad einen neuen Sinn geben. Da ein Entsatz nicht mehr möglich war, sollte die 6. Armee (Paulus) »stehenbleiben« und »bis zur letzten Patrone« kämpfen[80], um den nunmehr beschlossenen Teilrückzug der Kaukasus-Verbände zu ermöglichen.[81]

Durch Operationsbefehl Nr. 2 vom 28. Dezember 1942 ordnete Hitler an, daß die HGr. A (Kleist) »unter Beibehalt ... ihrer Küsten- und Gebirgsfront schrittweise ... in eine verkürzte Stellung ... zurückgenommen« werde.[82] Manstein sollte die 450 km weit abfließenden Panzertruppen nach Nordosten sichern, sie dann mit seiner (umbenannten) Heeresgruppe Süd aufnehmen und bei Rostow einen großen Brückenkopf bilden. Die 17. Armee (Ruoff) hatte sich im Westkaukasus und am Kuban zu behaupten.

Zur Fesselung deutscher Kräfte, die andernfalls nach Süden geworfen werden konnten, ließ das sowjetische Oberkommando durch Goworow und Merezkow den doppelseitigen Angriff zur Wiedergewinnung des Landweges nach Leningrad noch einmal wagen. Die zweite Offensive hatte Erfolg. Der »Flaschenhals« brach; die 18. Armee (Lindemann) mußte Schlüsselburg räumen. Russische Verbände kämpften an der Südküste des Ladogasees einen 8–11 km breiten Korridor frei und beendeten so die Blockade der Newastadt.[83]

Größere Wirkung sollte gleichfalls eine am 12. Januar 1943 erneuerte Offensive der HGr. »Woronesch-Front« (Golikow) erzielen. Unter Verlagerung ihres Schwergewichtes zum rechten Flügel zerschlug sie die ungarische Armee am Don. Als nächstes Ziel galt die Unterbrechung der Eisenbahnlinie Kursk-Rostow. Die Stawka beabsichtigte, Voraussetzungen für ein weiteres Ausgreifen nach Charkow zu schaffen. Jenseits des Donezbeckens wollte sie mit weit ausholenden Bewegungen erreichen, was auf halbem Wege nach Rostow mißlungen war.[84]

Der 2. Honvéd-Armee (Jány) erging es wie vorher den Rumänen. Nach drei bis vier Tagen war der Frontzusammenhang verloren, gewannen die sowjetischen Angriffskeile an Tiefe. Das Panzerkorps zbV (Cramer) konnte keine der vier feindlichen Kräftegruppen abfangen. Deutsche und Italiener wurden in das Chaos hineingerissen. In dreizehn verlustreichen Gefechten erkämpfte sich das Alpinikorps (Nasci) mit deutschen Sturmgeschützen und etwa 6000 Ungarn 350 km weit über verschneite Felder den Rückweg nach Bolsche Trotzkoje.[85] Generaloberst Fjodor I. Golikow meldete 71000 Gefangene.[86]

Die ganze HGr. B (Weichs) samt der 2. Armee (Salmuth) war mitbetroffen. Sieben deutsche Divisionen wurden abgespalten, teilweise eingeschlossen und vernichtet. Bei der HGr. Süd (Manstein) mußte sich die aus dem Kaukasusraum zurückgehende 1. Panzerarmee (Mackensen) beschleunigt absetzen. Ihre Kosaken ritten über das Eis des Asowschen Meeres, die motorisierten Kolonnen passierten Rostow. Die 17. Armee (Ruoff) gab Krasnodar auf. Hoth räumte Kotolnikowo.[87]

Um die kräftebindende Kampffähigkeit der 6. Armee (Paulus) so lange wie möglich zu erhalten, war Generalfeldmarschall Milch mit Sondervollmachten entsandt worden.[88] Doch er konnte die feindlichen Jäger nicht vertreiben und dem Mangel an Flugbenzin so wenig abhelfen wie das Problem der Vereisung überwinden. Als die sowjetische HGr. »Donfront« (Rokossowskij) den Kessel zu spalten begann, ging der Flugplatz Pitomnik verloren. Die Transportleistung der gleichwohl weiter einfliegenden Maschinen erreichte vom 17. bis 23. Januar 1943 den Tiefstand (90 t).[89]

Als Repräsentant der Stawka hatte Woronow die 6. Armee (Paulus) vergebens zur Übergabe aufgefordert.[90] Der Kampf ging weiter, zuletzt in getrennten Räumen. Seit dem 28. Januar konnte an Verwundete und Kranke kein Brot mehr abgegeben werden. Bei Gumrak verloren die Eingeschlossenen ihren letzten Flugplatz. Durch den Abwurf von Versorgungsbomben wurde die Entkräftung der Soldaten nicht mehr aufgehalten. Schließlich waren die Verteidiger so sehr geschwächt, daß sowjetische Regimenter aus den Deckungen stiegen und mit entrollten Fahnen eine Stellung nach der anderen überrannten.[91]

Am 2. Februar 1943 erlosch der letzte Widerstand. In den Trümmern von Stalingrad lebten immer noch Menschen. Die Zahl der Einwohner war durch den Zustrom zahlreicher Flüchtlinge von 467000 zeitweise auf etwa 600000 gestiegen. Rund 120000 hatten mit Schiffen und Fähren das Weite gesucht, 42750 ihr Leben bei den Kampfhandlungen verloren. Repressalien sollen 3345 Bürger zum Opfer gefallen sein; 64220 Männer und Frauen wurden zur Zwangsarbeit nach Deutschland abtransportiert. Die Rote Armee zählte 46700 eigene Tote.[92]

Von der eingeschlossenen deutschen Armee hatte die Luftwaffe bis Weihnachten 25000 Verwundete und Spezialisten ausgeflogen.[93] Mehr als die Hälfte der verbündeten Soldaten war gefallen, erfroren, verhungert. Stalin sprach von 146300 toten Feinden, die man aufgesammelt und verbrannt habe.[94] Außerdem zählten die Russen 16800 Gefangene, drei Tage später weitere 91000 sowohl Deutsche als auch Rumänen und Kroaten, am Ende wohl 201000.[95] Viele – darunter die Mehrzahl der Schwerverwundeten – wurden ermordet, andere auf dem Marsch durch Schüsse oder Bajonettstiche getötet.[95] Die meisten starben am Fleckfieber. Nur 6000 sahen ihre Heimat wieder.

[1] Kehring, a.a.O., S. 35–44; Seaton, a.a.O., S. 21ff.; Philippi/Heim, a.a.O., S. 165ff.
[2] Hillgruber: Nordlicht, a.a.O., S. 280ff.
[3] BA/MA, OQ IV. Fremde Heere Ost: Kurze Beurteilung Nr. 5 u. 7. vom 8.10. u. 15.10.1942; zum Feindlagebild d. dt. Führung ausführl. Kehring, S. 86–118.
[4] Heidkämper, a.a.O., S. 112ff.
[5] Gretschko: Kaukasus, a.a.O., S. 199ff.; Sawjalow/Kaledin, a.a.O., S. 57ff.; H.v. Dach: Kampf im Hochgebirge, in: Schweizer Soldat 9–11/1973.
[6] KTB/OKW, II, S. 59ff.
[7] Herr, a.a.O., S. 143f.
[8] Außer Doerr u. Görlitz (op. cit.) sind folgende dt. Gesamtdarstellungen zu erwähnen: H. Bergschikker: Stalingrad, Berlin 1960; A. Kluge: Schlachtbeschreibung, Olten 1964; W. Haupt u. H. Scheibert: Stalingrad, Dornheim 1972; F. Lenz: Stalingrad – Der verlorene Sieg, Heidelberg 1956; L. Steide: Entscheidung an der Wolga, (Ost)Berlin 1969; J. Wieder: Die Tragödie von Stalingrad, Deggendorf 1955. Auf angelsächs. Seite s. außer Craig u. Herr (op. cit.) G. Jukes: Stalingrad. The Turning Point, New York 1968; R. Seth: Stalingrad. Point of Return, London 1959; E. Ziemke: Stalingrad to Berlin (zit. Ziemke: Stalingrad-Berlin). Von Interesse ist die Dokumentation v.J. Piekalkiewicz: Stalingrad. Anatomie einer Schlacht, München 1977 (zit. Piekalkiewicz: Stalingrad). Grundlegend ist das Werk von M. Kehring (op.cit.). Aus der dt. Memoirenlit. sind heranzuziehen: Bamm, Below, Manstein, Mellenthin, Senger u. Etterlin, Seydlitz-Kurzbach, Warlimont u. Weinert.
[9] Einzelheiten b. Carell: Barbarossa, a.a.O., S. 494–545; Kehring, S. 36ff.; Kehring II, S. 23.
[10] Kehring, S. 139.
[11] Ebd., S. 45ff.
[12] P. Dumitrescu: Constiteratil, asurpa Oatellei din Cotue Donolui, Nov. 1942, abgedr. in: MI 10/1978, S. 44ff.; dazu auch Gheorghe, a.a.O., S. 259; Kehring, S. 131–138.
[13] Ufficie Storico: L'8a Armata Italiana nella seconda Battaglia difensiva del Don, Rom 1946, S. 6ff. (zit. L'8a Armata); Valori, S. 289.
[14] Adonyi-Naredy, a.a.O., S. 82ff.; Csisma, a.a.O., S. 117; d. Dombrády: A doni hadsereg fegyverzete, in: História 1/1983, S. 19ff.; Fenyo, a.a.O., S. 116ff.; M, Horváth: A 2. Magyar Hadyareg pustunlása a Dunnál, Budapest 1960, S. 370f.; Macartney, II, a.a.O., S. 97ff.; Nemeskürty, a.a.O., S. 27ff.; Wimpffen, S. 47ff.
[15] Gosztony: Fremde Heere, a.a.O., S. 291ff.
[16] Gheorghe, a.a.O., S. 260f.
[17] Deakin, a.a.O., S. 113f.; Simoni, a.a.O., S. 295f.
[18] Csisma, S. 118; Fenyo, S. 119; Macartney, II, S. 99f.
[19] Vgl. BA/MA, H. 3 /185.
[20] Förster, a.a.O., S. 39.
[21] Kehring, S. 121f. u. 168f.
[22] Shukow, a.a.O., S. 84–87, 100–110; Kehring, S. 122–130.
[23] Wassilowskij, S. 217–220; Jeremenko, a.a.O., S. 346f.; Rokossowskij, a.a.O., S. 254f.; Shtemenko, a.a.O., S. 66f.; dazu Shilin, S. 190ff.
[24] Wosnessjenskij, a.a.O., S. 224–236.
[25] Vgl. Abriß d. Streitkräfte, a.a.O., S. 213f.

[26] Schnell bewegliche Salvengeschütze, Abschußrampen auf Lkw mit Selbstzerstörungsautomatik, erstmals im August 1941 vor Moskau eingesetzt.
[27] Shukow, II, S. 94.
[28] Abriß d. Streitkräfte, S. 213; dazu Seaton, S. 300.
[29] Groehler, a. a. O., S. 344–347.
[30] Herr, a. a. O., S. 48ff.
[31] Shtemenko, S. 67ff.
[32] Shukow, II, S. 105.
[33] Harriman/Abel. S. 120.
[34] Wassilewskij, S. 221; dazu Gretschko, VI, S. 54–75.
[35] Zahlen nach Sasonow: Stalingrad, in: H 47/1973, S. 1293 (zit. Sasonow) Herr, S. 252f.; abweichend Gretschko, VI, S. 76–90.
[36] Die sowjet. Geschichtsschreibg. läßt ds. Frage offen.
[37] Sasonow, S. 1290f.
[38] Herr, S. 117.
[39] Dazu die gründl. Untersuchung v. Kehring u. d. Skizze seines Buches auf S. 102. Weitere Einzelheiten b. Gosztony: Fremde Heere, S. 302–309; Gretschko. VI, S. 80ff.
[40] R. Grozeanu: Ofensiva sovietica dela Stalingrad, in: Stindardul 120–121/1972.
[41] Philippi/Heim, a. a. O., S. 180f.; dazu auch Mellenthin, a. a. O., S. 82f. u. Nehring, a. a. O., S. 276f. Einzelheiten v. sowjet. Seite b. Jeremenko, a. a. O., S. 350ff. u. Rokossowskij, a. a. O., S. 246ff.
[42] Zahlen nach Hillgruber/Hümmelchen: Chronik, S. 80. Die 6. Armee (Paulus) meldete lt. Kehring, Dok. 41, S. 604f., am 22. 12. 1942 eine Verpflegungsstärke von 249600 Mann (einschl. Rumänen u. Kroaten). Sowj. Autoren beziffern die eingeschlossene Truppenmasse auf 330000 Mann. Von russischer Seite sind außer Gretschko, VI, Jeremenko, Rokossowskij, Sasonow, Schematis, Shukow, Platonow, Shilin, Telpuchowskij, Tschuikow und Wassilewskij (op. cit.) zu beachten I. F. Afanasjew: Haus des Soldatenruhms, Wolgograd [2]1966; A. P. Bachurin: Fronterinnerungen, Moskau 1962; P. I. Batow, In Campaigns and Battles, (Ost)Berlin 1965; K. S. Below: Von der Wolga nach Prag, Moskau 1966; N. I. Birjukow: Zweihundert Tage Schlacht, Wolgograd 1962; ders.: Schlacht um Stalingrad, Wolgograd 1962; D. W. Drshinin: Zweihundert Tage unter Beschuß, Moskau 1968; B. W. Filmonow: Die Unsterblichen, Wolgograd 1965; ders.: Nordwestlich von Stalingrad, Moskau 1952; W. Gerasimow: Die Stalingrader, Moskau 1950; S. D. Gluchowskij: Lyudnikows Insel, Moskau 1963; A. W. Gorbatow: Jahre und Kriege, Moskau 1965; I. Gummer u. Y. Harin: Helden der großen Schlacht, Wolgograd 1962; M. Ingor: Sibirier – die Helden von Stalingrad, Moskau 1954; W. Juriew: Der große Sieg von Stalingrad, Moskau 1971; A. Kantor: Die Wolgarussen in den Schlachten um Stalingrad, Wolgograd 1965; S. A. Kalinin: Rasmischlaja o Minuwschjem, Moskau 1963; M. L. Kasakow: Nad Kartoi Bijlijk Srasenij, Moskau 1965; A. D. Kolesnik: Der große Sieg an der Wolga, Moskau 1958; L. P. Koren: Die Klippe an der Wolga, Moskau 1969; L. B. Korets: Die sowjetische Luftwaffe in der Schlacht um Stalingrad, Moskau 1959; W. Kototojew: Wunder von Stalingrad, Wolgograd 1980; W. E. Lentschewskij: Feuerentscheidung – Erinnerungen eines Nachrichtenoffiziers, Wolgograd 1964; M. P. Menschikow: Die Schlacht um Stalingrad, Stalingrad 1953; I. K. Morosow: Der Kampf um die Wolga, Wolgograd [2]1962; W. P. Nekrassow: Frontlinie Stalingrad, London 1962; P. I. Ostschepkow: Pa Dorogam Boiwoi Slawi, Wolgograd 1971; A. I. Rodimtsew: An der letzten Front, Wolgograd 1964; P. A. Rotmistrow: Wremja i Tanki, Moskau 1972; A. S. Tschujanow: Stalingradskuj Dnewnik 1941–1943, Wolgograd 1968; J. P. Saltschew: Die Wolga in Flammen, Moskau 1963. W. I. Tschuikow: Die Schlacht des Jahrhunderts, (Ost)Berlin 1980; A. W. Wassiljew: Der große Sieg an der Wolga, Moskau 1966; M. A. Wodolakin: Verteidigung von Stalingrad, Stalingrad 1948; G. Zelma: Stalingrad Juli 1942 bis Februar 1943, Moskau 1966; zuletzt N. I. Krylow: Stalingrad, Köln 1981 (zit. Krylow).
[43] Förster, S. 42, 48; Kehring, Dok. 7, S. 560.
[44] Kehring, S. 456ff.; Gosztony: Fremde Heere, S. 325–328; Gheorghe, S. 260ff.
[45] KTB/OKW, II, Anh. Dok. Nr. 26, S. 1301–1304, Ergänzung v. 23. 10. 1942 b. Kehring, Dok. 2, S. 552f.
[46] Untertitel des Stalingradbuches v. J. Förster (op. cit.)
[47] F. Paulus: Grundätzliche Feststellungen zur Operation der 6. Armee bei Stalingrad. Abgdr. b. Görlitz/ Paulus, a. a. O., S. 214–223.
[48] Doerr, a. a. O., S. 71; Görlitz/Paulus, S. 218, Anm.; das Ringen um die Genehmigung z. Ausbruch d. Kehring, S. 195f.

[49] BA/MA, 75.167/6, HGr. B an AOK 6 v. 21.12.1942, 15.24 Uhr; Kehring, Dok. 10 v. 23.11.1942, S. 562; vgl. dazu Irving: Hitler, a.a.O., S. 449.

[50] Kehring, Dok. 11 v. 24.11.1942, S. 562; S. 218f. u. 252ff.; Seaton, S. 320f.

[51] BA/MA 75.107/3, AOK 6 an OKH v. 23.11.1942, 23.45 Uhr, abgedr. b. Görlitz/Paulus, S. 210; dazu Engel, a.a.O., S. 137ff.

[52] KTB/OKW, II, S. 84. Außer den zuletzt in den Bänden von Görlitz u. Kehring gedruckten Materialien zur Schlacht b. Stalingrad existieren noch unveröffentl. Aufzeichnungen, insbes. v. Adam, Junge, Koller, Fiebig, Pickert, Richthofen, Schmundt, Weichs, Zeitzler, Zitzewitz. Irving: Hitler, S. 814ff., bezieht sich auf einige ds. Dokumente u. weist auf Widersprüche hin.

[53] Below, S. 324; Engel, S. 142; Koller-Tgb. v. 15.2.1943.

[54] Schriftl. Erklärung des Chefs Gen. St. d. H. v. 11.3.1955; dazu Bekker: Angriffshöhe, a.a.O., S. 363f.

[55] Tagebucheinträge v. Richthofen, Fiebig u. Pickert v. 24.11. bis 31.12.1942; dazu Irving: Hitler, S. 815, Anm. 9.

[56] Herhudt, a.a.O., S. 25f.; Kehring, 218ff.; 280–285; Morzik/Hümmelchen, S. 150; dazu J. Fischer: Über den Entschluß zur Luftversorgung Stalingrads, in: MM 2/1969, S. 7ff.

[57] Morzik/Hümmelchen, S. 151f.

[58] Görlitz, S. 305 u. das entspr. Kapitel b. Kehring.

[59] Herhudt, S. 27; Morzik/Hümmelchen, S. 152.

[60] Bekker: Angriffshöhe, S. 367.

[61] Morzik/Hümmelchen, S. 160 u. Herhudt, S. 100. Eine differenzierte, aus den Tagebüchern v. Fiebig u. Pickert gewonnene Statistik b. Görlitz, S. 274–277.

[62] Lagebeurteilg. des FHQ: Kehring, S. 168f.; vgl. Görings Erklärung, notiert i. Koller-Tgb., 15.2.1943 u. Richthofens Aussage, verzeichnet i. Weichs-Tgb., 10.12.1943; zur Bildung d. HGr Don (Manstein) s. Kehring, S. 149.

[63] Jeremenko:Stalingrade, a.a.O., S. 352f. u. Rokossowskij, a.a.O., S. 256f.; in den Kesselfronten Kehring, S. 196–206, 228ff.

[64] Groehler, a.a.O., S. 350f. u. I. W. Tscheschelnizkij: Letschiki na Wojna 1942–1945, Moskau 1974, S. 38ff. (zit. Tscheschelnizkij).

[65] Shukow, II, S. 112; Wassilewskij, S. 220; dazu Gretschko, I, S. 242f. u. VI, S. 89f.; Shilin, S. 192f.; Platonow, I, S. 360.

[66] Weichs-Tgb. v. 28.11. bis 18.12.1942; dazu Kehring, S. 262ff.; Roatta, S. 185–193. Ab 1.12.1942 s. H. Heiber (Hg.): Hitlers Lagebesprechungen. Die Protokollfragmente seiner militärischen Konferenzen 1942–1945, Stuttgart 1962 (zit. Heiber: Lagebespr.).

[67] Vgl. Kehring II, S. 30 u. Irving: Hitler, S. 450 u. 816, Anm. 16/17, im Unterschied zu Manstein, S. 302ff. u. Heusinger, a.a.O., S. 213ff., die von vornherein Bedenken geäußert haben wollen.

[68] H. Scheibert: Entsatzversuch Stalingrad, Neckargemünd 1966, S. 12ff. (zit. Scheibert); auch Mellenthin, a.a.O., S. 112–118 u. Nehring, a.a.O., S. 100ff.

[69] Emilian, a.a.O., S. 298ff.; Gheorghe, S. 241ff.; vgl. auch Steflea an Manstein, Kehring, Dok. 45, S. 609.

[70] Heiber: Lagebespr., S. 76ff.; Bauer, a.a.O., I, S. 309f.; Doerr, S. 84ff.; Kehring, S. 184, 307–410; Manstein/Fuchs, S. 161ff.; Scheibert, S. 44ff.

[71] Ebd., S. 60–64; für die Rumänen s. Emilian, S. 300ff.

[72] Kehring II, S. 33; Jeremenko: Stalingrade, S. 354f.

[73] Allg. Görlitz, S. 305ff. u. Manstein, S. 357ff. Das Für und Wider des Ausbruchs mit scharfer Kritik an Paulus b. Doerr, S. 118f. Vgl. dazu Görlitz, S. 310. Zur Frage der Eigenverantwortlichkeit des Befehlshabers s. auch W. Adam: Der schwere Entschluß, Berlin [2]1982, S. 502f., 512f.; K. H. Riecker: Ein Mann verliert einen Weltkrieg, Frankfurt 1955; J. Wieder: Stalingrad und die Verantwortung des Soldaten, München 1962.

[74] Heiber: Lagebespr., S. 79ff.; L'8a Armata, a.a.O., S. 30–68; Gosztony: Fremde Heere, S. 315–322; Nehring, S. 279; P. Fortuna u. R. Uboldi: Il tragico Don, Mailand 1980, passim; G. Lucas: Sacrificial Army, in: W 44/1977, S. 1–9; Roatta, 190ff.; Valori, S. 302ff.

[75] Shukow, II, S. 123.

[76] Shukow, II, S. 125, behauptet, daß in Tazinskaja 200 dt. Flugzeuge zerstört worden seien. Die hier angegebene Zahl der ausgeflogenen Maschinen findet sich b. Hillgruber/Hümmelchen: Chronik, S. 81. Herhudt, S. 43–50, verzeichnet 108 von 180 geretteten Flugzeugen. Vgl. auch Morzik/Hümmelchen, S. 158.

[77] Shukow, II, S. 124.
[78] Fretter-Pico, a. a. O., S. 138 ff.; Scheibert, S. 102–136.
[79] Wortlt. d. Hitler-Rede i. Münchner Bürgerbräukeller v. 8. 11. 1942 b. Domarus, II, S. 1933–1944.
[80] So auch d. Titel des im Selbstverlag erschienenen Buches v. H. Schröter: Stalingrad . . . bis zur letzten Patrone, Osnabrück 1954; ausgewogen jedoch Kehring, S. 252–264.
[81] Manstein/Fuchs, S. 163 f.; vgl. Jokes, a. a. O., S. 178 u. d. ältere, zumeist anklagende Lit. Dazu H. Gerlach: Die verratene Armee, München 1957; G. Toepke: Stalingrad wie es wirklich war, Stade 1949; H. M. Waasen: Was geschah in Stalingrad? Salzburg 1950.
[82] KTB/OKW, II, S. 1318 f.
[83] Gretschko, VI, S. 143–153; Merezkow, a. a. O., S. 265–283.
[84] Shtemenko, a. a. O., S. 101 f.
[85] Adonyi-Naredy, S. 88–107; Nemeskürty, S. 91–139; Horváth, S. 158; Gosztony: Fremde Heere, S. 328–346; Wimpffen, S. 280–310; zum Untergang der it. 8. Armee (Gariboldi) s. L'8a Armata, S. 71–99; dazu M. Barilli: Alpini in Russia sul Don, Mailand 1954, S. 75–150; M. Rigoni-Stern: Alpini im russischen Schnee, Heidelberg 1954, passim; G. Tolloy: Con l'armata italiana in Russia, Turin 1947, passim.
[86] K. S. Moskalenko: In der Südwestrichtung, (Ost)Berlin 1975, S. 409 ff. (zit. Moskalenko).
[87] Nehring, S. 281 ff.
[88] Irving/Milch, a. a. O., S. 255–267.
[89] Bekker: Angriffshöhe, S. 378; Görlitz, S. 275 ff.; Morzik/Hümmelchen, S. 159.
[90] Gretschko, VI, S. 90–98.
[91] Kehring, S. 493 ff.; Kehring II, S. 40; Rokossowskij, S. 260 f.
[92] Herr, S. 303 f.
[93] Kehring, S. 538; Morzik/Hümmelchen, S. 161; 24 910 Verwundete; lt. Hillgruber/Hümmelchen: Chronik, S. 85: 42 000; lt. Bekker: Angriffshöhe, S. 378: 35 000 Verwundete u. Spezialisten.
[94] Piekalkieuicz: Stalingrad, S. 469.
[95] Kehring, S. 538.
[96] Craig, a. a. O., S. 337 f.; 345; vgl. auch Chruschtschow, S. 204.

Politische Folgen 1942/43

Die Kunde von den dicht aufeinanderfolgenden Niederlagen der Dreierpaktmächte war eine schmerzliche Enttäuschung für das deutsche Volk. Seine Siegesgewißheit wich dem kritischen Bewußtsein.[1] Man durchschaute die tarnende Sprache der Wehrmachtberichte[2], mißtraute Rundfunk und Presse.[3] Viele Menschen bezeichneten unumwunden Hitler als den Schuldigen an der Katastrophe.[4] Dem Sicherheitsdienst der SS kam dies rasch zur Kenntnis. Seine geheimen »Meldungen aus dem Reich« wurden unter Kaltenbrunner analysiert und höheren Parteidienststellen zugeleitet.[5]

Angesichts der zunehmenden Erregung hatte Bormann in einem Rundschreiben alle NS-Gauleiter aufgefordert, neben ihren administrativen Aufgaben die geistige Führung nicht zu vernachlässigen.[6] Hitler begegnete dem allgemeinen Räsonement mit einem Erlaß zur »Mobilisation«.[7] Goebbels rang um aufrüttelnde Worte.[8] Höhepunkt der von ihm gesteuerten Propagandakampagne war seine Rede im Berliner Sportpalast am 18. Februar 1943 (»Wollt Ihr den totalen Krieg!?«).[9]

Am gleichen Tage warfen die Geschwister Hans und Inge Scholl selbstgefertigte Flugblätter zur »Wiederherstellung der Ehre« in den Lichthof der Münchener Universität.[10] Manstein und Kluge forderten die Ablösung von Keitel.[11] Goerdeler suchte die Generalität mit einer geheimen Denkschrift von der Notwendigkeit des Staatsstreiches zu überzeugen.[12] Offiziere wollten Hitler beseitigen; doch eine Zeitbombe, die auf seinem Flug von Smolensk nach Rastenburg zünden sollte, versagte[13], und ein Attentat des Generals Rudolf von Gersdorff kam umständehalber nicht zur Ausführung.[14]

Das Scheitern der deutschen Sommeroffensive und die Serie der Rückschläge führte auch zur Vertrauenskrise unter den Verbündeten. Mussolini sah sich durch die angloamerikanischen Erfolge (»Lightfoot« und »Torch«) an den Rand des Abgrundes geworfen. Um eine neue gemeinsame Strategie anzuregen, hatte er auf Göring und Mackensen eingewirkt und vom 18. bis 21. Dezember 1942 Ciano und Cavallero, Alfieri und Marras ins Führerhauptquartier nach Ostpreußen geschickt. Als Voraussetzung für den Aufbau der erforderlichen Südfront verlangte der Duce einen möglicherweise von Japan vermittelten Sonderfrieden mit Rußland.[15]

Hitler lehnte ab. Ciano wie auch der am 10. Januar 1943 eintreffende Antonescu bekamen zu hören, daß ein »zweites Brest-Litowsk« für Deutschland nicht in Frage komme. Einst (1917/18) habe man sich mit einem durch den Zusammenbruch des Zarentums geschwächten Staat verständigen können. Jetzt aber würden die Sowjets binnen kurzem bereit sein, wieder gegen Mitteleuropa vorzugehen. Nach Zerschlagung der »Achse« bestünde dann ein »mächtiges bolschewistisches Reich ... mit starker Industrie und reichen Rohstoffquellen ..., das die alten Expansionsziele Rußlands« weiterverfolge.[16]

Für Hitler gab es nur »Sieg oder ... restlose Vernichtung«[17], eine Schlußfolgerung, die Antonescu verbittern mußte.[18] Seine einzige Stütze, das rumänische Heer, war von den

Deutschen in Rußland der Vernichtung preisgegeben worden. Das Prestige des Marschalls hatte daher gelitten. Der Wunsch vieler Rumänen, als opferbereite Verbündete des Reiches nicht nur die Bukowina und Bessarabien ihrem Staat sichern, sondern eines Tages auch Nordsiebenbürgen wiedergewinnen zu können, erwies sich als Illusion. Eine Staatskrise bahnte sich an.[19]

Das Vertrauen zwischen Hitler und Antonescu war auch durch die Flucht von Horia Sima aus einem NS-Arbeitslager nach Italien gestört.[20] Der Marschall mußte annehmen, daß sein Widersacher, den er 1941 überwunden glaubte, nur mit Wissen zuständiger Dienststellen habe entweichen können. Offenbar hielt sich der deutsche Diktator nicht an das 1942 gegebene Wort. Damals hatte er versprochen, den internierten Chef der Eisernen Garde ausliefern oder erschießen zu lassen, falls es ihm gelänge, wieder politisch tätig zu werden.[21]

Ebenso wie Antonescu befanden sich andere Verbündete in einem Dilemma. Ihre Regierungen mußten die erlittenen Verluste vor besorgten Regenten[22], kritischen Militärs[23] und Politikern[24] verantworten. Immerhin hatte Italien auf den russischen Schlachtfeldern 11[25], Ungarn 10[26], Rumänien 19 Divisionen[27] verloren. Erschütternd waren auch die Berichte heimkehrender Soldaten über die vielfach hohnsprechende Behandlung durch deutsche Wehrmachtangehörige.[28]

Im Führerhauptquartier war man auf die Verbündeten schlecht zu sprechen.[29] Hitler zögerte, Generale wie Italo Gariboldi und Gustáv Jány auszuzeichnen.[30] Er ließ die Reste der fremden Heere unter demütigenden Umständen abschieben.[31] Vor die Frage gestellt, ob ihnen Deutschland das verlorene Material ersetzen solle, wies der ObdW diesen Gedanken zurück.[32] Nur sechs rumänische Divisionen im Kubanbrückenkopf und auf der Krim wurden modern ausgerüstet.

Nicht allein Italien, Rumänien und Ungarn trugen schwer an der Niederlage, auch Finnland befand sich in Schwierigkeiten. Großbritannien hatte ihm den Krieg erklärt, während Amerika zwar die diplomatischen Beziehungen aufrechterhielt, aber in Helsinki zum Abschluß von Sonderfriedensverträgen mit England und der UdSSR drängte. Da ein deutsch-finnisches Bündnis de jure nicht bestand, schien dies durchaus möglich. Indes war die kleine Republik auf Lebensmittel- und Waffenlieferungen aus dem Reich angewiesen, die ihm vorläufig kein dritter Staat ersetzen konnte.

Ryti, Mannerheim, Tanner und andere Minister vereinbarten am 3. Februar 1943, sich bei nächster Gelegenheit aus dem Kriege zurückzuziehen. Die Durchbrechung der Leningrader Blockade und das Ende im Kessel von Stalingrad beschleunigten diesen Entschluß. Ein neues Kabinett unter Edvin Linkomies lenkte vorsichtig zu neuen Ufern. Außenminister Henrik Ramsay erhielt die Zusage für weitere deutsche Lieferungen, entzog sich jedoch Ribbentrops Forderung nach Abschluß eines »Nichtsonderfriedensvertrages«.[33]

Die Kursänderung der finnischen Politik wurde in Südosteuropa genau beobachtet.[34] Auch Antonescu und Horthy gingen jetzt Wege, auf denen sich Oppositionspolitiker ihrer Länder bereits vorgewagt hatten. Die hierzu verwendete Formel – »Krieg gegen die Sowjets, aber nicht mit den Westmächten«[35] – nützte allerdings wenig. Der Wunsch, über ein Balkanbundprojekt der Türkei selbst wieder die Neutralität zu erlangen, war aussichtslos. England unterstützte diesen Plan nur, um die Türken in den Krieg gegen Hitler hineinzuziehen.[36]

Gescheitert war bald auch der Versuch, die italienische Regierung für eine gemeinsame

Balkanpolitik zu gewinnen, weniger weil in türkischen Augen Italiens Zukunft zweifelhaft erschien, vielmehr wegen der bündnispolitischen Gewissenhaftigkeit des Duce.[37] Ciano, der den Neutralisierungsgedanken seiner südosteuropäischen Kollegen aufgegriffen hatte, wurde von Mussolini bei der nächsten »Wachablösung« entlassen und durch den Staatssekretär Giovanni Bastianini ersetzt.[38]

Rumäniens politische Wende hatte Mihai Antonescu, der Stellvertreter, Regierungschef und Außenminister des Marschalls, eingeleitet. Mit Hilfe der Neutralen suchte er, im Westen Verständnis für die besondere Situation seines Landes zu wecken[39], das als Vorposten gegen den Bolschewismus innerlich einer freiheitlich-demokratischen Staatsordnung zuneige.[40] Zugleich war der Rumäne bereit, sich der Führung und dem Schutz des faschistischen Italien anzuvertrauen. Verhandlungen darüber durchkreuzte Ribbentrop, der sogleich nach Rom eilte.[41]

Horthy hatte Kállay freie Hand für Sondierungen gegeben. Als der ungarische Regierungschef und Außenminister durch Vertrauenspersonen an alliierte Missionen in Stockholm, Lissabon, Ankara und beim Heiligen Stuhl herantrat, war er jedoch so wenig erfolgreich wie Antonescu mit seinen Tastversuchen.[42] Whitehall unterrichtete Washington, die Exilregierungen der ČSR und Jugoslawiens, auf Vorschlag von Cadogan auch den Kreml. Molotow aber wandte sich gegen Sonderverhandlungen.[43]

Hitler, dem zahlreiche Informationen über den »Bündnisverrat« der Ungarn und Rumänen vorlagen, ergriff Gegenmaßnahmen. Voraussetzung war die Stabilisierung der Lage im Osten, wo das russische Oberkommando nach dem Scheitern des Durchbruches auf Rostow mit einem Stoß zum unteren Dnjepr den gesamten Südflügel der deutschen Front umfassen wollte.[44] Seit dem 1. Februar 1943 griffen Golikow und Watutin wieder an. Ihre Verbände näherten sich Kursk und dem Donezbecken.[45]

Unter sowjetischem Druck räumte das II. SS-Panzerkorps (Hausser) kraft eigenen Entschlusses das wichtige Charkow. Der Gegner stieß durch eine 120 km breite Lücke weiter nach Südwesten vor, eroberte Pawlowgrad, zerschnitt die als Versorgungsachse dienende Eisenbahnlinie Kursk-Stalino und näherte sich bis auf 45 km Dnjepropetrowsk. Angesichts der Sturmflut flog Hitler mit Jodl und Zeitzler nach Saporoschje ins Hauptquartier der HGr. Süd (Manstein). Er wollte das rohstoffreiche Donezbecken um jeden Preis behalten.[46]

Doch Manstein handelte nach seinem eigenen Operationsplan.[47] In kühnen Rochaden, mit Flankenstößen und Zangenbewegungen der 1. Panzerarmee (Mackensen), 4. Panzerarmee (Hoth) und Armee-Abteilung Kempf, wurden ab 22. Februar 1943 starke sowjetische Kräfte zwischen Dnjepr und Donez, bei Slawjansk und Bogoroditschno, Charkow und Bjelgorod zerschlagen. Stalin, der selbst an die Front eilte, konnte den Rückschlag nicht verhindern. Der sowjetische Diktator befahl Golikow und Watutin, sich nach Osten abzusetzen.[48]

Die deutsche Gegenoffensive kam Anfang März auf der im Winter 1941/42 erreichten Linie zum Stehen.[49] Dadurch konnten Kräfte ausgesondert und als Reserven eingespart werden. Das Gleiche galt für die Räumung der Frontbögen von Demjansk, Rshew, Ghartsk und Wjasma. Aus dem Kubanbrückenkopf hatten Lufttransportgruppen und Marinefähren zudem 101 084 Soldaten und 10 290 Zivilpersonen evakuiert.[50] Mit diesem Gewinn und der Aussicht auf eine gesteigerte Panzerproduktion ließ Hitler eine neue Offensive vorbereiten.[51]

Die Stabilisierung der Front wirkte sich politisch aus. Der türkische Ministerpräsident

Şükrü Saraçoglu gewann eine Atempause.[52] Das Balkanbundprojekt verlor an Zugkraft. Die Hoffnung südosteuropäischer Regierungen auf Rückkehr zur Neutralität im Schutze der Westmächte begann zu schwinden.[53] Hitler konnte noch einmal versuchen, seine Waffengefährten auf »Gedeih und Verderb« an das Reich zu binden. Zu diesem Zweck wurden sie einzeln nach Schloß Kleßheim bei Salzburg geladen.[54]

Als ersten Verbündeten empfing Hitler den bulgarischen Zaren (3. April)[55], noch bevor Mussolini, Bastianini und Generaloberst Vittorio Ambrosio (der Nachfolger Cavalleros) zu Gesprächen (7. bis 10. April) eintrafen.[56] Schließlich wurden der Reihe nach Marschall Antonescu (12./13. April)[57], Reichsverweser Horthy (16.–18. April)[58], Staatspräsident Tiso (22. April)[59] und der kroatische Poglavnik Pavelić (27. April)[60] empfangen. Auch Oshima, Quisling und Laval erhielten Gelegenheit vorzusprechen.

Ergiebig war nur die Unterredung mit dem Zaren. Obwohl auch er durch seinen Ministerpräsidenten Bogdan Filoff mit den Allierten in Verbindung stand, bekräftigte Boris III. seine Absicht, auf deutscher Seite zu kämpfen, falls anglo-amerikanische Truppen und die Türken auf der Balkanhalbinsel Fuß faßten. Jodl hatte bereits Pläne für einen Gegenschlag ausgearbeitet und dem bulgarischen Oberkommando zur Kenntnis bringen lassen.[61]

Mussolini hielt an dem Gedanken eines Sonderfriedens mit der Sowjetunion fest. Ein »Ostwall«, meinte er, würde ausreichend Schutz gewähren, solange die deutsche Wehrmacht das Schwergewicht ihrer Operationen in den Mittelmeerraum verlegte. Parallele Gespräche zwischen Ribbentrop und Bastianini, Keitel und Ambrosio führten jedoch zu keiner Einigung über diese Strategie. Hinweise der Deutschen auf ihren bevorstehenden Großangriff im Osten zeigten, daß ihre Führung dem Krieg gegen Rußland weiter Priorität zuerkannte.[62]

In Gesprächen mit den Gästen aus Rumänien und Ungarn drängte die Reichsführung zur Ablösung der kompromittierten Außenpolitiker Mihai Antonescu und Miklós Kállay. Ribbentrop verlas ihr Sündenregister.[63] Doch der Marschall und Horthy stellten sich schützend vor die Minister, deren Loyalität gegenüber Deutschland untadelig schien. Der ungarische Reichsverweser hatte sogar die Stirn, jeden Gedanken an eine Neutralisierung seines Landes weit von sich zu weisen.[64] Der Rumäne schwieg zu diesem Problem.

Die Kursänderungen der süd- und südosteuropäischen Regierungen erfolgten nicht ohne Kenntnis von inoffiziellen Kontakten zwischen dem Deutschen Reich und Rußland in Stockholm.[65] Schon 1942 war Aleksandra M. Kollontaj durch Mittelsleute an Canaris herangetreten. Im Dezember, nach dem ersten operativen Erfolg der Roten Armee bei Stalingrad, hatte die sowjetische Gesandtin eine andere Offerte zur Hand, die ihr Bridgepartner, der deutsche V-Mann Edgar Clauss, nach Berlin weiterleitete.[66]

Adressat war Peter Kleist, ein Diplomat aus dem »Büro Ribbentrop«, der einen leitenden Posten in Rosenbergs Ostministerium bekleidete und als Referent für die Aussiedlung von Estland-Schweden und Ingermanländern häufig nach Helsinki und Stockholm reiste.[67] Kurz bevor Clauss den sowjetischen Verhandlungsvorschlag übermittelte, war Wladimir S. Semjonow, ein Deutschland-Experte und Mitarbeiter von Dekanosow, als Legationsrat der Kollontaj beigeordnet worden.[68] »Ich garantiere Ihnen«, hatte der V-Mann gesagt, »wenn Deutschland auf die Grenzen von 1939 eingeht, können Sie in acht Tagen Frieden haben«.[69]

Der Zweck dieses Angebotes war rätselhaft. Moskau, vermutete Schulenburg, wolle

»entweder wirklich zum Status quo zurückkehren oder die Westmächte ... erpressen«, also taktisch manövrieren.[70] Tieferen Anlaß gab wahrscheinlich das Mißtrauen der Sowjets gegenüber den Alliierten. Rudolf Heß, den die Briten womöglich als Marionette für ein Nach-Hitler-Regime bereithielten, trug vielleicht ebenso dazu bei wie die Verschiebung des endgültigen Entschlusses zum Aufbau der »zweiten Front«.[71]
Knapp zwei Wochen vor dem jüngsten Angebot der Kollontaj war Stalin zur gemeinsamen Konferenz mit Roosevelt und Churchill eingeladen worden. Einer Rückfrage Molotows, ob die UdSSR nun wohl im nächsten Frühjahr mit der »zweiten Front« rechnen könne, wichen die Westmächte aus.[72] Ebenso unangenehm berührten den Kreml die Unternehmen »Lightfoot« und »Torch«, warfen doch erfolgreiche Mittelmeeroperationen einen Schatten auf genuine russische Balkan- und Meerengeninteressen, zumal England gleichzeitig Kontakte mit der Türkei, Rumänien und Ungarn hatte. Hinzu kamen angelsächsische Reaktionen, wie sie Maiskij in Gesprächen mit Richard A. Butler, Duff Cooper, Herbert Morrison und anderen Persönlichkeiten bemerkte. Anscheinend erwartete man von der UdSSR weiterhin große Kriegsanstrengungen. Die Gefahr, daß Rußland infolge seiner enormen Opfer am Ende zum Verlierern wurde, war daher naheliegend. Am Ende wären die Vereinigten Staaten allein in der Lage, über den Frieden zu bestimmen: eine pax americana.[74]
Stalin mochte hoffen, diesem Problem mit der Stockholmer Fühlungnahme ausweichen zu können. Jedenfalls gab er dem Gegner eine Chance. Hitler sollte den aussichtslosen Krieg gegen Rußland beenden und sich zurückziehen, doch immerhin die Polen entrissenen Gebiete, vielleicht auch andere Eroberungen behalten. Das Reich würde dann wieder Getreide, Erdöl und Erz, Baumwolle und Holz sowie Transitgüter aus der Sowjetunion oder durch sie beziehen. Schon beim ersten Informationsgespräch im Hause Semjonows war vom Tauschhandel die Rede.[75]
Als kühl rechnender Realist konnte sich Stalin wohl nur schwer vorstellen, daß sein Angebot ohne Resonanz bleiben werde. Der für Hitler beklemmende Zweifrontenkrieg, Rohstoffmangel und Personallücken, Italiens dringender Wunsch nach einem Sonderfrieden mit der UdSSR, die auseinanderlaufenden Interessen des Reiches und seiner Verbündeten – dies alles gab dem sowjetischen Diktator Anlaß zur Geduld. Er ließ daher auch 1943 gegenüber Deutschland Verständigungsbereitschaft signalisieren.[76]
An die Stelle des ersten Emissärs trat Aleksandr M. Aleksandrow vom Dritten Büro des Narkomindel, schließlich kein Geringerer als Wladimir G. Dekanosow, der letzte Berliner Sowjetbotschafter.[77] Den Preis für die etwaige Verständigung ließ Stalin freilich erhöhen. Clauss konnte jetzt Kleist nur noch die Reichsgrenze des Jahres 1914 als Demarkationslinie offerieren; auch forderte Moskau nunmehr Vorleistungen: den Rücktritt von Ribbentrop und Rosenberg sowie Zugeständnisse am Bosporus.[78]
Ribbentrop wurde nachdenklich. Doch im Unterschied zu Himmler, der mancherlei Fäden knüpfte und dabei sogar auf Persönlichkeiten des Widerstandes zurückgriff[79], blieb dem Reichsaußenminister die Eigeninitiative versagt.[80] Als Goebbels befand, daß man sich nun wohl mit der einen oder anderen Seite verständigen müsse, antwortete Hitler, ihm wäre ein deutsch-sowjetischer Ausgleich die näherliegende Lösung.[81] Er glaube aber nicht an eine Verständigung.[82]

[1] Steinert, a. a. O., S. 318 f.
[2] Murawski, a. a. O., S. 146; Sommerfeld, a. a. O., S. 37 ff.
[3] Steinert, S. 317.
[4] Meldungen aus dem Reich. Eine Auswahl aus den geheimen Lageberichten der SS 1939–1944, hg. v. H. Boberach (dtv dokumente), München 1968, S. 350 (zit. Meldungen).
[5] Vgl. Boberach in der Einleitung zu seiner Edition, S. 7–30.
[6] Steinert, S. 320.
[7] RGBl., 13. 1. 1943.
[8] Bramstedt, a. a. O., S. 351; Boelcke: Goebbels-Konferenzen, a. a. O., S. 421–447.
[9] G. Moltmann: Goebbels' Rede zum totalen Krieg am 18. Februar 1943, in: VZ 12/1964, S. 13–43.
[10] I. Scholl: Die weiße Rose, Frankfurt 1952 (u. ö.).
[11] IMT, Bd. 20, S. 679; Engel, a. a. O., S. 144 f.; Below, a. a. O., S. 324; dazu Ritter: Goerdeler, a. a. O., S. 365; allg. auch R. v. Manstein u. Th. Fuchs: Manstein. Soldat im 20. Jahrhundert. Militärischer Nachlaß, München 1981.
[12] Ebd. Anh., Dok. VII, S. 557–572.
[13] F. v. Schlabrendorff: Offiziere gegen Hitler, Frankfurt 1974 (u. ö.) S. 88–99; Wheeler-Bennett, a. a. O., S. 564.
[14] Gersdorff, a. a. O., S. 129 ff.; dazu W. Berthold: Die 42 Attentate auf Adolf Hitler, München 1981.
[15] ADAP, E, IV, S. 538 ff.; dazu Deakin, S. 114–131 u. J. Schröder: Italiens Kriegsaustritt (Studien u. Dokumente zur Gesch. d. Zweiten Weltkr., 10), Göttingen 1969, S. 40–45 (zit. Schröder: Italiens Kriegsaustritt). Aus d. Memoirenlit. sind zu erwähnen Alfieri, S. 292 f.; Ciano, S. 499 ff.; Cavallero, S. 415 ff.; Simoni, S. 296 ff.; ferner Dollmann, abgedr. b. Deakin, Anh. A., S. 131 f.; Rintelen, S. 186 u. Schmidt, S. 477 f.
[16] Auch ADAP, E, V, Nr. 44; dazu Kehring, a. a. O., S. 456 ff.
[17] Ebd.
[18] Kehring, S. 465–476.
[19] B. Beltjanu: Wlijanie Stalingradskoj bitwy na plitscheskoje ploshenie w Rumynij, in: WISh 2/1961, S. 38; Förster, a. a. O., S. 48 f.; Hillgruber: Hitler, Carol, Antonescu, a. a. O., S. 153 f.
[20] ADAP, E, V, Nr. 4.
[21] Förster, S. 71, Anm. 343.
[22] Die Könige v. Italien und Rumänien waren ebenso wie der ungar. Reichsverweser nominelle Oberbefehlshaber. Siehe in diesem Zusammenhang den erneuten Konflikt zw. Kg. Mihai u. Antonescu: ADAP, E, V, Nr. 174 u. Förster, Anl. 1, S. 139, ferner M. Mourin: Le drame des Etats satellites de l'Axe de 1939 à 1945, Paris 1957, S. 112 ff. (zit. Mourin).
[23] U. a. Szombathelyj u. Steflea.
[24] In Rumänien und Ungarn gab es nach wie vor Parteien (z. B. Liberale, Demokraten, Sozialdemokraten, Kleinlandwirte, Bauern, Loyalisten u. Royalisten).
[25] L'8a Armata, a. a. O., S. 60–79; Deakin, S. 177.
[26] Adonyi-Naredy, a. a. O., S. 84; Nemeskürty, a. a. O., S. 47.
[27] Gosztony: Fremde Heere, S. 315 ff.; Gheorghe, a. a. O., S. 275–296.
[28] Gosztony: Fremde Heere, S. 321, 342 ff., 361; Nemeskürty, S. 140 ff.; L'8a Armata, S. 60, 64; Deakin, S. 247; Fretter-Pico, a. a. O., S. 114.
[29] Cavallero, S. 415; Goebbels-Tgb., S. 317 ff.; Speer, a. a. O., S. 261.
[30] Gosztony: Fremde Heere, S. 345, 360.
[31] Deakin, S. 245.
[32] Lagebesprechungen, S. 183 f.
[33] ADAP, E, V, Nr. 80, 115, 137, 142, 154, 211, 223. Die Unterredung zw. Ribbentrop u. Ramsay ebd. Nr. 248, 251; dazu H. Hölter: Die Probleme des deutsch-finnischen Koalitionskrieges, in: WK 2/1953, S. 16 ff.; Hubatsch i. darstellenden Teil ds. KTB/OKW, III, S. 1535; Klink: Waffenbrüderschaft, a. a. O., S. 389–412; ders.: Operationsgebiet östliche Ostsee und der finnisch-baltische Raum, (Beitr. zur Militär- u. Kriegsgesch., 2), Stuttgart 1961, S. 15 ff.; ferner d. allg. zugängl. Memoiren v. Blücher, a. a. O. , S. 307–325, 530 ff.; Erfurth, a. a. O., S. 189–198; Mannerheim, a. a. O. (schwed. Ausg.), S. 335–338; Tanner, a. a. O. (amerikan. Ausg.), S. 341–346.
[34] Förster, Anl. 1, S. 139.
[35] G. Barbul: Mémorial Antonescu. Le IIIe homme de l'Axe, Bd. 1, Paris 1950, S. 181 (zit. Barbul). In ds. Zusammenhang sind auch d. Erinnerungen des rumän. Diplomaten A. Cretzianu: The lost Opportu-

nity, London 1957, S. 89ff. (zit. Cretzianu) sowie d. Memoiren ds. ital. Gesandten i. Bukarest R. Bova Scoppa: Colloqui con due dittatori, Rom 1949, S. 68ff. (zit. Bova Scoppa) v. Interesse.

36 ADAP, E, V, Nr. 57, 71, 109, 241, 250; Churchill, IV, 2, S. 333ff. Ausführl. Krecker, a. a. O., S. 68ff. u. Önder, a. a. O., S. 127–150, 152–193. Auch Hillgruber: Strategie, a. a. O., S. 496f. Zum Balkanbundprojekt u. seiner Bedeutung f. d. südosteurop. Staaten s. Förster, S. 70ff. sowie d. brit. Dokumente i. seinem Buch, Anl. 4–8, S. 160–160; nun auch i. 2. Bd. v. Woodward.

37 Ciano-Tgb. v. 21. 1. u. 10. 1. 1943; Bova Scoppa, S. 70f.; dazu Deakin, S. 170ff. u. Förster, S. 73; vor allem E. Campus: Der Balkanblock der Neutralen, in: WZ 1956/57, S. 16ff. u. F. Marzari: Projects for an Italian-led Balcan Bloc of Neutrals, in: HJ 13/1970, S. 779ff.

38 G. Bastianini: Uomi, cose, fatti, Mailand 1959, S. 80ff. (zit. Bastianini); dazu Deakin, S. 180–1988.

39 Förster, S. 74f.

40 Ebd., S. 108f., gestützt auf Bastianini, S. 91ff. u. Bova Scoppa, S. 88.

41 ADAP, E, V, Nr. 158, 163; dazu Deakin, S. 219–240.

42 Fenyo, a. a. O., S. 112ff., der allerdings zu sehr den Memoiren v. Horthy, Kállay u. Ullein-Reviczky (op. cit.) vertraut.

43 Howard, a. a. O., S. 376ff. u. Woodward (Bdge. ausg.), S. 322ff.; auch Adám-Juhász-Kerekes, a. a. O., S. 229; dazu J. Colvin: Chief of Intelligence, London 1951, S. 189ff. (zit. Colvin).

44 Shtemenko, a. a. O., S. 110.

45 W. P. Morosow: Westlich von Woronesch, (Ost)Berlin 1959; ders.: Warum der Angriff im Frühjahr 1843 im Donezbecken nicht zu Ende geführt wurde, in: WWR 13/1964, S. 415ff.

46 Förster, S. 97–107.

47 Manstein, S. 452 u. Manstein/Fuchs, S. 167ff.

48 Heiber: Lagebespr. S. 153; Philippi/Heim, a. a. O., S. 206f.

49 Seaton, a. a. O., S. 346ff.; Manstein, S. 397–415.

50 Zahlen nach Hillgruber/Hümmelchen: Chronik, S. 87.

51 E. Klink: Das Gesetz des Handelns. Die Operation »Zitadelle 1943« (Beitr. zur. Militär- u. Kriegsgesch., 7), Stuttgart 1966, Anl. 1,1 u. 1,2, S. 277–279.

52 Krecker u. Önder, a. a. O. (Anm. 36); vgl. dazu d. Memoiren ds. brit. Botschafters i. Ankara H. Knatchbull-Hugessen: Diplomat in War and Peace, London 1949 (zit. Knatchbull-Hugessen).

53 Mourin, S. 118–147.

54 Förster, S. 121–130.

55 Das Gespräch fand i. dt. Sprache unter vier Augen statt. Ein Protokoll wurde daher nicht angefertigt, jedoch gibt es eine Aufz. d. Unterredung zw. d. Zaren u. Ribbentrop: ADAP, E, V, Nr. 273; dazu Hoppe, a. a. O., S. 139 u. Oschlies, a. a. O., S. 57. Vgl. auch d. Erinnerungen v. Below, S. 334 u. Warlimont, S. 332.

56 Auch v. d. Unterredungen zw. Hitler u. Mussolini wurde nicht Protokoll geführt, wohl aber v. d. Besprechung zw. Ribbentrop u. Bastianini: ADAP, E. V, Nr. 291; vgl. Bastianini, S. 93 u. Simoni, S. 296; dazu Deakin, S. 166ff.

57 ADAP, E, V, Nr. 300, 306; zum Stand d. Beziehungen s. auch ebd. Nr. 86, 92, 332; dazu Hillgruber: Hitler, Carol, Antonescu, S. 155.

58 ADAP, E, V, Nr. 315, 316; zum Stand d. Beziehungen auch Nr. 266, 276; dazu Hillgruber: Deutschland und Ungarn, a. a. O., S. 662ff.

59 ADAP, E, V, Nr. 338.

60 ADAP, E, V, Nr. 374.

60a R. Aron: A l'Obersalzberg. Dernière rencontre entre le Fuhrer et Pierre Laval, in: JF 130/1972, S. 1418ff.

61 BA/MA: OKW/WFSt./Op. 66508/43, H 1/384 u. 504.

62 Förster, S. 124 u. Schröder: Italiens Kriegsaustritt, S. 48ff.

63 Vgl. d. v. Bastianini, S. 94 u. 322 überlieferten Kraftausdrücke Ribbentrops.

64 Gosztony: Fremde Heere, S. 366.

65 ADAP, E, VI, Nr. 233; Colvin, S. 190f.; Barbul, S. 182; Bova Scoppa, S. 87; Mourin, S. 116f.

66 Abshagen, a. a. O., S. 372; Höhne: Canaris, S. 594 u. Anm. 331, 332, 335; Hoffmann: Staatsstreich, a. a. O., S. 448.

67 ADAP, E, VII, Nr. 67; Colvin (s. Anm. 65); Gruchmann, a. a. O., S. 242; Kleist, a. a. O., S. 239f.; Rauch, a. a. O., S. 464; jetzt auch d. Studie v. B. Martin: Verhandlungen über separate Friedensschlüsse 1942 bis 1945. Ein Beitrag zur Entstehung des Kalten Krieges, in: MGM 10/1976, S. 95–112

(zit. Martin: Verhandlungen); V. Mastny: Stalin and the Aspects of Separate Peace, in World War II, in: AHR 1971, S. 1365–1388 (zit. Mastny: Separate Peace); ders.: Russia's Road, a. a. O., S. 77ff.

68 Sommer, a. a. O., S. 93f., 136, 206; B. Niels-Stokkeby: Deutschland im sowjetischen Schatten. Wladimir Semjonow, in: Der Monat 7/1970.

69 Kleist, S. 241; dazu Mastny, S. 1371f.; ders.: Russia's Road, a. a. O., S. 305ff.; Ritter: Goerdeler, S. 396f.; Snell: Illusion, a. a. O., S. 128; Sommer, S. 95.

70 Kleist, S. 242; für d. engl. Seite Woodward, II, a. a. O., S. 555.

71 Martin: Verhandlungen, S. 109 u. Anm. 76; Mastny: Separate Peace, S. 1372.

72 FRUS, 1942, III, S. 666; Conferences at Washington and Casablanca, a. a. O., S. 497; dazu Dallek, S. 368f.; Grigg, a. a. O., S. 47ff.; Stoler, a. a. O., S. 87f.

73 Maiskij, a. a. O., S. 820, 825f.

74 Hillgruber: 2. Weltkr., a. a. O., S. 99.

75 Kleist, S. 243–255. Die Stockholmer Kontakte fanden auch i. d. sowj. Lit. frühzeitig Eingang. Allerdings wurde d. erste Fühlungnahme den Deutschen zugeschrieben. Vgl. I. M. Lemin: Wneschnaja politika Sowjetskogo Sojusa w period Welikoj Otetschesrwennoj Wojnij, Moskau 1947, S. 19ff. Interessant ist d. Reaktion der dt. Emigranten i. Moskau b. W. Leonhard: Die Revolution entläßt ihre Kinder, Köln 1955, S. 295 u. d. Erfahrung v. W. v. Seydlitz-Kurzbach: Stalingrad. Konflikte und Konsequenzen. Erinnerungen, Oldenburg 1977, S. 285–292 (zit. Seydlitz).

76 Mastny- Separate Peace, S. 1377ff.; Martin: Verhandlungen, S. 110f.; Minute, S. 42f.

77 ADAP, E, VII, Nr. 107; dazu Sommer, S. 97.

78 Kleist, S. 265ff.

79 Hassell, a. a. O., S. 321, 326; dazu Höhne, S. 458ff.; D. Ehlers: Technik und Moral einer Verschwörung – 20. Juli 1944, Frankfurt 1964, S. 220 (zit Ehlers).

80 Martin: Verhandlungen, S. 111.

81 Goebbels-Tgb., 23. 9. 1943.

82 Hitlers grundsätzl. Entscheidung gegen Friedensplanung b. Ulam: Stalin, a. a. O., S. 319f.

Das Ende in Tunesien

Erheblichen Einfluß auf die weltpolitische Problematik des ersten Halbjahres hatte das Treffen zwischen Roosevelt und Churchill vom 14. bis 25. Januar 1943 in Casablanca. Stalin war, als man ihn ohne bindende Zusage für die Schaffung der »zweiten Front« einlud, mit dem Hinweis auf seine Belastung als Oberster Befehlshaber ferngeblieben. Die anglo-amerikanischen Staatsmänner gaben daher ihrer Begegnung den Charakter einer militärischen Konferenz ohne Außenminister.[1]
Der Präsident hatte Hull auch deshalb in Washington zurückgelassen, weil er »some rigid ideas« vertrat und bis zuletzt für gute Beziehungen seines Landes mit dem Vichy-Regime eingetreten war.[2] Aber es gab noch andere Differenzen, insbesondere Warnungen aus dem State Department vor einer neuen, Moskau genehmen Kriegsdoktrin, der Verkündigung des Kampfes gegen Deutschland und Japan bis zur »bedingungslosen Kapitulation«.[3] Roosevelt und Churchill hofften aber, mit dieser Formel den zürnenden Stalin beschwichtigen zu können, dessen Stockholmer Friedensfühler ihnen bekannt waren.[4]
Hull und Eden wurden durch Hopkins, Harriman, Murphy und Macmillan vertreten. Sie waren mehr Gehilfen als eigenständige Politiker. Außerdem standen Roosevelt und Churchill in Casablanca die Combined Chiefs of Staff als militärische Berater zur Verfügung: Leahy[5], Marshall, King und Arnold, Dill, Ismay und Jacob, Pound, Brooke und Portal.[6] Auch Eisenhower und Clark, Alexander, Cunningham und Tedder hatten über ihre Absichten vorgetragen.
Marshall war weiter für die Landung in Westeuropa (mit der Bretagne als Nahziel) eingetreten[7], während King zum Pazifik tendierte[8] und Arnold die von Portal vorgeschlagene Bomberoffensive gegen deutsche Rohstoffbasen und Rüstungszentren guthieß.[9] Da bis zur Bereitstellung für die Trans-Kanal-Offensive noch geraume Zeit verging, jedoch mit einem baldigen Abschluß des Tunesien-Feldzuges gerechnet wurde, hatte man Gelegenheit, vor dem Angriff auf das europäische Festland noch anderweitig Kampferfahrung zu sammeln.
Die Engländer hatten in Südosteuropa Fuß fassen und zusammen mit den Türken vollendete Tatsachen schaffen wollen, bevor dort Rußland seine Macht zur Geltung brachte.[10] Den Amerikanern, die weniger Interesse an der Wiederherstellung des kontinentalen Gleichgewichtes zeigten, schien dagegen ein zentral gelegenes Operationsziel wichtiger zu sein.[11] Trotz ihrer konträren Standpunkte waren sich die anglo-amerikanischen Militärs über den nächsten gemeinsamen Schritt einig geworden.
Sie hatten den Trans-Kanal-Angriff (Operation »Sledgehammer«) nochmals verschoben, jedoch beschlossen, ihn von jetzt an sorgfältig vorzubereiten. In der verbleibenden Zeitspanne sollten anglo-amerikanische Truppen mit Unterstützung starker See- und Luftstreitkräfte auf Sizilien landen (Operation »Husky«). Durch diese Operation hoffte man den Zusammenbruch des faschistischen Regimes und die Kapitulation

Italiens beschleunigen zu können. Unterdessen mochte Churchill der Türkei ihren Kriegseintritt nahelegen.[12]

Die politischen Entscheidungen waren scheinbar am Rande der Konferenz gefallen. Roosevelt hatte im Gespräch mit Sultan Mohammed V. das von Frankreich beherrschte Marokko dem amerikanischen Einfluß geöffnet und Giraud und de Gaulle bewogen, sich wie bei einer »Revolverhochzeit«[13] vor der Kamera die Hände zu reichen. Im übrigen berieten Präsident und Premier, Hopkins und Macmillan über das gemeinsame Kommuniqué, die vorbereitete Absichtserklärung.

Auf Anregung des britischen Kriegskabinettes, das Churchill zu Rate zog, sollte sich die Doktrin auch gegen Italien richten. Roosevelt hatte die Verlautbarung aber nicht, wie ursprünglich beabsichtigt, den Nachrichtenagenturen überreicht, sondern mündlich vor Presseleuten bekanntgegeben.[14] Dieses »unconditional surrender meeting« wog weniger schwer als ein Schriftsatz. Das bevorzugte Procedere ermöglichte den angelsächsischen Staatsmännern, ihre Forderung nach »bedingungsloser Kapitulation« der Dreierpaktmächte als »spontanen Einfall« hinzustellen.[15]

Die mündliche Äußerung des Präsidenten konnte je nach Bedarf abgeschwächt und sogar für irrelevant erklärt werden, wenn von der Gegenseite wegen eines Waffenstillstandes oder Friedensvertrages vorgefühlt wurde. In der Folge hatte vor allem Goebbels mit seiner Propaganda die Casablanca-Formel als Ausdruck feindlicher Vernichtungsabsichten hingestellt, um das eigene Volk und kriegsmüde Bundesgenossen aufzurütteln.[16] Bastianini, Mihai Antonescu und Kállay ließen sich dadurch aber nicht irritieren.

Naheliegende militärische Probleme konnten Roosevelt und Churchill außer Acht lassen. Eisenhower war zuversichtlich, obwohl sich deutsch-italienische Alarmeinheiten in Tunesien aller Schlüsselpositionen bemächtigt und die aus Algerien vordringenden alliierten Angriffsspitzen zurückgeworfen hatten. Die Achsenmächte hielten den Brückenkopf mit dem XC. Armeekorps (Nehring). Ihm folgte nach weiteren Anlandungen die 5. Panzerarmee (Arnim).[17]

Indem die deutsch-italienischen Truppen den Gegner bei Bab el Aroussa, Terbouba, Enfidaville, Tebessa und Djedeida schlugen, behaupteten sie sich nicht nur im Besitze von Tunis. Zugleich blieb der wichtige Verkehrsweg nach Süden offen, die Straße Sousse-Sfax-Gabes-Tripolis, auf der sich Rommels Panzerarmee langsam zurückzog. Montgomery wollte sie bei Marsa el Brega, Buerat und Tauia überholen und abschneiden, doch konnte die deutsche Horchaufklärung rechtzeitig vor jedem dieser Versuche warnen.[18]

Am 23. Januar 1943 hatte Rommel die Hauptstadt Tripolitaniens geräumt und begonnen, sich in die 1939/40 von den Franzosen gebaute Marethstellung an der tunesischen Grenze abzusetzen.[19] Er sollte sein Kommando zu einem selbstgewählten Zeitpunkt an den italienischen General Giovanni Messe abgeben und nach Europa zurückkehren.[20] Der schlechte Gesundheitszustand des Feldmarschalls, aber auch zunehmende Differenzen mit dem Comando Supremo und Führerhauptquartier legten diese Regelung nahe.[21]

Rommel hatte frische Kräfte angefordert, mit denen er seine Verfolger in die Wüste zurücktreiben wollte.[22] Aber Keitel und Cavallero vereinbarten eine drastische Kürzung des Nachschubs, und Supermarina (Riccardi) hinterließ den Hafen von Tripolis ohne nachhaltige Zerstörung, so daß ihn die Mediterranean Fleet (Harwood) als

Versorgungsstützpunkt benutzen konnte.[23] Immerhin gewannen Deutsche und Italiener eine Atempause, da Montgomery, durch schlechtes Wetter behindert, nur langsam gegen die Marethlinie aufschloß.

Dieser Umstand erlaubte den Verbündeten kurze Ausfälle nach Westen. Zuerst gelang ihnen die Zerschlagung der seit Monaten hinter den deutsch-italienischen Linien operierenden Long Range Desert Group (Stirling).[24] Dann folgte ein bemerkenswerter Sieg über das II. US-Korps (Fredendall).[25] Als das Deutsche Afrikakorps (Ziegler) über den Kasserinepaß auf Tebessa vorstieß und auch hier erfolgreich war, kam jedoch der Befehl zum Rückzug.[26] Die Zusammenfassung aller Achsenstreitkräfte unter dem Kommando der HGr. Afrika (Rommel) hatte ihn nicht hinausgeschoben.[27]

Alarmzeichen aus der Marethlinie zwangen zur Umgruppierung. In der Absicht, die drohende Offensive der 8. Armee (Montgomery) abzuwenden, stieß das Deutsche Afrikakorps (Cramer) auf Medenine vor.[28] Der Gegner fing den Angriff auf. Angesichts der Papiere eines gefallenen französischen Offiziers war wieder einmal von »Verrat« die Rede. Als eigentliche Ursache des Scheiterns müssen heute jedoch »Ultra« und die kritische Nachschublage der Achsenmächte bezeichnet werden.[29]

Rommel übergab sein Kommando an Generaloberst Hans-Jürgen von Arnim und flog über Rom nach Rastenburg. Der Feldmarschall forderte die Verkürzung der 445 km langen Landfront in Tunesien. Mit den dadurch freiwerdenden italienischen Geschützen wollte er bis Ende des Jahres einen Brückenkopf behaupten. Doch Mussolini und Hitler hielten diesen Antrag wegen der Gefährdung des Luftraumes für indiskutabel.[30] Keiner von beiden dachte an eine Evakuierung der scheinbar überlegenen Achsenstreitkräfte. Man schickte vielmehr neue Truppen über das Mittelmeer.[31]

Die HGr. Afrika (Arnim) meldete mit ihren beiden großen Verbänden – der 1. Armee (Messe) und 5. Panzerarmee (Vaerst) – annähernd 300000 Mann Verpflegungsstärke. Rund 190000 dieser Soldaten versahen rückwärtige Dienste oder bewachten die 400 km lange Küstenlinie. Der Bestand an Panzern lag 50% unter Soll.[32] Die Versorgung wurde zum dünnen Rinnsal. Mitte März 1943 hatte jede Frontdivision nur noch 0,5 und 1,5 Versorgungssätze Munition und Treibstoff.[33] Das Jagdgeschwader 77 (Müncheberg) verlor die Luftherrschaft.

Inzwischen hatte Eisenhower die alliierten Bodentruppen zur 18th Army Group (Alexander) vereinigt.[34] Sie operierte mit zwei britischen Großverbänden, der 1. Armee (Anderson) und 8. Armee (Montgomery). Diesen waren Amerikaner und Franzosen unterstellt. Insgesamt zählte man Ende März 107000 Mann, 1266 Panzer und 800 Geschütze.[35] Abgesehen vom XIXe Corps (Koeltz), das Giraud entsandt hatte, und einer gaullistischen Brigade aus der Tschadkolonie[36], verfügten sämtliche alliierte Truppen über moderne Bewaffnung.[37]

Am 16. März 1943 begann Montgomery mit dem Sturm auf die Marethlinie. Seine wiederholten Frontalangriffe brachen zusammen. Schließlich brachte ein Umgehungsmarsch des New Zealand Corps (Freyberg), der Gaullisten und Griechen die Front der 1. Armee (Messe) zum Einsturz.[38] Bald wurde auch die Enge von Gabes durchstoßen. Der italienische Oberbefehlshaber mußte sich weiter nach Norden zurückziehen, als ihn Briten und Franzosen abzuschneiden drohten.[39] Zwischen Enfidaville und Pont du Fahs stellte die HGr. Afrika (Arnim) ihren Zusammenhang wieder her.[40]

Die Alliierten konnten ihre Feldflugplätze vorverlegen und La Goulette, den Hafen von Tunis, unter Jagdschutz angreifen.[41] Moderne »Lockhead«- und »Lightning«-Maschinen, eine zunehmende Wetterbesserung und wertvolle »Ultra«-Hinweise verschafften den Westmächten die Luftherrschaft. Auch Malta spielte wieder eine wichtige Rolle. Kürzlich eingeflogene »Spitfires« und »Beaufighters«[42] stürzten sich auf den deutsch-italienischen Nachschubverkehr.[43]

Auf See hatte sich die Transportlage von vornherein zugunsten der Alliierten entwickelt. Sie besaßen 268 Schiffe (1212500 BRT) unter dem starken Schutz der Mediterranean Fleet (Harwood) und Force H (Syfret). Italien setzte die Überreste seiner Handelsmarine (78000 BRT), Deutschland die letzten Mittelmeerfrachter (60000 BRT) ein, ferner 102 Dampfer (336835 BRT) aus französischem Besitz.[44] Dieser Frachtraum genügte nicht zur Versorgung der Truppen in Nordafrika, wie General Siegfried Westphal, der Stabschef von Kesselring, im Gespräch mit Arnim einsah.[45]

Der neue Ob. d. M. flog am 17. März 1943 nach Rom und erreichte, daß ein deutscher Stab unter Admiral Friedrich Ruge zur Supermarina (Riccardi) trat.[46] Ihm wurden die eigenen Geleitsicherungen, zum Teil französische Beuteschiffe, zugewiesen.[47] Die Italiener setzten alle nicht vor ihrer Küste benötigten Zerstörer und Korvetten zum Schutze der Konvois ein. Dennoch stiegen die Verluste durch alliierte Minentreffer, U-Boot- und Fliegerangriffe[48] von 22% (im Februar) auf 41,5% (im April 1943).[49]

Auch die Luftbrücke begann zusammenzubrechen. Aus dem Verbande der fünf Transportgruppen, die Kesselring nach Rußland hatte abgeben müssen, kehrte keine vollzählig zurück; 488 Maschinen mit etwa 1000 Mann fliegendem Personal – das Äquivalent eines ganzen Korps – waren bei Stalingrad geblieben.[50] Die Luftflotte 2 (Richthofen) zählte Anfang 1943 nur 180 »Ju 52«.[51] Das OKL schickte zusätzlich »Me 323«-Großraumflugzeuge (»Gigant«). Superaereo (Fougier) setzte dreimotorige Savoia »SM 82« ein[52], so daß insgesamt 240 Transporter verkehrten.[53]

Den Deutschen gelangen 3900, der Regia Aeronautica 1306 Versorgungsflüge nach Tunesien.[54] Doch Tedder warf ihnen Jäger aus Großbritannien und den USA, Südafrika und Polen entgegen.[55] Im April 1943 wurden 76 »Ju 52«, »Ju 90« und »Me 323« mit 212 t Nachschub und 275 Mann abgeschossen, 35 weitere Maschinen zur Notlandung gezwungen[56] und 65 Flugzeuge auf sizilianischen Abstellplätzen schwer beschädigt.[57] Superaereo (Fougier) mußte 77 Transporter abschreiben.[58] Die Leistung der Luftbrücke sank von 14948 Mann, 50 Panzern und 214 Geschützen (im Februar) auf 2407 Mann, 29 Panzer und 21 Geschütze (im April 1943).[59]

Die Schlußoffensive der 18th Army Group (Alexander) begann am 4./5. Mai 1943.[63] Das II. US-Korps (Bradley) stieß auf Bizerta vor.[64] Die 1. Armee (Anderson) folgte im Zentrum der Hauptstraße nach Tunis. Beiderseits von Enfidaville erreichten das XIXe Corps (Koeltz) und die 8. Armee (Montgomery) den Rumpf der Halbinsel Kap Bon.[65] Überall wurde noch erbittert gekämpft. Aber die Versorgungslage der HGr. Afrika war katastrophal. Sie hatte noch 76 Panzer und fast kein Benzin.[66]

Als die Briten nach Tunis durchbrachen, zerfiel die Front in zwei Teile.[67] Ein Appell aus dem fernen Führerhauptquartier forderte Widerstand bis zum letzten Schuß. Arnim entschied, daß darunter die »letzte Granate« zu verstehen sei; war sie abgefeuert, sollte jede Truppeneinheit ordnungsgemäß kapitulieren.[68] Am 12. Mai 1943 ergaben sich die Reste der 5. Panzerarmee (Vaerst). Folgendentags entsandte die 1. Armee (Messe) Parlamentäre.[69] In der Nacht evakuierten Flugzeuge und Schnellboote 638 deutsch-italienische Experten, Franzosen und Araber.[70]

Nach ersten Zählungen gaben die Alliierten eine Gesamtzahl von 275000 Gefangenen, darunter 180000 Italienern, bekannt.[71] Die deutsche Wehrmacht hinterließ in Tunesien 8503 Tote, das italienische Heer 13476.[72] Giraud bezifferte die französischen Verluste auf 3000 Gefallene, 12000 Verwundete und 4500 Vermißte.[73] Briten und Amerikaner verzeichneten zusammen 10290 Tote, 38688 Verwundete und 21363 Vermißte.[74]

[1] MacDonald, a.a.O., S. 104–129; R.G. O'Connor: Diplomacy for Victory. Franklin Delano Roosevelt and Unconditional Surrender, New York 1971, S. 37ff. (zit. O'Connor); Howard , a.a.O., I, S. 115ff.; Steele, a.a.O., S. 121; Stoler, a.a.O., S. 126ff.; Woodward, a.a.O., II, S. 378, 436ff., 482f.

[2] Harriman/Abel, a.a.O., S. 177f.; Hull, a.a.O., S. 1570f.

[3] FRUS: Conferences at Washington and Casablanca, a.a.O., S. 476f., 479, 506, dazu O'Connor, S. 40–59, abweichend v.d. älteren Lit. z.B. A. Armstrong: Unconditional Surrender. The Impact of the Casablanca Policy upon World War II, New Brunswick, N.J., 1961; P. Kecskemeti: Strategic Surrender. The Politics of Victory and Defeat, Stanford, Cal., 1958; G. Moltmann: Die Genesis der Unconditional Surrender, in: Hillgruber (Hg.): Probleme des Zweiten Weltkrieges, a.a.O., S. 171ff.; neuerdings auch Hillgruber: 2. Weltkr., S. 103ff.; vgl. Aufz. v. C.E. Bohlen: Witnes to History, 1929–1969, New York 1979, S. 157 (zit. Bohlen); Cadogan, S. 517; Hull, II, S. 1570ff.; Moran, S. 457f.; Wesemeyer, S. 91ff.

[4] Colvin, a.a.O., S. 189ff.; Mastny: Russia's Road, a.a.O., S. 306. Dazu allg. L. Kettenacker: The Anglo-Soviet Alliance and the Problem of Germany 1941–1945, in: JCH 7/1982, S. 435–458, (zit. Kettenacker: Alliance).

[5] Seit kurzem Vorsitzender d. amerikan. Joint Chiefs of Staff; vgl. W.D. Leahy: I was There, New York 1950, S. 145 (zit. Leahy).

[6] Bryant, a.a.O., I, S. 506ff.; Butcher, a.a.O., S. 268–276, 28ff.; Pogue, II, 32f.

[7] G.A. Harrison: Cross Channel Attack. U.S. Army in World War II. European Theater of Operations, Washington, D.C., 1951, Kap. 4 u. 5 (zit. Harrison); Matloff/Snell, a.a.O., S. 369, 371f., 375f., 378–382; Pogue: Marshall, a.a.O., S. 33.

[8] W.M. Whitehill u. E.J. King: Fleet Admiral King, New York 1953, S. 214 (zit. Whitehill).

[9] Arnold, a.a.O., S. 121ff.

[10] Churchill, IV, 2, S. 297–328; Butcher, 249ff.

[11] Pogue: Marshall, II, S. 34–37; Grigg, Scott Dunn, Steele u. Stoler (op. cit.) neigen dieser Auffassung noch heute zu.

[12] Butcher, S. 373–378 Howard, I, S. 239–285; O'Connor, S. 47ff.; Scott Dunn, S. 114ff.; Steele, S. 110ff.; Stoler, S. 109ff.; C. Wilmot: Der Kampf um Europa, Hamburg, 1954, S. 158f. (zit. Wilmot).

[13] Whitehill, S. 216; dazu de Gaulle, a.a.O., II, S. 76–81; Giraud, a.a.O., S. 91; zuletzt A. Beaufre: La conférence d'Anfa, in: H, 46/1973, S. 1277ff.

[14] Conferences at Washington and Casablanca, S. 635, 726ff., 833f.

[15] Vgl. Churchill, IV, 2, S. 595ff., 600 u. Sherwood, a.a.O., S. 675–695.

[16] Bramstedt, a.a.O., S. 353.

[17] R. Böhmler: Fallschirmjäger, Bad Nauheim 1961; Baum/Weichold, a.a.O., S. 285ff.; Nehring, a.a.O., S. 211f., 213f.; F. Kurowski: Brückenkopf Tunesien, Herford-Bonn 1967, S. 24–30 (zit. Kurowski: Tunesien). Ferner Ufficio Storico: Operazione italo-tedesche in Tunisia (11 novembre – 13 maggio 1943), Tomo I: La I'a Armata Italiana in Tunisia, Rom 1950 (zit. I'a Armata). Für d. angelsächs. Seite J. Herrington: Conquest of Tunisia, London 1952, S. 12–23 (zit. Herrington); Playfair, a.a.O., IV, S. 47ff.; vor allem das neue Werk v. C. Messenger: The Tunesian Campaign, London 1982 (zit. Messenger).

[18] Behrendt, a.a.O., S. 268ff.; Esebek, a.a.O., S. 224ff.; Playfair, a.a.O. IV, S. 215–238; zum Folgenden E. Theil: Rommels verheizte Armee. Kampf der HGr. Afrika von El Alamein bis Tunis, Wien 1979.

[19] KTB/OKW, II, S. 1162; dazu Montgomery, a.a.O., S. 39–45.

[20] G. Messe: Come fini la guerra in Africa, 2 Bde., Mailand 1949.

[21] Rommel Papers, a. a. O., S. 404f.; dazu Esebek, S. 234f.; Kurowski: Afrikakorps, a. a. O., S. 238f.
[22] S. S. Cordier: Rommel as a Commander, High Wycombe 1963, S. 201; R. Lewin: Rommel as a Military Commander, London 1968, S. 212ff.
[23] Gundelach, a. a. O., II, S. 558.
[24] Esebek, S. 230.
[25] Eisenhower, S. 187f.; Playfair, IV, S. 287–300.
[26] Behrendt, S. 274ff.; D. E. Fatherstom: Steamroller Farm. Kasserine 1943, in: W 39/1977, S. 18–28; Kurowski: Afrikakorps, S. 239–243; ders.: Tunesien, S. 122–140; Messenger, S. 101f.
[27] Rommel: Krieg, a. a. O., S. 364; I'a Armata, S. 11–30.
[28] Montgomery, S. 53ff.; I'a Armata, S. 32ff.; Taylor/ Moyes, a. a. O., S. 66f.
[29] Zur Verratsthese s. Carell: Wüstenfüchse, a. a. O., S. 482ff.; zu den Ergebnissen der brit. Funkbeobachtung M. Blumenson: Will »Ultra« Rewrite History? in: Army 8/1978, S. 43–48; Lewin, a. a. O., S. 329.
[30] Warlimont: Mittelmeer, a. a. O., S. 267f.
[31] Mueller-Hillebrand, a. a. O., III, S. 100.
[32] Kurowski: Afrikakorps, S. 246.
[33] Esebek, S. 249; Messenger, S. 104f.
[34] Alexander, a. a. O., S. 30ff.; Eisenhower, S. 191f.
[35] Playfair, IV, S. 228 u. Anh., dazu Kurowski: Tunesien, S. 191.
[36] L. Koeltz: Une campagne que nous avons gagnés. Tunisie 1942–1943, Paris 1959.
[37] A. Goutard: L'aventure de Leclerc, in: H 34/1973, S. 1317–1324.
[38] Playfair, IV, S. 333ff.; Lewin, S. 332f.; I'a Armata, S. 56ff.; zu den Griechen s. G. G. Fonde: L'escadron sacré dans le Sud Tunisie, in: RHA 3/1973, S. 77–118.
[39] I'a Armata, S. 102ff.
[40] Einzelheiten b. Carell: Wüstenfüchse, S. 400ff.
[41] Kurowski: Tunesien, S. 158ff.; Messenger, S. 121ff.
[42] Craven/Cate, a. a. O., II, S. 189ff.; Pricolo, II, S. 41ff.
[43] E. J. MacGarel-Groves: Malta 1943, in: MOV 5/1973, S. 116ff.
[44] Gundelach, II, S. 569.
[45] Esebeck, S. 257; Ruge: Seekrieg, a. a. O., S. 213; Salewski, a. a. O., II, S. 245ff.
[46] LV 472f., 490–500; dazu Dönitz, a. a. O., S. 350f. u. E. Weichold: Die deutsche Führung und das Mittelmeer, in: WWR 3/1959, S. 164–173.
[47] Salewski, II, 202ff.
[48] Roskill, a. a. O., II, S. 437.
[49] Marina Italiana, VIII, S. 89ff.; Bragadin, a. a. .O., S. 248ff.
[50] Bekker: Angriffshöhe, a. a. O., S. 382.
[51] Gundelach, II, S. 504.
[52] Santoro, a. a. O., S. 180ff.; Salvatorelli, a. a. O., S. 348ff.
[53] Morzik/Hümmelchen, a. a. O., S. 117ff.; R. Steel: Me 323 Gigant, in: W 36/1977, S. 42–50.
[54] Pricolo, II, S. 59ff.; persönl. Erkundung b. Below, S. 353.
[55] M. O'Leary: United States Fighters of World War II in Action, London 1980, S. 47–56 (zit. O'Leary).
[56] Zahlen nach Hillgruber/Hümmelchen: Chronik, S. 118; Gundelach, II, S. 573f.
[57] Santoro, S. 190.
[58] Pricolo, II, S. 62ff.
[59] Gundelach, II, S. 572f.
[60] Zahlen nach Die dt. Industrie i. Kriege, a. a. O., S. 69ff., 178ff.
[61] Bernotti, a. a. O., S. 268f., 280; Roskill, II, S. 432; Ruge: Seekrieg, S. 254.
[62] Ebd.
[63] Alexander, S. 99ff.; Bauer, I, S. 330–350; Baum/Weichold, S. 285–327.
[64] O. Bradley: A Soldier's Story, New York ^{2}1964, S. 173ff. (zit. Bradley).
[65] A. Goutard: La bataille de Tunis, in: 49/1973, S. 1345–1354.
[66] KTB/OKW, III, S. 1428; Kurowski: Afrikakorps, S. 252ff.; ders.: Tunesien, S. 184–190; Herrington, S. 257ff.
[67] Messenger, S. 137ff., Playfair, IV, S. 429–455.
[68] Messenger, S. 143ff., Carell: Wüstenfüchse, S. 407–417.
[69] Bauer, I, S. 350; I'a Armata, S. 79–98.

70 Bauer, I, S. 351; Messenger, S. 157 ff.
71 Playfair, IV, S. 459, ergänzt durch die kritische Berechnung von Howe, a. a. O., S. 666; entspr. Messenger.
72 Nach Kurowski: Tunesien, S. 191 sind in Nordafrika insgesamt 18584 dt. Soldaten gefallen.
73 Goutard, a. a. O., S. 1354.
74 Howe, S. 675.

Entscheidung im Atlantik

Bei den Beratungen in Casablanca hatten die Alliierten Maßnahmen zum Schutze der Seewege die höchste Dringlichkeitsstufe zuerkannt.[1] Besorgt diskutierten angelsächsische Militärs die Verluste des Vorjahres. Die dritte, vierte und fünfte Phase der Atlantikschlacht[2] kostete Großbritannien und Amerika 1160 Schiffe mit 6266215 BRT Frachtraum.[3] Bis auf 45 Dampfer, die von italienischen U-Booten versenkt wurden[4], waren alle Transporter deutschen Angriffen zum Opfer gefallen.

Man hatte schon vor dem interalliierten Treffen Konsequenzen gezogen und auf einigen Kommandoposten Umbesetzungen vorgenommen. Vielversprechend schien die Ernennung von Admiral Sir Max K. Horton, eines ehemaligen U-Boot-Fahrers, zum C-in-C Western Approaches.[5] Sein Vorgänger, Admiral Sir Percy Noble, hinterließ ihm eine gut arbeitende Organisation, enge Beziehungen mit der kanadischen Marineleitung und dem Coastal Command (Joubert)[6] sowie die ersten aus 6–9 Korvetten und Zerstörern bestehenden Escort- und Support Groups zum Schutze des Geleitverkehrs.[7]

Der im Derby House von Liverpool stationierte Oberbefehlshaber führte den atlantischen Zufuhrkrieg. Dazu bezog er wichtige Informationen aus dem Submarine Tracking Room des Operational Intelligence Center der Admiralität. Diese von Commander Roger Winn geleitete Dienststelle verarbeitete die in Bletchley Park entzifferten Funksprüche des Gegners zu einem Gesamtbild, das erlaubte, die jeweilige Position deutscher U-Boot-Rudel, ihre Bewegungen und Absichten zu erkennen. Horton konnte daher nötigenfalls die Konvois umsteuern und U-Jagd-Gruppen von einem Verband zum andern dirigieren.[8]

Die Schlacht im Atlantik war nahezu ausschließlich zum Kampf deutscher U-Boote gegen alliierte Geleitzüge geworden. Zwar übte die von Frankreich nach Norwegen verlegte Hochseeflotte (Schniewind) als »Fleet in being« strategischen Druck aus. Hitlers Befehl, mit den schweren Schiffen kein »größeres Risiko« mehr einzugehen[9], zwang das Marinegruppenkommando Nord (Carls) jedoch zur Vorsicht. Der geplante Ausbruch durch die Island-Enge wurde verschoben und schließlich abgesagt. Weiteren Operationen gegen Eismeerkonvois des Gegners blieben trotz Mitwirkung der Luftflotte 5 (Stumpff) nennenswerte Erfolge versagt.[10]

Ein unbedeutendes Seegefecht bei der Bäreninsel, das Kummetz mit »Admiral Hipper« (Hartmann), »Lützow« (Stange) und einer Zerstörer-Flottille auf Anraten Frickes vorzeitig abgebrochen hatte, entfesselte den seit langem angestauten Groll des schlecht unterrichteten ObdW.[11] Er befahl, die »nutzlosen Einheiten« außer Dienst zu stellen und ihre Schiffsartillerie an Land zu verwenden.[12] Die hierüber zwischen Hitler und Raeder geführte Auseinandersetzung endete 1943 mit dem Rücktritt des ObdM.[13].

Raeder hatte Carls oder Dönitz als Nachfolger vorgeschlagen.[14] Hitlers Wahl fiel auf den Befehlshaber der U-Boote (BdU), dessen Waffe die Hauptlast des Zufuhrkrieges trug.[15]

Der neue ObdM teilte allerdings die Auffassung seines Vorgängers, daß ein Abwracken der schweren Schiffe 7000 Arbeiter anderthalb Jahre lang auf fünf Großwerften beschäftigen und andere Rüstungsvorhaben stark beeinträchtigen würde.[16] Überhaupt wußte der Admiral die »Fleet in being« zu schätzen, weil sie durch Bindung der britischen Home Fleet (Tovey) indirekt sowohl das Ostheer als auch die deutschen U-Boote entlastete.[17]

Befehlsgemäß legte Dönitz den Plan für die Außerdienststellung der schweren Einheiten vor. Von »Abwracken« und »Verschrotten« war jedoch nicht mehr die Rede.[18] Die Schlachtschiffe »Tirpitz« (Hintze) und »Scharnhorst« (Meyer) sollten zu »beweglichen Batterien« umfunktioniert, die Kreuzer zum Teil wieder für Operationen auf Tonnage bereitgehalten werden. Beim nächsten Vortrag im Führerhauptquartier gelang es dem Admiral sogar, Hitler für die Bildung einer neuen Kampfgruppe unter Kummetz zu gewinnen.

Dönitz vereinigte die Kommandobehörden des ObdM und BdU in Personalunion. Für die U-Bootkriegführung standen ihm wie bisher vor allem Admiral Eberhard Godt als Chef des Stabes und Korvettenkapitän Günter Hessler zur Seite. Indes waren der Oberbefehlshaber und seine Mitarbeiter auf Meldungen spezialisierter Beobachter, insbesondere Erkenntnisse der Funkaufklärung angewiesen. Dabei fiel ins Gewicht, daß der xB-Dienst unter Fregattenkapitän Heinz Bonatz Anfang 1943 auf die Höhe des Erfolges gelangte.[19]

Zuvor waren die Briten an Hand erbeuteter Unterlagen von U 559 (Heidtmann) erneut in den Schlüsselbereich der deutschen Marine (»Triton«) eingedrungen.[30] Die Zeit ohne »Ultra« (eigentlich: Special Intelligence) war zu Ende, das »Black Out« überwunden, wenngleich der Submarine Tracking Room zuweilen noch 3–4, sogar 7 Tage mit dem Auswerten abgefangener Funksprüche im Rückstand blieb.[21] Jedenfalls zog Horton aus dem Informationsfluß erhebliche Vorteile. Unter diesen Umständen sank die vom BdU errechnete »Quote« je Boot, Seetag und Versenkungserfolg von 221 t (im Dezember 1942) auf 51 t (im Januar 1943).[23]

Die Anglo-Amerikaner hatten auch ihre Kampftechnik weiterentwickelt.[24] Verkleinerte Radargeräte, die sich zum Einbau in Flugzeugen eigneten (»H2s«, ASV«), tasteten mit elektronischen Wellen die See ab.[25] »Leigh-Light«-Scheinwerfer unter den Flügeln der Maschinen schalteten sich automatisch ein, sobald das von dem angeflogenen Objekt empfangene Signal erlosch.[26] »High Frequency Direction Finding« (HF/DF) – ein von den Matrosen »Huff-Duff« genannter Kurzwellen-Sichtfunkpeiler – befähigte Geleitfahrzeuge zur taktischen Überraschung feindlicher U-Boote.[27]

»Hedgehog«-Salvenwerfer der U-Bootjäger konnten 200 m weit 24 Wabos streuen, wobei die Unterwasserortung durch »Asdic« nur im Fall eines Direkttreffers kurz gestört wurde und nicht, wie bisher, verloren ging. Andere Gerätschaften schleuderten schwere Wurfkörper. Eine mit 1000 Kilo Sprengstoff gefüllte Wasserbombe (»Torpex«) wurde durch Torpedorohre ausgestoßen.[28] Besonders gefährlich waren für die Unterseeboote auch Druckwellen und Splitterwirkung detonierender Fliegerbomben bei Überwasserfahrt oder im Augenblick des Schnelltauchens.[29]

Der BdU konnte sich diesen Gegebenheiten nur schrittweise anpassen. Seine Boote hatten seit dem Vorjahr FuMB-Empfänger (»Metox«) an Bord, die Meßimpulse vom feindlichen »H2S« so früh anzeigten, daß genügend Zeit zum Wegtauchen blieb.[30] Durch Abstoßen eines »Bold« genannten Gefäßes mit blasenerzeugender Substanz konnte das »Asdic«-Gerät des Gegners irritiert werden.[31] Die seit Dezember im FAT – einem flächenabsuchenden Torpedo – eingebaute Abstands-Magnetpistole »Pi 2« erhöhte die Trefferchancen deutscher Unterseeboote aus ungünstigem Schußwinkel.[32]

Anfang Januar verfügte Dönitz über 212 Frontboote, von denen 164 zum Kampf gegen alliierte Geleitzüge eingesetzt wurden. Durchschnittlich waren 98 in See, 39 am Feind, 58 auf dem Hin- oder Rückmarsch.[33] Ihre Schlagkraft ließ nach. Hatten Boote wie U 124 (Mohr) und U 181 (Lüth), U 221 (Trojer) und U 456 (Teichert), U 515 (Henke), U 552 (Topp) und U 564 (Suhren) 1942 noch erheblich dazu beigetragen, daß Englands Einfuhr um ein Drittel zurückging und Ende des Jahres unter 34 Millionen Tonnen fiel, so konnte diese Wirkung nicht noch einmal erzielt werden.

Im Januar hatten ungewöhnlich starke Stürme, Eisregen und Schneetreiben die Navigation erschwert. Nur durch Zufall war das alliierte Tankergeleit TM 1 auf der mittelatlantischen USA-Gibraltar-Route erfaßt worden. Deutsche Boote, die nach langen, beschwerlichen Märschen angriffen, versenkten sieben der neun Schiffe.[34] Dagegen entgingen vier gemeldete Konvois der Suche. Das Wetter allein konnte hierfür nicht der Grund sein. Offenbar verfügte Horton über Informationen, die ihm ermöglichten, seine Verbände umzuleiten.[35]

Dönitz stand vor einem Rätsel.[36] Er ließ seine Sicherheitsmaßnahmen wiederholt prüfen. Daß die Briten hinter das Geheimnis der Schlüsselmaschine gekommen sein könnten, hielt der Chef des Marine-Nachrichtendienstes, Admiral Erhard Maertens, für ausgeschlossen. Die Rekonstruktion englischer Lagebilder durch Korvettenkapitän Günter Hessler und Kapitänleutnant Adalbert Schnee enthielt auffallend viele Meldungen mit dem Zusatz »radio located«. Man schloß daraus aber nur auf ein »Mitkoppeln« der deutschen U-Boot-Bewegungen durch Radar des Gegners.[37]

Zu einer der härtesten Geleitzugschlachten kam es, als der xB-Dienst den Konvoi SC 118 erfaßte und Dönitz ein Rudel von 13 U-Booten ansetzte.[38] Sie stießen auf heftige Gegenwehr nicht nur seitens der Eskorte, sondern auch viermotoriger Bomber.[39] Zwei Fühlungshalter wurden kurz hintereinander vernichtet. Nur wenigen Booten gelang der Einbruch in den Verband, darunter U 402 (Forstner), dem sieben Schiffe zum Opfer fielen. Insgesamt verloren die Briten 11 Frachter (55.000 BRT), die Deutschen 3 Unterseeboote.[40]

Der xB-Dienst leistete niemals so viel wie Bletchley Park, doch lohnte sich für Bonatz die Beobachtung auf den Funkwellen des Gegners.[41] Nachdem einmal Kryptologen wie Oberregierungsrat Wilhelm Tarnow und die Amtsräte Karl Moser, Walter Uhlmann und Wilhelm Schwabe den Kode der Royal Navy gebrochen hatten, gelangten monatlich etwa 150 dechiffrierte Funksprüche britischer Kommandozentralen und Schiffe auf den Tisch des BdU-Lagezimmers am Steinplatz in Berlin.[42]

Gewöhnlich suchte Horton nicht den Kampf. Jede vermiedene Geleitzugschlacht war für ihn ein Sieg. Das System der Wegeführung funktionierte vorzüglich. Den Konvoi ON 166 lenkte der C-in-C allerdings unwissentlich zwischen zwei deutsche U-Boot-Aufstellungen. Die Operation zog sich sechs Tage hin und führte über eine Strecke von rund 1000 km. Am Ende mußte die Admiralität 14 Frachter abschreiben. Ihnen stand der Verlust von zwei Booten gegenüber.[43]

Kurz darauf widerfuhr Bletchley Park das nächste »Black Out«, weil Maertens für »Enigma« eine weitere Walze eingeführt hatte.[44] Winn verlor den Überblick. Hortons Kursanweisungen wurden Glückssache.[45] Gleichzeitig meldete Bonatz die Versammlung des Geleitzuges SC 121 unter der kanadischen Küste. Dönitz erwartete ihn mit zwei

langen Aufklärungsstreifen nordöstlich von Neufundland. Dieses Mal zog sich der Kampf nicht in die Länge. Die Briten verloren 13 von ihren 59 Schiffen.[46]
Als der schnelle HX 288 den langsameren SC 122 einholte und beide Verbände am 16. März 1943 zu einer Masse von fast 100 Schiffen aufliefen, kam es zur größten Geleitzugschlacht des Krieges. Deutsche U-Boote versenkten bei nur einem Totalverlust 21 Frachter (141000 BRT).[48] Der BdU war seinem Ziel, England von allen Seeverbindungen abzuschneiden, niemals näher. Das Konvoisystem schien zu versagen. Der Erste Seelord, schrieb später Stephen W. Roskill, »muß gefühlt haben..., daß die Niederlage ihm ins Gesicht starrte«.[49]
Die Alliierten reagierten mit außerordentlichen Anstrengungen. In Bletchley Park wurden alle Experten herangezogen, um den neuen deutschen Kode zu brechen.[50] Ein unter Churchills Vorsitz tagendes »Anti-U-boat Warfare Committee« diskutierte, ob der Feind besser am Geleit oder in seinen Basen zu bekämpfen sei.[51] Das Coastal Command (Slessor) konnte zwar für die Kontrolle der Biscaya garantieren.[52] Eine Offensive gegen die U-Boot-Stützpunkte war jedoch Aufgabe des Bomber Command (Harris), das sich von ihr wenig versprach und damit recht behielt.[53]
Weitere Entscheidungen traf die von King nach Washington einberufene »Atlantic Convoy Conference«, an der auch wissenschaftliche Berater wie Vannevar Bush (USA) und Frederick Lindemann (England) teilnahmen.[54] Man änderte das Kontrollsystem, beschleunigte den Ausbau des Funkpeilnetzes, ließ neue Escort- und Support Groups bilden und schloß die Luftüberwachungslücke durch Einsatz neuer Geleitträger und Very-Long-Range-Flugzeuge (VLR) vom Typ B 24 »Liberator« mit zwei Tonnen Abwurfmunition.[55]
Die Wende kam schneller als erwartet. Alle Agenzien der anglo-amerikanischen Seekriegführung stimmten wieder zusammen. »Ultra« kehrte zurück.[56] Horton erhielt neue Kampfmittel. Das deutsche »Metox«-Warngerät versagte, wenn VLR- oder Trägermaschinen mit ihrem auf 10-cm-Wellenlänge arbeitenden Radar anflogen. U-Boote, denen es gelang, noch rechtzeitig die schützende Tiefe zu erreichen, verloren einen wichtigen taktischen Vorteil: die Überwasserfahrt. Wurde sie unterbrochen, so war das Angriffsobjekt oft nicht mehr einzuholen.[57]
Der Gegner setzte neue überraschende Waffen ein. Am Geleitzug HX 237 lösten sich vom Rumpf der alliierten Bombenflugzeuge plötzlich Torpedos, deren Steuerung auf Schraubengeräusch ansprach. Sie folgten wegtauchenden Unterseebooten bis in eine Wassertiefe von 50 Metern.[58] Bei der nächsten Geleitzugschlacht beschossen die Anglo-Amerikaner Sehrohre und Brücken deutscher Boote erstmals mit Raketen.[59] Die Support Groups gingen von der Abwehr zum Angriff über. »Hedgehog« und »Torpex« hielten reiche Ernte.[60]
Im Laufe des Mai 1943 sanken insgesamt 41 deutsche Unterseeboote, 24 infolge Kampfeinwirkung alliierter Flugzeuge. Dönitz mußte sich eingestehen, daß diese katastrophalen Verluste nicht ausgeglichen werden konnten. Er beschloß daher, die Geleitzugschlachten im Nordatlantik abzubrechen, bis wieder wirkungsvolle Waffen und Geräte zur Verfügung standen.[61] Der Rückzug galt als vorläufige Maßnahme. Doch er war endgültig. Deutschland hatte den Tonnagekrieg verloren.[62]

[1] Conferences at Washington and Casablanca, a. a. O., S. 500f.; dazu Brown, a. a. O., S. 236; Morison, XIII, S. 16ff., 26f., 32ff. u. Whitehill, S. 462ff.
[2] Periodisierung nach Dönitz, S. 190–281: Jan.-Juli, Juli-Sept., Sept.-Dez. 1942.
[3] Zahlen nach Rohwer: U-Bootkrieg, S. 343, 353; abweichend Bonatz, a. a. O., S. 239.
[4] Rohwer: U-Bootkrieg, Tabellen 6–7.
[5] W. S. Chalmers: Max Horton and the Western Approaches, London 1954, S. 156–160; dazu Bessly, a. a. O., S. 197; Böddeker, a. a. O., S. 235; Busch, a. a. O., S. 319; Rohwer: U-Bootkrieg, S. 363f.
[6] Ph. Joubert: The Third Service, London 1955; Richards/Saunders, a. a. O., II, S. 279f.
[7] T. Robertson: Walker, London 1958; zit. n. d. dt. Ausg.: Jagd auf die »Wölfe«, Hamburg 1960, S. 36f.
[8] Beesly, S. 12ff.; Lewin, a. a. O., S. 254.
[9] LV, S. 401ff., 427ff.
[10] Ein Erfolg wie der am PQ 17 (1942) hatte sich nicht wiederholt.
[11] Bennett, a. a. O., S. 212–217; Bekker: See, a. a. O., S. 107–179; auch Brenneke: Hipper, a. a. O., S. 224–264.
[12] Raeder, a. a. O., II, S. 112ff.; dazu ausführl. Salewski, a. a. O., II, S. 201–224.
[13] LV, S. 453–456; Raeder, II, S. 290; dazu Hubatsch im KTB/OKW, III, S. 1240f.; ders.: Admiralstab, S. 211; ders.: Kriegswende, S. 107.
[14] Dönitz, a. a. O., S. 292ff.
[15] K.-J. v. Puttkamer: Die unheimliche See. Hitler und die Kriegsmarine, Wien-München 1952, S. 53.
[16] LV, S. 449ff.; 457ff.; Salewski, II, a. a. O., S. 220.
[17] LV, S. 463, 465–470; Salewski, II, S. 223.
[18] Denkschr. d. SKL zur Frage d. schweren Überwassereinheiten, gedr. bei Salewski, III, S. 326–337.
[19] J. Rohwer u. E. Jäckel: Die Funkaufklärung und ihre Rolle im 2. Weltkrieg, Stuttgart 1979; auch Beesly, S. 200 u. Bonatz, S. 235f.
[20] Bödekker, S. 224f.; Busch, S. 322f.
[21] Beesly, S. 193f.; Lewin, S. 254f.
[22] Beesly, S. 196.
[23] Böddeker, S. 236; Busch, S. 324ff.
[24] Bekker: Augen, a. a. O., S. 176f.; Rohwer: U-Bootkrieg, S. 361; von d. anderen Seite u. a. Morison, I, S. 190ff. u. Potter/Nimitz: Seemacht, a. a. O., S. 540–550.
[25] Ploetz, a. a. O., II, S. 541.
[26] Benannt nach dem engl. Erfinder.
[27] Robertson, S. 73.
[28] Dazu das entspr. Kapitel b. Costello/Gughes, a. a. O.; Buchheim, a. a. O.; Ruge: Seekrieg, a. a. O., S. 229ff.; Macintyre, a. a. O., S. 104–114; Morison, XIII, S. 40–58.
[29] Richards/Saunders, II, S. 116ff.; Slessor, a. a. O., S. 477.
[30] Ploetz, II, S. 178.
[31] Ebd.
[32] Rohwer: U-Bootkrieg, S. 362 u. 390; zu Asdic ausführl. Macintyre, S. 127–136.
[33] Dönitz, S. 308.
[34] R. Humble: Victory in the Atlantic, in: MH 4/1983, S. 146–155 (zit. Humble); Morison, X, S. 64ff.; Rohwer: U-Bootkrieg, S. 359; Roskill, II, S. 356f.; Peillard: Atlantik, a. a. O., S. 340–347; ders.: U-Bootkrieg, S. 310ff.
[35] Dönitz, S. 308–334.
[36] Ebd., S. 319 u. Lewin, S. 254f.
[37] Bekker: See, S. 312; Böddeker, S. 252f.
[38] Bonatz, S. 256; Böddeker, S. 239ff.; Dönitz, S. 320ff.
[39] Ausführl. A. Price: Aircraft versus Submarines, London 1973; auch Craven/Cate, a. a. O., II, S. 305f.
[40] Zahlen nach Rohwer/Hümmelchen: Chronik, S. 324ff.
[41] J. Rohwer: Ultra, xB-Dienst und Magic. Ein Vergleich ihrer Rolle für die Schlacht im Atlantik und den Krieg im Pazifik, in: MR, 10/1979, S. 639–648.
[42] H. Gießler: Der Marine-Nachrichten- und Ortungsdienst, München 1971; Bekker: See, S. 303; Rohwer i. Vorwort z. Lewin, S. 11–20.
[43] Dönitz, S. 316; Bennett, S. 218f.; Böddeker, S. 257f.; Roskill, II, S. 364.
[44] Beesly, S. 219.
[45] Böddeker, S. 262ff.; Morison, X, S. 19ff.; Roskill, II, 358–362.

[46] Rohwer/Hümmelchen: Chronik, S. 336f.
[47] Bonatz, S. 239; Brown, S. 241; Humble, S. 152f.; Morison, X, S. 70f.; Rohwer: U-Bootkrieg, S. 358–374.
[48] Hierzu d. grundlegende Studie v. J. Rohwer: Geleitzugschlachten im März 1943, Stuttgart 1975; v. d. allg. zugängl. Memoiren vgl. H. Creighton: Convoy Commodore, London 1956; P. Gretton: Atlantik 1943, Hamburg 1975; D. Macintyre (op. cit.). Über einen Teilaspekt B. B. Shofield u. L. P. Martyn: Rescue Ships, London 1968.
[49] Roskill, II, S. 365.
[50] Beesly, S. 220; Lewin, S. 256.
[51] Churchill, IV, 2, S. 7ff.
[52] Slessor, S. 523–535.
[53] Richards/Saunders, II, S. 114ff.; Peillard: Atlantik, S. 347–351; v. dt. Seite Fahrmbacher/Matthiau, a. a. O., S. 34f.
[54] Morison, I, S. 72–98; Rohwer: U-Bootkrieg, S. 366; Roskill, II, S. 361f.; Whitehill, S. 461–474.
[55] Craven/Cate, II, S. 310; Richards/Saunders, II, S. 106ff.
[56] Beesly, S. 215.
[57] Dönitz, S. 326; dazu vor allem Salewski, II, S. 293–300.
[58] Bennett, S. 220; Böddeker, S. 281.
[59] Rohwer: U-Bootkrieg, S. 388.
[60] Dönitz, S. 332.
[61] LV, 507–511; vgl. KTB/BdU, zit. v. Rohwer: U-Bootkrieg, S. 389.
[62] Bennett, S. 221; Humble, S. 154; Morison, X, S. 112–139; jetzt auch die Zusammenfassung v. W. Rahn: Wende im Atlantik, in: IZ 7/1983, S. 12–28. Roskill, II, S. 377; Salewski, II, S. 300–312.

Die kombinierte Bomberoffensive

Die Luftkriegsunternehmungen der Mächte entwickelten sich auf der Grundlage bloßer Theorien.[1] Ihre Lehren setzten sich so weit durch wie die Politik von ihnen Gebrauch machte, Wissenschaft, Technik und Industrie den gestellten Anforderungen nachkamen und der kämpferische Geist des fliegenden Personals die Widerstände und Enttäuschungen verkraftete. Großbritannien, das jahrelang fast nur mit seiner Bomberwaffe hatte zurückschlagen können, war mehr als jedes andere Land mit diesen Problemen konfrontiert.[2]

Frederick Lindemann behauptete, daß man die feindliche Kriegsindustrie aus der Luft zerstören könne.[3] Dabei ließ er keinen Unterschied zwischen der mitbetroffenen Zivilbevölkerung und eigentlichen Kombattanten im Sinne des Völkerrechtes gelten.[4] Churchill, der sich von dem renommierten Physiker beraten ließ, kam zur gleichen Auffassung. Auch Sinclair, der Luftfahrtminister, hielt am »Douhetismus« fest, ebenso Portal. In einer Direktive des Air Staff wurde hervorgehoben, daß außer industriellen Objekten die Wohnviertel der Arbeiterschaft als Bombenziele anzusehen seien.[5]

Nach Lindemanns Berechnungen wurden für die Bomberoffensive gegen Deutschland 4000 viermotorige Kampfflugzeuge mit entsprechender Eindringtiefe und Zuladung benötigt.[6] Diese Luftflotte gab es weder am 15. Mai 1940, als Churchill im Kriegskabinett den Entschluß zur Eröffnung des strategischen Luftkrieges durch die Royal Air Force herbeiführte, noch 1942/43. Jede der alten »Hampden«, »Whitney« und »Blenheim« konnte nur etwa eine Tonne Abwurfmunition über Feindesland tragen[7] und hatte Schwierigkeiten bei der Navigation.[8]

Tagesangriffe kosteten das Bomber Command (Peirse) 11,5% der gestarteten Flugzeuge, nächtliche Raids 2,8%.[9] Größere Operationen wurden daher grundsätzlich nach Sonnenuntergang begonnen.[10] Mangels geeigneter Navigationsinstrumente orientierten sich die Piloten an Reflexen des Mondes auf Seen, Flußläufen und Autobahnen. Eine Expertise, die sich Sinclair vorlegen ließ, betonte, daß Industrieziele nur in klaren Nächten den Anflug lohnten, jedoch würden auch bei diesen seltenen Gelegenheiten allenfalls 33% der Maschinen einen Umkreis von 5 Meilen Durchmesser treffen.[11]

Das Kriegskabinett fand es riskant, nur auf Kampfflugzeuge der Royal Air Force zu setzen. Das Viertausend-Bomber-Programm wurde zu den Akten gelegt.[12] Ein übriges taten Pound und Brooke mit ihren Ansprüchen auf Fliegerunterstützung für die anderen Teilstreitkräfte. Die Bomberflotte mußte wiederholt Verbände abgeben und strategische Unternehmungen vernachlässigen. Als sich die Schere zwischen Potential und Erwartung immer mehr öffnete, entschloß sich der C-in-C Bomber Command, Sir Richard Peirse, zum Rücktritt.[13]

Sein Nachfolger, Air Marshal Sir Arthur T. Harris, hatte es leichter.[14] Von den 378 vorhandenen Langstreckenbombern der Royal Air Force waren bereits 69 viermotorige Flugzeuge des Typs Avro »Lancaster« B Mk III.[15] Ihre Anzahl sollte sich bis Ende 1942

auf 178 erhöhen. Mittlerweile traf eine amerikanische Luftflotte in England ein, die 8th USAAF (Spaatz).[16] Sie verfügte über die stärksten Kampfmaschinen der Welt: »Boeing« B 17 »Flying Fortress« und B 24 »Liberator«[17] samt eigenem Jagdschutz. Allerdings wurden starke Verbände für »Torch« abgezweigt und zum Teil der 9th USAAF (Brereton) überlassen.[18] Auch hatten U-Boote den Transport verzögert.
Besonders kam Harris die Einführung neuer Instrumente zustatten. In den Flugzeugrumpf eingebautes »Gee« hielt Kontakt mit Bodenstationen auf Entfernungen bis zu 400 Meilen. Die »Oboe« leistete 280 Meilen weit Orientierungshilfe und ermöglichte einzelnen Maschinen ebenso wie ganzen Verbänden den Flug an einem Funkstrahl entlang. Über dem angepeilten Landziel empfingen die Piloten das Signal zum Bombenwurf. »H2S«-Bordradar vermittelte ihnen ein grobes Bild der Erdoberfläche.[19]
Die deutsche Luftwaffe suchte den Angreifer vorerst in der »hellen Nachtjagd« abzuwehren. Quer zu den Haupteinflugschneisen wurden Scheinwerferriegel aufgebaut, die britische Bomber anleuchteten und damit eigenen Jägern das Ziel wiesen. Später schuf General Josef Kammhuber entlang der Nordseeküste, um Berlin sowie zwischen Sylt und dem Bodensee sogenannte Himmelbettstellungen, ein System sich überlappender Kreise von je 60 km Durchmesser.[20] Aus ihnen konnten Nachtjäger an den Feind geführt werden und ihn dann auf kurze Distanz vermittels einer Antennendipole erfassen.[21]
Auch Flak-Divisionen und -Brigaden bildeten das Rückgrat der 1941 geschaffenen Reichsverteidigung (später: Luftflotte Mitte) unter Generaloberst Hubert Weise.[22] Ihre Erfolge berechtigten zu neuen Hoffnungen. Bis Ende 1942 hatten deutsche Flugabwehrgeschütze mit 35 322 260 Granaten über dem Heimatgebiet und an der Front 8706 Flugzeuge des Gegners abgeschossen.[23] Dabei waren Flak-Verbände ebenso wie die Jäger auf moderne Funkmeßgeräte angewiesen, zu deren laufender Verbesserung General Wolfgang Martini die Hochfrequenz-Industrie drängte.
Auch die Briten vervollkommneten ihre Technik. In der Planungsabteilung des Bomberkommandos wurde auf Anregung Lindemanns das Flächenbombardement (»Target Area Bombing«) entwickelt. »Gee« verringerte die Kollisionsgefahr der schweren Maschinen und ermöglichte ihnen den Flug im »Bomberstrom« mit schmaler Front.[24] Hatten Luftangriffe früher bis zu vier Stunden gedauert, so beanspruchten sie jetzt weniger Zeit. Bei zunehmender Dichte des Einsatzes gewann ein Raid jedoch mächtige Schlagkraft.[25]
Zur Zielmarkierung diente vorerst der Abwurf vielfarbiger Feuerwerkskörper, entzündlicher Stabbrandbomben, Phosphorkanister und lbs-Flüssigkeitsbrandsätze über den mittelalterlichen Innenstädten Deutschlands. Harris hatte dieses Verfahren 1942 bei Angriffen auf Lübeck und Rostock erprobt[26] und das Resultat mit einem bis dahin noch nicht geflogenen Raid von 1046 Kampfflugzeugen gegen Köln übertroffen.[27] Seither wußte man, daß der Luftbrandkrieg wirkungsvoller war als jedes herkömmliche Bombardement.[28]
Die künftig außer Reichweite von »Gee« operierenden Verbände bedurften der neuartigen Steuerung. Sie wurde von dem australischen Group Captain Donald C. T. Bennett entwickelt. Er bildete ein Elitekorps erfahrener Besatzungen, die dem Gros vorausflogen, um durch Leuchtzeichen (»Shaker«) und Einweisung der Kampfmaschinen über dem Zielgebiet optimale Konzentration zu gewährleisten.[29] Das Standard-Flugzeug dieser »Pfadfinder« war der leichte, zweimotorige Schnellbomber »De Havilland« M IV »Mosquito«.[30]

Angesichts der zunehmenden Gefährdung des Reiches forderte Weise neue Abwehrmethoden. Zu ihnen zählte die (später als »Wilde Sau« bezeichnete) Taktik des Majors Hajo Herrmann; deutsche Nachtjäger operierten unmittelbar über dem Angriffsziel des Gegners und machten sich zunutze, daß seine Flugzeuge durch Leuchtbomben, Brände und Scheinwerfer von unten angestrahlt wurden. Auch die »Verfolgungsnachtjagd« – das Einschleusen deutscher Jäger in Bomberströme, dem Oberst Victor von Loßberg guten Erfolg verhieß – wurde erprobt.[31]

Unterdessen war es in Casablanca zwischen Anglo-Amerikanern zu Meinungsverschiedenheiten über die Luftkriegführung gekommen. Arnold wollte mit den vermeintlich unangreifbaren Langstreckenflugzeugen der United States Army Air Force bei Tageslicht vernichtende Schläge gegen deutsche Rüstungskomplexe, Flugbasen und Verkehrsknotenpunkte führen. Portal beanspruchte für die Royal Air Force das Vorrecht zu nächtlichen Angriffen auf Städte des Gegners, insbesondere deren dichtbesiedelte Arbeiterwohnviertel.[32]

Man einigte sich auf einen Kompromiß, die sogenannte Casablanca-Direktive. Sie enthielt allgemeine Richtlinien zur »Bomber Policy«.[33] Priorität bekamen die Angriffe auf deutsche U-Boot-Werften und Flugzeugfabriken. Ihnen folgten als weitere Zielobjekte der Reihe nach das Transportwesen, die Benzinherstellung und andere Zweige der Rüstungsproduktion. Berlin sollte bombardiert werden, sobald günstige Voraussetzungen für den moralischen Zusammenbruch der Einwohner bestanden oder eine gewisse Wirkung zugunsten Rußlands in Aussicht stand.[34]

Die Liste wurde mehrfach abgeändert. General Carl Spaatz, der jetzt alle Bomberverbände der USA im europäischen Raum koordinierte, wechselte zuerst den Schwerpunkt. Die Operationen der 8th USAAF (Eaker) richteten sich vorwiegend gegen relativ nahe Stützpunkte und Fabriken.[35] Die Verluste waren hoch. Von den zu Beginn des Jahres 1943 eingesetzten Maschinen gingen monatlich 21–29 (3,2%–7,8%) verloren.[36] Die Zivilbevölkerung mußte zahlreiche Opfer begraben. In Antwerpen starben an einem Tag 2130 Belgier, darunter 300 Kinder.[37]

Die Verbände der 8th USAAF (Eaker) flogen in engen Formationen als »Bomberpulks« oder »Combat Boxes«. Durch Ausschaltung aller toten Winkel sollten sich die »Fliegenden Festungen« gegenseitig Schutz gewähren. Im geschlossenen Bombenabwurf auf begrenzte Zielgebiete erzielten sie größere Effektivität. Trotzdem benötigte die Flotte starken Jagdschutz. Arnold ließ ihr zunächst vier Staffeln, später einige Gruppen von Jägern des Typs Republic P 47 »Thunderbolt« zuteilen.

Inzwischen hatte das Bomber Command (Harris) die »Battle of the Ruhr« eröffnet.[38] Nachdem deutsche Experten aus den Trümmern eines abgestürzten Flugzeuges bei Rotterdam die »Gee«-Box geborgen hatten und Martini die Signale dieses Gerätes stören konnte[39], wurde »Oboe«[40] eingesetzt. »Pfadfinder« lenkten den Bomberstrom.[41] Der erste Schlag galt dem verhaßten Essen.[42] Ihm folgten 42 weitere Raids, bei denen die Stadt ausglühte.[43] Ebenso erging es Düsseldorf[44], Dortmund[45], Duisburg[46] und Wuppertal[47], Bochum und Elberfeld, Mühlheim, Oberhausen und Gelsenkirchen.[48]

Als Höhepunkt waren Angriffe auf die Möhne-, Eder-, Ennepe-, Lister- und Sorpetalsperren gedacht (Operation »Chastise«).[49] Man hatte das Unternehmen schon im Frieden geplant[50] und zur Zerschlagung der Wehre von Barnes Wallis sogenannte Dam Busters konstruieren lassen.[51] Volltreffer schienen geeignet, durch Energieausfall zahlreiche Zechen, Kokereien, Hochöfen und Eisenwerke stillzulegen. Zwei Mauern wur-

den zerstört[52] und von der vorschießenden Flutwelle 1217 Menschen in den Tod gerissen, überwiegend Fremdarbeiter.[53]
Der militärische Wert des Talsperrenangriffes war gering. Die in den Stauseen verbleibenden Wasserreserven reichten für den Sommer aus, und Ende Oktober stand die Möhnemauer bereits wieder.[54] Zwischen den Trümmern der Industriegroßstädte aber ging die Arbeit ohne entscheidende Beeinträchtigung weiter.[55] Ablenkungsraids gegen Aachen, Köln und Krefeld, Darmstadt[56] und Stuttgart[57], Hamburg[58] und Berlin[59], München[60], Nürnberg[61] und Pilsen zwangen die Reichsverteidigung (Weise) nicht zur Zersplitterung ihrer Kräfte.
Obwohl von 1010 schweren Maschinen des Bomberkommandos[62] über dem Ruhrgebiet 872 abgeschossen wurden[63], hegte Harris neue Pläne. Die im Juni 1943 von den Joint Chiefs of Staff in Washington herausgegebene Direktive »Pointblank« konnte ihn nicht irritieren.[64] Die Amerikaner verlangten zur Vorbereitung der Invasion wirkungsvolle Schläge gegen das deutsche Luftkriegspotential. Sinclair und Portal mußten diesem Grundgedanken beipflichten. Mit einem Amendment erlaubten sie der Royal Air Force jedoch die Fortsetzung der Städteangriffe.[65]
Das nächste Operationsziel war Hamburg. Die Stadt lag zwar außer Reichweite der »Oboe«, zeigte aber auf dem »H2S«-Bildschirm markante Züge. Auch gab es weitere Innovationen zur Erleichterung des Fluges: »Monica«, ein rückblickendes Bordradar, das vor Jägern warnte, »Boozer«, »Mandrel« und »Tinsel« zur Störung des Funkverkehrs auf deutschen Frequenzen.[66] Einen anderen Vorteil brachte die Auswertung der beim Bruneval-Raid erbeuteten Geräteteile.[67] Man konnte »Freya« und »Würzburg« durch den Abwurf von Staniolstreifen (»Windows«) blenden.[68]
Harris wollte Hamburg unter Ausschaltung der deutschen Ortungs- und Leitgeräte mit einer neuen Taktik, dem »Round-the-Clock-Bombing«, in bisher nicht gekanntem Ausmaß verheeren. Rückfragen bei Arnold und Spaatz führten zur Mitwirkung der 8th USAAF (Eaker). Dadurch erst wurde die »kombinierte Offensive« zur Realität.[69] Die »Pointblank«-Direktive trat außer Kraft. Beide Flotten starteten gemeinsam zu einem Städteangriff, der Operation »Gomorrha«.
Am 24. Juli 1943, kurz nach Mitternacht, formierten sich auf der Milchglasscheibe des Gefechtsbunkers in Stade die ersten Lichtpunkte des Bomberstromes. Sie wanderten entlang der Nordseeküste nach Osten. Doch ehe man die Richtung genau erkennen konnte, schoben sich Störschleier über die Bildschirme. Der Funkverkehr mit den Nachtjägern brach zusammen, »Window«, »Boozer« und »Mandrel« taten ihre Wirkung.[70] Kurz darauf standen Bennetts »Pfadfinder« über der Stadt.[71]
Die 5. Bombergruppe (Cochrane) löste ihre Last. Den zweiten Schlag führten »Fliegende Festungen« der 8th USAAF (Eaker). Dann war wieder die Royal Air Force an der Reihe, und so ging es fort, in sieben Wellen bis zum 30. Juli 1943. Zeitweise fielen auf einem qkm Stadtfläche 39 Luftminen, 803 Sprengbomben, 96329 Stabbrandbomben, 2573 Phosphorkanister und 161 lbs-Flüssigkeitsbrandsätze. Über der Glut, die sie erzeugten, stieg eine Rauchsäule auf 7000 m. Die Zugluft des Feuersturmes riß Bäume und Passanten zu Boden.[72]
Die meisten Menschen starben an Kohlenoxydvergiftung oder Hyperthermie. Einige Opfer brannten wie Fackeln. Wer konnte, sprang in Fleete, doch versengte die Hitze auch über der Wasserfläche alles organische Leben, sogar Duckdalben. Hamburger, die, von Panik getrieben, zu den Ausgängen der Luftschutzkeller drängten, fand man später

im ausgeschmolzenen Fett ihrer Körper als Schrumpfleichen.[73] Bis zum 30. November 1943 registrierte die Polizei 31647 Tote.[74] Von ihnen wurden 6071 Männer, 7995 Frauen und 1735 Kinder identifiziert.[75]

Rund 900000 Menschen waren obdachlos, 277330 Wohngebäude ausgebrannt, 558 Fabriken und 2632 weitere Gewerbebetriebe, 80 Anlagen der Wehrmacht, 24 Krankenhäuser, 277 Schulen und 58 Kirchen zerstört. Im Hafen lagen 180000 BRT vernichteter Schiffsraum.[76] Die angreifenden Verbände der Royal Air Force und United States Army Air Force hatten indes mit 86 abgeschossenen Bombenflugzeugen (2,9% der eingesetzten Maschinen) weniger Ausfälle als erwartet.

Dagegen erlitten die Amerikaner folgenden Tags beim Angriff der 9th USAAF (Brereton) auf das Erdölgebiet um Ploesti empfindliche Verluste. Nur 11 »Liberators« kehrten nach Libyen zurück; 54 mit 773 Mann fliegendem Personal wurden von Flak und deutsch-rumänischen Jägern abgeschossen oder so schwer beschädigt, daß sie unterwegs auseinanderbrachen.[77] Für Hitlers Kriegswirtschaft war die Zerstörung drei moderner Raffinerien und das Absinken der monatlichen Produktion (160000 t Treibstoff) jedoch ein schwerer Schlag.[78]

Die Luftschlachten über dem Reich und Rumänien führten in der deutschen Führung zu heftigen Diskussionen. Obwohl Kammhuber jetzt 2–3 Maschinen je Himmelbett startete, reichte deren Kampfkraft nicht aus, um Pfadfinder-Flugzeuge oder einen Bomberstrom abzufangen. Auch die Tagjagd war schwach. Anforderungen von Galland, des »Generals der Jagdflieger«, hatten monatelang keinen Erfolg, obwohl die über Ploesti gewonnenen Erfahrungen für eine starke Konzentration sprachen.[79]

Göring, Milch und Weise, Kammhuber, Loßberg und Herrmann waren wie Galland davon überzeugt, daß man zur Abwehr feindlicher Bombenangriffe die Masse der deutschen Jagdfliegerkräfte aufbieten und den Ausstoß neuer Maschinen beschleunigen mußte. Hitler, Keitel und Jodl, Greim und Jeschonnek hielten aber noch an der bisher maßgebenden Grundsatzentscheidung fest: »Terror wird durch Gegenterror gebrochen ... Die Luftwaffe greift an, sie verteidigt nicht!«[80]

Der ObdW setzte die Oberste Dieter Peltz und Rudolf Meister als »Angriffsführer« in West und Ost ein. Er verlangte die Umrüstung des Düsenjägers »Me 262« als Schnellbomber[81] und den Bau von Langstreckenflugzeugen (»BV 238«, »FW 300«, »Do 214«), mit denen der Krieg bis nach New York, Mittelafrika und Iran ausgedehnt werden konnte.[82] Noch mehr Hoffnung setzte Hitler auf die unter General Walter Dornberger konstruierte »Fi 103«- und »A 4«-Flugbomben, deren letzte Version als »V« (Vergeltungs)-Waffe bezeichnet wurde.[83]

Ihr Erprobungsgelände traf der nächste Schlag, den Milch seit langem befürchtete. Das englische Kriegskabinett hatte Harris angewiesen, Peenemünde außer der Reihe anzugreifen. In der Nacht zum 18. August 1943 bombardierten 433 Viermotorige den Komplex (Operation »Hydra«).[84] Die deutsche Jagdabwehr war durch einen Scheinangriff auf Berlin sowie Raids der 8th USAAF (Eaker) gegen das Messerschmitt-Werk bei Regensburg und die Kugellagerfabriken von Schweinfurt abgelenkt.[85] Dieses Ereignis gab Jeschonnek den Rest. Er griff zur Pistole und setzte seinem Leben ein Ende.[86]

Die Schäden in Peenemünde wogen nicht schwer. Fromm, der Dienstvorgesetzte Dornbergers, rechnete nur mit vierwöchiger Unterbrechung des Betriebes.[87] Doch unter den 120 gefallenen Deutschen befanden sich leitende Ingenieure; selbst einige der 612 getöteten Fremdarbeiter konnten nicht sofort durch gleichwertiges Personal ersetzt

werden. Zum Unglück bombardierten Maschinen der 9th USAAF (Brereton) Wiener Neustadt, wo neben Messerschmitt-Flugzeugen auch Raketen hergestellt wurden.[88]
Die Gefahr, daß Spaatz noch mehr Bomberkräfte aus dem Mittelmeerraum nach Norden dirigierte, wuchs. Als Montgomery am 27. September 1943 die 13 Flugplätze von Foggia einnahm, gewannen die Alliierten eine neue günstige Ausgangsbasis, Anglo-amerikanische Kampfverbände konnten jetzt häufiger Ploesti angreifen und durch Pendelflüge zwischen England und Italien (»Shuttle Bombing«) je Unternehmung ein zweimaliges Überqueren der »Kammhuber-Linie« vermeiden.[89]
Hitler lenkte ein. General Günter Korten, der Nachfolger Jeschonneks, konnte Brükken zwischen den divergierenden Ansichten schlagen und durch geschickte Steuerung des Überganges vom Objektschutz zur Raumverteidigung neue Abwehrkräfte sammeln. Er stärkte das Funkmeßsystem südlich der Donau, bewog die Luftflotte 3 (Sperrle) zur Mitwirkung und erreichte, daß Jagdgeschwader aus Rußland und Italien ins Reich verlegt wurden, wo sie Anfang Oktober das I. Jagdkorps (Schmid) bildeten: Divisionen mit 1646 Maschinen der Typen »Me 109 G«, »Me 110 G-4« und »FW 190 A-8«.[90]
Die Zahl der Flugabwehrgeschütze stieg auf 26020 Rohre. Allerdings konnten die durch Abkommandierung vieler Flaksoldaten zu Luftwaffenfelddivisionen entstandenen Lücken nur behelfsmäßig geschlossen werden. Im Verlauf des Jahres stellte Weise 430000 Männer und Frauen ein, überwiegend Angehörige des Reichsarbeitsdienstes, Werksbelegschaften, Flakwaffenhelferinnen und Oberschüler, mit Genehmigung Kortens auch Tschechen, Litauer und Letten, Italiener, Franzosen und Belgier.[91]
Die Abwehr konzentrierte sich weitgehend gegen amerikanische Verbände, deren Bombenschläge auf die Flugzeugwerke von Oschersleben, Kassel[92] und Bremen sowie Industrieziele in Hüls, Anklam, Gotenhafen und Marienburg, Münster und Kiel[93] als gefährlich für die Kriegswirtschaft des Reiches galten. Hatte die 8th USAAF (Anderson) schon am 18. August 60 Maschinen verloren, so fielen beim zweiten Schweinfurter Angriff am 14. Oktober 1943 von 280 »Fliegenden Festungen« wiederum 60 der Flak, den Raketen und Bordkanonen deutscher Jäger zum Opfer, stürzten 17 ins Meer, wurden 121 dermaßen beschäftigt, daß man nur 30% reparieren konnte.[94]
Man mußte den Überlebenden dieses Raids eine Ruhepause gönnen und ihre Vorwürfe gegen höhere Stäbe prüfen, die auf ein »Shuttle Bombing« verzichtet hatten. Spaatz verfügte jetzt über drei Luftflotten, die 8th USAAF (Anderson), 15th USAAF (Doolittle) und 9th USAAF (Brereton). Dennoch gebot ihm Arnold bei künftigen Einsätzen mehr Vorsicht. Die Joint Chiefs of Staff gaben wieder Luftwaffenzielen den Vorzug. Ein Ersuchen Portals um Beteiligung amerikanischer Kräfte an Bombenschlägen auf Berlin wurde abgelehnt.
Harris hatte Churchill in Aussicht gestellt, die Reichshauptstadt zu zerstören.[95] Diese letzte große Offensive werde England wohl 400 bis 500 Flugzeuge kosten, jedoch unfehlbar zum Sieg führen. Der Air Marshal ging dabei von der irrigen Annahme aus, daß bereits 19 deutsche Städte zerstört und 19 weitere größtenteils ruiniert seien. Portal sprach auf interalliierten Konferenzen von »32,25 umgepflügten Quadratmeilen bebauten Geländes« und »sechs Millionen... oder mehr Menschen«, die man mit Erfolg obdachlos gemacht habe.[96]
Churchill schwankte. Militärs, Beamte und Wissenschaftler hatten die Prognosen des

Bomberkommandos kritisiert. Die dramatische Tizard-Lindemann-Kontroverse des Vorjahres war unvergessen.[97] Auch moralische Bedenken gegen die Luftangriffe wurden vorgetragen, zum Beispiel im Oberhaus durch Bischof George Bell von Chichester.[98] Doch Sinclair, Portal und Harris hielten an ihrer Konzeption fest. Das Kriegskabinett genehmigte daher die neue Offensive.

Sie begann in der Nacht zum 19. November 1943 und endete vorläufig nach 16 schweren Angriffen. Das Bomberkommando warf 8656t Bomben auf Berlin und erlitt dabei ziemlich genau die von Harris einkalkulierten Verluste. Zu den 492 abgeschossenen Flugzeugen kamen allerdings 952 Maschinen, die wegen schwerer Beschädigungen gleichfalls aus den Listen gestrichen werden mußten.[99] Der Erfolg war zweifelhaft. Von 250000 ausgebombten Berlinern ließ Goebbels viele evakuieren. Die meisten wurden behelfsmäßig untergebracht.[100]

Die Zahl der 2700 Toten blieb weit hinter den schweren Menschenopfern von Hamburg zurück[101], auch wenn man 1182 andere hinzurechnete, deren Leben bei Ablenkungsangriffen auf Leipzig durch britische Flieger ausgelöscht wurde. Englands Führung hatte ihr vorrangiges Ziel verfehlt. Das deutsche Volk wandte sich nicht, wie erwartet, gegen die Urheber des Krieges, sondern begann, sein Schicksal mit dem des NS-Regimes zu identifizieren.[102]

Auch die von Lindemann prophezeite Lähmung der deutschen Industrie war ausgeblieben. Speer hatte schon Ende 1942 mit der Verlagerung wichtiger Rüstungsbetriebe nach Osten begonnen.[103] Für Fabriken, die an Ort und Stelle weiterarbeiten mußten, gab es unter Mitwirkung der »Organisation Todt« eine rasche Schadensbeseitigung. Große Firmen hatte man dezentralisiert, ganze Produktionszweige in Höhlen, stillgelegte Bergwerke und Tunnels ausgelagert.[104]

Die deutsche Kriegsindustrie hatte ihre Leistungen sogar gesteigert[105]; 1943 wurden im Reich und seinen besetzten Gebieten 5947 Panzerkampfwagen (1942: 4224) und 109483 Lkw (1942: 81276), 29441 leichte Feldhaubitzen (1942: 18460) und 7546 Geschütze dieses Modells mit größerem Kaliber (1942: 5078), 16151 8-cm-Granatwerfer (1942: 6790), 4180 Pak (1942: 1296) und 4416 8,8-cm-Flak (1942: 2876) sowie 25668 Militärflugzeuge (1942: 15456) gebaut. Im kommenden Jahr waren – von der U-Boot-Fertigung abgesehen – weitere Steigerungen zu erwarten.[106]

[1] M. Howard: Theory and Practice of War, London 1965; s. auch d. Kap. »Kräfte u. Kriegsmittel«.

[2] Ausführl. Richards/Saunders, I, a.a.O., S.25ff.; Webster/Frankland, I, a.a.O., S.10–300 u. N. Frankland: Bomber Offensive, London 1970 (zit. Frankland); dazu D. Divine: The Broken Wing, London 1955. Von dt. Seite Feuchter, a.a.O., S.32ff., 54ff.; Groehler, a.a.O., S.113ff.; F. Kurowski: Der Luftkrieg über Deutschland, Düsseldorf 1977, S.9ff. (zit. Kurowski: Luftkrieg).

[3] Birkenhead: Lindemann, a.a.O., S.207ff.; G. Bowman: Strategic Bombing, London 1956, passim; Craven/Cate, I, a.a.O., S.64f.; Frankland, S.12–39; A. Price: Die Luftschlacht über Deutschland, Stuttgart 1974, S.9–55; Webster/Frankland, I, S.331ff.

[4] J. Shaw: Strategic Bombing of Germany. The British Offensive, in: Battle 9/1974, S.18–27 (zit. Shaw); J. Hinz: Kriegsvölkerrecht, Köln-Berlin 1957; E. Jablonski: Air War, Garden City, N.Y. 1979, S.44ff.; J.M. Speight: Air Power and War Rights, London-New York-Toronto 1947; E. Spetzler: Luftkrieg und Menschlichkeit, Göttingen-Berlin-Frankfurt; F.J.P. Veale: Der Barbarei entgegen, Hamburg 1954.

[5] Die Weisung für den Bombenkrieg v. 14.2.1942, abgedr. b. Webster/Frankland, IV, S.143ff.; dazu

auch Bekker: Angriffshöhe, a. a. O., 298f.; P. Sethe: Die Befehle an Luftmarschall Harris, Frankfurt 1954.

[6] Zum Folgenden A. Revie: Ein verlorener Haufen. Die Geschichte des Bomber Command der Royal Air Force, Stuttgart 1974; Verrier, a. a. O., S. 100.

[7] L. Deighton: Bomber, Berlin 1977, S. 22ff.; W. Green: Famous Bombers of the Second World War, London 1957

[8] Frankland, S. 27–44.

[9] Shaw, S. 20.

[10] Zur Gesch. d. frühen Angriffe s. auch J. Campbell: The Bombing of Nuremberg, London 1977, S. 3ff. (zit. Campbell); R. Saundby: Air Bombardement, London 1961, S. 176 (zit. Saundby).

[11] Verrier, S. 128ff.

[12] G. Bonacina: Comando Bombardieri. Operazione Europa, Mailand 1975, S. 207ff.

[13] A. Andrews: The Air Marshals, London 1968.

[14] A. Harris: Bomber Offensive, London 1947 (zit. Harris).

[15] N. Garbett u. B. Goulding: The Lancaster at War, Shepperton 1971; B. Robertson: Lancaster. The Story of a Famous Bomber, Harleyford 1964.

[16] Craven/Cate, II, S. 220f.; W. Girbig: 100 Tage über Deutschland. Die 8. amerikanische Luftflotte im 2. Weltkrieg, München 1964 (zit. Girbig); Kurowski: Luftkrieg, S. 178ff.

[17] H. Mansfield: Vision. The Story of Boeing, New York 1966.

[18] L.H. Brereton: Diaries, New York 1946 (zit. Brereton).

[19] Grundlegend Price: Instruments, a. a. O., S. 20–105 u. D. Saward: The Bomber's Eye, London 1959, S. 190–200 (zit. Saward). Weitere Hinweise b. Bekker: Augen, a. a. O., S. 115ff.; M. Middlebrook: Die Nacht, in der die Bomber starben, Berlin 1976, S. 23, 27, 29 (zit. Middlebrook); Shaw, S. 24.

[20] Grundlegend K.-H. Völker: Die Heimatluftverteidigung im Zweiten Weltkrieg, in: WWR 16/1966, S. 8–19, 158–171; H. Boog: Luftkrieg über Deutschland, in: JT 9/1983, S. 47–65.

[21] G. Adars: Geschichte der Nachtjagd, Stuttgart 1977; H.N. Hadeball: Nachtjagd, München 1968. Weitere Einzelheiten b. Bekker: Angriffshöhe, S. 392–398; Kurowski: Luftkrieg, S. 147–154, 193–195. Auch W. Johnen: Duell unter den Sternen, Düsseldorf 1956, S. 29ff. (zit. Johnen) u. Toliver/Constable, a. a. O., S. 177–219; H. Boog: Luftkrieg über Deutschland, in: IT 9/1983, S. 47–65.

[22] Galland, a. a. O., S. 174.

[23] Koch, a. a. O., S. 63f.

[24] Middlebrook, S. 35.

[25] Kurowski: Luftkrieg, S. 166f. Saundby, S. 179f.

[26] Harris, S. 109ff.; Middlebrook, S. 23ff.; Richards/Saunders II, S. 126ff.

[27] J. Fischer: Köln 1939–1945, Der Leidensweg der Stadt, Köln 1970; Köln im Luftkrieg 1939–1945 – Statistische Mitteilungen, Köln 1954; D. Irving: Und Deutschlands Städte starben nicht, Zürich 1967, S. 21–44 (zit. Irving: Dtschld. Städte).

[28] H. Rumpf: Der hochrote Hahn, Darmstadt 1952; Webster/Frankland, I, S. 391ff.; dazu U. S. Strategic Bombing Survey, Washington, D. C., 1945, Nr. 38 (zit. Bombing Survey).

[29] D.C.T. Bennett: Pathfinder, London 1958 (zit. Bennett).

[30] J. Holliday: Mosquito, das hölzerne Wunderflugzeug, Stuttgart 1973.

[31] Bekker: Angriffshöhe, S. 405, 423f.; Kurowski: Luftkrieg, S. 195f., 237f.

[32] Außer d. nicht sehr informativen Memoiren v. Arnold, a. a. O., S. 122ff.; Harris, a. a. O., S. 139f.; Slessor, a. a. O., S. 470f. u. Tedder, a. a. O., S. 289; Craven/Cate, II, S. 80, 236; Girbig, S. 39f.; Greenfield: Comando Decisions, S. 11ff.; Webster/Frankland, III, S. 25–38; Verrier, S. 99, 153ff.

[33] FRUS: Conferences at Washington and Casablanca, a. a. O., S. 470–506; Auszug i. dt. Übers. b. Jacobsen: Der Weg, a. a. O., S. 300–304; weitere Materialien b. Webster/Frankland, IV, S. 143ff.; vgl. R.-G. Noblécourt: A Rouen. Les premiers bombardements alliés, in: J.F. 135/1972, S. 1112ff.

[34] Dazu vor allem Campbell, S. 188.

[35] Craven/Cate, II, S. 237.

[36] Liste b. Girbig, S. 55.

[37] Zahlen nach Hillgruber/Hümmelchen: Chronik, S. 88f.

[38] Harris, S. 284–288; s. auch N.J.G. Punds: The Ruhr, Bloomington, Ind., 1952.

[39] In Dtschld. daher als »Rotterdam-Gerät« bezeichnet; Bekker: Augen, S. 214f., 217f.

[40] Ausführl. Saward, S. 122ff.

[41] Shaw, S. 23.

[42] Als Hauptsitz d. Firma Krupp wurde d. Stadt schon i. Ersten Weltkrieg als dt. »Rüstungsschmiede« diskreditiert.
[43] Frankland, S. 146ff.; Shaw, S. 23.
[44] Webster/Frankland, II, S. 123, 257, 259.
[45] Ebd. S. 130ff.
[46] Ebd. 133ff.
[47] Richards/Saunders, II, S. 290ff.
[48] Irving: Dtschlds. Städte, S. 67–128; dazu d. Dokumentation v. J. Piekalkiewicz: Luftkrieg 1939–1945, München 1979, S. 272f. (zit. Piekalkiewicz: Luftkrieg).
[49] Harris, S. 157ff.
[50] Irving: Dtschlds. Städte, S. 30; W. Lawrence: No 5 Bomber Group RAF, London 1953.
[51] P. Brickhill: The Dam Busters, London 1951.
[52] G. Gipson: Ennemy Coast Ahead, London 1946.
[53] Heiber: Lagebespr. S. 238; H. Euler: Als Deutschlands Dämme brachen, Stuttgart [5]1978; Zahlen nach Hillgruber/Hümmelchen: Chronik, S. 91. G. Sweetman: Operation Chastise. The Dam's Raid Epic or Myth; London 1981.
[54] Speer, S. 294.
[55] Verrier, S. 191.
[56] Webster/Frankland, III, S. 177 (nur als Fußnote).
[57] H. Bardua: Stuttgart im Luftkrieg 1939–1945, Stuttgart 1968; dazu Johnen, S. 156ff.
[58] H. Brunswig: Feuersturm über Hamburg. Die Luftangriffe auf Hamburg im 2. Weltkrieg und ihre Folgen, Stuttgart [4]1981, S. 156ff. (zit. Brunswig).
[59] H. G. v. Studnitz: Als Berlin brannte, Stuttgart 1963 (zit. Studnitz).
[60] Richards/Saunders, III, S. 28ff.
[61] Campbell, S. 8–15.
[62] Iststärke am 1. 3. 1943.
[63] Verluste nach Shaw, S. 25 u. Verrier, S. 191.
[64] Craven/Cate, II, S. 841–852; dazu Verrier, S. 179–186.
[65] Ehrman: Grand Strategy, V, S. 206.
[66] Price: Instruments, S. 122ff.
[67] Siehe Kap. »Strategische Erwägungen«.
[68] In Dtschld. als »Düppel« (nach einem Vorort von Berlin) bezeichnet.
[69] Craven/Cate, II, S. 371–381; Richards/Saunders, III, S. 5f.; Frankland, S. 217ff.; Lawrence, S. 145ff.; Webster/Frankland, II, S. 146–158; Saward, S. 209ff.
[70] Bekker: Angriffshöhe, S. 404–409; ders.: Augen, S. 229–233; Groehler, S. 181; Kurowski: Luftkrieg, S. 60ff.
[71] Bennett, S. 199ff.
[72] Brunswig, S. 264–273; Middlebrook: The Battle of Hamburg, London 1980; Klöss, a. a. O., S. 35–59; H. Rumpf: Das war der Bombenkrieg, Oldenburg 1961, S. 47ff.
[73] M. Caidin: Black Thursday, New York 1960; Augenzeugenberichte u. Autopsiebefunde b. Klöss, S. 60–172; vgl. auch S. Gräff: Tod im Luftangriff, Hamburg 1958; Irving: Dtschlds. Städte, S. 142–167; H.-E. Nossak: Der Untergang, Hamburg 1948.
[74] Brunswig, S. 279 u. Klöss, S. 125f.; Hillgruber/Hümmelchen: Chronik, S. 95, verzeichnen 30482 Tote.
[75] Menschenverluste der Stadt Hamburg im 2. Weltkrieg, Hamburg in Zahlen, H. 26, Hamburg 1951.
[76] Zahlen nach Hillgruber/Hümmelchen: Chronik, S. 95. Hitlers Reaktion b. Heiber: Lagebespr., S. 289ff. u. Below, S. 342f.; s. auch Goebbels-Tgb. 26.-29. 7. 1943; techn. Probleme i. d. Erinnerungen v. E. Hampe: Die unbekannte Armee, Osnabrück 1980.
[77] Craven/Cate, II, S. 77ff.; Hillgruber: Hitler, Carol, Antonescu, a. a. O., S. 202; Neubacher, S. 46.
[78] Zu den Auswirkungen s. Constantinescu, a. a. O., S. 98; Molony, a. a. O., S. 330f. sowie ADAP, E, VI, Nr. 223.
[79] Galland, S. 190–197, 202–205.
[80] Groehler, S. 389 u. Galland, S. 173, 205 (nach Heiber: Lagebesprechungen, S. 289f.).
[81] Galland, S. 284–294; dazu Bekker: Angriffshöhe, S. 420–430.
[82] Groehler, S. 390.
[83] Dornberger, a. a. O., S. 77–170; Janssen, a. a. O., S. 189–207.
[84] Dornberger, S. 171–189; Hanssen, S. 196f.; Kurowski: Luftkrieg, S. 221ff.

[85] Heiber: Lagebespr., S. 429; E. Jablonski: Doppelschlag gegen Regensburg und Schweinfurt. Schulbeispiel oder Fehlschlag eines großen Bombenangriffs 1943, Stuttgart 1975.
[86] Bekker: Angriffshöhe, S. 410f.; Below, S. 343ff.; Irving/Milch, S. 304ff.; Speer, S. 303.
[87] Dornberger, S. 194f.
[88] Ebd., S. 195; vgl. G. Holzmann: Der Einsatz der Flak-Batterien im Wiener Raum 1940–1945 (Militärhist. Schriftenreihe, 4), Wien 1970 u. J. Ulrich: Der Luftkrieg über Österreich 1939–1945 (ebd. 5/6), Wien 1967.
[89] Galland, S. 223; Kurowski: Luftkrieg, S. 259; Molony, 344f.
[90] Groehler, S. 390.
[91] Koch, S. 67f.; H.-D. Nicolaisen: Die Flakhelfer, Luftwaffenhelfer und Marinehelfer im 2. Weltkrieg, Berlin-Frankfurt-Wien 1981; ders.: Der Einsatz der Luftwaffenhelfer und Marinehelfer im 2. Weltkrieg, Darstellung und Dokumentation, Büsum 1981; W. Paul: Der Heimatkrieg, Esslingen 1980, S. 202–209 (zit. Paul: Heimatkrieg).
[92] Heiber: Lagebesprechungen, S. 479; Goebbels-Tgb., 2.6.–12.6.1943; Irving: Dtschlds. Städte, S. 210–219.
[93] Craven/Cate, III, S. 752, 762, 799; Bombing Survey: Overall Report, S. 70.
[94] Th. M. Coffey: Entscheidung über Schweinfurt, Berlin 1978; Craven/Cate, II, S. 682ff.; Girbig, S. 89–95; F. Golück: Schweinfurt und der strategische Luftkrieg 1943, Paderborn 1980; Webster/Frankland, II, S. 61ff. u. IV, S. 245–257.
[95] Ebd., II, S. 9.
[96] Verrier, S. 186.
[97] Ebd., S. 102f.
[98] Irving: Dtschlds. Städte, S. 220–228.
[99] Harris, S. 245f.; Richards/Saunders, III, S. 158ff.; Webster/Frankland, II, S. 190ff.
[100] Goebbels-Tgb., 20.11. bis 20.12.1943; weitere Einzelheiten b. Piekalkiewicz: Luftkrieg, S. 280ff.; Studnitz, S. 40–137; Paul: Heimatkrieg, S. 223–234; J. Ethell u. A. Price: Angriffsziel Berlin, Stuttgart 1982.
[101] Zahlen nach Kurowski: Luftkrieg, S. 260.
[102] R. Travis: The Bomber War, in: W 4/1982, S. 145–151.
[103] Hanssen, S. 148–153; H. Rumpf: Die Industrie im Bombenkrieg, in: WWR 3/1953.
[104] Boelcke: Rüstung, a. a. O., S. 352–357.
[105] Wagenführ, a. a. O., S. 178ff.
[106] Zahlen nach Boelcke: Rüstung, S. 22–25; vgl. dazu K.-H. Ludwig: MM 2/1968.

Dritter Hauptabschnitt

Unternehmen »Zitadelle« 1943

Durch Mansteins Gegenangriff war die aufgerissene deutsche Ostfront wieder geschlossen. Die Schlammperiode hatte ein Ausnutzen des Erfolges verhindert. Doch plante Hitler schon die nächste Offensive. Er beabsichtigte, den Sowjets im Frühjahr und Sommer das »Gesetz des Handelns« vorzuschreiben, ehe die Anglo-Amerikaner auf dem Kontinent landeten. Auch wollte der ObdW das Vertrauen seiner Bündnispartner zurückgewinnen und dem Personalmangel des Reiches mit neuen Arbeitskräften – Kriegsgefangenen und verschleppten Bevölkerungsteilen – abhelfen.
Hitlers Operationsbefehle Nr. 5 und Nr. 6 vom 13. März und 15. April 1943[1] samt Ergänzung, Anlagen und »Grundlegenden Befehlen«[2] enthielten dazu Anweisungen. Seit dem Winterfeldzug hatten die Frontlinien zahlreiche Ein- und Ausbuchtungen. Einige konnten, wie Zeitzler feststellte, als Druckstellen bestehen bleiben. Andere mußten zur Kräfteeinsparung geräumt werden. Für die geplante Offensive (Unternehmen »Zitadelle«) eignete sich der 200 km breite und 120 km nach Westen vorspringende Frontbogen der Sowjets bei Kursk.[3]
Der ObdW legte Wert auf Geheimhaltung des Vorhabens.[4] Aber schon im April berichteten V-Leute der OKH-Abteilung »Fremde Heere Ost« (Gehlen), daß die Stawka von den deutschen Absichten Kenntnis hatte.[5] Bald wurden entsprechende Maßnahmen des Gegners – Schanztätigkeit mit Hilfe der zur Zwangsarbeit herangezogenen Zivilbevölkerung vor und hinter Kursk – gemeldet. Unter diesen Umständen konnte das Überraschungsmoment für die Offensive nicht wahrgenommen werden.
Trotzdem hielten Hitler und Keitel, Zeitzler und Bandstein an dem Plan fest. Eine realistische Feindbeurteilung des Generalstabes schien den ObdW nicht zu schrecken.[6] Die 199,5-Millionen-Bevölkerung der UdSSR ergab 38,9 Millionen Wehrpflichtige aus den Jahrgängen 1893–1925, abzüglich 6,4 Millionen Untaugliche sowie (angeblich) 11,9 Millionen Gefallene, Vermißte und Invaliden.[7] Nach dem auch für die Rote Armee verlustreichen Winterfeldzug 1942/43 zählte das russische Feldheer schätzungsweise 6,1 Millionen Mann.[8]
Demgegenüber war der Personalbestand des deutschen Heeres weit unter 3,9 Millionen abgesunken. Das Fehl an seiner Sollstärke betrug in der ersten Jahreshälfte 616000 Mann.[9] Keitel sah 800000 Neueinstellungen vor. Doch durch die jüngsten Führererlässe zur Mobilisierung weiterer Arbeitskräfte[10] und neue Aktionen Sauckels wurden nicht genügend Wehrpflichtige frei. Die gewerbliche Wirtschaft und der Bergbau stellten nur 200000, die Reichsbahn 33000. Hinzu kamen 100000 aus den Geburtenjahrgängen 1906–1922.[12]
In dieser Lage mußte sich Hitler wieder über seine rassenideologischen Vorurteile hinwegsetzen und der Wehrmacht die Einstellung weiterer Ausländer genehmigen. Die Luftwaffe stellte sogleich 100000 fremde Helfer ein. Das Ersatzheer tauschte sein Wirtschaftspersonal gegen Kriegsgefangene aus.[12] Beim Feldheer stieg die Zahl der

»Hilfswilligen« auf etwa 320000. Die sogenannten Osttruppen zählten jetzt 150000 Soldaten in 176 Bataillonen sowie 38 selbständigen Kompanien und Schwadronen.[13]
Himmler hob die Exklusivität der Waffen-SS auf. Er genehmigte den halbautonomen baltischen Landeschefs die Bildung eigener Verbände. Für »ein freies Lettland« erklärte sich General Oskars Dankers dazu bereit.[14] Er warb 31400 Mann, während Hjalmar Mäe 11800 zusammenbrachte.[15] Wer von den jungen Letten und Esten nicht SS-Uniform anziehen wollte, meldete sich zur deutschen Luftwaffe oder ging nach Finnland, das die Aufstellung eines Freiwilligen-Bataillons genehmigte.[16]
Sogar eine muselmanische Bosniaken-Division mit 21000 Mann rekrutierte das Ergänzungsamt der Waffen-SS (Berger). Auch wurden von 100000 jungen Leuten, die sich aus Galizien meldeten, 30000 eingestellt. Allerdings durfte sie ihre erste Division noch nicht eine »ukrainische« nennen und die blau-gelbe Nationalfahne führen.[17] Ähnlich erging es einem osttürkischen Verband und den Regimentern der Aserbeidschaner, Krim- und Wolgatataren. Zynisch bemerkte Frank zu diesem Völkergemisch: »Versagen sie, schießen wir sie tot. Eine einfache Sache«.[18]
Das Ergänzungsamt warb auch in westlichen Ländern. Ein Gesetz der Vichy-Regierung kam der Aktion entgegen. Sie ermöglichte die Erweiterung der aus Franzosen, Belgiern und Niederländern, Dänen und Norwegern bestehenden »Legionen«. Anfang 1943 wurden ihre Regimenter zu Brigaden und Divisionen. Mit weiteren Zugängen aus dem Balkanraum wuchs die Stärke der Waffen-SS von 230000 Mann (1942) auf 433400 Mann (1943).[19] Jeder dritte Soldat dieser Truppe war jetzt ein Ausländer.[20]
Während die Stärke des deutschen Feldheeres bis Mitte 1943 auf 4484000 »Landser« anstieg[21], stellte sich das Problem der Bewaffnung. Zeitzler hatte eine »Gewaltaktion zur Aufrüstung« vorgeschlagen.[22] Sie erforderte ein Abgehen von dem bisherigen Verteilerschlüssel, insbesondere bei Kraftfahrzeugen.[23] Eine wichtige Grundlage war das »Adolf-Hitler-Panzer-Programm«[24], das Speer zur Fertigung der neuen Typen P V »Panther« und P VI »Tiger« sowie des Panzerjägers »Ferdinand« (später: »Elefant«) entwickelte.[25]
Die Produktion ging nur langsam vonstatten. Engpässe bei Rohstoffen und Facharbeitermangel wirkten sich ebenso nachteilig aus wie die in Casablanca beschlossene und nun begonnene Bomberoffensive der Westalliierten. Bis zum 25. März 1943 hatte Henschel erst 230 »Tiger« gefertigt, dazu 25 »Panther«, deren Zahl im Juli auf insgesamt 200 Stück anstieg. Bei Porsche rollten bis Mitte März 90 »Tiger« aus den Werkhallen.[26] Ziemlich rasch erfolgte die Ausrüstung der 556 veralteten P III und P IV mit zusätzlichen Stahlplatten (»Schürzen«).[27]
Hitler hatte Warnungen vor dem vielleicht zur Abnutzungsschlacht entartenden Angriff – einem neuen »Verdun« – unter Berufung auf die neue Panzerwaffe zurückgewiesen.[28] Er überschätzte die Zahl der zur Truppe gelangenden Kampfwagen und ihre Qualität. Der P V »Panther« war mit seinem oft schadhaften Getriebe und einer unzureichenden Optik nicht frontreif. Den Stirnpanzer des »Ferdinand« konnte kein Geschoß durchschlagen, aber das Laufwerk dieses Fahrzeuges entsprach nicht den Anforderungen; auch erwies sich der Jagdpanzer im Nahkampf als hilfloser Riese.[29]
Die Verluste der Luftwaffe konnten nicht ausgeglichen werden. Immerhin stieg ihr Selbstvertrauen in der Schlacht um den Kubanbrückenkopf vom 17. April bis 7. Juni 1943. Elitejäger wie Aleksandr I. Pokryschkin, Dimitrij und Boris B. Glinka, die Nowikow erstmals auf »Spitfires« einsetzte[30], wurden von deutsch-rumänisch-slowaki-

schen Jagdverbänden geschlagen.[31] Unterdessen brachte Milch das neue pakbestückte Panzerjagdflugzeug Henschel »Hs 129 B 2« und den Focke-Wulf »FW 190 A«-Jagdbomber rechtzeitig an die Front.[32]

Eine schwere Belastung war die Situation im Hinterland. Sie betraf alle Territorien vom »rückwärtigen Heeresgebiet« bis zur Westgrenze des Generalgouvernements. Es gehörte zur Eigenart des Kampfes zwischen Gog und Magog[33], daß er auch diesen Raum, durch den die Nachschublinien der Wehrmacht führten, mit einbezog.[34] Sie waren stark gefährdet, denn beiderseits der Strecken entfalteten getarnte Späher, Saboteure und Partisanen eine lebhafte Tätigkeit.

Die geheime Militärorganisation der Polen konnte nicht noch einmal zerschlagen werden. Im Warschauer Getto entwickelte sich eine jüdische Widerstandsbewegung, die monatelang kämpfte, obwohl ihr von seiten der Armia Krajowa nicht geholfen wurde.[35] Als der SS-Brigadeführer Jürgen Stroop den Aufstand am 19. Mai 1943 niederschlug, 6000 Insurgenten füsilieren und etwa 50000 überlebende nach Auschwitz, Treblinka und Majdanek abtransportieren ließ, blieb das Land für die Deutschen ein gefährlicher Unruheherd.[36]

Bei Gniezdowo, im Walde von Katyn, hatten Besatzungsorgane der Wehrmacht 4243 der 1939 verschleppten polnischen Offiziere exhumiert und vor internationalen Zeugen nachgewiesen, daß diese Toten auf Anweisung des NKWD Anfang 1940 erschossen worden waren.[37] Obwohl noch andere sowjetische Hinterlassenschaften – vor allem ein Gräberfeld mit 9432 Leichen bei Winniza – hätten vorgezeigt werden können, nahm Goebbels die unlängst aufgefundenen Polen zum Anlaß für eine intensive Propagandakampagne.[38]

Die Ostvölker riß der »Fall Katyn« aber nicht aus ihrer Apathie. Weißrussen zum Beispiel, für die Kube einen Vertrauensrat berufen, soziale Dienste eingerichtet und den Selbstschutz organisiert hatte[39], wirkten eher nachdenklich oder verstört. Viele fühlten sich an deutsche Untaten erinnert, verspürten aber auch die bedrohliche Nähe der sowjetischen Geheimpolizei. Denn Agenten der Vierten Direktion des NKGB waren in dem deutsch besetzten Lande als Partisanenchefs und Sonderbeauftragte tätig.[40]

Sie hatte durch ihren Terror die landwirtschaftliche Produktion auf 74 Prozent des Ertrages je Hektar Ackerfläche herabgedrückt und damit eine Ernährungskrise verursacht.[41] Nacheinander wurden die meisten Kollaborateure umgebracht, zuerst Waclaw Iwanowskij, dann Fabian Akintschiz und Iwan Jermaschenko, schließlich Wladislaw Koskowskij.[42] Gegen Kube wurden 1942 vier Mordanschläge begangen, bis ihn 1943 das Schicksal in Gestalt einer unter seinem Bett versteckten Bombe ereilte.[43]

Zu den Schriftsätzen der deutschen Angriffsplanung gehörte ein »Grundlegender Befehl Nr. 14«.[44] Hitler gab mit ihm neue Richtlinien für die Bandenbekämpfung heraus. Waren zur Zeit 80000 Mann – hauptsächlich sechs ungarische Sicherungs-Divisionen[45], ein französisches Bataillon und sechzehn landeseigene Verbände – gegen die Partisanen eingesetzt, so wurden nun größere Unternehmen generalstabsmäßig vorbereitet und Fronttruppen der 2. Armee (Weiß) und 4. Armee (Heinrici) herangezogen.[46]

Gleichzeitig begann ein weiterer Propagandafeldzug. Goebbels hatte ihm einen Erlaß an die NS-Potentaten vorausgesckickt.[47] »Man kann«, erklärte der Minister, »Menschen der Ostvölker, die von uns Befreiung erhoffen, nicht als Bestien, Barbaren usw. bezeichnen und dann von ihnen Interesse am deutschen Sieg erwarten ... Äußerungen, daß Deutschland im Osten Kolonien erreichten ... werde, das Land und seine Bewohner

als Ausbeutungsobjekte betrachte, sind völlig verfehlt.« Eine Neuorientierung begann damit aber nicht. Hitler hielt an der bisherigen Politik fest.[48]
Die von der OKH-Abteilung »Fremde Heere Ost« (Gehlen) angeregte Frontpropaganda (Unternehmen »Silberstreif«) hatte Erfolg. Rund eine Milliarde Flugblätter und Passierscheine, Lautsprecher-Botschaften gefangener Offiziere und Kommissare, verbunden mit Nachrichten- und Musiksendungen, bewirkten, daß allein im Mittelabschnitt die Zahl der Überläufer von 703 (April) auf 2357 (Juli) anstieg[49] und 66 Piloten des Gegners mit ihren Maschinen auf deutschen Feldflugplätzen landeten.[50]
Das Unternehmen »Zitadelle« sollte als Zangenoffensive aus den Räumen von Bjelgorod und Orel in Richtung auf Kursk geführt werden. Zeitzler ließ hierzu bei der HGr. Süd (Manstein) und HGr. Mitte (Kluge) geeignete Stoßkräfte bereitstellen. Den rechten Angriffsflügel bildete die 4. Panzerarmee (Hoth) mit der Armee-Abteilung Kempf (18 Divisionen und 1137 Kampfwagen).[51] Zum linken Greifer war die 9. Armee (Model) bestimmt (15 Divisionen und 878 Panzer). Zwischen ihnen verhielt defensiv die 2. Armee (Weiß), mit sieben schwachen Divisionen.
Von den 33 Verbänden der Angriffskräfte waren 12 Panzerdivisionen. Sie zählten mit einer kleinen Reserve insgesamt 2026 Kampfwagen.[52] Bei diesen Truppen gab es keine Fehlstellen mehr. Sie besaßen eine vollständige Ausrüstung mit Waffen und Gerät. Auf die rund 900000 Mann kamen rund 10000 Geschütze.[53] Die Einsatzkräfte der LFl. 4 (Deßloch) und LFl. 6 (Greim) brachten 1990 Flugzeuge zum Start.[57] Außerdem stellte die Luftwaffe 10–12 Flak-Regimenter.[58]
Damit war der Angreifer dem Verteidiger aber nicht gewachsen. Das russische Oberkommando hatte die im Kursker Bogen eingeschanzten Heeresgruppen »Zentralfront« (Rokossowskij)[56] und »Woronescher Front« (Watutin)[57] verstärkt und hinter ihnen Reserven angesammelt. Ihr größter Verband war die neue HGr. »Steppenfront« (Konjew). Insgesamt umfaßten diese Kräfte 1910355 Rotarmisten mit 20800 Geschützen und 5130 Panzerkampfwagen. Die zu ihrer Unterstützung bestimmten Luftarmeen zählten 2050 Flugzeuge.[58]
Der deutsche Angriff sollte ab 3. Mai 1943 aufs Stichwort hin ausgelöst werden können.[59] Der Befehl wurde jedoch wiederholt verschoben. Die Kapitulation in Tunesien, Berichte über Landungsabsichten von westalliierter Seite, Verzögerungen bei der Panzerfertigung und Einwände des AOK 9 (Model) erforderten Rücksichtnahme.[60] Jodl und der Wehrmachtführungsstab glaubten bald nicht mehr an einen Erfolg des Unternehmens.[64] Guderian, den Hitler zum »Inspekteur der Panzertruppen« ernannt hatte, empfahl die Offensive anzusagen.[61]
Obwohl andererseits Keitel, Manstein und Kluge für den sofortigen Operationsbeginn eintraten[62], verschob Hitler den Angriffstermin, um ihn am 5. Juni erneut umzustoßen. Zwei Wochen darauf entschied sich der ObdW für den 3. Juli 1943 als Tag X des Unternehmens »Zitadelle«.[63] Informationen aus geheimen Quellen besagten, daß die Anglo-Amerikaner ihren nächsten Schachzug – eine Landung auf Sizilien oder Sardinien – erst 4–6 Wochen später wagen würden.[64]
Stalin, der nach kurzer Ankündigung Poskrebyschews im Zentralkomitee den Rang eines Marschalls angenommen hatte[65], war über die deutschen Absichten unterrichtet. Der Funkhorchdienst und die Frontaufklärung – auch das Schweizer Netz des Raswedupr (Iljitschow) – lieferten detailreiches Informationsmateriel.[66] Die Frage, ob man den Angriff abwarten oder ihm durch eine sowjetische Offensive zuvorkommen

solle, wurde durch Shukow, Wassilewskij und den Generalstab im Sinne der Defensive entschieden.[67]

Gleich zu Beginn des Abwehrkampfes wollte man aber mit starken Kräften der Heeresgruppen »Brjansker Front« (Popow) und »Westfront« (Sokolowskij) aus verschiedenen Richtungen in den deutschen Orelbogen hineinstoßen und dadurch die 9. Armee (Model) zur Einstellung ihres Angriffes zwingen.[68] Zu einem späteren Zeitpunkt würde auch die HGr. »Steppenfront« (Konjews) losschlagen. Schließlich war an eine breite Gegenoffensive und den erneuten Vorstoß durch das Donezbecken zum Dnjepr gedacht.[69]

Die Rote Armee hatte im Kursker Bogen zwei durchgehende Verteidigungslinien, dahinter in 250 km Raumtiefe drei weitere Stellungssysteme mit panzerbrechenden Waffen und Minenfeldern angelegt.[70] Wichtigste Abwehrwaffe war die Artillerie. Woronow hatte sie auf Motorzug umgerüstet und aus ihren Regimentern ganze Divisionen und Korps gebildet.[71] Der Panzerwaffe gab Federenko eine neue Gliederung. Ihre älteren Typen wurden eingegraben, das moderne Material auf fünf Panzerarmeen verteilt.[72]

Der Stawka waren Tag und Stunde des deutschen Angriffs bekannt.[73] Um ihm die Schwungkraft zu nehmen, richtete Shukow am 4. Juli 1943 um 22.30 Uhr einen überraschenden Feuerschlag aus allen Geschützrohren auf wichtige Ausgangsstellungen.[74] Ein ebenso plötzliches Bombardement, das Nowikow befohlen hatte, scheiterte allerdings. Die anfliegenden sowjetischen Kampfverbände wurden von Funkaufklärern und Freyageräten erfaßt und durch Jäger des VIII. Fliegerkorps (Seidemann) rechtzeitig abgefangen.[75]

Ohne Mitwirkung der Luftwaffe wäre die deutsche Offensive sofort gescheitert. Dank der neuen Fliegertaktik des »Einbruchswirbels«, den Jeschonnek hatte üben lassen, konnte die 4. Panzerarmee (Hoth) am 5. Juli 1943 südlich Obojan den sowjetischen Stellungsriegel 18 km tief durchstoßen.[76] Der 9. Armee (Model) nützten die kombinierten Stuka- und Jabo-Angriffe weniger. Ihre Divisionen gewannen nur 10 km weit Raum.[77] Die Verluste stiegen.[78] An ein Schließen der Zange nach sechs Tagen jenseits von Kursk war nicht zu denken. Trotzdem befahl Hitler die Fortsetzung der Operationen.[79]

Ein Wettlauf zwischen der Luftwaffe und den Reserven des Gegners hatte begonnen. Einige Kolonnen wurden durch deutsche Schlachtflieger zerschlagen. Die meisten Sowjetverbände erreichten ihre Bestimmungsräume. Am 12. Juli rollten zwei Panzerlawinen aufeinander zu. Shukow, den die Stawka zur Koordinierung entsandt hatte, warf bei Obojan die 5. Gardearmee (Schadow), 5. Garde-Panzerarmee (Rotmistrow) und 6. Gardearmee (Tschistjakow) in den Kampf. Gegen Abend bedeckten Hunderte von brennenden Kampfwagen das Gefilde.[80]

Hitler hatte an dem gesteckten Ziel festgehalten, obwohl die Anglo-Amerikaner entgegen seinen Erwartungen schon am 10. Juli 1943 auf Sizilien gelandet waren und Kräfte von der Ostfront nach Italien abgegeben werden mußten.[81] Als der ObdW am 13. Juli die Befehlshaber zu sich rief, plädierte Manstein für die Fortsetzung des Unternehmens »Zitadelle«.[82] Aber sein Hinweis auf die hohen Verluste des Gegners (etwa 17000 Tote, 34000 Gefangene und 6574 Überläufer) fiel nicht ins Gewicht. Kluge verwies auf die katastrophale Lage seiner Heeresgruppe. Seit dem Vortage griffen die Sowjets den Orelbogen an und erzielten bei der 2. Panzerarmee (Schmidt) tiefe Einbrüche.[83]

Die Schlacht wurde abgebrochen. Aber der Kampf ging weiter. Das OKH ließ den Orelbogen räumen und entsandte freiwerdende Kräfte zu anderen Brennpunkten. Auch der linke Flügel des Gegners, die HGr. »Südwestfront« (Malinowskij) und »Südfront« (Tolbuchin) schlugen zu. Zwischen ihnen und der »Zentralfront« (Watutin) übernahm die »Steppenfront« (Konjews) einen Angriffsstreifen. Anfang August flossen die vielen Operationen in einer großen Sommeroffensive zusammen. Auf 450km Breite rückten 18 russische Armeen nach Westen vor.[84]
Eine Partisanenaktion großen Stils unterbrach für 48 Stunden den deutschen Nachschubverkehr auf den Eisenbahnstrecken.[85] Brjansk, Charkow und Stalino gingen verloren. Aber Hitler wollte nicht zur beweglichen Kampfführung übergehen, sondern mit Rücksicht auf die schwankenden Bündnispartner an jeder Position festhalten. Nur mit Mühe brachte ihn Zeitzler so weit, den Bau des »Ostwalles« – einer Auffangstellung vom Asowschen Meer über den Dnjeprabschnitt bis an die Ostsee bei Narwa zu genehmigen.[86] Spätestens vor dieser Linie sollte der sowjetische Vormarsch zum Stehen gebracht werden.

[1] Alg. W. Hubatsch: Das Kulminationsjahr 1943, in: Die deutsche militärische Führung in der Kriegswende, Köln-Opladen 1964; E. Klink: Gesetz, Anlagen I, 1 u. I, 6, S. 277–286, 292–299; auch KTB/OKW, III, S. 1420ff., 1425ff.
[2] Ebd., Anl. I, 7 u. I, 9, S. 300–305.
[3] Zur Genesis J. Engelmann: »Zitadelle« 1943. Die größte Panzerschlacht im Osten, Friedberg 1982, S. 15ff. (zit. Engelmann); Philippi/Heim, a.a.O., S. 208–211; Seaton, a.a.O., S. 353–356.
[4] Operationsbefehl Nr. 6, a.a.O., S. 293.
[5] Gehlen, a.a.O., S. 66; dazu Shukow, II, S. 150.
[6] Gehlen, S. 20ff.
[7] Diese Angabe beruhte auf Aussagen eines gefangenen sowj. Generals u. war unzutreffend; vgl. KTB/OKW, III, S. 66; Mueller-Hillebrand, a.a.O., III, S. 104.
[8] Lt. Akten des OKH/GenSt. d. H./Abt. Fremde Heere Ost, im MGFA, s. Klink: Gesetz, S. 51–57 u. Anm. 41–45. In d. sowj. Nachkriegslit. z.B. bei Gretschko, VII, S. 21ff., Sacharow, a.a.O., S. 472 u. Shukow, II, S. 150, sind f. d. 1. Jahreshälfte 1943 sogar 6,4 Mill. verzeichnet, davon 5,1 Mill. a. d. Westfront.
[9] Mueller-Hillebrand, II, S. 109ff.
[10] RGBl., 19.12.1942; 9.1.1943; 13.1.1943.
[11] Klink: Gesetz, S. 34.
[12] Ebd., S. 38.
[13] Vgl. Hitlers Unterredung mit Keitel v. 19.5.1943 b. Heiber: Lagebespr., S. 208–220; sowie mit Keitel u. Zeitzler v. 8.6.1943, ebd. S. 252ff.; Mueller-Hillebrand, III, S. 114.
[14] Myllyniemi, a.a.O., S. 254f.; H. Stöber: Die lettischen Divisionen im VI. SS-Korps, Osnabrück 1981.
[15] Neulen, a.a.O., S. 121ff.
[16] Eesti pataljon, in: Vôiteja 5/1964.
[17] W.-D. Heike: Sie wollten die Freiheit. Die Geschichte der ukrainischen Division 1943–1945, Dorheim, o. J., S. 40; auch Illnitzkyj, a.a.O., S. 244f.
[18] Dienst-Tgb., S. 31.
[19] Mueller-Hillebrand, III, S. 80; abweichend Neulen, S. 131ff.
[20] Eine unsichere Schätzung, weil viele Freiwillige aus Ungarn, Rumänien und Jugoslawien ihre bisherige Staatsangehörigkeit behielten, andere jedoch darauf verzichteten. Vgl. H. Sundhausen: Die Geschichte der Waffen-SS in Kroatien, in: Südost-Forschung 30/1971, S. 189ff. u. L. Tilkovsky: Die Werbeaktion der Waffen-SS in Ungarn, in: Acta historica 20/1974, S. 146.
[21] Mueller-Hillebrand, III, S. 109, 111.
[22] Klink: Gesetz, S. 32.
[23] Ebd., S. 33.

[24] Boelcke: Rüstung, a. a. O., S. 22ff. u. Dok., S. 61–151; dazu Janssen, a. a. O., S. 93ff. u. Wagenführ: Industrie, a. a. O., S. 178ff.

[25] Zur techn. Seite R. Lusar, a. a. O.; W. Nehring, a. a. O.; F. v. Senger- u. Etterlin, a. a. O.; Wiener/Spiegelberger, a. a. O.

[26] Boelcke: Rüstung, S. 30f. u. Dokumente.

[27] Bachelor, a. a. O., S. 169ff.

[28] Mueller-Hillebrand, III, S. 112.

[29] Macksey: Guderian, S. 263.

[30] A. I. Pokrychkine: Ciel de guerre, Moskau 1969, S. 303–345.

[31] Groehler, a. a. O., S. 360.

[32] Techn. Einzelheiten b. Nowarra, a. a. O.

[33] Bibl. Barbarenvolk, das i. d. Endzeit herrscht u. untergeht (Offenbarung 10,8).

[34] H. Teske: Die Bedeutung der Eisenbahn bei Aufmarsch, Verteidigung und Rückzug einer Heeresgruppe. Dargestellt an der deutschen Operation »Zitadelle« gegen Kursk und ihren Auswirkungen im Sommer 1943, in: ASMZ 121/1955 (zit. Teske: Kursk).

[35] Allg. Drosdowski/Zahorski, a. a. O., Bd. 2, S. 201–237; dazu Ainsztein, a. a. O., S. 188ff.; J. Gutman: The Jews of Warshaw 1939–1943, Ghetto Underground, Bloomington, Ind., 1982.; Ringelblum, a. a. O., passim.

[36] IMT, Bd. 1, S. 280f., 305; Bd. 2, S. 148f.; Bd. 3, S. 591f., 617; Bd. 11, S. 388f.; Der Stroop-Bericht, Neuwied 1960. Weiteres b. J. Andreijewski: Warschauer Karwoche, München 1966; M. Dvorjetski, in: Getto à l'Est, Paris 1950, S. 109ff.; Garlinski: Auschwitz, a. a. O., S. 199ff.; B. Goldstein: Die Sterne sind Zeugen, München 1965; M. Kurzmann: Die letzten Tage des Warschauer Ghettos, Gütersloh 1979; P. Lazzero: Il Ghetto, in: St. 11/1978, S. 44ff.; K. Mehrmann: Der Zionismus während des Zweiten Weltkrieges, Reutlingen 1966, S. 45ff.; T. Prekerowa: Konspiracyjna Rada Pomocy Zydom w Warszawie 1942–1945, Warschau 1982; J. Tennebaum: In Search of a Lost People, New York 1949, S. 101ff.

[37] Dazu die Übersicht v. Jagodzinski: The Katyn Bibliography, New York, London 1976. Grundlegende Untersuchungen: U.S. House of Representatives, Select Committee on the Katyn Forest Massacre, Hearings and Final Report, Washington, D. C., 1952 u. De Zayas: WUSt, a. a. O., S. 17ff., 355–361; die sowj. Version in: IMT, Bd. 11, S. 272f.; vgl. auch O. Beckmann: Katyn. Moskaus Kampf gegen die historische Wahrheit. Die Verkleinerung des Kriegsverbrechens, in: Beitr. zur Konfliktforschung 4/1980, S. 137–163. G. Czapski: Terre inhumaine, Lausanne 1978. L. Fitzgibbon: Katyn, London 1975; J. Mackiewicz: Katyn. Das ungesühnte Verbrechen, Zürich 1949; ders.: The Katyn-wood murderers, London 1952 (u. ö.); A. Kwiatowska-Viatteau: Katyn – La négation d'un massacre, in: L'Histoire 6/1981, S. 6ff.; dieselbe jetzt: 1940–1943 La mémoire du siècle, Paris 1983; H. de Monfort: Le massacre de Katyn. Crime russe ou crime allemand? Paris 1966; St. Swianiewicz: W Cieniu Katynia, Maison Lafitte 1976; H. Thieme: Katyn. Ein Geheimnis? in: VZ 3/1955, S. 409ff.; J. K. Zawodny: Death in the Forest. The Story of the Katyn Forest Massacre, Notre Dame, Ind., 1980.

[38] J. P. Fox: Der Fall Katyn und die Propaganda des NS-Regimes, in: VZ 2/1982, S. 462–489 (zit. Fox) auch W. v. Oven; Finale Furioso. Mit Goebbels zum Ende, Tübingen, 1974, S. 120f., 192f. Die Funde von Winniza bei De Zayas: WUSt, S. 263ff.; dort auch d. amerik. Untersuchungsergebnisse, Anm. 2 u. 3.

[39] H. Heiber (Hg.): Aus den Akten des Gauleiters Kube der Kurmark, in: VZ 4/1956, S. 77ff.; weitere Dokumente: Cahiers historiques de l'Institut littéraire polonais, Maison Lafitte 1981; The Katyn Massacre. Final Report of the Select Committee to Conduct an Investigation and Study the Facts, Evidence and Circumstances of the Katyn Forest Massacre, Washington, D. C., 1952; Dispatches of Sir Owen O'Maloy to the British Government, Chicago, Ill., 1973.

[40] J. A. Armstrong: Soviet Partisans in World War II, Madison, N. J., 1964; Gretschko, VI, S. 202–224; H. Kühnrich: Der Partisanenkampf in Europa, (Ost)Berlin 1968; Macksey: Partisanans, a. a. O., S. 151ff.; O. Heilbrunn: Der sowjetische Geheimdienst, Frankfurt 1956; Hesse, a. a. O., S. 61ff.

[41] Klink: Gesetz, S. 128.

[42] Dallin, a. a. O., S. 231.

[43] Chochlow, a. a. O., S. 224ff. und Erinnerungen der Attentäterin J. Masanik in: Sowjetunion heute 12/1982, S. 34; dazu H. G. Dahms: Mord in Minsk, in: D. 5. u. 6./1980, S. 437–451, 464–478; Dallin, S. 499–501, 683; Lewitzkyj, S. 213; Reitlinger: Haus, S. 207ff.

[44] Klink: Gesetz, Anl. I, 8, 302f.

[45] Adonyi-Naredy, a. a. O., S. 68.
[46] Klink: Gesetz, S. 127–237.
[47] BA: R 6/139; dazu Buchbender, a. a. O., S. 225.
[48] H. Krausnick: Zu Hitlers Ostpolitik im Sommer 1943. Auszug aus der Ansprache des Führers am 1.7.1943, in: VZ 2/1954, S. 305–312.
[49] Buchbender, S. 232–244.
[50] Ebd., Anm. 328.
[51] Panzerzahlen nach Nehring, a. a. O., S. 301.
[52] Divisionen nach Mueller-Hillebrand, III, S. 127f.
[53] Mueller-Hillebrand, III, S. 128.
[54] Flugzeugzahlen nach Groehler, S. 364.
[55] Klink: Gesetz, Anl. II, 5 u. II, 6.
[56] Gretschko, VII, S. 162–180; K. K. Rokossowskij: Le front central dans la bataille de Koursk, in I. Parotkine: La bataille de Koursk, Moskau 1975, S. 46ff. (zit. Koursk); E. Riedi: Die Schlacht um Kursk, Juli/August 1943, in: ASMZ 12/1974, S. 627ff.
[57] C. S. Moskalenko: Le front de Voronej dans la bataille de Koursk, in: Koursk, S. 86ff.
[58] Koursk, Annexe 1 u. 5, S. 259ff. u. 271.
[59] Operationsbefehl Nr. 6, s. Klink: Gesetz, Anl. I, 6.
[60] Görlitz: Model, S. 140f.; Nehring, S. 297.
[61] Guderian, a. a. O., S. 276ff.; Warlimont, a. a. O., S. 343;
[62] Manstein, a. a. O., S. 488f.; Seaton, S. 356.
[63] Klink: Gesetz, S. 140–144.
[64] Warlimont, S. 347f.; dazu B. Mueller-Hillebrand: Der Zweifrontenkrieg, Frankfurt 1969, S. 9–32 (zit. Mueller-Hillebrand: Zweifrontenkrieg).
[65] Gosztony: Rote Armee, S. 243.
[66] Heideking in: Schulz (Hg): Geheimdienste, S. 146; weitere Einzelheiten b. Flicke, a. a. O., S. 78ff.; Engelmann, S. 29ff.; Höhne: Direktor, a. a. O., S. 279ff. u. Radó, a. a. O., S. 221ff., 258ff.
[67] Shtemenko, a. a. O., S. 146–168; Shukow, II, S. 154ff.; A. M. Wassilewskij: L'élaboration du plan stratégique de la bataille de Koursk, in: Koursk, S. 46–58; neuerdings Gretschko, VII, S. 135ff.
[68] Ebd. VII, S. 155ff.; L. M. Sandalow: Sur l'axe de Briansk, in: Koursk, S. 86–93.
[69] Wassilewskij (s. Anm. 67), S. 57.
[70] Gretschko, VII, S. 162ff.; dazu G. Heinrici u. F. W. Hauck: Zitadelle, in: WWR 15/1965, H 8–10; Engelmann, S. 25f. u. Skizze, S. 27.
[71] N. S. Fomine: L'artillerie dans la bataille de Koursk, in: Koursk, S. 154–161; Gosztony: Rote Armee, S. 244.
[72] P. A. Rotmistrow: Le rôle des blindés dans la bataille de Koursk, in: Koursk, S. 132ff.
[73] Shtemenko, S. 167.
[74] Shukow, II, S. 154.
[75] Gretschko, VII, S. 154–161; Bekker: Angriffshöhe, S. 382ff. Weitere Einzelheiten b. P. Carell: Verbrannte Erde. Schlachten zwischen Wolga und Weichsel, Berlin 1966, S. 13–102 (zit. Carell: Verbrannte Erde).
[76] Klink: Gesetz, S. 184–193; Engelmann, S. 71ff.; neuerdings S. Stadler: Die Offensive gegen Kursk, Osnabrück 1980, S. 18ff.
[77] Klink: Gesetz, S. 245–264; auch P. Carell: Verbrannte Erde, S. 45ff.
[78] Rendulic, a. a. O., S. 128–135.
[79] Philippi/Heim, S. 211.
[80] A. K. Babdjamian: Troupes blindées et mecanisiées dans la bataille de Koursk, in: Koursk, S. 137–165; Gretschko, VII, S. 516ff.; J. Jukes: Koursk. The Clash of the Armour, New York 1972; dazu Guderian, S. 283; Manstein, S. 443ff.; Mellenthin, S. 213–239; Nehring, S. 306ff.
[81] KTB/OKW, III, S. 765f.
[82] Manstein, S. 447f.; Engelmann, S. 156.
[83] Heiber: Lagebespr., S. 269f., 252f. Klink: Gesetz, S. 265ff.; dazu W. Haupt: Heeresgruppe Mitte, Dorheim 1968 u. H. Scheibert: Panzergrenadier-Division »Großdeutschland«, Dorheim 1970.
[84] Gretschko, VII, S. 188–220, 223–229; L. S. Konjew: La grande bataille de Koursk et sa portée historique, in: Koursk, S. 11–25; ders.: Aufzeichnungen eines Frontbefehlshabers 1943/44 (Ost)Berlin [2]1983, S. 9–26 (zit. Konjew I); Philippi/Heim, S. 214ff.

85 W. Adrianow: Partisan raids, in: SMR 7/1974; W. J. Bystrow: La lutte menée par les partisans sovietiques pendant la bataille de Koursk, in: Koursk, S. 215–224; Gretschko, VII, S. 358–378; Macksey: Partisans, S. 157 ff.; Teske: Koursk, S. 287; P. Ponomarenko: The rail war, in: SMR 6/1974.

86 Philippi/Heim, S. 215.

Die Anti-Hitler-Koalition 1943

Als Rußland Hitlers Angriff zurückschlug, sahen sich Amerika und Großbritannien der Aufgabe enthoben, die unter Fremdherrschaft stehenden Länder allein freikämpfen zu müssen. Die USA hatten daher Anfang 1943 die im »Victory Programm« vorgesehenen 215 Divisionen auf 89 reduziert.[1] Dieser Entschluß ermöglichte eine verstärkte Ausrüstung der alliierten Luft- und Seestreitkräfte. Er verhinderte nicht die geplante Invasion. Dennoch war der Verzicht auf die Mehrzahl der eingeplanten Bodentruppen verhängnisvoll. Denn die Verbündeten ermangelten bald einer ausreichenden Heeresmacht zur Wahrnehmung weltweiter Interessen.[2]
Um den Groll der Sowjets über das lange Ausbleiben des Trans-Kanal-Angriffes zu dämpfen, hatten Roosevelt und Churchill ihre Forderung nach »bedingungsloser Kapitulation« des Gegners erhoben und die »kombinierte Bomberoffensive« eingeleitet. Stalin betonte dagegen, daß die UdSSR nicht beabsichtige, »den deutschen Staat zu vernichten«.[3] Während russische Diplomaten Friedensfühler ausstreckten, suchte er durch Gründung des »Nationalkomitees Freies Deutschland« und eines »Bundes deutscher Offiziere« unter den Kriegsgefangenen Reminiszenzen an glücklichere Zeiten zu beschwören.[4]
Zu den weiteren Maßnahmen gehörten die Selbstauflösung der Komintern[5], Erlasse zur Einführung vorrevolutionärer Dienstgradabzeichen, Truppenfahnen und hoher Orden mit den Namen zaristischer Feldherren[6] sowie das endgültige Ausscheiden der Armeekommissare.[7] Auch die Wiedererweckung des Panslawismus diente zur Stärkung des Geistes. Durch Poskrebyschew ließ Stalin den Metropoliten von Nischnij-Nowgorod rufen und zum Patriarchen der russisch-orthodoxen Kirche erheben.[8]
Jeder dieser Schachzüge zielte in die Richtung des sowjetischen Vormarsches. Von den Komintern war nicht länger zu befürchten, daß sie Kommunistische Parteien des Auslandes dem Sowjetimperialismus dienstbar machten. Ohne furchteinflößende Politruks, geschmückt mit altbekannten Emblemen, mochte das nun zum Dnjepr aufschließende Russenheer den abtrünnigen Bevölkerungselementen und antibolschewistischen Partisanen wieder als eine passable Ordnungsmacht erscheinen. Nach Bukarest, Belgrad und Athen gerichtete Botschaften des neuen Patriarchen sowie religiöse Propaganda bei den Kosaken der Wehrmacht und einem russischen Emigranten-Schutzkorps, das für Nedić gegen Tito kämpfte, ergänzten die Sympathiewerbung. Ungelöst war die polnische Frage, insbesondere das Problem der künftigen Ostgrenze des Landes. Mit ihr verband sich das Schicksal von Millionen Menschen, die Stalin, soweit er sie nicht hatte umbringen lassen, entweder gefangen hielt oder als Sowjetbürger in Anspruch nahm. General Wladyslaw Sikorski und Botschafter Stanislaw Kot rangen seit zwei Jahren vergebens um eine Klärung der Verhältnisse. Doch selbst die Berufung auf Grundsätze der Atlantik-Charter bewogen sowjetische Staatsmänner nicht zum offenen Gespräch.[9] Churchill wollte die Grenzfrage dilatorisch behandeln. Eden schwankte, Hull schwieg.

Roosevelt behandelte Sikorski als lästigen Antragsteller.[10] Für die Sowjets aber war der exilpolnische Ministerpräsident ein Gegner, den sie isolieren wollten. Denn sein wiederholter Appell an die Westalliierten, mit starken Kräften auf der Balkanhalbinsel zu landen, konnte sich zur Flankenbedrohung des russischen Vormarsches auswachsen und die kommunistenfeindliche Armia Krajowa ermutigen.[11]

Der Fall Katyn war zur Katastrophe in den alliierten Beziehungen geworden.[12] Angesichts der Leichenfunde hatte das polnische Exilkabinett von Maiskij eine Erklärung gefordert, aber nicht erhalten.[13] Indes belasteten vorliegende Informationen eindeutig die Sowjets mit der Verantwortung für den Massenmord. Doch als Sikorski das Internationale Rote Kreuz bat, eine Untersuchungskommission nach Rußland zu entsenden, bezichtigte ihn Moskau, im Solde Hitlers zu stehen.[14] Molotow eröffnete Kot, daß die UdSSR vorläufig keine Beziehungen mehr zur polnischen Regierung unterhalten werde.[15]

Die Schärfe der sowjetischen Vorwürfe ließen Roosevelt und Churchill befürchten, daß Stalin eine ihm passende Führungsmannschaft in Polen einzusetzen gedenke.[16] Zeitweise war man deshalb in Whitehall und am Potomac auf der Suche nach einem fügsamen Politiker, der Sikorski ablösen würde.[17] Aber niemand wollte den Posten des Ministerpräsidenten übernehmen. Auch General Marian Kukiel lehnte ab, obwohl mittlerweile das Internationale Rote Kreuz erklärte, die Morde von Katyn nur auf Antrag beider Parteien untersuchen zu lassen.[18]

Gerüchte verbreiteten die Kunde von Mordanschlägen auf Sikorski. Als sein Flugzeug am 5. Juli 1943 bei Gibraltar ins Meer stürzte und alle Passagiere außer dem tschechischen Piloten starben, dachte man sofort an ein Attentat.[19] Unterdessen gingen die Auseinandersetzungen zwischen Russen und Polen neuen Höhepunkten entgegen. Denn Moskau war es nicht um Aufklärung des Katyn-Massakers zu tun, das KGB-Organe in eigener Regie zurechtrücken konnten, sobald sowjetische Truppen die Gegend von Smolensk besetzten.

Hinter der Propagandafassade begann erneut die russische Westexpansion. Molotow forderte von Großbritannien die Bildung einer den Sowjets »freundlich« gesonnenen Exilregierung.[20] Stalin wollte bestimmen, was darunter zu verstehen sei. Sikorskis Nachfolger, der schwache Ministerpräsident Stanislaw Mikolajczyk, mißfiel dem Kreml.[21] Die Sowjetunion gründete daher einen »Verband Polnischer Patrioten – Zwiazek Polskich Patriotów« als Keimzelle des für Warschau bestimmten kommunistischen Regimes.[22] Auch eine neue polnische Division wurde aufgestellt und erhielt zur Irreführung den Namen des Freiheitskämpfers Tadeuz Kosciuszko.[23]

Pausenlos geißelten Propagandaorgane der UdSSR die »verräterische Politik« der mißliebigen Regierung Mikolajczyk. Auch gegen Großbritannien und die USA wurden Vorwürfe erhoben, weil sie im Fall Katyn und anderen Streitfragen nicht eindeutig für Rußland Stellung bezogen hätten. Außerdem beklagte sich Stalin über das Waffenstillstandsabkommen mit Italien. Die Westmächte, behauptete er, hätten ihn vorher konsultieren müssen.[24]

Dieser Protest, der Roosevelt und Churchill am letzten Tag ihrer Konferenz in Quebec überraschte, gab den Anstoß zu einer westlichen Initiative. Vorausgegangen war ein Memorandum des amerikanischen Generalstabes vom 10. August 1943, mit dem die Joint Chiefs of Staff auf Betreiben Marshalls hervorhoben, daß Rußland »nach dem Kriege in Europa eine beherrschende Stellung innehaben« werde. Da den Sowjets

dann niemand mehr entgegentreten könne, müsse man sie rechtzeitig als Freunde gewinnen.[25]
Das ursprüngliche Rußlandbild des Präsidenten wurde ins Gegenteil verkehrt: die Quantité négligable entpuppte sich als Militärmacht ersten Ranges.[26] Churchill, der noch um Wiederherstellung des europäischen Gleichgewichtes rang, schien realitätsblind zu sein. Von jetzt an traf Roosevelt allein wichtige Entscheidungen.[27] Er berücksichtigte die unangemessene amerikanische Heeresstärke, wußte aber aus Gesprächen mit Vannevar Bush die Vereinigten Staaten auf geradem Weg zum Besitz des Atommonopols.[28]
Auch die Stimmung im Lande sprach für eine stärkere diplomatische Aktivität der USA. »One World«, ein Buch von Wendell Wilkie, war zum Bestseller geworden.[29] Die Republikaner hatten seine Gedanken aufgegriffen und beschlossen, sich für eine gedeihliche Nachkriegsordnung einzusetzen. Demokraten zogen nach. J. William Fulbright und Tom Conally drängten zu entsprechenden Resolutionen des Kongresses.[30]
Roosevelt selbst hatte schon auf das Erfordernis der frühzeitigen Friedenssicherung hingewiesen.[31] Der Präsident wollte mit Stalin sprechen und ihm sowohl eine Viermächte-Erklärung über die Nachkriegsordnung als auch »korrekte« Abstimmungen in den baltischen Republiken und Polen vorschlagen.[32] Molotow hielt diese Themen für abwegig, wünschte aber Verhandlungen, die der Roten Armee den Vormarsch erleichtern würden. Auf Anregung Churchills lud der Volkskommissar zu einer Außenminister-Konferenz nach Moskau vom 19. bis 30. Oktober 1943. Das Gipfeltreffen der »Großen Drei« sollte Ende Oktober/Anfang Dezember im sowjetisch besetzten Teheran stattfinden.[33]
Bei der Moskauer Außenminister-Konferenz hatten Cordell Hull und Anthony Eden das Nachsehen.[34] Widerspruchslos nahmen sie zur Kenntnis, daß Molotow »ein starkes ... sowjetfreundliches« Polen forderte, die Viermächte-Erklärung zur Bedeutungslosigkeit herabstufte und es ablehnte, über Föderationen der Kleinstaaten zu diskutieren. Vereinbart wurde die Gründung einer »Europäischen Beratenden Kommission« ind London, wo Fjodor T. Gusew – Maiskijs Nachfolger – zusammen mit dem US-Botschafter John G. Winant (USA) und Sir William Strang (Großbritannien) weitere Vorschläge erarbeiten sollte.[35]
Diese Vereinbarung wie auch der Beschluß, die Republik Österreich zu restaurieren, gereichte den Sowjets zum Vorteil. Das gleiche galt für Erklärungen über »Grausamkeit« und die Säuberung Italiens von »faschistischen ... Elementen«. Fernöstliche Fragen, an denen Amerika und Großbritannien gelegen waren, hatte Molotow ausgeklammert. Beim Abschiedsbankett für Hull wiederholte Stalin aber seine Erklärung vom Februar, daß die Sowjetunion nach der Niederlage Deutschlands in den Krieg gegen Japan eingreifen werde.[36]
Vor dem Treffen in Teheran errang die Rote Armee neue Erfolge.[37] Zeitzler hatte mit dem Bau des »Ostwalles«, der »Panther-Stellung« begonnen[38] und befohlen, das Vorfeld dieser Linie zu verteidigen.[39] Doch die durch endgültige Räumung des Kuban-Brückenkopfes (Unternehmen »Krimhild«) verfügbar werdenden Kräfte – 202774 Mann (darunter 50139 Rumänen, 28486 Hiwi und 27416 Zivilpersonen), 54664 Pferde und 15237 Kraftfahrzeuge, 1196 Geschütze und 94837t Wehrmachgut – waren kein hinlänglicher Ersatz für Abgaben nach Italien und eingetretene Verluste.[40]
Der Versuch, die Gewalt der russischen Offensive spätestens am westlichen Steilufer des Dnjepr und in den weiter nördlich ausgebauten Stellungen zu brechen, scheiterte. Vier

Krisenpunkte zeichneten sich ab: für die HGr. A (Kleist) auf der Krim und westlich Melitopol; bei der HGr. Süd (Manstein) zwischen Saporoschje und Krementschug; an den Fronten der HGr. Mitte (Kluge) um Gomel, Newel und Witebsk. Überall gewann der Angreifer günstige Positionen für seine nächsten Durchbrüche.[41]

Auf der Halbinsel Krim eroberte die vom Kuban nachsetzende HGr. »Nordkaukasus-Front« (Petrow) drei Brückenköpfe.[42] Zwischen Krementschug und Dnjepropetrowsk wurden die deutschen Linien von den Heeresgruppen »3. Ukrainische Front« (Malinowskij) und »2. Ukrainische Front« (Konjew) in 150 km Breite aufgerissen.[43] An der Pripjetmündung hatte die »Zentralfront« (Rokossowskij) den Strom überschritten.[44] Am 6. November 1943 fiel Kiew in die Hände der »Woronesch-Front« (Watutin).[45] Einige Tage später näherten sich Panzerspitzen des Angreifers bei Schitomir und Korosten der früheren polnischen Grenze.

Die Operationen der Sowjets gestalteten sich allerdings, wie Stalin zugab, weniger günstig als gewollt. Denn das XXXXVIII. Panzerkorps (Hube) und die 4. Panzerarmee (Hoth) eroberten Schitomir und Korosten zurück. Trotz heftiger Angriffe hielt die Naht zwischen der HGr. Mitte (Busch) und HGr. Nord (Küchler). Immerhin hatten russische Kräfte die Front der 2. Armee (Weiß), 8. Armee (Wöhler) und 6. Armee (Hollidt) durchstoßen und südwestlich von Melitopol die 17. Armee (Jaenecke) auf der Halbinsel Krim abgeschnitten.

Jedenfalls verfügte Stalin zu Beginn der Konferenz von Teheran (»Eureka«) am 28. November 1943 über starke Trümpfe. Roosevelt war, als er sich überreden ließ, Räume in der Sowjetbotschaft zu beziehen, von Funktionären des NKWD umgeben.[46] Auch hatte der Präsident ebenso wie Churchill gesprächige Familienangehörige mitgebracht.[47] Beim ersten Zusammentreffen fungierte nicht Charles E. Bohlen als Dolmetscher.[48] Um zu zeigen, daß sie eine vertrauensvolle Partnerschaft mit den Sowjets anstreben, ließen die Amerikaner ihre Äußerungen zunächst von Walentin M. Bereschkow und Wladimir N. Pawlow übersetzen.[49]

Schon bei der vorausgegangenen Konferenz mit Tschiang kai-schek in Kairo war es zu Meinungsverschiedenheiten zwischen den Angelsachsen gekommen.[50] In Teheran ergaben sich weitere. Churchill wollte den Russen sowenig Raum wie möglich überlassen, Roosevelt dagegen die Zuneigung der Russen gewinnen. »Mir scheint«, hatte er zu William C. Bullitt gesagt, »daß Stalin nur Sicherheit für sein Land wünscht . . . Wenn ich ihm alles gebe, was in meiner Macht steht, und dafür keine Gegenleistung verlange, dann wird er sich – noblesse oblige – nichts einverleiben und für eine Welt der Demokratie und des Friedens arbeiten«.[51]

Um die Russen zu erheitern, ging der Präsident so weit, Churchill mit seinen persönlichen Gewohnheiten aufzuziehen. In gehobener Stimmung schlug Stalin vor, bei Kriegsende 50000 bis 100000 deutsche Offiziere ohne Gerichtsurteil zu erschießen.[52] Der Premier war empört, Roosevelt eher amüsiert. Von dieser Stunde an, erzählte er später, habe man den Georgier als »Uncle Joe« bezeichnet.[53] »Das Eis war gebrochen; wir sprachen miteinander wie Brüder«.[54]

Bemerkenswert war, daß Stalin wiederholt Molotow und Wyschinskij hinzuzog und Churchill auf Eden hörte, Roosevelt aber Hull, der gegen eine Zerstückelung Deutschlands sprach, in Washington zurückgelassen hatte. Neben dem Präsidenten saß wieder Hopkins als vertrauter Berater. Wie kaum ein anderer schien er die Prioritäten des amerikanischen Weltmachtstrebens zu kennen. Memoranden aus dem State Department und Council on Foreign Relations interessierten die beiden Spitzenunterhändler offenbar wenig.[55] Sie beabsichtigten, die UdSSR für eine Friedensorganisation unter verdeckter Dominenz der Vereinigten Staaten zu gewinnen.

Fast vollzählig versammelt waren die westalliierten Militärs. Leahy, Dill und Ismay, die Combinened Chiefs of Staff, Missionen und Attachés tagten zwar nicht gemeinsam, äußerten aber zum Teil auseinandergehende Meinungen. Dagegen galt auf sowjetischer Seite allein das Wort des Obersten Befehlshabers, den Woroschilow bei Sondersitzungen vertrat. Von Fachberatern wie Nowikow und Shtemenko beraten, unterrichtete sich der Marschall über die operativen Absichten der Westalliierten, ohne indes eigene Pläne offenzulegen.

Die Lage verlangte, daß man den künftigen Status der ost- und mitteleuropäischen Staaten erörterte. Roosevelt und Churchill forderten ein unabhängiges Finnland.[56] Stalin widersprach ihnen nicht, wies jedoch den gleichfalls vorgetragenen Wunsch nach freien Wahlen in Estland, Lettland und Litauen entschieden zurück. Molotow und Wyschinskuj erklärten, die drei Völker hätten bereits abgestimmt und darauf ihren Beitritt zur UdSSR vollzogen.[57]

Als nächstes trat die polnische Frage in das Zentrum der Konferenz. Aber nicht Gesellschaftsform und Verfassung des Landes wurden beraten. Wichtiger waren Probleme der Grenzziehung. Stalin berief sich zunächst auf die von Molotow und Ribbentrop getroffene Regelung. Später zog er die Curzon-Linie vor. Da sie Bialystok bei Polen beließ, forderte der Diktator als Kompensation für Rußland das nördliche Ostpreußen samt Königsberg. Roosevelt und Churchill hatten gegen diesen Anspruch keine Einwände.[58] An die Atlantik-Charter schien sich keiner der »Großen Drei« zu erinnern.[59]

Als neue Westgrenze der Republik bezeichnete Stalin die Oder. Churchill demonstrierte die damit beabsichtigte Verschiebung mit drei Streichhölzern. Er legte sie in gleichen Abständen nebeneinander und versetzte das rechte Hölzchen auf die linke Seite.[60] Polen sollte für den Rußland zugedachten Territorialgewinn entschädigt werden. Den von der Mikolajczyk-Regierung geleisteten Verzicht auf ostdeutsche Gebiete übergingen die »Großen Drei«.[61]

Mit dem Polenproblem wurde die deutsche Frage zum Konferenzthema.[62] Man wollte das Reich zerstückeln, seine Wirtschaft entindustrialisieren und vier Millionen Bewohner für unbestimmte Zeit zum Wiederaufbau nach Rußland verschicken. In Kairo hatte Roosevelt den Combined Chiefs of Staff erklärt, daß Deutschland dreigeteilt werde.[63] In Teheran sprach er von fünf »autonomen« Verwaltungsgebilden, die übrig wären, wenn das Gebiet an Ruhr und Saar, der Nord-Ostsee Kanal und verschiedene Hafenstädte internationalen Status erhielten.[64]

Stalin fand diese »Idee« ausgezeichnet«, behielt sich aber noch andere Möglichkeiten vor.[65] Churchill konnte sich mit Roosevelts Teilungsabsichten nicht abfinden. Dem Premier mißfiel ein europäisches Machtvakuum, das Rußland zu weiterer Expansion verleiten konnte.[66] Die Schwächung des Kontinents lag offenbar im sowjetischen Interesse, denn Stalin forderte auch die Abtretung der französischen Kolonien und den Verzicht auf Konföderationen kleinerer Staaten (etwa zwischen Österreich und Bayern, der ČSR und Polen).[67]

Am 1. Dezember 1943 schied Roosevelt aus Teheran mit der Überzeugung, alle Gegensätze überwunden und die Anti-Hitler-Koalition gestärkt zu haben.[68] Sein wichtigster Schritt hatte zum Ziel geführt, als Stalin den Vorschlag guthieß, die Vereinten Nationen in eine Körperschaft umzugestalten, deren Exekutive »vier Polizisten« (USA, UdSSR, Großbritannien, China) wahrnehmen würden.[69] Zufriedenstellend empfand der Präsident auch die erneuerte Zusage des Diktators, später gegen Japan vorgehen zu wollen.

Churchill sah sich enttäuscht: »Enorme Dokumente wurden vor unseren Augen entfaltet, wir aber sind nur Stäubchen, die sich über Nacht auf der Weltkarte niedergelassen haben – Stupendous issus are unfolding before our eyes, and we ar only specks of dust, that have settled in the night on the map of the World«.[70] Nach einer zweiten Kairokonferenz sagte der Premier zu seinem Leibarzt in Italien über General Alexander: »Er ist vielleicht die letzte Hoffnung... Wir müssen irgend etwas gegen diese verdammten Russen tun«.[71]

Stalin konnte sich glücklich schätzen. Die Nachkriegsordnung, der er zugestimmt hatte, war so vage gehalten, daß sie Rußland nicht wirklich band. Die UdSSR konnte ihre Westexpansion ohne Gegenmaßnahmen von westlicher Seite ins Werk setzen. Finnland, über das Amerika seine schützende Hand hielt, sollte gleichwohl wichtige Gebiete verlieren. Die baltischen Staaten kehrten unter sowjetische Herrschaft zurück. Auch Ostpolen fiel wieder an die UdSSR, die außerdem Königsberg samt dem längsten ostpreußischen Küstenabschnitt ihr eigen nennen durfte.

Besonders wertvoll war für Stalin, daß Polen – demnächst ein Satellit der Sowjetunion – auf der Landkarte nach Westen verschoben werden sollte. Churchill hatte sich verpflichtet, diesen Konferenzbeschluß der Regierung Mikolajczyk mitzuteilen. Der von Eden vorgelegte Plan zur Bildung regionaler Föderationen vergilbte bei den Akten. Moskau blieben damit zwei Ärgernisse erspart: eine Restitution des europäischen Cordon sanitaire und die Existenz der ukrainischen Irredente.

Beneš, der zu Beginn des Jahres mit Sikorski enge Zusammenarbeit vereinbart hatte, eilte nach Moskau. Ein Freundschaftspakt, den er dort am 12. Dezember 1943 unterzeichnete, garantierte ihm das auch von Roosevelt zugestandene Recht, die seit Jahrhunderten in Böhmen und Mähren lebenden Deutschen zu vertreiben.[72] Zugleich aber besiegelte der Vertrag, wie Molotow später interpretierte, die 1939 erfolgte Loslösung der Karpatenukraine, eine Basis antisowjetischer Nationalisten.[73]

Über Südosteuropa war im Zusammenhang mit britischen Plänen für eine Balkanlandung gesprochen worden. Stalin und Woroschilow hatten die Anglo-Amerikaner beschworen, ihre Kräfte nicht zu verzetteln. Marshall und Brooke hatten darauf die Trans-Kanal-Offensive (Operation »Overlord«) als Hauptoperation bezeichnet.[74] Churchill aber wollte sich nicht endgültig von der Südküste des Kontinentes verdrängen lassen und betonte deshalb, daß Großbritannien die Tito-Partisanen unterstütze.[75] Daß England die Exilregierung König Peters II. und ihren Kriegsminister, General Draža Mihailović überging und damit gegen Treu und Glauben verstieß, konnte Stalin recht sein[76], zumal nun die Četniks an Gewicht verloren, Tito aber, dessen Partisanen im Kampf gegen deutsche Truppen schwere Verluste erlitten hatten, gestärkt wurde.[77] Der in Jaice zusammentretende Antifaschistische Befreiungsrat Jugoslawiens (AVNOJ) entsandte einen Verbindungsmann zur SOE und suchte Kontakt mit den bulgarischen Kommunisten.[78] Schließlich kam Stalin zustatten, daß Roosevelt allen Vorschlägen aus dem State Department, die Handhabung der Leih-Pacht-Lieferungen für Rußland als Druckmittel zu verwenden, widerstand. Bis Ende August hatte Amerika den Sowjets 6267 Flugzeuge sowie etwa 138000 Lastkraftwagen und Jeeps,

912000t Stahl, 1,5 Millionen t Lebensmittel und große Mengen sonstigen Materials (1942: 2453097t; 1943: 4974545t) zukommen lassen.[79] Weit mehr sollte noch folgen.[80] Viele Transporte erreichten ohne nennenswerte Ausfälle über Häfen am Persischen Golf die Sowjetunion. Auch die wieder angelaufenen Eismeergeleite verloren kaum noch Frachter.[81] Deutschland besaß zum Kampf gegen sie nicht mehr genügend Mittel. Mehrere Boote des BdU (Dönitz) und einige Staffeln der LFl.5 (Kammhuber) waren aus Norwegen abgezogen worden.[82] Britische Kleinst-U-Boote hatten im Altafjord die »Tirpitz« (Meyer) für sechs Monate außer Kriegsbereitschaft gesetzt und dadurch die Stärke der deutschen Hochseeflotte (Schniewind) halbiert.[83]

Als Admiral Erich Bey am 26. Dezember 1943 auf Drängen des ObdM ohne ausreichende Luft- und Funkaufklärung in stürmischer See den Konvoi JW 55 B anzugreifen versuchte, wurde das deutsche Flaggschiff von einem Verband der Home Fleet (Fraser) überraschend angegriffen und zusammengeschossen.[84] Nach über 30 Artillerie- und 11 Torpedotreffern sank die »Scharnhost« (Hintze) mit 1932 Mann vor dem Nordkap. Von diesem Tage an war die wichtigste Transportroute zwischen den Westalliierten und der Sowjetunion außer Gefahr.

[1] Matloff, a. a. O., S. 285ff.

[2] Greenfield, a. a. O., S. 273; s. auch d. Erinnerungen v. G. F. Kennan: Memoiren eines Diplomaten, Stuttgart 1968 (zit. Kennan) u. Wedemeyer, a. a. O.; Woodward, V, S. 2ff.

[3] Text seiner Rede v. 22.2.1943 im Sammelbd.: Über den Großen Vaterländischen Krieg, a. a. O., S. 49f.

[4] Hillgruber: Sowjet. Außenpol., a. a. O., S. 83f.; Näheres b. B. Scheurig: Freies Deutschland. Das Nationalkomitee und der Bund deutscher Offiziere in der Sowjetunion, München [2]1961; P. Straßner: Verräter. Nationalkomitee Freies Deutschland, München 1960. Vgl. d. Erinnerungen v. H.v. Einsiedel: Tagebuch der Versuchung, Berlin 1950; Seydlitz, a. a. O., S. 57f.; J. v. Puttkamer: Von Stalingrad zur Volkspolizei, Wiesbaden [2]1951; E. Weinert: Das Nationalkomitee Freies Deutschland, (Ost)Berlin 1957. Neuerdings K.-H. Frieser: Krieg hinter Stacheldraht. Die deutschen Kriegsgefangenen in der Sowjetunion und das Nationalkomitee Freies Deutschland, Mainz 1981.

[5] Vgl. Stalins Interview mit einem Vertreter der Agentur Reuter am 28. 5. 1943, abgedr.: Über den Gr. Vaterld. Krieg, a. a. O., S. 119f.; dazu A. Kriegel: La dissolution du Komintern, in: Revue d'histoire 68/1967, S. 33–43 u. J. Braunthal: Geschichte der Internationale, 3 Bde., Hannover 1970.

[6] Werth, a. a. O., S. 668ff.

[7] Gosztony: Rote Armee, a. a. O., S. 238.

[8] J. Chrysostomus: Kirchengeschichte Rußlands der neuesten Zeit, Bd. 3, München 1968, S. 8–38.

[9] Documents of Polish Soviet Relations, S. 261f., 274ff. (zit. DPSR); die Memoiren v. St. Kot: Conversations with the Kremlin and Dispatch from Russia, London 1963 u. St. Mikolajczyk: The Rape of Poland, New York 1948 (zit. Mikolajczyk); dazu Ciechanowski, a. a. O., S. 90ff.; Komorowski, a. a. O., S. 170ff.; Mallmann, a. a. O., S. 201; Werth, S. 636–667.

[10] DPSR, S. 271, 273ff., 310–329, 428; FRUS, 1943, III, S. 319ff.; die Spannungen i. d. Anti-Hitler-Koalition übersichtl. b. Molony, a. a. O., S. 393–428; weitere Einzelheiten b. R.C. Lukas: The Strange Allies. The United States and Poland, 1941–1945, Knoxville, Ten., 1978, S. 107ff. (zit. Lukas); G.V. Kacewicz: Great Britain, the Soviet Union and the Polish Government in Exile, Den Haag-London-Boston 1979, S. 53ff. (zit. Kacewicz); P. Wandycz: The United States and Poland, Cambridge, Mass., 1980, S. 285ff. (zit. Wandycz); auch J. Ciechanowski: Vergeblicher Sieg, Zürich 1948, S. 129f. (zit. Ciechanowski: Vergebl. Sieg) u. Woodward, II, S. 380ff.

[11] D. Irving: Mord aus Staatsräson, München 1979, S. 10–23 (zit. Irving: Mord).

[12] Siehe Kap. »Die Schlacht bei Kursk«; dazu Mastny, a. a. O., S. 76, 94.

[13] In seinen Memoiren übergeht Maiskij d. Angelegenheit; vgl. dagegen Mikolajczyk, S. 25f.

[14] PRAWDA v. 19. 4. 1943; entspr. TASS v. 21. 4. 1943.

[15] DPSR, S. 533f., 535, 536.
[16] FRUS, 1943, III, S. 400ff.; Irving: Mord, S. 41.
[17] FRUS, 1943, III, S. 405; Irving: Mord, S. 37; Woodward, II, S. 394.
[18] DPSR, S. 531.
[19] Vgl. F. Kalonowski: Konspiracje w lotnictwie polkim, in: Kultura 4/1961, S. 110–120. Auch d. Neufassung des Buches v. Irving: Mord, S. 54–145, 300–216, enthält keine schlüssigen Beweise für ein Attentat.
[20] Woodward, II, S. 396ff.
[21] Mikolajczyk, S. 26ff.
[22] P. Gosztony: Über die Entstehung der Nationalkomitees und nationalen Militärformationen der osteuropäischen Nationen in der Sowjetunion während des Zweiten Weltkrieges, in: MGM 2/1973, s. auch Paleckis, a. a. O., S. 331–344.
[23] Werth, S. 654f.
[24] Stalin: Korrespondenz, a. a. O., S. 175ff., 543ff.; Mikolajczyk, S. 28; Molony, S. 393–428.
[25] Hayes S. 109ff.; Sherwood, a. a. O., S. 540.
[26] Hillgruber: 2. Weltkr., S. 125.
[27] Dallek, a. a. O., S. 414ff.; Feis: Churchill, Roosevelt, Stalin, a. a. O., S. 171.
[28] Die Atomfrage spielte auf der »Quadrant«-Konferenz eine gr. Rolle, s. FRUS: Conferences at Washington and Quebec, a. a. O., S. 182, 209ff., 272f., 630–653, 894, 1196ff.; dazu B. J. Bernstein: The Quest for Security. American Policy and International Control of Atomic Energency, 1942–1946, in: JAH 60/1974, S. 1003–1010; M. J. Sherwon: A World Destroyed. The Atomic Bomb and the Great Alliance, New York 1975, Kap. 3, passim.
[29] In 3 Monaten waren mehr als 1 Mill. Bände verkauft.
[30] Sie wurden am 21. 9. 1943 i. Repräsentantenhaus, am 5. 11. 1943 im Senat verabschiedet.
[31] J. W. Pickergill: The Mackenzie King Report, Bd. 1, Toronto 1960, S. 553.
[32] Burns, a. a. O., S. 350.
[33] Feis: Churchill, Roosevelt, Stalin, Kap. 22, Passim.
[34] Eden, II, a. a. O., S. 410ff.; Harriman/Abel, a. a. O., S. 245f.; Hull, II, a. a. O., S. 1265, 1309–1314; dazu Dallek, S. 422; Gretschko, VII, S. 317–403; Mastny, S. 111–119; Woodward, II, S. 640ff.; jetzt auch L. Kettenacker: The Anglo-Soviet Alliance and the Problem of Germany 1941–1945, in: JCH 7/1982, S. 435–458 u. Mastny, a. a. O., S. 309ff.
[35] FRUS., 1943, III, S. 521–536, 628, 672, 686, 690; dazu Hillgruber: Sowjet. Außenpol., S. 96f.; H.-G. Kowalski: Die »European Advisory Commission« als Instrument alliierter Deutschlandplanung 1943–1945, in: VZ 3/1971, S. 261–293 (zit. Kowalski).
[36] Die Zusage v. Febr. b. Leahy, a. a. O., S. 147 u. Harriman/Abel, S. 243; über das Bankett lt. Aussagen Hulls v. 1. 9. 1943 F. Israel (Hg.): The War Diary of Breckinridge Long, Lincoln, Neb., 1966, S. 322ff., 327ff.
[37] Seaton, a. a. O., S. 369–391.
[38] Boeckle: Rüstung, a. a. O., S. 304; Heiber: Lagebespr., S. 368ff.
[39] KTB/OKW, III, S. 933, 944, Dok. Nr. 25, S. 1455f.
[40] Die vorausgegangene Unterredung zw. Hitler u. Antonescu nach Aufz. v. Schmidt abgedr. b. Hillgruber: Staatsmänner, II, S. 301–314; zur Evakuierung s. F. Forstmeier: Die Räumung des Kuban-Brückenkopfes im Herbst 1943 (Beitr. z. Wehrforschung 2/3), Darmstadt 1964; dazu auch W. Pickert: Vom Kubanbrückenkopf bis Sewastopol, Heidelberg 1955, S. 61–133 (zit. Pickert). Zahlen nach Hillgruber/Hümmelchen: Chronik, S. 98.
[41] Bauer, II, S. 434; Philippi/Heim, S. 230–243; dazu d. Memoiren v. Manstein, S. 452–499, Konjew, I, S. 53–81, u. Shukow, II, S. 518–525. Einzelheiten aus dt. Sicht b. Carell: Verbrannte Erde, a. a. O., S. 270–278. Für d. Nordabschnitt d. HGr. Mitte s. Heidkämper, a. a. O., S. 12–26. W. Haupt: Heeresgruppe Mitte, Dorheim 1968, S. 93ff. (zit. Haupt: Mitte).
[42] A. Hillgruber: Die Räumung der Krim, Frankfurt 1959, S. 12ff. (zit. Hillgruber: Krim).
[43] Platonow, I, a. a. O., S. 430ff.
[44] Telpuchowskij, a. a. O., S. 267–280.
[45] D. A. Dragunskij: Jahre im Panzer, (Ost)Berlin 1980, S. 123ff.; Gretschko, VII, S. 299–322. Vgl. d. Memoiren v. dt. Seite: Choltitz, a. a. O., S. 172f.; Fretter-Pico, a. a. O., S. 114–135; Manstein, a. a. O., S. 469ff.; Mellenthin, a. a. O., S. 265ff.
[46] Sherwood, a. a. O., S. 632, 640.

47 Den Präsidenten begleiteten sein Sohn Elliott u. Schwiegersohn J. M. Boettiger; Churchill hatte Sohn Randolph und Tochter Sarah mitgebracht.

48 Ch. Bohlen: Witness to History, 1929–1969, New York 1973, S. 192ff. (zit. Bohlen).

49 Bereschkow, a. a. O., S. 135, 158f.

50 Zur (1. u. 2.) Konferenz in Kairo s. FRUS: Conferences at Ciaro and Teheran 1943, Washington, D.C., 1961, S. 23–350; dazu Butcher, S. 479ff.; Bryant, II, S. 102ff.; Churchill, V, S. 279ff.; Lord Moran: Churchill. Taken from the Diaries of Lord Moran, Boston, Mass., 1966, S. 139f. (zit. Moran). Übersichtl. Darstellungen geben Brown, a. a. O., S. 363ff.; Feis: China Tangle, a. a. O., Kap. 8, passim; C. F. Romanus u. R. Sunderland: Stilwell's Mission to China (US Army in World War II), Washington, D. C., 1953, S. 382ff. (zit. Romanus/Sunderland); B. Tuchman: Stilwell and the American Experience in China, 1911–1945, New York 1970, Kap. 15, passim.

51 W. C. Bullitt: The Great Globe Itself, New York 1946, S. 18. Die bisher umfänglichsten Quellensammlungen zur Konferenz von Teheran sind FRUS: Conferences at Cairo and Teheran (op. vit.); v. sowjet. Seite: Meschdunarodnaja schizn', 1961, Nr. 7, S. 176–190 u. Nr. 18, S. 144–158; gekürzt bis auf die Protokolle der Hauptsitzungen: Teheran-Jalta-Potsdam, Moskau [3]1971. Vgl. d. kritische dt. Ausgabe d. Meschdunarodnaja-Fassung: Teheran-Jalta-Potsdam, hg. u. eingeleit. v. A. Fischer, Köln 1968. Zur sowjet. Publikation s. J. W. Brügel: Teheran, Jalta, Potsdam aus sowjetischer Sicht, in: Europa-Archiv, 1966, Beiträge u. Berichte, Nr. 22, S. 803–810. Erwähnenswerte Memoiren v. sowjet. Seite hinterließen nur S. M. Shtemenko (op. cit.) u. W. M. Bereschkow (op. cit.); ders.: Mit Stalin in Teheran, Frankfurt 1968. Umfangreich sind die privaten Aufzeichnungen v. anglo-amerik. Seite: Brooke (s. Bryant); Bohlen; Churchill, Eden; Harriman/Abel: Hopkins (s. Sherwood); Ismay; Leahy; Kennan; Moran; Perkins; E. Roosevelt (op. cit.).

Ausführl. Darstellungen schrieben außer Gretschko, VIII, S. 41–57 G. Kolko: The Politics of War. Allied Diplomacy and the World Krisis 1943–1945, London 1969 (zit. Kolko); Matloff, a. a. O., S. 359ff.; W. H. McNeill: America, Britain, and Russia. Their Cooperation and Conflict, 1941–1945, London-New York-Toronto 1953 (zit. McNeill); G. Moltmann: Konferenz von Teheran. Historischer Vorgang. Forschungsstand, Probleme der Interpretation. Marxismus im Systemvergleich, hg. v. C. D. Kernig (Geschichte 2) Frankfurt-New York 1974, S. 302ff.; G. Hentsch: Staline négociateur, Neuchâtel 1967; M. Holch: Die Konferenz von Teheran und ihre Vorgeschichte seit Casablanca (Diss.), Köln 1967; G. Ziegler: Die Teheran-Konferenz 1943, Hannover 1967.

Aus kommunist. Sicht äußerten sich J. Böhm: Zur Kriegspolitik der Westmächte gegenüber Deutschland (1941 bis 1945), in: Der deutsche Imperialismus und der zweite Weltkrieg, hg. v. L. Stern (u. a.), 3 Bde., (Ost)Berlin 1964 u. H. Hesselbarth: Die Glaubwürdigkeit des Charles E. Bohlen, in: Dt. Außenpol. 7/1962, S. 217–225. Vgl. dazu d. sowjet. Gesamtdarstellungen (Gretschko VII; Platonow I/II; Shilin; Telpuchowskij).

52 Übereinstimmend Churchill, V, 2, S. 63 u. E. Roosevelt: As I Saw It, New York [3]1948, S. 188ff.; vgl. Brown, S. 369f.

53 Dallek, S. 434.

54 Äußerung des Präsidenten zu F. Perkins: The Roosevelt I Knew, New York 1946, S. 312.

55 Council on Foreign Relations: Memorandum in the Scope and Provisions of a Preliminary Peace Treaty, March 1, 1943, Strictly Confidential, No P-B 59, National Arquives, Washington, D. C. Dazu allg. auch Bohlen, a. a. O., S. 199ff.; F. B. Misse: Roosevelt et le Département d'Etat, in: Revue d'histoire 82/1981, S. 1–16, u. A. Krock: Memoirs, New York 1968 (zit. Krock).

56 T. Polvinen: Finland i stormaktspolitiken 1941–1945, Stockholm 1969, S. 106ff. (zit. Polvinen).

57 FRUS: Conferences at Cairo and Teheran, S. 530ff.; 595ff.; dazu L. E. Davis: The Cold War Begins. Soviet-American Confrontation over East-Europa, Princeton, N. J., 1974; J. Vizulis: The Diplomacy of the Allied Powers Toward the Baltic States, 1942–1945, in: Baltic Review 35/1968, S. 46–61 (zit. Vizulis).

58 Dazu besonders Schwinger, a. a. O., S. 20–26, 89f.

59 Ciechanowski: Vergebl. Sieg, S. 132ff.; Kacewicz, S. 66ff.; E. Rozek: Allied Wartime Diplomacy. A Pattern in Poland, New York 1959; Wandycz, S. 134ff.

60 W. Wagner: Die Entstehung der Oder-Neiße-Linie in den diplomatischen Verhandlungen des Zweiten Weltkrieges, Stuttgart 1953, S. 83f. (zit. Wagner); dazu G. Rhode u. W. Wagner: Quellen zur Entstehung der Oder-Neiße-Linie, Stuttgart 1956; vgl. Dallek, S. 437; B. Kuklik: American Policy and the Division of Germany, Ithaca, N. J., 1972.

61 E. Deuerlein: Deutschland, 2 Bde., Frankfurt [2]1961; W. Marienfeld: Konferenzen über Deutschland,

Teil 1–2, Hannover 1962/63; G. Moltmann: Amerikas Deutschlandpolitik im Zweiten Weltkrieg, Heidelberg 1958; H. G. Sasse: Die ostdeutsche Frage auf den Konferenzen von Teheran und Potsdam, in: Jb. f. d. Gesch. Mittel- u. Ostdeutschlds., Bd. 2, 1953, S. 211–282; W. Vogel: Die Ursprünge der Teilung Deutschlands in der Kriegszielpolitik der Alliierten, in GWU 4/1967, S. 193–212.

62 A. de Zayas: Die Anglo-Amerikaner und die Vertreibung der Deutschen, München ^{2}1980, S. 63–78 (zit. D. Zayas: Vertreibung).

63 Leahy, a. a. O., S. 185; Dallek, S. 43f.

64 FRUS: Conferences at Cairo and Teheran, S. 253f., 510, 513, 532, 553, 600, 602ff., 645f., 881ff.; dazu jetzt ausführl. G. H. Backer: Die Entscheidung zur Teilung Deutschlands ... Amerikanische Deutschlandpolitik 1943–1948. München 1981 (zit. Backer).

65 Morozow: Der Georgier, a. a. O., S. 387.; Ulam: Stalin, a. a. O., S. 589ff.

66 Churchill, V, 2, S. 309f., 337f., 344f.

67 Feis: Churchill, Roosevelt, Stalin, S. 272ff. Zur Aufteilung des frz. Kolonialbesitzes vgl. Dallek, S. 435.

68 Sherwood, S. 680; A. B. Ulam: The Rivals, America and Russia Since World War II, New York 1971, S. 586–592 (zit. Ulam: Rivals); auch M. Misse: Le rôle des Etats-Unics dans les Conférences du Caire et Téheran, in: Revue d'histoire 71/1968, S. 13ff.

69 Burns, a. a. O., S. 211ff.; Dallek, S. 434; Divine, a. a. O., S. 49–71; Helbich, a. a. O., S. 44; Sherwood, S. 642–647.

70 Dallek, S. 438f.; Divine, S. 192ff.

71 Moran, S. 141f.

72 Text: Sowjetsko-tschechoslowachie oboschenija w wremja Welikoj Oteshestwennoj wojny 1941–1945 Dokumenty i meterialy, Moskau 1960; s. auch Beneš, a. a. O., S. 347f.

73 V. Mastny: The Beneš-Stalin-Molotow Conversations in December 1943. New Documents, in: Jb. f. Gesch. Osteuropas 1972, S. 367ff. E. Táborský: Beneš and Stalin-Moskow 1943 and 1945, in: JCEA 12/1953–1954, S. 154–181; Woodward, II, S. 598 u. III, S. 127.

74 FRUS: Conferences at Cairo and Teheran, S. 483, 487ff.; Dallek, S. 432; Matloff, S. 249–258; Sherwood, S. 644f.

75 Churchill, I, 2, S. 175ff.

76 W. R. Roberts: Tito, Mihailović and the Allies, New Brunswick, N. J., 1973, S. 174ff.

77 Zu d. Kämpfen KTB/OKW, III, S. 482; Hory/Broszat, a. a. O., S. 127ff. 149ff. Die polit. Entwicklg. b. Auty, a. a. O., S. 260–266; F. W. Deakin: Britanija i Jugoslavija, in: Jugoslovenski Istorijski Canopis, Bd. 2, Belgrad 1963, S. 44ff.

78 Dedijer, a. a. O., S. 194–200; Kiszling, a. a. O., S. 191ff., 200f.

79 Flugzeugzahlen nach Matloff, S. 282; Lkw, Jeeps u. übrige Mengen b. Stettinius, a. a. O., S. 284.

80 Vollzähl. Übersicht b. Kimball, a. a. O., Anh.

81 R. M. Laughton u. R. S. Coakley: Global Logistics and Strategy (US Army in World War II), Washington, D. C., 1956.

82 Bekker: See, a. a. O., S. 331.

83 Brenneke: Tirpitz, a. a. O., S. 30–57; L. Peillard: Versenkt die Tirpitz! Bergisch-Gladbach 1976, S. 201–306 (zit. Peillard: Tirpitz); Roskill, III, 1, a. a. O., S. 57ff.; Ruge: Seekrieg, a. a. O., S. 215f.

84 Bekker: See, S. 328–450; Bennett, a. a. O., S. 222–230; Brenneke: Scharnhorst, a. a. O., S. 301ff.; Bonatz, a. a. O., S. 334; Roskill, III, 1, S. 80ff.; Ruge: Seekrieg, S. 216ff.; weitere Einzelheiten b. H. Peter: Schlachtkreuzer Scharnhorst. Kampf und Untergang, Frankfurt ^{2}1959.

Der Zusammenbruch Italiens 1943

In Washington hatte eine neue Konferenz der westlichen Staatsmänner und Militärs (»Trident«) den Termin für die geplante Trans-Kanal-Offensive (Operation »Overlord«) auf 1. Mai 1944 festgesetzt und beschlossen, das Gros der Sizilien-Verbände nach Beendigung des Unternehmens (Operation »Husky«) aus dem Mittelmeerraum abzuziehen.[1] Sie sollten zusammen mit frischen Kräften die Invasionsstreitmacht bilden. An Vorstöße gegen die Apenninenhalbinsel war nur gedacht, wenn Mussolini nicht bald stürzte oder Hitler Italien besetzen ließ.[2]
Die Gliederung der alliierten Streitkräfte war seit dem Endkampf um Tunis nur geringfügig verändert. Eisenhower stand weiter an der Spitze des gemeinsamen Hauptquartiers.[3] Cunningham befehligte die 2590 Schiffe und Landungsboote[4], Tedder sämtliche Luftstreitfkräfte mit zusammen 3680 Flugzeugen.[5] Der 15th Army Group (Alexander) hatte man die amerikanische 7. Armee (Patton) und britische 8. Armee (Montgomery) unterstellt.[6] Die französischen Truppen blieben in Nordafrika zurück. Sie sollten neu ausgerüstet und später auf Sardinien oder Korsika eingesetzt werden.[7]
Man rechnete kaum mit energischer Gegenwehr. Die vorausgegangene Kapitulation der Inselstützpunkte Pantelleria, Lampedusa und Linosa hatte gezeigt, daß viele italienische Offiziere und Soldaten nach dem Verlust der Kolonien die Fortsetzung des Krieges für sinnlos hielten.[8] Italien litt schwer unter den seit Monaten andauernden Bombenangriffen der Anglo-Amerikaner auf seine Städte.[9] Ganze Wohnviertel von Mailand, Turin und Genua, Bologna und Pisa, Neapel, Syrakus und Palermo lagen in Trümmern; 9716 Männer, 8657 Frauen und Kinder waren Tedders Offensive zum Opfer gefallen.[10]
Mit der Verteidigung Siziliens hatte das Comando Supremo (Ambrosio) die 6. Armee (Guzzoni) beauftragt.[11] Sie umfaßte neben vier normalen Divisionen fünf schwache Küstenschutz-Verbände. Auch zwei deutsche Divisionen aus dem Tunesienstau standen zur Verfügung. Hinzu kam das von Hitler entsandte Generalkommando des XIV. Panzerkorps (Hube), dem die Kampfführung bald allein anvertraut wurde.[12] Die Luftflotte 2 (Richthofen) konnte nach schweren Verlusten in den letzten Monaten nur 619 Flugzeuge starten.[13]
Ein Sturm erschwerte den Alliierten die Annäherung. Landungsboote wurden leckgeschlagen, 47 Lastensegler trieben aufs Meer und versanken.[14] Doch Malta, das zuvor eingenommene Pantelleria und die Flugzeugträger gaben den Angreifern starken Rückhalt.[15] Flieger der Achsenmächte versenkten 8 Transporter. Am gleichen Tag fielen Franco Lucchini und Leonardo Ferrulli, die beiden besten italienischen Jagdpiloten.[16] Von 17 U-Booten, die Supermarina (Riccardi) gegen den Feind sandte, gingen 8 verloren.[17]
Die 6. Armee (Guzzoni) leistete kaum Widerstand.[18] Das Feuer der britischen Schlachtschiffe und Kreuzer zerschlug die vorderen Stellungen und einen mit Panzern

geführten Gegenangriff. Der Kriegshafen von Augusta wurde geräumt. Palermo fiel. Während sich amerikanische Verbände durch überholende Landungen an der Nordküste fortbewegten, ging das XIV. Panzerkorps (Hube) auf verkürzte Linien im Ätnamassiv zurück und bildete hier einen Brückenkopf, vor dem englische Truppen empfindliche Verluste erlitten.[19]

Mussolini war krank, Italien kriegsmüde. Illegale Flugblätter forderten zur Beendigung des aussichtslosen Ringens auf. Eine Versorgungskrise beunruhigte die Menschen. Den Bauern des Mezzo Giorno drohte eine Hungersnot. Im Norden streikten 50000 Industriearbeiter, bis man ihre Anführer festnahm und erschoß.[20] Nicht nur ehemalige Politiker, auch das Königshaus, führende Militärs, Diplomaten und faschistische Funktionäre wünschten die Auflösung des Achsenbündnisses. Doch zugleich war man von Deutschland abhängiger denn je.

Anläßlich des folgenden Treffens mit Hitler bei Feltre in Venezien am 19. Juli 1943 wurde Mussolini von Alfieri, Ambrosio und Bastianini zur Klärung des deutsch-italienischen Verhältnisses gedrängt. Aber der Duce hielt sich zurück. Zweifellos war ihm bewußt, daß er nicht Militär- und Wirtschaftshilfe beanspruchen und gleichzeitig die Trennung anstreben konnte. Indes verweigerte Keitel den Italienern die Lieferung moderner Panzer und Flugzeuge, forderte Warlimont den einheitlichen (deutschen) Oberbefehl über alle Streitkräfte auf der Apenninenhalbinsel.[21]

Die deutsche Führung betrachtete Italien als Glacis zum Schutze des Reiches.[22] Aber nicht nur aus diesem Grunde wollte Hitler den Handlungsspielraum des Achsenpartners einengen. Der Gesandte Hermann Neubacher hatte ein düsteres Bild von dem Verbündeten gezeichnet.[23] Die SS-Obersturmbannführer Rudolf Brandt und Eugen Dollmann – zwei Referenten Himmlers – beobachteten verdächtige Regungen hinter den Kulissen der italienischen Politik.[24] Kaltenbrunner berichtete, daß Informationen aus der »nächsten Umgebung« des Duce zum Feind gelangt seien und mit einem Staatsstreich gerechnet werden müsse.[25]

Man unterschied vier Gruppen. Da rückten ungehindert Politiker der alten Parteien wie Benedetto Croce, Carlo Sforza und Luigi Einaudi um den ehemaligen Ministerpräsidenten Ivanoe Bonomi zusammen. Im Heer bereiteten sich mit Generaloberst Vittorio Ambrosio die Generale Giacomo Carboni und Guiseppe Castellano auf eine Wende vor. Am Hofe hegten König Viktor Emanuel III., Herzog Pietro Acquarone und die Generale Angelo Cerica, Carmine Senise und Paolo Puntoni eigene Absichten. Von den kaltgestellten Faschisten gedachten Dino Grandi und Galeazzo Ciano, Guiseppe Bottai und Luigi Federzoni zu handeln.[26]

Nach dem Treffen von Feltre und einem alliierten Bombenangriff auf Rom bildeten sich in der Opposition zwei Verschwörerzirkel.[27] Der König ließ Kontakt mit Badoglio und Ambrosio aufnehmen.[28] Die früheren Weggefährten des Duce wollten Mussolini durch Mehrheitsbeschluß im Großen Rat der Faschistischen Partei aller wichtigen Ämter entheben und verständigten sich darüber mit Dino Alfieri und Guiseppe Bastianini, Luciano Gottardi, Emilio de Bono und Giovanni Marinelli.[29]

Staatsminister Roberto Farinacci hatte, ohne sich der Tragweite bewußt zu sein, mit Genehmigung des Duce die Einberufung dieses Gremiums bekanntgegeben. Die Versammlung sollte Richtlinien gegen den Defätismus erarbeiten.[30] Grandi und Ciano gaben der bevorstehenden Session jedoch die ihnen passende Zielrichtung.[31] Mussolini, der selbst an die Beendigung des Krieges dachte, wußte davon.[32] Dona Rachele, seine

Frau, warnte ihn vor den Fallstricken.[33] Carlo Scorza, der Parteisekretär, berichtete über den bevorstehenden Antrag.[34]

Die Sitzung begann am 24. Juli 1943 um 17.00 Uhr. Den ersten Stellungnahmen folgte eine leidenschaftliche, wirre Debatte, die sich bis in die Morgenstunden des folgenden Tages hinzog. Schließlich billigten neunzehn der anwesenden Faschisten bei sieben Gegenstimmen und einer Enthaltung den Antrag. Mit ihm sollten »der Krone, dem Großen Rat, der Regierung, dem Parlament und den Korporationen« ihre Rechte zurückgegeben und König Viktor Emanuel aufgefordert werden, das Oberkommando gemäß Artikel 3 der Verfassung zu übernehmen.[35]

Die Verschwörer irrten, wenn sie annahmen, das Regime von dem Diktator trennen und ein Triumvirat bilden zu können. Auf die Frage des Duce, wer dem König berichten solle, antwortete Grandi: »Du selbst!« Darauf konnte der Monarch nach eigenem Ermessen handeln. Acquarone hatte die Fäden gespannt; für alle Fälle standen Truppen bereit. Am Nachmittag des 25. Juli 1943 wurde Mussolini von Viktor Emanuel in der Villa Savoia freundlich empfangen und verabschiedet, vor der Tür jedoch durch Cerica verhaftet.[37]

Während man Mussolini von einer Carabinieri-Kaserne in die andere brachte, berief der König den Marschall Badoglio zum Ministerpräsidenten.[38] Acquarone hielt eine Kabinettsliste bereit, in der die Namen der alten, zumeist republikanisch gesonnenen Parteipolitiker fehlten. Da Raffaele Guariglia, der neue Außenminister, noch von Ankara nach Rom zurückkehren mußte, entschied Viktor Emanuel auch über die folgenden Schritte.[39] Der Regierungschef sollte Hitler schreiben, Botschafter von Makkensen mitteilen und über Funk verbreiten, daß Italien den Krieg fortsetze (»la guerra continua«).[40]

Im Führerhauptquartier hatten sich am 25./26. Juli 1943 außer Göring und Bormann, Keitel, Jodl und Dönitz, Schmundt und Bodenschatz auch Ribbentrop und Hewel, Himmler, Goebbels und Speer eingefunden.[41] Jeder empfand der Sturz Mussolinis als tragisches Ereignis.[42] Niemand traute der Versicherung der neuen italienischen Regierung. Vorliegende Berichte über Friedensfühler des Verbündeten gaben Anlaß zu Mißtrauen.[43] Mit Bestürzung wurde vernommen, daß die Faschisten »sang- und klanglos von der Bühne verschwunden« sein sollten.[44]

Obwohl außer Roberto Farinacci, Alessandro Pavolini, Giovanni Preziosi und Renato Ricci kaum ein Anhänger des Duce nach Deutschland floh, Alfieri, der für Grandis Antrag gestimmt hatte, dem Berliner Botschafterposten fernblieb, Scorza zu Badoglio überging und Mussolini in einem Brief an den Marschall die »getroffene Entscheidung« begrüßte[45], schien Hitler außerstande, das Debakel realistisch einzuschätzen. Überzeugt, daß hinter dem neuen Regime nur »Juden und Pöbel« stünde[46], wollte er die jetzt Herrschenden ausheben lassen, bevor sie kapitulierten.[47]

Kesselring sollte Sizilien räumen[48], Rommel mit 7–8 Divisionen die Alpenpässe und Norditalien sichern[49], während Student an der Spitze eingeflogener Fallschirmjäger in Rom alle »notorisch deutsch-feindlichen« Personen festnahm[50] und SS-Sturmbannführer Otto Skorzeny den Aufenthaltsort des Duce ausspähen und Mussolini befreien würde.[51] Nach Maßgabe vorausschauender Pläne löste Jodl erste Schritte des Unternehmens »Achse« (bisher: »Alarich«) aus.[52]

Kesselring, Westphal und Rintelen, Dönitz, Jodl und Rommel warnten vor einem Handstreich gegen den König und seine Umgebung (Unternehmen »Schwarz«). Der

ALPEN
Bozen
Dongo
COMER SEE
Trient
Feltre
Mailand
Verona
PO-EBENE
Venedig
Po
Völkermarkt
Tarvis
Bleiburg
Tezna
Marburg
Laibach
SLOWENIEN
Drau
UNGARN
Fünfkirchen
Agram
KROATIEN
Triest
ISTRIEN
Save
Donau
JUGOSLAWIEN
Bihac
Bosna
ITALIEN
La Spezia
Bologna
ADRIATISCHES MEER
Jajce
Drvar
BOSNIEN
Sarajewo
Partisanen
Pisa
Florenz
Rimini
Livorno
TOSCANA
DALMATIEN
Mostar
Meretva
Foca
HERZEGOWINA
LISSA
(VIS)
MONTENEGRO
KORSIKA
ELBA
Tiber
Pescara
Centinje
Civita
Vecchia
Sangro
ALBANIEN
Rom
Frascati
Valmontane
Monte Cassino
Albaner Berge
Cisterna
Rapido
Porto d'Anzio
Nettuno
Liri
Cassino
Mignano
Foggia
MADDALENA
Gaeta
Garigliano
Monte Camino
Volturno
Benevent
Tirana
TYRRHENISCHES MEER
PONZA
Neapel
Bari
Salerno
Brindisi
Tarent
Paestum
GOLF VON SALERNO
Otranto
SARDINIEN
KALABRIEN
Cosenza
Nicastro
Catanzaro
USTICA
Messina
Reggio
Palermo
Marsala
Nicosia
Ätna
SIZILIEN
STRASSE VON SIZILIEN
Catania
Biserta
Licata
Gela
Augusta
Syrakus
IONISCHES MEER
Mateur
Tebourba
Tunis
HALBINSEL BON
TUNESIEN
PANTELLERIA
Pont-du-Fahs
Enfidaville
Sousse
MALTA
La Valetta
Anglo-amerikanische Landungen
Luftlandungen

Zugriff wurde vertagt[53], obwohl sich der Verdacht, daß die Badoglio-Regierung insgeheim bei den Alliierten um einen Waffenstillstand nachsuchen und das Bündnis mit Deutschland brechen werde, sich bald erhärtete. Am 29. Juli 1943 hörte der B-Dienst ein Funkferngespräch zwischen Churchill und Roosevelt ab, in dem von entsprechenden Reaktionen Eisenhowers die Rede war.[54] Tags zuvor hatte Viktor Emanuel seine Mitarbeiter beauftragt, Fühlung mit den Anglo-Amerikanern herzustellen.[55] Nach Bastianini[56] wandte sich nun auch Guariglia an die alliierten Geschäftsträger beim Heiligen Stuhl.[57] Cianos ehemaliger Kabinettschef reiste nach Lissabon.[58] Ein dritter Emissär besuchte Tanger, wo der Sohn Badoglios den Weg zum britischen Gesandten ebnete.[59] Amè aber versicherte Canaris, Roatta dem deutschen Militärattaché, daß die neue Regierung nicht zu kapitulieren gedenke.[60]

Italiener und Deutsche rangen um Zeitgewinn. Das OKW benötigte noch ein bis zwei Wochen zur systematischen Besetzung aller Schlüsselpositionen des Nachbarlandes. Badoglio und Ambrosio suchten dieses Vorgehen zu durchkreuzen, indem sie ihre Bündnistreue betonten, ein Gipfeltreffen anboten und italienische Truppen aus Südfrankreich und Jugoslawien abzogen. Um zu verhindern, daß Hitler den gestürzten Duce befreien ließ und wieder einsetzte, wechselte man mit Mussolini wiederholt das Versteck.[61]

Der von manchen Italienern ausgesprochene Wunsch, daß Deutschland ihrem Beispiel folgen und Hitler einer Auflösung des Bündnisses zustimmen möge, blieb illusorisch.[62] Bei den folgenden Unterredungen in Travisio und Bologna am 6. und 14. August 1943 war nur noch Argwohn der Verhandlungsführer. Vor und zwischen diesen Terminen wurde General Castellano nach Lissabon geschickt, um die Kapitulation seines Landes mit Bevollmächtigten der Westmächte vorzubereiten.[63]

Als Ribbentrop in Travisio seinen italienischen Amtskollegen fragte, ob er an die Westmächte herangetreten sei, leugnete Guariglia seine geheime Fühlungnahme.[64] Keitel, der am gleichen Tag um eine Lagebeurteilung des verbündeten Oberkommandos ersuchte, bekam bittere Vorwürfe wegen deutscher Truppenbewegungen zu hören.[65] Bei den Bologneser Gesprächen mit Jodl und Rommel rang Roatta um Zustimmung für die Rückführung der 4. Armee (Vercellino) aus Südfrankreich sowie bestimmter Kräfte der auf dem Balkan stehenden 2. Armee (Robotti), 9. Armee (Dalmazzo) und 11. Armee (Vecchiarelli).[66]

Mittlerweile war Castellano unterwegs, um erneut bei den britischen Botschaftern vorzusprechen.[67] Auch Grandi hatte sich an sie gewandt.[68] Der Gegner forderte die bedingungslose Kapitulation. Eine Entscheidung über die gleichwohl nötigen Modalitäten mußte auf höherer Ebene fallen. Während ihrer Quebec-Konferenz (»Quadrant«) befanden Roosevelt und Churchill über das vorläufige Programm.[69]

General Walter Bedell Smith – der Stabschef Eisenhowers – nannte Castellano in Lissabon die darin enthaltenen Bedingungen (Auslieferung sämtlicher Flugzeuge, Kriegs- und Handelsschiffe; Freilassung der Gefangenen; Demobilisation; Abtretung von Operationsbasen und deren Unterhalt; Räumung aller besetzten Gebiete, Hinnahme noch unbekannter Maßnahmen bezüglich der Verwaltung, Justiz, Wirtschaft und Finanzen des Landes). Ein Telegramm des amerikanischen Präsidenten verhieß Erleichterungen, falls es zur gedeihlichen Zusammenarbeit zwischen den bisherigen Gegnern käme.[70]

Die deutsche Führung war durch einen Agenten Kaltenbrunners unterrichtet.[71] Das OKW überarbeitete die Befehle für den »Fall Achse«. Der Diktator ernannte Himmler zum Reichsinnenminister, ließ Mackensen ablösen, die auf Ehrenwort entlassenen norwegischen Offiziere wieder festsetzen und das unruhig gewordene Dänemark handstreichartig entwaffnen.[72] Auch bat er Boris III., einen Schwiegersohn des italienischen Königs, um Verstärkung der Ägäisküste.[73] Den plötzlichen Tod des Zaren führte Hitler auf Machenschaften des Hauses Savoien zurück.[74]

Inzwischen hatte der OB Süd (Kesselring) Sizilien geräumt.[75] Unter Jagdschutz[76] und einer Feuerglocke starker Flakverbände waren durch Fregattenkapitän Gustav von Liebenstein trotz heftiger Bombenangriffe[77] 39569 deutsche Soldaten mit 9605 Fahrzeugen, 47 Panzern, 94 Geschützen und etwa 17000t sonstigem Kriegsgut sowie 62000 Italiener aus dem Brückenkopf evakuiert[78] und auf Prähmen und Siebelfähren, teilweise auch in »Me 323« – Großtransportern, über die Straße von Messina zurückgeführt worden (Unternehmen »Lehrgang«).[79]

Von Macmillan und Murphy beraten, erkannte Eisenhower beizeiten, daß der Sturz des Duce nicht ohne weiteres zur Liquidation des Krieges im Mittelmeerraum führen werde.[80] Der alliierte Oberbefehlshaber hatte daher die Combined Chiefs of Staff um eine neue Direktive gebeten.[81] Sie lag schon seit dem 27. Juli als Konzeption eines Landeangriffes im Süden von Neapel vor (Operation »Avalanche«) und wurde durch Pläne für das Übersetzen nach Kalabrien, Korsika und Sardinien ergänzt.

Der Entschluß zur Auslösung fiel nicht leicht. Ambrosio forderte von den Alliierten wirkungsvolle Maßnahmen zum Schutze der Badoglio-Regierung, insbesondere eine Luftlandung bei Rom. Eisenhower scheute die Gefahr uferloser Operationen, zumal der eigentlichen Invasion, dem 1944 vorgesehenen Trans-Kanal-Angriff, durch »Quadrant« weiter Priorität zuerkannt wurde. Der Oberbefehlshaber verlangte daher den sofortigen Abschluß des Waffenstillstandsvertrages. Gleichzeitig wollte der General den deutschen Rückzug durch Landungen in Süditalien beschleunigen.

Während Bedell Smith und Castellano am 3. September 1943 in Cassibile bei Syrakus die Kapitulationsurkunde unterzeichneten[82], empfingen Viktor Emanuel und Badoglio den deutschen Botschafter Rudolf Rahn, um erneut zu versichern, daß Italien dem Achsenpartner treu bleiben und »an der Seite Deutschlands« weiterkämpfen werde.[83] Zur gleichen Stunde bildeten britische Divisionen einen Brückenkopf auf dem italienischen Festland. Eine größere Landung sollte fünf Tage später folgen, wenn der Waffenstillstand bekanntgegeben wurde.

Badoglio ersuchte die Anglo-Amerikaner um Aufschub aus Furcht vor dem Zugriff einer bei Rom stehenden deutschen Fallschirmjäger-Division. Doch Eisenhower war der Winkelzüge überdrüssig. Die Abstimmung der Termine für das gestaffelte Verladen, Auslaufen und Heranführen einer amphibischen Streitmacht erlaubte kein Umdisponieren. Am späten Nachmittag des 8. September 1943 wurde das Waffenstillstandsabkommen von den Alliierten über Radio Algier veröffentlicht. Kurz darauf begann die Operation »Avalanche«.[84]

Das deutsche Oberkommando ergriff die vorbereiteten Gegenmaßnahmen (»Fall Achse«). Kesselring erklärte ganz Italien zum Kriegsgebiet und warf der am Strand von Salerno landenden 5. Armee (Clark) zwei Divisionen entgegen. Die HGr. B (Rommel) entwaffnete italienische Truppen im Norden. Fallschirmjäger bemächtigten sich Roms, wo General Carboni kapitulierte.[85] Viktor Emanuel, die Königin, Kronprinz Umberto, Badoglio, Acquarone und Ambrosio entkamen zur Adriaküste und flohen auf dem Seeweg weiter nach Brindisi.[86]

Im Südosten hatte Keitel mit der Weisung Nr. 48b zwei neue operative Verbände geschaffen: die HGr. F (Weichs) und HGr. E (Löhr).[87] Ihre erste Aufgabe war die Ausschaltung der italienischen Streitkräfte in Jugoslawien, Albanien und Griechenland. Die meisten Verbände ließen sich als Kriegsgefangene oder Bautruppen abtransportieren. Einzelne Bataillone desertierten zu den Partisanen oder lieferten ihnen die Waffen aus. Rhodos kapitulierte nach einem deutschen Bombenangriff. Auf Kefalonia und Koos leisteten die Besatzungen heftigen Widerstand.[88]

Italiens Marine sollte unter schwarzer Flagge ausgeliefert werden. Als dies bekannt wurde, meuterten zahlreiche Matrosen. Der Flottenchef, Admiral Carlo Bergamini, verließ La Spezia und nahm Kurs auf Spanien. Kampfflieger der LFl. 3 (Sperrle) versenkten das Schlachtschiff »Roma« (Del Cima) mit 1254 Seeleuten.[89] Mehrere Einheiten erreichten die Balearen. Das Gros ankerte in La Valetta. Cunningham funkte seinen Vorgesetzten: »Es gereicht mir zur Ehre, Euren Lordschaften melden zu können, daß die italienische Flotte unter den Kanonen der Festung Malta liegt«.[90] Eine »herrliche Beute«, bemerkte Churchill.[91]

Inzwischen hatte Skorzeny das Gewahrsam des gefangenen Duce auf dem 2914m hohen Gran Sasso ausgekundschaftet. Ein vom XI. Fliegerkorps (Student) geplantes Kommandounternehmen deutscher Fallschirmjäger, die mit Lastenseglern neben dem Berghotel niedergingen, befreite Mussolini aus der Haft (Unternehmen »Eiche«).[92] Man flog ihn etappenweise nach Rastenburg, wo sein Sohn Vittorio, Pavolini, Farinacci und Ricci eine politische Entscheidung anstrebten. Sie bewogen den Zögernden, an die Spitze einer »republikanisch-sozialistischen« Regierung zu treten.[93]

Erste Aufgabe ihrer Justizorgane sollte die Rache an den »Verrätern vom 24. Juli« sein. Wie man gegen Badoglios Leute vorzugehen habe, zeigte Hitler, als er General Antonio Gandin und seine Soldaten nach dem Kampf auf Kefalonia erschießen ließ. In Dalmatien wurden die Generale Cigala Fulgosi, Salvatore Pelligra und Raffaele Picardi samt 55 anderen Offizieren hingerichtet. Die Admirale Inigo Campioni und Luigi Mascherpa kamen vor ein faschistisches Gericht, das sie zum Tode verurteilte.

Cavallero, dem eigentlich der Neuaufbau des italienischen Heeres anvertraut werden sollte, hatte sich das Leben genommen.[94] Darauf bildete Grazziani aus Kadern der zu den Deutschen übergegangenen Truppenteile erste Divisionen.[95] Volle Souveränität gewann die »Sozialistische Republik« dadurch nicht. Der Duce mußte auf Rom als Regierungshauptstadt verzichten. Er wählte Salò am Gardasee zu seinem Sitz, wo ihn SS-Obergruppenführer Karl Wolff überwachte und der Reichsbevollmächtigte Rudolf Rahn politisch beriet.[96]

Auch Viktor Emanuel war gezwungen, den Kelch der Demütigungen zu leeren. Wohl unterzeichneten Eisenhower und Badoglio an Bord des vor Malta liegenden Schlachtschiffes »Nelson« (Jacomb) einen zweiten, erleichterten Waffenstillstandsvertrag, worauf Italien am 13. Oktober 1943 Deutschland den Krieg erklärte. Die Zuständigkeit der königlichen Regierung blieb aber eingeschränkt, ihr Ansehen gering.[97] Viele Italiener meinten, daß der Monarch sich von Mussolini nur getrennt habe, um die durch langjährige Zusammenarbeit mit den Faschisten kompromittierte Dynastie vor Schaden zu bewahren. Dieser Auffassung waren auch Roosevelt und Churchill.[98]

Letztlich wurden alle enttäuscht. Clark bildete zwar nach empfindlichen Verlusten bei Salerno zusammen mit der 8. Armee (Montgomery) eine zusammenhängende Front.[99] Doch Kesselring behauptete sich viel weiter südlich als erwartet[100] und zwang die

Alliierten gegen ihren Willen zu einem langwierigen Feldzug.[101] Andererseits gewann Hitler nicht das gewünschte Glacis. Schon am 1. August 1943 bombardierte die 9th USAAF (Brereton) wichtige südosteuropäische Ziele.[102]

[1] FRUS: Conferences at Washington and Quebec, 1943, S. 11–198 u. Roosevelt/Churchill: Secret Wartime Correspondence, S. 324ff. Dazu Dallek, a.a.O., S. 392–399, 401–406, 414–417; Howard, a.a.O., S. 409–460; MacDonald, a.a.O., S. 130–143; M. Matloff: Strategic Planning for Coalition Warfare, 1943–1944, Washington, D.C., 1959, S. 17ff. (zit. Matloff); Pogue: Marshall, a.a.O., S. 212f.; Wilmot, a.a.O., S. 118f.; ferner d. Aufzeichnungen v. Butcher, S. 42–45, 283, 350; Bryant, I, a.a.O., S. 449ff.; Churchill, a.a.O., IV, 2, S. 684–688; Leahy, a.a.O., S. 157f.; Hull, II, a.a.O., S. 1571; Wedemeyer, a.a.O., S. 234, 246ff., 268, 273; auch Sherwood, a.a.O., S. 715–725 u. Stimson, a.a.O., 17.,19.5.1943.

[2] N. Garland u. J. McG.Smyth: Sicily and the Surrender of Italy (U.S. Army in World War II), Washington, D.C., 1965, S. 2–25 (zit. Garland/Smyth); MacDonald, a.a.O., S. 144–162.

[3] Eisenhower, a.a.O., S. 167ff.; dazu Butcher, a.a.O., S. 321ff. u. K. Strong: Geheimdienstchef in Krieg und Frieden, Wien-Hamburg 1969, S. 109ff. (zit. Strong).

[4] Cunningham, a.a.O., S. 535–542; dazu C.J.C. Molony: The Mediterranean and Middle East, London 1973, S. 1–34 (zit. Molony); Roskill, III, 1, a.a.O., S. 105ff.

[5] Garland/Smyth, S. 52; Slessor, a.a.O., S. 417ff.

[6] Alexander: Despatch, a.a.O., S. 9ff.; Molony, S. 30ff.; Montgomery, a.a.O., S. 87ff.

[7] Außer einem Bataillon Marokkaner, s. Beaufre, a.a.O., S. 817f.

[8] Molony, S. 35f.; Senger u. Etterlin, a.a.O., S. 193.

[9] Craven/Cate, II, a.a.O., S. 462–465; G. Bonacina: L'armistizio evitò la distruzione di Torino, in: St. 1/1977, S. 21–29.

[10] Faldella: L'Italia, S. 123; ders.: Lo sbarco e la difensa della Sicilia, Rom 1956, S. 31–35 (zit. Faldella: Sbarco); D.U. Leonardo: Iuglio 1943 in Sicilia, Modena 1947, S. 35ff.

[11] Roatta, a.a.O., S. 261ff.; dazu v. dt. Seite Rintelen, a.a.O., S. 206; Senger u. Etterlin, S. 163.

[12] KTB/OKW, III, S. 788.; Senger u. Etterlin, S. 179ff.; Warlimont, S. 350ff.; dazu W. Haupt; Kriegsschauplatz Italien 1943–1945, Stuttgart 1977, S. 16–38 (zit. Haupt: Italien).

[13] Baum/Weichold, a.a.O., S. 331f.; Gundelach, II, a.a.O., S. 585ff.

[14] Faldella: Sbarco, S. 49ff.; P. Maravigna: Lo sbarco Anglo-Americano in Sicilia, in: RM 1/1952, S. 1–31; dazu v. engl. Seite Molony, S. 36–78; M.B. Ridgway: The Memoirs, New York 1956, S. 58ff.; Strong, S. 134; N. Pond: Sicily, London 1964, S. 6ff., 16ff., 29ff., 32ff., 46ff.

[15] Butcher, 373–378; Molony, S. 213–254; Morison, II, 275ff.; ders.: Sicily, Salerno, Anzio, Boston 1955, S. 11–226 (zit. Morison, IX); Roskill, III, 1, a.a.O., S. 105–120.

[16] C. Barbieri: I caccia della seconda guerre mondiale, Padua 1970; Santoro, II, a.a.O., S. 279. Von anderer Seite Gundelach, II, S. 585–619 u. R. Steel: Italien Fighters, in: W 4/1979, S. 8.

[17] Rohwer/Hümmelchen: Chronik, S. 373.

[18] Faldella: Sbarco, S. 37ff.; Roatta, S. 261ff.; G. Zingale: L'invasione della Sicilia, Catania 1962.

[19] R. Böhmler: Monte Cassino, Darmstadt, 1955, S. 11ff. (zit. Böhmler); E. F. Moellhausen: Die gebrochene Achse, Alfeld 1949; Rintelen, S. 206f.; E. Theil: Kampf um Italien. Von Sizilien bis Tirol, München 1983 (zit. Theil); F.-K. v. Plehwe: Schicksalsstunden in Rom. Ende eines Bündnisses, Berlin 1967, S. 58ff. (zit. Plehwe); Senger u. Etterlin, S. 163, 179, 182–187.

[20] Wiskeman, a.a.O., S. 297f.

[21] ADAP, E, VI, Nr. 159; KTB/OKW, III, S. 804–808; Hitler e Mussolini, a.a.O., S. 165ff. Dazu De Felice: Mussolini, II, a.a.O., S. 385ff.; Baum/Weichold, a.a.O., S. 341f.; Deakin, a.a.O., S. 460–482; Wiskeman, S. 298ff., d it. Memoiren v. Alfieri, a.a.O., S. 309–318; Bastianini, a.a.O., S. 120–124; B. Mussolini: Memoirs 1942–1943, London 1949, S. 50f.; dt. Aufz. v. Plehwe, S. 62ff.; Rintelen, S. 212–215; Schmidt, a.a.O., S. 567f.; Warlimont, S. 353f.; zum Folgenden jetzt E. Kuby: Verrat auf deutsch. Wie das Dritte Reich Italien ruinierte, Hamburg 1982.

[22] KTB/OKW, III, S. 832.

[23] ADAP, E., VI, Nr. 148.

[24] Ebd. Nr. 155, 175.
[25] Bd. Nr. 77, 157, 166.
[26] Zum Folgenden Rocca, a. a. O., S. 357 ff.; Deakin, S. 473–504; De Felice, II, S. 387 ff.; L.u.M. Salvatorelli, a. a. O., S. 412 ff.; M. Vaussard: La conjuration du grand conseil fasciste contre Mussolini, Paris 1965. Außer d. vielf. angef. Erinnerungen v. Alfieri, Amè, Anfuso, Badoglio, Bastianini, Bova Scoppa, Cavallero. Roatta u. Simoni geben Aufschlüsse d. Memoiren v. G. Artieri: Quattro momenti de storia fascista, Neapel 1968; I. Bonomi: Diario di un anno, Cermusco 1974 (zit. Bonomi); G. Bottai: Set'anni e un giorno, 24 Iuglio 1943, Rom 1949; G. Carboni: Memorie segrete 1935–1984, Florenz 1955 (zit. Carboni); G. Castellano: Como firmai l'armistizio di Cassibile, Mailand 1945 (zit. Castellano); B. Croce: Pagine politiche, Mailand 1970; E. Caviglia: Diario 1925–1945, Rom 1952; E. Grazzi: Il principio della fine, Rom 1945; R. Guariglia: Ricordi, Neapel 1949; F. Maugeri: From the Ashes of Disgrace, New York 1948 (zit. Maugeri); R. Mussolini: La mia vita con Mussolini, Mailand 1959 (u. ö.); C. Senise: Memorie, Turin 1949; P. Puntoni: Parla Vittorio Emanuele III, Mailand 1958 (zit. Puntoni).
[27] Anfuso, S. 222; Bonomi, S. 18–21.
[28] S. Bertoldi: Badoglio, Rom 1967; dazu Badoglio, S. 62 f., 70; Castellano, S. 51 f.; Maugeri, S. 77 f.; Puntoni, S. 136 ff.
[29] G. B. Guerri: Giuseppe Bottai, Un Fascista Critico, Mailand 1976; V. A. Grimaldi: Buffarini Guidi. L'avvocato degli intrighi, in: St. 6/1976, S. 27 ff.; dazu Bottai, S. 302 f.; Count Dino Grandi Explains, in: Life, vol. 18, 9–12/1945 u. seine etwas abweichende Darstellung in: Oggi 5–6/1959; vor allem Kirkpatrick, a. a. O., S. 510 ff.
[30] H. Fornari: Mussolini's Gadfly. Roberto Farinacci, Nashville, Tenn., 1971.
[31] V. Cerosimo: Dall'istrotteria alla Fucilazione. Storia del processo di Verona, Rom 1948, S. 6 f., 204 ff. (zit. Cerosimimo).
[32] R. Mussolini, S. 172 f.
[33] Churchill, VI, 1, S. 47 f.; Guariglia, S. 574; Plehwe, S. 222.
[34] Hibbert, a. a. O., S. 165 ff.; Kirkpatrick, S. 516 ff.
[35] Ein Protokoll wurde nicht angefertigt. Dt. Übersetzung d. Resolution b. Deakin, S. 522 f. Der Sitzungsverlauf ebd., S. 505–521; entsprechend Hibbert, S. 176–193 u. Kirkpatrick, S. 519–526.
[36] Bonomi, S. 4 ff.; Castellano, S. 57 f.; Puntoni, S. 36–145.
[37] A. Cerica: Sull'arresto Mussolini, in: Tempo 7–8/1956. Abweichende Überlieferungen b. Deakin, S. 539. Vgl. Hibbert, S. 194 ff. u. Plehwe, S. 89.
[38] Badoglio, S. 70 f.; dazu Bertoldi: Badoglio, S. 289 ff.
[39] G. Artieri: Cronica del regno d'Italia Mailand 1978; F. Cognasso; I Savoia, Mailand 1971; D. Bertoldi: Vittorio Emanuele, Mailand ^{3}1972, S. 229 ff. Vgl. dazu d. Memoiren v. Badoglio, S. 70 f.; Bonomi, S. 20–32; Carboni, S. 111 ff., Roatta, S. 263; Puntoni, S. 139 f.
[40] ADAP, E, VI, Nr. 172, 173; auch Plehwe, S. 94 f; Rintelen, S. 221 f.; Senger u. Etterlin, S. 192 f.
[41] Heiber: Lagebespr., S. 275 f, 278 ff., 304 ff., 316 ff., 331 ff., 343 ff., 351 ff., 353 ff.; Below, a. a. O., S. 342; Warlimont, S. 357–381; dazu Haupt: Italien. S. 39–64.
[42] Goebbels-Tgb., S. 371 ff.; KTB/OKW, III, S. 840.
[43] Berichte d. dt. Gesandtschaft i. Bern v. 15. u. 28. 5. 1943 über geheime Fühlungnahmen der it. Kronprinzessin Marie José, einer Schwester König Leopolds III. v. Belgien.
[44] ADAP, E. VI, Nr. 173, 178, 184, 185, 189, 199, 204, 227, 237, 238, 251. Baum/Weichold, S. 345 ff.
[45] Dt. Übersetzung b. Plehwe, S. 98 f.
[46] Deakin, S. 559–577; Plehwe, S. 96; Wiskeman, S. 306 ff.
[47] Heiber: Lagebesprechungen, S. 316, 329, 359; Plehwe, S. 152.
[48] KTB/OKW, III, S. 839.
[49] Rommel-Papers, a. a. O., S. 432.
[50] W. Hagen: Unternehmen Bernhard, Wels-Starnberg 1955, S. 120 ff.
[51] O. Skorzeny: Meine Kommandounternehmen, München 1981, S. 160–173 (zit. Skorzeny), der Hagen (alias Höttl) Ungenauigkeiten nachsagt.
[52] KTB/OKW, III, S. 837; vgl. Hubatsch: Weisungen, S. 227.
[53] KTB/OKW, III, S. 875; Kesselring, a. a. O., S. 233, 239; Plehwe, S. 144, 159 f.; Theil, S. 87 ff.; Warlimont, S. 383; Westphal, a. a. O., S. 224.
[54] KTB/OKW, III, S. 854.
[55] Guariglia, S. 504 (mit falschem Datum); richtig dagegen Puntoni, S. 148; s. auch V. Vailati: Badoglio risponde, Mailand 1958, S. 99 (zit. Vailati).

[56] Vgl. d. Übersicht b. Plehwe, S. 219–244.
[57] Guariglia, S. 505.
[58] Deakin, S. 574.
[59] A. Berio: Missione segreta, Rom 1961; Badoglio, S. 89; Theil, S. 80f.
[60] Höhne: Canaris, a. a. O., S. 506f.; Schellenberg, S. 331.
[61] Zu d. Stationen d. Gefangenschaft s. Mussolini i. seinen anschließend geschriebenen Memoiren, a. a. O., S. 7ff.; Maugeri, S. 114ff.; vor allem Hibbert, S. 198–221 u. Kirkpatrick, S. 531–537.
[62] Beispiele b. Plehwe, S. 130f., 144ff.
[63] Castellano, S. 79f.
[64] ADAP, E, VI, Nr. 173, 217; Badoglio, S. 86f.; Guariglia, S. 559–640.
[65] KTB/OKW, III, S. 900; Görlitz/Keitel, S. 327ff.; Warlimont, S. 384f.
[66] Plehwe, S. 214f.
[67] Castellano, S. 84ff.; S. Hoare: Gesandter in besonderer Mission, Hamburg 1950, S. 352.
[68] Grandi, in Oggi, a. a. O.,
[69] Conferences at Washington and Quebec, 1943, S. 554ff., 894ff.; dazu Dallek, S. 412f.; Garland/Smyth, S. 435ff.; Molony, S. 185–250; Howard, S. 559–584.
[70] Castellano, S. 110ff.; Guariglia, S. 663; Strong, S. 137f. Der Wortlt. ds. Quebec-Memorandums für Eisenhower mit den Waffenstillstandsbedingungen b. Garland/Smyth, S. 556f.
[71] Irving: Hitler, S. 512.
[72] KTB/OKW, III, S. 1023; Norup, a. a. O., S. 166–202.
[73] Ein Protokoll d. dt. geführten Unterredung zw. Hitler u. d. Zaren v. 15. 8. 1953 wurde nicht angefertigt.
[74] ADAP, E, VI, Nr. 257; vgl. dagegen H. Heiber: Der Tod des Zaren Boris, in: VZ 9/1961, S. 384–416; neuerdings Hoppe, a. a. O., S. 145–147 u. Miller: Bulgaria, S. 144–146. Auch Baur, a. a. O., S. 246.
[75] KTB/OKW, III, S. 369f.
[76] J. Steinhoff: Die Straße von Messina. Tagebuch eines Kommodore, München 1973; Gundelach, II, S. 647–652.
[77] Craven/Cate, II, S. 355ff.
[78] Zahlen nach Hillgruber/Hümmelchen/Chronik S. 96f.
[79] W. v. Gartzen: Die Flottille. Außergewöhnlicher Seekrieg dt. Mittelmeer-Torpedoboote, Herford 1982; Morison, IX, S. 80ff.; Ruge: Seekrieg, S. 256; ders.: In vier Marinen. Lebenserinnerungen als Beitrag zur Zeitgeschichte, München 1979, S. 235–240 (zit. Ruge: Lebenserinnerungen); vor allem Salewski, II, S. 268ff.; v. engl. Seite Molony, S. 180ff.
[80] Eisenhower, S. 224f.; dazu Butcher, S. 371f., Macmillan, a. a. O., S. 256f.; Murphy, a. a. O., S. 232ff.
[81] Garland/Smyth, S. 268ff.; Howard, S. 515–536.
[82] Ebd., S. 482ff.; Castellano, S. 61ff.; Salvatorelli, S. 422f.; Murphy, S. 246f.; Strong, S. 153ff.
[83] Rahn, a. a. O., S. 227ff.; entspr. Deakin, S. 601f.
[84] Eisenhower, S. 226; dazu Butcher, S. 373 u. Molony, S. 255–330, sowie Gundelach, II, S. 653 u. Kesselring, S. 249f.
[85] G. Carboni: La verità du un generale distratto, Rom 1966.
[86] Bertoldi: Badoglio, S. 302; C. Martorella: La fuga di re Vittorio del settembre 1943, in: St. 5/1977, S. 13f.; Pagani: Umberto, a. a. O., S. 100.
[87] Hubatsch:Weisungen, S. 224f.
[88] Baum/Weichold, S. 363ff.; E. Röhricht: Die Entwicklung auf dem Balkan 1943–1945, in: WWR 12/1962 (zit. Röhricht: Balkan). F. Ponti: La difensa di Coo dopo l'8 settembre 1943, in: St. 7/1975, S. 6.
[89] Bragadin, a. a. O., S. 316ff.; Salvatorelli, S. 427ff.; Trizzino, a. a. O., S. 161–171.
[90] Cunningham, S. 543.
[91] Zit. nach Trizzino, S. 177.
[92] Skorzeny, S. 190–206; W. Haupt: Fallschirmjäger 1939–1945, Friedberg 1979, S. 96f. (zit. Haupt: Fallschirmjäger); ders.: Italien, S. 65ff.
[93] Zum Folgenden S. Bertoldi: La Repubblica di Salò, Mailand 1980; G. Carlucci (Hg.): Repubblica Sociale Italiana, Rom [2]1959; F. W. Deakin: Storia della Repubblica di Salò, Rom 1970; G. Bocca: La repubblica di Mussolini, Rom-Bari 1977 (zit. Bocca: La repubblica).
[94] Deakin, S. 610ff., 724; C. Cavallero: Il dramma del Maresciallo Cavallero Rom 1960, S. 150ff.; Kesselring, S. 244f.
[95] G. S. Pansa: L'esercito di Salò, Mailand 1968.

[96] Baum/Weichold, S. 384ff.; E. Colotti: L'administrazione tedesca nell'Italia occupata, Mailand 1963; S. Bertoldi: I tedeschi in Italia, Rom 1967.

[97] Vgl. die Rolle d. amerikan. Militärreg. auf Sizilien u. ihre Beziehungen zur Mafia b. A. Petacco: Tutti agli ordini del siciliani, in: St. 126/1975, S. 28ff.

[98] Zur Volksmeinung Plehwe, S. 307, Anm. 52; zu d. Alliierten u. a. R. Bracalini: Il re vittorioso, Mailand 1980.

[99] Butcher, S. 440–445; Haupt: Italien, S. 70ff.; Morison, IX, 227–316; H. Pond: Salerno, London 1961.

[100] Baum/Weichold, S. 371ff.; B.P. Boschesi: L'Italia nella guerra mondiale 26/VII/1943–2/V/1945, Mailand 1976 (zit. Boschesi); W. Haupt: Kriegsschauplatz Italien, Friedberg 1977 (zit. Haupt: Italien); Morison, IX, S. 102ff.

[101] M. Blumenson: Breakout and Pursuit, Washington, D.C., 1961; ders.: Salerno to Cassino, Washington, D.C., 1969 (zit. Blumenson); Haupt: Italien, S. 74ff. Molony, S. 330f.; C.G. Starr: From Salerno to the Alps. A History of the Fifth Army, Washington, D.C. 1955 (zit. Starr).

[102] ADAP, E, VI, Nr. 223.

Inselspringen im Pazifik

Die Kriegswende verschob auch weiter das strategische Gefüge in Ostasien. Wegen der fortschreitenden amerikanischen Gegenoffensive bedurfte Japan der Rückenfreiheit.[1] Shigemitsu suchte daher zwischen Berlin und Moskau den Frieden zu vermitteln.[2] Als dies nicht gelang, unterbreitete er den Sowjets neue verlockende Angebote.[3] Japan gab ihnen die Öl- und Kohlekonzessionen auf Nordsachalin zurück, schloß mit der UdSSR ein Fischereiabkommen, verhieß Grenzkorrekturen und erklärte, sich aus dem Antikominternpakt und der Dreierkonstellation zurückziehen zu wollen.[4]

Dagegen trachteten die USA, Japan fest in die Zange zu nehmen. Hull hatte schon wiederholt mit Umanskij und Litwinow über die Verpachtung von Luftstützpunkten an der mandschurischen Nordgrenze gesprochen.[5] Weit bessere Aussichten bot den Vereinigten Staaten jedoch das China Tschiang Kai-scheks, dessen Fliegerverbände General Claire Chennault, ein Amerikaner, befehligte. Ihre Schlagkraft konnte allerdings nur durch Öffnung der Burmastraße erhöht werden. Den Briten widerstrebte dies, doch mußte Churchill in Washington, Quebec und Kairo zustimmen.[6]

Wavell wurde auf den Posten eines Vizekönigs von Indien abgeschoben. Admiral Louis Mountbatten übernahm das Southeast Command in Kandy auf Ceylon. Sein Stellvertreter, der amerikanische General Joseph W. Stilwell erhielt Mitspracherecht, während die Führung der See- und Luftstreitkräfte bei Somerville und Peirse verblieb. Man begann, zwei bis drei Armeen aufzustellen. Vorerst konnten aber nur sogenannte Chindit-Einheiten[7] – aus Briten, Gurkhas, Sikhs und Chinesen bestehende Long-Range-Penetration-Brigades – angreifen.[8]

Unter dem Druck der alliierten Konferenzbeschlüsse hatte die Kaiserliche Konferenz in Tokio einen älteren Entwurf zur Neuordnung Ostasiens für verbindlich erklärt.[9] Japan wollte zwar seine Vormachtstellung wahren, Hongkong und Singapore, Nordborneo, Neuguinea und Timor, vorübergehend auch das gemischt bevölkerte Malakka annektieren, den übrigen Besatzungsgebieten und ihren Nationalbewegungen jedoch Autonomie wie Mandschukuo und Nanking-China zugestehen.

Die Despotie örtlicher Befehlshaber sollte nicht länger geduldet werden. Ihretwegen hatte Japan versäumt, schwere antibritische Unruhen in Indien eigenen Zielen nutzbar zu machen. Nun wurde eine indische Exilregierung unter dem aus Deutschland gekommenen Subhas Chandra Bose gebildet, erhielten Burma sowohl[10] als auch die Philippinen[11] politische Unabhängigkeit (richtiger: Autonomie). Japan, das wegen katastrophalen Rohstoffmangels in den Krieg eingetreten war, hatte aus den eroberten Gebieten bisher keine größeren Mengen kriegswichtiger Güter einführen können.[12] Ohne Eisen, Nickel, Zinn, Bauxit und Kohle konnten die Engpässe in der Stahl- und Werftindustrie nicht überwunden werden. Man unterstellte sie der Admiralität. Aber auch Nagano fand keine Lösung des Problems. Der Schwund an Transportraum wurde so groß, daß man mit dem Bau von Holz- und Zementschiffen experimentierte.[13]

Unterseeboote der U.S. Pacific Fleet (Nimitz) operierten auf allen wichtigen Transportrouten des Kaiserreiches. Im Jahre 1943 hatten die Amerikaner monatlich 115000 BRT Frachtraum versenkt und damit einen entscheidenden Erfolg davongetragen.[14] Als Nagano gegen Ende des Jahres ein Konvoisystem schuf – das allerdings nur zu oft ohne militärischen Geleitschutz auskommen mußte[15] –, ruhten bereits 1,8 Millionen BRT der ehedem 6 Millionen BRT umfassenden japanischen Handelsschiffahrt auf dem Grunde des Meeres.[16]

Die Rüstungsproduktion des Kaiserreiches wurde gedrosselt. Doch nicht allein der Rohstoffmangel und das Transportproblem zwangen zur Einschränkung, auch menschliche Schwächen wirkten sich in der Kriegswirtschaft aus. Japan hatte begierig die westliche Technik übernommen, ohne das vorindustrielle Sozialverhalten seiner Bevölkerung der modernen Arbeitswelt anpassen zu können. Die herkömmliche Gesellschaft ließ der Eigeninitiative nur geringen Freiheitsraum. Im Ringen mit dem völlig anders gearteten Amerika war dies ein Nachteil.[17]

Dem japanischen Soldaten war unbegreiflich, daß Materialüberlegenheit schwerer wiegen sollte als jahrhundertealte Tradition. Zu den shintoistischen Glaubensoffenbarungen gehörte die Unsterblichkeit der »Heldenseele«. Das Sittengesetz des »Bu-Shido« verbot, wie auch Kitaro Nishida, der überragende Denker seines Landes lehrte, die Frage nach dem Warum. Der Kodex verlangte die kaltblütige Hingabe des Lebens. Ein Gegner, der sich gefangen gab und damit sein »Gesicht« verlor, wurde verächtlich, oft unmenschlich behandelt.[18]

Die Amerikaner und ihre Verbündeten sahen darin verabscheuungswürdige Barbarei. Man erfuhr von Todesmärschen der Gefangenen, enthaupteten Fliegern, gemarterten Zivilinternierten, Massakern in China.[19] Aufgrund solcher Vorkommnisse ließen sich auch Alliierte zu Greueltaten hinreißen. Als die 5th U.S. Army Air Force (Kenney) in der Bismarcksee acht Truppentransporter des Gegners versenkte, wurden Tausende von schiffbrüchigen Japanern mit Bordwaffen und Wasserbomben getötet.[20]

MacArthur und Nimitz operierten nebeneinander in getrennten Räumen. Die Grenze lag bei 159 Grad östlicher Länge. Der General verfügte über 11 Infanteriedivisionen aus den Vereinigten Staaten und Australien sowie ein kleines niederländisches Kontingent, das mit West-Neuguinea vertraut war. Dem Admiral unterstanden außer der Pazifikflotte auch Seeflieger, mehrere Marineinfanterie-Regimenter und leistungsfähige Baueinheiten (Construction Batallions, CBs, auch »Seabees – Seebienen« genannt).[21]

Allmählich änderte sich diese Zusammensetzung. Da MacArthur sein Operationsziel, die Stützpunkte an der Nordküste von Neuguinea, nicht auf dem Landweg erreichen konnte, wurden ihm Schiffe zugeteilt und als 7. US-Flotte (Kinkaid) zusammengefaßt. Andererseits benötigte Nimitz für künftige Landungsoperationen auch Heerestruppen. Der starke Trägerverband von Halsey wurde abwechselnd in den einen oder anderen Angriffsstreifen dirigiert, je nachdem, wo die Joint Chiefs of Staff einen Schwerpunkt zu bilden beabsichtigten.[22]

Insgesamt hatten die USA jetzt 7800 Flugzeuge und 719 Kriegsschiffe im pazifischen Raum. Das Inselspringen erleichterten Spezialschiffe der Amerikaner. Drei neue Muster – LST (1600t), LCT (130t) und LCI (140t) – dienten als Nahtransporter. Ihre unförmigen Rümpfe erreichten auch im flachen Wasser den Strand, hielten sich mit dem Heckanker vierkant am Ufer und entluden ohne Zeitverlust über die herunterge-

klappte Bugrampe. Voraus krochen raketenbestückte »Amtracks« und »Dukws«, schwimmfähige Gleisketten- und Räderfahrzeuge.[23]
Pressekorrespondenten kennzeichneten die Offensive mit einem anschaulichen Bild. Der Angreifer bewegte sich doppelhändig voran und stieß wie ein Boxer abwechselnd mit der Linken und Rechten zu. In Wirklichkeit waren die Operationen komplizierter. Denn jeder der beiden Oberbefehlshaber ersuchte in Washington um Abänderungen zu seinen Gunsten.[24] Daher wurden Termine vorgezogen oder verschoben und Nebenaktionen, zum Beispiel die Rückeroberung der Aleuteninseln Kiska und Attu, unternommen.[25]
Großes Aufsehen erregte die von langer Hand vorbereitete Kopfjagd auf den japanischen Flottenchef. In Dutch Harbor aufgefangene Funksprüche des Flaggschiffes »Yamato« (Morishiti beflügelten die Suche. Roosevelt genehmigte das Unternehmen (Operation »Vengeance«) nach Rücksprache mit Knox und Stimson. Maschinen vom Typ P 38 »Lightning« wurden dazu umgerüstet. Sie schossen Yamamoto in seinem Flugzeug über Bougainville ab.[26]
Admiral Mineichi Koga, der neue Flottenchef des Kaiserreiches, kannte die amerikanischen Angriffspläne so gut wie sein Vorgänger. Doch mangels ausreichenden Treiböls war er außerstande, die feindliche Offensive durch frühzeitigen Gegenstoß zu vereiteln. Japanische Ingenieure hatten die volle Leistungsfähigkeit der Bohrfelder auf Sumatra, Java und Nordborneo nicht wieder herzustellen vermocht. Nagano riet daher, mit der Flotte in einer für die Treibstoffübernahme günstigen Position abzuwarten.
Ein solcher Liegeplatz war das Sulu-Atoll zwischen Nordborneo und den Philippinen. Gleichzeitig wurde in jedem der beiden amerikanischen Angriffsstreifen ein starker Flottenstützpunkt des Kaiserreiches ausgebaut: Rabaul und Truk. Die erhielten nicht nur Vorratslager und Reparaturwerkstätten, sondern auch Heeresgarnisonen mit Flakartillerie und Ballonsperren. Die umliegenden Inseln hatten Jägerflugplätze zur Verstärkung der Abwehr.
Von der Kaiserlichen Konferenz war beschlossen worden, die äußeren Positionen im Pazifischen Ozean nur hinhaltend zu verteidigen.[27] Nagano und Sugiyama definierten eine verkürzte Linie rings um den »absoluten nationalen Sicherheitsraum« (von Burma über Malaya bis zum westlichen Neuguinea und von dort über die Karolinen, Marianen und Kurilen).[28] Innerhalb dieses Ringes hoffte der Premierminister Hideki Tojo die Kriegswirtschaft entwickeln und mit Hilfe Shigemitsus klare politische Verhältnisse schaffen zu können.[29]
Den Alliierten war die Aufgabe gestellt, dieses System aufzubrechen. Die Joint Chiefs of Staff planten aber keinen Frontalangriff. Sie genehmigten auch keinen geradlinigen Vorstoß auf den einen oder anderen japanischen Stützpunkt. Man befolgte die Taktik des Überspringens, eine Abfolge selektiver Landungen. Zahlreiche Inseln mit zum Teil starken japanischen Besatzungen sollten umgangen und durch Einnahme ausgesuchter Schlüsselpositionen bis zum Ende des Krieges isoliert werden.[30]
In diesem Sinne hatte die alliierte Offensive mit einer »harten Linken« begonnen. Sie sollte die Bismarckbarriere durchstoßen und Rabaul neutralisieren. Dazu mußte MacArthur an der Nordküste von Neuguinea vorrücken, nach dem Bau neue Flugplätze auf Neubritannien und den Admiralitätsinseln landen, während Halsey die restlichen Salomonen eroberte.[31] Da die Japaner hier nur noch fünf Divisionen unterhielten, schien ein rascher Erfolg sicher.

Indes verging mehr als ein Jahr, bis MacArthur, unterstützt von Admiral Thomas C. Kinkaid, sowohl Kiriwina als auch Woodlark sowie Salamaua eingenommen, durch ein Luftlandeunternehmen das wichtige Lae erobert[32], die dichtbewaldete Halbinsel Huon gesäubert, mit Hilfe australischer Truppen Finshhafen überwältigt und von dort aus über den Meeresarm hinweg bei Kap Gloucester einen tragfähigen Brückenkopf errichtet hatte.

Auch Admiral William F. Halsey verlor kostbare Zeit. Er konnte zunächst unter dem Schutz seiner 5 Flugzeugträger, 9 Kreuzer und 29 Zerstörer ohne große Schwierigkeiten mit Marineinfanterie auf Rendova landen. Überraschend gelang ihm auch das Fußfassen in Neugeorgien und am Strand der Kaiserin-Augusta-Bucht von Bougainville. Der Gegner entsandte jedoch einen »Tokio-Expreß« nach dem anderen. Auch gelang es nicht, alle seine Dschungelverstecke auszuräuchern.[33]

Von Rabaul drohte den Alliierten keine Gefahr mehr. Koga zog die letzten Flottenverbände zurück. Die 17. Armee (Yamagushi), deren 91000 Soldaten und 397 Flakgeschütze nicht abtransportiert werden konnten, hatte nur noch stationäre Bedeutung. Flugzeuge der 5th USAAF (Kenney) verdarben das um den Hafen entstandene Anbaugebiet durch Abwurf von Napalm und Dieselöl.[34] Die tägliche Ration der Japaner sank unter 1200 Kalorien. Trotzdem kapitulierten sie erst nach Kriegsende.

Für einen »starken Rechten« im zentralen Pazifik hatte Nimitz mehrere Verbände als 5. US-Flotte dem Sieger von Midway, Admiral Raymond A. Spruance, unterstellt. Er befehligte auch das Gros der 3. US-Flotte (Halsey), Heerestruppen, Marineinfanterie und CBs.[35] MacArthur, der sich aus Washington die Erlaubnis zur Fortsetzung seiner Neuguinea-Offensive holte und 1400km weit über Hollandia, Wakde, Biak und Noanfor bis zur Halbinsel Vogelkop vordringen wollte, blieb auf Mitwirkung der 7. Flotte (Kinkaid) angewiesen.[36]

Spruance übersprang das stark befestigte Nauru. Statt dessen nahm er Apamama, Makin und Tawara, wo die CBs unverzüglich neue Flugplätze bauten. Sein nächstes Ziel waren die Inseln des ausgedehnten Kwajalein-Atolls. Wenige Tage nach Beendigung der Kämpfe um diesen Stützpunkt konnten die ersten amerikanischen Langstreckenbomber nach Truk starten. Gleichzeitig bombardierten die Trägerverbände der Admirale Marc A. Mitscher, Alfred E. Montgomery und Frederick C. Sherman alle wichtigen Inseln des Marshall-Archipels.[37]

Nach starken Feuerschlägen seiner sechs Schlachtschiffe und zehn Flugzeugträger eroberte Spruance auch den Eniwetok-Atoll mit landender Marineinfanterie. Wieder war die Flotte dem weichenden Gegner 330km weit gefolgt. Als Mitschers Flugzeuge die Reede von Truk verminten, nahm Koga den dort ankernden Verband der kaiserlichen Flotte in das Sulu-Archipel zurück. Der Admiral selbst verscholl auf einem Flug in den Weiten des Pazifischen Ozeans.[38]

MacArthur war bei Biak auf heftigen Widerstand gestoßen.[39] Da die 7. US-Flotte (Kinkaid) im Kern nur noch aus den Kreuzern des britischen Admirals Sir Victor A. C. Chrutchley bestand, ließ ihr King vorübergehend die Verbände von Mitscher und Lee zuführen. Ihre Bewegungen warnten Admiral Soemu Toyoda, den neuen japanischen Flottenchef. Ebenso wie Nagano erkannte er die heraufziehende Gefahr für das nationale Sicherheitsgebiet.[40]

Das Kaiserliche Hauptquartier hatte nicht endgültig auf die Initiative verzichtet, sondern Pläne für Gegenoffensiven ausarbeiten lassen.[41] Unlängst war von Sugiyma zusammen mit Bose ein Vorstoß nach Indien begonnen worden, allerdings im März/April 1944 am Widerstand der britischen 14. Armee (Slim) bei Imphal zum Stehen gekommen.[42] An der ozeanischen Front sah Toyoda den Zeitpunkt zur Realisierung des noch von Koga konzipierten A-Go-Angriffs nahe. Geschwader der Vereinigten Flotte sollte die Amerikaner in den Wirkungsbereich der japanischen Heeresbomber locken.[43]

Die 5. US-Flotte (Spruance) war mit 15 Trägern und 956 Flugzeugen, 7 Schlachtschiffen, 21 Kreuzern und 69 Zerstörern sowie 89500 Mann Landungstruppen an Bord ihrer 531 Transporter im Vorgehen auf Saipan (Operation »Forager«).[44] Gelang es dieser Streitmacht, die von Admiral Kishisaburo Nagumo[45] und General Yoshitsugo Saito[46] verteidigte Insel zu nehmen, so fielen auch Tinian und Guam. Ihre Flugplätze konnten dann neuen amerikanischen Langstreckenbombern vom Typ B 29 »Superfortress« zur Offensive gegen das japanische Mutterland dienen.[47]

Die im Sulu-Archipel versammelte Flotte des Kaiserreiches zählte 9 Flugzeugträger mit 459 Kampfmaschinen, 5 Schlachtschiffe, 9 Kreuzer, 37 Zerstörer und 30 Unterseeboote.[48] Nagano hatte Admiral Jisaburo Ozawa zu ihrem Oberbefehlshaber ernannt. Er sollte in die Philippinensee vorstoßen und »bei erster sich bietender günstiger Gelegenheit«, wenn »mindestens ein Drittel der feindlichen Träger von küstengestützten Luftstreitkräften und U-Booten vernichtet« war, den Kampf annehmen. »Das Schicksal des Reiches«, funkte Toyoda, »hängt von dieser Schlacht ab!«[49]

Den Japanern bot sich mancher Vorteil. Ihre Flugzeuge konnten bis zu 560sm Aufklärung betreiben und auf 300sm Distanz mit Bomben angreifen. Die entsprechenden Reichweiten der Amerikaner lagen bei 350sm und 250sm. Der in diesen Breiten vorherrschende Ostpassat gab Ozawa die Leestellung; seine Träger liefen in den Wind, konnten also jederzeit Kampfmaschinen starten, während Mitscher dazu immer wieder auf Gegenkurs gehen mußte.[50]

Die Japaner glaubten noch zwei weitere Trümpfe zu besitzen: ihre schon aufmarschierten U-Boote und die Überlegenheit der inselgestützen 1. Luftflotte (Kakuta). Spruance mußte diese beiden Kräfteansammlungen aber nicht fürchten. Seine Zerstörer waren so vorzüglich ausgerüstet, daß sie in Kürze 17 Gegner unter Wasser vernichteten.[51] Die japanischen Flugzeuge aber hatten keine selbstdichtenden Treibstofftanks und fingen daher leicht Feuer.[52]

Spruance setzte seine Flagge auf dem Schweren Kreuzer »Indianapolis« (Johnson), ging am 9. Juni 1944 Anker auf und sammelte die Verbände der Admirale Mac A. Mitscher, Willis A. Lee und Richmond K. Turner, um von den Marshall-Inseln zu den Marianen vorzustoßen. Kinkaid umkreiste das Bismarck-Archipel zur Ablenkung des Gegners. Doch Ozawa hielt den befohlenen Kurs. Während das 5th Amphibious Corps (Smith) vor Saipan entlud, meldeten U-Boote die Annäherung der Japaner.[53]

Hauptaufgabe des amerikanischen Flottenführers war die Einnahme von Saipan, nicht eine Seeschlacht.[54] Sie ergab sich jedoch aus dem Zwang, zahllose Luftangriffe der Japaner abzuwehren (einem »Truthahnschießen«, wie man später sagte).[55] Während Turner die Landungsoperation fortsetzte, liefen Lee und Mitscher nach Westen. Schlachtschiffe und Kreuzer übernahmen den Flakschutz, die Träger starteten in Kehrtwendungen ihre Flugzeuge. Bis zum Abend wurden 366 japanische Maschinen abgeschossen.[56]

Die Versenkungserfolge kamen aufs Konto der amerikanischen U-Boote »Cavalla« (Kossler) und »Albacore« (Blanchard). Ihre Torpedos trafen die Träger »Shokaku«

(Yamaoka) und »Taiho« (Aga); entzündete Benzindämpfe und explodierende Munition gaben ihnen den Rest.[57] Nagano und Toyoda, die von Tokio aus das Kampfgeschehen verfolgten, befahlen Ozawa, sich nach Nordwesten abzusetzen. Mitscher warf dem weichenden Gegner alle betriebsklaren Flugzeuge nach, obwohl die Sonne sank. Die Angreifer versenkten zwei Tanker und noch einen Träger (»Hiyo«).[58]
Unterdessen wurde es dunkel. Mitscher ließ die Flugdecks beleuchten. Aber viele der zurückkehrenden Maschinen zerschellten an den Trägern oder gingen wegen Treibstoffmangels auf See nieder. Über das Funksprechnetz kamen die matten Hilferufe der Flugzeugführer; vom Wasser stiegen ihre Leuchtzeichen auf. Die Flotte geriet in Unordnung, als sich viele Schiffe auf der Suche nach Überlebenden verstreuten.[59] Gegen Morgen ging den Zerstörern das Treiböl aus. Spruance ließ daher die Verfolgung abbrechen.[60]
Die Schlacht in der Philippinensee war eine wichtige Teilentscheidung. Japan besaß noch sechs Flugzeugträger, jedoch nicht mehr genügend ausgebildetes Personal, um deren Kampfmaschinen zu bemannen. Spruance hatte die ihm von King und Nimitz gestellte Aufgabe gelöst. Turners amphibische Streitkräfte konnten ohne weitere Gefährdung sowohl Saipan als auch Tinian und Guam erobern und damit die Voraussetzung für den Beginn einer Bomberoffensive gegen das Kaiserreich schaffen.[61]
Dort ergaben sich bereits politische Veränderungen. Die Marineleitung und das Jushin, ein Gremium ehemaliger Regierungschefs, zwangen den Premierminister Hideki Tojo zum Rücktritt.[62] Heer und Flotte konstituierten ihre Dualität durch Übertragung der Macht auf General Kuniaka Koiso und Admiral Mitsumasa Yonai.[63] An die Stelle der Verbindungskonferenz trat ein »Oberster Kriegsrat«. Er empfahl die Grenze der »absoluten nationalen Sicherheitszone« kräftesparend zu verkürzen.[64] Auch wurden die Möglichkeiten für einen Friedensschluß ernsthaft untersucht.[65]

[1] Vgl. Kap. »Der Salomonenfeldzug«; Ienaga, a. a. O., S. 337 ff.; R. Leckie: Challange for the Pacific. Guadalcanal and the Turning of the War, London 1966; Santone, a. a. O., S. 326 ff.; dazu Japanese General Outline of the Future War Direction Policy Adopted at the Imperial Conference, September, 30, 1943, abgedr. b. Martini: Dtschld. u. Japan, a. a. O., Dok. Nr. 26, S. 289 ff.

[2] Ebd., S. 111–195 u. Dok. Nr. 25, S. 285 ff.; ders.: Japan im Krieg, in: Weltpolitik, II, hg. v. O. Hauser, a. a. O., S. 141 ff.; s. auch d. gründl. Untersuchung v. V. Mastny: Stalin and the Prospecte of a Separate Peace in World War II, in: AHR 77/1972, S. 1365–1388.

[3] Shigemitsu, a. a. O., S. 325–355.

[4] Vertragstexte u. Materialien i. engl. Übersetzung b. G. A. Lensen: The Strange Neutrality. Soviet-Japanese Relations during the Second World War, 1941–1945, Tallahassee, Fa., 1972, S. 78–111 (zit. Lensen).

[5] E. R. May: Der Ferne Osten als Spannungsfeld zwischen USA und UdSSR, 1940–1945 (Geschichte u. Politik, 26) Laupheim 1957, S. 6–9 (zit. May).

[6] Woodburn Kirby, III, a. a. O., S. 44 ff.

[7] Mythische Gestalt des Hinduismus. Außerdem wurden D(eception) Forces, bestehend aus ind. Moslems (Sikhs, Punkabi, Pathans, Jats) eingesetzt, s. P. Tumbull: D-Force. Burma 1943–1945, in: W 47/1977, S. 10–18.

[8] Dazu ausführl. Woodburn Kirby, III, S. 169–186.

[9] Beasley, a. a. O., S. 299 f.; Jones, a. a. O., S. 88 ff.; Reischauer, a. a. O., S. 319 ff.

[10] Vgl. d. Erinnerungen des ersten Ministerpräs. Ba Maw: Brakthrough in Burma. Memoirs of a Revolution, 1939–1946, Princeton, N. J., 1968.

[11] The Friend: Between Two Empires. The Ordeal of Philippines, 1929–1946, Princeton, N. J., 1965.

[12] Cohen, a.a.O., S. 58–160; Reischauer, S. 304ff., 311, 326ff.
[13] Martin: Dtschld. u. Japan, S. 164, Anm. 88.
[14] Versenkungsziffern nach W.J. Holmes: Undersea Victory. The Influence of Submarine Operations on the War in the Pacific, Garden City, N.Y., 1966 u. Morison, VIII, S. 3–44.
[15] Hashimoto, a.a.O., S. 164, 177; Ienago, S. 341ff.
[16] Army-Navy Assessmetn Committee: Japanese Naval and Merchant Shipping Losses During World War II, Washington, D.C., 1947, S. 288f.; Ruge: Pazifik, a.a.O., S. 258f.
[17] Beasley, S. 290; Martin: Japan im Krieg, S. 148f.
[18] Inogushi-Tadashi, a.a.O., S. 9ff.; D.L. Lu (Hg.): Sources of Japanese Tradition, New York 1974; H. Meissner: Jap. Geist, a.a.O., S. 18–44.
[19] Beasley, S. 272f.; Reischauer, S. 285, 304, 307; Santoni, S. 233.
[20] Craven/Cate, IV, S. 254; G.C. Kenney: General Kenney Reports. A Personal History of the Pacific War, New York 1949; Morison: New Guinea and The Marinas, a.a.O., S. 62 (zit. Morison VI).
[21] Potter/Nimitz: Seemacht, a.a.O., S. 794ff.; R.R. Smith: The Approach to the Philippines (US Army in World War II), Washington, D.C. 1953.
[22] Zur Strategie u. Planung s. Brown, a.a.O., S. 89f.; Holmes, S. 144; Potter, S. 155; Smith, S. 1–12; Whitehall, S. 176ff.; dazu Halsey, a.a.O., S. 251ff.; O.F. Hough: The Island War. The United States Marine Corps in the Pacific, Philadelphia, Pen., 1947.
[23] W.F. Heavy: Down Ramp: New York 1947; Ruge: Pazifik, S. 149.
[24] MacArthur u.a. mit d. Vorlage v. Feindinformationen; vgl. D.M. Horner: Special Intelligence in the South-West-Pacific Area in World War II, in: Australian Outlook 32/1978, S. 310–327.
[25] Furuya, a.a.O., S. 209f.; Morison, V, S. 311ff. u. VII, S. 3–68.
[26] Lewis: Yamamoto, a.a.O., S. 6f.; Bennett, a.a.O., S. 285.
[27] Ienaga, S. 342ff.
[28] Beasley, S. 297; Santoni, S. 330.
[29] Shigemitsu, S. 355.
[30] Matloff, a.a.O., S. 185–210; Smith, S. 11ff., 19, 84ff.
[31] Morison, VII, S. 103ff.
[32] R.L. Eichelberger u. M. MacKaye: Our Jungle Road to Tokyo, New York 1950.
[33] Morison, VII, S. 109ff.
[34] Ruge: Pazifik, S. 132; Woodburn Kirby, III, S. 417–438.
[35] Morison, VIII, S. 80–90.
[36] Morison, VII, S. 113f.; Smith, S. 85–94, 206–211; Woodburn Kirby, III, S. 417–438.
[37] Brown, S. 101f.; Morison, VII, S. 1152ff.; Santoni, S. 351f.
[38] Ebd., S. 356f.; Morison, VII, S. 282–300.
[39] B. Graham: Biak, in: W, 17/1975, S. 16ff.; Morison, VIII, S. 103–130.
[40] Hashimoto, S. 209f.
[41] Ausführl. Übersicht ebd.
[42] Woodburn Kirby, III, S. 187–374.
[43] Die Amerikaner rechneten mit 1600 jap. Flugzeugen.
[44] Zahlen nach Rohwer/Hümmelchen: Chronik, S. 458f.; d. Zahl d. eingeschifften Truppen abweichend in: Proceedings 7/1874, S. 66.
[45] Ehemals Befehlshaber d. nach Pearl Harbor entsandten Trägergruppe.
[46] Divisionskommandeur mit etwa 30000 Soldaten.
[47] Forster, a.a.O., S. 235; Santoni, S. 354. Die techn. Voraussetzungen b. R. Steel: B 29 »Superforstress«, in: W, 47/1977, S. 18–26.
[48] Zahlen nach Rohwer/Hümmelchen: Chronik, S. 367.
[49] Zit. nach Bennett, a.a.O., S. 285, 287.
[50] Ebd., S. 288.
[51] P. Hervieux: Japanese Type Submarines at War, in: Warship 7–8/1978, S. 201–205, 275–277.
[52] C. Cover: Japanese Warplanes, London 1981, S. 49–58; I. Kawasaki: Le Japon sans voiles, Paris 1975.
[53] L.-U. Gloeckner: Die Schlacht in der Philippinensee. Umstrittene Entscheidungen des Admirals Spruance, in: MF 5/1976, S. 89–93, 122–125; F. Forstmeier: Die Eroberung Saipans und die Schlacht in der Philippinensee, in: MR 4/1959, S. 205ff; C.W. Hoffmann: Saipan, Washington, D.C., 1950; Morison, VI, S. 305ff.; Ruge: Pazifik, S. 181ff.
[54] Bennett, S. 293.

[55] Ebd., S. 284–329; T. B. Buell: Battle of the Philippinen Sea, in: Proceedings 7/1974, S. 66–79.
[56] Gloeckner, S. 124.
[57] Th. Roscoe: US Submarine Operations in World War II, Washington. D. C., 1949.
[58] Morison, VIII, S. 319 ff.; Potter/Nimitz: Seemacht, S. 810 ff.
[59] Ruge, S. 182.
[60] Zur Kritik an Spruance s. Gloeckner, S. 125 u. Buell, S. 77 ff.
[61] Santoni, S. 358, Morison, VIII, S. 322–340; 351–370.
[62] Martin: Japan im Krieg, S. 149.
[63] Beasley, S. 319 ff.
[64] Reischauer, S. 341 f.
[65] Shigemitsu, S. 333 ff.

Rückzüge in Rußland 1943/44

Hitler entnahm die Konferenzbeschlüsse von Teheran und Kairo alliierten Geheimpapieren.[1] Der Kammerdiener des britischen Botschafters in Ankara (»Cicero«)[2] hatte Ablichtungen dieser Dokumente einem SD-Beauftragten verkauft.[3] Zuvor waren Informationen über »Overlord« aus anderen türkischen Quellen durchgesickert. Der ObdW berücksichtigte sie schon am 3. November 1943 mit einer Weisung Nr. 51.[4] Durch sie wurde das Schwergewicht der deutschen Kriegführung wieder vom Osten nach dem Westen verlagert.

Hitler begründete seinen Entschluß in wenigen Sätzen: »Der harte und verlustreiche Kampf... gegen den Bolschewismus« habe die deutschen Kräfte »auf das äußerste beansprucht«. Nun zeichne sich eine andere Gefahr ab: »die angelsächsische Landung«. Im Osten lasse die »Größe des Raumes... einen Bodenverlust« zu. »Anders im Westen!« Gelinge dem Feind hier der Einbruch, so seien die Folgen unabsehbar. Alle Zeichen sprächen dafür, daß der Gegner »spätestens im Frühjahr« (1944) angreife.

An eine Preisgabe der eroberten Gebiete dachte Hitler nur unter besonderen Voraussetzungen. Die strategische Umstellung war als vorübergehende Maßnahme geplant. Der ObdW suchte durch sie – ähnlich wie 1939/40 – Rückenfreiheit für den Krieg im Osten zu gewinnen. Nach Abwehr der Invasion und Eröffnung des Kampfes mit Fernwaffen gegen England[5] sollte sich die Wehrmacht wieder ihrer Hauptaufgabe zuwenden und den »bolschewistischen Feind« endgültig niederwerfen.[6]

Deshalb hatte Hitler die Verhandlungsangebote Stalins ignoriert und Vorschlägen von SS-Führern und NS-Funktionären für eine vernunftgemäße Besatzungspolitik in Ost und West sogar noch zurückgewiesen, als Himmler einen solchen Kurswechsel vorsichtig zu erwägen empfahl.[7] Darum forderte der Diktator bis zuletzt die Ausrottung der Juden, obwohl diese Aktion von vornherein auf Grenzen gestoßen war und bei fortschreitender Einengung des nationalsozialistischen Herrschaftsraumes nicht zum Ziel führen konnte.[8]

Hitler verschloß die Augen vor der Wirklichkeit. Er arbeitete isoliert im Führerhauptquartier, der düsteren »Wolfsschanze« bei Rastenburg, blieb Massenkundgebungen fern, vermied es, durch zertrümmerte Städte zu fahren und besichtigte weder Truppen noch Lazarette.[9] Militärische Daten – bisher eine feste Stütze seines Urteilsvermögens – wichen Trugbildern, der Spekulation auf vermeintliche Schwächen des Gegners und die Stärke der eigenen, in letzter Stunde kriegsentscheidenden Waffentechnik.

Aber die Kräfte des Ostheeres waren zerschlissen. Seine Verbände hatten seit August bei 427700 Zugängen 911000 Mann verloren.[10] Rund 40 Divisionen mußten aufgelöst oder künftig als kleine »Divisions-« und »Korpsgruppen« geführt werden.[11] Die übrigen bildeten »Divisionen neuer Art«, Truppenkörper mit je 10700 deutschen Soldaten und 2000 Hiwis. Eine Panzerdivision zählte durchschnittlich noch 55 Kampfwagen, von denen gewöhnlich 16 zum Einsatz kamen.[12]

Durch einen grundlegenden Befehl Nr. 22 vom 27. November 1943 drängte Hitler die Wehrmacht, aus den eigenen Reihen »mindestens 1 Million Männer« an die Front zu schicken.[13] Etliche Monate später stellte Schmundt fest, daß nur 560000 abkommandiert waren.[14] Zu ihnen kamen die jungen Leute des Geburtsjahrganges 1925. Um den weiter bestehenden Personalmangel einzuschränken, mußten noch mehr Frauen und Ausländer angeworben werden. Die Zahl der Volksdeutschen stieg auf 122016 (3% des Feldheeres).[15]

Am 1. Dezember 1943 standen an der Ostfront 2026631 deutsche Soldaten, dazu 136985 Verbündete und 53234 Hiwis[16] mit knapp 48000 Geschützen und Granatwerfern, 2300 Panzern und 2800 Flugzeugen. Dagegen verfügte die Rote Armee über 6,4 Millionen Mann mit 92560 Geschützen und Werfern, 9500 Kampfwagen und 8239 Kriegsflugzeugen.[17] Während Zeitzler zahlreiche Verbände abschreiben mußte, stellten die Sowjets 78 neue Divisionen auf.[18]

Schtscherbakow und Berija hatten im Zentralkomitee der KPdSU den 10–12-Stunden-Arbeitstag als Norm für alle Werktätigen durchgesetzt.[19] Unter dieser Voraussetzung konnte die Entwicklung der Buntmetall- und Eisenhüttenindustrie zwischen Ural und Kasachstan beschleunigt, das »zweite Baku« aufgebaut, verschüttete Stollen und Ölquellen, stark beschädigte Hochöfen und Kraftwerke wieder in Betrieb genommen werden. Wie Wosnessjenskij dem GKO berichtete, baute die UdSSR 1943 (u. a.) 25436 Flugzeuge, 24668 Panzer und etwa 130000 Geschütze.[20]

Fedorenko konnte bis Ende des Jahres fünf neue Panzerarmeen bilden und mit dem Standardmodell T 34 sowie einem weiterentwickelten »Klim Woroschilow« (»Josif Stalin«) ausgestattet.[21] Da Woronow der Panzertruppen-Inspektion alle Selbstfahrlafetten überlassen mußte, gewannen die Stoßverbände noch mehr Kraft.[22] Zugleich wurden die Fliegertruppen umgerüstet. Nowikow überstellte ihnen moderne Jagdmaschinen (La 5 fn; Jak 9d), Bomber (Pe 2; Tu 2) und Schlachtflugzeuge (Il 1 »Sturmowik«). Außerdem bildete er eine Reserve von 22 Korps.[23]

Auch die Wehrmacht verzeichnete starken Zuwachs an Waffen und Gerät. Aber die Rüstungsproduktion des Reiches war durch Bombenangriffe und Rohstoffmangel gefährdet. Unter amerikanischem Druck mußten die Türkei und Schweden, Spanien und Portugal ihre Lieferungen reduzieren, teilweise sogar einstellen.[24] Hitler wollte sich daher die letzten Ressourcen der Ukraine bewahren, insbesondere Nikopol, das zu 90% den deutschen Manganbedarf deckte[25], die Hüttenwerke von Kriwoj Rog[26] und das petrochemische Kombinat in Cherson.[27]

Dies erforderte, daß die Eckpfeiler der Ostfront stehenblieben. Nicht nur der Brückenkopf von Nikopol mußte um jeden Preis gehalten werden, sondern auch die Halbinsel Krim, weil sonst ein »Shuttle Bombing« zwischen Foggia und Sewastopol die Produktionsstätten in Rumänien und der Südukraine zertrümmerte. Schließlich untersagte Hitler die geplante Absetzbewegung aus dem Leningrader Raum. Die HGr. Nord (Küchler) hatte auch künftig durch ihre Präsenz das Abgleiten Finnlands mit seinem Nickel und die Operationen russischer U-Boote gegen Ostseetransporte des Schwedenerzes zu erschweren.[28]

Der sowjetische Generalstab wußte davon. Wassilewskij, der zusammen mit Shtemenko und Bodin an Weisungen für die bevorstehende Winteroffensive arbeitete, bezog kriegswirtschaftliche Ziele in seine operativen Weisungen ein. Die Rote Armee sollte beiderseits Leningrad und Nowgorod, im Westen und Süden von Kiew losschlagen, das

Industriegebiet am Dnjeprbogen freikämpfen und zum Schluß die Halbinsel Krim zurückerobern.[29]
Am Weihnachtsabend brachen die Dämme der Verteidigung. Von Shukow dirigiert, stieß die HGr. »1. Ukrainische Front« (Watutin) über Shitomir nach Westen vor. Dann drehte sie zwischen Fastow und Berditschew südwärts ein und trieb einen Panzerkeil gegen Rowno weiter. Als auch die »2. Ukrainische Front« (Konjew) antrat, wurden vom rechten Flügel der Heeresgruppe Süd (Manstein) bei Tscherkassy zwei Armeekorps mit etwa 54000 Mann eingeschlossen.[30]
Das VIII. Fliegerkorps (Seidemann) holte 2400 Verwundete aus dem Kessel und flog 2000t Versorgungsgüter ein, wobei täglich bis zu 32 Transportmaschinen verloren gingen.[31] Ein Entsatzversuch der von Manstein eigenmächtig herangezogenen 1. Panzerarmee (Hube) scheiterte.[32] Nach drei Wochen durchbrachen die Eingeschlossenen den Ring des Gegners. Rund 30000 Soldaten – unter ihnen Reste der Légion Wallonie (Lippert) – erreichten die deutschen Linien.[33]
Inzwischen begannen Zangenoperationen der »Leningrader Front« (Goworow) und »Wolchow-Front« (Merezkow) gegen die HGr. Nord (Küchler). Teile der »2. Baltischen Front« (Popow) unterstützten die Offensive. Die »2. Baltische Front« (Jeremenko) trieb einen Keil gegen Newel vor. Auch bei Nowgorod, wo der Angreifer mit Skijägern, Motorschlitten und Kavallerie über den zugefrorenen Ilmensee setzte, war die deutsche Flanke eingedrückt. Aus nördlicher Richtung spalteten andere sowjetische Kräfte die 18. Armee (Lindemann).[34]
In der Ukraine hatten Russen die frühere polnische Grenze überschritten und Luck erobert. Einen Stoß gegen den Karpatenwall verzögerten starke Regenfälle. Shukow, der an die Stelle des von antisowjetischen Partisanen tödlich verwundeten Watutin trat[35], benötigte fast vier Wochen für den Vormarsch nach Tschernowitz, verzeichnete dort aber einen großen strategischen Erfolg: die Unterbrechung des Bahnverkehrs zwischen Rumänien und dem Reich und das Auseinanderfallen des deutschen Ostheeres in zwei Teile.[36]
Zuvor hatte Wassilewskij die von ihm koordinierten Operationen der »3. Ukrainischen Front« (Malinowskij) und »4. Ukrainischen Front« (Tolbuchin) gegen das Dnjeprknie ausgelöst. Den ersten Ansturm konnte die 6. Armee (Hollidt) abwehren, folgende Schläge nicht mehr. Nacheinander gingen Nikopol, Kriwoj Rog und Cherson verloren. Da sich der Übergang zwischen den Jahreszeiten hier ohne Zäsur vollzog, entwickelte sich die Winterschlacht zur Frühjahrsoffensive. Sie endete erst am Pruth, hinter der alten rumänischen Grenze.[37]
Die politischen Auswirkungen waren sofort spürbar. Finnland verzeichnete den Sieg der Roten Armee bei Leningrad mit Bestürzung.[38] Ungarn forderte den Abzug seiner noch für Sicherungsaufgaben eingesetzten Divisionen aus Rußland.[39] Rumänien hatte Ende 1943 über Stockholm Friedensfühler zur UdSSR ausgestreckt[40]; am 17. März 1944 begannen Vertreter der Oppositionsparteien unter dem Fürsten Barbu Stirbey in Kairo geheime Waffenstillstandsverhandlungen mit der Anti-Hitler-Koalition. Die Slowakei zeigte sich besorgt wegen des Unterganges ihrer letzten an der Ostfront kämpfenden Division.
Die deutsche Führung war über Absichten und Kontakte der Partner weitgehend orientiert. Blücher beobachtete die Reisetätigkeit von Paasikivi, Erkko und Enckell zur Erkundung der Friedensbedingungen für Finnland.[41] Kaltenbrunner kam hinter Kállays

Lodz
(Litzmannstadt)
Gorakalwarja
Deblin
Radom
Pulawy
Wlodawa
Brest-Litowsk
Bug
P R I P J E T
Pinsk
GENERAL-GOUVERNEMENT
P O L E N
Lublin
Kowel
Stochod
Styr
Goryn
Sarny
Opatow
Sandomierz
Weichsel
Baranow
Belsec
4. Pz.
Luck
Rowno
Dubno
Krakau
Tarnow
Wisloka
San
Przemysl
Lemberg
G A L I Z I E N
Heeres-Gr. Nordukraine (Model)
Tarnopol
Ostropol
Dnjestr
HOHE TATRA
SLOWAKEI
K A R P A T E N
KARPATO-UKRAINE
Stanislau
1. Pz.
Kolomea
Kuty
Czernowitz
Pruth
U N G A R N
Theiss
Debreczen
Großwardein
SIEBEN-BÜRGEN
Bistritz
Campolung
Sereth
RUMÄNIEN
Klausenburg
Neumarkt
SZEKLER ZIPFEL
Jassy
rum. 4. Armee
8. Arm
Szegedin
Thorenburg
Arad
Heer Südu (Sch

Sowjetische Durchbrüche zu den Karpaten 1944

verschwiegene Schritte[42], Killinger berichtete von Verhandlungen zwischen Rumänien und Anglo-Amerikanern.[43] Aus Unterredungen mit Antonescu in Kleßheim am 26. Februar und 24. März gewann Hitler jedoch den Eindruck, daß der Marschall bündnistreu sei.[45] Er ließ daher einen Plan zur Besetzung Rumäniens (»Margarethe II«) nicht weiter bearbeiten.

Die Bewegungsabläufe eines eventuellen deutschen Truppenabzuges aus Lappland waren auf Drängen Dietls festgelegt (Fall »Birke«). Hinzu kamen weitere Finnland-Studien des Wehrmachtführungsstabes hinsichtlich des Aaland-Archipels und der Insel Suursaari (»Tanne-West«; »Tanne-Ost«).[46] Zur überraschenden Besetzung Ungarns (Fall »Margarethe I«) wurden Truppen unter Weichs bereitgestellt.[47] Gleichzeitig bat der ObdW Horthy zu einer Unterredung nach Kleßheim am 18. März 1944.

Die Gespräche nahmen einen dramatischen Verlauf. Hitler, Ribbentrop und Keitel überhäuften den Reichsverweser mit Anklagen und eröffneten ihm, daß Ungarn von deutschen Kräften besetzt werden müsse, weil angesichts seines drohenden Abfalls keine andere Wahl bleibe.[48] Horthy weigerte sich, diese Maßnahme durch seine Unterschrift als gerechtfertigt anzuerkennen. Der Hinweis auf eine mögliche Beteiligung der Rumänen, Kroaten und Slowaken zwang die ungarische Delegation jedoch zum Einlenken.[49]

Während der Rückreise meldete sich Edmund Veesenmayer als Sonderbeauftragter des Reiches bei Horthy mit Vorschlägen für die Regierungsneubildung. Deutsche Verbände hatten Budapest und das Land schon besetzt.[50] Kállay war in die türkische Gesandtschaft geflohen. Ministerpräsident wurde Döme Sztójay. Szombathelyi, der Generalstabschef, blieb, warf 400000 ungarische Soldaten an die Karpatengrenze.[51] Weitere 600000 wurden mobilisiert, 437402 Juden aber von Eichmanns Leuten nach Auschwitz verschleppt.[52]

Die Front war mehrfach durchbrochen. Da Hitler an allem festhalten wollte, konnte keine Position längere Zeit verteidigt werden. Bei der ihm allein vorbehaltenen, stets nur zögernd erteilten Genehmigung zum Ausweichen, wurden selten intakte Divisionen frei. Zeitzler verfügte zeitweise nur über eine Reserve von 500 Grenadieren und 20 Panzern.[53] Aus Furcht vor der sowjetischen Gefangenschaft hielt die Truppe noch zusammen. Aber das Überlegenheitsgefühl des deutschen Soldaten wich der Hoffnungslosigkeit.[54]

Im Gespräch mit Jodl und Zeitzler bezichtigte Hitler die Generalität mangelnden Stehvermögens. Nachdem er deshalb Küchler entlassen hatte wurden nun auch Manstein und Kleist zur »Führerreserve« versetzt.[55] An ihre Stelle traten Befehlshaber, denen der Ruf rücksichtsloser Energie vorausging: Generalfeldmarschall Walter Model[56] und Generaloberst Ferdinand Schörner.[57] Ihre Heeresgruppen (bisher »Süd« und »A«) hießen jetzt »Nordukraine« und »Südukraine«.[58]

Doch auch Model und Schörner baten um die Genehmigung zum Rückzug. Rasch mußte eine solche Entscheidung für die in Odessa überflügelten Truppen getroffen werden. Deutsch-rumänische Marine-Verbände brachten 14845 Kombattanten, 9300 Verwundete und 53000t Räumungsgut aus der Hafenstadt nach Konstanza.[59] In diesem Zusammenhang stellte sich erneut die Frage nach dem Schicksal der Krimverteidiger, deren wichtigste Nachschubbasis nun verloren war.

Als die Sowjetgenerale Fedor I. Tolbuchin (4. Ukrainische Front) und Andrej I. Jeremenko (Selbständige Küstenarmee) von Perekop und Kertsch aus gegen Sewastopol vorstoßen, begleitet von Kräften der Schwarzmeerflotte (Oktjabrskij)[60], verbot Hitler den schon begonnenen Abtransport der 17. Armee (Jaenecke). Eine Unterredung mit Antonescu hatte den ObdW zu neuen Entschlüssen bewogen.[62] Letztlich aber bewog ihn die türkische Haltung, sich »auf Dauer« im Besitze der Halbinsel Krim behaupten zu wollen.[63]

Deutsch-rumänische Schiffe und Flugzeuge hatten zunächst 45000 Soldaten, 16000 Ostlegionäre, 3800 Kriegsgefangene und 1600 Zivilpersonen abtransportiert.[64] Darauf griffen Tolbuchin und Jeremenko die Landfront der desarmierten Festung an. Die Kämpfe dauerten eine Woche. Unterdessen evakuierte die Marine unter schweren Verlusten durch Bombenangriffe des Gegners weitere 151457 Mann. Rund 60 Dampfer, Fähren und Boote sanken, 31700 Deutsche und 25000 Rumänen wurden durch feindliche Einwirkung getötet.[65]

An den übrigen Fronten stockte die russische Offensive. Die HGr. Nord (Lindemann) fand beiderseits des Peipussees neuen Halt.[66] Die HGr. Mitte (Busch) hatte zwar unter Preisgabe von Gomel den rechten Flügel zurücknehmen müssen, jedoch das eingeschlossene Kowel befreit.[67] Nach dem Fall von Tarnopol gewann die 1. Panzerarmee (Hube) wieder Operationsfreiheit, zuerst nur als »wandernder Kessel«, dann durch Ausbruch nach Westen.[68] Frische Kräfte aus anderen Teilen des Kontinentes und Verbände der ungarischen 1. Armee (Lakatos) schlossen die Lücke zwischen Pripjets und Karpaten.[69] Langsam flauten die Kämpfe ab.[70]

1 Schellenberg, S. 322; F. v. Papen: Der Wahrheit eine Gasse, München 1952, S. 579–590.

2 E. Bazna: Ich war Cicero. Die Bekenntnisse des größten Spions des Zweiten Weltkrieges, München 1971, S. 196ff.

3 L.C. Moyzisch: Der Fall Cicero, Frankfurt-Heidelberg 1950; dazu Brown, a.a.O., S. 371–399 u. Irving: Hitler, a.a.O., S. 538f.

4 Hubatsch: Weisungen, a.a.O., S. 233f.

5 Führerbefehl v. 16.5.1944, abgedr. b. Hubatsch: Weisungen, S. 252f.

6 Heiber: Lagebespr., a.a.O., S. 444; vgl. auch Hillgruber: 2. Weltkr., a.a.O., S. 128f.

7 Zahlr. Beispiele b. Höhne: Orden, a.a.O., S. 462–472; dazu allg. P. Kluke: Nationalsozialistische Europa-Ideologie, in: VZ 2/1955, S. 240–275; H.-D. Loock: Zur großgermanischen Politik des Dritten Reiches, ebd. 1/1960, S. 59ff.

8 Höhne: Orden, S. 361ff.

9 Below, S. 385; Ciano, S. 501; Goebbels-Tgb., S. 186; Guderian, S. 401f.; Speer, S. 263, 309, 319; dazu Fest: Hitler, a.a.O., S. 912ff. Über d. Veränderung ds. Persönlichkeitsbildes s. Maser: Hitler, a.a.O., S. 429; D. Irving: Wie krank war Hitler wirklich? Der Diktator und seine Ärzte, München 1980; O. Katz: Prof. Dr. med. Theo Morell. Hitlers Leibarzt, Bayreuth 1982 u. das umstrittene Buch v. H.-D. Röhr: Hitler. Die Zerstörung einer Persönlichkeit, Neckargemünd 1965.

10 Mueller-Hillebrand, III, a.a.O., S. 132; eine Verlustrechnung f. d. Zt. v. November 1942 bis November 1943 im KTB/OKW, III, Dok. Nr. 38, S. 1481f.

11 Neue Begriffe, die damals eingeführt wurden.

12 Vgl. d. Übersicht b. Mueller-Hillebrand, III, S. 135.

13 Abgedr. b. Mueller-Hillebrand, III, S. 137.

14 Irving: Hitler, S. 541f.

15 Mueller-Hillebrand, III, S. 136.

16 Ohne die Finnen, s. KTB/OKW, III, S. 1484; entspr. Seaton, a.a.O., S. 389f.; sowjet. Angaben, z.B. Gretschko, VIII, S. 60, beziehen sich aus verständlichen Gründen auf das gesamte dt. Feldheer.

17 Sacharow, a.a.O., S. 457; Shukow, II, a.a.O., S. 206.

18 Seaton, S. 399f.

19 Sacharow, S. 459; Wosnessjenskij, a.a.O., S. 384ff.

[20] Tylowaja slusba Sowjetskich Woorushonnych Sil w Welikoj Ototsch estwennoj Wojna 1941–1945, Moskau 1977, S. 106; Wosnessjenskij, S. 397ff.
[21] Molinié, a. a. O., S. 51f.
[22] Gosztony: Rote Armee, a. a. O., S. 249.
[23] Ebd., S. 241.
[24] Medlicott: Economic Blockade, II, a. a. O., S. 607, 658; zum schwed. Verhalten s. ADAP, E, Nr. 177, 238, 258, 272, 286.
[25] Boelcke: Rüstung, S. 303.
[26] Ebd., S. 310.
[27] Zur Leistung ds. Werkes d. Bericht in: ADAP, E, VI, Nr. 233.
[28] KTB/OKW, III, S. 1356.
[29] Gretschko, VIII, S. 63–73; Shukow, II, S. 210ff. u. Wassilewskij, a. a. O., S. 360ff. Die Vorgänge auf dt. Seite b. Mellenthin, a. a. O., S. 216–229.
[30] N. v. Vormann: Der Kessel von Tscherkassy, Heidelberg 1954, S. 15–54 (zit. Vormann: Tscherkassy); auch Bauer, II, a. a. O., S. 452f.; Manstein, a. a. O., S. 478–488; Mellenthin, S. 122f.; Philippi/Heim, a. a. O., S. 233. Von sowjet. Seite s. Gretschko, VIII, S. 80ff.; Shilin, a. a. O., S. 333; Telpuchowskij, a. a. O., S. 323ff.; Platonow II, a. a. O., S. 35ff.; Konjew, I, S. 93–142; weitere Einzelheiten b. Carell: Verbrannte Erde, a. a. O., S. 356–385.
[31] Morzyk/Hümmelchen, a. a. O., S. 176–181.
[32] Manstein, S. 490–500; Seaton, S. 417f.; Speidel, a. a. O., S. 155ff.; Vormann: Tscherkassy, S. 79–82.
[33] Zu den Belgiern s. Degrelle, a. a. O., S. 192–322.
[34] H. Pohlmann: Wolchow 1941–1944, Bad Nauheim 1962, S. 110–125; J. S. Gesterding: Probleme der Naht, Frankfurt 1959, S. 40f.; W. Haupt: Heeresgruppe Nord, Bad Nauheim 1969, S. 175ff.; ders.: Leningrad, S. 160–188; Philippi/Heim, S. 234–238; für d. Sowjets vgl. Gretschko, VIII, S. 141–168; Merezkow, 276ff.
[35] Shukow, II, S. 229f.
[36] Ebd., S. 231; vor allem Gretschko, VIII, S. 90–101.
[37] Konjew, I, S. 163–206; Platonow, II, S. 40ff.
[38] Polvinen, a. a. O., S. 108ff.; dazu das Memorandum des Gesandten W. v. Blücher v. 31. 1. 1944, abgedruckt b. Blücher, a. a. O., S. 347.
[39] Brief Horthys an Hitler v. 12. 2. 1944, abgedr. b. Adám-Juhasz-Kerekes, Nr. 122, S. 358f.; vgl. auch Horthy, a. a. O., S. 251–261; vgl. Macartney, II, S. 322ff.
[40] Hillgruber: Hitler, Carol, Antonescu, a. a. O., S. 117f.; ders.: Die letzten Monate der deutsch-rumänischen Waffenbrüderschaft, in: WWR 7/1857, S. 377–397 (zit. Hillgruber: Waffenbrüderschaft).
[41] ADAP, E, VII, Nr. 161, 215, 225, 231, 240, 241, 254, 265, 310; dazu Blücher, S. 348–361 u. Erfurth, a. a. O., S. 208ff.
[42] ADAP, E, VII, Nr. 60; Hagen, a. a. O., S. 342; Macartney, II, a. a. O., S. 325ff.
[43] ADAP, E, VII, Nr. 72, 90, 287.
[44] Ebd. Nr. 236, 237, 238, 296, 297; Gheorghe, a. a. O., S. 354ff., 361ff.
[45] Warlimont, a. a. O., S. 427.
[46] Zu Finnland s. KTB/OKW, IV, S. 868–873, 1917–1922; dazu Warlimont, S. 426f.
[47] Zu »Margarethe I« s. KTB/OKW, IV, S. 189–192; zu »Margarethe II« ebd., S. 247f.; Warlimont, S. 426, 442f.
[48] ADAP, E, VII, Nr. 288; Protokolle des Außerordentlichen Ministerrates i. Budapest v. 19. 3. 1944 u. ds. Kronrates v. 19. 3. 1944 b. Adám-Juhasz-Kerekes, Nr. 125, 126, S. 365–375; Aufzeichnungen ds. Generalstabschefs über d. Verhandlungen i. Kleßheim v. 18. 3. 1944, ebd. Nr. 127, S. 375–381; vgl. Horthy, S. 262–280.
[49] Gosztony: Horthy, a. a. O., S. 107f.
[50] Macartney, II, S. 325–355.
[51] Adonyi-Naredy, a. a O, S. 116ff.
[52] Gosztony: Horthy, S. 109.
[53] Tippelskirch, a. a. O., S. 348.
[54] Dazu vielfach P. Carell: Verbrannte Erde. Schlachten zwischen Wolga und Weichsel, Berlin 1982 (zit. Carell: Verbr. Erde).
[55] Manstein/Fuchs, a. a. O., S. 180ff.

[56] Görlitz/Model, S. 161f.
[57] E. Kern: Generalfeldmarschall Schörner. Ein deutsches Soldatenschicksal, Preußisch Oldendorf 1976.
[58] Philippi/Heim, S. 241.
[59] Zahlen nach Rohwer/Hümmelchen: Chronik, S. 436.
[60] Gretschko, VIII. S. 131–140; Platonow, II, S. 51–55; W. Ryabchikow: City on the Sea Coast, in: SMR 8/1977, S. 15ff.; Seaton, S. 429–432; Werth, a. a. O., S. 827–840. Für d. Vorgänge auf dt. Seite s. Hillgruber: Krim, a. a. O., S. 30–70; Einzelheiten b. Carell: Verbrannte Erde, a. a. O., S. 404–425; M. Gareis: Kampf und Ende der Fränkisch-sudentendeutschen 98. Infanterie-Division, Tegernsee 1956; Meister, a. a. O., S. 281–300; Pickert, a. a. O., S. 142ff.
[61] ADAP, E, VII, Nr. 296; Gheorghe, S. 361; Hillgruber: Hitler, Carol, Antonescu, S. 185f.
[62] Zur Haltung der Türkei s. Krecker, a. a. O., S. 248; Önder, a. a. O., S. 152–193; E. Weisband: Turkish Foreign Policy 1943–1945, Princeton, N. J., 1973 (zit. Weisband).
[63] Hillgruber: Krim, S. 70–85.
[64] Vgl. H. D. v. Conrady: Die Kriegsmarine im Schwarzen Meer, in: MR 3/1956; vor allem Salewski, II, a. a. O., S. 383–400.
[65] Zahlen nach Rohwer/Hümmelchen: Chronik, S. 446 u. Hillgruber: Krim, S. 84.
[66] Philippi/Heim, S. 236ff.
[67] Haupt: Mitte, S. 111.
[68] Bauer, II, S. 465; G. Fricke: »Fester Platz« Tarnopol 1944, Freiburg 1969; Mellenthin, S. 233; C. Wagener: Der Ausbruch der 1. Panzerarmee aus dem Kessel von Kamencz-Podolsk 1944, in: WWR 9/1969, S. 16–48.
[69] B. Lengyel: Die ungarische Verteidigung der Karpaten, in: AZMZ 1956 u. Adonyi-Naredy, S. 118.
[70] Philippi/Heim, S. 245; viele Einzelheiten b. H. Kessel: Vom Dnjepr zum Dnjestr. Freiburg 1970.

Der Kampf um Rom 1944

Die Lage erlaubte Hitler nicht, mit aller Konsequenz an der Weisung Nr. 51 festzuhalten. Entgegen seiner Absichtserklärung mußte er weiter deutsche Kräfte aus Mittel- und Westeuropa der Ostfront zuführen, teilweise auch nach Griechenland, Jugoslawien und Italien verlegen[1], wo die Heeresgruppen E (Löhr), F (Weichs) und C (Kesselring) standen, während der HGr. B (Rommel) an der den Atlantik- und Nordseeküsten neue Aufgaben gestellt wurden.[2]

Über den Angriffsraum der westalliierten Invasion gab es keine zuverlässigen Informationen. Hitler war geneigt, die Offensive dort zu erwarten, wo die Abschußrampen der deutschen Fernwaffen gebaut wurden, am Pas de Calais.[3] Den Cicero-Papieren konnte man entnehmen, daß die »Großen Drei« in Teheran auch Balkanprobleme gestreift und von einer Landung an der Côte d'Azur gesprochen hatten. Churchills Vorliebe für Operationen gegen die Südflanke Europas schien noch aktuell.[5]

Auch Italien stand wieder im Brennpunkt des Interesses. General Sir Henry M. Wilson, der Eisenhower als Befehlshaber des Mittelmeerraumes ablöste[6], Alexander[7] und Clark[8] teilten Churchills Auffassung. Man wollte nach der Einnahme von Rom über Triest und das Laibacher Becken bis an die Donau bei Wien vorstoßen.[9] Doch Roosevelt und Marshall wiesen diesen Vorschlag zurück. Sie befürchteten, daß ein solcher Feldzug den Trans-Kanal-Angriff schwächen[10] und die Sowjets verärgern würde.[11]

Indes mußte man sich bei jeder Etappe des langwierigen Italienunternehmens aufs neue nach Ziel und Zweck der Operationen fragen.[12] Vorerst blieb offen, ob die Apenninenhalbinsel als Nebenkriegsschauplatz oder Ausgangsbasis einer weiterführenden Strategie anzusehen war. Hitler ließ deshalb der HGr. C (Kesselring) die 10. Armee (Vietinghoff-Scheel) und 14. Armee (Mackensen) – 27,5 Divisionen – unterstellen.[13]

Mit Hilfe Kortens konnte Milch die Luftflotte 2 (Richthofen) noch einmal auffrischen.[14] Ihre auf 8000 m Distanz über Leitimpulse ins Ziel gesteuerten Gleitbomben Hs 293 und SD 1400-X erzielten starke Schadenswirkung. Beim Angriff deutscher Kampfgeschwader auf Bari erinnerten sich die Westmächte der Katastrophe von Pearl Harbor. Siebzehn zum Teil mit Senfgas beladene Schiffe wurden versenkt, über tausend alliierte Soldaten und Italiener getötet.[15]

Italien litt unsäglich. Seine Wirtschaft lag darnieder; 1388854 Soldaten waren im fremden Gewahrsam (630000 in deutscher, 411971 in britischer, 122651 in amerikanischer, 50000 in sowjetischer Kriegsgefangenschaft, 106678 auf dem Balkan verschollen, 67550 völkerrechtswidrig als Zwangsarbeiter unter französischer Aufsicht.[16] Die Bombenangriffe gingen nunmehr von beiden Seiten weiter und brachten noch 43402 Menschen den Tod.[17] Neapel erschütterten zurückgelassene deutsche Zeitzünder. Kurz darauf erfuhr die Stadt den Schrecken einer Typhusepidemie.

Der Staatsstreich vom 26. Juli 1943 hatte das Land in zwei Teile zerrissen. Beide waren ohne politischen Einfluß auf das Geschehen. Die alliierte Kontrollkommission, der neben Robert Murphy und Harold Macmillan nun auch Andrej J. Wyschinskij angehörte, forderte den Thronverzicht König Viktor Emanuels III.[18] Rahn, Wolff und Dollmann bedrängten den Duce mit ihrem unerbetenen Rat.[19] Der Monarch versprach, den Kronprinzen Umberto als Regenten einzusetzen, sobald Rom befreit wurde. Mussolini resignierte.

In Bari konstituierte sich ein Comitato di Liberazione Nazionale (CLN), das Kommunisten, Sozialisten und sogenannten Aktivisten einen besonderen Unterausschuß genehmigte und den aus Moskau zurückkehrenden Kominternagenten Palmiro Togliatti willkommen hieß. Hinter den deutschen Linien regten sich Anhänger Trotzkijs. Auch bildeten königstreue Offiziere und Carabinieri eine Geheime Front. Jede dieser Organisationen suchte sich eine Schutzmacht unter den Alliierten und strebte mit Gewalt zur Macht.[20]

Der Sozialistischen Republik im Norden – ihrer Verfassung, Parteiorganisation, Justiz, Polizei und Verstaatlichung – hatte der rastlos tätige Pavolini seinen Stempel aufgedrückt.[21] Er enthob den zögernden Duce vieler Entscheidungen, so auch der Notwendigkeit, die Todesurteile von Verone zu bestätigen.[22] Während sich Grandi und andere Frondeure verborgen hielten, wurden Emilio de Bono, Galeazzo Ciano, Luciano Gottardi, Giovanni Marinelli und Carlo Pareschi durch ein Kommando der faschistischen Miliz erschossen.[23]

Die CLN-Partisanen bekämpften die ihnen artverwandte Republik des Nordens auf jede nur erdenkliche Weise. Entsprechend war die Gegenwehr der Faschisten (»squadrismo«). Das Ringen zwischen den beiden feindlichen Lagern wurde zu einem grausamen Bürgerkrieg, der weite Gebiete in Mitleidenschaft zog.[24] Der Widerstand gegen die Deutschen konzentrierte sich zunächst auf Rom. Einige revolutionäre Gruppen wollten dort beim Abzug der Besatzung die Macht an sich reißen und sowohl Umberto als auch die Alliierten vor das fait accompli einer Linksregierung stellen.[25]

Badoglio überantwortete die Partisanen des CLN dem alliierten Oberkommando und suchte sie so indirekt an das Königshaus zu binden. Faktisch übernahm ihre Führung jedoch der ehemalige Kominternagent Luigi Longo, ein Veteran des Spanischen Bürgerkrieges. Er begann, die Sozialisten über eine Tarnorganisation an sich zu ziehen, stellte aus der Gefangenschaft befreite Russen ein und befolgte allein Weisungen des zum Kabinettsrang aufgestiegenen Togliatti.[26]

Eine nicht weniger zwielichtige, für den Italienfeldzug jedoch bedeutendere Entwicklung zeichnete sich in Algier ab. Die dort zusammengetretene Assemblée Consultative Provisoire gab den Gaullisten vermehrten Einfluß.[27] Giraud, der eigenmächtig Truppen zur Einnahme von Korsika entsandt hatte[28], wurde übergangen, als man den kommandierenden General des für Italien aufgestellten Expeditionskorps bestimmte, und zog sich nach einem Mordanschlag aus der Politik zurück.[29]

De Gaulle suchte und fand Bundesgenossen bei der extremen Linken, als er den zur Teilnahme am Kampf gegen Deutschland nach Nordafrika gekommenen Exminister Pierre Pucheu »aus Gründen der Staatsräson« hinrichten ließ.[30] Zwei Tage darauf konnte der General eine provisorische Regierung mit kommunistischer Beteiligung bilden. Das Corps Expéditionaire Français (Juin) war indessen nach Italien übergesetzt, wo es sich im Unterschied zu Badoglios Italienern bald der Wertschätzung angloamerikanischer Militärs erfreute.[32]

Die 15th Army Group (Alexander) hatte Neapel genommen, wegen der ungünstigen

Gelände- und Wetterverhältnisse aber nicht in einem Zuge bis nach Rom vorstoßen können. An der adriatischen Seite stand die 8. Armee (Montgomery) in einem Brückenkopf nördlich des Sangro.[33] Die 5. Armee (Clark) kam auch dem Verlust von 15964 Mann bei Cassino, am Zusammenfluß des Rapido mit dem Liri zum Stehen.[34] Steile Berge, überflutete Talauen und Minenfelder erwiesen sich als starkes Hindernis.
Quer zur Stoßrichtung der Alliierten hatte sich die 10. Armee (Vietinghoff-Scheel) eingegraben. Ihr Stützpunktesystem – die »Gustav-Linie« – erstreckte sich vom Tyrrhenischen Meer bis zur Adria.[35] Im Hinterland, bei Rom, war die 14. Armee (Mackensen) aufmarschiert, um flankierende Landungen der Anglo-Amerikaner zu verhindern. Norditalien sicherten neu aufgestellte Divisionen des Marschalls Graziani, faschistische »Squadras«, Turkregimenter und slowakische Kavallerie.
Angesichts dieser Kräfteverteilung und des nahenden Termins für die Operation »Overlord« fiel es den Alliierten in Italien schwer, eine rasche Entscheidung herbeizuführen.[36] Wilson und Alexander einigten sich auf einen Doppelbeschluß. Clark sollte über den Rapido vorgehen (Operation »Raincoat«) und gleichzeitig hinter den deutschen Linien, bei Anzio-Nettuno, 50000 Mann landen, die alle Verbindungen zwischen Cassino und Rom abschneiden würden (Operation »Shingle«).[37]
Der Frontalangriff scheiterte am Widerstand des XIV. Panzerkorps (Senger) mit dem Verlust von 10700 Mann.[38] Die Landung glückte.[39] Doch durch »Ultra« irritiert, besetzte der Angreifer nicht sofort die wichtigen Fernstraßen Nr. 6 und 7.[40] Die 14. Armee (Mackensen) konnte das in Anzio-Nettuno stehende Korps abriegeln. Allerdings versäumte auch sie, das anfängliche Schwächemoment des Gegners auszunutzen.[41] Ohne Ergebnis zog sich die Schlacht um den Brückenkopf vier Monate lang hin.[42]
Alexander wagte einen neuen Anlauf.[43] Er verstärkte den linken Angriffsflügel durch das II. Korps (Freyberg) und CEF (Juin).[44] Als der neuseeländische General die festungsartige Benediktinerabtei auf dem Monte Cassino sah, verlangte er ihre Zerstörung.[45] Spaatz verstärkte dazu die Mediterranean Allied Air Force (Eaker) durch 142 »Fliegende Festungen«. Sie bewältigten die gestellte Aufgabe durch Abwurf von 287 t Sprengbomben und 66,5 t Brandsätzen.[46]
Wie vorauszusehen, brachte die Vernichtung der berühmten Abtei den Alliierten nur Nachteile.[47] Goebbels zog aus dem sinnlosen Bombardement neuen Zündstoff für eine Propagandakampagne.[48] Die 1. Fallschirmjäger-Division (Heidrich) krallte sich in den Trümmern des Klosters und der zu seinen Füßen liegenden Stadt fest.[49] Freybergs Regimenter – Neuseeländer, Rajputs und Gurkhas – verbluteten. Nur die Nordafrikaner des CEF (Juin) erreichten eine wichtige Position, den Belvedere.[50]
Zur Vorbereitung der dritten Schlacht von Cassino befahl Wilson eine Luftoffensive gegen alle wichtigen Versorgungseinrichtungen im Norden bis zu den Alpenpässen. Auf die kleine Stadt im Brennpunkt der Kämpfe fielen 2500 t Brisanzbomben, weit mehr als bisher Berlin getroffen hatten.[51] Aber die deutschen Fallschirmjäger behaupteten auch jetzt noch ihre Stellungen.[52] Freybergs Inder wurden größtenteils vernichtet, die Neuseeländer so sehr dezimiert, daß ihr Korps als Elite zu bestehen aufhörte.[53] Alexander ließ die Offensive abbrechen.[54]
Aufgrund falscher Rundfunkmeldungen hatten die kleinen »Gruppi Azioni Patriottica« um Giorgio Amendola in Rom für den gleichen Tag einen Anschlag vorbereitet.[55] Nach den Regeln marxistischer Dialektik sollte die durch das Attentat provozierte Strafaktion zur Erhebung führen und seinen Urhebern kurz vor dem erwarteten anglo-amerikani-

schen Einmarsch zur Macht verhelfen. Die Ausführung übernahmen zwei Kommunisten, der Medizinstudent Rosario Bentivegni und seine Freundin Carla Capponi.[56]
Amendola hatte unter dem Deckel eines Müllkarrens 20 kg TNT versteckt. Bentivegna zündete die Sprengladung in der Via Rasella, während eine deutsche Polizeikompanie vorüberzog: 26 Soldaten und 7 Passanten waren auf der Stelle tot, 60 verwundet. Sieben weitere Männer erlagen später ihren Verletzungen. Hitler forderte für jeden getöteten Deutschen die Erschießung von 100 Geiseln, genehmigte auf Vorschlag Jodls aber eine Sühne im Verhältnis 1:10. Die Ausführung wurde dem SD-Chef von Rom, SS-Obersturmbannführer Herbert Kappler, befohlen.[57]
Die Exekutionen sollten ohne Verzug erfolgen. Keppler, der seine Opfer unter rechtskräftig zum Tode verurteilten Männern suchte, blieb daher wenig Zeit. Eilfertig ergänzte er die infolge weiterer Sterbefälle steigende Zahl der Geiseln durch willkürlich aufgegriffene Juden. Schließlich wurden am Stadtrand von Rom in einem System unterirdischer Gänge – den Fosse Ardeatine – 335 Italiener hingerichtet und die Zugänge der Höhlen durch Sprengungen verschüttet.[58]
Die nächste Offensive konnte Wilson gründlich vorbereiten, da »Overlord« einige Wochen verschoben wurde.[59] Funkspiele[60] und fiktive Landungsabsichten[61] sollten die Verteidiger täuschen. Der Mediterranean Allied Air Force (Waker) ließ das Oberkommando etwa 3000 Flugzeuge und 20000 t Bomben zuteilen. Die 8. Armee (Leese) trat weitere Kräfte an den linken Flügel ab, dessen Angriffsverbände jetzt Amerikaner[62], Franzosen[63], Kanadier[64] und Polen[65] mit rund 1000 Geschützen und 2000 Panzern umfaßten.
Die Überlegenheit der Alliierten betrug drei zu eins.[66] Alexander hätte die »Gustav-Linie« überrennen können. Er wollte jedoch einen entscheidenden Sieg erringen und hielt daher am Grundgedanken des bisherigen Operationsplanes fest.[67] Zuerst sollten Gebirgstruppen die deutschen Stellungen aus den Angeln heben und das panzergängige Lirital öffnen. Dann hatten die um Anzio-Nettuno stehenden Kräfte durch Ausbruch in nordöstlicher Richtung den Rückweg des Gegners abzuschneiden.[68]
Die vierte Cassino-Schlacht wurde am 11. Mai 1944 eröffnet. Während sich die Amerikaner über Gaeta vorarbeiteten, erklommen Marokkaner und Algerier des CEF (Juin) das Ausunzische Massiv[69], umfaßte das II. Polnische Korps (Anders) unter schweren Verlusten den Monte Cassino.[70] Nach diesem alliierten Erfolg mußte das XIV. Panzerkorps (Senger) auf verkürzte Linien zurückgehen.[71] Darüber vergingen Wochen mit nächtlichen Märschen und zahlreichen Nachhutgefechten.
Endlich sprengten Amerikaner und Briten den Einschließungsring von Anzio-Nettuno.[72] Clark stieß aber nicht in den Rücken der Deutschen vor, sondern näherte sich Rom, das seinen Truppen ohnehin als Siegespreis zufallen sollte.[73] Unter diesen Umständen konnten sich alle Divisionen der 14. Armee (Mackensen) geschlossen nach Nordwesten absetzen[74] und die 10. Armee (Vietinghoff-Scheel) fast unangefochten zwischen Tivoli und Orvieto das Tiberufer wechseln.[75]
Rom, das Kesselring zur »offenen Stadt« erklärt hatte, wurde am 4. Juni 1944 von den Alliierten kampflos besetzt.[76] Etliche Tage später empfing Alexander eine Weisung der Combined Chiefs of Staff, die ihn verpflichtete, sieben Divisionen für »Anvil« bereitzustellen. Die deutsche Heeresgruppe konnte auf der Höhe des Arnotales eine neue Abwehrfront errichten. Langsam folgten die Anglo-Amerikaner. Italien war Nebenkriegsschauplatz geblieben.

[1] Mueller-Hillebrand, III, a.a.O., S. 144.
[2] Ebd. S. 156f.
[3] Hubatsch: Weisungen, S. 233.
[4] Schellenberg, a.a.O., S. 315; M. Matloff: The Anvil Decision. Crossroads of 1944, hg. v. Greenfield, a.a.O.
[5] Brown, a.a.O., S. 393; T. Higgins: Churchill and the Second Front, New York 1957.
[6] H.M. Wilson: Eight Years in Oversea, London 1948, S. 120ff. (zit. Wilson).
[7] Alexander, a.a.O., S. 271; dazu W.G.F. Jackson: Alexander of Tunis als Military Commander, London 1971.
[8] Clark, a.a.O., S. 209f.
[9] Churchill, V, 2, S. 364–374; Butcher, S. 462ff.; Bryant, II, a.a.O., s. Kap. 4, passim; Ehrman, V, a.a.O., S. 220ff.
[10] Matloff, a.a.O., S. 466–475; F.C. Pogue: Roosevelt and Marshall; une étude des relations entre deux commandants, in: Revue d'histoire 82/1971, S. 27ff.; R.M. Leighton: Overlord Revisited. An Interpretation of American Strategy in European War, 1942–1944, in: AHR 4/1963.
[11] Dallek, a.a.O., S. 434ff.
[12] Wilmot, a.a.O., S. 434f.
[13] Mueller-Hillebrand, III, S. 145f.
[14] Gundelach, II, a.a.O., S. 745f.
[15] Brown, S. 391; G. Infield: Disaster at Bari, in: AH 13/1971, S. 60–65.
[16] R. Bandini u. C. Ricchezza: Italia in buffera, in: Corriere della Sera, März bis Juli 1865 (zit. Bandini/Ricchezza); Salvatorelli, a.a.O., S. 453ff.
[17] Zahlen nach einer Übersicht in: Storia 10/1964, S. 27ff. Weitere Materialien neuerdings b. P. Fortuna u. R. Uboldi: Gli Italiani al Sud a al Nord, 8 Settembre al 25 Aprile, Mailand 1976.
[18] Badoglio, a.a.O., S. 148ff.; O. Lizzardi: Il regno di Badoglio, Rom 1963; dazu auch Murphy, a.a.O., S. 252f.
[19] Allg. d. Memoiren ds. Sekretärs G. Dolfin: Con Mussolini nella tragedia, Mailand 1950.
[20] P. Caruso: L'Arma di carabinieri in Roma durante l'occupazione tedesca, Rom 1949; allg. D. Kurzman: Fällt Rom? Der Kampf um die Ewige Stadt, München 1982, S. 141–150 (zit. Kurzman). Zu d. Verbindungen zw. d. Resistenza u. d. Alliierten s. T. Koch: Der amerikanische Geheimdienst OSS und die Widerstandsbewegungen, in: Geheimdienste u. Widerstandsbewegungen i. Zweiten Weltkrieg, Hg. v. G. Schulz, a.a.O., S. 93.
[21] Deakin: Salò, a.a.O., S. 15–45.
[22] Hibbert, a.a.O., S. 250; De Felice: Mussolini, II, a.a.O., S. 391ff.
[23] Umfangr. Materialien b. Cerosimo, a.a.O., S. 278ff.; dazu R. Montagna: Mussolini e il processo di Verona 1963; G.F. Benè: Il processo di Verona, Mailand 1963.
[24] R. Battaglia: Der italienische Widerstandskampf, Berlin 1970; R. Carli-Bollola: Storia della resistenza, Mailand 1957; G. Castellano: La guerra continua, Mailand 1968; M. Milan u. F. Bighi (Hg.): La resistenza al fascismo, Mailand 1955; G. Rossini: Il fascismo e la resistenza, Rom 1955; P. Secchia u. F. Frassati: La resistenza e gli aleati, Mailand 1962; neuerdings N. Revelli (u.a.): La guerra civile in Italia, Mailand [6]1981.
[25] R.P. Capano: La resistenza in Roma, 2 Bde., Neapel 1963; G. Castelli: La storia segreta di Roma Città Apperta, Rom 1953; A. Giovannetti: Roma Città Apperta, Mailand 1962; E. Piscitelli: Storia della resistenza romana, Baris 1965; dazu auch Kurz, a.a.O., S. 142ff.
[26] Einzelheiten i. d. Memoiren v. R. Cadorna: La resistenza in Italia, Storia 4/1965, S. 88ff. u. P. Togliatti: Linea d'una politica, Mailand 1948. Zur sowjet. Mitwirkung G. Mauro: I partigiani sovietici nella resistenza italiana, Rom 1967.
[27] P.-O. Lapie: Alger. Assemblée Consultative Provisoire, in: J. F. 148/1972, S. 1476ff.
[28] Ph. Masson: La libération de la Corse, in: 2e guerre 55/1973, S. 1525–1530; A. Goutard: La libération de la Corse, in: H 263/1973, S. 85–98; v. dt. Seite Haupt: Italien, a.a.O., S. 88ff.; Senger u. Etterlin, a.a.O., S. 196–224.
[29] Giraud, a.a.O., S. 217ff.
[30] So seine Worte zu den drei Pflichtverteidigern des eh. Ministers am 15.3.1944; s. P. Trape: Témoignage d'un avocat, in: J. F. 151: 1972, S. 1562.
[31] A. Juin: La campagne d'Italie, Paris 1962 (zit. Juin).
[32] Clark zum Vf., 6.4.1971.

[33] L. Melling: With the Eight Army in Italy, Manchester 1955 u. Montgomery, a.a.O., S. 186ff.; B. Harpur: The Impossible Victory, London 1981.
[34] Butcher, S. 464ff.; Clark, S. 229f.; Haupt: Italien, S. 90ff.
[35] M. Blumenson: Bloody River, Boston, Mass., 1970 (zit. Blumenson); Haupt: Italien, S. 96f.; W.G.F. Jackson: The Battle for Italy, New York 1967, S. 101ff. (zit. Jackson); E. Linklater: The Campaign in Italy, London 1951; Senger u. Etterlin, S. 225f.; G.A. Shepperd: The Italian Campaign, New York 1968, S. 137ff. (zit. Shepperd).
[36] Vgl. d. Erinnerungen v. Alexander, S. 119–130; Clark, S. 231–236 u. Wilson, S. 135–140; dazu Ehrman, V. S. 225ff.; Molony, a.a.O., S. 585ff.; ferner C. Connell: Monte Cassino, London 1963 u. E.D. Smith: The Battle of Cassino, London 1975.
[37] Roskill, III, 1, S. 297f.; weitere Einzelheiten b. M. Blumenson: Anzio: The Gamble That Failed, London 1963, S. 67–93 (zit. Blumenson: Anzio); Haupt: Italien, S. 117ff.; Morison, IX, S. 317–384. J. Piekalkiewicz: Cassino, München 1980, S. 61–90 (zit. Piekalkiewicz: Cassino).
[38] Böhmler, a.a.O., S. 212–330; Butcher, S. 342ff.; Kesselring, a.a.O., S. 262ff.; Senger u. Etterlin, S. 239–248; Westphal: Erinnerungen, a.a.O., S. 223; F.-K. Plehwe: Reiter, Streiter und Rebell, Das ungewöhnliche Leben des Generals E.-G. Baade, Rheinfelden 1977.
[39] Morison, V, S. 166ff.; Roskill, III, 1, S. 299ff.; über d. dt. Gegenmaßnahmen vor allem Gundelach, II, S. 745–760 u. Salewski, II, a.a.O., S. 362ff.
[40] Lewin, a.a.O., S. 345f.
[41] J. Staiger: Anzio-Nettuno, Neckargemünd 1962.
[42] Kesselring, S. 265–275 u. Westphal: Erinnerungen, S. 240; dazu R. Mennel: Anzio und Nettuno, in: MM 1/1975, S. 67ff.; Molony, S. 643–690.
[43] Alexander, S. 132.
[44] F. Majdalany: Monte Cassino. Porträt einer Schlacht, München 1958, S. 104–117 (zit. Majdalany); J. Mordal: Cassino, Paris 1952, S. 47ff. (zit. Mordal: Cassino).
[45] A. Philipps: Italy, I. The Sangro to Cassino, Wellington 1957, S. 244ff. (zit. Philipps).
[46] Blumenson: Anzio, S. 143ff.; Churchill, V, 2, S. 212; F. v. Senger u. Etterlin: La déstruction de l'Abbay du Mont Cassino, in: 2e guerre 55/1973, S. 1634–1636.
[47] Vgl. d. umfängl. Quellensammlung: La Distruzione di Montecassino. Documenti e Testimonienze, Montecassino 1950, S. 24ff., besonders S. 102–166; dazu Senger u. Etterlin, S. 268ff. Das Problem d. Verantwortg. b. Alexander, S. 134f.; Clark, S. 376ff. u. Wilson, S. 195; über Freyberg s. Philipps S. 246f.
[48] Piekalkiewicz: Cassino, S. 91–112.
[49] Böhmler, S. 270f.; Haupt: Italien, S. 104f.; Westphal: Erinnerungen, a.a.O., S. 225ff.
[50] Juin, S. 137ff.; dazu P. Gandoet: La conquête du Belvédère, in: 2e guerre 59/1973, S. 1636–1644; Mordal: Cassino, S. 57ff.
[51] L.D. Pal: The Campaign in Italy, London 1960, S. 214; King, a.a.O., S. 267ff.
[52] Lt. Aussagen Eakers in: Newsweek, 27.3.1944.
[53] Philipps, S. 377.
[54] Alexander, S. 134ff.; Blumenson: Anzio, S. 91f.; Majdalany, S. 219.
[55] S. d. Interview mit Amendola i. Radio di Roma, 15.11.1963; ders: Il Sole e Sorto a Roma, Rom o. J.
[56] H.E. Jungmann: Das Attentat in der Via Rasella, in: D 11/1976, S. 987–998.
[57] Weitere Einzelheiten in »Der Spiegel« 35/1977, S. 89–97; jetzt auch b. Theil, S. 236–258.
[58] Der Bd. v. A. Ascarelli: Le fosse ardeatine, Rom 1945 ist überholt. Dem Forschungsstand entsprechen R. Katz: Death in Rome, New York 1967 u. Kurzman, S. 211–230.
[59] Ehrman, V, S. 229ff.; Matloff, S. 474.
[60] Majdalany, S. 241; Shepperd, S. 132ff.
[61] Jackson, S. 139ff.; Lewin, S. 349.
[62] Clark, S. 331f.; Blumenson: Anzio, S. 151ff.; Jackson, S. 141; Shepperd, S. 138ff.; weitere Einzelheiten b. R.H. Aldeman u. G. Walton: The Devil's Brigade, Philadelphia, Pen., 1966.
[63] M. Carpentier: Les forces alliees en Italie, Paris 1949; R. Jars: La campagne d'Italie, Paris 1954; Juin, S. 31ff.; Mordal, S. 22ff.
[64] G.W.L. Nickolson: The Canadiens in Italy, Ottawa 1959.
[65] M. Czuchowski: The Polish Troops in Italy, London 1944; dazu Anders, a.a.O., S. 218ff.
[66] Majdalany, S. 243.
[67] Alexander, S. 139f.

[68] Blumenson: Anzio, S. 156ff.; Jackson, S. 148ff.; Shepperd, S. 150; R. Trevelyan: Die Festung. Der Brückenkopf von Anzio, München 1958.
[69] Juin, S. 149ff.; Mordal: Cassino, S. 214ff.
[70] Piekalkiewicz: Cassino, S. 170–181.
[71] Haupt: Italien, S. 108ff.; Senger u. Etterlin, S. 322–327.
[72] Blumenson: Anzio, S. 160ff.; G. Sheeham: Anzio, Norman, Okl., 1964, S. 209ff.
[73] Jackson, S. 177–250; Lewin, S. 351.
[74] Haupt: Italien, S. 140–150.
[75] Senger u. Etterlin, S. 318–327.
[76] Kesselring, S. 276–282; neuerdings R. Trevelyan: Rome'44. The Battle for the Eternal City, London 1982.

Die Invasion im Westen 1944

Über die Trans-Kanal-Offensive (ursprünglich »Roundup«, dann »Skyscraper« und »Sledgehammer«, zuletzt »Overlord«)[1] war auf den Konferenzen von Casablanca, Washington, Quebec und Kairo entschieden worden.[2] Man hatte den 1. Mai 1944 zum »D-Day« bestimmt. Eine zweite Landung (bisher »Anvil«, künftig »Dragoon«) sollte Mitte Juni 1944 in Südfrankreich folgen. Jede dieser Operationen mußte um etwa einen Monat verschoben werden, der Hauptangriff wegen des Wetters, die Nebenaktion, weil noch Spezialschiffe fehlten.[3]

Churchill hatte durchgesetzt, daß britische Offiziere mit den Entwürfen für die Invasion beauftragt wurden. Nach der Konferenz von Casablanca war General Sir Frederick E. Morgan zum Chief of Staff to the Supreme Allied Commander (COSSAC) ernannt worden.[4] Seine Dienststelle konzipierte verschiedene Operationen: »Tindall« (eine Landung in Norwegen) und »Starkey« (die Überquerung des Pas de Calais), vor allem jedoch den »Outline Plan for Overlord«.[5]

Er enthielt in Grundzügen die späteren Bewegungsabläufe. Nach einer vorbereitenden Bomberoffensive, Sabotageakten und Täuschungsmanövern hatten die ersten Truppen – Amerikaner rechts, Briten links – an der Küste des Calvados zu landen (Operation »Jupiter«). Als nächstes war die Eroberung der Halbinsel Cotentin vorgesehen. Dann sollte ein tiefer Durchbruch bei Avranches den Alliierten die bretonischen Häfen öffnen und das rasche Ausfächern motorisierter Kräfte zur Loire und Seine ermöglichen.[8]

Die Combined Chiefs of Staff hatten den COSSAC-Entwurf genehmigt und einen »Initial Joint Plan« angefordert. Nach ihm sollten 5 Infanterie- und 3 Luftlandedivisionen in fünf Küstenabschnitten zwischen Orne und Vire sowie am Fuß der Halbinsel Cotentin (»Utah«, »Omaha«, »Gold«, »Juno«, »Sword«) landen. Dem ersten Sprung (»Assault«) würde das Aufschließen (»Follow-Up«) weiterer Kräfte und deren Ausbau (»Build-Up«) zu einer kraftvollen Manöveriermasse folgen.[7]

In England wurden zunächst zwei Heeresgruppen mit vier Armeen (23 Infanterie, 10 Panzer- und 4 Luftlandedivisionen) samt 6,5 Millionen Tonnen Versorgungsgütern für 3 Millionen Soldaten bereitgestellt. Im Verlauf des Unternehmens »Overlord« sollten weitere 40 Divisionen aus den USA herangeführt werden. Die Luftstreitkräfte der Invasionsmacht zählten gleich zu Beginn 12837 Flugzeuge, die Flottenverbände 5319 Schiffe (darunter 4126 Landungsfahrzeuge).[8]

COSSAC hatte empfohlen, solange Cherbourg und Brest noch nicht für das Ausladen von Truppen und Material zur Verfügung standen, provisorische Hafenanlagen (»Mulberry A/B«) aus vorgefertigten Schwimmkörpern (»Bombardons«) einzusetzen.[9] Die Treibstoffversorgung der Invasionsstreitkräfte sollte durch eine Unterwasser-Pipeline (»Pluto«) zwischen England und Frankreich sichergestellt werden.[10] Beide Projekte waren so wichtig, daß man für sie eine besondere Kommandobehörde unter Admiral Sir William Tennant schuf.

Der Oberbefehl war lange umstritten. Roosevelt favorisierte Marshall; Churchill wollte an Brooke festhalten. Beim zweiten Kairoer Treffen hatte der Präsident dann Eisenhower zum Supreme Commander bestimmt.[11] Chef seines Stabes blieb General Walter Bedell Smith, Stellvertreter Air Chief Marshal Sir Arthur W. Tedder. General Sir Bernard L. Montgomery wurde »Ground Commander«. Air Marshal Sir Trafford Leigh Mallory trat an die Spitze der Luftflotten, Admiral Sir Bertram H. Ramsay führte die Seestreitkräfte.[12]

Sie bildeten mit ihren Gehilfen und Beiräten das neue Oberkommando im Londoner Norfolk House unter dem Namen »Supreme Headquarters, Allied Expeditionary Force« (SHAEF).[13] Eisenhower empfing auch künftig Weisungen der Combined Chiefs of Staff. Um den langen Meldeweg abzukürzen und rasche informelle Unterredungen zu ermöglichen, verlegten Marshall, Arnold und King, Brooke, Portal und Cunningham, Leahy und Dill ihren Sitz von Amerika nach England.[14]

Der alliierte Aufmarsch konnte nicht geheimgehalten werden. Um ihn wenigstens zu verschleiern, ergriff das Committee of Special Means zahlreiche Täuschungsmaßnahmen (Operation »Bodyguard«).[15] Man drehte Agenten um[16], betrieb Funkspiele[17] und ließ auch durch den Aufbau von Attrappen nicht existierende Verbände ins Bild treten.[18] Zur Ablenkung des Gegners wurde die Home Fleet (Fraser) zur norwegischen Küste dirigiert[19], unternahmen die Widerstandsbewegungen zahlreiche Aktionen, sprengten Saboteure unter den Dänen bestimmte Eisenbahnlinien in Jütland, einen Teilabschnitt der Verbindungen zwischen Deutschland und Norwegen.[20]

Die mit der Aufnahme und Verarbeitung von Feindnachrichten befaßen deutschen Militärdienststellen befanden sich in einer Krise. Canaris war verabschiedet.[21] Oster sah seiner Verhaftung entgegen.[22] Bonhoeffer, Dohnanyi, Kiep und Müller standen vor Gericht.[23] Himmler hatte die »Abwehr« dem SD/Ausland (Schellenberg) unterstellt.[24] Oberst Georg Hansen, der das Amt vorläufig weiterführte[25], gehörte allerdings ebenso zur Opposition wie Oberst Alexis von Roenne (»Fremde Heere West«).[26]

Die Vieldeutigkeit der Nachrichten veranlaßten das OKW 12 divisionsstarke Verbände zum Schutze Norwegens und 25 auf dem Balkan einzusetzen.[27] In Frankreich standen 54 Divisionen.[28] Auch sie suchte SHAEF nach Möglichkeit zu beunruhigen. Die dazu herangezogene Résistance hatte zwar ihren politischen Zusammenhalt verloren; Moulin war unter den Händen der Gestapo gestorben[29], Delestraint erschossen.[30] Doch die »Armée secrète« des Maquis[31] wurde General Pierre Koenig und seinem Stab der »Forces Françaises de l'Interieur« (FFI) in London unterstellt und auf Zusammenarbeit mit den Alliierten angewiesen.[32]

Das gaullistische Oberkommando konnte den FFI keinen völkerrechtlichen Status geben. Wo sich die Maquisards erhoben, zum Beispiel im Vercors, wurden sie als Insurgenten schonungslos vernichtet.[33] SHAEF bezweifelte den Nutzen der Widerstandshandlungen. Dennoch belieferten SOE und der OSS die Résistance weiter mit Waffen und Gerät. Auch wurden »Jedburghs« – Stäbe aus je einem Briten, Amerikaner und Franzosen – als Führungsorgane der Partisanen hinter den deutschen Linien abgesetzt.[35]

Kompliziert waren die vorbereitenden Operationen der Fliegerverbände. SHAEF beabsichtigte durch Bombenschläge auf Loire- und Seine-Brücken, Bahnhöfe und Werkstätten eine »Railway Desert« zu schaffen, wobei Eisenhower den Tod von 80000 Franzosen einkalkulierte.[36] Das Opfer schien den Alliierten gerechtfertigt, wenn die Luftangriffe

den Anmarsch deutscher Reserven zur Invasionsfront behinderten. Gleichzeitig sollte die Luftwaffe gelähmt werden.
Am 13. Februar 1944 erließen die Combined Chiefs of Staff eine entsprechende Direktive. Sie schien auf die Fortsetzung der im letzten Jahr begonnenen Bomberoffensive hinauszulaufen. Während SHAEF den Stab der 12th USAAF (Brereton) nach England holte, um eine neue »taktische« Luftflotte zu bilden, setzte Spaatz die »strategischen« 8th USAAF (Doolittle) und 15th USAAF (Eaker) weiter gegen Städteziele ein.[37] Das britische Bomber Command (Harris) unternahm wie bisher nächtliche Raids.[38]
Spaatz hatte erreicht, daß der ObdL die meisten Jäger über Deutschland zurückbehielt. An die Stelle des Luftwaffenbefehlshabers »Mitte« (Weise) war das Luftflottenkommando »Reich« (Stumpff) getreten.[39] Nicht mehr die 1557 schweren Flakbatterien, sondern das I. Jagdkorps (Schmid) mit seinen drei Fliegerdivisionen galt seither als Rückgrat der Verteidigung. Das II. Jagdkorps (Junck) bei der 3. Luftflotte (Sperrle) in Frankreich bestand nur aus einer Division.[40]
Bei Invasionsgefahr sollte die Masse der deutschen Jagdflieger nach Maßgabe eines von Milch entwickelten Luftaufmarschplanes in Frankreich eingesetzt werden.[41] Die Alliierten versuchten diese Kräfte vor der Entscheidungsschlacht zu dezimieren. Ein Raid des Bomber Command (Harris) gegen Nürnberg am 30./31. März 1944 führte aber zu hohen Verlusten.[41] Von 999 gestarteten Bombern wurden 105 (13,6% abgeschossen und 71 beschädigt. Nur 10 deutsche Jagdflugzeuge gingen verloren.[43]
Spaatz wählte neue Ziele, vor allem Objekte der Luftfahrtindustrie. Ihre wichtigste Institution war der von Milch und Speer geschaffene »Jägerstab«, ein staatsmonopolistisches Leistungsorgan, das die deutsche Flugzeugproduktion nach dem ersten Quartal 1944 verdoppelte.[44] Doch da diese Stelle sowenig zerstört werden konnte wie die großenteils unter Tage arbeitende Industrie, rückten Komplexe der Treibstoffversorgung auf den ersten Platz.
Mit einem in Teheran vereinbarten »Shuttle Bombing« zwischen Foggia und Poltawa sollte die 12th USAAF (Eaker) das rumänische Erdölgebiet endgültig verwüsten.[45] Wegen der Vorbehalte Nowikows und deutscher Bombenangriffe mußte dieser Versuch später abgebrochen werden, doch konnte die Luftflotte zuvor wichtige Raffinerien und Hydrierwerke in Debrecen, Budapest, Komárom und Wien zerstören. Die 8th USAAF (Doolittle) bombardierte außerdem solche Ziele bei Magdeburg, Zeitz, Leuna und Ruhland, Lützkendorf und Pölnitz.[46]
Gleichzeitig begann Leigh Mallory mit »taktischen« Verbänden die festgelegten Eisenbahnziele sowie auch Flugplätze in Frankreich zu zerstören. Maquisards ergänzten die Angriffe aufgrund eines »Plan Vert« des Generals Koenig durch Sprengstoffanschläge. Dabei zerstörten FFI und »Légion Belge« 808 Lokomotiven, mehr als doppelt so viele wie die Bombenflieger, denen nebenbei in einer Woche 8062 französische Zivilisten zum Opfer fielen.[47]
Trotz der langen und gründlichen Vorbereitung konnte die alliierte Kanaloffensive mit einem Fehlschlag enden. Einige verantwortliche Militärs und Staatsmänner zweifelten am Erfolg. Eisenhowers Tagebuchführer überliefert, daß sein Chef jedesmal bleich wurde, wenn er an die Gefahr des Mißlingens dachte.[48] Sorgenvoll äußerte sich Churchill. »Das Wagnis« schrieb er, »ist sehr groß«; bei aller Umsicht sei die Gefahr eines deutschen Sieges in Frankreich nicht von der Hand zu weisen.[49]
Hitler rechnete fest mit einem solchen Triumph. Er sah in der möglichen Abwehr des

angelsächsischen Angriffs die bevorstehende Kriegswende: Nach dem Scheitern ihrer Landung könnten die Angelsachsen keinen zweiten Versuch wagen. Roosevelt hätte dann nicht mehr die geringste Aussicht auf Wiederwahl und Churchill müßte bei seinem schwindenden Einfluß von weiteren Anstrengungen und Opfern absehen.[50]

Zu den Vorteilen, in deren Besitz sich der ObdW sah, gehörte die befestigte Küstenlinie. Hitler hatte 1940 ihren feldmäßigen Ausbau befohlen und 1941 von einem »neuen Westwall« gesprochen, der Landungsunternehmen des Gegners verhindern werde. Wegen der unterschiedlichen Topografie vom Nordkap bis zur spanischen Grenze und infolge wechselnder Lagebeurteilungen war für den Ausbau des Verteidigungssystems aber keine einheitliche Konzeption entwickelt worden.[51]

Zuerst hatte man Baumaßnahmen in Norwegen die Priorität zuerkannt, 1942 jedoch das Schwergewicht zur französisch-belgischen Kanalküste verlegt. Im Frühjahr und Sommer 1943 waren hier lange Bunkerlinien und Hinderniszonen entstanden. Zum stärksten Sektor wurde der Abschnitt des Pas de Calais. Später bestimmte Hitler Ijmuiden und Hoek van Holland, Dünkirchen und Boulogne, Le Havre und Cherbourg, St. Malo und Brest, Lorient und St. Nazaire, Gironde Nord und Süd zu »Festungen«.[52]

Um diese Zeit hatte die »Organisation Todt« zur Errichtung des Atltanikwalles rund 260000 Arbeitskräfte (darunter 26000 Deutsche) herangezogen. Sie bewegten 28 Millionen cbm Erde und verbauten 10 Millionen cbm Eisenbeton.[53] Insgesamt entstanden bis Anfang nächsten Jahres 14747 Bunker, 774 Geschützbettungen und 25 große Artilleriebestände. Diese enthielten 2354 panzerbrechende Waffen und 2693 Kanonen ab 7,5cm Kaliber, die man aus der Maginotlinie und dem Westwall holte.[54]

Befehlsbefugnisse, Kräfteeinsatz und Kampfführung hatte der ObdW in den Weisungen Nr. 40 und 51 vom 23. März 1942 und 4. November 1943 geregelt.[55] Kompetenzüberschneidungen ergaben sich vor allem infolge Verwendung des Stabes der HGr. B zbV (Rommel). Er unterstand Hilter, nicht dem OB West (Rundstedt), sollte aber schwer begrenzbare Aufgaben wahrnehmen: die Inspektion des Atlantikwalles und Kommandogewalt gegenüber neuen Verbänden aller Wehrmachtteile.[56]

Die beiden Feldmarschälle waren grundverschiedene Persönlichkeiten; nicht nur Herkunft und Alter, auch Charakter und Erziehung legten zwischen sie einen Abstand.[57]

Daß Rommel in Angelegenheiten der Armeekommandos hineinredete, störte Rundstedt und bewog den ObdW, die Verhältnisse neu zu ordnen. Der Heeresgruppenstab B übernahm die Führung von zwei Armeen und wurde darauf dem OB West unterstellt, ebenso wie ein später in Südfrankreich gebildeter Heeresgruppenstab G.

Rundstedt befehligte nun die HGr. B (Rommel) mit der 15. Armee (Salmuth), 7. Armee (Dollmann) und einem Korps in den Niederlanden sowie die HGr. G (Blaskowitz) mit der 1. Armee (Chevallerie) und 17. Armee (Sodenstern). Auch die Panzergruppe West (Geyr) unterstand dem Oberbefehlshaber in Paris. Allerdings begann ein Streit zwischen den deutschen Führungsinstanzen um die endgültige Verfügbarkeit dieser aus 10 Divisionen bestehenden Manöveriermasse.[58]

Hitler und Jodl setzten ihre Hoffnungen auf den Atlantikwall, dessen Verteidiger die Angreifer vor Erreichen der Küstenlinie abweisen sollten. Rommel forderte dazu die stationäre Verwendung der Panzer in Küstennähe, wobei er sich auf Erfahrungen berief, die gezeigt hatten, daß nach Beginn des Kampfes wegen der feindlichen Luftüberlegenheit größere Marschbewegungen nicht mehr möglich waren. Dagegen wollten Rundstedt, Geyr und Guderian für den Fall des Durchbruches eine bewegliche Reserve zurückbehalten.[59]

Hitler traf in der Kontroverse eine halbherzige Entscheidung. Er ließ den beiden Heeresgruppen (B und G) je drei Panzerdivisionen zuteilen, die einzeln bereitstehen sollten, um gelandete Anglo-Amerikaner gleich am ersten Tage der Invasion zu vernichten. Vier Divisionen blieben bei Paris zurück. Aber ihre Verfügungsgewalt wurde Rundstedt entzogen und dem ObdW vorbehalten. Damit waren Stärke und Einsatzbereitschaft der beweglichen Reserven erheblich reduziert.

Auch andere Kompetenzfragen blieben verworren. Rommel mußte als Inspekteur des Atlantikwalles und OB HGr. B zwei Herren (ObdW und OB West) dienen. Rundstedt befehligte nur Heeresverbände. Die Luftflotte 3 (Sperrle), das II. Fallschirmjägerkorps (Meindl) und III Flakkorps (Pickert) blieben dem ObdL (Göring), alle schwimmenden Einheiten, Minensperren und Küstenbatterien der Marinegruppe West (Krancke) dem ObdM (Dönitz) unterstellt. Die Waffen-SS war truppendienstlich auf das SS-Führungshauptamt (Jüttner) angewiesen.

Weitere Führungsprobleme ergaben sich aus dem Verhältnis von Rundstedt zu Stülpnagel und Falkenhausen. Der OB West unterstand dem OKW. Vorgesetzte Behörde der Militärbefehlshaber in Frankreich und Belgien-Nordfrankreich war jedoch das OKH.[60] Da sie nicht nur für Versorgung und Feldpost, Teile des Nachrichtenwesens und der Gerichtsbarkeit die Verantwortung trugen, sondern auch der kämpfenden Truppe den Rücken freihalten mußten, kamen ihnen auf diesem Gebiet oft Himmlers Höhere SS und Polizeiführer zuvor.[61]

Versuche, die sich überschneidenden Befehlsstränge zu entwirren, scheiterten. Hitler mißtraute den Generalstäblern alter Schule. Er wollte Rundstedt, der seinem obersten Kriegsherrn reserviert gegenüberstand, sowenig wie dem Regimekritiker Geyr von Schweppenburg besondere Vollmachten erteilen. Vielleicht ahnte der Diktator auch schon den Wandel in Rommels politischer Haltung. Die Aussicht, daß sich ein angesehener deutscher General mit dem Gegner im Westen verständigen könnte, wurde im Führerhauptquartier vielfach erörtet.[62]

Auf die Verteidigungsmaßnahmen schien Verlaß. Mehr als 15000 Bunker stützten jetzt das Stellungssystem. Die Kriegsmarine hatte zusätzlich 2,5 Millionen Minen verlegt. Vorstrandhindernisse aus Hemmböcken, Tetraedern, Sprengfallen und Tschechenigeln konnten alliierten Booten zum Verhängnis werden. Flußauen waren durch Ansumpfung unpassierbar gemacht. Eingeschlagene Pfähle erschwerten die Luftlandung.

In Frankreich, Belgien und Holland standen 1,87 Millionen Mann der Wehrmacht, darunter 950000 Soldaten des Heeres.[63] Geyr meldete 1370 Kampfwagen (70% ihrer Sollstärke) einsatzbereit.[64] Die Infanterie hatte neue panzerbrechende Waffen (das 10cm »Ofenrohr«, den ferngesteuerten »Goliath«, die Pak 43 L/71) erhalten. Aber die Truppe konnte sich nur langsam bewegen. Von 200–300 LKW, die jede Division erhalten sollte, waren durchschnittlich 80 eingetroffen. Feldartillerieregimenter blieben wegen Treibstoffmangels hippomobil. Die Luftflotte 3 (Sperrle) brachte lediglich 50–60% ihrer 891 Flugzeuge an den Start.[65]

Nach wie vor wurde die Küste des Pas de Calais als Hauptziel der alliierten Offensive angesehen. Eine Übersicht des OB West verzeichnete aber noch mehr geeignete Landestellen.[66] Hitler widmete neuerdings der Bretagne und Normandie erhöhte Aufmerksamkeit[67], Marcks, der ein Armeekorps im Calvados kommandierte, hielt diesen

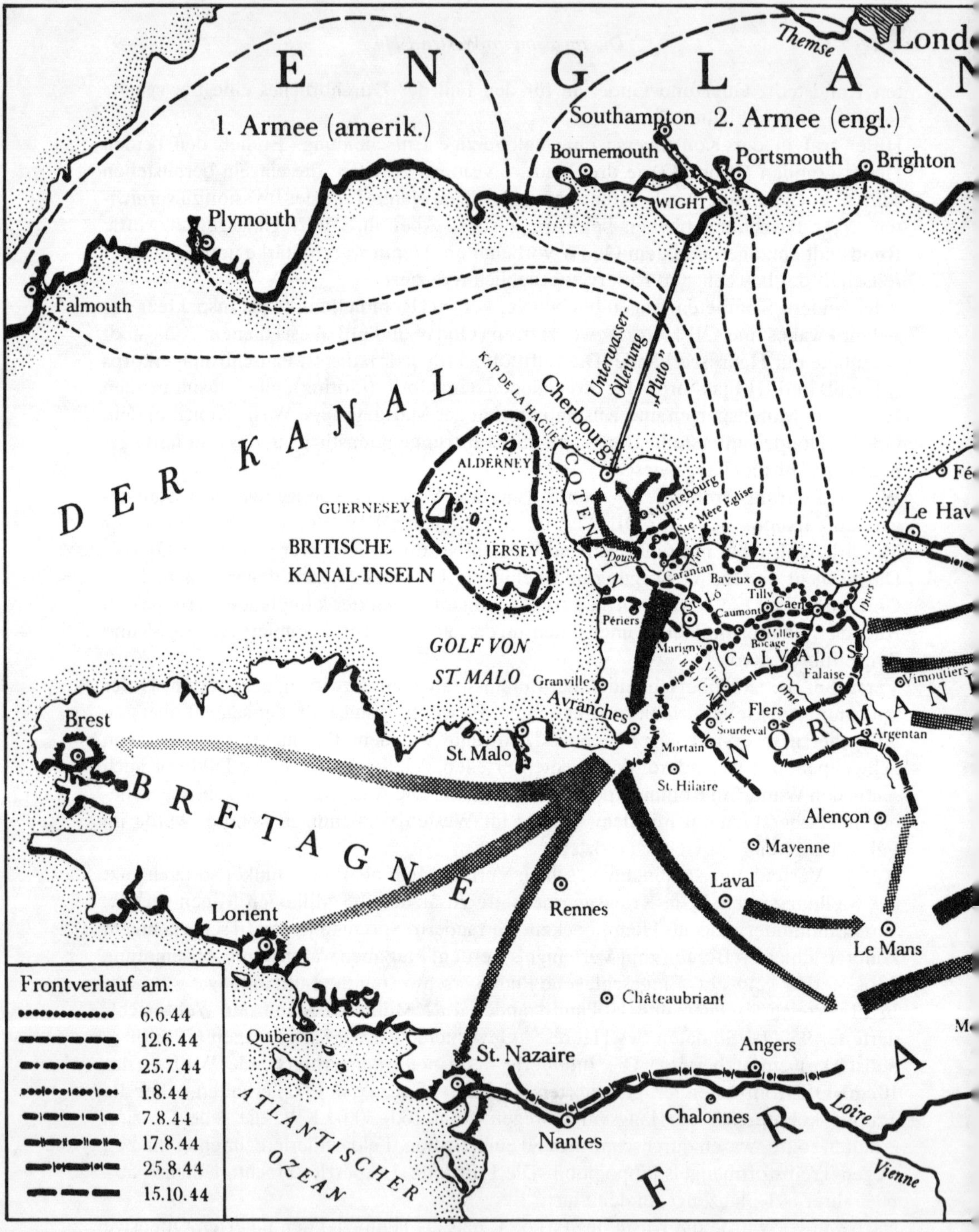

ENGLAND
Themse
London
1. Armee (amerik.)
Southampton
2. Armee (engl.)
Bournemouth
Portsmouth
Brighton
WIGHT
Plymouth
Falmouth
DER KANAL
KAP DE LA HAGUE
Cherbourg
Unterwasser-Ölleitung „Pluto"
ALDERNEY
GUERNESEY
JERSEY
BRITISCHE KANAL-INSELN
COTENTIN
Montebourg
Ste. Mère Eglise
Douve
Vire
Carantan
Bayeux
Tilly
Caen
St. Lô
Caumont
Villers Bocage
Périers
Marigny
CALVADOS
BOCAGE
Dives
Orne
Falaise
Vimoutiers
Fécamp
Le Havre
GOLF VON ST. MALO
Granville
Avranches
Flers
Sourdeval
Mortain
St. Hilaire
Argentan
NORMANDIE
Brest
St. Malo
BRETAGNE
Alençon
Mayenne
Laval
Rennes
Lorient
Le Mans
Châteaubriant
Quiberon
St. Nazaire
Angers
Chalonnes
Nantes
Loire
Vienne
ATLANTISCHER OZEAN
FRANKREICH
Frontverlauf am:
6.6.44
12.6.44
25.7.44
1.8.44
7.8.44
17.8.44
25.8.44
15.10.44

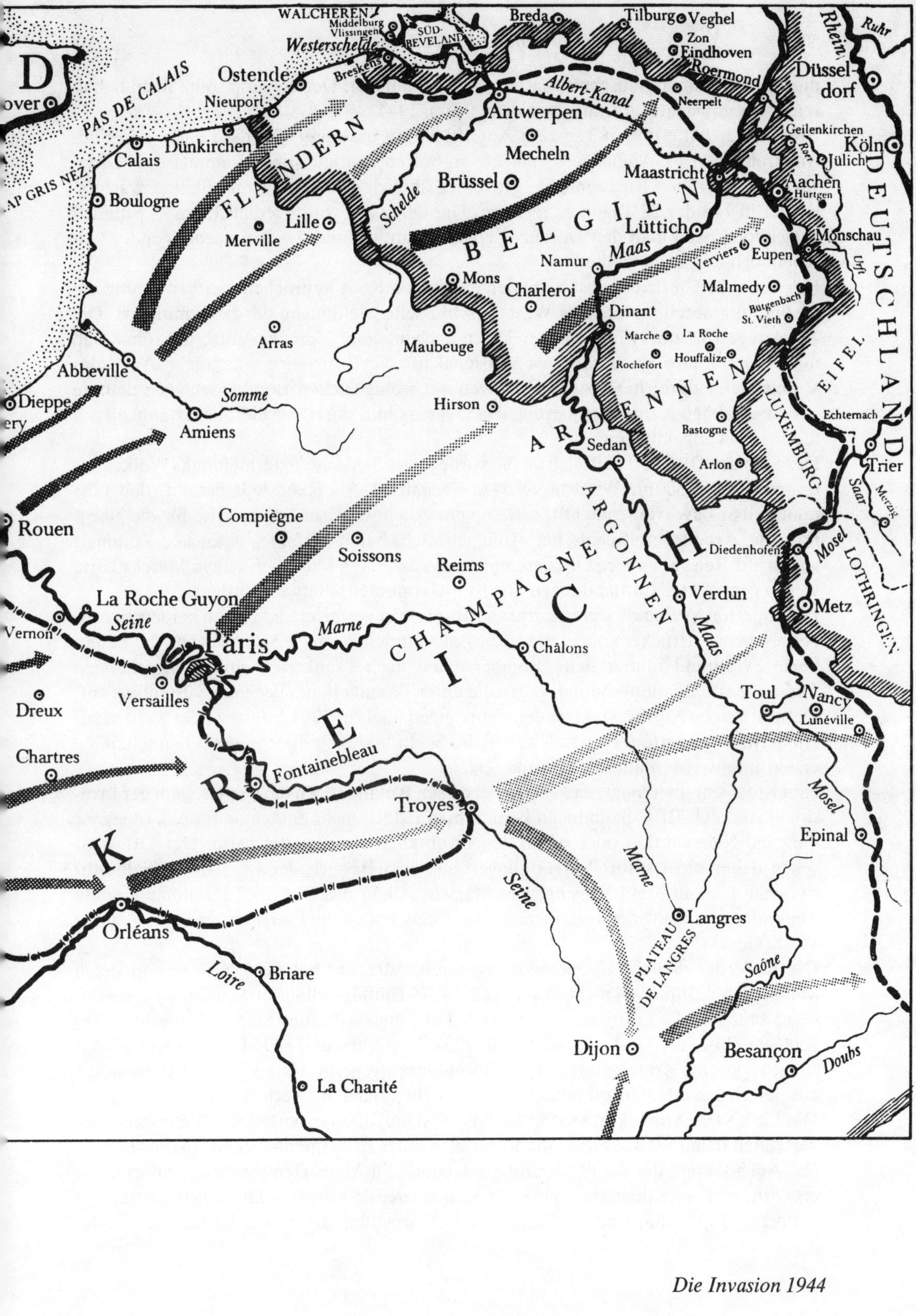

Die Invasion 1944

diesen Verteidigungsabschnitt für besonders gefährdet. Der General sollte recht behalten, auch mit seiner Warnung vor dem 5. Juni 1944.[68]
Eisenhower hatte diesen Tag zum Angriffstermin bestimmt (für die Landung in Südfrankreich den 15. August). Voraussetzung waren eine günstige Mondphase, Niedrigwasser und frühes Büchsenlicht. Mit einer ähnlich günstigen Konstellation war erst wieder in 14 oder 28 Tagen zu rechnen. Die Offensive wurde lediglich um 24 Stunden verschoben, weil man den Durchzug eines Sturmtiefs und das ihm nachfolgende Zwischenhoch abwarten wollte.[69]
Der deutsche Chiffrierdienst hatte den englischen Kode gebrochen. Seither konnte die Aufklärungsabteilung des OB West verschlüsselte Meldungen der BBC mitlesen. Die 15. Armee (Salmuth) fing an drei Tagen nacheinander Verlaine-Verse auf, ohne daß man in Paris ihre Bedeutung als Vorsignal für die Résistance erkannte.[70] Auch das Verblocken zahlreicher Ortsdurchfahrten mit wohlgezielten Bombenschlägen deutete auf eine baldige Kanalüberquerung des Gegners hin, doch war die Fliegertätigkeit am 5. Juni 1944 abgeklungen.
Der Stab des OB West hielt sich an die vorliegende Schlechtwettermeldung (Wolkenuntergrenze 300–500m, Windstärke 5–6, Seegang 4–5). Rundstedt befand, daß eine unmittelbar bevorstehende Offensive »nicht erkennbar« sei[71] und stellte für die Nacht normale Arbeitsbereitschaft her. Einige Befehlshaber (Dönitz, Krancke, Rommel) waren auf Reisen, andere Offiziere unterwegs zu einem Planspiel. Allein Marcks hatte wegen gemeldeter Luftlandungen höchste Alarmbereitschaft angeordnet.[72]
Die alliierten Verbände waren kurz vor Mitternacht gestartet und gingen beiderseits des vorgesehenen Brückenkopfes nieder.[73] Bald erreichten auch Minensucher die Seinebucht. Während immer neue Bomberwellen nach Frankreich einflogen, schlossen Tausende von Landungsbooten gegen die unter Trommelfeuer liegende Küstenlinie auf. Der stürmische Nordwest setzte den Fahrzeugen übel zu; 291 kenterten oder wurden auf Hindernisse geworfen. Durchnäßt, von der Seekrankheit mitgenommen, taumelten die ersten Infanteristen über den Strand.[74]
Rundstedt war überzeugt, daß es sich bei diesen Anlandungen um den »Beginn der Invasion« handelte. BBC-Sendungen konnte man jedoch nicht entnehmen, ob der Gegner nur eine Nebenaktion oder schon den Hauptangriff eingeleitet hatte. Der OB West setzte daher nicht sofort Verstärkungen aus dem Bereich der 15. Armee (Salmuth) zwischen Cabourg und Vlissingen in Marsch. Allein die 7. Armee (Dollmann) sollte Teilkräfte zum Calvados verschieben. Das OKW befahl die Freigabe der Panzergruppe West (Geyr).[75]
Die Rolle der deutschen Unterstützungsstreitkräfte war bescheiden. Während Leigh Mallory am 6. Juni 1944 nicht weniger als 14674 Einflüge alliierter Maschinen verzeichnete, brachte die Luftflotte 3 (Sperrle) 319 Flugzeuge zum Start.[76] Ramsays 7 (8) Schlachtschiffen, 23 (22) Kreuzern, 103 (93) Zerstörern und 800 kleineren Kriegsfahrzeugen[77] konnte Krancke nur T- und S-Flottillen entgegenwerfen. Von 36 U-Booten, die aus den Biskaya-Häfen zur Seinebucht vorstießen, gingen 5 verloren.[78]
Das LXXXIV. Armeekorps (Marcks) leistete den Alliierten hartnäckig Widerstand. Sie verfehlten daher ihr Tagesziel, die Errichtung eines zusammenhängenden Brückenkopfes. Auch konnte der damit beauftragte General Sir Miles Dempsey nicht sofort Caen erobern, weil eine deutsche Panzerdivision zur Küste vorstieß. Die Luftlandetruppen verloren 3149 Mann und 70 Prozent der Ausrüstung. Immerhin hatten die Anglo-

Amerikaner hinter dem Feuerorkan der Raketenfähren, Schiffsgeschütze und Tiefflieger an drei Stellen Fuß gefaßt.[79]
Der deutsche Verteidiger hätte die ihm entrissene Initiative nur durch einen Gegenangriff starker Panzerverbände zurückgewinnen können. Die dazu erforderliche Luftherrschaft war jedoch unwiederbringlich verloren. Unter den Bombenteppichen des Gegners mußte Sperrle die verbleibenden Flugzeuge auf unzerstörte Flugplätze zurücknehmen, wo Bodenpersonal und Ersatzteile entweder zu spät oder überhaupt nicht eintrafen. Die Notwendigkeit, weitere Städteangriffe abzuwehren, Zerrüttung der Infrastruktur und Treibstoffmangel verhinderten die sofortige Überführung starker Jägerverbände nach Frankreich.[80]
Der Anmarsch deutscher Panzertruppen stockte im Schutt zertrümmerter Ortschaften. Ein Bombenteppich vernichtete den Stab des Generals Leo Geyr von Schweppenburg.[81] Feuerschläge alliierter Schlachtschiffe, die großen Kaliber der »Nelson« (Russell), »Ramillies« (Middleton), »Warspite« (Fisher) und »Rodney« (Fitzroy) zerschmetterten mehr als einmal Bereitstellungen stoßkräftiger Verbände bei Tilly und Bayeux. Dennoch wurde Caen gehalten.
Der Zustrom motorisierter Reserven aus dem Reich, Ungarn, Dänemark und Holland hatte begonnen. Die HGr. G (Blaskowitz) mußte nahezu alle schnellen Truppen abgeben. Doch bis zu ihrem Eintreffen an der Invasionsfront vergingen Tage und Nächte. Unterdessen setzten alliierte Bomber ihr Zerstörungswerk fort, verübten trotz merklicher Zurückhaltung der von Pétain zur Ruhe ermahnten Bevölkerung die Maquisards vielfach Überfälle.[82]
Nach vorausgegangenen Greueltaten der Freischärler wurden zur Abschreckung die kriegsüblichen Repressalien ergriffen. In den Straßen von Tulle hängten Angehörige der Waffen-SS zur Sühne für ermordete Zivilpersonen, Milizionäre und Soldaten 99 Franzosen. Bei Argentan erschoß die gleiche Einheit 68 Geiseln. Am nächsten Tage fielen ihr 642 Einwohner von Oradour-sur-Glâne zum Opfer, darunter Frauen und Kinder, die man während der Exekutionen eingeschlossen hatte.[83]
Der Gegner hielt jetzt ein Landebord von 100km Breite und 10–15km Tiefe. Den Amerikanern drohte wiederholt die Niederlage. Aber nach sieben Tagen verfügte Montgomery im Brückenkopf schon über zwei Armeekommandos unter Dempsey und Bradley mit rund 300000 Mann. Hitler befahl sie mit dem I. SS-Panzerkorps (Dietrich) und Divisionen des aus Polen eintreffenden II. SS-Panzerkorps (Hausser) ins Meer zu werfen. Die 15. Armee (Salmuth) durfte dazu nicht herangezogen werden. Sie mußte den V-Waffen-Einsatz sichern.
Als das Flakregiment 155 (Wachtel) am 12./13. Juni 1944 mit dem Abschuß der ersten Flugkörper begann (Unternehmen »Rumpelkammer«), gab es fast nur Kreisläufer. Tage vergingen, bis die Mehrzahl der Geschosse im Salventakt von 30–50 Minuten London erreichte, das Hitler zum Zielobjekt bestimmt hatte. Die Überraschung war groß; Herbert Morrison, der englische Innenminister, warnte Whitehall vor moralischen Auswirkungen.[84] Mit der Zeit ertrugen die Briten den Bombenterror jedoch so gefaßt wie das deutsche Volk.
Am 17. Juni 1944 kam Hitler mit Keitel, Jodl und Schmundt nach Margival bei Soissons, um den Gegenschlag in der Normandie zu besprechen. Das Ersuchen von Rundstedt und Rommel, alle V-Geschosse auf die Landeplätze zu richten, wies der ObdW zurück. Die sogenannte Vergeltungswaffe sollte das Nervenzentrum des Gegners treffen und »die

Engländer friedenswillig machen«.[85] Das hastig vorgetragene Verlangen nach Einstellung des Kampfes erstickte im Laufe der Unterredung.[86]
Am folgenden Tag überquerte ein Teil der 1. US-Armee (Bradley) die Halbinsel Cotentin. Damit war Cherbourg abgeschnitten. Hitler hatte für diesen Fall den Rückzug ausreichender Kräfte auf die Festung zu deren dauerhafter Verteidigung angeordnet. Aber nur Reste von 3–4 Divisionen erreichten die Stadt. Nach starkem Beschuß durch amerikanische Schlachtschiffe und schweren Bombenangriffen kapitulierten die letzten Verteidiger, etwa 21000 Mann unter General Karl-Wilhelm von Schlieben.[87]
Der Gegner konnte die zerstörten Hafenquais erst Anfang September in Betrieb nehmen. Trotzdem war sein Brückenkopf mit Kräften bis zum Platzen gefüllt. Die deutschen Verteidiger konnten nicht mehr lange standhalten, zumal nur eine von ihren vier Armeen an der Invasionsfront kämpfte. Sie hatte seit Beginn der Schlacht 97000 Mann verloren, darunter Generaloberst Friedrich Dollmann, der Selbstmord verübte, die Generale Erich Marcks, Heinz Hellmich, Wilhelm Falley und Rudolf Stegmann sowie SS-Gruppenführer Fritz Witt.
Am 28. Juni 1944 waren Rundstedt und Rommel zum Vortrag bei Hitler nach Berchtesgaden gefahren, entschlossen, ihm eine politische Lösung nahezulegen. Der ObdW verbat sich dies. Er rang um Zeitgewinn für den Einsatz neuer U-Boote, Raketen und Düsenflugzeuge.[88] Nicht »Rückzug« oder »Verhandlungen«, sondern »Endsieg« lautete die Parole. Drei Tage darauf antwortete der OB West auf eine rhetorische Frage von Keitel, was man denn anders tun könne als die Front zu halten, unverhohlen: »Schluß sollt ihr machen mit diesem Krieg, ihr Idioten!«[89]
Hitler ließ Rundstedt durch Generalfeldmarschall Hans Günther von Kluge ablösen und auch gleich Geyr seines Postens entheben. Rommel wurde noch verschont. Dabei suchte gerade er, seit ihn darauf der Stuttgarter Oberbürgermeister Karl Strölin, General Hans Speidel, Admiral Friedrich Ruge und Stülpnagels Adjutant, Oberleutnant Caesar von Hofacker, angesprochen hatten, nach einem Ausweg: dem Beginn von Waffenstillstandsverhandlungen.[90]
Die von Osten heranrollende Lawine und ein neuer Großangriff bei Caen, der auf Paris zu zielen schien, führte dem Feldmarschall mehr denn je das Ausmaß des drohenden Zusammenbruchs vor Augen. Am Schreibtisch seines Hauptquartiers im Schlosse von La Roche-Guyon entstand eine 10 Schreibmaschinenseiten lange Lagebeurteilung für den ObdW. »Ich habe ihm«, sagte Rommel zu Speidel und Ruge, »die letzte Chance gegeben. Wenn er jetzt keine Konsequenzen zieht, werden wir handeln.«[91]

[1] Liste der Kodenamen b. Harrison, S. 486.

[2] Das meiste Quellenmaterial enthalten Publikationen des amerikan. Department of State unter d. Titel FRUS: Conferences at Washington and Casablanca; Conferences at Washington and Quebec; Conferences at Cairo and Teheran, a. a. O.

Vgl. dazu d. Aufzeichnungen v. Arnold; Butcher; Bedell Smith; Bohlen; Bryant I/II; Butcher; Cadogan; Churchill V/VI; Eden I/II; Eisenhower; Hull I/II, Leahy, Pogue, Sherwood u. Stimson, a. a. O.; ferner die grundlegenden Untersuchungen v. Dallek; Ehrman: Grand Strategy, I/VI; Ellis: Victory, I/II; Howard, V; Gwyer/Butler, II/III; Matloff/Snell; Matloff; Woodward, I/II.

Spezialfragen behandeln d. Studien v. J.-B. Duroselle: Le conflict stratégique Anlgo-Américain de juin 1940 à juin 1944, in: Revue d'histoire 10/1963, S. 161–194; A. Hillgruber: Das Problem der »Zweiten Front« in Europa 1941–1944, in: Dt. Großmacht- u. Weltpol., a. a. O., S. 332–349; F. v. Senger u. Etterlin: Strategische Kontroversen der Alliierten, in: Probleme des Zweiten Weltkrieges, hg. v. A. Hillgruber, a. a. O., S. 277–281.

Zur Operationsplanung s. G. A. Harrison: Cross-Channel-Attack (US Army in World War II) Washington, D. C., 1951, S. 1–127 (zit. Harrison); A. Norman: Operation Overlord, Harrisburg, Pa., 1952, Kap. 5, passim; ders.: Die Invasion, in: Entscheidungsschlachten, a. a. O., S. 399–439 (zit. Norman).

Eine Zusammenfassung enthält d. Bd. v. J. Piekalkiewicz: Invasion, München 1979, S. 4–44 (zit. Piekalkiewicz).

[3] Vgl. letztes Kap.

[4] F. E. Morgan: Ouverture to Overlord, New York 1950 (zit. Morgan).

[5] Harrison, S. 70ff. Morison, IX, S. 3–38.

[6] Morgan, S. 26–32.

[7] Norman: Op. Overlord, S. 177ff.

[8] Für d. Briten s. Ellis: Victory, I, S. 28ff., 63ff., 93ff. u. Roskill, a. a. O., III, s, S. 5ff. Für d. Amerikaner s. Butcher, S. 575f., 578ff., 588ff.; Bedell Smith, S. 56ff.; Harrison, S. 157ff., 173ff., 190ff. u. S. E. Morison: The Invasion of France and Germany, Boston 1957 (zit. Morison, XI) S. 8ff. Weitere Angaben b. L. Mayo: The Ordnance Department. On Beachhead and Battlefield (US Army in World War II), Washington, D. C., 1968 (zit. Mayo); W. F. Ross u. C. F. Romanus: The Quartermasters Corps. Operations in the War Against Germany (ebd.), Washington, D. C., 1965 (zit. Ross/Romanus).

[9] A. D. Stanford: Force Mulberry, New York 1951 (zit. Stanford).

[10] G. Pawle: Englands geheimer Krieg, Frankfurt 1959, S. 219.

[11] Sherwood, a. a. O., S. 632; Eisenhower, a. a. O., S. 265.

[12] Brown, a. a. O., S. 287; Bryant, a. a. O., I, S. 527f.; dazu neuerdings R. Weigley: Eisenhower's Lieutenants. The Campaigns in France Germany, New York 1982 (zit. Weigley) u. J. Reed: Air Chief Marshal Leigh Mallory and D-Day, in: MH 6/1983.

[13] Zu d. Gegensätzen u. Spannungen außer d. Erinnerungen s. D. Belchem: Victory in Normandy, London 1982 (zit. Belchem) jetzt auch D. Irving: The War Between the Generals. Inside the Allied Command London 1982 S. 139ff., 146ff. (zit. Irving: Generals).

[14] Eisenhower, S. 270ff.; Hayes, a. a. O., S. 209. Cunningham war nach Pounds Zusammenbruch in Quebec zum Ersten Seelord ernannt worden.

[15] Brown, S. 288, 390, 402ff.; Hinsley, II, a. a. O., passim; J. C. Masterman: The Double-Cross System in the War of 1939–1945, New Haven, Ct, S. 40ff. (zit. Masterman).

[16] L. Farago: The Game of the Foxes, New York 1971.

[17] R. Bennett: Ultra and some Command Decisions, in: JCH 1/1981, S. 132–152; Brown, S. 437, 440, 525ff.; M. R. D. Foot: SOE in France, London 1966, S. 1–10, 13–20, 44ff., 50–88, 164ff., 178ff.; Hinsley, II, S. 159f.; Lewis, a. a. O., S. 360ff.; Wintbotham, a. a. O., S. 127ff.

[18] Farago: Patton, a. a. O., S. 376, 386, 421f.

[19] Roskill, III, 2, S. 266.

[20] F. W. Deakin: Great Britain and European Restistance, in: Europe Restistance Movements, Proceedings of the 2nd international conference on the history of Resistance Movements, held at Mill 1961, Exford-London-New York-Paris 1964, S. 98–119; Haestrup, a. a. O., S. 178–225; D. Stafford: Britain and European Resistance 1940–1945. A Survey of the Special Operations Executive. With Documents, London 1980, S. 45–125 (zit. Stafford).

[21] Höhne: Canaris, a. a. O., S. 465–529; Schellenberg, a. a. O., S. 331.

[22] Thun-Hohenstein, a. a. O., S. 236–248.
[23] Höhne: Canaris, S. 494–504.
[24] Ders.: Orden, a. a. O., S. 450ff.
[25] Brown, S. 466, 551, 765.
[26] Auf d. mehrfach erörterte Frage, ob Hansen und Roenne der Operation »Bodyguard« bewußt Vorschub geleistet haben, kann hier nicht eingegangen werden. Vgl. dazu d. umfängl. Briefwechsel zw. Roenne, Meyer-Detering u. Staubwasser sowie d. Umfrage v. Pickert: MGFA, Studie Nr. M-112.
[27] Zahlen nach Harrison, Appendix G. u. KTB/OKW, IV, S. 297ff.
[28] Mueller-Hillebrand, III, a. a. O., S. 152.
[29] Calef, a. a. O., S. 244f.; Michel: L'Unificateur, a. a. O., S. 256; Noguerès: Moulin, a. a. O., S. 85.
[30] Perette, a. a. O., S. 234f.
[31] Maquis = Buschwald, das Versteck d. Widerstandskämpfer; dazu ausführl. Noguères, IV, passim.
[32] Vgl. Kap. »NS-Herrschaft« u. Schulz (Hg.): Geheimdienste, a. a. O., S. 19–78; ferner Koch, ebd., S. 79–104 u. Knipping, ebd., S. 105–142; Stafford, S. 126ff.; Foot, S. 460–475.
[33] Aus dt. Sicht: KTB/OKW, IV, S. 261f.; aus frz. Sicht P. Dreyfus: Vercors, citadelle de liberté, Paris 1969; F. Grenier: La fin tragique du maquis du Vercors, in: JF 162/1972, S. 1849ff.
[34] Harrison, S. 206f.
[35] Foot, S. 130–140; Knipping, S. 124f.; ausführl. F. J. Sweets: The Policy of Resistance in France, 1940–1944, DeKalb, Ill., 1976, S. 80–95.
[36] Eisenhower S. 278ff.
[37] Craven/Cate, II, S. 749–756; Harrison, S. 207–226.
[38] Webster/Frankland, III, S. 136ff.
[39] Groehler, S. 417.
[40] Ordre de bataille u. a. b. Middlebrook, a. a. O., S. 237ff.
[41] Groehler, S. 421.
[42] Brown, S. 473–488; Webster/Frankland, III, S. 138ff.
[43] Middlebrook, S. 273f.
[44] Ab März 1944 waren 80% d. gefertigten Flugzeuge moderne Jagdmaschinen; dazu Boelcke: Rüstung, S. 24, 337, 351, 356ff. m 365, 376, 387, 381, 396, 399, 417f., 459, 467f.; auch Jessen, a. a. O., S. 186ff.
[45] Girbig, a. a. O., S. 129ff.; Constantinescu, a. a. O., S. 90ff.
[46] K. Gundelach: Der alliierte Luftkrieg gegen die deutsche Treibstoffversorgung, in: WWR 2/1963; Harrison, S. 215; Middlebrook, S. 255ff.
[47] KTB/OKW, IV, S. 260f.
[48] Brown, S. 391.
[49] Churchill, V, 2, S. 387.
[50] Rommel: Papers, a. a. O., S. 465; entspr. Heiber: Lagebespr. a. a. O., S. 444.
[51] Zur Genesis jetzt ausführl. D. Ose: Entscheidung im Westen. Der Oberbefehlshaber West und die Abwehr der alliierten Invasion (Beitr. z. Militär- u. Kriegsgesch., 22) Stuttgart 1982, S. 21ff. (zit. Ose). Aus angelsächs. Sicht Ellis: Victory, I, S. 115ff.; Harrison, S. 231–268; Norman, S. 418–423.
[52] Einzelheiten b. Salewski, II, a. a. O., S. 134ff.
[53] Speer, S. 363, verzeichnet 13 Millionen cbm Beton u. 1,2 Millionen t Eisen sowie weitere 4,6 Millionen cbm Beton für U-Boot-Bunker.
[54] A. F. Wilt: The Atlantic Wall. Hitlers Defenses in the West, 1941–1944, Ames, Ia, 1975 (zit. Wilt).
[55] Hubatsch: Weisungen, a. a. O., S. 176–182, 233–238; abgedr. auch b. Ose, Anl. 2 u. 4.
[56] F. Ruge: Rommel und die Invasion, Stuttgart 1959, S. 4f. (zit. Ruge: Rommel); ders.: In Vier Marinen, a. a. O., S. 242ff.
[57] Dazu d. Biographien v. Irving, Lewin u. Young, Blumentritt u. Hillgruber, a. a. O., passim.
[58] L. Geyr v. Schweppenburg: Legende oder Kriegsgeschichte? in: Südd. Ztg., 2. 9. 1966; W. M. James: Invasion 1944. The controversy over the German Armour Deployment on D-day, in: An Cosantoir 7/1971, S. 203ff.
[59] Denkschr. d. Gen. G. Blumentritt v. 10. 1. 1944, abgedr. b. Osen, Anl. 6. Zur Panzerkontroverse auch Guderian, a. a. O., S. 297ff.
[60] Umbreit, a. a. O., S. 103.
[61] W. Weber: Die innere Sicherheit im besetzten Belgien und Nordfrankreich. Ein Beitrag zur Besatzungsverwaltung, Düsseldorf 1978; über HSSPF s. Buchheim on: Anatomie, I, a. a. O., S. 117ff.
[62] Vgl. Heusinger, a. a. O., S. 301; Irving: Rommel, S. 451f., 465, 514; Ruge: Rommel, S. 188; Speidel,

a. a. O., S. 169 ff.; ders.: Invasion 1944, Tübingen ^{2}1974, S. 81–93 (zit. Speidel: Invasion); K. Strölin: Verräter oder Patrioten? Stuttgart 1952, S. 26 ff.; Zeller, a. a. O., S. 351–355.

[63] Ose, S. 72 f.

[64] Mueller-Hillebrand, III, S. 174.

[65] Groehler, S. 422.

[66] R. Mennel: Militärgeographische Betrachtungen über die Kampfführung in der Normandie, in: Wehrforschung 15/1972.

[67] Ruge: Rommel, S. 267.

[68] Jacobsen: Marcks, a. a. O., S. 159 f.

[69] Vgl. d. Memoiren v. Butcher, S. 594 ff.; Bedell Smith, S. 58; Eisenhower, S. 298 f. u. M. Stagg: Forecast for Overlord, New York 1972, dazu L. Paine: D-Day, London 1981; B. B. Shoefield: Operation Neptune, Shepperton 1974; W. Tute (u. a.): Jour J, Paris 1974.

[70] Vgl. dagegen d. Erinnerungen v. O. Reile: Geheime Westfront, München 1962, S. 433 f.; dazu G. Hasswell: The Intelligence and Deception of D-Day Landing, London 1980.

[71] Ose, S. 84.

[72] Jacobsen: Marcks, S. 160–164; F. Hayn: Die Invasion. Von Cotentin bis Falaise, Heidelberg 1954, S. 13 f. (zit. Heyn). Beide i. Unterschied zu Ellis: Victory, S. 149 ff.

[73] N. Crookenden: Drop Zone Normandym London 1981.

[74] Ausführl. C. Ryan: Der längste Tag. Normandie, 6. Juni 1944, Gütersloh 1952. Weitere Einzelheiten aus angelsächs. Sicht b. Ellis: Victory, I, S. 131 ff., 144 ff., 169 ff.; Harrison, S. 221 ff.; G. Johnson u. CH. Bumphie: Brightly Shone the Dawn. Some Experiences of the Invasion of Normandy, London 1981, S. 169–365; Morison, XI, S. 35–120; Norman, S. 437 ff.; Wilmot, a. a. O., S. 129–148, 240–258. Aus dt. Sicht P. Carell: Sie kommen! Hamburg 1961, S. 9–106 (zit. Carell: Sie kommen); R. Friedrich: Die Invasion, Heidelberg 1954; Heyn, S. 14–38; Ruge: Rommel, S. 166 ff.; Speidel: Invasion, S. 95 ff.

[75] Ose, S. 112; Speidel: Invasion, S. 96 ff.

[76] Zahlen n. Hillgruber/Hümmelchen: Chronik, S. 116.

[77] Ebd. (i. Klammern d. Angaben v. Ose, S. 109, 119 ff.)

[78] Morison, XI, S. 93–170; Roskill, III, 2, S. 41–74; Rohwer: U-Boote, a. a. O., S. 76; Rohwer/Hümmelchen: Chronik, S. 453 f. Zum Folgenden Salewski, II, S. 401–431.

[79] Butcher, S. 599–608; Norman, S. 440 f.; Wilt, S. 140 ff.

[80] W. Gaul: Die deutsche Luftwaffe während der Invasion, in: WWR 3/1953; K. Gundelach: Drohende Gefahr West. Die deutsche Luftwaffe vor und während der Invasion, in: WWR 9/1959.

[81] Carell: Sie kommen, S. 151; Ellis: Victory, S. 150 ff., 201 ff.; Roskill, III, 2, S. 75 f.

[82] Abetz, a. a. O., S. 282 f.

[83] KTB/OKW, IV, S. 310; dazu Azéma, a. a. O., S. 332 f.; H. Delarue: Traffics et Crimes sous l'Occupation, Paris 1968; Foot, S. 399; G. Guicheteau: Le »Das Reich« at la coeur de la France, Paris 1974. Von dt. Seite jetzt H. Taege: Wo ist Kain? Enthüllungen und Dokumente zum Komplex Tulle-Oradour, Lindhorst 1981, S. 267 ff, 290 ff.

[84] Irving: Hitler, S. 592.

[85] Speidel: Invasion, S. 112 ff., 117.

[86] Ellis: Victory, I, S. 268 f.

[87] Butcher, S. 625–633; Ellis: Victory, I, S. 288 ff.; Harrison, S. 286–437; Morison, XI, S. 212 ff.; Norman, S. 425 ff.; Ose, S. 129–146.

[88] Irving: Rommel, S. 535 ff.; Young, S. 238 f.

[89] Zit. nach Ose, S. 157; eine etwas abweichende Fassung v. Blumentritt b. Irving: Hitler, S. 846, Anm. 38.

[90] Einzelheiten b. Irving: Rommel, S. 516, 529, 543, 548 f.; Speidel: Invasion, S. 133.

[91] Speidel, S. 187; ders.: Invasion, S. 137 (an beiden Stellen d. Abdruck des Textes); voller Wortlt: KTB/OKW, IV, S. 1572 f.

Zusammenbruch der Heeresgruppe Mitte 1944

Die Gesamtlage ermöglichte den Sowjets großen Raumgewinn. Seit dem Anlaufen der alliierten Invasion im Westen zählte das deutsche Ostheer noch 2,3 Millionen Soldaten (156 2/3 Divisionen)[1], die Rote Armee dagegen 6,4 Millionen Mann (294 Divisionen).[2] Außerdem verfügte die Stawka über 88900 Geschütze, 9500 Panzer und 14787 Flugzeuge[3], während das Volumen der den Wehrmachtverbänden belassenen Schwerpunkttechnik unter 2300 Kampfwagen[4] und 2500 Flugzeuge abgesunken war.[5]

Die Zielrichtung des Vorgehens war markiert. Sir William Strang hatte vorgeschlagen, daß die Europäische Beratende Kommission[6] bei der Aufteilung Deutschlands den Sowjets eine besonders große (allerdings für westalliierte Organe zugängliche) Besatzungszone einräumen möge.[7] Molotow schloß mit dem Geschäftsträger des Beneš-Regimes ein Abkommen über die Befreiung der Tschechoslowakei durch russische Truppen.[8] Prosowjetische Politiker bereiteten ihre Machtergreifung in Polen vor.[9]

Finnland und Rumänien lehnten zwar die russischen Waffenstillstandsbedingungen ab, doch standen beide Staaten unter starkem Druck. Helsinki lief Gefahr, das Wohlwollen der USA einzubüßen, wenn der finnische Reichstag seine Zustimmung noch lange verweigerte.[10] Bukarest sah sich durch sowjetische Stoßverbände aus dem Pruth-Brückenkopf bedroht. Rumänische Politiker, die hinter dem Rücken des Marschalls Antonescu weiter verhandelten, mußten später zur Kenntnis nehmen, daß Churchill ihr Land wie auch Bulgarien den Sowjets als »Operationszone« überlassen hatte, um Jugoslawien und Griechenland für Großbritannien zu sichern.[11]

Roosevelt erteilte sein Placet erst nach wochenlangem Zögern am 12. Juni 1944 unter der Bedingung, daß die Übereinkunft nur drei Monate gelte.[12] Wenn der Kreml diese Frist nutzen wollte, mußte er sich beeilen und im Sinne des Gleichschrittes der zweiseitigen Angriffshandlungen so schnell wie möglich die seit April vorbereitete Sommeroffensive einleiten. Sie hatte, versicherte Stalin dem Präsidenten, schon früher beginnen sollen, werde nun aber in wenigen Tagen ausgelöst.[13]

Die Entschlüsse der Sowjets waren nicht einfach.[14] Ihre Armeen konnten Finnland und Rumänien nicht einfach überrennen, ohne vorher das deutsche Ostheer zu besiegen. Russische Großverbände mußten daher gestaffelt auf der ganzen Frontlinie vom Onegasee bis zur Schwarzmeerküste angreifen. Über die Reihenfolge dieser »Stalinschen Schläge« (Stalinskije Udare) hatte der Oberste Befehlshaber mit Shukow, Wassilewskij und Antonow erst am 20. Mai 1944 entschieden.[15]

Goworow und Merezkow standen jetzt in Karelien. Am 9. Juni 1944 durchbrachen ihre Truppen das finnische Stellungssystem zwischen der Kronstädter Bucht und dem Ladogasee.[16] Ein Panzerkeil erreichte Viipuri (Wiborg). Die Baltische Rotbannerflotte (Tribuz) beschoß Koivisto. Damit sollten die Deutschen veranlaßt werden, Verbände ihres Ostheeres nach Finnland zu werfen. Tatsächlich bat General Heinrichs, der Stabschef Mannerheims, um die Entsendung von 6 Divisionen.[17]

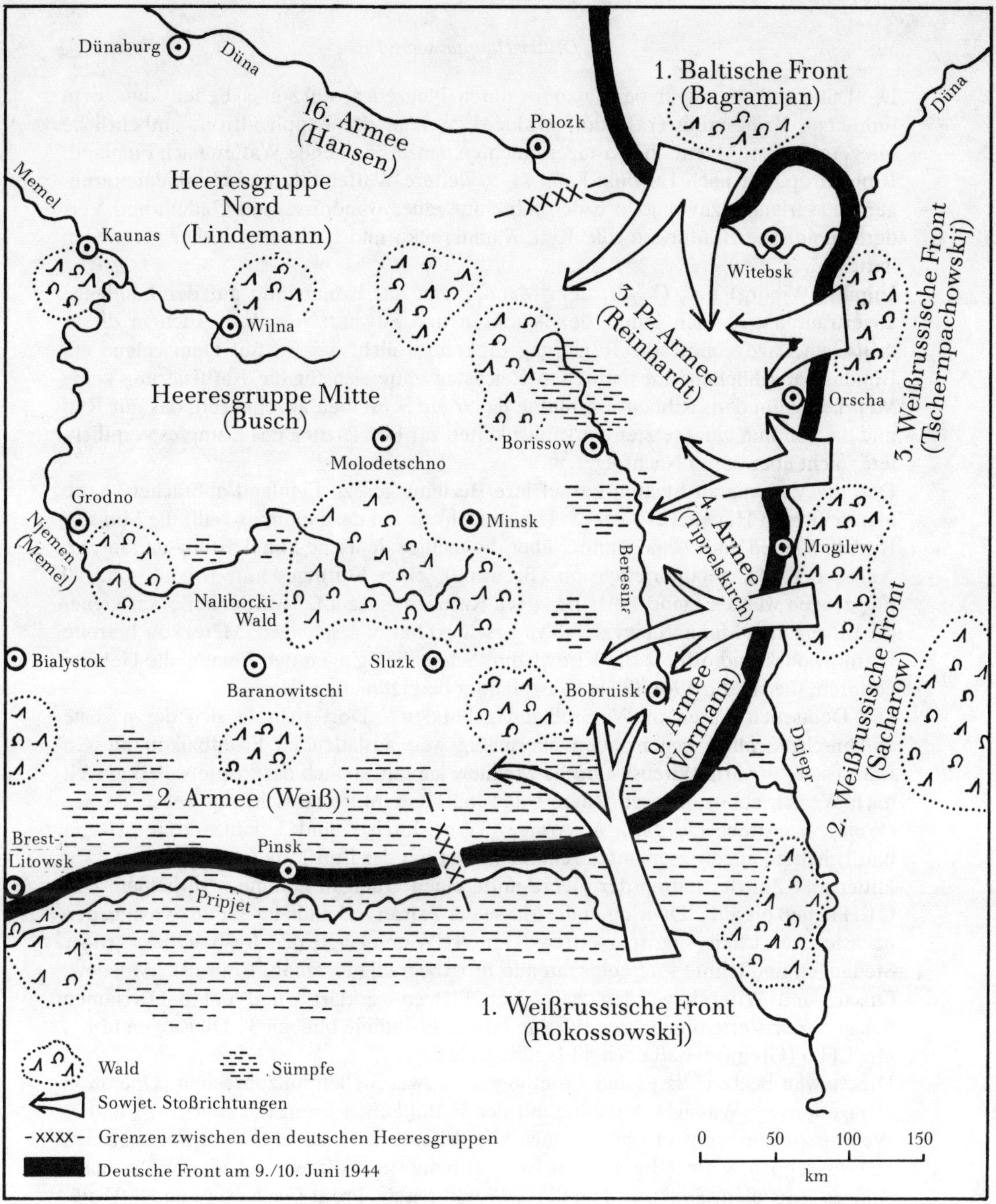

Zerschlagung der Heeresgruppe Mitte 1944

Dietl überließ, bevor er bei Salzburg durch Flugzeugabsturz ums Leben kam, dem finnischen Kriegsminister Rudolf Waldén, zwei an der Lapplandfront entbehrliche Fliegergruppen.[18] Deutsche Kreuzer brachten panzerbrechende Waffen nach Finnland. Ribbentrop, der nach Helsinki kam, sagte weitere Waffenhilfe und Getreidelieferungen zu, verlangte zuvor jedoch den Abschluß eines Bündnisses auf Gedeih und Verderb, politische Bindungen, die Ryti, Mannerheim und Linkomies bisher vermieden hatten.[19]

Viipuri (Wiborg) fiel. Oesch, dem Mannerheim das Kommando auf der Landenge anvertraut hatte, wich hinter den Vuoksen und Suvanto zurück.[20] Auch in dieser kritischen Lage konnte die Regierung Linkomies nicht wagen, mit Deutschland ein Bündnis zu schließen. Im finnischen Reichstag hätte sich für die Ratifizierung keine Mehrheit gefunden. Ribbentrop mußte daher ein Schreiben akzeptieren, das nur Ryti und die von ihm eingesetzten Persönlichkeiten zur Fortsetzung des Kampfes verpflichtete, nicht aber deren Nachfolger.[21]

Daß die Vereinigten Staaten darauf ihre Beziehungen zu Finnland abbrachen, hatte man schweren Herzens erwartet.[22] Um so mehr waren der Feldmarschall, die Minister Rudolf Waldén und Vöinö Tanner über die mäßige deutsche Hilfeleistung enttäuscht. Außer der 122. Infanteriedivision (Breusing), einer Sturmgeschütz-Brigade und 70 Flugzeugen wurden keine Verbände nach Karelien entsandt.[23] Mittlerweile war General Talvela, den Mannerheim zum Swir geschickt hatte, geschlagen. Merezkow befreite Petrosawodsk und öffnete die Kirowbahn. Schließlich gingen den Finnen alle Gebiete verloren, die sie seit 1941/42 als Faustpfänder besetzt hielten.[24]

Die Deutschen waren in Weißrußland gebunden.[25] Dort richtete sich der nächste »Stalinsche Schlag« gegen einen übermäßig weit ausladenden Frontbalkon, dessen Balustrade ostwärts Witebsk-Orscha-Mogilew lag und südlich der Pripjets 400 km weit nach Westen abbog. Diesen Raum sollte die HGr. Mitte (Busch) mit der 2. Armee (Weiß), 9. Armee (Jordan), 4. Armee (Tippelskirch)[26] und 3. Panzerarmee (Reinhardt) halten, angewiesen auf Zusammenarbeit mit der Luftflotte 6 (Greim).[27]

Hitler und Zeitzler hatten der Heeresmitte einen »ruhigen Sommer« verheißen. Das OKH beließ bis auf 2 Divisionen die Masse der Panzerverbände im Süden, wo man den nächsten russischen Angriff erwartete. Der ObdW untersagte den Ausbau rückwärtiger Stellungen und lehnte kräfteeinsparende Frontbegradigungen ab. Bobruisk, Mogilew, Orscha und Witebsk wurden zu »festen Plätzen« erklärt[28] und mit 6 Divisionen belegt.[29] Zur Verteidigung der 1000 km langen Frontlinie blieben 34 Divisionen übrig. Die LFl.6 (Greim) besaß noch 40 Jagdflugzeuge.[30]

Die Stawka beabsichtigte, den Frontbogen an zwei Stellen aufzubrechen (Operation »Bragation«).[31] Wassilewskij sollte mit der 1. Baltischen Front (Bagramjan)[32] und 3. Weißrussischen Front (Tschernjachowskij) Witebsk nehmen, die Naht zwischen den Heeresgruppen Mitte (Busch) und Nord (Lindemann) öffnen und über Wilna nach Kaunas vorstoßen. Shukow, dem die 2. Weißrussische Front (Sacharow) und 3. Weißrussische Front (Rokossowskij)[33], unterstanden, hatte Befehl, eine Zangenbewegung gegen Minsk auszuführen. Sein Fernziel war Bialystok.[34]

Von den vier sowjetischen Heeresgruppen, ihren 18 Armeen, 3 besonderen Korps und 166 Divisionen[35] war jede stärker als der entsprechende deutsche Verband. Eine Schützendivision der Roten Armee zählte jetzt 10670 Mann, die deutsche Infanteriedivision weniger als 10000, oft nur 2000 Soldaten.[36] Insgesamt hatte die Stawka für den

Großangriff 2,2 Millionen Kämpfer[37], 31700 Geschütze und 5200 Panzer[38] aufgeboten. Hinzu kamen 4 Luftarmeen und 16 Fernfliegerdivisionen mit fast 7000 Flugzeugen.[39]

Auch 370000 Partisanen wurden in die Operation »Bragation« einbezogen.[40] Der Zentralstab des Generals Ponomarenko hatte ihren Schwerpunkteinsatz vorbereitet.[41] Am 19./20. Juni 1944 sprengten Sonderkommandos hinter den deutschen Linien an 10500 Stellen die Eisenbahnstrecken westlich von Minsk. Wenn diese schlagartig ausgelöste Aktion auch keine nachhaltige Zerstörung bewirkte, so wurde der Transportverkehr doch für mindestens 24 Stunden lahmgelegt.[42]

Bei der 3. Panzerarmee (Reinhardt) griffen die Russen seit dem 17. Juni jeden Morgen nach 20-minütigem Beschuß mit Nebel- und Phosphor-Granaten an, um beiderseits von Witebsk günstige Ausgangspositionen zu gewinnen.[43] Am 22./23. Juni 1944 entwickelte sich aus dem örtlichen Geschehen der Großkampf.[44] Nowikow setzte überraschend starke Schlachtfliegerverbände (Sturmowiki) ein. Sie zerschlugen die deutschen Batteriestellungen, den Rückhalt des infanteristisch ausgedünnten Abwehrsystems.[45]

Witebsk wurde doppelseitig umfaßt und eingeschlossen, ebenso Bobruisk. Panzerverbände und Kavalleriedivisionen strömten ins Hinterland der Verteidiger.[46]Zeitzler flog ins Hauptquartier der Heeresgruppe, um sich Überblick zu verschaffen. Doch der anschließende Vortrag des Generalstabschefs bei Hitler, bewog diesen nicht zu neuen, der Lage angemessenen Entschlüssen.[47] Als darauf Busch die lange Reise nach Berchtesgaden unternahm, wurde er seines Postens enthoben und durch Model ersetzt.[48]

Der Feldmarschall blieb vorerst auch noch Oberbefehlshaber der Heeresgruppe Nordukraine.[49] Diese Regelung ermöglichte ihm das Heranziehen von Panzerkräften aus Galizien.[50] Doch ehe sie eintrafen und die Luftflotte 6 (Greim) Verstärkungen erhielt, war aus der Krise eine Katastrophe geworden. Der Angreifer hatte das Gros der 3. Panzerarmee (Reinhardt) und 9. Armee (Jordan) eingekesselt, Mogilew und Orscha erobert und die 4. Armee (Tippelskirch) zurückgeworfen.[51]

Deutsche Truppen, die sich der Einschließung von Witebsk entzogen, wurden bei Ostrowo erneut abgeschnitten und nach dem nochmaligen Ausbruch größtenteils aufgerieben.[52] Aus Bobruisk entkamen etwa 25000 Soldaten; rund 70000 mußten sich ergeben.[53] Die 4. Armee war schon beim Beresinaübergang der Vernichtung nahe und konnte westlich des Flusses als »wandernder Kessel« mangels eigenen Jagdschutzes nur kurze Zeit auf dem Luftweg versorgt werden.[54]

Mittlerweile hatte Generaloberst Iwan D. Tschernjachowskij einen starken Panzerkeil weiter nördlich über die Beresina vorgetrieben.[55] Einer von seinen Verbänden, die 5. Gardepanzerarmee (Rotmistrow), eroberte am 3. Juli 1944 Minsk, während andere Truppen der Roten Armee aus südöstlicher Richtung den Stadtrand erreichten.[56] Viele Verwundete konnten noch evakuiert werden. Aber den letzten Divisionen der 4. Armee (Tippelskirch) war endgültig der Rückweg verlegt. Ausbrechende Gruppen gingen zugrunde. Der Rest von 17000 Mann stellte auf Befehl des Generals Vincenz Müller den Widerstand ein.[57]

Stalin hatte die versprengten deutschen Soldaten zu »Freiwild« erklärt.[58] Sie wurden gejagt wie Tiere. Doch der Anblick niedergewalzter Ziviltrecks, verstümmelter Hiwis und ermordeter Kameraden, die nach ihrer Verwundung oder Gefangennahme durch

Schüsse und Bajonettstiche von Rotarmisten getötet waren[59], weckten in vielen Fliehenden die letzten Energien. Einzelne Russen, zahlreiche litauische Bauern und auch Polen halfen den Versprengten.[60] So erreichten mit der Zeit noch Zehntausende die eigenen Linien.

Mit diesen »Rückkämpfern«[61], schnell zusammengerafften Alarmeinheiten und seinen drei Panzerdivisionen konnte Model keine neue Front aufbauen.[62] Die 3. Panzerarmee (Reinhardt) war bis auf geringe Reste zerschlagen, die 4. Armee (Tippelskirch) untergegangen, die 9. Armee (Vormann) auseinandergefallen Verbände der 2. Armee (Weiß) räumten Sluzk, Baranowitschi und Pinsk. Sie gruben sich am oberen Njemen ein, mußten aber auch dort unter dem starken Druck der 3. Gardepanzerarmee (Rybalko) weichen.[63]

Im Zentrum hatte sich der sowjetische Vormarsch etwas verlangsamt, weil er im Nalibocki-Wald kanalisiert wurde.[64] Doch am 7. Juli 1944 war Wilna eingeschlossen.[65] Cholm und Brest-Litowsk[66], Grodno und Kaunas, Polozk und Dünaburg standen vor dem Fall.[67] Model stellte fest, daß er auch nach Zuführung der versprochenen Eingreifreserven nur 16 Divisionen haben würde.[68] Mit ihnen konnte der auf 400 km Breite erweiterte Dammbruch nicht abgedichtet werden.[69]

Der sowjetische Rundfunk meldete die Gefangennahme von 159280 deutschen Soldaten, darunter 22 Generalen[70]; 57600 von ihnen wurden im Triumph durch Moskau geführt[71], nachdem, wie üblich, am Abend zuvor Salut geschossen worden war. Das OKH mußte 28 Divisionen abschreiben. Die Personalausfälle schätzte seine Organisationsabteilung auf rund 350000 Mann. Der Aderlaß von Stalingrad war um das Doppelte übertroffen. Die Heeresgruppe Mitte (Model) hatte als operativer Verband aufgehört zu bestehen.[72]

Der sowjetische Sieg übertraf alle Erwartungen. Darüber waren sich Shukow und Wassilewskij einig, die Stalin am 9. Juli 1944 zum Essen in seine Blishnjaja Datscha bei Moskau rief.[73] Man wechselte bald das Thema und erörterte die politischen Auswirkungen des Erfolges. Die Polenfrage war akut, auch der mutmaßliche Kurs des geschlagenen Reiches. Molotow, der hinzukam, prophezeite den Anwesenden, daß die Deutschen nun versuchen würden, mit den Anglo-Amerikanern einen Separatfrieden zu schließen.[74]

[1] Mueller-Hillebrand, III, a. a. O., S. 148f., 152.
[2] Shukow, II, a. a. O., S. 241.
[3] Kurzer Abriß, a. a. O., S. 230.
[4] Nach d. Panzertabelle v. Mueller-Hillebrand, III, S. 153, abzügl. d. im Westen u. Süden eingesetzten Kampfwagen.
[5] Groehler, a. a. O., S. 430.
[6] Vgl. Kap.
[7] Mastny, a. a. O., S. 85–97; W. Vogel: Die Ursprünge der Teilung Deutschlands in der Kriegszielpolitik der Alliierten, in: GWU 4/1967, S. 196ff.; Hillgruber: Sowjet. Außenpol., a. a. O., S. 97.
[8] Ebd., S. 101.
[9] Ciechanowski, a. a. O., S. 120ff.
[10] Jutikkala/Pirinen, a. a. O., S. 389f. Polvinen, a. a. O., S 189f.
[11] Churchill, V, 2, S. 61ff.; St. G. Xydis: The Secret Anglo-Soviet Agreement on the Balkans, in: JCEA 15/1955–56, S. 248–271; H. Hecker: Die Aufteilung des Balkans zwischen Großbritannien und der

Sowjetunion im Jahre 1944, in: Osteuropa 4/1955, S. 251–253; Woodward, III, a. a. O., S. 115–122, dort auch d. hier nicht berücksichtigten Zusammenhänge mit der Italien- und Mittelmeerproblematik.

[12] FRUS: 1944, V, S. 117ff., 124ff.; Hull, II, a. a. O., S. 1458ff.; weitere Quellenangaben b. Dallek, S. 608, Anm. 14.

[13] Stalin's Correspondence, 1941–1945, II, a. a. O., S. 145.

[14] Probleme d. Vorbereitung b. Antipenko, a. a. O., S. 155ff.

[15] Shukow, II, S. 235, 242.

[16] Erfurth, a. a. O., S. 216ff.; Gretschko, IX, a. a. O., S. 35ff.; Ludin, a. a. O., S. 220f. Von sowj. Seite Merezkow, a. a. O., S. 357ff.; Simonow, II, a. a. O., S. 385ff.

[17] Blücher, a. a. O., S. 300ff.; Erfurth, S. 220.

[18] Erfurth, S. 218; Rendulic, a. a. O., S. 234.

[19] Blücher, S. 304; Mannerheim, a. a. O., S. 334.

[20] K. L. Oesch: Kohtalon ratkaisu Kannaksella v 1944, Helsinki 1956.

[21] Suomen Sota, VII, a. a. O., S. 325ff.; Heinrichs: Mannerheim, II, S. 340ff.; dazu E. Klink: Die deutsch-finnische Zusammenarbeit, in: Operationsgebiet östliche Ostsee und der finnisch-baltische Raum 1944 (Beiträge zur Militär- u. Kriegsgesch., 2), S. 15–68 (zit. Klink: Dt.-finn. Zusammenarbeit). Wortlt. des Briefes v. Ryti an Hitler v. 26. 6. 1944, ebd., Anl. 3, S. 65f.

[22] Blücher, S. 270ff.; Erfurth, 216ff.; Mannerheim, S. 85ff.; Procopé, 190ff.; V. Tanner: Vägen till Fred 1943–1944, Helsinki 1952, S. 85–190 (zit. Tanner).

[23] Klink: Dt.-finn. Zusammenarbeit, S. 43–50.

[24] Gretschko, IX, 40–50 u. Merezkow, S. 318–325; Ludin, a. a. O., S. 222; Tanner, 195f.

[25] Gosztony: Rote Armee, a. a. O., S. 253ff.; Gretschko, IX, S. 51ff.; Platonow, II, a. a. O., S. 72ff.; Shilin, a. a. O., S. 423.; Telpuchowskijm a. a. O., S. 367; Werth, a. a. O., S. 858ff.

[26] Als Vertreter des Generalobersten G. Heinrici.

[27] H. Gackenholz: Der Zusammenbruch der Heeresgruppe Mitte 1944, in: Entscheidungsschlachten, a. a. O., S. 445–478 (zit. Gackenholz); dazu Heidkämper, a. a. O., S. 124ff.; Röhricht, a. a. O., S. 106ff.; Tippelskirch, a. a. O., S. 460ff. Über die Luftflotte 6 Groehler, S. 432.

[28] Ausführl. R. Hinze: Der Zusammenbruch der Heeresgruppe Mitte im Osten 1944, Stuttgart 1980, S. 18ff. (zit. Hinze).

[29] Vgl. Dokumente zum Zusammenbruch der Heeresgruppe Mitte 1944, hg. v. H. Gackenholz, in: VZ 3/1955, S. 317ff.

[30] Die Jägerzahl b. Philippi/Heim, a. a. O., S. 247.

[31] Benannt nach P. Bragation, einem General im Krieg v. 1812.

[32] Bagramjan, a. a. O., S. 217ff.

[33] Rokossowskij, a. a. O., S. 239ff.

[34] Shukow, II, S. 243f.

[35] Hinze, S. 32, 34; abweichend Bauer, II, a. a. O., S. 525.

[36] Kurzer Abriß, a. a. O., S. 220; Seaton, a. a. O., S. 432.

[37] Sokolowskij, a. a. O., S. 215, verzeichnet 2,09 Millionen Mann.

[38] Übereinstimmend i. allen Darstellungen.

[39] Groehler, S. 435.

[40] In älterer Darstellung ist unter Bezugn. auf Shilin, S. 413 ist von 240000 Partisanen die Rede. Heute wird allg. d. höhere Ziffer genannt; Vgl. Armstrong, a. a. O., S. 163f.; Shukow, II, S. 240.

[41] Ponomarenko, a. a. O., S. 217ff.

[42] Teske, a. a. O., S. 218.

[43] Heidkämper, S. 124ff.; Röhricht, S. 108ff.

[44] Die sowjet. Historiker bezeichnen den 23. Juni 1944 als Angriffstermin.

[45] Gackenholz, S. 457; zum Folgenden zahlr. Einzelheiten b. Carell: Verbrannte Erde, a. a. O., S. 426–456.

[46] Gretschko, IX, S. 62; Wassilewskij, a. a. O., S. 420f.

[47] Gackenholz, S. 464, 467; Guderian, a. a. O., S. 336.

[48] Seaton, S. 440.

[49] Görlitz: Model, S. 163f.

[50] Bauer, II, S. 531.

[51] Hinze, S. 51f., 88ff., 145f.; Philippi/Heim, S. 248f.; Tippelskirch, S. 463f.

[52] Heidkämper, S. 144–195; Hinze, S. 58ff.

[53] Ebd., S. 210ff.
[54] Ebd., S. 233ff.
[55] Gretschko, IX, S. 64ff.; G. I. Peneschko: Sapiski Sowjetskogo Ofizera, Moskau 1949, S. 147ff.
[56] P. A. Rotmistrow: Az ido és harckocsik, Budapest 1975, S. 177f.
[57] Gackenholz, S. 467; Bauer, II, S. 534; Seaton, S. 443.
[58] Hinze, S. 264.
[59] Augenzeugenberichte ebd., S. 204, 209, 210, 232, 234, 261.
[60] Ebd., S. 258ff.
[61] Amtl. Bezeichnung.
[62] Görlitz: Model, S. 166ff.
[63] Zur Beteiligung ung. Truppen. Adonyi-Narady, a. a. O., S. 127f.
[64] Tippelskirch, S. 467.
[65] Platonow, II, S. 76; aus lit. Sicht Paleckis, a. a. O., S. 345ff. u. Suduvis, a. a. O., S. 27.
[66] Rokossowskij, S. 241f.
[67] I. C. Bagramjan: Die Schaulen-Mitauoffensive der 1. Baltischen Front, in: WWR 1963, S. 586–605 (zit. Bagramjan: Schaulen Mitau); H. Frießner: Verratene Schlachten, Hamburg 1956, S. 16–35.
[68] Görlitz: Model, S. 172ff.
[69] Philippi/Heim, S. 250f.
[70] Röhricht, S. 114f.; Philippi/Heim, S. 249.
[71] Schätzung des Augenzeugen Gr. Déborine: C'était il y a trente ans, Moskau 1975, S. 213.
[72] Einleitg. z. KTB/OKW, IV, S. 13f.; Gackenholz, S. 474.
[73] Über die Datscha s. Shtemenko II, a. a. O., S. 89.
[74] Shukow, II, S. 258.

Der 20. Juli 1944

Der schwere, aussichtslose Abwehrkampf setzte die deutsche Widerstandsbewegung unter Zeitdruck. Wollte sie Hitlers Gewaltherrschaft brechen und das Reich vor dem Untergang bewahren, so mußte die befreiende Tat bald gelingen. Zwei Jahre lang hatte die Opposition mit großer Übereinstimmung zwischen Führung, Volk und Wehrmacht rechnen müssen und sich daher lediglich im Stillen geregt.[1] Seit 1941/42 nahm die Aktivität der Regimegegner wieder zu.[2] Allerdings trennten sie vielfach auseinandergehende Zielsetzungen und Verfahrensmethoden.

Das Reichssicherheitshauptamt (Kaltenbrunner) rechnete mit fünf verschiedenen Gruppierungen: den christlichen Kirchen, sogenannten Kreisen, einer »Schwarzen« und »Roten Kapelle« sowie Verbindungen zwischen aufsässigen Militärs.[3] Oft trafen Gesinnungsfreunde zusammen, die auch anderweitig engagiert waren. Es gab Überschneidungen. Ein organisatorischer Zusammenhang, den Jean Moulin für die Résistance in Frankreich vorübergehend hergestellt hatte, fehlte.[4] Auch wurde die deutsche Widerstandsbewegung nicht von den Westmächten unterstützt.[5]

Die christlichen Glaubensgemeinschaften waren keine umfassende Volksbewegung. Martin Niemöller, der dem Bruderrat seiner Kirche starke Impulse gegeben hatte, saß im KZ.[6] Theophil Wurm protestierte gegen Euthanasie und Judenverfolgung ebenso wie Katholiken, an ihrer Spitze Bischof Clemens August Graf von Galen und die Kardinäle Michael Faulhaber und Adolf Bertram.[7] Mehr konnte nicht geschehen, solange auch der Vatikan aus verschiedenen Gründen Zurückhaltung übte.[8]

Das gleiche galt für die kleinen Zirkel. Außer einem Freiburger Kreis von Universitätsprofessoren[9] und der Berliner Mittwochsgesellschaft[10], die ursprünglich keine politischen Ziele hatte, nun aber Beck, Hassell und Popitz einbezog[11], waren bereits alle zerschlagen: die »Weiße Rose«[12], der Solf-Kreis[13], eine Gruppe ehemaliger Gewerkschaftler und die Ableger des Kreisauer Kreises in Schlesien, Bayern und der Reichshauptstadt. Einige Tagungsteilnehmer starben auf dem Schafott, andere sahen noch ihrer Aburteilung entgegen.

Auch die »Schwarze Kapelle« existierte nicht mehr.[14] Der SD hatte ihre Verbindungen mit anglo-amerikanischen Repräsentanten im Vatikan unterbunden.[15] Dohnanyi, Bonhoeffer und Müller waren festgenommen. Seit dem Vorjahr vertrat der frühere Staatssekretär Ernst von Weizsäcker das Reich beim Heiligen Stuhl, gewillt, mit Hilfe klerikaler Mittler und westlicher Missionen auf einen Vernunftfrieden hinzuwirken. Konspirative Machenschaften lagen dem Botschafter jedoch fern.

Die »Rote Kapelle« – eine Schöpfung des Sowjetfunktionärs Aleksandr M. Erdberg, der ihr Geld und Funkgerät ausgehändigt und Residenturen wie Kontaktstellen in Amsterdam, Brüssel und Paris, Genf und Lausanne, Lyon und Marseille miteinander verbunden hatte – war zugleich Konspiracija und Spionageorganisation.[16] Oberleutnant Harro Schulze-Boysen, Oberregierungsrat Arvid Harnack und Adam Kuckhoff samt ihren

Ehefrauen und Freunden beschafften der Raswedupr aus dem OKW, OKL und verschiedenen Ministerien aufschlußreiche Informationen.[17]

Die »Rote Kapelle« war der Gestapo 1942 zufällig ins Netz gegangen. Agentenjäger hatten außer den unangreifbaren Schweizer Sendern der Sowjets alle Residenturen ausgehoben, auch die Berliner Gruppe.[18] Insgesamt wurden 117 Deutsche durch eigene Geständnisse und die Aussagen »umgedrehter« Offiziere der Roten Armee belastet. Der 2. und 3. Senat des Reichskriegsgerichtes verurteilte 35 Angeklagte wegen Feindbegünstigung, Hoch- und Landesverrat zum Tode. Die Männer starben am Galgen, die Frauen unter dem Fallbeil.[19]

Bei seiner Analyse des Widerstandes erwähnte Kaltenbrunner kaum die SS.[20] Im Schwarzen Korps gab es neuerdings kritische Elemente, darunter nicht wenige, die aus Furcht vor der drohenden Aburteilung begangener Massenmorde das rettende Ufer zu erreichen wünschten. Vielleicht hegte sogar Himmler solche Hintergedanken, wenn er nicht ohne einen Anflug des Selbstmitleids an seine Mitverantwortung dachte.[21] Nur so konnte sich Schellenberg weiter vorwagen.

Er unterhielt enge Beziehungen zu Mitgliedern der Gruppe Beck-Goerdeler, insbesondere Carl Langbehn und Johannes Popitz. Letzterer hoffte, Himmler als Werkzeug des Widerstandes gegen Hitler zu gewinnen.[22] Heikel, aber nicht ungewöhnlich waren Kontakte, die der SD-Chef auch mit anglo-amerikanischen Stellen in der Schweiz und Schweden, Spanien und Portugal unterhielt. Nach Gesprächen mit den OSS-Agenten Allen W. Dulles und Abraham S. Hewitt – zwei Sonderbeauftragten ihres Präsidenten – öffneten sich die Tore für Tastversuche der SS.

Himmler suchte wiederholt das Gespräch mit dem Gegner.[24] Eine Reise nach Stockholm, die Schellenberg mit Hewitt verabredet hatte, zeugt für dieses kühne Unterfangen.[25] Freilich wagte der Reichsführer-SS niemals, Hitler persönlich entgegenzutreten, von dessen Politik andere SS-Leute – Jounalisten, Polizeichefs und Offiziere wie Gunter D'Alquen[26] und Melitta Wiedemann[27], Friedrich Jeckeln[28] und Otto Wächter[29], Curt von Gottberg[30] und Alfred Frauenfeld[31], Paul Hausser[32] und Felix Steiner[33], Wolf-Heinrich von Helldorf und Arthur Nebe[34] – abgerückt waren.

Noch tiefer spaltete die Wehrmacht der Gedanke an Hoch- und Landesverrat. Die Eidfrage und das Problem des Tyrannenmordes[35] ließen Fromm schwanken, stürzten Kluge in einen Gewissenskonflikt, trugen zur Unschlüssigkeit von Küchler bei. Andere Militärs – General Rudolf-Christoph von Gersdorff[36], die Obersten Henning von Tresckow[37] und Georg von Boeselager[38], Oberstleutnant Wessel Freytag von Loringhoven[39], die Hauptleute Axel von dem Bussche, Ludwig Gehre und Oberleutnant Fabian von Schlabrendorff[40] – schreckten vor Attentatsversuchen nicht zurück.

Becks Erkrankung hatte die Oposition gehemmt.[41] Ohne seine überragende Autorität, jedoch unter Wahrnehmung aller organisatorischen Vorteile, die das Allgemeine Heeresamt bot, sammelte mittlerweile General Friedrich Olbricht neue Kräfte. Er hielt Verbindung zu Goerdeler und Tresckow, gewann den Chefrichter des Heeres, Carl Sack, die Generale Erich Fellgiebel, Fritz Lindemann, Paul von Hase und Helmuth Stieff für das Komplott, zog SS-Chargen wie Helldorf und Nebe hinzu und holte Oberst Claus Schenk Graf von Stauffenberg aus dem Lazarett ins OKH.[42]

Stauffenberg entstammte einer katholischen Adelsfamilie Süddeutschlands. Eine Verstümmelung aus dem Tunesienfeldzug (ihm fehlten ein Auge, die rechte Hand und zwei Finger der linken) hatte seine Schwungkraft nicht gebrochen. Der Oberstleutnant war entschlossen, den Umsturz zu wagen, ehe die Rote Armee nach Polen vorstieß und der anglo-amerikanische Trans-Kanal-Angriff begann. Schließlich konnte der junge Offizier die Olbricht-Gruppe, sogar Beck und Goerdeler davon überzeugen, daß Hitler beseitigt werden mußte, wollte man die Soldaten vom Eid entbinden und den Bürgerkrieg vermeiden.[43]

Stauffenberg stützte sich auf einen Operationsentwurf unter dem Decknamen »Walküre«, den Olbricht angeregt und Hitler genehmigt hatte.[44] Wegen der 7,1 Millionen Fremdarbeiter[45] und 1,05 Millionen sowjetischer Kriegsgefangenen[46], von denen monatlich 30000–40000 entwichen und wieder eingebracht wurden[47], mußte für den Fall innerer Unruhen Generaloberst Friedrich Fromm bei Ausgabe des Stichwortes mit 2,5 Millionen Soldaten des Ersatzheeres den Objektschutz übernehmen.[48]

Olbricht und Tresckow hatten den Plan abgeändert. Stauffenberg ergänzte ihn.[49] Volk und Wehrmacht sollten schnell und ohne Blutvergießen über den kritischen Augenblick des Putsches hinweggeführt und Beauftragten einer provisorischen Regierung die Möglichkeit zu Verhandlungen gegeben werden.[50] Dazu mußten der Militärbefehlshaber in Frankreich, Generaloberst Karl-Heinrich von Stülpnagel, mitwirken. Für die Verbindung sorgte Oberstleutnant Caesar von Hofacker.[51]

Außer diesem Vetter und seinem Bruder Berthold hatten sich um Stauffenberg noch andere Offiziere gesammelt[52], die Generale Olbricht, Lindemann, Stieff, Wagner und Tresckow[53], Oberst Albrecht Mertz von Quirnheim, Oberstleutnant Ewald-Heinrich von Kleist.[54] Hauptmann Ulrich-Wilhelm Graf Schwerin von Schwanenfeld[55], Leutnante wie Werner von Haeften und Peter Yorck von Wartenburg.[56] Sie vertraten zumeist andere Ansichten als Beck, Witzleben und Hoepner, die kaltgestellten Militärs.[57]

Man wollte die Älteren nicht übergehen, sondern beteiligen. Doch Beck hielt an Goerdeler als Kanzlerkandidaten fest, der einem »Canossagang« nach Moskau abgeneigt war.[58] Dagegen wünschte sich Stauffenberg einen ehemaligen Sozialdemokraten zum Regierungschef, entweder Wilhelm Leuschner oder Julius Leber[59]; auch wollte er durch Adam Trott zu Solz über Waffenstillstandsverträge in West und Ost verhandeln lassen, womöglich mit Hilfe der Rußlandexperten Friedrich Werner von der Schulenburg und Erich Köstring.[60]

Vordringlich war das Attentat auf Hitler. Noch konnte sich keiner aus dem Verschwörerkreis dem Diktator nähern. Doch Anfang Juli wurde Stauffenberg unter gleichzeitiger Beförderung zum Oberst offiziell Chef des Stabes beim Befehlshaber des Ersatzheeres. Fortan bestand Aussicht, daß man ihn als Referenten für die Aufstellung der neuen »Sperrdivisionen« ins Führerhauptquartier kommen ließ. Infolgedessen hatte er selbst den Anschlag auszuführen.[61]

Der Plan enthielt Unsicherheitskoeffizienten. Niemand konnte vorhersagen, wie sich Volk und Wehrmacht, Partei, Reichssicherheitshauptamt und Waffen-SS angesichts des Putsches verhalten würden. Stauffenberg war kaum der geeignete Mann für das Attentat. Wegen seiner schweren Verwundung konnte er nicht einfach die Pistole ziehen und Hitler erschießen. Der Oberst mußte eine Bombe ins Führerhauptquartier mitnehmen und dort eigenhändig zünden.

Am 6., 11. und 15. Juli 1944 mißlangen Stauffenberg zwei oder drei Anschläge, die ersten auf dem Obersalzberg, wo Hitler vorübergehend weilte, der letzte im Führerhauptquartier bei Rastenburg.[62] Einmal sah der Oberst von seinem Vorhaben ab, weil Himmler fehlte, den man zusammen mit dem Diktator und Göring ausschalten wollte.[63] Die

dritte, kurz bemessene Lagebesprechung erlaubte kein Attentat.[64] Der angeordnete »Walküre«-Alarm mußte als »Übung« gerechtfertigt werden.[65]
Die Zeit drängte. Himmler hatte erklärt, er wisse, daß Kreise im Heer mit Umsturzplänen spielten; man werde aber gewissen Leuten das Handwerk legen.[66] Reichwein und Leber waren arretiert. Gegen Goerdeler lag, wie Nebe mitteilte, ein Haftbefehl vor.[67] St. Lô und Caen, die Eckpfeiler der Invasionsfront, fielen.[68] Die sowjetische Offensive breitete sich zwischen Ostsee und Karpaten aus. Durch die Geschoßgarbe eines englischen Beschossen Tieffliegers wurde Rommels Wagen bei Vimoutier getroffen und der Feldmarschall schwer verwundet.[69]
Hofacker hatte versichert, daß der populäre Rommel die Erhebung unterstützen werde. Diese Aussicht bestand nun nicht mehr. Dennoch forderten die bei Stauffenberg in seiner Wohnung am Wannsee versammelten Freunde eine rasche Entscheidung. Olbricht, Schulenburg, Trott, Yorck, Mertz und Hansen hielten den geeigneten Augenblick für gekommen.[70] Aus der Ferne mahnte Tresckow. Am 20. Juli 1944 hatte der Oberst wieder Gelegenheit, über die Neuaufstellung der »Sperrdivisionen« zu berichten. Am frühen Morgen flogen Stauffenberg, Stieff und Haeften in einer von Wagner bereitgestellten »He 111« nach Rastenburg. Der Vortragstermin war wegen eines Mussolini-Besuches vorverlegt. Die Offiziere erreichten noch rechtzeitig die »Wolfsschanze« Von seinem Adjutanten unterstützt, drückte der Oberst den chemisch-mechanischen Zeitzünderstift des Sprengsatzes ein, stellte nach Betreten der Lagebaracke die als Aktenmappe getarnte Ladung neben Hitler ab und entfernte sich unter Vorgabe eines Telefongespräches.[71]
Der Konferenzraum wurde größtenteils von einem Kartentisch ausgefüllt. Hitler stand an der Längsseite, etwa in der Mitte. Neben ihm hatte Heusinger zu referieren begonnen. Dessen Ersten Generalstabsoffizier, Oberst Heinz Brandt, störte die Aktenmappe, weshalb er sie hinter einen der beiden Sockel schob. Zugegen waren 25 Personen.[72] Um 12.42 Uhr schoß eine grelle Stichflamme zur Decke. Stauffenberg vernahm den Knall und fuhr schnell durch die sich schließenden Sperrkreise zum Flugplatz.
Der Oberst und sein Adjutant irrten jedoch, als sie mit einer alles menschliche Leben vernichtenden Detonation rechneten.[73] Sockel und Eichenholzplatte des Kartentisches, wie auch der Umstand, daß der Sprengsatz nur eine Pulverladung ohne Metallmantel war, also keine Stahlsplitter umherflogen, verringerten die Wirkung. Die Druckwelle hatte durch geöffnete Fenster der wegen des schwülen Sommerwetters bezogenen Baracke entweichen können.[74]
Ein Stenograph starb auf der Stelle. Brandt, Korten und Schmundt erlagen später ihren tödlichen Verletzungen. Die übrigen Teilnehmer der Besprechung kamen mehr oder weniger glimpflich davon. Hitler wankte, auf Keitel gestützt, mit zerrissener Hose, leichten Hautwunden und Prellungen ins Freie. Bormann verständigte Goebbels und ließ Himmler kommen, der Kriminalbeamte aus dem Reichssicherheitshauptamt zur Untersuchung des Attentates anforderte.[75]
Olbricht hatte mit Fellgiebel im Führerhauptquartier sofortige Benachrichtigung vereinbart. Doch die Meldung blieb aus. Da Hitler überlebt hatte, schien dem General die Grundvoraussetzung des Staatsstreiches offenbar nicht gegeben.[76] Als die Verschwörer dann doch durch Telefonanruf von der Bombenexplosion erfuhren, gab Mertz »Walküre«-Alarm. Zur gleichen Zeit landeten Stauffenberg und Haeften auf dem Flugplatz Berlin-Rangsdorf.[77]

Man forcierte die Befehlsausgabe[78], rief Beck und Witzleben, Helldorf und Hoepner, die Grafen Schulenburg, Gerstenmaier und andere in die Bendlerstraße ans Tirpitzufer. Alle kamen, nur der BdE verweigerte seine Mitwirkung. Er informierte sich durch Blitzgespräch bei Keitel über die Lage. Als Olbricht und Stauffenberg ihren Chef umstimmen wollten, kam es zu einer heftigen Auseinandersetzung. Fromm wollte die beiden verhaften lassen, wurde aber selbst festgesetzt.

In Paris[79], Wien[80] und Prag[81] lief die Operation planmäßig an. Die rings um Berlin alarmierten Truppen näherten sich jedoch nur langsam ihren Objekten. Ursache des Zögerns war eine Sondermeldung des Großdeutschen Rundfunks. Sie erwähnte das Attentat und teilte mit, daß der Führer nach dem Besuch des Duce zur Nation sprechen werde. Indessen wurde Major Ernst Remer, der das Regierungsviertel absperren sollte, von Goebbels mit dem ObdW verbunden und angewiesen, den Bendlerblock zu besetzen.[82]

Dort hatte Witzleben die vollziehende Gewalt übernommen. Die Abfertigung seiner Fernschreiben wurde aber von einem Saboteur in der Nachrichtenzentrale verzögert. Keitel ließ den Drahtverkehr abhören und reagierte mit Gegenbefehlen.[83] SS-Obergruppenführer Heinrich Müller entsandte vier Gestapobeamte, die Stauffenberg abführen sollten.[84] Schließlich stürmten regimetreue Offiziere unter Oberstleutnant Karl Pridun, einem Österreicher, durch die Flure des OKW-Gebäudes und befreiten Fromm.

Die Anführer der Fronde wurden festgenommen. Beck versuchte sich zweimal erfolglos das Leben zu nehmen; ein Feldwebel gab ihm den Gnadenschuß. Hoepner lehnte die Aufforderung zum Selbstmord ab. Fromm erklärte, ein Standgericht habe vier der Verschwörer zum Tode verurteilt. Offenbar wollte er sich lästiger Zeugen entledigen. Die Hinrichtung vollstreckten Unteroffiziere im Hof des Gebäudes beim Scheinwerferlicht eines Wehrmachtlasters. Claus Schenk Graf von Stauffenberg starb mit dem Ruf: »Es lebe das heilige Deutschland!«

Für Paris dauerte der »Walküre«-Zustand noch an. Stülpnagel war ein überraschender Schlag gelungen. Wachkompanien hatten Oberg und etwa 1200 SD-Leute festgesetzt. Hitlers Rundfunkansprache schuf jedoch eine neue Lage. Ein Ultimatum des I. SS-Panzerkorps (Dietrich) zwang den Militärbefehlshaber zum Einlenken. Als man ihn am nächsten Tag »zur Berichterstattung« nach Berlin rief, unternahm er bei Verdun einen Selbstmordversuch und geriet, blind geschossen, in die Fänge der Gestapo.

Hitler war über die Hinrichtung von Olbricht, Mertz, Stauffenberg und Haeften verärgert. Er hatte durch ihre Vernehmung mehr über die Hintergründe des Komplottes zu erfahren gehofft. Immerhin wurde klar, daß die Männer des 20. Juli nicht eine »kleine Clique ehrgeiziger Offiziere« waren. Ein Zufallsfund im Hospiz am Askanierplatz, wo Goerdeler abzusteigen pflegte, brachte die 400 Untersuchungsbeamte zählende Sonderkommission der Gestapo auf weitverzweigte Spuren.[85]

Kaltenbrunner und Müller mußten gegen rund 7000 Personen ermitteln. Himmler befahl die »absolute Sippenhaftung«, auch für Offiziersfamilien. Ein »Ehrenhof des Heeres« mußte die Verhafteten ausstoßen, damit sie vor das politische Tribunal, den Volksgerichtshof gestellt werden konnten. Er sollte nach dem Willen des Diktators »hart und blitzschnell« handeln, die Angeklagten nicht lange zu Wort kommen lassen und »als Regelstrafe« den Tod durch Erhängen verfügen.

Einige der Verfolgten entzogen sich dem Henker und setzten wie Freytag Loringhoven und Tresckow ihrem Leben selbst ein Ende. Berthold Schenk Graf von Stauffenberg,

Witzleben und Wagner, Stülpnagel und Stieff, Hansen und Hase, Hoepner, Hofacker und Helldorf, Fellgiebel und Roenne, die beiden Schulenburg, Trott, Yorck und viele andere starben am Galgen, auch Goerdeler, den man auf der Flucht faßte. Obwohl er an der Fronde nicht teilgenommen hatte, verurteilte ihn das Gericht unter dem Vorsitz von Roland Freisler zum Tode.[86]

Das anwachsende Belastungsmaterial brachte noch Menschen zu Fall, die bereits vor dem 20. Juli verhaftet worden waren, mit dem Staatsstreich aber nichts zu tun hatten. So starben die Sozialdemokraten Theo Haubach, Julius Leber und Wilhelm Leuschner, Hermann Maaß und Adolf Reichwein, bestiegen Ulrich von Hassell, Jens Jessen, Otto Karl Kiep und Helmuth James von Moltke das Schafott, gab es für Abwehr-Leute wie Canaris, Oster, Dohnanyi, die Gebrüder Bonhoeffer und Gehre bald keine Hoffnung mehr. Am Ende wurde auch Fromm erschossen.[87]

Ein besonderes Schicksal war Rommel beschieden. Da er wegen seines Gesundheitszustandes ablehnte, sich bei Keitel in Berlin zu melden, wurden die Generale Wilhelm Burgdorf und Ernst Maisel nach Herrlingen gesandt. Vor die Wahl zwischen Volksgerichtshof oder Freitod gestellt, wählte der Feldmarschall das sokratische Ende. Auf der Fahrt nach Ulm reichte man ihm das Gift. Hitler ordnete ein Staatsbegräbnis an, um die Wahrheit zu verschleiern.[88]

Die Regimegegner hatten unmittelbar nichts bewirkt. Sie konnten nur hoffen, daß man ihr Opfer später als reinigende Tat[89], einen »Aufstand des Gewissens«[90] verstehen werde.[91] Solange der Krieg andauerte, bestand diese Aussicht kaum. Churchill behauptete, in Deutschland fänden lediglich »Ausrottungskämpfe zwischen Würdenträgern der Nazis« statt.[92] Die »New York Herald Tribune« schrieb: »Wenn der Hitlerismus seine letzte Stellung bezieht, indem er die militärische Tradition zerstört, so nimmt er den Alliierten einen großen Teil der Arbeit ab«.[93]

[1] Vgl. Kap. »Der deutsche Widerstand 1939«; dazu D. Ehlers: Technik und Moral einer Verschwörung, Frankfurt-Bonn 1964, S. 15, 107 (zit. Ehlers).

[2] H. Graml: Die deutsche Militäropposition vom Sommer 1940 bis zum Führjahr 1943, in: Aus Politik u. Zeitgesch. Beil. zur Wochenzeitg. Das Parlament, 16. 7. 1958.

[3] Sog. Kaltenbrunner-Berichte. Briefe an Hitler, Himmler u. Bormann, teilweise abgedr. in: Spiegelbild einer Verschwörung, hg. v. K.-H. Peter, Stuttgart 1961, insbes. S. 188ff., 282ff., 299ff., 369ff., 381f., 383ff., 393f., 413ff. (zit. Spiegelbild).

[4] Vgl. Kap. »NS-Herrschaft 1942«.

[5] Das Gegenteil b. G. Schulz: Englische Geheimdienste und europäische Widerstandsbewegungen, in: Geheimdienste u. Widerstandsbewegungen, a. a. O., S. 19–79; Th. Koch: Der amerikanische Geheimdienst, ebd., S. 78–104.

[6] Prittie, a. a. O., S. 106–142; E. Röhm u. J. Thierfelder: Evangelische Kirche zwischen Kreuz und Hakenkreuz, Stuttgart 1981.

[7] J. S. Conway: Die nationalsozialistische Kirchenpolitik. Widersprüche und Fehlschläge, München 1969; G. Lewy: Die katholische Kirche und das Dritte Reich, München 1965.

[8] P. Duclos: Le Vatican et la seconde guerre mondiale, Paris 1955; A. Giovannetti: Der Vatikan und der Krieg, Köln 1961; S. Friedländer: Pius XII. und das Dritte Reich, Reinbek 1965; D. Fisher: Pope Pius XII and the Jews, Glen Rock, N. J., 1963; A. v. Kessel: The Pope and the Jews u. R. Leiber: Pius XII and the Jews, beide in: The Storm over the Deputy, hg. v. W. Bentley, New York 1964.

[9] F. Hauenstein: Der Freiburger Kreis, in: 20. Juli 1944. In der 4. Aufl. bearbeitet v. E. Zimmermann u. H.-A. Jacobsen, Bonn 1961 (zit. 20. Juli).

[10] K. Scholder: Die Mittwochsgesellschaft, Berlin 1982.

[11] E. Spranger: Berliner Geist, Tübingen 1966, S. 117–127.
[12] Vgl. Kap. »Politische Folgen 1942/43«.
[13] Brown, a. a. O., S. 429; Moltke, a. a. O., S. 286ff.; Hoffmann, a. a. O., S. 448.
[14] »Kapelle«, im Sprachgebrauch d. Gestapo eine Geheimorganisation mit auswärt. Beziehungen. Unter »Schwarzer Kapelle« verstand man s. Zt. d. 1939/40 v. dt. V-Leuten wie J. Müller mit d. brit. Gesandtschaft i. Vatikan hergestellte Verbindung. In der angelsächsischen Geschichtsschreibung wurde die »Schwarze Kapelle« zum Inbegriff des nichtkommunistischen dt. Widerstandes. Vgl. Brown, S. 552.
[15] Die Anregung kam v. Beck, jedoch war Müller mit Hilfe der »Abwehr« nach Rom gelangt. Dazu allg. R. A. Graham: Vatican Diplomacy, Princeton, N. J., 1959; C. Pallenberg: Hinter den Türen des Vatikan, München 1961; B. Wall: Der Vatikan. Reich ohne Grenzen, Stuttgart 1957.
[16] Zum Forschungsstand s. Höhne:: Direktor, a. a. O., S. 62–92, 128–184; zu sonstigen Aktionen der Kommunisten D. Peukert: Die DKP im Widerstand. Verfolgung und Untergrundarbeit an Rhein und Ruhr (Düsseldorfer Studien zur neueren Landesgeschichte u. zur Gesch. Nordrhein-Westfalens), Wuppertal 1980.
[17] Weitere Einzelheiten i. d. vielfach überholten Darstellungen v. R. F. Flicke: Spionagegruppe Rote Kapelle, Kreuzlingen 1954; G. Perrault: Auf den Spuren der Roten Kapelle, Reinbek 1969; W. v. Schramm: Verrat im Zweiten Weltkrieg, Düsseldorf-Wien 1969, insbes. S. 67–75, 102–113, 115–121. Die Erinnerungen v. E. Boysen, A. Foote, W. Hagen, A. v. Harnack, H. Poelchau, G. Weisenborn enthalten wenig über d. Hintergründe u. Zusammenhänge.
[18] Höhne: Direktor, S. 185–205.
[19] Ebd., S. 233ff.
[20] Spiegelbild, S. 45ff., 57, 61, 77ff., 174, 189, 241, 244f., 278f., 287, 296, 310, 445, 500, 503, 515.
[21] Vgl. Himmlers Reden v. 24. 5. u. 21. 6. 1944 US National Archives, T 175/94/4600 u. BA, NS 19/HR 19; dazu Fleming, a. a. O., S. 65ff.
[22] Boveri, II, a. a. O., S. 16; Crankshaw: Gestapo, a. a. O., S. 236; Hasselt, a. a. O., S. 326; Moltke, a. a. O., S. 222; Zeller, a. a. O., S. 299.
[23] De Launay: Geheimdipl., a. a. O., S. 120f.; A. W. Dulles: Verschwörung in Deutschland, Kassel 1959, S. 211ff. (zit. Dulles); Leverkuehn, a. a. O., S. 194; Schellenberg, a. a. O., S. 318.
[24] Schlabrendorff: Begegnungen, a. a. O., S. 308.
[25] Schellenberg, S. 320.
[26] H. Thorwald: Wen sie verderben wollen. Bericht eines großen Verrats, Stuttgart 1952, S. 355–380.
[27] Höhne: Orden, a. a. O., S. 469ff.; entspr. Mitteilg. v. Dr. E. Kroeger a. d. Vf., 2. 2. 1983.
[28] Dallin, a. a. O., S. 207f., 211f.; neuerdings H. Stöber, Die lettischen Divisionen im VI. SS-Korps, Osnabrück 1981 u. Neulen, S. 125.
[29] B. Dnystryshyn: The Nazis and the SS Volonteer Division »Galicia«, in: ASEER 1/1956.
[30] IMT, Bd. 30, S. 516.
[31] R. Kempner: SS im Kreuzverhör, München 1964, S. 286.
[32] Hausser, a. a. O., S. 21f., 49f.
[33] Steiner, a. a. O., S. 21, 28, 35, 40, 105.
[34] B. Gisevius: Wo ist Nebe? Erinnerungen an Hitlers Reichskriminaldirektor, Zürich 1966, S. 108–115; Schlabrendorff: Begegnungen, S. 174, 180f., 219f.; ders.: Offiziere, a. a. O., S. 61f.
[35] Ehlers, S. 118; E. Henk: Die Tragödie des 20. Juli 1944. Ein Beitrag zur politischen Vorgeschichte, Heidelberg [2]1946; zur Eidfrage H. Bethke (Hg.): Eid – Gewissen – Treuepflicht, Frankfurt 1965, insbes. S. 1ff.
[36] Vgl. Kap. »Politische Folgen 1942/43«; Prittie, S. 217, 228ff.
[37] B. Scheurig: Henning von Tresckow, Berlin 1973; Schlabrendorff: Begegnungen, S. 186–238.
[38] C. v. Hobe u. W. Görlitz: Georg von Boeselager. Ein Reiterleben. Düsseldorf 1957.
[39] Schlabrendorff: Offiziere, S. 88ff.
[40] Ebd. S. 92ff.
[41] Buchheit: Beck, a. a. O., S. 147ff.; Foerster: Beck, a. a. O., S. 133. Die Folgen einer schweren Darmoperation schienen bald auskuriert, doch besuchte d. Generaloberst fast nur noch d. Mittwochsgesellschaft.
[42] Zu d. genannten Militärs vgl. Zeller, S. 138f., 184ff.; 137ff., 200, 208f., 220ff., 234ff., 245–261, 286ff., 307f.
[43] K. Finker: Stauffenberg und der 20. Juli 1944, Köln 1977 (zit. Finker); J. Kramarz: Claus Schenk Graf

von Stauffenberg. Das Leben eines Offiziers, Frankfurt 1964 (zit. Kramarz); C. Müller: Oberst i. G. Stauffenberg, Düsseldorf ²1970 (zit. Müller); B. Scheurig: Claus Schenk Graf von Stauffenberg, Berlin 1964 (zit. Scheurig).

44 Die Genesis b. Finker, S. 265–271.

45 Ploetz: Zweiter Weltkr., II, a. a. O., S. 5.

46 Nach Dallin, S. 440 (ohne d. noch i. Polen befindl. Gefangenen, Ostlegionäre, Hiwis u. Arbeitskräfte der OT).

47 Jessen, a. a. O., S. 102.

48 AeO 12/1968, S. 9f.

49 Abgedr. in: 20. Juli, S. 80–86.

50 Ehlers, S. 155.

51 E. Weniger: Heinrich von Stülpnagel. Zur Vorgeschichte des 20. Juli 1944, in: Die Sammlung 8–9/1949.

52 Müller, S. 295.

53 Seit Jan. 1944 General; s. auch W. Graetz: Die Verschwörer, München 1965; Scheurig, S. 59–155.

54 Vgl. d. Biographie seines Vaters v. Scheurig, a. a. O., S. 197.

55 L. Graf Schwerin von Krosigk: Es geschah in Deutschland. Menschenbilder unseres Jahrhunderts, Tübingen ³1952, S. 349–355 (zit. Schwerin v. Krosigk).

56 Ebd., S. 352–355.

57 H. Bücheler: Hoepner, Herford 1980; K. v. Hammerstein: Stoßtrupp, Stuttgart 1963; ders. Flucht. Aufzeichnungen nach dem 20. Juli 1944, Olten-Freiburg 1966 (zit. Hammerstein).

58 Ritter: Goerdeler, a. a. O., S. 392–407 u. Dok IX, S. 575; dazu Aufzeichnungen v. Goerdeler, in: 20. Juli, S. 55–59, 66–77, 87–93.

59 A. Leber: Das Gewissen, a. a. O., S. 177ff.; dies.: Dr. Leber und Stauffenberg, in: »Telegraf«, 16. 6. 1946.

60 Ritter: Goerdeler, S. 408; Sykes, a. a. O., S. 206f.; ausführl. H. Krausnick u. H. Graml: Der deutsche Widerstand und die Alliierten, Bonn 1962.

61 Zeller, S. 267.

62 Kramarz, S. 190f.; Zeller, S. 234f.

63 Spiegelbild, S. 119, 130.

64 Müller, S. 299; Scheurig, S. 137.

65 Finker, S. 295.

66 J.F. Taylor: Der 20. Juli 1944. Anatomie einer Verschwörung, Bremen 1968; Schlabrendorff: Offiziere, S. 135.

67 Ritter: Goerdeler, S. 428.

68 Ose, a. a. O., S. 172–180.

69 Irving: Rommel, S. 560f.

70 Kramarz, S. 200; Hammerstein: Spähtrupp, S. 265.

71 H. Fraenkel u. R. Manvell: Der 20. Juli 1944, Frankfurt-Bonn-Wien 1964, S. 210ff. (zit. Fraenkel/Manvell); Hoffmann, S. 468; Zeller, S. 241f.

72 Verzeichnisse u. a. bei Below, S. 381 u. Zeller, S. 242f.; weitere Hinweise im Gestapobericht v. 26. 7. 1944, in: 20. Juli, S. 125–128.

73 Stauffenberg berief sich i. Berlin auf die Wirkung einer 15-cm-Granate.

74 Hoffmann, S. 469f.

75 Augenzeugenberichte v. Below, S. 381ff.; Heusingen, S. 352ff. u. Warlimont, S. 471ff.; Skizzen d. Räumlichkeiten des Führerhauptquartiers (Görlitzer Forst) und OKW-Gebäude (Berlin) in: 20. Juli, S. 121, 133.

76 Von verschiedenen Versionen ist diese Wiedergabe die wahrscheinlichere. Anscheinend wurde Fellgiebel in seinem Entschluß auch von Stieff bestärkt.

77 Zum Problem d. Zeitfolge vgl. Zeller, S. 382.

78 Fernschreiben abgedruckt in: 20. Juli, S. 129–138.

79 W. v. Schramm: Aufstand der Generale. Der 20. Juli in Paris, München 1966; neuerdings Ose, a. a. O., S. 193–198.

80 R. Prantzner: Österreichs Beitrag zum 20. Juli 1944, in: Österr. Monatshefte 10/1965 u. L. Jedlicka: Der 20. Juli 1944 in Österreich, Wien-München 1965.

81 Finker, S. 330.

[82] Sog. Remer-Bericht v. 29. 7. 1944, in: 20. Juli, S. 145–151; vgl. dazu Reimann, a. a. O., S. 328 f. u. O. E. Remer: 20. Juli 1944, Hamburg 1951.
[83] Irving: Hitler, S. 610 f.
[84] Skorzeny, a. a. O., S. 214.
[85] Hammerstein: Flucht, S. 13.
[86] Fraenkel/Manvell, S. 180 ff.; Ritter: Goerdeler, S. 434–465.
[87] H. G. Dahms: Wie Generaloberst Fromm starb. Ein Augenzeugenbericht von der Erschießung, in: Schwäbische Zeitung, 13. 8. 1949.
[88] Irving: Rommel, S. 585–592; Speidel: Invasion, S. 179; Young, S. 270 f.
[89] Krebs, a. a. O., S. 299; Hammerstein: Spähtrupp, S. 288.
[90] Hoffmann, S. 486 ff.
[91] Zur Würdigung u. a. Rothfels in: 20. Juli, S. 7–14 u. Prittie, S. 294–315.
[92] Parliamentary Debate, a. a. O., Vol. 402, S. 1487.
[93] Zit. n. Prittie, S. 289.

Entscheidung im Westen 1944

Hitler war tief getroffen. »Gebeugt und schleppenden Schrittes« betrat er das Lagezimmer des Führerhauptquartiers. Seine »zitternde Hand suchte Halt auf dem Kartentisch«, während Bilder der Gehängten herumgereicht wurden. Doch die starre Geistesrichtung dieses Mannes war durch den Schock des Attentates und der Niederlagen nicht gemildert, sondern in ihrer ganzen Bösartigkeit bloßgelegt. Bissig erklärte der Diktator: »Wer mir von Frieden ohne Sieg spricht, der verliert den Kopf...«[1]

Am 21. Juli 1944 hatte sich der ObdW von Zeitzler getrennt und Guderian zum Nachfolger bestimmt.[2] Er bekam keine Sondervollmachten, sondern blieb ausschließlich für die Ostfront zuständig. Hinsichtlich der sogenannten OKW-Schauplätze war Jodl weiterhin erster Berater. Diese Aufteilung – ursprünglich eine Improvisation – diente als machtpolitische Handhabe. Unter Berufung auf seine Kenntnis der Gesamtlage konnte Hitler jeden Vorschlag aus dem OKW oder OKH zurückweisen.[3]

Jodl hatte frühzeitig erkannt, daß ein zweiter Trans-Kanal-Angriff des Gegners nicht bevorstand.[4] Aber nach jahrelanger Unterordnung verfügte der Chef des Wehrmachtfürungsstabes nicht über genügend Willenskraft, um seine Ansicht durchzusetzen. Die 15. Armee (Salmuth) stand daher weiter untätig in Belgien und Nordfrankreich, während Kluge (als Nachfolger von Rundstedt und Rommel) allein mit Kräften der 5. Panzerarmee (Eberbach)[5] und 7. Armee (Hausser)[6] die breiter gewordene Invasionsfront halten mußte.[7]

Jodl verschloß seine Augen nicht vor zwingenden Gründen eines baldigen Rückzuges. Rundstedt, Rommel und Kluge hatten ihn gefordert.[8] Als sich das ganze Ausmaß der Katastrophe im Osten abzeichnete und ein Durchbruch der Amerikaner bei Avranches befürchtet wurde, schien Hitler einzulenken.[9] Doch bald sprach er wieder von übergreifenden strategischen Erfordernissen: dem Offenhalten der Transportwege für spanische Wolframlieferungen und der Notwendigkeit, die U-Bootbasen am Atlantik zu sichern.[10]

Die HGr. B (Kluge) meldete seit Beginn der Invasion 116863 Gefallene, Verwundete und Vermißte.[11] Der Gegner hatte kaum geringere Ausfälle (116148 Mann).[12] Aber die deutschen Verluste wogen ungleich schwerer, weil bis Ende Juli nur 14594 Soldaten aus dem Ersatzheer nachrückten[13] und für die 250 zerschossenen Panzer lediglich 17 neue Kampfwagen eintrafen.[14] Trotz großer Anstrengungen des OKM und OKL wurden auch die Unterstützungsstreitkräfte nicht aufgefrischt.

Dönitz dirigierte mit »Schnorchel« ausgerüstete U-Boote zur Kanalküste[15] und zog andere Einheiten aus Norwegen heran.[16] Sie versenkten 2 Korvetten und 12 Transporter.[17] Den Kleinkampfmitteln der Kriegsmarine – als »Neger« bezeichnete Einmann-Torpedos – fielen nur 1 Zerstörer und 1 Minenleger zum Opfer. Außerdem wurde der polnische Kreuzer »Dragon« (Dzienisiewicz) so schwer getroffen, daß ihn die eigene Besatzung aufgeben mußte.[18]

Korten hatte, ehe er starb, den Luftaufmarschplan von Milch der Lage angepaßt und

etwa 800 Jäger nach Nordfrankreich verlegt. General Werner Kreipe, der neue Chef des Luftwaffengeneralstabes, suchte, die Luftflotte 3 (Sperrle) laufend zu verstärken. Doch der Gegner behielt die Oberhand. Auch wirkte sich die anglo-amerikanische Treibstoffoffensive verheerend aus. Im Juli 1944 produzierte Deutschland nur 632 Tonnen synthetisches Benzin (11% im Vergleich zum Vormonat).[19]
Die Gegenschläge mit V-Waffen (Unternehmen »Rumpelkammer«) drohten ins Leere zu führen. Von den ersten 2000 Projektilen hatte knapp die Hälfte das Ziel verfehlt, waren 661 durch britische Jäger und Flakartillerie abgeschossen worden. Das englische Kriegskabinett beauftragte Air Vice Marshal Sir Roderic Hill, alle Abwehrmaßnahmen zu koordinieren. Künftig mußten die deutschen Marschflugkörper vor London vier Sperriegel überwinden.[20]
Churchill nahm die Raketenschläge zum Anlaß für eigene Pläne.[21] Er hoffte durch den Abwurf von Anthrax-Bakterien-Bomben über Berlin, Frankfurt am Main und Stuttgart drei Millionen Menschen töten zu können.[22] Versuche auf der schottischen Insel Gruinard hatten günstige Aussichten eröffnet.[23] In einer Denkschrift an das Komitee der Vice Chiefs of Staff befürwortete der Premier auch die Verwendung giftiger Gase.[24] Doch die englischen Militärs rieten ab. Sie rechneten mit unerträglichen Vergeltungsmaßnahmen, während die eigene Offensive zu stocken drohte. Nach tagelangem Sturm war vor dem »Omaha«-Abschnitt einer der provisorischen Häfen (»Mulberry A«) auseinandergebrochen. Das von den Deutschen gründlich verminte Cherbourg kam für Ausladungen noch nicht in Frage.[25] Die alliierten Piermasters mußten Verstärkungen weiter über den offenen Strand führen.[26] Ende des Monats hielten den Brückenkopf erst 1,5 Millionen Anglo-Amerikaner, zu wenig für eine raumgreifende Operation zur Befreiung von Frankreich, Belgien und Holland.[27]
Sie bildeten ab 1. August 1944 die 12th Army Group (Bradley) mit der 1. US-Armee (Hodges) und 3. US-Armee (Patton)[28] sowie die 21st Army Group (Montgomery) mit der britischen 2. Armee (Dempsey)[29] und kanadischen 1. Armee (Crerar).[30] Hinzu traten je eine Division der Gaullisten und Exilpolen, ferner Brigaden der Belgier, Tschechoslowaken und Niederländer.[31] Die Heereskräfte verteilten sich auf eine Frontlinie von dem Ornebrückenkopf bei Caen bis Lessay an der Westküste des Contentin.[32]
Über Zeitwahl, Ansatz und Ziel der nächsten Offensive bestanden Meinungsverschiedenheiten.[33] Sie waren nicht ausdiskutiert, als Eisenhower auf Anraten Morgans[34] bei den Chiefs of Staff die Genehmigung für seine Pläne einholte.[35] SHAEF verlegte den Schwerpunkt nach rechts. Südwestlich von St. Lô sollten massierte Bomberverbände eine Bresche legen und der 3. US-Armee (Patton) über Avranches den Stoß in die Raumtiefe ermöglichen (Operation »Cobra«)[36] während Montgomery bei Caen deutsche Kräfte band (Operation »Goodwood«, später »Bluecoat«).[37]
Die Vorbereitung begann am 25. Juli 1944 mit heftigen Luftangriffen Leigh Mallory ließ durch die 8th USAAF (Doolittle) und 9th USAAF (Brereton) 3341 t 50-kg-Bomben in einem 6,4 km langen und 2,5 km breiten Teppich abwerfen.[38] Diesen Schlag überstand keiner der dort eingestzten deutschen Verbände.[39] Auch ein bereitstehendes Bataillon der Amerikaner wurde vernichtet. Die Bocagelandschaft schien umgepflügt. Panzer überwanden nur mühsam das Kraterfeld.[40]
Die Zerschlagung des linken deutschen Flügels erlaubte Bradley nach Süden vorzugehen.[41] Zwei Tage später fiel Avranches.[42] Die 3. US-Armee (Patton) entsandte ein Korps in die Bretagne, warf andere Verbände zur Loire und drehte mit starken Kräften über

Châteaubriant und Laval gegen Le Mans ein.[43] Unterdessen bildete die 1. US-Armee (Hodges) eine Abwehrflanke zwischen Vire und St. Hilaire. »Ultra« erlaubte das Auseinanderzweigen in drei Richtungen.[44]

Als Montgomery mit der kanadischen 1. Armee (Crerar) bei Caen scheiterte, verlegte er sein Schwergewicht zur britischen 2. Armee (Dempsey)[45], die überraschend einen Keil durch das Stellungssystem der Deutschen trieb (Operation »Tractable«). Der verlorene Zusammenhang konnte nicht wiederhergestellt werden. Trotzdem befahl Hitler der 5. Panzerarmee (Eberbach), am 6. August 1944 zwischen Mortain und Sourdeval nach Avranches vorzustoßen.[46] Die Amerikaner sollten dort wie sie aus Bletchley Park erfuhren,[47] von ihrer Basis abgeschnitten, eingekesslt und vernichtet werden (Unternehmen »Lüttich«).[48]

Die von Göring versprochene Luftwaffenunterstützung blieb aus. Dafür warf Leigh Mallory bei Auflösung der Nebelfelder zahlreiche Jagdbomber über den Kanal. Die Raketenbrandgeschosse der »Typhoons« und »Thunderbolts« hatten eine niederschmetternde Wirkung.[49] Dennoch ließ Hitler weitere Divisionen in den Schlauch schieben, der schmaler und länger wurde, als die Amerikaner Le Mans durchquerten und nach Norden gegen Alençon und Argentan eindrehten.[50]

Nicht Pattons Panzer, sondern 15 deutsche Divisionen gerieten in den Kessel.[51] Stießen doch nun auch die Polen und Kanadier auf Falaise vor.[52].Die Lücke zwischen dieser Stadt und Alençon ließ kaum noch Platz für ein Entweichen. Nur einige osterfahrene Truppenteile konnten ausbrechen. Andere waren abgeschnitten, mit ihnen fast alle Kampfwagen und Geschütze. Im Chaos der Feuersbrünste und explodierenden Munitionsfahrzeuge löste sich die Ordnung auf.[53]

Eisenhower, der mit Bedell Smith aufs Festland kam und das Schlachtfeld besuchte, empfing schockierende Eindrücke: »Wege, Chausseen und Felder waren dermaßen mit zerstörtem Material, Gefallenen und Tierkadavern übersät, daß man sich ... nur unter Schwierigkeiten einen Pfad bahnen konnte ... Ich sah Bilder, die nur ein Dante schildern könnte. Man ging stellenweise ... Hunderte von Metern auf abgestorbenem und verwesendem Fleisch«.[54]

Patton hatte freie Fahrt nach Paris. Wichtiger war ihm jedoch der rasche Raid nach Norden zur unteren Seine, wo die bei Falaise entkommenen Deutschen auf Pontonbrücken und Fähren das Ufer wechselten. Der Panzerstoß endete in Elboef. SS-Obergruppenführer Dietrich verteidigte die Stadt drei Tage lang gegen die aus verschiedenen Richtungen zusammenströmenden Amerikaner, Polen und Kanadier. Dadurch wurde noch vielen Versprengten das Übersetzen ermöglicht.[55]

Mit dem Kampf um Elboef endete das zehnwöchige Ringen um den Besitz der Normandie. Rund 250000 deutsche Soldaten waren verloren.[56] Nur die Reste von 16 Divisionen konnten sich der 15. Armee (Salmuth) anschließen. Aber sie bot nur bedingt neuen Halt. Der Gegner hatte ihr den linken Flügel zwischen Cabourg und Le Havre zermalmt, so daß nicht mehr genügend Kräfte übrig waren, um an der Seine eine Abwehrfront zu bilden.[57] Sie wäre ohnehin rasch im Osten ausflankiert worden.

Denn am 15. August 1944 hatte die Operation »Dragoon« begonnen, war die 7. US-Armee (Patch) mit zwei Korps im Schutze der 8. Flotte (Hewitt) beiderseits von St. Tropez sowie zwischen Pte. l'Esquillon und Cap Nègre gelandet.[58] Deutsche Aufklärer hatten den Anmarsch aus Oran, Brindisi und Tarent, Palermo und Neapel beob-

achtet. Doch die Abwehr zog daraus wenig Nutzen. Blaskowitz konnte zur Sicherung der Mittelmeerküste nur die 19. Armee (Wiese) mit 6 Divisionen einsetzen.[59]
Am 16. August 1944 faßte Hitler den Entschluß, ganz Südfrankreich zu räumen.[60] Der HGr. (Blaskowitz) wurde befohlen, sich mit der 1. Armee (Chevallerie) und 19. Armee (Wiese) schrittweise in Richtung auf die Burgundische Pforte abzusetzen. Marseille und Toulon, Gironde Nord und Süd sollten allerdings wie Brest, Lorient[61] und St. Nazaire, die Kanalinseln[62] und Le Havre möglichst lange als »Festungen« verteidigt werden[63], damit der Gegner keine Seehäfen für seinen Nachschub gewann.
Bei den Combined Chiefs of Staff und SHAEF herrschte vielfach der Eindruck, daß sich die deutsche Wehrmacht aufzulösen begann. Das Zersplittern der Ostfront und die fast kampflose Übergabe versprengter Truppen im Westen schienen den Zusammenbruch anzukündigen. Am 15. August 1944 war das Fernsprechnetz ausgefallen. Hitler nannte ihn vor Krebs und Westphal den schlimmsten Tag seines Lebens. Doch der ObdW gestand keine Fehler ein, sondern stempelte Kluge zum Schuldigen.[64]
Der Feldmarschall – bisher ein Günstling seines Führers – war mit dem Entschluß nach Frankreich gegangen, die Alliierten zu besiegen.[65] Nun wurden ihm sogar verräterische Absichten unterstellt. Als Kluge 12 Stunden lang nicht erreicht werden konnte, weil er bei Falaise unter Beschuß im Chausseegraben lag, argwöhnte Hitler, daß sich der OB West zu den Engländern begeben haben könnte, um über einen Waffenstillstand zu verhandeln.[66] Von seinen Kontakten mit Verschwörerkreisen hatte man wohl schon vorher gehört.[67]
Am 17. August 1944 kam Generalfeldmarschall Model mit einem unpersönlich gehaltenen Handschreiben des ObdW nach La Roche-Guyon, um den Oberbefehl zu übernehmen.[68] Zwei Tage später ließ Kluge seinen Wagen auf der Heimfahrt zwischen Verdun und Metz halten und schied durch Zyankali freiwillig aus dem Leben.[69] In seinem letzten Brief richtete er an Hitler einen beschwörenden Appell: »Das deutsche Volk hat so namenlos gelitten, daß es Zeit ist, dem Grauen ein Ende zu machen.«[70]

1 Speer, a. a. O., S. 404; Skorzeny, a. a. O., S. 222f.; Warlimont, a. a. O., S. 492.
2 Guderian, a. a. O., S. 307; Macksey , a. a. O., S. 280ff.
3 Mueller-Hillebrand, III, a. a. O., S. 191f.
4 Ose, a. a. O., S. 132, 270f.
5 Bisher PzGr. West (Geyr).
6 Hausser hatte den toten Dollmann ersetzt.
7 Zur Lage der Truppe Schlaglichter b. Carell: Sie kommen, a. a. O., S. 207–244.
8 Speidel, a. a. O., S. 195f.; Warlimont, S. 474f.
9 Heiber: Lagebespr., a. a. O., S. 601.
10 Ebd., S. 484f.
11 Ose, S. 204.
12 Nach dt. Angaben 121000 Mann.
13 Ose, S. 205.
14 Wilmot, a. a. O., S. 372.
15 Dönitz, a. a. O., S. 387f.
16 Die Meldung aus Bletchley Park b. Beesly, a. a. O., S. 295f.
17 Zahlen nach Rohwer/Hümmelchen: Chronik, S. 466.
18 Allg. C. Bekker: ... und liebten doch das Leben, Hannover 1956; H. Heye: Marine-Kleinkampfmittel, in: Wk 6/1959 u. H. Schönberg: Kleinkampfmittel des Seekrieges, in Wk 3/1964. Von alliierter Seite Ellis: Victory, I, a. a. O., S. 300f.

[19] Craven/Cate, III, S. 38ff.; Girbig, a.a.O., S. 124ff.; Webster/Frankland, III, a.a.O., S. 47ff.
[20] Brown, a.a.O., S. 669ff.; Taylor/Moyes, a.a.O., S. 80.
[21] R. Parkinson: A Day's March Nearer Home, London 1974.
[22] F. Wirth: Todeswüsten, in: Die Welt 102/1981, S. 18.
[23] Text d. Gutachten b. Brown, S. 674f.
[24] Wortlt. d. Denkschrift v. 13.7.1944, ebd., S. 674.
[25] Leighton/Coakley, a.a.O., S. 377; Mayo, a.a.O., S. 103f.; Morison, IX, a.a.O., S. 215ff.
[26] M. Blumenson: Duel for France, Boston, Mass., 1963, S. 14ff. (zit. Blumenson: Duel).
[27] Eisenhower, a.a.O., S. 310f.
[28] G.S. Patton: War As I Know It, Boston, Mass., 1947, S. 244ff. (zit. Patton).
[29] M.C. Dempsey: Operations of the 2nd Army in Europa, London 1957, S. 37ff. (zit. Dempsey).
[30] J. Keegan: Six Armies in Normandy, London 1980; zur Funkaufklärung Lewin, a.a.O., S. 407f.
[31] Ellis: Victory, I, S. 425ff.
[32] Wilmot, S. 376.
[33] Zu d. Meinungsverschiedenheiten unter d. Alliierten s. Belchem, a.a.O., S. 31ff.; N. Hamilton: Monty, London 1981, S. 247ff. u. Irving: Generals, a.a.O., S. 150f., 180ff.
[34] Morgan, a.a.O., S. 43ff.
[35] Bryant, II, a.a.O., S. 238f.; Butcher, a.a.O., S. 616; Heyes, a.a.O., S. 306; Pogue, a.a.O., S. 184ff.
[36] Bedell Smith, a.a.O., S. 59ff.; M. Blumenson: Breakout and Pursuit (US Army in World War II), Washington, D.C., 1961, S. 215ff. (zit. Blumenson).
[37] B.L. Montgomery: Normandy to the Baltic, London 1947, S. 33f. (zit. Montgomery).
[38] Blumenson, S. 238.
[39] Einzelheiten b. Carell: Sie kommen, S. 245ff.; grundlegend Ose, S. 211f.
[40] Blumenson: Duel, S. 136ff.; Butcher, S. 656ff.
[41] Bradley, a.a.O., S. 376f.; Piekalkiewicz: Invasion, a.a.O., S. 177, 190.
[42] Blumenson, S. 237–241.
[43] Farago: Patton, a.a.O., S. 244.
[44] R. Bennett: Ultra in the West, 1933–1945, London 1980, S. 48ff. (zit. Bennett: Ultra); Lewin, S. 408f.
[45] Dempsey, S. 47ff.; Montgomery, S. 45–49; Irving: Generals, S. 244f.
[46] Wortlt. b. Ose, S. 230.
[47] Bennett: Ultra, S. 73–92; Lewin, S. 407, 409.
[48] KTB/OKW, IV, S. 337ff., 465; Bauer, II, a.a.O., S. 554; Ellis: Victory, I, S. 425ff.; Ose, S. 227–240; Warlimont, S. 479.
[49] J. Kennedy: Business, a.a.O., S. 350f.; Taylor/ Moyes, S. 81.
[50] Blumenson, S. 243; Patton, S. 169f.
[51] Bennett: Ultra, S. 100f.; Blumenson: Duel, S. 137ff.; Lewin, S. 415; Ose, S. 249ff.; jetzt auch R. Rommer: Patton's Gap. An Accoúnt of the Battle of Normandy 1944, London 1981.
[52] Dempsey, S. 49ff.; Montgomery, S. 51ff.; Stancey, a.a.O., S. 307ff.
[53] Belchem, S. 38, 45, 79, 102.
[54] Butcher, S. 566; Bedell Smith, S. 84f.; Eisenhower, S. 330.
[55] Ellis: Victory, I, S. 419–428.
[56] Geschätzte Zahl. Genaue Verlustziffern d. HGr. B (Kluge) liegen nur bis 13.8.1944 vor. Vgl. Ose, S. 258.
[57] Belchem, S. 51–78; Ellis, I, S. 430.
[58] Auphan/Mordal, a.a.O., S. 273ff.; Ehrman, V, a.a.O., S. 360; Ellis: Victory, I, S. 437ff.; Morison, XI., S. 221–274; J. Robichon: Invasion Provence, 15. August 1944, Bergisch Gladbach 1978; Roskill, III, 2, a.a.O., S. 100ff.
[59] KTB/OKW, IV, S. 349–351; Salewski, II, a.a.O., S. 349–351.
[60] KTB/OKW, IV, S. 352, 355f.
[61] Fahrmbacher/Matthiae, a.a.O., S. 48–75.
[62] Ramsay: The War in the Channel Islands, London 1981.
[63] Befehl über die »Festungen« v. 22.6.1944 s. KTB/OKW, IV, S. 332.
[64] Besprechung Hitlers mit Krebs u. Westphal, abgedr. u.a. b. Warlimont, S. 482–485.
[65] Guderian, S. 306–308; Speidel, S. 199; ausführl. Ose, S. 240–248.
[66] Irving: Hitler, S. 631; Eisenhower u. Montgomery bestritten nach dem Krieg, daß jemals Verbindung mit Kluge bestanden habe.

[67] Irving: Hitler, S. 626, Anm. 6.
[68] Görlitz: Model, a. a. O., S. 194.
[69] Guderian, S. 306; Speidel, S. 199; Warlimont, S. 481–485.
[70] Voller Wortlt. zuerst engl. b. M. Shulman: The Defeat in the West, London 1947; dt. Rückübersetzung v. E. Grotegrothaus im KTB/OKW, IV, S. 1574 ff.

Aufstände und Seitenwechsel

Die Eckpfeiler der Ostfront waren eingerissen. Im Norden hatten zwar Juri Uluots (Estland) und Rudolfs Bangerskis (Lettland) ihre Völker zur Selbstverteidigung aufgerufen.[1] Doch das aus Niederländern und Flamen, Dänen, Norwegern und Esten bestehende III. SS-Panzerkorps (Steiner) mußte Narwa räumen.[2] Andere Verbände, mit denen Wallonen, Letten und estnische Landwehr kämpften, verloren Pleskau.[3] Ein starker Stoßkeil der 1. Baltischen Front (Bagramjan) erreichte bei Tukkum die Rigaer Bucht.[4]

Die HGr. Nord (Schörner) war abgeschnitten. Aber solange ihre 16. Armee (Laux) und 18. Armee (Loch) zusammenhielten, den Frontbogen zwischen Dünamünde und Hungerburg behaupteten und einen Durchbruch der Russen auf Tallinn (Reval) verhinderten, dachte Hitler nicht an Räumung. Vielmehr hoffte er, durch Festhalten das Abschwenken Finnlands hinauszuzögern.[5] Allerdings hatte Bagramjan das Telefonkabel zwischen den Hauptquartieren der Wehrmacht und des finnischen Heeres unterbrochen.[6]

Ebenso wie der Stoß zur Ostküste rührte die Ausweitung des russischen Großangriffs in Galizien an den Nerv. Die 1. Ukrainische Front (Konjew) war durch 200000 Minen aufgehalten worden, hatte dann jedoch die ungarische 1. Armee (Beregfy) zurückgeworfen[7], vorübergehend größere deutsche Infanterieverbände eingeschlossen[8] und Lemberg erobert.[9] Am 6. August 1944 besetzte die neugebildete 4. Ukrainische Front (Petrow) das für Deutschland wichtige Erdölgebiet von Drogobytsch.[10]

Nach diesem Verlust näherte sich die Treibstoffversorgung einer Katastrophe, zumal Ploesti als Produktionsstätte an Bedeutung verlor. Bahntransporte aus der Wallachei erforderten zeitraubende Umwege. Die Donauschiffahrt stockte wegen der allnächtlich abgeworfenen Magnetminen.[11] Admiral Marschall, den Hitler entsandt hatte, konnte die Räumarbeit der verbündeten Marinen nur unvollkommen koordinieren[12] und keine Maßnahmen gegen Einflüge des Gegners ergreifen.[13]

Die UdSSR hatte ihre Westexpansion nicht nur durch »Stalinsche Schläge« vorbereitet. Nationale Truppenteile und Partisanen, Kommissare und Agenten waren verpflichtet, in allen von der Roten Armee erreichten Ländern den Machtwechsel zu beschleunigen. Stalin entschied über jeden Schritt. Zum Generalbevollmächtigten für Polen ernannte der Diktator den General Nikolaj A. Bulganin.[14]

Außer der Freiwilligen-Division »Kościuszko« (Berling) konnte er einen »Landesnationalrat« und den »Verband polnischer Patrioten« ins Spiel bringen. Bulganin holte sie aus Moskau in das gerade eingenommene Cholm und ließ dort durch Boleslaw Bierut, einen NKWD-Agenten[15], Wladyslaw Osóbka-Morawski und Michal Zymierski ein »Polnisches Komitee der Nationalen Befreiung« ausrufen, das sich die kommunistischen Truppen als »Volksarmee« (Armia Ludowa) unterstellte.[16]

Wenige Tage später wechselte die Gruppe nach Lublin über. Sie forderte den Zusammenschluß aller antideutschen Kräfte, insbesondere der seit Jahren bestehenden Untergrundorganisation (Zwiazek Walki Zbrinej, ZWZ) und ihrer »Landesarmee« (Armia Krajowa, AK), unter Führung des neuen kommunistischen Komitees. Doch nur die kleine Polnische Arbeiterpartei (Polska Partia Robotnicza, PPR) und eine unbedeutende Partisanenschar (Gwardia Ludowa, GL) folgten dem Appell.[17]

Vergebens hob Bierut hervor, daß die Armia Krajowa bereits als Waffengefährtin der Sowjets in Lemberg gegen wolhynische Partisanen operiere. Dieser Kampf gegen den gemeinsamen Feind, die ukrainische Nationalbewegung, war jedoch eine kurze Episode.[18] Praktisch bezweckte die vom Lubliner Komitee geforderte Vereinigung zwischen AK, AL und GL den Bruch mit dem ZWZ und der hinter diesem Bund stehenden Londoner Exilregierung.[19]

Die Armia Krajowa zählte jetzt 19262 Offiziere, 87886 Unteroffiziere und 8900 »Züge«, rund 150000 Kämpfer.[20] Rowecki, der diese Streitmacht geschaffen hatte, war durch Verrat in deutsche Hand gefallen. Die Kommandostruktur bestand jedoch weiter. Seit dem Tode Sikorskis leitete Mikolajczyk die Exilregierung und Sosnkowski ihr Kriegsministerium. Für sie bereiteten Jan St. Jánkowski und General Tadeuz Komorowski (»Bór«) die Erhebung in Polen vor.[21]

Der Aufstand (Unternehmen »Burza«) sollte beginnen, wenn die deutsche Wehrmacht geschlagen aus Rußland zurückwich. Dies war nun der Fall, doch bestanden einige der genannten Voraussetzungen nicht mehr. Auf Drängen Churchills flog Mikolajczyk nach Moskau. Der Premier wollte seine in Teheran gegebene Zusage einlösen und den Verbündeten zum Einlenken gegenüber Rußland bewegen.[22] Dem polnischen Ministerpräsidenten ging es dagegen um die Anerkennung des ZWZ und der Armia Krajowa durch den Kreml.[23]

Stalin aber bestritt ihren Status und nannte die AK-Kämpfer sogar »Feiglinge«.[24] Er forderte wiederum die Vereinigung aller Polen unter dem Lubliner Komitee und stellte dafür zugleich unerfüllbare Bedingungen: die Anerkennung der Curzon-Linie als polnische Ostgrenze, das Außerkrafttreten der Verfassung von 1935 und den Sturz antikommunistischer Persönlichkeiten, insbesondere der Generale Kazimierz Sosnkowski und Marian Kukiel sowie des früheren Moskauer Botschafters Stanislaw Kot.[25]

Unterdessen hatten Einheiten der Armia Krajowa nicht nur bei Lemberg, sondern auch in Wilna und Bialystok zurückgehende deutsche Truppen angegriffen. Konjew und Tschernjachowskij begrüßten die Polen als willkommene Mitstreiter. Doch kurz darauf schaltete sich Berija ein. AK-Offiziere wurden zu Verhandlungen eingeladen, festgenommen und von den Russen erschossen.[26] Auch Mannschaften, die sich weigerten, der Berling-Armee beizutreten, ließen NKWD-Kommissare umbringen.[27]

Am 2. August 1944 kämpften östlich der Weichsel keine AK-Verbände mehr; ihre Überlebenden verkamen in dem vom NKWD übernommenen Todeslager Majdanek.[28]

Mit Funksprüchen aus dem Untergrund bat der ZWZ das Oberkommando, die Exilregierung und deren anglo-amerikanische Verbünde um Hilfe. Doch Bór-Komorowski konnte keine Verstärkungen schicken. Mikolajczyk war noch nicht nach London zurückgekehrt. Die USA und Großbritannien aber schwiegen.[29]

Sosnkowski resignierte. »Wegen der sowjetischen Gewaltakte« kabelte er an Staatspräsident Wladyslaw Raczkiewicz, entbehre »jeder Gedanke an einen bewaffneten Aufstand des politischen Sinnes«.[30] Jánkowski und Bór-Komorowski dachten anders: Gerade jetzt müsse man die Russen in Warschau vor vollendete Tatsachen stellen und ihnen dort eine komplette polnische »Staats- und Selbstverwaltung« präsentieren.[31] Entgegen dem ursprünglichen »Burza«-Plan sollte die Hauptstadt erneut zum Fanal des Widerstandes werden.[32]

Die Kraft der Deutschen schien gebrochen. Mit dem Eintreffen der Roten Armee rechnete man erst am 5. August 1944. Bis dahin würden genügend Versorgungsgüter aus England eintreffen. Landepisten für die Transportflugzeuge waren vorbereitet. Ein Kampfgeschwader der Exilpolen in Brindisi hatte Langstreckenmaschinen für Flüge nach Warschau erhalten.[33] General Antoni Chrusciel, der Stadtkommandant, alarmierte 35000 Untergrundkämpfer, darunter freilich nur 3000 Bewaffnete.[34]

Bór-Komorowski, Chrusciel und Jánkowski beschlossen, unverzüglich loszuschlagen.[35] Stoßtrupps der Warschauer Armia Krajowa sollten sich im Handstreich der Flugplätze und Weichselbrücken, Magazine und Nachrichtenzentralen, Kraftwerke und Stabsquartiere bemächtigen. Keiner von den Verantwortlichen ahnte, daß General Rainer Stahel, der deutsche Stadtkommandant, durch Verrat über diese Absichten erfahren hatte und auf die Erhebung vorbereitet war.[36] Rund 12000 deutsche Soldaten hielten die Schlüsselpunkte der Hauptstadt besetzt.

Die Aufständischen prallten auf einen starken Gegner. Nur ortsfremde Einheiten, die der Rückzug angeschwemmt hatte, wurden überrascht. Außer dem »Prudential«-Hochhaus und einem E-Werk im Weichselviertel fiel kein wichtiges Objekt. Vor den Brücken und Flugplätzen brach der Ansturm unter blutigen Verlusten zusammen.[37] Nach diesem Fehlschlag verließ etwa die Hälfte der AK-Leute das Stadtgebiet und suchte Zuflucht in den umliegenden Wäldern.

Die Zurückbleibenden warteten vergeblich auf alliierte Hilfe. Die Combined Chiefs of Staff untersagten den Einsatz von SOE- und OSS-Offizieren. Roosevelt blockierte versprochene Gelder. Das britische War Office verbot den Abflug einer in Schottland bereitstehenden Fallschirm-Brigade der Exilarmee. Die angelsächsischen Mächte wollten neue Hader mit Rußland vermeiden, zumal gerade Hull über Nutzrechte auf sowjetischen Bomberstützpunkten im Fernen Osten verhandelte.[38]

Stalin aber konnte nur wünschen, daß die in den Augen eines Kommunisten »bourgoise Elite« der kämpfenden Polen vernichtet wurde.[39] Er dirigierte daher das Gros der 1. Weißrussischen Front (Rokossowskij) nicht nach Praga, in die östliche Warschauer Weichselvorstadt, sondern befahl, bei Rozán und Pultusk je einen Brückenkopf zu erobern.[40] Dadurch war die neuaufgefüllte 9. Armee (Vormann) gebunden, Polens Metropole jedoch dem Zorn des Reichsführers SS ausgeliefert.[41]

Himmler ließ Rowiecki hinrichten[42] und SS-Obergruppenführer Erich von dem Bach-Zelewski mit der Niederwerfung des Aufstandes betrauen.[43] Dazu wurden ihm die SS-Sturmbrigade »RONA« (Kaminski), zwei Aserbeidschaner-Bataillone und ein aus ehemaligen Wilderern bestehendes Polizeiregiment unterstellt. Da diese Truppen größtenteils aus Russen, Kaukasiern und Moslems bestanden, mußte sich rächen, daß die Polen zu Beginn ihrer Erhebung viele gefangene Ostlegionäre und Hiwi als vermeintliche Ukrainer erschossen hatten.[44]

Himmlers Verbände drangen in die Stadtteile Ochata und Wola ein, trieben zahlreiche Bewohner zusammen und exekutierten wahllos Männer, Frauen und Kinder, meist Unbeteiligte, insgesamt mehr als 10000 Menschen[45], bis Bach-Zelewski weitere Massenerschießungen verbot. Der Widerstand wurde dadurch nicht gebrochen. Er begann eigentlich erst[46], obwohl die unter dem Druck der alarmierten Öffentlichkeit endlich

beginnenden britischen Versorgungsflüge zur Hälfte scheiterten und Stalin keine Zwischenlandungen auf sowjetischem Operationsgebiet erlaubte.[47]
Die Sommeroffensive der Russen war abgeklungen. Model hatte sie, bevor man ihn nach Frankreich schickte, durch kurze Gegenstöße aufgehalten. Sein Nachfolger, Generaloberst Hans Reinhardt, schloß die Lücken der deutschen Ostfront. Begleitet von dem Schweren Kreuzer »Prinz Eugen« (Reinicke), Zerstörern und Torpedobooten, stellte eine Kampfgruppe der 3. Panzerarmee (Raus) die Verbindung mit der HGr. Nord (Schörner) wieder her.[48]
Doch dieser Erfolg konnte die Wende der finnischen Politik nicht länger verzögern. Angesichts der ungenügenden deutschen Hilfe beschlossen Linkomies, Tanner und Waldén, einen Waffenstillstandsvertrag mit der Sowjetunion anzustreben, solange die eigene Front noch hielt. Durch den Rücktritt des Staatspräsidenten Risto Ryti war das Ribbentrop-Abkommen vom Juni 1944 hinfällig und hatte Finnland, wie Mannerheim zu Keitel sagte, wieder volle Handlungsfreiheit.[49]
Anders als 1939/40 hielt Stalin für die kleine Republik diesmal keine Gegenregierung bereit, jedoch wurde Mannerheim, der das Präsidentenamt unter Beibehalt des Oberbefehls übernahm, mit härteren Waffenstillstandsbedingungen konfrontiert. Molotow hatte sie vorsichtshalber auch den Amerikanern zur Kenntnis gebracht.[50]
Auf dem anderen Flügel ihrer Front, in Rumänien, gedachte die Sowjetregierung mehr zu wagen. Dort bereitete sie den Umsturz vor.[51] Den Schalthebel bediente Emil Bodnaras, ein ehemaliger Oberleutnant des königlichen Heeres, der sich 1931 nach Rußland abgesetzt hatte und seither Agent des Kreml war.[52] Er gründete die geheime »Apararea Patriotica« (Vaterländische Wehr), komplementär zu der vom Staatlichen Verteidigungskomitee in Moskau gebildeten Freiwilligen-Division »Tudor Vladimirescu« (Cambrea). Beide Organisationen sollten zu gegebener Zeit die rumänische Hauptstadt besetzen.[53]
Leichtes Spiel hatte Bodnaras mit den Führern der aufgelösten Oppositionsparteien: Iuliu Maniu, Nicolae Titulanu und Constantin Bratianu, Gheorghe Tâtârescu und Titel Petrescu. Sie hatten bei geheimen Zusammenkünften in Snagov und Sinaia den Fürsten Barbu Stirbey zu Verhandlungen mit den Anglo-Amerikanern ermächtigt. Das Ergebnis war enttäuschend. Doch als die Türkei am 2. August 1944 unter west-alliiertem Druck die Beziehungen mit Deutschland abbrach, hofften die Politiker wieder auf eine Umkehr ihres Landes zur Neutralität.[55]
Zuvor hatte Bodnaras alle Parteikader in einem »Nationaldemokratischen Block« vereinigt[56] und die »Vaterländische Wehr« erweitert. Mehr Gewicht bekam indes die Hofkamarilla, zu der außer den Generalen Gheorghe Mihail und Constantin Sanatescu die Obersten Dumitri Demaceanu und Mircea Ioanitiu zählten. Alle außer dem sowjetischen Agenten versprachen sich Hilfe von seiten der Anglo-Amerikaner und rechneten sogar mit einer Luftlandung bei Bukarest.
Aber auch die Kamarilla hatte Bodnaras unter Kontrolle. Er wohnte bei Grigore Niculescu-Buzeti, dem Chef der Chiffrierabteilung, und gewann durch ihn entscheidenden Einfluß auf die Vorbereitung des Staatsstreiches. Man wollte Antonescu verhaften, bündnistreue Offiziere ausschalten, die deutschen Truppen in Rumänien isolieren und auf der Grundlage des vorliegenden 6-Punkte-Programms einen Waffenstillstandsvertrag abschließen (Operation »Stejar«).[57]
Einige Offiziere warnten den Marschall, die deutsche Mission, sogar das Führerhaupt-

quartier.[58] Während der Gesandte Manfred von Killinger noch Illusionen hegte[59], sah Antonescu ein, daß Rumänien durch den Abzug aller Wehrmachtreserven, alliierte Bombenangriffe, die veränderte Haltung der Türkei und auch Bulgariens in eine hoffnungslose Lage geraten war. Er gab daher bei der letzten Unterredung mit Hitler und Keitel am 5. August 1944 auf die Frage, ob Rumänien an Deutschlands Seite weiterkämpfen werde, eine ausweichende Antwort.[60]

König Michael I. hatte den Putschplan akzeptiert. Unter dem Vorsitz von Sanatescu wurden während einer Offizierstagung in Alba Iulia die Rollen verteilt. General Mihai Racovitza erhielt Sondervollmachten. Er ließ die Angriffe rumänischer Jäger auf alliierte Bomber einstellen, zog um Bukarest Truppen mit modernen Panzern zusammen und übertrug Steflea den Oberbefehl bei Jassy, während General Aurel Aldea einen Verbindungsstab zu den Russen schickte.[61]

Die sowjetische Stawka verfügte seit drei Monaten über einen Operationsplan zur Liquidierung des südosteuropäischen Kriegsschauplatzes.[62] Verbände der Roten Armee sollten die deutsch-rumänische Front an zwei Stellen aufbrechen, durch eine kraftvolle Zangenbewegung das Gros der Verbündeten im Dreieck Jassy-Kischinew-Husi einschließen und schnelle Truppen über die untere Donau, auf den Karpatenwall, nach Bukarest und Ploesti vorwerfen.

Als Vertreter der Stawka koordinierte Timoschenko die Maßnahmen. Zwei Heeresgruppen mit 929000 Mann standen bereit: die 2. Ukrainische Front (Malinowskij) und 3. Ukrainische Front (Tolbuchin), unterstützt von der Schwarzmeerflotte (Oktjabrskij) und zwei Luftarmeen. Ihre Überlegenheit (Mannschaften 6:1; Geschütze 7:1; Granatwerfer 7:1; Panzer 6:1; Flugzeuge 3:1) garantierten für den Erfolg. Durch weitere Zuführung wurde eine Artilleriedichte von 240 Geschützen je Frontkilometer geschaffen.[63]

Demgegenüber hielt die HGr. Südukraine (Frießner) eine ungünstige Linie. Auf 645 km Breite standen vier Großverbände zu zwei Gruppen: die 3. Armee (Constantinescu) und 6. Armee (Fretter-Pico), 8. Armee (Wöhler) und 4. Armee (Steflea).[64] Zu ihrer Unterstützung war die Luftflotte 4 (Deichmann)[65] mit je einem deutschen und rumänischen Fliegerkorps eingesetzt. Zur Not konnte noch ein Fallschirmjäger-Bataillon aus Belgrad eingeflogen werden.

Nur 15 Prozent der fronterfahrenen deutschen Offiziere und Unteroffiziere hatten den Rückzug aus Rußland überlebt.[66] Eingreifreserven fehlten seit dem Abzug der Panzerkorps von Kirchner und Knobelsdorff. Alarmeinheiten des Admirals Schwarzes Meer (Brinkmann) und der Erdölverteidigung (Gerstenberg) hatten keinen Kampfwert. Bei der Artillerie wurden Beutegeschütze mit ungenügender Munitionsausstattung verwendet. Die Luftflotte meldete nur 232 einsatzbereite Kampfflugzeuge.[67]

Die sowjetische Offensive begann am 20. August 1944. Bis zur Mittagsstunde war die Front 16 km tief durchstoßen und Jassy genommen.[68] Kurz darauf kam der Angriff zum Stehen. Aber folgendentags drehte Timoschenko von zwei Seiten mit starken Kräften gegen den Pruth bei Husi ein. Bodnaras wurde angewiesen, den Staatsstreich in Bukarest um drei Tage vorzuziehen. Die 2000 Mann zählende »Vaterländische Wehr« besetzte ihre Ausgangsstellungen unweit des königlichen Schlosses.[69]

Angesichts des russischen Durchbruchs, drohender Anlandungen und der schwankenden Haltung Bulgariens war Antonescu gewillt, neue Frontlinien zwischen Galatz, Focsani und dem Karpatenkamm zu beziehen.[70] Er unterrichtete hiervon Generaloberst

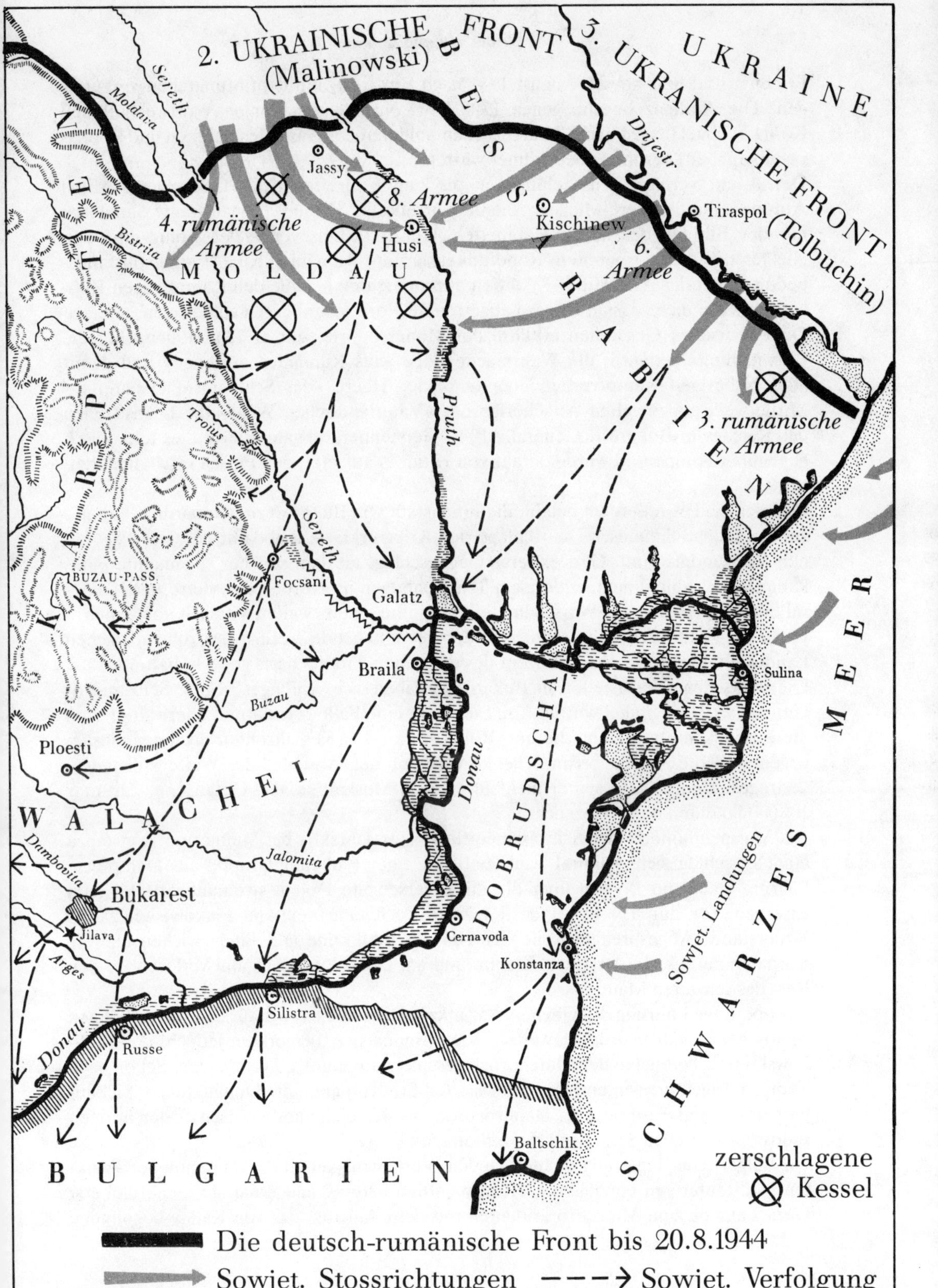

2. UKRAINISCHE FRONT
(Malinowski)
3. UKRAINISCHE FRONT
(Tolbuchin)
UKRAINE
BESSARABIEN
MOLDAU
KARPATEN
WALACHEI
DOBRUDSCHA
BULGARIEN
SCHWARZES MEER
Sowjet. Landungen
4. rumänische Armee
8. Armee
6. Armee
3. rumänische Armee
Jassy
Husi
Kischinew
Tiraspol
Focsani
Galatz
Braila
BUZAU-PASS
Ploesti
Bukarest
Jilava
Silistra
Russe
Cernavoda
Konstanza
Baltschik
Sulina
Sereth
Moldava
Dnjestr
Bistrita
Trotus
Pruth
Buzau
Donau
Jalomita
Dambovita
Arges
zerschlagene Kessel
Die deutsch-rumänische Front bis 20.8.1944
Sowjet. Stossrichtungen
Sowjet. Verfolgung

Frießner und fuhr am 23. August 1944 nach Bukarest, um dem Monarchen vorzutragen. Die Audienz begann gegen 17.00 Uhr. Nach einem kurzen Wortwechsel ließ König Michael den Marschall durch sieben Soldaten der Garde festnehmen und Bodnaras übergeben, der im Nebenzimmer wartete.[71]

Der Agent verbarg den Gefangenen bis zum Eintreffen des KGB, ebenso Mihai Antonescu und andere Minister, die man arretierte. Michael I. beauftragte Sanatescu mit der Bildung des neuen Kabinettes. Um 20.00 Uhr verlas der König eine von Niculescu-Buzeti vorbereitete Rundfunkerklärung: Rumänien habe Waffenstillstandsbedingungen der Anti-Hitler-Koalition akzeptiert und beende den Kampf gegen Rußland, um nunmehr das an Ungarn abgetretene Nordsiebenbürgen zu befreien.[72]

Dem deutschen Gesandten erklärte der Monarch, wie sehr er »als Hohenzoller die Entwicklung« bedaure; die Wehrmacht möge »aus Rumänien abziehen« und damit »der bisherigen Kampfverbundenheit« beider Heere »das Schlimmste ersparen«.[73]

Mittlerweile umzingelten Angehörige der »Vaterländischen Wehr« die Dienststellen des Reiches in Bukarest. General Alfred Gerstenberg bagatellisierte dies telefonisch gegenüber Kreipe und wurde darauf von Hitler beauftragt, den Putsch rasch niederzuwerfen.[74]

Daß der ObdW außerdem befahl, die Innenstadt von Bukarest zu bombardieren, hatte zur Folge, daß Sanatescu Deutschland den Krieg erklärte und dafür bei vielen Rumänen Verständnis fand. Gerstenbergs Gegenschlag, an dem fast nur sogenannte Flakkampftrupps teilnahmen, endete am Triumphbogen im Norden der Metropole. General Stahel, den man aus Warschau einflog, mußte einen zweiten Versuch abbrechen.[75]

Hitler war enttäuscht. Ihn schmerzte der bevorstehende Verlust des rohstoffreichen Landes, das zuletzt noch 22 Prozent des deutschen Erdölbedarfs gedeckt hatte.

Die deutschen Dienststellen in Bukarest ergaben sich. Killinger beging Selbstmord. Gerstenberg und Stahel wurden von Steflea in eine Falle gelockt und überwältigt. Um diese Zeit kämpften Deutsche und Rumänen an den Kesselfronten noch gemeinsam gegen die Rote Armee.[76] Timoschenko verschob den Abschluß des Waffenstillstandsvertrages. Einige Tage später meldete er nach Moskau 261 000 Gefangene, darunter 106 000 Soldaten der Wehrmacht.[77]

Als Marineinfanterie der Schwarzmeerflotte (Oktjabrskij) bei Sulina und Konstanza landete, schlug sich Admiral Paul Zieb mit einer Flußkampfgruppe aus Dampfern, Fährprähmen und Booten über die minenverseuchte Donau stromaufwärts bis zum Eisernen Tor durch.[78] Um Ploesti leistete noch eine deutsche Flakdivision zähen Widerstand. Abgesprengte Teile der HGr. Nordukraine (Frießner) wichen auf die Karpaten zurück. In der Bicaz-Klamm und am Lacul Poiana Uzului verloren sie den Rest des schweren Materials.[79]

Die operative Führung des Gegners war überlegen. Ob dies auch für den schwerfälligen Timoschenko galt, wurde bezweifelt. Viele Beobachter bemerkten jedoch, daß Malinowskij und Tolbuchin den Durchbruch geschickt auszunutzen verstanden. Schon nach wenigen Tagen erreichten ihre motorisierten Stoßverbände die Donaugrenze, Siebenbürgen und das Eiserne Tor. Damit wurde die Verteidigungsbereitschaft der übrigen südosteuropäischen Staaten stark erschüttert.

Die bulgarische Regierung suchte sich dem Verhängnis durch Proklamation der »strikten Neutralität« zu entziehen.[80] Horthy entließ Sztójay und ernannte Generaloberst Géza Lakatos zum Ministerpräsidenten mit dem Auftrag, das von Kállay begonnene

Werk zu vollenden.[81] Die kroatische Führung war gespalten.[82] In der Slowakei erhoben sich Teile der Armee gegen den bündnistreuen Staatspräsidenten Josef Tiso und seinen Regierungschef Adalbert Tuka.[83]

Ein kommunistisch geführter Nationalrat unter Karol Šmidke und Gustav Husák untergrub die Autorität der Zentralgewalt. Oberstleutnant Jan Golian und seine Freunde bereiteten einen Militärputsch vor. Auch der Verteidigungsminister, General Ferdinand Čatloš, ging eigene Wege. Er hoffte, das Land neutralisieren zu können, sobald die Rote Armee weiter nach Westen ausgriff und die Gefahr des deutschen Eingreifens beseitigte.[84]

Die Erhebung wurde zur Unzeit ausgelöst, als meuternde slowakische Soldaten eine aus Rumänien zurückkehrende Wehrmachtmission ermordeten, SS-Obergruppenführer Gottlob Berger mit Alarmeinheiten die Westgrenze überschritt und Čatloš gezwungen war, alle Einheiten der Preßburger Garnison aufzulösen.[85] Zu dieser Zeit durfte Golian noch nicht auf Unterstützung durch die tschechoslowakische Exilregierung und Hilfe aus der Sowjetunion hoffen.

Zentrum des Aufstandes war die Gegend um Banská Bistrica in der mittleren Slowakei.[86] Die Deutschen konnten das isolierte Gebiet aus allen Himmelsrichtungen angreifen, freilich nur mit schwachen Kräften, da gleichzeitig Teile der 4. Ukrainischen Front (Petrow) mit dem tschechoslowakischen I. Korps (Svoboda) gegen den Karpatenwall anstürmten.[87] Golians Truppen behaupteten sich zwei Monate lang aus eigener Kraft. Erst gegen Ende des Kampfes kamen ihnen General Rudolf Viest und die 2. Luftlande-Brigade der ČSR zu Hilfe.[88]

Zur Zerschlagung der bulgarischen Partisanenbewegung verblieb keine Zeit. Beauftragte des früheren Komintern-Generalsekretärs Georgi Dimitroff hatten den rund 18000 Aufständischen (»Söhnen des Volkes«) festen Rückhalt verschafft. Da die Anhänger Moskaus wegen ihrer Minderzahl nicht allein zur Macht gelangen konnten, gründete der KP-Chef ebenso wie Bodnaras eine »Vaterländische Front« (Otetschestwen Front) aus Kommunisten, Sozialdemokraten, Bauernbündlern und Mitgliedern des parafaschistischen »Zweno«.[89]

Ihr Einfluß wuchs bei Annäherung der Roten Armee. Denn gleichzeitig versagten die Westkontakte des von Prinz Kyrill, Bogdan Filoff und Nikola Michoff gebildeten Regentschaftsrates. Die Anglo-Amerikaner lehnten Friedensgespräche ab und verwiesen Bulgarien auf den Weg nach Moskau.[90] Der neue Ministerpräsident Konstantin Murawieff wiederholte die Neutralitätserklärung seines Vorgängers, kündigte das Bündnis mit Deutschland und den Antikominternpakt, ließ alle politischen Gefangenen frei und internierte aus Rumänien zurückweichende Truppen.[92]

Doch damit war Moskau nicht zufriedengestellt. Am 5. September 1944 vollzog sich das Schicksal des Landes innerhalb weniger Stunden. Der Ministerrat wollte über die Kriegserklärung an Deutschland beschließen. General Iwan Marinoff verzögerte sie um drei Tage und ermöglichte so der UdSSR, ihrerseits den Kriegszustand mit Bulgarien zu deklarieren, obwohl Stalin wußte, daß der Bruch zwischen Sofia und Berlin unmittelbar bevorstand.[93]

Da sich bisher keine bulgarische Regierung bereitgefunden hatte, die Rote Armee ins Land zu rufen, bekam diese nun scheinbar das Recht zum Überschreiten der Donaugrenze. Dadurch trat die für den Umsturz geeignete Lage ein.[94] Das übrige besorgten eingeschleuste Partisanen und »Söhne des Volkes«. Der Regentschaftsrat und alle

Minister wurden verhaftet. Nur Marinoff blieb verschont und von Kimon Georgieff, einem »Zweno«-Mann, sogar in das neue Kabinett aufgenommen.[95]
Als beispielhaft wurde in Sofia die Kehrtwende der Finnen empfunden. Eine neue Regierung unter Antti Hackzell hatte durch Paasikivi die unterbrochenen Kontakte mit der Stockholmer Sowjetgesandtschaft wiederhergestellt. Am 2. September 1944 akzeptierte der finnische Reichstag mit 113 gegen 46 Stimmen die Waffenstillstandsbedingungen.[96] In einem Schreiben an Hitler begründete Mannerheim die Einstellung des Kampfes: das Deutsche Reich könne eine schwere millitärische Niederlage überleben, das kleine Finnland nicht.[97] Seine Führung müsse sich daher neu orientieren.
Die UdSSR hatte den bisher größten Sieg ihrer Geschichte errungen. Innerhalb der sowjetischen Vorkriegsgrenzen stand kein fremder Eroberer mehr. Hitlers Dreierpaktsystem war zerbrochen. Nach Sanatescu flog Hackzell mit seinem Außenminister Carl Enckell und den Generalen Heinrichs und Waldén nach Moskau, um einen Waffenstillstandsvertrag zu unterzeichnen. Georgieff mußte sich noch bis Oktober gedulden. Von Horthy erwartete man, daß er folgen werde.[98]
Doch keinem der von Hitler abgefallenen Staaten waren Frieden und Neutralität vergönnt. Sie mußten jetzt mit ihren Streitkräften auf sowjetischer Seite am Kriege teilnehmen. Finnland sah sich dazu durch eine Vertragsklausel gezwungen, die es zur »Internierung« der nach dem 15. September 1944 noch verbliebenen Deutschen verpflichtet.[99] Rumänien und Bulgarien hatten Deutschland bereits den Fehdehandschuh hingeworfen. Ihre Truppen wurden der Stawka unterstellt. Vor ihnen lagen acht Monate blutiger Kämpfe.[100]

[1] Neulen, a.a.O., S. 148.
[2] Steiner, a.a.O., S. 125ff.; W. Tieke: Tragödie um die Treue. Kampf und Untergang des III. (germ.) SS-Panzerkorps, Osnabrück ³1978, S. 160ff. (zit. Tieke).
[3] Degrelle, a.a.O., S. 337ff.; a.a.O., Stöber S. 18ff.
[4] Gretschko, IX, a.a.O., S. 82–88; H. Frießner: Verratene Schlachten, Hamburg 1956, S. 15–30 (zit. Frießner).
[5] Klink: Finnlands Freiheit, a.a.O., S. 26f.; K. Köhler, H. Forwick, R. Kabath, F. Forstmeier: Abwehrkämpfe am Nordflügel der Nordfront 1944–1945 (Beiträge zur Militär- u. Kriegsgesch., 5) Stuttgart 1963 (zit. Köhler); Merezkow, a.a.O., S. 326–336.
[6] Erfurth, a.a.O., S. 243.
[7] Adonyi-Naredy, a.a.O., S. 122ff.
[8] H. Lange: Korpsabteilung C, Neckargemünd 1961.
[9] Gretschko, IX, S. 95–120; II. a.a.O., Konjew, S. 275f.
[10] Dragunskij, a.a.O., S. 186f.; K.W. Krainjukow: Vom Dnjepr zur Weichsel, (Ost)Berlin 1977, S. 207ff. (zit. Krainjukow).
[11] K. Csonkaréti: Hadijakók a Dunán, Budapest 1980, S. 248f.; H. Mast: Die königlich rumänische Kriegsmarine, in: Stindardul 78/1964.
[12] Craven/Cate, II, S. 472f.
[13] Siehe d. Erörterung d. Luftlage durch Hitler u. Antonescu am 5.8.1944 (Anm. 58).
[14] Shukow, II, a.a.O., S. 259.
[15] »Bierut« war d. nom de guerre des ehemaligen Kominternagenten Krasnodowski z. Zt. des Spanischen Bürgerkrieges; vgl. Woodward, III, S. 199, Anm. 2 u. P. Gosztony: Die polnische Volksarmee. Ihre Entstehungsgeschichte in der Sowjetunion, in: ÖMZ 6/1973, S. 462ff. u. 1/1974, S. 34ff.
[16] St. Grác (u.a.): Geschichte der Polnischen Armee, (Ost)Berlin 1978.
[17] Dziewanowski: Communist Party, a.a.O., S. 150ff.
[18] Korbonski, a.a.O., S. 119f.

[19] T. Komorowski: The Secret Army, London 1961, S. 200ff. (zit. Komorowski); dazu auch Mallmann, a. a. O., S. 206.
[20] PSZ, III, a. a. O., S. 590ff.
[21] Mikolajczyk, a. a. O., S. 80f.; Komorowski, S. 185f.
[22] Woodward, III, S. 154ff.
[23] Mikolajczyk, S. 82; dazu kritisch W. Pológ-Malinowski: Najnowszo historia polityszna Polski, III, Ottres, 1939–1945, London 1960, S. 605ff.
[24] DPSR, II, S. 315; FRUS: 1944, III, S. 1302, 1306, 1312f.; Woodward, III, S. 198f.; von sowjet. Seite Shtemenko, II, a. a. O., S. 104.
[25] Mikolajczyk, S. 79f.
[26] PSZ, III, S. 615.
[27] PSZ, III, S. 616; Ciechanowski, a. a. O., S. 126.
[28] Krannhals, a. a. O., S. 73.
[29] FRUS: 1944, III, S. 154ff.; Woodward, III, S. 154ff.; dazu E. P. King: British Policy and the Warsaw Uprising, in: JES 4/1974, S. 1ff. (zit. King: Warsaw).
[30] PSZ, III, S. 665.
[31] Krannhals, S. 93.
[32] Mallmann, S. 209f.
[33] Cynk, a. a. O., S. 198; King: Warsaw, S. 3.
[34] J. K. Zawodny: Nothing but Honour. The Story of the Warsaw Uprising 1944, Stanford, Cal., 1978, S. 21ff. (zit. Zawodny).
[35] Das ursprüngl. Konzept in: DPSR, II, S. 70, 88; zur Erhebung ebd. S. 302ff.; auführl. J. M. Ciechanowski: The Warsaw Uprising of 1944, Cambridge 1974, S. 119ff. (zit. Ciechanowski: Uprising).
[36] Krannhals, S. 101–107.
[37] A. Borkiewicz: Powstanie warszawskie, Warschau 1957, S. 84ff. (zit. Borkiewicz); Ciechanowski: Uprising, S. 135ff.; King: Warsaw, S. 6ff.; J. Kirchmayer: Powstanie Warszawkie, Warschau 1959, S. 169ff.; Z. Kliszko: Der Warschauer Aufstand. Erinnerungen und Betrachtungen, Frankfurt 1969, S. 120ff. (zit. Kliszko); Komorowski, S. 215ff., 232ff.; Pobóg-Malinowski, S. 667; Zawody, S. 43ff., 49ff.; 54ff.
[38] FRUS: 1944, II, S. 1374ff.; dazu King: Warsaw, S. 6ff.; Lukas, a. a. O., S. 210ff.; ders.: The Big Three and the Warsaws Uprising, in: MA 32/1975, S. 130ff.; May, a. a. O., S. 14; Woodward, III, S. 202–212.
[39] Dallek, a. a. O., S. 464.
[40] Rokossowskij, a. a. O., S. 341.
[41] Ciechanowski: Uprising, S. 138ff.; Zawody, S. 50ff.
[42] Korbanski, a. a. O., S. 21f.
[43] Zu Himmlers Reaktion u. Verantwortung ausführl. Krannhals, S. 308ff.
[44] Komorowski, S. 215; Krannhals, S. 124ff.; Teske, a. a. O., S. 228f. Mitteilung v. Gen. a. D. H. Staedke a. d. Vf. v. 2. 2. 1973.
[45] Borkiewicz, S. 302 (mit Propagandazahlen); kritisch Pobóg-Malinowski, S. 679, Anm. 191; ausführl. auch Kirchmayer: Aufstand, S. 144–260.
[46] Ciechanowski: Uprising, S. 160ff.; Komarowski, S. 340ff.; Zawody, S. 192ff.
[47] Garlinski, a. a. O., S. 190; Cynk, S. 199–202.
[48] Guderian, a. a. O., S. 338ff.; W. Haupt: HGr. Nord, Bad Nauheim 1969, S. 175ff. Köhler, S. 24ff.; Schmalenbach, a. a. O., S. 212ff.; Salewski, II, a. a. O., S. 448ff.
[49] Blücher, a. a. O., S. 270ff.; Erfurth, S. 246ff. Heinrichs: Mannerheim, II, a. a. O., S. 339ff.; Procopé, a. a. O., S. 341ff.; Mannerheim, S. 398ff.; Tanner, a. a. O., S. 84–95. Zusammenfassend Klink: Dt.-finn. Zusammenarbeit, a. a. O., S. 51–59.
[50] Polvinen, a. a. O., S. 191f.; Jutikkala/Pirinen, a. a. O., S. 389f.
[51] Shtemenko, II, S. 134f.; allg. E. Röhricht: Die Entwicklung auf dem Balkan 1943–1945, in: WWR 12/1961.
[52] Emilian, a. a. O., S. 344, 389; v. kommunist. Seite M. Musat u. V. Arimia: La Unire sub gloriosul drapel al independende si liberatii nationale, in: MI 6/1974, S. 11–35.
[53] Emilian, S. 353f.; Shtemenko, OO, S. 155f.
[54] Gheorghe, a. a. O., S. 379ff.; v. Kommunist. Seite Gh. Zaharia: Insurectia unica, in: MI 8/1974, S. 7–15 (zit. Zaharia).

[55] Hillgruber: Hitler, Carol, Antonescu, a.a.O., S. 194–199. Zur Wende d. türk. Politik vgl. d. unrichtige Berichterstattung in: ADAP, E, VIII, Nr. 142 u. d. zutreffenden Darstellungen v. Krecker, a.a.O., S. 251 ff.; Önder, a.a.O., S. 227 ff.; Weisband, a.a.O., S. 45 ff.

[56] Shtemenko, II, S. 137.

[57] Zaharia, S. 9.

[58] KTB/OKW, IV, S. 804; Kreipe-Tgb., 21.8.1944; dazu Frießner, S. 51, 55–58; Emilian, S. 334.

[59] ADAP, E, VIII, Nr. 149, 150; dazu Gheorghe, S. 399 ff..

[60] Guderian, S. 369 f.; v. kommunist. Seite A. Deac: Antonescu despre ultima întrevedere cu Hitler, in: MI 6/1968, S. 38 ff.

[61] I. Cupsa: Contributia Rominiel la Razboiul Antihitlerist, Bukarest 1958, S. 42–47 (zit. Cupsa); v. dt. Seite Frießner, S. 51.

[62] Shtemenko, II, S. 140 ff.

[63] Ebd., S. 146 f.

[64] Der am 15.8.1944 Racovitza abgelöst hatte.

[65] In Vertretg. ds. beurlaubten Generalobersten O. Deßloch.

[66] Kriegsgliederung b. H. Kissel: Die Katastrophe in Rumänien, Darmstadt 1964, S. 26 ff., 35 ff., 67 ff. u. Anl. 5/6 (zit. Kissel).

[67] Ebd., S. 84.

[68] Zur Entwicklung der Operationen v. dt. Seite außer Fretter-Pico, a.a.O., S. 135 ff.; Frießner, S. 59–73, 81–84 u. Kissel, S. 69–81 insbesond. W. Rehm: Jassy, Neckargemünd 1959, S. 45–97 (zit. Rehm); von kommunist. Seite G. Förster: Die Operationen von Iasi-Kishinjow und ihre Bedeutung für die Befreiung der Völker Südost-Europas, in: MG 5/1974, S. 523 ff.; Gretschko, IX, S. 121–147; W. A. Mazulenko: Die Zerschlagung der Heeresgruppe Südukraine, August/September 1944, (Ost)Berlin 1959; Shilin, a.a.O., S. 461–483; Shtemenko, II, S. 170.

[69] P. Constantinescu: Iasi: L'insurrection d'août 1944, in: Revue d'histoire 70/1969, S. 39 ff.; C. Nicolae u. P. Illie: Bucurestiul in insurectie, Bukarest 1975, S. 10–16 (zit. Nicolae/Illie).

[70] Guderian, S. 330; Frießner, S. 70–80; v. rumän. Seite E. Bantea: Insurectia româna, in: Jurnalul de razbol al Crupului de armate german Ucraina de Sud, Bukarest 1974.

[71] Hillgruber: Die letzten Monate, a.a.O., S. 389 ff.; Emilian, S. 390 f.; P. Illie: Locul actunii. Palatul real, in: MI 8/1974, S. 30–40.

[72] KTB/OKW, IV, S. 805; d. Rede v. Bodnaras am gleichen Abend, abgedr. b. Cupsa, S. 59; dazu Hagen, a.a.O., S. 312; Nicolae/Illie, S. 78 ff.; anders jedoch d. Emigrant N. Seitan: 23 August zi de doliu, in: Stindardul 10/1969 (Sonderdruck).

[73] Gheorghe, S. 410–422; Kissel, S. 108 f.

[74] Hillgruber: Hitler, Carol, Antonescu, S. 209–224 u. (nach dem Kreipe-Tgb. v. 22.7.–2.11.1944) Kissel, S. 109.

[75] D. Vitelianu: In Ziua decisiva la Comandamentul Militar al Capitalei, in: MI 9/1974, S. 41 ff.; Nicolae/Illie, S. 82–105.

[76] Shtemenko, II, S. 167.

[77] Gretschko, IX, S. 146.

[78] Kissel, S. 142.

[79] Frießner, S. 93–101; Kissel, S. 148 f.; Rehm, S. 256–261; vgl. d. Erlebnisberichte v. R. Hasemann: Gejagt, Stuttgart 1952; ders: Nasses Brot, Pfullingen 1952; K. Schiebold: Opfergang in Rumänien, Tübingen 1952; H. Sörensen: Finale Rumänien, Berlin 1949.

[80] Hoppe, a.a.O., S. 166–170.

[81] ADAP, E, VIII, Nr. 184, 203; Gosztony: Horthy, S. 110.

[82] Hory/Broszat, a.a.O., S. 171.

[83] Venohr: Aufstand, a.a.O., S. 51–125.

[84] Ebd., S. 126–136.

[85] Ebd., S. 170. Vgl. ADAP, E, VIII, Nr. 183–185, 190, 216, 220, von kommunist. Seite Nemci a Slovensko narodné pavstanie. Dokumenty, Preßburg 1971.

[86] Dazu außer d. Standardwerk v. Venohr d. ältere Lit. v. westl. Seite F. Duršansky: Es war nur eine sowjetische Partisanenaktion, in: PSt. 9–10/1964, S. 586 ff.; J. A. Mikus: La Slovaquie dans le drame de l'Europe, Paris 1955 u. J. Sloc: Partisans slovaques, in: Revue d'histoire 10/1963, S. 61 ff.; v. kommunist. Seite J. Dolezal u. J. Kren: Die kämpfende Tschechoslowakei 1938–1945, Prag 1964 u. G. Husák: Der slowakische Nationalaufstand, (Ost)Berlin 1972.

[87] Konjew, I, S. 305f.; Gretschko, X, S. 189–200; Shtemenko, II, S. 364ff.; für die Tschechoslowaken i. Rußland s. L. Svoboda: Von Busuluk bis Prag, (Ost)Berlin o. J.

[88] Venohr, S. 249–302; A. A. Gretschko: Über die Karpaten, (Ost)Berlin 1972, S. 35ff.

[89] J. Dolaptchiva: Bibliographie sur la guerre et la résistance, in: Revue d'histoire 72/1968, S. 83ff.; N. Gornenski u. E. Kamenov: La politique intérieure de Bulgarie, in: Revue d'histoire 72/1968, S. 23ff.; N. Oren: Bulgarian Communism. The Road to Power, 1941–1944, New York-London 1971. S. 245–258 (zit. Oren).

[90] Archiv na Bulgarska Adademia, IV, Jurnal P. Draganov, Sofia o. J., S. 5ff.; dazu W. Bretholz: Ich sah sie stürzen, Wien 1955 u. H. Seton-Watson: The East European Revolution, London 1950.

[91] ADAP, E, VIII, Nr. 174, 180ff, 187, 192, 208, 213, 215, 224; dazu Hoppe, S. 166–174, 182.

[92] Ebd., S. 178.

[93] Gretschko, IX, S. 148–164; Shtemenko, II, S. 185–228.

[94] Hagen, S. 322ff.; Miller, a. a. O., S. 210ff.; Oren, S. 255ff. R. L. Wolff: The Balkans in our Time, Cambridge, Mass., 1980, S. 254.

[95] Hoppe, S. 183; zur sowjet. Geschichtslegende, ebd., S. 254, Anm. 42.

[96] ADAP, E, VIII, Nr. 169, 170, 179, 188, 199, 216, 221; dazu Klink: Dt.-finn. Zusammenarbeit, S. 59f.; Th. Palm: The finnish-soviet armistice negotiations of 1944, Stockholm 1971 (mit d. Verhandlungsprotokollen); v. d. Memoiren insbesond. Blücher, S. 405ff.; Erfurth, S. 259f.; Merezkow, S. 336f.; Procopé, S. 343; Tanner, S. 199f.

[97] Der ungekürzte Text b. Mannerheim, II, S. 526; über d. Verhandlungen u. d. Inhalt des Vertrages vor allem Polvinen, S. 222ff. Zum Folgenden M. Menger: Das militärische Verhältnis zwischen Deutschland und Finnland im Herbst 1944, in: MG 3/1979.

[98] Hillgruber: Sowjet. Außenpol., a. a. O., S. 109.

[99] V. Anescu, E. Bantea u. I. Cupsa: Die Teilnahme der rumänischen Armee am Antihitlerkrieg, Bukarest 1966.

[100] A. Danov: Otecestvenata vojna 1944/45, Sofia 1972; P. Gosztony: Der Krieg zwischen Bulgarien und Deutschland, in: WWR 44–45/1967, S. 22ff., 89ff., 163ff.

Die neue Westfront

Das deutsche Westheer war auf dem Rückzug. Zwei räumlich getrennte Entscheidungen hatten ihn erzwungen: die Niederlage bei Falaise und das alliierte Landeunternehmen an der Côte d'Azur. Die HGr. B (Model) ordnete ihre Kräfte nördlich der Seine.[1] Das Gros der HGr. G (Blaskowitz) löste sich aus Südfrankreich. Während die 19. Armee (Wiese) mit der 11. Panzerdivision (Wietersheim) als Wegbereiter über Avignon auf Lyon zustrebte[2], mußte sich die 1. Armee (Chevallerie), von Bordeaux kommend, an den Amerikanern vorbeistehlen und ostwärts Orléans das Loire-Ufer wechseln.[3]
Rund 18000 Soldaten und 3000 Wehrmachthelferinnen verloren den Anschluß.[4] Zwei Divisionen, die man in Toulon[5] und Marseille[6] zurückgelassen hatte, sahen sich außerstande, diese »Festungen« zu verteidigen; auf der Land- und Seeseite umschlossen, kapitulierten 35000 Mann.[7] Dagegen wurden im Heeresgruppenbereich G La Rochelle samt den Inseln Ré und Oléron sowie Gironde Nord und Süd bis zum Ende des Krieges gehalten.
Eisenhower hatte jetzt drei Heeresgruppen mit sechs alliierten Armeen unter seinem Kommando. Zwischen ihnen klaffte eine breite, unkontrollierte Lücke, der Ausweg für abfließende deutsche Kolonnen. Die 21st Army Group (Montgomery) und 12th Army Group (Bradley) erreichten Seineübergänge beiderseits von Paris.[8] Die 6th Army Group (Devers) kam mit der 7. US-Armee (Patch), französischen Verbänden und Maquisards langsam das Rhonetal herauf, um später bei Langres am rechten Flügel der alliierten Front einzurasten.[9]
Nach vier Jahren brach Frankreich das zweite Mal zusammen.[10] Pétain trat an de Gaulle heran, um eine Übergangslösung zu vereinbaren, bekam jedoch keine Antwort.[11] Laval scheiterte, als er Edouard Herriot zur Einberufung der Kammer drängte.[12] SS-Leute entfernten den widerstrebenden Marschall aus Vichy.[13] Später bestimmte die Reichsführung Schloß Sigmaringen zu seiner Residenz. Andere Franzosen ließen sich in der Nähe nieder.
Mit den Deutschen zogen Milizen – etwa 6000 Mann und 4000 Familienangehörige – nach Norden, während Gendarmerie und Garde mobile zu Einheiten der FFI überliefen.[14] Die Maquisards wurden durch diesen unverhofften Zuzug nicht disziplinierter, denn auch in Frankreich lebende Exilspanier und Polen sowie entwichene OT-Arbeiter betätigten sich als Partisanen.[15] Viele waren, wie General Jacob L. Devers feststellte, nichts weiter als Plünderer und Terroristen.[16]
Die Heckenschützen konnten nur wenig ausrichten. Ein größeres Unternehmen des auvergnatischen Maquis (Operation »Caiman«) wurde abgesagt.[17] Toulouse, Grenoble und Lyon – sogenannte Hauptstädte der Résistance – gewannen erst nach Abzug der Wehrmacht politische Bedeutung.[18] Hier wie anderen Orts begann die neue Gerechtigkeit mit Denunziationen, Festnahmen, Erpressungen und Quälereien, nicht zuletzt der kompromittierten Frauen und Mütter von »Besatzungskindern«.[19]

Mord und Totschlag waren an der Tagesordnung. In Kürze wurden 1944 mehr Franzosen von ihren Landsleuten umgebracht als zur Zeit der Großen Revolution.[20] Raymond Aron schätzt die Zahl der Opfer auf 30000 bis 40000.[21] Paul Sérant verzeichnet mindestens 100000.[22] Häufig befanden sich unter ihnen Bürgermeister und Geschäftsleute, Schloßbesitzer mit ihren Frauen, ehemalige Minister und Justizpersonen, Geistliche und Ärzte, Industrielle und höhere Offiziere wie Louis Renault und Charles Platon.[23]

Blutige Maßnahmen der Sicherheitskräfte – sie hatten Jean Zay und Georges Mandel ermordet – dienten als Vorwand.[24] Vergeltung konnte aber nicht das Motiv der Massaker sein. Die »Säuberungen« (épurations) deuteten eher auf revolutionäre Absichten. Sie wurden später abgestritten.[25] Doch im August/September 1944 hielten bürgerliche Kreise der Résistance eine kommunistische Machtergreifung durchaus für möglich. Auch de Gaulle rechnete mit ihr.[26]

Das brennende Warschau vor Augen, zögerte der General, die Hauptstadt in den Kampf einzubeziehen. Zur Klärung der Lage entsandte de Gaulle, bevor er von Algier über Gibraltar nach Maupertuis bei St. Lô flog, Jacques Chaban-Delmas als Militärbeauftragten nach Paris.[27] Er stellte fest, daß der deutsche Kommandant, General Dietrich von Choltitz, mit seinen schwachen Kräften das Häusermeer so wenig verteidigen konnte wie sein französischer Vorgänger 1940.[28]

Doch der Kommunistenführer Rol Tanguy erklärte, daß ihm Paris 200000 Tote wert sei.[29] Von vielen Mauern schimmerte die grimmige Parole »A chacun son boche!«[30] Die PCF konnte den Aufstand wagen, denn sie verfügte über eigene »Franctireurs et Partisans« und Funkverbindung mit Moskau.[31] Um der revolutionären Erhebung zuvorzukommen, besetzten gaullistische Einheiten das Rathaus und die Polizeipräfektur, wo sich unter Alexandre Parodi und Georges Bidault das Comité Français de Libération Nationale (CFLN) versammelte.[32]

Begleitet vom Janhagel überfielen die Kommunisten einzelne Wachposten und Dienststellen. Als der schwedische Generalkonsul einen Waffenstillstand vermittelte, ließ Choltitz 4213 Gefangene frei, unter ihnen Parodi und Tanguy, die man zufällig aufgegriffen hatte.[33] Gleichzeitig begann die Besatzungsmacht mit dem Abzug. Doch die FTP brach das Abkommen.[34] Chaban-Dalmas drohten die Zügel zu entgleiten. Um nicht völlig ins Hintertreffen zu geraten, nahm die FFI an den Schießereien teil.[35]

Roosevelt übte Zurückhaltung. Ein Abkommen über die Verlegung der provisorischen Staatsorgane aus Algier nach Paris war noch nicht unterzeichnet, weil der Präsident weiter daran dachte, das französische Empire aufzulösen.[36] Nichtsdestoweniger erkannte man in Washington, daß eine kommunistische Machtergreifung den eigenen Interessen abträglich wäre. Die Angelegenheit bekam für Eisenhower »leicht bitteren Beigeschmack«.[37] Auf Geheiß der Combined Chiefs ließ er 200 gaullistische Panzer zum Vorstoß auf die Stadt einsetzen.[38]

Mit ihnen begann das Entrée des Generals.[39] Ungeachtet der Gefahren schritt er mit Chaban-Delmas und dem CFLN durch die jubelnde Menge. Aufflackernde Gewehrfeuer schrieb de Gaulle geringschätzig den Kommunisten zu.[40] Auf seine Bitte ließ Eisenhower eine amerikanische Infanteriedivision folgen. Ihr Durchzug führte revolutionären Elementen vor Augen, hinter wem die meisten Bajonette marschierten.[41] Als der Truppenverband weiterzog, nahmen die blutigen Ausschreitungen freilich wieder zu.[42]

Choltitz kapitulierte am Gare Montparnasse. Wutentbrannt befahl Hitler, sofort alle verfügbaren Ferngeschütze, V-Raketen und Fliegerverbände zur Zerstörung von Paris einzusetzen.[43] Aber Speidel, der schon vorher mit dem Stadtkommandanten verabredet hatte, von unsinnigen Zerstörungen abzusehen, sabotierte auch diesen Racheakt.[44] Allein die Bomber der Luftflotte 3 (Deßloch) flogen einen Angriff: 213 Menschen fanden den Tod, 593 Gebäude wurden vernichtet oder beschädigt.[45]

Durch die Übergabe von Paris war Hitlers Plan, in Nordfrankreich eine neue Front aufzubauen, hinfällig. Das Nordufer der Seine ging als Auffangstellung in ganzer Länge verloren. Die Sommelinie konnte nicht ausgebaut werden. Die zurückgehenden deutschen Verbände schienen sich weiter aufzulösen. Bei Amiens ergab sich General Hans Heinrich Eberbach mit den Resten seiner Armee. Um Hirson, Maubeuge und Mons wurden 30000 deutsche Soldaten gefangengenommen.[46]

Eisenhower und Montgomery wetteten auf den erwarteten Waffenstillstand. Vertreter der Vereinten Nationen berieten in Bretton Woods und Dumbarton Oaks über eine neue Friedensordnung. Drei anglo-amerikanische Gremien – die Europäische Beratende Kommission, SHAEF und ein von Roosevelt eingesetzter Kabinettsausschuß – entwikkelten Nachkriegspläne für das besiegte Deutschland.[47] Die Zeit drängte. Bis zum Herbst sollte das umfassende Programm fertig sein.

Winant, Gusew und Strang legten den Entwurf eines Dokumentes zur bedingungslosen Kapitulation des Reiches vor.[48] SHAEF unterbreitete aufgrund neuer Richtlinien der Combined Chiefs ein »Handbuch für Militärregierung« in Deutschland.[49] Der Kabinettsausschuß, dem Hull, Morgenthau und Stimson angehörten, konnte sich nicht einigen und begnügte sich daher mit drei gesonderten Memoranden, von denen Roosevelt die Denkschrift des Schatzsekretärs am meisten zusagte.[50]

Die anglo-amerikanischen Staatsmänner trafen sich wieder in Quebec (»Octagon«). Ihr Hauptthema war die »zweite Phase« der Leih-Pacht-Verträge, mit denen Großbritannien mehr denn je von den USA abhängig war. Wohl aus diesem Grunde diktierte Churchill, der auf Veranlassung von Anthony Eden und Sir John Anderson den Morgenthauplan zuerst kritisiert hatte, ein zustimmendes Memorandum. Die deutsche Industrie an Ruhr und Saar sollte stillgelegt und das Restgebiet des Reiches »primär Acker- und Weideland« werden.[51]

Diese auch von Lindemann – Lord Cherwell – befürwortete Lösung hatte zur Folge, daß Churchill und Roosevelt gemeinsam das jüngste Dokument des amerikanischen Schatzsekretärs billigten. Die Entscheidung wurde jedoch durch Indiskretion der im Wahlkampf besonders kritisch gestimmten amerikanischen Öffentlichkeit bekannt. Die Presse entdeckte tiefgehende Meinungsverschiedenheiten in den Kabinetten beiderseits des Atlantik. Der republikanische Präsidentschaftskandidat verfocht die Gegenargumente zum Morgenthauplan.[52]

Hull und Stimson, Eden und Anderson befürchteten, der Entwurf könne zur Verhärtung des deutschen Widerstandes beitragen. Morgenthau versicherte, er wolle mit seinem Konzept doch nur künftige Kriege verhindern, Deutschland aber Gutes angedeihen lassen, zumal eine Agrargesellschaft »dem Paradies auf Erden am nächsten komme«.[53] Angesichts dieser Argumentation zogen die beiden Regierungschefs ihre Unterschriften zurück, löste Roosevelt den Kabinettsausschuß auf.

Zum Glück für die Alliierten wurden auch die militärischen Kontroversen zunächst beigelegt. Montgomery hatte von Nordfrankreich durch Belgien und die Niederlande in das Ruhrgebiet vorstoßen[54], Eisenhower dagegen breit ausfächern und zusammen mit der 6th Army Group (Devers) eine breite Angriffsfront zwischen Basel und Hoek van Holland bilden wollen.[55] Ausschlaggebend waren die Nachschubprobleme. Sie zwangen zum Kompromiß.[56]

Der Schwerpunkt sollte nunmehr auf dem linken Flügel mit Antwerpen als Hauptziel liegen, während sich Bradley und Devers bei Dijon vereinigen würden. Die dadurch entstehende Verrenkung der Front behob Eisenhower, indem er zwischen Hodges und Dempsey die 9. US-Armee (Simpson) einsetzte. Zur Steuerung des Nachschubs wurde bei Chartres ein Zwischenlager eingerichtet. Aus ihm transportierten 5956 LKW (als »Red Ball Express«) die Versorgungsgüter zur Front.[57]

Die Verfolgung wurde durch »Ultra« erleichtert.[58] Mit seiner Hilfe hatte Hodges bereits den Abschnitt Lüttich-Maastricht erreicht.[59] Dempsey besetzte Brüssel[60] und warf eine Panzerdivision nach Antwerpen, dessen Docks unter Mitwirkung der belgischen Armée secrète gesichert wurden.[61] Doch Crerars Kanadier lagen noch vor Le Havre, Boulogne, Calais und Dünkirchen fest.[62] Truppen der 15. Armee (Zangen) konnten deshalb einen Brückenkopf in Flandern behaupten und die Westerschelde sperren.[63]

Auch die Nachrichten vom rechten Flügel der Front beunruhigten Eisenhower. Devers erhielt aus den zerstörten Mittelmeerhäfen nicht ausreichende Versorgung. Patton klagte über mangelnden Treibstoff und offene Flanken.[64] Seine schnell vorgedrungenen Panzerspitzen lagen am westlichen Moselufer fest. Deutsche Truppen leisteten wieder hartnäckig Widerstand, besonders bei Metz, wo Waffen-SS und eine Fahnenjunkerschule den Amerikanern empfindliche Verluste zufügten.[65]

Von einer Wende konnte gleichwohl nicht die Rede sein. Rund 293800 Deutsche waren gefallen, durch Verwundung oder Gefangennahme ausgeschieden; nur etwa 543000 kämpften noch in Nordfrankreich und Belgien.[66] Weitere 230320 Angehörige der Wehrmacht, darunter 86447 Soldaten des Heeres, verteidigten die sogenannten Atlantikfestungen und banden bis zur Übergabe von Le Havre (11. September), Brest (20. September), Boulogne (23. September) und Calais (30. September) mindestens 350000 Amerikaner, Franzosen und Kanadier.[67]

Feldmarschall Model wurde in seinen Kommandobefugnissen eingeschränkt, als er mahnend auf die mehrfache Überlegenheit des Gegners hinwies und angemessene Entscheidungen forderte. Hitler hatte am 1. September 1944 Rundstedt nach Rastenburg befohlen und vier Tage später wieder zum OB West ernannt.[68] Ihm wurde nach Unterredungen mit Göring, Himmler und Speer, Jodl und Westphal, Dönitz und Kreipe die Zuführung frischer Kräfte versprochen.

Von 18 neuaufgestellten Divisionen erhielt das Westheer aber nur 2 als Verstärkung, dafür einige improvisierte Verbände. Göring hatte in Rastenburg gemeldet, daß er über sechs unterschiedlich ausgebildete Fallschirmregimenter verfügen und mit Fliegern, Flak- und Bodenpersonal weitere Einheiten aufstellen könne. Aus ihnen entstand die 1. Fallschirmjäger-Armee (Student).[69] Hinzu kamen Marine-, Garnison- und Polizeitruppen, später auch eine SS-Brigade »Landstorm Nederland«.[70]

Dem OB West (Rundstedt) unterstanden weiter zwei Heeresgruppen, zur Rechten die HGr. B (Model) mit der 15. Armee (Zangen), 1. Fallschirmjäger-Armee (Student), 7. Armee (Brandenberger) und 1. Armee (Knobelsdorff), zur Linken die kleinere HGr. G (Blaskowitz) mit dem selbständigen LXVI. Korps (Lucht) und der 19. Armee (Wiese). Die Frontlinie begann im Brückenkopf von Breskens, folgte dem Maas-Scheldekanal,

lief an Aachen und Luxemburg vorüber nach Metz und weiter über den Vogesenkamm zur Burgundischen Pforte.
Zwischen den Westalliierten gab es wieder Spannungen. Montgomery wollte den Westwall umgehen, die neuen Rampen für V2-Projektile ausschalten, das Ruhrgebiet besetzen und bis nach Berlin vorstoßen.[71] SHAEF befürchtete jedoch, daß diese Offensive alle Treibstoffreserven aufzehren und die Amerikaner zur Untätigkeit verurteilen würde.[72] Eisenhower mußte abermals einen Kompromiß schließen.
Er genehmigte die Operation »Market Garden«.[73] Drei alliierte Luftlandedivisionen sollten sich im Sprungeinsatz der niederländischen Kanal-, Maas-, Waal- und Rheinübergänge bemächtigen und, gefolgt von britischen Panzerverbänden, einen Angriffskeil mit Arnheim als Brückenkopf bilden. Darauf gedachte Eisenhower die Westerschelde freizukämpfen. Seines Erachtens war erst nach Sicherstellung Antwerpens als Nachschubhafen an weiteres Ausgreifen zu denken.[74]
Von 4807 alliierten Flugzeugen, die am 17. September 1944 nach Holland einflogen[75], schoß deutsche Flak 73 Maschinen und zahlreiche Lastensegler ab. Das rasch eingreifende II. SS-Panzerkorps (Bittrich) isolierte die bei Arnheim gelandeten Briten und nahm deren Versorgungsgüter.[76] In neuntägigem Kampf wurde die 1st Air Born Division (Urquhart) samt der polnischen 1. Luftlande-Brigade (Sosabowski) aufgerieben.[77] Nur 2238 Engländer und 160 Polen entkamen. Insgesamt verloren die Verbündeten 13266 Mann.[78]
Während der Schlacht von Arnheim hatte SHAEF beschlossen, die Offensive ohne Rücksicht auf Antwerpen fortzusetzen.[79] Nachdem es der 1. US-Armee (Hodges) gelungen war, den Westwall erstaunlich schnell zu durchstoßen[80], sollte Montgomery seinem weitgesteckten Ziel zustreben können. Aber die Gelegenheit war verpaßt. Patton zog einen Großteil des Treibstoffes an sich.[81] Dempsey verlor die Initiative.[82] Hodges brauchte 19 Tage, um Aachen einzunehmen.[83]
Auch die nun beginnende Öffnung der Scheldemündung beanspruchte Zeit. Crerar nahm Breskens. Aber die 15. Armee (Zangen) entkam zum Nordufer und behauptete sich unter Bombenschlägen und Beschuß des Schlachtschiffes »Warspite« (Fisher) einen Monat lang auf dem Dünenring der überfluteten Insel Walcheren.[84] Der Landangriff kostete die Kanadier 27633 Mann.[85] Schließlich mußte Ramsay über 100 Minensucher einsetzen, um den Schiffahrtsweg nach Antwerpen freizuräumen.
Die 9. US-Armee (Simpson) erlitt im Hürtgenwald starke Verluste. Die 3. US-Armee (Patton) rückte zur alten Reichsgrenze bei Saarbrücken vor. Devers berannte mit der 7. US-Armee (Patch) die Vogesenpässe. Ein Stoß der französischen 1. Armee (De Lattre) durch die Burgundische Pforte öffnete den Oberrheingraben. Auch Straßburg wurde von den Franzosen genommen. Aber die Begradigung der Front mißlang. Um Kolmar blieb ein deutscher Brückenkopf bestehen.
Der Herbst war gekommen, das Wetter unbeständig und naß. Die Fliegertätigkeit ließ nach. Straßendecken brachen unter der Last des Kolonnenverkehrs. Die alliierten Soldaten, vor allem Neger und Nordafrikaner, befanden sich in schlechtem Gesundheitszustand.[86] Wer an eine rasche Entscheidung geglaubt hatte, sah sich enttäuscht. Die 800km lange Front erstarrte. Die deutsche Wehrmacht schloß ihre Reihen, stellte Disziplin und Kampfbereitschaft wieder her. Erstaunt sprachen die Anglo-Amerikaner von einem »German Miracle«.

[1] KTB/OKW, IV, S. 359; Überreste der 5. Panzerarmee (Eberbach) wurden mit der 7. Armee (Hausser) vereinigt. Die 15. Armee erhielt einen neuen Oberbefehlshaber.

[2] Heiber: Lagebespr., S. 611–649; KTB/OKW, IV, S. 249ff. Dazu ausführl. W. Haupt: Rückzug im Westen. Von der Invasion zur Ardennenoffensive, Stuttgart 1978, S. 15–45 (zit. Haupt: Rückzug) u. G. Steiger: Rückzug durch das Rhonetal. Abwehr- und Verteidigungskämpfe der 19. Armee im Herbst 1944, Neckargemünd 1965.

[3] KTB/OKW, IV, S. 335f.

[4] Ebd., S. 355.

[5] Robichon, a. a. O., S. 277ff.

[6] Ebd., S. 270ff.; P. Guiral: Libération de Marseille, Paris 1974.

[7] KTB/OKW, IV, S. 374.

[8] Blumenson, a. a. O., S. 583ff.; Ehrman, V, a. a. O., S. 379ff.; Ellis/Victory, I, a. a. O., S. 457ff.

[9] Ph. Masson: De la Provence à la Bourgogne. La pursuite de l'armée Wiese, in: JF 176/1973, S. 2241ff.

[10] Aron: Histoire de la libération, a. a. O., S. 115–130.

[11] De Gaulle, II, S. 224; K. Tournoux: Pétain et de Gaulle, Paris 1966.

[12] De Gaulle, II, S. 277; R. Aron: La dernière combinaison politique de Pierre Laval, in: JF 169/1972, S. 1045ff.; G. Warner: Pierre Laval and the Eclipse of France, London 1968, S. 268ff.; zuletzt G. Jacquemin: La vie publique de Pierre Laval, Paris 1974, S. 214ff.

[13] Vgl. d. Erinnerungen v. A. v. Neubronn: Als »Deutscher General« bei Pétain, in: VZ 4/1956, S. 227–250, sowie des Schweizer Gesandten W. Stucki: Von Pétain zur Vierten Republik, Bern 1947. Ders. schrieb: Les SS enlèvent Pétain, in: Hist. 7/1973, S. 46–53; J. Mordal: Un convoi funèbre pour l'état français, in: JF 169/1972, S. 2050–2058.

[14] J. Delperrie de Bayac: Histoire de la Milice, Paris 1969 (zit. Delperrie); ders.: La Milice sur les routes de l'émigration, in: JF 166:1072, S. 1056ff.; zum Verhalten der Gendarmerie s. Azéma, a. a. O., S. 324.

[15] H. Gugonnot u. G. Laroche: Die Ausländer in der französischen Widerstandsbewegung, in: Internationale Hefte der Widerstandsbewegung 2/1960, S. 9–28.

[16] Äußerung des Gen. Devers gegenüber dem Vf. am 2. 4. 1955. Zu den Terrorbanden gibt es auch von frz. Seite zahlr. Hinweis, z. B. in den Bdn. v. Bidault, a. a. O., S. 62f. u. Ch. d'Aragon: La résistance sans héroisme, Paris 1977, passim.

[17] P. Billotte: Qui a abandonné les Maquisards d'Auvergne? L'opération Caiman n'aura pas lieu, in: Hist. 9/1973, S. 81–85.

[18] P. Bertaux: La libération de Toulouse et sa région, Paris 1973; G. Joseph: La libération de Grenoble, in: Hist. 12/1980, S. 108ff. S. Ravanel: Libération de Toulouse, in: Hist. 11/1980, S. 88ff.; F. Rude: Libération de Lyon et sa région, Paris 1974.

[19] Bidault, S. 63f.; R. Aron: L'heure des justiciers des maquis est arrivée, in: JF 167/1972, S. 1933ff. Die Zahl der aus deutsch-französischen Verbindungen hervorgegangenen »Besatzungskinder« wird auf 80000 bis 85000 geschätzt.

[20] 1789–1793.

[21] Das Comité d'Histoire de la Deuxième Guerre Mondiale schätzte die Zahl d. Opfer zunächst auf 300000 Tote. Diese Annahme wurde revidiert v. R. Aron: Histoire de l'épuration, Bd. 1, Paris [2]1974; ders.: Les executions sauvages à la libération, in: Hist. 247/1972, S. 117ff.

[22] P. Sérant: Die politischen Säuberungen in Westeuropa, Hamburg o. J., S. 155f. (zit. Sérant).

[23] (N. N.): J'ai vu fusiler l'amiral Platon, in: Hist. 324/1973, S. 9ff.

[24] Delperrie, S. 496–525.

[25] Bidault, S. 61; C. Lévy: La libération. Révision ou revolution? Paris 1974.

[26] Bidault, S. 71; De Gaulle, II, S. 306; D. Lapierre u. L. Collins: Le danger communiste, in: Hist. 6/1973, S. 22–33; vgl. auch H. G. Lehmann: Kommunistischer Widerstand in Frankreich, in Belgien und in den Niederlanden, in: Wehrforschung 4/1975, S. 144–151; Piekalkiewicz: Invasion, a. a. O., S. 225–248.

[27] L. Collins u. D. Lapierre: Brennt Paris? Bergisch Gladbach 1978, S. 16ff. (zit. Collins/Lapierre).

[28] Choltitz, a. a. O., S. 223ff.; Speidel, a. a. O., S. 201f. Am 20. 8. 1944 befanden sich 20000 dt. Soldaten i. d. Stadt, größtenteils Wach-, Verwaltungs- u. Instandsetzungspersonal.

[29] Collins/Lapierre, S. 168; s. auch R. Aron: Dans la fièvre de l'insurrection, in: JF 77/1972, S. 2139 (zit. Aron: Fièvre).

[30] »Jedem seinen Deutschen«; boche = frz. Schimpfwort. Dazu A. Werth: Der zögernde Nachbar, Düsseldorf 1957, S. 163ff.

[31] Vgl. A. J. Rieber: Stalin and the French Communist Party, 1941–1947, New York 1962.

[32] Bidault, S. 72f.
[33] Azéma, S. 345.
[34] Aron: Fièvre, S. 2143.
[35] A. Dansette: Histoire de la libération de Paris, Paris ³1974, S. 370ff. (zit. Dansette).
[36] W. Le Feber: Roosevelt, Churchill, and Indochina, 1942–1945, in: AHR 80/1975, S. 1277–1295; Ch. Thorne: Indochina and Anglo-American Relations, 1942–1945, in: AHR 2/1976, S. 73–96.
[37] Bradley, a. a. O., S. 414f.; Butcher, a. a. O., S. 719f.; Eisenhower, a. a. O., S. 351.
[38] Dansette, S. 374; Wilmot, a. a. O., S. 412ff.
[39] F. Mauriac: De Gaulle, Berlin 1965, S. 217ff.; Foot, a. a. O., S. 415.
[40] Collins/Lapierre, S. 370f.
[41] Eisenhower, S. 352; Ellis: Victory, I, a. a. O., S. 357ff.; Dansette, S. 376.
[42] Aron: L'insurrection, S. 2161ff.; ders.: Fièvre, S. 2142f.
[43] Heiber: Lagebespr., a. a. O., S. 646f.; Warlimont, a. a. O., S. 497, Anm. 10.
[44] Speidel, S. 202.
[45] Collins/Lapierre, S. 275ff.; Dansette, S. 188f.
[46] Blumenson, a. a. O., S. 589; Wilmot, S. 454, 458.
[47] Blum, a. a. O., S. 115–170; Dallek, a. a. O., S. 479; A.E. Eckes: A Search for Solvency. Bretton Woods and the International Monitary System, 1941–1971, Austin, Tx, 1975, S. 54–105; Ehrman, V, a. a. O., S. 382ff.; Lekachman: Keynes, a. a. O., S. 50, 206, 211, 216; Woodward, V, a. a. O., S. 126–134, 135–180.
[48] Blum, S. 208; Burns, a. a. O., S. 500ff.
[49] Blum, S. 207; Dallek, S. 472; Pogue, a. a. O., S. 468f.
[50] Zum Inhalt des Entwurfes außer Blum, S. 216–229, 230, 235 u. Dallek, S. 473ff. vor allem Hull, II, a. a. O., S. 1613–1623 u. Stimson-Diaries, 15.–19. 7. 1944; dazu Backer, a. a. O., S. 30f.; ders.: Priming the German Economy, Durham, N. C., 1971, S. 16; J.-C. Demoulin: 1944 – Le plan Morgenthau, in: Stindardul 4/1982, S. 10f.; Ellis: Victory, II, S. 147ff. u. Schwinge, a. a. O., S. 33.
[51] FRUS: The Conference at Quebec, 1944, Washington, D. C., 1972, S. 43f., 16ff., 43, 159f., 169f., 177ff., 224ff., 296, 328ff., 344–348, 371f., 395, 468f., 392f.; dazu d. Aufzeichnungen v. Bryant, II, a. a. O., S. 271–281, d. Stettinius-Diaries, 12.-21. 9. 1944; Stimson-Diaries, 1.–18. 9. 1944; Churchill, VI, 1, S. 179ff., 186ff., 191f.; dazu H. Morgenthau: Germany in Our Problem, New York 1945. Grundlegend Blum, S. 241f.; Burns, S. 502–527; H. G. Gelber: Der Morgenthauplan, in: VZ 13/1965, S. 372–402; F. Kimball (Hg.): Sword or Ploughshares? The Morgenthau Plan for Defeated Nazi Germany, Philadelphia, Pen., 1976; auch Woodward, V, S. 222–228. Neuerdings K.-D. Dobat: Ein Karthago-Frieden für Deutschland? Der Morgenthauplan von 1944 in der amerikanischen Politik, in: D 9/1983, S. 811–825.
[52] G. S. Eggleston: Roosevelt, Churchill, and the World War II Opposition, Old Greenwich, Con., 1979; Dallek, S. 477f., 482ff. Sherwood, a. a. O., S. 668; Pratt, a. a. O., S. 314ff.
[53] Blum, S. 242; Dallek, S. 476.
[54] Montgomery, a. a. O., Kap 11, passim.
[55] Ehrman, V, S. 278ff.; Eisenhower, S. 353ff.
[56] Belchem, a. a. O., S. 179f.; Bryant, II, S. 261f.; Ellis: Victory, I, S. 459–464; Irving: Generals, a. a. O., S. 260ff.; Wilmot, S. 442–458.
[57] Ross/Romanus, a. a. O., S. 399ff.; R. C. Ruppenthal: Logistical Support of the Armies (US Army in World War II), Washington, D. C., Bd. 1, 1953, S. 498–583; Ch. Warlow: The Transportation Corps (US Army in World War II), Washington 1956, D. C. S. 472.
[58] Bennett: Ultra, a. a. O., S. 51; Winterbotham, a. a. O., S. 131–158.
[59] Blumenson, S. 667f.; Ellis: Victory, II, S. 1–5; Wilmot, S. 450f.
[60] J. Piron: Souvenirs, Brüssel 1969.
[61] G.K. Tanham: Contribution à l'histoire de la résistance belge 1940–1944, Brüssel 1971, S. 237ff.; I. Gérard: Armée secrète. Souvenirs de Commandement, Brüssel 1962.
[62] Stancey, a. a. O., S. 349ff.
[63] Blumenson, S. 669ff.; Ellis, II, S. 75f.
[64] S.J. Lewis: Elementary Mytology, Patton's Opposition in the Champagne 1944, in: An Cosantoir 4/1977, S. 107–112.
[65] M. M. Cole: The Lorraine Campaign (US Army in World War II), Washington D. C., 1950, S. 150–182 (zit. Cole); A. Kemp: Metz 1944, in: W 46/1977, S. 1–9.

[66] Cole, S. 31.
[67] Ebd., S. 32f.
[68] Warlimont, a. a. O., S. 509.
[69] Haupt: Fallschirmjäger, a. a. O., S. 132.
[70] K. Kwiet: Zur Geschichte der Mussert-Bewegung, in: VZ 18/1970, S. 164–195; Neulen, a. a. O., S. 153.
[71] Bedell Smith, a. a. O., S. 314f.; Bryant, II, S. 283–287; Butcher, S. 567; auch Eisenhower, S. 362ff. u. Montgomery, S. 272ff.; dazu Ehrman, V, S. 509–530; Irving: Generals, S. 276ff.; Pogue, S. 243ff. Zum Einsatz der V2 s. Dornberger, a. a. O., S. 262f. u. Groehler, a. a. O., S. 450.
[72] C. Ryan: Die Brücke von Arnheim, Frankfurt 1975, S. 52ff.; 70ff. (zit. Ryan).
[73] MacDonald: Command Decisions, a. a. O., S. 79ff.
[74] Ellis: Victory, II, S. 74ff.; F. de Guingand: Generals at War, London 1964, S. 309ff. (zit. Guingand); Urving: Generals, S. 279.
[75] Zahlen nach G. C. Warren: Airborn Operations in World War II. European Theater, Washington, D. C., 1956, S. 146 (zit. Warren).
[76] Heiber: Lagebespr., S. 654–657.
[77] Außer Ryan, S. 133–415 Haupt: Fallschirmjäger, S. 133; ders.: Rückzug, S. 72ff.; v. d. älteren Lit. C. Bauer: The Battle of Arnhem, London 1966; C. Hibbert: The Battle of Arnhem, London 1962 u. Wilmot, S. 481–503; dazu pers. Erinnerungen v. J. Frost: A Drop too Many, London 1983; B. Harrocks: A Full Life, London 1960, S. 269f.; S. W. Sears: Hell's Highway to Arnhem, in: AH 6/1971, S. 60ff.; St. Sosabowski: Freely I Served, London 1960; R. E. Urquhart: Arnhem, New York 1958.
[78] Ryan, S. 409, 414.
[79] MacDonald: Command Decisions, S. 382; Eisenhower, S. 365f.
[80] Bradley, S. 417; dazu Ch. B. MacDonald: The Siegfried Line Campaign (US Army in World War II), Washington, D. C., 1964, S. 32–85 (zit. MacDonald: Siegfried-Line).
[81] A. Kemp: The Bridgehead, in: W 7/1979, S. 25–34.
[82] Dempsey, S. 166ff.
[83] MacDonald: Siegfried Line, S. 93ff.
[84] Ellis:Victory, II, S. 109–127; C. Ross: Walchenren, in: DMS 7/1962, S. 302–311.
[85] Eisenhower, S. 383.
[86] Ebd., S. 384; Irving: Generals, S. 339, 341, 353.
[87] Schwinge, S. 376ff.

Die neue Ostfront

Am 1. September 1944 zählte die Wehrmacht 10165303 Soldaten, Beamte und Helfer. Von ihnen standen 7536916 Mann beim Heer; 1925231 gehörten zur Luftwaffe; 703066 dienten in der Marine. Die Waffen-SS verzeichnete 207276, das Ersatzheer 2387973 Mann. Der Rest von etwa 1,5 Millionen entfiel auf Nichtdeutsche, überwiegend Russen, Ukrainer und Turkmenen, Spanier, Franzosen und Italiener, Dänen, Belgier und Niederländer. Eine vollwertige Aufstockung des Personals war nicht mehr möglich.[1]
Seit Kriegsbeginn waren 144215 Offiziere und 3630274 Soldaten anderer Dienstgrade gefallen[2], die Mehrzahl in der Sowjetunion. Besonders hohe Verluste hatten die dort kämpfenden Bodentruppen erlitten. Ihre Ausfallquote betrug von 1. bis 31. August 1944 etwa 64000 Tote und 407000 Vermißte. Diese Ziffern überstiegen alle älteren Vergleichsdaten der Statistik. Die Stärke des Ostheeres sank auf 2046000 Mann.[3] Trotz kürzerer Linien und vermehrter Feuerkraft blieb die Abwehrfront lückenhaft.
Durch Führererlaß hatte Hitler am 25. Juli 1944 eine »zweite totale Mobilmachung« angeordnet. Zahlreiche uk-Stellungen waren annulliert, Betriebe, Verwaltungen und Bergwerke »ausgekämmt«. Trotz Herabsetzung des Einberufungsalters von 17 ½ auf 16 Jahre wurden aber nicht, wie erwartet, 1,5 Millionen Männer, sondern außer dem Jahrgang 1928 lediglich 250000 erfaßt.[4] Luftwaffe und Marine mußten daher noch mehr Personal dem Heer überlassen, das seinerseits die Sollstärken und Ausbildungszeiten herabsetzte.
Eine neue Panzergrenadier-Division zählte nur 10000 Mann, erhielt jedoch zusätzlich Artillerie und panzerbrechende Waffen, Sturmgewehre und Maschinenpistolen. Da eine Reform der großen Kampfwagenverbände nicht mehr möglich war, wurden Panzerbrigaden geschaffen.[5] Die Produktion auf dem Trägerwaffengebiet ging wegen Rohstoffmangels und Bombenschäden zurück. Bis Ende August sank die Fertigung schwerer Panzer der Typen »Tiger« und »Panther« im Vergleich zum Vormonat von 373 auf 358, 140 auf 97.[6]
Man benötigte weitere Arbeitskräfte. Als Bach-Zelewski am 2. Oktober 1944 in Warschau die Kapitulation der Armia Krajowa entgegennahm, ließ Hitler alle Gefangenen den Rüstungswerken zuführen.[7] Ebenso verfuhr man mit 15000 slowakischen Soldaten, die sich bei Banská Bystrica ergaben.[8] Ob die im gleichen Monat von Himmler befohlene Einstellung der Judenmorde auf kriegswirtschaftliche Erwägungen zurückging, ist unklar.[9] Versuche des RFSS, einen Teil der Überlebenden für Tauschgeschäfte zu verwenden, deuten darauf hin.[10]
Als die deutsche Industrie ihre Produktion auf Teilgebieten einschränken mußte, wurden »zwangsverpflichtete« Deutsche und Ausländer zum Stellungsbau abgestellt.[11] Er hatte an der Nordsee[12], im Westen[13] und Süden[14] begonnen. Vor allem sollte »ganz Ostdeutschland ... eine einzige tiefgegliederte Festung« werden.[15] Hunderttausende hoben zwischen Netze und Warte lange Panzergräben aus. In Pommern schanzten 70000

Frauen. Die altersgrauen Kasematten von Königsberg und Lötzen, Thorn, Graudenz und Posen, Glogau und Kosel erhielten Minengürtel und Beutegeschütze.[16]
Am 25. September 1944 befahl Hitler die Aufstellung des »Volkssturmes«[17], eine Miliz nach dem Muster der britischen Home Guard und sowjetischer Opoltschennije-Abteilungen. Die Organisation wurde unter Aufsicht Bormanns von den NS-Gauleitern geschaffen. Man erfaßte alle Männer im Heimatgebiet zwischen dem 16. und 60. Lebensjahr. Sie waren »Soldaten im Sinne des Wehrgesetzes«, trugen aber Zivilkleidung mit Armbinde und erhielten Beutegewehre, vereinzelt auch »Panzerfäuste«.[18]
Die UdSSR bedurfte zum Sieg keiner außerordentlichen Anstrengungen mehr. Berija, Mikojan und Wosnessjenskij ließen bereits Produktivkräfte für den Wiederaufbau verheerter Wirtschaftsräume umlenken.[19] Gleichzeitig bestand Stalin auf Teilnahme der von Hitler abgefallenen Staaten am Krieg gegen Deutschland. Als Handhabe dienten Klauseln der Waffenstillstandsverträge und zusätzliche Abkommen, die Shdanow, Wyschinskij und Birjusow aushandelten.
Finnland wurde scheinbar glimpflich behandelt, als Molotow die ursprünglich geforderten Reparationen zur Hälfte strich und außer den Gebietsabtretungen von 1940 nur Petsamo und die Fischerhalbinsel verlangte. Die Regierung Hackzell mußte aber Porkkala verpachten, den Sowjets »für die Zeit der ... Operationen« weitere Stützpunkte überlassen und alle am 15. September 1944 noch auf finnischem Hoheitsgebiet stehenden Deutschen gefangennehmen.[20]
Die aus Lappland abziehende 20. Gebirgsarmee (Rendulic) brauchte diesen Termin nicht zu beachten. Ihre Internierung konnte allenfalls mit Gewalt erfolgen. Gleichzeitig stellte sich die Frage, was aus den als Widerlager von Minensperren dienenden Inseln im Süden werden solle. Ein Versuch, wenigstens Suursaari (Hogland) für die deutsche Marine zu sichern (Unternehmen »Tanne Ost«), führte zu heftigen Kämpfen zwischen den ehemaligen Waffengefährten.[21]
Die Stawka wollte Estland überwältigen. Jeremenko und Bagramjan hatten das ganze Baltikum in der Zange und erhielten aus Finnland russische Fliegerunterstützung. Zusammen mit den Freiwilligen des III. SS-Panzerkorps (Steiner) wich die 18. Armee (Boege) über Tallinn (Reval) und Tartu (Dorpat) auf eine gut ausgebaute Stellung bei Riga zurück. Wenige Tage später führten die Sowjets einen zweiten Stoß zur Ostseeküste, dieses Mal nach Polangen. Am 5. Oktober 1944 war die in Lettland kämpfende HGr. Nord (Schörner) endgültig von der übrigen Front abgeschnitten.[22]
Tiefer als Finnland sah sich Rumänien in den Konflikt hineingezogen. Der Waffenstillstand zwang Bukarest erneut zur Preisgabe der Nordbukowina, des Kreises Hertza und Bessarabiens. Dafür sollte der 1940 abgetretene Teil von Siebenbürgen zurückgegeben werden. Eine solche Retrozession erforderte die Kriegserklärung an Ungarn. Das Kabinett Sanatescu mußte zwei große Verbände, die 1. Armee (Anastasiu) und 4. Armee (Avramescu), dem Sowjetmarschall Malinowskij unterstellen, der sie sofort einsetzte.[23]
Auch Bulgarien war ein Opfer der Willkür. KGB-Kommissionen säuberten sein Heer von »faschistischen Elementen«. Semjon S. Birjusow bestimmte General Wladimir Stoitscheff, einen aus Rußland mitgebrachten Emigranten, zum Oberbefehlshaber. Während das neue Kabinett ungeachtet seiner wiederholten Kriegserklärung an Deutschland operative Maßnahmen noch zu umgehen suchte, wurde Sofia zur Kommandozentrale für weitgreifende Unternehmungen.[24]

Am 3. Oktober 1944 hatte Hitler der HGr. E (Löhr) befohlen, sich aus Griechenland und Südmazedonien zurückzuziehen.[25] Vielfach standen dort aber bulgarische Truppen, zu denen jetzt Offiziere der Roten Armee traten. Solange nicht anders entschieden wurde, konnten diese Kräfte zur Wahrnehmung sowjetischer Balkaninteressen dienen. Denn das britisch-russische Abkommen über die Begrenzung der beiderseitigen »Operationen« war gegen Ende des dritten Monats ausgelaufen.[26]

Churchill wußte, daß der Kreml bereits die EAM/ELAS[27] beherrschte und Meutereien griechischer Soldaten im Vorderen Orient angezettelt hatte.[28] Auch Jugoslawiens Kommunisten folgten offenbar einem Wink der Sowjets. Tito war nach einem verfehlten Überfall deutscher Fallschirmjäger auf seinen Sitz bei Dvar (Unternehmen »Rösselsprung«)[29] zu den Briten geflohen, jedoch am 18./19. September 1944 plötzlich von Vis über Craiova nach Moskau entwichen.[30]

Damit drohte ein von Churchill vermittelter Kompromiß zwischen den jugoslawischen Kommunisten und der Exilregierung des Ministerpräsidenten Ivan Šubašić zu scheitern.[31] Tito kehrte nach Craiova zurück und vereinbarte dort am 4. Oktober 1944 mit Birjusow Richtlinien für die in Moskau beschlossene »Belgrader Operation«.[32] Unterstützt von den Titoisten, sollte die HGr. 3. Ukrainische Front (Tolbuchin) die Hauptstadt Jugoslawiens befreien und durch Einsatz der Bulgaren das Moravatal für den deutschen Rückzug sperren.

Whitehall verspürte wachsenden Druck, lief doch Großbritannien auch Gefahr, wegen der polnischen Frage mit dem Kreml in Friktionen zu geraten. Churchill hatte der in Teheran eingegangenen Verpflichtung nicht nachkommen können. Mikolajczyk wies alle Versuche, ihm die Curzon-Linie als künftige polnische Ostgrenze aufzudrängen, energisch zurück. Das Ansehen der Exilregierung hatte aber wegen des fehlgeschlagenen Warschauer Aufstandes gelitten. Man erwartete daher, daß sie bald einlenken werde.[34]

Vom 9. bis 20. Oktober 1944 rangen Churchill und Eden im Kreml um einen Interessenausgleich zwischen den Polen nach Maßgabe des Tito-Šubašić-Abkommens.[35] Der Versuch gab Stalin Gelegenheit, seinen Agenten Boleslaw Bierut ins Spiel zu bringen. Doch Mikolajczyk, den die Engländer hinzuzogen, ließ sich unter keinen Umständen, auch nicht durch Anwendung der Volksfronttaktik, für ein Regierungsbündnis mit dem prosowjetischen Lubliner Komitee überreden.[36]

Als Churchill aus den früher vereinbarten »Operationsgebieten« regelrechte »Interessensphären« machen wollte, kam es zwischen Eden und Molotow zu einem hartnäckigen Feilschen um Kontrollbefugnisse und direkten Machtgewinn. Schließlich wurden der Sowjetunion von Großbritannien in Rumänien 90%, Bulgarien 80%, Ungarn 80% und Jugoslawien 50% an »Einfluß« zugestanden. Griechenland sollte zu 90% britischer Dominanz überlassen sein.[37]

Damit hing der Waffenstillstand zusammen, den jetzt die Regierung Georgieff akzeptieren mußte.[38] Bulgarien behielt die 1940 von Rumänien abgetretene Süddobrudscha, mußte jedoch seine Truppen aus den Besatzungsgebieten in Westthrazien und Mazedonien zurückziehen. Die Briten konnten unbedenklich nach Griechenland übersetzen. General Wilson landete sogleich Truppen auf Korfu, ließ mit der 1. Griechischen Brigade (Katsokas) den größten Teil des III. Korps (Scobbie) in Athen einrücken und nahm Saloniki unter Kontrolle.[39]

Die Deutschen waren kampflos abgezogen.[40] Aus Mangel an Schwergutdampfern und

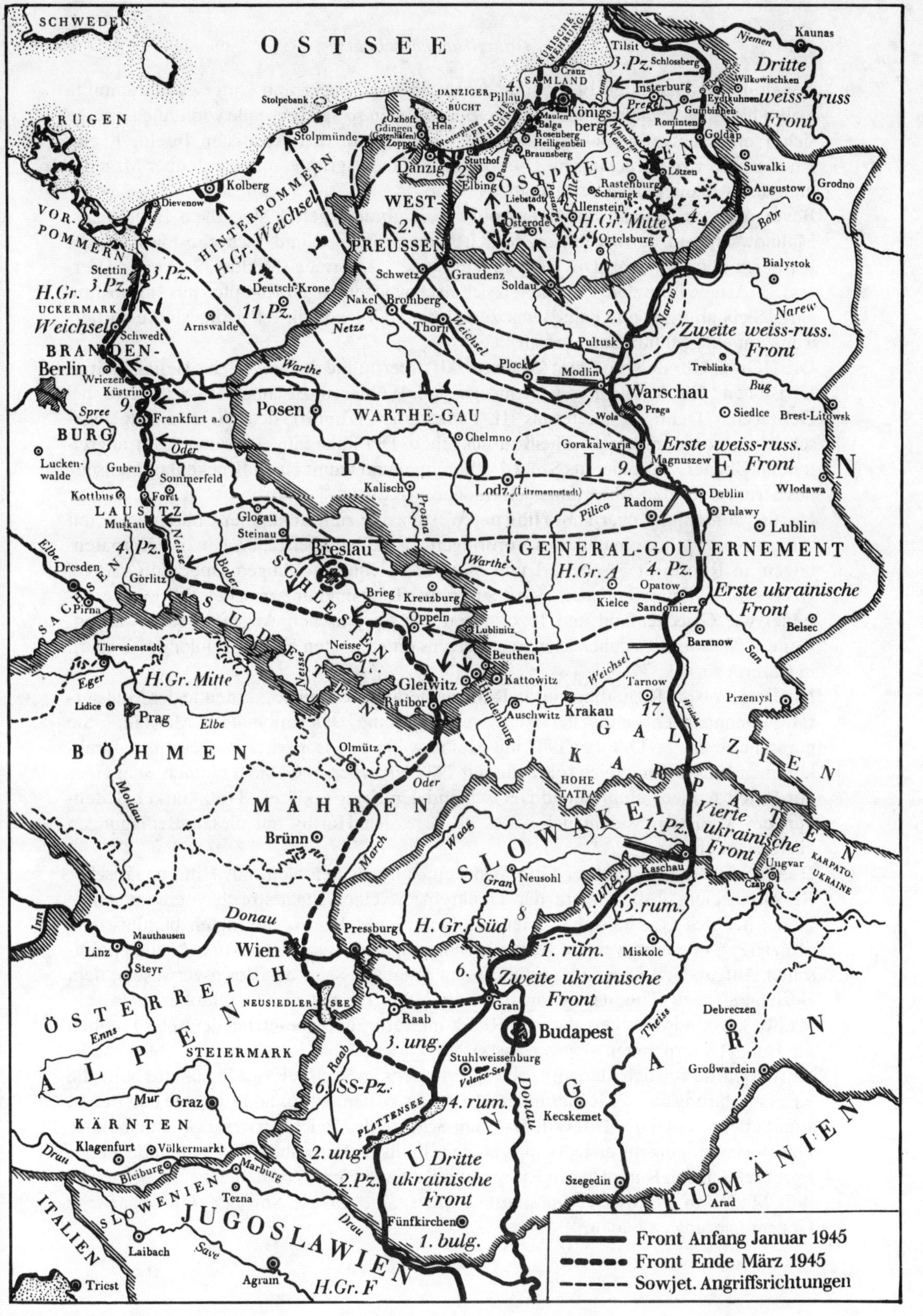

SCHWEDEN
OSTSEE
RÜGEN
VORPOMMERN
HINTERPOMMERN
H.Gr. Weichsel
KURISCHE NEHRUNG
FRISCHE NEHRUNG
DANZIGER BUCHT
SAMLAND
Tilsit
Kaunas
Njemen
Dritte weiss-russ Front
3.Pz.
Schlossberg
Cranz
Insterburg
Wilkowischken
Pillau
Königsberg
Eydtkuhnen
Gumbinnen
Pregel
Rominten
Goldap
Suwalki
Stolpebank
Oxhöft
Gdingen (Gotenhafen)
Hela
Zoppot
Westerplatte
Stolpmünde
Danzig
Stutthof
Maulen
Balga
Rosenberg
Heiligenbeil
Braunsberg
OSTPREUSSEN
Rastenburg
Scharnigk
Lötzen
Augustow
Grodno
Kolberg
Dievenow
WEST-PREUSSEN
Elbing
Liebstadt
Allenstein
H.Gr. Mitte
Osterode
Ortelsburg
Bobr
Stettin
3.Pz.
H.Gr. Weichsel
UCKERMARK
Deutsch-Krone
11.Pz.
Arnswalde
Schwetz
Graudenz
Soldau
Bialystok
Nakel
Bromberg
Netze
Thorn
Weichsel
Narew
Zweite weiss-russ. Front
Schwedt
BRANDEN-
Berlin
BURG
Wriezen
Küstrin
9.
Warthe
Pultusk
Treblinka
Plock
Modlin
Bug
Warschau
Praga
Wola
Siedlce
Brest-Litowsk
Spree
Frankfurt a. O.
Posen
WARTHE-GAU
Chelmno
Gorakalwarja
Erste weiss-russ. Front
Oder
Luckenwalde
Guben
Sommerfeld
P O L E N
Magnuszew
9.
Kalisch
Lodz (Litzmannstadt)
Wlodawa
Kottbus
Forst
Deblin
Pulawy
LAUSITZ
Muskau
Glogau
Steinau
Pilica
Radom
Lublin
Elbe
Dresden
SACHSEN
4.Pz.
Neisse
Bober
Breslau
SCHLESIEN
Prosna
GENERAL-GOUVERNEMENT
H.Gr. A
4. Pz.
Görlitz
Pirna
Brieg
Kreuzburg
Kielce
Opatow
Sandomierz
Erste ukrainische Front
SUDETEN
Oppeln
Lublinitz
Belsec
Theresienstadt
Neisse
17.
Beuthen
Baranow
San
Eger
H.Gr. Mitte
Gleiwitz
Kattowitz
Weichsel
Tarnow
Ratibor
Hindenburg
Auschwitz
Krakau
17.
Przemysl
Lidice
Prag
Elbe
BÖHMEN
Olmütz
GALIZIEN
KARPATEN
HOHE TATRA
Moldau
Oder
MÄHREN
Brünn
Waag
March
Vierte ukrainische Front
1.Pz.
SLOWAKEI
Neusohl
Gran
Kaschau
Ungvar
KARPATO-UKRAINE
Czap
1. ung.
5. rum.
Inn
Donau
Mauthausen
8
H. Gr. Süd
Linz
Wien
Pressburg
1. rum.
Miskolc
Steyr
6.
Zweite ukrainische Front
ÖSTERREICH
NEUSIEDLER-SEE
Gran
Raab
Debreczen
Budapest
Enns
3. ung.
Theiss
ALPEN
STEIERMARK
Raab
Stuhlweissenburg
Velence-See
Großwardein
6. SS-Pz.
Mur
Graz
4. rum.
UNGARN
Kecskemet
KÄRNTEN
PLATTENSEE
Donau
RUMÄNIEN
Klagenfurt
Völkermarkt
Drau
2. ung.
Bleiburg
Marburg
Dritte ukrainische Front
2.Pz.
SLOWENIEN
Tezna
Szegedin
Arad
ITALIEN
JUGOSLAWIEN
Drau
Fünfkirchen
Laibach
Save
1. bulg.
Triest
Agram
H.Gr. F
Front Anfang Januar 1945
Front Ende März 1945
Sowjet. Angriffsrichtungen

wegen der andauernden Bedrohung durch alliierte Flieger und Unterseeboote mußte Löhr allerdings verhältnismäßig starke Besatzungen sowie Tausende von Italienern, die sich Wehrmachtverbänden angeschlossen hatten, auf den Ägäischen Inseln, Kreta, Rhodos und Kos zurücklassen. Die Masse der Heeresgruppe setzte sich über Mazedonien und Albanien nach Serbien ab.[41]

Bevor auf dem Balkan die Katastrophe hereinbrach, geriet Ungarn in Bedrängnis. Malinowskij und Petrow hatten, begleitet von Rumänen und Tschechoslowaken, die Karpaten überschritten. Die Honvéd-Verbände – 1. Armee (Miklós), 2. Armee (Veress), 3. Armee (Heszlényi) – mußten sich nach wochenlangen Kämpfen aus Nordostungarn, Siebenbürgen und dem Banat zurückziehen, obwohl ihre Personalstärke mittlerweile auf eine Million Soldaten anstieg.[42]

Die HGr. 2. Ukrainische Front (Malinowskij) überflutete das ungarische Tiefland mit 63 Divisionen. Ihr Versuch, die Armeegruppe Wöhler abzuschneiden, scheiterte bei Debrecen.[43] Dennoch mußte das III. Panzerkorps (Breith), dem dieser Erfolg zugeschrieben wurde, hinter die Theiß zurückgehen. Der linke Flügel des unablässig angreifenden Gegners hatte bereits Szeged genommen und damit einen Brückenkopf jenseits des Stromes für den Absprung nach Budapest in Besitz.[44]

Horthy wünschte, Ungarn mit Hilfe der Westmächte zu retten. Aber Churchill war mit seinem Konzept für ein alliiertes Vordringen aus Italien über Laibach in den Karpatenbogen an Roosevelt gescheitert und hatte der weniger wichtigen Operation »Anvil/ Dragoon« zustimmen müssen.[45] Seither konnte England nur versuchen, Mittelmeeranrainer wie Griechenland und Jugoslawien vor sowjetischen Angriffen zu bewahren. General Wilson wies daher schweren Herzens einen letzten Friedensfühler der Ungarn in Caserta zurück.[46]

Die Frage, ob die Regierung nun an Rußland herantreten müsse, verneinte der Ministerrat.[47] Dennoch entsandte der Reichsverweser eine Delegation nach Moskau.[48] Sie paraphierte am 11. Oktober 1944 mit Molotow ein provisorisches Waffenstillstandsabkommen.[49] Das Königreich sollte die seit 1937 erworbenen Gebiete räumen, sein Heer der Roten Armee zuführen und Deutschland den Krieg erklären. Trotz starker Bedenken des Ministerpräsidenten Lakatos erklärte sich Horthy mit diesen Bedingungen einverstanden.[50]

Dem SS-Obergruppenführer Otto Winckelmann war befohlen, mit Hilfe ungarischer Rechtsparteien, insbesondere der Pfeilkreuzler, einen Staatsstreich vorzubereiten.[51] Den Chef des Generalstabes, Generaloberst Janós Vörös, umringten bündnistreue Offiziere.[52] Veesenmayer und Rahn übernahmen die Lösung der bevorstehenden politischen Aufgaben.[53] Skorzeny entführte den jüngeren Sohn des Reichsverwesers, dem Beziehungen zu Tito nachgesagt wurden.[54] Als Horthy am 15. Oktober 1944 sein Waffenstillstandsersuchen über den Rundfunk verbreitete, besetzten deutsche Truppen die Burg (Unternehmen »Panzerfaust«).[55]

Horthy wurde von den Männern seines Vertrauens im Stich gelassen.[56] Lakatos hatte die Kriegserklärung aus der Rundfunkerklärung gestrichen. Vörös unterdrückte den Befehl zum Seitenwechsel der Honvéd. Das zum Schutze des Reichsverwesers kommandierte Hausregiment ging als erste Truppe zu dem Pfeilkreuzlern über. Die Verbände an der Front setzten den Kampf gegen Russen und Rumänen fort. Von den höheren Offizieren floh Miklós in Petrows Hauptquartier, um später für die Sowjets eine ungarische Gegenregierung zu bilden.[57]

Auf Betreiben Veesenmayers erklärte Horthy seine Proklamation vom Vortage für nichtig; er unterstellte sich deutschem Schutz und demissionierte mit einem Schreiben an beide Häuser des Parlamentes.[58] Die Mehrheit bestätigte den vom Reichsverweser vorgeschlagenen Pfeilkreuzlerführer Ferenc Szálasi als Staatsoberhaupt und Regierungschef. Er befahl den »totalen Kriegseinsatz« aller Männer zwischen dem 18. und 70. Lebensjahr und ließ die Juden der Hauptstadt nach Westungarn und Deutschland abschieben.[59]

Während Horthy das ihm von Hitler als Wohnsitz angewiesene Schloß Hirschberg unweit von Weilheim bezog[60], tobten an den Südostfronten weiter schwere Kämpfe. Über dem Bükk-Plateau sprangen Rotarmisten an Fallschirmen ab. Kommunistische Metallarbeiter versuchten, in Miskolc die Macht an sich zu reißen.[61] Nach neuen Panzerschlachten bei Nyiregháza, Szolnok und Kecskemét führte Frießner die Masse der deutsch-ungarischen Truppen auf die Donaubrückenköpfe bei Budapest und Mohács zurück.[62]

Am 20. Oktober 1944 war Belgrad gefallen. Zusammen mit dem I. Proletarischen Korps (Dapčević) der von Titos Partisanen gebildeten »Jugoslawischen Volksbefreiungsarmee« hatten Verbände des Marschalls Tolbuchin die Hauptstadt erstürmt und die HGr. F. (Weichs) nach Westen zurückgeworfen.[63] Im Süden stießen Bulgaren auf Nisch, Leskovac, Vranje und Skoplje vor. Die Četniks verhielten sich neutral.[64] Albanische Freischärler[65], das Weißrussen-Korps[66] und die Staatswache des Generals Nedić[67] unterstützten dagegen den Rückzug der HGr. E (Löhr).

In schwierigen Ausweichbewegungen zogen rund 350000 deutsche Soldaten aus Griechenland bis zu 1500km weit durch die Partisanengebiete des Sandschak und Südserbiens der Drina zu. Solange Kraljewo gehalten wurde, konnte man eine Bahnlinie benutzen. Nach dem Fall von Belgrad wurde Sarajewo das allgemeine Marschziel. Monate vergingen, bis die immer noch kampffähigen Verbände eine Frontlücke beiderseits der bosnischen Hauptstadt schlossen.[68]

Vergebens erwartete man auf deutscher Seite, daß der Gegner mit Rücksicht auf seine überdehnten Versorgungslinien eine Ruhepause einlegen werde. Kaum hatte Petrow mit seinem linken Flügel die Karpaten überwunden, stieß Tschernjachowskij nach Ostpreußen vor. Truppen eines russischen Panzerkorps nahmen Eydtkuhnen, Stallupöhnen und Goldap,[69] wo Rotarmisten Greuel verübten, von denen man bisher nur aus fernen Ländern erfahren hatte.[70] Ein deutscher Gegenstoß beendete das Treiben.

Den folgenden Schlag führte Jeremenko gegen die »Segewold«-Stellung im Vorfeld von Riga. Nach zwei Wochen mußte die HGr. Nord (Schörner) die Stadt räumen (Unternehmen »Donner«). Sworbe, das Südende der Insel Ösel, wurde bis Ende November mit Hilfe der Schweren Kreuzer »Admiral Scheer« (Thienemann), »Lützow« (Hufenbach), »Prinz Eugen« (Reinicke) und »Admiral Hipper« (Hengist) gehalten. Dann evakuierten Marinefährprähme die letzten Verteidiger.[71]

Merezkow und ein finnisches Korps verdrängten die 20. Gebrigsarmee (Rendulic) aus Lappland.[72] Die deutschen Truppen sollten in Nordnorwegen unter dem Schutze der zur »schwimmenden Batterie« gewordenen »Tirpitz« (Meyer) eine Riegelstellung beziehen. Der Verfolger blieb jedoch am Tanafjord stehen, kurz bevor am 12. November 1944 bei Tromsö dem Schlachtschiff zwei »Tallboys« des Bomber Command (Harris) die Backbordseite eindrückten, der Koloß trotz flachen Wassers und mächtiger Sandaufschüttungen kenterte und 1204 Mann in die Tiefe riß.[73]

Zwei Wochen später schlug Tolbuchin los. Er durchbrach die Linien der ungarischen 3. Armee (Heszlényi) und nahm Fünfkirchen (Pécs).[74] Verzögerungen vor der »Margarethen-Stellung« beiderseits des Plattensees (Balaton) erwiesen sich als letzte Etappe auf dem Wege nach Budapest, das Malinowskij und ein rumänisches Armeekorps bereits aus östlicher Richtung erreicht hatten und mit schweren Artilleriefeuer belegten.[75]
Zu Beginn des neuen Monats wurde die Stadt vom Gegner doppelseitig umfaßt. Malinowskij bildete mit der 6. Gardepanzerarmee (Krawtschenko) den rechten Greifer der Zange zwischen Waitzen (Vac) und Gran (Esztergom). Toluchin eroberte in erbitterten Straßenkämpfen das vorwiegend von den Ungarn verteidigte Stuhlweißenburg (Székesfehérvár), warf Teile der Gruppe Fretter-Pico zurück und schob die 4. Gardeschützenarmee (Zacharow) so weit nach Norden vor, daß sie alle westlichen Straßen- und Eisenbahnverbindungen der Metropole abschnitt.[76]
Entgegen sowjetischer Annahme waren in Budapest lediglich zwei Korps mit etwa 70000 Mann unter General Iván Hindy und SS-Obergruppenführer Karl Pfeffer von Wildenbruch eingeschlossen[77], abgesehen von fast 2 Millionen Einwohnern und zahllosen Menschen, die sich durch ihre Flucht den Vergewaltigungen und Mordtaten der feindlichen Soldateska entzogen hatten, nun aber die Schrecken einer fünfwöchigen Belagerung ertragen mußten.[78]

1 Mueller-Hillebrand, III, a.a.O., S. 266.
2 Cole, a.a.O., S. 30; abweichend Mueller-Hillebrand, III, a.a.O., S. 261.
3 Ebd., S. 31.
4 Vgl. Boelcke: Rüstung, a.a.O., S. 401.
5 Cole, S. 32; Die dt. Industrie i. Kriege, a.a.O., S. 81f.; Boelcke: Rüstung, S. 412, 418.
6 Vortragsnotizen des Generalinspekteurs der Panzertruppen, Filmrollen i. d. National Archives, Washington, D.C.
7 Boelcke: Rüstung, S. 407. Zum Ende der AK s. Kliszko, a.a.O., S. 160ff.; Komorowski, a.a.O., S. 371ff.; Korbonski, a.a.O., S. 212ff.
8 Die Zahl nach Venohr, a.a.O., S. 299.
9 Irving: Hitler, a.a.O., S. 643f.
10 ADAP, E, VIII, Nr. 290, 297; Schellenberg, a.a.O., S. 349ff., 359ff.
11 Boelcke: Rüstung, S. 400; Speer, a.a.O., S. 417f.
12 Hubatsch: Weisungen Nr. 62, S. 276ff.
13 Ebd. Nr. 60a, 60b, 61, 63, 63a, S. 268–275, 279–285.
14 Ebd. Nr. 60, S. 267.
15 Jodl-Tgb., 31.7.1944; Heiber: Lagebespr. S. 584f.
16 Irving: Hitler, S. 625.
17 Mueller-Hillebrand, III, S. 185f.; bekanntgegeben am 18.10.1944.
18 H. Kissel: Der deutsche Volkssturm 1933–1945, in: WWR 4/1960, S. 209–220; J. Lucas u. M. Cooper: Volkssturm, in: W 41/1977, S. 1–8; K. Mammach: Der Volkssturm, (Ost)Berlin 1981.
19 Platonow, II, a.a.O., S. 115ff.; Wosnessjenskij, a.a.O., S. 51–59.
20 Text des Waffenstillstandsvertrages b. Palm, a.a.O.; dazu Hillgruber: Sowjet. Außenpol. , a.a.O., S. 109 u. Polvinen, a.a.O., S. 222f.; Jutikkala/Pirinen, S. 390f.
21 U. v. Gersdorff: Der Operationsplan »Tanne«, in: Operationsgebiet östliche Ostsee, a.a.O., S. 143–167. Allg. auch W.I. Atschkassow: Landungsoperationen der sowjetischen Seekriegsfloltte während des Großen Vaterländischen Krieges, in: MG 2/1977, S. 297ff.
22 Kroeger, a.a.O., S. 189f.; Haupt: HGr. Nord, a.a.O., S.
23 V. Anescu (u.a.): Die Teilnahme der rumänischen Armee am Antihitlerkrieg, Bukarest 1966,

S. 13–45 (zit. Anescu); V. Voichita: La contribution de la Roumanie à la guerre antihitlerienne, in: RIHM 3/1975, S. 116ff.
[24] Heiber: Lagebespr., S. 654; H. Seton-Watson: Die Osteuropäische Revolution, München 1956.
[25] G. Hümmelchen: Balkanräumung, in: WWR 9/1959, S. 565–583.
[26] Woodward, III, a. a. O., S. 146.
[27] Vgl. Kap. NS-Herrschaft.
[28] Dazu K. Hornung: Die griechische Armee im Zweiten Weltkrieg und im Bürgerkrieg, in: Blick vom Olymp, hg. v. L. Bossle, K. Hornung u. G. Mergl, Stuttgart 1973, S. 88–102 (zit. Hornung).
[29] R. Gray: Objective Tito, in: W 2/1979, S. 36ff.
[30] Auty, a. a. O., S. 285f.; Shtemenko, II, a. a. O., S. 229–244.
[31] Woodward, III, S. 335–382.
[32] Shtemenko, II, S. 246–250.
[33] Woodward, III, S. 218–223.
[34] Mallmann, a. a. O., S. 213f.
[35] Woodward, III, S. 146ff.
[36] DPSR, II, a. a. O., Nr. 236–245; Woodward, III, S. 224–231.
[37] Churchill, VI, 1, S. 178ff.; Woodward, III, S. 150f. Die amerikan. Haltung kennzeichnen Dokumente des Department of State, FRUS: 1944, IV, S. 993–998; 1025f. Vgl. dazu Hillgruber: Sowjet. Außenpol., S. 116.
[38] Churchill, VI, 1, S. 342; Molony, a. a. O., S. 829ff.
[39] Hornung, S. 96f.
[40] Frießner, a. a. O., S. 23f.; Speer, S. 408.
[41] Baum/Weichold, a. a. O., S. 395ff.; K. Hnilicka: Das Ende auf dem Balkan, Göttingen 1971, S. 9–50 (zit. Hnilicka); E. Schmidt-Richberg: Der Endkampf auf dem Balkan. Die Operationen der Heeresgruppe E von Griechenland zu den Alpen, Heidelberg 1955, S. 23–42 (zit. Schmidt-Richberg).
[42] Heiber: Lagebespr., S. 652f.; Adonyi-Naredy, S. 131–149; Gosztony: Fremde Heere, a. a. O., S. 427; ders.: Der Krieg in Ungarn 1944/45, in: ÖMZ 3/1964.
[43] Bauer, II, a. a. O., S. 644f.; Frießner, S. 129, 148–153; Gretschko, IX, a. a. O., S. 230ff.; H. Kissel: Die Panzerschlacht in der Pußta, Stuttgart 1960.
[44] Die unmittelbaren Folgen für Ungarn b. Adonyi-Naredy, S. 150; Gosztony: Fremde Heere, S. 430; I. Ölvedi: A budai vár és a debreceni csata. Hurthyék katasztófa-politikája 1944 öszén, Budapest 1974.
[45] Vgl. Kap. Der Kampf um Rom 1944 u. d. Erinnerungen des ungar., Außenministers G. Hennyey: Magyar eröfesztések a második világhaboru befejczéséro, Köln 1965.
[46] Zu den Überlegungen u. Tastversuchen des Reichsverweser s. die Dokumentation v. M. Sinai u. L. Szüncs (Hg.): Horthy Miklós totkos iratai, Budapest 1962.
[47] Macartney, II, a. a. O., S. 320ff.
[48] Ebd., S. 322.
[49] Die kommunist. Version b. Adám/Juhász/Kerekes, a. a. O., S. 101 u. E. Karai: Az 1944. Ev., in: História 2/1982, S. 7–22.
[50] Dazu Horthys umstrittene Memoiren, a. a. O., S. 251.
[51] Hagen, a. a. O., S. 261ff.
[52] Macartney, II, S. 322ff.; s. auch P. Gosztony (Hg.): Das private Tagebuch des Chefs des ungarischen Generalstabes, Generaloberst János Vörös vom Jahr 1944, in: WWR 11/1970.
[53] Rahn, a. a. O., S. 106.
[54] Hagen, S. 366; Skorzeny, a. a. O., S. 225f.
[55] Wortlt. b. Adám/Juhász/Kerekes, Nr. 133, S. 400–402. Vgl. dazu Horthy, S. 323ff. u. d. kommunist. Version b. A. Rozsanyói: 1944 Október 15. A Szálasi pucs törtenite, Budapest 1959, S. 750–800. (zit. Rozsanyói).
[56] Gosztony: Horthy, a. a. O., S. 261–280; Macartney, II, S. 325f.; Rozsanyói, S. 812ff.
[57] Gosztony: Die Debrecener Regierung und ihre militärischen Anstrengungen, in: ÖMZ 3/1965; Rozsanyói, S. 889ff.
[58] Wortlt. b. Adám/Juhász/Kereskes, Nr. 135, 136, S. 403; dazu Macartney, II, S. 324; Rozsanyói, S. 900; Ölvedi, S. 43f.
[59] Adám/Juhász/Kerkes, S. 103.
[60] Gosztony: Horthy, S. 281ff.
[61] Erinnerungen b. S. Kopácsi: Die ungarische Tragödie, Stuttgart 1979, S. 28f.

[62] Frießner, S. 165–180; Fretter-Pico, S. 138.
[63] Dedijer: Tito, a. a. O., S. 224f.; Shtemenko, II, S. 246ff.
[64] Sie wurden v. Deutschland mit Rücksicht auf Kroatien nicht als Waffengefährten anerkannt.
[65] Eine Truppe, die v. russ. Emigranten aus der Zeit des Bürgerkrieges in Belgrad aufgestellt worden war u. mit Nedić kooperierte.
[66] Anhänger des 1943 in Tirana konstituierten Regentschaftsrates.
[67] Eine Truppe des serbischen Landeschefs.
[68] Baum/Weichold, S. 400ff.; Hnilicka, S. 50–120; Schmidt-Richberg, S. 66–76.
[69] Gretschko, IX, S. 176–190.
[70] De Zayas, a. a. O., S. 29f., 479; H. Nawratil: Vertreibungsverbrechen an Deutschen. Tatbestand, Motive, Bewältigung, München 1982, S. 28ff., 35, 338 (zit. Nawratil).
[71] Bekker: Ostsee, a. a. O., S. 170f.; Haupt: Kurland, a. a. O., S. 47f.; v. sowjet. Seite Gretschko, IX, S. 165–175.
[72] Heiber: Lagebespr., S. 693, 695f.; H. Hölter: Armee in der Arktis, München [2]1977; Merezkow, a. a. O., S. 338ff.
[73] Brennecke: Tirpitz, a. a. O., S. 89–157; Peillard: Tirpitz, a. a. O., S. 348–383; v. engl. Seite u. a. Ellis: Victory, II, a. a. O., S. 128ff.
[74] Frießner, S. 182; Gretschko, IX, S. 204f.
[75] Heiber: Lagebespr., S. 685f.; Adonyi-Naredy, S. 166; Anescu, S. 144ff.; ausführl. P. Gosztony: Der Kampf um Budapest, München 1964, S. 16–21 (zit. Gosztony: Budapest); Gretschko, X, S. 205ff.
[76] Adonyi-Naredy, S. 171;f.; Fretter-Pico, S. 141f.; Frießner, S. 185.
[77] Gosztony: Budapest, S. 21–31 u. Anl. 6, S. 79; M. M. Malacher: Vom Plattensee nach Wien, München 1959.
[78] Zum Verlauf der Kämpfe s. P. Darnóy: A Budatestért vivott harc, in: HU 1/1965 – 3/1973; dazu Macartney, II, S. 459ff. u. Aufz. v. W. Jester: Im Todessturm von Budapest, Neckargemünd 1960, S. 25–70 (zit. Jester); E. Teleki: Nyilas uralom Magyarországon, 1944 október 16 – 1945 április 4, Budapest 1974, S. 119ff.

Die Schlacht um den Leyte-Golf

Auf der anderen Seite des Erdballs näherten sich die Amerikaner einem noch unbestimmten Operationsziel. Admiral Nimitz dachte an die Gewinnung weiterer Inselstützpunkte.[1] General MacArthur wollte sein feierliches Versprechen der Rückkehr nach Manila einlösen, dadurch den Herrschaftsraum des Gegners in zwei Teilgebiete spalten und Japan von allen wichtigen Rohstoffzufuhren abschneiden.[2] Die Entscheidung für den einen oder anderen Plan mußten die Joint Chiefs of Staff treffen.

Bisher schlugen die beiden Oberbefehlshaber abwechselnd zu. Hatte das Schwergewicht zuletzt rechts, im Zentralpazifik gelegen, so war es nach der notwendigen Kräfteumgruppierung Zeit für einen »harten Linken«.[3] Dementsprechend wurde Admiral Spruance durch Halsey abgelöst, ihre Flotte umnummeriert und verkleinert. Nimitz entsandte aus seinem Operationsgebiet in den Bereich MacArthurs zwei Trägerverbände, ein Geschwader moderner Schlachtschiffe und kleinere Einheiten.

Spruance hatte die Schlacht in der Philippinensee und durch Einnahme der Marianen-Inseln den Verteidigungsring des Kaiserreiches aufgebrochen. Zuletzt wurde Guam erobert, wo man nur 500 Gefangene, zumeist Koreaner, einbrachte.[4] Auf Saipan sprangen viele Zivilisten ins Meer, ließen sich japanische Offiziere von ihren Soldaten erstechen, die dann selbst bei Banzai-Angriffen den Tod suchten. Die beiden Oberbefehlshaber, Nagumo und Saito, begingen Harakiri.[5]

Vorläufig operierten die amerikanischen Großverbände noch nebeneinander. MacArthur besetzte Vogelkop am Westende Neuguineas und eroberte Morotai, eine Molukkeninsel, in Bomberreichweite der Philippinen.[6] Nimitz nahm Angaur, Peleliu und Ulithi, wo seine »Seabees« (CBs) mit dem Ausbau neuer Flugbasen und Versorgungsstützpunkte begannen.[7] Die Joint Chiefs in Washington waren jedoch weiter unschlüssig über Zweck, Ziel und Gewichtung der Offensive.

King und Arnold hielten den Vorschlag von Nimitz für die beste Lösung des Problems.[8] Marshall unterstützte MacArthur.[9] Der Präsident mußte eingreifen. Er konferierte mit den Oberbefehlshabern auf Honolulu und bestimmte schließlich den 15. November 1944 zum Termin für eine Landung auf Leyte, der zentral gelegenen Philippineninsel zwischen Mindanao und Samar.[10] Die Operationen der großen Angriffsverbände sollten hier im spitzen Winkel zusammenlaufen und sich ergänzen.

Die 7. US-Flotte (Kinkaid) blieb MacArthur, die 3. US-Flotte (Halsey) wie bisher Nimitz unterstellt.[11] Diese Einteilung bereitete keine Schwierigkeiten insoweit der General nicht in die Befugnisse des Seebefehlshabers eingriff. Zwischen den beiden Oberbefehlshabern gab es jedoch nur einen knappen Nachrichtenaustausch und keine persönlichen Absprachen. King, der als Chief of Naval Operations in Washington weilte, wagte nicht, die Bewegungsabläufe großer Flottenverbände zu korrigieren.[12]

Die Japaner rechneten nach dem Fall der Marianen mit einer neuen Offensive des Gegners. Das Kaiserliche Hauptquartier in Tokio hatte alle denkbaren Zielsetzungen

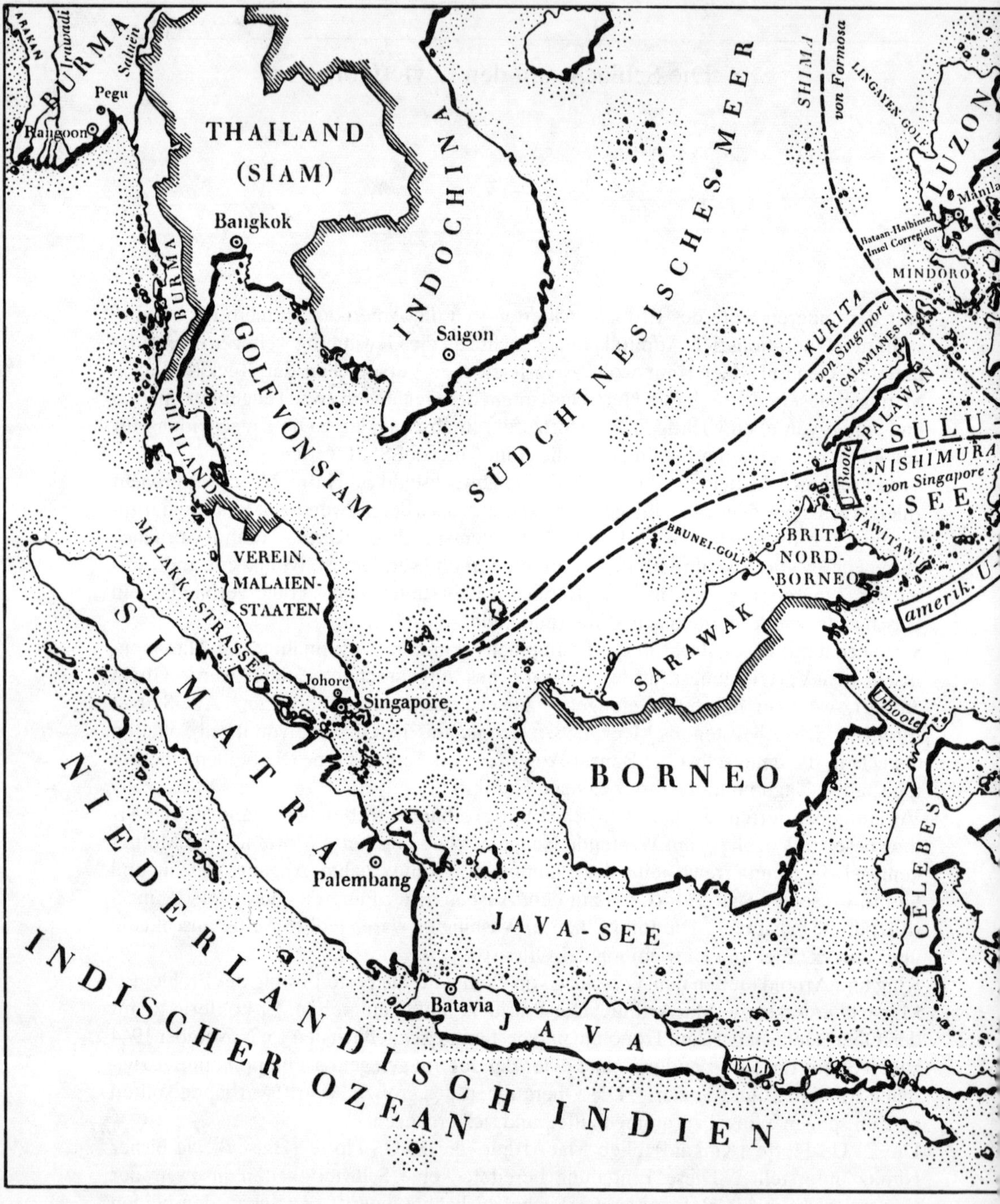
ARAKAN
Irawadi
BURMA
Saluën
Pegu
Rangoon
THAILAND
(SIAM)
Bangkok
BURMA
INDOCHINA
Saigon
GOLF VON SIAM
THAILAND
MALAKKA-STRASSE
VEREIN.
MALAIEN-
STAATEN
SÜDCHINESISCHES MEER
SHIMA
von Formosa
LINGAYEN-GOLF
LUZON
Manila
Bataan-Halbinsel
Insel Corregidor
MINDORO
KURITA
von Singapore
CALAMIANES-In.
PALAWAN
SULU
NISHIMURA
von Singapore
SEE
U-Boote
BRUNEI-GOLF
BRIT.
NORD-
BORNEO
TAWITAWI
amerik. U-
SARAWAK
Johore
Singapore
U-Boote
SUMATRA
BORNEO
CELEBES
Palembang
JAVA-SEE
Batavia
JAVA
BALI
NIEDERLÄNDISCH INDIEN
INDISCHER OZEAN

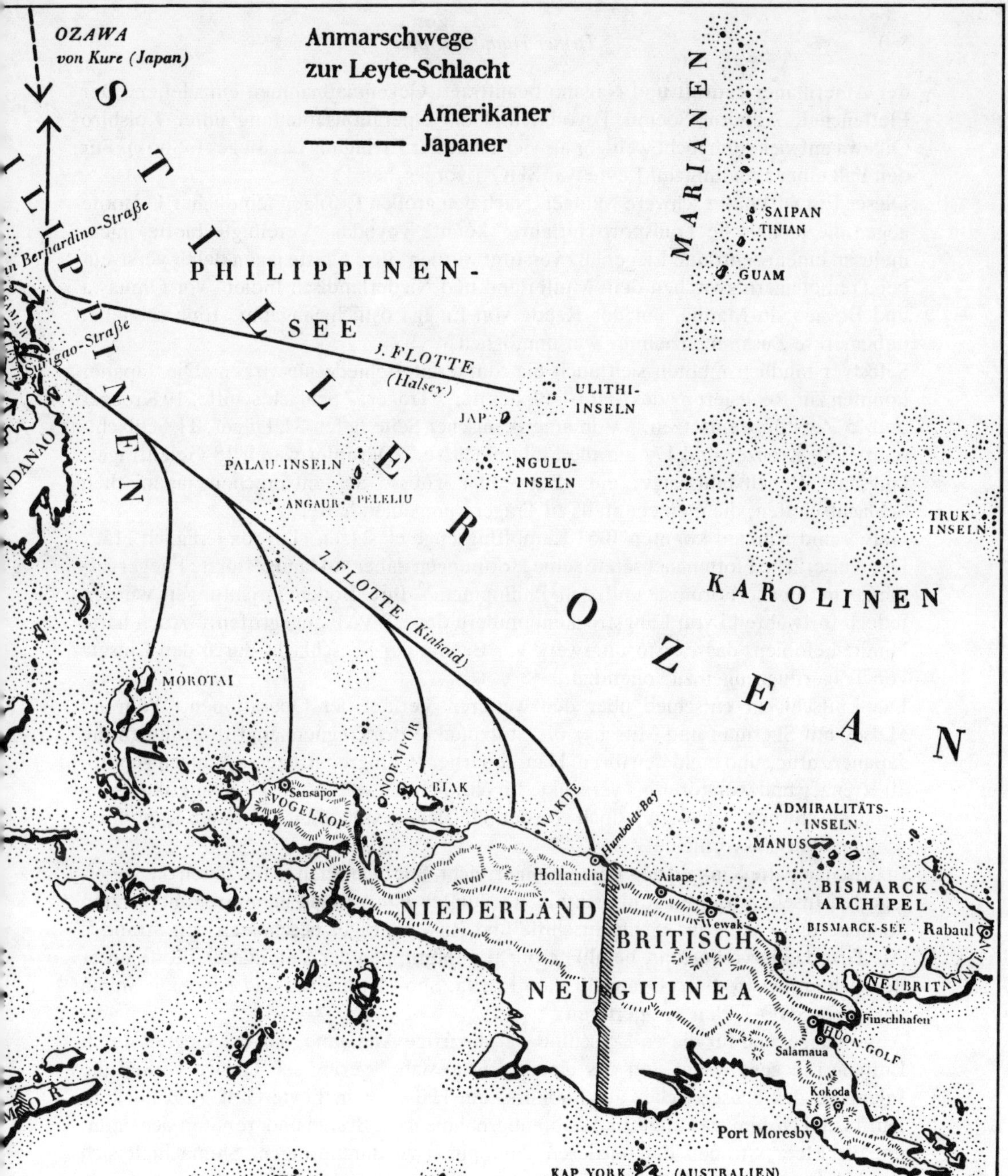

Kriegsschauplätze Südostasien

der Amerikaner geprüft und Nagano beauftragt, Gegenmaßnahmen einzuleiten. Der Flottenchef, Admiral Soemu Toyoda, und die Operationsabteilung unter Koishiro Oikawa entwickelten nicht weniger als vier Pläne zur Erringung des Sieges (»Sho«). Für den Fall einer Landung auf Leyte war SHO-1 vorgesehen.[13]

Dieser Entwurf hatte schwere Mängel. Nach den großen Erfolgen feindlicher U-Boote gegen die japanische Transportschiffahrt[14] konnte Toyodas »Vereinigte Flotte« nicht mehr an einem zentralen Liegeplatz versorgt werden. Ihre Kräfte lagen daher verstreut bei Treiböllagern zwischen dem Mutterland und Niederländisch-Indien, vor Okinawa und Borneo, in Manila, auf der Reede von Lingga östlich Singapur. Eine schnelle, unbemerkte Zusammenziehung war unmöglich.

Selbstverständlich mußten sich auch die Stärkeunterschiede auswirken. Die Japaner konnten zur Realisierung des SHO-1-Planes nur 7 Träger, 7 Schlachtschiffe, 19 Kreuzer und 25 Zerstörer einsetzen.[15] Von amerikanischer Seite liefen 34 Träger, 11 Schlachtschiffe, 19 Kreuzer und 174 auf die Philippinen zu.[16] Darunter waren 18 Geleitträger, langsame Behelfsfahrzeuge, die »Baby Flat Tops«. Sie entsprachen japanischen Schlachtschiffen, die man ebenfalls zu Trägern umgebaut hatte.[17]

Halsey und Kinkaid konnten 1062 Kampfflugzeuge einsetzen, Toyoda lediglich 115.[18] Der Kaiserliche Flottenchef setzte seine Hoffnungen daher auf landgestützte Fliegerverbände in Japan, Formosa und den Philippinen.[19] Ihre Bodeneinrichtungen wurden jedoch fortwährend von Langstreckenbombern der USAAF angegriffen.[20] Auch hatte Nimitz befohlen, das Zerstörungswerk vor Beginn der Seeschlacht durch den Einsatz von Trägerflugzeugen zu vollenden.

Die Luftschlacht entschied über den weiteren Verlauf der Operationen. Während Halsey mit Sherman und Mitscher die Stützpunkte des Gegners angriff, schlugen die Japaner zurück und meldeten ihrem Hauptquartier 19 Flugzeugträger, 4 Schlachtschiffe, 10 Kreuzer und Zerstörer als versenkt. In Wirklichkeit waren nur zwei amerikanische Kreuzer schwer beschädigt, jedoch von den 1150 landgestützten japanischen Kampfmaschinen über 600 vernichtet.[21]

Inzwischen hatte Kinkaid den Leyte-Golf erreicht. Spezialeinheiten besetzten die vorgelagerten Inseln mit ihren Radarstationen, räumten Fahrtrinnen minenfrei und setzten Ansteuerungsbaken aus. Schlachtschiffe und Raketenträger beschossen den Strand.[22]

Als Toyoda hiervon erfuhr, befahl er vier Kampfgruppen der Vereinigten Flotte unter den Admiralen Jizaburo Ozawa, Takeo Kurita, Shoji Nishimura und Kiyohide Shima nach dem SHO-1-Plan zu operieren.[23]

Ausschlaggebend für diesen Entschluß war die irrige Annahme, daß der Gegner durch Luftangriffe geschwächt und das eigene Risiko daher gering sei. Ozawa verließ die Inlandsee des Kaiserreiches auf Südkurs, um Halsey vom Leyte-Golf wegzulocken. Kurita und Nishimura liefen zur Treibölübernahme nach Brunei und trennten sich dann, um die Meeresstraßen der mittleren Philippinen zu durchdringen. Shima hielt sich westlich Formosa und Luzon.[24]

Die japanischen Flottenführer mußten mit Toyoda im fernen Tokio Verbindung halten und häufig Funksignale austauschen. Sie wurden daher frühzeitig von der amerikanischen Aufklärung erfaßt. Nimitz, Halsey und Kinkaid zogen daraus operative Folgerungen. Letzterer hatte bereits mit U-Booten verschiedene Vorpostenstreifen westwärts Luzon gebildet. Zwei dieser Einheiten – »Darter« (McClintock) und »Dace« (Claggett) – orteten Kurita und versenkten sein Flaggschiff sowie einen anderen Kreuzer.[25]

Für die Japaner bestand keine Möglichkeit mehr, Kinkaids Flotte im Leyte-Golf zu überraschen. Der Admiral hatte soeben seine Landungsoperation beendet und die Leerfrachter entlassen. Den gewonnenen Brückenkopf füllte die 6. US-Armee (Krueger) mit 132000 Mann.[26] MacArthur war von der heruntergelassenen Rampe eines Bootes an den Strand gewatet und hatte auf Verlangen einiger Presseberichterstatter die Worte gesprochen: »Völker der Philippinen, ich bin zurückgekehrt!«[27]
Knapp dem Tode entronnen, führte Kurita weiter von Bord der hinzugekommenen »Yamato« (Morishita). Sein Verband nahm Kurs in die San-Bernardino-Straße, während Nishimura der Surigao-Enge zustrebte. Als landgestützte Flugzeuge den jenseits der Philippinen sichernden Gegner bombardierten, hatten die beiden japanischen Verbände keinen Jagdschutz mehr. Mitscher erkannte dies und startete Trägermaschinen. Sie versenkten das Schlachtschiff »Musashi« (Inagushi) mit 2200 Mann.[28]
Auch die Japaner hatten Erfolg: eine Explosion zerriß den Flugzeugträger »Princeton« (Buracker) und tötete 335 Amerikaner, größtenteils auf einem längsseit gekommenen Kreuzer. Gleichzeitig meldeten Beobachter, daß Ozawa näher kam. Seine Trägerkampfgruppe nannte sich, obwohl sie nur als Köder diente, die »Hauptflotte« und wurde von Halsey als auch solche angesehen. Er drehte daher dem Widersacher entgegen und entblößte ohne Absprache mit Kinkaid die Leyte-Bucht.[29]
Zum Glück hatte dieser noch 6 alte Schlachtschiffe, die er mit 8 Kreuzern und 21 Zerstörern unter Admiral Jesse D. Oldendorf zur Surigao-Straße detachierte. Der Verbandsführer ließ die schweren Einheiten zum »Crossing the T« aufmarschieren, einer klassischen Gefechtsformation, aus der man Breitseiten abfeuern konnte, während dem Gegner nur die Buggeschütze blieben. Die Zerstörerflottillen hielten sich an den Enden der Linie zum Zangenangriff bereit.[30]
Der Gegner lief in die Falle. Das Schlachtschiff »Fuso« (Ban) blieb bewegungslos liegen, brach plötzlich auseinander und verschwand in den Wogen. Trotzdem hielt Nishimura seinen Kurs. Als dem Japaner auf 15000m Distanz 225 Panzersprenggranaten entgegenschlugen, hörte man, wie er noch immer über die Sprechanlage rief: »Durchhalten! Angreifen!« Flammen verhüllten das Flaggschiff. Zehn Minuten später rollte die »Yamashiro« (Shimada) über Backbord und sank.[31]
Im Leyte-Golf zogen nur noch 18 Geleitträger und ihre Zerstörersicherung unter Admiral Thomas L. Sprague ihre Kreise, als am nächsten Morgen plötzlich Kuritas Verband aus der San-Bernardino-Straße trat und sofort feuerte. Das amerikanische Geschwader ergriff die Flucht. Seine Zerstörer deckten sie durch Nebeln und Gegenstöße. Auch ein paar Trägerflugzeuge konnten starten, denen drei angeschlagene japanische Kreuzer zum Opfer fielen.[32]
Trotz überlegener Feuerkraft und Geschwindigkeit der Japaner verlor Sprague nur den Geleitträger »Gambier Bay« (Viewag) und drei Zerstörer. Kurita ließ die Verfolgung abbrechen. Er wollte seine verstreuten Schiffe sammeln und Übersicht gewinnen, um erneut vorzustoßen.[33] Doch aufgefangene Funksprüche der Amerikaner legten ihm eine andere Entscheidung nahe. Halsey hatte nach einer als Kritik empfundenen Zwischenfrage des C-in-C mit den Schlachtschiffen von Lee kehrtgemacht und befand sich im Anmarsch zur San-Bernardino-Straße.[34]
Indes drohten Kinkaid und Sprague neue Überraschungen. Das Kaiserliche Hauptquartier hatte Admiral Takijiro Onishi nach Manila geschickt, um die Angriffe der landgestützten Flugzeuge zu verstärken.[35] Er verwirklichte den schon vielfach erörterten

Gedanken, eine Elite von Piloten zu sammeln, die bereit waren, sich mit ihren bombenbeladenen Maschinen auf amerikanische Träger zu stürzen. Kamikaze – »göttlicher Wind« – sollte diese Taktik heißen.[36]

Auf Luzon und Mindoro standen vier Sondergruppen bereit. Jeder Freiwillige trug die weiße Stirnbinde der Samurei (Kachimaki) und das zeremonielle Gewand mit den schwarzen Knöpfen.[37] Alle waren bereit, das altertümliche Sittengesetz des »Bushido« zu erfüllen.[38] Onishi wollte ihren Angriff mit dem Flottendurchbruch kombinieren. Als bekannt wurde, daß Kurita umkehrte, erhielten die Kamikaze-Piloten trotzdem Startbefehl und jede ihrer Maschinen eine Bombenzuladung von 250 kg.[39]

Sie stürzten auf einen Gegner, dessen Schiffe unter Kuritas Artilleriefeuer gelitten hatten und nun auch von japanischen U-Booten bedroht wurden.[40] Die »St.Lo« (McKenna) detonierte nach einem Volltreffer. Sechs andere Geleitträger trugen mehr oder weniger Schäden davon. Die Personalverluste der 7. US-Flotte (Kinkaid) stiegen auf 1120 Tote.[41] Weitere Angriffe folgten gegen Abend, am nächsten Tag und in den kommenden Wochen. Ihre Wirkung war beträchtlich. Sie brachte jedoch keinen Ausgleich für den Untergang der letzten Träger des Kaiserreiches.[42]

Halsey hatte die »Hauptflotte« bei Kap Engaño gestellt, ehe er mit Lee zur San-Bernardino-Straße zurückkehrte.[43] Sherman und Mitscher führten den Kampf zu Ende.[44] Die größten Erfolge wurden Maschinen der »Enterprise« (Glover) und »Essex« (Weiber) zugeschrieben.[45] Schwer getroffen sanken die Träger »Chitose« (Kishi), »Zuiho« (Sigiura) und »Chiyoda« (Zyo). Auch »Zuikaku« (Kaizuka), das letzte Schiff der einst nach Pearl Harbor entsandten Gruppe, ging zugrunde.[46]

Die Schlacht um den Leyte-Golf war zu Ende. Obwohl Kurita entkam, konnten sich die Amerikaner den Sieg zuerkennen. Japans Flotte hatte fast die Hälfte der eingesetzten Tonnage verloren[47] und schied als strategischer Faktor aus.[48] MacArthur, der jetzt 26% aller Verbände des amerikanischen Feldheeres befehligte, landete in den nächsten Tagen weitere Truppen und eroberte die Insel bis zur Jahreswende.[49] Nach diesem Erfolg mußten auch Mindoro und Luzon fallen.[50] Die raumbeherrschende Stellung des Kaiserreiches war durchbrochen. Das Traumbild der Ostasiatischen Wohlstandssphäre zerrann.[51]

Aber die seit dem Sturze Tojos amtierende Regierung des Ministerpräsidenten Kunaiki Koiso zog keine Konsequenzen.[52] Ihre Entschlußkraft litt unter dem Eindruck der von Roosevelt, Churchill und Tschiang Kai-schek in Kairo definierten Kriegsziele.[53] Die Verbündeten wollten alle besetzten Gebiete befreien, auch Korea, die Mandschurei und Formosa, das japanische Volk aber auf seine schmalen, rohstoffarmen Inseln zurückwerfen. Bei diesen Aussichten behielt die Militäroligarchie des Kaiserreiches das Steuer fest in der Hand.[54]

[1] B. Anderson: Die Schlacht um Leyte 1944, in: Entscheidungsschlachten, a.a.O., S. 486f. (zit. Anderson).
[2] Potter, a.a.O., S. 157ff.; Whitney, a.a.O., S. 119–126.
[3] Vgl. Kap. Das Inselspringen im Pazifik.
[4] Ebd.; ausführl. Woodburn Kirby, III, a.a.O., S. 438f.
[5] Ruge: Pazifik, a.a.O., S. 178, 184ff.
[6] Smith, a.a.O, S. 426–449; 450–453.
[7] Ebd., S. 494–514; Morison, VIII, a.a.O., S. 247ff.
[8] Arnold, a.a.O., S. 207; Potter, S. 162; Whitehall, a.a.O., S. 291f.
[9] Pogue: Marshall, II, a.a.O., S. 209ff.
[10] Anderson, S. 487; Ehrman, V, a.a.O., S. 421 u. VI, S. 205; Matloff, a.a.O., S. 483.
[11] Bennett: Seeschlachten, a.a.O., S. 297f.; Potter/Nimitz: Seemacht, a.a.O., S. 833–850.
[12] Potter, S. 163; Whitehall, S. 293.
[13] Hattori, III, a.a.O., S. 648–694; Ienaga, a.a.O., S. 257ff.; M. Ugaki: Sensoroku, Tokio 1953; Ruge: Pazifik, S. 187ff.
[14] Vgl. Navy Department: Japanese Naval and Merchant Shipping, Losses During World War II, Washington, D.C., 1947; s. auch d. Tabellen b. Roscoe, a.a.O. u. die Übersicht b. Rohwer/Hümmelchen: Chronik, a.a.O., S. 486f.
[15] Vgl. Auflistungen b. Bennett: Seeschlachten, S. 298, 299, 303f. 305; Rohwer/Hümmelchen: Chronik, S. 488–496; Ruge: Pazifik, S. 205ff.
[16] Bennett: Seeschlachten, S. 317.
[17] O.W. Gatch: Baby Flat Tops, Charleston, S.C., 1982.
[18] S.E. Morison: Leyte, Boston 1958, S. 43f. (zit. Morison, XII).
[19] Brown, a.a.O., S. 115–123.
[20] W.F. Craven u. J.L. Cate: The Pacific. Matterhorn to Nagasaki, Chicago 1953, S. 275–322 (zit. Craven/Cate, V).
[21] Brown, S. 124; Ruge: Pazifik, S. 195.
[22] Morison, XII, S. 130–156.
[23] J.A. Field: The Japanese at Leyte Gulf, Princeton, N.J., 1947, S. 48ff. (zit. Field); Hattori, III, S. 652ff.
[24] Field, S. 50; B. Guris: Leyte. Bataille des géants, in: Miroir 11/1964, S. 92–109.
[25] Roscoe, S. 390–400.
[26] M.H. Cannon: Leyte. The Return to the Philippines, Washington, D.C., 1954, Kap. 1–2 (zit. Cannon).
[27] Anderson, S. 498f.; Bennett: Seeschlachten, S. 300; Whitney, S. 127.
[28] Morison, XII, S. 424–428; Potter/Nimitz: Seemacht, s. Anm. 11.
[29] Halsey, a.a.O., S. 487–495; ders.: The Battle for Leyte Gulf, in: Proceedings 5/1952, S. 487ff. (zit. Halsey: Leyte). Vgl. auch F.C. Sherman: Combat Command, New York 1950, S. 270ff.
[30] Anderson, S. 500ff.
[31] Field, S. 101ff.; Morison, XII, S. 198–241.
[32] Anderson, S. 510f.
[33] Morison, XII, S. 280ff.
[34] Brown, S. 163f.; Blond: Königin, a.a.O., S. 255; Halsey:Leyte, S. 491f.
[35] W. Craig: Als Japans Sonne unterging, Wien 1970, S. 13f. (zit. Craig): Sonne); Bergamini, a.a.O., S. 462f.
[36] Benannt nach den Stürmen, die 1274 u. 1281 Flotten mongolischer Eroberer vor der Landung in Japan zerschlagen hatten; dazu Y Brehet: Le vent divin ou la naissance des Kamikazes, in: Hist. 248/1972, S. 77–89.
[37] R. Inoguchi, T. Nagajima u. P. Pineau: The Divine Wind. Kamikaze Force in World War II, Annapolis, Md., 1958, S. 3–35 (zit. Inoguchi/Nagajima).
[38] R. Nagatsuka: I was a Kamikaze, New York 1974.
[39] Anderson, S. 510.
[40] Ein Geleitträger wurde getroffen, aber nicht versenkt. Andere U-Boot-Angriffe scheiterten. Vgl. J. Rohwer: Die Erfolge japanischer U-Boote 1941–1945, in: MR 2/1964, S. 86–88.
[41] Bennett: Seeschlachten, S. 322.
[42] Inoguchi/Nagajima, S. 57–64.

[43] Anderson, S. 517f.; Blond: Königin, S. 251; Halsey: Leyte, S. 494.
[44] Sherman, S. 270ff.
[45] Blond: Königin, S. 257.
[46] Brown, S. 165–171; Morison, XII, S. 317–338.
[47] Field, S. 143f.; P. Pineau: The End of the Imperial Japanese Navy, London 1962.
[48] Anderson, S. 518ff.; Cannon, S. 239ff.; Morison, XII, S. 340ff.
[49] Ruge: Pazifik, S. 221ff.
[50] Ebd., S. 229ff.
[51] Martin: Japan im Kriege, in: Weltpolitik II, hg. v. O. Hauser, a. a. O., S. 150.
[52] Vgl. Kap. Das Inselspringen im Pazifik.
[53] FRUS: Conferences at Cairo and Teheran, 1943, S. 532, 887f.; dazu Dallek, a. a. O., S. 427–431; Matloff, S. 369–373.
[54] Togo, a. a. O., S. 226ff.

Die Ardennen-Offensive 1944/45

Wie seinem japanischen Verbündeten, so starrte auch Hitler die Niederlage ins Gesicht. Ihre Nähe zwang ihn zu neuem Kalkül.[1] Gespannt beobachtete er jeden Schachzug des östlichen Gegenspielers. Stalin hatte nach dem Sieg in Weißrußland vor der Demarkationslinie des Jahres 1940 haltgemacht und von Bombenangriffen auf Reichsgebiet abgesehen[2], dafür jedoch das Rußland freundlich gesonnene Bulgarien überfallen, um gegen die türkischen Meerengen vorzurücken. Der ObdW folgerte daraus, daß die Entscheidung im Südosten eintreten werde[3], wo sich England dem sowjetischen Ausdehnungsdrang widersetzte.

Plötzlich schien klar, warum die Briten den deutschen Rückzug aus der Ägäis anfänglich kaum behindert hatten und Churchill ohne Roosevelt nach Moskau geflogen war.[4] Hitler wußte nichts von der Aufteilung Südosteuropas in Einflußsphären. Darum erwartete er das Auseinanderbrechen der feindlichen Koalition in diesem Raum, eine Umkehr der Bündnisse.[5] Wie immer, eilten Spekulationen der möglichen Entwicklung voraus. Nach längerer Zeit hörte Oshima wieder vom bevorstehenden Abschluß eines deutsch-sowjetischen Separatvertrages.[6]

Um die Spannungen zwischen den Alliierten zu fördern, sollten abziehende deutsche Truppen »den Kampf zwischen Kommunisten und nationalen Kräften schüren«.[7] In Jugoslawien, Polen und Litauen war es bereits zu schweren Auseinandersetzungen gekommen. Als die EAS/ELAS der nach Griechenland übergesiedelten Exilregierung den Rücken kehrte, »Volksjustiz« übte und am 1. Dezember 1944 durch Partisanen öffentliche Gebäude besetzen ließ, wurde Athen zum Schlachtfeld und das britische III. Corps (Scobbie) unmittelbar davon betroffen.[8]

Aber nicht nur Balkanwirren stimmten Hitler erwartungsvoll. Auch die Problematik des anglo-amerikanischen Verhältnisses war ihm bewußt. Treffend nannte er die Kriegspolitik der USA einen »Versuch, England zu beerben«.[9] Zugleich beobachtete man bei den alliierten Truppen gewisse Schwächemomente. Mangels ausreichender Motivierung schienen die Soldaten aus den Vereinigten Staaten und Kanada nichts mehr zu wünschen, als eine baldige Heimkehr.[10]

Einmal, meinte Hitler, müsse »dem Gegner . . . die Puste ausgehen«. Darum sei die Kunst, »in Kriegszeiten nicht wankelmütig zu werden, ein unversiegbarer Kraftquell«.[11] Wiederholt beschwor der ObdW die Standhaftigkeit des großen Preußenkönigs, dem »am Ende das Wunder der Wende« zuteil wurde.[12] Die NS-Führungsoffiziere der Truppe, Presse und Rundfunk wurden angewiesen, das historische Beispiel aufzugreifen. Auch von Wunderwaffen war die Rede.[13]

Hitler wollte noch einmal die Initiative an sich reißen und dadurch Zeitgewinn erzielen. Voraussetzungen waren schlechtes Wetter und günstiges Gelände. Der wolkenreiche Winter behinderte die feindliche Luftwaffe. Das flache Osteuropa kam aber wegen des heruntergekommenen deutschen Kraftfahrgerätes und mangels ausreichender Treib-

stoffreserven nicht in Betracht. Dagegen boten die reichgegliederten Landschaften Westeuropas mit ihren relativ kurzen Entfernungen viele Ansatzpunkte.[14]
Hitler hatte schon während des Rückzuges aus Frankreich an einen retour offensiv gedacht[15] und Kräfte zusammengezogen, um dem Gegner in die Flanke zu fallen.[16]
Jodl prüfte fünf verschiedene Möglichkeiten: einen Vorstoß von Holland nach Antwerpen, den Angriff auf der Achse Aachen-Lüttich und drei weitere Initiativen zur Gewinnung verlorener Räume. Priorität erhielten Belgien und Luxemburg, das Elsaß und Lothringen.[17] Unter Umständen konnten zwei oder drei Angriffe aufeinander abgestimmt werden.
Hitler entschied sich für eine Ardennen-Offensive mit drei Nebenaktionen (Tag X + 3 gegen Maastrich; Tag X + 10 gegen Breda; Tag X + 15 am Oberrhein). Die von den Amerikanern nur dürftig besetzte Hochebene verlockte zu Operationen im Stil von 1940.[18] Offen blieb vorerst die Frage, wie weit der Hauptstoß zu führen wäre, ob nur bis zur Maas (»kleine Lösung«) oder an Brüssel vorbei nach Antwerpen (»große Lösung«).[19] Auf jeden Fall wollte man starken Verbänden des Gegners den Rückweg verlegen.
Im Zuge der »kleinen Lösung« konnte möglicherweise durch eine rasche Schwenkung bei Lüttich das Gros von zwei amerikanischen Armeen eingeschlossen werden. Bei der »großen Lösung« kam voraussichtlich Antwerpen zu Fall, wurde die 21st Army Group (Montgomery) abgeschnitten und ihren Verbänden ein neues »Dünkirchen« bereitet.[20]
Jede dieser Operationen hatte ihren Kräftebedarf. Das OKW rechnete mit drei bis vier Armeen, V-Waffen und Fliegerkräften.
Ein Entwurf, den Jodl am 8. Oktober 1944 vorgelegt hatte, entsprach der »kleinen Lösung«. Die 6. SS-Panzerarmee (Dietrich) und 5. Panzerarmee (Manteuffel) sollten aus dem Raum von Monschau-Echternach zur Maas vorstoßen und Brückenköpfe bilden, während weiter südlich die 7. Armee (Brandenberger) eine Abwehrflanke zwischen Mosel und Semois aufbauen würde (Unternehmen »Wacht am Rhein«).[21]
Den Kräftebedarf veranschlagten die Planer auf 7 Panzer- und 22 Infanteriedivisionen, 7 sogenannte Volks-Artillerie-Korps und 8 Volkswerfer-Brigaden.[22]
Rundstedt, Model und Westphal empfahlen eine Ardennen-Offensive auf der Grundlage des Vorschlages vom 8. Oktober 1944.[23] Ältere Planungsakten, die Jodl aus Schlesien kommen ließ, schienen indessen zu beweisen, daß ein Stoß zur Küste geringere Kräfte beanspruchen würde als man bisher angenommen hatte. Hitler entschloß sich daher für die »große Lösung«. Aus den jenseits der Maas zwischen Lüttich und Namur gewonnenen Brückenköpfen sollte ein Panzerraid überraschend schnell nach Antwerpen führen.[24]
Der ObdW hatte sein ostpreußisches Hauptquartier endgültig verlassen und war in den »Adlerhorst«, einen 1940 unter Speer ausgebauten Herrensitz bei Nauheim übergesiedelt[25], um die Ardennen-Offensive persönlich einzuleiten. Aber die Vorbereitungen stockten. Keitel meldete Versorgungsengpässe. Das Ansammeln einer Mindestreserve von 17000 cbm Treibstoff bereitete Schwierigkeiten. Das OKW mußte Reserven an bedrohte Frontabschnitte werfen. Die Offensive wurde daher viermal verschoben.[26]
Das Ringen um den Besitz des Elsaß war noch nicht zu Ende. Bei Aachen standen deutsche Verbände in wochenlanger Abwehr gegen Amerikaner, die sich der Roer- und Urfttalsperren bemächtigen wollten, um das hinderliche Hochwasser absenken zu können.[27] Flieger und Flakartillerie mußten weiter gegen alliierte Bomberströme

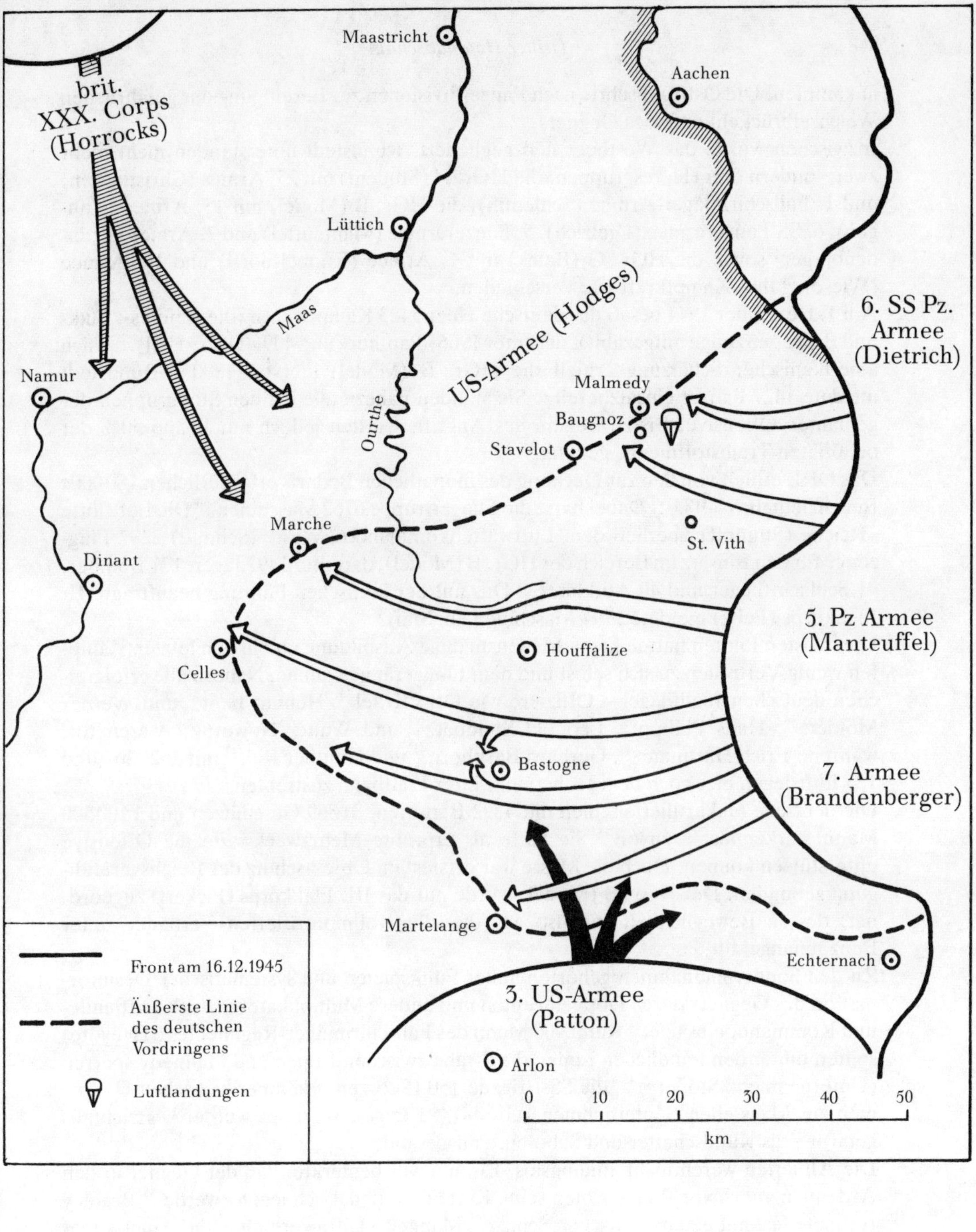

Die Ardennenoffensive 1944/45

ankämpfen. Die Ostfront schrie nach Panzerdivisionen zur Beseitigung der gefährlichen Weichselbrückenköpfe des Gegners.

Inzwischen wurde das Westheer neu gegliedert. Rundstedt unterstanden nicht mehr zwei, sondern drei Heeresgruppen: die HGr. H (Student) mit 25. Armee (Christiansen) und 1. Fallschirmjäger-Armee (Schlemm), die HGr. B (Model) mit 15. Armee (Zangen), 6. SS-Panzerarmee (Dietrich), 5. Panzerarmee (Manteuffel) und 7. Armee (Brandenberger) sowie die HGr. G (Balck) mit 1. Armee (Knobelsdorff) und 19. Armee (Wiese).[28] Ihre Kampfkraft war verschieden.

Am 1. Dezember 1944 besaß das deutsche Heer 5423 Kampfwagen (die Befehls-, Flak- und Bergefahrzeuge mitgezählt), darunter 1966 »Panther« und 409 »Tiger« (I/II).[29] Nach amerikanischer Schätzung erhielt die HGr. B (Model) hiervon 1800.[30] Rundstedt meldete 1427 Panzer einsatzbereit.[31] Sie standen nahezu alle bei den Stoßgruppen der geplanten Offensive. Bis zu Beginn des Angriffs wurden jedoch nur knapp 50% der benötigten Treibstoffmenge geliefert.

Das OKL erhielt von den zur Deckung des monatlichen Bedarfs erforderlichen 180000t Benzin lediglich 30000t. Dabei hatte die Fliegertruppe 6762 Maschinen.[32] Die Luftflotte »Reich« (Stumpff) überließ dem Luftwaffenkommando »West« (Schmid) 2292 Flugzeuge für den Einsatz im Bereich der HGr. B (Model), darunter 1492 Jäger, 171 Bomber, 91 Schlachtflieger und 40 Aufklärer.[33] Das mit der taktischen Führung beauftragte II. Jagdkorps (Peltz) meldete 1794 Maschinen am Start.

Die meisten Piloten hatten keine friedensmäßige Ausbildung und in den letzten Kämpfen wenig Vertrauen zu sich selbst und dem Fluggerät gewonnen. Nahezu alle erfolgreichen deutschen Jagdflieger – Offiziere wie Otto Kittel[34], Helmut Lent[35] und Werner Mölders[36], Hans Philipp[37], Leopold Steinbatz[38] und Walter Nowotny[39] waren tot, während Erich Hartmann[40], Gerhard Barkhorn[41] und Günther Rall[42] mit 352, 301 und 125 Luftsiegen erst noch dem Höhepunkt ihrer Laufbahn zustrebten.

Die deutsche Flakartillerie schien mit 4292 Batterien, 31569 Geschützen und 1100500 Mann stärker als je zuvor.[43] Sie hätte als erprobte Mehrzweckwaffe die Offensive unterstützen können. Doch die Masse war ortsfest im Objektschutz der Reichsverteidigung gebunden. Der HGr. B (Model) wurde nur das III. Flakkorps (Pickert) zugeordnet, dessen Beweglichkeit genauso wie die aller vollmotorisierten Verbände unter Benzinmangel litt.

Zu den Sondermaßnahmen gehörten außer Funkspielen und systematischer Desinformation des Gegners durch Doppelagenten und andere Multiplikatoren auch Luftlande- und Kommandoeinsätze.[44] Rund 900 Mann des Fallschirmjäger-Regimentes 6 (Heydte) sollten hinter den feindlichen Linien die Straße zwischen Eupen und Malmedy sperren (Unternehmen »Stößer«)[45], die SS-Brigade 150 (Skorzeny) in amerikanischen Uniformen zur Maas eilen (Unternehmen »Greif«).[46] Einige SS-Trupps wurden – gleichfalls getarnt – als Kundschafter und Saboteure ausgesandt.[47]

Die Alliierten waren nicht ahnungslos. Eisenhower bemerkte, daß der Gegner in den Ardennen »noch vor Weihnachten seine Karten auf den Tisch legen« werde.[48] Bradley rechnete fest mit einem deutschen Schlag.[49] Mangels »Ultra« erhielten die Amerikaner jedoch keine Informationen über Standort und Stärke der deutschen Divisionen. Bletchley Park sah sich infolge strikt eingehaltener Funkstille der Wehrmacht von wichtigen Nachrichten abgeschnitten.[50]

Die deutsche Offensive begann am 16. Dezember 1944 um 5.30 Uhr. Unter den leuchtenden Himmelsspuren der nach Lüttich und Antwerpen fliegenden Raketen eröffneten rund 5000 Geschütze und Werfer das Trommelfeuer.[51] Die Amerikaner waren überrascht.[52] Ihre Führung reagierte schwerfällig.[53] Wegen des schlechten Flugwetters konnten nur wenige der 12126 alliierten Maschinen aufsteigen.[54]Im rückwärtigen Gebiet begann das Verkehrschaos um sich zu greifen.[55]

Dennoch geriet der deutsche Angriff bald ins Stocken. Die 6. SS-Panzerarmee (Dietrich) blieb an der Linie Monschau–Malmedy hängen.[56] Skorzenys Kommandos gelangten nicht bis an die Maas.[57] Das Luftlandeunternehmen wurde um 24 Stunden verschoben und scheiterte, als die gestarteten Transporter zum Teil von der Leuchtstraße abkamen. Nach dem Absprung hatte Oberst Friedrich-August von der Heydte nur etwa 100 Fallschirmjäger an seiner Seite, zu wenige, um die gestellte Aufgabe zu lösen.[58]

Die 6. SS-Panzerarmee (Dietrich) nahm Stavelot. Doch bei St. Vieth verlegte ihr eine Division den Weg (71 Gefangene dieses Verbandes wurden aus unersichtlichen Gründen an der Kreuzung von Baugnez erschossen).[59] Beträchtliche Anfangserfolge erzielte die 5. Panzerarmee (Manteuffel). Allerdings lag auch in ihren Angriffsstreifen ein Wellenbrecher: Bastogne, dessen Kommandant die Übergabe verweigerte.[60] Die Einschließung band deutsche Kräfte. Sie fehlten den weiter zur Maas vordringenden Truppen.[61]

Am 21. Dezember 1944 lag die Spitze der 5. Panzerarmee (Manteuffel) in Celles, 9 km vor Dinant, ohne Treibstoff fest.[62] Der äußerste Punkt des deutschen Vormarsches war hier erreicht. Die Angriffsfront erstarrte zu einer 80 km tiefen Ausbuchtung. Zur Rechten war St. Vieth genommen, Stavelot aber wieder verloren. Auf dem linken Flügel erreichte die 7. Armee (Brandenberger) nach Durchquerung des Großherzogtums Luxemburg den belgischen Grenzort Martelange, nicht aber den Semois.[63]

Eisenhower hatte alle Reserven für den Einsatz freigegeben. Dann war er mit Bedell Smith und Tedder nach Verdun geeilt, wo sich auch Bradley, Patton und Devers einfanden, um einen doppelseitigen Angriff gegen den deutschen Frontvorsprung zu verabreden.[64] Eine Armee sollte über Arlon nach Norden ausgreifen, eine andere von Spaa in der Gegenrichtung.[65] Zum gemeinsamen Treffpunkt wurde Houffalize, das Zentrum des Einbruchsraumes, bestimmt.

Das dunstige Wetter klarte auf; am 23. Dezember 1944 beherrschten alliierte Flieger wieder den Luftraum.[66] Dennoch vergingen Tage bis zur Entfaltung der Gegenoffensive. Die Umgruppierung zwang Devers zur Verlängerung der Front. Notfalls mußte die 7. US-Armee (Patch) auf den Vogesenkam zurückgehen. Dieser Entschluß bot Hitler und Jodl die Gelegenheit zur Wiedergewinnung des Elsaß (Unternehmen »Nordwind«).[67] Die Führung übernahm der Reichsführer SS Heinrich Himmler.

Am 31. Dezember 1944 stießen acht deutsche Divisionen aus dem Raum von Bitsch 15 km weit nach Südwesten vor. Einen zweiten Schlag führte Himmler am Oberrhein. In Straßburg brach eine Panik aus. Teile der Einwohnerschaft hatten sich gerade den neuen Herren angepaßt und befürchteten nun deutsche Rache. Eisenhower und de Gaulle stritten über die koalitionspolitischen Konsequenzen.[68] Doch die Kräfte des Angreifers reichten nicht aus, um das Elsaß zurückzuerobern.

Am 1. Januar 1945 stürzten sich Verbände der Luftwaffe überraschend auf 17 alliierte Flugplätze in Holland, Belgien und Nordfrankreich (Unternehmen »Bodenplatte«). Zurückkehrende Piloten meldeten 479 zerstörte Maschinen, eine Anzahl, die sich nach genauerer Prüfung auf 180 reduzierte.[69] Der Einsatz endete mit schweren deutschen Verlusten: 277 eigene Flugzeuge waren abgeschossen, zwei Drittel durch Flak, die man

zum Schutze der V-Waffen-Basen aufgebaut, aus Geheimhaltungsgründen aber nicht über die eigene Fliegertätigkeit orientiert hatte.[70]
Die taktische Flugwaffe der Alliierten fiel eine Woche lang aus. Aber Patton war schon bis nach Bstogne vorgedrungen.[71] Montgomery hatte mit einem britischen Panzerkorps bei Lüttich die Maas überschritten. Nun wurden ihm Hodges und Simpson unterstellt, so daß auch er den Angriff gegen die Nordflanke des Einbruchsraumes beginnen konnte.[72] Allerdings behinderte die Anglo-Amerikaner starker Schneefall. Das deutsche Angriffsheer wich planmäßig zurück, bevor sich die Zange in Houffalize schloß.[73]
Hitlers Absicht, den Westkrieg durch einen erneuten Blitzfeldzug im Stil des Jahres 1940 zu wenden, war gescheitert. Wohl hatte der deutsche Angriff die Amerikaner 75482, das britische Korps 1408 Gefallene, Verwundete und Vermißte gekostet[74], Belgien, dessen Bewohner in Antwerpen und Lüttich unter V-Waffen-Beschuß lagen, meldete 6448 Tote und 22542 Verletzte.[75] Doch die deutschen Verluste von rund 90000 Mann wogen ungleich schwerer.
Mit ihnen hatte Hitler den wieder aufgefrischten Stamm der Panzerwaffe hingeopfert.[76] In den Todesstunden der ebenso wertvollen Jägerverbände waren 60 Prozent ihres führenden Personals zugrunde gegangen.[77] Schließlich zählte auch der Verbrauch unersetzlicher Munitions- und Treibstoffreserven, die fehlten, als am 12. Januar 1944 der Gegner im Osten losschlug und weite Gebiete des Reiches überflutete.[78]

[1] Vgl. Dietrich, a. a. O., S. 112f.; Heiber: Lagebespr., S. 722.
[2] Jodl-Tgb., 19.8.–14.9.1944.
[3] Frießner, a. a. O., S. 124.
[4] Vgl. Kap. Die neue Ostfront.
[5] Below, a. a. O., S. 393; Heiber: Lagebespr., S. 614.
[6] IMT, Bd. 16, S. 533.
[7] Jodl-Tgb., 14.9.1944.
[8] Hornung, a. a. O., S. 96f.; J. O. Iatrides: Revolt in Athens. The Greek Communists Second Round, 1944–1945, Princeton, N. J., 1972; zur Situation in Litauen, s. Paleckis, a. a. O., S. 368ff.
[9] Warlimont, a. a. O., S. 519.
[10] Vgl. Irving: Generals, a. a. O., S. 369.
[11] Below, S. 393.
[12] Ansprache des ObdW vor Generalen in Ziegenberg am 11. u. 12.12.1944, fragmentar. Aufz., abgedr. b. Heiber: Lagebespr., S. 713–724 u. Warlimont, S. 519; dazu Mitteilung des Generals a. D. H. Staedke gegenüber dem Vf. am 4.5.1964 u. 6.7.1970.
[13] V. R. Berghahn: Meinungsforschung im »Dritten Reich«, Die Mundpropaganda-Aktion der Wehrmacht im letzten Kriegshalbjahr, in: MGM 1/1967, S. 102ff.
[14] H. Jung: Die Ardennen-Offensive 1944/45 (Studien und Dokumente zur Geschichte des Zweiten Weltkrieges, 12) Göttingen 1971, S. 22–55 (zit. Jung). In journalist. Aufbereitung des Stoffes J. Toland: Ardennenschlacht 1944, Bern-München-Wien 1960, S. 7–23 (zit. Toland).
[15] H.-G. Heibel: Die Ardennen-Offensive, in: IT 12/1975, S. 87–99. H. M. Cole: The Ardennes. Battle of the Bulge (US Army in World War II) Washington, D. C., 1965, S. 20ff. (zit. Cole).
[16] Hubatsch: Weisungen, S. 285ff.
[17] KTB/OKW, IV, S. 432f.; Jodl-Tgb., 19.8.–9.10.1944; Heiber: Lagebespr., S. 584–604, 695ff.; dazu Jung, S. 56ff.
[18] Ellis: Victory, II, a. a. O., S. 175f.; Strong, a. a. O., S. 183; Wilmot, a. a. O., S. 553.

[19] Haupt: Rückzug, a.a.O., S. 269ff.
[20] N. Crockenden: Battle of the Bulge, New York 1979, S. 29ff. (zit. Crockenden).
[21] Dazu ausführl. H. v. Manteuffel: Die Schlacht in den Ardennen 1944–1945, in: Entscheidungsschlachten, a.a.O., S. 531–537 (zit. Manteuffel); Wilmot, S. 538f.
[22] Manteuffel: Tabelle 1, S. 542f.
[23] Görlitz: Model, a.a.O., S. 220f.; Skorzeny, a.a.O., S. 236; Westphal, a.a.O., S. 270ff.
[24] Heiber: Lagebespr., S. 670ff.; dazu Jung, S. 126f.
[25] Below, S. 396 u. Speer, a.a.O., S. 184.
[26] Manteuffel, S. 529ff.; Westphal, S. 274.
[27] A. Hohenstein u. W. Tress: Hölle im Hürtgenwald. Die Kämpfe vom Hohen Venn bis zur Ruhr, September 1944 bis Februar 1945, Aachen 1981, S. 22–55 (zit. Hohenstein/Tress); MacDonald: Siegfried Line, a.a.O., S. 122ff.; R.W. Thomson: Die Schlacht um das Rheinland, Frauenfeld 1960, S. 41–78 (zit. Thomson); Wilmot, S. 606f.
[28] Rosinski, a.a.O., S. 359–366.
[29] Mueller-Hillebrand, III, a.a.O., Tabelle gegenüber S. 274.
[30] Cole, S. 71; MacDonald, S. 362, verzeichnet 770 Panzer.
[31] Jung, S. 138.
[32] Groehler, a.a.O., S. 454.
[33] Ebd., S. 455.
[34] Nach 267 Luftsiegen.
[35] Nach 110 Luftsiegen.
[36] Nach 115 Luftsiegen.
[37] Nach 206 Luftsiegen.
[38] Nach 99 Luftsiegen.
[39] Nach 258 Luftsiegen.
[40] Toliver/Constable, a.a.O., S. 132–148; dies.: Holt Hartmann vom Himmel, Stuttgart 1972.
[41] Toliver/Constable, S. 156–176.
[42] Ebd., S. 177ff.
[43] Koch, a.a.O., S. 119.
[44] Allg. W. Brockoff: Geheimkommandos des Zweiten Weltkrieges, München 1962, S. 355ff.; auch Lewin, a.a.O., S. 429 u. Degrelle, a.a.O., S. 381ff.
[45] Haupt: Fallschirmjäger, a.a.O., S. 140.
[46] Skorzeny, S. 236f.; Wilmot, S. 553.
[47] Piekalkiewicz: Spione, Agenten, Soldaten, a.a.O., S. 248–270.
[48] Strong, S. 194: Wilmot, S. 550.
[49] Bradley, S. 400.
[50] Lewin, S. 430ff.
[51] Jung, S. 142ff.; Manteuffel, S. 541ff.; Wilmot, S. 558ff.
[52] Vgl. d. Studie v. Voggenreiter: Frühjahrsangriff 1918 und Ardennenoffensive 1944, in: WWR 14/1964 u. 15/1965.
[53] R.E. Merriam: The Battle of the Ardennes, London 1958, S. 79ff. (zit. Merriam).
[54] Cole, S. 75.
[55] Ebd., S. 98–228; Crockenden, S. 88–155; Ellis: Victory, II, S. 175–185; MacDonald, S. 267–391; Toland, S. 33–58.
[56] Haupt: Rückzug, S. 278–306; Jung, S. 144–197; Manteuffel, S. 541–548.
[57] Skorzeny, S. 251f.
[58] Haupt: Fallschirmjäger, S. 141.
[59] L. Greil: Oberst der Waffen-SS Jochen Peiper und der Malmedy-Prozeß, München 1977; J. Weingartner: The Story of the Malmédy Massacre and Trial, Berkeley, Cal., 1979; vgl. auch Skorzeny, S. 249ff.
[60] M. Georis: Nuts, Paris 1969; MacDonald, S. 373ff.; S. Marshall: Bastogne. The First Eight Days, Washington, D.C., 1946; Toland, S. 245–253.
[61] Bauer, II, a.a.O., S. 659–670.
[62] MacDonald, S. 388; Manteuffel, S. 545.
[63] Haupt: Rückzug, S. 307; Jung, S. 179f.; Toland, S. 280f.
[64] Bedell Smith, a.a.O., S. 83–117; Butcher, a.a.O., S. 733–346; Eisenhower, S. 405f.
[65] Bradley, S. 405f.; Patton, S. 261f.

66 Cole, S. 233ff.; Wilmot, S. 581f.
67 Tippelskirch, a. a. O., S. 533.
68 Elliot: Victory, II, S. 247ff.; Wilmot, S. 584; vgl. auch Eisenhower, S. 420f.
69 Zahlen nach Hillgruber/Hümmelchen: Chronik, S. 140. Groehler, S. 455, verzeichnet 1035 Maschinen. Lt. MacDonald wurden 156 Flugzeuge zerstört u. über 200 beschädigt.
70 Feuchter, a. a. O., S. 249 (mit älteren Zahlenangaben); Galland, a. a. O., S. 273f.; Groehler, S. 455.
71 Cole, S. 267f.; MacDonald, S. 400f.
72 Eisenhower, S. 409f.; Bradley, S. 405f.; Butcher, S. 740ff.; Patton, S. 263.
73 Jodl-Tgb., 28.12.1944 u. Heiber: Lagebespr., S. 724–800; dazu Görlitz: Model, S. 225; Jung, S. 199ff.; Haupt: Rückzug, S. 307ff.; Manteuffel, S. 559f.
74 Zahlen nach Cole, S. 274ff.; Crockenden, S. 367ff.
75 J. de Launay u. J. Offergeld: La vie quotidienne des belges sous l'occupation 1940–1945, Brüssel 1982.
76 Vgl. d. Betrachtungen v. Jung, S. 200ff. u. Manteuffel, S. 560.
77 Feuchter, Galland u. Groehler, a. a. O.
78 Guderian, a. a. O., S. 344ff.; L. Rendulic: Die Rückwirkung der Ardennenoffensive auf die Ostfront, in: WWR 10/1960, S. 497–506. Merriam, S. 227f.; C. Wagener: Strittige Fragen zur Ardennen-Offensive, in: WWR 11/1961.

Die Konferenz von Jalta 1945

Die deutschen Fronten befanden sich in einem kartenhausartigen Zustand. Südlich der Alpen hielt die HGr. C (Vietinghoff-Scheel) nach dem Verlust von Florenz[1] mit 16 verschlissenen Divisionen eine Linie quer über den Apennin.[2] Feldmarschall Alexander verfügte über die gleiche Truppenzahl. Aber die buntscheckigen Kontingente aus Amerikanern und Briten, Neuseeländern, Indern und Kanadiern, Polen und Italienern, Griechen und Brasilianern waren modern ausgerüstet und gut versorgt.[3]
In Jugoslawien hatte die HGr. E (Löhr) ihren monatelangen Rückzug aus Griechenland, Mazedonien und Albanien beendet und nach dem Verlust von 10440 Toten und 7075 Vermißten neue Stellungen zwischen der Neretvamündung und Slavonski Brod bezogen.[4] Die Lücke bis zur Drau füllten Reste der HGr. F (Weichs). Das rückwärtige Gebiet wurde von kroatischen Domobranen und einem Kosakenkorps notdürftig überwacht, ohne daß es gelang, die Partisanengefahr zu bannen.[5]
Das Hauptproblem der HGr. Süd (Wöhler), die mit vier deutsch-ungarischen Armeen den Abschnitt zwischen Osijek und Kaschau deckte, war Budapest. Seine eingeschlossene Besatzung erwehrte sich seit Anfang Dezember der sowjetischen Übermacht.[6] Drei Entsatzversuche scheiterten, ebenso die Versorgungsfahrten auf der Donau.[7] In der Stadt mußte das Ostufer des Flusses geräumt werden. Die Verteidiger behaupteten sich nur noch im Besitze der Burg und einiger Quartiere zu ihren Füßen.[8]
An der 750 km langen Front zwischen Kaschau und Memel standen die HGr. A (Harpe) und HGr. Mitte (Reinhardt), insgesamt 7 Armeen. Sie hatten sich nach den Niederlagen des letzten Halbjahres nur mühsam gefangen und in der langen Operationspause während des Warschauer Aufstandes 14 Divisionen als Reserve ausgeschieden, um neuen sowjetischen Angriffen gewachsen zu sein. Diese Kräfte waren jedoch vom OKW zur anderweitigen Verwendung abgezogen worden.[9]
Ferner bestand noch die HGr. Nord (Rendulic), von jetzt an als »Kurland« bezeichnet.[10] Von allen anderen Verbänden getrennt, hielt sie einen Stellungsbogen zwischen der Rigaer Bucht und dem Ostseestrand nördlich Memel. Obwohl die Verteidigung dieses Brückenkopfes keine operative Bedeutung mehr hatte, genehmigte Hitler nach immer neuen Räumungsanträgen den Abtransport von 5 der 22 Divisionen, darunter auch lettischen Legionärstruppen.[11]
Die deutschen Armeen wurden zurückgeworfen oder zerschlagen.[24] Kielce, Radom und Warschau, Tilsit, Allenstein und Osterode fielen. In klassischer Form entwickelte sich ein sowjetischer Panzerkeil gegen Elbing, um Ostpreußen abzuschneiden. Nur hinter der Deime und in Ostoberschlesien konnten die Verteidiger Auffangstellungen beziehen. Zwischen ihnen schlugen sich zwei Korps als »wandernde Kessel« zur Oder durch. Hitler verlegte sein Hauptquartier von Ziegenberg nach Berlin.[25]
Der ObdW nahm sich Zeit zu endlosen Untersuchungen. Er schaltete Kaltenbrunner ein, enthob Reinhardt seines Kommandos, ließ die an der Räumung Warschaus beteilig-

ten Offiziere samt allen Angehörigen in Konzentrationslager verschleppen und Anklage wegen Feigheit erheben. Schörner wurde zur Bereinigung der Lage nach Schlesien beordert, Himmler gegen den Rat von Guderian zum Oberbefehlshaber einer imaginären Heeresgruppe »Weichsel« ernannt.[26]

Er war außerstande, die Lücke zwischen Ostpreußen und Schlesien zu schließen. Wohl waren auf Geheiß der NS-Gauleiter Koch, Greiser und Forster an der Warthe und Netze einige Feldstellungen ausgehoben worden. In den Schützengräben lagen aber nur 28 Bataillone ohne Artillerie, zur Hälfte Volkssturm, mit norwegischen Beutegewehren und 5 Schuß pro Mann. Shukows Panzer walzten sie mühelos zusammen und stießen schnell weiter nach Westen vor.

Die sowjetischen Angriffsspitzen kümmerten sich nicht um stehengebliebene Reste. Solche deutschen Kräfte harrten noch hinter den Ziegelmauern der veralteten Festungswerke von Posen und Graudenz aus. Auch Thorn wurde eine Woche lang verteidigt. Dann durchbrachen 32000 Soldaten und Zivilisten, darunter britisch-französische Kriegsgefangene, den Einschließungsring des Gegners. Viele wurden bei Nakel von einem lettischen Waffengrenadier-Regiment aufgenommen. Die Mehrzahl erreichte Schwedt.[27]

Das OKH wollte die sogenannten Festungen so lange wie möglich halten. Die Besatzung von Posen kämpfte ohnehin mit dem Mut der Verzweiflung, als bekannt wurde, daß der Feind seine Gefangenen in den schon eingenommenen Lazaretten und alten Forts, auf Verbandsplätzen und Schutthalden wahllos erschoß. Überall wo sowjetische Truppen eintrafen, verbreiteten sie nach der Tatarenregel, Furcht und Entsetzen.[28]

Die OKH-Abteilung »Fremde Heere Ost« (Gehlen) erkannte, daß der Gegner mit dem Schwergewicht in Polen starke Angriffskräfte zusammenzog. Das Kräfteungleichgewicht betrug 20:1 (Artillerie), 11:1 (Infanterie) und 7:1 (Panzer).[12] Doch als Guderian zweimal nach Ziegenberg fuhr, um die Rückführung der entzogenen Reserven zu beantragen[13], hielt Hitler an der getroffenen Entscheidung fest.[14] Er leugnete die drohende Gefahr.[15]

Die Angriffsplanung des Gegners hatte im Oktober 1944 begonnen.[16] Wie auch früher, leisteten Shukow, Wassilewskij, Antonow und Shtemenko die Hauptarbeit. Als Waffenchefs wurden Nowikow, Federenko und Woronow hinzugezogen. Zur abschließenden Unterredung rief Poskrebyschew die führenden Kommandeure der Roten Armee in eine Datscha bei Moskau, wo sie Stalin zusammen mit Molotow, Berija, Malenkow und Budjonnyj erwartete, um endgültig zu entscheiden.[17]

Hauptziel der vermeintlich letzten Offensive war Berlin. Nebenangriffe sollten sich gegen Kurland und Ostpreußen, Schlesien und Böhmen, Ungarn und Österreich richten.[18] Neun Heeresgruppen standen dazu bereit, insgesamt 6 Millionen Rotarmisten mit 92400 Geschützen und 2993 Raketenwerfern, rund 11000 Panzern und mehr als 14500 Flugzeugen. Hinzu kamen 320000 Polen, Tschechoslowaken, Rumänen und Bulgaren mit ihrem Kriegsmaterial.[19]

Am 12. Januar 1945 um 01.35 Uhr eröffneten Hunderte von Batterien aus dem Baranow-Brückenkopf ein fünfstündiges Trommelfeuer. Dicht hinter dem Vorhang aus berstenden Granaten stolperten minenspürende Strafbataillone durch das zerwühlte Gelände, gefolgt von Sturmkolonnen und Panzerdivisionen mit aufgesessener Infanterie. Gegen Abend hatte die HGr. 1. Ukrainische Front (Konjew) ihren Durchbruch bis zu 20km Tiefe und fast 40km Breite erweitert.[20]

Stunden später schlugen auch die anderen Heeresgruppen los. Die 1. Weißrussische Front (Shukow) und 2. Weißrussische Front (Rokossowskij) überrannten deutsche Stellungen vor den Narewbrückenköpfen[21], starke Kräfte der 3. Weißrussischen Front (Tschernjachowskij) durchquerten Masuren.[22] Am nächsten Tag erzielte die 4. Ukrainische Front (Petrow) bei Jaslo einen tiefen Durchbruch. Panzerkolonnen näherten sich Krakau, das Frank nach einem letzten Rundgang für immer verließ.[23]

Plakate an den Grenzübergängen verkündeten: »Rotarmist – Du stehst auf deutschem Boden. Die Stunde der Rache hat geschlagen!«[29] Ein Tagesbefehl von Tschernjachowskij versicherte: »Unnötig, von Soldaten der Roten Armee zu fordern, daß Gnade geübt wird!«[30] Flugblätter forderten: »Tötet! Tötet! Es gibt nichts, was an den Deutschen unschuldig wäre ... Folgt der Weisung unseres Genossen Stalin und zerstampft ... das faschistische Tier in seiner Höhle. Brecht den Rassenhochmut der germanischen Frauen! Nehmt sie als rechtmäßige Beute!«[31]

Was Versprengte und Flüchtlinge berichteten[32], alliierte Kriegsgefangene erzählten[33] und Rotarmisten in aufgefundenen Briefen nach Hause schrieben[34], übertraf die Schrekkensbilder der Apokalypse. Kilometerweit bedeckten von russischen Panzern und Tieffliegern zusammengeschossene Trecks die Landstraßen.[35] Fast überall fand man verstümmelte Leichen geschändeter Frauen.[36] Das Plündern und Vergewaltigen, Sengen und Morden diente dem Selbstverständnis der entfesselten Soldateska.[37]

Erziehung zum Haß gehörte seit jeher zum Ausbildungsprogramm der Roten Armee. Sie entsprach damit ihrer revolutionären Herkunft und Bestimmung. Im Dienste der Streitkräfte überboten sich Publizisten wie Alexej A. Surkow, Ilja G. Ehrenburg und Konstantin M. Simonow, Alexej N. Tolstoj, Aleksandr T. Twardowskij und Michail A. Scholochow gegenseitig mit ihrer Hetze.[42] Stark wirkten auch das Verlesen der Frontzeitungen und die unausgesetzte Lautsprecherpropaganda.[38]

So wie die nationalsozialistische Führung ganze Bevölkerungsschichten hatte ausrotten lassen, scheute auch der Kreml kein Verbrechen, um seine Ziele zu erreichen. Die Unterschiede waren nur gradueller Art. Hitler setzte Tausende von Bürokraten und Henkersknechten ein. Stalin steigert die in Kriegszeiten zunehmende Bedenkenlosigkeit einiger Millionen Soldaten zum Politikum ersten Ranges. Er wollte die Bevölkerung weiter Gebiete durch Greueltaten zur Flucht veranlassen und damit die sowjetische Position für das bevorstehende Dreiertreffen stärken.[39]

Stalin bereitete sich intensiv auf diese Konferenz vor. Nachdem er das Lubliner Komitee zur künftigen Regierung Polens bestimmt hatte, Mikolajczyk gestürzt war und Ţomasz Acieszewski, ein noch weniger zu Kompromissen neigender Exilpolitiker, in London amtierte, wollte der Kreml seinen Marionetten international Rückhalt verschaffen. An erster Stelle sollte de Gaulle hierfür gewonnen werden. Seine Abneigung gegen Amerika und der Wunsch, Frankreich eine Großmachtstellung zu verschaffen, führte ihn nach Moskau.[40]

De Gaulle hatte bei sich zu Hause die Macht der Kommunisten eingeschränkt. Die Zeit der Massaker war zu Ende. Der »franco-französische Krieg« wurde vor Gerichten fortgesetzt, die im Auftrage der provisorischen Regierung Kollaborateure verurteilten[41] und Anhänger Pétains, nicht zuletzt Intellektuelle wie Paul Chack, Robert Brasillach, Jean Luchaire, Georges Suarez und Jean Hérold-Paquis hinrichten ließen.[42]

De Gaulle verweigerte dem Lubliner Komitee die Anerkennung. Auch betrachtete er das Oder-Neiße-Problem eher gleichgültig[43], zumal Stalin nicht bereit war, seinen

Gästen den Rhein als künftige Nordostgrenze Frankreichs zu konzedieren.[44] Ein Bündnis- und Beistandsvertrag, den Molotow mit Bidault unterzeichnete, sollte enge Zusammenarbeit gewährleisten. Die französische Regierung erhielt jedoch keine Einladung zum Treffen der »Großen Drei«.[44]

Anstelle de Gaulles wurde Beneš von den Sowjets bewogen, die Lubliner als Alleinvertretung des polnischen Volkes anzuerkennen. Gleichzeitig ließ Stalin das Komitee in eine provisorische Regierung unter Edward Osóbka-Morawski umbilden, die nach der Einnahme von Warschau durch Truppen des Generals Berling am 17. Januar 1945 dorthin übersiedelte. Partisanen, die sich widersetzten, wurden für vogelfrei erklärt, ihre mutmaßlichen Helfer deportiert. Binnen sechs Wochen brachte das NKWD mehr Polen hinter Stacheldraht als die SS in vier Jahren deutscher Besetzung.[45]

Gewiß suchte Stalin etappenweise eine weiträumige strategische Sicherung der Sowjetunion gegen die angelsächsischen Mächte zu erreichen. Darum griff er nicht nur nach Polen und Südosteuropa. Aus dem gleichen Grunde hatte Andrej A. Gromyko in Dumbarton Oaks die Entwürfe für eine United Nations Organization zerreden müssen.[46] Eine Weltorganisation, die Rußland Einhalt gebieten oder (wie 1939/40) als Aggressor brandmarken und ausschließen konnte, sollte nicht wieder entstehen.

Sehr wichtig nahm Stalin die Vorbereitung von Dokumenten durch die Europäische Beratende Kommission. Der Entwurf einer Urkunde zur bedingungslosen Kapitulation des Reiches folgte bereits Anregungen aus Moskau. Das Protokoll über die Besatzungszonen in Deutschland und ihre Verwaltung ließ sich beliebig drehen und wenden, ebenso ein Abkommen hinsichtlich des künftigen Kontrollrates. Wenn das Ganze nicht zu passenden Resultaten führte, konnte die UdSSR eigene Wege gehen.[47]

Roosevelt sah in den Vorlagen der Europäischen Beratenden Kommission keine bindenden Abmachungen.[48] Er wollte die Deutschland und Polen betreffenden Fragen offenhalten. Um so härter traf ihn, daß sich Stalin mit der Anerkennung des Osóbka-Murawski-Regimes darüber hinwegsetzte. Amerikaner, die ihrem Präsidenten Vertrauensseligkeit vorwarfen, schienen gerechtfertigt. Hatte seine Politik unlängst Hull zum Rücktritt veranlaßt[49], so trugen jetzt auch der neue Staatssekretär Edward R. Stettinius[50], Averell Harriman und James F. Byrnes erhebliche Bedenken.[50]

Der Präsident war in schlechter Verfassung. Lucy Mercer Rutherfurd, seine Maitresse, fand ihn plötzlich gealtert.[51] Die Ärzte diagnostizierten Hypotonie, fortgeschrittene Arteriosklerose und Pleura-Ergüsse.[52] Man begrenzte Roosevelts Arbeitszeit, hielt jedoch gegenüber der Öffentlichkeit das Bild eines kraftstrotzenden Chefs aufrecht. Er selbst glaubte noch immer, den sowjetischen Diktator für sich einnehmen zu können (»I can handle Stalin«).[53]

Roosevelt verfolgte vor allem zwei Ziele: die Teilnahme der Sowjetunion am Endkampf gegen Japan und ihre Einbindung in das voraussichtlich US-amerikanisch kontrollierte Ordnungssystem der Vereinten Nationen. Beides bedurfte der Klärung. Denn für ein militärisches Engagement der UdSSR im Fernen Osten gab es bisher nur die allgemeine Absichtserklärung Stalins aus dem Jahre 1943. Auch über die Konzeption von Dumbarton Oaks mußte noch entschieden werden.

Ausschlaggebend war die Handlungsfreiheit der Koalitionspartner. Die Sowjetunion hatte den Sieg greifbar vor Augen. In den frühen Morgenstunden des 31. Januar 1945 setzten Truppen der Roten Armee nördlich Küstrin über die Oder und nahmen Kienitz 50 km vor Berlin.[54] Dagegen hatte Eisenhower noch nicht die Schlacht um das Rheinland eröffnet. Die Anglo-Amerikaner standen nur mit etwa 50 Prozent ihrer Feldheere auf europäischem Boden.

Churchill suchte Englands Gewichtsverluste gegenüber der Sowjetunion und den Vereinigten Staaten wettzumachen. Aber das britische Heer in Europa war dem vorsichtigen Eisenhower unterstellt, und für die Royal Navy bestand keine Aussicht mehr auf entscheidende Unternehmungen. Allein das Bomber Command (Harris) erreichte die Höhe seiner operativen Leistungsfähigkeit und konnte durch Städteangriffe eine starke Wirkung erzielen.[55] Der Premier drängte daher Sinclair und Portal zu Angriffsflügen nach Dresden.[56]

Der Bomberraid, an dem sich auch die Amerikaner beteiligen wollten, mußte wegen schlechten Wetters verschoben werden. Indessen verschaffte sich Stalin durch die Wahl von Jalta zur Stätte des Treffens neue Vorteile. Als Gastgeber der am 4. Februar 1945 eröffneten »Krimkonferenz« (»Argonaut«)[57] konnte er Roosevelt wieder zur Übernahme des Vorsitzes bewegen und damit die Briten düpieren. Die angelsächsischen Außenminister und Combined Chiefs hatten ihre Meinungsverschiedenheiten gerade in stürmischen Sitzungen auf Malta beigelegt, doch gab es zwischen ihnen weiter Gegensätze.[58]

Roosevelt, der mit Hopkins angereist war, sich aber wegen der schweren Erkrankung des Freundes mehr auf Stettinius, Byrnes, Harriman, Leahy und Bohlen stützen mußte[59], geriet mehrfach in Widerspruch zu Churchill und Eden. Worte von Molotow, Wyschinskij und Gromyko, Gusew, Maiskij und Berija vernahm der Präsident nicht ohne Skepsis. Dagegen verkannte er gründlich die allein maßgebenden Absichten des Diktators (»Of one thing, I am certain, Stalin is not an imperialist!«)[60]

Für die Zusage der Sowjets, binnen zwei oder drei Monaten nach der deutschen Kapitulation in den Krieg gegen Japan einzutreten, erbrachten Roosevelt und Churchill erhebliche Gegenleistungen. Die Anglo-Amerikaner anerkannten die »Volksrepublik Mongolei« und versicherten, daß Rußlands Rechte aus den Jahren vor 1904 in Dairen und Port Arthur sowie bezüglich der ostchinesisch-südmandschurischen Eisenbahnen wiederhergestellt würden. Der Präsident wollte die Zustimmung des Marschalls Tschiang Kai-schek einholen, mit dem Stalin dann einen Freundschafts- und Bündnispakt abzuschließen gelobte.[61]

Zur großen Erleichterung der Anglo-Amerikaner erneuerten Molotow und Gromyko nicht den Anspruch auf 16 UN-Sitze. Stalin verlangte lediglich vier und begnügte sich mit dreien (für die UdSSR insgesamt sowie die Weißrussische SSR und Ukrainische SSR). Roosevelt war mit dieser Ausnahmeregelung einverstanden, konnte er doch, wie Stettinius und Byrnes feststellten, nach Begründung der Weltorganisation in San Franzisko mit einer bequemen Mehrheit westlich orientierter Staaten rechnen.[62]

Dagegen mochten die Sowjets hoffen, kraft ihrer expansionistischen Politik bald über einen Block gehorsamer Satelliten zu verfügen. Besonders wichtig nahm Stalin die Veto-Frage. Ein Kompromiß, den Stettinius aushandelte, verlieh jeder Großmacht im UN-Sicherheitsrat das Einspruchsrecht auch für den Fall, daß sie direkt an Konflikten beteiligt war. Damit konnte der Kreml unangenehme Entscheidungen verhindern.[63]

Heikel war Roosevelts Absicht, einen Artikel über Treuhänderschaften für ehemals abhängige Gebiete in die Charter der Vereinten Nationen aufzunehmen. Churchill, Eden und Cadogan sträubten sich dagegen, denn eine solche Formel betraf nicht nur die japanischen Mandatsinseln und Französisch-Indochina, sondern letztlich auch das

Empire. Wie sich zeigte, hatte England den südostasiatischen Stäben vorbeugend bereits Franzosen und Niederländer zugeordnet, die gleich nach der Befreiung in ihren früheren Kolonien tätig werden sollten.[64]
Die Dokumente der Europäischen Beratenden Kommission wurden abgeändert. Stalin akzeptierte mit einigem Vorbehalt Roosevelts Vorschlag, in die für Deutschland bestimmte Kapitulationsurkunde den Begriff »Zerstückelung« aufzunehmen.[65] Beide zusammen wandten sich gegen die von Churchill hartnäckig verfochtene Einbeziehung Frankreichs als Besatzungsmacht. Die Sowjets willigten erst ein, nachdem feststand, daß die Franzosen ein Gebiet auf Kosten der anglo-amerikanischen Zonen erhalten würden.[66]
Einig waren sich Amerikaner und Briten in ihren Bedenken gegen die von Maiskij vorgetragenen Reparationsforderungen.[67] Der Russe verlangte den »Abtransport« von 80% der schweren deutschen Industrieanlagen sowie Entnahmen aus der laufenden Produktion. Da diese Frage zwischen Eden, Molotow und Stettinius strittig blieb, übertrug das Plenum die weitere Beratung einer Reparationskommission. Die Sowjets zeigten sich darüber sehr enttäuscht, zumal auch ihre Bemühungen um einen zinsverbilligten 6-Milliarden-Dollar-Kredit mit 30jähriger Laufzeit scheiterten.[68]
Schwierigkeiten bereitete die Polenfrage, obwohl sich Churchill von Arciszewski distanzierte. Die Angelsachsen erkannten Osóbka-Murawski nur unter der Bedingung als Ministerpräsidenten an, daß in sein Kabinett auch Exilpolen eintraten. Vor der Verpflichtung zu freien Wahlen konnte Stalin seinen Schützling bewahren. Die Curzon-Linie wurde sanktioniert und »Polen im Norden und Westen ein beachtlicher territorialer Zuwachs« versprochen. Die Festlegung der Westgrenze sollte jedoch einer Friedenskonferenz vorbehalten sein.[69]
Zum Schluß veröffentlichten die »Großen Drei« eine »Erklärung über das befreite Europa«.[70] Man wollte die Völker des Kontinentes befähigen, sich »demokratische Einrichtungen ihrer eigenen Wahl zu schaffen«. Stalin bestand auf Eliminierung aller »Reste des Nazismus und Faschismus«. Er öffnete damit einen Türspalt zur ideologischen Einflußnahme der Sowjetunion[71] und konnte seinen Vorbehalt, wie Leahy anmerkte, »von Jalta bis Washington dehnen«, ohne einen Formfehler zu begehen.[72]
In der Tat setzte sich Stalin über getroffene Vereinbarungen hinweg. Er ließ den vom NKWD nach Moskau verschleppten bulgarischen Regentschaftsrat zurückbringen.[73] Die drei Staatsmänner wurden vor ein kommunistisch gelenktes »Volksgericht« gestellt, als »Kriegsschuldige« zum Tode verurteilt und auf einem alten Friedhof bei Sofia erschossen. Großbritannien erhob dagegen keinen Protest, obwohl eines der Opfer – Prinz Kyrill – mit dem englischen Königshaus verwandt war.[74]
Dimitroff führte Regie in 10897 Prozessen. Aufgrund der Scheinverfahren wurden 2138 prominente Persönlichkeiten, darunter 2 ehemalige Regierungschefs, 36 Minister und 68 Parlamentsabgeordnete hingerichtet[75] und 1940 weitere Bulgaren, unter ihnen der frühere Ministerpräsident Murawieff, zu 20 Jahren Zwangsarbeit verurteilt.[76] Der unmündige König Simeon II. durfte mit seiner Mutter noch im Lande bleiben. Er sollte gehen, sobald ein Plebiszit über die Staatsform entschied.
In Rumänien hatte Bodnaras die Regierung Sanatescu gestürzt und dazu beigetragen, daß General Racovitza, eine Schlüsselfigur des Staatsstreiches vom vergangenen Jahr, seinem Leben ein Ende setzte. Als Wyschinskij nach Bukarest kam, mußte das nächste Kabinett zurücktreten und Petru Groza, der Vorsitzende einer unbedeutenden Splitter-

partei, den Posten des Ministerpräsidenten übernehmen. König Michael erging es ähnlich wie Simeon. Man duldete ihn bis auf weiteres.[77]
Der Bündnisverrat, den die Angelsachsen an Polen begingen, mußte Stalin überzeugen, daß er auch mit diesem Land nach eigenem Ermessen verfahren konnte. Schon während der Krimkonferenz hatte er durch den kommunistischen Staatspräsidenten Boleslaw Bierut die kaum verhüllte Annexion von Schlesien und Ostpreußen verkünden lassen. Kurz darauf wurden 16 führende Persönlichkeiten, die der Exilregierung nahestanden, in Shukows Hauptquartier gelockt, festgenommen und vom NKWD nach Moskau verschleppt.[78]
Während die Verhandlungsdelegationen vor dem Liwadja-Palast in Jalta ihre Limousinen bestiegen, um abzureisen, fiel Budapest.[79] Bis auf 785 Soldaten, die sich zu den deutschen Linien durchschlugen, gerieten alle Überlebenden in Feindeshand. Mit ihnen wurden rund 130000 Einwohner der Stadt durch die verschneite Pußta nach Osten getrieben.[80] Nur wenige sahen ihre Heimat wieder, wo inzwischen mit Hilfe von Woroschilow die Kommunistische Partei Kontrolle über alle lebenswichtigen Bereiche gewann.[81]
Stalin hatte nie daran gedacht, sich mit seinem Reich und den besetzten Ländern der neuen, demokratisch verfaßten Weltordnung unterzuordnen. Er befolgte die Gesetzmäßigkeiten des Expansionismus. »Wer immer ein Gebiet einnimmt«, sagte der Diktator zu Milovan Djilas, dem Stellvertreter Titos, »erlegt ihm das eigene gesellschaftliche System auf. Jeder verankert seine Herrschaftsform. Es kann gar nicht anders sein.«[82]

1 G. Hümmelchen: Der Kampf um Florenz im Sommer 1944, Bonn 1965.
2 Baum/Weichold, a.a.O., S. 399ff.; Kesselring, a.a.O., S. 310ff.
3 Haupt: Italien, a.a.O., S. 154ff.; D. Orgill: The Gothic Line, London 1967.
4 Hnilicka, a.a.O., S. 110ff.; Schmidt-Richberg, a.a.O., S. 81–98.
5 Hory/Broszat, a.a.O., S. 172; Kiszling, a.a.O., S. 210ff.
6 Gosztony: Budapest, a.a.O., S. 23ff.
7 Ebd., S. 40ff., 48ff.; Shtemenko, II, S. 305f.; zu d. Flußtransporten s. Csonkaréti, a.a.O., S. 259f.
8 Jester, a.a.O., S. 96–125.
9 Westphal, a.a.O., S. 264.
10 Haupt: Kurland, a.a.O., S. 97ff.
11 Guderian, a.a.O., S. 373.
12 Gehlen, a.a.O., S. 94.
13 Guderian, S. 345.
14 Heiber: Lagebespr., S. 803f.
15 Guderian, S. 351.
16 Shukow, II, a.a.O., S. 279ff.
17 Shtemenko, I, a.a.O., S. 287.
18 Ebd., S. 289–297.
19 Shukow, II, S. 282f.
20 I.S. Konjew: Von der Weichsel zur Oder, (Ost)Berlin [3]1980, S. 5–24 (zit. Konjew II).
21 Shukow, II, S. 291–294.
22 Gretschko, X, S. 67–108; P. Kazakow: Ot Visty do Odera, Moskau 1974; Seaton, a.a.O., S. 530–543.
23 Frank: a.a.O., S. 248.
24 Bauer, II, a.a.O., S. 685; Philippi/Heim, a.a.O., S. 275.
25 Below, a.a.O., S. 398–400.
26 Guderian, S. 360; Manvell/Fraenkel, a.a.O., S. 210ff.

[27] J. Thorwald: Es begann an der Weichsel, Stuttgart 1950, S. 220ff. (zit. Thorwald: Weichsel).

[28] Zur Luftversorgung v. Posen s. Morzik/Hümmelchen, a. a. O., S. 227f.; weiteres b. Nawratil, a. a. O., S. 31–41, 98–116.

[29] Nawratil, S. 100; Werth, a. a. O., S. 644.

[30] Abgedr. u. a. bei O. Lasch: So fiel Königsberg, Stuttgart [2]1981, S. 138 (zit. Lasch); Nawratil, S. 102f.; De Zayas: WUSt., a. a. O., S. 90. Die Dokumentation in: Ursachen, XXII, a. a. O., S. 343.

[31] Viele ähnl. Flugblätter im BA/MA, Bestand H 3/493.

[32] Dokumentation der Vertreibung der Deutschen aus Ost-Mitteleuropa, bearbeitet v. Th. Schieder, hg. v. Bundesministerium für Vertriebene, Flüchtlinge und Kriegsgeschädigte, 8 Bde., 3 Beilagen, Bonn 1953–1962 (zit. Dokumentation); dazu A. de Zayas: Zeugnisse der Vertreibung, Krefeld 1983 (zit. De Zayas: Vertreibung); G. Böddeker: Die Flüchtlinge, München [3]1981, S. 34 (zit. Böddeker: Flüchtlinge); R. Mühlfenzel (Hg.): Geflohen und vertrieben, Augenzeugen berichten, Königstein 1981, passim (zit. Mühlfenzel); E. G. Lass: Die Flucht – Ostpreußen 1944–1945, Bad Nauheim 1964, S. 46ff. (zit. Lass).

[33] Congressional Record, Senate, 4. 12. 1945, S. 11374; Congressional Record, House of Representatives, 1. 11. 1945, S. 10232. Ferner: Dokumentation I, 1, S. 65 E, Berichte Nr. 77, 78, 139 u. I, 2, S. 188. Auch De Zayas, S. 87 u. F. Voigt: Orderly and Human, in: Nineteenth Century and After 11/1945, S. 195ff.

[34] L. Ginzburg in: Der Spiegel 20/1975, S. 71; L. Kopeljew: Aufbewahren für alle Zeit, München [5]1981, S. 94ff., 117, 122, 127; Sabik-Wogulow: Im besetzten Deutschland, zit. nach Dokumentation, II, S. 30; A. Solchenizyn: Ostpreußische Nächte, Darmstadt 1976, S. 31f., 35ff.; J. Uspenskij: Tagebuch, abgedr. in: Dokumentation, II, S. 33f.; vgl. auch Marschall W.D. Sokolowskij gegenüber General F.A. Keating: Das Verhalten der Roten Armee, hg. v. B.H. Liddel Hart, Bonn 1953, S. 201.

[35] Böddeker: Flüchtlinge, S. 11–25; De Zayas: Vertreibung, a. a. O., S. 92.

[36] Böddeker: Flüchtlinge, S. 24f., 30f.; Mühlfenzel, S. 44ff.; Thorwald: Weichsel, S. 75f.

[37] Dokumentation, I, 7, 101, 155, 166, 274, 432, 479; Nawratil, S. 104ff.; Seaton, S. 544f.

[38] Im westl. Ausland bekannt waren v. I. Ehrenburg: Woina, 2 Bde., Moskau 1943 (ein Werk, dem zahlreiche Hetzparolen der Frontzeitungen u. Flugblätter entnommen sein sollen, was der Autor jedoch in seinen Memoiren: Menschen-Jahre-Leben, 3 Bde., München 1961 (III, S. 32ff.) bestritt. Die Aufzeichnungen v. K. Simonow: Isdatelstwo Molodaja Gwardija, 2 Bde., Moskau 1977 wurden in Dtschld. als »Kriegstagebücher«, München 1979, verbreitet.

[39] Nawratil, S. 115f.

[40] Hillgruber: Sowjet. Außenpol., S. 119; ders.: 2. Weltkr., S. 137.

[41] Ch. Meyer: Le Gouvernement arrive à Paris, in: JF 176/1972, S. 2253ff.; J. Isorini: Plains pouvoirs aux cours de justice, ebd. 180/1973, S. 2353ff.

[42] Actes du colloque organisé par le Comité d'histoire de la Deuxième Guerre mondiale. La libération de la France, Paris 1976; dazu Aron, a. a. O.; Azéma, a. a. O.; Michel, a. a. O.; auch P. Hoffmann: Essais sur la France, Paris 1974 (vgl. insbesond. den Aufsatz: Chagrin et Pitié?); P. Ory: Les Collaborateurs, 1940–1945, Paris 1977.

[43] De Gaulle, III, a. a. O., S. 57–79; Bidault, a. a. O., S. 90–96.

[44] M. Mourin: Les relations franco-soviétiques, Paris 1967; A. W. de Porte: De Gaulle's Foreign Policy, 1944–1946, Cambridge, Mass., 1968.

[45] Roos, a. a. O., S. 206.

[46] Bereshkow, a. a. O., S. 294–394.

[47] Hillgruber: Sowjet. Außenpol. S. 119; Woodward, III, a. a. O., S. 261–319; allg. auch D. Yergin: Der zerbrochene Frieden. Der Ursprung des Kalten Krieges und die Teilung Europas, Frankfurt 1979 (zit. Yergin).

[48] Memorandum des Präsidenten für Hull v. 20. 10. 1944, abgedr. b. Murphy, a. a. O., S. 289.

[49] F. D. Drummond: Cordell Hull, 1933–1944 (American Secretaries of State in the Twenteeth Century, hg. v. N.A. Groebner) New York 1961; E.R. Stettinius: Roosevelt and the Russians. The Yalta Conference, Garden City, N. Y., 1949 (zit. Stettinius).

[50] J.F. Byrnes: In aller Offenheit, Frankfurt 1947, S. 37–68 (zit. Byrnes) u. A.B. Lane: I Saw Poland Betrayed, Indianapolis, Ind., 1948 (zit. Lane).

[51] Time, 16. 9. 1974, S. 29.

[52] J. Bishop: FDR's Last Year, New York 1974, passim.

53 Burns, a. a. O., S. 557; Murphy, S. 287.
54 Shukow, II, S. 297.
55 Verrier, a. a. O., S. 294.
56 Zur Vorgesch. s. Webster/Frankland, III, a. a. O., S. 112ff.; weitere Einzelheiten b. D. Irving: Der Untergang Dresdens, Gütersloh 1963, S. 102f. (zit. Irving: Dresden); ders.: Dtschlds. Städte, a. a. O., S. 348–373 (dort die Erinnerungen des Air Chief Marshal Sir R. Saundby an Churchills Rolle).
57 Sherwood, a. a. O., S. 698; Ulam: Stalin, a. a. O., S. 51.
58 Bryant, II, a. a. O., S. 390–399; Butcher, a. a. O., S. 636; Ehrman, V, a. a. O., S. 87f.
59 Sherwood, S. 695–713; E. M. Zacharias: The Inside Story of Yalta, New York 1949, passim.
60 Zit. nach Bryant, II, S. 400 u. Der Spiegel 2/1982, S. 79.
61 Vgl. FRUS: 1944, V, S. 140–155; FRUS: The Conferences at Malta and Yalta 1945, Washington, D. C., 1955; Mashdunarodnaja shiza, Moskau 1965, Nr. 6–9; Teheran-Jalta-Potsdam, Düsseldorf 1956. Die brit. Dokumente sind b. Woodward, V, S. 320–336 verarbeitet. Dazu v. westl. Seite Burns., S. 538ff.; R. A. Buchanan: The United States and World War II, 2 Bde., New York 1964 (zit. Buchanan); D. S. Clemens: Yalta, New York 1970 (zit. Clemens); A. Conte: Die Teilung der Welt. Jalta 1945, München 1967; Dallek, a. a. O., S. 516ff.; Ehrman, VI, S. 95ff.; Feis: Churchill-Roosevelt-Stalin, a. a. O., S. 518–522; V. Israeljan: L'Union soviétique et la Conference de Crimée, in: Revue d'histoire 68/1967, S. 618–629; Hillgruber: Sowjet. Außenpol., S. 123–130; Lane, S. 58–63; W. L. Neumann: After Victory. Churchill, Roosevelt, Stalin and the Making of Peace, New York 1967; J. L. Snell (Hg.): The Meening of Yalta, Baton Rouge, La., 1956, S. 615–623; ders.: Wartime Origins of the East-West-Dilemma over Germany. New Orleans, La., 1957. Von sowjet. Seite zuletzt Gretschko, X, S. 157–165. Von d. Memoirenschreibern bricht Maiskij vorher ab; vgl. dagegen d. Aufzeichnungen v. Bohlen, Byrnes, Deane, Harriman, Leahy, Stettinius u. Stimson (a. a. O.) sowie Cadogan, Churchill, Bryant, Eden, Ismay u. Moran (a. a. O.).
62 FRUS: Conferences at Malta and Yalta, S. 8–12, 447–449; dazu Clemens, S. 218–240; Dallek, S. 507; Stettinius, S. 213f.
63 FRUS: Conferences at Malta and Yalta, S. 660ff., 682–686, 711–715, 734–738, 771–776, 966ff., 999ff.; dazu Bereshkow, S. 394ff.; Dallek, S. 510ff.; Stettinius, S. 173f., 281f.
64 FRUS: Conferences at Malta and Yalta, S. 810, 822, 844f., 858f., 935, 947, 977; dazu Clemens, de Zayas: Vertreibung, a. a. O., S. 101f.; S. 240–243; Dallek, S. 512f.; Feis: Churchill-Roosevelt-Stalin, S. 500ff.; Eden, II, S. 594f.
65 Churchill, VI, 1, S. 390; Ismay, S. 392.
66 Buchanan, Kap. 20; Clemens, S. 85–95; J. Foschepoth: Britische Deutschlandpolitik zwischen Jalta und Potsdam, in: VZ 4/1982, S. 675–714; vgl. auch Churchill, VI, 1, S. 298f. u. Moran, S. 173.
67 FRUS: Conferences at Malta and Yalta, S. 609–704, 874f.; Backer, S. 40.
68 Ebd., S. 42; ders.: Priming, S. 26f.; allg. H. G. Dahms: Grundzüge der Geschichte der Vereinigten Staaten Darmstadt 1983, S. 204.
69 FRUS: Conferences at Malta and Yalta, S. 667–671, 677–681, 725ff., 716–721, 776–782, 786–791, 803–809, 905ff.; dazu Clemens, S. 167–189; Dallek, S. 513; Lane, S. 60ff.
70 FRUS: Conferences at Malta and Yalta, S. 667–671, 677–681, 726ff., 716–721, 792f., 776–782, 786–791, 804–807; 905ff., 938.
71 Dallek, S. 516.
72 Leahy, a. a. O., S. 315.
73 G. Castellan u. N. Todorov: La Bulgarie, Paris 1976, S. 81 (zit. Castellan/Todorov).
74 W. Görlitz: Dimitroffs finsteres Meisterstück, in: Die Welt, 11. 9. 1971.
75 Hillgruber: Sowj. Außenpol., S. 130.
76 Castellan/Todorov, S. 82.
77 L. Singer: Sowjetimperialismus, Stuttgart 1970, S. 144f.
78 Meyer, a. a. O., S. 134.
79 Gosztony: Budapest, a. a. O., S. 64–70.
80 Bericht der Schweizer Botschaft, abgedr. b. J. F. Montgomery: Hungary. The Unwilling Satellite, New York 1947, S. 239–241; neuerdings V. Karelin: Damals in Budapest. Das Buch von Raoul Wallenberg, Freiburg 1982.
81 Bogyay, a. a. O., S. 177.
82 M. Djilas: Conversations with Stalin, New York 1962, S. 95. Das Zitat aus d. Serbo-Kroatischen neu übersetzt v. P. Vučić.

Der Zusammenbruch des Deutschen Reiches 1945

Kein Ereignis dieser Monate erschütterte die Menschen so sehr wie der Untergang Dresdens. Churchill hatte den Angriff aus politischen Gründen befohlen[1] und nach dem notwendigen Aufschub diese Entscheidung nicht zurückgezogen. Starke Verbände des britischen Bomber Command (Harris) und der 8th USAAF (Doolittle) sollten mit Hilfe von »Loran«, eines neuen Langstrecken-Navigationsgerätes[2], in drei Wellen über Deutschland vordringen und die zur Zwischenstation für Flüchtlinge gewordene Stadt am 13./14. Februar 1945 zerstören.[3]
Der Master Bomber, die Pfadfinder, Blind- und Erstmarkierer, Relaismaschinen und Kampfverbände erreichten Dresden kurz nach 10.00 Uhr.[4] Sie trafen auf keinen Widerstand. Die Stadt hatte ihren Flakschutz veloren; deutsche Nachtjäger kamen nicht in Gefechtsberührung.[5] Den 243 Langstreckenflugzeugen der ersten Welle folgten um 01.30 Uhr weitere 529 »Lancaster« und »Halifax«.[6] Bis dahin hatte sich ein Feuersturm wie in Hamburg entwickelt. Neue Bombenschläge versetzten der Metropole den Todesstoß. Explosionen verhinderten das Löschen der Brände.
In den Mittagsstunden des nächsten Tages griffen von 1377 »Fliegenden Festungen« der Amerikaner 1293 Maschinen an.[7] Die Mehrzahl verfehlte Dresden und bombardierte Ausweichziele.[8] Aber auch die dritte Welle schlug der Stadt tiefe Wunden. Insgesamt fielen auf die Bebauungsfläche 3433,3 t Spreng- und Brandbomben.[9] Das Ausmaß der Verluste schien unabsehbar. Man begrub 28746 Opfer (und eine Anzahl von Rümpfen ohne Kopf).[10] Bei der Enttrümmerung wurden später noch 1858 Tote geborgen.[11]
Chaos herrschte auch in Ostpreußen. Rokossowskij hatte Elbing genommen und Panzer gegen Tolkemit vorgeschoben[12], die nur mit Hilfe von »Admiral Scheer« (Thienemann) gestoppt werden konnten.[13] Die Provinz war nahezu abgeschnitten. Hitler untersagte auf Betreiben des NS-Gauleiter Koch den beginnenden Ausbruch der 4. Armee (Hoßbach).[14] Das XXVIII. Armeekorps (Gollnick) zog sich unter dem Schutze des Kreuzers »Prinz Eugen« (Reinicke) aus Memel über die Kurische Nehrung nach Samland zurück und stellte zusammen mit andere Kräften die abgerissene Verbindung zwischen Königsberg und Pillau wieder her.[15]
Von Maßnahmen der sowjetischen Armeeführung gegen Ausschreitungen verspürte man wenig. Allgemein überwog die Angst vor der Deportation.[16] Viele Familien hatten den Vater beim Volkssturm verloren. Frauen und Greise, auch Polen und französische Kriegsgefangene, lenkten die Fuhrwerke fliehender Bauern zu den Eisbrücken bei Deutsch-Bahnau, Alt-Passarge und Leysuhnen, um jenseits des Haffs auf der Frischen Nehrung unter Tieffliegerbeschuß durch Danzig und Westpreußen nach Pommern weiterzutrecken.[17]
Hunderttausende drängten in Pillau an Bord der Frachter und Fähren, die Flüchtlinge entweder zur Frischen Nehrung übersetzten oder nach Westen mitnahmen.[18] Dönitz hatte die Kreuzer-Kampfgruppen 1 (Rogge) und 2 (Thiele) herangezogen, zwei alte

Linienschiffe reaktiviert und dem Seetransportchef, Admiral Conrad Engelhardt, alle verfügbaren Passagierdampfer, Depot- und Lazarettschiffe für die Massenevakuierung zugewiesen.[19] Der deutschen Kriegsmarine war damit ihre letzte, eine vorwiegend humanitäre Schwerpunktaufgabe gestellt.

Trotz andauernder Bedrohung durch feindliche Minen, Bomben und Torpedos konnte Engelhardt bis Kriegsende 2022702 Menschen über das Meer abtransportieren, 99 Prozent aller Personen, die sich der Marine anvertrauten.[20] Viele kehrten aber um, als sie von Katastrophen auf See hörten, dem Untergang der »Wilhelm Gustloff«[21], »General Steuben«[22] und »Goya«[23], die mit rund 14300 Flüchtlingen den sowjetischen U-Booten S-13 (Marinesko) und L-3 (Konawalow) zum Opfer fielen.[24]

Schlesien, der mit 4,7 Millionen Bewohnern größten deutschen Ostprovinz konnte die Marine nicht zu Hilfe kommen. Der NS-Gauleiter Karl Hanke hatte – wie Koch in Ostpreußen – zu spät die Evakuierung angeordnet. Die Reichsbahn war überfordert. Hunderttausende, unter ihnen die Überlebenden von Auschwitz, mußten zu Fuß, mit Rucksäcken und Handwagen flüchten. Pferdebespannte Wagentrecks zogen zumeist durch das verschneite Riesengebirge nach Böhmen. Doch Millionen waren geblieben oder umgekehrt, als auch über ihre Heimat die Rote Armee mit Vergewaltigung und tausendfachem Mord hereinbrach.[25]

Die auf das Industrierevier zurückgeworfene 17. Armee (Schulz) konnte vorübergehend einige Städte und Dörfer befreien, die Gruppe Nehring mit dem LVII. Panzerkorps (Kirchner) bei Lauban mehrere Divisionen des Gegners zerschlagen.[26] Hier wie dort stießen die Truppen auf Spuren sowjetischer Greueltaten[27] und Anzeichen für den Massenselbstmord der Betroffenen.[28] In Breslau war eine deutsche Division mit 15000 Leuten des Volkssturmes und 80000 Zivilpersonen eingeschlossen.[29] Sie kämpfte bis zum letzten Tag des Krieges.

Posen und Graudenz waren gefallen[30], Shukows Angriffsspitzen vor Berlin aber nicht entlastet, solange sich deutsche Kräfte noch in Hinterpommern, an der tiefen Nordflanke seiner Heeresgruppe hielten.[31] Der Marschall wandte sich deshalb nach dieser Seite. Unterstützt von Rokossowskij, erreichte ein starker Panzerkeil bei Köslin die Küste und drehte dort zur Danziger Buch ein.[32] Mit dem Kampf um Kolberg wurden drei Divisionen der polnischen 1. Armee (Poplawski) beauftragt. Die von allen Fluchtwegen abgeschnittene Zivilbevölkerung sah sich auch hier einer entmenschten Soldateska gegenüber.[33]

Folgerichtig ging auch der Kampf um Ost- und Westpreußen neuen Höhepunkten entgegen. Wassilewskij trat an die Stelle des tödlich verwundeten Tschernjachowskij und verlagerte das Schwergewicht gegen Heiligenbeil am Frischen Haff. Die Verteidigungsfront wurde zerschlagen[34] das Samland endgültig abgetrennt, Königsberg eingeschlossen[35], Balga isoliert und der Küstenhof beiderseits Danzig durchstoßen.[36] Auf Hela bei Oxhöft-Gotenhafen und in der Weichselniederung hielten sich noch Verbände mit Hilfe der Kampfgruppen 1 (Rogge) und 2 (Thiele).[37]

Inzwischen hatte Eisenhower die Schlacht um das Rheinland eröffnet.[38] Einen ersten Schlag führte die 21st Army Group (Montgomery) mit zusammenlaufenden Operationen in Richtung auf den Strom bei Düsseldorf und Emmerich.[39] Die 12th Army Group (Bradley) trieb einen Keil bis nach Köln vor, um von dorther Flanke und Rücken der deutschen Eifelverteidigung zu fasssen, während die 3. US-Armee (Patton) Koblenz zustrebte, aber plötzlich Teilkräfte nach Mainz und Mannheim warf.[40]

An den Flügeln der deutschen Westfront konnten die HGr. H (Blaskowitz) und HGr. G (Hausser) ihren Zusammenhang mit der schrittweise zurückweichenden HGr. B (Model) kaum noch aufrechterhalten. Von den 65 Divisionen waren nur ein Drittel vollwertig. Zwischen Koblenz und Emmerich begann die Zerstörung der Rheinübergänge.[41] Die Ludendorff-Brücke von Remagen stand aber, als ein belgisches Bataillon der 1. US-Armee (Hodges) das Ufer erreichte. Die Zündung der Sprengsätze versagte. Außer sich vor Zorn, ließ Hitler verantwortliche Offiziere vor Gericht stellen, drei erschießen[42] und Rundstedt durch Kesselring ablösen.[43]
Am Tage nach dem Verlust von Remagen fiel Bonn, mußte Model Köln aufgeben, das er zu verteidigen gehofft hatte.[44] Eine Woche später stürzte die Ludendorff-Brücke in den Rhein. Deutsche Artillerie, Raketen, Treibminen und Kampfschwimmer hatten ihr nichts anhaben können. Aber die vorausgegangene Teilbeschädigung führte zum Einbruch. Indessen hatten die Amerikaner den am Ostufer gewonnenen Brückenkopf trotz wiederholter Gegenangriffe gefestigt. Die Alliierten besaßen damit eine Ausgangsbasis für den Sturm auf das Ruhrgebiet.
Ein zweiter Brückenkopf, den Patton überraschend bei Oppenheim erobern konnte, führte zu neuen Erwägungen. Denn vor ihm lagen fast ungeschützt die Wetterau und das hessische Hinterland, weiter entfernt Thüringen und Sachsen. Ausschlaggebend wurde jedoch, daß Montgomery schnell das Ufer am Niederrhein wechselte und mit der unterstellten 9. US-Armee (Simpson) nach Lippstadt ausgriff. Denn jetzt konnte Bradley die 1. US-Armee (Hodges) über Remagen in Bewegung setzen und den Ruhrkessel schließen.[45]
Der Angriff war gründlich vorbereitet. Am 13. März 1945 überschritten Kanadier, Briten und Amerikaner den Strom beiderseits Wesel.[46] Spaatz hatte ihren Angriff durch Abwurf mächtiger Bombenteppiche eröffnet. Trommelfeuer aus 2070 Geschützrohren hielt die deutschen Verteidiger nieder.[47] LCM-Fahrzeuge und DUKWs der Royal Navy erleichterten den Uferwechsel. Eine frontnahe Luftlandung von zwei Divisionen mit 1572 Transportmaschinen und 1326 Gleitflugzeugen vervollständigte das Unternehmen (Operation »Varsity«).[48]
Am 25. März 1945 zerschlug die 1. US-Armee (Hodges) den Riegel vor ihrem Brückenkopf auf dem Ostufer des Rheines und drehte weit ausholend über Siegen, Gießen und Marburg gegen Iserlohn und Lippstadt ein.[49] Die doppelseitige Umfassung des Ruhrgebietes wurde vollendet.[50] Das deutsche Westheer war endgültig in drei Teile zerbrochen, als Crerar auf Groningen zuhielt, Patton den Main überschritt und Devers, dem Eisenhower ursprünglich nur eine Nebenaufgabe gestellt hatte, zwischen Mannheim und Karlsruhe die alte Reichsgrenze hinter sich ließ.[51]
Indessen kam es wieder zu Spannungen zwischen den Alliierten. Brooke hatte SHAEF die »planmäßige Verzettelung« wertvoller Kräfte vorgeworfen und empfohlen, Eisenhower einen Chef zur Führung des Landkrieges beizuordnen. Churchill, der hinter dieser Anregung stand, befürchtete, daß die Sowjets weiter ausgreifen würden, während amerikanische Armeen den Ruhrkessel eindrückten. Der Premier drängte daher auf Realisierung des von Bedell Smith zugestandenen Vorstoßes über die Elbe nach Berlin, Holstein und Mecklenburg.[52]
Ein anderer Störfaktor war de Gaulle. Er telegraphierte an General Jean de Lattre de Tassigny, der das von deutschen Truppen geräumte Kolmar besetzt hatte: »Sie müssen den Rhein überschreiten, selbst wenn die Amerikaner keine Hilfe leisten ... Karlsruhe

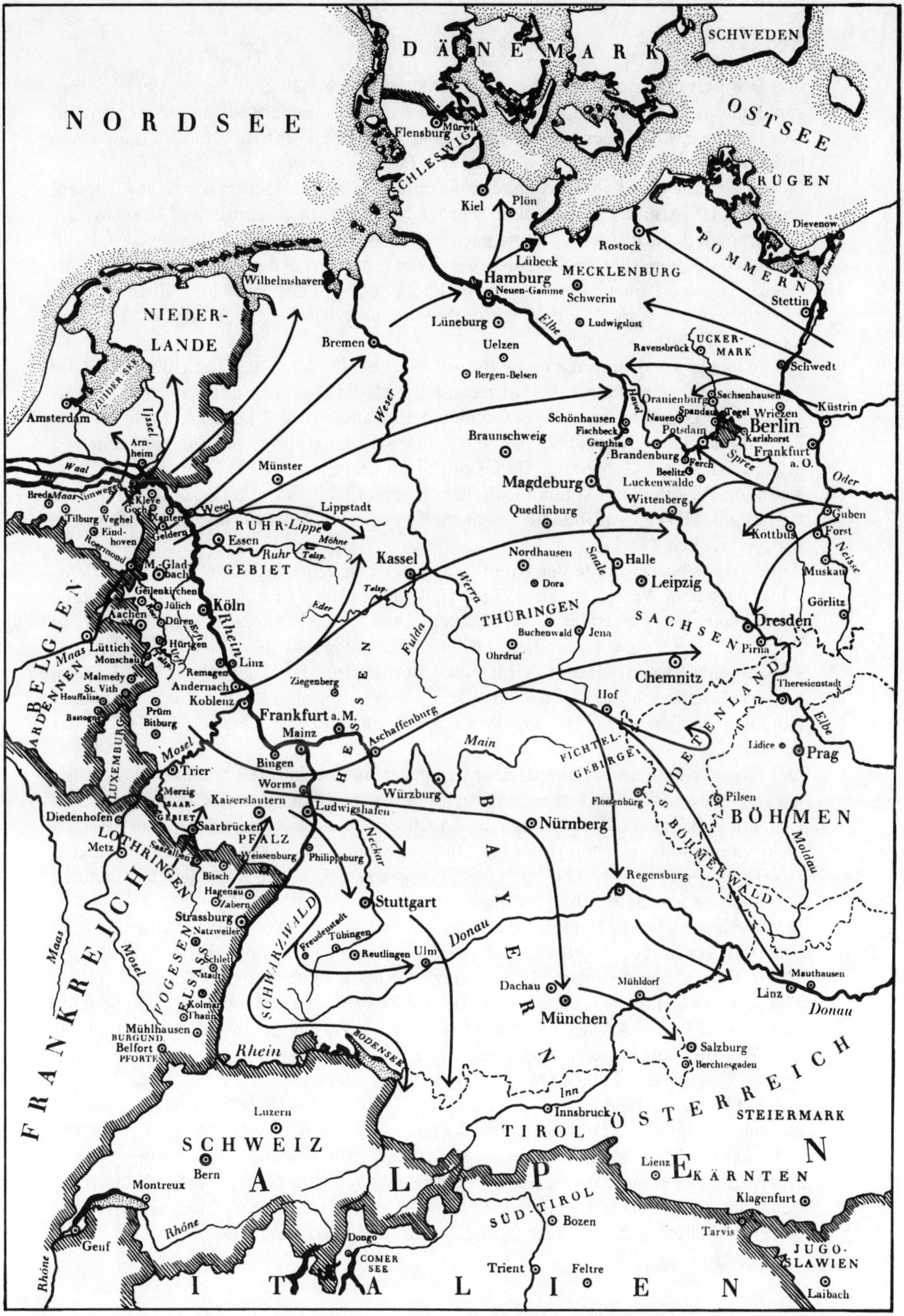
NORDSEE
DÄNEMARK
SCHWEDEN
OSTSEE
RÜGEN
Flensburg
Mürwik
SCHLESWIG
Kiel
Plön
Lübeck
Rostock
Dievenow
POMMERN
Hamburg
Neuen-Gamme
MECKLENBURG
Schwerin
Ludwigslust
Stettin
Wilhelmshaven
NIEDER-
LANDE
ZUIDER SEE
Amsterdam
Ijssel
Bremen
Lüneburg
Uelzen
Bergen-Belsen
Elbe
Weser
UCKER-
MARK
Ravensbrück
Schwedt
Sachsenhausen
Oranienburg
Spandau
Tegel
Nauen
Küstrin
Wriezen
Berlin
Potsdam
Karlshorst
Schönhausen
Fischbeck
Genthin
Havel
Arn-
heim
Waal
Breda
Maas
Nimwegen
Tilburg
Veghel
Eind-
hoven
Kleve
Goch
Xanten
Geldern
Wesel
Münster
Braunschweig
Brandenburg
Ferch
Beelitz
Spree
Frankfurt
a. O.
Oder
Magdeburg
Luckenwalde
Wittenberg
Guben
Forst
Kottbus
Neisse
Muskau
Görlitz
Lippstadt
RUHR-Lippe
Möhne
Talsp.
Essen
Ruhr
GEBIET
Quedlinburg
Kassel
Nordhausen
Dora
Halle
Leipzig
Saale
Werra
Roermond
M.-Glad-
bach
Geilenkirchen
Jülich
Düren
Erft
Aachen
Köln
Rhein
Eder
Fulda
THÜRINGEN
Buchenwald
Jena
Ohrdruf
SACHSEN
Dresden
Pirna
BELGIEN
Lüttich
Monschau
Hürtgen
Malmedy
St. Vith
Houffalize
Bastogne
ARDENNEN
Remagen
Linz
Andernach
Koblenz
Ziegenberg
HESSEN
Chemnitz
Hof
SUDETENLAND
Theresienstadt
Prüm
Bitburg
LUXEMBURG
Mosel
Frankfurt a. M.
Mainz
Aschaffenburg
Main
Bingen
Trier
FICHTEL-
GEBIRGE
Lidice
Prag
Merzig
SAAR-
GEBIET
Worms
Würzburg
Kaiserslautern
Ludwigshafen
Flossenbürg
Pilsen
BÖHMEN
Diedenhofen
Saarbrücken
PFALZ
Nürnberg
BAYERN
BÖHMERWALD
Metz
LOTHRINGEN
Saaralben
Weissenburg
Philippsburg
Neckar
Bitsch
Hagenau
Zabern
Regensburg
Moldau
Strassburg
Natzweiler
Stuttgart
SCHWARZWALD
Freudenstadt
Tübingen
Reutlingen
Ulm
Donau
Schlettstadt
VOGESEN
ELSASS
Kolmar
Thann
Mühlhausen
BURGUND.
Belfort
PFORTE
Maas
FRANKREICH
Dachau
München
Mühldorf
Mauthausen
Linz
Rhein
BODENSEE
Salzburg
Berchtesgaden
ÖSTERREICH
Inn
Innsbruck
Luzern
SCHWEIZ
Bern
TIROL
STEIERMARK
ALPEN
Lienz
KÄRNTEN
Klagenfurt
Montreux
SÜD-TIROL
Bozen
Tarvis
Genf
Rhône
Dongo
COMER
SEE
Trient
Feltre
JUGO-
SLAWIEN
Laibach
ITALIEN

und Stuttgart erwarten Sie!« Diese Zielsetzung widersprach getroffenen Vereinbarungen, sollte doch zumindest ganz Württemberg amerikanische Besatzungszone werden. Der Franzose wollte aber, wie er zuletzt in Moskau geäußert hatte, für sein Land einen breiten Gebietsstreifen von Köln bis an den Bodensee gewinnen.[53]

Doch Eisenhower bekam Rückendeckung durch Marshall.[54] Devers wurde angewiesen, mit der 7. US-Armee (Patch) nicht nur gegen Nürnberg. Donauwörth und Ulm auszufächern, sondern auch einen Verband nach Heilbronn und Stuttgart abzuzweigen. Gleichzeitig ließ der alliierte Oberbefehlshaber Stalin mitteilen, daß er »auf der Linie Erfurt-Leipzig gegen die obere Elbe« vorgehen und im übrigen das deutsche »Alpen-Reduit« erobern wolle.[55] Am 31.3.1945 wurde Montgomery befohlen, von seinem geplanten Vorstoß auf Berlin abzusehen.[56]

Grund hierzu waren amerikanische Besorgnisse über das Verhalten der UdSSR.[57] Stalin verfolgte weiter eine Politik des fait accompli.[58] Als die Türkei durch förmliche Kriegserklärung an Deutschland zum Verbündeten Englands wurde, kündigte Molotow den Freundschafts- und Neutralitätspakt mit Ankara, verlangte er wieder die Abtretung von Stützpunkten und Gebieten.[59] Beneš durfte im eroberten Kaschau für die ČSR eine Koalitionsregierung mit kommunistischem Übergewicht bilden[60], Tito unter lebhaftem Beifall aus Moskau exorbitante Territorialforderungen auf österreichisch-italienische Kosten erheben.[61]

Andererseits beargwöhnte der Kreml jeden Versuch deutscher Autoritäten, Friedensfühler nach dem Westen auszustrecken. Daß Ribbentrop[62] sie mit einer Sprachregelung für Diplomaten wie Rahn[63], Weizsäcker[64] und Hesse[65] anregte, war dem Kreml bekannt.[66] Über eine Verbindung zwischen Himmler und dem Vizepräsidenten des schwedischen Roten Kreuzes, Graf Folke Bernadotte, die Schellenberg und Kersten hergestellt hatten, hörte Stalin wohl auch.[67] Direkt informiert wurden die Sowjets über Kontakte einiger SS-Führer wie Wolff und Dollmann mit alliierten Stellen in der Schweiz.[68]

Der folgende Notenwechsel griff über den gegebenen Anlaß weit hinaus. Stalin suchte mit aggressiven Worten von seiner expansionistischen Politik in den osteuropäischen Ländern abzulenken. Gleichzeitig kündigte die sowjetische Regierung an, daß Rußland nicht ihren Außenminister Molotow, sondern lediglich Gromyko zur konstituierenden UN-Tagung am 25. April 1945 nach San Franzisco schicken, den Rang der entstehenden Organisation also herabstufen werde.[69]

Roosevelt war über die Reaktion der Russen verärgert. Dennoch wollte er von nutzlosen Protesten gegen die sowjetische Politik absehen und Eisenhower nicht zur Änderung seiner Entschlüsse bewegen. Die wichtigste Replik blieb Marshall überlassen. Ein Telegramm an Harriman unterstrich, daß der Zwist als »unbedeutender Zwischenfall« zu behandeln sei.[70] Als sich Churchill besorgt nach Washington wandte, erhielt er aus dem Weißen Haus keine Antwort mehr. Der Präsident war am 12. April 1945 in Warm Springs/Georgia den Folgen eines Gehirnschlages erlegen.[71]

»Mein Führer, ich beglückwünsche Sie«, rief Goebbels durchs Telefon. »Das Schicksal hat unseren größten Feind niedergeworfen...«[72] Auch der ObdW hoffte auf das »Mirakel des Hauses Brandenburg«, eine Wende, die Friedrich den Großen vor der Katastrophe bewahrte. Wolff, der nach Berlin eilte, um seine Geheimverhandlungen mit den Alliierten zu rechtfertigen, bekam von Hitler zu hören: »Ich will noch acht Wochen die Front halten... bis die Sache zwischen Ost und West auseinanderbricht.«[73]

Terror sollte den Zeitgewinn garantieren: ein Führerbefehl, beim Herannahen der Alliierten die Konzentrationslager und ihre Gefangenen zu beseitigen, der Erlaß zur Zerstörung sämtlicher Industrie- und Versorgungseinrichtungen, aus denen Gegner noch Nutzen ziehen könnten[74], die Einrichtungen von SS-Standgerichten. Eines dieser illegalen Tribunale hatte vor wenigen Tagen sowohl Canaris und Oster als auch Bonhoeffer, Gehre und Sack im KZ Flossenbürg an den Galgen gebracht.[75] Greifkommandos schwärmten aus, um mit Deserteuren und Befehlsverweigerern kurzen Prozeß zu machen.

Allerdings hatte Himmler bereits mit Kersten verabredet, die KZ-Häftlinge zu schonen.[76] Der Reichsführer-SS gab sogar zahlreichen Gefangenen – darunter 1000 Jüdinnen – die Freiheit, um mit Folke Bernadotte und Norbert Masur, einem Vertreter des jüdischen Weltkongresses, verhandeln zu können.[77] Speer hintertrieb die Zerstörung der Industrieanlagen.[78] Goebbels und Bormann entäußerten sich ihres Radikalismus, als sie Hitlers Absicht entgegentraten, für jeden Luftkriegstoten einen kriegsgefangenen Piloten in den Trümmern von Dresden erschießen zu lassen.[79]

Die versammelten NS-Gauleiter hielten es für unmöglich, einen von Keitel, Himmler und Bormann unterzeichneten Befehl zur fanatischen Verteidigung jeder deutschen Stadt durchzusetzen. Wolff veranlaßte die Befreiung eines vom KZ Dachau nach Süden fahrenden Konvois mit »Ehrenhäftlingen« wie Halder, Falkenhausen und Thomas, Schuschnigg, Schacht und Blum, einem Schwiegersohn König Viktor Emanuels sowie Neffen von Churchill, Molotow und Kaiser Wilhelm II.[80] In Henner, Bergisch-Gladbach, Bochum und Ohlig erschoß die Gestapo jedoch ihre Gefangenen. Auch für Elser und Thümmel schlug jetzt die letzte Stunde.

Hitler bemerkte die zunehmenden Eigenmächtigkeiten seiner Spitzenfunktionäre. Er hatte sich Göring, Himmler und Speer entfremdet, Heinrich Lammers und Otto Dietrich fortgeschickt, den Rücktritt Milchs angenommen, Warlimont versetzt und Guderian nach stürmischen Auseinandersetzungen beurlaubt, um General Hans Krebs als Berater vorzuziehen.[81] Aber auch der letzte Stabschef teilte nicht die Überzeugung des ObdW, daß man den Vormarsch der Alliierten noch wochenlang aufhalten werde.

Die Wehrmacht konnte keinen ersthaften Widerstand mehr leisten. Ein Verband von Rammjägern, den General Karl Koller aufgestellt hatte, brachte bei Hannover 23 »Fliegende Festungen« zum Absturz, verlor selbst aber 113 Maschinen.[82] Der Luftwaffe gingen die Treibstoffreserven aus. Die Anglo-Amerikaner konnten ihre Terrorangriffe unbehindert fortsetzen.[83] Sie zerstörten Kiel, wo »Admiral Scheer« (Thienemann) sank, Mainz, Würzburg und Nürnberg, Hildesheim, Halberstadt und Braunschweig, Bayreuth und Potsdam; auch bombardierten alliierte Verbände zum 363. Mal die Reichshauptstadt, so daß sich die Zahl der Ziviltoten in Berlin auf 28283 erhöhte.[84]

Die letzte Offensive der 6. SS-Panzerarmee (Dietrich), 6. Armee (Balck) und 2. Panzerarmee (de Angelis) zur Rückeroberung des Erdölgebietes von Kaposvár-Nagykanizsa war gescheitert und hatte einen Dammbruch zur Folge, bei dem Westungarn verlorenging und die Heeresgruppen von Malinowskij und Tolbuchin zügig auf Wien vorstießen, das am 13. April 1945 fiel.[85] Die Oberbefehlshaber »Süd« (Rendulic) und »Südost« (Löhr) suchten daher eine passende Gelegenheit, um so zu verfahren wie Wolff im Namen des OB »Südwest« (Vietinghoff-Scheel).[86]

Der eingeschlossenen HGr. B (Model) gab ihr Oberbefehlshaber die Anweisung, sich selbst aufzulösen, ehe er sich im Walde zwischen Lintorf und Wedau bei Düsseldorf erschoß.[87] Kleine Gruppen brachen aus. Die Masse begrüßte das Ende des Kampfes. SHAEF zählte 325000 Gefangene. Aus den Fenstern vieler Häuser hingen weiße Tücher zum Zeichen der Übergabe, während Montgomery die Weser überschritt. Spitzen der 9. US-Armee (Simpson) bei Magdeburg die Elbe erreichten und die 1. US-Armee (Hodges) durch Thüringen nach Leipzig vorstieß.[88]

Obwohl die vorwiegend aus RAD-Einheiten rekrutierte 12. Armee (Wenck) einen amerikanischen Brückenkopf an der Elbe zerschlug, war Stalin überzeugt, daß Deutschland seinen Westgegnern den Weg nach Berlin öffnete, im Osten jedoch erbittert Widerstand leistete.[89] Der lange Todeskampf von Königsberg[90] und die zähe Selbstbehauptung Breslaus[91] zeugten dafür ebenso wie das Ringen um Kolberg, dessen Stellungsbogen Heerestruppen und Reste der französischen Waffengrenadier-Division »Charlemagne« (Puaud) solange verteidigt hatten, bis 65000 Einwohner über See abtransportiert waren.[92]

Daß Russen und Amerikaner an den großen Strömen beiderseits von Berlin haltmachten, nahm Hitler als politisches Zeichen. Aufgrund des vorliegenden Jalta-Protokolls über die künftigen Besatzungszonen und Mutmaßungen aus dem OKH rechnete er mit einem sowjetischen Vorstoß nach Böhmen.[93] Die neue HGr. Mitte (Schörner)[94], deren Gros diesen Raum verteidigen sollte, wurde daher verstärkt, der wirklich bedrohte Abschnitt zwischen Görlitz und Swinemünde aber durch den Abzug 6 schneller Verbände geschwächt.

An der Oder und Neiße stand die HGr. Nord (Heinrici).[95] Sie umfaßte die 4. Panzerarmee (Graeser), 9. Armee (Busse) und 3. Panzerarmee (Manteuffel), zusammen 39 Divisionen und 1500 Panzer mit 527000 Mann (einschließlich Volkssturm und Polizei, Freiwilligen aus den Niederlanden, Belgien und Dänemark, Rußland und Rumänien, Frankreich und Spanien, Lettland und Estland.[96] Reserven fehlten. Die Truppe war von größeren Munitionslagern getrennt. Das Luftwaffenkommando Nordost (Fiebig) und die Luftflotte 6 (Greim) konnten nur wenige ihrer 2224 Flugzeuge auftanken.[97]

Demgegenüber waren die drei Heeresgruppen von Konjew, Shukow und Rokossowskij mit rund 2,5 Millionen Rotarmisten, 51600 Geschützen und 7496 Flugzeugen eine erdrückende Übermacht.[98] Ihre 6300 Panzer standen zum Teil bereits auf den Westbänken der Flüsse nördlich Görlitz und Küstrin, wo sie über Dutzende von Pontonbrücken und Pionierfähren rasch verstärkt werden konnten. Die »Pause« zwischen der Winteroffensive und dem bevorstehenden Angriff war von den Sowjets zum Ausräumen ihrer Flanken und Verbesserung des Nachschubes genützt worden.[99]

Die russische Schlußoffensive begann am 16. April 1945. Sie entwickelte sich in gestaffelter Abfolge aus den Brückenköpfen, erdrückte die Berlin-Verteidigung und verebbte gegen das Ostufer der Elbe.[100] Die einzelnen Bewegungsabläufe waren relativ langsam. Alle Rotarmisten wußten, daß die Entscheidung unwiderruflich gefallen war; viele hielten den Gefechtsraum für ein Tollhaus für private Exzesse. Die deutschen Soldaten hofften insgeheim, vor den weiter vorrückenden Amerikanern kapitulieren zu können.[101]

In den ersten vierundzwanzig Stunden erzielten die Russen keinen operativen Erfolg. Doch dann trieb Konjew einen starken Panzerkeil zwischen Cottbus und Spremberg über die Spree in Richtung Luckenwalde.[102] Shukow nahm die beherrschenden Seelower

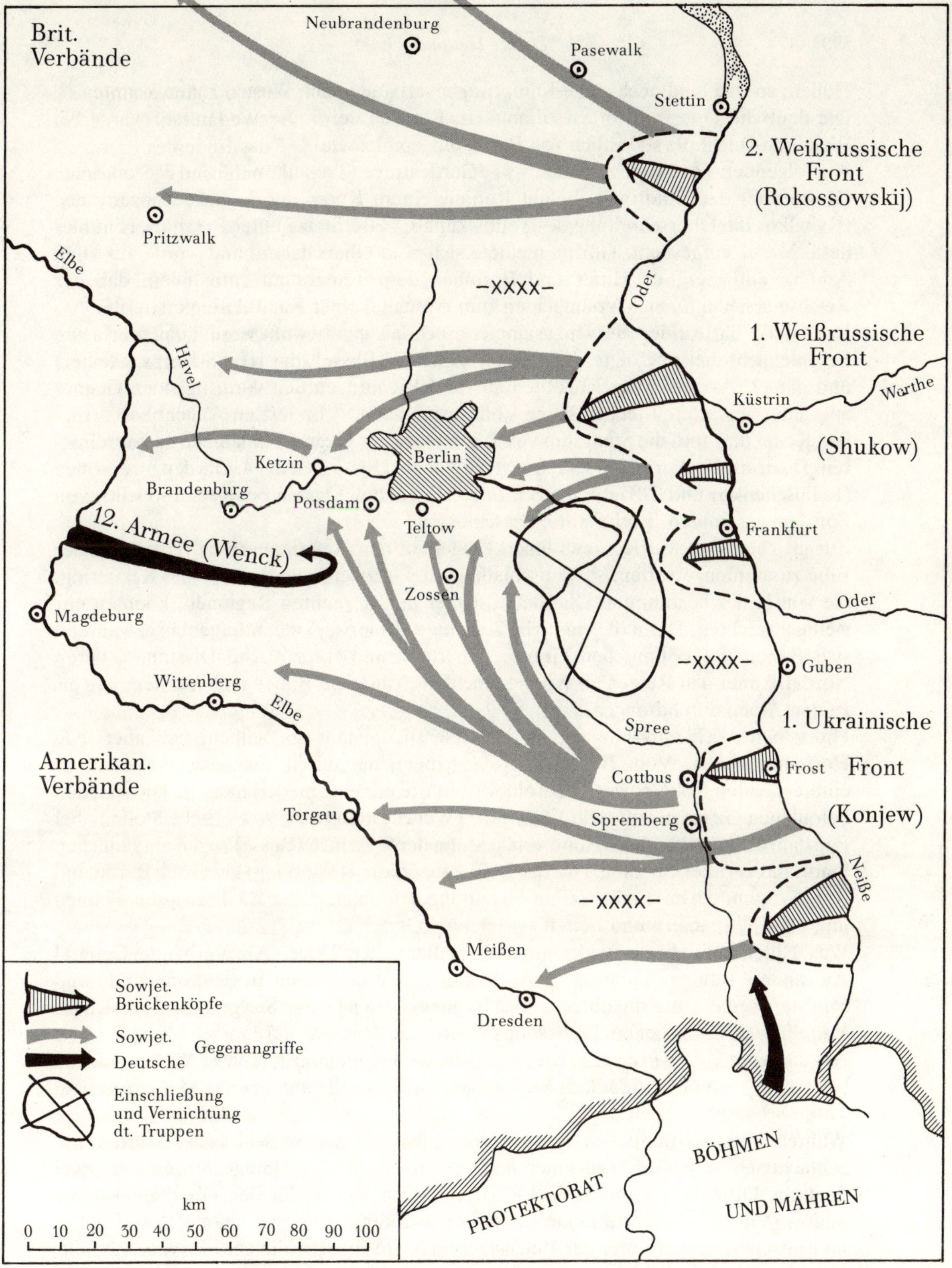

Die Schlacht um Berlin 1945

Höhen, so daß bald auch seine Kampfwagenverbände nach Westen rollen konnten.[103] Die deutsche Oderfront brach zusammen. Ein Teil der 9. Armee (Busse) wurde bei Wendisch-Buchholz südöstlich von Berlin eingeschlossen.

Am folgenden Tag erreichte Shukows 8. Gardearmee (Tschuikow)[104] und 3. Stoßarmee (Kusnezow) den Stadtrand, befahl Konjew einem Korps der 3. Gardepanzerarmee (Rybalko) die Überschreitung des Teltowkanals.[105] Berlin lag unter Beschuß. Himmler hatte Masur aufgesucht. Göring meldete sich vom Obersalzberg und wurde aus allen Ämtern entlassen, da Hitler und Bormann dem Telegramm entnahmen, daß der Reichsmarschall für sich Vollmachten zum Abschluß einer Kapitulation erstrebte.[106]

Der ObdW hatte einen Nervenzusammenbruch, als ihm bewußt wurde, daß man seine Befehle nicht mehr befolgte. Kräfte der 9. Armee (Busse), das III. SS-Korps (Steiner) und die 12. Armee (Wenck) sollten aus drei Richtungen den vordringenden Gegner angreifen, erstatteten jedoch keine Vollzugsmeldung.[107] Im letzten Augenblick verließen Keitel und Jodl die Stadt, um von Rheinsberg aus Gegenmaßnahmen zu koordinieren. Doch am 25. April 1945 schloß sich die Zange: Divisionen der 4. Gardepanzerarmee (Leljuschenko) und 2. Gardepanzerarmee (Bogdanow) trafen bei Ketzin westlich von Potsdam zusammen. Berlin war eingeschlossen.

Zur gleichen Zeit war Konjews linker Flügel mit den Amerikanern bei Torgau an der Elbe zusammengetroffen.[108] Deutschland zerfiel in zwei Teile. Dönitz und Kesselring, die von Hitler bestimmten Oberbefehlshaber der getrennten Regionen, konnten nur wenig ausrichten. Denn die englische 2. Armee (Dempsey) nahm Lauenburg, während sich Patton der böhmischen Grenze näherte[109] und französische Divsionen, deren Nordafrikaner den Russen an Wildheit nicht nachstanden, Baden und Württemberg bis zu den Alpen durchdrangen.

Hitler hatte sich entschlossen, in der Reichshauptstadt zu bleiben, ließ aber jede Hoffnung sinken. Vom III. SS-Korps (Steiner), das durch den nach Vorpommern einbrechenden Rokossowskij bedroht war, führte nur eine niederländische Division den befohlenen Gegenangriff. Die 12. Armee (Wenck) konnte die sowjetische Stellung bei Potsdam nicht aufbrechen. Rund 40000 Mann der 9. Armee (Busse) zogen am südlichen Stadtrand vorüber zur Elbe. Nur das LVI. Panzerkorps (Weidling) kam nach Berlin und wurde zusammen mit Flak, Waffen-SS und Jagdkommandos der HJ, Franzosen, Flamen und Dänen, Spaniern und Letten zur letzten Stütze.[110]

Was Hitler befürchtete, widerfuhr dem italienischen Duce. Als Verbände General Alexanders Bologna nahmen[111], war er mit einem deutschen Begleitkommando und Ministern seines zusammenbrechenden Regimes an den Comer See geflohen, um sich ins Valtellino zurückzuziehen. Partisanen stoppten die Kolonne und nahmen Mussolini fest. Am 28. April 1945 wurde er in Mezzagra von dem Kommunistenführer Walter Audisio (»Valerio«) ermordet und nach Mailand gebracht, wo die aufgehetzte Menge mit dem Toten Schindluder trieb.[112]

Während die zertrampelten Körper des Duce und seiner Schicksalsgefährten wie Schlachtvieh vom Gestänge einer halbfertigen Mailänder Garage hingen und zwei deutsche Offiziere insgeheim nach Caserta flogen, wo sie für den Oberbefehlshaber Südost (Vietinghoff-Scheel) eine Kapitulationsurkunde unterzeichneten[113], traf Hitler im Luftschutzbunker unter der Reichskanzlei letzte Entscheidungen. Er verteilte Giftampullen, schloß die Ehe mit Eva Braun und diktierte außer seinem privaten ein politisches Testament.[114]

Himmler, von dem BBC gemeldet hatte, daß er den Vereinigten Staaten und Großbritannien die Kapitulation angeboten hatte, wurde aus der NSDAP verstoßen, ebenso Göring. Staatsoberhaupt sollte Dönitz im Range eines »Reichspräsidenten« werden. Für die Kabinettsneubildung fielen Namen wie Goebbels, Bormann und Seiß-Inquart, Hanke, Funk und Schwerin-Krosigk. Die künftige Regierung verpflichtete Hitler »zur peinlichen Einhaltung der Rassegesetze« und »zum unbarmherzigen Widerstand gegen das internationale Weltjudentum«.

Am 30. April 1945 lag das Stadtzentrum wieder unter starkem Artilleriefeuer. Eine sowjetische Kampfgruppe entriß den Letten das Reichstagsgebäude. Andere Stoßtrupps drangen vom Potsdamer Platz zur Wilhelmstraße vor. Hitler gab noch ein letztes Essen für Bedienstete des Führerbunkers, dann zog er sich mit seiner jungen Frau zurück. Um 15.30 Uhr begingen beide Selbstmord. Die Leichen wurden im Garten der Reichskanzlei verbrannt, ihre Überreste gegen 23.00 Uhr bestattet.[115]

Ein Versuch von Krebs, mit Shukow und Sokolowskij über Kapitulationsbedingungen zu verhandeln, scheiterte an Stalin.[116] Darauf nahmen sich Goebbels und seine Frau das Leben.[117] Auch der Generalstabschef, Burgdorf und Hewel wählten diesen Ausweg. Andere – unter ihnen Bormann – suchten sich durchzuschlagen, bevor General Helmuth Weidling am 2. Mai 1945 die Einstellung des Kampfes befahl.[118] Rund 70000 Soldaten, Volkssturmleute und Hitlerjungen gingen in sowjetische Gefangenschaft.[119]

Vor den weiter vordringenden Russen strömten zwischen Rostock und Magdeburg, bei Dessau und Dresden mit Resten der 3. Panzerarmee (Manteuffel), 12. Armee (Wenck), 9. Armee (Busse) und 4. Panzerarmee (Graeser) Millionen von Flüchtlingen auf die anglo-amerikanischen Linien zu. Diesen Massen hatte Generaloberst Gotthardt Heinrici mehr Aufmerksamkeit zugewandt als der militärisch unhaltbaren Reichshauptstadt.[120] Erst recht sah sich die neue, provisorische Staatsgewalt zu menschlicher Rücksichtnahme veranlaßt.

Nicht mehr zu helfen war den 714211 KZ-Häftlingen.[121] Himmler hatte befohlen, sie bei der Annäherung des Gegners in rückwärtige Gebiete zu verlegen. Die Folge war, daß jeder dritte Gefangene nach Gewaltmärschen und wochenlangen Irrfahrten in den überfüllten Aufnahmelagern an Entkräftung und Krankheit starb.[122] Angesichts dieser Elendsbilder wuchs die Entschlossenheit der Sieger, das deutsche Volk für seine vermeintlichen Untaten kollektiv zu bestrafen.[123]

Das neue Kabinett trat nicht wie vorgeschrieben zusammen, denn Goebbels hatte sich das Leben genommen, Bormann und Hanke waren verschollen. Dönitz ließ durch Lutz Graf Schwerin von Krosigk eine »geschäftsführende Regierung« bilden.[124] Himmler, Ribbentrop und Seiß-Inquart, die den Großadmiral aufsuchten, erhielten keine Posten. Speer, der neue Wirtschaftsminister, appellierte über den Rundfunk an die Bevölkerung des besetzten Gebietes, mit dem Wiederaufbau zu beginnen.[125]

Ermutigt durch das Abkommen von Caserta, wollte Dönitz aufgrund weiterer Teilverträge noch möglichst viele Soldaten und Flüchtlinge vor der sowjetischen Gefangennahme und Deportation bewahren. Schon am 4. Mai 1945 konnte eine Wehrmachtdelegation unter Admiral Georg von Friedeburg im britischen Hauptquartier für den Nordwestraum einschließlich Dänemarks und der Niederlande kapitulieren.[126] Eine Süddeutschland betreffende Urkunde ließ Kesselring unweit von München unterzeichnen.

Da englische Truppen die Elbe überschritten und bis nach Ludwigslust, Schwerin und

Wismar vorgingen, fanden Truppen und Zivilisten aus Mecklenburg einen Fluchtweg, den ihnen Montgomery, der Verächter sowjetischer Praktiken[127], offen hielt. Schwieriger war der Uferwechsel in Brandenburg. Zwar konnte sich die 12. Armee (Wenck) ihren Verfolgern entziehen und viele Flüchtlinge zum Westufer mitnehmen, doch ließ Bradley einen Teil der entkommenen Truppen später den Russen ausliefern.[128]

Im Protektorat Böhmen und Mähren hatte Karl Hermann Frank mit der bürgerlichen Widerstandsbewegung ein Stillhalteabkommen geschlossen, dem Dönitz zustimmte. Aufgrund dieser Vereinbarung sollten alle Dienststellen dem Prager Nationalkomitee übergeben werden und die deutschen Truppen abziehen. Doch Beneš trieb seit Jahren zur allgemeinen Erhebung des tschechischen Volkes. Am 4./5. Mai 1945 empfingen seine Leute entsprechende Befehle. Agenten geben dem Aufstand die gewünschte Richtung.

Gerüchte vom Anmarsch der 3. US-Armee (Patton) trieben zahllose Menschen auf die Straße. Frank verlor den Kopf. Er ließ die Menge in Prag zerstreuen und stieß dabei unerwartet auf kampfbereite Gruppen. Sie besetzten das Rundfunkgebäude und entfesselten mit Hetzparolen ein Pogrom gegen die deutschen Einwohner der Stadt.[129] Das Chaos wuchs, als die bürgerliche Resistance eine Freiwilligen-Division des Generals Wlassow durch Versprechungen an sich zog, um die Macht zu erringen, bevor sie den sogenannten Revolutionsgarden zufiel.[130]

Patton hatte Pilsen erreicht. Doch am folgenden Tag mußte er auf Befehl Eisenhowers umkehren.[131] Wlassows Leute brachen deshalb den Kampf ab und zogen sich unter General Sergej Bunitschenko schnell nach Westen zurück. Als ihnen die deutsche Garnison mit Frauen und Kindern folgte, wurde sie von Vorhuten der 1. Ukrainischen Front (Konjew) abgeschnitten. Auch die 2. Ukrainische Front (Malinowskij) und 4. Ukrainische Front (Jeremenko) näherte sich Prag.[132] Ihrem konzentrischen Angriff konnten sich nur Teile der HGr. Mitte (Schörner) entziehen.[133]

Gleichzeitig suchte Löhr nach einem Ausweg für seine südlich von Agram stehenden Verbände. Ihre Lage war kompliziert, denn mit ihnen kämpften die kroatische Armee (Gruić)[134] und das XV. Kosakenkorps (Pannwitz)[135], Slowenen, Ukrainer, Ungarn und Italiener. Auch sollten Istrien, die Steiermark und Teile Kärntens von den Engländern besetzt werden. Die Truppen des OB »Südost« mußten daher nach verschiedenen Seiten verhandeln, mit Jugoslawen und Bulgaren, Briten und Amerikanern.[136]

Unterdessen war Friedeburg nach Reims, ins Hauptquartier des alliierten Oberbefehlshabers, geflogen. Auch Jodl traf dort ein. Während sich Eisenhower wegen der aus Moskau drohenden Reaktion zurückhielt, unterzeichnete Bedell Smith mit dem Chef des Wehrmachtführungsstabes am 7. Mai 1945 eine für alle deutschen Streitkräfte verbindliche Kapitulationsurkunde.[137] Stalin beanstandete die Rechtmäßigkeit dieses »vorgezogenen Papiers«[138], und die Amerikaner kamen ihm entgegen, indem sie von einer »formalisierten Übergabe« sprachen.[139]

Die »offizielle Kapitulation« sollte durch den Chef des OKW am 8. Mai 1945 in Berlin vor Marschall Shukow nachgeholt werden. Zur Regelung des Protokolls entsandte Stalin den Stellvertretenden Außenkommissar Wyschinskij. Eisenhower ließ sich von der Teilnahme abraten. Montgomery blieb der Zeremonie auf Anordnung seines Premiers fern. Für die beiden hochrangigen Militärs erschienen Tedder und Spaatz sowie ein französischer General. Die Neuinszenierung war daher nicht so eindrucksvoll wie geplant.

Dönitz hatte Keitel entsandt, dem Friedeburg und Stumpff samt Gehilfen beigeordnet waren. Obwohl ihre Maschine pünktlich auf dem Tempelhofer Feld landete, verzögerte sich der Schlußakt bis Mitternacht. Am 9. Mai 1945 um 00.10 Uhr wurden die Besiegten in den Speisesaal der Unteroffiziersschule Berlin-Karlshorst geführt. Das Unterzeichnen der vorgelegten Dokumente beanspruchte 6 Minuten.[140] Die Deutschen verließen grüßend den Raum. Ihre Gegner blieben schweigend sitzen.

[1] Vgl. Kap. Die Konferenz von Jalta. Dazu Ellis: Victory, II, a.a.O., S. 226f. u. Irving: Dresden, a.a.O., S. 127.

[2] Price: Instruments, a.a.O., S. 157; Verrier, a.a.O., S. 280f.

[3] G. Bergander: Dresden im Luftkrieg. Vorgeschichte, Zerstörung, Folgen. München [2]1979 (zit. Bergander); A. McKee:Dresden 1945, London 1982, S. 22ff. (zit. McKee).

[4] McKee, S. 43ff.; Webster/Frankland, III, a.a.O., S. 736f.

[5] Bergander, S. 153.

[6] Kurowski: Luftkrieg, a.a.O., S. 310f.; Verrier, S. 394ff.; Webster/Frankland, III, S. 738ff.

[7] Craven/Cate, III, a.a.O., S. 731ff.; Girbig, a.a.O., S. 175.

[8] M.E. Smith: The Bombing of Dresden, Ann Arbor, Mich., 1971, S. 25–37 (zit. Smith).

[9] Bergander, S. 176; McKee, S. 117ff.; Smith, S. 280f.; Verrier, S. 295.

[10] KTB/OKW, IV, S. 970 u. Lagebuch, S. 1072, 1079, 1092; Murawski: Wehrmachtbericht, a.a.O., S. 479f.; dazu Bergander, S. 267f.

[11] Ebd. d. Problematik des Zählens. Vgl. die z.T. überhöhten Zahlen b. De Zayas: Vertreibung, S. 96; Irving: Dresden (später korrigiert); A. Rodenberger: Der Tod von Dresden, Dortmund 1951, S. 14, 148; H. Rumpf: Bombenkrieg, S. 109, 133; M. Seydewitz: Zerstörung und Wiederaufbau von Dresden, (Ost)Berlin 1955, S. 96–114; Thorwald: Weichsel, a.a.O., S. 123; F.J. Vealer: Der Barbarei entgegen, Hamburg 1954, S. 249f. Ferner Dokumentation, I, 1, S. 57 E. Die Gesamtzahl der am 13./14.2.1945 in Dresden getöteten Menschen wird heute auf 30.000 bis 35.000 geschätzt.

[12] Bauer, II, a.a.O., S. 685ff.; Böddeker: Flüchtlinge, a.a.O., S. 37–45; E. Kieser: Danziger Bucht 1945. Dokumentation einer Katastrophe, München [4]1983, S. 36–50 (zit. Kieser); Philippi/Heim, a.a.O., S. 277.

[13] W. Haupt: Als die Rote Armee nach Deutschland kam. Die Kämpfe in Ostpreußen, Schlesien und Pommern, Friedberg 1970, S. 5–42 (zit. Haupt: Ostpr./Schlesien/Pommern); H. Diekert u. H. Großmann: Der Kampf um Ostpreußen, Stuttgart 1980, S. 115ff. (zit. Diekert/Großmann); z. d. Operationen auf See s. LV, S. 626 u. Bekker: Ostsee, a.a.O., S. 198ff.

[14] Guderian, a.a.O., S. 400; Diekert/Großmann, S. 57f.; R. Hoßbach: Die Schlacht in Ostpreußen, Überlingen 1957, S. 55ff.

[15] H. Link: Königsberg 1945–1947, Leer 1956, S. 6ff.; Lasch, a.a.O., S. 35–42.

[16] Dokumentation, I, 1, S. 79Eff.; De Zayas: Vertreibung, S. 90, 93; Lass, S. 246–266.

[17] Dokumentation, I, 1, S. 63f., 65–87, 86–124; Böddeker: Flüchtlinge, S. 46–57.

[18] IMT, XXXX, S. 50f.; De Zayas: Vertreibung, S. 94f.; Böddeker: Flüchtlinge, S. 116ff.; Kieser, S. 116ff., 157ff.

[19] LV, S. 627, 662; I. Bidlingmaier: Entstehung und Räumung der Ostseebrückenköpfe 1945, Neckargemünd 1962; W. Hubatsch: Flüchtlingstransporte aus dem Osten über See. Die letzten Geleitaufgaben der deutschen Kriegsmarine 1945, in: Ostdt. Wissenschaft, hg. v. M.H. Böhm u. K.K. Klein, Bd. 9, München 1962; Salewski, II, 530ff.

[20] KTB/OKW, IV, S. 1683 F. Brustat-Naval: Unternehmen Rettung. Herford 1970, S. 240ff. (zit. Brustat-Naval); Bekker: Ostsee, S. 217; E. Fredmann: Sie kamen übers Meer, Köln 1971.

[21] LV, S. 649; Bekker: Ostsee, S. 204–211; Böddeker: Flüchtlinge, S. 63ff.; Brustat-Naval, S. 39–45; C. Dobson (u.a.): Die Versenkung der Wilhelm Gustloff, Wien-Hamburg 1979 1979 (zit. Dobson); Kieser, S. 157–171; H. Schön: Der Untergang der »Wilhelm Gustloff«, Göttingen 1953; Thorwald: Weichsel, S. 224ff.

[22] LV, S. 650; Böddeker: Flüchtlinge, S. 65; Brustat-Naval, S. 48–56; Kieser, S. 172ff.; Thorwald: Weichsel, S. 241ff.

[23] LV, S. 702 u. Dokumentation, I, 1, S. 329ff.; Brustat-Naval, S. 217ff., Dobson, S. 187ff.; Thorwald: Weichsel, S. 250ff.

[24] W. Germanow: The Feat of S. 13, Leningrad 1970; E. Kosiarz: Baltik w Ogniu, Danzig 1975, S. 99ff.

[25] Dokumentation, I, 1, S. 63 E; R. Becker: Niederschlesien 1945. Die Flucht, die Besetzung, Bad Nauheim 1965; K.F. Grau: Schlesisches Inferno. Kriegsverbrechen der Roten Armee beim Einbruch in Schlesien 1945, hg. v. Informations- u. Dokumentationszentrum West, Stuttgart 1966.

[26] A. v. Ahlfen: Der Kampf um Schlesien, Stuttgart [3]1981, S. 110–220 (zit. Ahlefen); Haupt: Ostpreuß./Schlesien/Pommern, S. 45–73.

[27] Dokumentation, I, 1, S. 91; H. Hupka (Hg.): Letzte Tage in Schlesien, München 1981, S. 145ff. (zit. Hupka).

[28] De Zayas: Vertreibung, S. 91; M. Bojanowski u. E. Bosdorf: Striegau. Schicksale einer schlesischen Stadt, Braunschweig 1950; H. Hupka (Hg.): Letzte Tage in Schlesien. Erinnerungen und Dokumentation der Vertreibung, München 1982.

[29] Ahlfen, S. 219ff.; H. v. Ahlfen u. H. Niehoff: So kämpfte Breslau, München 1960, S. 105–110 (zit. Ahlfen/Niehoff); W. Haupt: Königsberg, Breslau, Wien, Berlin. Bericht vom Ende der Ostfront Friedberg 1978 (zit. Haupt: Ende Ostfront). Zur Luftversorgung v. Breslau s. Morzik/Hümmelchen, a. a. O., S. 217ff. Persönl. Eindrücke b. F. Grieger: Wie Breslau fiel, Metzingen 1969; H. Hartung: Der Himmel war unten, Berlin 1951; J. Kaps: Die Tragödie Schlesiens 1945/46 in Dokumenten. Unter besonderer Berücksichtigung des Erzbistums Breslau, München 1952/53; P. Peikert: Die Festung Breslau in den Berichten eines deutschen Pfarrers, Warschau 1968.

[30] W.I. Tschuikow: Das Ende des Dritten Reiches, München 1966, S. 109–115 (zit. Tschuikow); Kopeljew, a. a. O. S. 152–194.

[31] Shukow, II, a. a. O., S. 300f.

[32] Gretschko, X, a. a. O., S. 182ff.; Haupt: Ostpreuß./Schlesien/Pommern, S. 73–106; E. Murawski: Die Eroberung Pommerns durch die Rote Armee, Boppard 1969.

[33] G. Gilles: Une section de SS français dans le guêpier de Pommeranie, in: JF 184/1972, S. 2484f.; H.-E. Jahn: Pommersche Passion, Preetz 1964; weitere Einzelheiten b. K. v. Normann: Tagebuch aus Pommern, München 1962 u. F. Wellnitz: Als die Rote Armee kam, in: Pommersche Zeitung, 16. 1. bis 16. 3. 1974.

[34] Diekert/Großmann, S. 120–181; Gretschko, X, S. 300ff.; Seaton, a. a. O., S. 550ff.; dazu Guderian, S. 411ff. u. Rendulic, a. a. O., S. 338ff.

[35] Lasch, S. 80–85. Zu d. Leiden d. Zivilbevölkerung s. Dokumentation, I, 1, S. 107ff.; H. v. Lehndorff: Ostpreußisches Tagebuch, München 1980, S. 73–215; L. Falk: Ich blieb in Königsberg, München 1965, S. 59ff.; Nawratil, a. a. O., S. 33.

[36] Kieser, S. 184ff., 191–205, 230ff.

[37] Bekker: Ostsee, S. 241ff., 271ff.

[38] Ehrman, VI, a. a. O., S. 112f.; Ellis: Victory, II, S. 253–276; C.B. MacDonald: The Last Offensive (United States Army in World War II), Washington, D.C., 1975, S. 12–68 (zit. MacDonald: Offensive); Thompson, a. a. O., S. 243–297; C. Whiting: Die Schlacht um den Ruhrkessel, Wien-München 1978, S. 8ff. (zit. Whiting).

[39] E. Euler: Die Entscheidungsschlacht an Rhein und Ruhr, Stuttgart 1980, S. 11–68 (zit. Euler: Rhein/Ruhr).

[40] Farago: Patton, a. a. O., S. 209ff.; F. Kurowski: Von den Ardennen zum Ruhrkessel, Herford-Bonn 1965, S. 86–109 (zit. Kurowski: Ruhrkessel).

[41] Weitere Einzelheiten b. H. Schmalz: Die Luftkriegführung im Raum Koblenz 1944/45. Eine Darstellung seines Verlaufs, seiner Auswirkungen und Hintergründe, Boppard 1981.

[42] H. v. Ahlfen: Rheinbrücke Remagen. 7. März 1945, in: Pioniere 1/1965; W. Bujard: Rheinbrücke Remagen, in: Wk 12/1975; Euler: Rhein/Ruhr, S. 16–38; D. Chandler u. O. v. Fisenne: Die Brücke bei Remagen. Das Tor nach Westdeutschland öffnet sich den Amerikanern am 7. März 1945, in: D 9/1979, S. 971–986; K. Hechler: The Bridge of Remagen, New York 1957; M. Michler: Die verhexte Brücke, in: PZ, Beil., Das Parlament, 4. 5. 1965; W. Paul: Der Endkampf um Deutschland, München 1978, S. 176ff. (zit. Paul: Endkampf); Whiting, S. 12–20.

[43] Kesselring, a. a. O., S. 337.

[44] Görlitz: Model, a. a. O., S. 228f.

[45] MacDonald: Offensive, S. 125–148; Ellis: Victory, II, S. 278–791; Whiting, S. 40–52.

[47] W. Moore: The Rhine Crossing, in: War 42/1977, S. 1–9.

[48] Euler: Rhein/Ruhr, S. 58–87.
[49] Ebd., S. 54f.; Görlitz: Model, S. 250ff.; Kurowski: Ruhrkessel, S. 120ff.
[50] C. Wagener: Kampf und Ende der HGr. B im Ruhrkessel, in: WWR 7/1957, S. 535–564; dazu auch Kesselring, S. 380f.
[51] MacDonald: Offensive, S. 214–266; dazu d. Erinnerungen v. Bradley, De Lattre, Eisenhower, Patton (op. cit.).
[52] Ehrman, VI, S. 115, 141; Bedell Smith, a. a. O., S. 152–178; Bryant, II, a. a. O., S. 384ff.; Churchill, VI, 1, S. 378; Montgomery, a. a. O., S. 283ff.; Pogue: Marshall, a. a. O., S. 440.
[53] F. Blumenstock: Der Einmarsch der Franzosen ins nördliche Württemberg, Stuttgart 1957; Ph. Masson: Le Rhin est franchi, Objectif le Danube, in: JF 183/1972, S. 2452ff.; E. Müller u. J. Bischoff: Die Besetzung von Baden-Württemberg 1945, in: Schwäb. Tagblatt, 5. 5. 1965; F. R. Willis: The French in Germany, 1945–1949, Berkely, Cal., 1962; dazu d. Memoiren v. De Gaulle, III, a. a. O., S. 93ff.; Bidault, a. a. O., S. 110ff.; J. de Lattre de Tassigny: L'histoire de la première armée française, Paris 1949 (zit. de Lattre).
[54] Eisenhower, S. 456ff.; Montgomery, S. 285f.; dazu Irving: Generals, a. a. O., S. 408 u. Pogue: Marshall, S. 441f.
[55] R. G. Minott: Top secret – Hitlers Alpenfestung, Reinbek 1967.
[56] Bryant, II, S. 441f.; Bedell Smith, S. 152–178; Eisenhower, S. 459; dazu Ehrman, VI, S. 145f., 148f.; Hugh, a. a. O., S. 222ff. u. Wilmot, a. a. O., S. 648ff., 671f.
[57] Yergin, a. a. O., S. 44–127; zum Folgenden s. Hillgruber: Sowjet. Außenpol. a. a. O., S. 131ff.
[58] Vgl. Kap. Die Konferenz v. Jalta.
[59] ADAP, E, Nr. 142; dazu Önder, a. a. O., S. 227–239, 241–245.
[60] Mastny, a. a. O., S. 177ff.
[61] Auty, a. a. O., S. 288f. Das Tangieren engl. Interessen b. Woodward, III, a. a. O., S. 371ff.
[62] ADSS, XI, 1981, Nr. 142, 168, 351, 357, 368, 375, 505. H. Stehle: Deutsche Friedensfühler bei den Westmächten im Februar/März 1945. Dokumentation in: VZ 2/1982, S. 538–555; vgl. auch G. Boldt: Die letzten Tage der Reichskanzlei, Hamburg 1947, S. 33 (zit. Boldt); J. Goebbels: Tagebuch 1945, Hamburg 1977, S. 116, 209f. (zit. Goebbels: 1945); Guderian, S. 364, 367; Speer, a. a. O., S. 430. Dazu auch R. Hansen: Ribbentrops Friedensfühler im Frühjahr 1945, in GWU 12/1967, S. 716–730 u. B. Martin: Verhandlungen über separate Friedensschlüsse 1942–1945, a. a. O., S. 103ff.
[63] Dulles/Gaevernitz, a. a. O., S. 70, 74, 86, 107f.; Rahn, a. a. O., S. 378f.; Ehrman, VI, S. 151–164.
[64] Die Weizsäcker-Papiere, hg. v. L. E. Hill, Frankfurt 1974, S. 389f., 391–401. 446.
[65] Hesse, a. a. O., S. 392–410.
[66] Schellenberg, a. a. O., S. 346, 350, 355; Höhne: Orden, S. 516f., 526f.
[67] Kersten, a. a. O., S. 15ff.; dazu A. Besgen: Der stille Befehl. Medizinalrat Kersten und das Dritte Reich, München 1960, S. 17–53; F. Bernadotte: Das Ende. Meine Verhandlungen in Deutschland im Frühjahr 1945 und ihre politischen Folgen, Zürich 1945.
[68] Übersicht b. Dulles/Gaevernitz, S. 182f.; dazu G. F. Kennan: American Diplomacy, Chicago, Ill., 1951, S. 74ff. (zit. Kennan: Diplomacy); Zuletzt erschienen d. gründl. Untersuchung v. B. F. Smith u. E. Agarossi: Unternehmen »Sonnenaufgang«, Köln 1981 (zit. Smith/Agarossi) u. d. Bericht des schweiz. Mittelsmannes W. Weibel: 1945 – Kapitulation in Norditalien, Basel-Frankfurt 1981.
[69] FRUS: 1945, III, S. 746f. u. V, S. 158–160, 163–165, 185–190, 209f.; Stalin's Correspondence, II, S. 198–201, 104–210; Stimson-Diary, 15. 2.–15. 3. 1945; dazu Churchill-Roosevelt-Stalin, a. a. O., S. 583–596.
[70] Harriman/Abel, a. a. O., S. 344ff.; Sherwood, S. 722. Die brit. Dokumente eingearbeitet b. Woodward, IV, S. 261f.
[71] Clinical Notes on FDR, in: Annals of Internal Medicine 4/1970, S. 589–591; dazu Bishop, a. a. O., S. 569ff. u. Burns, a. a. O., S. 599ff. Die polit. Aspekte b. Churchill, VI, 2, S. 440ff. u. Leahy, a. a. O., S. 447.
[72] Reimann, a. a. O., S. 344; R. Semmler: Goebbels. The Man Next Hitler, London 1947, S. 32; Speer, S. 467. Die Absichten des ObdW auch im KTB/OKW, IV, S. 1703f. u. b. Wilmot, S. 674f.
[73] Irving: Hitler, a. a. O., S. 714 (nach Aussagen Wolffs i. Nürnberg am 1. u. 16. 12. 1947. Vgl. K. Wolff: Ecco la Verità, in: Tempo, Febr./März 1951; Dulles/Gaevernitz, S. 165f. u. Smith/Agarossi, S. 147ff.
[74] Hubatsch: Weisungen, Nr. 72 (mit Ausführungsbestimmungen, die den Befehl praktisch aufhoben), S. 303ff.
[75] A. Brissaud: La mort de l'amiral Canaris, in: Histoire pour tous 172/1974, S. 9–12; Höhne: Canaris,

a.a.O., S. 564–571; Thun-Hohenstein, a.a.O., S. 272. Dazu auch d. Memoiren des früheren dän. Nachrichtenoffiziers H.M. Lunding: Stemplet for troligt, Kopenhagen 1970.

[76] Besgen, S. 51.

[77] Bernadotte, S. 77; Schellenberg, S. 368; dazu Höhne: Orden, S. 532f.

[78] Speer, S. 442ff., 466ff., 450, 453, 455, 460.

[79] Lang, a.a.O., S. 318.

[80] N.E. Gun: Himmler voulait faire fusiller Léon Blum, in: Hist. 11/1971, S. 77–85.

[81] Macksey, a.a.O., S. 303f.

[82] K. Koller: Der letzte Monat, Mannheim 1969 (zit. Koller).

[83] J. Steinhoff: In letzter Stunde, München 1974.

[84] Below, a.a.O., S. 403; Übersicht b. Toland: The Last 100 Days, New York 1965. Dazu d. offiziösen Darstellungen v. Webster/ Frankland, III, S. 149ff., 185ff., 196ff., 199ff. u. Craven/Cate, III, S. 720–880. Ferner W. Meyer: Götterdämmerung – April 1945 in Bayreuth, Starnberg 1975; R. Prescher: Der rote Hahn über Braunschweig, Braunschweig 1955; H. Seeland: Zerstörung und Untergang Alt-Hildesheims, Hildesheim 1947. Statistik in: Bombing Survey, Report, S. 70ff.

[85] Adonyi-Naredy, a.a.O., S. 180ff.; P. Gosztony: Endkampf an der Donau 1944/45, Wien 1970; Shtemenko, II, a.a.O., S. 399–419; Th. Rossiwall: Die letzten Tage. Die militärische Besetzung Österreichs 1945, Wien 1969.

[86] Schmidt-Richberg, a.a.O., S. 116–142; Dulles/Gaevernitz, S. 188ff., 204ff., 219ff.

[87] Görlitz: Model, S. 266.

[88] Euler: Rhein/Ruhr, S. 256ff.; Kurowski: Ruhrkessel, S. 131–140; MacDonald: Offensive, S. 327ff.; Whiting, S. 106ff.; Wilmot, S. 659ff.

[89] Shukow, II, S. 320.

[90] Lasch, S. 91–119; Lehndorff, S. 215ff.

[91] Ahlfen/Niehoff, S. 120ff.

[92] General Edgar Puaud war seit dem Kampf um Belgrad/Pommern vermißt. Zu d. Franzosen in Kolberg s. J.-C. Dumoulin: Il y a 40 ans naissait la Waffen-SS française, in: Stindardul 184/1983, S. 10ff. u. J. Mabire: Les SS français. La division Charlemagne, Paris 1976; Neulen, a.a.O., S. 154f.

[93] Philippi/Heim, S. 284.

[94] Bisher HGr. A.

[95] Bisher HGr. Weichsel (Himmler).

[96] Seaton, S. 570; Kissel: Volkssturm, a.a.O., S. 75ff.

[97] Flugzeugziffern nach Groehler, a.a.O., S. 468.

[98] Stärkeziffern nach Seaton, S. 566 u. Shtemenko (engl. Ausg.), S. 314f. Zu d. fliegenden Verbänden s. Groehler, S. 469.

[99] Zu d. v. sowjet. Seite aufgeworfenen Streitfragen s. E.A. Boltin: u. S.I. Rostschin: Konnte die Sowjetarmee Berlin im Februar 1945 einnehmen? in: MG 6/1966, S. 718–723. Vgl. dazu techn. Einzelangaben b. Antipenko, a.a.O., S. 278ff. u. I.T. Peressypkin: Nervenstränge des Krieges, (Ost)Berlin 1982, S. 199ff.

[100] Ausführl. Gretschko, X, S. 371–415.

[101] Hinweise darauf b. E. Kuby: Die Russen in Berlin 1945, München-Bern-Wien 1965, S. 60ff. (zit. Kuby).

[102] Konjew, II, S. 72–177.

[103] Shukow, II, S. 315–352.

[104] Tschuikow, S. 142–148.

[105] Dragunskij, a.a.O., S. 276–291. Weitere sowjet. Erlebnisberichte b. J.I. Makarenko: Dni pobdy, Moskau 1960; A.M. Mednikow: Berlinskaja Tetra', Moskau 1961; S.A. Neustrojew: Put' w rejchstagu, Moskau 1961; W. Wogulow: Die Ostdeutschland besetzt wurde und Berlin kapituliert hat, Moskau o.J. Dt. Schilderungen b. P. Gosztony: Der Kampf um Berlin 1945 in Augenzeugenberichten, Düsseldorf 1971; W. Haupt: Berlin 1945, Rastatt 1963; Kuby, S. 75ff.; W. Paul: Kampf um Berlin, München 1962; ders.: Endkampf, S. 364ff.; K. Poche u. H. Oliva: Das OKW meldet nichts mehr, (Ost)Berlin 1962; breiter angelegt J. Schulz: Die letzten 30 Tage, Stuttgart 1951; H. Schwan u. R. Steininger (Hg.): Als der Krieg zu Ende ging. Ullstein-Dokumente zur Zeitgeschichte, Bd., 1, Berlin 1981.

[106] Below, S. 312f.; Mosley, a.a.O., S. 358f.

[107] Below, S. 411; Jodl-Tgb. 26./27.4.1945; Steiner, a.a.O., S. 326.

[108] Paul: Endkampf, S. 450.

[109] Whiting, S. 182–191; Wilmot, S. 680f.

[110] Estebán, a.a.O., S. 134f.; Hausser, a.a.O., S. 199; D. Littlejohn: Foreign Legions of the Third Reich, I, Norway, Denmark, France, San José, Cal., 1979; J. Mabire: Berlin im Todeskampf. Französische Freiwillige der Waffen-SS als letzte Verteidiger der Reichskanzlei, Preuß. Oldendorf 1977; Neulen, S. 156f.

[111] Baum/Weichold, a.a.O., S. 400f.; Haupt:Italien, a.a.O., S. 112ff.

[112] Deakin, a.a.O., S. 915–918; De Felice, II, a.a.O., S. 444ff.; Hibbert, a.a.O., S. 317–321; Kirkpatrick, a.a.O., S. 615–619. Andere Versionen des Mordes b. F. Bandini, in: Epoca 5/1973; R. Lazerro, ebd. u. R. Cervaso: Claretta, Mailand 1982.

[113] Wortlt. im KTB/OKW, IV, S. 1662ff.; dazu Baum/Weichold, S. 404ff.; Clark, a.a.O., S. 492–518; Dollmann, a.a.O., S. 235, 242ff.; Dulles/Gaevernitz, S. 237–260; Smith/Agarossi, S. 204ff.

[114] Aufz. im KTB/OKW, IV, S. 1684–1705; Erinnerungen v. Baur, a.a.O., S. 272–279; Below, S. 414–417; Boldt, S. 90–119; Koller, S. 61. Dazu L. Besymenski: Der Tod des Adolf Hitler, München ²1982, S. 127ff. (zit. Besymenski); Fest: Hitler, a.a.O., S. 1021f.; Irving: Hitler, a.a.O., S. 732ff.; Maser: Hitler, a.a.O., S. 431f.; J. O'Donnell u. P. Bahnsen: Die Katakombe. Das Ende in der Reichskanzlei, München 1977, S. 176–202 (zit. O'Donnell/Bahnsen); R. Trevor-Roper: Hitlers letzte Tage, Hamburg ³1965. Der Text des Testamentes im KTB/OKW, IV, S. 1666–1669; s. auch Hohlfeld, I, a.a.O., S. 527ff.; Jacobsen: Der Weg, a.a.O., S. 409ff. u. W. Lüdde-Neurath: Regierung Dönitz, Göttingen ³1964, S. 128f. (zit. Lüdde-Neuraht).

[115] Fest: Hitler, S. 1022f.; Maser: Hitler, S. 432f.; Trevor-Roper, S. 189f. Zu d. umstrittenen Einzelheiten s. Besymenski, S. 215–255 u. O'Donnell/Bahnsen, S. 222–243.

[116] Konjew, II, S. 176ff.; Shukow, II, S. 353f.; Tschuikow, S. 220–226.

[117] O'Donnell/Bahnsen, S. 243–259; Reimann, S. 352–357.

[118] H. Weidling: Der Endkampf um Berlin, in: WWR 12/1962, S. 40–52, 111–118, 169–174. Protokolle d. Verhandlungen mit Krebs u. Weidling in: Porazenie Germanskogo imperializma w Wojne. Statji i dokumentj, Moskau 1960, S. 265–278.

[119] Konjew, II, S. 176, behauptet, daß 134000 dt. Gefangene eingebracht worden seien. Shukow, II, S. 357, dürfte d. Tatsachen näherkommen.

[120] Speer, S. 471, 479.

[121] Zählung v. 15.1.1945: Nürnberger Dokument NO-5689.

[122] Broszat: NS-Konzentrationslager, in: Anatomie, II, a.a.O., S. 132f.

[123] Eisenhower, S. 469f.

[124] Lüdde-Neurath, S. 61ff. u. zuletzt M.G. Steinert: Die 23 Tage der Regierung Dönitz, Düsseldorf 1967. Dazu d. Erinnerungen v. Dönitz, a.a.O., S. 438–466 u. Schwerin, a.a.O., S. 366–373.

[125] Speer, S. 497.

[126] KTB/OKW, IV, S. 1669–1674; vgl. L. Sjöstedt: Das Programm des Großadmirals Dönitz bei seinem Regierungsantritt (Lund Studies in International History, 2) Stockholm 1971, S. 217ff.

[127] Montgomery, S. 399f.

[128] J. Thorwald: Das Ende an der Elbe, Stuttgart 1950, passim.

[129] M. Schell: Ein Tagebuch aus Prag 1945–1946, Beih. 2 zur Dokumentation, a.a.O.; Böddeker: Flüchtlinge, S. 197–210; Nawratil, S. 52ff., 85ff.; Thorwald: Elbe, S. 520–526.

[130] Hierzu jetzt d. gründl. Untersuchung v. St. Ausky: Predateljstwo i Idema. Woiska generala Wlasssowa w Tschechij, San Francisco, Cal., 1982.

[131] Patton, a.a.O., S. 312ff.

[132] Gretschko, X, S. 416–426; Konjew, S. 179–220.

[133] H. Aschenauer: Der Fall Schörner. Eine Klarstellung, München 1962.

[134] Kiszling, a.a.O., S. 222f.

[135] E. Kern: Pannwitz und seine Kosaken. Preuß. Oldendorf ³1971.

[136] Hnilicka, a.a.O., S. 130ff.; Schmid-Richberg, S. 66ff.

[137] Text im KTB/OKW, IV, S. 1676f.

[138] Shukow, II, S. 360.

[139] Bedell Smith, S. 179f.; Butcher, S. 821ff.; Ehrman, VI, S. 372f.; Eisenhower, S. 487f.; Murphy, S. 297.

[140] Dt. Text unter d. Datum vom 8.5.1945 im KTB/OKW, IV, S. 1679f., Gretschko, X, S. 436–440.

Die Potsdamer Konferenz

In Deutschland wuchs das Chaos.[1] Shukow hatte Keitels Bitte um Gewährung einer Frist von 24 Stunden zur Bekanntgabe der Kapitulation an die Truppe abgelehnt.[2] Der Kampf konnte daher nicht einheitlich beendet werden. Tage vergingen noch bis zur geordneten Übergabe der HGr. »Kurland« (Hilpert) und letzter Truppen der Armee »Ostpreußen« (Saucken) sowie isolierter »Festungsbesatzungen« auf den Ägäischen Inseln, in Dünkirchen und Breslau.[3]

Niemand dachte an Gleichstellung der Kapitulierenden. Jede Siegermacht handelte nach eigenem Ermessen, oft unter Nichtachtung der Haager Landkriegsordnung.[4] Eisenhower schickte Hunderttausende von Gefangenen als Arbeitskräfte nach Rußland und Frankreich, darunter die aus Böhmen entkommenen Soldaten der 1. Panzerarmee (Nehring). Churchill hielt deutsche Einheiten für die etwaige Wiederverwendung zurück[5], in Kärnten auch eine ungarische Division.[6] General Jean de Lattre de Tassigny ließ französische Freiwillige der Waffen-SS erschießen.[7]

Hoffnungslos war die Lage der Ostverbände. Aufgrund geheimer Absprachen zwischen Molotow und den Westmächten wurden sie der Roten Armee ausgeliefert.[8] Wlassow und seinen Offizieren war der Galgen gewiß.[9] Den Mannschaften der Freiwilligen-Divisionen, des XV. Kosakenkorps (Pannwitz) und selbständiger Bataillone stand ein langsames Dahinsterben in Lagern der Sowjetunion bevor.[10] Viele Legionäre begingen Selbstmord. Nur wenige konnten sich verbergen.

Keine Grenzen kannte Titos Rache. Die Westmächte hatten ihm in Jalta den Status eines Regierungschefs zuerkannt und sahen sich nun verpflichtet, seinen Auslieferungsanträgen nachzukommen. Drei Regimenter der serbischen Staatswache und slowenische Hilfstruppen – etwa 11000 Mann – wurden in den Wäldern um Gottschee von den Kommunisten ermordet, an der Drau rund 40000 Domobranen und Ustascha, bei Marburg weitere 50000 Soldaten, schließlich 30000 Menschen aus dem kroatischen Armeegefolge, größtenteils Frauen und Kinder.[11]

Gleichzeitig begann die Jagd auf Kriegsverbrecher und Kollaborateure. In Jugoslawien zählten dazu sämtliche Četniks. Alexander Ranković, der Chefexekutor des Landes, setzte sie nicht erst Schauprozessen aus, wie Mihailović[12], seinen alten Gegenspieler Nedić und Generaloberst Löhr. Die Anhänger des Königs wurden ohne viel Aufhebens an Ort und Stelle erschossen, der serbische General zum Selbstmord getrieben. Auch etwa 50000 deutsche Soldaten ließ Tito nach der Kapitulation umbringen[13], während die Russen mit ihren Gefangenen immerhin 27000 Scheinverfahren abwickelten.[14]

Die Anglo-Amerikaner hielten sich eher an rechtsstaatliche Normen[15] verhängten jedoch »automatisch Arrest« über alle »wichtigen Personen«. Keitel wurde vier Tage nach der Kapitulation verhaftet. SS-Leute und Parteifunktionäre, Diplomaten und Verwaltungsbeamte, Offiziere, Fabrikdirektoren und Künstler kamen in besondere

Lager. Viele wurden ausgeliefert und gehängt. Staaten wie Dänemark, Norwegen und Holland führten dazu wieder die Todesstrafe ein.[16]

Namhafte Wissenschaftler und Ingenieure, unter ihnen Carl Friedrich von Weizsäcker und Werner Heisenberg, Max von Laue und Otto Hahn, Manfred von Ardenne, Walter Gerlach und Paul Harteck, Wernher von Braun und Hellmut Walter, Kurt Tank, Albert Püllenberg und Rudolf Nebel, Willy Messerschmitt und Ernst Steinhoff – das Spitzenpersonal der deutschen Atomforschung, des Raketen-, Flugzeug- und U-Bootbaus – wurden nach Amerika, Großbritannien und Rußland verschleppt.[17]

Während unabsehbare Ströme von Kriegsgefangenen und Internierten, ehemaligen Häftlingen, heimkehrenden Fremdarbeitern und Evakuierten kreuz und quer durch das Land zogen und zwischen ihnen noch Millionen Flüchtlinge umherirrten, gaben die Machthaber der mittelosteuropäischen Staaten das Signal zur nächsten Völkerwanderung. Sie sollte eine kollektive Bestrafung für alle greifbaren Deutschen darstellen, dem »Frieden zuliebe«, wie Beneš hervorhob.[18]

Haßgefühle hatten schon im Ersten Weltkrieg verhängnisvoll gewirkt. Trotzdem wurden sie weitergetragen. Churchill und Roosevelt verfochten das Prinzip der kollektiven Bestrafung, lange bevor ihnen Hitlers größtenteils unausgeführte Umsiedlungspläne bekannt sein konnten. Auch die Judenmorde, von denen man in Washington und London wußte, dienten nicht eigens zur Rechtfertigung. Der Entschluß, riesige Menschenmasssen aus ihrer Heimat zu verjagen, richtete sich eindeutig gegen den »von Natur bösen Feind«.[19]

Roosevelt hatte der von Beneš vorgeschlagenen Vertreibung der deutschen »Siedler« aus Böhmen-Mähren schon 1942 zugestimmt, seinerseits Polen und Siebenbürgen in das Programm einbezogen und hierüber den zögernden Mikolajczyk unterrichtet.[20] Zuletzt war die Absicht der Alliierten von Stettinius in einer öffentlichen Erklärung bekräftigt worden.[21] Den Morgenthauplan hatten die Kritiker aus wirtschaftlichen Vernunfterwägungen zurückgewiesen; aber gegen die ihm zugrundeliegende Kollektivschuldthese gab es kaum Einwände.

Zwischen Ostsee und Adria zählte man 4032 KZ (Koncentracni tabor)[22]. 444mal so viele wie dort unter Himmler bestanden hatten. Alle Deutschen, die nicht schon geflohen oder Pogromen und Todesmärschen zum Opfer gefallen waren – auch gerade erst freigelassene Juden und andere Verfolgte des NS-Regimes – wurden zusammengetrieben und mißhandelt, häufig bis zur Todesfolge.[23] Zurückhaltung übten Rumänen und Ungarn, doch verschleppten aus ihren Ländern die Sowjets deutsche Bevölkerungselemente, von denen lediglich 55% überlebten.[24]

Im KZ Lamsdorf starben 6048 von 8000 Insassen, bei Siwaka, Breslau, Kunicani, Gakowo, Backi Jarek weit mehr. Von der deutschen Bevölkerung in Ostpreußen gingen 14%, Ostpommern 20%, Ostbrandenburg 35%, Schlesien 10%, Danzig 20%, Polen 14%, Jugoslawien 25% zugrunde.[25] Peiniger waren zumeist Milizen und Marodeure, die bei ihren Landsleuten verächtlich »1. Brigade«, »Räubergarden« und »5-Minuten-Partisanen« genannt wurden.[26] Mitverantwortung trugen die Sowjets als Besatzungsmacht.[27]

Stalin griff weiter nach Westen. Am 9. Mai 1945 hatte er anläßlich der Kapitulation in einer Rundfunkansprache plötzlich die Zerstückelungstheorie verworfen und sich zur deutschen Einheit bekannt.[28] Sie wurde zur Richtschnur der »Gruppe Ulbricht«, einer Anzahl kommunistische Emigranten, die das NKWD nach Berlin fliegen ließ.[29] Die

Funktionäre sammelten zwischen den Trümmern der Reichshauptstadt Reste der Verwaltungsbehörden[30], ähnlich wie die von den Sowjets eingesetzte österreichische Regierung.

Churchill hatte frühzeitig erkannt, daß es vorteilhaft wäre, als erste Siegermacht in die feindliche Hauptstadt einzuziehen.[31] Er war jedoch mit seinen Ermahnungen bei Eisenhower, Roosevelt und dessen Nachfolger, dem Präsidenten Harry S. Truman[32], nicht durchgedrungen. Die Vereinigten Staaten wollten sich spätestens in zwei Jahren aus Europa zurückziehen und waren daher nicht an der Einnahme und Behauptung von Schlüsselpositionen interessiert.

Gleichwohl waren die Beziehungen zwischen Amerika und Rußland gespannt. Hatte der Kreml schon übel vermerkt, daß ihm Washington eine erbetene Dollaranleihe vorenthielt, so verdroß ihn ebenso die angekündigte Überprüfung des Leih-Pacht-Verfahrens. Empört fragten die Sowjets, warum Großbritannien der von Dönitz eingesetzten Regierung in Flensburg-Mürwik eine besatzungsfreie Enklave beließ und deutsche Kriegsgefangene als Truppenkader mit eigener Kommandostruktur und Jurisdiktion zusammenhielt.

Das Mißtrauen gegen Deutsche, die versuchen könnten, zwischen den Alliierten Zwietracht zu säen, war seit langem wach. Hopkins, Eisenhower und Murphy hatten vor solchen Intrigen gewarnt, ebenso Molotow und Berija. Als Shukow die Ausschaltung des Flensburger Regimes forderte, mußte England einlenken. Am 23. Mai 1945 verhafteten britische Soldaten den Admiral und seine Leute in besonders rüder Weise, damit anwesende Presseberichter nicht etwa Spuren von Sympathie entdeckten (vielleicht auch, weil sich Himmler seinen Fahndern durch Zerbeißen einer Zyankalikapsel entzog.[33]

Unter dem Eindruck des deprimierenden Zugriffes nahm sich Friedeburg das Leben. Dönitz, Schwerin-Krosigk, Speer, Jodl und andere Repräsentanten des Kabinettes wurden nach Mondorf in Luxemburg geflogen, wo sie Göring, Keitel und Ribbentrop als Untersuchungshäftlinge wiedersahen. Für Churchill begann mit dieser Episode der politische Abstieg. Man verdächtigte ihn, den Übergang in eine neue Frontstellung zu wollen. Die Labour-Minister traten zurück. Die dadurch wieder völlig konservativ gewordene Regierung sah Neuwahlen entgegen.

Am 5. Juni 1945 begaben sich Eisenhower, Montgomery, Shukow und de Lattre nach Berlin, um die Regierungsgewalt in Deutschland zu übernehmen.[34] Vorausgegangen waren Verhandlungen zwischen Murphy, Strang und Wyschinskij. Ausgehend von den deutschen Grenzen des Jahres 1937, hatten sie vier Dokumente vorbereitet. Durch ihre Unterzeichnung wurde das ehemalige Reichsgebiet (und die Hauptstadt) in Besatzungszonen (und -Sektoren) aufgeteilt und ein Kontrollrat der Militärgouverneure als oberstes Organ geschaffen.[35]

Ein Telegrammwechsel zwischen Stalin und Truman stellte klar, daß sich die angloamerikanischen Truppen aus den von ihnen besetzten Teilen der Sowjetzone zurückziehen würden.[36] Vor der detaillierten Regelung flog Hopkins nach Moskau. Auch Harriman und Bohlen verhandelten dort mit dem Diktator über Voraussetzungen für ein neues Treffen der »Großen Drei«. Die Amerikaner forderten Einhaltung der Polen und Deutschland betreffenden Abkommen, diskutierten UNO-Probleme und begründeten das Auslaufen der Leih-Pacht-Lieferungen.[37]

Ein Wink aus dem Kreml zwang das kommunistische Regime in Warschau, nicht die ursprünglich zugesagte Anzahl hochrangiger Ministerämter, doch immerhin zwei Kabinettsposten Londoner Exilpolitikern zu überlassen.[38] Nach diesem Teilmanöver zögerten die USA, Großbritannien und Frankreich nicht länger mit ihrer diplomatischen Anerkennung. Polen konnte im nachhinein Gründungsmitglied der am 26. Juni 1945 konstituierten UNO werden und eine Beobachterdelegation zur bevorstehenden Dreierkonferenz entsenden.[39]

Die Zulassung einer französischen Abordnung verhinderte Stalin. Er wollte sich in der Hauptsache nur mit den Amerikanern auseinandersetzen müssen. Denn Churchills Einfluß ging, wie die Moskauer Gespräche gezeigt hatten, weiter zurück. Obwohl der Premierminister fest mit einem Wahlsieg seiner Partei rechnete, mußte er nicht nur Eden, Cadogan und Ismay, Strang und Cherwell (Lindemann) zur Konferenz mitbringen, sondern für den Fall eines Regierungswechsels auch den Oppositionsführer Clement Attlee.[40]

Truman bekannte offen, daß ihm die weltpolitische Lage nicht vertraut war.[41] Mit dem todkranken Hopkins durfte der Präsident nicht mehr rechnen.[42] Doch Byrnes und Bohlen, Harriman und Leahy, die an der Konferenz von Jalta teilgenommen hatten, waren kenntnisreiche Ratgeber.[43] Das Department of State und die Joint Chiefs of Staff trafen sorgfältige Vorbereitungen. Auch wurden die Verhandlungsziele der USA und Großbritanniens aufeinander abgestimmt.[44]

Die sowjetische Delegation war so groß wie in Jalta. Außer Stalin u. Molotow sollten Wyschinskij, Gromyko, Gusew, Maiskij und Pawlow im Plenum Platz nehmen.[45] Mit ihnen reisten Antonow, Nowikow und Kusnezow als Gesprächspartner der angloamerikanischen Stabschefs (Marshall, King und Arnold, Brooke, Cunnningham und Portal).[46] Die Oberbefehlshaber blieben am Rande der Konferenz. Shukow und sein Stellvertreter Sokolowskij hatten das ehemalige Potsdamer Kronprinzenschloß Cecilienhof zur Tagungsstätte hergerichtet.[47]

Die Konferenz (»Terminal«) wurde am 17. Juli 1945 eröffnet.[48] Sie sollte dem Versuch dienen, Einigung über die wichtigsten Fragen der Nachkriegszeit herbeizuführen. Die Vielzahl der Themen zeigte, daß seit dem deutschen Zusammenbruch neue Probleme hinzugekommen waren. Trotz der klärenden Moskauer Gespräche gab es für die Verständigung weitere Hemmnisse. Zu ihnen gehörte die Verschiebung der Gewichte. Truman hielt zwei neue Machtinstrumente in Händen: die Charter der Vereinten Nationen und eine Meldung über das erste gelungene Atombomben-Experiment (»Babies satisfactorily born«).[49]

Bush und Lindemann, die wissenschaftlichen Berater ihrer Regierungen, überzeugten sich schon 1941/42, daß nur Amerika in der Lage sei, rechtzeitig eine Superwaffe zu entwickeln. Seither waren die Arbeiten von Enrico Fermi und Léo Szilard, Edward Teller, Ernest O. Lawrence und Otto Frisch koordiniert[50] und außer dem Industriekomplex in Oak Ridge und Hanford das Laboratorium in Los Alamos hochgezogen worden.[51] Ein Team unter J. Robert Oppenheimer hatte am 15. Juli 1945 in der Alamogordo-Wüste (Neu-Mexiko) eine Plutoniumbombe gezündet.[52]

Als Truman dem sowjetischen Diktator mitteilte, daß die Vereinigten Staaten »eine neue Waffe von ungewöhnlicher Zerstörungskraft« besaßen, empfahl Stalin scheinbar erfreut, davon gegen Japan »guten Gebrauch« zu machen.[53] Zu Molotow sagte er ironisch: »Sie wollen im Kurs steigen.« Offenbar tief beunruhigt, wollten beide sogleich Igor W. Kurtschatow, den Generalbevollmächtigten für die sowjetische Atomrüstung, konsultieren.[55] Das Mißtrauen zwischen den Konferenzteilnehmern erreichte einen neuen Höhepunkt.

Eine andere Störung trat ein, als Churchill und Eden durch die politische Wende in England beansprucht wurden.[56] Die Konservative Partei erlitt eine katastrophale Wahlniederlage.[57] König Georg VI. nahm die Demission des Kabinettes an und ernannte Attlee zum Premier[58], der darauf mit Ernest Bevin als neuem britischen Außenminister nach Potsdam zurückkehrte. Beide mußten gegenüber amerikanischen Konferenzteilnehmern eingestehen, über die Problematik der Verhandlungen nicht ausreichend unterrichtet zu sein.[59]

In 13 Vollsitzungen[60], verschiedenen Ausschußberatungen[61] und Einzelgesprächen[62] suchten die Delegationen alle noch offenen Fragen zu lösen. Häufig standen Polen und Deutschland im Brennpunkt der Auseinandersetzungen. Auch Österreich, Italien, Jugoslawien und die Türkei, Rumänien, Bulgarien und Ungarn, Japan, Spanien, Tanger und Iran waren Themen der Verhandlung. Hinzu kamen überregionale Probleme wie die Repatriierung sowjetischer Bürger aus westlichen Ländern, Reparationen und Kriegsverbrechen, Erdölanteile und internationale Binnenwasserstraßen.[63]

Die Ergebnisse wurden am 1./2. August 1945 in einem Protokoll (Protocol of Proceedings) zusammengefaßt, das ebenso häufig wie ungenau als »Potsdamer Abkommen« bezeichnet wird.[64] Der Schriftsatz war eine teilweise gekürzte Zusammenfassung getroffener Beschlüsse und Vereinbarungen.[65] Einige Passagen gingen über Absichtserklärungen nicht hinaus. Das Dokument war für die Unterzeichnerstaaten bindend, jedoch kein Vertrag im völkerrechtlichen Sinn. Die Urkunde wurde von keinem Parlament ratifiziert.[66]

Das Protokoll enthielt Richtlinien für die Beendigung des Krieges mit den kleineren Feindstaaten des Kontinentes. Die Potsdamer Konferenz schuf einen Außenministerrat, zu dem China und Frankreich (als ständige Mitglieder des Weltsicherheitsrates der Vereinten Nationen) eingeladen wurden. Das erweiterte Gremium sollte Friedensverträge für Italien und Finnland, Rumänien, Bulgarien und Ungarn ausarbeiten und deren Aufnahme in die UNO ermöglichen.[67]

Gegen Deutschland wurden Sondermaßnahmen (Umerziehung, Entnazifizierung, Entmilitarisierung, Entkartellisierung)[68] vorgesehen, die verhindern sollten, daß von seinem Boden jemals wieder eine Bedrohung des Friedens ausging.[69] Die höchste Regierungsgewalt wurde dem Kontrollrat der alliierten Oberbefehlshaber vorbehalten. Er hatte das ehemalige Reichsgebiet zwecks Gewährleistung von Reparationsleistungen, Transport, Verkehr und Versorgung als Einheit zu betrachten und konnte sich dabei auf deutsche Behörden stützen.

In der bisher nicht geklärten Reparationsfrage ging die Konferenz einen Schritt weiter.[70] Rußland erhielt das Recht, seine Ansprüche auf Wiedergutmachung des Schadens aus der eigenen Besatzungszone zu befriedigen. Auch sollte die Sowjetunion 15% der gesamten Industrieanlagen im Austausch gegen Nahrungsmittel und andere Waren, insbesondere Kohle und Petroleumprodukte, erhalten. Ebenso wollten sich die Westmächte an Faustpfänder halten, doch verzichteten sie auf Demontagen in Ostdeutschland. Die deutsche Handelstonnage nahmen die Sieger zu gleichen Teilen in Besitz.

Schließlich erzielte man ein Abkommen über die Ausweisung der Deutschen. In diesem Dokument wurden Polen, die Tschechoslowakei und Ungarn (nicht Jugoslawien) genannt. Die Sitzungsprotokolle zeigten, daß auch alle Bewohner der Ostprovinzen des ehemaligen Reiches betroffen waren. Die »Überführung« sollte »in ordnungsgemäßer und humaner Weise« erfolgen. Zuvor hatte der alliierte Kontrollrat das Ausmaß des Unternehmens und die gerechte Verteilung zu prüfen.

Das Schlußdokument verlor schnell seinen verbindlichen Charakter. Bierut, der für sein Land freie Wahlen versprochen hatte[71], wußte diese Klippe auf dem Wege zur kommunistischen Diktatur zu umgehen.[72] Frankreich erklärte sich zwar nachträglich mit dem Konferenzergebnis einverstanden, formulierte jedoch Einwände und Vorbehalte, insbesondere gegen die geplante Einsetzung deutscher Zentralbehörden.[73] Polen und die ČSR beugten sich nicht dem Willen der Konferenz.[74] In den Austreibungsgebieten wurden weiter Hunderttausende von Deutschen zugrunde gerichtet.[75]

Bisher hatte Angst vor dem gemeinsamen Gegner die Anti-Hitler-Koalition zusammengehalten. Eine mit dem Griffel des Morgenthauplanes gezeichnete Direktive für den alliierten Oberbefehlshaber (JCS 1067), Fraternisierungsverbote und viele andere Sondermaßnahmen waren dafür bezeichnende Nachklänge.[76] Doch angesichts des menschlichen Elends entfiel das einigende Band. Die Welt veränderte sich rasch. Auch im Fernen Osten gingen die Interessen der Großmächte auseinander.

[1] R. Hansen: Das Ende des Dritten Reiches. Die deutsche Kapitulation 1945, Stuttgart 1966, S. 155ff.; zahlr. Einzelhinweise b. W. Paul: Endkampf, a.a.O., S. 492–502; s. auch d. Einzeluntersuchung v. G. Junger: Schicksale 1945, Reutlingen 1971.

[2] NNZ, 10.5.1945.

[3] Hillgruber/Hümmelchen: Chronik, S. 156.

[4] Grundlegend E. Maschke (Hg.): Zur Geschichte der deutschen Kriegsgefangenen im Zweiten Weltkrieg, 22 Bde., Bielefeld 1962–1974; weitere Einzelheiten b. P. Carell u. G. Böddeker: Die Gefangenen, Frankfurt-Berlin-Wien 1980; vgl. dazu D. Schindler u. J. Toman: The Laws of Armed Conflicts, Leiden 1973.

[5] A.L. Smith: Churchill's German Army. Wartime Strategy and Cold War Politics, 1943–1947, Beverly Hills-London 1979; K. Sainsburg: British Policy and German Unity at the End of the Second World War, in: EHR 94/1979, S. 786ff.

[6] Adonyi-Naredy, a.a.O., S. 186.

[7] Ory, a.a.O., S. 231; F. Duprat: La croisade antibolchevique, in: Défense de l'occident, Paris 120/1974.

[8] N. Bethall: Das letzte Geheimnis. Die Auslieferung der russischen Flüchtlinge an die Sowjets 1944–1947, Frankfurt-Berlin-Wien 1978, S. 12; auch J.L. Snell: The Meaning of Yalta, Baton Rouge, La., 1956.

[9] Strick-Strickfeldt, a.a.O., S. 179; Volkmann: Wlassow, a.a.O., S. 254f.

[10] N. Tolstoy: Die Verratenen von Jalta. Englands Schuld vor der Geschichte, München-Wien 1979, S. 21f., 287ff.; J. Thorwald: Die Illusion. Rotarmisten in Hitlers Heeren, München-Zürich 1976.

[11] Hory/Broszat, a.a.O., S. 172f.; Kiszling, a.a.O., S. 220ff.; Zahlen n. Hillgruber/Hümmelchen: Chronik, S. 156.

[12] Mihailović wurde angeblich in Jajnci hingerichtet, nach anderen Berichten vor M. Miković, der Frau v. Djilas, im Belgrader Polizeipräsidium von Hunden zerrissen.

[13] Schmidt-Richberg, a.a.O., S. 159.

[14] M. Lang: Stalins Strafjustiz gegen deutsche Soldaten. Die Massenprozesse gegen deutsche Kriegsgefangene in den Jahren 1949 und 1950 in historischer Sicht, Herford 1981.

[15] K.J. Ruhl: Die Besatzer und die Deutschen. Amerikanische Zone 1945–1948, Düsseldorf 1980.

[16] E. Kjiersgaard: Eine Geschichte Dänemarks, Kopenhagen 1982, S. 79; Sérant, a.a.O., S. 135, 274.

[17] M. Bar-Zohar: Die Jagd auf deutsche Wissenschaftler, Berlin 1966.

[18] Beneš, a.a.O., S. 195; dazu De Zayas: Vertreibung, a.a.O., S. 30f.

[19] Das Zitat b. Sherwood, a.a.O., S. 710. Allg. De Zayas: Vertreibung S. 31ff. u. F. Grube u. G.

Richter: Flucht und Vertreibung, Hamburg 1980. Zur Haßkampagne s. Schwinge, a. a. O., S. 10ff.; C. v. Schrenck-Notzing: Charakterwäsche, München [3]1981, S. 34, 36, 49f., 52.

[20] Beneš, 207, 222f.

[21] FRUS: 1944/45, VII, S. 898.

[22] Nawratil, a. a. O., S. 50, 57, 67.

[23] Die statist. Probleme ebd., S. 70ff.

[24] Ebd., S. 68f.

[25] Dokumentation, IV, 1, S. 35, 50f., 61, 71f., 95–100, 103, 105, 130f., 150, 233, 352ff. Weitere Zeugnisse b. De Zayas: Vertreibung, S. 123ff.; Hupka, S. 212ff., 236ff.; Lehndorff, a. a. O., S. 220; J. Thorwald: Die große Flucht, München-Zürich 1979, S. 217, 455f., 358ff., 485ff., 488.; auch Böddeker: Flüchtlinge, a. a. O., S. 232–253, 290–353.

[26] Nawratil, S. 74.

[27] R. Ströbinger: Roter Kolonialismus. Minderheiten im Ostblock, Osnabrück 1981, S. 15, 69, 77.

[28] Wortlt.: Über den Großen Vaterländischen Krieg, a. a. O., S. 217ff. Vgl. außerdem W. M. Molotow: Fragen der Außenplitik. Reden und Erklärungen, April 1945 bis Juni 1948, Moskau 1949. Zum Folgenden E. Deuerlein: Die Einheit Deutschlands. Die Erörterungen und Entscheidungen der Kriegs- und Nachkriegskonferenzen, 1941–1949, 2 Bde., Frankfurt [2]1961 (zit.; Deuerlein: Dt. Einheit); B. Meißner: Die sowjetische Deutschlandpolitik. Von Stalingrad bis Potsdam, in: EA 6/1951, S. 4525–4538 u. 7/1952, S. 4683–4694.

[29] W. Leonhard: Die Revolution entläßt ihre Kinder, Köln 1955, S. 224ff.

[30] W. Ulbricht: Zur Geschichte der neuesten Zeit, (Ost)Berlin 1955, S. 65.

[31] Churchill, VI, 2, S. 446f.; Bryant, II, a. a. O., S. 443; Butcher, a. a. O., S. 669; Wilmot, a. a. O., S. 667.

[32] H. S. Truman: Memoiren, 2 Bde., Stuttgart 1955 (zit. Truman); dazu R. F. Hayes: The Awesome Power. Harry S. Truman Commander in Chief, Baton Rouge, La., 1973 (zit. Hayes: Truman).

[33] Churchill, IV, 2, S. 646f.; Dönitz, a. a. O., S. 465f.; Speer, a. a. O., S. 502; Lüdde-Neurath, a. a. O., S. 70ff.; Steiert, a. a. O., S. 74ff.; Gretschko, X, S. 427–435.

[34] Shukow, II, a. a. O., S. 389ff.; Eisenhower, a. a. O., S. 488; Montgomery, a. a. O., S. 401.

[35] Dt. Text b. E. Deuerlein (Hg.): Potsdam 1945 (dtv dokumente), München 1963 (u. ö.), S. 47–58 (zit. Deuerlein); dazu M. Balfour: Vier-Mächte-Kontrolle in Deutschland, 1945–1946, Düsseldorf 1959; J. de Lattre de Tassigny: La victoire à Berlin 1945, Paris 1949. T. Sharp: The Wartime Alliance and the Zonal Division of Germany, Oxford 1975.

[36] Truman, I, S. 30ff.; Hayes: Truman, S. 21ff.; Kolko, a. a. O., S. 382f.

[37] W. Hubatsch (in Verbindung mit J. Schomerus u. W. Jahn): Die Deutsche Frage, Würzburg 1961. Zur Vorgesch. ds. Treffens s. FRUS: The Conference of Berlin 1945, 2 Bde., Washington 1960, I, S. 3–158 u. Deuerlein, S. 86–92; ferner d. Aufz. v. Bohlen, a. a. O., S. 277ff.; Harriman/Abel, a. a. O., S. 267ff.; Sherwood, S. 729–254.

[38] Ciechanowski, a. a. O., S. 357; Roos, a. a. O., S. 208.

[39] Woodward, IV, a. a. O., S. 261–319; ferner Lukasc, a. a. O., S. 197f. u. Wandycz, a. a. O., S. 318ff. Zur Aufnahme in die UNO s. C. M. Eichelberger: Organizing for Peace. A Personal History of the Founding of the United Nations, New York 1977 u. R. B. Russell: A History of the United Nations Charter, Washington 1956.

[40] Churchill, VI, 2, S. 373, 375f. Dazu d. Memoiren v. C. Attlee: As It Happened, London 1954 u. W. Strang: Home and Abroad, London 1956; ferner Cadogan, Eden, Ismay u. Moran (op. cit.); neuerdings K. Harris: Attlee, London 1982.

[41] Truman, I, S. 28ff.; dazu R. J. Donovan: Conflict and Crisis. The Presidency of Harry S. Truman, 1945–1948, New York 1977; Hayes: Truman, S. 101ff.; C. Philipps: The Truman Presidency. The History of a Triumphant Sucession, New York 1966.

[42] Sherwood, S. 756ff.

[43] Vgl. deren Memoiren (op. cit.); auch Harriman/Abel, a. a. O., sowie W. A. Harriman: America and Russia in a Changing World. A Half Century of Personal Observation, Garden City, N. Y., 1971.

[44] Deuerlein, S. 86–187; H. Graml: Zwischen Jalta und Potsdam. Zur amerikanischen Deutschlandplanung im Frühjahr 1945, in: VZ 24/1976, S. 308–313.

[45] Shukow, II, S. 401.

[46] Vgl. deren Memoiren, dazu Ismay (op. cit.) u. Bryant, II, S. 473–480.

[47] Shukow, II, S. 400.

[48] Die wichtigsten Quellen sind FRUS (s. Anm. 37) u. d. Gegenstück: Teheran-Jalta-Potsdam, Moskau

1967, dt. 1968; d. brit. Dokumente eingearbeitet b. Woodward, IV (s. Anm. 39). Dt. Textauszüge b. Deuerlein (s. Anm. 35). Dazu d. Spezialuntersuchungen v. Ehrmann, VI, S. 299ff.; F. Faust: Das Potsdamer Abkommen und seine völkerrechtliche Bedeutung, Frankfurt [4]1969; H. Feis: Between War and Peace. The Potsdam Conference, Princeton, N.J., 1960, dt. 1962; zur brit. Politik s. Foschepoth, a.a.O.; J. Hacker: Die Interpretation des Potsdamer Abkommens, in: DA 1/1968, S. 135–140; Hillgruber: Sowjet. Außenpol., a.a.O., S. 137ff.; H.R. Külz: Potsdam – kein Ausweg, in: Denken an Deutschland, hg. v. Th. Sommer, Hamburg 1966, S. 44–88; C.L. Mee: Die Potsdamer Konferenz 1945, München 1979 (zit. Mee); H. Mosler: Potsdamer Abkommen, in: Staatslexikon, Bd. 6, Freiburg [6]1961, S. 431–437; H. Sündermann: Potsdam 1945. Ein kritischer Bericht, Leoni 1962; T. Vogelsang: Das geteilte Deutschland (dtv Weltgesch., 11) München 1966, S. 7–12; W. Wagner: Potsdamer Abkommen, in: Marxismus i. Systemvergl., Gesch. 4, a.a.O., Sp. 50–58; ders.: Die Teilung Europas, a.a.O., Für die kommunist. Seite K. Bittel: Vom Potsdamer Abkommen zur Viermächte-Konferenz (Ost)Berlin [2]1953; K. Keplicz: Potsdam. Twenty Years After, Warschau 1965; S.I. Tulpanow: Das Potsdamer Abkommen. Die internationale rechtliche Grundlage für eine friedliche, demokratische Rechtsordnung in ganz Deutschland, in: Dt. Außenpol. 10/1965, Sonderheft I, S. 40–60; zuletzt Gretschko, X, S. 571–582.

[49] Stimson-Diaries, a.a.O., 16.7.1945.

[50] M. Grodzins u. E. Rabinovitch (Hg.): The Atomic Age. Scientists in National and World Affairs, New York 1963.

[51] S. Goueff: Manhattan Project. The Untold Story of the Making of the Atomic Bomb, Boston, Mass., 1967.

[52] L.G. Groves: Now It Can Be Told, New York 1962; Laurence, a.a.O., S. 49–184; J.R. Oppenheimer: The Flying Trapeze. Tree Crises for Physicists, London 1964.

[53] Truman, I, S. 426; dazu G. Alperovitz: Atomic Diplomacy. Hiroshima and Potsdam, New York 1967; B.J. Bernstein (Hg.): The Atomic Bomb. The Critical Issues, Boston, Mass., 1976; insbes. M.J. Sherwin: A World Destroyed. The Atomic Bomb and the Great Alliance, New York 1975.

[54] Shukow, II, S. 408.

[55] Vgl. Morozow, a.a.O., S. 324ff.

[56] Churchill, VI, 2, S. 375ff.; dazu Aigner: Churchill, a.a.O., S. 144f.

[57] R.B. Callmin u. A. Reademan: General Elections of 1945, London 1974, S. 128ff.

[58] Wheeler-Bennett: George VI, a.a.O., S. 628–641.

[59] Byrnes, a.a.O., S. 111ff.; Deuerlein, S. 190f.

[60] FRUS, I, 1945, S. 52ff. u. II, S. 88ff., 116ff., 165ff., 203ff., 244ff., 299ff., 357ff., 382ff., 425ff., 459ff., 511ff., 566ff., 586ff.; Woodward, III, S. 585–595, IV, S. 337–350, 401–439.

[61] FRUS, II, 1945, S. 66ff., 101ff., 157ff., 183ff., 497ff.

[62] FRUS, II, 1945, S. 274f., 471f., 1150f.

[63] Truman, I, S. 420 u. d. Aufz. v. Bohlen, Harriman/Abel, Leahy u. Stimson (op. cit.).

[64] FRUS, II, 1945, S. 1477–1498.

[65] Deuerlein, S. 342; ders.: Einheit, I, S. 353ff.; ders.: Deklamation oder Ersatzfrieden? Die Konferenz von Potsdam, Stuttgart 1970. Der Hinweis auf das Protokoll als politisch. Instrument b. Hillgruber: Sowjet. Außenpol, S. 141.

[66] H.W. Briggs: The Leader's Agreement, in: AJIL 40/1946, S. 376–383, behauptet, die Vereinbarungen hätten nicht die Regierungen, sondern nur ihre Chefs gebunden. Weitere Wertungen b. De Zayas: Vertreibung, S. 171–174; H.-P. Schwarz: Vom Deutschen Reich zur Bundesrepublik. Deutschland im Widerstreit der außenpolitischen Konzeptionen in den Jahren der Besatzungsherrschaft 1945–1949, Neuwied 1966, S. 269; Wagner, S. 52f., 55; G. Wheeler-Bennett u. A. Nicholls: The Semblance of Peace. The Political Settlement After the Second World War, London 1972; A. v. Winterfeld: Das Potsdamer Abkommen, das Grundgesetz und die Wiedervereinigung Deutschlands, in: EA 11/1956, S. 9203–9209. Zur rechtl. Würdigung insbes. Faust (s. Anm. 48), S. 70–80, 55–63.

[67] FRUS, II, 1945, S. 1477; dazu Leahy, a.a.O., S. 440–445.

[68] J.F. Tent: Mission on the Rhine, Chicago-London 1983; G. Wettig: Entmilitarisierung und Wiederbewaffnung in Deutschland, 1943–1955, München 1967.

[69] R. Steel: Pax Americana, New York 1967.

[70] B. Kuklick: American Policy and the Division of Germany. The Clash with Russia over Reparations, Ithaca, N.Y., 1972; vor allem Backer, a.a.O., S. 63–99.

[71] FRUS, II, 1945, S. 1493.

[72] Ciechanowski, S. 358.
[73] Bidault, a. a. O., S. 116.
[74] De Zayas: Vertreibung, S. 127–135.
[75] Ebd., S. 224.
[76] Eisenhower, S. 490.

Der Zusammenbruch Japans 1945

In einer »Potsdamer Erklärung«[1] forderten Amerika, England und China von Japan die bedingungslose Kapitulation. Man wollte ihm gemäß der Kairoer Verlautbarung[2] die Heimatinseln und nötigen Industrien belassen und den Weg zu Rohstoffen künftig nicht versperren. Die Kriegsverbrecher sollten jedoch zur Rechenschaft gezogen und alle Hindernisse, die einer Neubelebung demokratischer Tendenzen entgegenstanden, beseitigen. Andernfalls, so drohten die Verbündeten, stünde dem Kaiserreich der »absolute Ruin« bevor.
Das Dokument wurde in Tokio ernstgenommen. Man hatte zwar keine Informationen über die Herstellung amerikanischer Atombomben, doch der Blick über weite niedergebrannte Stadtflächen genügte, um den drohenden Ruin richtig einzuschätzen. Die vor der internationalen Presse abgegebene Versicherung des Regierungschefs, daß Japan die »Potsdamer Erklärung« ignoriere[3], besagte wenig. Bei geziemender Wahrung des Gesichtes befaßten sich alle maßgebenden Persönlichkeiten des Kaiserreiches mit dem erforderlichen Friedensschluß.
Japan beherrschte noch die meisten seiner Besatzungsgebiete mit 500 Millionen Menschen. Die französischen Truppen in Indochina waren angesichts der Rekolonialisierungsabsichten de Gaulles entwaffnet, das Protektorat über Laos, Kambodscha, Cochinchine und Tonkin aufgehoben und Bao Dai zum Kaiser von Vietnam erhoben worden.[4]
Doch die unlängst nach Tokio einberufene Großostasienkonferenz der Botschafter von Mandschukuo und Nationalchina, Vietnam, Thailand, Burma und den Philippinen faßte keine nennenswerten Beschlüsse mehr.[5]
Die maritimen Verbindungswege zwischen dem Kaiserreich und seinen Rohstoffgebieten waren unterbrochen[6], der japanische Schiffsraum größtenteils zerstört.[7] General MacArthur hatte mit der 6. US-Armee (Krueger) und 8. US-Armee (Eichelberger) Samar, Mindoro und Palau, Leyte und Luzor erobert[8], Manila erstürmt und nach einer überraschenden Luftlandung die Felsenfestung Corregidor zu Fall gebracht[9], so daß nunmehr Träger und minenlegende U-Boote bis nach Malaya vorstoßen konnten.[10]
Auf Borneo waren australisch-niederländische Kräfte gelandet. In Burma hatte nach der Schlacht von Imphal[11] die 14. Armee (Slim) des Southeast Asia Command (Mountbatten) Meiklita, Lashio und Mandalay zurückerobert.[12] Als die neue East Indies Fleet (Power) ein Korps im Osten des Irrawaddy absetzte und Gurkha-Luftlandetruppen bei Rangoon niedergingen (Operation »Dracula«)[13], brach das japanische Verteidigungssystem zusammen. Nur Teile der 33. Armee (Honda) erreichten das benachbarte Thailand.[14]
Ohne ausreichende Luftwaffen- und Flottenunterstützung konnte das japanische Heer auch die Inseln rings um das Mutterland nicht mehr halten Turner hatte im Schutze der 5. US-Flotte (Spruance) ein Korps auf Iwojima[15], später die 10. US-Armee (Bruckner) am Strande von Okinawa gelandet.[16] Die Generale Tadamichi Kuribayashi und Mitsuri

Ushijima verfügten dort über weitverzweigte Höhlensysteme und starke Artillerie erhielten jedoch seit längerer Zeit kaum Versorgungsgüter.[17]
Bis nach Iwojima gelangten nur einzelne japanische Flugzeuge. Zur Unterstützung von Okinawa hielt das Kaiserliche Hauptquartier die mächtige »Yamato« (Ariga) und mehr als 1200 Flieger bereit.[18] Admiral Toyoda wollte mit dem Schlachtschiff die Kräfte des Gegners anlocken und nach der geplanten Strandung der Inselbesatzung Feuerschutz geben.[19] Kamikazepiloten sollten die enorme Übermacht der anglo-amerikanischen Flottenverbände brechen.[20]
Die »Yamato« (Ariga) war bald nach dem Verlassen der Inlandsee gesichtet und von Mitschers Trägerflugzeugen angegriffen worden. Admiral Seiichi Ito, der den japanischen Verband führte, hielt Südkurs, bis alle seine Einheiten mit 2063 Seeleuten sanken.[21] Die immer wieder angreifenden Kamikaze versenkten 36 und beschädigten 368 alliierte Schiffe.[22] Dennoch brauchten sich Spruance und die britische Pacific Fleet (Fraser) aus dem Operationsgebiet nicht zurückzuziehen.[23]
Daß Kuribayashi auf Iwojima formvoll Harakiri beging und Ushijima sich, als Okinawa fiel, nach einem Abschiedsessen von seinem Adjutanten enthaupten ließ, entsprach der Regel.[24] Tief beeindruckte die Amerikaner der aufopfernde Kampf des einfachen japanischen Soldaten. Viele Zeugen warnten daher vor einem verlustreichen Ringen um die Hauptinseln des Kaiserreiches. Andere zogen weniger sorgenvolle Schlüsse angesichts der erstmals gestiegenen Gefangenenzahlen: 1083 (Iwojima) und 4222 (Okinawa).[25]
Die Joint Chiefs of Staff hatten den Plan für eine Landung auf Kyushu der südlichen Hauptinsel, (Operation »Olympic«) am 1. November 1945 genehmigt und rechneten mit zähem Widerstand auch noch im nächsten Jahr.[26] Diese Auspizien wirkten beunruhigend. Doch King und Arnold[27], MacArthur und Nimitz[28] scheuten den Endkampf nicht; Marshall, Stimson und Grew mäßigten ihre Befürchtungen.[29] John McCloy, der stellvertretende Kriegsminister[30], erklärte als erster Politiker, daß man zur schlagartigen Beendigung des Krieges über die Atombombe verfüge.[31]
In Washington war bekannt, daß der Gegner den Kampf aufgeben wollte. Kapitän Ellis Zacharias, einer der wenigen Amerikaner, denen japanische Gefühle und Denkweisen vertraut waren, hatte dies durch seine Propaganda-Emissionen herausgefunden.[32] Fregattenkapitän Yoshito Fujimuro, ein Gehilfe Oshimas, war aus dem brennenden Berlin nach Bern gekommen, um mit Allen W. Dulles die Kapitulation zu erörtern. Auch Bankbeamte des Inselreiches übermittelten diesem Repräsentanten des OSS weitgehende Friedensvorschläge.[33]
Kaiser Hirohito hatte nach Koisos Rücktritt durch Geheimsiegelbewahrer Koichi Kido den ehemaligen Admiral Kantaro Suzuki, einen der Überlebenden des Putsches von 1936, für das höchste Regierungsamt gewonnen, damit er mit Hilfe des wieder zum Außenminister ernannten Togo die Militäroligarchie zum Einlenken bewog.[34] Am 22. Juni 1945, während die Schlacht auf Okinawa zu Ende ging, war dem Obersten Kriegsrat der kaiserliche Wunsch übermittelt worden, nunmehr formelle Friedensverhandlungen zu eröffnen.[35]
Das neue Kabinett ignorierte die bestehenden Kontakte, zumal sie nicht bis zur Regierungsebene der USA reichten. Suzuki schwankte noch. Aber Korechika Anami und Mitsumasa Yonai, den beiden Wehrministern seiner Regierung, schien ein Appell an Rußlands gute Dienste geraten. Die Sowjetunion hatte ihren Sieg über Hitlers Reich

nicht zum geringen Teil der japanischen Neutralität zu verdanken und sollte sich nun dafür erkenntlich zeigen. Daß Molotow den Pakt von 1941 kündigte, war kein Hinderungsgrund, da der Vertrages erst im April nächsten Jahres endete.[36]
Korechika Anami und Mitsumasa Yonai wußten, daß die Rote Armee seit der deutschen Kapitulation beschleunigt starke Truppenverbände nach dem Fernen Osten verlegte. Doch gerade deshalb wollten die beiden Minister das Sowjetregime in multilaterale Verhandlungen einspannen und am Losschlagen gegen Japan hindern. Die Stabschefs, General Yoshijiro Umezu und Admiral Soemu Toyoda, waren gleicher Auffassung. Suzuki stimmte zu, obwohl er lieber China, die Schweiz oder Schweden um Vermittlung gebeten hätte.[37]
Gespräche, die der ehemalige Premier Koki Hirota auf Wunsch des Kaisers mit Jakob G. Malik geführt hatte, waren an dem unzureichend bevollmächtigten Russen gescheitert, erneute Tastversuche trotz angebotener Leistungen unergiebig. Togos Weisungen an Naosoke Sato, den japanischen Botschafter in Moskau, kamen wegen der Potsdamer Konferenz anscheinend zur Unzeit. Fürst Fumimaro Konoe, der auf Anregung Hirohitos als Sonderbeauftragter in die russische Hauptstadt reisen sollte, erhielt von der Sowjetregierung kein Agrément.[38]
Stalin kam ihren Konsultationsverpflichtungen gegen den Angelsachsen nur zurückhaltend nach. Gleichwohl hatte man in Washington ein klares Bild der Lage. Die amerikanische Funkaufklärung verfügte noch immer über den gebrochenen Kode der kaiserlichen Marine und des diplomatischen Dienstes. Aus abgefangenen Mitteilungen zwischen Togo und Sato war zu schließen, daß die Regierung Suzuki einen Verhandlungsfrieden anstrebte, Rußland aber Zeit zur Vorbereitung seines Angriffs auf Japan gewinnen wollte.[39]
Die Vereinigten Staaten hielten an ihrer Zielsetzung fest. Zwar hatten Byrnes, Grew und Stimson im Text der »Potsdamer Erklärung« eine maßvolle Korrektur durchgesetzt, doch war weiter von »bedingungsloser Kapitulation« die Rede, einer für Japan unbegreiflichen Zumutung, wenn damit der geheiligten Person des Kaisers das Ansehen genommen wurde. Jedenfalls sah sich Amerika zur Ausübung starken Druckes berechtigt. Er sollte den Gegner auf die Knie zwingen, womöglich noch vor der drohenden sowjetischen Intervention.
Das mächtigste Druckmittel der USA waren ihre Bomberflotten. General Curtis E. LeMay, der die strategische Bomberoffensive im Pazifik lenkte, hatte unter Berücksichtigung besonderer städtebaulicher Verhältnisse bei geringen Eigenverlusten neue wirksame Methoden des Luftbrandkrieges entwickelt.[40] Landgestützte Flugzeuge vom Typ »B 29« erreichten seit Ende des Vorjahres die japanischen Hauptinseln und zerstörten dort systematisch die großen Städte. Yokohama, Kobe, Osaka und Nagoya lagen in Schutt und Asche.[41]
Stark war Tokio betroffen. Beim ersten größeren Raid der 21st USAAF (LeMay) wurden auf einer Fläche von knapp 16 Quadratmeilen 267171 Häuser zerstört, 83993 Japaner getötet und 40918 verletzt.[42] Die Regierung mußte 6 Millionen Menschen evakuieren, um sie vor dem Feuertod zu bewahren.[43] Nach weiteren Angriffen konnte Arnold die Hauptstadt in der Zielliste streichen. Ebenso wie fronterfahrene Fliegeroffiziere rechnete er nach den Verheerungen mit der Kapitulation des Kaiserreiches im Oktober 1945.[43]
Kein bekannter Amerikaner verurteilte den Luftbrandkrieg gegen die Zivilbevölkerung.

Vielmehr begrüßte man ihn, weil er das Nahen des Kriegsendes zu beschleunigen schien. Dementsprechend verhielten sich die mit der Superwaffe befaßten Gremien. Der Interimsausschuß beider Wehrministerien, dem Wissenschaftler wie Vannevar Bush, Enrico Fermi, Ernest O. Lawrence und J. Robert Oppenheimer angehörten, befürwortete einstimmig den warnungslosen Abwurf der Atombombe auf Japan, ebenso das Franck-Komitee namhafter Physiker.[44]

Nicht so schnell entschlossen waren die Joint Chiefs of Staff[45], obwohl Anzeichen für die bedingungslose Kapitulation des Kaiserreiches fehlten und fieberhafte Anstrengungen zur Abwehr eines amerikanischen Angriffs auf die Hauptinseln gemeldet wurden. Unter dem Stichwort »Ketsu-Go« stellte Uzemu dort 2 Millionen Soldaten und 5225 Flugzeuge für Kamikazeflieger bereit[46], zog Toyoda in Ermangelung größerer Marineeinheiten zahlreiche Sprengboote, Kleinst-U-Boote, Ein-Mann-Torpedos und Kampfschwimmer zusammen.[47]

Angesichts des Alamogordo-Experimentes mußte Stimson vier Faktoren gegeneinander abwägen: den Atombombeneinsatz, die »Olympic«-Invasion, das russische Eingreifen und die Friedensbemühungen der Japaner.[48] Der Secretary of State begab sich ungeladen nach Potsdam, wo er mit Truman, Byrnes und den Militärs eingehend beriet.[49] Ihre Überlegungen wurden durch eine Petition von 67 amerikanischen Wissenschaftlern[50], die der ungarische Physiker Léo Szilard in Chicago gegen den Abwurf des entsetzlichen Sprengsatzes auf Japan mobilisiert hatte, nicht berührt.[51]

Zentrale Bedeutung bekam die Frage der sowjetischen Intervention. Sie war ein Hauptthema bei allen bisherigen Treffen gewesen[52], zu Beginn auch in Potsdam.[53] Seit dem 16. Juli 1945 mußte das Eingreifen der UdSSR mit seinen unabsehbaren politischen Folgen als unerwünscht gelten.[53] Truman wußte jetzt, daß Amerika den Krieg gegen Japan allein gewinnen konnte.[54] Byrnes und der Secretary of War, Grew und die Stabschefs teilten diese Auffassung.[55] Stimson notierte kurz und bündig: »Die Vereinigten Staaten brauchen Rußland nicht mehr«.[56]

Ein Machtrausch befiel die führenden Amerikaner.[57] Vergebens hatte ihnen Marshall entgegengehalten, daß die Russen auf jeden Fall intervenieren würden.[58] Umsonst kam Dulles nach Potsdam, um über japanische Friedensfühler zu berichten.[59] Auch der entschlüsselte Funkverkehr zwischen Togo und Sato wurde nicht berücksichtigt. Teile einer Atombombe waren schon an Bord des Kreuzers »Indianapolis« (McVay) unterwegs im Pazifik, gefolgt von Material, das über eine Luftbrücke mit Transportflugzeugen zur Angriffsbasis gelangte.[60]

Auf Tinian meldete die Spezialeinheit von Oberst Paul W. Tibbets ihre Einsatzbereitschaft für den 1. August 1945.[61] Truman wollte den Japanern aber noch ein paar Tage Zeit zum Überlegen lassen.[62] Indessen reagierte Suzuki auf die Androhung der völligen Vernichtung mit einem unbedachten Wort; er sagte »mokasutsu« und brachte damit seine »schweigende Verachtung« zum Ausdruck.[63] Der Premier wollte verhandeln und nicht einfach kapitulieren. Togo warb deshalb noch immer um die Sowjetregierung, obwohl aus Moskau ein kalter Wind wehte.[64]

Die »Indianapolis« (McVay) löschte ihre Ladung, bevor sie dem Torpedofächer des japanischen U-Bootes I-58 (Hashimoto) zum Opfer fiel und sank.[65] Captain William Parsons setzte die Uraniumbombe zusammen und befestigte den Wurfkörper von 3.50 m Länge und 0.75 m Durchmesser im Rumpf des Langstreckenflugzeuges »Enola Gay«, einer P 29 »Superfortress«, Am 6. August 1945 um 02.45 Uhr startete Tibbets mit der

Maschine auf Tinian und folgte drei Wetterbeobachtern. Sie sollten ermitteln, über welcher japanischen Stadt die Sichtverhältnisse besonders günstig waren.
Aufklärermeldungen führten Tibbets nach Hiroshima, einer Stadt mit 300000 Einwohnern. Um 08.15 Uhr löste er die Bombe in 9000 m Höhe. Man sah »zunächst ein stecknadelkopfgroßes Licht von purpurner Röte. Daraus entwickelte sich rasch eine riesige Feuerkugel, die ... zu wirbelnden Flammen und Wolken zerbarst. Ihr entströmten konzentrische weiße Nebelringe, als bliese die Erde selber gewaltigen Rauch ab«. Aus dem Ganzen stieg »eine kolossale Dampfsäule« empor.[67] Am Boden verbrannten 92167 Menschen; 37485 waren verletzt.[68]
Truman, der die Nachricht auf seiner Heimreise von Potsdam empfing, war tief bewegt.[69] Die japanische Regierung schickte ein Beobachtungsflugzeug zur Stätte der Katastrophe. Poskrebyschew rief die fünf führenden russischen Kernphysiker zu Stalin, der sie Berija unterstellte und ihnen befahl, die eigene Atombombe so schnell wie möglich fertigzustellen.[70] Molotow ließ Sato ausrichten, daß er am übernächsten Tag vorsprechen möge. Wassilewskij traf letzte Vorbereitungen für die sowjetische Offensive.
Während Hirohito mit Kido und Suzuki eine gemeinsame Politik zur Überwindung der inneren Widerstände gegen die Kapitulation verabredete, wurde Sato nach wochenlangem Antichambrieren in Moskau vorgelassen. Das NKWD hatte die Mission vorsorglich von allen Nachrichtenverbindungen abgeschnitten, als Molotow dem Diplomaten eröffnete, daß Rußland seinen Vertrag mit Japan brach, um den Krieg zu erklären.[71] Der sowjetische Außenminister wollte selbst eine entsprechende Botschaft nach Tokio richten.[72]
Beim nächsten Treffen des Großen Rates, an dem Hirohito teilnahm, suchte sich Suzuki gegen Anami und Toyoda durchzusetzen, die sichergestellt wissen wollten, daß der Tenno sakrosankt blieb, Japan nicht besetzt wurde und seine Kriegsverbrecher selbst aburteilen konnte. Darauf entschied der Kaiser wider jede herkömmliche Etikette, daß man zu kapitulieren habe. Entsprechende Benachrichtigungen wurden in den für Amerika bestimmten Rundfunksendungen ausgestrahlt sowie auf diplomatischem Wege den Schutzmächten – der Schweiz und Schweden – zugeleitet.[73] Um diese Zeit war schon die zweite Atombombe im Anflug.[74]
Sie kam in einer »Superfestung« mit Namen »Bockscar« unter Major Charles Sweeney. Es handelte sich um eine Plutoniumbombe von 4 Metern Länge (»Fat Man«). Ihre Sprengkraft entsprach 20000 Tonnen TNT und erzeugte eine bisher noch nicht erprobte Druckwelle von verheerender Gewalt. Der Abwurf erfolgte am 9. August 1945 um 10.58 Uhr über Nagasaki.[75] Das Resultat glich der vorausgegangenen Katastrophe: 87000 Menschen wurden getötet, 60000 verwundet.[76]
An diesem Tag traf das Inselreich noch ein Schicksalsschlag. Seit den frühen Morgenstunden waren unter der Führung von Wassilewskij drei sowjetische Heeresgruppen – Transbaikalfront (Malinowskij), 1. Fernostfront (Merezkow) und 2. Fernostfront (Purkajew) – aus drei Richtungen im Vordringen.[77] Mongolenreiterei und chinesische Kommunisten schlossen sich an. Japan besaß nur noch 21 Divisionen an der mandschurischen Front. Trotz starker Hindernisse kamen die Russen daher schnell voran. Sie näherten sich ihren Hauptzielen, als Umezu das Feuer einzustellen befahl.[78]
Japan ließ seine Bereitschaft zur Kapitulation nicht ohne jeden Vorbehalt erkennen. Dem Kaiser sollte seine herrscherliche Stellung belassen werden. Die USA, Großbritan-

nien und China erhoben dagegen keine Einwände, erkannten sie doch, daß eine Übergabe nur mit Hilfe des Tenno zu erreichen war.[79] Sowjetische Einwände wurden von Harriman gar nicht erst weitergeleitet. Am 12. August 1945 früh empfing Tokio die alliierte Antwort in der Fassung von Byrnes über Kurzwelle aus San Francisco.

Die Spaltung zwischen den Fraktionen der Kriegsfalken und Friedensfreunde wurde dadurch vertieft. Eine Offiziersverschwörung drohte das Ruder an sich zu reißen. Doch in zähen Verhandlungen überwand Kido diese Gefahr. Er verpflichtete den unter Morddrohungen schwankend gewordenen Suzuki auf die kaiserliche Linie, trennte Yonai, Toyoda und Umezu von den Frondeuren, auch Anami, der sich am nächsten Tag das Leben nahm.

Hirohito überstand einen Putsch jüngerer Offiziere, die den Tenno vor verräterischen Höflingen und Ministern glaubten befreien zu sollen. Suzuki und andere gemäßigte Politiker entgingen Mordanschlägen durch Flucht. Der Kaiser und Kido verbargen sich im Luftschutzkeller des Palastes. Dort wurde auch eine Schallplatte mit der Ansprache des Monarchen für die Rundfunkübertragung am folgenden Tag aufbewahrt.[80] Nach dem Scheitern des Unternehmens verübten die Meuterer Selbstmord.

Fassungslos, mit demutsvoll gesenkten Köpfen, standen Gruppen von Japanern vor den Radioempfängern, als Bestürzendes geschah und erstmals die Stimme des Gott-Kaisers zu ihnen drang, das Kriegsende ankündigte und Gehorsam forderte. Die Regierung Suzuki trat zurück. Prinz Higashi-Kuni bildete ein neues Kabinett mit Shigemitsu als Außenminister.[81] Wenige Stunden später verlangte MacArthur die Aufnahme des Funkverkehrs mit seinem Hauptquartier in Manila. Über diesen Nachrichtenweg wurden die nächsten Schritte vereinbart.[82]

Abgesandte des Kaiserlichen Hauptquartiers einigten sich in Manila mit dem Stab des alliierten Oberbefehlshabers bald auf Modalitäten der Übergabe und die Besetzung der Hauptinseln durch amerikanische Truppen. Aber Wochen vergingen, bis alle japanischen Heeresverbände von Borneo bis nach Korea den kaiserlichen Befehl zur Feuereinstellung befolgten. Unterdessen besetzten Wassilewskijs Kräfte zahlreiche Schlüsselpositionen (Charbin und Mukden, Tschende und Weihheiwei, Dairen, Port Arthur und die Kurilen), drangen die Kommunisten von Mao Tse-tung auf Nanking vor.[83]

Zugleich warf General Albert Wedemeyer, der mit Hilfe des OSS amerikanische Kriegsgefangene befreien sollte, nicht nur Luftlandeverbände, sondern auch Marines und nationale Divisionen nach China. Nur so gelang es, Peking, Tsiensin, Nanking und Shanghai sowie Schantung und Hopeh für Tschian Kai-schek zu sichern, dessen Truppen am Ende auch Formosa besetzten. Die Sowjetunion hatte ihn zwar als Regierungschef anerkannt und den verheißenden Freundschaftspakt geschlossen, doch nahm ihre Propaganda bereits die Konfrontationen der künftigen Kriege vorweg.[84]

Amerikanische Flugzeuge wurden noch mehrfach beschossen. Erst eine Woche später ankerte die 3. US-Flotte in der Sagami-Buch, konnten Luftlandetruppen bei Tokio niedergehen. Am 2. September 1945 um 10.30 Uhr empfing der Oberbefehlshaber zusammen mit Nimitz und anderen Chefs des Schlachtschiffes »Missouri« (Murray) eine von Shigemitsu und Umezu geführte Delegation zur abschließenden Rechtshandlung. Nach Unterzeichnung der Kapitulationsurkunde sagte MacArthur: »Laßt uns beten. Möge der Welt Frieden beschieden sein und Gott ihn für immer erhalten.«[85]

[1] FRUS: Conference of Berlin, II, S. 1474ff.
[2] Vgl. Kap. Die Konferenz von Teheran.
[3] DNB-Meldung v. 27.7.1945.
[4] P. Célérier: Indochine 1933/45, in 2e guerre 86/1974, S. 2405–2408 u. 90/1974, S. 2516–2520.
[5] Shigemitsu, a.a.O., S. 306f.; Togo, a.a.O., S. 236.
[6] Vgl. Kap. Das Inselspringen im Pazifik.
[7] Navy Department: Japanese Naval and Merchant Shipping. Losses During World War II, a.a.O., S. 77f.
[8] H. Cannon u. S.D. Smith: Luzon and Southern Philippines (US Army in World War II) Washington, D.C., 1955, S. 45–215; R.L. Eichelberger: Our Djungle Road to Tokyo, New York 1950; mit zahlr. Einzelheiten W. Karing (u.a.): A Battle Report. Victory in the Pacific, 5 Bde., New York-Toronto 1949–1954 (zit. Karing).
[9] E.M. Flanagan: The Angles. A History of the 11th Airborne Division, in: IJ 12/1949, S. 34–49.
[10] Morison, X, a.a.O., S. 429; Roscoe, a.a.O., S. 398f.; Ruge: Pazifik, a.a.O., S. 254f.; R.E. Walters: La guerre sous-marine dans le Pacific, in: 2e guerre 95/1974, S. 2629–2532.
[11] P. Turnbull: Imphal-Kohima, in: W 27/1977, S. 16–23; Woodburn Kirby, V, a.a.O., D. 125–222.
[12] G. Forty: The XIVth Army at War, London 1982; W. Slim: Defeat Into Victory, London 1956.
[13] E.D. Smith: Battle for Burma, London 1980; Woodburn Kirby, V, S. 297–314, 381–400.
[14] Ineaga, a.a.O., S. 416ff.; B. Perratt: Burma 1945, in: W 42/1977, S. 16–25; A. Brett-James (u.a.): Birmanie, in: 2e guerre 90/1974, S. 2493–25–15; Woodburn Kirby, III, S. 455ff.
[15] Zum Folgenden S.E. Morison: Victory in the Pacific 1945, Boston, Mass., 1960, S. 6ff. (zit. Morison XV); A.M. Josephy: Iwo Jima, in: AH 6/1981, S. 92ff. (zit. Josephy); Y. Horie: Iwo Jima, in: 2e guerre 87/1974, S. 2388–2393; Ruge: Pazifik, S. 237ff.
[16] Vgl. d. Dokumentation in: W 5/1982, S. 201–202; R. Pinau: Okinawa, in: 2e guerre 92/1974, S. 2549–2553 (zit. Pinau); Ruge: Pazifik, S. 241ff.
[17] Morison, XV, S. 47–66; v. jap. Seite s. Horie (vgl. Anm. 15), S. 2392 u. Ineaga, S. 419ff.
[18] K. Miyo: Mort d'un géant, in: 2e guerre 92/1974, S. 2555–2558 (zit. Miyo).
[19] Inogouchi-Nagajima, a.a.O., S. 48ff.
[20] Hattori, IV, a.a.O., S. 624ff.; T. Yokoi: Kamikazes and the Okinawa Campaign, in: US Naval Proceedings LXXX/1954.
[21] Miyo, S. 2557; M. Yoshido: The End of the Yamato, in: US Naval Proceedings LXIII/1954, S. 117–129; Ruge: Pazifik, S. 245ff.
[22] Blond: Enterprise, a.a.O., S. 276ff.; Morison, XIII, S. 133–245; Rohwer/Hümmelchen: Chronik, S. 537f., 541f., 543ff., 551ff., 557f., 586f.
[23] Morison, XV, S. 145ff.; Roskill, III, 1, S. 352ff.
[24] Craig: Sonne, a.a.O., S. 27.
[25] Josephy, S. 95; Pinaud, S. 2552; Woodburn Kirby, V, S. 107–138.
[26] Ehrman, VI, a.a.O., S. 284ff., 299ff.; Matloff, a.a.O., S. 482; Wedemeyer, a.a.O., S. 305f.
[27] Arnold, a.a.O., S. 207ff.; Whitehill, a.a.O., S. 296ff.
[28] Potter, a.a.O., S. 157ff.; Smith, a.a.O., S. 466f; Whiteney, a.a.O., S. 361ff.
[29] Pogue: Marshall, II, a.a.O., S. 309f.; Stimson-Diaries, Juni/Juli 1945; J.C. Grew: Turbulent Era, Bd. 2, Boston, Mass., 1952, S. 109ff.
[30] Unterstaatssekretär im Department of War = Heeresministerium d. USA.
[31] Craig: Sonne, S. 77; L. Giovannitti u. F. Freed: Sie warfen die Bombe, Berlin 1967, S. 36ff. (zit. Givannitti/Freed).
[32] E. Zacharias: Secret Mission, New York 1946, S. 14ff., 27ff., 31ff., 46f., 101–167; Craig: Sonne, S. 48–51.
[33] Dulles/Gaevernitz, a.a.O., S. 306–308; vor allem J.C. Butow: Japan's Decision to Surrender, Stanford, Cal., 1954, S. 17f., 23ff., 30ff., 42–55 (zit. Butow: Surrender); dazu d. Aufz. v. T. Kase: Eclypse of the Rising Sun, New York 1951, S. 182ff. (zit. Kase).
[34] Shigemitsu, S. 350ff.; Togo, S. 231; dazu Titus, a.a.O., S. 417f.
[35] Butow: Surrender, S. 66ff.; Craig: Sonne, S. 52; Kase, S. 188f.; Titus, S. 421.
[36] Ebd., S. 42, 59, 77f.; auch R.H. Minear: Victor's Justice. The Tokyo War Crimes Trial, Princeton, N.J., S. 127ff., 140ff. (zit. Minear).
[37] Butow: Surrender, S. 150–158; Togo, S. 246.
[38] Vgl. Satos Aussagen in: IMTFE, Proc. 23 577ff.; dazu Butow: Surrender, S. 155ff.; Craig: Sonne,

S. 53f.; Kase, S. 191ff.; Minear, S. 108f., 134ff., 143ff.; zuletzt Hillgruber: Sowjet. Außenpol., a-a. O., S. 145–151.

[39] J. Forrestal: The Forrestal Diaries, hg. v. W. Millis u. E. S. Duffield, New York 1951, S. 86ff. (zit. Forrestal; s. auch Clark: Friedmann, a. a. O., S. 145ff. u. Giovannitti/Freed, S. 187, 234.

[40] C. E. LeMay: Mission with LeMay, Garden City, N. Y., 1966 (zit. LeMay).

[41] Craven/Cate, V, a. a. O., S. 625ff.

[42] Ebd., S. 628ff.; Giovannitti/Freed, S. 38f., 104; Graig: Sonne, S. 28–37; B. Millot: Tokoy avant Hiroshima, in: Hist. 340/1975, S. 84ff.

[43] Arnold, S. 211; LeMay, S. 187ff.; Mee, a. a. O., S. 199.

[44] Givannitti/Freed, S. 113–124; Goodchild, a. a. O., S. 287.

[45] Mee, S. 104.

[46] Craig: Sonne, S. 53f.; Inogouchi/Nagajima, S. 89f.; Hattori, IV, S. 693.

[47] Ehrman, VI, S. 257–274; Ruge: Pazifik, S. 265ff.; Y. Yokota u. J. D. Harriman: Kaiten. Japan's Human Torpedos, in: USNIP 1/1962, S. 54–68.

[48] Stimson-Diaries, 16./17. 7. 1945.

[49] Ebd. 18. bis 20. 7. 1945; Leahy, S. 487; Forrestal, S. 81f.

[50] Giovannitti/Freed, S. 64.

[51] Ebd., S. 188f. u. A. H. Compton: The Atomic Quest, New York 1956.

[52] Vgl. d. Kap. Die Konferenz von Teheran u. Die Konferenz von Jalta.

[53] FRUS: Conference of Berlin, II, S. 52ff., 166ff., 299ff.

[54] Butow: Surrender, S. 159f.; Mee, S. 192f., Minear, S. 144f.

[55] Mee, S. 147.

[56] Stimson-Diaries, 21. 7. 1945.

[57] G. Alperovitz: The Influence of the Atomic Bomb Upon Certain Military and Political Questions, April-September 1945, New York 1959; D. Elstein: La décision, in: 2e guerre 82/1974, S. 2649ff.; L. Morton: The Decision to Use the Bomb, in: Command Decisions, a. a. O.

[58] Mee, S. 191f.

[59] Craig: Sonne, S. 82.

[60] Dazu d. Memoiren v. R. L. Groves: Now It Can Be Told, New York 1962; ferner M. Caidin: A Torch to the Enemy, New York 1960; insbes. Craven/Cate, V, S. 635ff.

[61] LeMay, S. 207ff.; Stimson-Diaries, 29. 7. 1945.

[62] Truman, I, S. 395; Leahy, S. 488; Forrestal, S. 97f.

[63] Craig: Sonne, S. 86; Butow: Surrender, S. 146; Kase, S. 200ff., Forrestal, S. 81f.

[64] Togo, S. 271.

[65] Morrison, XV, S. 319.

[66] L. Allen: Les Raid Nucléaires, in: 2e guerre 82/1974, S. 2651–2660.

[67] Laurence, a. a. O., S. 189; H. Feis: Japan Subdued. The Atomic Bomb and the End of the War in the Pacific, Princeton, N. J., 1961.

[68] M. Hachiya: Hiroshima Diary, Chapel Hill, N. C., 1955; J. Hersey: Hiroshima, New York 1946. Die Zahl d. Verletzten wurden im Abschlußbericht der jap. Regierung (1960) mit 130000 angegeben.

[69] Truman, I, S. 397.

[70] Mee, S. 267.

[71] Butow: Surrender, S. 164; Herre, a. a. O., S. 467f.; May, a. a. O., S. 8ff.; Kase, S. 210ff.; Minear, S. 151f.; Shigemitsu, S. 279f., Titus, S. 431; Togo, S. 280f.; Woodburn Kirby, V, S. 193ff.

[72] Zur Kommunist. Version s. B. Rodow: Die USA und Japan bei der Vorbereitung und Entfesselung des Krieges im Stillen Ozean 1938–1941, (Ost)Berlin 1953.

[73] Woodward, IV, S. 124ff.

[74] Craig: Sonne, S. 124–148.

[75] T. Nagai: We of Nagasaki, New York 1951; N. Shohno (Hg.): Actual Facts of the A-Bomb Disaster, Hiroshima 1964; R. Trumbull: Nine Who Survived Hiroshima and Nagasaki, New York 1957.

[76] Zahlen nach ersten Schätzungen der Präfektur v. Nagasaki. Ein abschließender Bericht (1953) verzeichnet 260000 Tote. Zur Problematik d. Statistik s. Allen, S. 2659 (zit. Anm. 66).

[77] Platonow, II, S. 265ff.

[78] E. R. Hooton: Defeat of the Kwantung Army, in: W 55/1976, S. 33– Woodburn Kirby, V, S. 199–204.

[79] Woodward, IV, S. 131ff.; Woodburn Kirby, V, S. 205ff.

[80] Craig: Sonne, S. 248ff.; Mosley: Hirohito, a. a. O., S. 344–357.

[81] Shigemitsu, S. 380ff.; Togo, S. 292.
[82] Butow: Surrender, S. 165; Kase, S. 223; Craig: Sonne, 242–251 u. T. Hattori: Japans Weg aus dem Zweiten Weltkrieg, in: Probleme des Zweiten Weltkrieges, hg. v. A. Hillgruber, Köln-Berlin 1967, S. 389–418.
[83] L. Bianco: Der Weg zu Mao, Berlin 1969, S. 186ff.; H. Meyer: Die Entwicklung der Kommunistischen Streitkräfte in China 1927–1949, Berlin-New York 1982.
[84] Wedemeyer, S. 323.
[85] Dt. Übersetzung d. Kapitulationsurkunde b. Jacobsen: Der Weg, a. a. O., S. 435f.; Butow: Surrender, S. 166f.; Craig: Sonne, S. 343; Morison, XIV, S. 358–370; Whitney, a. a. O., S. 407ff.; Woodburn Kirby, V, S. 201ff.

Schlüsse und Folgen

Von 1618 bis 1945 hat die zivilisierte Menschheit 286 Kriege geführt.[1] Obwohl die Zahl der Kampfhandlungen beständig zunahm (im 17. Jahrhundert gab es 67, in der ersten Hälfte des 20. Jahrhunderts etwa 1000), waren die militärischen Verluste rückläufig (sie betrafen im 17. Jahrhundert 25%, im 18. Jahrhundert 15%, im 19. Jahrhundert 10% und im 20. Jahrhundert 6% der eingesetzten Verbände).[2] Dagegen nahmen die kriegsbedingten Todesfälle der Zivilbevölkerung zu (sie verlor im 17. Jahrhundert 1,4%, im 20. Jahrhundert 8,8% ihres Bestandes durch Kampfhandlungen).[3] Der Zweite Weltkrieg übertraf diese Entwicklung durch extrem hohe Ausfälle.
Mit rund 55 Millionen Kriegstoten[4] hat er die blutige Ernte des Ersten Weltkrieges fast um das Siebenfache übertroffen.[5] Viele Teilnehmerstaaten, voran China[6], Polen[7] und Jugoslawien[8], auch Frankreich[9], Belgien[10] und die Niederlande[11], Ungarn[12], Rumänien[13] und Griechenland[14] bestatteten mehr zivile als militärische Opfer. In Deutschland halten sich beide Summen etwa die Waage.[15] Die Verlustziffern der UdSSR weisen bei sehr hohem Bevölkerungsanteil überwiegend Gefallene aus.[16] In gänzlich anderen Relationen gilt dies auch für Großbritannien[17] und die USA[18].
Zahllose Wohnstätten waren bis zu 90% zerstört[19], Ressourcen blockiert, ganze Produktionszweige zusammengebrochen.[20] Mangels ausreichender Binnentransportmittel und Treibstoffreserven konnten viele Völker nur notdürftig versorgt werden. Die USA lieferten Getreide. Aber Deutschland, Italien und Japan hatten ihre Handelsflotten verloren, die Alliierten 27,4 Millionen BRT, etwa zwei Drittel der Friedenstonnage.[21] Ohne amerikanische Nachbauten (5777 Einheiten, davon 2770 »Liberty-Ships«)[22] hätte die Seeschiffahrt den Anforderungen nicht genügt.
Die materiellen Schäden wurden schneller überwunden als man 1945 voraussah, hatte der Krieg doch neben seinem Zerstörungspotential auch technische Errungenschaften zur Schadensbehebung und Massenproduktion hervorgebracht.[23] Zudem war die Leistungsbereitschaft breiter Bevölkerungsschichten keineswegs erlahmt, sondern angesichts des Ruins mächtig gewachsen. Allerdings beschleunigte ihr Drang vorwiegend den wirtschaftlichen Wiederaufbau. Für die Bewahrung und den Neugewinn ethischer Werte wurde weniger getan.
Die Weichen schienen ein für allemal gestellt. Man glaubte, daß bald jedes Volk entweder am »Sozialismus« teilhaben oder den »American Way« einschlagen werde. Andere Möglichkeiten wurden ausgeschlossen. Die Unterlegenen und ihre Konzeptionen hatten jeden Einfluß verloren. Sie wurden von den Siegern zur Verantwortung gezogen, ideologisch, aber auch durch Strafaktionen wie Pogrome, automatischen Arrest, die Auslieferung an racheübende Kleinstaaten und Militärgerichte der Besatzungsmächte.
Die Sowjets praktizieren diese Politik unter Führung der KPdSU und ihrer Sicherheitsorgane. Nach der Lehre des Marxismus-Leninismus diente die Jurisdiktion der Umge-

staltung bestehender Verhältnisse. Dementsprechend veranlaßte Moskau die künftigen Satellitenstaaten zur Abkehr von bisher beachteten Grundsätzen der Rechtspflege. Sonderbeauftragte der UdSSR kontrollierten alle wichtigen Verfahren und förderten dabei zielbewußt die Schaffung neuer Machtstrukturen. Ausgenommen war nur Bulgarien, das diese Etappe schon hinter sich hatte.[23]

Das NKWD überstellte Gefangene, eine Auswahl von »Kriegsverantwortlichen«. So wurde Marschall Antonescu mit Angehörigen des alten Regierungskabinettes nach Bukarest zurückgebracht und zum Tode verurteilt. Einen zaghaften Versuch König Michaels I., die acht Männer zu begnadigen, unterdrückte Wyschinskij, der aufsichtführende Kommissar. Als rumänische Gendarmen sich weigerten, die Delinquenten im Hof des Forts Jilava zu erschießen, vollstreckten linientreue Kommunisten den Hinrichtungsbefehl.[25]

In Ungarn kam es nicht zu solchen Zwischenfällen. Nach kurzen Schauprozessen wurden alle verhafteten Regierungschefs des Landes – Imrédy, Bárdossy, Sztójay und Szálasi – exekutiert[26], dazu die Generale Jány, Beregfy und Hindy, während man Szombathelyi dem jugoslawischen Scharfrichter überließ[27] und weitere 89154 Kriegsverbrecher aburteilte.[28] Noch 1946 endeten Funktionäre des früheren Regimes an Laternenmasten der Budapester Ringstraßen.[29]

Die Anfang April 1945 durch ein in Kaschau erlassenes Dekret wiederhergestellte ČSR drängte Beneš unter Sowjeteinfluß zur politischen Abrechnung. Sondergerichte fällten Urteile gegen Repräsentanten des Dritten Reiches und der Protektoratsverwaltung. Hácha starb nach Mißhandlungen im Prager Pankrác-Gefängnis. Joseph und Stefan Tiso, Adalbert Tuka und andere Minister, Karl Hermann Frank und Kurt Daluege, Beamte, Richter, Offiziere, sogar Zeitungsleute kamen an den Galgen.[30]

Die Westalliierten leisteten der Rachejustiz Vorschub und spendeten den Hinrichtungen Beifall. Hatten anglo-amerikanische Militärs die französischen Massaker stillschweigend gebilligt, so begrüßten alliierte Stellen ausdrücklich wilde Ausschreitungen in Italien, wo man nach Mussolinis Ermordung fünfzehn Minister und Offiziere seines Regimes ohne Gerichtsurteil am Hafenquai von Dongo erschoß[31] und bei den folgenden Treibjagden etwa 74000 »Faschisten« zur Strecke brachte.[32]

Auch Legislatur und Justiz der Westmächte mißachteten Grundsätze, die ihnen seit dem 18. Jahrhundert als »geheiligt« galten. Am 8. August 1945 schlossen Amerikaner, Briten und Franzosen mit den Sowjets ein Abkommen über die Bestrafung der »Hauptkriegsverbrecher«[33], bezogen das als Londoner Status herausgegebene Dekret jedoch ausschließlich auf Straftäter der »Achse in Europa«.[34] Verbrecher aus dem Lager der Siegermächte wurden von ihrer Regierung zuvor amnestiert.

Für Deutschland trat das Statut vom 8. August durch Gesetz des Alliierten Kontrollrates in Kraft.[35] Die Vertragsmächte erklärten drei de jure nicht genau definierte Tatbestände (Verbrechen gegen den »Frieden«, die »Menschlichkeit« und das »Kriegsrecht«) zu strafbaren Handlungen. Dies geschah ex post facto, ungeachtet des Grundsatzes »nulla poena sine lege«. Gesetzgeber, Ankläger und Richter waren die gleichen Personen, ernannt von Regierungen, deren führende Männer ihrerseits kriminelle Handlungen, zum Beispiel das Töten von Nichtkombattanten befohlen hatten.[36]

Als Aggressor war zudem auch die Sowjetunion belastet. Sie hatte Polen und Finnland angegriffen, die baltischen Staaten okkupiert, Rumänien die Nordbukowina und Bessarabien entrissen, gemeinsam mit Großbritannien den Iran überfallen und aufgrund

konspirativer Absprachen zwischen Moskau, Washington und London gegen Japan losgeschlagen. Das Internationale Militärtribunal sah darüber hinweg. Ebenso ignorierte es den deutsch-sowjetischen Pakt von 1939 und die aus ihm resultierende Mitverantwortung der UdSSR für Hitlers Entschluß zum Kriege.
Am 1. Oktober 1946 verurteilte das Nürnberger Gericht zwölf maßgebende Männer des Dritten Reiches zum Tode. Da Bormann verschwunden war und Göring Selbstmord beging, starben zehn von ihnen am Galgen: Ribbentrop, Keitel und Jodl, Kaltenbrunner, Seiß-Inquart und Frank, Sauckel und Frick, Rosenberg und Streicher.[37] Nachfolgeverfahren in der Verantwortung einzelner Besatzungsmächte schlossen sich an.[38] Insgesamt ließen die Amerikaner 444, die Briten 230, die Franzosen 98 und die Russen 82 Verurteilte in Deutschland hinrichten.[39]
Gleichzeitig hatte die Abrechnung mit Japan begonnen. Kurz nach der Kapitulation des Kaiserreiches wurden seine Soldaten in der Gefangenschaft von den Australiern auf Borneo zu Tausenden ermordet.[40] Anderen Orts eröffneten alliierte Militärgerichte überstürzt die ersten Kriegsverbrecherprozesse. Die Verteidigung war eingeschränkt, jede Berufung ausgeschlossen. Über 2400 japanische Militärs und Zivilbeamte bestiegen das Schafott[41], auch Yamashita und Homma, deren Begnadigung Truman abgelehnt hatte.[42]
Der Prozeß gegen die »Hauptkriegsverbrecher« in Tokio verzögerte sich. Als der für Japan zuständige Militärgouverneur mußte MacArthur noch die Kaiserfrage klären. Tojo, der sich beim Harakiri-Versuch schwer verletzt hatte, wurde von amerikanischen Militärärzten gerettet, damit man ihn später zum Galgentod verurteilen konnte.[43] Sprachkundige Kommissionen sichteten das Aktenmaterial. Andere Ausschüsse suchten die Erfahrungen von Nürnberg nutzbar zu machen.[44]
Das Verfahren geriet zur Farce.[45] Skandalös war nicht nur, daß der U.S. Chief Prosecutor betrunken im Gerichtssaal erschien. Ihm und den anderen Vertretern der Siegerjustiz fehlte jedes Verständnis für die japanische Mentalität. Auch unterliefen dem Tribunal erhebliche Verfahrensfehler, die von dem angerufenen Supreme Court der USA nicht beanstandet wurden. Ebendo wie in Nürnberg scheiterte der Versuch, den Angeklagten »gemeinschaftliche Verschwörung« gegen den Frieden nachzuweisen. Gleichwohl verurteilte das Gericht außer Hideki Tojo die Generale Seichin Itagaki, Kanji Doihara, Heitaro Kimura, Iwane Matsui und Arika Muto zum Tode.[46]
Gewiß haben die Internationalen Militärtribunale in Nürnberg und Tokio schwere Verbrechen geahndet, mit denen sich zu jener Zeit andere Instanzen mangels ausreichender Autorität nicht befassen konnten. Die Gerichte waren jedoch befangen. Sie genügten nicht dem hohen Anspruch, einklagbares Völkerrecht zu präjudizieren.[47] Die beiden Hauptverfahren dienten als letzte Schaustellungen des weltpolitischen Einvernehmens. Hinter den Kulissen zerbrach die Anti-Hitler-Koalition, begannen neue gefährliche Konflikte.
Das Reich, in dessen Namen der Krieg begonnen worden war, bestand nicht mehr. Seine vergleichsweise schmale Basis war unter dem aus zwei Hauptrichtungen angewachsenen Druck der in ihrer Existenz als Großmächte bedrohten und deshalb koalierenden Gegenkräfte zerstört, Hitlers rassenideologisches Konzept ad absurdum geführt, die mit finsterer Konsequenz betriebene Ausrottung der Juden zu einer lange niederdrückenden moralischen Belastung für das deutsche Volk geworden.[48]
Im Gegensatz zu Italien, das nie wirklich eine Großmacht war und als zweitrangiger

Partner des Achsenbündnisses den Seitenwechsel vollziehen konnte, verlor Deutschland seine erst vor fünfundsiebzig Jahren gewonnene Einheit. Die Sieger unterschieden nicht zwischen dem von Bismarck geschaffenen preußisch-deutschen Reich und Hitlers völlig anders gearteten Imperium.[49] Sie zerstückelten das ihnen verhaßte Deutschland und liquidierten voller Eifer auch den bereits verschwundenen »Staat Preußen«.[50]

Ebenso wie Italien wahrte Japan trotz des Verlustes aller Außenbesitzungen seine nationale Geschlossenheit.[51] Ein Grund hierfür war, daß die Sowjetunion in beiden Ländern keine direkten Kontrollbefugnisse erhielt. Italiener und Japaner wurden faktisch nur von einer Siegermacht – den Vereinigten Staaten – abhängig. Als China und Nordkorea unter kommunistische Herrschaft kamen und Rußland weiter zum Mittelmeer drängte, änderte sich das Bild. Die amerikanisch besetzten Länder bekamen einen neuen Stellenwert in der Kräfteordnung dieser Welt.[52]

Am 10. Februar 1947 konnten mit den besiegten, aber ungeteilten europäischen Staaten (Italien, Rumänien, Ungarn, Bulgarien und Finnland) die Pariser Friedensverträge unterzeichnet werden.[53] Nach Beginn des Koreakrieges fand man – ohne die Sowjetunion – am 8. September 1951 in San Francisco auch für Japan eine Regelung.[54] Über die Zukunft der auf deutschem Boden gegründeten Republiken hatte sich der alliierte Außenministerrat nicht geeinigt.

Das Frankreich de Gaulles überschätzte zunächst die ihm verbleibenden Möglichkeiten. Sein Versuch, im Alleingang zwischen Amerika und Rußland als ebenbürtiger Partner neuen Handlungsspielraum zu gewinnen, scheiterte. Die Kolonien konnten nicht wieder an das Mutterland gebunden werden; in langen, kostspieligen Kriegen gingen nahezu alle Außenbesitzungen verloren. Am Ende glaubte die Fünfte Republik durch Anbahnung gut nachbarlicher Beziehungen mit Westdeutschland eine Art rheinbündisches Glacis zu gewinnen.[56]

Auch Großbritannien blickte auf die Trümmer seiner einstigen Macht. Das englische Kriegsziel, die Bewahrung der »balance of power« (als Voraussetzung aktiver Empire- und Weltpolitik), war verfehlt. Zuerst hatte Chamberlain, dann Churchill jeden Einfluß in Ostmitteleuropa verloren. Whitehall blieb keine andere Wahl: seine Regierung mußte entweder von Hitler-Deutschland oder den Vereinigten Staaten abhängig werden. Man entschied sich naturgemäß für die Allianz mit Amerika. Doch auch in diesem Bündnis verlor England seinen alten Rang.[57]

Der schon vor geraumer Zeit begonnene Zerfall des britischen Weltreiches beschleunigte sich. In Ogdensburg hatte Kanada mit den USA ein Beistandsabkommen geschlossen. Der japanische Angriff zwang Australien und Neuseeland den gleichen Weg zu gehen. Bald rückten auch die übrigen Dominien von England ab. Am Ende mußte Whitehall gegebene Versprechungen einlösen und 1947/48 Indien, Pakistan, Ceylon und Burma in die Unabhängigkeit entlassen. Schließlich erlangten fast alle Teile des Empire ihre politische Freiheit.[58]

Die Expansion Japans hatte, so kurz sie war, den Nimbus der europäischen Kolonialherren gründlich zerstört. Bezeichnenderweise nahm der politische Freiheitsdrang die Laufrichtung von Ost nach West. Zuerst verloren die Niederlande, Frankreich und Großbritannien ihre asiatischen Besitzungen. Dann bekamen auch Belgien und Portugal die Entkolonialisierung zu verspüren.[59] Eine Vielzahl neuer Staaten erhielt Sitz und Stimme in der Weltorganisation, entschlossen, vor allem die überlebenden Großmächte des Zweiten Weltkrieges energisch um Hilfe zu ersuchen.

Rußland hatte das 1939 mit dem deutsch-sowjetischen Pakt angestrebte Ziel nicht erreicht. Die Absicht, nach wechselseitiger Schwächung der »imperialistischen Mächte«, eine beherrschende Position einzunehmen, war 1941 von Hitler durchkreuzt worden. Doch trotz katastrophaler Niederlagen stand die Rote Armee 1945 tief in Mitteleuropa und Ostasien. Als Entgelt für diese Leistung mußten die Westalliierten der UdSSR zahlreiche Gebiete, Einflußzonen und Stützpunkte überlassen.[60]

Amerika hatte diese Entwicklung durch Kredite und Materiallieferungen gefördert und davon durchaus profitiert. Im Unterschied zu den zerstampften Fluren und Städten Rußlands war das Gebiet der Vereinigten Staaten unversehrt, ihre Wehrkraft geschont, das Bruttosozialprodukt um 16% gestiegen. Der Dollar diente als Leitwährung des Welthandels. Amerika verfügte über zwei Drittel der globalen Industriekapazität und drei Viertel des in der Welt investierten Kapitals.[61]

Im Besitze des Kernwaffenmonopols konnten die Vereinigten Staaten binnen weniger Monate von ihren 12,4 Millionen Soldaten mehr als 10 Millionen entlassen, Flugzeuge, Panzer, Geschütze, Kraftwagen und Kriegsschiffe zu Zehntausenden verschrotten.[62] Dagegen unterhielt die Sowjetunion 100 voll ausgerüstete Divisionen. Doch wo der Kreml offensive Dispositionen traf (zum Beispiel in Berlin und Korea), wurde ihm von den Vereinigten Staaten Paroli geboten.

Roosevelt und seine Mitarbeiter hatten vorausgesehen, daß Gefahren drohten, wenn sich am Ende des Krieges zwei Großmächte allein gegenüberstanden, in unterschiedlicher Lage, mit konträren Gesellschaftsformen, Bedürfnissen und Kräften. Zur Überwindung dieser Problematik drängte Amerika die Sowjetunion mit Konzessionen zur Gründung der UNO. Obwohl die UdSSR 1940 als Aggressor vom Völkerbund ausgeschlossen worden war, erhielt sie in der neuen Weltorganisation eine privilegierte Stellung.

Die daran geknüpfte Hoffnung, ernste Konflikte vermeiden zu können, sollte sich nicht erfüllen. Rußland versäumte keine Gelegenheit, um als geschwächte, vorerst noch rückständige Großmacht den Vereinigten Staaten ebenbürtig zu werden. Nach wenigen Jahren brach die Sowjetunion das amerikanische Kernwaffenmonopol. Zwei asymmetrische Blöcke entstanden, und der Rüstungswettlauf zwischen ihnen bekam planetarische Ausmaße. Das Grundmuster für den Austrag zunehmender Interessengegensätze, die Gangart der Geschichte war unverändert.

1 R. Clarke: La course à la mort, Paris 1969, S. 9–18 (zit. Clarke), hat Grenzkonflikte, Aufstände, Partisanenkriege und Terrorkampagnen in diese Rechnung nicht einbezogen.

2 Unter »größeren Kampfhandlungen« versteht Clarke, S. 11, Treffen von mehr als 50000 Mann bei mindestens 1000 Toten und Verwundeten (auf See 500).

3 Clarke, passim, ergänzt durch d. Zusammenstellung von I. A. Getting: Halting the Inflationary Spiral of Death, in: Air Force/Space Digest 4/1963.

4 2e guerre 96/1974, S. 2684f.: 55014000 Tote; ebenso Michel: La seconde guerre, a.a.O., S. 116.

5 2e guerre, a.a.O., S. 2683, verzeichnet für den Ersten Weltkrieg 8634300 Tote.

6 China: 3,5 Millionen Soldaten und 10 Millionen Zivilpersonen; vgl. Bianco, a.a.O., S. 173ff.

7 Rund 120000 Militär- und 5,3 Millionen Ziviltote (einschließlich der umgekommenen polnischen Juden), insges. 15% der Bevölkerung.

8 Etwa 300000 Soldaten und Partisanen sowie 360000 Nichtkombattanten.

9 Frankreich verlor 250000 Soldaten und 360000 Zivilisten (einschließlich der Deportierten und Luftkriegstoten).

[10] Belgien meldete 10000 gefallene Soldaten und 90000 Ziviltote (größtenteils Opfer des Bombenkrieges).

[11] Die Niederlande verzeichneten ebenfalls 10000 tote Soldaten, jedoch 190000 zivile Opfer (darunter 100000 von ursprünglich 140000 Juden); vgl. Sérant, a.a.O., S. 281.

[12] Ungar. Darstellungen registrieren übereinstimmend 120000 gefallene Honvédek und 280000 Ziviltote (einschl. Juden).

[13] Rumänien rechnet mit 200000 gefallenen Soldaten und 465000 zivilen Opfern (größtenteils in die UdSSR verschleppte Bevölkerungsteile).

[14] Griechenland verzeichnet 20000 Militär- und 80000 Ziviltote (überwiegend Opfer v. Hungerkrankheiten).

[15] Eine detaillierte, kritische Zusammenstellung bei Mueller-Hillebrand, III, a.a.O., S. 258–263. Er verzeichnet aufgrund seiner Unterlagen bis zum 31. 12. 1944 seitens der Wehrmacht 1965324 Tote und schätzt für die Zeit vom 1. 1. bis 30. 4. 1945 weitere 265000 Tote. Hinzu kommen ungenaue Angaben für den Monat Mai 1945 und die aus der Kriegsgefangenschaft nicht zurückgekehrten deutschen Soldaten, insgesamt etwa 2 Millionen. Laut der von Th. Schieder betreuten Dokumentation, VII, a.a.O., sind in sowjetischem Gewahrsam mindestens 1110000 deutsche Soldaten von 3155000 umgekommen. Die militärischen Verluste des Deutschen Reiches dürften demzufolge annähernd bei 4 Millionen liegen. Die Zahl seiner Ziviltoten wird auf über 3,1 Millionen bemessen. Dazu gehören 570000 Luftkriegstote (im Hoheitsgebiet v. 31. 12. 1942); vgl. Klöss, a.a.O., S. 275f. und Dokumente der Kriegsschäden, Bd. 1, a.a.O., S. 59f. Die Flucht- und Vertreibungsopfer zählen 2 Millionen (vgl. die v. Schieder hg. Dokumentation, VIII–XIII, passim und Böddeker: Flüchtlinge, a.a.O., S. 367. Von den Juden, die 1938 im Reich lebten, sind 188000 umgekommen, aus Böhmen-Mähren weitere 245000 (vgl. Fleming, a.a.O., S. 207). Unzureichend verzeichnet, obwohl vielfach dokumentarisch festgehalten, sind die KZ-Opfer des Dritten Reiches, einmal wegen des hohen Ausländeranteils, zum andern weil chaotische Verhältnisse am Ende des Krieges keine zentrale Erfassung zuließen (vgl. Broszat: Konzentrationslager, a.a.O., S. 124–133).

[16] In Darstellungen von sowjetischer Seite werden rund 13600000 gefallene Rotarmisten und 7,7 Millionen Ziviltote (einschl. Juden) angegeben. Dabei ist nicht ersichtlich, zu welcher Kategorie die Volkswehrleute und Partisanen zählen. Unklar ist auch, ob die Verluste der baltischen Völker und von den Sowjets verschleppten Minoritäten (Wolgadeutsche, Tataren, Türken) berücksichtigt sind. Die Welt, 6. 7. 1983, berichtet, daß aus Estland, Lettland und Litauen insgesamt 590000 Menschen deportiert wurden.

[17] Großbritannien (mit Empire und Commonwealth) verlor laut Mitteilung des Ministry of Defense v. 4. 7. 1983 insgesamt 464244 Tote. Davon entfallen auf die British Army 144079 Mann, die Royal Navy 50758 Mann und Royal Air Force 69606 Mann. Die weiblichen Hilfsdienste verloren 624 Tote, die Handelsflotte 30248, andere Teile der Zivilbevölkerung etwa 60000 Tote. Kanada meldete 37476, Australien 23365, Neu-Seeland 10033, Südafrika 6840, Indien 24338 und die Kolonien 6877 Tote.

[18] Die USA verloren 322596 Soldaten und Seeleute; vgl. R. B. Morris (Hg.) Encyclopedia of American History, N. Y. 1955 (u. ö.), S. 373 (zit. Morris).

[19] In Deutschland waren Düren zu 99% und Paderborn zu 95,6% des Wohnraumes zerstört; vgl. Klöss, S. 271ff. Auf die Verheerungen in Tokio, Hiroshima und Nagasaki, Yokohama, Kobe und Osaka wurde hingewiesen.

[20] Michel: La seconde guerre, a.a.O., S. 116ff.

[21] Ruge: Seekrieg, a.a.O., S. 32f.; Roskill, einbändige Ausg., S. 402f.

[22] Report of the U.S. Maritime Commission, Washington, D.C., 1946, Annex C–E.

[23] Fuller: Der Zweite Weltkrieg, a.a.O., S. 482, erwartete, daß die »verwüsteten Städte Deutschlands ... 50 oder 100 Jahre ... als Denkmäler der Barbarei ihrer Eroberer stehenbleiben« werden. Vgl. dagegen den Hinweis von Michel auf die Entwicklung der Technik, a.a.O., S. 125f.

[24] Hoppe, a.a.O., S. 184ff.

[25] Emilian, a.a.O., S. 390.

[26] Macarthney, II, a.a.O., S. 338f.

[27] Gosztony: Fremde Heere, a.a.O., S. 451.

[28] Laut »Magyarország« v. 12. 2. 1969.

[29] T. Zinnor: Háborus bünösök, népbirósá gok, in: História 2/1982, S. 22–24.

[30] Mamatay, a.a.O.; auch Gosztony: Fremde Heere, S. 448ff. und Venohr: Tatra, a.a.O., S. 303f.

[31] Von zahlr. Berichten sei Lazzero als Augenzeuge, a.a.O., S. 27, erwähnt.

[32] Unter ds. Opfern befanden sich rund 10000 Italiener, die von Tito-Partisanen in Istrien und Dalmatien umgebracht wurden. Die Zahlenangaben sind heute nicht mehr umstritten. Vgl. u. a.: Il vero volto della guerra civile, in: Gente, Supplemento al N. 9 del 3 marzo 1961 und P. Sérant: La sanglante épuration spontanée de 1945 en Italie, in: Hist. 254/1973, S. 114f. Neuerdings wieder eine Zusammenstellung in: St. 4/1983.

[33] Wortlt. in: IMT, Bd. 1, S. 7ff.

[34] Ebd., S. 10.

[35] Gesetz Nr. 10 vom 20. 12. 1945: Amtsblatt des Kontrollrates in Dtschld., H. 1, S. 7ff.; auch Europa-Archiv 1945, S. 213f. und 1948, S. 1437.

[36] Hierzu ausführlich G. E. Gründler und A. v. Manikowsky: Das Gericht der Sieger. Der Prozeß gegen Göring, Heß, Ribbentrop, Keitel, Kaltenbrunner und andere, Oldenburg–Hamburg 1967; W. Maser: Nürnberg. Das Tribunal der Sieger, München–Zürich ²1979 (zit. Maser: Nürnberg); ders.: Der Nürnberger Prozeß, in: D. 10 und 11/1981; D. Irving: Der Nürnberger Prozeß, München 1979; zuletzt R. E. Conot: Justice at Nuremberg, New York 1983. Der sowjetische Standpunkt bei Gretschko, X, a. a. O., S. 583–599.

[37] Maser: Nürnberg, S. 347ff., 350ff.

[38] Eine Übersicht ebd., S. 433–442.

[39] R. B. Morris (Hg.): Encyclopedia of American History, New York 1955, S. 392 (zit. Morris).

[40] Bergamini, a. a. O., S. 472.

[41] ebd.

[42] J. Potter: A soldier must hang. The Biography of an Oriental General, London 1963, S. 170–194.

[43] Butow: Tojo, a. a. O., S. 407f.; Craig: Japans Sonne, a. a. O., S. 355ff.

[44] MacArthur: Reminiscences, S. 252ff.

[45] Das umfangreiche Prozeßmaterial wurde nie gedruckt, doch können Filmrollen der Kopien in größeren Bibliotheken der USA (Washington, D. C.; Princeton, N. J.; New York; Harvard, Mass.) eingesehen werden. Auf diese Dokumente und andere Quellen stützt sich die Monographie v. R. H. Minear: Victor's Justice. The Tokyo War Crimes Trial, Princeton, N. J., 1971 (op. cit.). Zuvor hatten bereits Mitglieder des Military Tribunal For The Far East den Prozeß kritisiert, vor allem der Inder Radhabinod M. Pal, in anderer Weise der Franzose Henri Bernard. Zum Forschungsstand, insbesondere der japanischen Revisionisten, s. Herde, a. a. O., S. 460ff.

[46] Morris, a. a. O., Zur geistigen Kluft zwischen Amerikanern und Japanern jetzt R. C. Christopher: The Japanese Mind. The Goliath Explained, New York 1983.

[47] Vgl. die Publikationen v. T. Taylor: Die Nürnberger Prozesse. Kriegsverbrecher und Völkerrecht. Erweiterte Sonderausgabe, Zürich 1951; Nürnberg und Vietnam. Eine amerikanische Tragödie, München–Wien–Zürich 1971.

[48] Hillgruber: 2. Weltkrieg, a. a. O., S. 166; ders.: Deutschlands Großmacht- und Weltpolitik im 19. und 20. Jahrhundert, a. a. O., S. 250ff.

[49] Vgl. D. Calleo: Legende und Wirklichkeit der deutschen Gefahr, Bonn 1980.

[50] Gesetz Nr. 46: Amtsblatt des Kontrollrates in Deutschland, S. 262.

[51] Th. Schieder: Die mittleren Staaten im System der großen Mächte in: HZ 232/1981, S. 583ff.

[52] S. E. Ambrose: Rise to Globalism. American Foreign Policy, New York ²1980.

[53] Europa-Archiv 1947, S. 488–491.

[54] Vertrags-Ploetz, a. a. O., S. 433ff.

[55] Hillgruber: 2. Weltkrieg, S. 158f.

[56] Vgl. die Memoiren von Bidault, a. a. O., S. 177ff., 185ff., 195f., 212ff., 223ff., 233ff., ferner der 3. Teil, 1. Kap. Gründl. Analysen bei A. Mohler: Die Fünfte Republik, München 1963, S. 58ff., 113ff., 140ff.; J. Julliard: La Cinquième République, Paris 1977 und J.-P. Rioux: La Quatrième République, Paries ³1982.

[57] Thomson, a. a. O., S. 190–266.

[58] Ohne sich deshalb dem gewandelten Commonwealth anschließen zu müssen. Dazu ausführlich F. Ansperger: Auflösung der Kolonialreiche (dtv-Weltgesch., 13) München 1966, S. 147ff.; St C. Easton: The Rise and Fall of Western Colonialism, New York 1964, S. 18ff.

[59] Eine Übersicht b. Jacobsen: Der Weg, a. a. O., S. 615–620.

[60] Dazu auch Hillgruber: Sowjet. Außenpol., a. a. O., S. 149.

[61] H. G. Dahms: Grundzüge der Geschichte der Vereinigten Staaten, Darmstadt ²1983, S. 210f.; Forstner, a. a. O., S. 372; R. Polenberg: War and Society, New York 1973, S. 35ff., 57ff., 71ff., 83ff.,

95ff., 109ff. und N. A. Wynn: Vom Weltkrieg zur Wohlstandspolitik, in: Die Vereinigten Staaten von Amerika (Fischer-Weltgesch., 30, hg.) München 1977, S. 354ff.

62 Morris, S. 373.

63 Dazu ausführlich Aron: Frieden und Krieg, a. a. O., S. 702ff., mit Perspektiven der völkerrechtl. Entwicklung auch G. Best: Humanity in Warfare. The Modern History of the International Law of Armea Conflicts, London ²1983.

ANHANG

Danksagung

Für das Zustandekommen dieser Darstellung ist der Autor besonders Herrn Dr. Hans Roesch (†) zu Dank verpflichtet. Er gab den Anstoß und hielt die notwendige Spannung wach. Das gleiche gilt für andere Freunde des Verfassers: Dr. José Artigas, Coronel José Ramón Pardo de Santayana und General a. D. Helmuth Staedke (†).

Sehr zu danken ist an dieser Stelle auch Professor Dr. Walther Hubatsch, Professor Dr. Manfred Messerschmidt und Botschafter a. D. Gustav von Schmoller, die verschiedene Teile des Manuskriptes kritisch durchgesehen haben.

In Einzelheiten konnte sich der Verfasser auf die Sprach- und Literaturkenntnisse folgender Herren stützen: Kaptajn C. Florian-Larsen (Dänemark); Kolonel L. Jacobsen und A. Joonson (Estland); Eversti W. Horn und Professor Dr. P. Tilvis (Finnland); Dr. E. Kroeger (Lettland und Litauen, Rußland und Polen); A. Baranauskas (Litauen); Dr. Z. Pawlowski, General a. D. A. Zaremba und Dr. T. Wyrwa (Polen); Dr. I. Emilian und Professor Dr. V. Mihailescu (Rumänien); B. Suchowerskyj (Rußland, Rumänien, Ukraine); C. von Lates und St. Vida (Ungarn); V. Zarybnický (ČSSR).

In Deutschland erteilten Auskünfte Oberst a. D. R. Bäumler (†), G. Buck, Admiral a. D. K. Dönitz (†), Dr. H. Ebner, W. Fegert General a. D. Reinhard Gehlen (†), Dr. E. Klink, Admiral a. D. Th. Krancke (†), W. Haupt, Dr. E. Kroeger, Professor Dr. P. Hellmich, Oberst a. D. Professor Dr. F. A. von der Heydte, Professor Dr. K. Hornung, C. von Lates, Professor Dr. B. Martin, Professor Dr. C. Roediger (†), Professor Dr. J. Rohwer, Oberst a. D. H. Roschmann, Botschafter a. D. Dr. G. von Schmoller, Reichsminister a. D. L. Graf Schwerin von Krosigk (†), Dr. A. Schickel, General a. D. H. Speidel, General a. D. H. Staedke (†), Oberst a. D. H. Teske, General a. D. W. Warlimont; in England Mr. S.J. Cox, Mr. M.P. Buckley und T.D.S. Nolan; in Frankreich Colonel X. Braud, Professor E. Dumousseaux und Professor G. Funfrock; in der Schweiz Professor Dr. L. Haas und Dr. H. R. Kurz; in Ungarn Generaloberst Ferenc Farkas von Kisbarak (†); in den USA General Alexander McC. Patch (†), Direktor R. D. Chapman, Professor Dr. H. French, Mr. D. D. Hummer (†), Professor Dr. W. L. Langer, Professor Dr. A. E. May, Mr. M. T. P. Mulligan, Professor Dr. E. Rie.

Institute, in denen der Verfasser Hilfe fand, sind die Bibliothek für Zeitgeschichte (Stuttgart); das Bundesarchiv/Militärarchiv (Koblenz, Kornelimünster, Freiburg); Institut für Zeitgeschichte (München); Instytut Polski u Museum im. gen. Sikorskiego (London); Militärgeschichtliches Forschungsamt (Freiburg); Ministère des Armées: Service Historique de l'Armée (Château de Vincennes); Ministerie van Defensie: Afdeling Inlichtingen & Veiligheid ('s-Gravenhage); Ministry of Defense: Army and Navy Historical Branch (London); die National Archives: Modern Military Branch (Washington, D.C.); das Rijksinstituut voor Oorlogsdocumentatie ('s-Gravenhage); der U.S. Information Service (Bonn) und die Zeitgeschichtliche Forschungsstelle (Ingolstadt).

Abkürzungsverzeichnis

a. a. O.	am angegebenen Ort
ABDA	American-British-Dutch-Australian
Abt.	Abteilung
Abw.	Abwehr
a. D.	Außer Dienst
ADAP	Akten zur Deutschen Auswärtigen Politik
ADSS	Actes et Documents du Saint Siège
AH	American Heritage
AHJ	American Historical Journal
AJIL	American Journal of International Law
AK	Armeekorps
AK	Armia Krajowa
AM	Aviazione Marina
AN	L'Armée – la Nation
Anm.	Anmerkung
AOK	Armeeoberkommando
Asdic	Allied Submarine Detecting Investigation Committee (und von ihm entwickeltes Ortungsgerät)
ASEER	American South East European Review
ASMZ	Allgemeine Schweizerische Militärzeitschrift
Ausl.	Ausland
AV	Archiv für Völkerrecht
AVNOJ	Antifašistiko Vijece Narodnog Oslobodjenja Jugoslavije
AW	Atlantische Welt
B	Boeing
BBC	British Broadcasting Corporation
Bd.	Band
BdE	Befehlshaber des Ersatzheeres
B-Dienst	Funkbeobachtung
BdU	Befehlshaber der U-Boote
BEF	British Expeditionary Force
belg.	belgisch
brit.	britisch
BRT	Bruttoregistertonnen (Wasserverdrängung v. Handelsschiffen)
Cal.	California
CB	Construction Battalion
CCSC	Combined Chiefs of Staff Committee
C-in-C	Commander-in-Chief
Comando Supremo	Oberkommando der ital. Gesamtstreitkräfte

CSC	Chiefs of Staff Committee
D	Damals
DAK	Deutsches Afrika-Korps
DBFP	Documents of British Foreign Policy
D. C.	District of Columbia
DDF	Documents Diplomatiques Français
DDI	Documenti Diplomatici Italiani
ders.	derselbe
Diss.	Dissertation
DNB	Deutsches Nachrichtenbüro
Do	Dornier
Dok.	Dokument
DPSR	Documents of Polish-Soviet Relations
DR	Das Deutsche Reich und der Zweite Weltkrieg, hg. v. Militärgesch. Forschungsamt, Freiburg/Br.
Dtschld.	Deutschland
EA	Europa-Archiv
EAM	Ethnikon Apeleftherotikon Metopon
ebd.	ebenda
EDES	Ellenikos Demokratikos Ethnikos Syndesmos
EHR	English Historical Review
EKKA	Ethniki Kai Koinoniki Apeleftherosis
ELAS	Ethnikos Laikos Apeleftherotikos Statos
FAéF	Forces Aériennes Francaises
FAT	Flächenabsuchender Torpedo
FFI	Forces Françaises d'Intérieur
Fi	Fieseler
FJR	Fallschirmjäger-Regiment
Flak	Flugabwehrkanone
FLD	Fliegerdivision
Frankr.	Frankreich
Frh.	Freiherr
FRUS	Foreign Relations of the United States
frz.	französisch
FW	Focke-Wulf
Gestapo	Geheime Staatspolizei
gKdos.	geheime Kommandosache
GKO	Gosudarstwennyj Komitet Obory (Staatl. Verteidigungskomitee der Sowjetunion)
GWU	Geschichte in Wissenschaft und Unterricht
He	Heinkel
HG	von Gibraltar nach England gehendes Geleit
hg.	herausgegeben
Hg.	Herausgeber
HGr.	Heeresgruppe

Hist.	Histoire
Hiwi	Hilfswilliger
HPB	Das Historisch-Politische Buch
HSSPF	Höherer SS- und Polizeiführer
HU	Hadak Utjan
HX	von Halifax nach England gehendes Geleit
HZ	Historische Zeitschrift
IHR	International Historical Review
IJ	Infantery Journal
Ill.	Illinois
IMT	Internationales Militärtribunal
Ind.	Indiana
IT	Information für die Truppe
IZ	Institut für Zeitgeschichte
JAH	Journal of American History
JbGO	Jahrbücher für Gerichte Osteuropas
JCS	Joint Chiefs of Staff
Jabo	Jagdbomber
Jafü	Jagdführer
JCEA	Journal of Central European Affairs
JCH	Journal of Contemporary History
JES	Journal of European Studies
JF	Journal de la France
Jg.	Jahrgang
JG	Jagdgeschwader
JMH	Journal of Modern History
JS	Josif Stalin (sowjet. Kampfwagen)
Ju	Junkers
Kg.	König
Kfz	Kraftfahrzeug
KG	Kampfgeschwader (Bomber)
KGB	s. NKGB
KP	Kommunistische Partei
KPdSU(B)	Kommunistische Partei der Sowjetunion (Bolschewiki)
Kripo	Kriminalpolizei
KT	Kansa Taisteli
KTB	Kriegstagebuch
KW	Kliment Woroschilow (sowjet. Kampfwagen)
KZ	Konzentrationslager (amtl. KL)
LCA	Landing Craft Armoured
Lit.	Literatur
Lkw	Lastkraftwagen
LSD	Landing Ship Dock
LSM	Landing Ship Medium
LST	Landing Ship Tank
LSV	Landing Ship Vehicle

LV	Lagevorträge des Oberbefehlshabers der Kriegsmarine vor Hitler 1939–1945, hg. v. G. Wagner
LW	Luftwaffe
LWFSt	Luftwaffenführungsstab
MA	Military Affairs
M-Boot	Minensuchboot
Me	Messerschmitt
MG	Militärgeschichte
MG	Maschinengewehr
MGM	Militärgeschichtliche Mitteilungen
MGr.	Marinegruppe
Md.	Maryland
Mass.	Massachusetts
MH	Military History
MI	Magazin istoric
mot.	motorisiert
MOV	Marine-Offiziersvereinigung
MR	Marinerundschau
Ms.	Manuskript
MW	Militärwissenschaft
N. J.	New Jersey
NKGB	Narodnyj Kommissariat Gesudarstwennoj Besopastnosti (Volkskommissariat für Staatssicherheit)
NKWD	Narodnyj Kommissariat Wnutrennich (Volkskommissariat für innere Angelegenheiten)
NMT	Norsk Militaert Tidskrift
NPL	Neue Politische Literatur
NS	Nationalsozialistisch
NSDAP	Nationalsozialistische Deutsche Arbeiterpartei
OB	Oberbefehlshaber
OB	von England bis 30° W gehendes Geleit
o. J.	ohne Jahr(esangabe)
ÖMZ	Österreichische Militärische Zeitschrift
OG	von England nach Gibraltar gehendes Geleit
OKH	Oberkommando des Heeres
OKL	Oberkommando der Luftwaffe
OKM	Oberkommando der Marine
OKW	Oberkommando der Wehrmacht
ON	von England nach Halifax gehendes Geleit
OS	von England nach Sierra Leone gehendes Geleit
OT	Organisation Todt
Pak	Panzerabwehrkanone
P, Pz	Panzer
Pen.	Pennsylvania
PSt	Politische Studien
PuZ	Aus Politik und Zeitgeschehen, Beil. z. »Das Parlament«

PQ	von England über Island nach Murmansk gehendes Geleit
PSZ	Polskie Sily Zbrojne w II Wojne Swiatowej
Pz-K.	Panzerkorps
QP	von Murmansk über Island nach England gehendes Geleit
RAD	Reichsarbeitsdienst
RADAR	Radio Detecting and Ranging
RAF	Royal Air Force
RAM	Reichsaußenminister
RBHM	Revue Belge de l'Histoire Militaire
R-Boot	Minenräumboot
RDN	Revue de la Défense Nationale
Revue d'histoire	Revue d'histoire de la deuxième guerre mondiale
RFSS	Reichsführer SS
RGBl	Reichsgesetzblatt
RHA	Revue historique de l'armée
RIHM	Revue internationale d'histoire militaire
RM	Revista Militare
RN	Royal Navy
RSHA	Reichssicherheitshauptamt
RUB	Revue de l'Université libre de Bruxelles
s.	siehe
S.	Seite
SA	Sturmabteilungen (der NSDAP)
S-Boot	Schnellboot
SD	Soviet Documents on Foreign Policy
SD	Sicherheitsdienst (der NSDAP)
SEHR	Scandinavian Economic Historical Review
sm	Seemeile
SMR	Soviet Military Review
Sipo	Sicherheitspolizei
SKL	Seekriegsleitung
SL	von Sierra Leone nach England gehendes Geleit
SMR	Soviet Military Review
SMZ	Schweizer Militär-Zeitschrift
SR	Slavic Review
SS	Schutzstaffeln (der NSDAP)
St	Storia
Stawka	Stawka Glawnowo Kommandonija Wooruzhennykh Sol SSSR
Stin	Stindardul
Stuka	Sturzkampf(bomber)
Superaereo	Oberkommando der ital. Luftstreitkräfte
Superexercito	Oberkommando des ital. Heeres
Supermarina	Oberkommando der ital. Seestreitkräfte
T	Tank
t	Gewichtstonne v. Kriegsschiffen (im Unterschied zu BRT)
t	tschechisch (Typenbezeichnung dt. Panzer)

T-Boot	Torpedoboot
Tgb.	Tagebuch
Ts.	Taunus
u. a.	unter anderem
U	U-Boot
US, U. S.	United States
USAAF	United States Army Air Force
V	Vergeltungswaffe
Vf.	Verfasser
vgl.	vergleiche
Vol.	Volumen
VZ	Vierteljahreshefte für Zeitgeschichte
W	War
WFSt	Wehrmachtführungsstab
WI	Woprosy Istorii
WJ	Woinnoi istoritchenskij journal
Wk	Wehrkunde
WWNP	Wojna Wyzwoléncze Polskiego w Latach
WWR	Wehrwissenschaftliche Rundschau
WZ	Wissenschaftliche Zeitschrift der Karl-Marx-Universität Leipzig
Z	Zerstörer
ZAÖVR	Zeitschrift für ausländisches öffentliches Recht und Völkerrecht
z. B.	zum Beispiel
z. b. V.	zur besonderen Verwendung
ZfG	Zeitschrift für Geschichtswissenschaft

Personenregister

Bei häufig vorkommenden Namen wie Hitler, Mussolini und Stalin, Roosevelt und Churchill sind Seitenhinweise unterblieben.

Milch, Erhard 71, 88, 158, 179, 209, 231, 267, 320, 342, 401, 431, 441, 486, 495, 522, 587

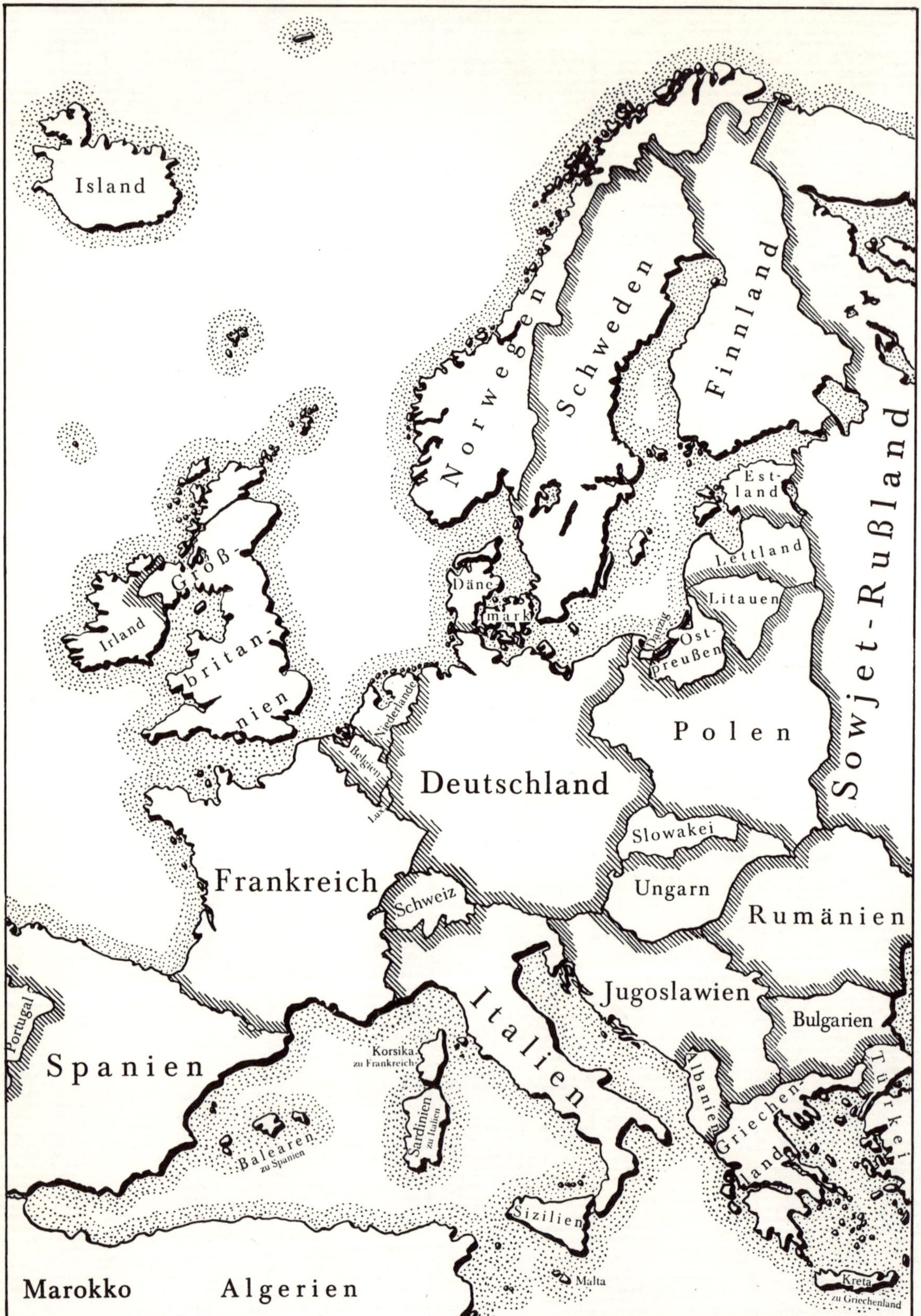

EUROPA VOR DEM ZWEITEN WELTKRIEG 1939